Kohlhammer

Rooschüz/Bader (Hrsg.)
Landespersonalvertretungsgesetz für Baden-Württemberg

Kommentar

Begründet von

Dr. Gerhart Rooschüz †
Verbandsdirektor a. D.

Bernhard Amend
Ministerialrat

bearbeitet von

Professor Johann Bader
Vorsitzender Richter am VG Stuttgart a. D.
Vorsitzender personalvertretungsrechtlicher und betriebsverfassungsrechtlicher Einigungsstellen

Brigitte Gerstner-Heck
Vorsitzende Richterin am VG Karlsruhe a. D.
Vorsitzende personalvertretungsrechtlicher Einigungsstellen

Joachim Abel
Regierungsdirektor im Regierungspräsidium Stuttgart

Benja Mausner
Rechtsanwalt und Fachanwalt für Arbeitsrecht, Stuttgart

16., erweiterte und überarbeitete Auflage

Verlag W. Kohlhammer

16. Auflage 2019

Gesamtherstellung: W. Kohlhammer GmbH, Stuttgart

Print:
ISBN 978-3-17-036182-9

E-Book-Formate:
pdf: ISBN 978-3-17-036183-6
epub: ISBN 978-3-17-036184-3
mobi: ISBN 978-3-17-036185-0

Vorwort zur 16. Auflage

Der Kommentierung liegt das Landespersonalvertretungsgesetz in der Fassung der Neufassung vom 12. März 2015 (GBl. S. 221) zugrunde und berücksichtigt auch die bis zum Erscheinen erfolgten Änderungen des LPVG der §§ 75 und 98 durch Artikel 4 des Gesetzes zur Änderung des Schulgesetzes für Baden-Württemberg und anderer Vorschriften vom 21. Juli 2015 (GBl. S. 645, 653), der §§ 31, 54 und 55 durch Artikel 2 des Gesetzes vom 6. Oktober 2015 (GBl. S. 842, 851) sowie der §§ 32, 71 und 76 durch Artikel 19 des Gesetzes zur Anpassung des allg. Datenschutzrechts und sonstiger Vorschriften an die Verordnung (EU) 2016/679 vom 12. Juni 2018 (GBl. S. 173, 191). Zur besseren Übersicht für den Leser über die neuen gesetzlichen Regelungen ist auch in der 16. Auflage der Gesetzestext vor der Kommentierung abgedruckt. Die Neuauflage enthält insb. eine grundlegende Neubearbeitung der Teile, die für die Wahl der Personalvertretungen relevant sind. Personalräte und Wahlvorstände erhalten damit für die Personalratswahlen 2019 wichtige und praxisnahe Hinweise zu den Vorschriften über Wahlberechtigung und Wählbarkeit, die Bestellung bzw. Wahl des Wahlvorstands und die Einleitung und Durchführung der Wahl der Personalvertretungen. Die maßgebliche Rechtsprechung ist bis Oktober 2018 berücksichtigt. Die Kommentierung ist unverändert praxisorientiert und will allen, die mit Fragen des Landespersonalvertretungsgesetzes befasst sind, die Arbeit in der Praxis erleichtern. Deshalb wird auf die grundsätzlichen Probleme und Streitfragen des Personalvertretungsrechts nur insoweit eingegangen, als dies für die praktische Anwendung des Gesetzes notwendig erscheint. Rechtsprechungsnachweise werden zur besseren Handhabung soweit möglich mit den Fundstellen in PersR und PersV angegeben. Zusätzlich wird das Entscheidungsdatum und das jeweilige Aktenzeichen benannt, um das Auffinden der Entscheidungen in anderen Zeitschriften und Medien zu erleichtern. Für Anregungen und Kritik sind die Autoren dankbar. Mit der 16. Auflage steht allen Benutzern wieder eine aktuelle praktische Hilfe für die tägliche Arbeit zur Verfügung.

Stuttgart/Karlsruhe, im Oktober 2018 Die Verfasser

Inhaltsverzeichnis

Abkürzungs- und Literaturverzeichnis

a. A.	anderer Ansicht
a. a. O.	am angegebenen Ort
Abs.	Absatz
Abschn.	Abschnitt
a. F.	alte Fassung
ÄG 68	Gesetz zur Änderung des Landespersonalvertretungsgesetzes vom 22.4.1968 (GBl. S. 149)
ÄG 75	Gesetz zur Änderung des Landespersonalvertretungsgesetzes vom 8.7.1975 (GBl. S. 525)
ÄG 76	Gesetz zur Änderung des Landespersonalvertretungsgesetzes vom 14.12.1976 (GBl. S. 623)
ÄG 86	Gesetz zur Änderung des Landespersonalvertretungsgesetzes vom 14.7.1986 (GBl. S. 222)
ÄG 95	Gesetz zur Änderung des Landespersonalvertretungsgesetzes vom 21.12.1995 (GBl. S. 879) und Art. 2 des Landesgleichberechtigungsgesetzes vom 21.12.1995 (GBl. S. 890); sofern nicht ausdrücklich anderes vermerkt, bezieht sich der Hinweis ÄG 95 auf das Änderungsgesetz vom 21.12.1995 (GBl. S. 879)
ÄG 2005	Gesetz zur Änderung des Landesbeamtengesetzes, des Landespersonalvertretungsgesetzes und anderer Vorschriften vom 3.5.2005 (GBl. S. 321)
2. ÄG 2005	Gesetz zur Änderung des Landespersonalvertretungsrechts vom 11.10.2005 (GBl. S. 658)
ÄG 2013	Gesetz zur Änderung des Landespersonalvertretungsgesetzes, des Landesrichter- und -staatsanwaltsgesetzes und anderer Vorschriften vom 3. Dezember 2013 (GBl. S. 329, ber. GBl. 2014, S. 76)
allg.	allgemein
Altvater u. a.	Altvater/Coulin/Klimpe-Auerbach, Landespersonalvertretungsgesetz Baden-Württemberg – Basiskommentar, 2. Auflage, 2012
Anh.	Anhang
Anm.	Anmerkung
AP	Entscheidungssammlung „Arbeitsrechtliche Praxis“
ArbG	Arbeitsgericht
ArbGG	Arbeitsgerichtsgesetz
ArbplSchG	Arbeitsplatzschutzgesetz
ARGE-HPR	Arbeitsgemeinschaft der Vorsitzenden der Hauptpersonalräte
Art.	Artikel
ASiG	Arbeitssicherheitsgesetz
AuR	Arbeit und Recht
AusbildungsPR	Ausbildungspersonalrat
AVG	Angestelltenversicherungsgesetz
BAG	Bundesarbeitsgericht
BAGE	Entscheidungen des Bundesarbeitsgerichts
BAT	Bundesangestelltentarif
BB	Der Betriebsberater
BBiG	Berufsbildungsgesetz

BBG	Bundesbeamtengesetz
BDSG	Bundesdatenschutzgesetz
BeamtStG	Gesetz zur Regelung des Statusrechts der Beamtinnen und Beamten in den Ländern (Beamtenstatusgesetz)
Bek.	Bekanntmachung
ber.	berichtigt
Bes.Gr.	Besoldungsgruppe(n)
BetrVG	Betriebsverfassungsgesetz
BfC	Beauftragte für Chancengleichheit
BGB	Bürgerliches Gesetzbuch
BGBl.	Bundesgesetzblatt
BGH	Bundesgerichtshof
BLV	Bundeslaufbahnverordnung
BPersVG	Bundespersonalvertretungsgesetz
BPR	Bezirkspersonalrat
BRRG	Beamtenrechtsrahmengesetz
bspw.	beispielsweise
BT-Drucksache	Bundestagsdrucksache
BVerfG	Bundesverfassungsgericht
BVerfGE	Entscheidungen des Bundesverfassungsgerichts
BVerwG	Bundesverwaltungsgericht
BVerwGE	Entscheidungen des Bundesverwaltungsgerichts
BWahlG	Bundeswahlgesetz
bzgl.	bezüglich
bzw.	beziehungsweise
ChancenG	Gesetz zur Verwirklichung der Chancengleichheit von Frauen und Männern im öffentlichen Dienst des Landes Baden-Württemberg (Chancengleichheitsgesetz)
DB	Der Betrieb
dgl.	dergleichen, desgleichen
d. h.	das heißt
DÖD	Zeitschrift der öffentliche Dienst
DÖV	Die öffentliche Verwaltung
DRiG	Deutsches Richtergesetz
DS-GVO	Datenschutz-Grundverordnung
DVBl.	Deutsches Verwaltungsblatt
DVO	Durchführungsverordnung
entspr.	entsprechend
Erl.	Erläuterung
evtl.	eventuell
EzA	Entscheidungssammlung zum Arbeitsrecht
f.; ff.	folgende
FG	Gesetz zur Förderung der beruflichen Chancen für Frauen und der Vereinbarung von Familie und Beruf im öffentlichen Dienst des Landes Baden-Württemberg
FHG	Fachhochschulgesetz
GABl.	Gemeinsames Amtsblatt des Innenministeriums usw. des Landes Baden-Württemberg
GBl.	Gesetzblatt für Baden-Württemberg
geänd.	geändert

GemO	Gemeindeordnung für Baden-Württemberg
GesamtJAV	Gesamt-Jugend- und Auszubildendenvertretung
GesamtPR	Gesamtpersonalrat
GG	Grundgesetz für die Bundesrepublik Deutschland
ggf.	gegebenenfalls
ggü.	gegenüber
GMBl.	Gemeinsames Ministerialblatt
GVBl.	Gesetz- und Verordnungsblatt
GVG	Gerichtsverfassungsgesetz
h. M.	herrschende Meinung
2. HRÄG	Zweites Hochschulrechtsänderungsgesetz
HPR	Hauptpersonalrat
i. d. F. v.	in der Fassung vom
i. d. R.	in der Regel
i. H. a.	im Hinblick auf
Ilbertz-Widmaier	Ilbertz/Widmaier/Sommer, Bundespersonalvertretungsgesetz mit Wahlordnung unter Einbeziehung der Landespersonalvertretungsgesetze, Kommentar, 14. Auflage, 2018
insb.	insbesondere
IÖD	Informationsdienst öffentliches Dienstrecht
i. S.	im Sinne
i. S. d.	im Sinne des
i. S. v.	im Sinne von
i. V. m.	in Verbindung mit
JAG	Juristenausbildungsgesetz
JAV	Jugend- und Auszubildendenvertretung
JZ	Juristenzeitung
KHG	Kunsthochschulgesetz
KIT	Karlsruher Institut für Technologie
Komm.	Kommentierung
KSchG	Kündigungsschutzgesetz
K. u. U.	Amtsblatt Kultus und Unterricht Ausgabe A
LAG	Landesarbeitsgericht
LBesG	Landesbesoldungsgesetz
LBG	Landesbeamtengesetz
LDG	Landesdisziplinargesetz
LDO	Landesdisziplinarordnung
LDSG	Landesdatenschutzgesetz
Leuze-Wörz-Bieler	Das Personalvertretungsrecht in Baden-Württemberg, Kommentar, Bielefeld, Loseblattausgabe
LGlG	Landesgleichberechtigungsgesetz
LHG	Landeshochschulgesetz
lit.	Buchstabe
LKrO	Landkreisordnung für Baden-Württemberg
LNTVO	Landesnebentätigkeitsverordnung
Lorenzen u. a.	Lorenzen-Etzel-Gerhold-Schlatmann-Rehak-Faber, Bundespersonalvertretungsgesetz, Kommentar, Heidelberg, Loseblattausgabe

LPartG	Gesetz über die eingetragene Lebenspartnerschaft
LPVG	Landespersonalvertretungsgesetz
LRA	Landratsamt
LRiStAG	Landesrichter- und -staatsanwaltsgesetz
LRKG	Landesreisekostengesetz
LS	Leitsatz
LT-Drucksache	Landtagsdrucksache
LUKG	Landesumzugskostengesetz
LV	Verfassung des Landes Baden-Württemberg
LVG	Landesverwaltungsgesetz
LVO	Landeslaufbahnverordnung
Metzler-Müller/Rieger/Seeck/Zentgraf	Beamtenstatusgesetz, Kommentar, 2. Auflage, 2012
mind.	mindestens
MTArb	Manteltarifvertrag für Arbeiterinnen und Arbeiter des Bundes und der Länder
m. w. N.	mit weiteren Nachweisen
NJW	Neue Juristische Wochenschrift
Nr.	Nummer
n. v.	nicht veröffentlicht
NZA	Neue Zeitschrift für Arbeitsrecht
o. Ä.	oder Ähnliche(s)
OLG	Oberlandesgericht
OVG	Oberverwaltungsgericht
PersR	Der Personalrat
PersV	Die Personalvertretung
PHG	Gesetz über die Pädagogischen Hochschulen im Lande Baden-Württemberg
PolG	Polizeigesetz für Baden-Württemberg
PR	Personalrat, Personalräte
RdA	Recht der Arbeit
RegBl.	Regierungsblatt
RGBl.	Reichsgesetzblatt
RiA	Das Recht im Amt
Richardi/Dörner/Weber	Kommentar zum Personalvertretungsrecht, 4. Auflage, München 2012
Rn.	Randnummer
RVG	Gesetz über die Vergütung der Rechtsanwältinnen und Rechtsanwälte
RVO	Reichsversicherungsordnung
s.	Seite; siehe
s. a.	siehe auch
SchG	Schulgesetz für Baden-Württemberg
SGB	Sozialgesetzbuch
SGB IX	Sozialgesetzbuch Neuntes Buch – Rehabilitation und Teilhabe behinderter Menschen
sog.	sogenannte(n)
StGB	Strafgesetzbuch
SWR	Südwestrundfunk

TVG	Tarifvertragsgesetz
TV-L	Tarifvertrag für den öffentlichen Dienst der Länder
TVöD	Tarifvertrag für den öffentlichen Dienst
u. a.	unter anderem
UG	Universitätsgesetz
UKG	Gesetz über die Universitätsklinika Freiburg, Heidelberg, Tübingen und Ulm (Universitätsklinika-Gesetz) i. d. F. vom 15.9.2005 (GBl. S. 625)
UniMedG	Gesetz zur Reform der Universitätsmedizin und zur Änderung des Landeshochschulgesetzes und weiterer Gesetze (Universitätsmedizingesetz) vom 7.2.2011 (GBl. S. 47)
UniMed-RüG	Gesetz zur Rückabwicklung des Universitätsmedizingesetzes vom 22.11.2011 (GBl. S. 501)
UrlVO	Verordnung der Landesregierung über den Urlaub der Beamten und Richter (Urlaubsverordnung)
u. U.	unter Umständen
VA	Verwaltungsakt
VBlBW	Verwaltungsblätter für Baden-Württemberg
VerwRspr.	Verwaltungsrechtsprechung
VG	Verwaltungsgericht
VGH	Verwaltungsgerichtshof
vgl.	vergleiche
VO	Verordnung
VRG	Verwaltungsstruktur-Reformgesetz
VS	Verschlusssache
VwGO	Verwaltungsgerichtsordnung
VwPr.	Baden-Württembergische Verwaltungspraxis
VwV	Verwaltungsvorschrift
WO	Wahlordnung zum Landespersonalvertretungsgesetz
z. A.	zur Anstellung
z. B.	zum Beispiel
ZBR	Zeitschrift für Beamtenrecht
ZfPR	Zeitschrift für Personalvertretungsrecht
ZPO	Zivilprozessordnung
ZTR	Zeitschrift für Tarifrecht
zul.	zuletzt

Bearbeiterverzeichnis

In den Erläuterungen zum Landespersonalvertretungsgesetz Baden-Württemberg bearbeitet:

§§ 1–21	Mausner
§§ 22–48	Abel
§§ 49–53	Prof. Bader
§§ 54–66	Mausner
§ 67	Abel
§§ 68–71	Gerstner-Heck
§§ 72, 73	Prof. Bader
§§ 74, 75	Gerstner-Heck
§§ 76–79	Prof. Bader
§§ 80–83	Gerstner-Heck
§ 84	Prof. Bader
§§ 85–88	Gerstner-Heck
§ 89	Prof. Bader
§§ 90, 91	Gerstner-Heck
§§ 92, 93	Prof. Bader
§ 94	Abel
§ 95	Prof. Bader
§§ 96–98	Abel
§§ 99–116	Prof. Bader

Landespersonalvertretungsgesetz (LPVG)[1] – Gesetzestext

in der Fassung vom 12. März 2015 (GBl. S. 221), zuletzt geändert durch Gesetz vom 12. Juni 2018 (GBl. S. 173, 191)

Inhaltsübersicht

---

1 Amtliche Fußnote: Dieses Gesetz dient auch der Umsetzung der Richtlinie 2002/14/EG des Europäischen Parlaments und des Rates vom 11. März 2002 zur Festlegung eines allgemeinen Rahmens für die Unterrichtung und Anhörung der Arbeitnehmer in der Europäischen Gemeinschaft (ABl. EG L 80 vom 23. März 2002, S. 29) in der jeweils geltenden Fassung.

Teil 1 Allgemeine Vorschriften

§ 1 Allgemeiner Grundsatz

In den Verwaltungen und Betrieben des Landes, der Gemeinden und Gemeindeverbände sowie der sonstigen Körperschaften, Anstalten und Stiftungen des öffentlichen Rechts, die der Aufsicht des Landes unterstehen, sowie in den Gerichten des Landes werden Personalvertretungen gebildet.

§ 2 Aufgaben der Dienststelle, der Personalvertretung, der Gewerkschaften und der Arbeitgebervereinigungen

(1) Dienststelle und Personalvertretung arbeiten unter Beachtung der Gesetze und Tarifverträge partnerschaftlich, vertrauensvoll und im Zusammenwirken mit den in der Dienststelle vertretenen Gewerkschaften und Arbeitgebervereinigungen zum Wohle der Beschäftigten und zur Erfüllung der der Dienststelle obliegenden Aufgaben zusammen.

(2) Zur Wahrnehmung der in diesem Gesetz genannten Aufgaben und Befugnisse der in der Dienststelle vertretenen Gewerkschaften ist deren Beauftragten nach Unterrichtung der Dienststelle Zugang zu der Dienststelle zu gewähren, soweit dem nicht unumgängliche Notwendigkeiten des Dienstablaufs, zwingende Sicherheitsvorschriften oder der Schutz von Dienstgeheimnissen entgegenstehen.

(3) Die Aufgaben der Gewerkschaften und der Vereinigungen der Arbeitgeber, insbesondere die Wahrnehmung der Interessen ihrer Mitglieder, werden durch dieses Gesetz nicht berührt.

§ 3 Ausschluss abweichender Regelungen

Durch Tarifvertrag oder Dienstvereinbarung kann das Personalvertretungsrecht nicht abweichend von diesem Gesetz geregelt werden.

§ 4 Beschäftigte, Gruppen

(1) [1]Beschäftigte im Sinne dieses Gesetzes sind Personen, die
1. weisungsgebunden in die Arbeitsorganisation der Dienststelle eingegliedert und innerhalb dieser tätig sind oder arbeitnehmerähnliche Personen im Sinne von § 12a des Tarifvertragsgesetzes sind,
2. sich in der Ausbildung für eine Beamtenlaufbahn oder in sonstiger beruflicher Ausbildung befinden,

unabhängig davon, ob sie in einem Dienst-, Arbeits- oder Ausbildungsverhältnis mit einer juristischen Person nach § 1 stehen. [2]Beschäftigte sind auch Personen, die unter Fortsetzung eines bestehenden unmittelbaren Dienst- oder Arbeitsverhältnisses zur Dienststelle nach beamtenrechtlichen oder tariflichen Vorschriften zu einer anderen Stelle abgeordnet oder dieser zugewiesen sind oder dort ihre geschuldete Arbeitsleistung erbringen.

(2) Als Beschäftigte im Sinne dieses Gesetzes gelten nicht
1. Personen in einem öffentlich-rechtlichen Amtsverhältnis,
2. Richter sowie Staatsanwälte, es sei denn
   a) die Richter auf Lebenszeit oder Staatsanwälte auf Lebenszeit sind an eine andere Dienststelle als ein Gericht oder eine Staatsanwaltschaft abgeordnet,

b) die Richter auf Probe oder die Richter kraft Auftrags sind einer anderen Dienststelle als einem Gericht oder einer Staatsanwaltschaft zur Verwendung zugewiesen,

3. Personen, die ehrenamtlich tätig sind, es sei denn, sie stehen in einem Ehrenbeamtenverhältnis,
4. Personen, die vorwiegend zu ihrer Heilung, Wiedereingewöhnung oder Erziehung beschäftigt werden,
5. Personen, die in der Dienststelle auf der Grundlage von Werk-, Werklieferungs- oder Geschäftsbesorgungsverträgen tätig sind; Absatz 1 Satz 1 Nummer 1 bleibt unberührt.

(3) [1]Unter den Beschäftigten bilden die Beamten im Sinne der Beamtengesetze eine Gruppe. [2]Als Beamte im Sinne dieses Gesetzes gelten auch Personen, die sich, ohne in ein Beamtenverhältnis berufen zu sein, in der Ausbildung für eine Beamtenlaufbahn in einem öffentlich-rechtlichen Ausbildungsverhältnis befinden oder als Richter oder Staatsanwälte nach Absatz 2 Nummer 2 verwendet werden.

(4) [1]Die übrigen Beschäftigten bilden die Gruppe der Arbeitnehmer. [2]Die dieser Gruppe angehörenden Beschäftigten gelten als Arbeitnehmer im Sinne dieses Gesetzes.

§ 5 Dienststellen

(1) Dienststellen im Sinne dieses Gesetzes sind die einzelnen Behörden, Stellen und Betriebe der in § 1 genannten juristischen Personen sowie die Gerichte, die Hochschulen, das Karlsruher Institut für Technologie (KIT) und die Schulen, soweit in diesem Gesetz nichts anderes bestimmt ist.

(2) Eigenbetriebe mit in der Regel nicht mehr als 50 Beschäftigten gelten nicht als Dienststelle im Sinne von Absatz 1; ihre Beschäftigten gelten als Beschäftigte der Verwaltungsbehörde der Gemeinde oder des Gemeindeverbands.

(3) [1]Außenstellen, Nebenstellen und Teile einer Dienststelle nach Absatz 1 oder einer nach Absatz 4 zusammengefassten Dienststelle können auf Antrag der Mehrheit der betroffenen wahlberechtigten Beschäftigten oder von Amts wegen vom Leiter der Hauptdienststelle oder der zusammengefassten Dienststelle unter Berücksichtigung dienstlicher Belange und der Belange der Beschäftigten zu einer selbstständigen Dienststelle im Sinne dieses Gesetzes erklärt oder zu einer solchen zusammengefasst werden. [2]Der Personalrat ist vor der Entscheidung anzuhören. [3]Für die Aufhebung der Verselbstständigung gilt Satz 1 entsprechend. [4]Vor der Aufhebung sind der Personalrat der Dienststelle nach Satz 1, der Personalrat der Hauptdienststelle und der Gesamtpersonalrat anzuhören. [5]Die Verselbstständigung und ihre Aufhebung sind jeweils ab der folgenden Wahl wirksam.

(4) [1]Mehrere Dienststellen eines Verwaltungszweigs können von der obersten Dienstbehörde zu einer Dienststelle im Sinne dieses Gesetzes zusammengefasst werden, wenn die Mehrheit ihrer wahlberechtigten Beschäftigten in geheimen Abstimmungen zustimmt. [2]Für die Aufhebung gilt Satz 1 mit der Maßgabe entsprechend, dass es nur der Zustimmung der Mehrheit der wahlberechtigten Beschäftigten der Dienststellenteile bedarf, die aus dem Zusammenschluss ausscheiden wollen oder sollen; eine Verselbstständigung nach Absatz 3 Satz 1 gilt dadurch ebenfalls als aufgehoben. [3]Die Zusammenfassung und ihre Aufhebung sind jeweils ab der folgenden Wahl wirksam.

(5) [1]Bei gemeinsamen Dienststellen verschiedener juristischer Personen gelten die Beschäftigten jeder juristischen Person als Beschäftigte einer besonderen Dienststelle. [2]Das Landratsamt gilt als einheitliche Dienststelle.

§ 6 Behinderungs-, Benachteiligungs- und Begünstigungsverbot, Unfallschutz

(1) Personen, die Aufgaben oder Befugnisse nach diesem Gesetz wahrnehmen, dürfen darin nicht behindert und wegen ihrer Tätigkeit nicht benachteiligt oder begünstigt werden; dies gilt auch für ihre berufliche Entwicklung.

(2) Erleiden Beamte, die Aufgaben oder Befugnisse nach diesem Gesetz wahrnehmen, dabei einen Unfall, der im Sinne der beamtenrechtlichen Unfallfürsorgevorschriften ein Dienstunfall wäre, oder erfahren sie einen Sachschaden, der nach § 80 des Landesbeamtengesetzes zu ersetzen wäre, so finden diese Vorschriften entsprechende Anwendung.

§ 7 Verschwiegenheitspflicht

(1) [1]Personen, die Aufgaben oder Befugnisse nach diesem Gesetz wahrnehmen oder wahrgenommen haben, haben über die ihnen dabei bekannt gewordenen Angelegenheiten und Tatsachen Verschwiegenheit zu bewahren. [2]Abgesehen von den Fällen des § 71 Absatz 1 Satz 3, des § 76 Absatz 4 und des § 94 gilt die Verschwiegenheitspflicht nicht

1. für Mitglieder der Personalvertretung und der Jugend- und Auszubildendenvertretung gegenüber den übrigen Mitgliedern der Vertretung und gegenüber den für Mitglieder eingetretenen Ersatzmitgliedern,
2. für die in Satz 1 bezeichneten Personen gegenüber der zuständigen Personalvertretung und der zuständigen Jugend- und Auszubildendenvertretung,
3. gegenüber der übergeordneten Dienststelle, der obersten Dienstbehörde oder dem anzurufenden obersten Organ oder einem Ausschuss dieses Organs,
4. gegenüber der bei der übergeordneten Dienststelle oder der obersten Dienstbehörde gebildeten Stufenvertretung,
5. gegenüber dem Gesamtpersonalrat,
6. gegenüber der anzuhörenden Personalvertretung,
7. für die Anrufung der Einigungsstelle,
8. für Mitglieder des Wirtschaftsausschusses gegenüber Mitgliedern der Personalvertretungen.

(2) Die Verschwiegenheitspflicht besteht nicht für Angelegenheiten oder Tatsachen, die offenkundig sind oder ihrer Bedeutung nach keiner Geheimhaltung bedürfen.

(3) Die Dienststelle kann im Einzelfall auf Antrag des Personalrats von der Verschwiegenheitspflicht entbinden; die Aussagegenehmigung nach beamtenrechtlichen oder entsprechenden tariflichen Vorschriften bleibt davon unberührt.

Teil 2 Der Personalrat

Abschnitt 1 Wahl und Zusammensetzung

§ 8 Wahlberechtigung

(1) Wahlberechtigt sind alle Beschäftigten, es sei denn, dass sie
1. infolge Richterspruchs das Recht, in öffentlichen Angelegenheiten zu wählen oder zu stimmen, nicht besitzen,
2. am Wahltag seit mehr als zwölf Monaten ohne Dienstbezüge oder Arbeitsentgelt beurlaubt sind,
3. eine Teilzeitbeschäftigung mit Freistellungsjahr ausüben und am Wahltag noch mehr als zwölf Monate vom Dienst freigestellt sind,
4. Altersteilzeit im Blockmodell ausüben und sich am Wahltag in der Freistellung befinden.

(2) [1]Auszubildende in öffentlich-rechtlichen Ausbildungsverhältnissen, Beamte im Vorbereitungsdienst und Beschäftigte in einer dem Vorbereitungsdienst entsprechenden Berufsausbildung sind nur bei ihrer Stammbehörde wahlberechtigt, soweit sich aus § 58 nichts anderes ergibt. [2]Sofern die Ausbildung bei mehreren Ausbildungsstellen erfolgt, bestimmt die oberste Dienstbehörde, welche Dienststelle Stammbehörde im Sinne dieses Gesetzes ist.

§ 9 Wählbarkeit

(1) Wählbar sind die wahlberechtigten Beschäftigten im Sinne von § 4 Absatz 1 Satz 1, die am Wahltag
1. seit zwei Monaten der Dienststelle angehören und
2. das 18. Lebensjahr vollendet haben.

(2) [1]Nicht wählbar sind
1. Beschäftigte, die infolge Richterspruchs die Fähigkeit, Rechte aus öffentlichen Wahlen zu erlangen, nicht besitzen,
2. der Leiter der Dienststelle und sein ständiger Vertreter,
3. Beschäftigte, die zu selbstständigen Entscheidungen in Personalangelegenheiten der Dienststelle befugt sind,
4. die den Beschäftigten nach Nummer 3 zugeordneten unmittelbaren Mitarbeiter, die als Personalsachbearbeiter die Entscheidungen vorbereiten,
5. die Beauftragte für Chancengleichheit und ihre Stellvertreterin.

[2]Beschäftigte, die nicht ständig selbstständige Entscheidungen in Personalangelegenheiten treffen oder vorbereiten, sind von der Wählbarkeit nach Satz 1 Nummer 3 und 4 nicht ausgeschlossen, wenn nur zu einem untergeordneten Teil der Gesamtaufgaben des Beschäftigten Personalangelegenheiten entschieden oder vorbereitet werden.

§ 10 Bildung von Personalräten, Zahl der Mitglieder

(1) In allen Dienststellen, die in der Regel mindestens fünf Wahlberechtigte beschäftigen, von denen drei Beschäftigte wählbar sind, werden Personalräte gebildet.

(2) Dienststellen, bei denen die Voraussetzungen des Absatzes 1 nicht vorliegen, werden von der übergeordneten Dienststelle im Einvernehmen mit der Stufenvertretung einer benachbarten Dienststelle zugeteilt, wenn die Mehrheit ihrer wahlberechtigten Beschäftigten in geheimer Abstimmung zustimmt.

(3) Der Personalrat besteht in Dienststellen mit in der Regel

5 bis 14 wahlberechtigten Beschäftigten	aus einer Person,
15 wahlberechtigten Beschäftigten bis 50 Beschäftigten	aus drei Mitgliedern,
51 bis 150 Beschäftigten	aus fünf Mitgliedern,
151 bis 300 Beschäftigten	aus sieben Mitgliedern,
301 bis 600 Beschäftigten	aus neun Mitgliedern,
601 bis 1000 Beschäftigten	aus elf Mitgliedern,
1001 bis 1500 Beschäftigten	aus 13 Mitgliedern,
1501 bis 2000 Beschäftigten	aus 15 Mitgliedern,
2001 bis 3000 Beschäftigten	aus 17 Mitgliedern,
3001 bis 4000 Beschäftigten	aus 19 Mitgliedern,
4001 bis 5000 Beschäftigten	aus 21 Mitgliedern,
5001 bis 7500 Beschäftigten	aus 23 Mitgliedern,
7501 bis 10000 Beschäftigten	aus 25 Mitgliedern,
10001 und mehr Beschäftigten	aus 27 Mitgliedern.

(4) Liegen in Dienststellen mit in der Regel 601 und mehr Beschäftigten Außenstellen, Nebenstellen oder Teile der Dienststelle räumlich vom Dienstort der Hauptdienststelle entfernt, erhöht sich die Zahl der Mitglieder nach Absatz 3 um

1. zwei Mitglieder, wenn mindestens ein Drittel der in der Regel Beschäftigten der Dienststelle,
2. vier Mitglieder, wenn mindestens die Hälfte der in der Regel Beschäftigten der Dienststelle

zum überwiegenden Teil ihrer Arbeitszeit an einem anderen als dem Dienstort der Hauptdienststelle beschäftigt ist.

(5) [1]Maßgebend für die Ermittlung der Zahl der Mitglieder des Personalrats ist der zehnte Arbeitstag vor Erlass des Wahlausschreibens. [2]Der Wahlvorstand legt dabei den zu dem Stichtag absehbaren Beschäftigtenstand zugrunde, der voraussichtlich über die Hälfte der Amtszeit des Personalrats in der Dienststelle vorhanden sein wird.

§ 11 Vertretung nach Gruppen und Geschlechtern

(1) [1]Besteht der Personalrat aus mindestens drei Mitgliedern, sollen im Personalrat Frauen und Männer entsprechend ihren Anteilen an den in der Regel Beschäftigten der Dienststelle vertreten sein. [2]Sind in der Dienststelle Beamte und Arbeitnehmer beschäftigt, sollen Frauen und Männer in jeder Gruppe, der mehr als ein Sitz im Personalrat zusteht, entsprechend ihrem Anteil an den in der Regel beschäftigten Gruppenangehörigen vertreten sein.

(2) [1]Besteht der Personalrat aus mindestens drei Mitgliedern und sind in der Dienststelle Beamte und Arbeitnehmer beschäftigt, so muss jede der Gruppen entsprechend der Zahl der in der Regel beschäftigten Gruppenangehörigen im Personalrat vertreten sein. [2]Sind beide Gruppen gleich groß, entscheidet das Los. [3]Macht eine Gruppe von ihrem Recht, im Personalrat vertreten zu sein, keinen Gebrauch, so verliert sie ihren Anspruch auf Vertretung für die Dauer der Amtszeit des Personalrats; die entsprechend zustehenden Sitze fallen der anderen Gruppe zu.

(3) [1]Der Wahlvorstand stellt fest, wie hoch der Anteil der Frauen und der Männer an den in der Regel Beschäftigten insgesamt und innerhalb der Gruppen ist. [2]Er errechnet nach den Grundsätzen der Verhältniswahl die Verteilung der Sitze

1. im Personalrat auf die Gruppen,
2. im Personalrat auf die Geschlechter,

3. innerhalb einer Gruppe, der mehr als ein Sitz im Personalrat zusteht, auf die Geschlechter.

(4) Eine Gruppe erhält mindestens bei in der Regel

weniger als 101 Gruppenangehörigen	einen Vertreter,
101 bis 300 Gruppenangehörigen	zwei Vertreter,
301 bis 1000 Gruppenangehörigen	drei Vertreter,
1001 bis 2500 Gruppenangehörigen	vier Vertreter,
2501 bis 5000 Gruppenangehörigen	fünf Vertreter,
5001 und mehr Gruppenangehörigen	sechs Vertreter.

(5) Eine Gruppe, der in der Regel nicht mehr als fünf Beschäftigte angehören, erhält nur dann eine Vertretung, wenn sie mindestens ein Zwanzigstel der Beschäftigten der Dienststelle umfasst.

§ 12 Andere Gruppeneinteilung

(1) [1]Die Verteilung der Mitglieder des Personalrats auf die Gruppen kann abweichend von § 11 geordnet werden, wenn die wahlberechtigten Angehörigen jeder Gruppe dies vor der Neuwahl in getrennten geheimen Vorabstimmungen beschließen. [2]Der Beschluss bedarf der Mehrheit der Stimmen aller Wahlberechtigten jeder Gruppe.

(2) [1]Für jede Gruppe können auch Angehörige der anderen Gruppe vorgeschlagen werden. [2]Die Gewählten gelten als Vertreter derjenigen Gruppe, für die sie vorgeschlagen worden sind. [3]Satz 2 gilt auch für Ersatzmitglieder.

§ 13 Wahl des Personalrats

(1) Der Personalrat wird in geheimer und unmittelbarer Wahl gewählt.

(2) [1]Besteht der Personalrat aus mehr als einer Person, so wählen die Beamten und Arbeitnehmer ihre Vertreter je in getrennten Wahlgängen, es sei denn, dass eine Gruppe nach § 11 Absatz 5 keine Vertretung erhält oder die wahlberechtigten Angehörigen jeder Gruppe vor der Neuwahl in getrennten geheimen Vorabstimmungen die gemeinsame Wahl beschließen. [2]Der Beschluss bedarf der Mehrheit der Stimmen aller Wahlberechtigten jeder Gruppe.

(3) [1]Die Wahl wird nach den Grundsätzen der Verhältniswahl durchgeführt. [2]Wird nur ein Wahlvorschlag eingereicht, so findet Mehrheitswahl statt. [3]In Dienststellen, deren Personalrat aus einer Person besteht, wird dieser mit einfacher Stimmenmehrheit gewählt. [4]Das Gleiche gilt für Gruppen, denen nur ein Vertreter im Personalrat zusteht.

(4) [1]Zur Wahl des Personalrats können die wahlberechtigten Beschäftigten und die in der Dienststelle vertretenen Gewerkschaften Wahlvorschläge machen. [2]Jeder Wahlvorschlag der Beschäftigten muss von mindestens einem Zwanzigstel der wahlberechtigten Gruppenangehörigen unterzeichnet sein. [3]In jedem Fall genügt die Unterzeichnung durch 50 wahlberechtigte Gruppenangehörige. [4]Die nach § 9 Absatz 2 Satz 1 Nummer 3 und 4 in Verbindung mit Satz 2 nicht wählbaren Beschäftigten dürfen keine Wahlvorschläge machen oder unterzeichnen.

(5) [1]Die Wahlvorschläge müssen mindestens so viele Bewerber enthalten, wie erforderlich sind, um die anteilige Verteilung der Sitze im Personalrat und innerhalb der Gruppen auf Frauen und Männer zu erreichen. [2]Wahlvorschläge, die diesem Erfordernis nicht entsprechen, hat der Wahlvorstand nach näherer Maßgabe der Wahl-

ordnung als gültig zuzulassen, wenn die Abweichung schriftlich begründet wird. [3]Die Begründung ist mit dem Wahlvorschlag bekanntzugeben.

(6) Ist gemeinsame Wahl beschlossen worden, so muss jeder Wahlvorschlag der Beschäftigten von mindestens einem Zwanzigstel der wahlberechtigten Beschäftigten unterzeichnet sein; Absatz 4 Satz 3 und 4 gilt entsprechend.

(7) [1]Werden bei gemeinsamer Wahl für eine Gruppe gruppenfremde Bewerber vorgeschlagen, muss der Wahlvorschlag der Beschäftigten von mindestens einem Zwanzigstel der wahlberechtigten Gruppenangehörigen unterzeichnet sein, für die sie vorgeschlagen werden. [2]Absatz 4 Satz 3 und 4 gilt entsprechend.

(8) Jeder Beschäftigte kann nur auf einem Wahlvorschlag benannt werden.

§ 14 Zusammensetzung des Personalrats nach Beschäftigungsarten und Dienststellenteilen

(1) Der Personalrat soll sich aus Vertretern der verschiedenen Beschäftigungsarten und verschiedener Organisationseinheiten der Dienststelle zusammensetzen.

(2) [1]Dem Personalrat beim Landratsamt sollen Beschäftigte des Landkreises und des Landes entsprechend ihren Anteilen an den in der Regel Beschäftigten des Landratsamts angehören. [2]Dies gilt entsprechend für die Vertretung in den Gruppen im Personalrat.

§ 15 Wahlvorstand

(1) [1]Der Wahlvorstand besteht aus drei wahlberechtigten Beschäftigten. [2]Sind in der Dienststelle Angehörige verschiedener Gruppen beschäftigt, so muss jede Gruppe im Wahlvorstand vertreten sein. [3]Beide Geschlechter sollen im Wahlvorstand vertreten sein.

(2) Ein Mitglied des Wahlvorstands wird zum Vorsitzenden sowie ein weiteres Mitglied zum stellvertretenden Vorsitzenden bestimmt.

(3) [1]Für jedes Mitglied des Wahlvorstands können Ersatzmitglieder derselben Gruppe bestellt werden. [2]Ein Ersatzmitglied tritt in den Wahlvorstand ein, wenn ein Mitglied aus dem Wahlvorstand ausscheidet oder ein Mitglied des Wahlvorstands zeitweilig verhindert ist.

(4) [1]Ist der Vorsitzende des Wahlvorstands zeitweilig verhindert, vertritt ihn der stellvertretende Vorsitzende; scheidet der Vorsitzende aus dem Wahlvorstand aus, so ist der Vorsitz neu zu bestimmen. [2]Unabhängig davon tritt jeweils das Ersatzmitglied nach Absatz 3 Satz 2 ein.

(5) § 41 Absatz 1 Satz 2, § 43 Absatz 2 Satz 2 und § 47 Absatz 1 Satz 1 und Absatz 2 sowie Absatz 4 gelten entsprechend für die Mitglieder des Wahlvorstands und Ersatzmitglieder, solange sie in den Wahlvorstand eingetreten sind.

§ 16 Bestellung oder Wahl des Wahlvorstands

(1) Spätestens zwölf Wochen vor Ablauf seiner Amtszeit bestellt der Personalrat den Wahlvorstand und bestimmt den Vorsitzenden und den stellvertretenden Vorsitzenden.

(2) [1]Auf Antrag von mindestens drei wahlberechtigten Beschäftigten oder einer in der Dienststelle vertretenen Gewerkschaft beruft der Leiter der Dienststelle eine Per-

sonalversammlung zur Wahl des Wahlvorstands und zur Bestimmung des Vorsitzes ein, wenn

1. der Personalrat zehn Wochen vor Ablauf seiner Amtszeit keinen Wahlvorstand bestellt hat oder
2. in einer Dienststelle, die die Voraussetzungen des § 10 Absatz 1 erfüllt, kein Personalrat besteht.

[2]Die Personalversammlung wählt einen Versammlungsleiter.

(3) Findet die einberufene Personalversammlung nicht statt oder wählt die Personalversammlung keinen Wahlvorstand, so bestellt ihn der Leiter der Dienststelle auf Antrag von mindestens drei wahlberechtigten Beschäftigten oder einer in der Dienststelle vertretenen Gewerkschaft.

§ 17 Einleitung und Durchführung der Wahl

(1) [1]Der Wahlvorstand führt die Wahl des Personalrats durch. [2]Er bestimmt den Tag, die Zeit und den Ort der Wahl. [3]Dabei hat er auf die Belange der Beschäftigten und der Dienststelle Rücksicht zu nehmen.

(2) [1]Der Wahlvorstand hat die Wahl spätestens zwei Monate vor dem vorgesehenen Wahltag einzuleiten. [2]Die Wahl soll rechtzeitig vor dem Ablauf der Amtszeit des Personalrats stattfinden. [3]Ist der Wahlvorstand durch die Personalversammlung gewählt, durch den Leiter der Dienststelle bestellt oder findet eine nicht regelmäßige Personalratswahl nach § 23 Absatz 1 statt, soll die Wahl spätestens zwei Monate nach der Wahl oder Bestellung des Wahlvorstands stattfinden.

(3) [1]Kommt der Wahlvorstand den Verpflichtungen nach Absatz 1 Satz 1 und 2 und Absatz 2 nicht nach, so beruft der Leiter der Dienststelle eine Personalversammlung zur Wahl eines neuen Wahlvorstands ein. [2]§ 16 Absatz 2 Satz 2 und Absatz 3 gilt entsprechend.

(4) Bei einer Neubestellung des Wahlvorstands nach Absatz 3 gelten Absatz 1 Satz 2 und Absatz 2 mit der Maßgabe, dass der Wahlvorstand unverzüglich den Wahltag festzusetzen und die Wahl einzuleiten hat.

§ 18 Feststellung des Wahlergebnisses

[1]Unverzüglich nach Abschluss der Wahl nimmt der Wahlvorstand öffentlich die Auszählung der Stimmen vor, stellt deren Ergebnis in einer Niederschrift fest und gibt es den Angehörigen der Dienststelle bekannt. [2]Dem Leiter der Dienststelle, den in der Dienststelle vertretenen Gewerkschaften und den Vertretern der sonstigen gültigen Wahlvorschläge ist eine Abschrift der Niederschrift zu übersenden.

§ 19 Konstituierende Sitzung des Personalrats

Spätestens sechs Arbeitstage nach dem Wahltag beruft der Wahlvorstand die Mitglieder des Personalrats zur Vornahme der vorgeschriebenen Wahlen ein und leitet die Sitzung, bis der Personalrat aus seiner Mitte einen Wahlleiter bestellt hat.

§ 20 Freiheit der Wahl, Kosten

(1) [1]Niemand darf die Wahl des Personalrats behindern oder in einer gegen die guten Sitten verstoßenden Weise beeinflussen. [2]Insbesondere darf kein Wahlbe-

rechtigter in der Ausübung des aktiven und passiven Wahlrechts beschränkt werden. [3]§ 47 Absatz 1 Satz 1 und Absatz 2 sowie Absatz 4 gilt für Wahlbewerber entsprechend.

(2) [1]Die Kosten der Wahl trägt die Dienststelle. [2]Notwendiges Versäumnis von Arbeitszeit infolge der Ausübung des Wahlrechts, der Teilnahme an den in den § 16 Absatz 2 und § 17 Absatz 3 genannten Personalversammlungen oder der Betätigung im Wahlvorstand hat keine Minderung der Besoldung oder des Arbeitsentgelts zur Folge.

§ 21 Anfechtung der Wahl

(1) Mindestens drei Wahlberechtigte, jede in der Dienststelle vertretene Gewerkschaft oder der Leiter der Dienststelle können binnen einer Frist von zwölf Arbeitstagen, vom Tag der Bekanntgabe des Wahlergebnisses an gerechnet, die Wahl beim Verwaltungsgericht anfechten, wenn gegen wesentliche Vorschriften über das Wahlrecht, die Wählbarkeit oder das Wahlverfahren verstoßen worden und eine Berichtigung nicht erfolgt ist, es sei denn, dass durch den Verstoß das Wahlergebnis nicht geändert oder beeinflusst werden konnte.

(2) [1]Ist die Wahl für ungültig erklärt setzt der Vorsitzende der Fachkammer des Verwaltungsgerichts einen Wahlvorstand ein. [2]Dieser hat unverzüglich die Wiederholungswahl einzuleiten, durchzuführen und das Ergebnis festzustellen. [3]Der Wahlvorstand nimmt die dem Personalrat nach diesem Gesetz zustehenden Befugnisse und Pflichten bis zur Wiederholungswahl wahr.

Abschnitt 2 **Amtszeit**

§ 22 Amtszeit, regelmäßiger Wahlzeitraum

(1) [1]Die regelmäßige Amtszeit des Personalrats beträgt fünf Jahre. [2]Sie beginnt mit dem Tag der Wahl oder, wenn zu diesem Zeitpunkt noch ein Personalrat besteht, mit dem Ablauf der Amtszeit dieses Personalrats. [3]Die Amtszeit endet spätestens am 31. Juli des Jahres, in dem die regelmäßigen Personalratswahlen stattfinden.

(2) [1]Ist am Tag des Ablaufs der Amtszeit ein neuer Personalrat nicht gewählt, führt der Personalrat die Geschäfte weiter, bis der neue Personalrat gewählt ist, längstens bis zum Ablauf des 31. Juli. [2]Der geschäftsführende Personalrat ist nicht befugt, Maßnahmen nach § 84 zu beantragen oder Dienstvereinbarungen zu schließen.

(3) [1]Die regelmäßigen Personalratswahlen finden alle fünf Jahre in der Zeit vom 1. April bis 31. Juli statt. [2]Fand außerhalb dieses Zeitraums eine Personalratswahl statt, so ist der Personalrat in dem auf die Wahl folgenden nächsten Zeitraum der regelmäßigen Personalratswahlen neu zu wählen, wenn die Amtszeit des Personalrats zu Beginn des für die regemäßigen Personalratswahlen festgelegten Zeitraums mehr als ein Jahr betragen hat. [3]War seine Amtszeit kürzer, so ist der Personalrat erst in dem übernächsten Zeitraum der regelmäßigen Personalratswahlen neu zu wählen.

§ 23 Vorzeitige Neuwahl

(1) [1]Der Personalrat ist außerhalb des für die regelmäßigen Personalratswahlen festgelegten Zeitraums neu zu wählen, wenn

1. mit Ablauf von 20 Monaten oder 40 Monaten, vom Tag der Wahl gerechnet, die Zahl der in der Regel Beschäftigten um ein Drittel, mindestens aber um 50 gestiegen oder gesunken ist oder
2. die Gesamtzahl der Mitglieder des Personalrats auch nach dem Eintreten sämtlicher Ersatzmitglieder um mehr als ein Viertel der Mitgliederzahl nach § 10 Absatz 3 gesunken ist oder
3. der Personalrat mit der Mehrheit seiner Mitglieder seinen Rücktritt beschlossen hat oder
4. der Personalrat durch gerichtliche Entscheidung aufgelöst ist oder
5. die Wahl des Personalrats mit Erfolg angefochten worden ist oder
6. in der Dienststelle kein Personalrat besteht.

[2]In den Fällen der Nummer 1 bis 3 führt der Personalrat die Geschäfte weiter, bis der neue Personalrat gewählt ist, längstens für vier Monate. [3]§ 22 Absatz 2 Satz 2 gilt entsprechend.

(2) [1]Ist eine in der Dienststelle vorhandene Gruppe, die bisher im Personalrat vertreten war, auch nach dem Eintreten sämtlicher Ersatzmitglieder durch kein Mitglied des Personalrats mehr vertreten, so wählt diese Gruppe für den Rest der Amtszeit des Personalrats neue Vertreter. [2]Die §§ 16 bis 18, 20 und 21 finden mit folgenden Maßgaben entsprechende Anwendung:

1. Eine Personalversammlung oder eine Gruppenversammlung zur Wahl eines Wahlvorstands findet nicht statt.
2. Die Bestellung des Wahlvorstands durch den Leiter der Dienststelle ist nur auf Antrag von drei wahlberechtigten Beschäftigten der Gruppe, für welche die Neuwahl stattfinden soll, möglich. Das Antragsrecht einer in der Dienststelle vertretenen Gewerkschaft bleibt unberührt.

§ 24 Ausschluss einzelner Mitglieder und Auflösung des Personalrats

(1) [1]Auf Antrag eines Viertels der Wahlberechtigten oder einer in der Dienststelle vertretenen Gewerkschaft kann das Verwaltungsgericht den Ausschluss eines Mitglieds aus dem Personalrat oder die Auflösung des Personalrats wegen grober Vernachlässigung seiner gesetzlichen Befugnisse oder wegen grober Verletzung seiner gesetzlichen Pflichten beschließen. [2]Der Personalrat kann aus den gleichen Gründen den Ausschluss eines Mitglieds beantragen. [3]Der Leiter der Dienststelle kann den Ausschluss eines Mitglieds aus dem Personalrat oder die Auflösung des Personalrats wegen grober Verletzung seiner gesetzlichen Pflichten beantragen.

(2) Ist über den Antrag auf Ausschluss eines Mitglieds bis zum Ablauf der Amtszeit noch nicht rechtskräftig entschieden, so ist das Verfahren mit der Wirkung für die folgende Amtszeit fortzusetzen, wenn das Mitglied für die folgende Amtszeit wieder gewählt worden ist.

(3) [1]Ist der Personalrat aufgelöst, so setzt der Vorsitzende der Fachkammer des Verwaltungsgerichts einen Wahlvorstand ein. [2]Dieser hat unverzüglich die Neuwahl einzuleiten, durchzuführen und das Ergebnis festzustellen. [3]Der Wahlvorstand nimmt bis zur Neuwahl die dem Personalrat nach diesem Gesetz zustehenden Befugnisse und Pflichten wahr.

§ 25 Erlöschen der Mitgliedschaft im Personalrat

(1) Die Mitgliedschaft im Personalrat erlischt durch

1. Ablauf der Amtszeit,

2. Niederlegung des Amts,
3. Rücktritt des gesamten Personalrats,
4. Beendigung des Dienst-, Arbeits- oder Ausbildungsverhältnisses,
5. Ausscheiden als Beschäftigter aus der Dienststelle,
6. Beurlaubung ohne Dienstbezüge oder Arbeitsentgelt, wenn diese länger als zwölf Monate gedauert hat; bei Mitgliedern, die bereits bei Beginn der Amtszeit beurlaubt sind, beginnt die Frist ab diesem Zeitpunkt,
7. Teilzeitbeschäftigung mit Freistellungsjahr, wenn dieses bis zum Ruhestand andauert, mit dem Beginn der Freistellung,
8. Altersteilzeit im Blockmodell mit dem Beginn der Freistellung,
9. Verlust der Wählbarkeit,
10. gerichtliche Entscheidung nach § 24 Absatz 1 Satz 1,
11. Feststellung nach Ablauf der in § 21 Absatz 1 bezeichneten Frist, dass der Gewählte nicht wählbar war.

(2) Die Mitgliedschaft im Personalrat wird durch einen Wechsel der Gruppenzugehörigkeit eines Mitglieds nicht berührt; dieses bleibt Vertreter der Gruppe, die es gewählt hat.

(3) Für Waldarbeiter gilt Absatz 1 Nummer 4 und 5 mit der Maßgabe, dass die Mitgliedschaft im Personalrat erst bei endgültigem Ausscheiden als Waldarbeiter erlischt.

§ 26 Ruhen der Mitgliedschaft im Personalrat

(1) Die Mitgliedschaft eines Beamten im Personalrat ruht, solange ihm die Führung der Dienstgeschäfte verboten oder er disziplinarrechtlich vorläufig des Dienstes enthoben ist.

(2) Die Mitgliedschaft der in § 8 Absatz 2 bezeichneten Beschäftigten im Personalrat ruht, solange sie entsprechend den Erfordernissen ihrer Ausbildung einen Ausbildungsabschnitt in einer anderen Dienststelle ableisten.

(3) Die Absätze 1 und 2 gelten sinngemäß für Arbeitnehmer.

(4) Die Mitgliedschaft von Waldarbeitern im Personalrat ruht, solange sie vorübergehend nicht im Beschäftigungsverhältnis stehen.

§ 27 Ersatzmitglieder

(1) [1]Scheidet ein Mitglied aus dem Personalrat aus, so tritt ein Ersatzmitglied ein. [2]Ist ein Mitglied des Personalrats zeitweilig verhindert oder ruht seine Mitgliedschaft, so tritt ein Ersatzmitglied für die Zeit der Verhinderung oder des Ruhens ein.

(2) [1]Die Ersatzmitglieder werden der Reihe nach aus den nicht gewählten Beschäftigten derjenigen Vorschlagslisten entnommen, denen die zu ersetzenden Mitglieder angehören. [2]Ist ein Mitglied nach Absatz 1 mit einfacher Stimmenmehrheit gewählt, so tritt der nicht gewählte Beschäftigte mit der nächsthöheren Stimmenzahl als Ersatzmitglied ein.

(3) § 25 Absatz 2 gilt entsprechend bei einem Wechsel der Gruppenzugehörigkeit vor dem Eintritt des Ersatzmitglieds in den Personalrat.

(4) In den Fällen des § 23 Absatz 1 Satz 1 Nummer 3 und 4 treten Ersatzmitglieder nicht ein.

Abschnitt 3 **Geschäftsführung**

§ 28 Vorstand

(1) [1]Der Personalrat bildet aus seiner Mitte den Vorstand. [2]Diesem muss ein Mitglied jeder im Personalrat vertretenen Gruppe angehören. [3]Die Vertreter jeder Gruppe wählen das auf sie entfallende Vorstandsmitglied.

(2) [1]Der Personalrat kann aus seiner Mitte mit der Mehrheit der Stimmen aller Mitglieder zwei weitere Mitglieder in den Vorstand wählen. [2]Sind Mitglieder des Personalrats aus Wahlvorschlägen mit verschiedenen Bezeichnungen gewählt worden und sind im Vorstand nach Absatz 1 Mitglieder aus dem Wahlvorschlag nicht vertreten, der die zweitgrößte Zahl aller von den Angehörigen der Dienststelle abgegebenen Stimmen erhalten hat, so ist eines der weiteren Vorstandsmitglieder aus diesem Wahlvorschlag zu wählen.

(3) Beide Geschlechter sollen im Vorstand vertreten sein.

(4) [1]Der Vorstand führt die laufenden Geschäfte. [2]Er kann dazu andere Mitglieder des Personalrats heranziehen.

§ 29 Vorsitz

(1) [1]Der Personalrat bestimmt, welches Vorstandsmitglied nach § 28 Absatz 1 den Vorsitz übernimmt. [2]Das Vorstandsmitglied der anderen Gruppe übernimmt den stellvertretenden Vorsitz, es sei denn, der Personalrat bestimmt dazu mit Zustimmung der Vertreter dieser Gruppe ein anderes Mitglied aus seiner Mitte. [3]Ist nur eine Gruppe im Vorstand vertreten, bestimmt der Personalrat aus seiner Mitte ein Mitglied, das den stellvertretenden Vorsitz übernimmt.

(2) [1]Der Vorsitzende vertritt den Personalrat im Rahmen der von diesem gefassten Beschlüsse. [2]In Angelegenheiten, die nur eine Gruppe betreffen, vertritt der Vorsitzende, wenn er nicht selbst dieser Gruppe angehört, gemeinsam mit einem der Gruppe angehörenden Vorstandsmitglied den Personalrat.

§ 30 Anberaumung der Sitzungen

(1) [1]Der Vorsitzende des Personalrats beraumt die Sitzungen an; dabei hat er auf die dienstlichen Erfordernisse Rücksicht zu nehmen. [2]Er setzt die Tagesordnung fest und leitet die Verhandlung. [3]Der Vorsitzende hat die Mitglieder des Personalrats, die Schwerbehindertenvertretung und das von der Jugend- und Auszubildendenvertretung nach § 32 Absatz 4 Satz 1 benannte Mitglied zu den Sitzungen rechtzeitig unter Mitteilung der Tagesordnung zu laden. [4]Zu den Sitzungen sind ebenso zu laden

1. die weiteren Mitglieder der Jugend- und Auszubildendenvertretung,
2. Beauftragte von Stufenvertretungen,
3. Beauftragte des Gesamtpersonalrats,
4. die Beauftragte für Chancengleichheit,

soweit sie allgemein oder auf Beschluss des Personalrats berechtigt sind, an der Sitzung teilzunehmen.

(2) Der Leiter der Dienststelle ist vom Zeitpunkt der Sitzung unter Mitteilung der Tagesordnung rechtzeitig zu verständigen und zu Tagesordnungspunkten, an denen er teilnehmen soll, zu laden.

(3) [1]Auf Antrag eines Viertels der Mitglieder des Personalrats, der Mehrheit der Vertreter einer Gruppe oder des Leiters der Dienststelle hat der Vorsitzende eine Sitzung anzuberaumen und den Gegenstand, dessen Beratung beantragt wird, auf die Tagesordnung zu setzen. [2]Entsprechendes gilt in Angelegenheiten, die

1. besonders Beschäftigte im Sinne von § 59 betreffen, für die Mehrheit der Mitglieder der Jugend- und Auszubildendenvertretung;
2. schwerbehinderte Beschäftigte besonders betreffen, für die Schwerbehindertenvertretung;
3. besonders die Gleichstellung von Frauen und Männern betreffen, für die Beauftragte für Chancengleichheit.

(4) Der Leiter der Dienststelle oder im Verhinderungsfall eine von ihm beauftragte Person nimmt an den Sitzungen, die auf sein Verlangen anberaumt sind, und an den Sitzungen, zu denen er ausdrücklich eingeladen ist, teil.

(5) [1]Der Personalrat kann von Fall zu Fall beschließen, dass Beauftragte von Stufenvertretungen und Beauftragte des Gesamtpersonalrats berechtigt sind, mit beratender Stimme an einer Sitzung teilzunehmen. [2]In diesem Fall kann die Ladung zur Sitzung nach Absatz 1 auch kurzfristig erfolgen.

§ 31 Gemeinsame Aufgaben von Personalrat, Richterrat und Staatsanwaltsrat

(1) Sind an einer Angelegenheit sowohl der Personalrat als auch der Richterrat oder der Staatsanwaltsrat beteiligt, so teilt der Vorsitzende dem Richterrat oder dem Staatsanwaltsrat den entsprechenden Teil der Tagesordnung mit und gibt ihm Gelegenheit, Mitglieder in die Sitzung des Personalrats zu entsenden (§ 30 des Landesrichter- und -staatsanwaltsgesetzes).

(2) [1]Der Vorsitzende des Personalrats hat auf Antrag des Richterrats oder des Staatsanwaltsrats oder des Leiters der Dienststelle eine Angelegenheit, deren Beratung beantragt ist, auf die Tagesordnung zu setzen. [2]§ 30 Absatz 3 bis 5 gilt entsprechend.

§ 32 Durchführung der Sitzungen Teilnahmerechte

(1) Die Sitzungen des Personalrats sind nicht öffentlich; sie finden in der Regel während der Arbeitszeit statt.

(2) Der Personalrat kann ihm zur Verfügung gestelltes Büropersonal zur Erstellung der Niederschrift hinzuziehen.

(3) [1]Auf Antrag eines Viertels der Mitglieder oder der Mehrheit einer Gruppe des Personalrats kann von Fall zu Fall je eine beauftragte Person der im Personalrat vertretenen Gewerkschaften an einer Sitzung beratend teilnehmen. [2]In diesem Fall sind der Zeitpunkt der Sitzung und die Tagesordnung den im Personalrat vertretenen Gewerkschaften rechtzeitig mitzuteilen. [3]Nimmt der Leiter der Dienststelle oder die von ihm beauftragte Person an der Sitzung teil, kann er oder sie einen Vertreter der Arbeitgebervereinigung, der die Dienststelle angehört, hinzuziehen. [4]Personelle und soziale Angelegenheiten einzelner Beschäftigter dürfen nur mit deren vorheriger Einwilligung in Anwesenheit von Beauftragten von Gewerkschaften oder der Arbeitgebervereinigung beraten werden.

(4) [1]Ein Mitglied der Jugend- und Auszubildendenvertretung, das von dieser benannt wird, kann an allen Sitzungen des Personalrats beratend teilnehmen. [2]An der Be-

handlung von Angelegenheiten, die besonders Beschäftigte im Sinne von § 59 betreffen, kann die gesamte Jugend- und Auszubildendenvertretung teilnehmen; die Mitglieder der Jugend- und Auszubildendenvertretung haben bei Beschlüssen des Personalrats in diesen Angelegenheiten Stimmrecht. [3]Der Vorsitzende des Personalrats soll Angelegenheiten, die besonders Beschäftigte im Sinne von § 59 betreffen, der Jugend- und Auszubildendenvertretung zur Beratung zuleiten.

(5) Die Schwerbehindertenvertretung kann an allen Sitzungen des Personalrats beratend teilnehmen.

(6) [1]Die Beauftragte für Chancengleichheit kann an den Beratungen des Personalrats von einzelnen Gegenständen auf der Tagesordnung teilnehmen, wenn
1. der Gegenstand auf ihren Antrag auf die Tagesordnung gesetzt wurde oder
2. der Personalrat dies im Einzelfall beschließt.

[2]Sie kann Anregungen zur Behandlung von Angelegenheiten geben, die besonders die Gleichstellung von Frauen und Männern betreffen.

(7) [1]Der Personalrat kann nach vorheriger Unterrichtung des Leiters der Dienststelle sachverständige Personen aus der Dienststelle oder sonstige Auskunftspersonen aus der Dienststelle anhören, soweit dies zur Erfüllung seiner Aufgaben erforderlich ist. [2]Die Teilnahme dieser Personen an Beratung und Beschlussfassung ist nicht zulässig.

(8) [1]Der Personalrat kann nach vorheriger Unterrichtung des Leiters der Dienststelle in Mitbestimmungsangelegenheiten zu personellen Einzelmaßnahmen betroffene Beschäftigte anhören. [2]Absatz 7 Satz 2 gilt entsprechend.

§ 33 Befangenheit

(1) [1]Ein Mitglied des Personalrats darf weder beratend noch entscheidend mitwirken, wenn die Entscheidung einer Angelegenheit ihm selbst oder folgenden Personen einen unmittelbaren Vorteil oder Nachteil bringen kann:
1. dem Ehegatten oder dem Lebenspartner nach § 1 des Lebenspartnerschaftsgesetzes,
2. einem in gerader Linie oder in der Seitenlinie bis zum dritten Grad Verwandten,
3. einem in gerader Linie oder in der Seitenlinie bis zum zweiten Grad Verschwägerten oder als verschwägert Geltenden, solange die die Schwägerschaft begründende Ehe oder Lebenspartnerschaft nach § 1 des Lebenspartnerschaftsgesetzes besteht, oder
4. einer von ihm kraft Gesetzes oder Vollmacht vertretenen Person.

[2]Satz 1 gilt nicht,
1. wenn die Entscheidung nur die gemeinsamen Interessen einer Berufs- oder Beschäftigtengruppe berührt,
2. für Wahlen, die vom Personalrat aus seiner Mitte vorgenommen werden müssen,
3. für Wahlen, die von den Gruppen aus ihrer Mitte vorgenommen werden müssen.

(2) Ein Mitglied des Personalrats darf ferner weder beratend noch entscheidend mitwirken, wenn es die zur Beschlussfassung anstehende Maßnahme als Beschäftigter der Dienststelle vorbereitet oder daran verantwortlich mitgewirkt hat.

(3) [1]Das Mitglied des Personalrats, bei dem ein Tatbestand vorliegt, der Befangenheit zur Folge haben kann, hat dies vor Beginn der Beratung über diesen Gegenstand dem Vorsitzenden mitzuteilen. [2]Ob ein Ausschließungsgrund vorliegt, entscheidet in Zweifelsfällen in Abwesenheit des Betroffenen der Personalrat.

(4) Wer an der Beratung und Entscheidung nicht mitwirken darf, muss die Sitzung verlassen.

(5) Ein Beschluss ist rechtswidrig, wenn bei der Beratung oder Beschlussfassung ein Mitglied trotz Befangenheit mitgewirkt hat.

§ 34 Beschlussfassung

(1) [1]Die Beschlüsse des Personalrats werden mit einfacher Stimmenmehrheit der anwesenden Mitglieder gefasst. [2]Bei Stimmengleichheit ist ein Antrag abgelehnt.

(2) Der Personalrat ist nur beschlussfähig, wenn mindestens die Hälfte seiner Mitglieder anwesend ist; Stellvertretung durch Ersatzmitglieder ist zulässig.

(3) [1]In einfach gelagerten Angelegenheiten, die durch die Geschäftsordnung nicht anderweitig übertragen sind, kann der Vorsitzende im schriftlichen Umlaufverfahren beschließen lassen, wenn kein Mitglied des Personalrats diesem Verfahren widerspricht. [2]Die nähere Bestimmung einfach gelagerter Angelegenheiten und das Verfahren sind in der Geschäftsordnung zu regeln. [3]Das Ergebnis des Umlaufbeschlusses ist dem Personalrat in der nächsten Sitzung bekanntzugeben.

(4) [1]Die im Personalrat vertretenen Gruppen beraten und beschließen gemeinsam. [2]In Angelegenheiten, die lediglich die Angehörigen einer Gruppe betreffen, beschließen nach gemeinsamer Beratung im Personalrat nur die Vertreter dieser Gruppe, wenn getrennte Beschlussfassung in der Geschäftsordnung allgemein festgelegt ist oder im Einzelfall die Mehrheit der Vertreter dieser Gruppe die alleinige Beschlussfassung beantragt.

§ 35 Ausschüsse des Personalrats

(1) [1]In einem Personalrat mit elf und mehr Mitgliedern kann der Personalrat durch Regelung in der Geschäftsordnung zur Vorberatung seiner Beratungen und Vorbereitung von Beschlüssen aus seiner Mitte höchstens bis zum Ablauf seiner Amtszeit Ausschüsse bilden, in denen jeweils beide Gruppen vertreten sein müssen. [2]Beide Geschlechter sollen im Ausschuss vertreten sein.

(2) Den Vorsitz in den Ausschüssen führt der Vorsitzende des Personalrats, soweit in der Geschäftsordnung des Personalrats nichts anderes bestimmt ist.

(3) [1]Die § 30 Absatz 1, 2 und 4, § 32 Absatz 1, 2 und 4 Satz 1 sowie Absätze 5 bis 8, §§ 33, 34 Absatz 3 Satz 3 sowie Absatz 4 Satz 1 und § 38 gelten entsprechend. [2]Das Weitere über die Zusammensetzung und das Verfahren regelt die Geschäftsordnung.

(4) [1]Der Personalrat kann seine Befugnisse in einfach gelagerten Mitbestimmungsangelegenheiten und in Mitwirkungsangelegenheiten, mit Ausnahme der Fälle des § 81 Absatz 2, höchstens bis zum Ablauf seiner Amtszeit auf Ausschüsse übertragen. [2]In welchem Umfang er die Ausübung seiner Befugnisse übertragen will, ist in der Geschäftsordnung zu bestimmen. [3]Für die Beschlussfassung in den Ausschüssen gelten § 32 Absatz 4 Satz 2 und § 34 Absatz 1, 2 und 4 Satz 2 entsprechend. [4]Der Personalrat ist über die Beschlüsse unverzüglich zu unterrichten.

(5) [1]Eine einem Ausschuss übertragene Angelegenheit ist dem Personalrat zur Beratung und Beschlussfassung vorzulegen, wenn

1. der Ausschuss die Zustimmung zu einer beabsichtigten Maßnahme verweigern oder Einwendungen gegen eine beabsichtigte Maßnahme erheben will,

2. ein Ausschussmitglied einen Beschluss des Ausschusses als eine erhebliche Beeinträchtigung der Interessen der durch das Mitglied vertretenen Gruppe erachtet,
3. die Schwerbehindertenvertretung einen Beschluss des Ausschusses als erhebliche Beeinträchtigung wichtiger Interessen der schwerbehinderten Beschäftigten erachtet,
4. der Vertreter der Jugend- und Auszubildendenvertretung einen Beschluss des Ausschusses als eine erhebliche Beeinträchtigung wichtiger Interessen der Beschäftigten im Sinne von § 59 erachtet.

[2]Die Vorlage an den Personalrat ist der Dienststelle schriftlich mitzuteilen. [3]In den Fällen des Satzes 1 verlängert sich die Frist zur Zustimmung oder Erhebung von Einwendungen um eine Woche, soweit mit der Dienststelle nichts anderes vereinbart ist.

§ 36 Übertragung von Befugnissen auf den Vorstand des Personalrats

(1) [1]Der Personalrat kann seine Befugnisse in einfach gelagerten Mitbestimmungsangelegenheiten und in Mitwirkungsangelegenheiten, mit Ausnahme der Fälle des § 81 Absatz 2, höchstens bis zum Ablauf seiner Amtszeit auf den Vorstand übertragen. [2]In welchem Umfang er die Ausübung seiner Befugnisse auf den Vorstand übertragen will, ist in der Geschäftsordnung zu bestimmen.

(2) § 32 Absatz 5, § 34 Absatz 1, 2 und 3 Satz 3 sowie Absatz 4 Satz 2, § 35 Absatz 4 Satz 4 und Absatz 5 Satz 1 Nummer 1 bis 3 sowie Satz 2 und 3 gelten entsprechend.

§ 37 Einspruch der Vertreter einer Gruppe, der Beschäftigten im Sinne von § 59 oder der schwerbehinderten Beschäftigten

(1) [1]Erachtet die Mehrheit der Vertreter einer Gruppe, die Mehrheit der Mitglieder der Jugend- und Auszubildendenvertretung oder die Schwerbehindertenvertretung einen Beschluss des Personalrats als eine erhebliche Beeinträchtigung wichtiger Interessen der durch sie vertretenen Beschäftigten, so ist auf ihren Antrag der Beschluss auf die Dauer von einer Woche vom Zeitpunkt der Beschlussfassung an auszusetzen. [2]In dieser Frist soll, gegebenenfalls mit Hilfe der unter den Mitgliedern des Personalrats vertretenen Gewerkschaften, eine Verständigung versucht werden. [3]Bei Aussetzung eines Beschlusses nach Satz 1 und Unterrichtung der Dienststelle verlängern sich Fristen nach diesem Gesetz um die Dauer der Aussetzung.

(2) [1]Nach Ablauf der Frist ist über die Angelegenheit erneut zu beschließen. [2]Wird der erste Beschluss bestätigt, so kann der Antrag auf Aussetzung nicht wiederholt werden.

§ 38 Niederschrift

(1) [1]Über jede Verhandlung des Personalrats ist eine Niederschrift aufzunehmen, die mindestens den Wortlaut der Beschlüsse und die Stimmenmehrheit, mit der sie gefasst sind, enthält. [2]Die Niederschrift ist vom Vorsitzenden und einem weiteren Mitglied zu unterzeichnen. [3]Der Niederschrift ist eine Anwesenheitsliste beizufügen, in die sich jeder Teilnehmer eigenhändig einzutragen hat.

(2) [1]Haben der Leiter der Dienststelle, die von ihm beauftragte Person oder Beauftragte von Gewerkschaften an der Sitzung teilgenommen, so ist ihnen der entsprechende Teil der Niederschrift abschriftlich zuzuleiten. [2]Einwendungen gegen die Niederschrift sind unverzüglich schriftlich zu erheben und der Niederschrift beizufügen.

(3) [1]Die Beauftragte für Chancengleichheit, die Schwerbehindertenvertretung, Mitglieder der Jugend- und Auszubildendenvertretung und Beauftragte von Stufenvertretungen und des Gesamtpersonalrats können in die Niederschrift über den Teil der Sitzung Einsicht nehmen, an dem sie teilgenommen haben. [2]Entsprechende Abschriften können gefertigt werden.

§ 39 Geschäftsordnung

(1) Sonstige Bestimmungen über die Geschäftsführung können in einer Geschäftsordnung getroffen werden, die der Personalrat mit der Mehrheit der Stimmen seiner Mitglieder und in jeder Gruppe mit der Mehrheit der Stimmen der jeweiligen Gruppenmitglieder beschließt.

(2) [1]Hat der Personalrat mindestens fünf Mitglieder, so soll er sicherstellen, dass er an den regelmäßigen Arbeitstagen der für Personalratsbeteiligungen zuständigen Verwaltung der Dienststelle, bei der er eingerichtet ist, für die Einleitung förmlicher Beteiligungsverfahren erreichbar ist. [2]Andere Personalräte sollen die Dienststelle rechtzeitig vorher unterrichten, wenn absehbar ist, dass der Personalrat für mehrere zusammenhängende Arbeitstage nicht erreichbar ist. [3]Personalrat und Dienststelle können für die Dauer der Amtszeit des Personalrats abweichende Vereinbarungen für die Erreichbarkeit treffen.

(3) Die Geschäftsordnung und Änderungen der Geschäftsordnung sind der Dienststelle zur Kenntnis zu geben.

§ 40 Sprechstunden

(1) [1]Der Personalrat kann Sprechstunden während der Arbeitszeit einrichten. [2]Zeit und Ort bestimmt er im Einvernehmen mit dem Leiter der Dienststelle.

(2) [1]Versäumnis von Arbeitszeit wegen des Aufsuchens der Sprechstunde des Personalrats oder sonstiger Inanspruchnahme des Personalrats hat keine Minderung der Besoldung oder des Arbeitsentgelts zur Folge. [2]Soweit der Besuch der Sprechstunde aus dienstlichen Gründen außerhalb der Arbeitszeit stattfinden muss, ist Beschäftigten Dienstbefreiung in entsprechendem Umfang zu gewähren. [3]Reisekosten, die durch den Besuch der Sprechstunde entstehen, werden in entsprechender Anwendung des Landesreisekostengesetzes erstattet.

§ 41 Kosten

(1) [1]Die durch die Tätigkeit des Personalrats entstehenden notwendigen Kosten trägt die Dienststelle. [2]Mitglieder des Personalrats erhalten bei Reisen, die zur Erfüllung ihrer Aufgaben notwendig sind, Reisekostenvergütungen nach dem Landesreisekostengesetz.

(2) Für die Sitzungen, die Sprechstunden und die laufende Geschäftsführung hat die Dienststelle in erforderlichem Umfang Räume, Geschäftsbedarf, die üblicherweise in der Dienststelle genutzte Informations- und Kommunikationstechnik und Büropersonal zur Verfügung zu stellen.

(3) [1]Dem Personalrat werden in allen Dienststellen geeignete Plätze für Bekanntmachungen und Anschläge zur Verfügung gestellt und er kann erforderliche schriftliche Mitteilungen an die Beschäftigten verteilen. [2]Er kann die Beschäftigten auch über die üblicherweise in der Dienststelle genutzten Informations- und Kommunikationseinrichtungen unterrichten. [3]Die Kosten für erforderliche Informationsmedien des Personalrats trägt die Dienststelle.

§ 42 Verbot der Beitragserhebung

Der Personalrat darf für seine Zwecke von den Beschäftigten keine Beiträge erheben oder annehmen.

Abschnitt 4 **Rechtsstellung der Personalratsmitglieder**

§ 43 Allgemeines

(1) Die Mitglieder des Personalrats führen ihr Amt unentgeltlich als Ehrenamt.

(2) [1]Versäumnis von Arbeitszeit, die zur ordnungsmäßigen Durchführung der Aufgaben des Personalrats erforderlich ist, hat keine Minderung der Besoldung oder des Arbeitsentgelts zur Folge. [2]Werden Mitglieder des Personalrats durch die Erfüllung ihrer Aufgaben über ihre individuell maßgebliche Arbeitszeit hinaus beansprucht, so ist ihnen Dienstbefreiung in entsprechendem Umfang zu gewähren.

§ 44 Schulungs- und Bildungsmaßnahmen

(1) [1]Die Mitglieder des Personalrats sowie die Ersatzmitglieder, die in absehbarer Zeit in den Personalrat eintreten werden oder regelmäßig zu Sitzungen des Personalrats hinzugezogen werden, sind unter Fortzahlung der Besoldung oder des Arbeitsentgelts für die Teilnahme an Schulungs- und Bildungsveranstaltungen vom Dienst freizustellen, soweit diese Kenntnisse vermitteln, die für die Tätigkeit im Personalrat erforderlich sind; dabei sind die dienstlichen Interessen angemessen zu berücksichtigen. [2]§ 43 Absatz 2 Satz 2 gilt entsprechend.

(2) [1]Der Vorsitzende des Personalrats sowie einer der stellvertretenden Vorsitzenden haben viermal im Jahr Anspruch auf Besoldungs- oder Entgeltfortzahlung anlässlich der Teilnahme an einer von der zuständigen Gewerkschaft einberufenen Konferenz der Vorsitzenden der Personalräte. [2]Denselben Anspruch haben alle Mitglieder des Personalrats zweimal im Jahr zur Teilnahme an einer gleichen Konferenz. [3]Die persönliche Teilnahme an einer dieser Konferenzen ist durch eine Bescheinigung der zuständigen gewerkschaftlichen Konferenzleitung nachzuweisen. [4]Absatz 1 bleibt unberührt.

§ 45 Freistellung

(1) [1]Mitglieder des Personalrats sind auf Antrag des Personalrats von ihrer dienstlichen Tätigkeit freizustellen, wenn und soweit es nach Umfang und Art der Dienststelle zur ordnungsgemäßen Durchführung ihrer Aufgaben erforderlich ist. [2]Sie sind freizustellen in Personalräten mit

fünf Mitgliedern	für zwölf Arbeitsstunden in der Woche,
sieben Mitgliedern	für 24 Arbeitsstunden in der Woche,
neun Mitgliedern	im Umfang eines Vollzeitbeschäftigten,
elf Mitgliedern	im Umfang von zwei Vollzeitbeschäftigten,
13 Mitgliedern	im Umfang von drei Vollzeitbeschäftigten,
15 Mitgliedern	im Umfang von vier Vollzeitbeschäftigten,
17 Mitgliedern	im Umfang von fünf Vollzeitbeschäftigten,
19 Mitgliedern	im Umfang von sechs Vollzeitbeschäftigten,
21 Mitgliedern	im Umfang von sieben Vollzeitbeschäftigten,
23 Mitgliedern	im Umfang von acht Vollzeitbeschäftigten,
25 Mitgliedern	im Umfang von neun Vollzeitbeschäftigten,
27 Mitgliedern	im Umfang von zehn Vollzeitbeschäftigten.

[3]Eine entsprechende Teilfreistellung mehrerer Mitglieder ist zulässig.

(2) Personalrat und Dienststelle können abweichend von Absatz 1 Satz 2 höhere oder niedrigere Freistellungen für die Dauer der Amtszeit des Personalrats vereinbaren.

(3) [1]Maßgebend für die Ermittlung der Freistellungen ist die Zahl der Mitglieder des Personalrats, welche nach § 10 Absatz 1, 3 und 4 einer zum Zeitpunkt der Antragstellung durchzuführenden Wahl des Personalrats zugrunde zu legen wäre. [2]Würde sich nach der Freistellung die Zahl der Mitglieder des Personalrats im Falle einer Neuwahl um mehr als zwei Mitglieder verringern, ist eine aufgrund der bisherigen Mitgliederzahl bewilligte Freistellung zu verringern. [3]Absatz 2 bleibt unberührt.

(4) [1]Bei der Freistellung sind zunächst die von den Gruppenvertretern gewählten Vorstandsmitglieder, sodann die übrigen Vorstandsmitglieder zu berücksichtigen. [2]Bei weiteren Freistellungen sind die im Personalrat vertretenen Wahlvorschläge nach den Grundsätzen der Verhältniswahl zu berücksichtigen; dabei sind die nach Satz 1 freigestellten Vorstandsmitglieder anzurechnen.

§ 46 Benachteiligungsverbot, Berufsbildung freigestellter Mitglieder des Personalrats

(1) Von ihrer dienstlichen Tätigkeit freigestellte Mitglieder des Personalrats dürfen in ihrem beruflichen Werdegang nicht benachteiligt werden.

(2) [1]Von ihrer dienstlichen Tätigkeit freigestellte Mitglieder des Personalrats dürfen von Maßnahmen der Berufsbildung innerhalb und außerhalb der Verwaltung oder des Betriebs nicht ausgeschlossen werden. [2]Innerhalb eines Jahres nach Beendigung der Freistellung eines Personalratsmitglieds ist diesem im Rahmen der Möglichkeiten der Dienststelle Gelegenheit zu geben, eine wegen der Freistellung unterbliebene verwaltungs- oder betriebsübliche Entwicklung nachzuholen. [3]Für Mitglieder des Personalrats, die drei volle aufeinanderfolgende Amtszeiten von ihrer dienstlichen Tätigkeit freigestellt waren, erhöht sich der Zeitraum nach Satz 2 auf zwei Jahre.

§ 47 Schutz des Arbeitsplatzes

(1) [1]Mitglieder des Personalrats dürfen gegen ihren Willen nur versetzt werden, wenn dies auch unter Berücksichtigung der Mitgliedschaft im Personalrat aus wichtigen dienstlichen Gründen unvermeidbar ist. [2]Die Versetzung von Mitgliedern des Personalrats gegen ihren Willen bedarf der Zustimmung des Personalrats. [3]Verwei-

gert der Personalrat seine Zustimmung oder äußert er sich nicht innerhalb von drei Arbeitstagen nach Eingang des Antrags, so kann das Verwaltungsgericht die Zustimmung auf Antrag der Dienststelle ersetzen, wenn die Voraussetzungen des Satzes 1 vorliegen. [4]In dem Verfahren vor dem Verwaltungsgericht ist das Mitglied des Personalrats Beteiligter.

(2) Absatz 1 gilt entsprechend in den Fällen der Abordnung, der Zuweisung, der Personalgestellung und der mit einem Wechsel des Dienstorts verbundenen oder für eine Dauer von mehr als zwei Monaten vorgesehenen Umsetzung in derselben Dienststelle.

(3) [1]Für Auszubildende in öffentlich-rechtlichen Ausbildungsverhältnissen, Beamte im Vorbereitungsdienst und Beschäftigte in einer dem Vorbereitungsdienst entsprechenden Berufsausbildung gelten die Absätze 1 und 2 sowie die §§ 15 und 16 des Kündigungsschutzgesetzes nicht. [2]Die Absätze 1 und 2 gelten ferner nicht bei den dort genannten Personalmaßnahmen dieser Beschäftigten im Anschluss an den Vorbereitungsdienst oder das Ausbildungsverhältnis.

(4) [1]Die außerordentliche Kündigung von Mitgliedern des Personalrats, die in einem Arbeitsverhältnis stehen, bedarf der Zustimmung des Personalrats. [2]Verweigert der Personalrat seine Zustimmung oder äußert er sich nicht innerhalb von drei Arbeitstagen nach Eingang des Antrags, so kann das Verwaltungsgericht die Zustimmung auf Antrag der Dienststelle ersetzen, wenn die außerordentliche Kündigung unter Berücksichtigung aller Umstände gerechtfertigt ist. [3]In dem Verfahren vor dem Verwaltungsgericht ist das Mitglied des Personalrats Beteiligter.

(5) Die Absätze 1, 2 und 4 gelten entsprechend für Ersatzmitglieder, solange sie nach § 27 Absatz 1 in den Personalrat eingetreten sind.

§ 48 Übernahme Auszubildender

(1) Beabsichtigt die Dienststelle, einen Auszubildenden in einem Berufsausbildungsverhältnis nach dem Berufsbildungsgesetz, dem Krankenpflegegesetz oder dem Hebammengesetz, der Mitglied im Personalrat ist, nach erfolgreicher Beendigung des Berufsausbildungsverhältnisses nicht in ein Arbeitsverhältnis auf unbestimmte Zeit zu übernehmen, so hat sie dies drei Monate vor Beendigung des Berufsausbildungsverhältnisses dem Auszubildenden schriftlich mitzuteilen.

(2) Verlangt ein Auszubildender nach Absatz 1 innerhalb der letzten drei Monate vor Beendigung des Berufsausbildungsverhältnisses schriftlich von der Dienststelle die Weiterbeschäftigung, so gilt zwischen dem Auszubildenden und der Dienststelle im Anschluss an das erfolgreiche Berufsausbildungsverhältnis ein Arbeitsverhältnis auf unbestimmte Zeit als begründet.

(3) Die Absätze 1 und 2 gelten auch, wenn das Berufsausbildungsverhältnis vor Ablauf eines Jahres nach Beendigung der Amtszeit des Personalrats erfolgreich endet.

(4) [1]Die Dienststelle kann spätestens bis zum Ablauf von zwei Wochen nach Beendigung des Berufsausbildungsverhältnisses beim Verwaltungsgericht beantragen,

1. festzustellen, dass ein Arbeitsverhältnis nach den Absätzen 2 oder 3 nicht begründet wird, oder
2. das bereits nach den Absätzen 2 oder 3 begründete Arbeitsverhältnis aufzulösen,

wenn Tatsachen vorliegen, aufgrund derer der Dienststelle unter Berücksichtigung aller Umstände die Weiterbeschäftigung nicht zugemutet werden kann. [2]In dem Verfahren vor dem Verwaltungsgericht ist der Personalrat Beteiligter.

(5) Die Absätze 2 bis 4 sind unabhängig davon anzuwenden, ob die Dienststelle ihrer Mitteilungspflicht nach Absatz 1 nachgekommen ist.

Teil 3 Die Personalversammlung

§ 49 Allgemeines

(1) Die Personalversammlung besteht aus den Beschäftigten der Dienststelle.

(2) Kann nach den dienstlichen Verhältnissen, der Eigenart der Dienststelle oder anderen sachlichen Gegebenheiten eine gemeinsame Versammlung aller Beschäftigten nicht stattfinden, so sind Teilversammlungen abzuhalten.

(3) Der Personalrat kann ferner getrennte Versammlungen in bestimmten Verwaltungseinheiten der Dienststelle oder Versammlungen eines bestimmten Personenkreises durchführen.

(4) [1]Auf Beschluss der zuständigen Personalräte kann zur Behandlung gemeinsamer Angelegenheiten eine gemeinsame Personalversammlung mehrerer Dienststellen stattfinden, wenn für sie ein Gesamtpersonalrat gebildet ist oder wenn Dienststellen derselben juristischen Person nach § 1 unter derselben Leitung stehen. [2]Die Personalräte einigen sich zugleich, welcher Vorsitzende eines Personalrats die gemeinsame Personalversammlung leitet.

(5) § 68 Absatz 2 und § 69 Absatz 1 Satz 3 gelten für die Personalversammlung entsprechend.

§ 50 Einberufung der Personalversammlung

(1) [1]Der Personalrat beruft die Personalversammlung ein und legt die Tagesordnung fest. [2]Der Vorsitzende des Personalrats lädt zur Personalversammlung ein und leitet sie.

(2) Der Personalrat ist auf Wunsch des Leiters der Dienststelle oder eines Viertels der wahlberechtigten Beschäftigten verpflichtet, eine Personalversammlung einzuberufen und den Gegenstand, dessen Beratung beantragt ist, auf die Tagesordnung zu setzen.

(3) Auf Antrag einer in der Dienststelle vertretenen Gewerkschaft muss der Personalrat vor Ablauf von drei Wochen nach Eingang des Antrags eine Personalversammlung einberufen, wenn im vorhergegangenen Kalenderjahr keine Personalversammlung und keine Teilversammlung durchgeführt worden sind.

§ 51 Durchführung der Personalversammlung

(1) [1]Personalversammlungen finden während der Arbeitszeit statt, soweit nicht die dienstlichen Verhältnisse eine andere Regelung erfordern. [2]Die Teilnahme an der Personalversammlung hat keine Minderung der Besoldung oder des Arbeitsentgelts zur Folge. [3]Soweit Personalversammlungen aus dienstlichen Gründen außerhalb der Arbeitszeit stattfinden müssen, ist den Teilnehmern Dienstbefreiung in entsprechendem Umfang zu gewähren. [4]§ 43 Absatz 2 Satz 2 gilt entsprechend.

(2) Die Kosten, die durch die Teilnahme an Personalversammlungen entstehen, werden in entsprechender Anwendung des Landesreisekostengesetzes erstattet.

§ 52 Angelegenheiten der Personalversammlung

(1) Der Personalrat soll einmal in jedem Kalenderjahr in einer Personalversammlung einen Tätigkeitsbericht erstatten.

(2) Die Personalversammlung kann alle Angelegenheiten behandeln, die die Dienststelle oder ihre Beschäftigten unmittelbar betreffen, insbesondere wirtschaftliche Angelegenheiten, Tarif-, Besoldungs- und Sozialangelegenheiten sowie Fragen der Gleichstellung von Frauen und Männern.

(3) [1]Die Personalversammlung kann dem Personalrat Anträge unterbreiten und zu seinen Beschlüssen Stellung nehmen. [2]In einer gemeinsamen Personalversammlung wird gemeinsam beraten, Anträge und Stellungnahmen an die Personalräte werden jedoch getrennt von den Beschäftigten der jeweiligen Dienststelle beschlossen.

(4) Der Personalrat unterrichtet die Beschäftigten über die Behandlung der Anträge und den Fortgang der in der Personalversammlung behandelten Angelegenheiten.

§ 53 Nichtöffentlichkeit der Personalversammlung, Teilnahmerechte

(1) Die Personalversammlung ist nicht öffentlich.

(2) [1]An der Personalversammlung können mit beratender Stimme teilnehmen:
1. je ein Beauftragter der in der Dienststelle vertretenen Gewerkschaften,
2. ein Beauftragter der Arbeitgebervereinigung, der die Dienststelle angehört,
3. ein beauftragtes Mitglied der Stufenvertretung,
4. ein Beauftragter der Dienststelle, bei der die Stufenvertretung besteht,
5. ein beauftragtes Mitglied des Gesamtpersonalrats,
6. die Schwerbehindertenvertretung,
7. ein beauftragtes Mitglied der Jugend- und Auszubildendenvertretung.

[2]Der Vorsitzende des Personalrats hat die Einberufung der Personalversammlung den Teilnahmeberechtigten mitzuteilen. [3]Die Teilnahmeberechtigten können Änderungen oder Ergänzungen der Tagesordnung beantragen.

(3) [1]Der Personalrat kann der Personalversammlung vorschlagen, dass Beauftragte nach Absatz 2 Satz 1 Nummer 1 und 2 an der Personalversammlung nicht teilnehmen sollen. [2]Über den Ausschluss entscheidet die Personalversammlung mit der Mehrheit der Stimmen der anwesenden Beschäftigten.

(4) [1]Der Leiter der Dienststelle kann an den Personalversammlungen teilnehmen. [2]An den Personalversammlungen, die auf seinen Wunsch einberufen worden sind oder zu denen er ausdrücklich eingeladen worden ist, hat er teilzunehmen. [3]Er kann einen Vertreter der Arbeitgebervereinigung, der die Dienststelle angehört, hinzuziehen; in diesem Fall kann auch je ein Beauftragter der in der Dienststelle vertretenen Gewerkschaften an der Personalversammlung teilnehmen. [4]Der Leiter der Dienststelle kann sich durch einen Beauftragten in der Personalversammlung vertreten lassen, sofern die Personalversammlung nicht auf seinen Wunsch einberufen worden ist.

Teil 4 Gesamtpersonalrat und Stufenvertretungen, Arbeitsgemeinschaften

§ 54 Gesamtpersonalrat

(1) In den Fällen des § 5 Absatz 3 wird neben den einzelnen Personalräten ein Gesamtpersonalrat gebildet.

(2) [1]Die Mitglieder des Gesamtpersonalrats werden von den Beschäftigten der Dienststellen gewählt, für die der Gesamtpersonalrat gebildet wird. [2]Der Gesamtpersonalrat besteht bei

bis zu 500 in der Regel Beschäftigten	aus sieben Mitgliedern,
501 bis 1000 in der Regel Beschäftigten	aus neun Mitgliedern
1001 bis 3000 in der Regel Beschäftigten	aus elf Mitgliedern,
3001 bis 5000 in der Regel Beschäftigten	aus 13 Mitgliedern,
5001 bis 7500 in der Regel Beschäftigten	aus 15 Mitgliedern,
7501 bis 10000 in der Regel Beschäftigten	aus 17 Mitgliedern,
10001 und mehr in der Regel Beschäftigten	aus 19 Mitgliedern.

(3) [1]Im Gesamtpersonalrat erhält jede Gruppe mindestens einen Vertreter. [2]Besteht der Gesamtpersonalrat aus mehr als neun Mitgliedern, erhält jede Gruppe mindestens zwei Vertreter. [3]§ 11 Absatz 5 gilt entsprechend.

(4) Für die Wahl, die Amtszeit und die Geschäftsführung des Gesamtpersonalrats gelten die §§ 8 bis 10 Absatz 2 und 5, § 11 Absatz 1 bis 3, §§ 12 bis 16 Absatz 1, § 17 Absatz 1, 2 und 4, §§ 18 bis 48 mit folgenden Maßgaben entsprechend:

1. Das Wahlrecht kann auch bei Zugehörigkeit zu mehreren Dienststellen, für die der Gesamtpersonalrat gebildet wird, nur einmal ausgeübt werden
2. An Stelle einer Personalversammlung zur Bestellung des Wahlvorstands übt der Leiter der Dienststelle, bei der der Gesamtpersonalrat errichtet wird, die Befugnis zur Bestellung des Wahlvorstands nach § 16 Absatz 2 und 3 sowie § 17 Absatz 3 aus.
3. [1]Eine beauftragte Person des Personalrats kann an den Sitzungen des Gesamtpersonalrats mit beratender Stimme teilnehmen, wenn Angelegenheiten behandelt werden, die Beschäftigte der Dienststelle betreffen, bei welcher der Personalrat gebildet ist. [2]Die Einladung zu der Sitzung ist dem Personalrat zuzuleiten.

(5) Für die Befugnisse und Pflichten des Gesamtpersonalrats gelten die §§ 68 bis 90 entsprechend.

§ 55 Bezirkspersonalrat und Hauptpersonalrat (Stufenvertretungen)

(1) [1]Für den Geschäftsbereich mehrstufiger Verwaltungen werden Stufenvertretungen gebildet, und zwar bei den Mittelbehörden Bezirkspersonalräte, bei den obersten Dienstbehörden Hauptpersonalräte. [2]Mittelbehörde im Sinne dieses Gesetzes ist die einer obersten Dienstbehörde unmittelbar nachgeordnete Behörde der andere Dienststellen nachgeordnet sind.

(2) [1]Die Mitglieder des Bezirkspersonalrats werden von den zum Geschäftsbereich der Mittelbehörde, die Mitglieder des Hauptpersonalrats von den zum Geschäftsbereich der obersten Dienstbehörde gehörenden Beschäftigten gewählt. [2]Der Bezirkspersonalrat besteht bei

bis zu 500 in der Regel Beschäftigten	aus drei Mitgliedern,
501 bis 1000 in der Regel Beschäftigten	aus fünf Mitgliedern,
1001 bis 3000 in der Regel Beschäftigten	aus sieben Mitgliedern,

3001 bis 5000 in der Regel Beschäftigten	aus neun Mitgliedern,
5001 und mehr in der Regel Beschäftigten	aus elf Mitgliedern.

[3]Der Hauptpersonalrat besteht bei

bis zu 500 in der Regel Beschäftigten	aus fünf Mitgliedern,
501 bis 1000 in der Regel Beschäftigten	aus sieben Mitgliedern,
1001 bis 2000 in der Regel Beschäftigten	aus neun Mitgliedern,
2001 bis 3000 in der Regel Beschäftigten	aus elf Mitgliedern,
3001 bis 5000 in der Regel Beschäftigten	aus 13 Mitgliedern,
5001 bis 10000 in der Regel Beschäftigten	aus 15 Mitgliedern,
10001 bis 20000 in der Regel Beschäftigten	aus 17 Mitgliedern,
20001 und mehr in der Regel Beschäftigten	aus 19 Mitgliedern.

(3) Für die Wahl, die Amtszeit und die Geschäftsführung der Stufenvertretungen gelten die §§ 8 bis 10 Absatz 2 und 5, § 11 Absatz 1 bis 3, §§ 12 bis 16 Absatz 1, § 17 Absatz 1, 2 und 4, §§ 18 bis 45 Absatz 1 Satz 1 und Absatz 4, §§ 46 bis 48 und 54 Absatz 3 und 4 Nummer 1 bis 3 mit folgenden Maßgaben entsprechend:

1. § 9 Absatz 2 Satz 1 Nummer 2 bis 4 gilt nur für die leitenden Beschäftigten der Dienststelle, bei der die Stufenvertretung errichtet ist, sowie für die unmittelbaren Mitarbeiter dieser Beschäftigten, die als Personalsachbearbeiter Entscheidungen vorbereiten.
2. Die in § 9 Absatz 2 Satz 1 Nummer 2 bis 4 genannten Personen, die Beschäftigte einer nachgeordneten Dienststelle sind, dürfen als Mitglieder der Stufenvertretung an Personalangelegenheiten der eigenen Dienststelle weder beratend noch entscheidend mitwirken; § 33 Absatz 2 bleibt unberührt.
3. Bei der entsprechenden Anwendung des § 19 tritt an die Stelle der Frist von sechs Arbeitstagen die Frist von drei Wochen.
4. § 32 Absatz 5 gilt mit der Maßgabe, dass beim Bezirkspersonalrat die Bezirksschwerbehindertenvertretung, die für die Dienststelle, bei der der Bezirkspersonalrat gebildet ist, zuständig ist, zu beteiligen ist; dies gilt entsprechend für die Beteiligung der Hauptschwerbehindertenvertretung beim Hauptpersonalrat.
5. § 34 Absatz 3 gilt mit der Maßgabe, dass der Vorsitzende alle Angelegenheiten im schriftlichen Umlaufverfahren beschließen lassen kann, wenn nicht im Einzelfall ein Drittel der Mitglieder dem schriftlichen Umlaufverfahren widerspricht.
6. Der für die Reisekostenvergütungen nach § 41 Absatz 1 Satz 2 maßgebende Dienstort ist der Sitz der Dienststelle, der das Mitglied der Stufenvertretung angehört.

(4) Für die Befugnisse und Pflichten der Stufenvertretungen gelten die §§ 68 bis 90 entsprechend.

(5) [1]Die Personalräte oder, wenn solche nicht bestehen, die Leiter der Dienststellen bestellen auf Ersuchen des Bezirks- oder Hauptwahlvorstands die örtlichen Wahlvorstände für die Wahl der Stufenvertretungen. [2]Werden in einer Verwaltung die Personalräte und Stufenvertretungen gleichzeitig gewählt, so führen die bei den Dienststellen bestehenden Wahlvorstände die Wahlen der Stufenvertretungen im Auftrag des Bezirks- oder Hauptwahlvorstands durch. [3]Für die Durchführung der Wahl der Stufenvertretungen bei den Landratsämtern ist der Wahlvorstand für die Wahl des Personalrats beim Landratsamt zuständig.

§ 56 Arbeitsgemeinschaften von Personalvertretungen

(1) Personalvertretungen derselben Verwaltungsstufe, desselben Verwaltungszweigs oder mehrerer Verwaltungen und Betriebe juristischer Personen nach § 1 können zur Behandlung gemeinsam betreffender Angelegenheiten eine Arbeitsge-

meinschaft bilden, wenn dies der Wahrnehmung der Befugnisse und Pflichten der einzelnen Personalvertretung förderlich ist.

(2) [1]Der Arbeitsgemeinschaft gehören jeweils der Vorsitzende oder ein anderes von der Personalvertretung bestimmtes Mitglied der beteiligten Personalvertretungen an. [2]In begründeten Fällen ist im Einvernehmen mit der Dienststelle der entsendenden Personalvertretung eine Entsendung mehrerer Mitglieder zulässig.

(3) [1]Die Arbeitsgemeinschaft bestimmt aus ihrer Mitte einen Vorsitzenden und Stellvertreter. [2]Sie gibt sich eine Geschäftsordnung. [3]Für die Rechte und Pflichten der Mitglieder von Personalvertretungen in Arbeitsgemeinschaften und für die Geschäftsführung der Arbeitsgemeinschaften gelten § 30 Absatz 1 Satz 1 und 2, § 32 Absatz 1, § 38 Absatz 1, §§ 42, 43, 67 Absatz 1, § 68 Absatz 2, § 69 Absatz 1 Satz 2 und 3 entsprechend. [4]§ 41 gilt mit der Maßgabe, dass die durch die Entsendung in die Arbeitsgemeinschaft entstehenden notwendigen Kosten von der Dienststelle der jeweils entsendenden Personalvertretung zu tragen sind.

(4) [1]Abweichend von Absatz 2 Satz 1 können die Personalräte bei den Universitätsklinika eine Arbeitsgemeinschaft bilden, der aus jedem Universitätsklinikum bis zu zwei Mitglieder angehören. [2]Auf Antrag des Personalrats ist bei jedem Universitätsklinikum ein Mitglied für bis zu zehn Arbeitsstunden in der Woche von seiner dienstlichen Tätigkeit für die Wahrnehmung von Aufgaben der Arbeitsgemeinschaft freizustellen. [3]Eine entsprechende Teilfreistellung von zwei Mitgliedern ist zulässig. [4]§ 43 Absatz 2 bleibt unberührt.

(5) Die Befugnisse und Aufgaben der Personalvertretungen nach diesem Gesetz bleiben unberührt; die §§ 73 bis 88 finden keine Anwendung.

§ 57 Arbeitsgemeinschaft der Vorsitzenden der Hauptpersonalräte

(1) [1]Die Vorsitzenden der Hauptpersonalräte bei den obersten Landesbehörden bilden die Arbeitsgemeinschaft der Vorsitzenden der Hauptpersonalräte (ARGE-HPR). [2]Besteht bei einer obersten Landesbehörde kein Hauptpersonalrat, ist der Vorsitzende des Personalrats bei der obersten Landesbehörde Mitglied in der Arbeitsgemeinschaft.

(2) An den Sitzungen der Arbeitsgemeinschaft können teilnehmen:
1. ein Vertreter der zu einer Arbeitsgemeinschaft zusammengeschlossenen Schwerbehindertenvertretungen bei den obersten Landesbehörden
2. die Vorsitzenden der Personalräte der Dienststellen des Landtags von Baden-Württemberg.

(3) [1]Die Arbeitsgemeinschaft ist anzuhören vor Entscheidungen
1. der Landesregierung, welche für die Beschäftigten des Landes in den Geschäftsbereichen der obersten Dienstbehörden unmittelbar belastende Regelungen enthalten,
2. oberster Dienstbehörden, welche auch Beschäftigte in den Geschäftsbereichen anderer oberster Dienstbehörden des Landes betreffen,

soweit die Entscheidungen in Angelegenheiten nach den §§ 74, 75, 81 und 87 mit Ausnahme von Maßnahmen in einzelnen personellen Angelegenheiten der Beteiligung des Personalrats unterliegen würden, wenn sie von einer Dienststelle für ihre Beschäftigten getroffen würden. [2]Satz 1 gilt nicht, wenn nach beamtenrechtlichen Vorschriften die Spitzenorganisationen der zuständigen Gewerkschaften und Berufsverbände zu beteiligen sind. [3]§ 56 Absatz 5 gilt entsprechend.

(4) [1]Die federführend zuständige oberste Dienstbehörde hört die Arbeitsgemeinschaft rechtzeitig und umfassend zu der beabsichtigten Maßnahme an. [2]Der Arbeits-

gemeinschaft sind die erforderlichen Unterlagen vorzulegen. [3]Auf Verlangen der Arbeitsgemeinschaft ist die beabsichtigte Maßnahme mit ihr zu erörtern. [4]Die Arbeitsgemeinschaft übermittelt ihre Stellungnahme der anhörenden obersten Dienstbehörde innerhalb von drei Wochen, sofern nicht einvernehmlich eine andere Frist vereinbart ist; § 91 Absatz 3 gilt sinngemäß.

(5) [1]Die Arbeitsgemeinschaft kann grundsätzliche Angelegenheiten beraten, die für die Beschäftigten von allgemeiner Bedeutung sind und über den Geschäftsbereich einer obersten Dienstbehörde hinausgehen. [2]Sie kann hierzu Vorschläge machen und Stellungnahmen abgeben. [3]Dies gilt auch dann, wenn nach beamtenrechtlichen Vorschriften die Spitzenorganisationen der zuständigen Gewerkschaften und Berufsverbände zu beteiligen sind. [4]Absatz 4 gilt entsprechend.

(6) [1]§ 56 Absatz 3 Satz 1 bis 3 gilt entsprechend. [2]§ 41 gilt mit der Maßgabe, dass die oberste Dienstbehörde, deren Geschäftsbereich der Vorsitzende der Arbeitsgemeinschaft angehört, die notwendigen Kosten für die Geschäftsstelle der Arbeitsgemeinschaft trägt.

Teil 5 **Ausbildungspersonalrat**

§ 58

(1) Für Auszubildende in öffentlich-rechtlichen Ausbildungsverhältnissen, Beamte im Vorbereitungsdienst und für Beschäftigte in dem Vorbereitungsdienst entsprechender Berufsausbildung kann das für die Ordnung der Ausbildung zuständige Ministerium im Einvernehmen mit dem Innenministerium durch Rechtsverordnung bestimmen, dass

1. Ausbildungspersonalräte für eine oder mehrere Dienststellen oder für einzelne Ausbildungsbereiche gebildet werden,
2. die Amtszeit abweichend von § 22 Absatz 1 auf eine kürzere Dauer als fünf Jahre, mindestens aber auf die Dauer von einem Jahr, festgesetzt und ein von § 22 Absatz 3 Satz 1 abweichender Zeitraum für die regelmäßigen Wahlen festgelegt wird,
3. von Beteiligungsangelegenheiten des Teils 8 Abschnitt 2 abgesehen werden kann, soweit dies mit Rücksicht auf eine sachgemäße Ausbildung oder sonst aus wichtigen Gründen erforderlich und gesetzlich nichts anderes bestimmt ist.

(2) Wahlberechtigt und wählbar zum Ausbildungspersonalrat sind die Auszubildenden in öffentlich-rechtlichen Ausbildungsverhältnissen, die Beamten im Vorbereitungsdienst und die Beschäftigten in dem Vorbereitungsdienst entsprechender Berufsausbildung der Dienststellen oder des Ausbildungsbereichs, für die der Ausbildungspersonalrat gebildet wird.

(3) [1]Für die Wahl, die Amtszeit, die Geschäftsführung, die Rechte, Pflichten und Aufgaben des Ausbildungspersonalrats und seiner Mitglieder gelten § 8 Absatz 1, § 9 Absatz 1 Nummer 1 und Absatz 2 Nummer 1, § 10 Absatz 1, 3 und 5, §§ 11 bis 14 Absatz 1, §§ 15, 16 Absatz 1, § 17 Absatz 1 und 2, §§ 18 bis 23 Absatz 1 Satz 1 Nummer 2 bis 6, Satz 2 und 3, §§ 24 bis 30, 32 Absatz 1 bis 3, 5 bis 8, §§ 33, 34, 38 bis 44, 47 Absatz 1 und 2, §§ 49 bis 53, 68 bis 71 und 73 bis 88 entsprechend. [2]An Stelle einer Personalversammlung zur Bestellung des Wahlvorstands übt der Leiter der Dienststelle, bei der der Ausbildungspersonalrat gebildet ist, die Befugnis

zur Bestellung des Wahlvorstands nach § 16 Absatz 2 und 3 sowie § 17 Absatz 3 aus.

(4) Beschäftigte, die zu einem Ausbildungspersonalrat wahlberechtigt sind, besitzen nicht die Wahlberechtigung und die Wählbarkeit zum Personalrat, zum Gesamtpersonalrat, zu den Stufenvertretungen und zur Jugend- und Auszubildendenvertretung.

(5) § 31 findet mit der Maßgabe Anwendung, dass für die Beratung sozialer Angelegenheiten gemeinsame Sitzungen mit dem Personalrat und dem Richterrat und Staatsanwaltsrat der Dienststelle, deren Leiter auch der Leiter der Dienststelle ist, bei der der Ausbildungspersonalrat gebildet ist, stattfinden können.

(6) Eine Beteiligung bei der Gestaltung von Lehrveranstaltungen sowie bei der Auswahl der Lehrpersonen findet nicht statt.

Teil 6 Jugend- und Auszubildendenvertretungen, Jugend- und Auszubildendenversammlung

§ 59 Grundsatz

In Dienststellen, bei denen Personalvertretungen gebildet sind und denen in der Regel mindestens fünf wahlberechtigte Beschäftigte angehören, die das 18. Lebensjahr noch nicht vollendet haben oder die sich in einer beruflichen Ausbildung befinden, werden Jugend- und Auszubildendenvertretungen gebildet.

§ 60 Wahlberechtigung, Wählbarkeit

(1) [1]Wahlberechtigt sind die Beschäftigten im Sinne von § 59, soweit sich aus den §§ 58 und 96 nichts anderes ergibt. [2]§ 8 Absatz 1 gilt entsprechend.

(2) [1]Wählbar sind Beschäftigte, die am Wahltag das 26. Lebensjahr noch nicht vollendet haben, soweit sich aus den §§ 58 und 96 nichts anderes ergibt. [2]Die Altersgrenze gilt nicht für Beschäftigte, die sich in einer beruflichen Ausbildung befinden. [3]§ 9 Absatz 1 Nummer 1 und Absatz 2 ist entsprechend anzuwenden.

§ 61 Zahl der Mitglieder

(1) Die Jugend- und Auszubildendenvertretung besteht in Dienststellen mit in der Regel

5 bis 20 Beschäftigten im Sinne von § 59	aus einer Person,
21 bis 50 Beschäftigten im Sinne von § 59	aus drei Mitgliedern,
51 bis 200 Beschäftigten im Sinne von § 59	aus fünf Mitgliedern,
mehr als 200 Beschäftigten im Sinne von § 59	aus sieben Mitgliedern.

(2) § 14 gilt entsprechend.

§ 62 Wahlgrundsätze

(1) [1]Der Personalrat bestimmt den Wahlvorstand, den Vorsitzenden und den stellvertretenden Vorsitzenden. [2]§ 11 Absatz 1 und 3, § 13 Absatz 1, 3 und 4 Satz 1,

Absatz 5, 6 und 8, § 20 Absatz 1 Satz 1 und 2, Absatz 2 und § 21 gelten entsprechend.

(2) [1]Der Wahlvorstand kann bestimmen, dass die Wahl in Dienststellen mit höchstens 20 in der Regel Beschäftigten im Sinne von § 59 in einer Wahlversammlung stattfindet. [2]Er hat dazu spätestens vier Wochen vor Ablauf der Amtszeit einzuberufen. [3]Gewählt wird in geheimer Wahl nach den Grundsätzen der Mehrheitswahl. [4]Der Vorsitzende des Wahlvorstands leitet die Wahlversammlung, führt die Wahl durch und fertigt über das Ergebnis eine Wahlniederschrift.

(3) [1]Die regelmäßigen Wahlen der Jugend- und Auszubildendenvertretung finden im Wechsel

1. zusammen mit den regelmäßigen Wahlen des Personalrats und
2. sonst in der Zeit vom 1. Oktober bis 31. Januar

statt. [2]§ 22 Absatz 3 Satz 2 und 3 sowie § 23 Absatz 1 Satz 1 Nummer 2 bis 6 gelten entsprechend.

(4) [1]Die regelmäßige Amtszeit der Jugend- und Auszubildendenvertretung beträgt zwei Jahre und sechs Monate. [2]Sie endet spätestens mit Ablauf des letzten Tages des Zeitraums, in dem die regelmäßigen Wahlen der Jugend- und Auszubildendenvertretung stattfinden. [3]§ 22 Absatz 1 Satz 2 und Absatz 2 Satz 1, § 23 Absatz 1 Satz 2 sowie §§ 24 bis 27 gelten entsprechend. [4]Die Mitgliedschaft in der Jugend- und Auszubildendenvertretung erlischt nicht dadurch, dass ein Mitglied im Laufe der Amtszeit das 26. Lebensjahr vollendet oder die Ausbildung beendet.

(5) Besteht die Jugend- und Auszubildendenvertretung aus drei oder mehr Mitgliedern, so wählt sie aus ihrer Mitte einen Vorsitzenden und dessen Stellvertreter.

§ 63 Aufgaben der Jugend- und Auszubildendenvertretung

(1) Die Jugend- und Auszubildendenvertretung hat folgende allgemeine Aufgaben:

1. Maßnahmen, die den Beschäftigten im Sinne von § 59 dienen, insbesondere in Fragen der Berufsausbildung und der Übernahme der zu ihrer Berufsbildung Beschäftigten in ein Arbeits- oder Dienstverhältnis, beim Personalrat zu beantragen,
2. darüber zu wachen, dass die zugunsten der Beschäftigten im Sinne von § 59 geltenden Gesetze, Verordnungen, Tarifverträge, Dienstvereinbarungen, Verwaltungsanordnungen, Unfallverhütungsvorschriften und sonstigen Arbeitsschutzvorschriften durchgeführt werden,
3. Anregungen und Beschwerden von Beschäftigten im Sinne von § 59, insbesondere in Fragen der Berufsbildung, entgegenzunehmen und, falls sie berechtigt erscheinen, beim Personalrat auf eine Erledigung hinzuwirken; die Jugend- und Auszubildendenvertretung hat die betroffenen Beschäftigten im Sinne von § 59 über den Stand und das Ergebnis der Verhandlungen zu informieren,
4. Maßnahmen, die der Gleichstellung von weiblichen und männlichen Beschäftigten im Sinne von § 59 dienen, beim Personalrat zu beantragen,
5. die Eingliederung von Beschäftigten im Sinne von § 59 mit Migrationshintergrund in die Dienststelle sowie das Verständnis zwischen Beschäftigten im Sinne von § 59 unterschiedlicher Herkunft zu fördern und entsprechende Maßnahmen beim Personalrat zu beantragen,
6. Maßnahmen, die dem Umweltschutz, dem Klimaschutz oder der sorgsamen Energienutzung in der Dienststelle dienen, beim Personalrat zu beantragen.

(2) [1]An Vorstellungsgesprächen zur Besetzung von ausgeschriebenen Ausbildungsplätzen kann ein Mitglied der Jugend- und Auszubildendenvertretung teilnehmen.

[2]An Personalgesprächen mit entscheidungsbefugten Vertretern der Dienststelle kann auf Verlangen von Beschäftigten im Sinne von § 59 ein Mitglied der Jugend- und Auszubildendenvertretung teilnehmen.

(3) Die Zusammenarbeit der Jugend- und Auszubildendenvertretung mit dem Personalrat bestimmt sich nach § 30 Absatz 1 Satz 3 und 4, Absatz 3, § 32 Absatz 4, § 35 Absatz 3 und 5 Satz 1 Nummer 4, § 36 Absatz 2, § 37 Absatz 1 Satz 1 und § 38 Absatz 3.

(4) [1]Zur Durchführung ihrer Aufgaben ist die Jugend- und Auszubildendenvertretung durch den Personalrat rechtzeitig und umfassend zu unterrichten. [2]Vor Organisationsentscheidungen, die beteiligungspflichtige Maßnahmen zur Folge haben, ist die Jugend- und Auszubildendenvertretung durch den Personalrat frühzeitig und fortlaufend zu unterrichten. [3]Die Jugend- und Auszubildendenvertretung kann verlangen, dass ihr der Personalrat die zur Durchführung ihrer Aufgaben erforderlichen Unterlagen einschließlich der Bewerbungsunterlagen aller Bewerber bei Einstellungen von Beschäftigten im Sinne von § 59, soweit dem nicht berechtigte Belange der Bewerber entgegenstehen, zur Verfügung stellt.

(5) [1]Die Jugend- und Auszubildendenvertretung kann nach Verständigung des Personalrats Sitzungen abhalten; §§ 19 und 30 Absatz 1 gelten entsprechend. [2]An den Sitzungen der Jugend- und Auszubildendenvertretung kann ein vom Personalrat beauftragtes Personalratsmitglied teilnehmen.

(6) Die Jugend- und Auszubildendenvertretung oder ein von ihr beauftragtes Mitglied hat das Recht, nach vorheriger Unterrichtung des Personalrats und des Leiters der Dienststelle, Arbeits- und Ausbildungsplätze zu begehen, sofern die aufzusuchenden Beschäftigten im Sinne von § 59 zustimmen und zwingende dienstliche Gründe nicht entgegenstehen.

(7) [1]In Dienststellen mit mehr als 50 Beschäftigten im Sinne von § 59 kann die Jugend- und Auszubildendenvertretung Sprechstunden während der Arbeitszeit einrichten. [2]§ 40 gilt entsprechend. [3]Ein beauftragtes Mitglied des Personalrats kann beratend teilnehmen.

§ 64 Schutz der Mitglieder der Jugend- und Auszubildendenvertretung

[1]Für die Jugend- und Auszubildendenvertretung gelten die §§ 41 bis 45 Absatz 1 Satz 1, § 46 Absatz 1 und § 69 Absatz 1 Satz 3 entsprechend. [2]§ 47 Absatz 1, 2 und 4 sowie § 48 gelten entsprechend mit den Maßgaben, dass die dort aufgeführten Personalmaßnahmen bei Mitgliedern der Jugend- und Auszubildendenvertretung der Zustimmung des Personalrats bedürfen und in dem Verfahren vor dem Verwaltungsgericht auch die Jugend- und Auszubildendenvertretung beteiligt ist. [3]Für Mitglieder des Wahlvorstands und Wahlbewerber gilt § 47 Absatz 1 Satz 1, Absatz 2 sowie Absatz 4 entsprechend.

§ 65 Jugend- und Auszubildendenversammlung

(1) [1]Die Jugend- und Auszubildendenversammlung besteht aus den Beschäftigten im Sinne von § 59. [2]Sie wird vom Vorsitzenden der Jugend- und Auszubildendenvertretung geleitet. [3]Der Personalratsvorsitzende oder ein vom Personalrat beauftragtes anderes Mitglied soll an der Jugend- und Auszubildendenversammlung teilnehmen.

(2) [1]Die Jugend- und Auszubildendenversammlung soll möglichst unmittelbar vor oder nach einer Personalversammlung stattfinden. [2]Auf Antrag eines Viertels der Beschäftigten im Sinne von § 59 ist die Jugend- und Auszubildendenvertretung verpflichtet, innerhalb von vier Wochen eine Jugend- und Auszubildendenversammlung einzuberufen.

(3) Die für die Personalversammlung geltenden Vorschriften sind sinngemäß anzuwenden.

§ 66 Gesamt-Jugend- und Auszubildendenvertretung, Stufen-Jugend- und Auszubildendenvertretung

(1) Bestehen in den Fällen des § 5 Absatz 3 mehrere Jugend- und Auszubildendenvertretungen, so ist neben diesen eine Gesamt-Jugend- und Auszubildendenvertretung zu bilden.

(2) [1]In die Gesamt-Jugend- und Auszubildendenvertretung entsendet jede Jugend- und Auszubildendenvertretung ein Mitglied. [2]Die Benennung hat in der ersten Sitzung nach der Wahl der Jugend- und Auszubildendenvertretung zu erfolgen. [3]Mindestens ein Ersatzmitglied ist zu benennen. [4]§ 27 Absatz 1 gilt entsprechend. [5]Die Namen und Anschriften der Mitglieder und der Ersatzmitglieder sind dem Vorsitzenden des Gesamtpersonalrats mitzuteilen.

(3) [1]Für die Gesamt-Jugend- und Auszubildendenvertretung gelten § 62 Absatz 3, §§ 63 und 64 Satz 1 entsprechend. [2]Die Mitglieder der Gesamt-Jugend- und Auszubildendenvertretung sind vom Vorsitzenden des Gesamtpersonalrats innerhalb von vier Wochen nach der Wahl der Jugend- und Auszubildendenvertretung zur konstituierenden Sitzung einzuladen; er leitet die Sitzung bis zur Benennung des Vorsitzenden der Gesamt-Jugend- und Auszubildendenvertretung.

(4) [1]Bei den Bezirkspersonalräten können Bezirks-Jugend- und Auszubildendenvertretungen und bei den Hauptpersonalräten Haupt-Jugend- und Auszubildendenvertretungen gebildet werden. [2]Die Absätze 2 und 3 gelten entsprechend.

Teil 7 Datenschutz

§ 67

(1) [1]Die Personalvertretungen haben bei der Verarbeitung personenbezogener Daten die datenschutzrechtlichen Vorschriften zu beachten und treffen die zu deren Einhaltung erforderlichen ergänzenden Regelungen für ihre Geschäftsführung in eigener Verantwortung. [2]Der Dienststelle sind die getroffenen Maßnahmen auf Verlangen mitzuteilen.

(2) [1]Die Personalvertretungen dürfen personenbezogene Daten speichern, soweit und solange dies zur Erfüllung ihrer Aufgaben erforderlich ist. [2]Nach Abschluss der Maßnahme, an der die Personalvertretung beteiligt war, sind die ihr in diesem Zusammenhang zur Verfügung gestellten personenbezogenen Daten zu löschen und Unterlagen mit personenbezogenen Daten der Dienststelle zurückzugeben.

(3) [1]Unabhängig von Absatz 2 dürfen Personalvertretungen zur Erfüllung ihrer Aufgaben Grunddaten der Beschäftigten speichern. [2]Dazu zählen Namen, Funktion sowie ihre Bewertung, Besoldungs- oder Entgeltgruppe, Geburts-, Einstellungs- und

Ernennungsdatum, Rechtsgrundlage und Dauer der Befristung des Arbeitsverhältnisses, Datum der letzten Beförderung, Höher- oder Rückgruppierung Beurlaubung und Teilzeitbeschäftigung. [3]Die Dienststelle stellt den Personalvertretungen diese Grunddaten auf aktuellem Stand zur Verfügung. [4]Vorher zur Verfügung gestellte Grunddaten sind unverzüglich zu löschen.

(4) Personenbezogene Daten in Niederschriften sind spätestens am Ende des achten Jahres ab der Speicherung zu löschen.

Teil 8 **Beteiligung des Personalrats**

Abschnitt 1 **Allgemeines**

§ 68 Zusammenarbeit zwischen Dienststelle und Personalvertretung

(1) [1]Der Leiter der Dienststelle oder sein Beauftragter und die Personalvertretung treten mindestens einmal im Vierteljahr zu gemeinschaftlichen Besprechungen zusammen. [2]In ihnen soll auch die Gestaltung des Dienstbetriebs behandelt werden, insbesondere alle Vorgänge, die die Beschäftigten wesentlich berühren. [3]Der Leiter der Dienststelle und die Personalvertretung können einvernehmlich zweimal im Jahr von den gemeinschaftlichen Besprechungen absehen, wenn wirtschaftliche Angelegenheiten im Wirtschaftsausschuss ausreichend behandelt worden sind. [4]Sofern in der Dienststelle kein Wirtschaftsausschuss besteht, soll die Dienststelle die Personalvertretung in den gemeinschaftlichen Besprechungen mindestens zweimal im Jahr über die von einem Wirtschaftsausschuss zu behandelnden Angelegenheiten unterrichten. [5]Sie haben über strittige Fragen mit dem ernsten Willen zur Einigung zu verhandeln und Vorschläge für die Beilegung von Meinungsverschiedenheiten zu machen. [6]Zu den gemeinschaftlichen Besprechungen sind beratend hinzuzuziehen:

1. die Schwerbehindertenvertretung,
2. ein Mitglied der Jugend- und Auszubildendenvertretung, das von dieser benannt wird, wenn Angelegenheiten behandelt werden, die besonders Beschäftigte im Sinne von § 59 betreffen,
3. die Beauftragte für Chancengleichheit, wenn Angelegenheiten behandelt werden, die besonders die Gleichstellung von Frauen und Männern betreffen.

(2) [1]Dienststelle und Personalvertretung haben alles zu unterlassen, was geeignet ist, die Arbeit und den Frieden der Dienststelle zu beeinträchtigen. [2]Insbesondere dürfen Dienststelle und Personalvertretung keine Maßnahmen des Arbeitskampfs gegeneinander durchführen. [3]Arbeitskämpfe tariffähiger Parteien werden hierdurch nicht berührt.

(3) Außenstehende Stellen dürfen erst angerufen werden, wenn eine Einigung in der Dienststelle nicht erzielt worden ist.

§ 69 Allgemeine Grundsätze für die Behandlung der Beschäftigten

(1) [1]Dienststelle und Personalvertretung haben darüber zu wachen, dass alle Angehörigen der Dienststelle nach Recht und Billigkeit behandelt werden, insbesondere, dass jede Benachteiligung von Personen aus rassistischen Gründen oder wegen ihrer ethnischen Herkunft, ihrer Abstammung oder sonstigen Herkunft, ihrer Nationalität, ihrer Religion oder Weltanschauung, ihrer Behinderung, ihres Alters, ihrer politi-

schen oder gewerkschaftlichen Betätigung oder Einstellung oder wegen ihres Geschlechts oder ihrer sexuellen Identität unterbleibt. [2]Dabei müssen sie sich so verhalten, dass das Vertrauen der Beschäftigten in die Objektivität und Neutralität ihrer Amtsführung nicht beeinträchtigt wird. [3]Der Leiter der Dienststelle und die Personalvertretung haben jede parteipolitische Betätigung in der Dienststelle zu unterlassen; die Behandlung von Tarif-, Besoldungs- und Sozialangelegenheiten wird hierdurch nicht berührt.

(2) Soweit sich Beschäftigte, die Aufgaben nach diesem Gesetz wahrnehmen, auch in der Dienststelle für ihre Gewerkschaft betätigen, gilt Absatz 1 Satz 2 und 3 entsprechend.

(3) Die Personalvertretung hat sich für die Wahrung der Vereinigungsfreiheit der Beschäftigten einzusetzen.

§ 70 Allgemeine Aufgaben der Personalvertretung

(1) Die Personalvertretung hat folgende allgemeine Aufgaben:

1. Maßnahmen zu beantragen, die der Dienststelle und ihren Angehörigen oder im Rahmen der Aufgabenerledigung der Dienststelle der Förderung des Gemeinwohls dienen,
2. darüber zu wachen, dass die zugunsten der Beschäftigten geltenden Gesetze, Verordnungen, Tarifverträge, Dienstvereinbarungen, Verwaltungsanordnungen, Unfallverhütungsvorschriften und sonstigen Arbeitsschutzvorschriften durchgeführt werden und Anforderungen an die Barrierefreiheit nachgekommen wird,
3. auf die Verhütung von Unfall- und Gesundheitsgefahren zu achten, die für den Arbeitsschutz zuständigen Behörden, die Träger der gesetzlichen Unfallversicherung und die übrigen in Betracht kommenden Stellen durch Anregungen, Beratung und Auskunft bei der Bekämpfung von Unfall- und Gesundheitsgefahren zu unterstützen und sich für den Arbeitsschutz einzusetzen,
4. Anregungen und Beschwerden von Beschäftigten und der Jugend- und Auszubildendenvertretung entgegenzunehmen und, falls sie berechtigt erscheinen, durch Verhandlung mit dem Leiter der Dienststelle auf ihre Erledigung hinzuwirken; der Personalrat hat die betroffenen Beteiligten über das Ergebnis der Verhandlungen zu unterrichten,
5. im Zusammenwirken mit der Schwerbehindertenvertretung die Eingliederung und berufliche Entwicklung schwerbehinderter Beschäftigter und sonstiger Hilfsbedürftiger, insbesondere älterer Personen, in die Dienststelle zu fördern und für eine ihren Fähigkeiten und Kenntnissen entsprechende Beschäftigung zu sorgen,
6. an der Weiterentwicklung der interkulturellen Kompetenz der Verwaltung mitzuwirken und die Eingliederung von Beschäftigten mit Migrationshintergrund in die Dienststelle sowie das Verständnis zwischen Beschäftigten unterschiedlicher Herkunft zu fördern,
7. mit der Jugend- und Auszubildendenvertretung zur Förderung der Belange der Beschäftigten im Sinne von § 59 eng zusammenzuarbeiten,
8. Einrichtungen und Angebote der Dienststelle zur Kinderbetreuung anzuregen und vorzuschlagen,
9. Wahrung der Interessen der Beschäftigten in Telearbeit sowie auf einem sonstigen Arbeitsplatz außerhalb der Dienststelle,
10. Maßnahmen zu beantragen, die der Gleichstellung von Frauen und Männern dienen,

11. Maßnahmen zu beantragen, die dem Umweltschutz, dem Klimaschutz oder der sorgsamen Energienutzung in der Dienststelle dienen.

(2) [1]Reicht die Personalvertretung schriftlich Anträge oder Vorschläge nach Absatz 1 ein, soll der Leiter der Dienststelle innerhalb von drei Wochen schriftlich Stellung nehmen oder, wenn die Einhaltung der Frist nicht möglich ist, einen schriftlichen Zwischenbescheid erteilen. [2]Die Ablehnung schriftlicher Anträge und Vorschläge hat der Leiter der Dienststelle schriftlich zu begründen.

§ 71 Unterrichtungs- und Teilnahmerechte der Personalvertretung, Arbeitsplatzschutzangelegenheiten

(1) [1]Die Personalvertretung ist zur Durchführung ihrer Aufgaben rechtzeitig und umfassend zu unterrichten. [2]Ihr sind die hierfür erforderlichen Unterlagen vorzulegen. [3]Personalaktendaten dürfen nur mit Einwilligung des Beschäftigten und nur von den von ihm bestimmten Mitgliedern der Personalvertretung eingesehen werden.

(2) [1]Vor Organisationsentscheidungen, die beteiligungspflichtige Maßnahmen zur Folge haben, ist die Personalvertretung frühzeitig und fortlaufend zu unterrichten. [2]An Arbeitsgruppen, die der Vorbereitung derartiger Entscheidungen dienen, können Mitglieder der Personalvertretung beratend teilnehmen.

(3) [1]Bei Einstellungen von Beschäftigten sind der Personalvertretung auf Verlangen die Bewerbungsunterlagen aller Bewerber vorzulegen, soweit dem nicht berechtigte Belange der Bewerber entgegenstehen. [2]An Vorstellungs- oder Eignungsgesprächen, welche die Dienststelle im Rahmen geregelter oder auf Übung beruhender Auswahlverfahren zur Auswahl unter mehreren Bewerbern durchführt oder durchführen lässt, kann ein Mitglied der Personalvertretung, das von dieser benannt ist, teilnehmen.

(4) [1]An Personalgesprächen mit entscheidungsbefugten Vertretern der Dienststelle sowie an Beurteilungsgesprächen im Sinne von § 51 Absatz 2 Satz 1 des Landesbeamtengesetzes kann auf Verlangen des Beschäftigten ein Mitglied der Personalvertretung teilnehmen. [2]An allgemeinen Besprechungen zur Abstimmung einheitlicher Beurteilungsmaßstäbe vor regelmäßigen Beurteilungen im Sinne von § 51 Absatz 1 des Landesbeamtengesetzes kann ein Mitglied der Personalvertretung, das von dieser benannt ist, teilnehmen. [3]Die Gesamtergebnisse regelmäßiger Beurteilungen im Sinne von § 51 des Landesbeamtengesetzes sind der Personalvertretung anonymisiert mitzuteilen. [4]Dienstliche Beurteilungen sind auf Verlangen des betroffenen Beschäftigten der Personalvertretung zur Kenntnis zu geben.

(5) [1]Bei Prüfungen, die eine Dienststelle für Beschäftigte ihres Bereichs abnimmt, ist einem Mitglied der für diesen Bereich zuständigen Personalvertretung, das von dieser benannt ist, die Anwesenheit zu gestatten. [2]Dies gilt nicht für die Beratung.

(6) Der Vorsitzende oder ein beauftragtes Mitglied der Personalvertretung hat jederzeit das Recht, nach vorheriger Unterrichtung des Leiters der Dienststelle, die Dienststelle zu begehen und, sofern die Beschäftigten zustimmen, diese an ihrem Arbeitsplatz aufzusuchen, wenn zwingende dienstliche Gründe nicht entgegenstehen.

(7) [1]Die Dienststelle und die für den Arbeitsschutz zuständigen Behörden, die Träger der gesetzlichen Unfallversicherung und die übrigen in Betracht kommenden Stellen sind verpflichtet, bei allen im Zusammenhang mit dem Arbeitsschutz oder der Unfallverhütung stehenden Besichtigungen und Fragen und bei Unfalluntersuchungen die Personalvertretung oder die von ihr bestimmten Mitglieder der Personalvertretung derjenigen Dienststelle hinzuzuziehen, in der die Besichtigung oder Untersuchung

stattfindet. [2]Die Dienststelle hat der Personalvertretung unverzüglich die den Arbeitsschutz oder die Unfallverhütung betreffenden Auflagen und Anordnungen der in Satz 1 genannten Stellen mitzuteilen. [3]An den Besprechungen der Dienststelle mit den Sicherheitsbeauftragten nach § 22 Absatz 2 des Siebten Buches Sozialgesetzbuch nehmen von der Personalvertretung beauftragte Mitglieder der Personalvertretung teil. [4]Die Personalvertretung erhält die Niederschriften über die Untersuchungen, Besichtigungen und Besprechungen, zu denen sie nach den Sätzen 1 und 3 hinzuzuziehen ist. [5]Die Dienststelle hat der Personalvertretung eine Durchschrift der nach § 193 Absatz 5 Satz 1 des Siebten Buches Sozialgesetzbuch von der Personalvertretung mit zu unterschreibenden Unfallanzeige oder des nach beamtenrechtlichen Vorschriften zu erstattenden Berichts auszuhändigen.

§ 72 Wirtschaftsausschuss

(1) [1]In Dienststellen ab einer Größe der Personalvertretung von mindestens sieben Mitgliedern soll auf Antrag der Personalvertretung ein Wirtschaftsausschuss gebildet werden. [2]Der Wirtschaftsausschuss hat die Aufgabe, wirtschaftliche Angelegenheiten der Dienststelle zu beraten und die Personalvertretung zu unterrichten. [3]Die Befugnisse und Aufgaben der Personalvertretungen nach diesem Gesetz bleiben unberührt.

(2) Die Dienststelle hat den Wirtschaftsausschuss rechtzeitig und umfassend über die wirtschaftlichen Angelegenheiten unter Vorlage der erforderlichen Unterlagen zu unterrichten, soweit dadurch nicht die Dienst- oder Betriebs- und Geschäftsgeheimnisse gefährdet werden, sowie die sich daraus ergebenden Auswirkungen auf die Personalplanung darzustellen.

(3) Zu den wirtschaftlichen Angelegenheiten im Sinne von Absatz 1 gehören insbesondere

1. die wirtschaftliche und finanzielle Lage der Dienststelle,
2. Veränderungen der Produktpläne,
3. beabsichtigte Investitionen,
4. beabsichtigte Partnerschaften mit Privaten,
5. die Stellung der Dienststelle in der Gesamtdienststelle,
6. beabsichtigte Rationalisierungsmaßnahmen,
7. Einführung neuer Arbeits- und Managementmethoden,
8. Fragen des Umweltschutzes, des Klimaschutzes oder der sorgsamen Energienutzung in der Dienststelle,
9. Verlegung von Dienststellen oder Dienststellenteilen,
10. Auflösung, Neugründung, Zusammenlegung oder Teilung der Dienststelle oder von Dienststellenteilen,
11. Zusammenarbeit mit anderen Dienststellen,
12. sonstige Vorgänge und Vorhaben, welche das wirtschaftliche Leben der Dienststelle und die Interessen der Beschäftigten der Dienststelle wesentlich berühren können.

(4) [1]Der Wirtschaftsausschuss besteht aus mindestens drei und höchstens sieben Mitgliedern, die der Dienststelle angehören müssen, darunter mindestens einem Mitglied der Personalvertretung. [2]Ersatzmitglieder können bestellt werden. [3]Die Mitglieder des Wirtschaftsausschusses sollen die zur Erfüllung ihrer Aufgaben erforderliche fachliche und persönliche Eignung besitzen. [4]Sie werden im Einvernehmen mit der Personalvertretung für die Dauer ihrer Amtszeit von der Dienststelle bestellt und können jederzeit abberufen werden. [5]Der Vorsitzende der Personalvertretung beruft die Mitglieder des Wirtschaftsausschusses zur konstituierenden Sitzung ein und lei-

tet die Sitzung, bis der Wirtschaftsausschuss aus seiner Mitte einen Vorsitzenden gewählt hat. [6]§ 43 Absatz 2 gilt für die Mitglieder des Wirtschaftsausschusses entsprechend.

(5) Der Wirtschaftsausschuss soll einmal im Vierteljahr zusammentreten.

(6) [1]Der Leiter der Dienststelle oder eine von ihm beauftragte Person nimmt an den Sitzungen des Wirtschaftsausschusses teil; weitere sachkundige Beschäftigte können hinzugezogen werden. [2]An den Sitzungen des Wirtschaftsausschusses können darüber hinaus beratend teilnehmen:
1. die Schwerbehindertenvertretung,
2. ein Mitglied der Jugend- und Auszubildendenvertretung, das von dieser benannt wird, wenn Angelegenheiten behandelt werden, die besonders Beschäftigte im Sinne von § 59 betreffen,
3. die Beauftragte für Chancengleichheit, wenn Angelegenheiten behandelt werden, die besonders die Gleichstellung von Frauen und Männern betreffen.

Abschnitt 2 **Mitbestimmung, Mitwirkung und Anhörung**

§ 73 Mitbestimmung

(1) [1]Soweit eine Maßnahme der Mitbestimmung des Personalrats unterliegt, kann sie nur mit seiner Zustimmung getroffen werden. [2]Eine Maßnahme im Sinne von Satz 1 liegt bereits dann vor, wenn durch eine Handlung eine mitbestimmungspflichtige Maßnahme vorweggenommen oder festgelegt wird.

(2) [1]Der Personalrat kann seine Zustimmung zu Maßnahmen in zuvor festgelegten Einzelfällen oder für zuvor festgelegte Fallgruppen von Maßnahmen vorab erteilen. [2]Die Bestimmung der Maßnahmen erfolgt für die Dauer der Amtszeit des Personalrats in der Geschäftsordnung; die Bestimmung kann jederzeit geändert oder widerrufen werden. [3]Die Fälle, in denen die Vorabzustimmung in Anspruch genommen worden ist, sind dem Personalrat jeweils in der nächsten Sitzung bekanntzugeben.

§ 74 Angelegenheiten der uneingeschränkten Mitbestimmung

(1) Der Personalrat hat mitzubestimmen über die
1. Gewährung von Unterstützungen, Vorschüssen, Darlehen und entsprechenden sozialen Zuwendungen,
2. allgemeine Festsetzung der Nutzungsbedingungen für Wohnungen, über die die Beschäftigungsdienststelle verfügt oder für die die Beschäftigungsdienststelle ein Vorschlagsrecht hat,
3. Zuweisung von Wohnungen nach Nummer 2,
4. Kündigung von Wohnungen nach Nummer 2,
5. Aufstellung des Urlaubsplans,
6. Festsetzung der zeitlichen Lage des Erholungsurlaubs für einzelne Beschäftigte, wenn zwischen dem Leiter der Dienststelle und den beteiligten Beschäftigten kein Einverständnis erzielt wird.

(2) Der Personalrat hat, soweit eine gesetzliche oder tarifliche Regelung nicht besteht, mitzubestimmen über
1. Regelungen der Ordnung in der Dienststelle und des Verhaltens der Beschäftigten,

2. Beginn und Ende der täglichen Arbeitszeit und der Pausen sowie die Verteilung der Arbeitszeit auf die einzelnen Wochentage,
3. Einführung, Anwendung, wesentliche Änderung und Aufhebung von Arbeitszeitmodellen,
4. Anordnung von Mehrarbeit oder Überstunden, Bereitschaftsdienst und Rufbereitschaft,
5. Fragen der Gestaltung des Entgelts innerhalb der Dienststelle für Arbeitnehmer, insbesondere durch Aufstellung von Entgeltgrundsätzen, die Einführung und Anwendung von neuen Entgeltmethoden und deren Änderung sowie die Festsetzung der Akkord- und Prämiensätze und vergleichbarer leistungsbezogener Entgelte, sowie entsprechende Regelungen innerhalb der Dienststelle für Beamte,
6. Errichtung, Verwaltung, wesentliche Änderung und Auflösung von Sozialeinrichtungen ohne Rücksicht auf ihre Rechtsform,
7. Maßnahmen zur Verhütung von Dienst- und Arbeitsunfällen, Berufskrankheiten und sonstigen Gesundheitsschädigungen sowie von Gesundheitsgefährdungen,
8. Maßnahmen des behördlichen oder betrieblichen Gesundheitsmanagements einschließlich vorbereitender und präventiver Maßnahmen, allgemeine Fragen des behördlichen oder betrieblichen Eingliederungsmanagements, Maßnahmen aufgrund von Feststellungen aus Gefährdungsanalysen,
9. Aufstellung von Sozialplänen einschließlich Plänen für Umschulungen zum Ausgleich oder zur Milderung von wirtschaftlichen Nachteilen, die den Beschäftigten infolge von Rationalisierungsmaßnahmen entstehen,
10. Grundsätze über die Bewertung von anerkannten Vorschlägen im Rahmen des behördlichen oder betrieblichen Vorschlagwesens.

(3) Muss für Gruppen von Beschäftigten die tägliche Arbeitszeit nach Erfordernissen, die die Dienststelle nicht voraussehen kann, unregelmäßig und kurzfristig festgesetzt werden, so beschränkt sich die Mitbestimmung nach Absatz 2 Nummer 2 und 4 auf die Grundsätze für die Aufstellung der Dienstpläne.

§ 75 Angelegenheiten der eingeschränkten Mitbestimmung

(1) Der Personalrat hat mitzubestimmen in Personalangelegenheiten der Beschäftigten, die voraussichtlich länger als zwei Monate Beschäftigte sein werden, bei

1. Begründung des Beamtenverhältnisses, mit Ausnahme der Fälle, in denen das Beamtenverhältnis auf Widerruf nach Ablegung oder dem endgültigen Nichtbestehen der für die Laufbahn vorgeschriebenen Prüfung aufgrund von Rechtsvorschriften endet,
2. Einstellung von Arbeitnehmern, Übertragung der auszuübenden Tätigkeit bei der Einstellung, Nebenabreden zum Arbeitsvertrag, Zeit- oder Zweckbefristung des Arbeitsverhältnisses,
3. Ein-, Höher-, Um- oder Rückgruppierung einschließlich Stufenzuordnung sowie Verkürzung und Verlängerung der Stufenlaufzeit nach Entgeltgrundsätzen, Bestimmung der Fallgruppe innerhalb einer Entgeltgruppe, soweit jeweils tarifvertraglich nichts anderes bestimmt ist, übertariflicher Eingruppierung,
4. Beförderung, horizontalem Laufbahnwechsel,
5. Zulassung zum Aufstieg einschließlich der Zulassung zur Eignungsfeststellung für den Aufstieg,
6. zwei Monate überschreitender Übertragung von Dienstaufgaben eines Amtes mit höherem oder niedrigerem Grundgehalt,
7. zwei Monate überschreitender Übertragung einer Tätigkeit, die
   a) den Tätigkeitsmerkmalen einer höheren oder niedrigeren Entgeltgruppe entspricht als die bisherige Tätigkeit,

b) einen Anspruch auf Zahlung einer Zulage auslöst, sowie Widerruf einer solchen Übertragung,
8. zwei Monate überschreitender Übertragung einer anderen Tätigkeit,
9. erneuter Übertragung von Dienstaufgaben eines Amtes oder der auszuübenden Tätigkeit nach Rückkehr aus der Beurlaubung von längerer Dauer,
10. wesentlicher Änderung des Arbeitsvertrags, ausgenommen der Änderung der arbeitsvertraglich vereinbarten Arbeitszeit,
11. Umsetzung innerhalb der Dienststelle, wenn sie mit einem Wechsel des Dienstorts verbunden ist,
12. ordentlicher Kündigung durch die Dienststelle.

(2) Der Personalrat der abgebenden Dienststelle und, soweit dort bestehend, der Personalrat der aufnehmenden Dienststelle haben in Personalangelegenheiten jeweils mitzubestimmen bei
1. Versetzung von Beschäftigten, die voraussichtlich länger als zwei Monate Beschäftigte sein werden, zu einer anderen Dienststelle,
2. Abordnung für die Dauer von mehr als zwei Monaten, mit Ausnahme der Abordnung von Beamten für die Erfüllung von Aufgaben nach dem Landesdisziplinargesetz,
3. Zuweisung für die Dauer von mehr als zwei Monaten,
4. Personalgestellung für die Dauer von mehr als zwei Monaten,
5. Abordnung auch für die Dauer von weniger als zwei Monaten sofern sie sich unmittelbar an eine vorangegangene Abordnung anschließt; entsprechendes gilt für die Zuweisung oder Personalgestellung.

(3) Der Personalrat bestimmt in Personalangelegenheiten der Beschäftigten nur auf deren Antrag mit, bei
1. Verlängerung der Probezeit,
2. Änderung der arbeitsvertraglich vereinbarten Arbeitszeit für die Dauer von mehr als zwei Monaten,
3. Anordnungen gegenüber Beschäftigten, welche die Freiheit in der Wahl der Wohnung beschränken,
4. Ablehnung eines Antrags auf Telearbeit oder auf Einrichtung eines Arbeitsplatzes außerhalb der Dienststelle, sofern diese Arbeitsform tarifvertraglich oder durch Dienstvereinbarung besteht,
5. Versagung oder Widerruf der Genehmigung einer Nebentätigkeit, Erteilung von Auflagen zu Nebentätigkeitsgenehmigungen, Untersagung einer Nebentätigkeit,
6. Ablehnung eines Antrags auf Teilzeitbeschäftigung oder Urlaub ohne Dienstbezüge oder Arbeitsentgelt, Widerruf der Bewilligung,
7. Ablehnung eines Antrags auf Altersteilzeit,
8. Herabsetzung der Anwärterbezüge oder Unterhaltsbeihilfe,
9. Geltendmachung von Ersatzansprüchen gegen Beschäftigte,
10. Entlassung von Beamten auf Probe oder auf Widerruf, wenn sie die Entlassung nicht selbst beantragt haben,
11. Abschluss von Aufhebungs- oder Beendigungsverträgen, wenn der Arbeitnehmer die Auflösung des Arbeitsverhältnisses nicht selbst beantragt hat; entsprechendes gilt für die Beendigung vom öffentlich-rechtlichen Ausbildungsverhältnissen,
12. Ablehnung des Antrags auf vorzeitige Versetzung in den Ruhestand oder vorzeitiger Versetzung in den Ruhestand, wenn der Beamte die Versetzung nicht selbst beantragt hat,
13. Feststellung der begrenzten Dienstfähigkeit, wenn der Beamte die Feststellung nicht selbst beantragt hat,

14. Ablehnung des Antrags auf Hinausschiebung des Eintritts in den Ruhestand wegen Erreichens der Altersgrenze.

(4) Der Personalrat hat, soweit eine gesetzliche oder tarifliche Regelung nicht besteht, mitzubestimmen über

1. Bestellung und Abberufung von
   a) Vertrauens- und Betriebsärzten,
   b) behördlichen Datenschutzbeauftragten,
   c) Fachkräften für Arbeitssicherheit, Sicherheitsbeauftragten, Beauftragten für biologische Sicherheit, Fachkräften und Beauftragten für den Strahlenschutz,
   d) Hygienebeauftragten,
   e) Beauftragten des Arbeitgebers für schwerbehinderte Menschen,
2. Widerruf der Bestellung der Beauftragten für Chancengleichheit oder ihrer Stellvertreterin,
3. Inhalt von Personalfragebögen, mit Ausnahme von solchen im Rahmen der Rechnungsprüfung, Inhalt von Fragebögen für Mitarbeiterbefragungen,
4. Beurteilungsrichtlinien,
5. Inhalt und Verwendung von Formulararbeitsverträgen,
6. Erlass von Richtlinien über die personelle Auswahl
   a) bei Einstellungen,
   b) bei Versetzungen,
   c) bei Höher-, Rück- oder Umgruppierungen,
   d) bei Kündigungen,
   e) für Beförderungen und horizontalen Laufbahnwechsel nach Absatz 1 Nummer 4,
   f) bei beförderungsähnlichen Übertragungen anderer Tätigkeiten und Übertragungen von Tätigkeiten, die einen Anspruch auf Zahlung einer Zulage auslösen,
   g) für die Zulassung zum Aufstieg einschließlich Zulassung zur Eignungsfeststellung für den Aufstieg,
7. Erlass von Richtlinien über Ausnahmen von der Ausschreibung von Dienstposten für Beamte und Aufstellung von allgemeinen Grundsätzen über die Durchführung von Stellenausschreibungen für Arbeitnehmer einschließlich Inhalt, Ort und Dauer,
8. Absehen von der Ausschreibung eines Dienstpostens für Beamte, der nach gesetzlichen Vorschriften, einer Richtlinie nach Nummer 7 oder einer Dienstvereinbarung auszuschreiben wäre,
9. allgemeine Fragen zur Durchführung der beruflichen Ausbildung mit Ausnahme der Gestaltung von Lehrveranstaltungen,
   a) bei Arbeitnehmern einschließlich der Bestellung und Abberufung der Ausbilder und Ausbildungsleiter bei Ausbildungen im Sinne des Berufsbildungsgesetzes, des Krankenpflegegesetzes und des Hebammengesetzes,
   b) der Beamten einschließlich der Bestellung und Abberufung der Ausbilder und Ausbildungsleiter,
   c) von Studierenden der Dualen Hochschule, von Studierenden, die ein nach einer Studienordnung vorgeschriebenes Praktikum leisten, oder von Volontären,
10. allgemeine Fragen der beruflichen Fortbildung, Weiterbildung, Umschulung, Einführung in die Aufgaben einer anderen Laufbahn und Qualifizierungsmaßnahmen im Rahmen der Personalentwicklung,
11. Einführung und Anwendung technischer Einrichtungen, die dazu geeignet sind, das Verhalten und die Leistung der Beschäftigten zu überwachen,

12. Gestaltung der Arbeitsplätze,
13. Einführung, Anwendung oder wesentliche Änderung oder wesentliche Erweiterung technischer Einrichtungen und Verfahren der automatisierten Verarbeitung personenbezogener Daten der Beschäftigen, mit Ausnahme der Einführung und Anwendung automatisierter Verfahren für amtliche Statistiken beim Statistischen Landesamt, soweit diese von Dienststellen außerhalb des Geltungsbereichs dieses Gesetzes erstellt und unter dortiger Mitbestimmung der Personalvertretung freigegeben worden sind,
14. Maßnahmen, die zur Hebung der Arbeitsleistung und Erleichterung des Arbeitsablaufs geeignet sind, sowie deren wesentliche Änderung oder wesentliche Ausweitung,
15. Einführung grundsätzlich neuer Arbeitsmethoden, wesentliche Änderung oder wesentliche Ausweitung bestehender Arbeitsmethoden,
16. Einführung, wesentliche Änderung oder wesentliche Ausweitung der Informations- und Kommunikationsnetze,
17. Einführung grundsätzlich neuer Formen der Arbeitsorganisation und wesentliche Änderungen der Arbeitsorganisation,
18. Anordnung von Urlaubssperren aus arbeitsorganisatorischen Gründen,
19. Erstellung und Anpassung des Chancengleichheitsplans.

(5) Es gelten nicht
1. Absätze 1 bis 3 Nummer 1 bis 3, 5 bis 7, 10, 12, 14 für
   a) Beamtenstellen und Beamte der Besoldungsgruppe A 16 und höher, bei den obersten Dienstbehörden des Landes der Besoldungsgruppe B 3 und höher sowie jeweils für entsprechende Arbeitnehmerstellen und Arbeitnehmer,
   b) Landräte, Bürgermeister und Beigeordnete,
   c) leitende Beschäftigte öffentlich-rechtlicher Kreditinstitute; welche Beschäftigten leitende Beschäftigte öffentlich-rechtlicher Kreditinstitute sind, entscheidet die zuständige oberste Aufsichtsbehörde,
2. Absatz 1 Nummer 1 für die Begründung des Beamtenverhältnisses bei
   a) Polizeimeistern und Polizeikommissaren,
   b) Lehrern an allgemeinbildenden und beruflichen Schulen,
3. Absatz 1 Nummer 11 und Absatz 2 für nicht beamtete Lehrer.

(6) An die Stelle der Mitbestimmung tritt, soweit in Absatz 5 nichts anderes bestimmt ist, die Mitwirkung
1. in den Fällen der Absätze 1, 2 und 3 Nummer 2, 3, 5 bis 7 und 14 bei
   a) Leitern von Dienststellen im Sinne dieses Gesetzes,
   b) Rektoren an Grund-, Haupt-, Werkreal-, Real- und Gemeinschaftsschulen sowie entsprechenden sonderpädagogischen Bildungs- und Beratungszentren,
   c) Abteilungsleitern bei den Regierungspräsidien, Landesoberbehörden und höheren Sonderbehörden,
   d) den Ersten Landesbeamten bei den Landratsämtern,
2. in den Fällen des Absatzes 1 Nummer 11 und des Absatzes 2 bei
   a) Beamten des allgemeinen Vollzugsdienstes und des Werkdienstes bei den Justizvollzugseinrichtungen
   b) Polizeibeamten,
   c) Beschäftigten des Landesamts für Verfassungsschutz.

(7) [1]Wird trotz anderslautender Empfehlung der Einigungsstelle nach § 78 Absatz 4 eine ordentliche Kündigung ausgesprochen, ist dem Arbeitnehmer mit der Kündigung eine Abschrift der Empfehlung der Einigungsstelle zuzuleiten. [2]Hat der Arbeitnehmer im Falle des Satzes 1 nach dem Kündigungsschutzgesetz Klage auf Fest-

stellung erhoben, dass das Arbeitsverhältnis durch die Kündigung nicht aufgelöst ist, so muss die Dienststelle auf Verlangen des Arbeitnehmers diesen nach Ablauf der Kündigungsfrist bis zum rechtskräftigen Abschluss des Rechtsstreits bei unveränderten Arbeitsbedingungen weiterbeschäftigen. [3]Auf Antrag der Dienststelle kann das Arbeitsgericht sie durch einstweilige Verfügung von der Verpflichtung zur Weiterbeschäftigung nach Satz 2 entbinden, wenn

1. die Klage des Arbeitnehmers keine hinreichende Aussicht auf Erfolg bietet oder mutwillig erscheint oder
2. die Weiterbeschäftigung des Arbeitnehmers zu einer unzumutbaren wirtschaftlichen Belastung der Dienststelle führen würde oder
3. die Verweigerung der Zustimmung des Personalrats offensichtlich unbegründet war.

(8) [1]Tritt nach einer Rechtsvorschrift im Falle der ordentlichen Kündigung des Arbeitnehmers durch die Dienststelle an die Stelle der Mitbestimmung die Mitwirkung, so ist dem Arbeitnehmer mit der Kündigung eine Abschrift der Stellungnahme des Personalrats zuzuleiten, sofern der Personalrat nach § 82 Absatz 4 Satz 1 Einwendungen gegen die Kündigung erhoben hat, es sei denn, dass die Stufenvertretung nach Verhandlung nach § 83 Absatz 1 Satz 4 und 5 die Einwendungen nicht aufrechterhalten hat. [2]Bis zur endgültigen Entscheidung der übergeordneten Dienststelle nach § 83 Absatz 1 Satz 4 und 5 oder der obersten Dienstbehörde nach § 83 Absatz 2 oder des nach § 89 Absatz 1 zuständigen Organs kann die Kündigung nicht ausgesprochen werden. [3]Absatz 7 Satz 2 und 3 sowie § 76 Absatz 2 gelten entsprechend.

§ 76 Einleitung, Verfahren der Mitbestimmung

(1) Die Dienststelle unterrichtet den Personalrat von der beabsichtigten Maßnahme und beantragt seine Zustimmung.

(2) [1]Der Personalrat bestimmt, soweit in § 75 Absatz 5 und 6 nichts anderes bestimmt ist, nur mit

1. in den Personalangelegenheiten nach § 75 Absatz 1 und 2 der
   a) in § 9 Absatz 2 Satz 1 Nummer 2 und 3 bezeichneten Beschäftigten,
   b) der Beamten auf Zeit,
   c) der Beschäftigten mit überwiegend wissenschaftlicher oder künstlerischer Tätigkeit,
2. in den Angelegenheiten des § 74 Absatz 1 Nummer 1 und 4,

wenn die betroffenen Beschäftigten es beantragen. [2]§ 75 Absatz 3 bleibt unberührt.

(3) In den Fällen von Absatz 2 sowie von § 75 Absatz 3 sind die Beschäftigten von der beabsichtigten Maßnahme rechtzeitig vorher in Kenntnis zu setzen; gleichzeitig sind sie auf ihr Antragsrecht hinzuweisen.

(4) In den Angelegenheiten nach § 74 Absatz 1 Nummer 1 und 4 bestimmt auf Verlangen der betroffenen Beschäftigten nur der Vorstand mit.

(5) Der Personalrat kann verlangen, dass die Dienststelle die beabsichtigte Maßnahme begründet.

(6) [1]Der Beschluss des Personalrats über die beantragte Zustimmung ist der Dienststelle innerhalb von drei Wochen mitzuteilen. [2]In dringenden Fällen kann die Dienststelle diese Frist auf eine Woche abkürzen. [3]Personalrat und Dienststelle können für die Dauer der Amtszeit des Personalrats abweichende Fristen vereinbaren.

(7) Die Dienststelle kann die Fristen im Einzelfall verlängern oder in begründeten Fällen im Einvernehmen mit dem Personalrat abkürzen.

(8) [1]Aufgrund eines Beschlusses des Vorstands kann der Vorsitzende des Personalrats bei der Dienststelle im Einzelfall eine längere Frist beantragen. [2]Dabei ist die Dauer der Fristverlängerung zu benennen und ihre Erforderlichkeit zu begründen. [3]Soweit keine andere Frist bewilligt wird, verlängert sich die Frist um drei Arbeitstage. [4]Entscheidet die Dienststelle nicht innerhalb von drei Arbeitstagen nach Zugang über den Antrag, gilt die Fristverlängerung im beantragten Umfang als bewilligt. [5]Der Antrag kann nicht wiederholt werden.

(9) [1]Die Maßnahme gilt als gebilligt, wenn nicht der Personalrat innerhalb der geltenden Frist die Zustimmung unter Angabe der Gründe schriftlich verweigert oder die angeführten Gründe offenkundig keinen unmittelbaren Bezug zu den Mitbestimmungsangelegenheiten haben. [2]Soweit dabei Beschwerden oder Behauptungen tatsächlicher Art vorgetragen werden, die für einzelne Beschäftigte ungünstig sind oder ihnen nachteilig werden können, hat die Dienststelle diesen Beschäftigten Gelegenheit zur Äußerung zu geben; die Äußerung ist aktenkundig zu machen.

(10) Kommt bei Arbeitnehmern in den Fällen des § 75 Absatz 3 Nummer 2 über die beantragte Verringerung der arbeitsvertraglich vereinbarten Arbeitszeit und in den Fällen des § 75 Absatz 3 Nummer 6 über die beantragte Teilzeitbeschäftigung eine Einigung nicht zustande, entscheidet die Dienststelle endgültig; die §§ 77 und 78 finden keine Anwendung.

§ 77 Stufenverfahren der Mitbestimmung

(1) [1]Kommt eine Einigung nicht zustande, so kann die Dienststelle oder der Personalrat die Angelegenheit binnen drei Wochen auf dem Dienstweg der übergeordneten Dienststelle, bei der eine Stufenvertretung besteht, vorlegen. [2]Legt die Dienststelle die Angelegenheit der übergeordneten Dienststelle vor, so teilt sie dies dem Personalrat unter Angabe der Gründe mit.

(2) [1]Die übergeordnete Dienststelle hat die Angelegenheit der bei ihr gebildeten Stufenvertretung innerhalb von fünf Wochen vorzulegen. [2]§ 76 Absatz 1 und 5 bis 9 gilt entsprechend.

(3) [1]Können sich die übergeordnete Dienststelle und die Stufenvertretung nicht einigen, so kann die übergeordnete Dienststelle oder die Stufenvertretung die Angelegenheit binnen drei Wochen der obersten Dienstbehörde vorlegen. [2]Absatz 1 Satz 2 und Absatz 2 Satz 2 gelten entsprechend.

§ 78 Einigungsstellenverfahren

(1) Ergibt sich zwischen der obersten Dienstbehörde und der bei ihr bestehenden zuständigen Personalvertretung keine Einigung, so kann jede Seite die Einigungsstelle anrufen.

(2) [1]In den Fällen des § 74 entscheidet die Einigungsstelle endgültig. [2]Ihr Beschluss bindet die Beteiligten, soweit er eine Entscheidung im Sinne von § 79 Absatz 5 enthält. [3]Die oberste Dienstbehörde kann einen Beschluss der Einigungsstelle, der im Einzelfall wegen seiner Auswirkungen auf das Gemeinwesen wesentlicher Bestandteil der Regierungsverantwortung ist, unverzüglich nach seiner Zustellung der Landesregierung zur endgültigen Entscheidung vorlegen. [4]Der Einigungsstelle und der bei der obersten Dienstbehörde bestehenden zuständigen Personalvertretung ist Gelegenheit zu geben, innerhalb von zwei Wochen zu der Vorlage an die Landesregierung Stellung zu nehmen. [5]Eine Stellungnahme ist der Landesregierung zur

Kenntnis zu bringen. [6]Die Entscheidung der Landesregierung ist den Beteiligten durch die oberste Dienstbehörde bekanntzugeben.

(3) An die Stelle der Landesregierung tritt in Angelegenheiten der Dienststellen des Landtags von Baden-Württemberg der Präsident des Landtags und in Angelegenheiten des Rechnungshofs Baden-Württemberg der Präsident des Rechnungshofs.

(4) [1]In den Fällen des § 75 beschließt die Einigungsstelle, wenn sie sich nicht der Auffassung der obersten Dienstbehörde anschließt, eine Empfehlung an diese. [2]Die oberste Dienstbehörde entscheidet sodann endgültig. [3]Die Entscheidung ist zu begründen und der Einigungsstelle und den beteiligten Personalvertretungen bekanntzugeben.

§ 79 Einigungsstelle

(1) [1]Die Einigungsstelle wird, soweit sich aus Absatz 2 nichts Abweichendes ergibt, von Fall zu Fall bei der obersten Dienstbehörde gebildet. [2]Sie besteht aus je drei Beisitzern, die von der obersten Dienstbehörde und der bei ihr bestehenden zuständigen Personalvertretung bestellt werden, und einer unparteiischen Person für den Vorsitz, auf die sich beide Seiten einigen. [3]Die Beisitzer sowie die Person für den Vorsitz sind innerhalb von zwei Wochen nach Anrufung der Einigungsstelle zu bestellen. [4]Die Person für den Vorsitz muss die Befähigung zum Richteramt besitzen oder die Voraussetzungen des § 110 Satz 1 des Deutschen Richtergesetzes erfüllen.[5]Kommt eine Einigung über die Person für den Vorsitz nicht zustande, so bestellt sie der Präsident des Verwaltungsgerichtshofs. [6]Unter den Beisitzern, die von der Personalvertretung bestellt werden, muss sich je ein Beamter und ein Arbeitnehmer befinden, es sei denn, die Angelegenheit betrifft lediglich die Beamten oder die Arbeitnehmer.

(2) [1]Aufgrund einer Dienstvereinbarung kann die Einigungsstelle auf Dauer, längstens bis zum Ablauf der Amtszeit der zuständigen Personalvertretung gebildet werden. [2]Absatz 1 gilt mit der Maßgabe entsprechend, dass zwischen der obersten Dienstbehörde und der zuständigen Personalvertretung Einigung über die unparteiische Person für den Vorsitz für die vereinbarte Amtszeit erzielt wird.

(3) [1]Die Verhandlung der Einigungsstelle ist nicht öffentlich. [2]Der obersten Dienstbehörde und der zuständigen Personalvertretung ist Gelegenheit zur mündlichen Äußerung zu geben. [3]Im Einvernehmen mit den Beteiligten kann die Äußerung schriftlich erfolgen.

(4) [1]Die Einigungsstelle soll binnen zwei Monaten nach der Anrufung durch einen Beteiligten entscheiden. [2]Die Einigungsstelle ist beschlussfähig, wenn die Person für den Vorsitz und mindestens drei Beisitzer anwesend sind. [3]Bestellt eine Seite innerhalb der in Absatz 1 Satz 3 genannten Frist keine Beisitzer oder bleiben Beisitzer trotz rechtzeitiger Einladung der Sitzung fern, so entscheiden die Person für den Vorsitz und die erschienenen Beisitzer allein.

(5) [1]Die Einigungsstelle entscheidet durch Beschluss. [2]Sie kann den Anträgen der Beteiligten auch teilweise entsprechen. [3]Der Beschluss wird mit einfacher Stimmenmehrheit gefasst; bei Stimmengleichheit entscheidet die Stimme der Person für den Vorsitz. [4]Er muss sich im Rahmen der geltenden Rechtsvorschriften, insbesondere des Haushaltsgesetzes, halten. [5]Der Beschluss ist den Beteiligten zuzustellen.

§ 80 Mitwirkung

Soweit der Personalrat an Entscheidungen mitwirkt, ist ihm die beabsichtigte Maßnahme rechtzeitig bekanntzugeben und auf Verlangen mit ihm zu erörtern.

§ 81 Angelegenheiten der Mitwirkung

(1) Der Personalrat wirkt mit bei
1. Vorbereitung von Verwaltungsanordnungen einer Dienststelle für die innerdienstlichen, sozialen oder persönlichen Angelegenheiten der Beschäftigten ihres Geschäftsbereichs,
2. Auflösung, Einschränkung, Erweiterung, Verlegung oder Zusammenlegung von Dienststellen oder wesentlichen Teilen von ihnen,
3. nicht nur vorübergehender Übertragung wesentlicher Arbeiten oder wesentlicher Aufgaben, die bisher üblicherweise durch Beschäftigte der Dienststelle wahrgenommen werden, durch Vergabe oder Privatisierung,
4. Einrichtung von Telearbeitsplätzen oder sonstigen Arbeitsplätzen außerhalb der Dienststelle,
5. Auswahl der Beschäftigten zur Teilnahme an Maßnahmen der Berufsausbildung, an Fortbildungs- sowie Weiterbildungsveranstaltungen, an Qualifizierungsmaßnahmen im Rahmen der Personalentwicklung,
6. Grundsätzen der Personalplanung,
7. Arbeitsorganisation einschließlich der Planungs- und Gestaltungsmittel und der Zahl der einzusetzenden Beschäftigten, mit Ausnahme der Erstellung von Stundenplänen an allgemeinbildenden und beruflichen Schulen,
8. Grundsätzen der Arbeitsplatz- oder Dienstpostenbewertung.

(2) [1]Der Personalrat wirkt auf Antrag der Beschäftigten mit bei
1. Erlass von Disziplinarverfügungen oder schriftlichen Missbilligungen gegen Beamte,
2. Erteilung schriftlicher Abmahnungen gegen Arbeitnehmer.

[2]§ 75 Absatz 5 Nummer 1 gilt entsprechend.

§ 82 Einleitung, Verfahren der Mitwirkung

(1) Die Dienststelle unterrichtet den Personalrat über die beabsichtigte Maßnahme.

(2) In den Fällen des § 81 Absatz 2 gilt § 76 Absatz 3 entsprechend, § 33 findet keine Anwendung.

(3) Der Personalrat kann verlangen, dass die Dienststelle die beabsichtigte Maßnahme begründet.

(4) [1]Äußert sich der Personalrat nicht innerhalb von drei Wochen, hält er bei Erörterung seine Einwendungen oder Vorschläge nicht aufrecht oder haben sie offenkundig keinen unmittelbaren Bezug zu den Mitwirkungsangelegenheiten, so gilt die beabsichtigte Maßnahme als gebilligt. [2]§ 76 Absatz 6 Satz 2 und 3, Absatz 7 und 8 gilt entsprechend.

(5) [1]Erhebt der Personalrat Einwendungen, so hat er der Dienststelle die Gründe mitzuteilen. [2]§ 76 Absatz 9 Satz 2 gilt entsprechend.

(6) Entspricht die Dienststelle den Einwendungen des Personalrats nicht oder nicht in vollem Umfang, so teilt sie dem Personalrat ihre Entscheidung unter Angabe der Gründe schriftlich mit.

§ 83 Stufenverfahren der Mitwirkung

(1) [1]Der Personalrat einer nachgeordneten Dienststelle kann die Angelegenheit binnen drei Wochen nach Zugang der Mitteilung der Dienststelle, dass Einwendungen nicht oder nicht in vollem Umfang berücksichtigt werden, auf dem Dienstweg der übergeordneten Dienststelle, bei der eine Stufenvertretung besteht, mit dem Antrag auf Entscheidung vorlegen. [2]DerPersonalrat leitet der Dienststelle eine Abschrift des Antrags zu. [3]Die übergeordnete Dienststelle hat die Angelegenheit der Stufenvertretung innerhalb von fünf Wochen vorzulegen. [4]Die übergeordnete Dienststelle entscheidet nach Verhandlung mit der Stufenvertretung. [5]§ 82 Absatz 1 und 3 bis 6 gilt entsprechend.

(2) [1]Die Stufenvertretung kann die Angelegenheit binnen drei Wochen der obersten Dienstbehörde vorlegen. [2]Absatz 1 Satz 2, 4 und 5 gilt entsprechend.

(3) Ist ein Antrag nach Absatz 1 oder 2 gestellt, so ist die beabsichtigte Maßnahme bis zur Entscheidung der angerufenen Dienststelle auszusetzen.

§ 84 Antrag des Personalrats

(1) [1]Der Personalrat kann eine Maßnahme, die nach § 74 Absatz 1 Nummer 2, 5 und 6, Absatz 2 und 3, § 75 Absatz 4 und § 81 Absatz 1 seiner Mitbestimmung oder Mitwirkung unterliegt, schriftlich beim Leiter der Dienststelle beantragen; der Antrag ist zu begründen. [2]§ 70 Absatz 2 Satz 1 gilt entsprechend.

(2) [1]Entspricht der Leiter der Dienststelle dem Antrag nicht oder nicht in vollem Umfang, so teilt er dem Personalrat die Entscheidung unter Angabe der Gründe schriftlich mit. [2]Das weitere Verfahren bestimmt sich nach der Art der beantragten Maßnahme und dem dafür vorgesehenen Verfahren nach den §§ 77 bis 79 und 83.

(3) § 70 Absatz 1 bleibt unberührt.

§ 85 Dienstvereinbarungen

(1) [1]Dienstvereinbarungen sind in allen Angelegenheiten der Mitbestimmung nach § 74 Absatz 1 Nummer 2, 5 und 6, Absatz 2 und 3, § 75 Absatz 4 und Mitwirkung nach § 81 Absatz 1 zulässig, soweit eine gesetzliche oder tarifliche Regelung nicht besteht. [2]Sie sind ferner zulässig, soweit dieses Gesetz oder tarifvertragliche Vereinbarungen Dienstvereinbarungen vorsehen.

(2) [1]Arbeitsentgelte und sonstige Arbeitsbedingungen, die durch Tarif geregelt sind oder üblicherweise geregelt werden, können nicht Gegenstand einer Dienstvereinbarung sein. [2]Dies gilt nicht, wenn tarifvertragliche Vereinbarungen den Abschluss ergänzender Dienstvereinbarungen ausdrücklich zulassen.

(3) Dienstvereinbarungen werden durch Dienststelle und Personalrat gemeinsam beschlossen, sind schriftlich niederzulegen, von beiden Seiten zu unterzeichnen und in geeigneter Weise bekanntzumachen.

(4) Dienstvereinbarungen, die für einen größeren Bereich gelten, gehen Dienstvereinbarungen für einen kleineren Bereich vor.

(5) Sofern nichts anderes vereinbart ist, können Dienstvereinbarungen von beiden Seiten jederzeit mit einer Frist von drei Monaten gekündigt werden.

(6) [1]In Angelegenheiten der uneingeschränkten Mitbestimmung nach § 74 Absatz 1 Nummer 2, 5 und 6 sowie Absatz 2 und 3 kann die Weitergeltung einer gekündigten oder abgelaufenen Dienstvereinbarung über eine bestimmte Dauer vereinbart wer-

den. [2]Ist keine Vereinbarung über die Dauer der Weitergeltung getroffen, endet die Weitergeltung mit Ablauf der Amtszeit des Personalrats, der zum Zeitpunkt der Kündigung oder des Auslaufens der Dienstvereinbarung amtiert hat.

(7) [1]Weitergeltende Regelungen einer gekündigten oder abgelaufenen Dienstvereinbarung können jederzeit ganz oder teilweise aufgehoben werden, soweit diese Regelungen wegen ihrer Auswirkungen auf das Gemeinwesen die Regierungsverantwortung wesentlich berühren. [2]§ 78 Absatz 2 Satz 3 bis 6 und Absatz 3 gilt entsprechend.

§ 86 Anhörung des Personalrats

Soweit der Personalrat anzuhören ist, ist ihm die Angelegenheit rechtzeitig bekanntzugeben und ausreichend Gelegenheit zur Äußerung zu geben.

§ 87 Angelegenheiten der Anhörung

(1) Der Personalrat ist anzuhören
1. bei Personalplanungen,
2. bei Personalanforderungen zum Haushaltsvoranschlag vor der Weiterleitung; gibt der Personalrat einer nachgeordneten Dienststelle zu den Personalanforderungen eine Stellungnahme ab, so ist diese mit den Personalanforderungen der übergeordneten Dienststelle vorzulegen,
3. bei Raumbedarfsanforderungen für Neu-, Um- und Erweiterungsbauten von Diensträumen vor der Weiterleitung; Nummer 2 Halbsatz 2 gilt entsprechend,
4. bei Bauplanungsprojekten und Anmietungen,
5. bei räumlicher Auslagerung von Arbeit aus der Dienststelle,
6. bei Festlegung von Verfahren und Methoden von Wirtschaftlichkeits- und Organisationsuntersuchungen, mit Ausnahme von solchen im Rahmen der Rechnungsprüfung,
7. bei der Auswahl und Beauftragung von Gutachten für Wirtschaftlichkeits- und Organisationsuntersuchungen nach Nummer 6,
8. beim Abschluss von Arbeitnehmerüberlassungs- oder Arbeitnehmergestellungsverträgen,
9. vor Kündigungen von Arbeitsverhältnissen während der Probezeit, bei fristlosen Entlassungen und außerordentlichen Kündigungen.

(2) In den Fällen des Absatzes 1 Nummer 1 bis 8 gilt § 70 Absatz 2 mit der Maßgabe, dass anstelle der Schriftform auch die mündliche Unterrichtung in einer Sitzung des Personalrats erfolgen kann.

(3) [1]In den Fällen des Absatzes 1 Nummer 9 hat die Dienststelle die beabsichtigte Maßnahme zu begründen. [2]Hat der Personalrat Bedenken, so hat er sie unter Angabe der Gründe der Dienststelle unverzüglich, spätestens jedoch innerhalb von drei Arbeitstagen schriftlich mitzuteilen. [3]§ 75 Absatz 5 Nummer 1 gilt entsprechend.

§ 88 Durchführung von Entscheidungen, vorläufige Regelungen

(1) Entscheidungen, an denen der Personalrat beteiligt war, führt die Dienststelle durch, es sei denn, dass im Einzelfall etwas anderes vereinbart ist.

(2) Wird eine Maßnahme. welcher der Personalrat zugestimmt hat, die durch den Personalrat als gebilligt gilt oder die auf Antrag des Personalrats zustande gekom-

men ist, von der Dienststelle nicht oder nicht in angemessener Zeit durchgeführt, unterrichtet diese den Personalrat unter Angabe der Gründe.

(3) Der Personalrat darf nicht durch einseitige Handlungen in den Dienstbetrieb eingreifen.

(4) [1]Die Dienststelle kann bei Maßnahmen, die der Natur der Sache nach keinen Aufschub dulden, bis zur endgültigen Entscheidung vorläufige Regelungen treffen. [2]Sie hat dem Personalrat die vorläufige Regelung mitzuteilen und zu begründen und unverzüglich das Verfahren

1. in Mitbestimmungsangelegenheiten nach §§ 76 bis 78 Absatz 1,
2. in Mitwirkungsangelegenheiten nach §§ 82 und 83

einzuleiten oder fortzusetzen.

§ 89 Zuständigkeit in nicht gestuften Verwaltungen

(1) [1]In Gemeinden und Gemeindeverbänden sowie sonstigen Körperschaften, Anstalten und Stiftungen des öffentlichen Rechts tritt in Verfahren nach den § 77 Absatz 3, §§ 78, 79 Absatz 1 Satz 2 und Absatz 3 sowie § 83 Absatz 2 an die Stelle

1. der obersten Dienstbehörde das in ihrer Verfassung vorgesehene oberste Organ oder ein Ausschuss dieses Organs oder, wenn ein solches nicht vorhanden ist, die Aufsichtsbehörde; in Zweifelsfällen bestimmt die zuständige oberste Landesbehörde die anzurufende Stelle,
2. der Stufenvertretung der Personalrat,
3. der Landesregierung das Organ nach Nummer 1.

[2]Besteht ein Gesamtpersonalrat, ist dieser zu hören.

(2) [1]Stehen soziale oder personelle Angelegenheiten der Beschäftigten, über die zwischen dem Personalrat und der Dienststelle keine Einigung besteht, in der Sitzung des Hauptorgans einer Gemeinde, eines Gemeindeverbandes, eines Zweckverbandes oder eines anderen öffentlich-rechtlichen Verbandes kommunaler Gebietskörperschaften zur Beratung an, so ist der Vorsitzende des Personalrats zur Darlegung der Auffassung des Personalrats in nicht öffentlicher Sitzung zu laden. [2]Das Gleiche gilt für Ausschüsse der Hauptorgane oder für vergleichbare Gremien, die aufgrund ihrer Satzung oder Verfassung als Beschlussorgan vorgesehen sind.

§ 90 Verhältnis zu anderen Beteiligungsrechten

Die Personalvertretungen werden bei Maßnahmen, bei deren Vorbereitung nach § 53 des Beamtenstatusgesetzes und § 89 des Landesbeamtengesetzes die Spitzenorganisationen der zuständigen Gewerkschaften zu beteiligen sind, sowie beim Erlass von Rechtsverordnungen und Satzungen nicht beteiligt.

Teil 9 Zuständigkeit des Personalrats, des Gesamtpersonalrats und der Stufenvertretungen

§ 91

(1) Der Personalrat wird an den Maßnahmen beteiligt, die die Dienststelle, bei der er gebildet ist, für ihre Beschäftigten trifft.

(2) In Angelegenheiten, in denen die Dienststelle nicht zur Entscheidung befugt ist, ist an Stelle des Personalrats die bei der zuständigen Dienststelle gebildete Stufenvertretung zu beteiligen.

(3) [1]Vor einem Beschluss in Angelegenheiten, die einzelne Beschäftigte oder Dienststellen betreffen, gibt die Stufenvertretung dem Personalrat Gelegenheit zur Äußerung. [2]In diesem Fall erhöhen sich die Beteiligungsfristen auf fünf Wochen; § 76 Absatz 6 Satz 2 findet Anwendung. [3]§ 76 Absatz 6 Satz 3 sowie Absatz 7 und 8 gilt entsprechend.

(4) Werden im Geschäftsbereich mehrstufiger Verwaltungen personelle oder soziale Maßnahmen von einer Dienststelle getroffen, bei der keine für eine Beteiligung zu diesen Maßnahmen zuständige Personalvertretung vorgesehen ist, so ist die Stufenvertretung bei der nächsthöheren Dienststelle, zu deren Geschäftsbereich die entscheidende Dienststelle und die von der Entscheidung Betroffenen gehören, zu beteiligen.

(5) Soweit der Ministerpräsident Maßnahmen für Beschäftigte des Geschäftsbereichs einer anderen obersten Dienstbehörde als des Staatsministeriums trifft, die der Beteiligung der Personalvertretung unterliegen, wird die zuständige Personalvertretung beim Vorschlag der obersten Dienstbehörde an den Ministerpräsidenten beteiligt.

(6) [1]Bei Einzelmaßnahmen, in denen die Entscheidung von einer Dienststelle getroffen wird, die zum Geschäftsbereich einer anderen obersten Dienstbehörde gehört als die, auf die sich die Maßnahme erstreckt, ist der Personalrat der Dienststelle, auf deren Beschäftigte sich die Maßnahme erstreckt, zu beteiligen. [2]Erstreckt sich die Einzelmaßnahme auf mehrere Dienststellen, ist der Personalrat jeder dieser Dienststellen zu beteiligen. [3]Erstreckt sich eine Maßnahme aufDienststellen mehrerer oberster Dienstbehörden, wird bei der obersten Dienstbehörde, zu der die hauptnutzende Stelle gehört, eine gemeinsame Einigungsstelle gebildet.

(7) Ist eine Dienststelle neu errichtet und ist bei ihr ein Personalrat noch nicht gebildet worden, ist auf die Dauer von längstens sechs Monaten die bei der übergeordneten Dienststelle gebildete Stufenvertretung zu beteiligen.

(8) [1]Besteht ein Gesamtpersonalrat, so ist dieser zu beteiligen, wenn die Maßnahme über den Bereich einer Dienststelle hinausgeht. [2]Soweit der Gesamtpersonalrat zuständig ist, ist er an Stelle der Personalräte der Dienststellen zu beteiligen. [3]Vor einem Beschluss in Angelegenheiten, die einzelne Beschäftigte oder Dienststellen betreffen, gibt der Gesamtpersonalrat dem Personalrat Gelegenheit zur Äußerung. [4]Absatz 3 Satz 2 und 3 gilt entsprechend.

Teil 10 **Gerichtliche Entscheidungen**

§ 92

(1) Die Verwaltungsgerichte entscheiden außer in den Fällen der §§ 21, 24, 47 Absatz 1 und 4, § 48 Absatz 4 sowie § 64 Satz 2 über

1. Wahlberechtigung und Wählbarkeit,
2. Wahl, Amtszeit und Zusammensetzung der Personalvertretungen und der in § 59 genannten Vertretungen,
3. Zuständigkeit und Geschäftsführung der Personalvertretungen,
4. Bestehen oder Nichtbestehen von Dienstvereinbarungen.

(2) Die Vorschriften des Arbeitsgerichtsgesetzes über das Beschlussverfahren gelten entsprechend.

§ 93

(1) Für die nach diesem Gesetz zu treffenden Entscheidungen sind bei den Verwaltungsgerichten Fachkammern und beim Verwaltungsgerichtshof ein Fachsenat zu bilden.

(2) [1]Die Fachkammer besteht aus einem Vorsitzenden und ehrenamtlichen Richtern, der Fachsenat aus dem Vorsitzenden, Richtern und ehrenamtlichen Richtern. [2]Die ehrenamtlichen Richter müssen Beschäftigte des Landes oder einer der Aufsicht des Landes unterstehenden Körperschaft, Anstalt oder Stiftung des öffentlichen Rechts sein. [3]Sie werden je zur Hälfte von

1. den unter den Beschäftigten vertretenen Gewerkschaften und
2. den obersten Landesbehörden oder den von diesen bestimmten Stellen und den kommunalen Landesverbänden

vorgeschlagen und vom Justizministerium berufen. [4]Für die Berufung und Stellung der Beisitzer und ihre Heranziehung zu den Sitzungen gelten die Vorschriften des Arbeitsgerichtsgesetzes über Arbeitsrichter und Landesarbeitsrichter entsprechend.

(3) [1]Die Fachkammer wird tätig in der Besetzung mit einem Vorsitzenden und je zwei nach Absatz 2 Satz 3 Nummer 1 und 2 vorgeschlagenen und berufenen ehrenamtlichen Richtern. [2]Unter den in Absatz 2 Satz 3 Nummer 1 bezeichneten ehrenamtlichen Richtern muss sich je ein Beamter und ein Arbeitnehmer befinden.

(4) [1]Der Fachsenat wird tätig in der Besetzung mit einem Vorsitzenden, zwei Richtern und je einem nach Absatz 2 Satz 3 Nummer 1 und 2 vorgeschlagenen und berufenen ehrenamtlichen Richter. [2]Einer der ehrenamtlichen Richter muss Beamter und einer Arbeitnehmer sein.

Teil 11 Vorschriften für die Behandlung von Verschlusssachen

§ 94

(1) [1]Soweit eine Angelegenheit, an der eine Personalvertretung zu beteiligen ist, als Verschlusssache mindestens des Geheimhaltungsgrads »VS – VERTRAULICH« eingestuft ist, tritt an die Stelle der Personalvertretung ein Ausschuss. [2]Dem Ausschuss gehört höchstens je ein in entsprechender Anwendung des § 28 Absatz 1 gewählter Vertreter der im Personalrat vertretenen Gruppen an. [3]Die Mitglieder des Ausschusses müssen nach den dafür geltenden Bestimmungen ermächtigt sein, Kenntnis von Verschlusssachen des in Betracht kommenden Geheimhaltungsgrads zu erhalten. [4]Personalvertretungen bei Dienststellen, die Mittelbehörden nachgeordnet sind, bilden keinen Ausschuss; an ihre Stelle tritt der Ausschuss des Bezirkspersonalrats.

(2) Wird der zuständige Ausschuss nicht rechtzeitig gebildet, ist der Ausschuss der bei der Dienststelle bestehenden Stufenvertretung oder, wenn dieser nicht rechtzeitig gebildet wird, der Ausschuss der bei der obersten Dienstbehörde bestehenden Stufenvertretung zu beteiligen.

(3) [1]Die Einigungsstelle besteht in den in Absatz 1 Satz 1 bezeichneten Fällen aus je einem Beisitzer, der von der obersten Dienstbehörde und der nach § 78 Absatz 1 zuletzt beteiligten Personalvertretung bestellt wird, und einem unparteiischen Vorsitzenden, die nach den dafür geltenden Bestimmungen ermächtigt sind, von Verschlusssachen des in Betracht kommenden Geheimhaltungsgrads Kenntnis zu erhalten. [2]§ 78 Absatz 2 und 3, § 79 Absatz 1 Satz 1 bis 5, Absatz 2 bis 5 und § 89 Absatz 1 Satz 1 Nummer 1 gelten entsprechend.

(4) [1]§ 32 Absatz 4 bis 6 und § 91 Absatz 3 sowie die Vorschriften über die Beteiligung der Gewerkschaften und Arbeitgebervereinigungen in § 32 Absatz 3 und § 37 Absatz 1 sind nicht anzuwenden. [2]Angelegenheiten, die als Verschlusssache mindestens des Geheimhaltungsgrads »VS – VERTRAULICH« eingestuft sind, werden in der Personalversammlung nicht behandelt.

(5) [1]Die oberste Dienstbehörde kann anordnen, dass in den Fällen des Absatzes 1 Satz 1 dem Ausschuss und der Einigungsstelle Unterlagen nicht vorgelegt und Auskünfte nicht erteilt werden dürfen, soweit dies zur Vermeidung von Nachteilen für das Wohl der Bundesrepublik Deutschland oder eines ihrer Länder oder auf Grund internationaler Verpflichtungen geboten ist. [2]Im Verfahren nach § 92 sind die gesetzlichen Voraussetzungen für die Anordnung glaubhaft zu machen.

Teil 12 Besondere Vorschriften für die Justizverwaltung

§ 95

Für den Geschäftsbereich eines Oberlandesgerichts und der in seinem Bezirk bestehenden Staatsanwaltschaften wird eine gemeinsame Stufenvertretung (Bezirkspersonalrat beim Oberlandesgericht) gebildet.

Teil 13 Besondere Vorschriften für die Polizei und für das Landesamt für Verfassungsschutz

§ 96 Polizei

(1) § 5 Absatz 3 findet auf das Polizeipräsidium Einsatz, das Präsidium Technik, Logistik, Service der Polizei und auf die Hochschule für Polizei Baden-Württemberg nur mit der Maßgabe Anwendung, dass Außenstellen, Nebenstellen und Teile der Dienststelle räumlich weit von der Hauptdienststelle entfernt liegen. Im Übrigen findet § 5 Absatz 3 auf Polizeidienststellen keine Anwendung.

(2) Die Beschäftigten der Polizeidienststellen und Einrichtungen für den Polizeivollzugsdienst wählen einen Hauptpersonalrat der Polizei beim Innenministerium. Dieser kann gemeinsam mit dem beim Innenministerium gebildeten allgemeinen Hauptpersonalrat beraten, soweit beide Hauptpersonalräte zu beteiligen sind; eine gemeinsame Beschlussfassung findet jedoch nicht statt.

(3) Polizeibeamte im Vorbereitungs- oder Ausbildungsdienst, die am Wahltag das 18. Lebensjahr vollendet haben, besitzen nicht die Wahlberechtigung und Wählbarkeit zur Jugend- und Auszubildendenvertretung.

(4) Werden im Geschäftsbereich der Polizei Maßnahmen von einer dem Innenministerium nachgeordneten Polizeidienststelle oder Einrichtung für den Polizeivollzugsdienst getroffen, die sich auf Beschäftigte anderer Polizeidienststellen oder Einrichtungen für den Polizeivollzugsdienst erstrecken, wird der Hauptpersonalrat der Polizei beteiligt. § 91 Absatz 1 und 4 findet keine Anwendung.

§ 97 Landesamt für Verfassungsschutz

Für das Landesamt für Verfassungsschutz gilt dieses Gesetz mit folgenden Abweichungen:
1. Der Leiter des Landesamts für Verfassungsschutz kann nach Anhörung des Personalrats bestimmen, dass Beschäftigte, bei denen dies wegen ihrer dienstlichen Aufgaben dringend geboten ist, nicht an Personalversammlungen teilnehmen.
2. Die Vorschriften über eine Beteiligung von Vertretern oder Beauftragten der Gewerkschaften und Arbeitgebervereinigungen (§ 32 Absatz 3, § 37 Absatz 1, § 53) sind nicht anzuwenden.
3. Bei der Beteiligung der Stufenvertretung und der Einigungsstelle sind Angelegenheiten, die lediglich Beschäftigte des Landesamts für Verfassungsschutz betreffen, wie Verschlusssachen des Geheimhaltungsgrads »VS – VERTRAULICH« zu behandeln, soweit nicht die zuständige Stelle etwas anderes bestimmt.

Teil 14 Besondere Vorschriften für Dienststellen, die bildenden, wissenschaftlichen und künstlerischen Zwecken dienen

§ 98 Personalvertretungen im Schulbereich

(1) [1]Für Grund-, Haupt-, Werkreal-, Real-, Gemeinschafts- und entsprechende sonderpädagogische Bildungs- und Beratungszentren sowie Schulkindergärten mit Ausnahme der sonderpädagogische Bildungs- und Beratungszentren mit Internat und der diesen angegliederten Schulkindergärten werden besondere Personalräte bei den unteren Schulaufsichtsbehörden gebildet. [2]Für Lehrer an Schulen besonderer Art sowie an Schulen, die in einen Verbund von Schularten oder einen Schulversuch einbezogen sind, kann das Kultusministerium eine hiervon abweichende Regelung treffen, sofern an der Schule auch Lehrer der in Absatz 2 Satz 1 Nummer 2 oder 3 aufgeführten Schularten unterrichten. [3]§ 5 Absatz 3 findet keine Anwendung.

(2) [1]Die beamteten und nichtbeamteten Lehrer der
1. Grund-, Haupt-, Werkreal-, Real-, Gemeinschafts- und entsprechenden sonderpädagogische Bildungs- und Beratungszentren sowie Schulkindergärten,
2. Gymnasien und Kollegs,
3. beruflichen Schulen einschließlich der beruflichen Gymnasien

wählen je besondere Stufenvertretungen bei den oberen Schulaufsichtsbehörden und beim Kultusministerium. [2]Absatz 1 Satz 2 gilt entsprechend. [3]Die besonderen Stufenvertretungen können gemeinsam und zusammen mit der bei der Dienststelle gebildeten allgemeinen Stufenvertretung beraten, soweit alle jeweils gemeinsam beratenden Stufenvertretungen zu beteiligen sind; eine gemeinsame Beschlussfassung mehrerer Stufenvertretungen findet jedoch nicht statt.

(3) In Angelegenheiten der in Ausbildung zu einem Lehrerberuf stehenden Beschäftigten, in denen die Dienststelle nicht zur Entscheidung befugt ist, werden die entsprechenden Lehrerstufenvertretungen beteiligt.

(4) Das sonstige pädagogisch tätige Personal ist Lehrern im Sinne dieser Vorschrift gleichgestellt.

§ 99 Besondere Vorschriften für Lehre und Forschung

(1) Dieses Gesetz gilt nicht für

1. Hochschullehrer, vor Inkrafttreten des Landeshochschulgesetzes vom 1. Januar 2005 eingestellte Hochschuldozenten, Gastprofessoren, Oberassistenten, Oberingenieure, wissenschaftliche und künstlerische Assistenten sowie Akademische Mitarbeiter, denen Aufgaben in Forschung und Lehre zur selbstständigen Wahrnehmung übertragen sind, ferner Lehrbeauftragte an Hochschulen,
2. die in Lehre und Forschung tätigen habilitierten Personen sowie solche Personen, die die Einstellungsvoraussetzungen als Professor erfüllen, an Forschungsstätten, die nicht wissenschaftliche Hochschulen sind; das KIT ist keine solche Forschungsstätte,
3. leitende Wissenschaftler im Sinne von § 14 Absatz 3 Satz 1 Nummer 1 und Satz 2 des KIT-Gesetzes (KITG).

(2) [1]§ 75 Absatz 1 Nummer 2 und 3 findet auf Beschäftigte, die als

1. Akademische Mitarbeiter an Hochschulen, soweit sie nicht unter Absatz 1 Nummer 1 fallen,
2. nicht habilitierte Akademische Mitarbeiter an Forschungsstätten, die nicht wissenschaftliche Hochschulen sind,

in einem befristeten Arbeitsverhältnis eingestellt werden sollen, keine Anwendung. [2]Wissenschaftliche Mitarbeiter im Sinne von § 14 Absatz 5 KITG gelten als befristet beschäftigte Akademische Mitarbeiter im Sinne von Satz 1 Nummer 1, wenn sie in einem befristeten Arbeitsverhältnis eingestellt werden sollen und sie nach der vertraglichen Vereinbarung wenigstens die Hälfte ihrer Arbeitszeit zur Promotion, Habilitation oder zur Wahrnehmung der Aufgaben einer Juniorprofessur zur Verfügung haben sollen.

(3) [1]Bei wissenschaftlichen und künstlerischen Hilfskräften an Hochschulen im Sinne von § 57 Satz 1 des Landeshochschulgesetzes sowie bei studentischen Hilfskräften an Hochschulen im Sinne von § 57 Satz 2 des Landeshochschulgesetzes tritt an die Stelle der Mitbestimmung die Mitwirkung, in den Personalangelegenheiten nach § 75 Absatz 1 Nummer 1, 2, 3 für alle Regelungsfälle, ausgenommen die Fallgruppenbestimmung, Nummer 4, 6, 7 Buchstabe a und Nummer 11, Absatz 2 und 3 Nummer 2, 3, 5 bis 7 und 14 jedoch nur, wenn sie die Beteiligung des Personalrats beantragen. [2]Bei Personalangelegenheiten dieser Beschäftigten nach § 75 Absatz 1 Nummer 3 für den Regelungsfall der Fallgruppenbestimmung, Nummer 5, 7 Buchstabe b und Nummer 8 sowie Absatz 3 Nummer 1 ist der Personalrat nur zu beteiligen, wenn sie es beantragen.

(4) [1]Die Studienakademien der Dualen Hochschule sind Dienststellen im Sinne des § 5 Absatz 3. [2]Der Gesamtpersonalrat bei der Dualen Hochschule führt die Bezeichnung »Hochschulpersonalrat«. [3]§ 91 Absatz 8 Satz 1 und 2 gilt mit der Maßgabe, dass der Hochschulpersonalrat auch bei Maßnahmen zu beteiligen ist, die von den zentralen Organen der Hochschule getroffen werden.

§ 100 Besondere Vorschriften für Beschäftigte an Hochschulen mit Aufgaben an einem Universitätsklinikum

[1]Akademische Mitarbeiter an Hochschulen, soweit sie nicht unter § 99 Absatz 1 Nummer 1 fallen, und nicht habilitierte Akademische Mitarbeiter an Forschungsstätten, die nicht wissenschaftliche Hochschulen sind, sowie Beschäftigte an Hochschulen im Sinne von § 99 Absatz 3, die Aufgaben im Universitätsklinikum erfüllen, gelten auch als Beschäftigte des Universitätsklinikums; entsprechende Beschäftigte sind auch Arbeitnehmer an Hochschulen, die nach § 12 Absatz 1 Satz 4 des Universitätsklinika-Gesetzes vom 24. November 1997 (GBl. S. 474) nicht auf das Universitätsklinikum übergeleitet wurden und ihre Dienste beim Universitätsklinikum erbringen. [2]Die Beschäftigteneigenschaft bei der Hochschule bleibt unberührt. [3]In Personalangelegenheiten der in Satz 1 genannten Beschäftigten gibt die zuständige Personalvertretung dem Personalrat des Universitätsklinikums Gelegenheit zur Äußerung. [4]In diesem Fall erhöhen sich die Beteiligungsfristen auf fünf Wochen; § 76 Absatz 6 Satz 2 findet Anwendung. [5]§ 76 Absatz 6 Satz 3 sowie Absatz 7 und 8 gilt entsprechend. [6]§ 91 Absatz 3 Satz 1 bleibt unberührt.

§ 101 Besondere Vorschriften für das Karlsruher Institut für Technologie

Für das KIT gilt dieses Gesetz nach Maßgabe der folgenden Vorschriften:

1. [1]Im KIT sind
   a) das Institut für Atmosphärische Umweltforschung des KIT in Garmisch-Partenkirchen,
   b) die Einrichtungen, Institute und sonstigen Stellen des KIT im Übrigen
   jeweils eine Dienststelle im Sinne von § 5 Absatz 3. [2]§ 56 Absatz 4 findet entsprechende Anwendung. [3]Leiter der Dienststellen ist der Vorsitzende des Vorstands des KIT.
2. Der Personalrat bei der Dienststelle nach Nummer 1 Buchstabe b besteht aus 37 Mitgliedern.
3. Abweichend von § 28 Absatz 2 Satz 1 wählt der Personalrat neun weitere Mitglieder in den Vorstand.
4. Auf Antrag des Personalrats sind bis zu 13 Mitglieder des Personalrats bei der Dienststelle nach Nummer 1 Buchstabe b von ihrer dienstlichen Tätigkeit frei zu stellen.
5. Der Personalrat kann bis zu vier Mal in jedem Kalenderjahr eine Personalversammlung einberufen.
6. Die Jugend- und Auszubildendenvertretung bei der Dienststelle nach Nummer 1 Buchstabe b besteht aus 13 Mitgliedern; sie kann bis zu viermal in jedem Kalenderjahr eine Jugend- und Auszubildendenversammlung einberufen.
7. Der Leiter der Dienststelle oder sein Beauftragter und die Personalvertretungen treten mindestens einmal im Monat zu gemeinschaftlichen Besprechungen zusammen.
   a) [1]Vor der Vorlage einer Angelegenheit nach § 77 oder § 83 ist ein Schlichtungsversuch zu unternehmen, der abgesehen von Verfahren nach § 76 Absatz 6 Satz 2 oder § 82 Absatz 4 Satz 2 auf Antrag des Personalrats oder der Dienststelle vor einer Schlichtungsstelle erfolgt. [2]Ein Antrag hemmt die Frist nach § 77 Absatz 1 Satz 1 oder § 83 Absatz 1 Satz 1.
   b) [1]In Angelegenheiten nach § 74 Absatz 1 Nummer 6, § 75 Absatz 1 Nummer 1 bis 8, 11 und 12, Absatz 2, Absatz 3 Nummer 1 bis 3, 5 bis 7, 9, 10, 12 und 14, § 81 Absatz 1 Nummer 5 und Absatz 2 wird eine ständige Schlichtungsstelle eingerichtet. [2]Das Nähere zur Bildung der Schlichtungs-

stelle, zum Verfahren und zu Einigungsvorschlägen der Schlichtungsstelle ist durch eine Dienstvereinbarung zu regeln. [3]Einigen sich die Personalvertretungen und die Dienststelle nicht auf eine Dienstvereinbarung, trifft nach entsprechender Anwendung des Verfahrens nach § 77 das Wissenschaftsministerium endgültig die Bestimmungen.

9. [1]In den Personalangelegenheiten nach § 75 Absatz 1 Nummer 1 bis 4, 6 bis 8 und 11, Absatz 2 und Absatz 3 Nummer 2, 3, 5 bis 7 und 14 der wissenschaftlichen Mitarbeiter des Großforschungsbereichs im Sinne von § 14 Absatz 3 Satz 1 Nummer 2 KITG wird, auch in Verfahren nach § 76 Absatz 6 Satz 2 und § 82 Absatz 4 Satz 2, an Stelle der Vorlage nach § 77 oder § 83 das Verfahren nach Nummer 8 durchgeführt, auch ohne dass es eines Antrags des wissenschaftlichen Mitarbeiters bedarf. [2]In diesen Fällen kann durch Dienstvereinbarung ein von § 76 Absatz 1, 5 bis 9, §§ 80 und 82 Absatz 4 bis 6 abweichendes Verfahren vereinbart werden. [3]§ 99 Absatz 2 Satz 2 bleibt unberührt.
10. [1]Arbeitnehmer des Landes am KIT gelten auch als Beschäftigte des KIT. [2]In deren Angelegenheiten gibt der Hauptpersonalrat beim Wissenschaftsministerium dem Personalrat des KIT Gelegenheit zur Äußerung.
11. [1]Der Personalrat kann von Fall zu Fall beschließen, dass ein Mitglied des Hauptpersonalrats beim Wissenschaftsministerium berechtigt ist, mit beratender Stimme an den Sitzungen des Personalrats teilzunehmen. [2]Ebenso kann ein Mitglied des Hauptpersonalrats beim Wissenschaftsministerium sowie ein Vertreter des Wissenschaftsministeriums an den Personalversammlungen teilnehmen.

§ 102 Besondere Vorschriften für die Führungsakademie Baden-Württemberg

[1]Die bei der Führungsakademie Baden-Württemberg tätigen Landesbeamten gelten auch als Beschäftigte des Staatsministeriums. [2]Die Beschäftigteneigenschaft bei der Führungsakademie bleibt unberührt. [3]§ 100 Satz 3 bis 5 gilt entsprechend.

§ 103 Besondere Vorschriften für Theater und Orchester

§ 74 Absatz 1 Nummer 5, 6, Absatz 2 Nummer 2, 4 und 5, § 75 Absatz 1 Nummer 1 bis 8, 11 und 12, Absatz 2, Absatz 3 Nummer 1 bis 3, 5 bis 7, 10, 12 und 14, Absatz 4 Nummer 12, 14 und 15, § 81 Absatz 1 Nummer 2 und 7, Absatz 2 sowie § 87 Absatz 1 Nummer 2 und 9 gelten nicht für künstlerische Mitglieder von Theatern und Orchestern.

Teil 15 Besondere Vorschriften für die Forstverwaltung

§ 104 Beschäftigte der Abteilung Forstdirektion der Regierungspräsidien

Die Beschäftigten der Abteilung Forstdirektion der Regierungspräsidien sind Beschäftigte in den Geschäftsbereichen des Innenministeriums und des Ministeriums für Ländlichen Raum und Verbraucherschutz.

Teil 16 Südwestrundfunk

§ 105 Allgemeines

Dieses Gesetz gilt für den Südwestrundfunk nach Maßgabe der folgenden Vorschriften.

§ 106 Dienststellen

(1) Beim Südwestrundfunk wird an jedem der drei Sitze eine Dienststelle im Sinne dieses Gesetzes gebildet:
1. Der Dienststelle in Baden-Baden sind alle Beschäftigten zugeordnet, die überwiegend am Sitz in Baden-Baden und außerhalb des Sendegebiets des Südwestrundfunks tätig sind.
2. Der Dienststelle in Stuttgart sind alle sonstigen Beschäftigten zugeordnet, die überwiegend in Baden-Württemberg tätig sind.
3. Der Dienststelle in Mainz sind alle Beschäftigten zugeordnet, die überwiegend in Rheinland-Pfalz tätig sind.

(2) § 5 Absatz 3 findet keine Anwendung.

(3) [1]Leiter der Dienststellen ist der Intendant. [2]Er entscheidet in allen Fällen, in denen nach diesem Gesetz der Leiter der Dienststelle, die übergeordnete Dienststelle und die oberste Dienstbehörde zur Entscheidung befugt sind.

§ 107 Beschäftigte

Beschäftigte des Südwestrundfunks im Sinne dieses Gesetzes sind
1. die durch Arbeitsvertrag unbefristet oder auf Zeit fest angestellten Personen einschließlich die zu ihrer Berufsausbildung durch Ausbildungsvertrag Beschäftigten,
2. arbeitnehmerähnliche Personen nach § 12a des Tarifvertragsgesetzes.

Beschäftigte im Sinne dieses Gesetzes sind nicht die Mitglieder der Geschäftsleitung.

§ 108 Wählbarkeit

§ 9 gilt mit der Maßgabe, dass auch die Leiter der Außenstudios und Korrespondentenbüros nicht wählbar sind.

§ 109 Kosten

§ 41 Absatz 1 Satz 2 findet mit der Maßgabe Anwendung, dass an die Stelle des Landesreisekostengesetzes die Reisekostenordnung des Südwestrundfunks tritt und die Reisekostenvergütungen nach der Reisekostenstufe, die für Abteilungsleiter des Südwestrundfunks gilt, zu bemessen sind.

§ 110 Besondere Gruppen von Beschäftigten

(1) Bei Beschäftigten, deren Funktion nicht mehr von den Merkmalen des Gehaltstarifs des Südwestrundfunks erfasst ist und deren Gehalt über der höchsten Tarif-

gruppe liegt, wird der Personalrat in den Fällen der § 74 Absatz 1 Nummer 1 bis 4 und 6, Absatz 2 Nummer 1, 9 und 10, § 75 Absatz 1 Nummer 2, 3, 7, 8 und 11, Absatz 2 Nummer 1 bis 3, Absatz 3 Nummer 2, 3, 5 bis 7 und 9, Absatz 4 Nummer 3 bis 6 Buchstabe a und Nummer 11 bis 13 und § 81 Absatz 2 Satz 1 Nummer 2 nicht beteiligt.

(2) Bei im Programmbereich Beschäftigten der höchsten Gehaltsgruppe des Tarifvertrages des Südwestrundfunks tritt in den Fällen des § 75 Absatz 1 Nummer 2, 3, 7 Buchstabe a und Nummer 11, Absatz 2 Nummer 1 bis 3 und Absatz 3 Nummer 2, 3, 5 bis 7 an die Stelle der Mitbestimmung des Personalrats die Mitwirkung.

(3) [1]Bei Beschäftigten nach § 107 Satz 1 Nummer 1 mit überwiegend wissenschaftlicher oder künstlerischer Tätigkeit sowie bei Beschäftigten, die maßgeblich und verantwortlich an der Programmgestaltung beteiligt sind, bestimmt der Personalrat in den Fällen des § 75 Absatz 1 Nummer 2, 3, 7 Buchstabe a und Nummer 11, Absatz 2 Nummer 1 bis 3 und Absatz 3 Nummer 2, 3, 5 bis 7 nur mit, wenn sie dies beantragen; sie sind von der beabsichtigten Maßnahme rechtzeitig vorher in Kenntnis zu setzen und gleichzeitig auf ihr Antragsrecht hinzuweisen. [2]Bei Beschäftigten nach § 107 Satz 1 Nummer 2 findet § 75 Absatz 1 bis 3 keine Anwendung, soweit sie unmittelbar an der Programmgestaltung mitwirken.

§ 111 Einigungsstelle

Kommt zwischen Dienststelle und Personalrat eine Einigung nicht zustande, kann von jeder Seite die Einigungsstelle angerufen werden; die §§ 77, 78 Absatz 1 und § 89 Absatz 1 finden keine Anwendung.

§ 112 Gesamtpersonalrat

(1) [1]Beim Südwestrundfunk wird ein Gesamtpersonalrat gebildet, der aus elf Mitgliedern besteht. [2]Er ist zuständig für die Behandlung von Angelegenheiten, die mehrere Dienststellen gemeinsam betreffen und nicht von den einzelnen Personalräten innerhalb ihrer Dienststelle geregelt werden können. [3]Soweit der Gesamtpersonalrat zuständig ist, ist er anstelle der Personalräte der Dienststellen zu beteiligen.

(2) Kommt eine Einigung mit dem Gesamtpersonalrat nicht zustande, gilt § 111 entsprechend.

Teil 17 Schlussvorschriften

§ 113 Übergangspersonalrat, Regelungen für Umbildungen von Dienststellen

(1) [1]Werden Dienststellen im Sinne von § 5 Absatz 1 vollständig in eine andere Dienststelle eingegliedert oder zu einer neuen Dienststelle zusammengeschlossen, wird ein Übergangspersonalrat gebildet. [2]Ihm gehören an:

1. bei einer Eingliederung
   der Personalrat der aufnehmenden Dienststelle, die Vorstände und die nicht einem Vorstand angehörenden stellvertretenden Vorsitzenden der Personalräte der eingegliederten Dienststellen,

2. bei einem Zusammenschluss
   die Vorstände und die nicht einem Vorstand angehörenden stellvertretenden Vorsitzenden der Personalräte der zusammengeschlossenen Dienststellen.

[3]Besteht ein Gesamtpersonalrat, treten in den Übergangspersonalrat statt der Mitglieder des Personalrats die entsprechenden Mitglieder des Gesamtpersonalrats ein. [4]Das lebensälteste Mitglied des Übergangspersonalrats nimmt die Aufgaben nach § 19 wahr. [5]Ersatzmitglieder sind die nicht eingetretenen Mitglieder und Ersatzmitglieder jeweils für die Mitglieder aus ihrem bisherigen Personalrat. [6]Bei einer Eingliederung tritt der Übergangspersonalrat an die Stelle des Personalrats oder, wenn ein solcher besteht, des Gesamtpersonalrats der aufnehmenden Dienststelle. [7]Im Übrigen gelten für den Übergangspersonalrat die Vorschriften dieses Gesetzes für Personalräte entsprechend.

(2) [1]Die Amtszeit des Übergangspersonalrats endet mit der Neuwahl eines Personalrats, spätestens mit Ablauf eines Jahres von dem Tag an gerechnet, an dem er gebildet worden ist. [2]Die Amtszeit wird über ein Jahr hinaus verlängert, wenn binnen weiterer fünf Monate regelmäßige Personalratswahlen stattfinden. [3]§ 23 Absatz 1 Satz 1 Nummer 1 findet keine Anwendung.

(3) [1]Wird aus Teilen des Geschäftsbereichs eines Ministeriums oder mehrerer Ministerien ein Ministerium neu gebildet, ist bis zur Wahl eines Personalrats, längstens jedoch auf die Dauer von sechs Monaten nach der Bekanntmachung der Landesregierung über die Abgrenzung der Geschäftsbereiche der Ministerien, der Personalrat bei dem Ministerium zu beteiligen, aus welchem die meisten Beschäftigten zu dem neu gebildeten Ministerium übergegangen sind. [2]Bei gleicher Anzahl übergegangener Beschäftigter oder in Zweifelsfällen bestimmen die Ministerien, welche die maßgeblichen Geschäftsbereiche abgegeben haben, einvernehmlich den zu beteiligenden Personalrat; die Personalräte sind vor der Bestimmung anzuhören. [3]Befinden sich unter den übergegangenen Beschäftigten des neu gebildeten Ministeriums Beschäftigte, die unmittelbar vor der Bildung des neuen Ministeriums Mitglied in einem Personalrat waren, treten diese Beschäftigten bei der Behandlung von Angelegenheiten des neu gebildeten Ministeriums zu dem zu beteiligenden Personalrat mit Stimmrecht hinzu.

(4) [1]Bei Umbildungen von Dienststellen nach Absatz 1 bilden die bisherigen Jugend- und Auszubildendenvertretungen eine Übergangs-Jugend- und Auszubildendenvertretung. [2]Absatz 1 Satz 3 bis 7 und Absatz 2 und 3 gelten entsprechend.

(5) [1]Die Ministerien werden ermächtigt, für ihren Geschäftsbereich und die von ihnen beaufsichtigten Körperschaften, Anstalten und Stiftungen des öffentlichen Rechts im Benehmen mit dem Innenministerium durch Rechtsverordnung Vorschriften zu erlassen, welche die Personalvertretung und ihre Wahl insoweit sicherstellen oder erleichtern, als dies erforderlich ist, um Erschwernisse auszugleichen, die bei der Neubildung, Eingliederung oder Auflösung von Dienststellen entstehen, wenn andere als die in Absatz 1 genannten Umbildungen vorgenommen oder zugleich Übergangsbestimmungen für Stufenvertretungen in demselben Geschäftsbereich getroffen werden. [2]Ist kein Ministerium zuständig, erlässt das Innenministerium die Rechtsverordnung. [3]Es können dabei insbesondere Bestimmungen getroffen werden über

1. die Bildung von Übergangspersonalvertretungen, höchstens mit einer Amtszeit entsprechend Absatz 2,
2. die vorübergehende Fortführung der Geschäfte durch nicht weiterbestehende Personalvertretungen für längstens sechs Monate,
3. die Zuordnung von Mitgliedern von Personalvertretungen nicht weiterbestehender oder umgebildeter Dienststellen zu anderen Personalvertretungen,

4. die Voraussetzungen und den Zeitpunkt für die Neuwahl der Personalvertretungen,
5. die Änderung der Amtszeit der Personalvertretungen bis zu höchstens einem Jahr,
6. die Bestellung von Wahlvorständen.

§ 114 Wahlordnung, Verwaltungsvorschriften

(1) Zur Regelung der in den §§ 8 bis 20, 22, 23, 54, 55 und 58 bis 62 bezeichneten Wahlen erlässt die Landesregierung durch Rechtsverordnung Vorschriften über
1. die Vorbereitung der Wahl, insbesondere die Aufstellung der Wählerlisten und die Errechnung der Vertreterzahl,
2. die Frist für die Einsichtnahme in die Wählerlisten und die Erhebung von Einsprüchen,
3. die Vorschlagslisten und die Frist für ihre Einreichung,
4. das Wahlausschreiben und die Fristen für seine Bekanntmachung,
5. die Stimmabgabe,
6. die Feststellung des Wahlergebnisses und die Fristen für seine Bekanntmachung,
7. die Aufbewahrung der Wahlakten,
8. die Nutzung elektronischer Informations- und Kommunikationstechnik, insbesondere für Bekanntmachungen des Wahlvorstands, die Vorbereitung der Wahl und die Ermittlung und Feststellung des Wahlergebnisses.

(2) Absatz 1 gilt entsprechend für die Vorabstimmungen nach § 12 Absatz 1 und § 13 Absatz 2.

(3) Die zur Ausführung dieses Gesetzes erforderlichen Verwaltungsvorschriften erlässt das zuständige Ministerium im Einvernehmen mit dem Innenministerium.

§ 115 Religionsgemeinschaften

Dieses Gesetz findet keine Anwendung auf Religionsgemeinschaften und ihre karitativen und erzieherischen Einrichtungen, die kraft Satzung Teil einer Religionsgemeinschaft sind, ohne Rücksicht auf ihre Rechtsform; ihnen bleibt die selbstständige Ordnung eines Personalvertretungsrechts überlassen.

§ 116 Inkrafttreten

(1) [1]Dieses Gesetz tritt am 1. August 1958 in Kraft mit Ausnahme des § 87, der erst am 1. November 1958 in Kraft tritt. [2]Bis dahin sind für die nach diesem Gesetz zu treffenden Entscheidungen die bestehenden Verwaltungsgerichte und Verwaltungsgerichtshöfe nach den zurzeit geltenden verwaltungsgerichtlichen Verfahrensvorschriften zuständig.

(2) Nicht abgedruckt.

Einleitung

I. Mit dem Landespersonalvertretungsgesetz vom 30.6.1958 (GBl. S. 175) hatte das Land Baden-Württemberg auf einem weiteren Gebiet des öffentlichen Dienstrechts einheitliches Landesrecht geschaffen. 1

II. Das Landespersonalvertretungsgesetz wurde erstmals durch das Landesrichtergesetz vom 25.2.1964 (GBl. S. 79) geändert. Dabei wurden der Geltungsbereich des Landespersonalvertretungsgesetzes ggü. den Richtern neu abgegrenzt (§ 3 Abs. 1, § 5 Abs. 1 LPVG a. F.) und Bestimmungen über die Zusammenarbeit zwischen Personalrat und Richterrat (§ 33a LPVG a. F.) getroffen. 2
Am 14.4.1966 brachte die Fraktion der SPD im Landtag von Baden-Württemberg den Initiativentwurf eines Gesetzes zur Änderung des Landespersonalvertretungsgesetzes (Drucksache IV 2720) ein, der neben der Verlängerung der Amtszeit der Personalvertretungen von zwei auf drei Jahre eine Erweiterung der Mitbestimmung und die Einführung der Stufenvertretungen vorsah. Am 29.11.1966 brachte die Landesregierung im Landtag ebenfalls einen Entwurf zur Änderung des Landespersonalvertretungsgesetzes (Drucksache IV/3665) ein, der außer der Verlängerung der Amtszeit der Personalvertretungen nur einige kleinere Änderungen – meist redaktioneller Art – des Landespersonalvertretungsgesetzes vorsah. Nachdem bereits während der parlamentarischen Behandlung eine weitgehende Einigung zwischen den Fraktionen der neuen Regierungskoalition – CDU und SPD – (Drucksache IV/5901) erzielt worden war, wurde das Änderungsgesetz zum Landespersonalvertretungsgesetz am 28.3.1968 in dritter Lesung beschlossen. Die Vorschriften über die Stufenvertretungen sind am 1.1.1969 in Kraft getreten.

III. Nach der Verabschiedung des Betriebsverfassungsgesetzes vom 15.1.1972 (BGBl. I S. 13) wurden auch in Baden-Württemberg die Vorarbeiten für die Novellierung des Personalvertretungsgesetzes aufgenommen. Sie konnten jedoch erst intensiv weitergeführt werden, als die Entwicklung beim Bund konkrete Formen annahm und sich vor allem überblicken ließ, inwieweit der Bund von seiner Rahmengesetzgebungskompetenz Gebrauch macht. Dadurch war es möglich, sich bei der Novellierung des Landespersonalvertretungsgesetzes möglichst weitgehend am Bundespersonalvertretungsgesetz vom 15.3.1974 (BGBl. I S. 693) zu orientieren und vor allem dessen Rahmenvorschriften für die Gesetzgebung der Länder (§§ 94 bis 106) zu beachten. 3
Das Gesetz zur Änderung des Landespersonalvertretungsgesetzes wurde im Landtag auf der Grundlage des Regierungsentwurfs vom 11.11.1974 (Drucksache 6/6400) beraten und am 25.6.1975 verabschiedet. Es ist am 1.10.1975 in Kraft getreten. Die Neufassung des Gesetzes vom 1.10.1975 wurde im GBl. S. 693 bekannt gemacht.

IV. Durch das Gesetz zur Änderung des Landespersonalvertretungsgesetzes vom 14.12.1976 (GBl. S. 623), das durch einen gemeinsamen Initiativgesetzentwurf der Fraktionen der CDU und der SPD (Drucksache 7/420) im Landtag 4 eingebracht wurde, wurde § 9 Abs. 1 und 2 LPVG neu gefasst. Hierdurch wurde die bis zum Inkrafttreten des ÄG 75 (1.10.1975) bestehende Möglichkeit, Außenstellen, Nebenstellen und Teile von Dienststellen, auch wenn sie räumlich nicht weit von der Hauptdienststelle entfernt liegen, zu selbstständigen Dienststellen i. S. d. Landespersonalvertretungsgesetzes zu erklären, im Grundsatz wiederhergestellt. Dagegen wurde daran festgehalten, dass auch weiterhin im Falle der Aufteilung einer Dienststelle in mehrere Dienststellen nach § 9 Abs. 2 LPVG die Bildung eines Gesamtpersonalrats zwingend vorgeschrieben bleibt.

5 V. § 94 wurde durch das Gesetz über die Universitäten im Lande Baden-Württemberg (Universitätsgesetz – UG) vom 22.11.1977 (GBl. S. 473) neu gefasst. Dabei wurde der Kreis der Beschäftigten an Hochschulen, auf die das LPVG anzuwenden ist, wesentlich erweitert. Das Gleiche gilt für die Beschäftigten an Forschungsstätten, die nicht wissenschaftliche Hochschulen sind.

6 VI. Durch das Gesetz zur Regelung der Personalvertretung der Arbeitnehmer des Südwestfunks vom 21.11.1983 (GBl. S. 705), das am 15.2.1984 in Kraft getreten ist, wurde die Anwendung des LPVG auf die Beschäftigten des damaligen Südwestfunks geregelt. Der Staatsvertrag zwischen den Ländern Baden-Württemberg und Rheinland-Pfalz über das Personalvertretungsrecht der Beschäftigten des Südwestfunks wurde im gegenseitigen Einvernehmen aufgehoben.

7 VII. Weiter wurde das Landespersonalvertretungsgesetz durch das Gesetz vom 14.7.1986 (GBl. S. 222) geändert. Die Entwicklung neuer Technologien und der Persönlichkeitsschutz der Beschäftigten ließen es der Regierung angezeigt erscheinen, als weiteren Mitbestimmungstatbestand die Einführung, Anwendung oder wesentliche Änderung der automatisierten Verarbeitung personenbezogener Daten der Beschäftigten in das Gesetz aufzunehmen. Die ausländischen Beschäftigten, die die Staatsangehörigkeit eines Mitgliedstaates der Europäischen Gemeinschaften besitzen, erhielten das passive Wahlrecht zu allen Personalvertretungen. Die personalvertretungsrechtliche Verselbstständigung von Dienststellen muss nicht mehr vor jeder Personalratswahl neu festgelegt werden, sondern bleibt wirksam bis ihre Aufhebung beschlossen oder erklärt wird. Der neu gewählte Personalrat kann sein Amt auch dann antreten, wenn die Wahl angefochten ist. Die Fristen für die Beteiligung der Personalvertretungen wurden angemessen verlängert.

8 VIII. Das Änderungsgesetz vom 22.2.1988 (GBl. S. 222) und die 3. Anpassungsverordnung vom 13.2.1989 (GBl. S. 101) enthielten im Wesentlichen Änderungen redaktioneller Art.

9 IX. Durch das Gesetz vom 29.10.1990 (GBl. S. 317) traten auch in Baden-Württemberg an die Stelle der Jugendvertretungen die Jugend- und Auszubildendenvertretungen. Das Landespersonalvertretungsgesetz wurde in der Fassung vom 20.12.1990 im GBl. 1991 S. 37 neu bekannt gemacht.

10 X. Mit dem Gesetz zur Änderung des Landespersonalvertretungsgesetzes vom 21.12.1995 (GBl. S. 879) und Art. 2 des Landesgleichberechtigungsgesetzes

vom 21.12.1995 (GBl. S. 890) wurde vom 11. Landtag unter der Großen Koalition aus CDU und SPD das Gesetz umfassend novelliert. Zwar kam es nicht zu der von SPD und Gewerkschaftsseite geforderten Neustrukturierung des Personalvertretungsrechts; insgesamt wurde jedoch eine wesentliche Stärkung der Personalvertretungen erreicht. Grundlagen waren der Regierungsentwurf vom 31.7.1995 (Drucksache 11/6312) mit den allg. Änderungen und der Gesetzentwurf der Landtagsfraktionen von CDU und SPD (Drucksache 11/6212) mit den frauenspezifischen Änderungen. Die Verabschiedung der Gesetzentwürfe durch den Landtag schien in Gefahr, als mitten in die parlamentarischen Beratungen die Entscheidung des BVerfG zum Mitbestimmungsgesetz Schleswig-Holstein vom 24.5.1995 (BGBl. I 1995, S. 1502; BVerfGE 93, 37; DVBl. 1995, 291) platzte. Das BVerfG erklärte wesentliche Teile dieses Gesetzes für verfassungswidrig und stellte allg. Grundsätze für die Mitbestimmung, insb. für das Letztentscheidungsrecht der Einigungsstelle, auf. Nachdem die Mitbestimmungsregelungen des bad.-württ. Landespersonalvertretungsgesetzes (wie auch die des Bundes und der anderen Länder) den vom BVerfG aufgestellten Grundsätzen nur zum Teil entsprechen, stellte sich die Frage, ob die Gesetzentwürfe vom Landtag unverändert beschlossen werden können, ohne verfassungswidrig zu handeln. Entscheidend war die Frage: Nimmt der Gesetzgeber Regelungen aus dem (Alt-)Bestand in seinen Bestätigungswillen auf bzw. sind Regelungen enthalten, die den Grundsätzen des BVerfG widersprechen. In einem umfangreichen Änderungsantrag zum Regierungsentwurf wurde diesen Vorbehalten entsprochen, sodass die Gesetzentwürfe am 13.12.1995 in zweiter Lesung verabschiedet werden konnten. Dieser Kunstgriff führte jedoch zu einer weiteren Unübersichtlichkeit des Gesetzes. Der Landtag stellte bei der Verabschiedung fest, dass das Gesetz aufgrund der BVerfG-Entscheidung überprüft und ggf. geändert werden muss. Die notwendige Novellierung steht bis heute aus.

Mit den Novellen wurden im Wesentlichen der Aufgabenkatalog und die Beteiligungsrechte der Personalvertretungen spürbar erweitert. Das Mindestalter von 18 Jahren für die Wahlberechtigung wurde gestrichen und allen ausländischen Beschäftigten das passive Wahlrecht (Wählbarkeit) eingeräumt; gleichzeitig entfiel die Vertretung der ausländischen Beschäftigten. Erstmals fanden frauenspezifische Vorschriften Eingang in das Gesetz wie z. B. die geschlechteranteilige Besetzung der Personalvertretungen und des Wahlvorstands, das Antragsrecht und das Teilnahmerecht der Frauenvertreterin (jetzt Beauftragten für Chancengleichheit) an Personalratssitzungen und das Mitbestimmungsrecht bei der Bestellung der Frauenvertreterin und beim Frauenförderplan (jetzt: Chancengleichheitsplan; siehe auch unter Rn. 20. am Ende dieser Einleitung). Ebenso wurden eine besondere Datenschutzvorschrift und das Recht des Personalratsvorsitzenden, in nicht öffentlicher Sitzung des Gemeinderats die Haltung des Personalrats darzulegen, neu aufgenommen. Der stellvertretende Vorsitzende des Personalrats muss nicht mehr zwingend dem Vorstand angehören. Die Äußerungs- und Handlungsfristen wurden wesentlich verlängert, ein Übergangspersonalrat bei neu gebildeten Dienststellen und eine Beteiligungspflicht auch bei ressortübergreifenden Maßnahmen wurden eingeführt. Erstmals ermächtigt das Gesetz dazu, die Einigungsstelle für die Dauer der Amtszeit der Personalvertretung zu bilden, getrennte Versammlungen neben der Personalversammlung für die Beschäftigten durchzuführen und Beauftragte der Stufenvertretung zu Personalratssitzungen einzuladen. Das Begehungsrecht von Arbeitsplätzen wurde gesetzlich statuiert wie auch das Teilnahmerecht an Beurteilungsgesprächen. Der besondere Personalrat der Landesbeamten wurde im Blick auf das Sonderbehörden-Eingliederungsgesetz auf alle Beschäftigten des Landes beim LRA ausgedehnt und für die Gesamt-Jugend- und Auszubildendenvertretung ein neues Bestellungsverfahren eingeführt. Das Landespersonalvertretungsgesetz wurde in der Fassung vom 1.2.1996 (GBl. S. 205 ff.) neu bekannt gemacht.

11 XI. Mit dem Gesetz zur Änderung des Landespersonalvertretungsgesetzes vom 12.2.1997 (GBl. S. 26) wurde für die Außenstelle Wertheim der Akademie der Polizei die Bildung eines eigenen Personalrats erlaubt. Das aus dem früheren Verkehrsministerium und Umweltministerium neu gebildete Ministerium für Umwelt und Verkehr erhielt zwei Hauptpersonalräte und zwar einen für die Straßenbauverwaltung und einen für den übrigen Verwaltungsbereich. Schließlich wurde die personalvertretungsrechtliche Behandlung der dem neu gebildeten Verband der Teilnehmergemeinschaften Baden-Württemberg überlassenen Landesbeamten geregelt. Grundlage war der Initiativgesetzentwurf der CDU und der FDP/DVP-Landtagsfraktionen Drucksache 12/816 mit der Beschlussempfehlung des Innenausschusses Drucksache 12/977.

12 XII. Art. 4 des Gesetzes zu dem Staatsvertrag über den Südwestrundfunk vom 21.7.1997 (GBl. S. 297) enthält die mit der Neugründung des Südwestrundfunks notwendigen personalvertretungsrechtlichen Konsequenzen. Grundlage der Gesetzesänderung war der Gesetzentwurf der Landesregierung Drucksache 12/1608.

13 XIII. Mit dem Hochschulmedizinreform-Gesetz vom 24.11.1997 (GBl. S. 474) überführte das Land zum 1.1.1998 die Universitätsklinika in rechtsfähige Anstalten des öffentlichen Rechts. Nachdem das wissenschaftliche Personal bei der Universität verblieb, gleichzeitig aber verpflichtet ist, im Universitätsklinikum Aufgaben der Krankenversorgung und sonstige Aufgaben auf dem Gebiet des öffentlichen Gesundheitswesens und der Schulen für nichtärztliche medizinische Berufe zu erfüllen, war es notwendig, in Art. 3 und 6 die sich daraus ergebenden personalvertretungsrechtlichen Folgerungen in Form eines Doppelstatus dieser Beschäftigten festzuschreiben. Die Personalräte der Universitätsklinika erhielten außerdem als Ersatz für den mit der Verselbstständigung verbundenen Wegfall der Stufenvertretung das Recht, eine Arbeitsgemeinschaft zu bilden. Die Änderungen basieren auf dem Gesetzentwurf der Landesregierung Drucksache 12/1740.

14 XIV. In Art. 4 des Gesetzes zur Änderung des Landesbeamtengesetzes und anderer Vorschriften vom 15.12.1997 (GBl. S. 522) wurde der Mitbestimmungstatbestand des § 75 Abs. 1 Nr. 10 der Neuordnung der beamtenrechtlichen Freistellungen (Teilzeitbeschäftigung und Beurlaubung) angepasst. Grundlage war der Gesetzentwurf der Landesregierung Drucksache 12/2067.

15 XV. Im Rahmen der umfassenden Novellierung des Hochschulrechts mit dem Gesetz zur Änderung hochschulrechtlicher Vorschriften vom 6.12.1999 (GBl.

S. 517) wurden (in Art. 10) auch Professoren an Berufsakademien vom Geltungsbereich des LPVG ausgenommen. Gleichzeitig entfiel die bei der Mitbestimmung für Angelegenheiten der Tutoren bestehende Sonderregelung. Grundlage der Änderung war der Gesetzentwurf der Landesregierung Drucksache 12/4404.

XVI. Die mit dem Gesetz zur Neuordnung der Straßenbauverwaltung vom 19.11.2002 (GBl. S. 439) beschlossene Zusammenführung der Autobahnverwaltung mit der Straßenbauverwaltung bei den Regierungspräsidien und mit einzelnen Straßenbauämtern und die gleichzeitige Auflösung des Landesamts für Straßenwesen verbunden mit der Bildung der dem Regierungspräsidium Stuttgart angegliederten Landesstelle für Straßentechnik machte eine Änderung des Landespersonalvertretungsgesetzes notwendig (Art. 5), um die Wahlberechtigung der Beschäftigten der neuen Landesstelle im besonderen HPR „Straßenbau" beim Ministerium für Umwelt und Verkehr sicher zu stellen. Der Novelle lag der Gesetzentwurf der Landesregierung Drucksache 13/1372 zugrunde. **16**

XVII. Im Zuge der ab 1. Januar 2005 in Kraft getretenen umfassenden Neuordnung der Landesverwaltung, mit der im Grundsatz die Landesoberbehörden sowie die höheren Sonderbehörden in die Regierungspräsidien und die unteren Sonderbehörden in die Landratsämter als Staatsbehörden und in die Bürgermeisterämter der Stadtkreise eingegliedert wurden, erfolgte gleichzeitig – soweit in diesem Zusammenhang zwingend notwendig – eine weitere Änderung des Landespersonalvertretungsgesetzes. **17**
Aufbauend auf dem Gesetzentwurf der Landesregierung Drucksache 13/3201 enthält das Verwaltungsstruktur-Reformgesetz (VRG) vom 1.7.2004 (GBl. S. 469) in Art. 10 zunächst die notwendigen personalvertretungsrechtlichen Überleitungsvorschriften (Verschiebung der nächsten regelmäßigen Wahlen bei gleichzeitiger Terminierung der übernächsten auf das Jahr 2010, Bildung, Zusammensetzung und Zuständigkeiten der Übergangspersonalvertretungen, Auflösung von Verselbstständigungen). Art. 18 schränkt darüber hinaus für die Zukunft die personalvertretungsrechtliche Verselbstständigung von Außenstellen, Nebenstellen und Teilen von Dienststellen ein und überlässt die Entscheidung nur noch dem Leiter der Hauptdienststelle. Außerdem werden die Sondervorschriften für den Polizeibereich, die Forstverwaltung und die Straßenbauverwaltung sowie den Verband der Teilnehmergemeinschaften insb. an die Änderung des VRG angepasst (u. a. Wegfall der besonderen HPR für die Forstverwaltung und die Straßenbauverwaltung).
Nicht aufgegriffen wurde die längst überfällige Änderung des Landespersonalvertretungsgesetzes in Bezug auf die Entscheidung des Bundesverfassungsgerichts vom 24.5.1995 zum Mitbestimmungsgesetz Schleswig-Holstein. Offensichtlich will das Land weiter auf die Änderung des Bundespersonalvertretungsgesetzes warten, um zu sehen, wie stark der Bundesgesetzgeber seinen Beteiligungskatalog einschränkt und welche Ausgleichsmaßnahmen von ihm ggf. geboten werden.

XVIII. Mit Art. 8 des Zweiten Hochschulrechtsänderungsgesetzes vom 1.1.2005 (GBl. S. 1) wurde auf der Grundlage des Gesetzentwurfs der Landes- **18** regierung Drucksache 13/3640 insb. der § 94 an die Begriffe und Terminologie des Landeshochschulgesetzes angepasst.

19 XIX. Mit dem Gesetz zur Änderung des Landesbeamtengesetzes, des Landespersonalvertretungsgesetzes und anderer Vorschriften vom 3.5.2005 (GBl. S. 321), das auf dem Gesetzentwurf der Landesregierung Drucksache 13/3783 beruht, wurden unmittelbare gesetzliche Übergangsregelungen für Eingliederungen und Zusammenschlüsse von ganzen Dienststellen getroffen, der Abschluss von Dienstvereinbarungen für vom Arbeitszeitgesetz abweichende Regelungen ermöglicht und die Wählbarkeit von Teilzeitbeschäftigten mit weniger als einem Drittel der regelmäßigen wöchentlichen Arbeitszeit eröffnet.

20 XX. Mit Art. 3 des Gesetzes zur Verwirklichung der Chancengleichheit von Frauen und Männern im öffentlichen Dienst des Landes Baden-Württemberg und zur Änderung anderer Gesetze vom 11.10.2005 (GBl. S. 650), das auf dem Gesetzentwurf der Landesregierung Drucksache 13/4483 beruhte, erfolgten die aufgrund des neuen Chancengleichheitsgesetzes (Art. 1 des Gesetzes) notwendigen Anpassungen des Landespersonalvertretungsgesetzes. D. h. die Begriffe „Frauenvertreterin“ und „Frauenförderplan“ wurden durch die Begriffe „Beauftragte für Chancengleichheit“ und „Chancengleichheitsplan“ ersetzt. Außerdem wurde die Mitbestimmung bzgl. der Beauftragten für Chancengleichheit auf deren Abberufung eingeschränkt, nachdem das Gesetz deren Wahl als gesetzlicher Regelfall festschreibt.

21 XXI. Eine grundlegende Neuerung brachte das von den Landtagsfraktionen der CDU und der FDP/DVP gemeinsam mit Drucksache 13/4488 eingebrachte Gesetz zur Änderung des Landespersonalvertretungsrechts vom 11.10.2005 (GBl. S. 658), das bezogen auf das Landespersonalvertretungsgesetz zum 1.10.2005 und auf die Wahlordnung zum 1.1.2006 in Kraft getreten ist.

Nachdem der Tarifvertrag für den öffentlichen Dienst mit seinem Inkrafttreten zum 1.10.2005 für die Kommunen die Unterscheidung zwischen Angestellten und Arbeitern aufhebt und auch die Versicherungspflicht in der gesetzlichen Rentenversicherung nicht mehr zwischen Angestellten- und Arbeitertätigkeiten unterscheidet, entfielen insoweit die Anknüpfungspunkte für die Gruppeneinteilung. Unter Beibehaltung des Gruppenprinzips wurden deshalb im Landespersonalvertretungsgesetz und in der Wahlordnung die bisherigen „Angestellten“ und „Arbeiter“ zu einer Gruppe der „Arbeitnehmer“ zusammengefasst sowie die sich aus der Verringerung der Gruppenzahl ergebenden Anpassungen vorgenommen.

Da die tarifliche Zusammenführung der Angestellten und Arbeiter nur bei den Kommunen und nicht zeitgleich mit den PR-Wahlen erfolgt, wurden ergänzend im Wesentlichen folgende Übergangsvorschriften getroffen:

Für die *Landesverwaltung:* Die PR-Wahlen im Herbst 2005 werden noch nach altem Recht durchgeführt, Landespersonalvertretungsgesetz und Wahlordnung gelten in der alten Fassung weiter, bis ein neuer Tarifvertrag in Kraft tritt, der eine Zusammenführung der Angestellten und Arbeiter enthält.

Für die *Kommunen:* Die im Jahr 2005 noch heranstehenden PR-Wahlen werden noch nach dem alten Recht durchgeführt. In den PR werden die Angestellten und Arbeiter ab 1.10.2005 bis zur ersten ab dem 1.1.2006 stattfindenden

Wahl zu einer gemeinsam handelnden Gruppe zusammengeführt und damit zusammenhängende Regelungen für die Geschäftsführung innerhalb der PR und für Beteiligungsverfahren getroffen.

XXII. Das Landespersonalvertretungsgesetz wurde in den Jahren 2007 bis 2010 mehrfach und zum Teil grundlegend geändert. Hiervon war insb. die Mitbestimmung im Hochschul- und Forschungsbereich betroffen. Zu erwähnen sind insoweit Art. 6 des Gesetzes zur Umsetzung der Föderalismusreform im Hochschulbereich vom 20.11.2007 (GBl. S. 505), Art. 6 des Zweiten Gesetzes zur Umsetzung der Föderalismusreform im Hochschulbereich vom 3.12.2008 (GBl. S. 435) sowie das KIT-Zusammenführungsgesetz vom 14.7.2009 (GBl. S. 317). Zusätzliche Änderungen erfolgten durch das Gesetz zur Weiterentwicklung der Verwaltungsstrukturreform vom 14.10.2008 (GBl. S. 313), Art. 3 des Gesetzes zur Neuordnung des Landesdisziplinarrechts vom 14.10.2008 (GBl. S. 343), Art. 4 des Gesetzes zur Änderung des Landesverwaltungsverfahrensgesetzes vom 30.7.2009 (GBl. S. 363) und Art. 3 des Gesetzes zur Änderung des Schulgesetzes für Baden-Württemberg vom 30.7.2009 (GBl. S. 365). Von besonderer Bedeutung sind die Änderungen des Landespersonalvertretungsgesetzes durch Art. 6 des Gesetzes zur Reform des öffentlichen Dienstrechts vom 9.11.2010 (GBl. S. 793). Mit diesen Änderungen wurde den Anforderungen des Bundesverfassungsgerichts in seiner Entscheidung vom 24.5.1995 (BVerfGE 93, 37) zur verfassungsgemäßen Ausgestaltung der Beteiligungsrechte der Personalvertretungen Rechnung getragen. 22

XXIII. In den Jahren 2011 und 2012 wurde das Landespersonalvertretungsgesetz mehrfach geändert. Durch Art. 35 der Achten Verordnung des Innenministeriums zur Anpassung des Landesrechts an die geänderten Geschäftsbereiche und Bezeichnungen der Ministerien vom 25.1.2012 (GBl. S. 65) wurden die §§ 97, 97a angepasst. Die §§ 94a und b wurden durch Art. 5 des Gesetzes zur Reform der Universitätsmedizin und zur Änderung des Landeshochschulgesetzes und weiterer Gesetze (UniMedG) vom 7.2.2011 (GBl. S. 47) geändert. Nach Art. 9 Abs. 4 UniMedG hätten die dort vorgesehenen personalvertretungsrechtlichen Neuregelungen ab dem jeweiligen Errichtungszeitpunkt der Körperschaften für Universitätsmedizin in Kraft treten sollen. Nach § 77 Abs. 1 LHG in der Fassung des UniMedG hätte dies spätestens bis 1.1.2013 erfolgen müssen. Hierzu kam es nicht, weil durch die weitgehende Rückabwicklung des Universitätsmedizingesetzes durch das Gesetz zur Rückabwicklung des Universitätsmedizingesetzes vom 22.11.2011 (GBl. S. 501) die personalvertretungsrechtlichen Regelungen (§§ 94a, b) wieder in den Stand der vor dem 7.2.2011 geltenden Fassung gebracht wurden. Durch Art. 4 des Gesetzes zur Änderung des Schulgesetzes für Baden-Württemberg und anderer Gesetzes vom 24.4.2012 (GBl. S. 209) wurden die §§ 81 und 93 LPVG redaktionell an die Einführung der Gemeinschaftsschule (§ 8a Schulgesetz n. F.) angepasst. § 94c wurde durch Art. 3 des Gesetzes zur Weiterentwicklung des Karlsruher Instituts für Technologie (KIT-Weiterentwicklungsgesetz – KIT-WB) vom 22.5.2012 (GBl. S. 327) geändert. 23

XXIV. Im Jahre 2013 ist das Landespersonalvertretungsgesetz zweimal geändert worden. Durch das Gesetz zur Umsetzung der Polizeistrukturreform (Poli- 24 zeistrukturreformgesetz – PolRG) vom 23. Juli 2013 (GBl. S. 233) wurde die Organisation der Polizei grundlegend verändert. Die nun eingeführte Zweistufigkeit des Behördenaufbaus hat auch erhebliche Auswirkungen auf Struktur und Arbeit der dortigen Personalvertretungen. Durch Art. 12 des PolRG wurde zum einen § 90 LPVG teils neu gefasst, teils geändert, zum anderen machte die grundlegende Umstrukturierung der Polizei vielfältige Regelungen für Übergangspersonalvertretungen erforderlich (Art. 2 §§ 1 ff. des PolRG). Schwerwiegender waren die Änderungen, die das LPVG durch das Gesetz zur Änderung des Landespersonalvertretungsgesetzes, des Landesrichter- und -staatsanwaltsgesetzes und anderer Vorschriften vom 3. Dezember 2013 (GBl. S. 329, ber. GBl. 2014, S. 76) erfahren hat. Mit dieser Neuregelung wurde grundlegend in die bestehenden Strukturen des Landespersonalvertretungsgesetzes eingegriffen. Die Novellierung soll den im öffentlichen Dienst eingetretenen Entwicklungen Rechnung tragen und das Personalvertretungsrecht fortentwickeln.

25 XXV. Auf Grund von Artikel 14 des Gesetzes zur Änderung des Landespersonalvertretungsgesetzes, des Landesrichter- und -staatsanwaltsgesetzes und anderer Vorschriften vom 3. Dezember 2013 (GBl. S. 329, 362) wurde der Wortlaut des LPVG, zuletzt bekannt gemacht in der Fassung vom 1. Februar 1996 (GBl. S. 205), unter dem 12. März 2015 (GBl. S. 221) neu bekannt gemacht. Zugleich wurde auf Grund von Artikel 3 der Verordnung der Landesregierung zur Änderung der Wahlordnung zum Landespersonalvertretungsgesetz vom 28. Januar 2014 (GBl. S. 67, 74) der Wortlaut der Wahlordnung zum Landespersonalvertretungsgesetz vom 14. Oktober 1996 (GBl. S. 677) unter dem 12. März 2015 neu bekannt gemacht (GBl. S. 260). Durch Art. 4 des Gesetzes zur Änderung des Schulgesetzes für Baden-Württemberg und anderer Vorschriften vom 21. Juli 2015 (GBl. S. 653) wurden die §§ 75 und 98 LPVG redaktionell an die gesetzliche Regelung inklusiver Bildungsangebote angepasst. Im Anschluss erfolgten Änderungen der §§ 31, 54 und 55 durch Artikel 2 des Gesetzes vom 6. Oktober 2015 (GBl. S. 842, 851) sowie der §§ 32, 71 und 76 durch Artikel 19 des Gesetzes zur Anpassung des allgemeinen Datenschutzrechts und sonstiger Vorschriften an die Verordnung (EU) 2016/679 vom 12. Juni 2018 (GBl. S. 173, 191).

Landespersonalvertretungsgesetz (LPVG)[1] – Erläuterungen

LPVG in der Fassung vom 12. März 2015 (GBl. S. 221), zuletzt geändert durch Gesetz vom 12. Juni 2018 (GBl. S. 173, 191)

Teil 1 **Allgemeine Vorschriften**

§ 1 Allgemeiner Grundsatz

In den Verwaltungen und Betrieben des Landes, der Gemeinden und Gemeindeverbände sowie der sonstigen Körperschaften, Anstalten und Stiftungen des öffentlichen Rechts, die der Aufsicht des Landes unterstehen, sowie in den Gerichten des Landes werden Personalvertretungen gebildet.

I. Gesetzgebungskompetenz

1 **1. Öffentliches Dienstrecht.** Das Personalvertretungsrecht gehört zum öffentlichen Dienstrecht (BVerfG, 3.10.1957 – 2 BvL 7/56 – BVerfGE 7, 120). Hieraus folgt, dass der Bund für den Bereich seiner Beschäftigten die ausschließliche Gesetzgebungskompetenz hat (Art. 73 Abs. 1 Nr. 8 GG). Die konkurrierende Gesetzgebungskompetenz des Bundes besteht für die Regelung der Statusrechte und -pflichten der Beamten und Richter der Länder nach Art. 74 Abs. 1 Nr. 27 GG und für das Arbeitsrecht, einschließlich des Betriebsverfassungsrechts, nach Art. 74 Abs. 1 Nr. 12 GG. Für das Personalvertretungsrecht der Beschäftigten der **Länder**, der Gemeinden und der anderen, der Aufsicht des Landes unterstehenden juristischen Personen des öffentlichen Rechts sind nach der Föderalismusreform I ausschließlich die Länder zuständig. Das LPVG dient zugleich der Umsetzung der **Richtlinie 2002/14/EG** des Europäischen Parlaments und des Rates zur Festlegung eines allg. Rahmens für die Unterrichtung und Anhörung der Arbeitnehmer in der Europäischen Gemeinschaft.

2 **2. Verhältnis zum BPersVG.** Für die Länder konnte der Bund bis zum Inkrafttreten des Gesetzes zur Änderung des Grundgesetzes vom 28.8.2006 (BGBl. I S. 2034; sog. Föderalismusreform I) **Rahmenvorschriften** erlassen (Art. 75 Abs. 1 Nr. 1 GG a. F.; vgl. hierzu BVerfG, 3.10.1957 – 2 BvL 7/56 – BVerfGE 7, 120; BVerwG, 23.6.2010 – 6 P 8.09 PersR 2010, 442 = PersV 2010, 454). Von dieser Kompetenz hat der Bund im BPersVG Gebrauch gemacht. § 94 BPersVG bestimmt, dass die §§ 95 bis 106 BPersVG für die Gesetzgebung der Länder Rahmenvorschriften darstellen. Da Art. 75 GG ersatzlos aufgehoben worden ist, gibt es insoweit keine Gesetzgebungskompetenz des Bundes mehr; die §§ 95 bis 106 BPersVG könnten heute deshalb nicht mehr als Bundesrecht erlassen werden. Diese Rahmenvorschriften des BPersVG gelten nach

---

1 Amtliche Fußnote: Dieses Gesetz dient auch der Umsetzung der Richtlinie 2002/14/EG des Europäischen Parlaments und des Rates vom 11. März 2002 zur Festlegung eines allgemeinen Rahmens für die Unterrichtung und Anhörung der Arbeitnehmer in der Europäischen Gemeinschaft (ABl. EG L 80 vom 23. März 2002, S. 29) in der jeweils geltenden Fassung.

Art. 125a Abs. 1 Satz 1 GG aber als Bundesrecht fort, mit der Maßgabe, dass sie jederzeit durch Landesrecht ersetzt werden können (Art. 125a Abs. 1 Satz 2 GG); zur Föderalismusreform I, insb. zu ihren Auswirkungen auf die Vorschriften in §§ 94 bis109 BPersVG vgl. Ilbertz-Widmaier § 94 Rn. 1 ff. Das LPVG enthält – jedenfalls seit dem ÄG 2013 – inhaltsgleiche Vorschriften, weshalb die §§ 95 bis 106 BPersVG in Baden-Württemberg keine Bedeutung mehr haben. Auch § 51 BeamtStG, der bestimmt, dass die Bildung von Personalvertretungen zum Zweck der vertrauensvollen Zusammenarbeit zwischen Behördenleitung und Personal unter Einbeziehung der Beamtinnen und Beamten zu gewährleisten ist, hat nur deklaratorische Bedeutung.

3 **Unmittelbar geltendes Bundespersonalvertretungsrecht.** In den §§ 107 bis 109 BPersVG hat der Bund Regelungen getroffen, die für die Länder unmittelbar gelten. Auch insoweit besteht seit der Föderalismusreform keine Gesetzgebungskompetenz des Bundes mehr soweit es sich um **personalvertretungsrechtliche Regelungen** (§§ 107 Satz 1 und 109 BPersVG), handelt. Auch diese Vorschriften gelten nach Art. 125a Abs. 1 Satz 1 GG als Bundesrecht fort, sind aber durch Landesgesetz ersetzbar (vgl. hierzu: BAG, 7.11.2007 – 7 AZR 820/06 – PersR 2008, 203 – zu § 107 Satz 1 BPersVG).

4 **Arbeitsrechtliche Regelungen.** Anderes gilt für die **§§ 107 Satz 2 und 108 BPersVG**, für die die konkurrierende Gesetzgebungskompetenz des Bundes nach Art. 74 Abs. 1 Nr. 12 GG unverändert besteht (vgl. hierzu BAG, 13.3.1986 – 6 AZR 207/85 – BAGE 51, 261). Diese Normen haben auch nach der Föderalismusreform unmittelbare Geltung für die Länder. Jedenfalls stellt **§ 108 Abs. 1 BPersVG** unmittelbar geltendes und die Länder bindendes Bundesarbeitsrecht dar; entgegenstehendes Landesrecht ist nichtig oder bedarf der bundesrechtskonformen Auslegung. Nach § 108 Abs. 1 BPersVG bedarf die außerordentliche Kündigung des dort genannten Personenkreises durchweg der vorherigen Zustimmung der zuständigen Personalvertretung. Wird diese nicht erteilt, steht das Zustimmungsersetzungsverfahren offen (§ 108 Abs. 1 Satz 2 BPersVG), bei dem der betroffene Arbeitnehmer zwingend Beteiligter ist (§ 108 Abs. 1 Satz 3 BPersVG). Da das Bundesrecht die Mitglieder aller Personalvertretungen schützt, steht § 58 Abs. 3 Satz 1 (AusbildungsPR), der nur auf § 47 Abs. 1 und 2 und nicht – wie sonst im LPVG üblich (z. B. §§ 15 Abs. 5, 20 Abs. 1 Satz 3) – auch auf dessen Abs. 4 verweist im Widerspruch zum Bundesrecht. Dem kann unschwer durch die gebotene direkte Anwendung von § 108 Abs. 1 BPersVG begegnet werden, die Widersprüchlichkeit der Regelungen schafft für die Rechtsanwender aber zunächst Unsicherheit. Ob auch **§ 107 Satz 2 BPersVG** als Bundesarbeitsrecht uneingeschränkt weiter gilt, hat das BVerwG ausdrücklich offengelassen (BVerwG, 21.2.2011 – 6 P 12/10 – PersR 2011, 271).

5 **3. Arbeitsrecht.** Die Länder sind befugt, im Rahmen des Personalvertretungsrechts auch Rechtsverhältnisse der **Arbeitnehmer** zu regeln. Diese Gesetzgebungskompetenz besteht aber nur, wenn nicht der Bund von seiner konkurrierenden Gesetzgebungskompetenz Gebrauch macht. Nach Art. 74 Abs. 1 Nr. 12 GG erstreckt sich die konkurrierende Gesetzgebung u. a. auf das Arbeitsrecht. Nach Art 72 Abs. 1 GG haben die Länder hier eine Gesetzgebungskompetenz

nur solange und soweit der Bund nicht von seiner Gesetzgebungszuständigkeit Gebrauch gemacht hat. Die einschränkenden Regelungen des Art. 72 Abs. 2 und 3 GG sind vorliegend nicht einschlägig, weil sie nicht das Arbeitsrecht (Nr. 12) betreffen. Das bedeutet, dass Landesgesetze, die im Widerspruch zum arbeitsrechtlichen Bundesrecht stehen, nichtig sind. Sind sie bereits vor dem Bundesrecht erlassen worden, werden sie mit Inkrafttreten des Bundesrechts nichtig; werden sie im Widerspruch zu bestehendem Bundesrecht erlassen, sind sie von Anfang an nichtig. Art. 72 Abs. 1 GG geht Art. 31 als lex specialis vor. Dies trifft z. B. für **§ 47 Abs. 3 Satz 1** insoweit zu, als dort die **§§ 15 und 16 KSchG** für den dort genannten Personenkreis für nicht anwendbar erklärt werden. Erfüllen diese Personen die Voraussetzungen der §§ 15 und 16 KSchG, so sind diese bundesrechtlichen Regelungen uneingeschränkt für sie anwendbar. Eine Öffnungsklausel, die abweichende landesrechtliche Regelungen zulässt, enthält das KSchG nicht; § 47 Abs. 3 Satz 1 ist insoweit nichtig. Unbedenklich ist dagegen die fast inhaltsgleiche Regelung von § 47 Abs. 3 Satz 1 BPersVG, da diese als spezielle **bundesrechtliche** Regelung dem KSchG vorgeht.

II. Geltungsbereich des LPVG

1. Sachlicher und persönlicher Anwendungsbereich. § 1 bestimmt, dass in den Verwaltungen und Betrieben der dort genannten juristischen Personen des öffentlichen Rechts sowie den Gerichten des Landes Personalvertretungen gebildet werden und legt damit den **sachlichen Geltungsbereich** des LPVG fest. Für die sonstigen in § 1 genannten juristischen Personen des öffentlichen Rechts gilt das LPVG, wenn diese der **Aufsicht des Landes** unterstehen. Welche Körperschaften, Anstalten und Stiftungen des öffentlichen Rechts der Aufsicht des Landes unterstehen, bestimmt das jeweilige Organisationsrecht (s. u.). Der **persönliche Geltungsbereich** des LPVG wird durch den in § 4 definierten Kreis der Beschäftigten bestimmt. 6

a) Private Betriebe. Keine Anwendung findet das LPVG für die Arbeitnehmer in Betrieben des privaten Rechts (z. B. GmbH, AG), für die ausschließlich das Betriebsverfassungsgesetz gilt (vgl. z. B. VGH Mannheim, 4.3.2016 – PL 15 S 408/15 – ZTR 2016, 480). § 130 BetrVG bestimmt folgerichtig, dass das BetrVG keine Anwendung auf Verwaltungen und Betriebe des Bundes, der Länder, der Gemeinden und sonstiger Körperschaften, Anstalten und Stiftungen des öffentlichen Rechts findet. Die Abgrenzung zwischen BetrVG und LPVG erfolgt strikt nach der formellen **Rechtsform** des Betriebs, weshalb es unerheblich ist, ob der private Betrieb öffentliche Aufgaben erfüllt oder nicht. Ohne Belang ist auch, ob der öffentlichen Hand im Einzelfall organisatorisch oder aufgrund der Eigentumsverhältnisse entscheidender oder alleiniger Einfluss auf den Betrieb zukommt. Unerheblich ist schließlich auch, ob auf die Arbeitsverhältnisse der Beschäftigten des Betriebs die Tarifverträge des öffentlichen Dienstes Anwendung finden oder nicht. 7

Umwandlung, Privatisierung. Wird ein privatrechtlicher Betrieb in eine juristische Person des öffentlichen Rechts umgewandelt, endet die Amtszeit des Betriebsrats und es ist ein Personalrat zu wählen. So kann z. B. gemäß § 102c 8

GemO eine Kapitalgesellschaft in eine **Anstalt des öffentlichen Rechts** umgewandelt werden. Bestehende Betriebsvereinbarungen gelten dann nach Maßgabe von § 102c Abs. 3 Satz 3 GemO als Dienstvereinbarung fort. Gleiches gilt für die Umwandlung einer Kapitalgesellschaft nach § 24a GKZ in eine selbstständige Kommunalanstalt (vgl. § 24a Abs. 3 Satz 4 GKZ). Zur Problematik des Übergangsmandats vgl. Rn. 9. Wird eine Einrichtung, für die das LPVG Anwendung gefunden hatte, **privatisiert**, kommt das Personalvertretungsrecht ab der Rechtsformänderung nicht mehr zur Anwendung; maßgeblich ist dann ausschließlich das BetrVG. Die Ämter der Mitglieder des Personalrats erlöschen mit der Privatisierung automatisch. Im Betrieb muss nun ein Betriebsrat gewählt werden. Zur Problematik des Übergangsmandats vgl. Rn. 10.

9 **Übergangsmandat bei Umwandlung.** Dem Betriebsrat kommt nach einem Rechtsformwechsel ein Übergangsmandat nur dann zu, wenn dies ausdrücklich **durch Gesetz** geregelt ist. Durch vertragliche Regelung kann ein Übergangsmandat nicht begründet werden (BAG, 27.1.2011 – 2 AZR 825/09 – PersV 2011, 381). Eine gesetzliche Regelung ist schon im Hinblick auf die Rechtsstellung der PR-Mitglieder und der Befugnisse des PR unverzichtbar. Zuständig ist das Land, weil es sich um eine Frage des Landespersonalvertretungsrechts handelt. Von dieser Kompetenz hat das Land z. B. in § 102c Abs. 3 Satz 1 GemO Gebrauch gemacht. Dieser bestimmt ausdrücklich, dass im Falle einer Umwandlung der im Amt befindliche Betriebsrat bis zur Wahl eines Personalrats übergangsweise im Amt bleibt. In der Übergangszeit nimmt er die Aufgaben des PR nach dem LPVG wahr (§ 102c Abs. 3 Satz 2 GemO).

10 **Übergangsmandat bei Privatisierung.** Ein Übergangsmandat des PR im Falle einer Privatisierung kann nur **durch Gesetz** begründet werden, nicht durch vertragliche Regelung (BAG, 27.1.2011 – 2 AZR 825/09 – PersV 2011, 381). Ob für eine solche Regelung der Bundes- oder der Landesgesetzgeber zuständig ist, ist strittig. Nach der Rechtsprechung des BAG (23.11.2004 – 9 AZR 639/03 – PersR 2005, 331 m. w. N.) soll der Übergang vom Personalvertretungsrecht zum Betriebsverfassungsrecht nicht vom BetrVG erfasst sein. Im LPVG ist ein Übergangsmandat des PR bei Privatisierung nicht geregelt. Erfolgt die Privatisierung einer Einrichtung durch ein Landesgesetz, könnten dort allerdings bereichsspezifische Übergangsregelungen – auch hinsichtlich eines Übergangsmandats – getroffen werden. Ob ein Übergangsmandat des PR in entspr. Anwendung von **§ 21a BetrVG** zu bejahen ist, ist umstritten (i. d. S.: Altvater u. a. § 1 Rn. 18; **a. A.** LAG Düsseldorf, 16.1.2012 – 14 TaBV 83/11 – juris; LAG Köln PersR 2000, 380). Aus der **Richtlinie 2001/23/EG** vom 12.3.2001 kann ein Übergangsmandat hergeleitet werden (so zu Recht: Schaub, § 265 Rn. 43; **a. A.** LAG Düsseldorf, 16.1.2012 – 14 TaBV 83/11 – juris).

11 **Restmandat.** Dem PR steht kein sog. Restmandat nach allg. Grundsätzen und/oder in entspr. Anwendung von § 21b BetrVG zu (**a. A.** Altvater u. a. § 113 Rn. 11). Die von § 21b BetrVG angesprochenen Fallkonstellationen der Stilllegung, Spaltung oder Zusammenlegung werden entweder schon von § 113 Abs. 1 erfasst und sind damit direkt gesetzlich geregelt oder fallen unter die Verordnungsermächtigung des § 113 Abs. 4, sodass eine Regelungslücke, die

eine entspr. Anwendung des Betriebsverfassungsrechts erlauben würde, nicht gegeben ist.

b) Bund, Internationale/zwischenstaatliche Organisationen. Für die Verwaltungen des Bundes und der sonst in § 1 BPersVG genannten bundesunmittelbaren juristischen Personen des öffentlichen Rechts gilt das BPersVG. Das gilt auch dann, wenn die Einrichtungen des Bundes bzw. der bundesunmittelbaren Körperschaften, Anstalten und Stiftungen des öffentlichen Rechts ihren Sitz im Land Baden-Württemberg haben. Keine Anwendung findet das LPVG auch für die Beschäftigten von Verwaltungen und Betriebe internationaler oder zwischenstaatlicher Organisationen. 12

c) Gemeinsame Einrichtungen. Sind an einer Einrichtung sowohl juristische Personen des öffentlichen Rechts, für die das LPVG gilt, als auch Private oder juristische Personen des öffentlichen Rechts, für die das LPVG nicht gilt, beteiligt, hängt die Anwendbarkeit des LPVG zunächst von der Rechtsform der gemeinsamen Einrichtung an. Ist diese **rechtsfähig**, findet § 1 direkte Anwendung. Das LPVG gilt, wenn es sich um eine juristische Person des öffentlichen Rechts handelt und diese der Aufsicht des Landes untersteht. Ist die gemeinsame Einrichtung **nicht rechtsfähig**, kommt es auf die Art der Zusammenarbeit an: privatrechtlich (BGB-Gesellschaft) oder öffentlich-rechtlich (z. B. die ARD). Für die Beschäftigten der beteiligten juristischen Personen i. S. d. § 1 gilt aber das LPVG, soweit Maßnahmen getroffen werden, für die der Dienststellenleiter der juristischen Person i. S. d. § 1 das Letztentscheidungsrecht hat (VGH Mannheim, 4.3.2016 – PL 15 S 408/15 – ZTR 2016, 480). Für die anderen Beschäftigten gilt das LPVG i. d. R. nicht (s. u.). Zu **„gemeinsamen Dienststellen“** vgl. auch die Komm. zu § 5 Abs. 5). 13

aa) Kooperation Bund-Land. Bei gemeinsamen (nichtrechtsfähigen) Einrichtungen des Bundes und des Landes gilt – vorbehaltlich spezialgesetzlicher Regelung – § 6 Abs. 4 BPersVG. Diese Vorschrift gilt auch für gemeinsame Dienststellen verschiedener juristischer Personen des öffentlichen Rechts, die teils der Aufsicht des Bundes, teils der Aufsicht des Landes unterstehen. Für die in der gemeinsamen Einrichtung tätigen Bundesbeschäftigten gilt das BPersVG, für die Landesbeschäftigten das LPVG. Personalvertretungsrechtlich bleiben sie jeweils den juristischen Personen zugeordnet, die die gemeinsame Einrichtung tragen. Es gibt i. d. R. keine gemeinsame Personalvertretung. 14

Jobcenter. Nach § 6 Abs. 1 Satz 1 SGB-II sind Träger der Grundsicherung für Arbeitssuchende die BfA (dortige Nr. 1) sowie die kreisfreien Städte und Kreise (dortige Nr. 2). Diese bilden – vorbehaltlich § 6a SGB-II – eine gemeinsame Einrichtung (§ 44b Abs. 1 Satz 1 SGB-II), die Jobcenter heißt (§ 6d SGB-II). Aufgrund der ausdrücklichen gesetzlichen Regelung ist das Jobcenter auch **Dienststelle** im personalvertretungsrechtlichen Sinne, bei der nach § 44h Abs. 1 SGB-II in entspr. Anwendung des BPersVG eine Personalvertretung gebildet wird. Dieser Personalvertretung stehen die Rechte nach dem BPersVG zu, soweit der Trägerversammlung (§ 44a SGB-II) oder der Geschäftsführer (§ 44d SGB-II) Entscheidungsbefugnisse in personalrechtlichen, personalwirtschaftlichen, sozialen oder die Ordnung in der Dienststelle betreffenden Angelegenhei- 15 ten zustehen (vgl. auch § 44h Abs. 3 SGB-II). Die beim Jobcenter tätigen Beschäftigten besitzen das aktive und passive Wahlrecht hinsichtlich dieser Personalvertretung für den Zeitraum, in dem sie dem Jobcenter zugewiesen worden sind (§ 44h Abs. 2 SGB-II). Die beamtenrechtliche Stellung bzw. die Arbeitsverhältnisse der zugewiesenen Beschäftigten bleiben durch die Zuweisung aber unberührt (§ 44g Abs. 4 und 5 SGB-II). Die vom Kreis zugewiesenen Beschäftigten bleiben deshalb auch während ihrer Zuweisung zum Jobcenter **Beschäftigte des Kreises,** auch hinsichtlich ihrer personalvertretungsrechtlichen Stellung. Unterstrichen wird dies durch die landesrechtliche Regelung des § 4 Abs. 1 Satz 2, der die Beschäftigteneigenschaft auch für den Fall der anderweitigen Leistungserbringung durchweg festschreibt. Die zugewiesenen Beschäftigten sind bei der Wahl des Personalrats der zuweisenden Körperschaft wahlberechtigt, das LPVG findet auf sie aber auch in allen Angelegenheiten ihrer Stammdienststelle Anwendung, die diese Beschäftigten betreffen (können).

16 **bb) Kooperation innerhalb des Landes.** Kooperieren juristische Personen des öffentlichen Rechts, für die jeweils das LPVG gilt, findet das LPVG durchweg auch Anwendung für die gemeinsame (nichtrechtsfähige) Einrichtung, es sei denn, es ist ausdrücklich privatrechtliche Zusammenarbeit vereinbart. Es stellt sich dann ggf. die Frage, ob die gemeinsame Einrichtung derart verselbstständigt ist, dass sie eine eigenständige Dienststelle darstellt. Dies richtet sich nach den gesetzlichen Vorgaben bzw. nach den zwischen den Kooperationspartnern getroffenen Abreden; vgl. z. B. § 27 GKZ oder § 59 Satz 1, 2. Alt. GemO (vereinbarte Verwaltungsgemeinschaft).

17 **cc) Kooperation von Bundesländern.** Kooperieren verschiedene Bundesländer durch Verwaltungsvereinbarung oder Staatsvertrag zur Erfüllung einer gemeinsamen Aufgabe, kommt das BPersVG nicht zur Anwendung. Welches Landespersonalvertretungsrecht im konkreten Fall maßgeblich ist, folgt aus den zwischen den Kooperationspartnern getroffenen Vereinbarungen. Fehlt es an einer solchen ausdrücklichen Regelung richtet sich die Anwendbarkeit des LPVG nach dem Sitz der gemeinsamen Einrichtung (BVerwG, 5.5.1976 – VII P 7/74 – juris). So gilt zum Beispiel für die zentrale Stelle der Landesjustizverwaltungen zur Aufklärung nationalsozialistischer Verbrechen in Ludwigsburg das LPVG.

18 **dd) Kooperation mit Dritten.** Bildet eine juristische Person des öffentlichen Rechts i. S. d. § 1 eine gemeinsame nicht rechtsfähige Einrichtung mit Dritten (Private oder juristische Personen des öffentlichen Rechts, für die das LPVG nicht gilt, z. B. Kirchen), bleibt die personalvertretungsrechtliche Stellung der Beschäftigten, die der gemeinsamen Einrichtung zugewiesen werden, grundsätzlich unberührt. Die Beschäftigten des Landes bzw. der sonstigen juristischen Personen i. S. d. § 1 bleiben auch während ihrer Zuweisung Beschäftigte der zuweisenden Körperschaft (§ 4 Abs. 1 Satz 2). Sie sind wahlberechtigt bei der Wahl des Personalrats der zuweisenden Körperschaft; das LPVG findet auf sie aber auch in allen Angelegenheiten ihrer Stammdienststelle Anwendung, die diese Beschäftigten betreffen (können).

19 **Gemeinsamer Betrieb.** Nach der älteren Rechtsprechung des BAG (24.1.1996 – 7 ABR 10/95 – PersR 1997, 26), der sich das BVerwG angeschlossen hat

(13.6.2001 – 6 P 8/00 – PersR 2001, 418), soll bei einer Kooperation zwischen einer juristischen Person des Privatrechts (hier: Fraunhofer-Gesellschaft e.V.) und einer Körperschaft des öffentlichen Rechts (hier: Universität Stuttgart) das Betriebsverfassungsgesetz Anwendung finden, wenn die Betriebsführung auf der Grundlage einer privatrechtlichen Vereinbarung in der Form einer BGB-Gesellschaft erfolgt. Das BVerwG führt in seiner Entscheidung aus, dass die Arbeitnehmer der Universität Stuttgart, die beim gemeinsamen Betrieb eingesetzt waren, keine Beschäftigten der Dienststelle „Universität Stuttgart" seien, weil Personalvertretungsrecht überhaupt nicht zur Anwendung komme. Dies kann nach der Neufassung des Beschäftigtenbegriffs in § 4 kaum aufrechterhalten werden. Denn § 4 Abs. 1 Satz 2 regelt seit dem ÄG 2013 ausdrücklich, dass auch Personen, die unter Fortsetzung eines bestehenden unmittelbaren Dienst- oder Arbeitsverhältnisses zur Dienststelle nach beamtenrechtlichen oder tariflichen Vorschriften zu einer anderen Stelle abgeordnet oder dieser zugewiesen werden oder dort ihre geschuldete Arbeitsleistung erbringen, Beschäftigte im personalvertretungsrechtlichen Sinne sind. Für alle Arbeitnehmer, die einen Arbeitsvertrag mit der Universität Stuttgart als Arbeitgeber abgeschlossen haben und dann beim gemeinsamen Betrieb eingesetzt werden, gilt deshalb das LPVG. Sie sind wahlberechtigt nach § 8; der PR der Universität Stuttgart ist bei allen personalvertretungsrechtlich relevanten Fragen dieser Beschäftigten zu beteiligen. Anderes kann nur für Maßnahmen gelten, für die der Dienststellenleiter der juristischen Person des öffentlichen Rechts keine Letztentscheidungsbefugnis hat (VGH Mannheim, 4.3.2016 – PL 15 S 408/15 – ZTR 2016, 480).

2. Räumlicher Anwendungsbereich. Das LPVG gilt zunächst im Gebiet des Landes Baden-Württemberg. Außerhalb des Landes gelegene Organisationseinheiten von juristischen Personen des öffentlichen Rechts i. S. v. § 1 können ebenfalls vom LPVG erfasst sein. So regelt § 101 für das KIT ausdrücklich, dass das Institut für Atmosphärische Umweltforschung in Garmisch-Partenkirchen eine Dienststelle i. S. d. LPVG ist. Anwendung findet das LPVG auch für die Dienststellen, die das Land Baden-Württemberg oder eine seiner Aufsicht unterstehende juristische Person des öffentlichen Rechts in einem anderen Bundesland oder im Ausland errichtet hat. 20

a) Ortskräfte. Bei im Ausland befindlichen Dienststellen werden regelmäßig die aus dem Land entsandten Beschäftigten und Ortskräfte eingesetzt. Für alle Beschäftigten, auch für die Ortskräfte, gilt das LPVG (BVerwG, 10.11.2005 – 6 PB 14/05 – PersV 2006, 144 – für Ortskräfte des WDR im ARD-Studio Brüssel). 21

b) Staatsvertrag. Über das Gebiet des Landes Baden-Württemberg hinaus kann das LPVG auch Anwendung finden, wenn dies durch Staatsvertrag zwischen verschiedenen Bundesländern ausdrücklich so bestimmt wird. 22

SWR. Die rechtlichen Verhältnisse des Südwestrundfunks sind durch den Staatsvertrag vom 3.7.2013 geregelt. Nach § 38 Abs. 1 des Staatsvertrags gilt für den SWR das Personalvertretungsgesetz des Landes, in dem sich der Dienstort des Intendanten befindet. Dienstsitz des Intendanten ist Stuttgart, weshalb 23 für alle Beschäftigten des SWR, auch die des Landessenders Mainz, das LPVG (mit den besonderen Regelungen der §§ 105 bis 112) gilt.

24 **Sozialversicherung.** Sozialversicherungsträger sind durchweg Körperschaften des öffentlichen Rechts. Nach § 90 Abs. 2 SGB-IV unterstehen Träger der Sozialversicherung, deren Zuständigkeitsbereich sich nicht über das Gebiet eines Landes hinaus erstreckt, der Aufsicht des Landes (vgl. auch Art. 87 Abs. 2 Satz 1 GG), woraus die Anwendbarkeit des LPVG für diese Träger folgt. Das LPVG gilt aber auch, wenn sich die Zuständigkeit des Sozialversicherungsträgers über das Gebiet des Landes hinaus, aber nicht über mehr als drei Länder hinaus erstreckt, wenn Baden-Württemberg als Aufsicht führendes Land durch Staatsvertrag bestimmt worden ist. (§ 90 Abs. 3 SGB-IV; vgl. insoweit auch Art. 87 Abs. 2 Satz 2 GG). Die Länder haben durch den im Jahre 1997 geschlossenen Staatsvertrag geregelt, dass jeweils das Land die Aufsicht führt, in dem sich der Sitz des Sozialversicherungsträgers befindet.

25 **3. Ausnahmen/Einschränkungen.** Kommt das LPVG grundsätzlich zur Anwendung, ist zu beachten, dass das Gesetz selbst eine Vielzahl von Ausnahmen bzw. einschränkenden Regelungen bezogen auf bestimmte **Dienststellen** bzw. **Anwendungsbereiche** oder bestimmte **Beschäftigtengruppen** trifft.

26 **a) Dienststellenbezogene Einschränkungen.** Besondere Vorschriften bestehen z. B. für die Justizverwaltung (§ 95), die Polizei (§ 96), das Landesamt für Verfassungsschutz (§ 97), die Dienststellen, die bildenden, wissenschaftlichen und künstlerischen Zwecken dienen (§§ 98–100), das Karlsruher Institut für Technologie (§ 101), die Führungsakademie Baden-Württemberg (§ 102), Theater und Orchester (§ 103) und die Forstverwaltung (§ 104) sowie für den Südwestrundfunk – SWR (§§ 105–112).

27 **Religionsgemeinschaften.** Sind Religionsgemeinschaften privatrechtlich verfasst (Art. 140 GG i. V. m. Art. 137 Abs. 4 WRV), scheidet eine Anwendung des LPVG von vornherein aus. Auf Körperschaften des öffentlichen Rechts (Art. 140 GG i. V. m. Art 137 Abs. 5 WRV) könnte das LPVG zwar Anwendung finden. Dies wird durch § 115 aber ausgeschlossen. Hiernach findet das LPVG auf die Religionsgemeinschaften sowie ihre karitativen und erzieherischen Einrichtungen, die kraft Satzung Teil einer Religionsgemeinschaft sind, durchweg keine Anwendung. Dies gilt auch für die öffentlich-rechtlich organisierten kirchlichen Wirtschaftsbetriebe, weil diese nicht der Aufsicht des Landes unterstehen. Den Religionsgemeinschaften bleibt hier die selbstständige Ordnung des Personalvertretungsrechts überlassen.

28 **b) Besondere Anwendungsbereiche.** Einschränkende Regelungen trifft § 94 für die Behandlung von **Verschlusssachen.** § 113 trifft besondere Regelungen für die Fälle der Eingliederung von Dienststellen bzw. des Zusammenschlusses von Dienststellen sowie für den Fall der Neubildung eines Ministeriums.

29 **c) Beschäftigtenbezogene Einschränkungen.** Grundsätzlich kommen die Regelungen des LPVG für alle Beschäftigten i. S. v. § 4 zur Anwendung. Für manche Beschäftigten wird die Anwendung des Gesetzes aber vollständig oder teilweise

ausgeschlossen bzw. hinsichtlich der Anwendungsmöglichkeiten eingeschränkt oder modifiziert.

Ausschluss. Keine Anwendung findet das LPVG gemäß § 99 Abs. 1 für die **Hochschullehrer** (Nr. 1), die in Lehre und Forschung tätigen habilitierten Wissenschaftler (Nr. 2) sowie die in Nr. 3 genannten gleichgestellten leitenden Wissenschaftler des KIT. Keine Anwendung findet das LPVG auch für die Personen, denen § 4 Abs. 2 die **Beschäftigteneigenschaft** abspricht (z. B. die Richter und Staatsanwälte). 30

Eingeschränkte Geltung. Einschränkungen finden sich schwerpunktmäßig in § 75 Abs. 5 und 6, der die Anwendung der in Abs. 5 genannten Beteiligungsrechte für die in den Nummern 1 bis 3 aufgeführten Beschäftigten ausschließt bzw. die Mitbestimmung für die in Abs. 6 genannten Angelegenheiten und Beschäftigten zur Mitwirkung herabstuft. Vergleichbares gilt nach § 99 Abs. 2 für Akademische Mitarbeiter an Hochschulen und Forschungsstätten. 31

III. Personalvertretungen bei den Verwaltungen und Betrieben

1. Personalvertretungen. In den „Verwaltungen und Betrieben" der in § 1 genannten juristischen Personen des öffentlichen Rechts werden Personalvertretungen gebildet. Personalvertretung ist dabei der Oberbegriff für PR (§ 10), GesamtPR (§ 54), die Stufenvertretungen (§ 55), Bezirkspersonalrat (BPR) und Hauptpersonalrat (HPR) sowie den AusbildungsPR (§ 58). Die Terminologie ist nicht an allen Stellen des LPVG eindeutig; nicht immer ist unter „Personalrat" nur der örtliche PR zu verstehen. Keine Personalvertretungen i. S. d. Gesetzes sind die JAV (§§ 59–64) sowie die GesamtJAV und die StufenJAV (§ 66). Die JAV hängt von der Existenz einer Personalvertretung, der sie zugeordnet ist, ab und arbeitet nicht primär mit dem Dienststellenleiter, sondern mit der für sie maßgeblichen Personalvertretung (§ 59) zusammen. 32

Bildung von Personalvertretungen. Das LPVG ordnet zwar die Bildung von Personalvertretungen an. Ob diese jedoch tatsächlich gebildet werden und auch bestehen bleiben, hängt von der Bereitschaft der Beschäftigten ab, einen PR zu wählen bzw. eine Wahl zum Mitglied des PR anzunehmen. Ferner muss die einzelne **Dienststelle personalratsfähig** sein (vgl. § 10 Abs. 1 und 2 sowie die Komm. zu § 10). 33

2. Verwaltungen und Betriebe. Die Personalvertretungen sind bei den „Verwaltungen und Betrieben" der in § 1 genannten juristischen Personen zu bilden. Der Begriff umfasst dabei nicht nur Behörden, Verwaltungsstellen und Betriebe im engeren Sinne, sondern alle nicht rechtsfähigen Organisationseinheiten (Einrichtungen) des Landes und der seiner Aufsicht unterstehenden juristischen Personen, die nicht Organe der Gesetzgebung oder der Rechtsprechung sind, und die zur Aufgabenerfüllung geschaffen worden sind. Welche Verwaltungen und Betriebe zu schaffen sind, folgt nicht aus dem LPVG, sondern aus der Landesverfassung, den sonstigen gesetzlichen Regelungen bzw. dem jeweiligen Organisationsrecht, dem das Personalvertretungsrecht jeweils folgt. Zu diesen Einrich- 34 tungen, bei denen Personalvertretungen zu bilden sind, gehören insb. auch Dienststellen, die bildenden oder künstlerischen Zwecken dienen, vor allem Schulen, Forschungseinrichtungen, Museen und Bibliotheken, Theater und Orchester.

35 **Verwaltungen.** Verwaltungen sind alle Behörden und Verwaltungsstellen, die Aufgaben der öffentlichen Verwaltung wahrnehmen. Auch dieser Begriff ist nicht vorgegeben oder statisch, sondern jederzeitiger Änderung zugänglich. Welche Verwaltungen vom Land bzw. den sonstigen juristischen Personen konkret geschaffen werden, folgt aus den gesetzlichen Regelungen bzw. dem Organisationsrecht, dem das Personalvertretungsrecht jeweils folgt.

36 **Betriebe.** Betriebe sind organisatorische Einheiten, die keine materielle Verwaltungstätigkeit ausüben, sondern – insb. im Rahmen der öffentlichen Versorgung – andere arbeitstechnische Zwecke erfüllen. Ob Betriebe i. S. v. § 1 vorliegen, entscheidet sich nach ihrer Rechtsform bzw. Trägerschaft. Gemeint sind: Betriebe (ohne eigene Rechtspersönlichkeit) des Landes, der Gemeinden, der Landkreise oder der sonstigen Körperschaften, Anstalten oder Stiftungen des öffentlichen Rechts, die der Aufsicht des Landes unterstehen.

37 **3. Landesverwaltung.** Zum Teil werden von der Landesverfassung selbst Regelungen hinsichtlich der Einrichtung von Verwaltungen getroffen (z. B. § 32 Abs. 3 LV – Landtagsverwaltung). Art. 45 Abs. 1 LV weist die vollziehende Gewalt allgemein der Regierung zu und bestimmt in Art 69 LV, dass die Verwaltung durch die Regierung, die ihr unterstellten Behörden und durch die Träger der Selbstverwaltung ausgeübt wird. Der konkrete Aufbau, die räumliche Gliederung und die Zuständigkeiten der Landesverwaltung werden nach Art. 70 Abs. 1 Satz 1 LV durch Gesetz geregelt. Die Einrichtung der staatlichen Behörden obliegt der Landesregierung, ggf. den Ministern (Art. 70 Abs. 2 LV). Zur Landesverwaltung i. S. d. Art. 70 LV zählen damit sowohl die **unmittelbare Staatsverwaltung** durch die Regierung und die ihr nachgeordneten Behörden, als auch die **mittelbare Staatsverwaltung** durch die Träger der Selbstverwaltung, insb. die Gemeinden und Gemeindeverbände. „Verwaltung" in diesem Sinne ist auch die **Selbstverwaltung** der sonstigen juristischen Personen des öffentlichen Rechts, unabhängig davon, ob die Selbstverwaltung schon durch die Landesverfassung bzw. das GG selbst (Art. 71 Abs. 1 Satz 1 LV; Art 28 GG) oder erst durch Gesetz eingeräumt worden ist.

38 **Unmittelbare Landesverwaltung.** Hierzu rechnen insb. alle staatlichen Behörden i. S. d. Landesverwaltungsgesetzes (LVG), die staatliche Verwaltungsaufgaben zu erfüllen haben. Nach § 1 Abs. 2 LVG gliedern sich die Verwaltungsbehörden in die obersten Landesbehörden (§§ 7–9 LVG), die allg. Verwaltungsbehörden (§§ 10–22 LVG) und die besonderen Verwaltungsbehörden (§§ 23–26 LVG).

39 **Landesbetriebe.** Landesbetriebe i. S. v. § 26 LHO sind z. B. die Staatliche Münzen Baden-Württemberg, das Logistikzentrum Baden-Württemberg, das Haus der Geschichte Baden-Württemberg.

a) **Gerichte, Staatsanwaltschaften.** Gerichte sind keine Behörden; Richter sind grundsätzlich auch keine Beschäftigten i. S. d. LPVG (§ 4 Abs. 2 Nr. 2) Von § 1 werden die Gerichte des Landes deshalb gesondert erfasst. Gemeint ist hier auch nicht die Rechtsprechung, sondern nur die Gerichtsverwaltung. Die PR bei den Gerichten werden daher nur von den dort tätigen Beamten und Arbeitnehmern gewählt. **Staatsanwälte** sind Beamte, aber grundsätzlich keine Beschäftigten i. S. d. LPVG (§ 4 Abs. 2 Nr. 2). Die PR bei den Staatsanwaltschaften werden ebenfalls nur von den dort tätigen Beamten und Arbeitnehmern gewählt. 40

Richterräte, Präsidialräte. Für die Richter werden bei den Gerichten des Landes nach dem LRiStAG Richterräte gebildet. Soweit die beteiligungspflichtigen Angelegenheiten sowohl Richter als auch andere Beschäftigte des Gerichts betreffen, werden der Richterrat und der PR gemeinsam nach Maßgabe des § 28 LRiStAG und des § 31 beteiligt (§ 20 Nr. 2 LRiStAG). In Personalangelegenheiten der Richter wirken nicht die Richterräte, sondern die für die jeweiligen Gerichtszweige gebildeten Präsidialräte mit (vgl. § 15 Nr. 2, §§ 32 ff. LRiStAG). 41

Staatsanwaltsrat. Die Vertretung der Staatsanwälte wird durch Staatsanwaltsräte wahrgenommen, die bei jeder Staatsanwaltschaft gebildet werden (§ 88 Abs. 1 Satz 1 LRiStAG). Beim Justizministerium wird ein Hauptstaatsanwaltsrat gebildet (§ 88 Abs. 1 Satz 2 LRiStAG). Die Personalräte bei den Staatsanwaltschaften werden nur von den übrigen Beamten und den Arbeitnehmern gewählt. 42

b) **Berufsgerichte.** Die berufsständischen Gerichte wie Anwaltsgerichte und Gerichte der Kammern für Heilberufe sind zwar funktionell als staatliche Gerichte anzusehen, im Übrigen aber (insb. organisatorisch) **Organe der Kammern.** Die bei diesen Gerichten tätigen Richter und Kammeranwälte üben ihr Amt nur nebenberuflich bzw. nebenamtlich aus. Die Angehörigen der Geschäftsstellen sind Beschäftigte der jeweiligen Kammern und im Gericht nur nebenberuflich/-amtlich beschäftigt. 43

4. Gemeinden und Gemeindeverbände. § 1 nennt ausdrücklich die Gemeinden und Gemeindeverbände, obwohl auch diese Körperschaften des öffentlichen Rechts sind, die der Aufsicht des Landes unterstehen. Gemeinden und Gemeindeverbänden kommt aber besondere Bedeutung zu, weil ihnen das Recht der Selbstverwaltung von Verfassungs wegen verliehen ist (Art. 71 Abs. 1 Satz 1 LV; Art 28 GG). 44

a) **Gemeinden.** Gemäß § 1 Abs. 4 GemO ist die Gemeinde Gebietskörperschaft. Der Bürgermeister ist u. a. Leiter der Gemeindeverwaltung (§§ 42 Abs. 1, 44 Abs. 1 GemO). Dieser obliegt die Erfüllung der Weisungsaufgaben, der laufenden Verwaltung und der Erledigung der durch Gesetz oder vom Gemeinderat übertragenen Aufgaben. 45

Eigenbetriebe. Nach § 102 Abs. 1 GemO darf die Gemeinde wirtschaftliche Unternehmen zur Erfüllung öffentlicher Aufgaben errichten, wenn die dort so- 46 wie im Eigenbetriebsgesetz (EigBG) genannten Voraussetzungen erfüllt sind. Eigenbetriebe mit in der Regel nicht mehr als 50 Beschäftigten gelten aber nicht als Dienststellen (vgl. § 5 Abs. 2).

47 b) **Gemeindeverbände.** Ein Gemeindeverband ist der Zusammenschluss von zwei oder mehr Gemeinden zu einer Körperschaft des öffentlichen Rechts mit dem Zweck, öffentliche Aufgaben im Rahmen der kommunalen Selbstverwaltung wahrzunehmen. Gemeindeverbände können aufgrund freiwilligen Zusammenschlusses entstehen, aber auch als Pflichtverband aufgrund gesetzlicher Bestimmung. Formen der gemeindlichen Zusammenarbeit in nicht rechtsfähiger Form (z. B. vereinbarte Verwaltungsgemeinschaft – § 59 Satz 1, 2. Alt. GemO) stellen keinen Gemeindeverband i. S. d. § 1 dar.

48 **Landkreise.** Landkreise sind vom Staat geschaffene Pflichtverbände, die aus den zum Landkreis gehörenden Gemeindegrundstücken (ggf. auch den gemeindefreien Grundstücken) bestehen (§ 6 Abs. 1 LKrO); sie sind Körperschaften des öffentlichen Rechts (§ 1 Abs. 2 LKrO). Durch das ÄG 2013 wurde der Begriff des Landkreises durch den des Gemeindeverbandes ersetzt. Nach der Begründung des Gesetzentwurfs der Landesregierung soll hierdurch eine „Anpassung an den üblichen Sprachgebrauch in den dienstrechtlichen Gesetzen des Landes“ erfolgen (LT-Drucksache 15/4224, S. 84; vgl. z. B. § 1 LBG). Die Verwaltung des Landkreises erfolgt durch dessen Behörde, das LRA (§ 1 Abs. 3 S. 1 LKrO), das vom Landrat geleitet wird (§ 42 LKrO). Das LRA gilt als einheitliche Dienststelle (§ 5 Abs. 5 S. 2).

49 **Sonstige Gemeindeverbände.** Gemeindeverbände sind nur solche Zusammenschlüsse in der Form der Körperschaft des öffentlichen Rechts, die der Erfüllung von Selbstverwaltungsaufgaben dienen sollen. Neben den Landkreisen sind Gemeindeverbände vor allem die **Gemeindeverwaltungsverbände** nach §§ 59 Satz 1, 1. Alt., 60 ff. GemO. Zweckverbände nach §§ 2 ff. des Gesetzes über kommunale Zusammenarbeit (GKZ) und auch andere Kommunalverbände werden zum Teil wegen ihrer nur begrenzten Aufgaben nicht zu den Gemeindeverbänden im engeren Sinne gerechnet. Personalvertretungsrechtlich ist diese Debatte ohne Bedeutung, weil diese Kommunalverbände durchweg „Körperschaften des öffentlichen Rechts, die der Aufsicht des Landes unterstehen“, sind, weshalb das LPVG auf jeden Fall Anwendung findet. Diese Kommunalverbände werden deshalb unten (vgl. Rn. 51 f.) näher dargestellt.

50 **5. Sonstige juristische Personen des öffentlichen Rechts.** Das LPVG findet nach § 1 auch Anwendung für die Verwaltungen und Betriebe aller sonstigen Körperschaften, Anstalten und Stiftungen des öffentlichen Rechts, die der Aufsicht des Landes unterstehen.

51 a) **Körperschaften.** Körperschaften des öffentlichen Rechts sind mitgliedschaftlich organisierte juristische Personen. Hauptarten sind die **Gebietskörperschaften**, (Anknüpfungspunkt für die Mitgliedschaft ist hier der Wohnsitz bzw. der Sitz der juristischen Person) sowie die **Personal- oder Verbandskörperschaften**, bei denen die Mitgliedschaft durch freiwilligen Beitritt oder gesetzliche Regelung begründet wird.

aa) Kommunalverbände. Körperschaften i. S. v. § 1 sind auch die **Zweckverbände** (vgl. insoweit auch Rn. 49) i. S. d. GKZ (vgl. § 3 GKZ), z. B. der **Badische Gemeindeversicherungsverband** (§ 31 GKZ), die **Feuerlöschverbände** (§ 3 Abs. 4 Satz 1 Feuerwehrgesetz i. V. m. § 30 Abs. 1 GKZ) und die **Planungsverbände** (§ 205 Abs. 6 BauGB i. V. m. § 30 GKZ). § 1 gilt auch für den **Kommunalen Versorgungsverband** Baden-Württemberg (§ 1 Abs. 1 Satz 1 GKV), den Kommunalverband für Jugend und Soziales – **KVJS** (§ 1 Abs. 1 JSVG), die **Nachbarschaftsverbände** (§ 1 Abs. 2 Nachbarschaftsverbandsgesetz), die **Regionalverbände** (vgl. z. B. § 1 Abs. 2 Satz 1 des Gesetzes über die Errichtung des Verbands Region Stuttgart (GVRS)) sowie den **Sparkassenverband** Baden-Württemberg (§ 35 Satz 1 SpG). 52

bb) Wissenschaft und Forschung. Gemäß § 8 Abs. 1 LHG sind die **staatlichen Hochschulen** Körperschaften des öffentlichen Rechts. Zu den staatlichen Hochschulen gehören die in § 1 Abs. 2 Satz 1 LHG aufgeführten Universitäten und das Karlsruher Institut für Technologie (soweit es die Aufgaben einer Universität wahrnimmt). Zu den staatlichen Hochschulen gehören auch die in § 1 Abs. 2 Satz 1 LHG aufgeführten Pädagogischen Hochschulen, die Kunsthochschulen, die Hochschulen für angewandte Wissenschaft, die Duale Hochschule und die nach § 69 LHG errichteten besonderen Hochschulen für den öffentlichen Dienst. 53

KIT. Das Karlsruher Institut für Technologie ist durch § 5 Abs. 1 ausdrücklich als Dienststelle definiert, auch soweit es nicht vom Hochschulbegriff erfasst wird, sondern auch Forschungseinrichtung ist (vgl. insoweit auch § 101). Das KIT ist Körperschaft des öffentlichen Rechts. 54

cc) Kammern. Die Kammern sind Körperschaften des öffentlichen Rechts. Ihre Mitglieder sind die Angehörigen der von ihnen vertretenen Berufe. Die Kammern dienen der Selbstverwaltung der Körperschaft und nehmen die Belange der Kammermitglieder wahr. Sie überwachen die Erfüllung der Berufspflichten der Kammermitglieder und nehmen vielfältige weitere Aufgaben ggf. im Zusammenwirken mit dem Staat wahr. 55

Heilberufe. Nach § 1 des Heilberufe-Kammergesetzes (HeilbKG) werden errichtet: die Landesärztekammer, die Landeszahnärztekammer, die Landestierärztekammer, die Landesapothekerkammer und die Landespsychotherapeutenkammer Baden-Württemberg. Nach § 7 HeilbKG sind diese Kammern Körperschaften des öffentlichen Rechts. Die Kammern unterliegen der Aufsicht des Landes (§ 8 HeilbKG). 56

Sonstige freie Berufe. Für die **Rechtsanwaltskammern** gelten die §§ 60–91 BRAO; die Kammern werden als Körperschaft des öffentlichen Rechts errichtet (§ 62 Abs. 1 BRAO); sie unterliegen der Aufsicht des Landes (§ 62 Abs. 2 Satz 1 BRAO). Gleiches gilt für die **Notarkammern** (§ 66 Abs. 1 Satz 1 BNotO); die Rechtsaufsicht obliegt dem Land (§ 66 Abs. 2 Satz 1 BNotO). Auch die **Steuerberaterkammern** sind Körperschaften des öffentlichen Rechts (§ 73 Abs. 2 Steuerberatungsgesetz), die der Aufsicht des Landes unterliegen (§ 88 Steuerberatungsgesetz). Die Bundessteuerberaterkammer untersteht der 57

Aufsicht des Bundes (§ 88 Abs. 2 Steuerberatungsgesetz). Körperschaften des öffentlichen Rechts sind auch die **Architektenkammer** Baden-Württemberg (§ 10 Abs. 1 Satz 2 Architektengesetz – ArchG) und die **Ingenieurkammer** (§ 1 Ingenieurkammergesetz – IngKG); diese Kammern unterliegen ebenfalls der Landesaufsicht (§ 27 Abs. 1 ArchG und § 11 Abs. 1 Satz 1 IngKG).

58 **Handwerk.** Die Handwerkskammern sind Körperschaften des öffentlichen Rechts (§ 90 Abs. 1 HandwO), die der Aufsicht der obersten Landesbehörde nach § 115 Abs. 1 HandwO unterstehen. Körperschaften des öffentlichen Rechts sind auch die Handwerksinnungen (§ 53 HandwO) und die Kreishandwerkerschaften (§ 89 Abs. 1 Nr. 1 i. V. m. § 53 HandwO).

59 **IHK.** die Industrie- und Handelskammern sind gemäß § 3 Abs. 1 des Gesetzes zur vorläufigen Regelung des Rechts der Industrie- und Handelskammern – IHK-G – Körperschaften des öffentlichen Rechts. Diese können von der Landesregierung durch Rechtsverordnung errichtet werden (§ 1 Abs. 1 des Gesetzes über die Industrie- und Handelskammern in Baden-Württemberg – IHKG-BW) und unterliegen der Aufsicht des Landes (§ 2 Abs. 1 IHKG-BW).

60 **dd) Soziale Versicherungsträger.** Gemäß § 1 Abs. 1 Satz 1 SGB-IV gelten für die gesetzliche Kranken-, Unfall- und Rentenversicherung einschließlich der Alterssicherung der Landwirte sowie die soziale Pflegeversicherung – vorbehaltlich spezialgesetzlicher Regelungen – die Vorschriften des SGB-IV. Nach § 29 Abs. 1 SGB-IV sind die Sozialversicherungsträger durchweg Körperschaften des öffentlichen Rechts.

61 **Aufsicht des Landes.** Das LPVG findet nur Anwendung, wenn der Träger der Sozialversicherung der Aufsicht des Landes unterliegt. Dies ist zum einen der Fall, wenn sich der **Zuständigkeitsbereich** des Sozialversicherungsträgers auf das Gebiet des **Landes Baden-Württemberg** beschränkt (§ 90 Abs. 2 SGB-IV). Zum anderen kommt die Landesaufsicht in Betracht, wenn die Voraussetzungen des § 90 Abs. 3 SGB-IV vorliegen, sich also der Sitz des Sozialversicherungsträgers im Land Baden-Württemberg befindet (vgl. insoweit auch Rn. 24). Da sich die Organisationsstruktur von Sozialversicherungsträgern jederzeit ändern kann und auch oft ändert, kann dies jeweils auch Auswirkungen auf die Aufsicht und damit die Anwendbarkeit des LPVG haben.

62 **Rentenversicherung/Unfallversicherung.** Die Träger der Rentenversicherung und der Unfallversicherung unterliegen der Bundesaufsicht, weshalb das BPersVG zur Anwendung kommt.

63 **Ortskrankenkassen.** Der Zuständigkeitsbereich, auf den § 90 SGB-IV abstellt, wird bei den Ortskrankenkassen durch die Region, für die sie bestehen, festgelegt (§ 90a Abs. 1 Nr. 1 i. V. m. § 143 SGB-V). Die Landesregierung kann die Abgrenzung der Regionen durch Rechtsverordnung regeln (§ 143 Abs. 2 Satz 1 SGB-V). Durch Staatsvertrag können Länder die Erstreckung der Region auf mehrere Bundesländer vereinbaren (§ 143 SGB-V); gleiches sieht § 144 Abs. 1 SGB-V durch freiwillige Vereinbarung von Ortskrankenkassen vor. Aktuell gilt für die Ortskrankenkassen in Baden-Württemberg aber durchweg das LPVG.

Sonstige Krankenkassen. § 4 Abs. 2 SGB-V nennt neben den Allgemeinen Ortskrankenkassen noch weitere Krankenkassen. Die **landwirtschaftliche Krankenkasse** (§ 166 SGB-V), die **Deutsche Rentenversicherung Knappschaft-Bahn-See** (§ 167 SGB-V) und die **Ersatzkassen** (§§ 168–171 SGB-V) unterliegen der Bundesaufsicht, weshalb das BPersVG zur Anwendung kommt. Die **Betriebskrankenkassen** (§§ 147 – 156 SGB-V) und **Innungskrankenkassen** (§§ 157–164 SGB-V) können der Bundesaufsicht oder der Landesaufsicht unterliegen, weshalb im Einzelfall das LPVG zur Anwendung kommen kann. 64

Pflegeversicherung. Die Träger der Pflegeversicherung sind die Pflegekassen (§ 46 Abs. 1 Satz 1 SGB-XI); diese sind Körperschaften des öffentlichen Rechts (§ 46 Abs. 2 Satz 1 SGB-XI). Die Pflegekassen werden jeweils bei den Krankenkassen errichtet (§ 46 Abs. 1 Satz 2 SGB-XI i. V. m. § 4 Abs. 2 SGB-V) und teilen hinsichtlich der Aufsicht und damit des anwendbaren Personalvertretungsrechts das Schicksal der zugehörigen Krankenkasse. 65

Kassenärztliche Vereinigung. Die Vertragsärzte der Krankenkassen bilden für den Bereich jeden Landes eine kassenärztliche und eine kassenzahnärztliche Vereinigung (§§ 77 ff. SGB-V). Diese sind Körperschaften des öffentlichen Rechts (§ 77 Abs. 5 SGB-V). Die Aufsicht führen die Länder (§ 78 Abs. 1 SGB-V), weshalb für Baden-Württemberg das LPVG zur Anwendung kommt. Ist für den Bereich mehrerer Länder eine gemeinsame Kassenärztliche Vereinigung gebildet worden, führt die Aufsicht die oberste Verwaltungsbehörde des Landes, in dem die Vereinigung ihren Sitz hat (§ 78 Abs. 2 Satz 1 SGB-V). Die Aufsicht über die Kassenärztlichen Bundesvereinigungen führt der Bund (§ 78 Abs. 1 SGB-V). 66

Medizinischer Dienst. Die Arbeitsgemeinschaft Medizinischer Dienst der Krankenversicherung Baden-Württemberg ist eine Körperschaft des öffentlichen Rechts (§ 278 Abs. 1 Satz 2 SGB-V), die nach § 281 Abs. 3 Satz 1 SGB-V der Aufsicht des Landes unterliegt, in dem sie ihren Sitz hat. 67

Bundesagentur für Arbeit. Die BfA ist eine rechtsfähige bundesunmittelbare Körperschaft des öffentlichen Rechts (§ 367 Abs. 1 SGB-III), über die das Bundesministerium für Arbeit und Soziales die Aufsicht führt (§ 393 Abs. 1 Satz 1 SGB-III), weshalb das BPersVG zur Anwendung gelangt. 68

Jobcenter. Träger der Grundsicherung für Arbeitssuchende sind die BfA und die kreisfreien Städte und Landkreise (§ 6 Abs. 1 Satz 1 SGB-II). Für die Beschäftigten des Jobcenters gilt nach § 44h Abs. 1 SGB-II das BPersVG. Die von den Landkreisen zugewiesen Beschäftigten sind aber auch Beschäftigte i. S. v. § 4 Abs. 1 Satz 2, weshalb insoweit das LPVG zur Anwendung gelangt (vgl. oben Rn. 15). 69

Zugelassener kommunaler Träger. Die Aufgaben der Grundsicherung für Arbeitssuchende können auch durch einen zugelassenen kommunalen Träger erbracht werden (§ 6a SGB-II). Der kommunale Träger handelt (teilweise) anstelle der BfA (§ 6b Abs. 1 Satz 1 SGB-II) und übernimmt insoweit die Rechte und Pflichten der BfA (§ 6b Abs. 1 Satz 2 SGB-II). Die Verwaltungseinheit, die 70 tätig wird, heißt zwar auch „**Jobcenter**" (§ 6d SGB-II); der kommunale Träger erfüllt die Aufgaben aber mit den eigenen Beschäftigten. Die **Aufsicht** führt in diesem Fall das Land (§ 48 Abs. 1 SGB-II), weshalb das LPVG zur Anwendung kommt.

71 b) **Anstalten des öffentlichen Rechts.** Anstalten sind von einem Träger öffentlicher Verwaltung errichtete Organisationen zur Erfüllung bestimmter Verwaltungsaufgaben, die nicht mitgliedschaftlich, sondern aufgabenbezogen organisiert sind. In § 1 sind nur **rechtsfähige Anstalten** angesprochen, die durch Gesetz als juristische Person des öffentlichen Rechts geschaffen oder zugelassen sind.

72 **Sparkassen/Landesbanken.** Zu den rechtsfähigen Anstalten gehören insb. die von den Gemeinden, Landkreisen, Zweckverbänden oder dem Sparkassenverband errichteten Sparkassen (§ 1 des Sparkassengesetzes für Baden-Württemberg – SpG) und die Landesbausparkasse Baden-Württemberg (§ 40 Abs. 1 SpG). Gleiches gilt für die Landesbank Baden-Württemberg (§ 1 Abs. 1 Satz 1 LBWG) und die Landeskreditbank (§ 1 Abs. 2 Satz 1 des Gesetzes über die Landeskreditbank Baden-Württemberg – LKBG). Diese unterstehen der Aufsicht des Landes (§ 48 Abs. 1 SpG; § 18 Abs. 1 Satz 1 LBWG; § 12 Abs. 1 Satz 1 LKBG).

73 **Universitätsklinika/Zentren für Psychiatrie.** Anstalten i. S. v. § 1 sind auch die in § 1 Abs. 1 Satz 1 Universitätsklinika-Gesetz (UKG) aufgeführten Universitätsklinika und die in § 1 Abs. 1 des Gesetzes zur Errichtung der Zentren für Psychiatrie vom 3.7.1995 (GBl S. 510) genannten Zentren für Psychiatrie.

74 **Studentenwerk.** Gemäß § 1 Abs. 1 StWG sind diese rechtsfähigen Anstalten des öffentlichen Rechts. Die Aufsicht führt gemäß § 13 Abs. 1 Satz 1 StWG das Land (Wissenschaftsministerium).

75 **Kommunalanstalten.** Die Gemeinden können gemäß § 102a Abs. 1 GemO selbständige Kommunalanstalten in der Rechtsform einer rechtsfähigen Anstalt des öffentlichen Rechts errichten oder bestehende Eigenbetriebe oder Kapitalgesellschaften in eine solche Anstalt umwandeln (vgl. insoweit auch § 102c GemO). Die **Aufsicht** führt das Land (§ 102d Abs. 5 GemO). Gemäß § 24a GKZ können Gemeinden und Landkreise eine **gemeinsame selbständige Kommunalanstalt** in der Rechtsform einer rechtsfähigen Anstalt des öffentlichen Rechts errichten; die Umwandlung einer Kapitalgesellschaft in eine solche Anstalt ist nach Maßgabe von § 24a Abs. 3 GKZ möglich. Die **Aufsicht** obliegt dem Land (§ 28 Abs. 1 Satz 1 GKZ).

76 c) **Stiftungen des öffentlichen Rechts.** Stiftungen i. S. v. § 1 sind rechtsfähige juristische Personen des öffentlichen Rechts zur Verwaltung und Verwertung eines Vermögensbestandes für einen vom Stifter bestimmten Zweck. Stiftungen in diesem Sinne dienen der Erfüllung einer öffentlichen Aufgabe. Beispiele sind das deutsche Krebsforschungszentrum in Heidelberg (DKFZ) sowie das Landesmuseum für Technik und Arbeit in Mannheim.

d) **Aufsicht.** Anwendung findet das LPVG auf die juristische Person des öffentlichen Rechts nur, wenn und soweit diese der Aufsicht des Landes unterliegt. Führt der Bund oder ein anderes Bundesland die Aufsicht, findet das BPersVG bzw. das andere Landespersonalvertretungsgesetz Anwendung. Wer konkret die Aufsicht über eine juristische Person des öffentlichen Rechts ausübt, wird durch Gesetz, insb. durch das LVG, bestimmt. Über öffentlich-rechtliche Körperschaften und Anstalten, die sich über mehrere Regierungsbezirke erstrecken, üben die Ministerien im Rahmen ihres Geschäftsbereichs die Aufsicht aus (§ 8 Abs. 3 Satz 2 LVG). 77

Rechtsaufsicht/Fachaufsicht. Die Aufsicht durch das Land (Staatsaufsicht) i. S. d. § 1 bedeutet Fachaufsicht oder Rechtsaufsicht. Gegenstand der Aufsicht ist in beiden Fällen die inhaltliche Richtigkeit des Verwaltungshandelns. Bei der mittelbaren Staatsverwaltung durch Selbstverwaltungskörperschaften (Weisungsangelegenheiten) unterliegen diese der Fachaufsicht. Entscheiden die Körperschaften, Anstalten und Stiftungen i. S. v. § 1 in weisungsfreien Selbstverwaltungsangelegenheiten, ist das Land auf die Rechtmäßigkeitskontrolle des Handelns der Selbstverwaltungskörperschaft (Rechtsaufsicht) beschränkt ist. Insoweit ist die staatliche Aufsicht das Korrelat der durch GG oder Gesetz eingeräumten Selbstverwaltung (vgl. hierzu: BVerfG, 21.6.1988 – 2 BvR 602/83 – BVerfGE 78, 331). 78

§ 2 Aufgaben der Dienststelle, der Personalvertretung, der Gewerkschaften und der Arbeitgebervereinigungen

(1) Dienststelle und Personalvertretung arbeiten unter Beachtung der Gesetze und Tarifverträge partnerschaftlich, vertrauensvoll und im Zusammenwirken mit den in der Dienststelle vertretenen Gewerkschaften und Arbeitgebervereinigungen zum Wohle der Beschäftigten und zur Erfüllung der der Dienststelle obliegenden Aufgaben zusammen.

(2) Zur Wahrnehmung der in diesem Gesetz genannten Aufgaben und Befugnisse der in der Dienststelle vertretenen Gewerkschaften ist deren Beauftragten nach Unterrichtung der Dienststelle Zugang zu der Dienststelle zu gewähren, soweit dem nicht unumgängliche Notwendigkeiten des Dienstablaufs, zwingende Sicherheitsvorschriften oder der Schutz von Dienstgeheimnissen entgegenstehen.

(3) Die Aufgaben der Gewerkschaften und der Vereinigungen der Arbeitgeber, insbesondere die Wahrnehmung der Interessen ihrer Mitglieder, werden durch dieses Gesetz nicht berührt.

I. Partnerschaftliche und vertrauensvolle Zusammenarbeit (Abs. 1)

1. Dienststelle und Personalvertretung. Nach § 2 Abs. 1 arbeiten Dienststelle und Personalvertretung partnerschaftlich und vertrauensvoll zusammen. Zum **Begriff** der **Dienststelle** vgl. die Komm. zu § 5. Ausschlaggebend ist, dass die jeweilige organisatorische Einheit der öffentlichen Verwaltung verselbstständigt ist und dem Leiter dieser Einrichtung die Regelungskompetenz im perso- 1 nellen und sachlichen Bereich zukommt. § 2 Abs. 1 spricht zwar von Dienststelle; gemeint ist hier aber der **Dienststellenleiter**, der für die Dienststelle handelt. Er ist der Ansprechpartner der Personalvertretung, an die sich die Verhaltenspflichten des § 2 Abs. 1 ebenfalls richten. Zum **Begriff** der **Personalvertretung** vgl. die Komm. zu § 1.

2 **2. Grundsatz.** Nach § 2 Abs. 1 arbeiten Dienststelle und Personalvertretung partnerschaftlich und vertrauensvoll im Zusammenwirken mit den Gewerkschaften und Arbeitgebervereinigungen zum Wohle der Beschäftigten und der Erfüllung der Aufgaben der Dienststelle zusammen.

3 **a) Bedeutung und Inhalt.** § 2 Abs. 1 prägt als **Generalklausel** das gesamte Verhältnis zwischen Personalvertretung und Dienststelle, dass durch gegenseitige Offenheit, Zuverlässigkeit und Kontinuität gekennzeichnet sein soll. Das Gebot der vertrauensvollen Zusammenarbeit von Dienststelle und Personalvertretung ist einer der wichtigsten Grundsätze des Personalvertretungsrechts (vgl. BVerwG, 8.8.2012 – 6 PB 8.12 – PersR 2012, 461 = PersV 2012, 472). Dieses allg. Prinzip ist in den weiteren Bestimmungen des LPVG näher konkretisiert, z. B. in den §§ 68 bis 71. Es stellt für die Beteiligten Verhaltensgebote auf und bildet den Auslegungsmaßstab für das gesamte Personalvertretungsrecht.

4 **Verhaltensgebot.** § 2 Abs. 1 ist nicht nur ein Programmsatz oder eine allg. Richtlinie, sondern unmittelbar geltendes zwingendes Recht (Richardi/Dörner/Weber § 2 Rn. 4 ff.; Ilbertz-Widmaier § 2 Rn. 2). Es verpflichtet die Beteiligten, möglichst **einvernehmliche Lösungen** zu finden (vgl. BVerwG, 8.8.2012 – 6 PB 8.12 – PersR 2012, 461 = PersV 2012, 472). Die gesamte Zusammenarbeit zwischen Personalvertretung und der Dienststelle muss deshalb vom ernsten Willen zur Einigung getragen sein. So dürfen bspw. außenstehende Stellen erst angerufen werden, wenn eine Einigung in der Dienststelle nicht erreicht worden ist (vgl. § 68 Abs. 3).

5 **Auslegungsmaßstab.** Das Gebot der vertrauensvollen Zusammenarbeit ist bei der Auslegung der im LPVG geregelten Rechte und Pflichten heranzuziehen. Besondere Bedeutung kommt diesem Grundsatz bspw. bei Zeitpunkt und Umfang der Information des PR durch den Dienststellenleiter zu. Dem PR muss durch die äußere Gestaltung des Verfahrens ausreichend Gelegenheit zur Sachbehandlung, Beratung und Beschlussfassung eingeräumt werden. Gleiches gilt für die Ausübung von Beteiligungsrechten durch den PR, die auf dienstliche Erfordernisse, z. B. besondere Eilbedürftigkeit einer Maßnahme, Rücksicht zu nehmen hat.

6 **Keine einseitige Interessenvertretung.** Die Zusammenarbeit soll zur Erfüllung der dienstlichen Aufgaben *und* zum Wohle der Beschäftigten geschehen; sowohl die Dienststelle als auch die Personalvertretung sind beiden Zielen verpflichtet. Dies verlangt ein gegenseitiges vertrauensvolles Zusammenwirken und verbietet eine einseitige Interessenvertretung durch Dienststelle oder PR im Rahmen des Zusammenwirkens (vgl. BVerwG, 8.8.2012 – 6 PB 8.12 – PersR 2012, 461 = PersV 2012, 472). Dienststelle und Personalvertretung müs-

sen sowohl das Wohl der Beschäftigten als auch die Aufgabenerfüllung im Blick haben.

Keine Anspruchsgrundlage. Rechte und Pflichten sowie die Aufgaben der Personalvertretung sind abschließend im LPVG geregelt. § 2 Abs. 1 regelt ausschließlich die **Art und Weise** der Zusammenarbeit bei der Wahrnehmung dieser Befugnisse (vgl. BVerwG, 11.2 1981 – 6 P 44.79 – PersV 1981, 320). Aus dem Gebot der vertrauensvollen Zusammenarbeit kann die Personalvertretung keine zusätzlichen Rechte oder Zuständigkeiten ableiten. 7

b) Verstöße gegen die Pflicht zur vertrauensvollen Zusammenarbeit. Ob eine Verletzung der Pflicht zur vertrauensvollen Zusammenarbeit vorliegt und ggf. welche Konsequenzen aus etwaigen Pflichtverletzungen zu ziehen sind, hängt von den Umständen des Einzelfalls ab. Hierbei sind einerseits die Bedeutung eines etwaigen Pflichtenverstoßes und das Maß des Verschuldens, andererseits das Vorliegen berechtigter Interessen zu würdigen. 8

Verlassen des Arbeitsplatzes. Die Mitglieder des PR dürfen (und müssen) an den PR-Sitzungen teilnehmen und dürfen aus diesem Grund ihren Arbeitsplatz verlassen. Dies kann auch zur Wahrnehmung anderer Aufgaben (vgl. z. B. §§ 40, 71 Abs. 6) erforderlich sein. Einer Genehmigung bedürfen sie insoweit nicht. Sie müssen sich allerdings abmelden, damit für Erreichbarkeit bzw. ausreichende Vertretung gesorgt werden kann. Verlässt ein PR-Mitglied ohne vorherige Unterrichtung des Dienstvorgesetzten seinen Arbeitsplatz zur Ausübung von PR-Tätigkeiten, handelt er pflichtwidrig (BVerwG, 9.3.1990 – 6 P 15.88 – PersV 1990, 315). 9

Gewerkschaftliche Betätigung. PR-Mitglieder können sich auch in der Dienststelle gewerkschaftlich betätigen. Sie haben dabei aber § 69 zu beachten. Hiernach darf die **Objektivität und Neutralität** der Amtsführung nicht beeinträchtigt werden (§ 69 Abs. 1 Satz 2); vgl. insoweit z. B.: BVerwG, 22.3.1991 – 6 P 10/90 – PersR 1991, 417 = PersV 1992, 158 – unzulässige Verwendung des Briefkopfes des PR für gewerkschaftlichen Werbebrief. 10

Parteipolitische Betätigung. Eine parteipolitische Betätigung in der Dienststelle ist nach § 69 Abs. 1 Satz 3 – mit Ausnahme der Behandlung von Tarif-, Besoldungs- und Sozialangelegenheiten – durchweg unzulässig. Zuwiderhandlungen verletzen den Grundsatz der vertrauensvollen Zusammenarbeit. 11

Verschwiegenheitspflicht. Von besonderer Bedeutung für die vertrauensvolle Zusammenarbeit ist die Verschwiegenheitspflicht (§ 7 Abs. 1). Verletzungen der Verschwiegenheitspflicht durch PR-Mitglieder oder den Dienststellenleiter kommt in aller Regel besondere Bedeutung zu; vgl. insoweit die Komm. zu § 7. 12

Anrufung außenstehender Stellen. Nach § 68 Abs. 3 dürfen außenstehende Stellen erst angerufen werden, wenn in der Dienststelle keine Einigung erzielt worden ist. Verstöße hiergegen stellen zugleich eine Verletzung von § 2 Abs. 1 dar. 13

14 **Beratung.** Keine Anrufung außenstehender Stellen stellt die rechtliche Beratung durch einen **Rechtsanwalt,** durch **Gewerkschaften** oder durch **Arbeitgebervereinigungen** sowie die Einholung von Auskünften beim **Landesdatenschutzbeauftragten** dar (wegen der Einzelheiten vgl. die Komm. zu § 68 Abs. 3).

15 **Aufsichtsbehörden.** In der Regel darf sich der PR an Aufsichtsbehörden (zum Bereich des Arbeitsschutzes vgl. Rn. 16) erst wenden, wenn mit dem Dienststellenleiter keine Einigung erzielt werden konnte.

16 **Arbeitsschutz.** Der PR kann ohne Weiteres und ohne Verstoß gegen § 2 Abs. 1 mit allen für den Arbeitsschutz zuständigen Stellen zusammenarbeiten. Das LPVG macht den Arbeitsschutz nicht nur allgemein zur Aufgabe des PR (§ 70 Abs. 1 Nr. 2 und 3), sondern regelt spezielle Pflichten zur Information und Zusammenarbeit (§§ 70 Abs. 1 Nr. 3, 71 Abs. 7), die einen ständigen und intensiven Austausch zwischen PR und den zuständigen Stellen erfordern und erlauben; insb. auch mit der Fachkraft für Arbeitssicherheit, dem Betriebsarzt und dem Sicherheitsbeauftragten nach § 22 SGB-VII (§ 16 Abs. 2 ArbSchG).

17 **Whistleblowing.** Die öffentliche Anprangerung von Missständen durch den PR ist erst zulässig, wenn eine interne Klärung mit dem Dienststellenleiter gescheitert ist und auch andere Maßnahmen (z. B. Dienstaufsichtsbeschwerde, Einschaltung von Aufsichtsbehörden, Beschlussverfahren) nicht zumutbar sind oder erfolglos bleiben. Dies gilt insb. für die Einschaltung der **Presse** oder sonstiger (sozialer) **Medien.** Leichtfertige, nicht gerechtfertigte Beschuldigungen verletzen die Pflicht zur vertrauensvollen Zusammenarbeit.

18 **Strafanzeige.** Die Erstattung einer Strafanzeige ist grundsätzlich staatsbürgerliches Recht, setzt aber i. d. R. zuvor den Versuch einer Erörterung und Klärung in der Dienststelle voraus. Eine leichtfertige, unbegründete Strafanzeige stellt eine schwerwiegende Pflichtverletzung und zugleich eine Verletzung von § 2 Abs. 1 dar.

19 **Meinungsäußerung.** PR-Mitglieder können sich auf die Meinungsfreiheit (Art. 5 Abs. 1 Satz 1 GG) berufen. Bei Ausübung ihres Amtes haben PR-Mitglieder wegen § 2 Abs. 1 aber Zurückhaltung zu üben; insb. sind ihnen **beleidigende Äußerungen** über den Dienststellenleiter oder andere Beschäftigte untersagt (BVerwG, 22.8.1991 – 6 P 10/90 – PersR 1991, 417 = PersV 1992, 158).

20 **Flugblatt.** Greift der PR den Dienststellenleiter in einem in der Dienststelle verteilten Flugblatt an und fordert ihn versteckt zum Rücktritt auf, kann dies § 2 Abs. 1 verletzen (vgl. z. B.: BVerwG, 27.11.1981 – 6 P 38.79 – PersV 1983, 408).

21 **Unterschriftenaktion.** Ob eine in der Dienststelle durchgeführte Unterschriftenaktion des PR gegen den Grundsatz der vertrauensvollen Zusammenarbeit verstößt, kann nicht abstrakt beantwortet werden. Es kommt auf die Umstände des Einzelfalls an. Aus § 2 Abs. 1 ist aber abzuleiten, dass der Dienststellenleiter über eine solche Aktion zu unterrichten ist (VGH Mannheim, 8.9.1992 – PL 15 S 130/92 – PersV 1995, 122).

Presse, Medien. Mitteilungen an die Presse oder sonstige Medien durch den PR sind nur ausnahmsweise (z. B. als Gegenäußerung) zulässig. Dabei darf die Verschwiegenheitspflicht nicht verletzt werden. 22

Beschäftigtenbefragung. Eine Verletzung der vertrauensvollen Zusammenarbeit soll vorliegen, wenn der PR eine **Fragebogenaktion** durchführt, mit der die Erforderlichkeit von Maßnahmen zur Verbesserung des Gesundheitsschutzes am Arbeitsplatz ermittelt werden soll, wenn die Dienststelle ihrerseits eine Gefährdungsanalyse gemäß § 5 Abs. 1 ArbSchG vorbereitet (vgl. BVerwG, 8.8.2012 – 6 PB 8.12 – PersR 2012, 461 = PersV 2012, 472 – zweifelhaft). Auch hier kommt es entscheidend auf die Umstände des Einzelfalls an. 23

3. Verstöße gegen die Pflicht zur vertrauensvollen Zusammenarbeit. Die Verletzung der Pflicht zur vertrauensvollen Zusammenarbeit kann sowohl für die Mitglieder der Personalvertretung als auch für die Dienststelle strafrechtliche, dienst- bzw. arbeitsrechtliche sowie personalvertretungsrechtliche Folgen haben. Verletzungshandlungen, die sich auf personalvertretungsrechtliche Pflichten beschränken, rechtfertigen keine dienst- bzw. arbeitsrechtlichen Sanktionen. 24

a) **Strafrechtliche Folgen.** Eine Bestrafung kommt nur in Betracht, wenn die Verletzung der Verpflichtung zur vertrauensvollen Zusammenarbeit zugleich einen strafrechtlichen Tatbestand verwirklicht (z. B. Urkundenfälschung oder Beleidigung), was kaum praktische Relevanz hat. Problematisch kann allerdings eine Verletzung der Verschwiegenheitspflicht sein, die zugleich einen Verstoß gegen die Pflicht zur vertrauensvollen Zusammenarbeit darstellt. Wegen der strafrechtlichen Behandlung der Verletzung von **Privatgeheimnissen** und **Dienstgeheimnissen** vgl. die Komm. zu § 7 Rn. 80 ff. 25

b) **Kollektivrechtliche Folgen.** Das LPVG sieht bei groben Verletzungen der Pflicht zur vertrauensvollen Zusammenarbeit die Möglichkeit eines **Ausschlusses** aus dem PR bzw. die **Auflösung** des PR vor (§ 24 Abs. 1). Ob und ggf. welche Konsequenzen aus Pflichtverletzungen zu ziehen sind, hängt von den Umständen des Einzelfalls ab. Hierbei sind auch das Maß des Verschuldens und das Vorliegen berechtigter Interessen zu würdigen; vgl. die Komm. zu § 24 sowie § 7 Rn. 83 ff. **Grobe Beschimpfungen** oder Verunglimpfungen können den Ausschluss eines PR-Mitglieds aus dem PR rechtfertigen (BVerwG, 22.8.1991 – 6 P 10/90 – PersR 1991, 417 = PersV 1992, 158). 26

Beschlussverfahren. Ist streitig, ob die Pflicht zur vertrauensvollen Zusammenarbeit verletzt worden ist, kann dies ggf. in einem personalvertretungsrechtlichen Beschlussverfahren geklärt werden. Antragsbefugt sind diejenigen, die eine Pflichtverletzung geltend machen sowie diejenigen, denen die Verletzung vorgehalten wird. 27

Feststellungsinteresse. Es besteht i. d. R. kein geschütztes Interesse an der gerichtlichen Feststellung, dass ein Beteiligter durch ein in der **Vergangenheit** liegendes, **abgeschlossenes** und **nicht rückgängig** zu machendes Verhalten eine Pflichtverletzung begangen habe. Ein Feststellungsinteresse an der – abstrakten 28

– Klärung einer solchen personalvertretungsrechtlichen Frage besteht nur dann, wenn sich diese Frage zwischen **denselben Verfahrensbeteiligten** auch künftig mit einiger Wahrscheinlichkeit **erneut** stellen wird (BVerwG, 12.11.2002 – 6 P 2/02 – PersR 2003, 152 = PersV 2003, 189).

29 **Kein Rehabilitierungsinteresse.** Den Beteiligten kommen im personalvertretungsrechtlichen Beschlussverfahren keine subjektiven Rechte i. S. v. Art. 19 Abs. 4 GG zu. Von daher können **Rehabilitierungsinteressen** oder **ideelle Interessen** von Beteiligten ein Feststellungsinteresse nicht begründen (BVerwG, 12.11.2002 – 6 P 2/02 – PersR 2003, 152 = PersV 2003, 189). Etwaiges Fehlverhalten auf PR-Seite kann dann ausschließlich nach den Vorschriften des LPVG sanktioniert werden (s. o.); bei Pflichtverletzungen des Dienststellenleiters ist ggf. die Möglichkeit der Dienstaufsichtsbeschwerde eröffnet.

30 **c) Folgen für das Beschäftigungsverhältnis.** Verstöße gegen die Pflicht zur vertrauensvollen Zusammenarbeit rechtfertigen in aller Regel nicht beamtenrechtliche oder arbeitsrechtliche Sanktionen. Solche kommen nur dann in Betracht, wenn das Verhalten zugleich eine **Dienstpflichtverletzung** bzw. eine **Verletzung arbeitsvertraglicher Pflichten** darstellt (vgl. BVerwG, 23.2.1994, – 1 D 65/91 – PersR 1994, 515 = PersV 1995, 14; Richardi/Dörner/Weber § 10 Rn. 37 m. w. N.); vgl. hierzu auch § 7 Rn. 87 ff. Liegt ausschließlich eine Verletzung von § 2 Abs. 1 vor, stehen dem Dienststellenleiter nur die im LPVG abschließend geregelten Befugnisse zu.

31 **4. Pflichtverletzung durch den Dienststellenleiter.** Verletzt der Dienststellenleiter die Pflicht zur vertrauensvollen Zusammenarbeit, ist die Möglichkeit einer **Dienstaufsichtsbeschwerde** gegeben, wenn sich der Konflikt nicht einvernehmlich lösen lässt. Bei schwerwiegenden Verstößen kann dies u. U. zu Disziplinarmaßnahmen gegen den Dienststellenleiter führen (BVerwG, 23.5.1986 – 6 P 23.83 – PersR 1986, 233 = PersV 1987, 196).

32 **Beschlussverfahren.** Ist der PR der Auffassung, dass der Dienststellenleiter gegen § 2 Abs. 1 verstoßen hat und lassen sich die Differenzen nicht einvernehmlich ausräumen, kann ggf. eine Klärung im personalvertretungsrechtlichen Beschlussverfahren erfolgen. Hinsichtlich des notwendigen Feststellungsinteresses vgl. Rn. 27 ff.

33 **5. Partnerschaftliche Zusammenarbeit.** Durch das ÄG 2013 wurde in das Gesetz ausdrücklich aufgenommen, dass die Zusammenarbeit zwischen Personalvertretung und Dienststellenleiter „partnerschaftlich“ zu erfolgen hat. Der Regelung kommt nur klarstellende Bedeutung zu, weil dieser Aspekt seit jeher prägender Aspekt des Gebots der vertrauensvollen Zusammenarbeit war (vgl. LT-Drucksache 15/4224, S. 84).

34 **Bedeutung.** Der Grundsatz der partnerschaftlichen Zusammenarbeit bedeutet, dass Personalvertretung und Dienststellenleiter ihre unterschiedlichen Funktionen gleichrangig – „auf Augenhöhe“ – wahrzunehmen haben. So ist i. d. R. der Dienststellenleiter gehalten, selbst an den Vierteljahresgesprächen (§ 68 Abs. 1 Satz 1) teilzunehmen (VGH Mannheim, 8.5.2013 – PL 15 S 2845/11 – PersV 2013, 341).

Der Dienststellenleiter ist nicht der „Chef“ der Personalvertretung; Befugnisse stehen ihm nur im Rahmen des LPVG zu. So muss der PR Aushänge oder Mitteilungen an die Beschäftigten nicht vom Dienststellenleiter genehmigen lassen (BVerwG, 27.10.2009 – 6 P 11/08 – PersR 2010, 74 = PersV 2010, 187), sondern kann insoweit allein entscheiden.

Verbot einseitiger Maßnahmen. Einseitige Maßnahmen sind, wenn sie das LPVG nicht ausdrücklich erlaubt, verboten. So ist der Dienststellenleiter bspw. nicht befugt, eine inhaltliche Kontrolle der Tätigkeit der Personalvertretung vorzunehmen (vgl. BVerwG, 27.10.2009 – 6 P 11/08 – PersR 2010, 74 = PersV 2010, 187 – unzulässige Inhaltskontrolle von E-Mails des PR; LAG Hamm, 12.3.2004 – 10 TaBV 161/03 – juris – unzulässige Inhaltskontrolle von Veröffentlichungen im betriebsinternen Intranet). Der PR muss auch nicht hinnehmen, dass der Dienststellenleiter Aushänge des PR vom „schwarzen Brett“ entfernt. Etwaige Konflikte müssen im Dialog, kooperativ einer Lösung zugeführt werden. Scheitert eine solche kooperative Konfliktlösung, steht beiden Seiten das personalvertretungsrechtliche Beschlussverfahren zur Verfügung (BVerwG, 27.10.2009 – 6 P 11/08 – PersR 2010, 74 = PersV 2010, 187). 35

6. Beachtung der Gesetze und Tarifverträge. Dienststellenleiter und Personalvertretung haben sich bei ihrer Zusammenarbeit naturgemäß an die einschlägigen **Gesetze** zu halten. Beteiligungsfähige Maßnahmen kann der Dienststellenleiter nur im Rahmen der gesetzlichen Vorgaben treffen und nur soweit ihm das Gesetz Handlungs- und Entscheidungsspielraum eröffnet. Gesetze in diesem Sinne sind alle Rechtsnormen im materiellen Sinn (also auch Verordnungen und Satzungen sowie haushaltsrechtliche Vorschriften). 36

Verwaltungsvorschriften. Bindend sind auch die einschlägigen Verwaltungs- und Dienstvorschriften und Organisationsanordnungen (vgl. Richardi/Dörner/Weber § 2 Rn. 24). Hierbei handelt es zwar nicht um Gesetze im materiellen Sinne; Dienststellenleiter und Personalvertretung sind aber gleichermaßen auch an sie gebunden. 37

Tarifvertrag. Die Regelungen von Tarifverträgen beschränken sich auf die im öffentlichen Dienst beschäftigten Arbeitnehmer, weil die Rechtsverhältnisse der Beamten ausschließlich durch Gesetz geregelt sind. Tarifverträge sind mit Normenwirkung ausgestattete schriftliche zivilrechtliche Verträge zwischen Gewerkschaften und Arbeitgebern bzw. Arbeitgebervereinigungen, deren Zustandekommen sich nach den Bestimmungen des BGB und des TVG richtet. Sie enthalten einen schuldrechtlichen Teil, der sich an die vertragsschließenden Tarifvertragsparteien richtet sowie einen normativen Teil, der Rechtsnormen über den Abschluss, den Inhalt und die Beendigung von Arbeitsverhältnissen sowie über betriebliche und betriebsverfassungsrechtliche Fragen und über gemeinsame Einrichtungen (§ 4 Abs. 2 TVG) enthalten kann. 38

Geltung des Tarifvertrags. Die Bindung tritt ein, wenn die Dienststelle in den räumlichen, sachlichen und zeitlichen Geltungsbereich des Tarifvertrags fällt. Voraussetzung ist die beidseitige Tarifgebundenheit. Im Bereich des öffentli- 39 chen Dienstes ist dies durch die ausdrückliche Bezugnahme in den Arbeitsverträgen gewährleistet.

40 **7. Zusammenwirken mit Gewerkschaften und Arbeitgebervereinigungen.** § 2 Abs. 1 schafft keine Befugnisse für Gewerkschaften und Arbeitgebervereinigungen, sondern setzt deren Befugnisse für das von der Norm verlangte Zusammenwirken voraus. Die aus der Koalitionsfreiheit (Art. 9 Abs. 3 GG) folgenden Rechte von Gewerkschaften und Arbeitgebervereinigungen bleiben nach § 2 Abs. 3 unberührt.

41 **a) Gewerkschaft.** § 2 definiert keinen eigenständigen Gewerkschaftsbegriff, sondern setzt diesen voraus. Nach den von den Arbeitsgerichten entwickelten Kriterien müssen tariffähige Gewerkschaften frei gebildet, gegnerfrei, auf überbetrieblicher Grundlage organisiert und unabhängig sein sowie das geltende Tarifrecht als für sich verbindlich anerkennen; ferner müssen sie in der Lage sein, durch Ausüben von Druck auf den Tarifpartner zu einem Tarifabschluss zu kommen. Geschützt sind Gewerkschaften in ihrem Bestand und bei ihrer Betätigung durch die Koalitionsfreiheit (Art. 9 Abs. 3 GG). Gewerkschaften i. S. v. § 2 sind deshalb zunächst die Verbände von Arbeitnehmern, die nach Schrifttum und Rechtsprechung Gewerkschaften i. S. d. Arbeitsrechts sind. Denn diese erkennen grundsätzlich das geltende Tarif- und Schlichtungsrecht an und bejahen hierbei für die Arbeitnehmer den Abschluss von Tarifverträgen und äußerstenfalls den Streik als Mittel zur Erreichung ihrer Ziele.

42 **Beamtenverbände.** Der Gewerkschaftsbegriff i. S. d. § 2 ist weit auszulegen. Hierzu zählen auch die Beamtenverbände. Auch hierbei handelt es sich um Zusammenschlüsse von Beschäftigten auf freiwilliger Basis, die unabhängig vom Wechsel ihrer Mitglieder bestehen, keine Dienstherren (Arbeitgeber) als Mitglieder haben und haben können und von diesen unabhängig sind sowie über den Bereich eines Betriebs oder einer Verwaltungsstelle hinaus organisiert sind. Ferner ist deren Hauptzweck die ständige Vertretung und Förderung der sozialen und beruflichen Interessen der Mitglieder. Für die Beamtenverbände wird Tarif- und Streikwilligkeit nicht vorausgesetzt, da die Dienstverhältnisse der Beamten gesetzlich geregelt sind und den Beamten nach h. M. aufgrund von Art. 33 Abs. 5 GG kein Streikrecht zusteht (siehe BVerfG, 12.6.2018, – 2 BvR 1738/12 – NJW 2018, 2695).

43 **Gemischte Vereinigungen.** Da Arbeitnehmergewerkschaften und Beamtenverbände „Gewerkschaften" i. S. v. § 2 Abs. 1 sind, sind auch Vereinigungen, die sowohl Arbeitnehmer als auch Beamte als Mitglieder haben, Gewerkschaften in diesem Sinne, wenn sie die oben aufgeführten Anforderungen erfüllen.

44 **Spitzenorganisationen und Einzelgewerkschaften.** Zu den Gewerkschaften zählen sowohl die Spitzenorganisationen, d. h. die Zusammenschlüsse von Fachgewerkschaften (z. B. Deutscher Gewerkschaftsbund, Deutscher Beamtenbund), als auch die Einzelgewerkschaften (z. B. ver.di, Gewerkschaft Erziehung und Wissenschaft), ferner Bundesverbände, Landesverbände und deren bezirkliche Untergliederungen, letztere soweit sie eine gewisse organisatorische Selbstständigkeit und Entscheidungsbefugnis besitzen.

In der Dienststelle vertreten. Eine Gewerkschaft ist in einer Dienststelle vertreten, wenn ihr **mindestens ein Beschäftigter** dieser Dienststelle angehört (vgl. BVerwG, 16.12.2010 – 6 PB 18.10 – PersR 2011, 120 = PersV 2011, 136). Dabei ist unerheblich, ob der Beschäftigte wahlberechtigt (§ 8) und/oder wählbar (§ 9) ist. Das Mitglied muss nicht namentlich benannt werden; es genügt die entspr. eidesstattliche Versicherung oder notarielle Erklärung seitens der Gewerkschaft (vgl. Ilbertz-Widmaier § 2 Rn. 23 m. w. N.). Die Gewerkschaft muss nicht für die Dienststelle tarifzuständig sein (BAG, 10.11.2004 – 7 ABR 19/04 – NZA 2005, 426). 45

Spitzenorganisationen. Gewerkschaftliche Spitzenorganisationen, bei denen satzungsgemäß natürliche Personen nicht Mitglied sein können, können definitionsgemäß keine „in der Dienststelle vertretenen Gewerkschaften" i. S. d. § 2 Abs. 1 sein (vgl. hierzu BVerwG, 11.2.1981 – 6 P 20.80 – PersV 1982, 112). 46

Teilnahme an PR-Sitzungen. **Um die Rechte** aus § 32 Abs. 3 wahrnehmen zu können, muss die Gewerkschaft allerdings im PR vertreten sein; eine Vertretung in der Dienststelle genügt insoweit nicht. 47

Befugnisse der Gewerkschaften. Gewerkschaften sind, auch soweit sie in der Dienststelle vertreten sind, keine Organe der Personalvertretung, sondern außerhalb der Dienststelle stehende Organisationen (zum Ganzen: BVerwG, 13.7.2011 – 6 P 16.10 – PersR 2011, 443 = PersV 2011, 433). Den in der Dienststelle vertretenen Gewerkschaften sind in einer Reihe von gesetzlichen Bestimmungen spezielle personalvertretungsrechtliche Aufgaben und Befugnisse eingeräumt, die auf Bildung, Unterstützung und Kontrolle einer funktionsfähigen Personalvertretung ausgerichtet sind. Diese Aufgaben und Befugnisse sind **abschließend** geregelt. Aus ihnen kann weder im Wege der Analogie noch unter Heranziehung eines allg. Rechtsgedankens ein allg. Kontrollrecht der Gewerkschaften auf Einhaltung der personalvertretungsrechtlichen Bestimmungen hergeleitet werden. 48

Gewerkschaftliche Betätigung. Das LPVG geht davon aus, dass sich Beschäftigte in der Dienststelle für ihre Gewerkschaft betätigen. Soweit diese Beschäftigten Mitglied der Personalvertretung sind oder sonst Aufgaben nach dem LPVG wahrnehmen, müssen sie sich allerdings so verhalten, dass das Vertrauen in die **Objektivität und die Neutralität** ihrer Amtsführung nicht beeinträchtigt wird (§ 69 Abs. 1 Satz 2 und Abs. 2). Noch weiter geht das **Verbot der parteipolitischen Betätigung** (§ 69 Abs. 1 Satz 3 und Abs. 2). 49

b) **Arbeitgebervereinigung.** Arbeitgebervereinigungen sind Vereinigungen der Arbeitgeber, die sich in erster Linie mit der Gestaltung der Arbeits- und Dienstverhältnisse als Partner der Gewerkschaften befassen. Dies sind in erster Linie die Tarifgemeinschaft deutscher Länder (TdL) und der Kommunale Arbeitgeberverband Baden-Württemberg (KAV). Wie bei den Gewerkschaften können auch bei den Arbeitgebervereinigungen Spitzenorganisationen und Einzelverbände, Bundes-, Landes- und Unterorganisationen Vereinigungen i. S. d. § 2 sein. 50

51 **Interessenvertretung.** Keine Arbeitgeberverbände i. S. d. § 2 Abs. 1 sind sonstige Interessenverbände der Arbeitgeber, die z. B. die Interessen der Gemeinden ggü. dem Land wahrnehmen, z. B. die kommunalen Landesverbände (Landkreistag Baden-Württemberg, Städtetag Baden-Württemberg, Gemeindetag Baden-Württemberg). Dies gilt auch dann, wenn solche Verbände nach § 90 i. V. m. § 89 LBG (vgl. auch § 53 des BeamtStG) bei der Vorbereitung allg. beamtenrechtlicher Regelungen wie die Spitzenorganisationen der Gewerkschaften beteiligt werden.

II. Zugangsrecht der Gewerkschaften (Abs. 2)

52 **Zugangsrecht.** § 2 Abs. 2 eröffnet den Beauftragten der in der Dienststelle vertretenen Gewerkschaften ein Zugangsrecht zur Dienststelle. Dieses ist allerdings auf die **Wahrnehmung der Aufgaben und Befugnisse**, die den Gewerkschaften nach dem LPVG obliegen, beschränkt. Aus § 2 Abs. 2 folgt kein allg., eigenständiges und uneingeschränktes Zugangsrecht. Auch bei der Beratung und Unterstützung des PR muss es sich um personalvertretungsrechtliche Angelegenheiten handeln. Unberührt von dieser Einschränkung bleiben die koalitionsmäßigen Rechte der Gewerkschaften sowie ihrer Beauftragten und Mitglieder, die aus Art 9 Abs. 3 GG folgen (vgl. § 2 Abs. 3).

53 **Umfang des Zugangsrechts.** Das in Abs. 2 geregelte Zugangsrecht der in der Dienststelle vertretenen Gewerkschaften besteht für den ganzen Bereich der Dienststelle, nicht etwa nur für einzelne Teile, z. B. das Geschäftszimmer des PR oder die Räume, in die zu einer Sitzung eingeladen worden ist.

54 **Aufgaben und Befugnisse.** Das Zugangsrecht nach § 2 Abs. 2 ist auf die Wahrnehmung der im LPVG genannten Aufgaben und Befugnisse der Gewerkschaften bezogen und beschränkt. Hierzu gehören:

- § 2 Abs. 1 – Vertrauensvolle Zusammenarbeit,
- § 13 Abs. 4 – Einreichung von Wahlvorschlägen,
- § 16 Abs. 2 – Antrag auf Einberufung einer Personalversammlung,
- § 16 Abs. 3 – Antrag auf Bestellung des Wahlvorstands,
- § 21 Abs. 1 – Anfechtung der Wahl,
- § 23 Abs. 2 – Antrag auf Bestellung des Wahlvorstands,
- § 24 Abs. 1 – Antrag auf Ausschluss eines Mitglieds aus dem PR,
- § 24 Abs. 1 – Antrag auf Auflösung des PR,
- § 32 Abs. 3 – Teilnahme an PR-Sitzung,
- § 37 Abs. 1 – Verständigungsversuch nach Aussetzung eines PR-Beschlusses,
- § 50 Abs. 3 – Antrag auf Einberufung einer Personalversammlung,
- § 53 Abs. 2 – Teilnahme an der Personalversammlung.

Für den GesamtPR und die Stufenvertretungen gelten diese Befugnisse (teilweise) entsprechend (§§ 54 Abs. 4; 55 Abs. 3). Soweit diese Bestimmungen im Einzelfall oder hinsichtlich einzelner Dienststellen keine Anwendung finden, entfällt auch das aus ihnen hergeleitete Zugangsrecht. Aus der Beteiligung der Gewerkschaften nach §§ 53 BeamtStG, 89 LBG folgen keine personalvertretungsrechtlichen Befugnisse (vgl. auch § 90). Für Verschlusssachen vgl. § 94

Abs. 4; für die Geltung im Bereich des Landesamtes für Verfassungsschutz vgl. § 97 Nr. 2 und 3.

Unterrichtung der Dienststelle. Das Zugangsrecht kann erst nach Unterrichtung „der Dienststelle“ ausgeübt werden. Vor Inkrafttreten des ÄG 2013 forderte das Gesetz die Unterrichtung des Dienststellenleiters oder seines Vertreters. Die Entscheidung über Zugangsrecht und etwaige Hinderungsgründe – nur insoweit ist die Unterrichtung von Belang – obliegt zwar grundsätzlich dem Dienststellenleiter, welcher diese Befugnis nunmehr aber auch delegieren kann. 55

Art der Unterrichtung. Die Unterrichtung hat durch die Gewerkschaft zu erfolgen. Das Gesetz enthält keine näheren Vorschriften über Art, Form und Zeitpunkt der Unterrichtung. Nach dem Regelungszusammenhang hat die Unterrichtung aber so rechtzeitig zu erfolgen, dass der Dienststellenleiter insbesondere genügend Zeit hat, zu prüfen, ob das Zugangsrecht besteht und um mögliche Zugangsverweigerungsgründe prüfen zu können und seine Entscheidung noch rechtzeitig mitteilen zu können. Für diese Prüfung muss der Zweck und der Zeitpunkt des Besuchs sowie der Beauftragte benannt werden (vgl. Richardi/Dörner/Weber § 2 Rn. 87). 56

Beauftragte. Die Gewerkschaften sind frei in der Auswahl ihres Beauftragten, den sie entsenden wollen (vgl. BVerwG, 14.6.1968 – VII P 21.66 – PersV 1968, 276). Er braucht nicht Mitglied der Gewerkschaft zu sein. Der Dienststellenleiter kann in der Regel dem Beauftragten einer Gewerkschaft aus Gründen, die in dessen Person liegen, den Zugang nicht verweigern. 57

Entgegenstehende Gründe. Die in Abs. 2 genannten dem Zugangsrecht entgegenstehenden Gründe sind eng auszulegen, da es sich um **Ausnahmeregelungen** handelt. Große praktische Bedeutung kommt den Verweigerungsgründen nicht zu. Nach dem durch den Wortlaut („unumgänglich“ bzw. „zwingend“) gebotenen Grundsatz der **Eingriffsminimierung** darf der Zugang nur versagt werden soweit dies unabweislich ist. Ggf. ist die Zugangsversagung zeitlich und/oder räumlich zu beschränken, im Übrigen verbleibt es beim Zugangsrecht. Einschätzungen des Dienststellenleiters genügen für die Versagung nicht. Er muss sich bei einem Verbot vielmehr auf konkrete Tatsachen, die den Versagungsgrund stützen, beziehen. 58

Notwendigkeiten des Dienstbetriebs. Unumgängliche Notwendigkeiten des Dienstbetriebs setzen voraus, dass durch die Anwesenheit des Gewerkschaftsbeauftragten die Durchführung wichtiger und unaufschiebbarer Verwaltungshandlungen unvertretbar verzögert bzw. eine fristgerechte Erledigung unmöglich würde. Die schlichte Störung des Dienstbetriebs genügt nicht. 59

Sicherheitsvorschriften. Zwingende Sicherheitsvorschriften sind zum einen Bestimmungen des Arbeits- und Unfallschutzes. Zum anderen rechnen hierzu auch Anordnungen zum Schutz von Staatsorganen und militärischen Einrichtungen (vgl. Richardi/Dörner/Weber § 2 Rn. 92). 60

61 **Dienstgeheimnisse.** Stehen Dienstgeheimnisse i. S. v. § 94 in Frage, ist Gewerkschaftsbeauftragten der Zugang i. d. R. zu untersagen. Dies rechtfertigt sich aus der Wertung des § 94 Abs. 4 Satz 1, der Gewerkschaftsbefugnisse hier bereichsspezifisch einer Einschränkung unterwirft. Hinsichtlich sonstiger Geheimnisse ist vorab zu prüfen, ob diese nicht schon durch die in § 7 festgelegte Verschwiegenheitspflicht, die auch für Beauftragte der Gewerkschaften gilt, hinreichend geschützt sind. Ansonsten bedarf es der Abwägungen zwischen dem Geheimhaltungsinteresse und den Mitwirkungsrechten der Gewerkschaften.

62 **Hausrecht, Organisationsrecht.** Besteht ein Zugangsrecht nach § 2 Abs. 2 und liegen keine Versagungsgründe nach dem LPVG vor, kann der Dienststellenleiter ein Zutrittsverbot nicht erfolgreich auf sein Hausrecht oder sein Organisationsrecht stützen. Die Regelung des § 2 Abs. 2 ist abschließend und geht als spezielle Vorschrift den allg. Bestimmungen vor.

63 **Zugangsverweigerung.** Wird das Zugangsrecht vom Dienststellenleiter bestritten bzw. werden entgegenstehende Gründe geltend gemacht, hat der Beauftragte der Gewerkschaft kein Zugangsrecht. Hält die Gewerkschaft die Versagung für rechtswidrig, kann sie dies im **Beschlussverfahren** ggf. auch durch Beantragung einer einstweiligen Verfügung geltend machen.

III. Aufgaben der Gewerkschaften und Arbeitgebervereinigungen (Abs. 3)

64 **Koalitionsfreiheit.** § 2 Abs. 3 bringt zum Ausdruck, dass die Rechte von Gewerkschaften und Arbeitgebervereinigungen, die diesen aus der Koalitionsfreiheit (Art. 9 Abs. 3 GG) zustehen, durch das LPVG unberührt bleiben. Das LPVG begrenzt also nicht die Koalitionsfreiheit, sondern gestaltet lediglich das Recht auf gewerkschaftliche Betätigung im personalvertretungsrechtlichen Rahmen aus. Ergänzt wird diese Regelung durch § 68 Abs. 2 Satz 3, wonach Arbeitskämpfe tariffähiger Parteien durch das in § 68 Abs. 2 Satz 2 normierte Arbeitskampfverbot nicht berührt werden. Die einschränkenden Regelungen der §§ 68 und 69 betreffen lediglich die zur Neutralität verpflichteten Mitglieder der Personalvertretungen bzw. die sonstigen Personen, die Aufgaben nach dem LPVG wahrnehmen, und sollen nicht die Koalitionsfreiheit beschränken. Die besondere Bedeutung der Koalitionsfreiheit wird durch § 69 Abs. 3 vielmehr ausdrücklich unterstrichen.

65 **Schutzbereich der Koalitionsfreiheit.** Art. 9 Abs. 3 GG schützt als Individualgrundrecht jedermann, Vereinigungen zu bilden, diesen beizutreten, in ihnen zu verbleiben sowie sich koalitionsspezifisch zu betätigen (positive Koalitionsfreiheit); gleichfalls ist als negative Koalitionsfreiheit das Recht auf Fernbleiben und Austritt gewährleistet. Art. 9 Abs. 3 GG schützt auch die Koalitionen selbst (kollektive Koalitionsfreiheit) in ihrem Bestand, ihrer organisatorischen Ausgestaltung und in ihren koalitionsspezifischen Betätigungen.

66 **Information und Mitgliederwerbung.** Art. 9 Abs. 3 GG schützt insb. auch das Recht der Gewerkschaften, Beschäftigte in den Betrieben und Dienststellen zu

informieren und dort Mitglieder zu werben (BVerfG, 14.11.1995 – 1 BvR 601/92 – PersR 1996, 131). Nach der Rechtsprechung der Arbeitsgerichte kann diese Werbung durch Angehörige der Dienststelle, aber auch durch dienststellenfremde Gewerkschaftsangehörige erfolgen, denen auch der **Zutritt zur Dienststelle** zu gewähren ist (vgl. z. B.: BAG, 22.5.2012 – 1 ABR 11/11 – NZA 2012, 1176; 28.2.2006 – 1 AZR 460/04 – PersR 2006, 398). Geschützt ist insb. auch das Recht zur Werbung in der Dienststelle vor **Personalratswahlen** (BVerfG, 30.11.1965 – 2 BvR 54/62 – NJW 1966, 491; vgl. auch BVerfG, 26.5.1970 – 2 BvR 664/65 – BVerfGE 28, 295).

§ 3 Ausschluss abweichender Regelungen

Durch Tarifvertrag oder Dienstvereinbarung kann das Personalvertretungsrecht nicht abweichend von diesem Gesetz geregelt werden.

1. Geltungsbereich, Regelungszusammenhang. § 3 regelt – vergleichbar mit § 97 BPersVG – dass das Personalvertretungsrecht nicht durch Tarifvertrag oder Dienstvereinbarung abweichend geregelt werden kann. Da Art. 75 GG durch die Föderalismusreform ersatzlos entfallen ist, hat § 97 BPersVG seinen bindenden Charakter als Rahmenvorschrift für die Landesgesetzgebung verloren (vgl. Richardi/Dörner/Weber, § 3 Rn. 11). Da der Landesgesetzgeber jedenfalls mit dem ÄG 2013 insoweit eine eigenständige (ersetzende) landesrechtliche Regelung getroffen hat, gilt § 97 BPersVG auch nicht nach Art. 125a Abs. 1 Satz 2 GG fort, sondern ist für Baden-Württemberg gegenstandslos (**a. A.:** Altvater u. a. § 3 Rn. 1). 1

Koalitionsfreiheit. Das BetrVG, insb. dessen § 3, findet keine – auch keine entspr. – Anwendung. Gegenteiliges ergibt sich auch nicht aus der Koalitionsfreiheit (Art. 9 Abs. 3 Satz 1 GG). Dies folgt zum einen daraus, dass der öffentliche Dienst durchgängig der **Grundrechts- und Gesetzesbindung** unterliegt (Art. 1 Abs. 3; Art. 20 Abs. 3, 28 Abs. 1 GG), woraus folgt, dass Befugnisse Dritter insoweit nur bestehen können, als diese auf einer ausdrücklichen gesetzlichen Grundlage beruhen. Zum anderen gebietet für den Bereich des öffentlichen Dienstes das **Demokratieprinzip** (Art. 20 Abs. 1 und 2; Art. 28 Abs. 1 GG), dass den Stellen, die der Volksvertretung verantwortlich sind, nicht die vom Gesetz zugewiesene Entscheidungsbefugnis von Dritten genommen werden darf. Eine gesteigerte Mitgestaltungsbefugnis der Tarifvertragsparteien im Rahmen der **Betriebsverfassung** folgt auch nicht aus Art. 9 Abs. 3 Satz 1 GG, sondern aus der speziellen Ermächtigung durch das BetrVG (Richardi/Dörner/Weber, § 3 Rn. 6); solche Befugnisse hat das LPVG nicht eingeräumt, sondern ausdrücklich ausgeschlossen. Hinzu kommt schließlich, dass das Personalvertretungsrecht als **öffentliches Dienstrecht** (vgl. § 1 Rn. 1) grundsätzlich für alle Dienststellen einheitlich gelten muss, was einer unterschiedlichen Regelung der Verhältnisse von Arbeitnehmern und Beamten durch Tarifvertrag Grenzen setzt. 2

Zwingendes Recht. § 3 stellt zwingendes Recht dar. Die Regelung verbietet, durch Tarifvertrag oder Dienstvereinbarung das Personalvertretungsrecht ab- 3 weichend vom LPVG zu regeln. Es ist daher z. B. nicht möglich, durch Tarifvertrag oder Dienstvereinbarung die Beteiligungsrechte des PR einzuschränken oder zu erweitern. Der Landesgesetzgeber ist aber natürlich befugt, den Tarifvertragsparteien bzw. der Dienststelle und der Personalvertretung entspr. Gestaltungsmöglichkeiten einzuräumen (vgl. BVerwG, 13.10.2009 – 6 P 15.08 – PersR 2009, 501 = PersV 2010, 142), solange er dadurch nicht gegen die ihn bindenden verfassungsrechtlichen Vorgaben (vgl. Rn. 2) verstößt.

4 **Ergänzung, Erläuterung, Lückenschließung.** Unzulässig sind auch die Ausfüllung von „Lücken im Gesetz“ oder die „Ergänzung“ oder „Erläuterung“ von Bestimmungen des Gesetzes (**a. A.**: Altvater u. a. § 3 Rn. 2). Solche Befugnisse bestehen nur, wenn sie vom Gesetz ausdrücklich eingeräumt werden. Durch das Gesetz nicht legitimierte Absprachen können das Gesetz nicht ändern. Gibt es z. B. Absprachen zwischen Dienststelle und Personalvertretung hinsichtlich der „notwendigen Kosten“ i. S. d. § 41 Abs. 1 kann dies unter dem Gesichtspunkt der Vereinfachung und Praktikabilität durchaus sinnvoll sein; eine rechtliche Bindung tritt hierdurch aber nicht ein. Kommt es im Einzelfall zu unterschiedlichen Auffassungen über die „Notwendigkeit“ von Kosten, muss dieser unbestimmte Rechtsbegriff („notwendige Kosten“) nach den allg. juristischen Methoden ausgelegt werden. Die Auslegung solcher unbestimmten Rechtsbegriffe ist gerichtlich voll überprüfbar, an Absprachen über die Auslegung ist das Gericht nicht gebunden. Einer zwischen Dienststelle und Personalvertretung getroffenen Abrede kann ggf. aber im Rahmen der **„vertrauensvollen Zusammenarbeit“** Bedeutung zukommen.

5 **2. Dienstvereinbarungen.** Mit der Ergänzung der Vorschrift um die Formulierung „oder Dienstvereinbarungen“ wollte der Gesetzgeber klarstellen, „dass von den gesetzlichen Vorschriften auch im Einvernehmen zwischen Dienststelle und Personalrat nicht abgewichen werden darf, soweit dies nicht ausdrücklich zugelassen ist“ (vgl. LT-Drucksache 15/4224, S. 84). Nochmals unterstrichen wird diese allg. Regelung durch § 85 Abs. 1, der abschließend bestimmt, in welchen Fällen Dienstvereinbarungen zulässig sind. Ausdrücklich zugelassen sind diese demnach als Instrument der förmlichen Beteiligung für die Fallgruppen der kollektiven Mitbestimmung (§§ 74 Abs. 1 Nr. 2, 5, 6; Abs. 2 und 3, 75 Abs. 4) bzw. Mitwirkung (§ 81 Abs. 1) soweit eine gesetzliche oder tarifliche Regelung nicht besteht sowie in den Fällen, die das LPVG (vgl. § 79 Abs. 2) oder tarifvertragliche Regelungen ausdrücklich vorsehen. Sofern Dienststelle und Personalvertretung vom Gesetz nicht zugelassene abweichende Vereinbarungen treffen, können daraus die sich aus dem LPVG ergebenden Rechte und Pflichten nicht abgeleitet werden (z. B. Stufenverfahren, Anrufung des VG). Solchen Absprachen kann aber ggf. unter dem Gesichtspunkt der „vertrauensvollen Zusammenarbeit“ Bedeutung zukommen (vgl. Rn. 4).

6 **3. Tarifvertrag.** Die Koalitionsfreiheit (Art. 9 Abs. 3 Satz 1 GG) gewährleistet u. a. ein funktionsfähiges Tarifvertragssystem. Die Tarifautonomie erstreckt sich jedoch nicht auf das Personalvertretungsrecht selbst (siehe oben). Von daher begegnet § 3 auch keinen verfassungsrechtlichen Bedenken soweit es abweichende Regelungen durch Tarifverträge ausschließt. Zulässig sind tarifvertragliche Regelungen aber, wenn sie gesetzlich ausdrücklich vorgesehen sind.

Beteiligungsrechte. Im Bereich der kollektiven Mitbestimmungsgegenstände (§§ 74 Abs. 1 Nr. 2, 5, 6; Abs. 2 und 3; 75 Abs. 4) sieht das LPVG solche Regelungsbefugnisse ausdrücklich vor. Denn die Mitbestimmungsrechte der Personalvertretung bestehen hier nur „soweit eine gesetzliche oder tarifliche Regelung nicht besteht". Damit ist zum einen zum Ausdruck gebracht, dass diese Mitbestimmungsgegenstände der §§ 74 und 75 der Regelungsbefugnis der Tarifvertragsparteien unterliegen. Zum anderen ist eine Rangfolge: Gesetz, Tarifvertrag, Beteiligung im Einzelfall, wobei die Mitbestimmung bzw. Mitwirkung auch durch Dienstvereinbarung erfolgen kann, zum Ausdruck gebracht. 7

Einzelarbeitsverhältnisse. Zulässig ist es auch, dass die Tarifvertragsparteien in Bestimmungen, die eine Regelung für den Inhalt des Einzelarbeitsverhältnisses treffen, eine Beteiligung des PR vorsehen (Richardi/Dörner/Weber, § 3 Rn. 10, BAG, 10.10.2006 – 1 AZR 811/05 –). 8

Übergangsmandat. Bei **Privatisierungen** bzw. **Umwandlungen** kann nicht durch Tarifvertrag ein Übergangsmandat von Personalvertretungen bzw. Betriebsräten begründet werden (vgl. hierzu § 1 Rn. 10). Unberührt bleibt die Befugnis des Landesgesetzgebers, Übergangsmandate durch spezielle gesetzliche Bestimmungen (vgl. z. B. § 102c Abs. 3 Satz 1 GemO) selbst zu regeln bzw. solche Befugnisse einzuräumen. 9

§ 4 Beschäftigte, Gruppen

(1) [1]Beschäftigte im Sinne dieses Gesetzes sind Personen, die

1. weisungsgebunden in die Arbeitsorganisation der Dienststelle eingegliedert und innerhalb dieser tätig sind oder arbeitnehmerähnliche Personen im Sinne von § 12a des Tarifvertragsgesetzes sind,

2. sich in der Ausbildung für eine Beamtenlaufbahn oder in sonstiger beruflicher Ausbildung befinden,

unabhängig davon, ob sie in einem Dienst-, Arbeits- oder Ausbildungsverhältnis mit einer juristischen Person nach § 1 stehen. [2]Beschäftigte sind auch Personen, die unter Fortsetzung eines bestehenden unmittelbaren Dienst- oder Arbeitsverhältnisses zur Dienststelle nach beamtenrechtlichen oder tariflichen Vorschriften zu einer anderen Stelle abgeordnet oder dieser zugewiesen sind oder dort ihre geschuldete Arbeitsleistung erbringen.

(2) Als Beschäftigte im Sinne dieses Gesetzes gelten nicht

1. Personen in einem öffentlich-rechtlichen Amtsverhältnis,

2. Richter sowie Staatsanwälte, es sei denn

   a) die Richter auf Lebenszeit oder Staatsanwälte auf Lebenszeit sind an eine andere Dienststelle als ein Gericht oder eine Staatsanwaltschaft abgeordnet,

   b) die Richter auf Probe oder die Richter kraft Auftrags sind einer anderen Dienststelle als einem Gericht oder einer Staatsanwaltschaft zur Verwendung zugewiesen,

3. Personen, die ehrenamtlich tätig sind, es sei denn, sie stehen in einem Ehrenbeamtenverhältnis,

4. Personen, die vorwiegend zu ihrer Heilung, Wiedereingewöhnung oder Erziehung beschäftigt werden,

5. Personen, die in der Dienststelle auf der Grundlage von Werk-, Werklieferungs- oder Geschäftsbesorgungsverträgen tätig sind; Absatz 1 Satz 1 Nummer 1 bleibt unberührt.

(3) [1]Unter den Beschäftigten bilden die Beamten im Sinne der Beamtengesetze eine Gruppe. [2]Als Beamte im Sinne dieses Gesetzes gelten auch Personen, die sich, ohne in ein Beamtenverhältnis berufen zu sein, in der Ausbildung für eine Beamtenlaufbahn in einem öffentlich-rechtlichen Ausbildungsverhältnis befinden oder als Richter oder Staatsanwälte nach Absatz 2 Nummer 2 verwendet werden.

(4) [1]Die übrigen Beschäftigten bilden die Gruppe der Arbeitnehmer. [2]Die dieser Gruppe angehörenden Beschäftigten gelten als Arbeitnehmer im Sinne dieses Gesetzes.

1 **Regelungsinhalt, Geltungsbereich.** § 4 regelt zum einen, wer Beschäftigter i. S. d. LPVG ist (Abs. 1 und 2); zum anderen teilt er diese Beschäftigten in zwei Gruppen auf: „Beamte" und „Arbeitnehmer" (Abs. 3 und 4). Die Beamten definiert das LPVG in Abs. 3 Satz 1 als die Beschäftigten, die Beamte i. S. d. Beamtengesetze sind und stellt diesen die Beschäftigten nach § 4 Abs. 3 Satz 2 gleich. Hinsichtlich der Arbeitnehmer verzichtet das Gesetz auf eine solche positive Definition (anders noch § 7 Satz 1 a. F. – „Arbeitnehmer sind ..."), sondern benutzt die Bezeichnung „**Arbeitnehmer**" als **Auffangbegriff** für alle anderen Beschäftigten i. S. d. § 4 Abs. 1 und 2, die nicht Beamte sind (Abs. 4 Satz 1). Mit der Definition des Beschäftigten legt § 4 den **persönlichen Geltungsbereich** des Gesetzes fest. Für diesen Personenkreis gelten grundsätzlich die Regelungen des LPVG; Ausnahmen und Modifikationen werden im LPVG bereichsspezifisch bzw. hinsichtlich einzelner Beschäftigtengruppen vorgenommen (z. B.: §§ 99 Abs. 1 und 107). Das ÄG 2013 hat den Beschäftigtenbegriff grundlegend verändert. Nach der Begründung des Gesetzentwurfs soll der Beschäftigtenbegriff alle Personen erfassen, die in der Dienststelle tatsächlich beschäftigt sind oder ausgebildet werden (LT-Drucksache 15/4224, S. 84 f.). Die Landesregierung sieht in der zeitgemäßen Fassung des Beschäftigtenbegriffs einen der wesentlichen Inhalte des ÄG 2013.

I. Beschäftigte im Sinne des LPVG (Abs. 1)

2 **1. Beschäftigtenbegriff (Satz 1).** § 4 Abs. 1 Satz 1 Nr. 1, 1. Alt. betrachtet grundsätzlich alle Personen – unabhängig von ihrem rechtlichen Status – als Beschäftigte i. S. d. LPVG, die drei Voraussetzungen erfüllen: sie müssen **weisungsgebunden** sein (1), sei müssen in die Arbeitsorganisation der Dienststelle **eingegliedert** sein (2) und sie müssen innerhalb dieser Arbeitsorganisation **tätig** sein (3). Diesem Personenkreis stellt das Gesetz arbeitnehmerähnliche Personen i. S. d. § 12a TVG (§ 4 Abs. 1 Satz 1 Nr. 1, 2. Alt.) sowie die in § 4 Abs. 1 Satz 1 Nr. 2 genannten Auszubildenden gleich. § 4 stellt damit nicht mehr auf die **rechtliche Bindung** zwischen Dienststelle und Beschäftigtem ab. § 4 Abs. 1 Satz 1 stellt an seinem Ende vielmehr ausdrücklich klar, dass es **nicht entscheidend** auf das Bestehen eines Dienst-, Arbeits- oder Ausbildungsverhältnisses mit einer juristischen Person nach § 1 ankomme. Das Bestehen eines solchen

rechtlichen Bandes ist in aller Regel hinreichendes Kriterium für die Beschäftigteneigenschaft, es ist aber keine notwendige Voraussetzung mehr.

Weisungsgebundenheit. Gemäß § 3 Abs. 1 BeamtStG stehen **Beamte** zu ihrem Dienstherrn in einem öffentlich-rechtlichen Dienst- und Treueverhältnis. Unbeschadet der persönlichen Verantwortung für die Rechtmäßigkeit der Amtsführung (§§ 36 BeamtStG, 48 LBG) unterliegen Beamte dem Weisungsrecht ihrer Vorgesetzten (§ 3 Abs. 4 LBG). Personen, die mit einer juristischen Person i. S. d. § 1 einen **Arbeitsvertrag** abgeschlossen haben, sind aufgrund des abgeschlossenen privatrechtlichen Vertrags diesem Vertragspartner zur Leistung weisungsgebundener, fremdbestimmter Arbeit verpflichtet. Dieses Weisungsrecht kann Inhalt, Zeit und Ort der Tätigkeit betreffen; insb. ist Arbeitnehmer derjenige, der seine Tätigkeit im Wesentlichen nicht frei gestalten und seine Arbeitszeit nicht selbst bestimmen kann. Bei **sonstigen Personen** ist einzelfallbezogen zu prüfen, ob sie weisungsgebunden in die Dienststelle eingegliedert sind (s. u.). 3

Dienststelle. Die Beschäftigteneigenschaft knüpft unverändert an die Eingliederung in die Arbeitsorganisation einer Dienststelle an (zum Dienststellenbegriff vgl. die Komm. zu § 5). Die Beschäftigteneigenschaft beginnt mit dem Eintritt in die Dienststelle und endet grundsätzlich mit dem Verlassen der Dienststelle; wegen des Beginns und des Endes der Dienststellenzugehörigkeit (s. u.; vgl. auch § 8 Rn. 11 ff.). Da § 4 an der tatsächlichen Eingliederung des Beschäftigten anknüpft, kann eine Person auch Beschäftigter **mehrerer Dienststellen** und deshalb z. B. auch mehrfach wahlberechtigt sein (vgl. § 8 Rn. 9). 4

Arbeitsorganisation. Der Begriff Arbeitsorganisation meint den Aufbau der Dienststelle und den Ablauf der Tätigkeiten innerhalb der Dienststelle. Umfasst sind die Maßnahmen, die der Erfüllung des Amtsauftrags dienen. Der Dienststellenleiter oder die für die Dienststelle sonst handelnden Personen müssen ggü. den weisungsgebundenen Arbeitnehmern die maßgeblichen Entscheidungen über Inhalt, Ort und Zeit der Leistungserbringung treffen. 5

Eingliederung. Ein Beschäftigter wird in die Dienststelle eingegliedert, wenn er die Arbeitstätigkeit innerhalb der Arbeitsorganisation der Dienststelle tatsächlich aufnimmt. Eine Tätigkeit, die räumlich außerhalb der Dienststelle erfolgt (z. B. Außendienst oder Telearbeit), steht einer Eingliederung nicht entgegen. Die Eingliederung umfasst auch die sozialen Kontakte zu den anderen Beschäftigten. Eine Eingliederung i. d. S. liegt nur vor, wenn die Tätigkeit **nicht nur vorübergehend** erfolgt und auch nicht nur einen geringfügigen Umfang ausweist. Eine tatsächliche Eingliederung verlangt immer „auch eine **gewisse Stetigkeit** und einen **gewissen Umfang** der Beschäftigung" (LT-Drucksache 15/4224, S. 85 f.). Eingegliedert bleiben auch Arbeitnehmer, deren Arbeitsverhältnis vorübergehend ruht oder die zeitweilig im Betrieb nicht anwesend sind (Krankheit, Fortbildung, Elternzeit etc.). 6

Tätigwerden. § 4 Abs. 1 Satz 1 Nr. 1 verlangt schließlich auch ein Tätigwerden des Beschäftigten in der Dienststelle. Damit wird zum einen der Normalfall umschrieben, dass Arbeitnehmer und Beamte aufgrund ihres Arbeits- bzw. 7

Dienstverhältnisses in der Dienststelle tätig werden (müssen), um die ihnen übertragenen Pflichten zu erfüllen. Zum anderen werden hierdurch aber die sonstigen Beschäftigten angesprochen, die kein rechtliches Band zur Dienststelle besitzen. Bei diesem Personenkreis ist das tatsächliche Tätigwerden in der Dienststelle der entscheidende Anknüpfungspunkt für die Prüfung, ob diese Tätigkeit weisungsgebunden erfolgt und ob die Person zudem in die Arbeitsorganisation der Dienststelle eingegliedert, mithin Beschäftigter im personalvertretungsrechtlichen Sinne ist.

8 a) **Beamten- und Arbeitsverhältnis, sonstige Beschäftigte (Nr. 1 – 1. Alt.).** Weisungsgebunden in die Arbeitsorganisation der Dienststelle eingegliedert und damit Beschäftigte sind die Beamten (unten aa). Gleiches gilt für die Arbeitnehmer im engeren Sinne, also die Personen, die mit einer juristischen Person i. S. d. § 1 einen Arbeitsvertrag geschlossen haben (unten bb). Diesen Arbeitnehmern gleichgestellt sind die arbeitnehmerähnlichen Personen i. S. d. § 12a TVG (unten cc). Auch wenn kein Beamten- oder Arbeitsverhältnis besteht, kann sich die Beschäftigteneigenschaft nunmehr auch nur aus der tatsächlichen Eingliederung in die Arbeitsorganisation der Dienststelle ergeben (unten dd).

9 aa) **Beamtenverhältnis.** Beamte stehen zu ihrem Dienstherrn in einem öffentlich-rechtlichen Dienst- und Treueverhältnis (§ 3 Abs. 1 BeamtStG). Wer Beamter ist, bestimmen die Beamtengesetze. Bei Vorliegen der sonstigen Voraussetzungen sind sie Beschäftigte i. S. d. § 4 Abs. 1 Satz 1 Nr. 1 unabhängig davon, welche Art von Beamtenverhältnis (auf Lebenszeit, auf Probe, auf Widerruf, auf Zeit – vgl. § 4 BeamtStG) begründet worden ist. Wie sich aus § 4 Abs. 2 Nr. 3 ergibt, kommt **Ehrenbeamten** – im Gegensatz zu ehrenamtlich Tätigen – die Beschäftigteneigenschaft ebenfalls zu. Als Ehrenbeamter kann nach § 5 Abs. 1 BeamtStG berufen werden, wer Aufgaben i. S. d. § 3 Abs. 2 BeamtStG unentgeltlich wahrnehmen soll. Für Ehrenbeamte gelten nach § 91 LBG das Landesbeamtengesetz und das BeamtStG mit den dort genannten Einschränkungen. Ehrenbeamte sind z. B. ehrenamtliche Bürgermeister, ehrenamtliche Amtsverweser und ehrenamtliche Ortsvorsteher (§ 91 Abs. 5 LBG).

10 **Staatsanwälte.** Staatsanwälte sind Beamte, die aber nach § 4 Abs. 2 Nr. 2 nicht als Beschäftigte gelten. Ihre Vertretung wird nach den §§ 88, 89 LRiStAG durch Staatsanwaltsräte wahrgenommen wird (vgl. § 1 Rn. 42). Anderes gilt im Falle des § 4 Abs. 2 Nr. 2 lit. a, wenn sie bei einer anderen Dienststelle als einem Gericht oder einer Staatsanwaltschaft eingesetzt werden.

11 **Beamte auf Widerruf.** Das Beamtenverhältnis auf Widerruf dient nach § 4 Abs. 4 BeamtStG u. a. der Ableistung des **Vorbereitungsdienstes.** Diese Widerrufsbeamten befinden sich in der Ausbildung für eine Beamtenlaufbahn und sind damit Beschäftigte nach § 4 Abs. 1 Satz 1 Nr. 2 (s. u.).

12 **Begründung der Beschäftigteneigenschaft.** Beamte sind Beschäftigte i. S. d. § 4 Abs. 1 Satz 1 Nr. 1, wenn sie zum einen Beamte im beamtenrechtlichen Sinne sind (vgl. Abs. 3 Satz 1) und wenn sie zum anderen tatsächlich in die Arbeitsorganisation der Dienststelle eingegliedert sind. Zur Begründung eines Beamtenverhältnisses bedarf es der **Ernennung** (§ 8 Abs. 1 Nr. 1 BeamtStG, § 9 Abs. 1

LBG), wobei in den Fällen des § 8 Abs. 3 BeamtStG mit der Begründung des Beamtenverhältnisses zugleich ein Amt verliehen wird. Die für eine Ernennung zu beachtende Erfordernisse regelt § 8 Abs. 2 BeamtStG.

Nichtigkeit der Ernennung. Liegt einer der Voraussetzungen des § 11 Abs. 1 BeamtStG vor, ist die Ernennung nichtig, wenn der Mangel nicht nach 11 Abs. 2 BeamtStG geheilt wird. Im Fall des § 8 Abs. 1 Nr. 1 BeamtStG bedeutet dies, dass ein Beamtenverhältnis nicht wirksam begründet worden ist. Auf die Beschäftigteneigenschaft wirkt sich die nichtige Ernennung zunächst nicht aus. Ist der Ernannte in die Arbeitsorganisation der Dienststelle eingegliedert worden, ist er schon deshalb Beschäftigter; auf die rechtliche Wirksamkeit der Ernennung kommt es insoweit nicht an. Wird die Nichtigkeit der Ernennung durch Verwaltungsakt festgestellt, kann sich der Betroffene hiergegen wehren. Etwaige Rechtsbehelfe (Widerspruch und Klage) haben aufschiebende Wirkung (§ 80 Abs. 1 Satz 2 VwGO). Die Beschäftigteneigenschaft endet in diesem Fall erst dann, wenn die Feststellung der Nichtigkeit der Ernennung unanfechtbar geworden ist. Bis zum diesem Zeitpunkt bleibt der Beamte Beschäftigter und gehört zur Gruppe der Beamten (Abs. 3 Satz 1). 13

Verlust der Beschäftigteneigenschaft. Die Beschäftigteneigenschaft kann dadurch enden, dass das Beamtenverhältnis endet, bzw. dass der Beamte die Dienststelle wechselt (z. B. durch Versetzung, Abordnung, Zuweisung, Übernahme). Anderes kann z. B. nach § 22 Abs. 2 oder 3 BeamtStG gelten oder wenn der Beschäftigte nach einer Entlassung oder dem Eintritt in den Ruhestand weiter als **Arbeitnehmer** in der Dienststelle verbleibt. 14

Ende des Beamtenverhältnisses. Das Beamtenverhältnis kann durch **Rücknahme der Ernennung** (§ 12 BeamtStG) enden. Ansonsten regelt § 21 BeamtStG die gesetzlich vorgesehenen Beendigungsgründe: **Entlassung, Verlust** der Beamtenrechte, **Entfernung** aus dem Beamtenverhältnis bzw. Eintritt oder Versetzung in den **Ruhestand.** Hierbei kann die Beendigung aufgrund des Gesetzes erfolgen (z. B. § 22 BeamtStG) oder der Regelung durch VA bedürfen (z. B. § 23 BeamtStG). Das Beamtenverhältnis **auf Zeit** endet durch Eintritt in den Ruhestand (§ 37 Abs. 1 und 2 LBG) oder aufgrund der wegen Zeitablaufs gesetzlich angeordneten Entlassung (§ 37 Abs. 3 Satz 1 LBG). **Ehrenbeamte** werden nach § 41 LBG verabschiedet. 15

Rücknahme der Ernennung. Liegen die Voraussetzungen des § 12 Abs. 1 BeamtStG vor, ist die Ernennung zurückzunehmen; im Falle des § 12 Abs. 2 BeamtStG soll die Ernennung zurückgenommen werden. Widerspruch und Klage gegen diesen belastenden VA haben aufschiebende Wirkung (§ 80 Abs. 1 Satz 1 VwGO). Die Beschäftigteneigenschaft endet erst dann, wenn der Rücknahmebescheid unanfechtbar geworden ist. Bis zu diesem Zeitpunkt bleibt der Beamte Beschäftigter und gehört zur Gruppe der Beamten (Abs. 3 Satz 1). 16

Beendigung durch VA. Wird das Beamtenverhältnis im Falle des § 21 BeamtStG durch VA beendet, gelten die obigen Erwägungen (vgl. Rn 16) entsprechend. Widerspruch und Klage gegen diesen belastenden VA (z. B. Entlassung nach §§ 23 BeamtStG; 31 f. LBG) haben nach § 80 Abs. 1 Satz 1 VwGO auf- 17 schiebende Wirkung. Die Beschäftigteneigenschaft endet in allen diesen Fällen erst, wenn der entspr. VA unanfechtbar geworden ist.

18 **Beendigung kraft Gesetzes.** Liegt einer der gesetzlichen Beendigungsgründe vor (z. B. nach §§ 22 BeamtStG, 31 Abs. 2 LBG), bedarf es der Umsetzung durch **feststellenden VA.** Rechtsbehelfe gegen feststellende Verwaltungsakte haben ebenfalls aufschiebende Wirkung (§ 80 Abs. 1 Satz 2 VwGO). Die Beschäftigteneigenschaft endet auch in diesem Falle erst dann, wenn der VA unanfechtbar geworden ist. Bis zu diesem Zeitpunkt bleibt der Beamte Beschäftigter und gehört zur Gruppe der Beamten (Abs. 3 Satz 1).

19 **Sofortige Vollziehbarkeit.** Entfällt die aufschiebende Wirkung (§ 80 Abs. 1 VwGO) von Rechtsbehelfen nach Maßgabe von § 80 Abs. 2 VwGO, so endet die Beschäftigteneigenschaft bereits mit der Wirksamkeit (§ 43 Abs. 1 LVwVfG) des VA (z. B. Rücknahme, Entlassung, etc.). Dies gilt insb., wenn die sofortige Vollziehung des VA angeordnet worden ist (§ 80 Abs. 2 Satz 1 Nr. 4 VwGO). In diesem Fall wird der VA vollziehbar, mit der Folge, dass der Beamte nicht in der Dienststelle verbleibt und demzufolge auch nicht mehr in diese eingegliedert ist. Die Beschäftigteneigenschaft entfällt dann vor der Unanfechtbarkeit des VA.

20 **Disziplinarverfahren.** Ein Beamter bleibt auch trotz eines schwebenden Disziplinarverfahrens Beschäftigter. Dies gilt auch dann, wenn er vorläufig des Dienstes enthoben wird (§ 31 Abs. 2 LDG) oder wenn ihm die Führung der Dienstgeschäfte nach § 39 BeamtStG verboten wird.

21 **Umwandlung des Beamtenverhältnisses.** Wird ein bestehendes Beamtenverhältnis in ein solches anderer Art (§ 4 BeamtStG) umgewandelt – ohne Änderung der Dienststelle –, ist dies personalvertretungsrechtlich folgenlos. Der Beamte bleibt Beschäftigter der Dienststelle i. S. d. § 4 Abs. 1 Satz 1; er gehört unverändert zur dortigen Gruppe der Beamten.

22 **Änderung der Dienststelle, Umbildung.** Wird die Körperschaft, zu der das Beamtenverhältnis besteht, durch **Eingliederung** oder **Zusammenschluss** umgebildet (§§ 16 BeamtStG; 26 LBG) wird das Beamtenverhältnis mit dem neuen Dienstherrn fortgesetzt (vgl. §§ 17 Abs. 1, 18 BeamtStG; 27, 28 LBG). Der Beamte ist Beschäftigter der neuen Dienststelle und gehört dort der Gruppe der Beamten an.

23 **Versetzung.** Eine Versetzung des Beamten lässt das Beamtenverhältnis als solches unberührt (§§ 15 Abs. 3 Satz 2 BeamtStG; 24 Abs. 4 Satz 4 LBG); der Beamte wird Beschäftigter der neuen Dienststelle und gehört zur Gruppe der Beamten. Erfolgt die Versetzung ohne Zustimmung des Beamten, haben hiergegen gerichtete Rechtsbehelfe aufschiebende Wirkung (§ 80 Abs. 1 Satz 1 VwGO). Der Beamte ist solange Beschäftigter im personalvertretungsrechtlichen Sinne, solange er faktisch in der (abgebenden) Dienststelle tätig bleibt (vgl. auch Rn. 19).

24 **Abordnung.** Durch eine Abordnung bleibt der beamtenrechtliche Status des Beschäftigten nach Maßgabe von §§ 14 Abs. 4 BeamtStG, 25 Abs. 4 LBG un-

berührt. Der Beamte wird Beschäftigter der neuen Dienststelle; unter Beibehaltung der Zugehörigkeit zur bisherigen Dienststelle (§ 25 Abs. 1 Satz 1 LBG). Der Beamte bleibt nach Maßgabe von § 4 Abs. 1 Satz 2 aber auch personalvertretungsrechtlich Beschäftigter der abgebenden Dienststelle. Bei dieser ist er aber nicht mehr wählbar (§ 9 Abs. 1). Legt ein Beamter gegen eine Abordnung, die ohne seine Zustimmung erfolgt ist, Widerspruch ein, hat dieser aufschiebende Wirkung (§ 80 Abs. 1 Satz 1 VwGO). Der Beamte bleibt Beschäftigter der bisherigen Dienststelle, solange die Abordnung nicht unanfechtbar oder sofort vollziehbar ist.

Teilabordnung. Gemäß §§ 14 Abs. 1 BeamtStG, 25 Abs. 1 Satz 2 LBG kann eine Abordnung ganz oder teilweise erfolgen. Personalvertretungsrechtlich bedeutet dies, dass der Beamte durch die Teilabordnung Beschäftigter der aufnehmenden Dienststelle wird. Dort ist er u. a. wahlberechtigt und wählbar. Er ist aber unverändert Beschäftigter der abgebenden Dienststelle i. S. d. § 4 Abs. 1 Satz 1, wo er ebenfalls wahlberechtigt und wählbar ist. 25

Zuweisung, Umwandlung. Nach § 20 Abs. 1 BeamtStG können Beamte mit ihrer Zustimmung auch bei öffentlichen Einrichtungen ohne Dienstherreneigenschaft bzw. bei anderen Einrichtungen verwandt werden. Im Falle der Umwandlung nach § 20 Abs. 2 BeamtStG können Beamte auch ohne ihre Zustimmung der umgewandelten Einrichtung zugewiesen werden. Die Rechtsstellung der Beamten bleibt durch solche Maßnahmen unberührt (§ 20 Abs. 3 BeamtStG). Bei einer **privatrechtlich organisierten Einrichtung** gilt aber kein Personalvertretungsrecht; eine „Gruppe der Beamten" kann es dort auch nicht geben. Nach § 5 Abs. 1 Satz 3 BetrVG gelten die Beamten bei solchen Einrichtungen als **Arbeitnehmer** (vorbehaltlich § 5 Abs. 3 Satz 1 und 2 BetrVG; vgl. § 5 Abs. 3 Satz 2 BetrVG) und sind bei der Wahl des Betriebsrats nach Maßgabe von §§ 7, 8 BetrVG wahlberechtigt und wählbar. 26

bb) **Arbeitsverhältnis, Weisungsrecht.** Arbeitnehmer sind aufgrund des abgeschlossenen privatrechtlichen Vertrags (Arbeitsvertrag) dem Arbeitgeber zur Leistung weisungsgebundener, fremdbestimmter Arbeit verpflichtet. Dieses Weisungsrecht kann Inhalt, Zeit und Ort der Tätigkeit betreffen; insb. ist Arbeitnehmer derjenige, der seine Tätigkeit im Wesentlichen nicht frei gestalten und seine Arbeitszeit nicht selbst bestimmen kann. Vom **freien Dienstverhältnis** unterscheidet sich das Arbeitsverhältnis durch den Grad der persönlichen Abhängigkeit, in dem der Verpflichtete zum Dienstberechtigten steht. Wird der Arbeitnehmer – unter Verbleib in der Dienststelle – zum **Beamten ernannt,** bleibt er Beschäftigter i. S. d. § 4 Abs. 1 Satz 1, gehört ab dem Zeitpunkt der Ernennung aber zur Gruppe der Beamten. 27

Arbeitszeit. Wird eine Tätigkeit mit der erforderlichen Stetigkeit ausgeübt, kommt es für die Beschäftigteneigenschaft nicht auf den Umfang der wöchentlichen oder täglichen Arbeitszeit an. **Teilzeitkräfte** und **Abrufkräfte** sind deshalb ebenso Beschäftigte, wie Arbeitnehmer, die aufgrund eines **befristeten Arbeitsvertrages** tätig sind, wenn sie weisungsgebunden in die Dienststelle eingegliedert sind. 28

29 **Arbeitsort.** Entscheidend für den Beschäftigtenbegriff ist die Eingliederung in die Arbeitsorganisation, weshalb der Beschäftigte nicht in der Dienststelle tätig werden muss. Deshalb können auch Personen, die an **Telearbeitsplätzen** oder sonstigen Arbeitsplätzen außerhalb der Dienststelle tätig sind (z. B. Außendienstmitarbeiter) Beschäftigte i. S. d. LPVG sein.

30 **Arbeitsentgelt.** Unerheblich für die Zuordnung ist auch die Höhe des Arbeitsentgelts, das der Beschäftigte erhält. Deshalb sind z. B. auch **geringfügig Beschäftigte** i. S. d. § 8 Abs. 1 SGB-IV Beschäftigte i. S. d. LPVG. **Werkstudenten,** die weisungsabhängige Tätigkeiten in der Dienststellenorganisation erbringen, sind ebenfalls Arbeitnehmer i. S. d. allg. Arbeitnehmerbegriffs.

31 **Faktisches Arbeitsverhältnis.** Wird die Person ohne (rechtsgültigen) Arbeitsvertrag tätig, ist sie gleichwohl „Beschäftigter", weil es personalvertretungsrechtlich auf das rechtliche Band (Arbeitsverhältnis) gerade nicht mehr ankommt. Solange der Betroffene weisungsgebunden in die Dienststelle eingegliedert und tätig ist, erfüllt er die Voraussetzungen von § 4 Abs. 1 Satz 1.

32 **Leiharbeitnehmer.** Nach § 14 Abs. 1 AÜG bleiben Leiharbeitnehmer, die von einem privaten Arbeitgeber gemäß § 1 Abs. 1 Satz 1 AÜG einem Dritten zur Arbeitsleistung überlassen werden, auch während der Entleihzeit Angehörige des entsendenden Verleihbetriebs. Sind sie aber während der Dauer der Überlassung weisungsgebunden in der aufnehmenden Dienststelle eingegliedert und tätig, erfüllen auch sie den Beschäftigtenbegriff des § 4 Abs. 1 Satz 1. Personalvertretungsrechtlich gelten sie dann als „Beschäftigte" der entleihenden Dienststelle.

33 **Personalgestellung, Zuweisung.** Arbeitnehmer, die zur Dienststelle versetzt, an diese abgeordnet, gestellt oder zugewiesen sind, sind Beschäftigte i. S.d LPVG. Dies gilt auch beim Einsatz von Arbeitnehmern von privatrechtlichen Organisationseinheiten (z. B. Einsatz von Krankenschwestern/Krankenpflegern eines privatrechtlich organisierten Trägers bei kommunalen Krankenhäusern oder von Religionslehrern, die im Dienst einer Religionsgemeinschaft stehen, an staatlichen Schulen).

34 **Andere Arbeitgeber.** In der Dienststelle können auch Arbeitnehmer anderer Arbeitgeber aufgrund von sonstigen vertraglichen Vereinbarungen tätig sein. Nach § 4 Abs. 2 Nr. 5 sind Personen, die aufgrund von **Werk-, Werklieferungs-** oder **Geschäftsbesorgungsverträgen** in der Dienststelle tätig sind, grundsätzlich keine Beschäftigten der Dienststelle. Nach dem zweiten Halbsatz dieser Regelung bleibt Abs. 1 Satz 1 Nr. 1 aber unberührt. Dies bedeutet, dass auch solche Personen Beschäftigte der Dienststelle sein können, wenn sie weisungsgebunden in deren Arbeitsorganisation eingegliedert sind. Dies kann z. B. für Reinigungskräfte einer Drittfirma gelten, wenn diese die entscheidenden Weisungen (Einsatzplan) von Mitarbeitern der Dienststelle erhalten (vgl. z. B. BAG 13.12.2016 – 1 ABR 59/14 – NZA 2017, 525).

35 **Dienstordnungs-Angestellte.** Obwohl dieses Dienstverhältnis weitestgehend dem Beamtenrecht entspricht, sind Dienstordnungs-Angestellte weder Beamte,

noch haben sie einen öffentlich-rechtlichen Sonderstatus (vgl. z. B.: BAG 21.1.2014 – 3 AZR 905/11 – juris und 30.8.2005 – 3 AZR 391/04 – PersV 2006, 474; VGH München, 13.10.2016 – 5 S 16.1925 – juris). Personalvertretungsrechtlich sind sie Arbeitnehmer (so früher ausdrücklich § 7 Satz 1 a. F.). Bedeutung hat das Dienstordnungsrecht nur noch für den Bereich der gesetzlichen Unfallversicherung (vgl. §§ 144 ff. SGB-VII), nicht für das LPVG.

Beginn des Beschäftigungsverhältnisses. Das Arbeitsverhältnis wird durch den Abschluss eines privatrechtlichen Vertrags (Arbeitsvertrag) zwischen Arbeitnehmer und dem Arbeitgeber begründet. Abschluss und Inhalt des Arbeitsvertrags sind in § 2 TVöD geregelt. Personalvertretungsrechtlich maßgeblich ist auch hier die weisungsgebundene Eingliederung in die Arbeitsorganisation der Dienststelle. 36

Nichtigkeit. Ist der Arbeitsvertrag wegen fehlender Geschäftsfähigkeit oder wegen Verstoßes gegen ein gesetzliches Verbot nichtig, gelten i. d. R. arbeitsrechtlich die Grundsätze über das faktische Arbeitsverhältnis (zu den Ausnahmen: BAG, 3.11.2004 – 5 AZR 592/03 – BAGE 112, 299 = NZA 2005, 1409). Personalvertretungsrechtlich kommt es allein darauf an, ob die Person weisungsgebunden in die Arbeitsorganisation eingegliedert worden ist. Ist der „Arbeitsvertrag" trotz des rechtlichen Mangels vollzogen worden, ist die Person auch „Beschäftigter" i. S. d. LPVG. Nichtige Verträge können aber keine rechtliche Bindung der „Vertragsparteien" begründen, sodass sich diese ohne Weiteres für die Zukunft von dem „Arbeitsvertrag" lösen können, ohne dass es einer Anfechtung oder Kündigung bedarf. Geschieht dies, endet zugleich die Beschäftigteneigenschaft. 37

Anfechtung. Ist ein Arbeitsvertrag rechtswirksam, aber anfechtbar abgeschlossen worden, kommt es arbeitsrechtlich und personalvertretungsrechtlich darauf an, ob der Arbeitsvertrag bereits vollzogen worden ist, d. h. ob der Arbeitnehmer die Arbeit aufgenommen hat oder nicht. Ist der Arbeitsvertrag noch **nicht in Vollzug** gesetzt, so ist der Arbeitnehmer auch noch nicht in die Arbeitsorganisation eingegliedert worden, weshalb er auch kein Beschäftigter i. S. d. § 4 Abs. 1 Satz 1 ist. Bereits **vollzogene Arbeitsverhältnisse** können nach der Rechtsprechung (BAG, 3.12.1998 – 2 AZR 754/97 – PersR 1999, 326) nur mit Wirkung für die Zukunft (ex-nunc) aufgelöst werden. Personalvertretungsrechtlich kommt es auf die faktische Eingliederung an; endet diese, endet auch die Beschäftigteneigenschaft. 38

Änderung des Arbeitsverhältnisses. Änderungen des übertragenen Aufgabenbereichs, der Arbeitszeit, des Arbeitsortes, des Arbeitsentgelts, etc. sind i. d. R. hinsichtlich der Beschäftigteneigenschaft unerheblich. Auch eine **Beurlaubung** (vgl. aber § 8 Abs. 1 Nr. 2) oder ein **Ruhen** des Arbeitsverhältnisses lässt die Beschäftigteneigenschaft grundsätzlich unberührt (vgl. auch § 8 Rn. 23). Ist die Arbeitsleistung aber aufgrund von Versetzung, Abordnung, Gestellung oder Zuweisung bei einer **anderen Dienststelle** zu erbringen, hat dies regelmäßig auch Auswirkungen auf die Beschäftigteneigenschaft. Dies gilt insb., wenn die Arbeit dann bei einem privatrechtlichen organisierten Betrieb zu leisten ist. 39

Auswirkungen haben auch Änderungen der Dienststelle selbst, z. B. durch Privatisierung, Auflösung, Zusammenschluss oder Eingliederung.

40 **Versetzung.** Unter Versetzung eines Arbeitnehmers versteht man die **auf Dauer** angelegte Beschäftigung bei einer anderen Dienststelle **desselben Arbeitgebers** unter Aufrechterhaltung des bestehenden Arbeitsverhältnisses (§ 4 Abs. 1 TV-L). Der Arbeitnehmer wird durch die Versetzung Beschäftigter der aufnehmenden Dienststelle; ein rechtliches Band zur abgebenden Dienststelle i. S. d. § 4 Abs. 1 Satz 2 besteht in diesem Falle nicht.

41 **Abordnung.** Unter der Abordnung eines Arbeitnehmers versteht man die vom Arbeitgeber veranlasste zeitlich befristete (**vorübergehende**) Arbeitserbringung in einer anderen Dienststelle **desselben oder eines anderen Arbeitgebers**, bei dem ebenfalls der TV-L oder TVöD zur Anwendung kommt. Der Arbeitnehmer ist für die Dauer der Abordnung Beschäftigter der aufnehmenden Dienststelle i. S. d. § 4 Abs. 1 Satz 1. Erfolgt die Abordnung zu einem **privatrechtlich organisierten Betrieb**, findet das LPVG dort keine Anwendung. Da das bestehende Arbeitsverhältnis aber fortgesetzt wird, bleibt der Arbeitnehmer in jedem Fall hinsichtlich der abgebenden Dienststelle Beschäftigter i. S. d. § 4 Abs. 1 Satz 2. Bei einer **Teilabordnung** ist der Arbeitnehmer unverändert auch Beschäftigter der abgebenden Dienststelle i. S. d. § 4 Abs. 1 Satz 1, wo er ebenfalls wahlberechtigt und wählbar ist.

42 **Gestellung.** Werden **Aufgaben** innerhalb des öffentlichen Dienstes zu einem Dritten **verlagert** und die Beschäftigten der (ursprünglich zuständigen) Dienststelle **auf Dauer** (unverändert) mit der Aufgabenerfüllung betraut (§ 4 Abs. 3 TV-L), sind diese Beschäftigten in die Arbeitsorganisation des Dritten eingegliedert und deshalb dort Beschäftigte im personalvertretungsrechtlichen Sinne. Da das Arbeitsverhältnis von der Gestellung unberührt bleibt, sind die Beschäftigten zugleich Beschäftigte der abgebenden Dienststelle i. S. d. § 4 Abs. 1 Satz 2.

43 **Zuweisung.** Zuweisung ist die **vorübergehende** Beschäftigung eines Arbeitnehmers bei einem Dritten, bei dem der TV-L bzw. TVöD i. d. R. nicht zur Anwendung kommt. Erfolgt die Zuweisung zu einer juristischen Person des öffentlichen Rechts oder einer gemeinsamen Dienststelle (z. B. an ein Jobcenter nach § 44g Abs. 2 SGB-II) sind die Arbeitnehmer Beschäftigte i. S. d. des jeweils geltenden Personalvertretungsrechts. Erfolgt die Zuweisung zu einem **privatrechtlich organisierten Betrieb**, findet das LPVG dort keine Anwendung. Das bestehende Arbeitsverhältnis wird aber fortgesetzt und bleibt unberührt, weshalb der Arbeitnehmer während der Dauer der Zuweisung in jedem Fall Beschäftigter i. S. d. § 4 Abs. 1 Satz 2 der abgebenden Dienststelle ist.

44 **Privatisierung.** Wird die Organisationseinheit, in der der Beschäftigte tätig ist, privatisiert, endet ohne Weiteres die Beschäftigteneigenschaft des Arbeitnehmers. Dieser unterliegt nun dem BetrVG.

45 **Ende des Beschäftigungsverhältnisses.** Mit der Beendigung des Arbeitsverhältnisses endet i.d.R auch die Beschäftigteneigenschaft. Der Arbeitnehmer bleibt aber personalvertretungsrechtlich „Beschäftigter“ solange er faktisch in die Arbeitsorganisation eingegliedert ist.

Kündigung. Wird ein Arbeitsverhältnis gekündigt, endet die Zugehörigkeit zur Dienststelle grundsätzlich mit dem Zeitpunkt der Wirksamkeit der Kündigung. Während der **Dauer der Kündigungsfrist** bleibt der Arbeitnehmer „Beschäftigter“, auch wenn er i. H.a. die Kündigung bereits freigestellt ist. Nach Ablauf der Kündigungsfrist bzw. mit dem Zugang der außerordentlichen Kündigung entfällt die Beschäftigteneigenschaft. 46

Weiterbeschäftigung nach Kündigung. Wird der ordentlich oder außerordentlich gekündigte Arbeitnehmer während des Rechtsstreits (Kündigungsschutzklage) weiterbeschäftigt (aufgrund eines arbeitsrechtlichen Anspruchs oder nach § 75 Abs. 7), bleibt er **für die Dauer der Weiterbeschäftigung** in die Dienststelle eingegliedert und damit auch Beschäftigter. Dies folgt ohne Weiteres aus § 4 Abs. 1 Satz 1, der gerade nicht auf den rechtlichen Bestand des Arbeitsverhältnisses abstellt, sondern auf die tatsächliche Eingliederung in die Dienststelle. Anderes gilt, wenn der gekündigte Arbeitnehmer während des Kündigungsrechtsstreits nicht weiterbeschäftigt wird. Denn dann ist er gerade nicht mehr in die Dienststelle eingegliedert. Zur Frage der Wahlberechtigung und Wählbarkeit im Falle der Kündigung vgl.: § 8 Rn. 14 ff.; § 9 Rn. 20 ff. 47

cc) **Arbeitnehmerähnliche Personen (Nr. 1 – 2. Alt.).** Die Regelung stellt arbeitnehmerähnliche Personen i. S. v. § 12a TVG den anderen Personen der Nr. 1 gleich. Arbeitnehmerähnliche Personen sind keine Arbeitnehmer im arbeitsrechtlichen Sinne. Sie werden i. d. R. aufgrund eines Dienst- oder Werkvertrags für eine gewisse Dauer tätig (sog. freie Mitarbeiter), sind aber vom Auftraggeber wirtschaftlich in besonderem Maße abhängig und sind wie ein Arbeitnehmer sozial schutzbedürftig. Von einer solchen besonderen wirtschaftlichen Abhängigkeit ist auszugehen, wenn der Betroffene auf die Einkünfte aus dem Vertragsverhältnis existentiell angewiesen ist. 48

Abgrenzung. Für die Abgrenzung zur **selbstständigen Tätigkeit** kommt es auf das Maß der persönlichen Abhängigkeit an. Bei der Qualifizierung sind die Umstände des Einzelfalls maßgeblich. Auf die getroffenen Vereinbarungen kommt es nur an, wenn diese nicht im Widerspruch zur tatsächlichen Durchführung des Vertrags stehen. Besteht äußerlich ein **Werkvertrag**, kommt es darauf an, ob der Verpflichtete die geschuldete Leistung insb. hinsichtlich von Zeit, Dauer und Ort seiner Tätigkeit selbst bestimmen kann. Entscheidet hierüber der Besteller, spricht dies für eine arbeitsvertragliche Beziehung. Dies gilt insb., wenn der „Werkunternehmer“ in die Arbeitsorganisation des „Bestellers“ derart eingegliedert ist, dass eine eigenverantwortliche Arbeitsgestaltung (weitgehend) ausgeschlossen ist, und er insoweit den Weisungen des „Bestellers“ unterliegt. Bei einem **Dienstvertrag** kommt es maßgeblich darauf an, in welchem Umfang der Dienstleister selbst die Art und Weise der Leistungserbringung, seine Arbeitszeit und die sonstigen Umstände seiner Tätigkeit eigenverantwortlich gestalten kann. 49

Schutzbedürfnis. Nach § 12a TVG besteht ein besonderes Schutzbedürfnis, wenn die geschuldete Leistung im Wesentlichen persönlich – ohne Mitarbeiter – erbracht wird und wenn die arbeitnehmerähnliche Person überwiegend für einen Auftraggeber tätig ist oder von diesem im Durchschnitt mehr als die 50

Hälfte des Erwerbsentgelts erhält, das sie mit ihrer Tätigkeit insgesamt erzielt. Überwiegend für einen Auftraggeber tätig sind diejenigen, die mehr als die Hälfte ihrer persönlichen Arbeitszeit hierfür aufwenden. Bei mehreren Auftraggebern kann sich die wirtschaftliche Abhängigkeit aus § 12a Abs. 1 Nr. 1b TVG ergeben, wenn die Person im Durchschnitt mehr als die Hälfte des Entgelts erhält, dass ihr für ihre Erwerbstätigkeit insgesamt zusteht. Insgesamt muss die Person einem Arbeitnehmer vergleichbar schutzbedürftig sein. Davon ist auszugehen, wenn das Vertragsverhältnis und die Abhängigkeit faktisch mit dem eines Arbeitnehmers vergleichbar ist.

51 **dd) Sonstige Beschäftigte.** Nach der Begründung des Gesetzentwurfs der Landesregierung zum ÄG 2013 (LT-Drucksache 15/4224, S. 85) sollen vom neuen Beschäftigtenbegriff u. a. auch erfasst werden: „Personen, die im Rahmen von Arbeitsbeschaffungsmaßnahmen in der Dienststelle eingesetzt werden“ und „erwerbsfähige Arbeitssuchende, die in der Dienststelle eine Arbeitsgelegenheit nach § 16d des Zweiten Buchs Sozialgesetzbuch wahrnehmen (sogenannte Ein-Euro-Jobber“ sowie Personen, die in der Dienststelle freiwillige Dienste absolvieren.

52 **Ein-Euro-Jobber.** Nach § 16d Abs. 1 SGB-II können erwerbsfähige Leistungsberechtigte zur Erlangung oder Wiedererlangung ihrer Beschäftigungsfähigkeit Arbeitsgelegenheiten zugewiesen bekommen. Durch diese Zuweisung entsteht **kein Arbeitsverhältnis**; der zugewiesene Leistungsberechtigte erhält demzufolge auch kein Arbeitsentgelt, sondern eine Mehraufwandsentschädigung; sog. Arbeitsgelegenheit mit Mehraufwandsentschädigung (MAE-Kräfte). Erfolgt eine Zuweisung des Leistungsberechtigten zu einer Dienststelle i. S. d. LPVG, wird dieser mit der Eingliederung in die Dienststelle Beschäftigter i. S. d. § 4 Abs. 1 Satz 1.

53 **Zuschuss zum Arbeitsentgelt.** Wird zwischen einem nach § 16e Abs. 3 SGB-II zugewiesenen Leistungsberechtigten und dem Arbeitgeber ein **Arbeitsverhältnis** begründet, können auf Antrag nach § 16e Abs. 1 SGB-II Zuschüsse zum Arbeitsentgelt gezahlt werden. Erfolgt die Zuweisung zu einem Arbeitgeber i. S. d. § 1, sind die zugewiesenen Leistungsberechtigten Beschäftigte dieser Dienststelle.

54 **Freiwilligendienste.** Durch die Ableistung freiwilliger Dienste entsteht ein Rechtsverhältnis besonderer Art. Freiwilligendienste in diesem Sinne gelten nicht als ehrenamtliche Tätigkeit und fallen demnach auch nicht unter Abs. 2 Nr. 3. Personen, die einen Dienst nach dem Bundesfreiwilligendienstgesetz vom 28.4.2011 (vgl. § 13 BFDG) leisten oder nach dem Jugendfreiwilligendienstgesetz vom 16.5.2008 (vgl. § 13 JFDG) ein freiwilliges soziales oder ökologisches Jahr absolvieren, sind Beschäftigte i. S. d. § 4 Abs. 1 Satz 1 bei der Dienststelle, bei der sie ihren Dienst verrichten und in die sie eingegliedert sind.

55 **Freiwilliger Polizeidienst.** Mit ihrer Verpflichtung treten die Mitglieder des freiwilligen Polizeidienstes in ein öffentlich-rechtliches Dienst- und Treueverhältnis eigener Art ein (VG Karlsruhe, 19.11.2014 – PL 12 K 3555/14 – PersV 2015, 437). Sie sind nicht ehrenamtlich tätig i. S. d. Abs. 2 Nr. 3, wie sich aus der

Kategorisierung durch das Gesetz über den Freiwilligen Polizeidienst – FPolDG i. d. F. vom 12.4.1985 (GBl. S. 129) – ergibt. Jedenfalls ab ihrer Verpflichtung (§ 5 FPolDG) müssen sie den Anordnungen der Vorgesetzten des Polizeivollzugsdienstes Folge leisten (§ 6 Abs. 2 Nr. 3 FPolDG), weshalb sie auch weisungsgebunden in die Arbeitsorganisation der Dienststelle eingegliedert und dort tätig sind. Sie sind deshalb auch Beschäftigte im personalvertretungsrechtlichen Sinne.

Freiwillige Feuerwehr. Nach § 7 Abs. 2 Satz 1 FwG verrichten die Mitglieder der Freiwilligen Feuerwehr ihren Dienst **ehrenamtlich**. Sie fallen somit unter Abs. 2 Nr. 3 und gelten demzufolge nicht als Beschäftigte i. S. d. § 4 Abs. 1 Satz 1. Anderes gilt, wenn sie nach den allg. für Gemeindebedienstete geltenden Vorschriften angestellt sind (§ 7 Abs. 2 Satz 1 FwG). Diese Feuerwehrleute sind dann Beschäftigte der Gemeinde. 56

Dienststellenleiter. Zu den Beschäftigten gehört, von Ausnahmen abgesehen, auch der Dienststellenleiter (vgl. § 5 Rn. 10). 57

b) **Auszubildende (Nr. 2).** Nach § 4 Abs. 1 Satz 1 Nr. 2 sind auch die Personen Beschäftigte, die sich in der Ausbildung für eine **Beamtenlaufbahn** befinden. Auszubildende, die zur Ableistung eines Vorbereitungsdienstes zum Beamten auf Widerruf ernannt werden (§ 4 Abs. 4 lit. a BeamtStG), sind bereits Beschäftigte nach Abs. 1 Satz 1 Nr. 1 und rechnen zur Gruppe der Beamten. Die anderen Auszubildenden, die eine Beamtenlaufbahn anstreben und sich in einem öffentlich-rechtlichen Ausbildungsverhältnis befinden, sind keine Beamten im beamtenrechtlichen Sinne, gelten aber nach § 4 Abs. 3 Satz 2 als Beamte. Wer sich „in sonstiger beruflicher Ausbildung“ befindet, ist Arbeitnehmer i. S. d. LPVG. Diese Personen absolvieren i. d. R. ein **privatrechtliches Ausbildungsverhältnis** und gehören zur Gruppe der Arbeitnehmer. 58

Beamtenlaufbahn. Nach § 16 Abs. 1 Satz 1 Nr. 1 LBG können Laufbahnbewerber die Befähigung für eine Laufbahn erwerben: durch einen Vorbereitungsdienst im Beamtenverhältnis auf Widerruf (Nr. 1a) sowie in einem öffentlich-rechtlichen Ausbildungsverhältnis (Nr. 1b). Solche besonderen Ausbildungsverhältnisse sind bspw. in den Ausbildungs- und Prüfungsordnungen für den mittleren Verwaltungsdienst (AprOVw mD) und den gehobenen Verwaltungsdienst (APrOVw gD) sowie im Juristenausbildungsgesetz (§ 5 Abs. 1 Satz 1 JAG) geregelt. Alle diese Auszubildenden befinden sich in einer „Ausbildung für eine Beamtenlaufbahn“ und sind deshalb Beschäftigte i. S. d. § 4 Abs. 1 Satz 1 Nr. 2. 59

Beamte auf Widerruf. Das Beschäftigtenverhältnis wird durch Ernennung und tatsächliche Aufnahme des Vorbereitungsdienstes begründet. Nach § 22 Abs. 4 BeamtStG endet das Beamtenverhältnis auf Widerruf und damit das Beschäftigungsverhältnis mit Ablauf des Tages der Ablegung oder des endgültigen Nichtbestehens der Laufbahnprüfung. Nach § 23 Abs. 4 Satz 1 BeamtStG können Beamte auf Widerruf auch jederzeit **entlassen** werden. 60

Öffentlich-rechtliches Ausbildungsverhältnis. Öffentlich-rechtliche Ausbildungsverhältnisse werden einem Vorbereitungsdienst vorgeschaltet oder sollen diesen 61 für solche Personen, die nicht die Voraussetzungen für eine Ernennung zum Beamten erfüllen, ersetzen. Ist dem Vorbereitungsdienst ein öffentlich-rechtliches Ausbildungsverhältnis vorgeschaltet (vgl. § 6 Abs. 1 APrOVwmD); §§ 2, 14 Abs. 1 APrOVwgD) werden diese Auszubildenden zunächst durch Zulassung (§§ 4 ff. APrOVwgD; § 3 APrOVwmD) und Aufnahme der Ausbildung Beschäftigte. Die für Beamte auf Widerruf geltenden Vorschriften gelten für diesen Personenkreis grundsätzlich entsprechend (§ 16 Abs. 5 Satz 1 LBG). Das Ausbildungsverhältnis endet mit der Berufung in ein Beamtenverhältnis auf Widerruf (zur Ableistung des anschließenden Vorbereitungsdienstes) oder durch Entlassung (§ 14 Abs. 2 AProVwgD; § 5 Abs. 2 APrOVwmD). Das öffentlich-rechtliche Ausbildungsverhältnis nach § 5 Abs. 1 JAG endet i. d. R. mit dem Bestehen bzw. Nichtbestehen der Zweiten Juristischen Staatsprüfung (§ 5 Abs. 3 JAG).

62 **Sonstige berufliche Ausbildung.** In „sonstiger" Ausbildung befinden sich vor allem Auszubildende, die aufgrund eines **Berufsausbildungsvertrags** (§§ 10 ff. BBiG) nach dem Berufsbildungsgesetz ausgebildet werden. Dies gilt auch für andere Ausbildungsverhältnisse, wie bspw. nach dem Krankenpflegegesetz oder vergleichbaren Gesetzen. In sonstiger Ausbildung sind auch Personen, die eine **berufliche Fortbildung** (§§ 53 ff. BBiG) oder **berufliche Umschulung** (§ 62 Abs. 1 BBiG) absolvieren. Die Ausbildung beginnt durch den Abschluss eines Ausbildungsvertrages und die tatsächliche Aufnahme der vorgesehenen Ausbildung; sie erlischt i. d. R. mit der Beendigung des Ausbildungsverhältnisses.

63 **Wechselnde Ausbildungsstellen.** Für Auszubildende, die ihre Ausbildung an wechselnden Stellen des öffentlichen Dienstes absolvieren, gilt § 8 Abs. 2. Wird ein Teil der Ausbildungszeit bei einem **Privatunternehmen** verbracht, verlieren die Auszubildenden für diesen Zeitraum den Beschäftigtenstatus, wenn sie nicht **Beamte auf Widerruf** sind. Die anderen Auszubildenden sind in einer solchen Zeit keine Beschäftigten nach § 4 Abs. 1 Satz 1 mehr, weil sie in die Dienststelle nicht mehr weisungsgebunden eingegliedert sind. Sie sind auch keine Beschäftigten i. S. d. § 4 Abs. 1 Satz 2, weil diese Vorschrift nur für Beschäftigte gilt, deren Dienst- oder Arbeitsverhältnis zur Dienststelle fortbesteht; ein Ausbildungsverhältnis genügt insoweit nicht. Gleiches gilt für Ausbildungszeiten bei anderen öffentlich-rechtlichen Stellen, für die das LPVG nicht gilt.

64 **Volontäre, Praktikanten.** Unter „sonstige" Ausbildung fallen auch Volontäre und Praktikanten, wenn sie – zumindest überwiegend – mit Tätigkeiten der Dienststelle, ggf. nach Anleitung bzw. unter Aufsicht, befasst sind und für weitere Aufgaben vorbereitet werden. Ob sie die Tätigkeit entgeltlich oder unentgeltlich ausüben, ist personalvertretungsrechtlich ohne Belang.

65 **2. Externe Beschäftigte (Satz 2).** Nach § 4 Abs. 1 Satz 2 sind Beschäftigte auch die Personen, die augenblicklich nicht weisungsgebunden in die Arbeitsorganisation der Dienststelle eingegliedert und innerhalb dieser tätig sind, aber rechtlich dieser unverändert zugeordnet sind („unter Fortsetzung eines bestehenden unmittelbaren Dienst- oder Arbeitsverhältnisses zur Dienststelle").

66 **Anwendungsbereich.** Abs. 1 Satz 2 gilt nur für fortgesetzte Dienst- und Arbeitsverhältnisse; **Ausbildungsverhältnisse** i. S. d. Abs. 1 Satz 1 Nr. 2 sind hier nicht

umfasst. Ausdrücklich gilt Abs. 1 Satz 2 für die Fälle der **Abordnung** und **Zuweisung**. Eine Anwendung auf Versetzungen scheidet aus, weil diese Beschäftigten die Dienststelle auf Dauer verlassen. Die **Versetzung** von Arbeitnehmern ändert zwar nicht das Arbeitsverhältnis zum Arbeitgeber, beendet aber den vorher bestehenden rechtlichen Bezug zur abgebenden Dienststelle. Erfasst ist aber die **Personalgestellung**. Denn diese Beschäftigten erbringen ihre geschuldete Arbeitsleistung nicht mehr in der abgebenden Dienststelle, der sie rechtlich zugeordnet sind, sondern an „einer anderen Stelle", unter Beibehaltung des Dienst- oder Arbeitsverhältnisses zu ihrer alten Dienststelle (vgl. auch Rn. 40 ff.).

Rechtsstellung. Die Beschäftigten nach Abs. 1 Satz 2 haben personalvertretungsrechtlich grundsätzlich die gleichen Rechte wie die Beschäftigten nach Abs. 1 Satz 1. Faktisch wird die Anbindung an die Dienststelle – jedenfalls bei längerer Abwesenheit – aber nicht mit der der Beschäftigten nach Abs. 1 Satz 1 vergleichbar sein. Zum PR sind sie nur wahlberechtigt, aber **nicht wählbar** (§ 9 Abs. 1). Dies gilt aber nicht bei einer **Teilabordnung**, wenn also die Eingliederung in die abgebende Dienststelle jedenfalls teilweise fortbesteht. 67

Sonstige Abwesenheitszeiten. Abs. 1 Satz 2 geht davon aus, dass der Beschäftigte seine geschuldete Arbeitsleistung an einem anderen Ort als der ursprünglichen Dienststelle erbringt. Nicht anwendbar ist Abs. 1 Satz 2, wenn der Beschäftigte von der Dienststelle zwar abwesend ist, aber auch **andernorts keine Arbeitsleistung** erbringt (z. B., wenn er unter Wegfall der Bezüge längere Zeit beurlaubt ist oder Elternzeit in Anspruch nimmt, §§ 15 ff. BEEG bzw. §§ 40 ff. AzUVO). Bei diesen Personen handelt es sich um Beschäftigte i. S. d. § 4 Abs. 1 Satz 1 Nr. 1, wobei im Einzelfall zu prüfen ist, ob die Beschäftigteneigenschaft wegen der längerfristigen Abwesenheit nur modifiziert gilt (vgl. § 8 Abs. 1). 68

Zugewiesene Beamte. Werden Beamte einer **privatrechtlich organisierten Einrichtung** zugewiesen, bleiben sie Beschäftigte der abgebenden Dienststelle, wo sie der Gruppe der Beamten angehören. Bei dem aufnehmenden Betrieb gilt nur das Betriebsverfassungsrecht. Nach § 5 Abs. 1 Satz 3 BetrVG gelten diese Beamten bei solchen Einrichtungen als **Arbeitnehmer** (vorbehaltlich § 5 Abs. 3 Satz 1 und 2 BetrVG; vgl. § 5 Abs. 3 Satz 2 BetrVG) und sind bei der Wahl des Betriebsrats nach Maßgabe von §§ 7, 8 BetrVG wahlberechtigt und wählbar. 69

II. Ausschlusstatbestände (Abs. 2)

Abschließende Aufzählung. § 4 Abs. 2 bestimmt, dass die dort genannten Personen nicht als Beschäftigte i. S. d. Abs. 1 gelten. Die Aufzählung in Abs. 2 ist abschließend. Da es sich um eine Ausnahmeregelung handelt, sind die Begriffe eng auszulegen. „Im Zweifel sind daher Personen, die nicht den Fallgruppen des Absatzes 2 zugeordnet werden können, als Beschäftigte anzusehen" (LT-Drucksache 15/4224, S. 86, vgl. auch Bossert, VBlBW 2014, 413, 417). 70

1. Öffentlich-rechtliches Amtsverhältnis (Nr. 1). Als Beispiele für Personen, die in einem öffentlich-rechtlichen Amtsverhältnis stehen, nennt die Begründung 71 des Gesetzentwurfs der Landesregierung zum ÄG 2013 „Minister und Politische Staatssekretäre" (LT-Drucksache 15/4224, S. 85).

72 **2. Richter und Staatsanwälte (Nr. 2).** Richter und Staatsanwälte gelten nur als Beschäftigte in den Fällen, die in den Buchstaben a) und b) genannt sind. Der Inhaber einer Lebenszeitstelle muss an eine andere Dienststelle als ein Gericht oder eine Staatsanwaltschaft abgeordnet sein (lit. a), der Richter auf Probe oder der Richter kraft Auftrags muss einer anderen Dienststelle als einem Gericht oder einer Staatsanwaltschaft zur Verwendung zugewiesen sein (lit. b). Beschäftigter ist demnach bspw. der an ein Regierungspräsidium abgeordnete Richter am VG, Beschäftigte ist die an das Landesjustizministerium abgeordnete Proberichterin. Die Beschäftigteneigenschaft beginnt mit Aufnahme der Tätigkeit in der anderen Dienststelle. Wegen der Vertretung der Richter und Staatsanwälte vgl. § 1 Rn. 40 ff.

73 **3. Ehrenamtlich Tätige (Nr. 3).** In der Begründung des Gesetzentwurfs der Landesregierung zum ÄG 2013 heißt es hinsichtlich der Nr. 3 (LT-Drucksache 15/4224, S. 85 f.): „wobei in Abgrenzung nach Art und Intensität der Eingliederung in die Dienststelle auch zu berücksichtigen ist, dass Personen in Freiwilligendiensten in der Regel nicht hierunter fallen, sondern zu den Beschäftigten zählen; die Beschäftigteneigenschaft setzt auch eine gewisse Stetigkeit und einen gewissen Umfang der Beschäftigung voraus, die bei ehrenamtlich Tätigen (etwa Nachmittagsbetreuer an Schulen) weniger vorliegt, weshalb von einer tatsächlichen Eingliederung in die Belegschaft und der Arbeitsorganisation in der Regel nicht ausgegangen werden kann".

74 **Ehrenbeamte.** Nicht zu den ehrenamtlich tätigen Personen zählen die Ehrenbeamten. Als Ehrenbeamter kann nach § 5 Abs. 1 BeamtStG berufen werden, wer Aufgaben i. S. d. § 3 Abs. 2 BeamtStG unentgeltlich wahrnehmen soll. Für Ehrenbeamte gelten das LBG und das BeamtStG mit den dort genannten Einschränkungen (vgl. § 91 LBG). Ehrenbeamte sind z. B. ehrenamtliche Bürgermeister, ehrenamtliche Amtsverweser und ehrenamtliche Ortsvorsteher (§ 91 Abs. 5 LBG).

75 **Freiwilliger Polizeidienst.** Angehörige des Freiwilligen Polizeidienstes sind keine ehrenamtlich tätigen Personen i. S. d. Nr. 3 (VG Karlsruhe, 19.11.2014 – PL 12 K 3555/14 – PersV 2015, 437). Dieser Personenkreis zählt zu den Beschäftigten i. S. d. § 4 Abs. 1 Satz 1 Nr. 1 (vgl. Rn. 55).

76 **Freiwillige Feuerwehr.** Nach § 7 Abs. 2 Satz 1 FwG verrichten die Mitglieder der Freiwilligen Feuerwehr ihren Dienst **ehrenamtlich**. Sie fallen somit unter Abs. 2 Nr. 3 und gelten demzufolge nicht als Beschäftigte i. S. d. § 4 Abs. 1 Satz 1. Anderes gilt, wenn sie nach den allg. für Gemeindebedienstete geltenden Vorschriften angestellt sind (§ 7 Abs. 2 Satz 1 FwG). Diese Feuerwehrleute sind dann Beschäftigte der Gemeinde.

77 **Freiwilligendienste.** Freiwilligendienste sind keine ehrenamtliche Tätigkeit und fallen nicht unter Abs. 2 Nr. 3. Personen, die einen Dienst nach dem BFDG oder dem JFDG leisten, sind Beschäftigte i. S. d. § 4 Abs. 1 Satz 1 (vgl. Rn. 54).

4. Beschäftigung zur Heilung, Wiedereingewöhnung, Erziehung (Nr. 4). Diese Personen galten schon nach altem Recht nicht als Beschäftigte i. S. d. LPVG (vgl. § 4 Abs. 3 a. F.). Die Heilung, Wiedereingewöhnung oder Erziehung muss allerdings im Vordergrund der Maßnahme stehen. Anderes gilt, wenn die Person in einem regulären Arbeitsverhältnis beschäftigt wird. 78

5. Werk-, Werklieferungs- oder Geschäftsbesorgungsverträge (Nr. 5). Personen, die auf eigene Rechnung oder für Drittfirmen in den Räumlichkeiten der Dienststelle oder für die Dienststelle arbeiten, gelten nicht als Beschäftigte der Dienststelle. Der Gesetzentwurf der Landesregierung zum ÄG 2013 (LT-Drucksache 15/4224, S. 86) führt insoweit aus: „… zum Beispiel Mitarbeiter des Kantinenpächters, Angehörige einer externen Reinigungsfirma, denn sie unterliegen dem Direktionsrecht des Unternehmens, welches in der Dienststelle die vertraglich vereinbarte Leistung erbringt, nicht aber unmittelbaren Weisungen der Dienststelle. Gleiches gilt etwa für selbstständige Handwerker, die Aufträge in der Dienststelle erledigen. Nicht erfasst werden von den Ausnahmen aber die arbeitnehmerähnlichen Beschäftigten nach § 12a des Tarifvertragsgesetzes, die ausdrücklich (Absatz 1) als Beschäftigte gelten“. 79

Faktische Eingliederung. Nach dem letzten Halbsatz bleibt Abs. 1 Satz 1 Nr. 1 unberührt. Dies bedeutet, dass die rechtliche Zuordnung zu einem anderen Arbeitgeber unbeachtlich ist, wenn die Person faktisch (weisungsgebunden) in die Arbeitsorganisation der Dienststelle eingegliedert ist, der Dienststellenleiter oder sein Beauftragter mithin die Arbeitgeberentscheidungen trifft. Dann sind diese Personen Beschäftigte i. S. d. Abs. 1 Satz 1 Nr. 1. 80

III. Gruppe der Beamten (Abs. 3)

Gruppenprinzip. Die Rechtsverhältnisse der Beamten und der Arbeitnehmer sind unterschiedlich geregelt. Auch die Interessen dieser beiden Gruppen können sehr unterschiedlich gelagert sein. Es liegt deshalb nahe, dass die jeweiligen Interessen im PR in erster Linie durch Vertreter der eigenen Gruppe gewahrt werden. Daher gilt das Gruppenprinzip. Es gehört zu den hergebrachten Grundsätzen des Berufsbeamtentums i. S. d. Art. 33 Abs. 5 GG (vgl. Ilbertz-Widmaier § 5 Rn. 6; vgl. auch § 51 BeamStG). 81

Bedeutung der Gruppenzugehörigkeit. Die Gruppenzugehörigkeit ist von Bedeutung für die Zusammensetzung des PR (§§ 11 und 12), für die Wahl des PR (§ 13 Abs. 2, 4 und 5), für die Zusammensetzung des Wahlvorstands (§ 15 Abs. 1), für die Zusammensetzung des Vorstands des PR (§ 28 Abs. 1 und 2), für einen Antrag auf Anberaumung einer PR-Sitzung (§ 30 Abs. 3), für die Beschlussfassung in Gruppenangelegenheiten (§ 34 Abs. 4), für das Vetorecht einer Gruppe (§ 37), für die Wahl des GesamtPR (§ 54 Abs. 3 und 4) und für die Wahl der Stufenvertretungen (§ 55 Abs. 3). Auch für die Beteiligung des PR nach §§ 73 ff. kann die Gruppenzugehörigkeit eine Rolle spielen (vgl. z. B. § 75 Abs. 1 Nr. 1 und 2). 82

1. Beamte (Satz 1). Wer Beamter ist, bestimmen die Beamtengesetze. Für die Beamten des Landes, der Gemeinden und der Gemeindeverbände sowie der 83 sonstigen der Aufsicht des Landes unterstehenden Körperschaften, Anstalten und Stiftungen des öffentlichen Rechts gelten das BeamtStG und das LBG. Beamter i. S. d. LPVG ist danach nur, wer unter Aushändigung einer Ernennungsurkunde zum Beamten ernannt worden ist (vgl. § 8 Abs. 1 und 2 BeamtStG, §§ 9 Abs. 2; 10 LBG). Welcher Art das Beamtenverhältnis ist (auf Lebenszeit, auf Zeit, auf Probe, auf Widerruf, vgl. § 4 BeamtStG, §§ 6 ff. LBG), spielt grundsätzlich keine Rolle.

84 **Ruhestandsbeamte.** Die als Arbeitnehmer weiter- oder wiederbeschäftigten Ruhestandsbeamten sind keine Beamten i. S. d. LPVG. Die Beamten, bei denen der Eintritt in den Ruhestand nach § 39 LBG hinausgeschoben wurde, bleiben während dieser Zeit bis zum Eintritt in den Ruhestand Beamte.

85 **Beamte anderer Dienstherren.** Ob Beamten des Bundes oder eines anderen Bundeslandes, die zu einer Dienststelle im Geltungsbereich des LPVG abgeordnet worden sind, die Beamteneigenschaft zukommt, bestimmt sich nach dem für ihn geltenden Beamtengesetz bzw. dem Beamtenstatusgesetz.

86 **Zugewiesene Beamte.** Werden Beamte einer **privatrechtlich organisierten Einrichtung** zugewiesen, bleiben sie Beschäftigte der abgebenden Dienststelle, wo sie der Gruppe der Beamten angehören. Beim aufnehmenden Betrieb gelten sie als Arbeitnehmer (§ 5 Abs. 1 Satz 3 BetrVG) und sind – vorbehaltlich § 5 Abs. 3 Satz 1 und 2 BetrVG (vgl. § 5 Abs. 3 Satz 2 BetrVG) – bei der Wahl des Betriebsrats nach Maßgabe von §§ 7, 8 BetrVG wahlberechtigt und wählbar.

87 **2. Ausbildung für eine Beamtenlaufbahn (Satz 2 – 1. Alt.).** Nach § 16 Abs. 1 Satz 1 Nr. 1b LBG können Laufbahnbewerber die Befähigung für eine Laufbahn auch in einem öffentlich-rechtlichen Ausbildungsverhältnis erwerben. Diese Auszubildenden sind keine Beamten, haben aber grundsätzlich eine vergleichbare Rechtsstellung wie die Beamten auf Widerruf (vgl. Rn. 61). Alle diese Auszubildenden befinden sich in einer „Ausbildung für eine Beamtenlaufbahn“ und gehören nach Abs. 3 Satz 2 zur Gruppe der Beamten.

88 **Richter und Staatsanwälte (Satz 2 – 2. Alt.).** Richter und Staatsanwälte sind keine Beschäftigten (§ 4 Abs. 2 Nr. 2), weshalb das LPVG für sie keine Anwendung findet. Werden Richter oder Staatsanwälte aber nach Abs. 2 Nr. 2 bei anderen Dienststellen als bei Gerichten oder Staatsanwaltschaften verwendet, sind sie Beschäftigte i. S. d. Abs. 1 Satz 1. Für diesen Fall bestimmt Abs. 3 Satz 2, dass sie dann als Beamte gelten und der Gruppe der Beamten zuzurechnen sind.

IV. Gruppe der Arbeitnehmer (Abs. 4)

89 **1. Arbeitnehmerbegriff (Satz 1).** Zur Gruppe der Arbeitnehmer gehören zunächst alle Beschäftigten, die ein Arbeitsverhältnis mit der Dienststelle begründet haben. Zu dieser Gruppe gehören aber auch alle anderen Beschäftigen, die nicht nach Abs. 3 der Gruppe der Beamten angehören. Das gilt selbst für solche Arbeitnehmer, die rechtlich den Beamten weitgehend gleichgestellt sind, wie die Dienstordnungs-Angestellten. Das Gesetz benutzt diesen Auffangtatbe-

stand, weil wegen des erweiterten Beschäftigtenbegriffs eine positive Bestimmung des Begriffs des Arbeitnehmers nicht mehr möglich ist.

2. Geltung als Arbeitnehmer (Satz 2). Die „übrigen Beschäftigen", die nicht Beamte sind, bilden zum einen nach Abs. 4 Satz 1 die Gruppe der Arbeitnehmer. Nach Abs. 4 Satz 2 gelten alle diese Beschäftigten aber auch als „Arbeitnehmer" i. S. d. LPVG. Damit ist klargestellt, dass das LPVG, wenn es in seinen sonstigen Regelungen den Begriff des Arbeitnehmers verwendet, nicht etwa nur die Personen meint, die in einem vertraglich begründeten Arbeitsverhältnis zu einer juristischen Person i. S. d. § 1 stehen. Immer, wenn das Gesetz den Begriff „Arbeitnehmer" benutzt, trifft es Regelungen für alle Beschäftigten i. S. d. § 4, die nicht Beamte sind. 90

§ 5 Dienststellen

(1) Dienststellen im Sinne dieses Gesetzes sind die einzelnen Behörden, Stellen und Betriebe der in § 1 genannten juristischen Personen sowie die Gerichte, die Hochschulen, das Karlsruher Institut für Technologie (KIT) und die Schulen, soweit in diesem Gesetz nichts anderes bestimmt ist.

(2) Eigenbetriebe mit in der Regel nicht mehr als 50 Beschäftigten gelten nicht als Dienststelle im Sinne von Absatz 1; ihre Beschäftigten gelten als Beschäftigte der Verwaltungsbehörde der Gemeinde oder des Gemeindeverbands.

(3) [1]Außenstellen, Nebenstellen und Teile einer Dienststelle nach Absatz 1 oder einer nach Absatz 4 zusammengefassten Dienststelle können auf Antrag der Mehrheit der betroffenen wahlberechtigten Beschäftigten oder von Amts wegen vom Leiter der Hauptdienststelle oder der zusammengefassten Dienststelle unter Berücksichtigung dienstlicher Belange und der Belange der Beschäftigten zu einer selbstständigen Dienststelle im Sinne dieses Gesetzes erklärt oder zu einer solchen zusammengefasst werden. [2]Der Personalrat ist vor der Entscheidung anzuhören. [3]Für die Aufhebung der Verselbstständigung gilt Satz 1 entsprechend. [4]Vor der Aufhebung sind der Personalrat der Dienststelle nach Satz 1, der Personalrat der Hauptdienststelle und der Gesamtpersonalrat anzuhören. [5]Die Verselbstständigung und ihre Aufhebung sind jeweils ab der folgenden Wahl wirksam.

(4) [1]Mehrere Dienststellen eines Verwaltungszweigs können von der obersten Dienstbehörde zu einer Dienststelle im Sinne dieses Gesetzes zusammengefasst werden, wenn die Mehrheit ihrer wahlberechtigten Beschäftigten in geheimen Abstimmungen zustimmt. [2]Für die Aufhebung gilt Satz 1 mit der Maßgabe entsprechend, dass es nur der Zustimmung der Mehrheit der wahlberechtigten Beschäftigten der Dienststellenteile bedarf, die aus dem Zusammenschluss ausscheiden wollen oder sollen; eine Verselbstständigung nach Absatz 3 Satz 1 gilt dadurch ebenfalls als aufgehoben. [3]Die Zusammenfassung und ihre Aufhebung sind jeweils ab der folgenden Wahl wirksam.

(5) [1]Bei gemeinsamen Dienststellen verschiedener juristischer Personen gelten die Beschäftigten jeder juristischen Person als Beschäftigte einer besonderen Dienststelle. [2]Das Landratsamt gilt als einheitliche Dienststelle.

I. Dienststellen, Dienststellenleiter (Abs. 1)

1 **1. Regelungszusammenhang, Begriff.** Seinem Wortlaut nach bezieht sich § 5 Abs. 1 auf § 1 und die dort genannten juristischen Personen des öffentlichen Rechts. § 1 enthält den Grundsatz, dass Personalvertretungen bei den dort genannten Einrichtungen zu bilden sind. § 10 Abs. 1 bestimmt als Organisationseinheit, bei der ein (örtlicher) PR zu bilden ist, die Dienststelle. Was eine Dienststelle i. S. d. LPVG ist, definiert § 5 Abs. 1. Dienststellen i. S. d. § 5 und damit des gesamten LPVG sind damit die selbständigen Funktionseinheiten (Verwaltungen und Betriebe) der in § 1 genannten juristischen Personen. Bei diesen Funktionseinheiten ist ein PR zu bilden; dieser ist Repräsentant der dort Beschäftigten und nimmt seine gesetzlichen Aufgaben und Befugnisse ggü. dem Dienststellenleiter wahr. Bei einer Neubildung von Dienststellen können ggf. durch Rechtsverordnung Übergangsregelungen erlassen werden (vgl. § 113 Abs. 5 Satz 1).

2 **a) Dienststellenbegriff.** Dienststellen i. S. d. LPVG sind organisatorische Einheiten, die einen eigenen Aufgabenbereich haben, innerhalb der Verwaltungsorganisation verselbstständigt sind und von einer einheitlichen Leitung gesteuert werden. Dabei ist die Zuweisung eines eigenen Aufgabenbereichs notwendige aber nicht hinreichende Bedingung. Es kommt nicht entscheidend auf die von der Dienststelle wahrzunehmenden Verwaltungsaufgaben, sondern auf die **organisatorische Selbständigkeit** der Einrichtung an. Fehlt diese, ist die Einrichtung keine Dienststelle im personalvertretungsrechtlichen Sinne, auch wenn sie einen eigenen Aufgabenbereich hat sowie funktional und/oder räumlich von den anderen Einrichtungen des gleichen Verwaltungsträgers getrennt ist.

3 **Regelungsbefugnis.** Von organisatorischer Selbstständigkeit kann nur gesprochen werden, wenn dem Leiter der Einrichtung eine mit deren organisatorischen Verselbstständigung verbundene Regelungskompetenz im personellen und sachlichen Bereich zukommt. Diese ist dann gegeben, wenn der Leiter – in den Grenzen der allgemein bestehenden Weisungsgebundenheit – hinsichtlich der Mehrzahl der personellen, sozialen, organisatorischen und sonstigen innerdienstlichen Angelegenheiten einen **eigenen Entscheidungs- und Handlungsspielraum** hat und somit einer Personalvertretung als verantwortlicher Partner gegenübertreten kann. Diese Entscheidungsbefugnis des Leiters ist die Grundlage für das im LPVG und insb. in § 2 vorgesehene Zusammenwirken zwischen Dienststelle und Personalvertretung.

4 **b) Behörden, Stellen, Betriebe.** Während § 1 von „Verwaltungen und Betrieben" spricht, bestimmt § 5 Abs. 1, dass Dienststellen die „Behörden, Stellen und Betriebe" der in § 1 genannten juristischen Personen sind. Ein inhaltlicher Unterschied besteht allerdings nicht. Die in § 1 genannten „Verwaltungen" werden lediglich in Behörden und Stellen untergliedert. Diese unterscheiden sich im Wesentlichen darin, dass Behörden staatliche Verwaltungsaufgaben wahrnehmen. Auf die inhaltlichen Aufgaben, die der selbständigen Verwaltungseinheit „Dienststelle" zugewiesen sind, und die Art der Aufgabenerfüllung kommt es personalvertretungsrechtlich nicht an, da diese für die Eigenschaft als Dienststelle unerheblich sind (siehe oben). Von daher kommt es auch

nicht entscheidend darauf an, wie die in Abs. 1 aufgeführten Einrichtungen genau voneinander abzugrenzen sind.

Behörden. Der Begriff der „Behörde" wird in den verschiedenen Rechtsgebieten uneinheitlich verwendet. Behörde im verwaltungsverfahrensrechtlichen Sinne ist jede Stelle, die Aufgaben der öffentlichen Verwaltung wahrnimmt (§ 1 Abs. 4 VwVfG). Im Personalvertretungsrecht ist es sachdienlich, an den Begriff der Behörde im organisationsrechtlichen Sinne anzuknüpfen. Gemeint ist damit jede Einrichtung, die durch Organisationsrecht gebildet, vom Wechsel des Amtsinhabers unabhängig und nach den einschlägigen Zuständigkeitsregelungen berufen ist, unter eigenem Namen nach außen eigenständige Aufgaben der öffentlichen Verwaltung wahrzunehmen (BVerwG, 20.7.1984 – 7 C 28/83 – BVerwGE 70, 4). Die Aufgabenwahrnehmung mit Außenwirkung durch Behörden ist dabei regelmäßig hoheitliche Aufgabenerfüllung. 5

Stellen. Der Begriff der „Stellen" i. S. v. § 5 Abs. 1 erfasst über die hoheitliche Aufgabenerfüllung hinaus auch die Erledigung **sonstiger Verwaltungsaufgaben.** Mit dem ÄG 2013 wurde der früher in § 9 Abs. 1 a. F. enthaltene Begriff „Verwaltungsstellen" in „Stellen" geändert. Eine inhaltliche Änderung war damit nicht verbunden, die Änderung soll nur zur Klarstellung dienen. 6

Betriebe. Erledigt die Organisationseinheit im Rahmen der öffentlichen Verwaltung Aufgaben zur Befriedigung von Bedürfnissen der Allgemeinheit mit betrieblichen Arbeitsmitteln, spricht man von Betrieben. Betriebe üben keine materielle Verwaltungstätigkeit aus, sondern verfolgen andere arbeitstechnischen Zwecke, vor allem solche der öffentlichen Versorgung. 7

2. Dienststellenleiter. Im LPVG fehlt eine dem § 7 Satz 1 BPersVG entspr. Bestimmung darüber, wer für die Dienststelle handelt. Dies ergibt sich für das LPVG jedoch auch ohne ausdrückliche Regelung. So spricht z. B. § 2 Abs. 1 zwar von einer Zusammenarbeit zwischen Personalvertretung und „Dienststelle"; gemeint ist hier aber – wie auch an anderen Stellen des LPVG – der Dienststellenleiter, der für die Dienststelle handelt. Er ist der vom Gesetz vorgesehene Ansprechpartner der Personalvertretung, an den sich die Verhaltenspflichten des § 2 Abs. 1 richten und dem die sonstigen Pflichten und Befugnisse nach dem LPVG zugeordnet sind. I.d.R. wird der Dienststellenleiter eine natürliche Person sein, die Funktion kann aber auch einem aus natürlichen Personen bestehenden Kollegialorgan zukommen. 8

Leitungsfunktion. Wer Dienststellenleiter der jeweiligen Organisationseinheit ist, folgt aus dem Organisationsrecht. Entscheidendes Kriterium ist hierbei die Kompetenz zur verantwortlichen Leitung des gesamten Dienstbetriebs. Dienststellenleiter ist derjenige, dem diese Kompetenz organisationsrechtlich zusteht. Umgekehrt folgt hieraus: Fehlt dem Leiter einer Organisationseinheit der erforderliche Entscheidungs- und Handlungsspielraum, dann ist die von ihm geleitete Einrichtung organisatorisch nicht in dem für eine „Dienststelle" zu fordernden Maße verselbstständigt (st. Rspr. des BVerwG: 26.11.2008 – 6 P 7.08 – PersR 2009, 267 = PersV 2009, 138; 4.2.2010 – 6 PB 38.09 – PersR 2010, 262 und 17.7.2010 – 6 PB 6.10 – PersR 2010, 396; 13.3.2013 – 6 PB 4.13 – 9 juris). Werden die Leitungskompetenzen unterschiedlichen Organen zugeordnet, ist maßgeblich darauf abzustellen, wer für die Führung der **laufenden Geschäfte** zuständig ist.

10 a) **Beschäftigteneigenschaft.** Der Dienststellenleiter ist i. d. R. auch Beschäftigter i. S. d. LPVG, weshalb ihm personalvertretungsrechtlich grundsätzlich die gleichen Rechte wie den anderen Beschäftigten der Dienststelle zustehen. Er ist insb. wahlberechtigt, aber nicht wählbar (§ 9 Abs. 2 Satz 1 Nr. 2). An seiner personalvertretungsrechtlichen Stellung als Dienststellenleiter ändert sich aber nichts, wenn er kein Beschäftigter i. S. d. § 4 ist, z. B. als Minister (§ 4 Abs. 2 Satz 1 Nr. 1), Direktor oder Präsident eines Gerichts (§ 4 Abs. 2 Satz 1 Nr. 2) oder als leitender Wissenschaftler i. S. d. § 99 Abs. 1.

11 b) **Vertretung.** Wer den Dienststellenleiter vertritt, ist grundsätzlich eine organisationsrechtliche, keine personalvertretungsrechtliche Frage. Das Personalvertretungsrecht folgt auch insoweit dem Organisationsrecht. Vertreten wird der Dienststellenleiter deshalb zunächst durch seinen **allgemeinen Vertreter.** In Baden-Württemberg besteht jedenfalls bei allen größeren Dienststellen, nicht nur bei Ministerien oder sonstigen obersten Dienstbehörden (vgl. dazu § 3 Abs. 2 LBG) die Möglichkeit, dass z. B. auch ein Abteilungsleiter oder Personalreferent für die Dienststelle oder den Dienststellenleiter handelt. Eine andere Frage ist allerdings, ob sich der Dienststellenleiter im Einzelfall vertreten lassen darf (z. B. bei der Teilnahme an PR-Sitzungen, § 30 Abs. 4) oder ob er personalvertretungsrechtlich im Rahmen der vertrauensvollen Zusammenarbeit nicht verpflichtet ist, Aufgaben und Befugnisse selbst wahrzunehmen.

12 **Beauftragter.** Unabhängig von der allg. Vertretungsregelung sieht das LPVG in einzelnen Regelungen vor, dass sich der Dienststellenleiter bei der Wahrnehmung seiner personalvertretungsrechtlichen Aufgaben und Befugnisse durch „eine von ihm beauftragte Person", vertreten lassen kann. Wen der Dienststellenleiter im Einzelfall – nicht generell – mit seiner Vertretung beauftragt, unterliegt seinem Ermessen. Allerdings muss der Beauftragte als Gesprächspartner des PR auftreten können, insb. die erforderlichen Entscheidungsbefugnisse übertragen bekommen haben. Kommt die Leitungsbefugnis einem Kollegialorgan zu, muss das handelnde Mitglied des Organs befugt sein, verbindlich für das gesamte Organ zu handeln.

13 3. **Dienststellen des Landes.** Zu den Dienststellen des Landes gehören die Verwaltungsbehörden des Landes und die Landesbetriebe. Dienststellen in diesem Sinne sind auch Verwaltungen, die nicht der Landesregierung unterstellt sind, wie bspw. der Landesdatenschutzbeauftragte. § 5 Abs. 1 nennt neben den „Verwaltungen und Betrieben" des Landes ausdrücklich auch „Gerichte" und „Schulen" als Dienststellen des Landes.

14 a) **Landesverwaltung.** Verwaltungsbehörden des Landes sind alle staatlichen Behörden, die Verwaltungsaufgaben zu erfüllen haben. Nach Art. 70 Abs. 1 Satz 1 LV werden Aufbau, räumliche Gliederung und Zuständigkeiten der Landesverwaltung durch Gesetz geregelt. Die Einrichtung der staatlichen Behörden obliegt der Landesregierung; ggf. dem Minister (Art. 70 Abs. 2 LV). Zur Lan-

desverwaltung rechnen insb. alle staatlichen Behörden i. S. d. LVG. Nach § 1 Abs. 2 LVG gliedern sich die Verwaltungsbehörden in die obersten Landesbehörden (§§ 7–9 LVG), die allg. Verwaltungsbehörden (§§ 10–22 LVG) und die besonderen Verwaltungsbehörden (§§ 23–26 LVG).

aa) Oberste Landesbehörden. Oberste Landesbehörden sind die Landesregierung, der Ministerpräsident, die Ministerien und der Rechnungshof (§ 7 LVG). Das aus dem Ministerpräsidenten, den Ministern und weiteren Mitgliedern bestehende Kollegialorgan „Landesregierung“, dessen Geschäfte vom Ministerpräsidenten geleitet werden (Art. 45 Abs. 2; 49 Abs. 1 Satz 2 LV), sowie der Ministerpräsident selbst sind keine Dienststellen i. S. d. LPVG; Dienststelle ist hier das Staatsministerium, das als Kanzlei des Ministerpräsidenten fungiert. Die Ministerien und der Rechnungshof sind Dienststellen i. S. d. LPVG, sodass jeweils ein (örtlicher) PR zu wählen ist. **Dienststellenleiter** der obersten Landesbehörden sind bei den Ministerien die Minister (Art. 49 Abs. 1 Satz 4 LV), beim Rechnungshof dessen Präsident (§ 4 Abs. 1 RHG). 15

Ministerien. Neben dem örtlichen PR (Hauspersonalrat) sind bei den Ministerien die Stufenvertretungen (**Hauptpersonalräte – HPR**) angesiedelt. Je nach Organisationsstruktur können in einem Ministerium auch mehrere Hauptpersonalräte gebildet sein. So besteht beim Innenministerium neben dem (allgemeinen) HPR ein HPR für die Polizei (§ 96 Abs. 2 Satz 1); im Bereich des Kultusministeriums sind neben dem HPR für den außerschulischen Bereich drei weitere Hauptpersonalräte für die verschiedenen Schularten (§ 98 Abs. 2 Satz 1) errichtet. 16

bb) Nachgeordnete Landesbehörden. Die obersten Landesbehörden leiten und beaufsichtigen die ihnen nachgeordneten Behörden (§ 8 Abs. 3 Satz 1 Nr. 1 LVG). Nachgeordnete Behörden sind die **allgemeinen Verwaltungsbehörden,** das sind die Regierungspräsidien und die unteren Verwaltungsbehörden (§ 10 LVG), sowie die **besonderen Verwaltungsbehörden** (§ 23 ff. LVG). Diese gliedern sich in Landesoberbehörden, höhere Sonderbehörden und untere Sonderbehörden (§ 23 Abs. 1 LVG). 17

Regierungspräsidium. Für jeden der vier Regierungsbezirke besteht ein Regierungspräsidium (§ 11 Abs. 2 Satz 1 LVG). Das Regierungspräsidium ist Dienststelle i. S. d. LPVG, sodass jeweils ein örtlicher PR zu wählen ist. **Dienststellenleiter** sind die Regierungspräsidenten. 18

Stufenvertretungen. Das Regierungspräsidium ist aber auch Mittelbehörde, weshalb hier ein (allgemeiner) **Bezirkspersonalrat** zu wählen ist. Das Regierungspräsidium ist zudem obere Schulaufsichtsbehörde (§ 34 Abs. 1 SchulG), weshalb nach § 98 Abs. 2 Satz 1 drei besondere Bezirkspersonalräte für den **schulischen Bereich** (Gymnasien, Berufliche Schulen sowie für den GHWRGS-Bereich) zu wählen sind. Der besondere Bezirkspersonalrat für die Polizei ist nach dem Polizeistrukturreformgesetz entfallen. 19

Landratsamt. Untere Verwaltungsbehörden sind neben Stadtkreisen, großen Kreisstädten und Verwaltungsgemeinschaften (vgl. § 15 Abs. 1 LVG) die Land- 20 ratsämter, wobei nur das LRA **Staatsbehörde** (§ 1 Abs. 3 Satz 2 LKrO) und damit Dienststelle des Landes ist. Da das LRA als einheitliche Dienststelle gilt (§ 5 Abs. 5 Satz 2) ist nur ein örtlicher PR zu wählen. Der Landrat ist **Dienststellenleiter.**

21 **Besondere Verwaltungsbehörden.** Die Zuständigkeit der **Landesoberbehörden** erstreckt sich auf das ganze Landesgebiet (§ 23 Abs. 2 LVG); sie werden durch Gesetz errichtet und aufgehoben (§ 25 Abs. 1 LVG). Landesoberbehörde ist z. B. das Landesamt für Besoldung und Versorgung in Fellbach. **Höhere Sonderbehörden** sind z. B. die Körperschaftsforstdirektionen, die staatlichen Rechnungsprüfungsämter und die Nationalparkverwaltung im Nationalpark Schwarzwald (§ 23 Abs. 3 LVG). **Untere Sonderbehörden** sind die übrigen Behörden, denen ein fachlich begrenzter Aufgabenbereich für einen Teil des Landesgebiets zugewiesen ist (§ 23 Abs. 4 LVG), z. B. die Schulen soweit diese nach § 23 Abs. 3 SchulG Regelungen treffen. Höhere und untere Sonderbehörden werden durch Gesetz oder durch die Landesregierung errichtet und aufgehoben (§ 25 Abs. 2 LVG). Die besonderen Verwaltungsbehörden sind Dienststellen i. S. d. LPVG. Durch Gesetz bzw. die entspr. Entscheidung der Landesregierung wird die **Organisationsstruktur** der Sonderbehörden festgelegt und bestimmt, wer **Dienststellenleiter** ist.

22 b) **Landtagsverwaltung.** Die Landtagsverwaltung ist Landesbehörde und Verwaltungsbehörde, zählt aber nicht zur der Regierung unterstellten Landesverwaltung. Die Landtagsverwaltung – einschließlich der den Fraktionen vom Landtag zur Verfügung gestellten Parlamentarischen Beratern (vgl. § 2 Abs. 2 Fraktionsgesetz) – ist Dienststelle i. S. d. LPVG, wobei der Landtagspräsident nach Art. 32 Abs. 3 LV die Verwaltungsaufgaben des Landtags wahrnimmt. **Dienststellenleiter** der Landtagsverwaltung ist der Landtagspräsident (Art 32 Abs. 3 LV, § 9 Abs. 4 S. 2 LTGO).

23 **Datenschutzbeauftragter.** Auch der Landesbeauftragte für den Datenschutz ist nicht Teil der Landesverwaltung. Er übt sein Amt völlig unabhängig aus und unterliegt keiner Rechts- oder Fachaufsicht (§ 26 Abs. 2 LDSG). Die Dienststelle des Datenschutzbeauftragten wird beim Landtag eingerichtet (§ 26 Abs. 3 S. 1 LDSG); diese ist auch Dienststelle i. S. d. LPVG. **Dienststellenleiter** ist der Landesbeauftragte für den Datenschutz.

24 c) **Gerichte und Staatsanwaltschaften.** Gerichte sind keine Behörden. Durch die Gerichte wird die rechtsprechende Gewalt, die den Richtern anvertraut ist, ausgeübt (Art. 92 GG). Richter und Staatsanwälte sind grundsätzlich auch keine Beschäftigten i. S. d. LPVG (§ 4 Abs. 2 Satz 1 Nr. 2). Gemeint ist in § 5 Abs. 1 auch nicht die Rechtsprechung, sondern die **Gerichtsverwaltung.** Nur insoweit sind die Gerichte des Landes Dienststellen i. S. d. LPVG, bei denen Personalräte zu wählen sind. Diese Personalräte werden nur von den dort tätigen Beamten und Arbeitnehmern gewählt. Gleiches gilt für die **Staatsanwaltschaften.** Die Direktoren bzw. Präsidenten der jeweiligen Gerichte sowie die Leiter der einzelnen Staatsanwaltschaften sind **Dienststellenleiter.**

25 **Richterräte, Präsidialräte.** Für die Richter werden bei den Gerichten des Landes nach dem LRiStAG Richterräte gebildet. In Personalangelegenheiten der Rich-

ter wirken die für den jeweiligen Gerichtszweig gebildeten Präsidialräte mit (§§ 15 Nr. 2; 32 ff. LRiStAG).

Staatsanwaltsräte Die Vertretung der Staatsanwälte wird durch Staatsanwaltsräte wahrgenommen, die bei jeder Staatsanwaltschaft gebildet werden (§ 88 Abs. 1 Satz 1 LRiStAG). Beim Justizministerium besteht ein Hauptstaatsanwaltsrat (§ 88 Abs. 1 Satz 2 LRiStAG). 26

Gemeinsame Angelegenheiten. Betreffen beteiligungspflichtige Angelegenheiten sowohl Richter als auch andere Beschäftigte des Gerichts (**gemeinsame Aufgaben**), werden der Richterrat und der PR gemeinsam nach Maßgabe des § 28 LRiStAG und des § 31 beteiligt (§ 20 Nr. 2 LRiStAG). Gleiches gilt für den Staatsanwaltsrat. 27

Gemeinsame Stufenvertretung. Gemäß § 95 wird für den Geschäftsbereich eines Oberlandesgerichts und der in seinem Bezirk bestehenden Staatsanwaltschaften eine gemeinsame Stufenvertretung (Bezirkspersonalrat beim OLG) gebildet. 28

d) **Schulen.** Die staatlichen Schulen sind nach § 23 Abs. 1 Satz 1 SchulG nicht rechtsfähige öffentliche Anstalten. Die ausdrückliche Nennung der Schulen in § 5 Abs. 1 rechtfertigt sich wegen der Aufgabenzuweisung an unterschiedliche Rechtsträger. Während die Lehrkräfte an den öffentlichen Schulen im Dienst des Landes stehen (§ 38 Abs. 1 SchulG), sind für die sächlichen Kosten der Schulen i. d. R. die Gemeinden und Landkreise als Schulträger berechtigt und verpflichtet (§§ 27, 28 SchulG). Das Land selbst ist nur ausnahmsweise zugleich Schulträger (vgl. § 29 SchulG). Grundsätzlich wären deshalb an allen öffentlichen Schulen nach den allg. Regeln Personalvertretungen zu wählen. Da die verschiedenen Schulen höchst unterschiedlich strukturiert sind, differenziert das LPVG insoweit aber nach der jeweiligen Schulart. 29

Gymnasien, Berufliche Schulen. Bei den Gymnasien und den Beruflichen Schulen werden nach den allg. Regeln bei jeder Schule (örtliche) PR gewählt. **Dienststellenleiter** ist der jeweilige Schulleiter. **Stufenvertretungen** sind die Bezirkspersonalräte für Gymnasien sowie die Bezirkspersonalräte für Berufliche Schulen bei den Regierungspräsidien und der Hauptpersonalrat für Gymnasien bzw. der Hauptpersonalrat für Berufliche Schulen beim Kultusministerium als Oberster Schulaufsichtsbehörde (§ 98 Abs. 2). 30

GHWRGS-Bereich. Für die Grund-, Haupt-, Werkreal-, Real-, Gemeinschafts- und Sonderschulen sowie Schulkindergärten werden an den jeweiligen Schulen **keine Personalräte** gewählt. Gemäß § 98 Abs. 1 Satz 1 werden für die genannten Schulen besondere Personalräte bei den unteren Schulaufsichtsbehörden gebildet. Untere Schulaufsichtsbehörden für diese Schulen sind die 21 **Staatlichen Schulämter** (§ 33 SchulG). **Dienststellenleiter** ist der Leiter des Staatlichen Schulamts. Nach § 98 Abs. 2 wählen die Lehrkräfte der Schulen des GWHRS-Bereichs auch gemeinsam folgende **Stufenvertretungen:** die Bezirkspersonalräte für Grund-, Haupt-, Werkreal-, Real-, Gemeinschafts- und Sonderschulen sowie Schulkindergärten bei den Regierungspräsidien und den entsprechenden 31

Hauptpersonalrat beim Kultusministerium. Vgl. insoweit auch die Komm. zu § 98.

32 e) **Landesbetriebe.** Ob Betrieben des Landes Dienststellenqualität zukommt oder nicht, hängt von der konkreten organisatorischen Ausgestaltung, insb. davon ab, ob dem Betriebsleiter die erforderliche Handlungs- und Entscheidungsbefugnis in personeller und sachlicher Hinsicht zukommt. Dienststelle i. S. d. LPVG sind z. B. der Landesbetrieb Vermögen und Bau Baden-Württemberg, die Landesbetriebe Forst Baden-Württemberg, das Württembergische Staatstheater und die Wilhelma Stuttgart. Keine „Dienststellen" sind Betriebe i. S. d. § 26 Abs. 1 LHO, wenn diese nicht über eine eigenständige Organisationsstruktur verfügen. **Dienststellenleiter** ist der jeweilige Betriebsleiter. Wer Betriebsleiter ist, bestimmt die Betriebssatzung. Sind mehrere Personen oder Organe mit der Betriebsleitung betraut, kommt es darauf, wer für die „laufende Betriebsführung" zuständig ist.

33 4. **Dienststellen sonstiger juristischer Personen.** Die Dienststelleneigenschaft kommt auch den „Behörden, Stellen und Betrieben" der sonst in § 1 genannten juristischen Personen zu. Dies sind die Gemeinden und Gemeindeverbände sowie die sonstigen der Aufsicht des Landes unterstehenden Körperschaften, Anstalten und Stiftungen des öffentlichen Rechts.

34 a) **Gemeinden, Gemeindeverbände.** Bei Gemeinden ist Dienststelle i. S. d. LPVG die Gemeindeverwaltung. Leiter der Gemeindeverwaltung ist nach §§ 42 Abs. 1 Satz 1, 44 Abs. 1 Satz 1 GemO der **Bürgermeister.** Er ist damit auch **Dienststellenleiter** i. S. d. LPVG. Dies gilt auch dann, wenn Angelegenheiten, die der Beteiligung des PR unterliegen, vom Gemeinderat oder einem seiner Ausschüsse beraten und beschlossen werden. Denn die Zusammenarbeit mit dem PR und die Beteiligung des PR ist immer Teil der **laufenden Verwaltung,** für die allein der Bürgermeister zuständig ist (§ 44 Abs. 2 Satz 1 GemO. Ansprechpartner des PR ist damit allein der Bürgermeister, der den PR informiert und dem der PR etwaige Einwendungen mitteilen muss. Nur der Bürgermeister informiert den Gemeinderat (vgl. hierzu BVerwG, 14.1.1983 – 6 P 93.78 – PersV 1984, 30). Der PR hat grundsätzlich ggü. dem Gemeinderat kein Äußerungsrecht. Eine Ausnahme stellt insoweit lediglich § 89 Abs. 2 dar, der dem PR-Vorsitzenden in sozialen oder personellen Angelegenheiten, die mit dem Dienststellenleiter streitig sind, das Recht gibt, dem Gemeinderat – ggf. dem zuständigen Ausschuss – die Auffassung des PR direkt darzulegen.

35 **Eigenbetriebe.** Einrichtungen, die von der Gemeinde als Eigenbetrieb geführt werden (§ 1 EigBG) und durch die Betriebssatzung (§ 3 Abs. 2 Satz 1 EigBG) mit eigenen Organen ausgestattet sind, werden – vorbehaltlich § 5 Abs. 2 – nicht als Teil der Gemeindeverwaltung angesehen, sondern als **selbständige Dienststellen** i. S. d. Abs. 1. Einem Eigenbetrieb steht die selbstständige Wirtschaftsführung zu. Er ist finanzwirtschaftlich als Sondervermögen der Gemeinde gesondert zu verwalten (§ 12 Abs. 1 Satz 1 EigBG). Seinen eigenen Organen kommen auch umfassende Kompetenzen zu, die einen eigenen Entscheidungs- und Handlungsspielraum in den wirtschaftlichen und personellen Angelegenheiten eröffnen. **Dienststellenleiter** ist der Betriebsleiter (§ 4

Abs. 1 Satz 1 EigBG); wenn kein Betriebsleiter bestellt ist, der Bürgermeister (§ 10 Abs. 3 EigBG). Besteht die Betriebsleitung aus mehreren Personen (§ 4 Abs. 2 Satz 1 EigBG), ist Dienststellenleiter der Betriebsleiter, der für die „laufende Betriebsführung“ zuständig ist (vgl. § 5 Abs. 1 Satz 2 EigBG).

36 **Kleine Eigenbetriebe.** Nach dem durch das ÄG 2013 eingefügten Abs. 2 sind Eigenbetriebe mit i. d. R. nicht mehr als 50 Beschäftigten **keine Dienststellen** i. S. d. Abs. 1. Ihre Beschäftigten gelten als Beschäftigte der Verwaltungsbehörde der Gemeinde. Die Möglichkeit, nach Abs. 3 auch kleine Eigenbetriebe durch Entscheidung des Dienststellenleiters zu selbstständigen Dienststellen zu erklären, bleibt jedoch erhalten (vgl. die Komm. zu Abs. 2 und 3).

37 **Kommunale Betriebe.** Sonstige kommunale Betriebe, die nicht als Eigenbetrieb geführt werden, sind keine Dienststellen, sondern Teil der Gemeindeverwaltung, wenn der Betriebsleitung nicht der erforderliche Entscheidungs- und Handlungsspielraum eingeräumt ist. Das gilt auch für kommunale Krankenhäuser, die nach dem Landeskrankenhausgesetz als wirtschaftlich selbstständiger Betrieb mit eigener Leitung ausgestaltet sind, wenn die Krankenhausleitung aber nicht die erforderliche Entscheidungsbefugnis im personellen Bereich hat.

38 **Landkreise.** Für die Landkreise und die sonstigen Gemeindeverbände gelten die Ausführungen zu den Gemeinden entsprechend. Dienststelle des Landkreises ist das LRA. **Dienststellenleiter** ist der Landrat, der nach §§ 37 Abs. 1 Satz 1, 40 Abs. 1 LKrO das LRA leitet. Insbesondere ist auch der Landrat – ebenso wie der Bürgermeister (s. o.) – allein für die Geschäfte der **laufenden Verwaltung** und damit auch für den Kontakt mit dem PR zuständig (§ 42 Abs. 2 Satz 1 LKrO). Das Vortragsrecht des PR-Vorsitzenden nach § 89 Abs. 2 besteht auch hier. Gemäß § 5 Abs. 5 Satz 2 gilt das LRA als einheitliche Dienststelle, sodass nur ein PR zu wählen ist (s. u.).

39 **b) Hochschulen, KIT.** § 5 Abs. 1 nennt ausdrücklich auch „Hochschulen“ und das „Karlsruher Institut für Technologie (KIT)“ als Dienststellen. Für das KIT ergibt sich die Dienststelleneigenschaft auch aus § 101. **Staatliche Hochschulen** sind die in § 1 Abs. 2 Satz 1 LHG aufgeführten Universitäten und das Karlsruher Institut für Technologie (soweit es die Aufgabe einer Universität wahrnimmt). Zu den staatlichen Hochschulen gehören auch die in § 1 Abs. 2 Satz 1 LHG aufgeführten Pädagogischen Hochschulen, die Kunsthochschulen, die Hochschulen für angewandte Wissenschaft, die Duale Hochschule und die nach § 69 LHG errichteten besonderen Hochschulen für den öffentlichen Dienst. **Dienststellenleiter** sind die jeweiligen Rektoren bzw. Präsidenten der Hochschulen. Hinsichtlich der **Dualen Hochschule** trifft § 99 Abs. 4 besondere Regelungen.

40 **KIT.** Das KIT wurde durch das ÄG 2013 in die Vorschrift aufgenommen. Zur Begründung heißt es in dem Regierungsentwurf, das KIT werde von dem herkömmlichen Hochschulbegriff nicht erfasst, weil es auch Forschungseinrichtung sei (LT-Drucksache 15/4224, S. 87). In § 101 Nr. 1 ist die Dienststelleneigenschaft des KIT zusätzlich geregelt. Im KIT bilden das Institut in Garmisch-Partenkirchen (§ 101 Nr. 1a) und die übrigen Organisationseinheiten (§ 101

Nr. 1 b) **zwei selbständige Dienststellen** i. S. d. § 5 Abs. 3. **Dienststellenleiter** beider Dienststellen ist der Vorsitzende des Vorstands des KIT. Vgl. auch die Komm. zu § 101.

41 c) **Sonstige Dienststellen.** Die „Behörden, Stellen und Betriebe" der sonstigen der Aufsicht des Landes unterstehenden Körperschaften, Anstalten und Stiftungen des öffentlichen Rechts sind Dienststellen i. S. d. LPVG, wenn sie die oben genannten Voraussetzungen erfüllen. Im Einzelnen:

42 aa) **Kammern.** Die Kammern sind Körperschaften des öffentlichen Rechts, weshalb ihren Verwaltungen Dienststellen-Qualität zukommt (vgl. auch § 1 Rn. 55 ff.). Wer **Dienststellenleiter** ist, ergibt sich aus dem jeweiligen Fachrecht.

43 bb) **Sozialversicherungsträger.** Die Träger der Sozialversicherung sind Körperschaften des öffentlichen Rechts. Soweit sie der Aufsicht des Landes unterliegen (vgl. § 1 Rn. 24, 60 ff.), gilt das LPVG und sind ihre Verwaltungen Dienststellen i. S. d. § 5 Abs. 1.

44 **Dienststellenleiter.** Grundsätzlich ist der **Geschäftsführer** des Sozialversicherungsträgers, der nach § 36 Abs. 1 SGB-IV die laufenden Verwaltungsgeschäfte führt, auch Dienststellenleiter. Eine dem § 88 Nr. 2 Satz 1 BPersVG entspr. Regelung gibt es im LPVG nicht, weshalb allein darauf abzustellen ist, wer für die Erledigung der **laufenden Geschäfte** zuständig ist. Bei den **Krankenkassen** ist zunächst der hauptamtliche **Vorstand** für die gesamte Verwaltung einschließlich der laufenden Geschäfte zuständig (§ 35a Abs. 1 Satz 1 SGB-IV). Sind einem Vorstandsmitglied die personalvertretungsrechtlich relevanten Aufgabenbereiche (Personal) durch Satzung oder Richtlinien ausdrücklich zugewiesen worden, wäre dieses Vorstandsmitglied auch Dienststellenleiter i. S. d. LPVG, da jedes Vorstandsmitglied nach § 35a Abs. 1 Satz 3 SGB-IV seinen Bereich eigenverantwortlich verwaltet.

45 **Jobcenter.** Träger der Grundsicherung für Arbeitssuchende sind grundsätzlich die BfA und die kreisfreien Städte und Landkreise (§ 6 Abs. 1 Satz 1 SGB-II). Das Jobcenter ist dabei Dienststelle i. S. d. BPersVG (§ 44h Abs. 1 SGB-II). Werden die Aufgaben der Grundsicherung für Arbeitssuchende aber durch einen **zugelassenen kommunalen Träger** erbracht (§ 6a SGB-II) übernimmt der kommunale Träger die Rechte und Pflichten der BfA (§ 6b Abs. 1 Satz 2 SGB-II) und handelt anstelle der BfA (§ 6b Abs. 1 Satz 1 SGB-II). Die Verwaltungseinheit, die dann tätig wird, heißt zwar auch **„Jobcenter"** (§ 6d SGB-II); ist aber keine Dienststelle i. S. d. BPersVG, sondern kommunale Behörde.

46 cc) **Anstalten und Stiftungen.** Dienststellen i. S. d. § 5 Abs. 1 sind auch die Verwaltungen und Betriebe oder rechtsfähige Anstalten und Stiftungen des öffentlichen Rechts. Zu diesen Anstalten gehören die **Sparkassen,** die Landesbausparkasse Baden-Württemberg, die Landesbank Baden-Württemberg und die Landeskreditbank Baden-Württemberg. Rechtsfähige Anstalten des öffentlichen Rechts i. d. S. sind die **Universitätskliniken,** die **Zentren für Psychiatrie,** die **Studentenwerke** sowie die **Kommunalanstalten** i. S. d. § 102a Abs. 1 GemO. Wegen der Stiftungen des öffentlichen Rechts vgl. die Komm. zu § 1. Wer jeweils Dienststellenleiter ist, bestimmen die Errichtungsgesetze.

5. Verlust der Dienststelleneigenschaft. Verwaltungen und Betriebe, die Dienststellen i. S. d. § 5 Abs. 1 sind, können die Dienststelleneigenschaft auch wieder verlieren. Dies kann z. B. die Folge einer Eingliederung, eines Zusammenschlusses, der Auflösung der Dienststelle oder einer Privatisierung sein. Ebenso kann eine grundlegende Änderung der Organisationsstruktur die Dienststelleneigenschaft entfallen lassen. Verliert die Organisationseinheit die Dienststellenqualität, führt dies regelmäßig auch zur Auflösung des dort gebildeten Personalrats. 47

a) **Eingliederung, Zusammenschluss.** Durch die **vollständige Eingliederung** einer Dienststelle in eine andere Dienststelle verliert die Dienststelle die Dienststellenqualität; dies gilt auch, wenn zwei oder mehr Dienststellen zu einer neuen Dienststelle **zusammengeschlossen** werden. In diesen Fällen ist ein Übergangspersonalrat nach § 113 Abs. 1 und 2 zu bilden. Sind zugleich Übergangsregelungen für Stufenvertretungen zu treffen, kann dies nur durch Rechtsverordnung nach § 113 Abs. 5 Satz 1 erfolgen. Auch die **teilweise Eingliederung** einer Dienststelle in eine andere Dienststelle kann zum Verlust der Dienststelleneigenschaft führen, wenn die Umorganisation zum Wegfall der Handlungs- und Entscheidungsbefugnis des bisherigen Dienststellenleiters führt (vgl. Rn. 51; Ilbertz-Widmaier § 26 Rn. 11 m. w. N.). Übergangsregelungen können in einem solchen Fall durch Rechtsverordnung geschaffen werden (§ 113 Abs. 5 Satz 1). 48

b) **Auflösung.** Die endgültige Auflösung einer Dienststelle führt auch zur Auflösung des Personalrats (vgl. Ilbertz-Widmaier § 6 Rn. 16 m. w. N.). Übergangsregelungen können auch hier nach § 113 Abs. 5 Satz 1 getroffen werden. Die Auflösung des Personalrats nach § 24 Abs. 1 lässt die Dienststellenqualität unberührt; es ist eine Neuwahl des PR durchzuführen (§ 24 Abs. 3 Satz 2). 49

c) **Privatisierung.** Wird eine juristische Person des öffentlichen Rechts privatisiert, findet das LPVG ab der Rechtsformänderung keine Anwendung mehr (vgl. § 1). Die neue privatrechtliche Organisationseinheit ist nicht mehr Dienststelle. Ab der Privatisierung gilt ausschließlich das BetrVG. Die Ämter der Mitglieder des Personalrats erlöschen mit der Privatisierung automatisch. Im Betrieb muss nun ein Betriebsrat gewählt werden. Zur Problematik des Übergangsmandats vgl. § 1 Rn. 9. 50

d) **Organisatorische Änderungen.** Eine Veränderung der Dienststelle in räumlicher oder inhaltlicher Hinsicht (z. B. Verlagerung, Wegfall von Aufgaben) lässt die Dienststellenqualität und damit den bestehenden PR grundsätzlich unberührt. Anderes gilt aber beim **Wegfall des Entscheidungs- und Handlungsspielraums** des **Dienststellenleiters** im personellen Bereich. Verliert der Dienststellenleiter durch gesetzliche oder organisatorische Neuregelungen diese Kompetenz, dann verliert auch die Organisationseinheit ihre personalvertretungsrechtliche Selbstständigkeit. Der Dienststellenleiter ist nicht mehr im erforderlichen Maße handlungs- und entscheidungsbefugt, weshalb auch der PR seine Aufgaben und Befugnisse ihm ggü. nicht mehr zur Geltung bringen kann. Der PR hört aber erst ab dem Zeitpunkt auf zu bestehen, ab dem **offensichtlich** wird, dass die Organisationseinheit personalvertretungsrechtlich nicht mehr 51 selbstständig ist (BVerwG, 18.1.1990 – 6 P 8.88 – PersR 1990, 108 = PersV 1990, 348; VGH Mannheim, 4.12.2012 – PL 15 S 696/12 – juris).

52 **Fehlerhafte Wahl des PR.** Ist ein PR gewählt worden, obwohl die Organisationseinheit die Dienststellenqualität nicht (mehr) besitzt, führt dies nur zur Nichtigkeit der Wahl des PR, wenn dieser Mangel im Zeitpunkt der Wahl offensichtlich war (BVerwG, 13.5.1987 – 6 P 20.85 – PersV 1988, 401); die Wahl ist aber nach § 21 anfechtbar.

II. Kleine Eigenbetriebe (Abs. 2)

53 **Dienststelleneigenschaft.** Eigenbetriebe sind nach Abs. 1 grundsätzlich selbstständige Dienststellen (vgl. Rn. 35). Seit der Neuregelung durch das ÄG 2013 gilt nunmehr, dass Eigenbetriebe mit „in der Regel" (vgl. zu diesem Begriff § 10 Rn. 10) nicht mehr als 50 Beschäftigten nicht als Dienststellen i. S. d. Abs. 1 gelten. Die Begründung des Regierungsentwurfs geht davon aus, dass die Qualifizierung als selbstständige Dienststelle kostenintensiv sei und vor allem bei kleineren Betrieben auf wenig Verständnis stoße, da die Beschäftigten oftmals sowohl für Aufgaben des Eigenbetriebs als auch der Verwaltung herangezogen würden; meist sei nur technisches Personal voll dem Eigenbetrieb zugeordnet (LT-Drucksache 15/4224, S. 87). Durch Abs. 2 soll das Regel-Ausnahme-Verhältnis umgekehrt werden (LT-Drucksache 15/4224, S. 87). Die Norm knüpft strikt an die Beschäftigtenzahl an, sodass es bei kleinen Eigenbetrieben nicht darauf ankommt, welche Handlungs- und Entscheidungsbefugnisse der Betriebsleiter hat.

54 **Maßgebliche Dienststelle.** Nach § 5 Abs. 2 Hs. 2 gelten die Beschäftigten des kleinen Eigenbetriebs als **Beschäftigte** der Verwaltungsbehörde der **Gemeinde** oder des Gemeindeverbands und sind für den dort gebildeten örtlichen PR wahlberechtigt und wählbar. Dieser PR nimmt auch die Interessen dieser Beschäftigten wahr und ist in förmlichen Beteiligungsverfahren (§§ 73–89), die diese Beschäftigten betreffen, zu beteiligen.

55 **Verselbstständigung des Eigenbetriebs.** Kleine Eigenbetriebe i. S. d. Abs. 2 sind Teil der Dienststelle „Gemeindeverwaltung", weshalb § 5 Abs. 3 Satz 1 zur Anwendung kommen kann. Durch Entscheidung des Dienststellenleiters (des Bürgermeisters) können solche kleinen Eigenbetriebe zu selbstständigen Dienststellen erklärt oder zu solchen zusammengefasst werden. Dies gilt auch für Gemeindeverbände. Aus der Regelung von Abs. 2 ist aber zu folgern, dass es im Einzelfall gute Gründe dafür geben muss, einen kleinen Eigenbetrieb zu verselbstständigen.

56 **Große Eigenbetriebe.** Haben Eigenbetriebe mehr als 50 Beschäftigte, findet Abs. 2 keine Anwendung. Diese Eigenbetriebe sind Dienststellen i. S. d. Abs. 1. Eine „Verselbstständigung" nach Abs. 3 ist dann weder nötig noch möglich. In Betracht kommt aber eine Zusammenfassung nach Abs. 4 Satz 1, z. B. mit anderen Betrieben oder der Dienststelle „Gemeindeverwaltung".

III. Verselbstständigung und Zusammenfassung von Dienststellen, Aufhebung der Verselbstständigung (Abs. 3)

57 **1. Anwendungsbereich (Satz 1).** Abs. 3 findet keine Anwendung auf selbstständige Dienststellen, sondern lediglich auf (unselbstständige) Außenstellen, Nebenstellen und Teile einer Dienststelle. Diese können personalvertretungsrechtlich verselbstständigt oder zu einer Dienststelle zusammengefasst werden. Eine Verselbstständigung kommt für eine Teileinheit nur in Betracht, wenn jedenfalls die Voraussetzungen des § 10 Abs. 1 erfüllt sind. Auch muss die Organisationseinheit einen eigenständigen Aufgabenbereich haben (BVerwG, 3.7.2013 – 6 PB 15/13 – PersR 2013, 407 = PersV 2013, 464).

58 **a) Außenstellen, Nebenstellen, Dienststellenteile.** Die Begriffe der Außenstelle, der Nebenstelle und des Teils einer Dienststelle nach Abs. 1 sind nicht genau voneinander abzugrenzen, was aber keine praktische Relevanz hat (vgl. VGH Mannheim, 4.12.2012 – PL 15 S 696/12 – juris). Entscheidend ist, dass die Organisationseinheit nicht selbst „Dienststelle" ist, sondern unselbstständiger Teil einer Dienststelle i. S. d. LPVG. Dem „Teil einer Dienststelle nach Abs. 1" stehen nunmehr Teile einer nach Abs. 4 zusammengefassten Dienststelle gleich.

59 **aa) Außenstellen und Nebenstellen.** Außenstellen und Nebenstellen sind örtlich oder wegen der Art der von ihnen wahrzunehmenden sachlichen Aufgaben von der (Haupt)Dienststelle abgegrenzt. Eine Entscheidung nach Abs. 3 Satz 1 setzt voraus, dass die Außenstellen und Nebenstellen einen eigenen Aufgabenbereich aufweisen. Ein eigenständiger Aufgabenbereich liegt vor, wenn dieser deutlich von den sonstigen Aufgaben der Dienststelle abweicht (vgl. z B. BVerwG, 3.7.2013 – 6 PB 15/13 – PersR 2013, 407 = PersV 2013, 464 – Berufsfeuerwehr einer Stadt). I.d.R. haben diese Organisationseinheiten auch ein gewisses Maß an organisatorischer Selbstständigkeit. Die Außen- bzw. Nebenstelle muss zudem eine Beschäftigtenzahl aufweisen, die eine selbstständige Personalvertretung rechtfertigen kann. Die Mindestanforderungen des § 10 Abs 1 stellen nur einen Ausschlusstatbestand dar.

60 **bb) Teil einer Dienststelle.** „Teil" einer Dienststelle ist eine Organisationseinheit, die organisatorisch oder räumlich von den anderen Organisationseinheiten der Dienststelle schon abgegrenzt ist oder unschwer abgrenzbar wäre. Teil einer Dienststelle kann auch eine Abteilung einer Behörde sein. Ein Teil einer Dienststelle kann nur verselbstständigt werden, wenn dieser einen abgegrenzten/abgrenzbaren eigenen Aufgabenbereich hat. Die Mindestanforderungen des § 10 Abs. 1 stellen auch hier nur einen Ausschlusstatbestand dar; eine Verselbstständigung kommt aber wohl nur bei einer deutlich höheren Zahl von Beschäftigten in Betracht.

61 **Kleine Eigenbetriebe.** Eigenbetriebe mit in der Regel nicht mehr als 50 Beschäftigten gelten nach Abs. 2 nicht mehr als Dienststelle. Sie sind dann aber „Teil einer Dienststelle", nämlich der Gemeindeverwaltung bzw. der Verwaltung des sonstigen kommunalen Trägers und können deshalb personalvertretungsrechtlich verselbstständigt werden. Um eine solche Verselbständigungsentscheidung rechtfertigen zu können, müssen allerdings gewichtige Gesichtspunkte für die

Umkehrung des gesetzlichen Regel-Ausnahme-Verhältnisses sprechen. Insbesondere darf die Zahl von 50 Beschäftigten, an die Abs. 2 anknüpft, wohl nicht deutlich unterschritten werden.

62 **Große Eigenbetriebe.** Fallen Eigenbetriebe nicht unter Abs. 2, sind sie nicht „Teil der Dienststelle" Gemeindeverwaltung, sondern sind selbst eigenständige Dienststelle i. S. d. § 5 Abs. 1. Der Eigenbetrieb erfüllt dann schon nicht die tatbestandlichen Voraussetzungen von Abs. 3 Satz 1. Eine „Verselbstständigung" nach Abs. 3 Satz 1 durch den kommunalen Träger scheidet dann von vornherein aus.

63 **Teile von Eigenbetrieben.** Weil große Eigenbetriebe selbstständige Dienststellen sind, kann die Dienststelle „Eigenbetrieb" auch selbst von der Befugnis des Abs. 3 Satz 1 Gebrauch machen, also Teile des Eigenbetriebs verselbständigen (BVerwG, 13.3.2013 – 6 PB 4.13 – juris). Auch in diesem Fall ist ein GesamtPR zu bilden, allerdings nicht auf der Ebene des kommunalen Trägers, sondern nur auf der Ebene des Eigenbetriebs (als Hauptdienststelle) und der verselbstständigten Betriebsteile. Bestünde auch auf der Ebene der Gemeindeverwaltung ein GesamtPR, so würden in diesem Falle zwei GesamtPR mit getrennten Zuständigkeiten nebeneinander bestehen.

64 **cc) Teile einer zusammengefassten Dienststelle.** Nach Abs. 3 Satz 1 können auch Teile von einer nach Abs. 4 Satz 1 zusammengefassten Dienststelle verselbstständigt werden. Aus einer ursprünglich selbstständigen Dienststelle, die zunächst mit anderen Dienststellen nach Abs. 4 Satz 1 zu „einer Dienststelle" zusammengefasst worden ist, kann damit wieder eine „verselbstständigte Dienststelle" werden. Durch die Neufassung von Abs. 3 Satz 1 hat der Gesetzgeber klargestellt, dass sich die Möglichkeit der Verselbstständigung auch auf solche „Teile einer Dienststelle" bezieht. Die ältere Rechtsprechung des VGH Baden-Württemberg (vgl. z. B. Beschluss, 24.7.2007 – PL 15 S 3/06 – juris) ist jedenfalls durch diese Klarstellung gegenstandslos.

65 **Bedeutung der Neuregelung.** Relevanz hat die Neuregelung im kommunalen Bereich und hier vor allem für Eigenbetriebe und den zu bildenden GesamtPR. Jetzt können Gemeindeverwaltung und Eigenbetriebe zunächst nach Abs. 4 Satz 1 zu „einer Dienststelle" zusammengefasst werden. Werden dann von dieser (zusammengefassten) Dienststelle wieder die Eigenbetriebe (jetzt als Teile der Dienststelle Gemeindeverwaltung) nach Abs. 3 Satz 1 verselbstständigt, erstreckt sich die Zuständigkeit des dann zwingend zu bildenden GesamtPR auf die Gemeindeverwaltung *und* die (vorher selbstständigen) Eigenbetriebe. Durch dieses Vorgehen kann ein GesamtPR gebildet werden, der die Interessen *aller* Beschäftigten der Gemeinde sowie der Eigenbetriebe wahrnehmen kann. Dass der Gesetzgeber dieses Vorgehen ausdrücklich ermöglichen wollte, folgt aus der Gesetzesbegründung (vgl. LT-Drucksache 14/4780, S. 14 und 36 f.). Dort heißt es: „dass insbesondere kommunale Eigenbetriebe, die durch die oberste Dienstbehörde mit der Verwaltung zusammengefasst werden, durch den Leiter der zusammengefassten Dienststelle personalvertretungsrechtlich zu selbstständigen Dienststellen erklärt werden können, wenn die sonstigen Voraussetzungen gegeben sind. Mit Hilfe der Verselbstständigung besteht die Mög-

lichkeit, für die gesamte Gemeinde oder den gesamten Landkreis, d. h. einschließlich deren Eigenbetriebe, einen Gesamtpersonalrat zu bilden"; (vgl. hierzu auch VGH Mannheim, 4.12.2012 – PL 15 S 696/12 – juris).

66 **dd) Verfahren.** Die vom Leiter der Hauptdienststelle bzw. der zusammengefassten Dienststelle zu treffende Entscheidung kann auf Antrag der Mehrheit der betroffenen wahlberechtigten Beschäftigten oder von Amts wegen ergehen. Sie kann **jederzeit** erfolgen; vgl. aber auch Abs. 3 Satz 5. Das LPVG schreibt kein bestimmtes Verfahren vor, sodass dieses einfach und zweckmäßig auszugestalten ist. Das Verfahren kann von Amts wegen, aber auch von jedem betroffenen Beschäftigten eingeleitet werden. Die Abstimmung nach Abs. 3 Satz 1 ist keine Wahl i. S. d. WO, weshalb diese nicht direkt angewandt, wohl aber sinngemäß herangezogen werden kann.

67 **Antrag.** Ein ordnungsgemäßer Antrag der Beschäftigten an den Dienststellenleiter kann erst nach entsprechender Willensbildung und Mehrheitsentscheidung der betroffenen Beschäftigten gestellt werden. Der Dienststellenleiter prüft vor seiner Entscheidung, ob den gesetzlichen Anforderungen genügt worden ist, insb., ob die vom Gesetz verlangte Mehrheit zustande gekommen ist. Verneint er dies, braucht er über die Verselbstständigung bzw. Zusammenfassung nicht zu entscheiden, darf dies aber nach seinem Ermessen – von Amts wegen – auch ohne ordnungsgemäßen Antrag der Beschäftigten.

68 **Abstimmung.** Ob eine Mehrheit der betroffenen wahlberechtigten Beschäftigten den Antrag auf Verselbstständigung bzw. Zusammenfassung befürwortet, ist durch eine Abstimmung zu ermitteln. Auch wenn das Gesetz keine Vorgaben darüber enthält, wie die Abstimmung über den Antrag an den Dienststellenleiter zu erfolgen hat, so sind doch die allg. Grundsätze demokratischer Abstimmungen zu beachten. Dabei kann entsprechend § 4 WO (Vorabstimmungen) vorgegangen werden. Die Abstimmung kann auch in einer Personalversammlung oder in getrennten Versammlungen (§ 49 Abs. 3) erfolgen.

69 **Geheime Abstimmung.** Das Gesetz verlangt eine geheime Abstimmung nur im Fall der Zusammenfassung von selbstständigen Dienststellen (§ 5 Abs. 4 Satz 1). Es erscheint aber sachgerecht, eine geheime Abstimmung auch beim Antrag nach Abs. 3 Satz 1 zu fordern (so ausdrücklich § 6 Abs. 3 Satz 1 BPersVG). Der Dienststellenleiter muss bei seiner Entscheidung die (wirklichen) Belange der Beschäftigten berücksichtigen. Deshalb ist es erforderlich, dass diese möglichst unbeeinflusst in der Abstimmung über den Antrag zur Geltung gekommen sind. Eine Abstimmung per Akklamation oder das Einreichen einer Unterschriftenliste genügt nicht. Um den Anforderungen an eine geheime Abstimmung zu genügen, ist es sachgerecht, sich an den §§ 22–25 WO zu orientieren.

70 **Getrennte Abstimmungen.** Die Abstimmungen sind für die einzelnen Außenstellen, Nebenstellen oder Dienststellenteile getrennt durchzuführen. Sollen mehrere Verselbstständigungen zeitgleich beantragt werden, kann ein gemeinsames Verfahren zulässig sein, über die einzelnen Gegenstände muss aber ge-

trennt abgestimmt werden. Die betroffenen Beschäftigten stimmen gemeinsam und nicht nach Gruppen getrennt ab.

71 **Betroffene wahlberechtigte Beschäftigte.** Abstimmen dürfen nur die wahlberechtigten Beschäftigten. Insoweit knüpft Abs. 3 Satz 1 – ohne Einschränkung – an § 8 an. Betroffen sind die Beschäftigten, die bei den Außenstellen, Nebenstellen oder Teilen der Dienststelle, für die sie eine Entscheidung nach Abs. 3 erreichen wollen, tatsächlich tätig sind. „Betroffene Beschäftigte" sind auch die Beschäftigten i. S. d. § 4 Abs. 1 Satz 2, wenn sie vor ihrer Abordnung bzw. Zuweisung in dem fraglichen Dienststellenteil bzw. einer der zusammen zu fassenden Dienststellenteile tätig gewesen sind.

72 **Mehrheit.** Die Abstimmung über die **Verselbstständigung** ist erfolgreich, wenn die Mehrheit der wahlberechtigten Beschäftigten dieser Organisationseinheit, nicht nur der abstimmenden Beschäftigten, der Verselbstständigung zugestimmt hat. Soll die **Zusammenfassung** mehrerer Teileinheiten beantragt werden, muss sich jeweils die Mehrheit der wahlberechtigten Beschäftigten jeder einzelnen Einheiten dafür aussprechen. Es ist Aufgabe des Dienststellenleiters zu prüfen, wer für die Abstimmung stimmberechtigt ist und ob die vom Gesetz geforderte Mehrheit zustande gekommen ist.

73 **Von Amts wegen.** Die Entscheidungen nach Abs. 3 können durch den Dienststellenleiter auch von Amts wegen erfolgen. Diese Befugnis ist nicht an das Vorliegen bestimmter Voraussetzungen geknüpft, insb. bedarf es dann keiner Abstimmung und auch keiner sonstigen Zustimmung der Beschäftigten oder des PR. Die allg. Anforderungen an eine Verselbstständigung (siehe oben) müssen auch in diesem Fall erfüllt sei.

74 **ee) Entscheidung.** Die Entscheidung über die Verselbstständigung bzw. die Zusammenfassung liegt im pflichtgemäßen **Ermessen** des Leiters der Hauptdienststelle bzw. der zusammengefassten Dienststelle. An den Antrag der Beschäftigten ist er nicht gebunden. Bei seiner Entscheidung muss der Dienststellenleiter die dienstlichen Belange und die Belange der Beschäftigen berücksichtigen. Diese grundsätzlich gleichwertigen Belange sind gegeneinander abwägen.

75 **Dienstliche Belange.** Dienstliche Belange können z. B begründet sein durch die Aufgabenstellung oder Beschäftigtenstruktur, die eine angemessene Interessenvertretung im PR der Hauptdienststelle nicht mehr gewährleistet oder durch die Delegation von Budget- und Personalverantwortung. Im Landesbereich wird der Dienststellenleiter auch die mit der Verwaltungsreform verfolgten Ziele der Integration und Verschlankung der Verwaltung berücksichtigen müssen. Das Gesetz enthält keine Eingrenzung oder Gewichtung der Abwägungskriterien.

76 **Belange der Beschäftigten.** Für die Beschäftigten ist es besonders wichtig, im PR Ansprechpartner und Vertreter zu haben, die ihr Vertrauen genießen und ihre Belange und Wünsche möglichst aus eigener Anschauung kennen. Der Kontakt – auch der persönliche Kontakt – mit den PR-Mitgliedern sollte unschwer möglich sein. Die Entfernung der Organisationseinheit von der Haupt-

dienststelle ist deshalb ein wichtiges Kriterium. Hierbei kann es auch auf die Verkehrsanbindung und die Verkehrsverhältnisse ankommen.

Entscheidungszeitpunkt. Die Entscheidung kann jederzeit getroffen werden. 77
Wirksamkeit hinsichtlich der Wahl des PR erlangt die Entscheidung nach Abs. 3 Satz 5 aber nur für „die folgende Wahl". Der „späteste Zeitpunkt" einer Entscheidung ergibt sich deshalb bei sinngemäßer Auslegung aus § 4 WO. Hiernach sind Verselbständigungsentscheidungen vom Wahlvorstand nur zu berücksichtigen, wenn sie vor dem Erlass des Wahlausschreibens (§ 9 WO) vorliegen. Zur Orientierung dient die Frist von sechs Arbeitstagen nach der Bekanntmachung gem. § 1 Abs. 3 WO. Es empfiehlt sich daher, einen Antrag der betroffenen Beschäftigten so rechtzeitig vor der PR-Wahl, für die die Verselbstständigung bzw. Zusammenfassung (erstmals) wirksam werden soll, beim Dienststellenleiter einzureichen, dass für das weitere Verfahren und die erforderlichen Anhörungen ausreichend Zeit bleibt.

Ablehnende Entscheidung. Lehnt der Dienststellenleiter den Antrag ab, weil er 78
die gesetzlichen Voraussetzungen als nicht gegeben sieht oder er überwiegende Gründe für eine Beibehaltung der bestehenden Organisationsstruktur bejaht, ist das Verfahren beendet. Einen Anspruch auf eine stattgebende Entscheidung haben die betroffenen Beschäftigten nicht, auch nicht der PR, falls er den Antrag der Beschäftigten unterstützt hat. Der Antrag kann ggf. aber erneut gestellt werden, die Ablehnung begründet keine Sperrwirkung.

Begründung der Ablehnung. In entsprechender Anwendung von § 70 Abs. 2 79
Satz 2 ist die Ablehnung schriftlich zu begründen und die Begründung den betroffenen Beschäftigten und dem PR mitzuteilen. Der Antrag nach Abs. 3 Satz 1 ist zwar kein Antrag des PR; die Begründungspflicht im neu gefassten § 70 Abs. 2 bezieht sich aber ausdrücklich auf „Anträge und Vorschläge nach Absatz 1", womit auch Anregungen und Beschwerden von Beschäftigten (dortige Nr. 4) umfasst sind. Es gibt keinen Grund dafür, Anträge nach § 5 Abs. 3 Satz 1 verfahrensmäßig schlechter zu behandeln, als allg. Anregungen und Beschwerden der Beschäftigten.

Stattgebende Entscheidung. Entspricht der Dienststellenleiter dem gestellten 80
Antrag oder entscheidet er von Amts wegen i. S.e. Verselbstständigung bzw. Zusammenfassung, ist die Entscheidung aktenkundig zu machen und den Beschäftigten und dem PR zu eröffnen.

Anfechtbarkeit. Die getroffene Entscheidung ist für die betroffenen Beschäftig- 81
ten nicht selbstständig anfechtbar. Subjektive, einklagbare Rechte stehen den Beschäftigten insoweit nicht zu. Gleiches gilt für den PR. Diesem stehen kollektivrechtliche Befugnisse nur im Rahmen von Abs. 3 Satz 2 und 4 (Anhörungsrecht) zu, aber kein Recht hinsichtlich der materiellen Entscheidung, das eine Antragsbefugnis im Beschlussverfahren begründen könnte. Die Rechtmäßigkeit einer Entscheidung nach Abs. 3 Satz 1 kann allerdings als Vorfrage in einem Beschlussverfahren z. B. im Rahmen einer Wahlanfechtung Bedeutung erlangen, wenn z. B. aufgrund einer Verselbständigungsentscheidung ein PR oder

GesamtPR gewählt worden ist, ohne dass die erforderlichen Voraussetzungen vorgelegen haben.

82 **ff) Folgen der Entscheidung.** Nach Abs. 3 Satz 5 sind die getroffenen Entscheidungen „ab der folgenden Wahl" wirksam. Dies gilt aber nur für die Wahl der Personalvertretungen. Unabhängig davon ist die vom Dienststellenleiter getroffene Entscheidung mit ihrer **Bekanntgabe wirksam** geworden (§ 43 Abs. 1 Satz 1 LVwVfG entspr.). Dies bedeutet z. B., dass eine getroffene Verselbständigungsentscheidung jederzeit nach Abs. 3 Satz 4 wieder aufgehoben werden könnte und nicht erst nach Durchführung der nächsten PR-Wahl. Denn eine Aufhebung nach Abs. 3 Satz 4 setzt notwendigerweise eine „rechtswirksame" Verselbstständigung voraus. Dies bedeutet auch, dass eine nach Abs. 3 Satz 1 getroffene Entscheidung sofort (wirksame) Grundlage weiterer Zusammenfassungs- bzw. Verselbständigungsentscheidungen sein kann.

83 **Personalvertretungsrechtliche Folgen.** Die Entscheidungen nach Abs. 3 Satz 1 haben zunächst nur personalvertretungsrechtliche Bedeutung. Durch sie treten keine verwaltungsorganisatorischen Änderungen ein. Entscheidungen nach Abs. 3 Satz 1 können aber nicht vom Organisationsrecht getrennt werden; die beiden Bereiche müssen vielmehr auf einander abgestimmt werden. Insbesondere kann der zum BPersVG ergangenen Rechtsprechung nichts Gegenteiliges entnommen werden. § 5 Abs. 3 und § 6 Abs. 3 BPersVG weisen grundlegende Unterschiede auf. Anders als in § 6 Abs. 3 Satz 1 BPersVG („gelten als selbständige Dienststellen") wird durch Abs. 3 Satz 1 nicht lediglich eine gesetzliche Fiktion begründet, sondern die verselbständigten bzw. zusammengefassten Dienststellenteile werden zu einer **„selbstständigen Dienststelle im Sinne dieses Gesetzes erklärt"**. Durch die vom Dienststellenleiter getroffene Entscheidung entsteht damit nicht eine Organisationseinheit eigener Art oder eine „Dienststelle light", sondern eine selbstständige Dienststelle i. S. d. § 5 Abs. 1, für die alle Anforderungen, die an eine Dienststelle zu stellen sind (siehe oben), ebenfalls gelten. Ein zweiter wesentlicher Unterschied zwischen Bundes- und Landesrecht besteht hinsichtlich der tatbestandsmäßigen Voraussetzungen. § 6 Abs. 3 Satz 1 BPersVG knüpft nur an die räumliche Entfernung an, will also erkennbar durch die Einrichtung eines Nebenstellen-PR nur dieses Handicap überwinden. Die Entscheidung nach § 6 Abs. 3 Satz 1 BPersVG wird auch direkt der Mehrheit der betroffenen wahlberechtigten Beschäftigten überantwortet, völlig anders als im Landesrecht, wo Abs. 3 Satz 1 eine Entscheidung des Dienststellenleiters – unter Abwägung aller maßgeblichen Umstände – verlangt. Nach § 6 Abs. 3 Satz 2 BPersVG ist die Einrichtung eines Nebenstellen-PR auch nur eine vorläufige Änderung; sie gilt nur für die Amtszeit des bei der nächsten Wahl berufenen PR und ist dann wieder – vorbehaltlich einer neuen Mehrheitsentscheidung – ohne Weiteres gegenstandslos.

84 **Leiter der neuen Dienststelle.** Wenn die verselbstständigte bzw. zusammengefasste Organisationseinheit eine neue „Dienststelle" i. S. d. § 5 Abs. 1 ist (vgl. oben Rn. 83), dann muss sie zwingend einen verantwortlichen Dienststellenleiter haben. Hat sie diesen nicht, kann sie nicht selbstständige Dienststelle sein bzw. würde die Eigenschaft einer Dienststelle sofort wieder verlieren (vgl. Rn. 9 und 51). Die Rechtsprechung des BVerwG, nach der bei einem Dienststellenteil

bzw. der neuen Dienststelle nicht unbedingt ein verantwortlicher Leiter vorhanden sein müsse, dieser nicht einmal ein Minimum der Handlungs- und Entscheidungsbefugnisse, die einen Dienststellenleiter kennzeichnen, besitzen müsse (vgl. z. B. BVerwG, 3.7.2013 – 6 PB 15/13 – PersR 2013, 407 = PersV 2013, 464; 13.9.2010 – 6 P 14.09 – PersV 2011, 103; 29.5.1991 – 6 P 12.89 – PersR 1991, 334), kann nur für die erste Phase der neuen Dienststelle, solange kein PR gewählt ist, gelten. In dieser Zeit beschränkt sich die Funktion des „Leiters“ der neuen Dienststelle auf die Maßnahmen, die im Zusammenhang mit der Wahl des PR stehen (vgl. § 16, § 1s7 Abs. 3, § 18 Abs. 1 Satz 2). Nach der Wahl des PR braucht dieser aber einen Ansprechpartner hinsichtlich aller Aufgaben und Befugnisse, die ihm nun zustehen, also notwendigerweise einen Dienststellenleiter.

85 **Organisationsrechtliche Folgen.** Da die personalrechtlichen Aufgaben und Befugnisse des Leiters der Hauptdienststelle durch die Entscheidungen nach Abs. 3 Satz 1 nicht verändert werden und auch seine Rechtsstellung im Übrigen nicht berührt wird, muss die verwaltungsorganisatorische Anpassung ggf. flankierend erfolgen. Erfolgt diese Anpassung nicht, ist und bleibt der Leiter der Hauptdienststelle auch Dienststellenleiter der verselbstständigten bzw. der zusammengefassten neuen Dienststelle. Hat der Leiter des verselbstständigten Dienststellenteils aber bereits ausreichende Befugnisse im personellen Bereich oder werden ihm solche flankierend eingeräumt, ist er Leiter der neu entstandenen Dienststelle.

86 **Wählbarkeit.** Der Leiter der personalvertretungsrechtlich verselbstständigten Nebenstelle usw. und sein Stellvertreter sind unabhängig von ihren Handlungs- und Entscheidungsbefugnissen nicht zum PR wählbar (§ 9 Abs. 2 Nr. 2; BVerwG, 22.6.1962 – VII P 9.61 – BVerwGE 14, 287 = PersV 1962, 257).

87 **Gesamtpersonalrat.** § 54 Abs. 1 schreibt zwingend vor, dass in den Fällen des § 5 Abs. 3 neben den einzelnen Personalräten ein Gesamtpersonalrat zu bilden ist. Der GesamtPR ist bei der Hauptdienststelle zu bilden, deren Teile verselbstständigt bzw. bei der unselbstständige Teile zu einer neuen Dienststelle zusammengefasst worden sind (vgl. auch Rn. 63). Die Abgrenzung der Zuständigkeit des GesamtPR zu den Personalräten folgt aus § 91 Abs. 8.

88 **Wirkungsdauer.** Eine Verselbstständigung nach Abs. 3 Satz 1 endet – anders als im Bundespersonalvertretungsrecht – nicht mit der Amtszeit des PR, sondern gilt auf unbestimmte Zeit bis zu einer ausdrücklichen Aufhebung nach Abs. 3 Satz 3.

89 **2. Anhörung des Personalrats (Satz 2).** Nach Abs. 3 Satz 2 hat der Dienststellenleiter vor seiner Entscheidung den PR anzuhören. Dies ist erforderlich, weil sich die zu treffende Entscheidung auf die Arbeit und Entscheidungsbefugnisse des PR auswirkt. Der Dienststellenleiter ist – wie auch sonst – an die Äußerung des PR nicht gebunden.

90 **Verfahren.** Die §§ 86, 87 Abs. 2 sind sinngemäß anzuwenden. Sie gelten zwar für Anhörungen in förmlichen Beteiligungsverfahren, eine entspr. Anwendung

erscheint aber sachgerecht. Danach kann der Dienststellenleiter den PR schriftlich oder – im Rahmen einer Sitzung – auch mündlich anhören. Der PR ist ausreichend zu informieren; ihm ist rechtzeitig und ausreichend Gelegenheit zur Äußerung zu geben. Der Dienststellenleiter sollte dem PR dabei auch seine Haltung zu der zu treffenden Entscheidung mitteilen.

91 **Zeitpunkt der Anhörung.** Der PR ist „rechtzeitig" anzuhören. Unabhängig von § 86 folgt dies jedenfalls aus dem Grundsatz der vertrauensvollen Zusammenarbeit. Soll die Entscheidung **von Amts wegen** erfolgen, ist der PR möglichst frühzeitig zu dem geplanten Vorhaben zu hören. Dem PR sind die Gründe, die für die Verselbstständigung bzw. Zusammenfassung sprechen, mitzuteilen. Bei einem **Antrag der Beschäftigten** ist der PR möglichst frühzeitig, spätestens ab der förmlichen Antragstellung anzuhören.

92 **3. Aufhebung der Verselbstständigung (Satz 3).** Für die Aufhebung der Verselbstständigung gelten nach Abs. 3 Satz 3 die gleichen Regeln wie für die Verselbstständigung nach Abs. 3 Satz 1. Auch diese Entscheidung kann aufgrund eines Antrags der betroffenen Beschäftigten oder von Amts wegen erfolgen und steht im pflichtgemäßen Ermessen des Dienststellenleiters. Auf die obigen Erläuterungen wird Bezug genommen. Wegen der **Wirksamkeit** der Aufhebung der Verselbstständigung vgl. Rn. 95.

93 **Aufhebung der Zusammenfassung.** Abs. 3 Satz 3 sieht eine Aufhebung der nach Abs. 3 Satz 1 getroffenen Zusammenfassungsentscheidung nicht vor. Durch die Zusammenfassungsentscheidung ist aber eine selbstständige Dienststelle entstanden, von der nach Abs. 3 Satz 1 wieder Dienststellenteile verselbstständigt werden könnten. Dies ist zwar keine Aufhebung der Zusammenfassung, erlaubt aber gleichwohl eine faktische – ggf. auch nur teilweise – Rückabwicklung der Zusammenfassung, wenn auch die übrigen Voraussetzungen des Abs. 3 Satz 1 gegeben sind.

94 **4. Anhörung der Personalräte (Satz 4).** Vor der Aufhebungsentscheidung sind nach Abs. 3 Satz 4 der PR der Dienststelle, die durch die Verselbstständigung entstanden ist, der PR der Hauptdienststelle und der GesamtPR der Gesamtdienststelle anzuhören. Hinsichtlich des Anhörungsverfahrens gelten die obigen Ausführungen zu Abs. 3 Satz 2.

95 **5. Zeitpunkt der Wirksamkeit (Satz 5).** Die Entscheidungen (Verselbstständigung und ihre Aufhebung) wirken nach Abs. 3 Satz 5 erst ab der auf die der Entscheidung **folgenden PR-Wahl.** Nächste PR-Wahl i. d. S. ist die nächste **regelmäßige Wahl** (§ 22 Abs. 2), kann aber auch eine **vorzeitige Neuwahl** nach § 23 Abs. 1 sein (keine Wiederholungswahl nach erfolgreicher Anfechtung). Um bei dieser Wahl berücksichtigt werden zu können, muss dem Wahlvorstand die getroffene Entscheidung sechs Arbeitstage nach der Bekanntmachung über seine Zusammensetzung vorliegen (§ 4 WO entspr.).

96 **Wahl nach Verselbstständigung, Aufhebung.** Nach einer Entscheidung nach Abs. 3 Satz 1 bleibt der PR der Hauptdienststelle zunächst bis zur nächsten Wahl im Amt. Bei der nächsten Wahl sind sodann zu wählen: Der PR der

Hauptdienststelle, jeweils Personalräte für die verselbstständigten Dienststellenteile sowie (ggf. erstmals) ein GesamtPR. Wird eine Verselbstständigungsentscheidung aufgehoben, sind bei der nächsten Wahl für die betroffenen Dienststellenteile keine Personalräte mehr zu wählen. Verbleibt dann nur noch die Hauptdienststelle, ist lediglich dort ein PR zu wählen; für die Wahl eines GesamtPR wäre in diesem Fall kein Raum mehr.

Folgen von Zwischenentscheidungen. Unabhängig von Abs. 3 Satz 5 sind die getroffenen Entscheidungen mit ihrer **Bekanntgabe wirksam** geworden (vgl. Rn. 82) und können Grundlage für weitere Entscheidungen i. S. d. § 5 sein. Wird z. B. eine getroffene Verselbständigungsentscheidung bereits vor der nächsten Wahl wieder nach Abs. 3 Satz 4 aufgehoben, gibt es keine Veränderung mehr, die bei der nächsten Wahl umgesetzt werden könnte. Es verbleibt dann beim status quo. Folgen bspw. auf eine Zusammenfassungsentscheidung nach Abs. 4 Satz 1 – vor der nächsten Wahl – Verselbständigungsentscheidungen nach Abs. 3 Satz 1, so sind in diesem Fall bei der nächsten PR-Wahl zu wählen: Jeweils Personalräte für alle verselbstständigten Dienststellenteile sowie (ggf. erstmals) ein GesamtPR. 97

Zusammenfassungsentscheidung. Abs. 3 Satz 5 nennt nur die Verselbstständigung und deren Aufhebung. Daraus folgt, dass die Zusammenfassungsentscheidung auch hinsichtlich der PR-Wahl sofort wirksam wird. Durch die Zusammenfassung nach Abs. 3 Satz 1 ist eine neue selbstständige Dienststelle entstanden, in der kein PR besteht, weshalb unverzüglich eine vorzeitige Neuwahl nach § 23 Abs. 1 Satz 1 Nr. 6 zu erfolgen hat. 98

IV. Zusammenfassung von Dienststellen und Aufhebung zusammengefasster Dienststellen (Abs. 4)

1. Anwendungsbereich, Bedeutung (**Satz 1**). Anders als Abs. 3 Satz 1 handelt Abs. 4 Satz 1 von der Zusammenfassung von **selbstständigen** Dienststellen i. S. d. § 5 Abs. 1. Von § 10 Abs. 2 unterscheidet sich Abs. 4 Satz 1 dadurch, dass hier mehrere (selbständige) Dienststellen zu einer neuen Dienststelle mit eigenem PR zusammengefasst werden. Im Fall des **§ 10 Abs. 2** bleiben hingegen die bestehenden Dienststellen auch personalvertretungsrechtlich grundsätzlich selbstständig. Die Zuteilung geschieht hier nur zur Bildung eines gemeinsamen PR; die Leiter der zugeteilten Dienststellen bleiben im Fall des § 10 Abs. 2 Dienststellenleiter i. S. d. LPVG. Besondere **Bedeutung** hat Abs. 4 Satz 1 im kommunalen Bereich. Hier ermöglicht die Regelung die Bildung einer gemeinsamen Dienststelle aus Gemeindeverwaltung und Eigenbetrieben. Entsprechendes gilt für die anderen kommunalen Körperschaften, Anstalten und Stiftungen des öffentlichen Rechts. 99

a) **Gleicher Verwaltungszweig.** Eine Zusammenfassung kommt nur bei Dienststellen des gleichen Verwaltungszweigs in Betracht. Für die Zugehörigkeit zu einem Verwaltungszweig ist nicht auf das inhaltliche Kriterium der Gleichartigkeit der zu erfüllenden Aufgaben abzustellen, sondern auf das formale Kriterium der hierarchischen Verknüpfung der Dienststellen (VGH Mannheim, 100

24.7.2007 – PL 15 S 3/06 – juris). Danach gehören zu einem Verwaltungszweig alle Dienststellen, die eine gemeinsame oberste Dienstbehörde haben. Unzulässig wäre es bspw., mehrere Gemeinden zu einer Dienststelle zusammenzufassen. Bei den **Gemeinden** gehört aber die gesamte Verwaltung einschließlich der Eigenbetriebe zu einem Verwaltungszweig.

101 b) **Verfahren.** Das LPVG schreibt für die Zusammenfassungsentscheidung kein bestimmtes Verfahren vor, sodass dieses einfach und zweckmäßig auszugestalten ist. Es kann von der obersten Dienstbehörde **jederzeit** nach pflichtgemäßem Ermessen eingeleitet werden. Die Beschäftigten müssen einer Zusammenfassung zwar zustimmen, ihnen ist aber **kein Initiativrecht** zur Durchsetzung einer Zusammenfassung eingeräumt.

102 **Beteiligung der Personalräte.** Eine förmliche Beteiligung der PR der betroffenen Dienststellen ist vom Gesetz nicht vorgeschrieben. Sie ergibt sich auch nicht aus § 81 Abs. 1 Nr. 2. Die dort aufgeführte „Zusammenlegung von Dienststellen" meint nur allg. organisatorische, nicht aber ausschließlich personalvertretungsrechtliche Maßnahmen. Eine Pflicht zur Information und Anhörung der betroffenen PR folgt aber jedenfalls aus dem Grundsatz der vertrauensvollen Zusammenarbeit.

103 c) **Zustimmung der Beschäftigten.** Die Zustimmung der Beschäftigten ist Wirksamkeitsvoraussetzung für die Zusammenfassungsentscheidung. Die oberste Dienstbehörde kann die Zustimmung der Beschäftigten vorab einholen oder bereits eine Zusammenfassungsentscheidung – vorbehaltlich der Zustimmung der Beschäftigten – treffen, die dann der Abstimmung unterworfen wird.

104 **Geheime Abstimmung.** § 5 Abs. 4 Satz 1 verlangt ausdrücklich eine geheime Abstimmung. Eine Abstimmung per Akklamation oder das Einreichen einer Unterschriftenliste reicht nicht. Um den Anforderungen an eine geheime Abstimmung zu genügen, ist es sachgerecht, sich an den §§ 22–25 WO zu orientieren. Die Abstimmungen sind für die betroffenen Dienststellen **getrennt** durchzuführen. Die Beschäftigten stimmen gemeinsam und nicht nach Gruppen getrennt ab. Die allg. Grundsätze für demokratische Abstimmungen (zu den Anforderungen vgl. Rn. 68) sind auch hier zu beachten. Abstimmen dürfen nur die wahlberechtigten Beschäftigten. Insoweit knüpft Abs. 4 Satz 1 an § 8 an. **Wahlberechtigte** Beschäftigte sind auch die Beschäftigten i. S. d. § 4 Abs. 1 Satz 2, wenn sie vor ihrer Abordnung bzw. Zuweisung in den fraglichen Dienststellen tätig gewesen sind.

105 **Mehrheit.** Die Zusammenfassung setzt jeweils die Zustimmung der Mehrheit der wahlberechtigten Beschäftigten jeder beteiligten Dienststelle voraus. Die Abstimmung ist erfolgreich, wenn jeweils die Mehrheit der wahlberechtigten Beschäftigten, nicht nur der abstimmenden Beschäftigten, der Zusammenfassung zugestimmt hat. Es ist Aufgabe der obersten Dienstbehörde zu prüfen, wer für die Abstimmung stimmberechtigt ist und ob die vom Gesetz geforderte Mehrheit zustande gekommen ist.

106 d) **Entscheidung der obersten Dienstbehörde.** Die Entscheidung über die Zusammenfassung ist von der obersten Dienstbehörde nach pflichtgemäßem **Er-**

messen zu treffen. Das Gesetz regelt nicht, unter welchen Voraussetzungen eine Zusammenfassung zulässig ist. Wie bei Abs. 3 Satz 1 müssen bei der zu treffenden Entscheidung die Belange der Beschäftigten und die dienstlichen Belange berücksichtigt werden. Die getroffene Entscheidung ist aktenkundig zu machen und den Beschäftigten sowie den Personalräten zu eröffnen. Eine **Begründung** sieht das Gesetz nicht vor, eine solche erscheint aber sachgerecht, jedenfalls wenn diese Entscheidung im Vorfeld umstritten war.

Oberste Dienstbehörde. Nach § 3 Abs. 2 LBG ist die oberste Dienstbehörde des Beamten die oberste Behörde des Dienstherrn, in deren Geschäftsbereich der Beamte ein Amt wahrnimmt. Dies gilt für Arbeitnehmer entsprechend. Bei Dienststellen des Landes ist oberste Dienstbehörde das jeweilige Ministerium. In den **Gemeinden** ist oberste Dienstbehörde der Bürgermeister (§ 44 Abs. 4 der GemO) und in den Landkreisen der **Landrat** (§ 42 Abs. 4 der LKrO). § 89 Abs. 1, der die Stellung als „oberste Dienstbehörde“ an das „oberste Organ“ (also den Gemeinderat bzw. Kreistag) zuweist, gilt nur für die dort geregelten Stufenverfahren in Mitbestimmungs- und Mitwirkungsangelegenheiten. Bei den anderen Körperschaften, Anstalten und Stiftungen des öffentlichen Rechts wird die oberste Dienstbehörde in der Regel durch die entsprechenden Errichtungsvorschriften bestimmt. 107

e) **Folgen der Entscheidung.** Die nach § 5 Abs. 4 Satz 1 zusammengefassten Dienststellen bilden eine neue Dienststelle i. S. d. § 5 Abs. 1. Wie bei den Entscheidungen nach Abs. 3 Satz 1 ist auch bei der Zusammenfassung nach Abs. 4 Satz 1 zwischen den personalvertretungsrechtlichen Folgen und den organisationsrechtlichen Folgen zu unterscheiden. Hier wie dort müssen Organisationsrecht und Personalvertretungsrecht aber aufeinander abgestimmt sein. 108

Personalvertretungsrechtliche Folgen. Die Zusammenfassungsentscheidung ist (nach erfolgter Zustimmung der Beschäftigten) mit ihrer Bekanntgabe wirksam. Deshalb könnte eine solche Entscheidung auch schon vor der nächsten PR-Wahl nach Abs. 4 Satz 2 wieder aufgehoben werden, z. B. wenn sich die Umstände grundlegend ändern würden. Die Entscheidung kann auch sofort Grundlage weiterer Verselbständigungsentscheidungen nach Abs. 3 Satz 1 sein. 109

Amtszeit des PR. Die Personalräte der zusammengefassten Dienststellen bleiben bis zur nächsten Wahl des PR im Amt. Bis dahin stehen ihnen alle Befugnisse nach dem LPVG für den Bereich ihrer (alten) Dienststellen zu. Bei der „folgenden Wahl“ ist nur noch ein PR für die neu gebildete Dienststelle zu wählen. Erfolgt nach der Zusammenfassung zugleich – jedenfalls rechtzeitig vor der folgenden PR-Wahl – wieder eine Verselbstständigung der zusammengefassten Dienststellen, verbleibt den alten Personalräten für ihren Bereich ihre Funktion. Ihnen obliegen dann auch alle Aufgaben und Befugnisse hinsichtlich der nächsten PR-Wahl in ihrer Dienststelle; vgl. auch Rn. 97. 110

Dienststellenleiter. Solange die PR der zusammengefassten Dienststellen amtieren (s. o.), kommt auch den Leitern der zusammengefassten Dienststellen die Eigenschaft des „Dienststellenleiters“ i. S. d. LPVG – jeweils für ihren Bereich – zu. Erfolgt nach der Zusammenfassung zugleich – jedenfalls vor der folgen- 111 den PR-Wahl – wieder eine Verselbstständigung der zusammengefassten Dienststellen, verbleibt den Dienststellenleitern diese Funktion ohne Unterbrechung. Ihnen obliegen auch alle Aufgaben und Befugnisse hinsichtlich der nächsten PR-Wahl in ihrer Dienststelle. Für die Vorbereitung der Wahl des dann auch zu bildenden GesamtPR ist der Leiter der Hauptdienststelle zuständig.

112 **Besonderer Dienststellenleiter.** Eine Dienststelle i. S. d. LPVG kann nur einen verantwortlichen Dienststellenleiter haben. Im Hinblick auf die Befugnisse im Zusammenhang mit der folgenden Wahl des PR der neuen Dienststelle (§ 16 Abs. 2 Satz 1, Abs. 3, § 17 Abs. 3 und § 24 Abs. 1 Satz 3) können deshalb bei einer Zusammenfassung nicht die alten Dienststellenleiter gleichzeitig zuständig sein. Es muss vielmehr klar geregelt werden, welchem der betroffenen Dienststellenleiter, ausnahmsweise auch einem Dritten, diese Funktion zukommen soll. In der Verfügung über die Zusammenfassung – ggf. auch später in einer besonderen Verfügung, dann aber rechtzeitig vor der Wahl – ist deshalb ein besonderer Dienststellenleiter zu bestellen. Wenn Dienststellen zusammengefasst werden, die in der Behördenorganisation im Verhältnis der Über-/Unterordnung stehen, wird wohl der Leiter der übergeordneten Dienststelle zu bestellen sein.

113 **Wählbarkeit.** Die Leiter der zusammengefassten Dienststellen sind bei der „folgenden Wahl" nicht wählbar, weil sie Dienststellenleiter sind (§ 9 Abs. 2 Satz 1 Nr. 2). Dies gilt auch für den besonders bestellten Dienststellenleiter. Der Leiter der neuen Dienststelle ist auch bei künftigen PR-Wahlen nicht wählbar (§ 9 Abs. 2 Satz 1 Nr. 2). Ob dies auch für die früheren Leiter der zusammengefassten Dienststellen gilt, hängt von deren Funktion nach der Zusammenfassung der Dienststellen ab (in Betracht käme ggf. § 9 Abs. 2 Satz 1 Nr. 3).

114 **Organisationsrechtliche Folgen.** Der organisationsrechtliche Status der Dienststellen wird durch die Zusammenfassung nach Abs. 4 Satz 1 nicht berührt. Auch werden die organisationsrechtliche Stellung der Leiter der ursprünglichen Dienststellen und deren außerhalb des Personalvertretungsrechts liegenden Befugnisse nicht berührt. Wird nach der „folgenden Wahl" ein neuer PR für die zusammengefasste Dienststelle gebildet, muss der Leiter dieser neuen Dienststelle aber die erforderlichen Handlungs- und Entscheidungsbefugnisse hinsichtlich der (neuen) Dienststelle besitzen (vgl. Rn. 9 und 51), weil die neue „Dienststelle" ansonsten keine Dienststelle i. S. d. LPVG wäre. Notwendige Anpassungen sind flankierend vorzunehmen.

115 **2. Aufhebung zusammengefasster Dienststellen (Satz 2).** Für die Aufhebung einer Zusammenfassungsentscheidung gilt nach § 5 Abs. 4 Satz 2 dessen Satz 1 entsprechend. Insoweit wird auf die obige Kommentierung verwiesen. Eine Aufhebung ist jederzeit, also auch schon vor Durchführung der „folgenden Wahl" möglich. Besonderheiten weist Abs. 4 Satz 2 in zweifacher Hinsicht auf: Bei Aufhebungsentscheidungen kommt es einerseits nur auf die Mehrheit der ausscheidenden Beschäftigten an, andererseits gelten nach einer Aufhebung vorausgegangene Verselbständigungsentscheidungen automatisch als aufgehoben (Abs. 4 Satz 2 Hs. 2).

Zustimmung der Beschäftigten. Für das Abstimmungsverfahren gelten die Ausführungen zu Abs. 4 Satz 1 entsprechend. Die Aufhebung bedarf jedoch – jedenfalls seit der Änderung der Vorschrift durch das ÄG 2013 – lediglich der Zustimmung der **Mehrheit** der wahlberechtigten **Beschäftigten** der Dienststelle, die aus dem Zusammenschluss **ausscheiden** wollen oder sollen. Die Zustimmung der Mehrheit aller wahlberechtigten Beschäftigten zu fordern, ist nicht sachgerecht. Zum einen würden die von der Entscheidung tatsächlich betroffenen Beschäftigten zu stark einschränkt. Zum anderen wäre zu besorgen, dass viele der nicht betroffenen Beschäftigten einer solchen Abstimmung fernbleiben würden, weil sie an ihrem Ausgang kein Interesse haben, und damit die gesetzliche Regelung funktionslos würde. 116

Frühere Verselbständigungsentscheidung. Satz 2 Hs. 2 bestimmt nunmehr ausdrücklich, dass mit der Aufhebung einer Zusammenfassungsentscheidung eine voraus gegangene Verselbstständigung nach Abs. 3 Satz 1 als aufgehoben gilt. Durch diese Regelung wird vermieden, dass bei der Aufhebung einer Zusammenfassung zugleich eine aufwendige Rückabwicklung etwaiger früherer Verselbstständigungen stattfinden muss. 117

Entscheidungsbefugnis. Neben der personalvertretungsrechtlichen Aufhebung müssen ggf. – flankierend – wieder die erforderlichen organisationsrechtlichen Anpassungen vorgenommen werden, damit die Leiter der entstehenden Dienststellen jeweils wieder die erforderliche Handlungs- und Entscheidungsbefugnis erhalten, um als Dienststellenleiter fungieren zu können. 118

3. Wirksamkeit der Entscheidungen (Satz 3). Die Zusammenfassung ist nach Abs. 4 Satz 3 ab der folgenden Wahl wirksam. Zu diesem Zeitpunkt hören die zusammengefassten (bisherigen) Dienststellen personalvertretungsrechtlich auf zu bestehen; es wird ein neuer PR der zusammengefassten Dienststelle gewählt (vgl. auch Rn. 97). Abs. 4 Satz 3 gilt auch für die Wirksamkeit der Aufhebungsentscheidung. Bei der auf die Aufhebung „folgenden Wahl" sind wieder in allen zusammengefassten Dienststellen getrennt Personalräte zu wählen. 119

V. Gemeinsame Dienststelle verschiedener juristischer Personen (Abs. 5)

1. Grundsatz (Satz 1). § 5 Abs. 1 Satz 1 betrifft nur gemeinsame Dienststellen juristischer Personen des öffentlichen Rechts. Bei Kooperationen von Einrichtungen des Bundes und des Landes ergänzt § 5 Abs. 5 Satz 1 die Regelung des § 6 Abs. 4 BPersVG. Hiernach gelten bei gemeinsamen Dienststellen des Bundes und anderer Körperschaften nur die im Bundesdienst Beschäftigten als zur Dienststelle gehörig. Ein gemeinsamer PR kann in einem solchen Fall – vorbehaltlich spezialgesetzlicher Regelung – nicht gebildet werden. Die Bundesbeschäftigten wählen einen PR nach dem BPersVG, die anderen Beschäftigten wählen den PR nach den Vorschriften des LPVG (vgl. auch Ilbertz-Widmaier § 6 Rn. 33). 120

Landesinterne Kooperation. Bei gemeinsamen Dienststellen von juristischen Personen, für die jeweils das LPVG gilt, bedeutet § 5 Abs. 5 Satz 1, dass die 121

Beschäftigten personalvertretungsrechtlich grundsätzlich getrennt zu betrachten sind. Sie wählen keinen gemeinsamen Personalrat bei der gemeinsamen Dienststelle, sondern nehmen jeweils an den PR-Wahlen ihrer Beschäftigungs-Dienststelle teil. Von diesem PR werden auch ihre Interessen vertreten; dieser PR ist ggf. auch förmlich zu beteiligen, wenn Mitbestimmungs-, Mitwirkungs- oder Anhörungsangelegenheiten anstehen.

122 **Öffentliche Schulen.** Besondere Bedeutung hat § 5 Abs. 5 Satz 1 für den Schulbereich. Schulen sind Dienststellen i. S. v. § 5 Abs. 1 (vgl. Rn. 29 ff.). Wird die öffentliche Schule als **gemeinsame Einrichtung** des Landes und eines kommunalen Trägers betrieben (§§ 27, 28 SchulG), so ist die gemeinsame Dienststelle „Schule" personalvertretungsrechtlich getrennt zu behandeln: Die Beschäftigten der Gemeinde, die in der Schule tätig sind, wählen den PR, der bei der Gemeinde gebildet ist; ihre Interessen werden von diesem PR vertreten. Die Lehrkräfte, die im Dienst des Landes Baden-Württemberg stehen, wählen den PR nach den allg. Regelungen. Sind sie an Gymnasien oder Beruflichen Schulen tätig, wählen sie den PR an der jeweiligen Schule, bzw., wenn sie an Schulen i. S. v. § 98 Abs. 1 Satz 1 tätig sind, den PR beim zuständigen Staatlichen Schulamt.

123 **2. Landratsamt** (Satz 2). Das LRA ist nach § 1 Abs. 3 LKrO Behörde des Landkreises und zugleich – als untere Verwaltungsbehörde – Staatsbehörde. Bei ihm sind neben den Beschäftigten des Landkreises auch Landesbeamte und beim Land beschäftigte Arbeitnehmer tätig. Satz 2 ordnet nun an, dass das LRA als **einheitliche Dienststelle** gilt. Die Beschäftigen des Landkreises und die dem LRA zugeteilten Beschäftigten des Landes wählen infolgedessen einen gemeinsamen PR. Die früheren „besonderen Personalräte" hat das ÄG 2013 abgeschafft.

§ 6 Behinderungs-, Benachteiligungs- und Begünstigungsverbot, Unfallschutz

(1) Personen, die Aufgaben oder Befugnisse nach diesem Gesetz wahrnehmen, dürfen darin nicht behindert und wegen ihrer Tätigkeit nicht benachteiligt oder begünstigt werden; dies gilt auch für ihre berufliche Entwicklung.

(2) Erleiden Beamte, die Aufgaben oder Befugnisse nach diesem Gesetz wahrnehmen, dabei einen Unfall, der im Sinne der beamtenrechtlichen Unfallfürsorgevorschriften ein Dienstunfall wäre, oder erfahren sie einen Sachschaden, der nach § 80 des Landesbeamtengesetzes zu ersetzen wäre, so finden diese Vorschriften entsprechende Anwendung.

I. Behinderungs-, Benachteiligungs- und Begünstigungsverbot (Abs. 1)

1 **1. Geltungsbereich.** § 6 Abs. 1 entspricht nahezu wörtlich § 107 Satz 1 BPersVG. Seit dem 1.9.2006 (Föderalismusreform) fehlt dem Bundesgesetzgeber für das Landespersonalvertretungsrecht die Gesetzgebungskompetenz, weshalb § 107 Satz 1 BPersVG nach Art. 125a Abs. 1 Satz 2 GG nur noch gilt,

solange die Länder nicht von ihrer Ersetzungskompetenz Gebrauch machen. Auch hinsichtlich von § 107 Satz 1 können die Länder abweichende Regelungen treffen (BAG, 7.11.2007 – 7 AZR 820/06 – PersR 2008, 203). Mit dem Dienstrechtsreformgesetz hat der Landesgesetzgeber von seiner Ersetzungsbefugnis Gebrauch gemacht, weshalb § 6 Abs. 1 und nicht mehr § 107 Satz 1 BPersVG gilt. Soweit vereinzelt von der Fortgeltung des § 107 Satz 1 BPersVG in Baden-Württemberg ausgegangen wird (vgl. z. B. Altvater u. a. vor § 6), ist diese Frage ohne praktische Relevanz. Denn für eine neue Regelung im BPersVG fehlt dem Bundesgesetzgeber seit dem 1.9.2006 die Gesetzgebungskompetenz. Wenn § 107 Satz 1 BPersVG noch gelten würde, könnte das Land jederzeit eine neue (abweichende) Regelung treffen, die jedenfalls dann § 107 Satz 1 BPersVG ersetzen würde. Solange beide Normen inhaltsgleich sind, ist der Streit, welche die richtige ist, ein akademischer.

Spezielle Schutzvorschriften. Die allg. Verbote der Behinderung, Benachteiligung und Begünstigung des § 6 Abs. 1 werden im LPVG und anderen Schutzgesetzen bereichsspezifisch konkretisiert. Von besonderer Bedeutung sind insoweit die Vorschriften über die Rechtsstellung der PR-Mitglieder im Abschnitt 4. § 46 Abs. 1 schafft ein besonderes Benachteiligungsverbot für freigestellte PR-Mitglieder bzw. besondere Förderungspflichten hinsichtlich der verwaltungs- und betriebsüblichen Entwicklung. §§ 47 Abs. 1 und 2, 64 schützen die PR-Mitglieder und die JAV-Mitglieder vor Versetzung, Abordnung, Gestellung, Zuweisung und Umsetzung. § 15 Abs. 2 KSchG und § 108 Abs. 1 BPersVG sowie §§ 47 Abs. 4, 64 Satz 2 bieten einen erweiterten Kündigungsschutz für Mitglieder von Personalvertretungen und JAV-Mitgliedern. § 48 trifft besondere Regelungen für die Übernahme von Auszubildenden. Besonderen Schutz erfahren auch Beschäftigte im Zusammenhang mit **Wahlen**. So ist z. B. die Kündigung von Mitgliedern des Wahlvorstands bzw. von Wahlbewerbern nur nach Maßgabe von § 15 Abs. 3 KSchG und § 108 Abs. 1 BPersVG zulässig. Auch schützt § 20 Abs. 1 die Freiheit der Wahl vor Behinderungen und sittenwidrigen Beeinflussungen. Die speziellen Schutzvorschriften konkretisieren und limitieren die allg. Regelungen von § 6 Abs. 1 (BAG, 22.5.1986 – 6 AZR 526/83 – PersR 1987, 86 = PersV 1988, 455; BVerwG, 23.10.1980 – 2 C 43/78 – PersV 1982, 63). Eine besondere Schutzvorschrift geht der allg. Regelung vor und trifft i. d. R. eine abschließende bereichsspezifische Regelung. 2

Funktionen. § 6 Abs. 1 schützt alle Personen, die Aufgaben oder Befugnisse nach dem LPVG wahrnehmen gegen **Eingriffe** in die Funktionsfähigkeit und Integrität der handelnden Institutionen und Personen. Hierbei ist § 6 Abs. 1 zunächst rechtliche Grundlage, um solche rechtswidrigen Eingriffe **abzuwehren** (Anspruch auf Beseitigung und Unterlassung, ggf. auch auf Schadensersatz). Die Norm ist auch **Auslegungsmaßstab** bei der Anwendung der Bestimmungen des LPVG (BVerwG, 13.5.1987 – 6 P 20/85 – PersR 1987, 193 = PersV 1988, 401). So kann bspw. der unbestimmte Rechtsbegriff „notwendige Kosten" i. S. d. § 41 Abs. 1 Satz 1 nicht allein unter dem Blickwinkel der sparsamen Haushaltsführung ausgelegt werden, es muss immer auch die Funktionsfähigkeit und Effektivität der Arbeit des Personalrats in den Blick genommen werden. § 6 Abs. 1 begründet auch eine **Unterstützungsfunktion** für alle verant- 3 wortlichen Akteure. Diese haben nicht nur die Pflicht, rechtswidrige Eingriffe selbst zu unterlassen, sondern auch die Pflicht, die Personen, die Aufgaben und Befugnisse wahrnehmen, aktiv bei der Aufgabenwahrnehmung zu unterstützen, aber auch rechtswidrigen Eingriffen i. S. d. § 6 Abs. 1 Dritter entgegen zu treten. Im Verhältnis Personalvertretung und Dienststelle ergibt sich diese Verpflichtung zudem aus dem Grundsatz der vertrauensvollen Zusammenarbeit (§ 2 Abs. 1).

4 **2. Geschützter Personenkreis.** Durch § 6 Abs. 1 sind zum einen alle **Personen** geschützt, die Aufgaben oder Befugnisse nach dem LPVG wahrnehmen. Deren innere Unabhängigkeit bei der Aufgabenwahrnehmung soll gewährleistet werden (BAG, 27.6.2001 – 7 AZR 496/99 – PersR 2002, 39). Abs. 1 dient vor allem der Sicherung der Tätigkeit im Bereich der Personalvertretung und dem Schutz und der Unabhängigkeit der beteiligten Personen (vgl. BVerwG, 21.9.2006 – 2 C 13.05 – PersR 2007, 83 = PersV 2008, 105; 27.1.2004 – 6 P 9.03 – PersR 2004, 152 = PersV 2004, 313). Diese sollen die Tätigkeit unbeeinflusst von der Furcht vor Benachteiligungen, aber auch unbeeinflusst von der Aussicht auf Begünstigungen wahrnehmen. Auch soll vermieden werden, dass qualifizierte Beschäftigte von einer solchen Tätigkeit absehen, weil sie Sorge um ihre berufliche Perspektiven haben müssen. Zum anderen gehören zum Schutzbereich des § 6 Abs. 1 auch die personalvertretungsrechtlichen **Institutionen**, insb. die Personalvertretungen, die Personalversammlung und die Jugend- und Auszubildendenversammlung, die Einigungsstelle sowie die Wahl- und Abstimmungsvorstände, deren Funktionsfähigkeit gesichert werden soll. Der Schutz besteht für alle Personen und Institutionen zeitlich und gegenständlich umfassend (BVerwG 7.11.1991 – 1 WB 160/90 – PersR 1992, 195).

5 **Aufgaben oder Befugnisse.** Der Begriff ist umfassend gemeint und weit auszulegen. Angesprochen sind deshalb nicht nur die zentralen Aufgaben und Befugnisse der Personalvertretungen und des Dienststellenleiters, sondern alle Rechte und Pflichten der handelnden Beteiligten (z. B. Schwerbehindertenvertretung, JAV, BfC), von Beschäftigten, insb. im Zusammenhang mit Wahlen und Abstimmungen, aber auch von Dritten (Gewerkschaften, Arbeitgebervereinigungen), die Aufgaben wahrnehmen, die diesen vom LPVG zugewiesen sind. § 6 Abs. 1 **gilt nicht** für die **Fachgerichte** (§ 93) einschließlich der ehrenamtlichen Richter; diese unterliegen dem speziellen Schutz der richterlichen Unabhängigkeit (Art. 97 GG, § 25 DRiG), die auch für ehrenamtliche Richter gleichermaßen gilt (§ 45 Abs. 1 Satz 1 DRiG).

6 **a) Mitglieder der Personalvertretungen.** Geschützt sind die Mitglieder des Personalrats, des GesamtPR, der Stufenvertretungen und des AusbildungsPR hinsichtlich aller Befugnisse und Aufgaben, die ihnen das Gesetz zuweist. Die Aufgabenwahrnehmung soll möglichst störungsfrei und unbehindert sowie effektiv erfolgen können.

7 **Ersatzmitglieder.** Sobald ein Ersatzmitglied wegen des Ausscheidens eines gewählten Mitglieds in den PR eingetreten ist (§ 27 Abs. 1 Satz 1), ist es PR-Mitglied geworden, weshalb § 6 Abs. 1 ohne Einschränkung gilt. Ist ein PR-Mitglied aber nur zeitweilig verhindert oder ruht seine Mitgliedschaft nach

§ 26, so tritt das Ersatzmitglied lediglich für die Zeit der Verhinderung bzw. des Ruhens ein (§ 27 Abs. 1 Satz 2). Aufgaben und Befugnisse hat das Ersatzmitglied jedenfalls in diesem Rahmen. Gegen § 6 Abs. 1 würden aber auch Maßnahmen verstoßen, die ein Ersatzmitglied im Vorfeld einer Heranziehung rechtswidrig beeinflussen sollen.

Mitglieder des Wirtschaftsausschusses. Den Mitgliedern des Wirtschaftsausschusses (§ 72) sind Aufgaben und Befugnisse nach dem LPVG zugewiesen; auch sie werden durch § 6 Abs. 1 geschützt. Gleiches gilt für die Ersatzmitglieder. 8

Büropersonal. Zum Personenkreis des § 6 Abs. 1 gehört auch das dem PR nach § 41 Abs. 2 zur Verfügung gestellte Büropersonal; auch sie dürfen in ihrer Arbeit nicht behindert oder beeinträchtigt werden. 9

b) **Dienststellenleiter.** Soweit der Dienststellenleiter oder sein ständiger Vertreter Aufgaben oder Befugnisse nach dem LPVG wahrnimmt, unterliegt auch er dem Schutz nach § 6 Abs. 1. Gleiches gilt für die vom Dienststellenleiter **beauftragte Person**, die den Dienststellenleiter im Einzelfall vertritt oder von diesem hinzugezogen wird. 10

c) **JAV.** Die Jugend- und Auszubildendenvertretung hat die zentral in § 63 benannten Aufgaben und Befugnisse Das beauftragte JAV-Mitglied kann an allen PR-Sitzungen teilnehmen. Bei den § 59-Angelegenheiten sind alle JAV-Mitglieder teilnahmeberechtigt und stimmberechtigt (§ 32 Abs. 4 Satz 2). Ein Teilnahmerecht besteht auch bei der Personalversammlung (§ 53 Abs. 2 Satz 1 Nr. 7), bei den Gesprächen mit dem Dienststellenleiter (§ 68 Abs. 1 Satz 6 Nr. 2) und den Sitzungen des Wirtschaftsausschusses (§ 72 Abs. 6 Satz 2 Nr. 2). 11

d) **Schwerbehindertenvertretung, BfC.** Die Schwerbehindertenvertretung und die Beauftragte für Chancengleichheit haben Aufgaben und Befugnisse nach dem LPVG. Sie können z. B. das Recht zur Teilnahme an der Sitzung des PR haben; gleiches gilt für die Gespräche nach § 68. 12

e) **Beschäftigte.** Auch einzelne Beschäftigte haben Aufgaben und Befugnisse nach dem LPVG. Sie können Anregungen oder Beschwerden vorbringen und Anträge stellen. Sie müssen ungehindert die **Sprechstunden** der Personalvertretungen und der JAV besuchen und auch sonstigen Kontakt mit dem PR und der JAV halten können. Sind sie von Maßnahmen direkt betroffen, können sie nach § 32 Abs. 8 Satz 1 angehört werden. Gleiches gilt für **sachverständige Personen** bzw. **Auskunftspersonen**, die im Bedarfsfall vom PR in einer PR-Sitzung angehört werden (§ 32 Abs. 7 Satz 1). 13

Wahlen, Abstimmungen. Geschützt sind alle Personen, die im Zusammenhang mit Wahlen oder Abstimmungen nach dem LPVG Aufgaben oder Befugnisse wahrnehmen. Dies betrifft insb. den Wahlvorstand und dessen Ersatzmitglieder (§ 15) sowie die Wahlhelfer (§ 1 Abs. 1 WO), die Wahlbewerber, Personen, die Wahlvorschläge machen (§ 13 Abs. 4; § 11 WO), solche unterstützen oder eine Wahl oder Abstimmung beantragen (§ 16 Abs. 2; § 5 Abs. 3 und 4) und auch 14 die Beschäftigten, die an der Wahl teilnehmen oder bspw. bei der Auszählung der Stimmen anwesend sein wollen (§§ 22 Abs. 8, 26 Abs. 6 WO).

15 f) **Gewerkschaften.** Soweit Gewerkschaften oder Beauftragte von Gewerkschaften ihre aus Art. 9 Abs. 3 GG folgenden Befugnisse wahrnehmen, unterliegen sie nicht § 6 Abs. 1, sondern können sich auf Art 9 Abs. 3 Satz 2 GG und die entsprechenden einfachrechtlichen Regelungen berufen. § 6 Abs. 1 gilt aber, wenn Beauftragte von Gewerkschaften Rechte, die ihnen das LPVG zuweist, geltend machen z. B. an **Sitzungen des PR** (§ 32 Abs. 3 Satz 1) oder an einer **Personalversammlung** teilzunehmen (§ 53 Abs. 2 Nr. 1, Abs. 3). Gleiches gilt, wenn sie ihr Recht zum **Betreten der Dienststelle** (§ 2 Abs. 2) geltend machen. Darüber hinaus haben die Gewerkschaften vom LPVG eingeräumte Befugnisse bei der **PR-Wahl,** die nicht beeinträchtigt werden dürfen z. B. Wahlvorschläge unterbreiten (§ 13 Abs. 4 Satz 1) oder bei der Bestellung des Wahlvorstands mitzuwirken (§ 16 Abs. 2 Satz 1 und Abs. 3). Wenn in der Dienststelle vertretene Gewerkschaften nach § 21 Abs. 1 die Wahl anfechten oder von ihrem Antragsrecht nach § 24 Abs. 1 Satz 1 Gebrauch machen, üben sie Befugnisse nach dem LPVG aus.

16 g) **Arbeitgebervereinigungen.** Auch Beauftragte von Arbeitgebervereinigungen haben Befugnisse nach dem LPVG, z. B. die Teilnahme an Sitzungen des PR (§ 32 Abs. 3 Satz 3) oder die Teilnahme an einer Personalversammlung (§ 53 Abs. 2 Nr. 2, Abs. 3).

17 h) **Einigungsstelle, Schlichtungsstelle.** Der Vorsitzende und die Beisitzer der Einigungsstelle (§ 79) erfüllen Aufgaben i. S. v. § 6 Abs. 1. Die Mitglieder der nach § 101 Nr. 8 gebildeten Schlichtungsstelle erfüllen ebenfalls Aufgaben i. S. v. § 6 Abs. 1.

18 3. **Verpflichteter Personenkreis.** Die Regelungen des § 6 Abs. 1 richten sich gegen **jedermann** innerhalb und außerhalb der Dienststelle. Adressaten sind vor allem die in der Dienststelle handelnden Personen, aber auch außenstehende Dritte, wenn sie die Tatbestandsmerkmale der Norm erfüllen. Entscheidend ist allein, dass auf eine geschützte Person oder Institution (siehe oben) in rechtswidriger Weise eingewirkt werden soll.

19 a) **Interne Konflikte.** Adressaten sind zunächst der **Dienststellenleiter,** sein ständiger Vertreter und die von ihm beauftragten Personen. Diese müssen alles unterlassen, was den geschützten Personenkreis bei der Aufgabenwahrnehmung behindert bzw. unzulässig benachteiligt oder begünstigt. Verpflichtet sind auch die Mitglieder der **Personalvertretungen**, zum einen ggü. der Dienststelle, zum anderen aber auch untereinander (vgl. Richardi/Dörner/Weber § 8 Rn. 5). So behindert z. B. der PR-Vorsitzende die anderen PR-Mitglieder, wenn er diesen Informationen, die für die Arbeit des PR wichtig sind, vorenthält. Unzulässige Maßnahmen können ansonsten von allen **Beschäftigten** ausgehen, unabhängig davon ob sie eine personalvertretungsrechtliche Funktion haben oder nicht.

20 b) **Außenstehende Stellen.** Eine unzulässige Einflussnahme kann auch von außenstehenden Stellen ausgehen; z. B. von anderen Behörden (insb. übergeordne-

ten Dienststellen), von anderen Personalvertretungen, Gewerkschaften und Verbänden aber auch von Dritten, die – aus welchen Gründen auch immer – versuchen, auf die Tätigkeit der geschützten Personen Einfluss zu nehmen.

21 **4. Behinderungsverbot.** § 6 Abs. 1 enthält zunächst ein Behinderungsverbot. Das Behinderungsverbot soll die Funktionsfähigkeit der Institution sowie die Ausübung des Amtes durch die Amtswalter schützen. Der Begriff der Behinderung ist nach der Zweckbestimmung der Vorschrift weit auszulegen. Daher ist grundsätzlich jede Form der Beeinträchtigung der Aufgabenwahrnehmung – von der Erschwerung und Störung bis zur Verhinderung – als Behinderung anzusehen (BVerwG, 27.8.1990 – 6 P 26.87 – PersR 1990, 327 = PersV 1991, 75). Keine Behinderung ist eine Beeinträchtigung der Personalratstätigkeit, die sich aus personalvertretungsrechtlichen Bestimmungen selbst ergibt (BVerwG, 3.11.2011 – 6 P 14.10 – PersR 2012, 74 = PersV 2012, 247); dies gilt auch, soweit die Mitgliedschaft im PR aufgrund wahlrechtlicher Bestimmungen erlischt.

22 **Kausalität, Verschulden.** Eine Behinderungsabsicht oder ein Verschulden ist nicht erforderlich (BAG, 19.8.1992 – 7 AZR 262/91 – PersR 1993, 85 = PersV 1996, 26); es genügt, dass objektiv eine Behinderung vorliegt (vgl. Ilbertz-Widmaier § 8 Rn. 4). Dies ist im Einzelfall anhand aller maßgeblichen Umstände festzustellen. Die beanstandete Handlung muss aber eine gewisse Intensität und Zielrichtung aufweisen.

23 **Unterlassen.** I.d.R. wird eine Behinderung i. S. d. § 6 Abs. 1 durch ein aktives Handeln erfolgen. Eine Behinderung ist aber auch zu bejahen, wenn eine Pflicht zum Handeln besteht, und dieses unterlassen wird (BVerwG, 27.4.1983 – 6 P 3/81 – PersV 1984, 324). Solche Handlungspflichten bestehen z. B. in förmlichen Beteiligungsverfahren, bei denen die Dienststelle dem PR alle relevanten Informationen und Unterlagen zur Verfügung stellen muss oder bei der Bereitstellung der erforderlichen sachlichen Ausstattung des PR. Vergleichbares gilt, wenn der PR entgegen seinen gesetzlichen Pflichten die JAV nicht informiert bzw. dieser nicht die erforderlichen Unterlagen zur Verfügung stellt (§§ 32 Abs. 4 S. 3; 63 Abs. 4).

24 **Beispiele für Behinderungen:**

- Behinderung oder Verhinderung von **PR-Sitzungen** oder der Teilnahme berechtigter Personen an der Sitzung,
- Behinderung oder Verhinderung von **Informationen** bzw. Bekanntmachungen des PR (Abnahme von Aushängen, Verhinderung von E-Mails, etc.),
- Behinderung oder Aufzeichnung von **Telefongesprächen** von oder mit PR-Mitgliedern (BAG, 1.8.1990 – 7 ABR 99/88 – PersR 1991, 35) oder des E-Mail-Verkehrs; eine Kostenkontrolle kann zulässig sein (vgl. hierzu: BVerwG, 28.7.1989 – 6 P 1/88 – PersR 1989, 297 = PersV 1989, 488; 16.6.1989 – 6 P 10/86 – PersR 1989, 296 = PersV 1989, 486; BAG, 18.1.1989 – 7 ABR 38/97 – juris),
- **Unzureichende Information** des **PR** durch den Dienststellenleiter,

- **Unzureichende Information** der **PR-Mitglieder** durch den PR-Vorsitzenden (vgl. BVerwG, 29.8.1975 – VII P 12/74 – PersV 1976, 388),
- Verweigerung notwendiger **Sachmittel** (z. B. Geräte) (vgl. Ilbertz-Widmaier § 8 Rn. 4),
- Verweigerung der **Übernahme notwendiger Kosten** (BVerwG, 27.8.1990 – 6 P 26/87 – PersR 1990, 327 = PersV 1991, 75),
- Erwähnung der PR-Tätigkeit in einer dienstlichen **Beurteilung** (vgl. BAG, 19.8.1992 – 7 AZR 262/91 – PersR 1993, 85) kann § 6 Abs. 1 verletzen,
- **Ablehnung von Dienstbefreiung** (VGH München, 18.12.1985 – 17 C 85 A.3292 – PersV 1987, 27) oder von **Freistellungen,**
- Behinderung oder Verhinderung des Besuchs der **Sprechstunde** des PR durch Beschäftigte.

25 5. **Benachteiligungsverbot**. Das Benachteiligungsverbot schützt die Personen, die Aufgaben und Befugnisse nach dem LPVG wahrnehmen, in ihrer Rechtsstellung. Sie dürfen wegen ihres Amtes oder ihrer sonstigen Tätigkeit keine persönlichen Nachteile erleiden; sie dürfen wegen der Wahrnehmung von Aufgaben oder Befugnissen nach dem LPVG nicht schlechter behandelt werden als vergleichbare Beschäftigte (vgl. BVerwG, 27.1.2004 – 6 P 9.03 – PersR 2004, 152 = PersV 2004, 313; 25.11.2004 – 6 P 6.04 – PersR 2005, 75 = PersV 2005, 194; 1.7.2010 – 6 PB 7.10 – NVwZ-RR 2010, 816; 3.11.2011 – 6 P 14.10 – PersR 2012, 74 = PersV 2012, 176). Benachteiligung ist dabei jede objektive Zurücksetzung oder Schlechterstellung des Betroffenen. Eine solche Ungleichbehandlung liegt z. B. vor, wenn einem PR-Mitglied eine Funktionszulage gerade wegen einer Freistellung für die PR-Tätigkeit entzogen wird (BAG, 16.11.2011 – 7 AZR 458/10 – PersR 2012, 176 = PersV 2012, 256). Eine relevante Benachteiligung liegt nur vor, wenn die Beeinträchtigung eine gewisse **Intensität** erreicht; Nachteile, die allgemein mit der Amtsausübung verbunden sind oder ein sozialadäquates Maß nicht überschreiten, stellen keine Benachteiligung i. S. d. § 6 Abs. 1 dar.

26 **Kausalität, Verschulden.** Liegt eine nicht gerechtfertigte Ungleichbehandlung ggü. vergleichbaren Beschäftigten objektiv vor, kann von einer Benachteiligung i. S. d. § 6 Abs. 1 nur dann gesprochen werden, wenn eine **kausale Verknüpfung** zwischen Schlechterstellung und Funktion („wegen ihrer Tätigkeit") festzustellen ist. Die Benachteiligung muss mithin gerade wegen der Amtsstellung bzw. Tätigkeit erfolgen; eine dahingehende ausdrückliche **Absicht** oder ein **Verschulden** ist grundsätzlich aber nicht erforderlich (BVerwG, 1.2.2010 – 6 PB 36.09 – PersR 2010, 167 = PersV 2010, 226; vgl. hierzu auch: Ilbertz-Widmaier § 8 Rn. 10; Richardi/Dörner/Weber § 8 Rn. 21). Wenn der Benachteiligte **Schadensersatz** nach § 823 Abs. 2 BGB i. V. m. § 6 Abs. 1 geltend machen will, muss der Verursacher **schuldhaft** gehandelt haben (BAG, 19.8.1992 – 7 AZR 262/91 – PersR 1993, 85 = PersV 1996, 26).

27 **Beispiele für Benachteiligungen:**

- **Umsetzung** auf einen geringwertigeren Dienstposten oder Arbeitsplatz,
- Zuweisung einer **weniger angenehmen Arbeit,**
- Ausschluss von der Beförderung oder Höhergruppierung,

- Kündigung des Arbeitsverhältnisses oder Abmahnung,
- Entlassung aus dem Beamtenverhältnis, disziplinarische Maßnahmen,
- Eine Tätigkeit nach dem LPVG darf i. d. R. nicht in einem **Arbeitszeugnis** oder in einer dienstlichen **Beurteilung** aufgenommen werden (BAG, 19.8.1992 – 7 AZR 262/91 – PersR 1993, 85 = PersV 1996, 26); dies gilt jedenfalls, wenn der Betroffene dem ausdrücklich widerspricht,
- Nichtverlängerung eines befristeten Arbeitsvertrags (BAG, 25.6.2014 – 7 AZR 847/12 – NJW 2014, 3677),
- Vorenthaltung von allgemein gewährten Vorteilen (BAG, 16.11.2011 – 7 AZR 458/10 – PersR 2012, 176 = PersV 2012, 256.

6. Begünstigungsverbot. Wegen des Amtes oder der sonstigen Tätigkeit nach dem LPVG dürfen keine persönlichen Vorteile gewährt werden. Der Personenkreis des § 6 Abs. 1 darf wegen der Wahrnehmung von Aufgaben oder Befugnissen nach dem LPVG nicht besser behandelt werden als vergleichbare Beschäftigte. Eine Begünstigung ist damit jede sachlich nicht gerechtfertigte Bevorzugung oder Besserstellung vor vergleichbaren Beschäftigten (vgl. Ilbertz-Widmaier § 8 Rn. 15). 28

Beispiele für Begünstigungen: 29
- (Schnellere) Beförderung oder Höhergruppierung wegen der PR-Mitgliedschaft,
- Verzicht auf eine erforderliche Vorverwendung i. H.a. den vom PR-Mitglied angestrebten Dienstposten (BVerwG, 3.7.2001 – 1 WB 24.01 – PersV 2002, 286),
- Höhere Vergütung wegen einer PR-Tätigkeit (BAG, 16.2.2005 – 7 AZR 95/04 – PersR 2005, 500 = PersV 2005, 429),
- Erstattung überhöhter Auslagen oder Reisekosten; die Einräumung eines Beurteilungsspielraums bei der Anwendung des Reisekostenrechts kann aber zulässig sein (BVerwG, 15.4.2008 – 6 PB 3/08 – PersR 2008, 448).

Kausalität, Verschulden. Liegt eine nicht gerechtfertigte Besserstellung ggü. vergleichbaren Beschäftigten objektiv vor, kann von einer Begünstigung i. S. d. § 6 Abs. 1 nur dann gesprochen werden, wenn eine kausale Verknüpfung zwischen Besserstellung und Funktion („wegen ihrer Tätigkeit") festzustellen ist. Die Begünstigung muss mithin gerade wegen der Amtsstellung bzw. Tätigkeit erfolgen; eine dahingehende ausdrückliche Absicht oder ein Verschulden ist nicht erforderlich. 30

7. Berufliche Entwicklung. § 6 Abs. 1 Hs. 2 regelt einen Spezialfall des Benachteiligungs- und das Begünstigungsverbots und hebt damit dessen besondere Bedeutung „für die berufliche Entwicklung" hervor. Eine weitergehende Konkretisierung des allg. Gebots regelt § 46 Abs. 1 in Bezug auf freigestellte PR-Mitglieder (vgl. dazu VGH Mannheim, 4.7.2008 – 4 S 519/08 – RiA 2009, 41). 31

8. Rechtsfolgen. Wer entgegen § 6 Abs. 1 den dort geschützten Personenkreis behindert, benachteiligt oder begünstigt, handelt **rechtswidrig.** Ein solches Ver- 32 halten wird nur ausnahmsweise strafbar sein (vgl. Rn. 33). **Zivilrechtlich** (vgl. Rn. 34 ff.) können solche Rechtsverletzungen aber zur **Nichtigkeit** von rechtsgeschäftlichen Handlungen führen (§ 134 BGB). Betroffene Beschäftigte können wegen einer Benachteiligung i. S. d. § 6 Abs. 1 auch zivilrechtliche **Ansprüche** gegen den Verursacher z. B. auf Schadensersatz, Unterlassung und Beseitigung haben. Werden **Verwaltungsakte** erlassen, die § 6 Abs. 1 verletzen, sind diese rechtswidrig und damit anfechtbar; bei offenkundigen und schwerwiegenden Mängeln können sie auch nichtig sein (vgl. Rn. 38). Gehen die Verstöße gegen § 6 Abs. 1 von **Beschäftigten** aus, kann dies zu **kollektivrechtlichen oder individualrechtlichen Sanktionen** führen (vgl. Rn. 39 ff.). Fraglich ist auch, ob Beschäftigte **Weisungen** befolgen müssen, die gegen § 6 Abs. 1 verstoßen (vgl. Rn. 44 ff.). Die betroffenen Institutionen und Personen können Verletzungen von § 6 Abs. 1 im **Beschlussverfahren** vor dem VG (Personalvertretungskammer) oder im Wege des individuellen Rechtsschutzes vor dem Arbeitsgericht bzw. dem VG im **Urteilsverfahren** geltend machen (vgl. Rn. 51 ff.).

33 a) **Strafrechtliche Folgen.** Anders als § 119 Abs. 1 Nr. 2 BetrVG sieht das LPVG keine strafrechtlichen Sanktionen bei Verstößen gegen § 6 Abs. 1 vor. Ein strafbares Verhalten kann demnach nur vorliegen, wenn zusätzliche qualifizierende Umstände (z. B. Bestechung, Nötigung) festzustellen sind.

34 b) **Zivilrechtliche Folgen.** Begründet das Gesetz **Ansprüche** der geschützten Personen auf **Gleichstellung** (z. B. fiktive Laufbahnnachzeichnung) kann der Anspruch direkt auf eine solche Norm gestützt werden (BAG, 26.9.1990 – 7 AZR 208/89 – PersR 1991, 305 = PersV 1991, 482; 25.6.2014 – 7 AZR 847/12 – NJW 2014, 3677). Eines Verschuldens bedarf es insoweit nicht.

35 **Beseitigungs- und Unterlassungsansprüche.** Bei Verletzung von § 6 Abs. 1 kommen Beseitigungs- oder Unterlassungsansprüche in entsprechender Anwendung von § 1004 BGB in Betracht; ein Verschulden ist auch insoweit nicht erforderlich (vgl. Richardi/Dörner/Weber § 8 Rn. 34 m. w. N.).

36 **Schadensersatz.** Nach der Rechtsprechung des BAG können Verstöße gegen das Benachteiligungsverbot zu Schadensersatzansprüchen der betroffenen Beschäftigten führen. Anspruchsgrundlage ist § 823 Abs. 2 BGB, weil § 6 Abs. 1, soweit er eine Benachteiligung verbietet, ein Schutzgesetz i. d. S. ist (Richardi/Dörner/Weber § 8 Rn. 34 m. w. N.). Voraussetzung ist, dass eine geschützte Person benachteiligt worden ist und – hierdurch verursacht – zugleich ein ersatzfähiger materieller Schaden entstanden ist. Die **Benachteiligung** muss **schuldhaft** (vorsätzlich oder fahrlässig) erfolgt sein.

37 **Gesetzliches Verbot.** Rechtsgeschäftliche Handlungen, die gegen § 6 Abs. 1 verstoßen, sind nach **§ 134 BGB nichtig** (BAG, 16.2.2005 – 7 AZR 95/04 – PersR 2005, 500 = PersV 2005, 429; 31.10.1985 – 6 AZR 129/83 – PersV 1988, 406). Dies gilt bspw. für vertragliche Regelungen zwischen Arbeitnehmer und Arbeitgeber, die unzulässige Vorteile (z. B. eine höhere Vergütung) gewähren (BAG, 16.2.2005 – 7 AZR 95/04 – PersR 2005, 500 = PersV 2005, 429; 19.8.1992 – 7 AZR 262/91 – PersR 1993, 85 = PersV 1996, 26). Ggf. kann eine solche nichtige Begünstigung auch von einem Konkurrenten geltend gemacht werden (Ilbertz/Widmaier § 8 Rn. 16).

c) **Verwaltungsrechtliche Folgen.** Verstoßen **Verwaltungsakte** gegen § 6 Abs. 1, so sind sie materiell **rechtswidrig** und deshalb aufzuheben. Ist der Fehler besonders schwerwiegend und offenkundig (§ 44 Abs. 1 LVwVfG), so ist der VA **nichtig** und damit unwirksam (§ 43 Abs. 3 LVwVfG). Von solchen offenkundigen und schwerwiegenden Fehlern kann ausgegangen werden, wenn der Dienststellenleiter z. B. im Bereich der personalvertretungsrechtlichen Zusammenarbeit, wo ihm erkennbar keinerlei Weisungsrecht zukommt, gleichwohl rechtswidrige Anordnungen trifft (vgl. hierzu Rn. 48). Der betroffene Beschäftigte muss gleichwohl **immer Widerspruch** einlegen. Nur durch die rechtzeitige Einlegung des Widerspruchs wird der Eintritt der Bestandskraft des rechtswidrigen VA verhindert. Wer von der Nichtigkeit und Unwirksamkeit eines VA ausgeht, geht das Risiko ein, dass seine Rechtsauffassung im gerichtlichen Verfahren nicht geteilt wird und ihm deshalb die Bestandskraft des VA entgegengehalten wird. 38

d) **Kollektivrechtliche Folgen.** Wird § 6 Abs. 1 von der Personalvertretung selbst oder einem ihrer Mitglieder verletzt (z. B. Vorenthaltung von Sitzungsunterunterlagen oder Informationen), kann hierin zugleich ein **grobes Fehlverhalten** i. S. d. § 24 Abs. 1 zu sehen sein, der den **Ausschluss** aus dem PR oder die **Auflösung** des PR rechtfertigen kann. Ein solcher Antrag muss von einem Antragsberechtigten (vgl. § 24 Abs. 1) beim VG (Personalvertretungskammer) gestellt werden, das im Beschlussverfahren entscheidet. 39

e) **Dienst- und arbeitsrechtliche Folgen.** Verstoßen Beschäftigte gegen § 6 Abs. 1, kann dies unter Umständen auch dienstrechtliche oder arbeitsrechtliche Sanktionen nach sich ziehen. Es müssen aber immer zugleich Amtspflichten bzw. arbeitsvertragliche Pflichten verletzt worden sein. 40

Beamte. Allein aus der Zugehörigkeit zum PR bzw. der dortigen Tätigkeit oder der Erfüllung sonstiger Aufgaben nach dem LPVG entstehen keine Dienstpflichten hinsichtlich des Beamtenverhältnisses. Ein Dienstvergehen, das disziplinarrechtlich geahndet werden könnte, würden Beamte deshalb nur begehen, wenn durch eine Handlung i. S. d. § 6 Abs. 1 zugleich eine **Amtspflicht verletzt** würde. Umgekehrt gilt, dass die Mitgliedschaft im PR oder eine sonstige Tätigkeit nicht von beamtenrechtlichen Pflichten dispensiert. Verletzt ein Beamter solche Amtspflichten in Ausübung seines PR-Amtes, so wäre die disziplinarische Ahndung eines solchen Verhaltens kein Verstoß gegen § 6 Abs. 1. 41

Arbeitnehmer. Eine Abmahnung oder gar eine verhaltensbedingte Kündigung kommt bei Verstößen gegen § 6 Abs. 1 nur in Betracht, wenn der Arbeitnehmer damit zugleich gegen **arbeitsvertragliche Pflichten** verstößt und diese Pflichtverletzung eine solche Sanktion rechtfertigt. Das kann z. B. der Fall sein, wenn der Arbeitnehmer zugleich gegen Compliance-Regelungen verstößt. 42

Dienststellenleiter. Verletzt der Dienststellenleiter § 6 Abs. 1 können auch gegen ihn – von Amts wegen oder infolge einer Dienstaufsichtsbeschwerde – 43 arbeitsrechtliche oder disziplinarische Maßnahmen ergriffen werden. Hier kommt solchen Verstößen besonderes Gewicht zu, weil der Dienststellenleiter nach § 2 Abs. 1 zur vertrauensvollen und partnerschaftlichen Zusammenarbeit mit der Personalvertretung aber auch mit den anderen Personen, die Aufgaben und Befugnisse nach dem LPVG wahrnehmen, verpflichtet ist. Gerade er muss gesetzeswidrige Behinderungen, Benachteiligungen und Begünstigungen unterlassen und sich solchen, wenn sie von Dritten ausgehen, entgegenstellen.

44 **9. Befolgungspflicht.** Fraglich ist, ob Anordnungen des Dienststellenleiters, die gegen das Behinderungsverbot verstoßen, von den Beschäftigten vor einer gerichtlichen Klärung und Entscheidung befolgt werden müssen. Dabei ist zum einen zwischen Beamten und Arbeitnehmern zu unterscheiden, zum anderen nach der Art der Anordnung zu differenzieren. Bei dieser Differenzierung ist zunächst danach zu unterscheiden, ob die Anordnung Rechte und Pflichten nach dem LPVG betrifft oder der Erfüllung des Amtsauftrags dienen soll. Schließlich kommt es darauf an, welchen Inhalt und welche Rechtsqualität die Anordnung hat, insb., ob sie als VA ergangen ist.

45 a) **Beamte.** Allgemein gilt für Beamte, dass sie den Weisungen ihrer Vorgesetzten Folge leisten müssen. Dies folgt – vorbehaltlich § 36 BeamtStG – aus deren Weisungsgebundenheit (§ 35 Satz 2 BeamtStG, § 3 Abs. 4 Satz 1 LBG). Stellt die Anordnung einen Verstoß gegen § 6 Abs. 1 dar, ist sie rechtswidrig. Dem Beamten steht dann das Remonstrationsrecht nach § 36 Abs. 2 BeamtStG zu. Zur Befolgung der rechtswidrigen Anordnung ist er erst nach Durchlaufen des Dienstwegs und ausdrücklicher schriftlicher Bestätigung der Anordnung verpflichtet. Keine Folgepflicht besteht nur in den in § 36 Abs. 2 Satz 4 BeamtStG – abschließend – geregelten Fällen.

46 b) **Arbeitnehmer.** Auch Arbeitnehmer unterliegen dem Direktionsrecht (Weisungsrecht) des Arbeitgebers im Rahmen der vertraglich getroffenen Vereinbarungen. Insoweit kann der Arbeitgeber von seinem Weisungsrecht nach billigem Ermessen (§ 611a Abs. 1 BGB) Gebrauch machen. Im öffentlichen Dienst wird das Weisungsrecht durch § 4 TVöD/TV-L konkretisiert. Hiernach sind Arbeitnehmer grundsätzlich verpflichtet, jede ihnen zugewiesene Tätigkeit zu verrichten, die den Merkmalen ihrer Vergütungsgruppe entspricht, soweit ihnen dies billigerweise zugemutet werden kann. Anordnungen, die gegen § 6 Abs. 1 verstoßen, sind rechtswidrig und damit jedenfalls auch unbillig i. S. d. der tarifvertraglichen Regelungen sowie nach § 315 Abs. 3 Satz 1 BGB. Sie sind damit für den Arbeitnehmer **unverbindlich**, mit der Folge, dass er ihnen nicht nachkommen muss. Kommt ein Arbeitnehmer einer Anordnung nicht nach, weil er sie für unbillig und damit unverbindlich hält, trägt er aber das **Risiko**, dass seine Rechtsauffassung im arbeitsgerichtlichen Verfahren nicht bestätigt wird (BAG, 22.10.2015 – 2 AZR 569/14 – NJW 2016, 1754; 29.8.2013 – 2 AZR 273/12 – NJW 2014, 1323).

47 **Unwirksame Weisungen.** Anderes kann gelten, wenn die Weisung nicht nur unverbindlich, sondern **nichtig** ist. Dies kommt in Betracht, wenn die rechtswidrige Weisung zugleich in grundrechtlich geschützte Positionen eingreift bzw. gegen europarechtliche Diskriminierungsverbote verstößt. Dann ist die Wei-

sung unwirksam und nichtig. Das Risiko, dass diese Einschätzung im arbeitsgerichtlichen Verfahren nicht bestätigt wird, trägt aber auch hier der Arbeitnehmer; es sei denn, der Verstoß wäre offensichtlich.

c) **Rechte und Pflichten nach dem LPVG.** Betrifft die Anordnung Rechte und Pflichten nach dem LPVG, steht dem Dienststellenleiter oder sonstigen weisungsbefugten Personen **offensichtlich keinerlei Direktionsrecht** zu. Dies würde z. B. für eine Anordnung gelten, einen Aushang vom schwarzen Brett des PR zu entfernen, von einer Arbeitsplatzbegehung Abstand zu nehmen, keine Sprechstunde abzuhalten, etc. In diesem Bereich wird das Verhältnis von Dienststelle und Personalrat allein durch § 2 Abs. 1 bestimmt, wonach die Zusammenarbeit zwischen Dienststelle und Personalvertretung „partnerschaftlich“ – d. h. gleichberechtigt und auf Augenhöhe – zu erfolgen hat. Dem Dienststellenleiter ist in solchen Fällen nur der Weg zum VG (Personalvertretungskammer) eröffnet, wenn er mit seinen Wünschen beim Personalrat kein Gehör findet. Ein Weisungsrecht steht ihm offensichtlich nicht zu, weshalb auch niemand verpflichtet ist, solche Anordnungen zu befolgen. 48

Verwaltungsakt. Werden solche Anordnungen (vgl. Rn. 48) in Form eines VA getroffen (z. B. Rückforderungsbescheid hinsichtlich von Fortbildungskosten eines PR-Mitglieds), sind sie wirksam (§ 43 Abs. 1 LVwVfG) sobald sie bekannt gegeben worden sind, auch wenn sie rechtswidrig sind. Der Betroffene muss zur Vermeidung der Bestandskraft vorsichtshalber Widerspruch einlegen; sich allein auf die Nichtigkeit des VA zu berufen, ist problematisch, weil dies bei einer gerichtlichen Klärung möglicherweise anders gesehen wird. Ein Widerspruch hat i. d. R. aber aufschiebende Wirkung (§ 80 Abs. 1 Satz 1 VwGO), mit der Folge, dass der VA vorerst nicht befolgt werden muss. 49

d) **Amtsauftrag.** Betrifft die Anordnung die Erfüllung des Amtsauftrags besteht sowohl ggü. Beamten als auch ggü. Arbeitnehmern ein Weisungsrecht (vgl. Rn. 45 und 46), mit der Folge, dass diese Weisungen grundsätzlich vor einer anderslautenden gerichtlichen Entscheidung zu befolgen sind. Ergeht die Anordnung in Form eines **Verwaltungsakts** (z. B. Abordnung eines verbeamteten PR-Mitglieds), gelten die obigen Ausführungen (vgl. Rn. 49) entsprechend. 50

10. Rechtsschutz für Betroffene. Bei Verstößen gegen § 6 Abs. 1 ist zu unterscheiden, ob der Betroffene kollektivrechtliche oder individualrechtliche Ansprüche geltend machen will. Hinsichtlich der **kollektivrechtlichen Ansprüche** ist der Rechtsweg zum VG (Personalvertretungskammer) eröffnet, das im Beschlussverfahren entscheidet. **Individualrechtliche Ansprüche** müssen Arbeitnehmer vor dem Arbeitsgericht (Urteilsverfahren) verfolgen. Individualrechtliche Ansprüche von **Beamten** sind öffentlich-rechtliche Streitigkeiten i. S. d. § 40 Abs. 1 Satz 1VwGO, die vom VG (Beamtenkammer) zu entscheiden sind. Hinsichtlich desselben Lebenssachverhalts kann sowohl die kollektivrechtliche Zuständigkeit, als auch eine individualrechtliche Zuständigkeit gegeben sein; die Verfahrensarten schließen sich nicht notwendigerweise gegenseitig aus. Erfolgt z. B. eine Umsetzung eines Arbeitnehmers, der PR-Mitglied ist, unter Verstoß gegen § 6 Abs. 1 (Behinderung), so kann der PR hiergegen im Beschlussverfahren vorgehen, wenn er dadurch in seiner Arbeit und Funktionsfähigkeit beein- 51 trächtigt wird; ebenso – und parallel zum Antrag des PR – kann das betroffene PR-Mitglied, die Behinderung seiner PR-Tätigkeit im Beschlussverfahren rügen. Der betroffene Arbeitnehmer kann aber auch – zugleich – vor dem Arbeitsgericht geltend machen, dass die Weisung nicht vertragsgemäß ist, oder ansonsten vom Weisungsrecht des Arbeitgebers nicht gedeckt ist. Würde er ausschließlich die Verletzung von § 6 Abs. 1 geltend machen, ginge das Beschlussverfahren vor.

52 a) **Beschlussverfahren.** Insbesondere bei Verstößen gegen das Behinderungsverbot haben die Betroffenen einen Anspruch auf Feststellung der Behinderung sowie auf Beseitigung der Beeinträchtigung und Unterlassung. Diese Begehren sind im Beschlussverfahren vor dem VG (Personalvertretungskammer) geltend zu machen; ggf. kommt auch der Erlass einer einstweiligen Verfügung in Frage.

53 aa) **Antragsbefugnis.** Nach der ständigen Rechtsprechung des BVerwG ist im Beschlussverfahren derjenige antragsbefugt, der in seinen personalvertretungsrechtlichen Rechten unmittelbar betroffen ist (vgl. z. B. 7.4.2010 – 6 P 6/09 – PersR 2010, 312 = PersV 2010, 336). Im Zusammenhang mit § 6 Abs. 1 kann ein Begehren darauf gestützt werden, Inhalt und Umfang von Verhaltenspflichten zu klären oder konkrete Beeinträchtigungen abzuwehren (BVerwG, 23.9.2004 – 6 P 5/04 – PersR 2004, 481 = PersV 2005, 142).

54 **PR-Mitglied.** Antragsbefugt ist bei Behinderungen i. S. d. § 6 Abs. 1 immer das konkret betroffene Mitglied des Personalrats, also derjenige, dessen Telefongespräche erfasst worden sind, dem die notwendigen Schulungskosten nicht erstattet worden sind (BVerwG, 26.2.2001 – 6 P 9/02 – PersR 2003, 279 = PersV 2003, 348), dessen PR-Arbeit durch eine Umsetzung erschwert worden ist (BVerwG, 11.12.1991 – 6 P 5/91 – PersR 1992, 104 = PersV 1992, 256), etc.

55 **Personalrat.** Unmittelbar betroffen und damit antragsbefugt ist der PR als Institution, wenn ihm z. B. die notwendige Ausstattung vorenthalten wird oder seine Tätigkeit durch Überwachung, Gängelung oder die Nichterstattung notwendiger Kosten (Schulung, Rechtsanwalt, etc.) erschwert wird; vgl. hierzu: BVerwG, 26.2.2003 – 6 P 9/02 – PersR 2003, 279 = PersV 2003, 348. Erschwert i. S. einer Behinderung kann die Arbeit des PR auch durch gegen seine Mitglieder gerichtete Maßnahmen werden. So kann die Umsetzung eines Arbeitnehmers nicht nur diesem selbst die Mitarbeit erschweren, sondern auch dem Gremium, wenn das Mitglied dann schwerer erreichbar ist oder die Teilnahme an Sitzungen oder der sonstigen Arbeit des PR mit erheblich größerem Aufwand verbunden ist.

56 **Gewerkschaft.** Antragsbefugt kann auch eine Gewerkschaft oder ein sonstiger Verband sein. Voraussetzung ist aber, dass mit dem Antrag **eigene Rechte** aus dem LPVG geltend gemacht werden; z. B. eine Behinderung beim Betreten der Dienststelle, das den Beauftragten von Gewerkschaften nach § 2 Abs. 2 erlaubt ist. Die personalvertretungsrechtlichen Befugnisse der Gewerkschaft sind im LPVG aber abschließend geregelt; ein allg. Überwachungsrecht besteht ebenso wenig wie die Befugnis den Personalrat oder andere Akteure, die Aufgaben und Befugnisse nach dem LPVG wahrnehmen, vor Behinderungen, Benachteili-

gungen oder unzulässigen Begünstigungen zu schützen (BVerwG, 13.7.2011 – 6 P 16/10 – PersR 2011, 443 = PersV 2011, 433; 16.12.2010 – 5 PB 18/10 – PersR 2011, 120 = PersV 2011, 136).

Sonstige Antragsbefugte. Alle sonstigen Personen, die Aufgaben und Befugnisse nach dem LPVG wahrnehmen, sind antragsbefugt, wenn sie bei der Wahrnehmung ihrer Aufgaben unmittelbar behindert werden; z. B. der Wahlvorstand, wenn dessen Bekanntmachungen in der Dienststelle nicht über das interne Kommunikationssystem weitergegeben werden dürften. 57

bb) Verwaltungsakte. Sind Beschäftigte Adressaten von Verwaltungsakten, die wegen eines Verstoßes gegen § 6 Abs. 1 rechtswidrig sind, können – und müssen – diese mit dem **Widerspruch** angefochten werden. Ein Beschlussverfahren kann ggf. parallel betrieben werden. Dieses allein ist aber nicht ausreichend, weil es nicht den Eintritt der Bestandskraft verhindert. Nur durch die rechtzeitige Einlegung des Widerspruchs wird der Eintritt der Bestandskraft des rechtswidrigen VA vermieden. Widerspruch einlegen kann nur der vom VA Betroffene, nicht der PR. 58

cc) Antragstellung. Häufig wird es ausreichend sein, die Behinderung, also den Verstoß gegen § 6 Abs. 1, gerichtlich **feststellen** zu lassen. Bei der umstrittenen Übernahme von Kosten bzw. der Bereitstellung einer angemessenen Ausstattung kommen aber auch **Leistungsansprüche oder Freistellungsansprüche** (z. B. Übernahme von Kosten eines Rechtsanwalts) in Betracht. Möglich sind hier auch Anträge, die auf die **Unterlassung** des gesetzeswidrigen Verhaltens gerichtet sind. In diesem Zusammenhang kann dahinstehen, ob Unterlassungsanträge im Rahmen von Beteiligungsverfahren zulässig sind (vgl. hierzu Ilbertz/Widmaier § 83 Rn. 22), weil die im dortigen Zusammenhang vorgebrachten Argumente jedenfalls nicht bei der Abwehr von rechtswidrigen Behinderungen i. S. d. § 6 Abs. 1 greifen. Die Gewährung effektiven Rechtsschutzes erfordert hier eine möglichst schnelle und nachhaltige Beseitigung solcher Störungen. In diesem Zusammenhang darf nicht vergessen werden, dass im Bereich des BetrVG solche Störungen sogar als Straftaten verfolgt werden. 59

dd) Einstweilige Verfügung. Wenn die Voraussetzungen der §§ 935 ff. ZPO, 85 Abs. 2 ArbGG i. V. m. § 92 Abs. 2 vorliegen, kann auch im Beschlussverfahren eine einstweilige Verfügung ergehen. Voraussetzung ist insoweit, dass der Antragsteller einen Verfügungsanspruch und einen Verfügungsgrund geltend machen kann; d. h. dass er einen Anspruch glaubhaft machen kann, der ihm mit hoher Wahrscheinlichkeit zusteht, und dass die Regelung eilbedürftig ist, weil dem Antragsteller ansonsten schwere und unzumutbare Nachteile drohen, die im späteren Hauptsacheverfahren nicht mehr ausgeglichen werden können. Auch in **diesem Zusammenhang kann dahin**stehen, ob im Bereich des Personalvertretungsrechts keine Handlungspflichten auferlegt und allenfalls vorläufige Feststellungen getroffen werden dürfen. Denn jedenfalls bei der Unterbindung rechtswidriger Behinderungen muss zur Gewährleistung effektiven Rechtsschutzes eine Regelungsanordnung – beim Vorliegen aller übrigen Voraussetzungen – zulässig sein (vgl. Rn. 59). Einstweilige Verfügungen mit verfahrenssicherndem Inhalt werden im Personalvertretungsrecht verbreitet für 60 zulässig erachtet (vgl. Ilbertz/Widmaier § 83 Rn. 25c ff.), z. B. die Durchsetzung des Unterrichtungsanspruchs des PR aus § 71 Abs. 1. Die Unterbindung von Behinderungen hat in aller Regel verfahrenssichernde Funktion.

61 b) **Individualansprüche.** Werden Beschäftigte vom Arbeitgeber/Dienstherrn unter Verstoß gegen § 6 Abs. 1 rechtswidrig benachteiligt, können ihnen Ansprüche aus dem Arbeits- oder Beamtenverhältnis auf Leistung (Gleichstellung), Beseitigung, Unterlassung oder Schadensersatz zustehen (vgl. Rn. 34 ff.). Solche Ansprüche sind im Urteilsverfahren vor dem Arbeitsgericht bzw. dem Verwaltungsgericht geltend zu machen; das Beschlussverfahren scheidet insoweit aus. Dies gilt auch dann, wenn der geltend gemachte Anspruch in unmittelbarem Zusammenhang mit der Wahrnehmung von Aufgaben und Befugnissen nach dem LPVG steht. Das schließt nicht aus, dass derselbe Lebenssachverhalt – unter anderem Blickwinkel – auch die Einleitung eines Beschlussverfahrens rechtfertigen kann (vgl. Rn. 51).

62 **Benachteiligung.** Rügt ein Beschäftigter seine konkrete Benachteiligung aufgrund seiner PR-Tätigkeit, und verlangt insoweit z. B. eine höhere Eingruppierung oder die Einbeziehung in die Leistungsbezahlung, so macht er gleichwohl **individuelle Ansprüche**, die aus seiner dienstrechtlichen bzw. arbeitsrechtlichen Stellung folgen, geltend. Dies kann er nicht im Beschlussverfahren, sondern nur im Wege des individuellen Rechtsschutzes vor den Arbeits- bzw. Verwaltungsgerichten erreichen (BVerwG, 30.1.2013 – 6 P 5/12 – PersR 2013, 178 = PersV 2013, 298).

II. Unfälle und Sachschäden (Abs. 2)

63 **Anwendungsbereich.** Abs. 2 betrifft lediglich **Beamte.** Gemeint sind die Beamten i. S. d. § 4 Abs. 3, also die Beschäftigten, die Beamte im statusrechtlichen Sinne sind oder als solche gelten. Geschützt sind damit auch Personen, die sich in der Ausbildung für eine Beamtenlaufbahn in einem öffentlich-rechtlichen Ausbildungsverhältnis befinden; ebenso Richter und Staatsanwälte, die nach § 4 Abs. 2 Nr. 2 verwendet werden. Keine Anwendung findet Abs. 2 für **Arbeitnehmer.** Bei Unfällen von Arbeitnehmern bei Wahrnehmung personalvertretungsrechtlicher Aufgaben und Befugnisse liegt ein **Arbeitsunfall** i. S. d. § 8 Abs. 1 i. V. m. § 2 Abs. 1 Nr. 1 SGB-VII vor. Die Betroffenen haben Anspruch auf Leistungen aus der gesetzlichen Unfallversicherung. Allerdings sehen die Versicherungsleistungen nach § 26 Abs. 1 SGB-VII keinen Ausgleich von **Sachschäden** vor. Eine entspr. Anwendung von § 6 Abs. 2 hinsichtlich des Sachschadenersatzes für Arbeitnehmer ist i. H.a. die klare gesetzliche Regelung nicht möglich (**a. A.**: Altvater u. a. § 6 Rn. 20).

64 **Regelungsinhalt.** Der Unfall muss sich ereignet haben, als die berechtigten Personen „Aufgaben oder Befugnisse nach dem LPVG" – gleich in welcher Funktion – wahrgenommen haben. § 6 Abs. 2 entspricht im Wesentlichen § 47a in der vor Inkrafttreten des ÄG 2013 geltenden Fassung. In der Begründung des Regierungsentwurfs (LT-Drucksache 15/4224, S. 88) heißt es hierzu: „[d]urch die Verschiebung des Regelungsstandorts soll klargestellt werden, dass zum

geschützten Personenkreis nicht nur die Mitglieder von Personalvertretungen sowie Jugend- und Auszubildendenvertretungen gehören, sondern alle Beamtinnen und Beamten, die Aufgaben und Befugnisse nach dem Landespersonalvertretungsgesetz wahrnehmen, also etwa auch Mitglieder von Wahlvorständen oder Mitglieder in Wirtschaftsausschüssen".

Dienstunfall. Ein Dienstunfall i. S. d. § 6 Abs. 2 ist Dienstunfall i. S. d. beamtenrechtlichen Unfallfürsorgevorschriften (§§ 44 ff. LBeamtVG). Nach § 45 Abs. 1 Satz 1 LBeamtVG ist ein Dienstunfall ein auf äußerer Einwirkung beruhendes, plötzliches, örtlich und zeitlich bestimmbares, einen **Körperschaden** verursachendes Ereignis, das in Ausübung oder infolge des Dienstes eingetreten ist. Sind bei einem solchen Dienstunfall Kleidungsstücke oder sonstige **Gegenstände**, die der Beamte mit sich geführt hat, beschädigt oder zerstört worden oder abhandengekommen, kann dafür Ersatz geleistet werden (§ 47 Satz 1 LBeamtVG). § 6 Abs. 2 ordnet die entspr. Anwendung der §§ 44 ff. LBeamtVG an, wenn der erlittene Unfall i. S. d. beamtenrechtlichen Vorschriften ein Dienstunfall wäre. 65

Wegeunfall. Von großer praktischer Relevanz sind Wegeunfälle, die den geschützten Personen anlässlich der Amtsausübung (Teilnahme an auswärtigen Sitzungen oder Besprechungen) zustoßen. Gleiches gilt für die Teilnahme an Schulungs- oder Fortbildungsveranstaltungen einschließlich der An- und Abreise. Nehmen die Beamten Aufgaben und Befugnisse nach dem LPVG wahr, bedarf es insoweit keiner Anordnung oder Genehmigung einer Dienstreise. Ausreichend, aber auch notwendig, ist ein ordnungsgemäßer Beschluss des PR, der genau regelt, wer aus welchem Grund die Reise unternehmen soll. 66

Sachschaden. Da die beamtenrechtlichen Unfallfürsorgevorschriften eine Verletzung der körperlichen Unversehrtheit voraussetzen, erfassen sie keine Schadensfälle, bei denen dem Beamten lediglich Sachschäden entstanden sind. Der Ersatz von Sachschäden anlässlich der Wahrnehmung personalvertretungsrechtlicher Aufgaben und Befugnisse erfolgt deshalb in entsprechender Anwendung von § 80 LBG. Eine entspr. Anwendung auf Arbeitnehmer scheidet aus den oben (vgl. Rn. 63) genannten Gründen aus. 67

Rechtsweg. Ansprüche aus § 6 Abs. 2 sind **Individualansprüche** der betroffenen Beschäftigten, die im Klageverfahren vor dem VG und nicht im Beschlussverfahren geltend zu machen sind. 68

§ 7 Verschwiegenheitspflicht

(1) [1]Personen, die Aufgaben oder Befugnisse nach diesem Gesetz wahrnehmen oder wahrgenommen haben, haben über die ihnen dabei bekannt gewordenen Angelegenheiten und Tatsachen Verschwiegenheit zu bewahren. [2]Abgesehen von den Fällen des § 71 Absatz 1 Satz 3, des § 76 Absatz 4 und des § 94 gilt die Verschwiegenheitspflicht nicht

1. **für Mitglieder der Personalvertretung und der Jugend- und Auszubildendenvertretung gegenüber den übrigen Mitgliedern der Vertretung und gegenüber den für Mitglieder eingetretenen Ersatzmitgliedern,**

2. für die in Satz 1 bezeichneten Personen gegenüber der zuständigen Personalvertretung und der zuständigen Jugend- und Auszubildendenvertretung,
3. gegenüber der übergeordneten Dienststelle, der obersten Dienstbehörde oder dem anzurufenden obersten Organ oder einem Ausschuss dieses Organs,
4. gegenüber der bei der übergeordneten Dienststelle oder der obersten Dienstbehörde gebildeten Stufenvertretung,
5. gegenüber dem Gesamtpersonalrat,
6. gegenüber der anzuhörenden Personalvertretung,
7. für die Anrufung der Einigungsstelle,
8. für Mitglieder des Wirtschaftsausschusses gegenüber Mitgliedern der Personalvertretungen.

(2) Die Verschwiegenheitspflicht besteht nicht für Angelegenheiten oder Tatsachen, die offenkundig sind oder ihrer Bedeutung nach keiner Geheimhaltung bedürfen.

(3) Die Dienststelle kann im Einzelfall auf Antrag des Personalrats von der Verschwiegenheitspflicht entbinden; die Aussagegenehmigung nach beamtenrechtlichen oder entsprechenden tariflichen Vorschriften bleibt davon unberührt.

I. Verschwiegenheitspflicht (Abs. 1)

1 **1. Anwendungsbereich (Satz 1).** Die Verschwiegenheitspflicht richtet sich nicht nur an die Personalvertretungen und die Dienststelle, sondern an **alle Personen**, die Aufgaben oder Befugnisse nach dem LPVG wahrnehmen. Sie dient hierbei sowohl dem öffentlichen Interesse im Rahmen des Amtsauftrags als auch den privaten Interessen der betroffenen Beschäftigten zur Wahrung ihrer schutzwürdigen persönlichen Daten.

2 **a) Normzweck.** Die Verschwiegenheitspflicht schützt in erster Linie die **vertrauensvolle Zusammenarbeit** zwischen Personalvertretung und Dienststelle. Im Rahmen ihrer Zuständigkeiten werden die Personalvertretungen mit einer Vielzahl vertraulicher Informationen befasst, deren Geheimhaltung im dienstlichen Interesse und/oder im Interesse der betroffenen Beschäftigten liegt. Die Weitergabe solcher Informationen durch die Dienststelle an die Personalvertretung ist nur möglich, wenn sichergestellt ist, dass diese Informationen nur den Personen zur Kenntnis gelangen, die sie zur Aufgabenerfüllung im Rahmen des LPVG benötigen.

3 **Unabhängigkeit des PR.** Die Verschwiegenheitspflicht schützt auch die Arbeit der Personalvertretung und die Unabhängigkeit der Personalratsmitglieder. Diese sollen unbeeinflusst von außen die anstehenden Fragen diskutieren und ihre Entscheidungen treffen können (BVerwG, 11.1.2006 – 6 PB 17/05 – PersR 2006, 300 = PersV 2006, 186; VG Karlsruhe, 19.6.2015 – PL 12 K 3112/14 – PersV 2015, 463; 24.5.2013 – PL 12 K 3822/12 – PersV 2013, 430). Insbesondere soll sichergestellt werden, dass Inhalt und Ablauf der nicht öffentlichen Sitzungen nicht publik werden.

b) Verpflichteter Personenkreis. § 7 unterwirft alle Personen, die Aufgaben oder Befugnisse nach dem LPVG wahrnehmen, einer besonderen Verschwiegenheitspflicht. Diese Verschwiegenheitspflicht besteht für alle verpflichteten Personen zeitlich und gegenständlich umfassend soweit die Verschwiegenheitspflicht nicht vom LPVG selbst (Abs. 1 Satz 2 und Abs. 2) oder andere gesetzliche Bestimmungen durchbrochen wird bzw. im Einzelfall von ihr entbunden wird (Abs. 3). Neben der Verschwiegenheitspflicht nach § 7 gelten für die Beschäftigten die beamtenrechtlichen bzw. die für Arbeitnehmer geltenden Verschwiegenheitspflichten. 4

Aufgaben und Befugnisse. Zur Verschwiegenheit verpflichtet sind alle Personen, die Aufgaben oder Befugnisse nach dem LPVG wahrnehmen oder wahrgenommen haben. Dies sind vor allem die Mitglieder des PR. Aufgaben und Befugnisse nach dem LPVG werden aber auch von anderen Beschäftigten und auch von Dritten wahrgenommen, weshalb die Verschwiegenheitspflicht auch für diese Personen gilt. Entscheidend ist, dass diese Personen ihre Kenntnisse gerade durch die Aufgabenwahrnehmung im Rahmen des LPVG erlangt haben. 5

aa) Personalrat. Zentral richtet sich § 7 Abs. 1 Satz 1 an die PR-Mitglieder, die den Großteil der Aufgaben des LPVG wahrzunehmen haben. Die PR-Mitglieder können durch die sehr strikten Regelungen des § 7 in erhebliche Konfliktsituationen geraten. Denn der PR ist den Interessen der Beschäftigten verpflichtet. Von diesen haben die PR-Mitglieder ihr Mandat, diesen sind sie über ihre Tätigkeit rechenschaftspflichtig (vgl. z. B. § 52 Abs. 1). So muss ein geplantes Vorhaben zur Änderung der Dienststellenstruktur oder Neuordnung der Arbeitsorganisation vom PR nicht vor den Beschäftigten verschwiegen werden (Hess. VGH, 12.8.1982 – BPV TK 2/82 – HessVGRspr. 82, 36; siehe auch LAG Schleswig-Holstein, 20.5.2015 – 3 TaBV 35/14 – zum BetrVG). Andererseits müssen die PR-Mitglieder – auch im wohlverstandenen Eigeninteresse – den strafbewehrten Anforderungen des § 7 Rechnung tragen. Die Entbindungsmöglichkeit nach § 7 Abs. 3 schafft hier nur partiell Entlastung. 6

PR-Vorstand. Die Mitglieder des PR-Vorstands unterliegen der Verschwiegenheitspflicht im selben Maße wie die sonstigen PR-Mitglieder. Hinsichtlich der Mitbestimmungsangelegenheiten des § 74 Abs. 1 Nr. 1 und 4 unterliegen sie einer gesteigerten Verschwiegenheitspflicht, wenn der betroffene Beschäftigte die Mitbestimmung nur durch den Vorstand verlangt hat (§§ 76 Abs. 4; 7 Abs. 1 Satz 2). 7

PR-Vorsitzender. Besondere Bedeutung hat § 7 für den Vorsitzenden des PR. Denn er beraumt die PR-Sitzungen an (§ 30 Abs. 1 Satz 1) und lädt zu diesen ein (z. B. § 30 Abs. 1 Satz 3 und 4, Abs. 2). Die Verschwiegenheitspflicht wird aber nicht nur durch die unbefugte Weitergabe geschützter Informationen an Dritte verletzt, sondern auch dadurch, dass ein Nichtteilnahmeberechtigter an einer PR-Sitzung teilnimmt bzw. an einem Teil der PR-Sitzung teilnimmt, von dem er ausgeschlossen ist (vgl. z. B. § 32 Abs. 3 Satz 4 bzw. Abs. 7 Satz 2). Der PR-Vorsitzende muss deshalb sehr genau prüfen, wen er zur Sitzung laden darf bzw. – im Rahmen der Sitzungsleitung – welche anwesenden Personen sich ggf. zu entfernen haben. 8

9 **Ersatzmitglieder.** Sobald ein Ersatzmitglied wegen des Ausscheidens eines gewählten Mitglieds in den PR eingetreten ist (§ 27 Abs. 1 Satz 1), ist es PR-Mitglied geworden, weshalb § 7 ohne Einschränkung gilt. Ist ein PR-Mitglied aber nur zeitweilig verhindert oder ruht seine Mitgliedschaft nach § 26, so tritt das Ersatzmitglied lediglich für die Zeit der Verhinderung bzw. des Ruhens ein (§ 27 Abs. 1 Satz 2). Dies bedeutet, dass das Ersatzmitglied nur im Rahmen seiner Heranziehung auch den Regelungen des § 7 unterliegt; insb. entfällt die Verschwiegenheitspflicht der übrigen PR-Mitglieder nur ggü. den eingetretenen Ersatzmitgliedern (§ 7 Abs. 1 Satz 2 Nr. 1). Das kann erhebliche praktische Probleme mit sich bringen.

10 **Büropersonal.** Zum Personenkreis des § 7 gehört auch das dem PR nach § 41 Abs. 2 zur Verfügung gestellte Büropersonal; hinsichtlich der Sitzungsniederschrift vgl. § 32 Abs. 2. Sie sind über die ihnen anlässlich der Tätigkeit für den PR bekanntgewordenen Angelegenheiten und Tatsachen auch ggü. Vorgesetzten zur Verschwiegenheit verpflichtet und hierüber ausdrücklich zu belehren.

11 **bb) Gewerkschaften.** Soweit Gewerkschaften oder Beauftragte von Gewerkschaften ihre aus Art. 9 Abs. 3 GG folgenden Befugnisse wahrnehmen, unterliegen sie nicht der Verschwiegenheitspflicht des § 7 Abs. 1. Denn diese Befugnisse werden vom LPVG nicht berührt (§ 2 Abs. 3). Gleiches gilt für die Beteiligung der Spitzenorganisationen der zuständigen Gewerkschaften bei Maßnahmen nach § 90.

12 **Teilnahme an PR-Sitzung.** Der Verschwiegenheitspflicht unterliegen Beauftragte von Gewerkschaften bei der Teilnahme an Sitzungen des PR (§ 32 Abs. 3 Satz 1). Zu beachten ist hier insb. § 32 Abs. 3 Satz 4, wonach personelle und soziale Angelegenheiten einzelner Beschäftigter ohnehin nur bei deren ausdrücklichen, schriftlichen und vorherigen Zustimmung in Anwesenheit von Gewerkschaftsbeauftragten behandelt werden dürfen.

13 **Teilnahme an Personalversammlungen.** Der Verschwiegenheitspflicht unterliegen Beauftragte von Gewerkschaften auch, wenn sie an einer Personalversammlung teilnehmen (§ 53 Abs. 2 Nr. 1, Abs. 3). Diese ist nicht öffentlich (§ 53 Abs. 1); ein Teilnahmerecht haben die Gewerkschaftsbeauftragten hier nur wegen der durch das LPVG ausdrücklich eingeräumten Teilnahmebefugnis, aus dem auch das Recht zum Betreten der Dienststelle folgt (§ 2 Abs. 2), um an der Personalversammlung teilnehmen zu können.

14 **PR-Wahl.** Soweit die in der Dienststelle vertretenen Gewerkschaften Wahlvorschläge unterbreiten (§ 13 Abs. 4 Satz 1) oder bei der Bestellung des Wahlvorstands mitwirken (§ 16 Abs. 2 Satz 1 und Abs. 3) nehmen sie Befugnisse nach dem LPVG wahr und unterliegen insoweit der Verschwiegenheitspflicht.

15 **Wahlanfechtung, Ausschlussantrag, Auflösungsantrag.** Wenn in der Dienststelle vertretene Gewerkschaften nach § 21 Abs. 1 die Wahl anfechten oder von ihrem Antragsrecht nach § 24 Abs. 1 Satz 1 Gebrauch machen, üben sie Befugnisse nach dem LPVG aus, weshalb die Verschwiegenheitspflicht gilt.

16 **cc) Dienststellenleiter.** Soweit der Dienststellenleiter Aufgaben oder Befugnisse nach dem LPVG wahrnimmt, unterliegt auch er der Verschwiegenheitspflicht nach § 7 Abs. 1. Bedeutung hat dies insb. hinsichtlich der Teilnahme des Dienststellenleiters an PR-Sitzungen und den Besprechungen mit dem PR (z. B. § 68 Abs. 1 Satz 1). Gleiches gilt für die vom Dienststellenleiter **„beauftragte Person"**, die den Dienststellenleiter bei der PR-Sitzung vertritt (§§ 30 Abs. 4, 32 Abs. 3 Satz 3).

17 **Mitarbeiter des Dienststellenleiters.** Große praktische Relevanz hat die Frage, ob der Dienststellenleiter Mitarbeiter zu den PR-Sitzungen, an denen er teilnimmt, zusätzlich mitbringen darf. Das LPVG sieht dies nicht vor, sondern eröffnet in § 32 Abs. 3 Satz 3 nur die Möglichkeit der Begleitung durch einen Vertreter der Arbeitgebervereinigung, der die Dienststelle angehört. Eine Teilnahme von Mitarbeitern an der PR-Sitzung kommt deshalb nur bei ausdrücklicher Zustimmung des PR in Betracht. Diese Mitarbeiter haben dann den Status von „sachverständigen Personen" oder „sonstigen Auskunftspersonen" i. S. v. § 32 Abs. 7 Satz 1 und unterliegen insoweit der Verschwiegenheitspflicht des § 7 Abs. 1 (vgl. Rn. 23).

18 **Vertreter von Arbeitgebervereinigungen.** Der Verschwiegenheitspflicht unterliegen auch Beauftragte von Arbeitgebervereinigungen, die an Sitzungen des PR teilnehmen (§ 32 Abs. 3 Satz 3). Zu beachten ist auch hier § 32 Abs. 3 Satz 4, wonach personelle und soziale Angelegenheiten einzelner Beschäftigter nur bei deren ausdrücklichen, schriftlichen und vorherigen Zustimmung in Anwesenheit von Beauftragten von Arbeitgebervereinigungen behandelt werden dürfen. Der Verschwiegenheitspflicht unterliegen Vertreter von Arbeitgebervereinigungen auch, wenn sie an einer Personalversammlung teilnehmen (§ 53 Abs. 2 Nr. 2, Abs. 3).

19 **dd) Sonstige Teilnehmer an PR-Sitzungen.** Besondere Bedeutung kommt der Verschwiegenheitspflicht hinsichtlich des Ablaufs und der Beschlussfassung in PR-Sitzungen zu. Personen, die nach dem LPVG an den PR-Sitzungen teilnehmen dürfen, sind deshalb auch Personen i. S. v. § 7 Abs. 1 Satz 1, die über die Sitzungen Stillschweigen zu wahren haben. Eine Verletzung der Verschwiegenheitspflicht kommt hierbei auch in Betracht, wenn an der PR-Sitzung faktisch Personen teilnehmen, die nicht teilnahmeberechtigt sind (siehe oben).

20 **Schwerbehindertenvertretung.** Die Schwerbehindertenvertretung ist hinsichtlich aller PR-Sitzungen teilnahmeberechtigt und dementsprechend immer zu diesen zu laden (§ 30 Abs. 1 Satz 3). Die Schwerbehindertenvertretung nimmt beratend an der Sitzung teil (§ 32 Abs. 5); jedenfalls bei der eigentlichen Beschlussfassung hat sie kein Anwesenheitsrecht.

21 **JAV.** Das nach § 32 Abs. 4 Satz 1 benannte JAV-Mitglied ist immer teilnahmeberechtigt und deshalb zu allen Sitzungen zu laden (§ 30 Abs. 1 Satz 3). Das benannte JAV-Mitglied nimmt beratend an den PR-Sitzungen teil (§ 32 Abs. 4 Satz 1); jedenfalls bei der eigentlichen Beschlussfassung hat es kein Anwesenheitsrecht. Demgegenüber sind bei § 59-Angelegenheiten alle JAV-Mitglieder teilnahmeberechtigt und stimmberechtigt (§ 32 Abs. 4 Satz 2).

22 **BfC.** Die Beauftragte für Chancengleichheit ist nur dann und nur insoweit teilnahmeberechtigt, als der Gegenstand auf ihren Antrag hin auf die Tagesordnung gesetzt worden ist (§ 32 Abs. 6 Satz 1 Nr. 1) oder der PR dies im Einzelfall beschlossen hat (§ 32 Abs. 6 Satz 1 Nr. 2). Nur in diesen Fällen darf der PR-Vorsitzende die BfC zur Sitzung laden (§ 30 Abs. 1 Satz 4 Nr. 4). Die BfC nimmt nicht beratend an den Sitzungen teil, sondern kann nur Anregungen i. S. v. § 32 Abs. 6 Satz 2 geben. Bei der Beratung des PR und dessen Beschlussfassung ist sie nicht teilnahmeberechtigt.

23 **Beauftragte des GesamtPR und von Stufenvertretungen.** Diese Beauftragten sind nicht allgemein teilnahmeberechtigt, sondern nur dann, wenn der PR dies im Einzelfall beschließt (§ 30 Abs. 5 Satz 1). Nur in diesem Fall dürfen sie geladen werden und können mit beratender Stimme an der Sitzung – nicht der Beschlussfassung – teilnehmen.

24 **Sachverständige Personen, Auskunftspersonen.** Auch diese Personen nehmen Aufgaben nach dem LPVG wahr (vgl. auch § 120 Abs. 1 Nr. 3 und Nr. 3b BetrVG für den Bereich des BetrVG). Sie werden im Bedarfsfall vom PR in einer PR-Sitzung angehört (§ 32 Abs. 7 Satz 1), um die Entscheidungsfindung des PR zu ermöglichen bzw. zu erleichtern. Dabei werden ihnen notwendigerweise auch vertrauliche Informationen offenbart. An der Beratung und Entscheidung dürfen sie nicht teilnehmen.

25 **Betroffene Beschäftigte.** Nach § 32 Abs. 8 Satz 1 kann der PR im Einzelfall auch von personellen Einzelmaßnahmen betroffene Beschäftigte anhören. Diese werden durch die Teilnahme an der PR-Sitzung nicht zu Personen, die „Aufgaben oder Befugnisse“ nach dem LPVG wahrnehmen, weshalb sie nicht der Verschwiegenheitspflicht des § 7 Abs. 1 unterliegen. Denn sie werden nur zu ihren eigenen Angelegenheiten angehört, über deren Geheimhaltung sie selbst entscheiden können. An der übrigen Sitzung dürfen sie nicht teilnehmen.

26 ee) **Sonstige Beteiligte.** Bei den Verfahren nach dem LPVG nehmen noch weitere Beteiligte Aufgaben und Befugnisse nach dem LPVG wahr, die der Verschwiegenheitspflicht unterliegen können; insb. im Zusammenhang mit Wahlen und dem Verfahren der Einigungsstelle.

27 **Wahlvorstand.** Die Mitglieder des Wahlvorstands nehmen Aufgaben und Befugnisse nach dem LPVG wahr und unterliegen deshalb der Verschwiegenheitspflicht. Dies umfasst die Vorbereitung und die Durchführung der PR-Wahl sowie die Anberaumung und Leitung der konstituierenden Sitzung des PR (§ 19). Werden **Wahlhelfer** (§ 1 Abs. 1 Satz 2 WO) hinzugezogen, nehmen auch sie Aufgaben und Befugnisse i. S. d. LPVG wahr.

28 **Einigungsstelle, Schlichtungsstelle.** Der Vorsitzende und die Beisitzer der Einigungsstelle (§ 79) erfüllen Aufgaben i. S. v. § 7. Für die nach § 94 Abs. 3 gebildete Einigungsstelle geht § 94 als spezielle Regelung dem § 7 vor. Die Mitglieder der nach § 101 Nr. 8 gebildeten Schlichtungsstelle erfüllen ebenfalls Aufgaben i. S. v. § 7 Abs. 1.

Fachgerichte für Personalvertretungsrecht. Die Fachkammern/der Fachsenat für Personalvertretungsrecht nehmen zwar Aufgaben und Befugnisse nach dem LPVG wahr. Hinsichtlich des gerichtlichen Verfahrens und der Beschlussfassung, gehen die prozessrechtlichen Regelungen vor. 29

c) Gegenstand der Verschwiegenheitspflicht. Die Verschwiegenheitspflicht erstreckt sich grundsätzlich auf alle „Angelegenheiten und Tatsachen“, die den zur Verschwiegenheit Verpflichteten bei der Wahrnehmung von Aufgaben oder Befugnissen nach dem LPVG bekannt geworden sind. 30

Tatsachen und Angelegenheiten. **Der Verschwiegenheitspflicht** unterliegen alle (einer Beweiserhebung zugänglichen) einzelnen Tatsachen, die Abläufe der Geschehnisse in der Dienststelle in ihrer Gesamtheit sowie die in diesem Zusammenhang stehenden Einschätzungen, Bewertungen und Prognosen. Geschützt sind nicht nur Geheimnisse im engeren Sinne, sondern alle Umstände, die nicht nach den Maßstäben des § 7 Abs. 2 von der Verschwiegenheitspflicht ausdrücklich ausgenommen sind. Geschützt sind die privaten Daten betroffener Beschäftigter sowie die dienstlichen Vorgänge in der Dienststelle. 31

Tätigkeit des PR. Erfasst sind insb. auch die Sachbehandlung durch die Personalvertretung und die personalratsinternen Vorgänge der Willensbildung, vor allem die Meinungsäußerungen und das Abstimmungsverhalten der PR-Mitglieder (vgl. VG Karlsruhe, 24.5.2013 – PL 12 K 3822/12 – PersV 2013, 430). 32

Kenntniserlangung. Geschützt nach § 7 sind alle Tatsachen und Angelegenheiten, die den zur Verschwiegenheit verpflichteten Personen anlässlich der **Wahrnehmung von Aufgaben nach dem LPVG** bekannt geworden sind. Die Pflicht zur Verschwiegenheit bezieht sich hierbei nicht nur auf solche Umstände, die diesen Personen bewusst offenbart worden sind (z. B. als Sitzungsvorlage), sondern auch auf solche, die nur **bei Gelegenheit** der Befassung bekannt geworden sind. Werden die Kenntnisse aber nicht bei oder gelegentlich der Aufgabenwahrnehmung nach dem LPVG erlangt, gilt § 7 nicht. Es verbleibt ggf. die Pflicht zur Amtsverschwiegenheit (vgl. § 37 BeamtStG) bzw. eine Verschwiegenheitspflicht aufgrund anderer gesetzlicher, tarifvertraglicher oder einzelvertraglicher Regelungen. 33

Zeitliche Dauer. Durch die Formulierung „oder wahrgenommen haben“ ist klargestellt, dass die Verschwiegenheitspflicht für unbegrenzte Zeit gilt und nicht bereits etwa mit dem Ausscheiden aus dem PR oder der Aufgabe der Tätigkeit bei einer Gewerkschaft oder bei einer Arbeitgebervereinigung endet. Deshalb sind ausgeschiedene PR-Mitglieder auch ggü. ihren Nachfolgern zur Verschwiegenheit verpflichtet. Nur ausnahmsweise, nämlich dann, wenn ein vollständiger Wechsel der Personen stattgefunden hat und keine ausreichenden Unterlagen vorhanden oder Verfahren noch anhängig sind, wird eine Unterrichtung der Nachfolger zulässig sein (vgl. Ilbertz-Widmaier § 10 Rn. 8). 34

d) **Verletzungshandlungen.** § 7 Abs. 1 Satz 1 verbietet dem verpflichteten Personenkreis jedwede Offenbarung von der Verschwiegenheitspflicht unterliegenden Umständen. Verboten ist damit zunächst die direkte Weitergabe von Infor- 35 mationen oder Unterlagen an unberechtigte Dritte. Es genügt insoweit aber auch die Schaffung oder Duldung von Gelegenheiten zur Kenntnisnahme für Unbefugte.

36 **PR-Sitzungen.** Eine Verletzung von § 7 liegt auch vor, wenn **unbefugte Dritte** an PR-Sitzungen teilnehmen und damit Kenntnis von Umständen erlangen, die der Verschwiegenheitspflicht unterliegen. So hat das BVerwG früher die Zuziehung einer dem PR nicht angehörigen Angestellten zur Protokollierung als besonders grobe Pflichtverletzung eingestuft, die die Auflösung des PR rechtfertigt (BVerwG, 27.11.1981 – 6 P 38/79 – PersV 1983, 408); nach der aktuellen Rechtslage ist die Hinzuziehung einer Protokollkraft aber erlaubt (vgl. § 32 Abs. 2).

37 **Sonstige Sitzungen.** Gleiches gilt für PR-Vorstandssitzungen, Sitzungen der JAV, des Wirtschaftsausschusses, von sonstigen Ausschüssen und Arbeitsgruppen sowie Besprechungen mit dem Dienststellenleiter. Unterliegen dieser der Nichtöffentlichkeit verletzt die Teilnahme Unbefugter die Verschwiegenheitspflicht. Die Teilnahme von Protokollkräften ist nur dann erlaubt, wenn in den speziellen Regelungen § 32 Abs. 2 ausdrücklich in Bezug genommen wird (vgl. z. B. § 35 Abs. 3 für **PR-Ausschüsse**). Dies ist bspw. beim **Wirtschaftsausschuss** nicht erfolgt. Ebenso gilt § 32 Abs. 2 nicht bei **Vorstandssitzungen.** Auch wenn Beteiligungsbefugnisse nach § 36 auf den Vorstand übertragen worden sind, ist nur die entspr. Anwendung von § 32 Abs. 5 (Teilnahmerecht der Schwerbehindertenvertretung) geregelt.

38 **Verschulden.** Ein Verstoß gegen § 7 erfordert kein Verschulden; es genügt die gesetzeswidrige Offenbarung geschützter Tatsachen und Angelegenheiten. Der Frage einer schuldhaften Pflichtverletzung kommt aber große Bedeutung bei der strafrechtlichen Würdigung bzw. bei sonstigen Sanktionen zu.

39 e) **Mitteilungsadressaten.** Die Verschwiegenheitspflicht besteht ggü. jedermann. § 7 Abs. 1 Satz 1 normiert eine umfassende Verschwiegenheitspflicht und differenziert nicht nach den Adressaten, denen zu Unrecht Informationen vermittelt worden sind. Die Verschwiegenheitspflicht besteht soweit und solange nicht ausdrücklich Offenbarungsbefugnisse eingeräumt sind oder werden.

40 **Dienststellenleiter.** Die Verschwiegenheitspflicht umfasst auch Informationen an den Dienststellenleiter. Denn dieser ist nicht vollumfänglich verfügungsbefugt, wie § 7 Abs. 3 irrigerweise vermuten lassen könnte. Entzogen sind ihm bspw. private Daten von Beschäftigten, die dem PR offenbart worden sind, aber auch interne Vorgänge im PR oder der JAV.

41 f) **Verhältnis zu anderen Verschwiegenheitspflichten.** Die Verschwiegenheitspflicht nach § 7 lässt andere Schweigepflichten unberührt. Diese stehen grundsätzlich selbstständig nebeneinander, sind teilweise auch miteinander verschränkt. Eine Verletzung der Verschwiegenheitspflicht nach § 7 stellt nicht ohne Weiteres zugleich eine Dienstpflichtverletzung bzw. eine Verletzung arbeitsvertraglicher Pflichten dar. Entscheidend ist, ob ein Bezug zum Dienst- bzw. Arbeitsverhältnis besteht (vgl. Rn. 77).

Amtsverschwiegenheit. Gemäß § 37 Abs. 1 Satz 1 BeamtStG haben Beamte über die ihnen bei oder bei Gelegenheit ihrer amtlichen Tätigkeit bekannt gewordenen dienstlichen Angelegenheiten Verschwiegenheit zu bewahren. Dies gilt nach Maßgabe von § 57 LBG auch für die Landesbeamten. 42

Arbeitnehmer. Die Verschwiegenheitspflicht der Arbeitnehmer im öffentlichen Dienst folgt tarifvertraglich aus § 3 Abs. 1 TV-L bzw. § 3 Abs. 1 S. 1 TVöD-V. Für Auszubildende folgt die Pflicht, über Betriebs- und Geschäftsgeheimnisse Stillschweigen zu wahren, aus § 13 Satz 2 Nr. 6 BBiG. 43

2. Durchbrechungen der Verschwiegenheitspflicht (Satz 2). Gemäß § 7 Abs. 1 Satz 2 gilt die Verschwiegenheitspflicht nicht in den dort (Nr. 1 bis Nr. 8) ausdrücklich geregelten Fällen. Diese Aufzählung ist **nicht abschließend**, sondern bedarf der ergänzenden Auslegung. 44

a) Besondere Verschwiegenheitspflichten. Ausdrücklich ausgenommen von der Offenbarungsbefugnis des § 7 Abs. 1 Satz 2 sind die speziellen Regelungen der §§ 71 Abs. 1 Satz 3; 76 Abs. 4 und 94. 45

Personalaktendaten. Eine besonders strikte Verschwiegenheitspflicht besteht hinsichtlich der Personalaktendaten, die nur mit Zustimmung des betroffenen Beschäftigten und nur von den PR-Mitgliedern eingesehen werden dürfen, die der Beschäftigte bestimmt hat (§ 71 Abs. 1 Satz 3); vgl. die Komm. zu § 71. 46

Mitbestimmung durch den Vorstand. Bei den Mitbestimmungsangelegenheiten des § 74 Abs. 1 Nr. 1 und 3 bestimmt auf Verlangen des betroffenen Beschäftigten nur der Vorstand mit. Eine Offenbarungsbefugnis der mit der Angelegenheit befassten Vorstandsmitglieder ggü. anderen PR-Mitgliedern oder Dritten scheidet nach der gesetzlichen Regelung aus. Die Zuziehung einer **Protokollkraft** zu solchen Tagesordnungspunkten ist **ausgeschlossen**. 47

Verschlusssachen. § 94 geht als spezielle Regelung für die Behandlung von Verschlusssachen durch den PR auch den Bestimmungen des § 7 vor. Wegen der weitergehenden Anforderungen vgl. die Komm. zu § 94. 48

b) Fallgruppen des Satzes 2. Die Durchbrechungen der Verschwiegenheitspflicht sollen eine sachgerechte Zusammenarbeit im PR und in der JAV ermöglichen. Die Regelungen decken nicht alle Fallkonstellationen ab und bedürfen deshalb einer an Sinn und Zweck der Norm orientierten Auslegung. 49

aa) Nr. 1 – PR-Mitglieder. Keine Verschwiegenheitspflicht besteht für PR-Mitglieder nach dem Wortlaut ggü. den anderen Mitgliedern des PR und eingetretenen Ersatzmitgliedern. Gleiches muss aber auch ggü. den **JAV-Mitgliedern** in § 59-Angelegenheiten gelten, weil diese dann voll stimmberechtigt sind. Ebenso besteht eine Offenbarungsbefugnis der PR-Mitglieder ggü. allen rechtmäßig an PR-Sitzungen teilnehmenden Personen im Rahmen der Sitzung und Sachbehandlung. Dies sind insb. die Schwerbehindertenvertretung und das von der JAV benannte Mitglied. 50

Unzuständiger PR. Personalrat in diesem Sinne ist nur der für die Sachbehandlung zuständige PR. Ein Informationsaustausch mit einem unzuständigen PR 51 ist nicht zulässig (vgl. BVerwG, 21.10.1993 – 6 P 18.91 – PersR 1994, 165 = PersV 1994, 515).

52 bb) **Nr. 1 – JAV-Mitglieder.** Keine Verschwiegenheitspflicht besteht auch hier ggü. anderen JAV-Mitgliedern und eingetretenen Ersatzmitgliedern. Gleiches gilt für die Behandlung, Beratung und Beschlussfassung von § 59-Angelegenheiten ggü. den Mitgliedern des PR (siehe Rn. 50). Ein solches Offenbarungsrecht besteht ggü. den Mitgliedern des PR auch in allen Fragen des § 63. So würde es bspw. wenig Sinn machen, wenn das vom PR beauftragte Mitglied an JAV-Sitzungen teilnehmen dürfte, diesem aber nichts offenbart werden dürfte. Die vom LPVG vorgesehene Art der Zusammenarbeit zwischen JAV und PR setzt notwendigerweise die vollständige Information des PR voraus.

53 cc) **Nr. 2.** Keine Verschwiegenheitspflicht besteht für die in § 7 Abs. 1 Satz 1 genannten Personen ggü. der zuständigen Personalvertretung und der zuständigen JAV. Hier muss spiegelbildlich auch eine (beschränkte) Offenbarungsbefugnis der PR-Mitglieder bzw. JAV-Mitglieder bei der Behandlung der an sie herangetragenen Fragen angenommen werden.

54 dd) **Nr. 3.** Keine Verschwiegenheitspflicht besteht ggü. der übergeordneten Dienststelle, der obersten Dienstbehörde oder dem anzurufenden obersten Organ oder einem Ausschuss dieses Organs. Dies muss einschränkend dahin verstanden werden, dass nur die dienstlichen Belange gemeint sind. Interna der PR-Arbeit gehen diese Institutionen nichts an.

55 ee) **Nr. 4.** Keine Verschwiegenheitspflicht besteht ggü. den **Stufenvertretungen**. Dies gilt aber nicht allgemein, sondern nur im Rahmen deren Befassung. Wenn eine Stufenvertretung für die Sachbehandlung nicht zuständig ist, besteht ihr ggü. auch keine Offenbarungsmöglichkeit. Weder der PR noch einzelne Personalratsmitglieder dürfen sich an die Stufenvertretung oder deren Mitglieder wenden, wenn sie dadurch die Verschwiegenheitspflicht verletzen.

56 ff) **Nr. 5.** Gegenüber dem **Gesamtpersonalrat** entfällt die Verschwiegenheitspflicht auch nur im Falle seiner Zuständigkeit. Ansonsten dürfen weder der PR noch einzelne PR-Mitglieder dem GesamtPR oder dessen Mitgliedern Umstände offenbaren, die dem Verschwiegenheitsgebot unterliegen.

57 gg) **Nr. 6.** Wird in den Fällen des § 91 Abs. 3 und 8 der PR angehört, entfällt insoweit die Verschwiegenheitspflicht. Die Äußerung des angehörten PR ggü. der Stufenvertretung bzw. dem GesamtPR ist nach § 7 Abs. 1 Nr. 4 und 5 zulässig.

58 hh) **Nr. 7.** Die Verschwiegenheitspflicht entfällt „für die Anrufung der **Einigungsstelle**". Gemeint ist hier nicht lediglich der Akt der Einsetzung einer Einigungsstelle und die Bestellung der Beisitzer und des Vorsitzenden, sondern auch die vollumfängliche Information der Mitglieder der Einigungsstelle über den Sach- und Streitstand einschließlich der Stellungnahmen nach § 79 Abs. 3.

59 ii) **Nr. 8.** Keine Verschwiegenheitspflicht besteht für Mitglieder des **Wirtschaftsausschusses** ggü. Mitgliedern der Personalvertretungen. Gemeint ist hier nur

die Personalvertretung, auf deren Antrag der Wirtschaftsausschuss gebildet worden ist (§ 72 Abs. 1). Die Verschwiegenheitspflicht der PR-Mitglieder muss im Rahmen der ordnungsgemäßen Sachbehandlung auch ggü. den Mitgliedern des Wirtschaftsausschusses entfallen, weil ansonsten keine sinnvolle Zusammenarbeit zwischen PR und Wirtschaftsausschuss möglich wäre.

c) **Ergänzende Auslegung.** Der Katalog des § 7 Abs. 1 Satz 2 deckt nicht alle relevanten Fallkonstellationen ab, sondern bedarf der verfassungskonformen Auslegung. Dies gilt insb. für die Rechtsverfolgung bzw. Rechtsverteidigung. 60

aa) **Rechtsberatung, gerichtliche Verfahren.** Personen i. S. v. § 7 Abs. 1 Satz 1 können sich in allen relevanten kollektiv-rechtlichen Fragen rechtlich beraten lassen und dürfen insoweit auch einen **Rechtsanwalt** einschalten und informieren. Dies gilt auch für die Einschaltung von Beauftragten von **Gewerkschaften,** weil die Rechtsberatung und gerichtliche Vertretung der Mitglieder seit jeher zum durch Art. 9 Abs. 3 GG geschützten Tätigkeitsfeld der Gewerkschaften gehört (vgl. BVerfG, 2.12.1992 – 1 BvR 296/88 – NZA 1993, 427 = BVerfGE 88, 5 (15)). Gleiches gilt für Beratung und Vertretung durch juristische Personen, die Tochterunternehmen der Gewerkschaften sind. 61

Beschlussverfahren. Unter dem Gesichtspunkt des **effektiven Rechtsschutzes** ist es den in § 7 Abs. 1 Nr. 1 genannten Personen auch erlaubt, im verwaltungsgerichtlichen Beschlussverfahren – auch in der mündlichen (öffentlichen) Verhandlung – umfassend vorzutragen. 62

Individualrechtsschutz. Nach allg. arbeitsrechtlichen Grundsätzen ist ein Arbeitnehmer nicht zur Verschwiegenheit verpflichtet, wenn er zur Durchsetzung eigener Rechte ein betriebliches Geheimnis offenbaren muss (Schaub, § 53 Rn. 54 m. w. N.). Nichts anderes kann im Hinblick auf die Verschwiegenheitspflicht nach § 7 gelten. 63

Strafanzeige. Die Erstattung einer Strafanzeige ist staatsbürgerliches Recht, das durch § 7 nicht beseitigt wird; ggf. muss zuvor der Versuch einer innerbetrieblichen Klärung unternommen werden. Eine leichtfertige, unbegründete Strafanzeige stellt allerdings eine schwerwiegende Pflichtverletzung und zugleich eine Verletzung von § 7 dar. 64

Zeugenaussage – Strafrecht. Im strafrechtlichen Verfahren besteht für Personen nach § 7 Abs. 1 Satz 1 kein Zeugnisverweigerungsrecht nach § 53 StPO (BVerfG, 2.7.2001 – 1 BvR 2049/00 – NJW 2001, 3474; 19.1.1979 – 2 BvR 995/78 – NJW 1979, 1286). Ein Auskunftsverweigerungsrecht nach § 55 Abs. 1 StPO käme nur in Betracht, wenn bereits *vor* der erstrebten Aussage eine Verletzung von § 203 Abs. 2 Satz 1 Nr. 3 StGB durch den Zeugen erfolgt wäre; wer als Zeuge im Strafverfahren aussagt und dabei (erstmals) Geheimnisse offenbart, handelt nicht „unbefugt" i. S. d. Strafrechts. 65

Sonstige Zeugnisverweigerung. Nach § 383 Abs. 1 Nr. 6 ZPO steht den Personen nach § 7 Abs. 1 Satz 1 ein Zeugnisverweigerungsrecht zu. Dies gilt im Zivilprozess, im arbeitsgerichtlichen Verfahren (§§ 46 Abs. 2, 80 Abs. 2 ArbGG), im verwaltungsgerichtlichen Verfahren (§ 98 VwGO) und im Verfahren vor 66 den Sozialgerichten (§ 118 Abs. 1 SGG). Eine Aussagebefugnis besteht deshalb nur, wenn von der Verschwiegenheitspflicht nach § 7 Abs. 3 entbunden worden ist. Ob eine ausdrücklich nach § 385 Abs. 2 ZPO erfolgte Entbindung reicht, ist nach den Umständen des Einzelfalls zu klären.

67 bb) **Aufsichtsbehörden.** Ob eine Verschwiegenheitspflicht der Personalvertretung auch ggü. Aufsichtsbehörden besteht und ob – falls dies nicht der Fall sein sollte – zuvor der Dienststellenleiter informiert werden muss, hängt von der gesetzlichen Ausgestaltung der Zusammenarbeit zwischen Personalvertretung und der jeweiligen Aufsichtsbehörde ab.

68 **Arbeitsschutz.** Eine Verschwiegenheitspflicht besteht jedenfalls nicht ggü. den für den Arbeitsschutz zuständigen Stellen. Das LPVG macht den Arbeitsschutz nicht nur allgemein zur Aufgabe des PR (§ 70 Abs. 1 Nr. 2 und 3), sondern regelt spezielle Pflichten zur Information und Zusammenarbeit (§§ 70 Abs. 1 Nr. 3, 71 Abs. 7), die einen ständigen und intensiven Austausch zwischen PR und den für en Arbeitsschutz zuständigen Stellen erfordern und auch erlauben.

69 **Gefahrenmeldung.** Unabhängig von den Regelungen des LPVG dürfen alle Beschäftigten und damit erst recht die Personen nach § 7 Abs. 1 Satz 1 festgestellte Gefahren und Mängel an Schutzsystemen der **Fachkraft für Arbeitssicherheit,** dem **Betriebsarzt** und dem **Sicherheitsbeauftragten** nach § 22 SGB-VII mitteilen (§ 16 Abs. 2 ArbSchG); nach Maßgabe von § 17 Abs. 2 ArbSchG dürfen diesen Beschäftigten keine Nachteile entstehen, wenn sie die zuständigen Behörden informieren.

II. Ausnahmen von der Verschwiegenheitspflicht (Abs. 2)

70 **Offenkundige Tatsachen.** Die Personen nach § 7 Abs. 1 Satz 1 unterliegen nicht der Verschwiegenheitspflicht, wenn Angelegenheiten oder Tatsachen bereits offenkundig sind. Offenkundig sind Umstände dann, wenn diese allgemein bekannt sind oder ein verständiger Betrachter sich diese Kenntnis aus allgemein zugänglichen Quellen unschwer verschaffen kann. Tatsachen, die **nur innerhalb der Dienststelle** bekannt sind, dürfen nicht Dritten außerhalb der Dienststelle mitgeteilt werden. Mit der wirksamen Bekanntgabe des Beschlusses über die Kündigung einer Dienstvereinbarung ggü. dem Dienststellenleiter entfällt die Geheimhaltungsbedürftigkeit des in dieser Angelegenheit zuvor ergangenen Beschlusses der Personalvertretung (VG Karlsruhe, 24.5.2013 – PL 12 K 3822/12 – PersV 2013, 430).

71 **Geringe Bedeutung.** Angelegenheiten und Tatsachen sind auch dann nicht geheimhaltungsbedürftig, wenn sie ihrer Bedeutung nach keiner Geheimhaltung bedürfen. Maßgeblich sind die Umstände des Einzelfalls. An einer Geheimhaltung solcher Umstände darf nach deren Inhalt und deren Gewicht kein berechtigtes Interesse (mehr) bestehen. Dies ist insb. zu bejahen, wenn die Umstände in der Dienststelle allgemein bekannt sind, und die der Verschwiegenheitspflicht unterliegenden Personen lediglich in diesem Rahmen Stellung beziehen.

Zweifelsfragen. Die Norm gebraucht äußerst offene und unbestimmte Tatbestandsmerkmale. Ob etwas „offenkundig“ ist oder „geringe Bedeutung“ hat, kann im Einzelfall höchst streitig sein. Wegen der schwerwiegenden Folgen einer Verletzung der Verschwiegenheitspflicht (s. u.) ist es deshalb nicht ratsam, sich allein auf die Regelung des Abs. 2 zu verlassen. Sachgerecht ist es z. B., Einvernehmen mit dem Dienststellenleiter zu erzielen, dass die Voraussetzungen des Abs. 2 vorliegen. Wird dies von der Dienststelle ausdrücklich bestritten, ist die Möglichkeit eines gerichtlichen **Beschlussverfahrens** eröffnet. In Betracht kommt auch die Stellung eines Antrags nach Abs. 3, bei dessen Ablehnung ebenfalls die Einleitung eines Beschlussverfahrens zulässig sein kann. 72

III. Entbindung von der Verschwiegenheitspflicht (Abs. 3)

Zuständigkeit. § 7 Abs. 3 spricht die Entbindungsbefugnis der Dienststelle, also dem Dienststellenleiter zu. Diese gesetzliche Regelung ist verunglückt und bedarf der ergänzenden Auslegung. Nach allg. Grundsätzen kann nur derjenige von einer Pflicht entbinden, der durch diese geschützt werden soll. Im konkreten Einzelfall ist deshalb zunächst zu prüfen, zu wessen Gunsten die Verschwiegenheitspflicht – gesetzlich oder vertraglich – begründet worden ist. Sind mehrere begünstigt, ist die **Zustimmung aller notwendig.** Von der Verschwiegenheitspflicht entbinden kann der Dienststellenleiter deshalb nur hinsichtlich der Geheimnisse, die allein im dienstlichen Interesse bestehen. Hinsichtlich der **privaten Geheimnisse** kann nur der betroffene Beschäftigte entbinden ggf. der Dienststellenleiter im Einvernehmen mit dem betroffenen Beschäftigten. Von der Geheimhaltung der **Interna des PR** könnte – wenn überhaupt – nur durch einstimmigen PR-Beschluss entbunden werden, jedenfalls nicht vom Dienststellenleiter. Auch hinsichtlich aller anderen Personen und Institutionen hat der Dienststellenleiter genau zu prüfen, ob auch deren Belange durch die Verschwiegenheitspflicht geschützt werden sollen. Bejaht es er dies kommt eine Befreiung von der Verschwiegenheitspflicht nur mit dem entsprechenden Einverständnis in Betracht, wenn eine Offenbarungsbefugnis nicht nach der Natur der Sache ausscheidet. 73

Bedeutung. Die Norm eröffnet dem PR die Möglichkeit, Sachverhalte, die er – oder andere der Verschwiegenheitspflicht unterliegende Personen i. S. v. § 7 Abs. 1 Satz 1 – Dritten mitteilen will, weil er diese für nicht (mehr) geheimhaltungsbedürftig hält oder ein berechtigtes Interesse an der (dienststellen-) öffentlichen Behandlung der Angelegenheit sieht, von der Verschwiegenheitspflicht befreien zu lassen. Will der Dienststellenleiter von sich aus der Verschwiegenheitspflicht unterliegende Angelegenheiten mitteilen, bedarf es des Verfahrens nach Abs. 3 nicht. Der Dienststellenleiter muss dann aber – neben den dienstlichen Geheimhaltungsbelangen – genau prüfen, ob an einer Geheimhaltung dieser Umstände ein persönliches Interesse betroffener Beschäftigter oder ein schutzwürdiges Interesse von Personen oder Institutionen nach § 7 Abs. 1 Satz 1 besteht. 74

Voraussetzungen. Nach dem Wortlaut der Norm kann eine Entscheidung nach Abs. 3 nur auf **Antrag des PR** ergehen. Der Antrag muss ausdrücklich gestellt 75 werden; er sollte – zur Beweissicherung – immer **schriftlich** gestellt werden. Es muss angegeben werden, **wer genau** von der Verschwiegenheitspflicht entbunden werden soll. Die **Gründe,** weshalb von der Verschwiegenheitspflicht entbunden werden soll, sollten angegeben werden. Die Entbindung von der Verschwiegenheitspflicht kann nicht allgemein beantragt und ausgesprochen werden, sondern nur im **Einzelfall.** Dies ist sachgerecht, weil nur im konkreten Einzelfall geprüft werden kann, ob berechtigte Interessen z. B. von Beschäftigten, das Geheimhaltungsbedürfnis überwiegen.

76 **Entscheidung.** Die Entbindung steht im **Ermessen** des Dienststellenleiters. Dieser hat die Interessen, die für eine weitere Geheimhaltung sprechen, zu ermitteln, zu gewichten und gegen die berechtigten Interessen an einer Offenbarung abzuwägen. Wird die Entbindung abgelehnt, steht dem PR ggf. die Einleitung eines personalvertretungsrechtlichen **Beschlussverfahrens** offen.

77 **Sonstige Schweigepflichten.** Die Entbindung von der Verschwiegenheitspflicht nach § 7 Abs. 3 lässt die parallel bestehenden beamtenrechtlichen bzw. arbeitsrechtlichen Verschwiegenheitspflichten sowie spezielle gesetzliche Geheimhaltungspflichten unberührt. Insbesondere verbietet § 37 Abs. 1 BeamtStG Beamten die Offenbarung von Amtsgeheimnissen.

78 **Aussagegenehmigung.** Nach § 37 Abs. 3 BeamtStG bedürfen Beamte einer ausdrücklichen Aussagegenehmigung, wenn sie außergerichtlich oder gerichtlich über Angelegenheiten i. S. v. § 37 Abs. 1 BeamtStG aussagen oder Erklärungen abgeben. Wird nach § 7 Abs. 3 entbunden, wird es aber i. d. R. sachgerecht sein, zugleich von der Pflicht zur Amtsverschwiegenheit zu entbinden. Erfolgt dies nicht, sind Streitigkeiten hierüber vor den Arbeits- bzw. Verwaltungsgerichten – nicht im personalvertretungsrechtlichen Beschlussverfahren – auszutragen.

79 **Zeugen; Sachverständige.** Sollen Beamte im gerichtlichen Verfahren als Zeugen oder Sachverständige über der Amtsverschwiegenheit unterliegende Sachverhalte gehört werden, gelten die jeweiligen prozessrechtlichen Regelungen. Im Strafverfahren kommen die §§ 54 Abs. 1, 76 Abs. 2 Satz 1 StPO zur Anwendung, in den anderen Verfahren die §§ 376 Abs. 1, 408 Abs. 2 Satz 1 ZPO, die im Zivilprozess direkt und in den anderen Prozessordnungen entsprechend gelten.

IV. Folgen der Verletzung der Verschwiegenheitspflicht

80 **1. Strafrechtliche Folgen.** Wer unbefugt ein fremdes Geheimnis offenbart, das ihm als Person, die Aufgaben oder Befugnisse nach dem Personalvertretungsrecht wahrnimmt, anvertraut worden ist, kann sich strafbar machen. Zu unterscheiden ist hierbei, ob ein Privatgeheimnis oder ein Dienstgeheimnis i. S. d. StGB verletzt worden ist.

81 **Privatgeheimnis.** Nach § 203 Abs. 2 Satz 1 Nr. 3 StGB wird bestraft, wer unbefugt ein solches Geheimnis offenbart. Nach § 205 Abs. 1 Satz 1 StGB wird die

Tat nur auf Antrag verfolgt. Antragsberechtigt ist der durch die Tat Verletzte (vgl. auch § 120 BetrVG für den betrieblichen Bereich).

Dienstgeheimnis. Wer ein Geheimnis, das ihm als Person, die Aufgaben oder Befugnisse nach dem Personalvertretungsrecht wahrnimmt, bekannt geworden ist, unbefugt offenbart und dadurch **wichtige öffentliche Interessen gefährdet,** wird mit Freiheitsstrafe bis zu fünf Jahren oder mit Geldstrafe bestraft (§ 353b Abs. 1 Satz 1 Nr. 3 StGB). Der Versuch ist strafbar (§ 353b Abs. 3 StGB); ebenso die nur fahrlässige Gefährdung wichtiger öffentlicher Interessen (§ 353b Abs. 1 Satz 2 StGB). Die Tat wird nur mit Ermächtigung der in § 353b Abs. 4 StGB genannten Stellen verfolgt. 82

2. Kollektivrechtliche Folgen. Die Verschwiegenheitspflicht stellt für die Personen nach § 7 Abs. 1 Satz 1 eine zentrale Verpflichtung bei der Amtsausübung dar, die insb. die Grundlage für eine vertrauensvolle Zusammenarbeit in der Dienststelle ist (VGH Mannheim, 11.2.2014 – PL 15 S 1384/13). Ob und ggf. welche Konsequenzen aus etwaigen Pflichtverletzungen zu ziehen sind, hängt von den Umständen des Einzelfalls ab. Hierbei sind einerseits die Bedeutung der geheimhaltungsbedürftigen Umstände, andererseits das Maß des Verschuldens bei der Offenbarung ggf. auch das Vorliegen berechtigter Interessen zu würdigen. 83

Ausschluss aus dem PR. Verletzt ein Mitglied des PR die Verschwiegenheitspflicht so kommt ein Ausschluss nur bei einer **groben Verletzung** der Schweigepflicht in Betracht (vgl. § 24 Abs. 1). Diese ist zu bejahen, wenn der einzelne Verstoß gegen § 7 Abs. 1 besonders schwerwiegend ist oder wenn hartnäckig und/oder wiederholt gegen die Verschwiegenheitspflicht verstoßen wird. Eine strafrechtliche Verurteilung wegen Verletzung von Privat- oder Dienstgeheimnissen erfüllt regelmäßig auch die Voraussetzungen des § 24 Abs 1. Handelt die Person unter Wahrnehmung berechtigter Interessen (z. B. als Beteiligter eines Prozesses) wird – wenn überhaupt – jedenfalls nicht von einer groben Pflichtverletzung gesprochen werden können. 84

Auflösung des PR. Nach § 24 Abs. 1 kommt auch die Auflösung des PR in Betracht, wenn dem Gremium insgesamt eine grobe Verletzung der Verschwiegenheitspflicht vorzuwerfen ist. So hat das BVerwG früher die Zuziehung einer dem PR nicht angehörigen Angestellten zur Protokollierung der PR-Sitzung als besonders grobe Pflichtverletzung des Gremiums eingestuft, die die Auflösung des PR rechtfertigt (BVerwG, 27.11.1981 – 6 P 38/79 – PersV 1983, 408); nach der jetzt geltenden Rechtslage ist die Hinzuziehung einer Protokollkraft ausdrücklich erlaubt (vgl. § 32 Abs. 2). 85

Beschlussverfahren. Ist streitig, ob eine Verletzung der Verschwiegenheitspflicht gegeben ist und welches Gewicht diese hat, kann dies ggf. in einem personalvertretungsrechtlichen Beschlussverfahren geklärt werden. Antragsbefugt ist hierbei auch die Person, der die Verletzung der Verschwiegenheitspflicht vorgehalten wird. 86

3. Folgen für das Beschäftigungsverhältnis. Eine Verletzung der Verschwiegenheitspflicht nach § 7 kann zugleich eine Dienstpflichtverletzung bzw. eine Ver- 87 letzung arbeitsvertraglicher Pflichten darstellen. Dies ist aber nur zu bejahen, wenn ein direkter Bezug zum Dienst- bzw. Arbeitsverhältnis besteht (vgl. BVerwG, 23.2.1994 – 1 D 65/91 – PersR 2012, 461 = PersV 2012, 472; Richardi/Dörner/Weber § 10 Rn. 37 m. w. N.; **a. A.**: OVG Koblenz, 25.2.2000 – 2 A 12134/99 – ZfPR 2001, 11 = NVwZ-RR 2000, 524). Liegt ausschließlich eine Verletzung der Verschwiegenheitspflicht nach § 7 Abs. 1 vor, stehen dem Dienststellenleiter insoweit Befugnisse nur durch die – abschließenden – Regelungen des LPVG zu.

88 **Beamte**. Wird durch die Handlung zugleich die Pflicht zur Amtsverschwiegenheit (§ 37 Abs. 1 BeamtStG) durch Beamte verletzt, begehen sie ein Dienstvergehen, das disziplinarrechtlich geahndet werden kann. Bei Beamten auf Probe und auf Widerruf kann die Verletzung der Schweigepflicht einen wichtigen Grund zur Entlassung darstellen (§ 23 Abs. 3 Satz 1 Nr. 1 und Abs. 4 Satz 1 BeamtStG).

89 **Arbeitnehmer.** Verletzen Arbeitnehmer neben der Verschwiegenheitspflicht nach § 7 Abs. 1 eine vertragliche bzw. tarifvertraglich begründete Schweigepflicht oder eine spezielle gesetzliche Pflicht zur Verschwiegenheit, kann diese Pflichtverletzung eine **Abmahnung** rechtfertigen ggf. bei schwerwiegenden Verstößen auch eine (außerordentliche) **Kündigung**. Maßgeblich sind die Umstände des Einzelfalls, insb., ob der Arbeitnehmer berechtigte Interessen für die Offenbarung geltend machen kann. In Betracht kann auch eine **Unterlassungsklage** des Arbeitgebers kommen (BAG, 25.4.1989 – 3 AZR 35/88 – NJW 1989, 3237).

90 **4. Schadensersatz.** § 7 Abs. 1 ist ein Schutzgesetz i. S. v. § 823 Abs. 2 BGB, weshalb eine schuldhafte Verletzung der Verschwiegenheitspflicht auch zum Schadensersatz verpflichten kann (Richardi/Dörner/Weber, § 10 Rn. 39). Verletzt ein Arbeitnehmer die arbeitsrechtliche Verschwiegenheitspflicht, macht er sich gemäß § 280 Abs. 1 BGB schadensersatzpflichtig (Schaub, § 53 Rn. 55 m. w. N.).

91 **Hausverbot.** Wird die Verschwiegenheitspflicht von nicht der Dienststelle zugehörenden Dritten verletzt, kann auch die Verhängung eines Hausverbots in Betracht kommen (Richardi/Dörner/Weber § 10 Rn. 39).

Teil 2 Der Personalrat

Abschnitt 1 Wahl und Zusammensetzung

§ 8 Wahlberechtigung

(1) Wahlberechtigt sind alle Beschäftigten, es sei denn, dass sie

1. **infolge Richterspruchs das Recht, in öffentlichen Angelegenheiten zu wählen oder zu stimmen, nicht besitzen,**
2. **am Wahltag seit mehr als zwölf Monaten ohne Dienstbezüge oder Arbeitsentgelt beurlaubt sind,**
3. **eine Teilzeitbeschäftigung mit Freistellungsjahr ausüben und am Wahltag noch mehr als zwölf Monate vom Dienst freigestellt sind,**
4. **Altersteilzeit im Blockmodell ausüben und sich am Wahltag in der Freistellung befinden.**

(2) [1]Auszubildende in öffentlich-rechtlichen Ausbildungsverhältnissen, Beamte im Vorbereitungsdienst und Beschäftigte in einer dem Vorbereitungsdienst entsprechenden Berufsausbildung sind nur bei ihrer Stammbehörde wahlberechtigt, soweit sich aus § 58 nichts anderes ergibt. [2]Sofern die Ausbildung bei mehreren Ausbildungsstellen erfolgt, bestimmt die oberste Dienstbehörde, welche Dienststelle Stammbehörde im Sinne dieses Gesetzes ist.

I. Wahlberechtigte Beschäftigte (Abs. 1)

Anwendungsbereich. § 8 regelt, wer berechtigt ist, den (örtlichen) Personalrat zu wählen. Entsprechende Anwendung findet § 8 für den GesamtPR (§ 54 Abs. 4) sowie die Stufenvertretungen (§ 55 Abs. 3) und – beschränkt auf Abs. 1 – für den AusbildungsPR (§ 58 Abs. 3). Für die Wahl der JAV gilt § 8 Abs. 1 ebenfalls entsprechend (§ 60 Abs. 1 Satz 2). 1

Auswirkungen der Wahlberechtigung. Die Wahlberechtigung ist Voraussetzung der Wählbarkeit (§ 9 Abs. 1), für das Wahlvorschlagsrecht (§ 13 Abs. 4 bis 8) und für die Bestellung zum Wahlvorstand (§ 15 Abs. 1). Ebenso für das Antragsrecht für die Einberufung einer Personalversammlung zur Wahl des Wahlvorstands (§ 16 Abs. 2), für das Antragsrecht für die Bestellung des Wahlvorstands durch den Dienststellenleiter (§ 16 Abs. 3), für das Recht zur Wahlanfechtung nach § 21 Abs. 1 (vgl. VGH Mannheim, 10.5.2004 – PL 15 S 1844/03 – PersV 2004, 342) und für die Beantragung der Einberufung einer Personalversammlung (§ 50 Abs. 2). Die Wahlberechtigten haben ein Antragsrecht auf Verselbstständigung nach § 5 Abs. 3 Satz 1 und ein Mitentscheidungsrecht bei der Zusammenfassung von Dienststellen (§ 5 Abs. 4). Sie entscheiden, ob an die Stelle der Gruppenwahl die gemeinsame Wahl treten soll (§ 13 Abs. 2). Von der Zahl der Wahlberechtigten hängt es ab, ob eine Dienststelle personalratsfähig ist (§ 10 Abs. 1); ferner kann die Zahl der wahlberechtigten Beschäftigten für die Zahl der PR-Mitglieder von Bedeutung sein (vgl. § 10 Abs. 3). 2

1. Wahlberechtigung. Die Wahlberechtigung, d. h. das Recht, den PR wählen zu dürfen (aktives Wahlrecht), besitzen grundsätzlich **alle Beschäftigten der Dienststelle.** Ist eine Person „Beschäftigter der Dienststelle" kann diese Wahlberechtigung nur noch aufgrund der Ausnahmeregelungen des § 8 Abs. 1 Nr. 1 3 bis 4 entfallen. Anders als § 9 Abs. 1 (Wählbarkeit) macht § 8 Abs. 1 die Wahlberechtigung nicht vom Vorliegen zusätzlicher Voraussetzungen abhängig.

4 a) **Beschäftigte.** Hinsichtlich des Beschäftigtenbegriffs knüpft § 8 an § 4 Abs. 1 und 2 an. Wahlberechtigte Beschäftigte sind demnach alle Personen, die weisungsgebunden in die Arbeitsorganisation der Dienststelle eingegliedert sind, unabhängig davon, ob sie in einem Dienst- oder Arbeitsverhältnis stehen, sowie die durch § 4 Abs. 1 ausdrücklich gleichgestellten Personen (vgl. insoweit die Komm. zu § 4 Abs. 1), wenn die Beschäftigteneigenschaft nicht gemäß Abs. 2 entfällt. Weitere Voraussetzungen hinsichtlich der Wahlberechtigung stellt § 8 nicht auf. Es kommt nach dem LPVG deshalb auch insb. nicht auf die Dauer der Zugehörigkeit zur Dienststelle, das Lebensalter und die Art des Arbeits- bzw. Dienstverhältnisses an. Ebenso ist ohne Belang, ob es sich um Vollzeitbeschäftigte, Teilzeitbeschäftigte oder befristet Beschäftigte handelt. Insbesondere sind Teilzeitbeschäftigte wahlberechtigt, auch wenn sie aufgrund vertraglicher Regelung oder faktisch am Wahltag nicht arbeiten. Unerheblich ist schließlich auch, ob die Beschäftigten ihre Tätigkeit in der Dienststelle oder an anderer Stelle (Telearbeitsplatz bzw. Arbeitsplatz außerhalb der Dienststelle) ausüben.

5 **Minderjährige.** Das LPVG kennt kein bestimmtes Mindestalter, das Voraussetzung der Wahlberechtigung wäre (anders: § 13 Abs. 1 Satz 1 BPersVG – Vollendung des 18. Lebensjahres; ebenso: § 7 Satz 1 BetrVG). Deshalb sind auch Beschäftigte, die am Wahltag das 18. Lebensjahr noch nicht vollendet haben, wahlberechtigt. Diesen Beschäftigten sowie diejenigen, die sich in einer beruflichen Ausbildung befinden, steht deshalb neben der Wahlberechtigung zur JAV (§ 58 Abs. 1) zusätzlich die Wahlberechtigung zum PR zu.

6 **Ausländer.** Wahlberechtigt sind nicht nur deutsche Staatsangehörige i. S. d. Art. 116 GG, sondern auch ausländische und staatenlose Beschäftigte. Dies gilt durchweg für Arbeitnehmer; für Beamte nach Maßgabe von § 7 Abs. 1 Nr. 1 a) bis c) BeamtStG.

7 **Dienststellenleiter, leitende Beschäftigte.** Ist der Dienststellenleiter Beschäftigter i. S. d. § 4 Abs. 1, so ist er auch nach § 8 Abs. 1 wahlberechtigt. Ist die Beschäftigteneigenschaft nicht gegeben (z. B. für Minister nach § 4 Abs. 2 Nr. 1 oder für Gerichtspräsidenten nach § 4 Abs. 2 Nr. 2), entfällt auch die Wahlberechtigung. Das gleiche gilt für den ständigen Vertreter des Dienststellenleiters sowie leitende Beschäftigte, die grundsätzlich wahlberechtigt sind, wenn sie Beschäftigte sind. Für den Personenkreis des § 99 Abs. 1 gilt das LPVG insgesamt nicht, weshalb diese auch nicht wahlberechtigt sind.

8 b) **Dienststelle.** Wahlberechtigt ist der Beschäftigte grundsätzlich in der Dienststelle i. S. d. § 5, in der er tätig ist (§ 4 Abs. 1 Satz 1) oder der er dienst- oder arbeitsrechtlich zuzuordnen ist (§ 4 Abs. 1 Satz 2).

9 **Beschäftigte mehrerer Dienststellen.** Personen, die zum maßgeblichen Zeitpunkt der Wahl mehreren Dienststellen als Beschäftigte angehören, haben in jeder dieser Dienststellen das aktive Wahlrecht (vgl. insoweit auch LT-Drucksache 15/4224, S. 89). Es muss sich aber um unterschiedliche Dienststellen han-

deln; das Wahlrecht kann **nicht** zu derselben Personalvertretung **mehrfach** ausgeübt werden. Gehört z. B. ein Beschäftigter zwei verschiedenen Dienststellen an, kann er zweimal wählen: nämlich den PR der Dienststelle (1) sowie den PR der Dienststelle (2). Gehören beide Dienststelle aber zum Zuständigkeitsbereich derselben Stufenvertretung, hat der Beschäftigte kein doppeltes Wahlrecht bzgl. dieser Stufenvertretung, sondern kann dort nur einmal wählen.

Zugeteilte Dienststelle. Ist eine Kleinstdienststelle gemäß § 10 Abs. 2 einer benachbarten Dienststelle zugeteilt worden, so sind ihre Beschäftigten in der aufnehmenden Dienststelle wahlberechtigt. 10

c) **Beginn und Ende der Dienststellenzugehörigkeit.** Die Wahlberechtigung beginnt und endet mit der Zugehörigkeit zur Dienststelle. Maßgeblich ist der **Tag der Wahl**; an diesem Tag muss die Wahlberechtigung gegeben sein. Macht der Wahlvorstand von seiner Befugnis nach § 3 Satz 3 WO Gebrauch, gilt der erste Tag der Wahlhandlung als Wahltag (§ 3 Satz 4 WO). 11

Beginn der Dienststellenzugehörigkeit. Der Beginn der Dienststellenzugehörigkeit und damit der Wahlberechtigung ist grundsätzlich der Zeitpunkt des **Eintritts in die Dienststelle.** Der Eintritt kann durch die faktische Arbeitsaufnahme (weisungsgebundene Eingliederung in die Arbeitsorganisation) erfolgen. Da § 4 Abs. 1 Satz 1 die Beschäftigteneigenschaft durchweg nicht mehr von einem wirksamen Dienst- oder Arbeitsverhältnis abhängig macht, ist auch der wegen Unwirksamkeit des Arbeitsvertrags aufgrund eines **faktischen Arbeitsverhältnisses** beschäftigte Arbeitnehmer wahlberechtigt. Aus diesen Erwägungen folgt auch, dass auch der **Beamte**, dessen **Ernennung nichtig** ist oder zurückgenommen werden kann, während der Dauer seiner faktischen Eingliederung in die Dienststelle wahlberechtigt ist und bleibt. Rechtlich erfolgt der Eintritt in die Dienststelle durch Begründung eines Beamtenverhältnisses bzw. die Einstellung eines Arbeitnehmers oder durch die Zuordnung zur Dienststelle aufgrund einer Versetzung, Abordnung, Zuweisung oder Gestellung. 12

Ende der Dienststellenzugehörigkeit. Die Zugehörigkeit zur Dienststelle endet grundsätzlich durch die Beendigung des Dienst- bzw. Arbeitsverhältnisses oder mit dem sonstigen Ausscheiden des Beschäftigten aus der Dienststelle. Dies kann insb. durch eine Versetzung (vgl. hierzu: BVerwG, 3.11.2011 – 6 P 14.10 – PersR 2012, 74 = PersV 2012, 176), Abordnung, Zuweisung oder Gestellung zu einer anderen Dienststelle erfolgen. 13

Kündigung. Wird ein Arbeitsverhältnis gekündigt, endet die Zugehörigkeit zur Dienststelle grundsätzlich mit dem Zeitpunkt der Wirksamkeit der Kündigung. Während der **Dauer der Kündigungsfrist** bleibt der Beschäftigte wahlberechtigt, auch wenn er i. H. a. die Kündigung bereits freigestellt ist. Nach Ablauf der Kündigungsfrist bzw. mit dem Zugang der außerordentlichen Kündigung entfällt die Wahlberechtigung. 14

Weiterbeschäftigung nach Kündigung. Wird der ordentlich oder außerordentlich gekündigte Arbeitnehmer während des Rechtsstreits (Kündigungsschutzklage) weiterbeschäftigt (aufgrund eines arbeitsrechtlichen Anspruchs oder 15 nach § 75 Abs. 7), bleibt er **für die Dauer der Weiterbeschäftigung** in die Dienststelle eingegliedert und damit auch **wahlberechtigt.** Dies folgt ohne Weiteres aus § 4 Abs. 1 Satz 1, der gerade nicht auf den rechtlichen Bestand des Arbeitsverhältnisses abstellt, sondern auf die tatsächliche Eingliederung in die Dienststelle. Anderes gilt, wenn der gekündigte Arbeitnehmer während des Kündigungsrechtsstreits nicht weiterbeschäftigt wird. Dann ist er nicht mehr in die Dienststelle eingegliedert und auch nicht mehr wahlberechtigt (vgl. hierzu auch: Richardi/Dörner/Weber § 13 Rn. 14 mit Hinweis auf die Rechtsprechung des BAG und die gegenteiligen Auffassungen im Schrifttum).

16 **Disziplinarverfahren.** Ein Beamter bleibt auch trotz eines schwebenden Disziplinarverfahrens wahlberechtigt. Dies gilt auch dann, wenn er vorläufig des Dienstes enthoben wird (§ 31 Abs. 2 LDG) oder wenn ihm die Führung der Dienstgeschäfte nach § 39 BeamtStG verboten wird.

17 **Ausscheiden durch Verwaltungsakt.** Scheidet ein Beamter aus der Dienststelle aufgrund einer durch VA getroffenen Regelung aus, kommt es auf **Wirksamkeit und Vollziehbarkeit** des VA an. Gemäß § 43 Abs. 1 Satz 1 LVwVfG wird ein VA mit dem Inhalt und in dem Zeitpunkt wirksam, in dem er dem Adressaten bekannt gegeben worden ist. Solange eine Verfügung (z. B. eine Versetzung) nicht wirksam bekannt gegeben worden ist, tritt die Rechtsänderung nicht ein und bleibt die Wahlberechtigung unberührt. Ist der VA durch Bekanntgabe wirksam geworden, kommt es darauf an, ob der Beamte den VA bestandskräftig werden lässt oder den gegebenen Rechtsbehelf (i. d. R. Widerspruch) ergreift. Legt er Widerspruch ein, so hat dieser nach § 80 Abs. 1 VwGO grundsätzlich aufschiebende Wirkung, wenn diese nicht aufgrund gesetzlicher Regelung (§ 80 Abs. 2 Satz 1 Nr. 1–3 VwGO) oder durch Anordnung der sofortigen Vollziehung im Einzelfall (§ 80 Abs. 2 Satz 1 Nr. 4 VwGO) entfällt. Solange die **aufschiebende Wirkung** besteht, ist der VA nicht vollziehbar, mit der Folge, dass der Beamte in der Dienststelle verbleibt und demzufolge auch wahlberechtigt bleibt. Dies gilt, wenn ein Beamter gegen die Beendigung des Beamtenverhältnisses durch **Entlassung** oder gegen die **Versetzung in den Ruhestand** Rechtsbehelfe ergreift, aber auch, wenn (nur) die Versetzung, Abordnung oder Zuweisung zu einer anderen Dienststelle angegriffen wird.

18 d) **Wählerverzeichnis.** Ausüben kann der Wahlberechtigte sein Wahlrecht nur, wenn er in das Wählerverzeichnis aufgenommen worden ist (§ 20 Abs. 1 WO). Die Eintragung in das Wählerverzeichnis (§ 6 Abs. 1 WO) ist aber nur **formelle Voraussetzung** für die Ausübung der Wahlberechtigung (§ 20 Abs. 1 WO). Durch die Nichteintragung in das Wählerverzeichnis verliert der Beschäftigte seine Wahlberechtigung nicht (vgl. BVerwG, 26.11.2008 – 6 P 7.08 – PersR 2009, 267 = PersV 2009, 138). Ebenso erwirbt ein fälschlicherweise in das Wählerverzeichnis Eingetragener die Wahlberechtigung hierdurch nicht, wenn sie ihm nicht nach § 8 zusteht.

19 **2. Ausnahmen.** Nach § 8 Abs. 1 entfällt die grundsätzliche Wahlberechtigung der Beschäftigten der Dienststelle nur dann, wenn eine der unter Nr. 1 bis Nr. 4 geregelten Ausnahmetatbestände gegeben ist. Nach allg. Grundsätzen sind

diese Ausnahmeregelungen eng auszulegen; im Zweifel verbleibt es bei der Wahlberechtigung des Beschäftigten.

20 a) **Aberkennung des Wahlrechts** (Nr. 1). Der Beschäftigte muss am Wahltag das Recht besitzen, in öffentlichen Angelegenheiten zu wählen oder zu stimmen. Als Nebenfolge einer strafrechtlichen Verurteilung kann das Gericht nach § 45 Abs. 5 StGB dieses Recht für die Dauer von zwei bis zu fünf Jahren aberkennen. Der Verlust dieses Rechts ist bei der Aufstellung des Wählerverzeichnisses (§ 6 WO) vom Wahlvorstand zu berücksichtigen. Die vergleichbare Befugnis des BVerfG bei der Aberkennung von Grundrechten nach Art. 18 GG (§ 39 Abs. 2 BVerfGG) hat keine praktische Bedeutung.

21 **Betreute.** Das LPVG enthält keine Bestimmung über die Wahlberechtigung von Beschäftigten, denen am Wahltag zur Besorgung ihrer Angelegenheiten ein Betreuer (vgl. §§ 1896 ff. BGB) bestellt ist. Entgegen der **h. M.** (vgl. z. B. Ilbertz-Widmaier § 13 Rn. 7; Altvater u. a. § 8 Rn. 11) steht die Anordnung einer Betreuung oder vergleichbare Maßnahmen der Aberkennung des Wahlrechts (nach Nr. 1) nicht gleich und führt auch nicht nach allg. Grundsätzen zum Wegfall der Wahlberechtigung. Eine entspr. Anwendung von Abs. 1 Nr. 1 scheidet von vornherein aus, weil die strafrechtliche Nebenfolge nach § 45 Abs. 5 StGB den Betroffenen sanktionieren will, die Anordnung einer Betreuung diesen aber vor rechtlichen Nachteilen schützen will. Ein Rekurs auf § 13 Nr. 2 BWahlG bzw. § 7 Abs. 2 Nr. 2 Landtagswahlgesetz BW verbietet sich ebenfalls. Diese Vorschriften sind auf PR-Wahlen weder direkt noch entspr. anwendbar. Unabhängig davon wird die Verfassungsmäßigkeit solcher Regelungen (vgl. insoweit AG Würzburg und die hierzu ergangene Entscheidung des BVerfG, 23.6.1999 – 1 BvL 28/97 – NJW-RR 1999, 1593) bzw. deren Vereinbarkeit mit EU-Recht und dem Übereinkommen der Vereinten Nationen über die Rechte von Menschen mit Behinderungen schon seit längerem mit guten Gründen in Frage gestellt. Schließlich gibt es auch **keinen allgemeinen Grundsatz**, der für § 8 Anwendung finden könnte, dass betreute Menschen nicht wahlberechtigt sind. Das Gegenteil ist der Fall: So haben die Länder Nordrhein-Westfalen und Schleswig-Holstein Wahlrechtsausschlüsse für Menschen mit Behinderung ausdrücklich abgeschafft (§ 2 WahlG NW und § 8 KomWG NW; § 7 WahlG SH). Eine Studie des Bundesministeriums für Arbeit und Soziales aus dem Jahre 2016 plädiert für eine teilweise Aufhebung bestehender Wahlrechtsausschlüsse (vgl. hierzu auch Lang ZRP 2018, 19). Die rechtspolitische Debatte und Rechtsentwicklung der letzten 20 Jahre ist dem Landesgesetzgeber sicherlich nicht verborgen geblieben. Wenn er im Jahre 2013 bei einer umfassenden Neuregelung des LPVG gleichwohl auf die ausdrückliche Regelung eines entsprechenden Wahlrechtsausschlusses verzichtet, verbietet es sich, in das LPVG einen solchen Wahlrechtsausschluss hineinzuinterpretieren. Es verbleibt deshalb auch in diesen Fällen beim Wahlrecht der Beschäftigten.

22 b) **Längere Beurlaubung** (Nr. 2). Die Wahlberechtigung entfällt, wenn Beschäftigte am Wahltag seit mehr als zwölf Monaten **ohne Dienstbezüge oder Arbeitsentgelt** beurlaubt sind. Die Wahlberechtigung entfällt ab dem ersten Tag des dreizehnten Monats der Beurlaubung. Der Gesetzgeber rechtfertigt das Entfallen der Wahlberechtigung in diesen Fällen damit, dass bei solchen Beurlaubun-

gen ein „gelockerter Dienstbezug“ besteht bzw. „dass die tatsächliche Eingliederung in die Dienststelle nicht mehr besteht“, (vgl. LT-Drucksache 15/4224, S. 89 und 15/4326, S. 19). Bei einer Beurlaubung unter Wegfall der Bezüge sind die Gründe für die Beurlaubung unerheblich. Auch kommt es nicht darauf an, ob diese auf § 31 der AzUVO, § 72 LBG, oder auf einer sonstigen Rechtsvorschrift beruht. Das Gesetz verlangt nunmehr eine Beurlaubung von mehr als zwölf Monaten (früher: „seit mehr als sechs Monaten“ vgl. § 11 Abs. 1 Satz 2 a. F.), was sich aus der „grundsätzliche[n] Dauer des Bezugs von Elterngeld nach dem Bundeselterngeld- und Elternzeitgesetz“ (LT-Drucksache 15/4326, S. 19) erklärt.

23 **Ruhendes Arbeitsverhältnis.** Der Beurlaubung i. S. d. Nr. 2 soll das Ruhen des Arbeitsverhältnisses gleichstehen (vgl. VGH Mannheim, 25.8.2016 – PL 15 S 152/15 – juris – unter Hinweis auf die Rechtsprechung des BVerwG). Das Ruhen kann kraft Gesetzes oder aufgrund einer Vereinbarung eintreten. Wird bspw. **Elternzeit** nach § 15 BEEG genommen, so führt dies während der Elternzeit zur Suspendierung der vertraglichen Hauptpflichten, also zum Ruhen des Arbeitsverhältnisses. Gleiches gilt auch, wenn das Arbeitsverhältnis wegen des Bezugs einer **befristeten Rente** wegen verminderter **Erwerbsfähigkeit** ruht (vgl. hierzu BAG, 11.3.1998 – 7 AZR 101/97 – PersR 1998, 345 = PersV 1999, 427). Für eine **andere Einschätzung** spricht allerdings die ständige Rechtsprechung des **BAG** zum Betriebsverfassungsrecht (8.6.1989 – 8 AZR 641/87 – juris; 31.5.1989 – 7 AZR 574/88 – NZA 1990, 449; 10.5.1989 – 6 AZR 660/87 – BAGE 62, 35; 22.6.1988 – 5 AZR 526/87 – BAGE 59, 62; 13.10.1982 – 5 AZR 401/80 – BAGE 40, 214; 29.3.1974 – 1 ABR 27/73 – BAGE 26, 107). Hiernach führt die Elternzeit weder zum Erlöschen der Mitgliedschaft im Betriebsrat, noch zu einer zeitweiligen Verhinderung nach § 25 Abs, 1 Satz 2 BetrVG. Das Betriebsratsmitglied verliert hiernach auch nicht seine Wählbarkeit nach § 8 Abs. 1 BetrVG. Die verwaltungsgerichtliche Rechtsprechung vermag nicht zu überzeugen. Wenn das Gesetz zu einem derart tiefgreifenden Eingriff wie dem Verlust des Wahlrechts und der Wählbarkeit führen soll, bedarf es einer eindeutigen und ausdrücklichen Regelung durch den Gesetzgeber. Diese ist nicht erfolgt. Eine entspr. Anwendung der Nr. 2 auf ruhende Arbeitsverhältnisse ist vor allem auch i. H. a. § 25 Abs. 1 Nr. 6 hochgradig bedenklich. Nach dieser Vorschrift erlischt die Mitgliedschaft im Personalrat bei einer Beurlaubung von mehr als zwölf Monaten. Würde man diese Regelung ebenfalls analog auf ruhende Arbeitsverhältnisse anwenden, würde die Entscheidung für Elternzeit automatisch einen Verlust des PR-Mandats zur Folge haben. Dies stellt eine massive Einschränkung der Entscheidungsfreiheit und grundrechtswidrige Benachteiligung der Betroffenen dar. Ein sachlicher Grund hierfür, insb. die Annahme einer fehlenden Eingliederung in die Dienststelle in dieser Zeit, ist nicht ersichtlich.

24 **Sonstige Abwesenheitszeiten.** Wird Urlaub (Erholungsurlaub und Urlaub aus anderem Anlass) unter voller oder teilweiser **Fortzahlung der Bezüge** gewährt, berührt dies die Wahlberechtigung nicht. Gleiches gilt für Beschäftigte, die aus **persönlichen Gründen** (z. B. Krankheit, Rehabilitation) längere Zeit von der Dienststelle abwesend sind. Auf die Dauer der **Erkrankung** des Arbeitnehmers

kommt es dann nicht an; dieser bleibt auch bei Überschreiten des in Nr. 2 genannten Zeitraums wahlberechtigt. Eine vom Gesetzgeber vermutete „Lockerung“ des Bezugs zur Dienststelle (vgl. Rn. 22) liegt in diesen Fällen i. d. R. nicht vor. Dies gilt erst recht, wenn der Beschäftigte der Dienststelle aus **dienstlichen Gründen** (z. B. Ausbildung, Fortbildung) länger als zwölf Monate ferngeblieben ist.

c) Teilzeitbeschäftigung mit Freistellungsjahr (Nr. 3). Wer eine Teilzeitbeschäftigung mit Freistellungsjahr (vgl. § 69 Abs. 5 LBG) ausübt, ist nicht wahlberechtigt, wenn er am Wahltag noch mehr als zwölf Monate vom Dienst freigestellt ist (zur Zusammenfassung mehrerer Freistellungsjahre siehe § 69 Abs. 5 Satz 4 LBG). 25

d) Freistellungsphase der Altersteilzeit (Nr. 4). Das Altersteilzeitgesetz vom 23.7.1996 (BGBl. S. 1078) ermöglicht Arbeitnehmern ab dem vollendeten 55. Lebensjahr die freiwillige Verringerung der Arbeitszeit auf die Hälfte. Der Altersteilzeitvertrag tritt an die Stelle des bisherigen Arbeitsvertrags. Die Nr. 4 bezieht sich ausschließlich auf Altersteilzeit im **Blockmodell.** Mit dem Eintritt in die Freistellungsphase nach dem Blockmodell des Altersteilzeitarbeitsverhältnisses endet das Wahlrecht des Beschäftigten (BVerwG, 15.5.2002 – 6 P 6.04 – PersR 2002, 434 = PersV 2003, 267). 26

II. Wahlberechtigte Auszubildende (Abs. 2)

1. Wahlberechtigung bei der Stammbehörde (Satz 1). Die in Abs. 2 Satz 1 genannten Auszubildenden sind Beschäftigte i. S. d. § 4 Abs. 1 Satz 1. Wenn die übrigen Voraussetzungen vorliegen, sind sie zur Wahl des PR wie auch zur Wahl der Stufenvertretungen wahlberechtigt. Die Beschränkung der Wahlberechtigung dieser Beschäftigten auf die Stammdienststelle ist sinnvoll, weil sie ihre Ausbildung häufig in wechselnden Dienststellen absolvieren. Von daher ist es sachgerecht, sie personalvertretungsrechtlich einer Dienststelle, ihrer Stammdienststelle, zuzuordnen. Demgegenüber sind diese Beschäftigten bei den Dienststellen, denen sie im Laufe ihrer Ausbildung zugewiesen werden, nicht wahlberechtigt. Auszubildende, die ihre Ausbildung in nur einer Dienststelle absolvieren, in die sie eingegliedert sind, sind dort auch wahlberechtigt. Dies ist insb. bei Auszubildenden i. S. d. Berufsbildungsgesetzes der Fall. 27

Personenkreis. Zum Personenkreis des § 8 Abs. 2 gehören drei Beschäftigtengruppen: **Beamte im Vorbereitungsdienst,** Auszubildende in öffentlich-rechtlichen Ausbildungsverhältnissen und Auszubildende in einer dem Vorbereitungsdienst entsprechenden Berufsausbildung. Nach § 16 Abs. 1 Satz 1 Nr 1 LBG können Laufbahnbewerber die Befähigung für eine Laufbahn erwerben: Durch einen Vorbereitungsdienst im Beamtenverhältnis auf Widerruf (Nr. 1a) sowie in einem öffentlich-rechtlichen Ausbildungsverhältnis (Nr. 1b). „**Auszubildende in öffentlich-rechtlichen Ausbildungsverhältnissen**“ sind demnach keine Beamten, haben aber grundsätzlich eine vergleichbare Rechtsstellung wie die Beamten auf Widerruf und zählen zur Gruppe der Beamten (§ 4 Abs. 3 Satz 2). Solche besonderen Ausbildungsverhältnisse sind bspw. in den Ausbildungs- 28 und Prüfungsordnungen für den mittleren Verwaltungsdienst (§§ 3 ff. AprOVw mD) und den gehobenen Verwaltungsdienst (§§ 14 ff. APrOVw gD) sowie im Juristenausbildungsgesetz (§ 5 Abs. 1 Satz 1 JAG) geregelt. Beschäftigte in einer dem „**Vorbereitungsdienst entsprechenden Berufsausbildung**" befinden sich nicht in einem öffentlich-rechtlichen Ausbildungsverhältnis, sondern sind personalvertretungsrechtlich als Arbeitnehmer i. S. d. LPVG anzusehen. Eine Berufsausbildung entspricht dem Vorbereitungsdienst, wenn die Auszubildenden regelmäßig eine zeitlich genau festgelegte Reihe von Ausbildungsstellen (Stationen) durchlaufen und damit nicht mit einer Stelle, an der sie ausgebildet werden, fest verbunden sind (BVerwG, 11.9.2007 – 6 PB 9/07 – PersR 2007, 484; Ilbertz/Widmaier § 13 Rn. 29). Sonstige Auszubildende fallen nicht unter § 8 Abs. 2 (vgl. auch die Komm. zu § 58).

29 **Ausbildungspersonalrat.** Abs. 2 Satz 1 stellt die Wahlberechtigung der Auszubildenden unter den Vorbehalt, dass nicht durch § 58 abweichende Regelungen getroffen werden. § 58 Abs. 1 eröffnet die Möglichkeit, durch Rechtsverordnung Ausbildungspersonalräte zu schaffen und so den besonderen Verhältnissen in den einzelnen Verwaltungszweigen besser Rechnung zu tragen. Beschäftigte, die aufgrund einer nach § 58 erlassenen Rechtsverordnung zu einem AusbildungsPR wahlberechtigt sind, sind dann nur zu diesem AusbildungsPR wahlberechtigt. Sie besitzen nicht die Wahlberechtigung zum PR, zum GesamtPR, zu den Stufenvertretungen und auch nicht zur JAV, selbst wenn die sonstigen Voraussetzungen hierfür vorliegen würden (§ 58 Abs. 4).

30 **2. Mehrere Ausbildungsstellen (Satz 2).** Die zuständige oberste Dienstbehörde bestimmt, welche Dienststelle Stammbehörde ist, wenn die Ausbildung bei mehreren Dienststellen erfolgt. Dies ist geschehen durch die gemeinsame Verwaltungsvorschrift des Innenministeriums, des Kultusministeriums, des Justizministeriums, des Ministeriums für Ernährung und Ländlichen Raum und des Umweltministeriums zur Bestimmung der Stammbehörden für die Wahl der Personalvertretungen vom 27.10.2005 (GABl. S. 781).

§ 9 Wählbarkeit

(1) Wählbar sind die wahlberechtigten Beschäftigten im Sinne von § 4 Absatz 1 Satz 1, die am Wahltag
1. seit zwei Monaten der Dienststelle angehören und
2. das 18. Lebensjahr vollendet haben.

(2) [1]Nicht wählbar sind
1. Beschäftigte, die infolge Richterspruchs die Fähigkeit, Rechte aus öffentlichen Wahlen zu erlangen, nicht besitzen,
2. der Leiter der Dienststelle und sein ständiger Vertreter,
3. Beschäftigte, die zu selbstständigen Entscheidungen in Personalangelegenheiten der Dienststelle befugt sind,
4. die den Beschäftigten nach Nummer 3 zugeordneten unmittelbaren Mitarbeiter, die als Personalsachbearbeiter die Entscheidungen vorbereiten,
5. die Beauftragte für Chancengleichheit und ihre Stellvertreterin.
[2]Beschäftigte, die nicht ständig selbstständige Entscheidungen in Personalangelegenheiten treffen oder vorbereiten, sind von der Wählbarkeit nach Satz 1

Nummer 3 und 4 nicht ausgeschlossen, wenn nur zu einem untergeordneten Teil der Gesamtaufgaben des Beschäftigten Personalangelegenheiten entschieden oder vorbereitet werden.

I. Voraussetzungen der Wählbarkeit (Abs. 1)

Anwendungsbereich. § 9 gilt für die Wahl des Personalrats; für die Wahl zum GesamtPR gilt er entsprechend (§ 54 Abs. 4). Auch bei der Wahl der Stufenvertretungen findet § 9 grundsätzlich entspr. Anwendung (§ 55 Abs. 3); allerdings mit den modifizierenden Regelungen des § 55 Abs. 3 Nr. 1 und 2. Nach der dortigen Nr. 1 gilt § 9 Abs. 2 Satz 1 Nr. 2 bis 4 nur für die leitenden Beschäftigten der Dienststelle, bei der die Stufenvertretung errichtet ist sowie für die unmittelbaren Mitarbeiter dieser Beschäftigten, die als Personalsachbearbeiter Entscheidungen vorbereiten. Die in § 9 Abs. 2 Satz 1 Nr. 2 bis 4 genannten Personen dürfen als Mitglieder der Stufenvertretung an Personalangelegenheiten der eigenen Dienststelle nicht mitwirken (Nr. 2). Für die Wahl des AusbildungsPR gilt § 9 Abs. 1 Nr. 1 und Abs. 2 Nr. 1 entsprechend (§ 58 Abs. 3 Satz 1). Bei der Wahl der JAV ist § 9 Abs. 1 Nr. 1 und Abs. 2 entsprechend anzuwenden (§ 60 Abs. 2 Satz 3). 1

1. Wählbare Beschäftigte in der Dienststelle. Die Neufassung von § 9 Abs. 1 durch das ÄG 2013 macht die Wählbarkeit von Beschäftigten nur noch von wenigen Voraussetzungen abhängig. Die Streichung früherer Anforderungen erfolgte aufgrund der Überlegung, dass die Beschäftigen mit ihrer Wahlentscheidung selbst bestimmen können sollen, durch wen sie sich vertreten lassen wollen und ob sie Kandidaten, die über keine lange Erfahrung in der Verwaltung verfügen, ihr Vertrauen schenken wollen (LT-Drucksache 15/4224, S. 90). 2

Maßgeblicher Zeitpunkt. Der Beschäftigte, der gewählt werden will, muss alle von § 9 aufgestellten Voraussetzungen **am Tag der Wahl** erfüllen. Macht der Wahlvorstand von seiner Befugnis nach § 3 Satz 3 WO Gebrauch, gilt der erste Tag der Wahlhandlung als Wahltag (§ 3 Satz 4 WO). 3

Verlust der Wahlberechtigung. Ein Beschäftigter, der die Wahlberechtigung – aus welchem Grund auch immer – verliert, verliert automatisch auch die Wählbarkeit (vgl. BVerwG, 3.11.2011 – 6 P 14.10 – PersR 2012, 74 = PersV 2012, 176). Mit dem Verlust der Wählbarkeit endet automatisch auch die Mitgliedschaft im PR (§ 25 Abs. 1 Nr. 9). Dies gilt z. B. auch im Falle einer Abordnung, bei der der Betroffene zwar „Beschäftigter" der Dienststelle bleibt, aber dann nicht mehr Beschäftigter i. S. d. § 4 Abs. 1 Satz 1 (und damit wählbar) ist, sondern nur noch Beschäftigter i. S. d. § 4 Abs. 1 Satz 2. 4

Personenkreis. § 9 knüpft ebenso wie § 8 (Wahlberechtigung) an die Begriffe **„Beschäftigter"** (vgl. Rn. 6 ff. sowie die Komm. zu § 4) und **„Dienststelle"** (vgl. Rn. 12 ff. sowie die Komm. zu § 5) an und bestimmt, dass grundsätzlich in die Personalräte der Dienststellen die wahlberechtigten Beschäftigten i. S. d. § 4 Abs. 1 Satz 1 dieser Dienststellen gewählt werden können. Die einschränkenden Regelungen des § 9 Abs. 1 Nr. 1 und 2 spielen in der Praxis kaum eine Rolle; die Ausschlüsse des Abs. 2 ergeben sich aus der Natur der Sache. Die 5

Wählbarkeit knüpft damit jetzt in erster Linie an die **Wahlberechtigung** und damit an den Beschäftigtenbegriff an.

6 a) **Beschäftigte.** Beschäftigte i. S. d. § 9 sind die (wählbaren) Beschäftigten nach § 4 Abs. 1, wobei nur Beschäftigte i. S. d. § 4 Abs. 1 Satz 1 zum wählbaren Personenkreis gehören. Beschäftigte sind demnach alle Personen, die weisungsgebunden in die Arbeitsorganisation der Dienststelle eingegliedert sind, unabhängig davon, ob sie in einem Dienst- oder Arbeitsverhältnis stehen sowie die durch § 4 Abs. 1 ausdrücklich gleichgestellten Personen (vgl. insoweit die Komm. zu § 4 Abs. 1). Es kommt deshalb auch hier insb. nicht auf die Art des Arbeits- bzw. Dienstverhältnisses an. Ebenso ist ohne Belang, ob es sich um Vollzeitbeschäftigte, **Teilzeitbeschäftigte** oder **befristet Beschäftigte** handelt. Alle diese Beschäftigten sind wählbar, wenn sie wahlberechtigt sind und zum Personenkreis des § 4 Abs. 1 Satz 1 gehören. Dies gilt auch dann, wenn sie aufgrund vertraglicher Regelung oder faktisch am Wahltag nicht arbeiten. Unerheblich ist schließlich auch, ob die Beschäftigten ihre Tätigkeit in der Dienststelle oder an anderer Stelle (**Telearbeitsplatz** bzw. Arbeitsplatz **außerhalb der Dienststelle**) ausüben. Wählbar sind auch die wahlberechtigten staatenlosen und **ausländischen Beschäftigten.**

7 **Wahlberechtigte Beschäftigte.** Da § 9 Abs. 1 nicht direkt an § 4 Abs. 1, sondern zunächst an die in § 8 geregelte Wahlberechtigung anknüpft (vgl. hierzu BVerwG, 26.11.2008 – 6 P 7.08 – PersR 2009, 267 = PersV 2009, 138), sind auch hier die Einschränkungen des § 8 zu beachten sind. Wählbar sind nur die wahlberechtigten Beschäftigten der Dienststelle i. S. d. § 4 Abs. 1 Satz 1, also nur die tatsächlich in die Dienststelle eingegliederten Beschäftigten. Durch diese Einschränkung soll sichergestellt werden, „dass Beschäftigte, die an eine andere Dienststelle abgeordnet sind und ähnliches, mangels tatsächlicher Eingliederung bei der abordnenden Dienststelle nicht wählbar sind“ (LT-Drucksache 15/4224, S. 90).

8 **Wiederwahl.** Eine Wiederwahl ist zulässig. Dies gilt auch im Falle einer voran gegangenen erfolgreichen Wahlanfechtung (§§ 21 Abs. 2; 23 Abs. 1 Nr. 5) bzw. einer Auflösung des früheren PR (§§ 24 Abs. 1; 23 Abs. 1 Nr. 4).

9 **Ausschluss aus dem PR.** Grundsätzlich sind auch Beschäftigte, die aus dem PR ausgeschlossen worden sind (§ 24 Abs. 1) erneut wählbar. Denn die Rechtsfolgen des Ausschlusses beschränken sich nach § 25 Abs. 1 auf das Erlöschen der Mitgliedschaft in der Personalvertretung, der das PR-Mitglied im Zeitpunkt seines Ausschlusses angehört hat (BVerwG, 23.11.1962 – VII P 2.62 – PersV 1963, 62). Es ist die Entscheidung der Wahlberechtigten, ob sie dem ausgeschlossenen PR-Mitglied erneut das Vertrauen schenken. Ggf. ist allerdings § 24 Abs. 2 zu beachten, wonach ein Antrag auf Ausschluss eines Mitglieds, der bis zum Ablauf der Amtszeit noch nicht rechtskräftig entschieden worden ist, mit der Wirkung für die folgende Amtszeit fortzusetzen ist, wenn das PR-Mitglied für die folgende Amtszeit wiedergewählt worden ist.

10 **Mitglieder anderer Personalvertretungen.** Wählbar sind auch Beschäftigte, die am Wahltag bereits Mitglied einer anderen Personalvertretung (z. B. des Ge-

samtPR oder einer Stufenvertretung) sind, denn eine solche Mitgliedschaft ist in der abschließenden Aufzählung der Ausschlusstatbestände des § 9 nicht genannt (vgl. Ilbertz-Widmaier § 14 Rn. 13).

Mitglieder des Wahlvorstands. Wählbar sind auch die Mitglieder des Wahlvorstands (vgl. BVerwG, 12.1.1962 – VII P 10.60 – PersV 1962, 66). Diese können allerdings nicht Vertreter eines Wahlvorschlags oder deren Stellvertreter sein (§ 12 Abs. 6 WO). 11

b) Dienststelle. Wahlberechtigung und Wählbarkeit knüpfen an die Zugehörigkeit des Beschäftigten zur Dienststelle zum maßgeblichen Zeitpunkt an. Auch insoweit ist § 8 Abs. 1 grundsätzlich maßgeblich. Wer einer Dienststelle angehört und deshalb dort wahlberechtigt ist, ist dort grundsätzlich auch wählbar. 12

Beschäftigte mehrerer Dienststellen. Personen, die zum maßgeblichen Zeitpunkt der Wahl mehreren Dienststellen als Beschäftigte angehören, haben in jeder dieser Dienststellen das aktive Wahlrecht (vgl. § 8 Rn. 9). Da aber nur die Beschäftigten i. S. d. § 4 Abs. 1 Satz 1 wählbar sind, sind Beschäftigte in ihren Stammdienststellen, von denen sie (vollständig) abgeordnet, zugewiesen oder gestellt worden sind, nicht wählbar. Anderes gilt aber im Falle einer **Teilabordnung** oder entsprechender Verwendung des Beschäftigten. Denn dann besteht nicht nur ein rechtliches Band zur Stammdienststelle („Fortsetzung eines bestehenden unmittelbaren Dienst- oder Arbeitsverhältnisses zur Dienststelle"), sondern eine tatsächliche, fortbestehende Eingliederung in diese Dienststelle; ggf. auch in weitere Dienststellen. Solche Beschäftigten sind deshalb an mehreren Dienststellen wählbar. Ob dies sinnvoll und praktikabel ist, müssen die jeweiligen Wahlberechtigten entscheiden. 13

Zugeteilte Kleinstdienststelle. Ist eine Kleinstdienststelle i. S. d. § 10 Abs. 2 einer benachbarten Dienststelle zugeteilt worden, so sind die zugeteilten Beschäftigten in der aufnehmenden Dienststelle wahlberechtigt und wählbar. 14

Verselbständigung von Dienststellenteilen. Werden Außenstellen, Nebenstellen oder Dienststellenteile nach § 5 Abs. 3 Satz 1 verselbstständigt, hat dies auch Auswirkungen auf die Wählbarkeit der dortigen Beschäftigten. Verselbstständigte Dienststellenteile werden durch die Entscheidung des Leiters der Hauptdienststelle „selbständige Dienststelle" i. S. d. § 5 Abs. 1. Die Beschäftigten der verselbständigten Dienststelle sind deshalb ab Wirksamwerden dieser Entscheidung (§ 5 Abs. 3 Satz 5) hinsichtlich ihres (neuen) PR wahlberechtigt und wählbar. Gleiches gilt für den in diesen Fällen dann zu bildenden GesamtPR. 15

Zusammenfassung. Werden Dienststellenteile (§ 5 Abs. 3 Satz 1) bzw. selbständige Dienststellen (i. S. d. § 5 Abs. 4 Satz 1) zusammengefasst, führt dies zur Bildung einer (neuen) Dienststelle i. S. d. § 5 Abs. 1, zu deren PR die Beschäftigten aller zusammengefassten Dienststellenteile bzw. Dienststellen wahlberechtigt und wählbar sind. Die Entscheidung des Leiters der Hauptdienststelle (Abs. 3) bzw. der obersten Dienstbehörde (Abs. 4) wird ab der folgenden Wahl wirksam (§ 5 Abs. 3 Satz 5 bzw. Abs. 4 Satz 3). Zusammenfassungen von selbständigen Dienststellen (§ 5 Abs. 4) führen zum Wegfall der dortigen Personalräte ab der folgenden Wahl. 16

17 **Eingliederung, Zusammenschluss.** Durch die **vollständige Eingliederung** einer Dienststelle in eine andere Dienststelle verliert die eingegliederte Dienststelle die Dienststellenqualität. Dies gilt auch, wenn zwei oder mehr Dienststellen zu einer neuen Dienststelle **zusammengeschlossen** werden. In diesen Fällen ist zunächst ein Übergangspersonalrat nach § 113 Abs. 1 zu bilden. Sodann ist ein neuer PR zu wählen (§ 113 Abs. 2). Bei dieser Wahl sind die Beschäftigten der eingegliederten bzw. zusammengeschlossenen Dienststellen wahlberechtigt und wählbar.

18 **Beginn und Ende der Dienststellenzugehörigkeit.** Die Wahlberechtigung und damit auch die Wählbarkeit beginnt und endet mit der Zugehörigkeit zur Dienststelle. Maßgeblich ist der **Tag der Wahl**; an diesem Tag muss die Wählbarkeit gegeben sein. Der **Beginn** der Dienststellenzugehörigkeit ist grundsätzlich der Zeitpunkt des **Eintritts in die Dienststelle.** Ab diesem Zeitpunkt läuft auch die Frist des § 9 Abs. 1 Nr. 1.

19 **Ende der Dienststellenzugehörigkeit.** Die Zugehörigkeit zur Dienststelle – und damit die Wählbarkeit – endet grundsätzlich durch die Beendigung des Dienst- bzw. Arbeitsverhältnisses oder mit dem sonstigen Ausscheiden des Beschäftigten aus der Dienststelle; zur Kündigung des Arbeitsverhältnisses vgl. Rn. 15 und 16. In diesen Fällen würde auch die Mitgliedschaft im PR von Gesetzes wegen erlöschen (§ 25 Abs. 1 Nr. 4 und 5). Das Ausscheiden aus der Dienststelle unterbricht den Lauf der Frist nach § 9 Abs. 1 Nr. 1.

20 **Kündigung.** Wird ein Arbeitsverhältnis gekündigt, endet die Zugehörigkeit zur Dienststelle. Während der Dauer der Kündigungsfrist bleibt der Beschäftigte wahlberechtigt und wählbar. Nach Ablauf der Kündigungsfrist bzw. mit dem Zugang einer außerordentlichen Kündigung entfällt die Wahlberechtigung, es sei denn, der ordentlich oder außerordentlich gekündigte Arbeitnehmer wird während des Rechtsstreits (Kündigungsschutzklage) aufgrund eines arbeitsrechtlichen Anspruchs oder nach § 75 Abs. 7 weiterbeschäftigt. Dies folgt nun ohne Weiteres aus § 4 Abs. 1 Satz 1, der gerade nicht auf den rechtlichen Bestand des Arbeitsverhältnisses abstellt, sondern auf die tatsächliche Eingliederung in die Dienststelle.

21 **Wählbarkeit nach Kündigung.** Ist der gekündigte Arbeitnehmer wegen der Weiterbeschäftigung während des Kündigungsschutzprozesses (noch) wahlberechtigt, dann ist er ohne Weiteres auch wählbar. Abweichend von § 8 bleibt ein gekündigter Arbeitnehmer aber **auch dann wählbar,** wenn er Kündigungsschutzklage erhoben hat und **nicht weiter beschäftigt** wird. Nach der Rechtsprechung des BAG (14.5.1997 – 7 ABR 26/96 – BAGE 85, 370) verbleibt es auch in diesem Fall bei der Wählbarkeit des gekündigten Arbeitnehmers, um zu verhindern, dass der Arbeitgeber durch eine Kündigung Einfluss auf den Wahlausgang nehmen kann. Diese überzeugenden Erwägungen gelten uneingeschränkt auch im Bereich des LPVG. Nach der Rechtsprechung des BAG ist der gewählte (gekündigte) Arbeitnehmer bis zum rechtskräftigen Abschluss des Kündigungsschutzprozesses an der Amtsausübung gehindert. Es tritt zunächst das gewählte Ersatzmitglied ein, das ohne Weiteres zum Vollmitglied im PR wird, wenn der gekündigte Arbeitnehmer den Kündigungsschutzprozess endgültig verliert. Gewinnt der gekündigte Arbeitnehmer aber den Prozess, rückt

er als gewähltes Mitglied in den PR ein (BAG, 10.11.2004 – 7 ABR 12/04 – BAGE 112, 305).

22 **Disziplinarverfahren.** Ein Beamter bleibt auch trotz eines schwebenden Disziplinarverfahrens wahlberechtigt. Dies gilt auch dann, wenn er vorläufig des Dienstes enthoben wird (§ 31 Abs. 2 LDG) oder wenn ihm die Führung der Dienstgeschäfte nach § 39 BeamtStG verboten wird. Hinsichtlich der Wählbarkeit gelten dieselben Erwägungen, wie bei der Kündigung eines Arbeitnehmers. Eine Einflussnahme des Dienstherrn auf die PR-Wahl muss tunlichst vermieden werden, weshalb auch der betroffene Beamte **wählbar bleibt.** Wird er gewählt, tritt in den Fällen des § 26 Abs. 1 zunächst das gewählte Ersatzmitglied ein (§ 27 Abs. 1), weil das Mandat des gewählten Beamten ruht, solange ihm die Führung der Dienstgeschäfte verboten ist bzw. er vorläufig des Dienstes enthoben ist. Nach Abschluss des Disziplinarverfahrens, aber auch schon nach etwaiger Aufhebung der in § 26 Abs. 1 genannten Maßnahmen, rückt der gewählte Beamte in den PR ein.

23 **Ausscheiden durch Verwaltungsakt.** Scheidet ein Beamter aufgrund einer Verfügung (VA) des Dienstherrn aus der Dienststelle aus (Entlassung, Versetzung in den Ruhestand, Versetzung, Abordnung, Umsetzung oder Zuweisung) würde dies nach den allg. Regeln (vgl. Rn. 14) zum Wegfall der Wählbarkeit führen. Legt der Beamte Widerspruch gegen den belastenden VA ein, so hat der Widerspruch nach § 80 Abs. 1 VwGO grundsätzlich **aufschiebende Wirkung,** wenn diese nicht aufgrund gesetzlicher Regelung oder durch Anordnung der sofortigen Vollziehung im Einzelfall (§ 80 Abs. 2 Satz 1 Nr. 1–4 VwGO) entfällt. Solange die aufschiebende Wirkung besteht, ist der **VA nicht vollziehbar,** mit der Folge, dass der Beamte in der Dienststelle verbleibt und demzufolge auch **wahlberechtigt und wählbar** bleibt. Die obigen Erwägungen des BAG (vgl. Rn. 16) gelten aber auch für den Fall, dass die **aufschiebende Wirkung** von Widerspruch und Klage **entfällt** (z. B. wegen der Anordnung der sofortigen Vollziehung § 80 Abs. 2 Satz 1 Nr. 4 VwGO). Eine Einflussnahme des Dienstherrn auf die PR-Wahl muss auch in einem solchen Fall tunlichst vermieden werden, weshalb auch der vom VA **vollziehbar betroffene Beamte wählbar bleibt.** Wird der Beamte in den PR gewählt, tritt er sein Amt an und übt dieses bis zum rechtskräftigen Abschluss seines Rechtsbehelfsverfahrens gegen die Entlassung, etc. aus. Seine **Mitgliedschaft im PR ruht** in diesem Zeitraum **nicht,** weil die besonderen Voraussetzungen des § 26 Abs. 1 nicht vorliegen und sich eine entspr. Anwendung dieser Norm verbietet. Die Mitgliedschaft im PR erlischt erst nach rechtskräftiger Feststellung der Beendigung bzw. des Ausscheidens aus der Dienststelle (§ 25 Abs. 1 Nr. 4 und 5).

24 **2. Besondere Voraussetzungen der Wählbarkeit.** Von den wahlberechtigten Beschäftigten der Dienststelle i. S. d. § 4 Abs. 1 Satz 1 sind nur die wählbar, die die zusätzlichen Anforderungen einer Dienststellenzugehörigkeit von mind. zwei Monaten erfüllen (Nr. 1) und volljährig sind (Nr. 2). Maßgeblich ist auch insoweit der Tag der Wahl.

25 **a) Dauer der Dienststellenzugehörigkeit (Nr. 1).** Voraussetzung der Wählbarkeit ist nach Nr. 1, dass der wahlberechtigte Beschäftigte am Wahltag der

Dienststelle seit zwei Monaten angehört. In der Begründung des Entwurfs der Landesregierung zum ÄG 2013 heißt es hierzu (LT-Drucksache 15/4224, S. 90): sie sei „aus wahlrechtsformalen Gründen allein deshalb erforderlich, weil Bewerber für die Mitgliedschaft im Personalrat auf einen Wahlvorschlag aufgenommen werden müssen. Dies setzt voraus, dass sie der Dienststelle bereits eine gewisse Zeit vor dem Wahltag angehören.“

26 **Unterbrechungen.** Die Voraussetzung der Nr. 1 ist erfüllt, wenn die zu Wählenden der Dienststelle in den zwei Monaten vor der Wahl ununterbrochen als Beschäftigte angehört haben. Es kommt hierbei nicht auf die tatsächliche Beschäftigung an, sondern nur auf den Zeitraum der Eingliederung in die Dienststelle. Unterbrechungen der tatsächlichen Beschäftigung z. B. durch Krankheitszeiten, etc. bleiben unberücksichtigt.

27 **b) Mindestalter (Nr. 2).** Anders als beim aktiven Wahlrecht (vgl. § 8) müssen die Wahlberechtigten, um gewählt werden zu können, am Wahltag das 18. Lebensjahr vollendet haben. Das 18. Lebensjahr hat vollendet, wer seinen 18. Geburtstag begeht (§ 187 Abs. 2 Satz 2 BGB); dies muss spätestens am (ersten) Wahltag der Fall sein.

28 **Fehlerhafte Wahl.** Wird ein Kandidat vor diesem Zeitpunkt gewählt, ist die Wahl nicht nichtig, sondern nur anfechtbar (§ 21). Wird die Wahl nicht angefochten, erlischt die Mitgliedschaft des Gewählten nicht automatisch nach § 25 Abs. 1 Nr. 9, weil dieser seine Wählbarkeit „nicht verliert“; er hatte sie nie. Der Gewählte bleibt Mitglied des PR. Es ist deshalb Aufgabe des Wahlvorstands dafür zu sorgen, dass nur wählbare Kandidaten zur Wahl stehen bzw. des Wahlanfechtungsverfahrens auf etwaige Fehler zu reagieren.

II. Ausschluss von der Wählbarkeit (Abs. 2)

29 **1. Ausschlusstatbestände (Satz 1).** Nicht wählbar ist, wer eine der Voraussetzungen von Abs. 2 Satz 1 Nr. 1 bis 5 erfüllt. Der neu gefasste Abs. 2 erweitert den Kreis der zum PR nicht wählbaren Beschäftigten um die Beauftragte für Chancengleichheit (BfC) und deren Stellvertreterin (Nr. 5). Bei den Ausschlusstatbeständen handelt es sich um „wesentliche Vorschriften über die Wählbarkeit“, deren Missachtung eine Wahlanfechtung nach § 21 Abs. 1 rechtfertigen kann.

30 **a) Aberkennung der Wählbarkeit (Nr. 1).** Bereits von der Wahlberechtigung und damit auch von der Wählbarkeit ausgeschlossen sind Beschäftigte, die infolge Richterspruchs das Recht, in öffentlichen Angelegenheiten zu wählen oder zu stimmen, nicht besitzen (§ 8 Abs. 1 Nr. 1). Von der Wählbarkeit sind nach Nr. 1 weiter ausgeschlossen Beschäftigte, die infolge Richterspruchs die Fähigkeit, Rechte aus öffentlichen Wahlen zu erlangen, nicht besitzen (vgl. Art. 18 GG i. V. m. § 39 Abs. 2 BVerfGG und § 45 StGB); vgl. auch § 8 Rn. 21.

31 **b) Dienststellenleiter; ständiger Vertreter (Nr. 2).** Der Dienststellenleiter und sein ständiger Vertreter sind zum PR ihrer Dienststelle nicht wählbar. Der Dienststellenleiter und sein ständiger Vertreter besitzen aber das **passive Wahl-**

recht zu den Stufenvertretungen, die bei den ihrer Dienststelle übergeordneten Dienststellen gebildet sind (vgl. § 55 Abs. 3 Nr. 1). Wem nur vorübergehend – wenn auch regelmäßig – die **Abwesenheitsvertretung** des Dienststellenleiters übertragen wird, ist nicht „ständiger" Vertreter des Dienststellenleiters und deshalb wählbar.

32 **Verselbstständigter Dienststellenteil, Kleinstdienststelle.** Der Leiter der personalvertretungsrechtlich verselbstständigten Nebenstelle, Außenstelle oder eines Teils der Dienststelle und sein Stellvertreter sind unabhängig von ihren Handlungs- und Entscheidungsbefugnissen nicht zum PR wählbar (BVerwG, 22.6.1962 – VII P 9.61 – PersV 1962, 257). Dies gilt auch für den Leiter der zugeteilten Kleinstdienststelle (§ 10 Abs. 2) für die Wahl des PR der aufnehmenden Dienststelle; (vgl. auch § 5 Rn. 111).

33 c) **Entscheidungsbefugnis in Personalangelegenheiten** (Nr. 3). Beschäftigte, die zu selbstständigen Entscheidungen in Personalangelegenheit der Dienststelle befugt sind, sind nicht wählbar. Von einer **„selbstständige Entscheidungsbefugnis"** kann man nur ausgehen, wenn diese **auf Dauer** angelegt ist. Wer Entscheidungen in Personalangelegenheiten nur vorzubereiten oder umzusetzen hat, besitzt keine „selbständige Entscheidungsbefugnis". Die Entscheidungsbefugnis muss nicht alle in der Dienststelle anfallenden Personalangelegenheiten erfassen, aber jedenfalls die Mitbestimmungsangelegenheiten nach § 75 Abs. 1–3. Neu ist die durch Abs. 2 Satz 2 erfolgte Einschränkung, dass der Ausschluss von der Wählbarkeit nicht greift, wenn der Beschäftigte nur zu einem untergeordneten Teil der Gesamtaufgaben Personalangelegenheiten entscheidet (vgl. Rn. 39).

34 **Begriff der Personalangelegenheiten.** Der Begriff der Personalangelegenheiten in Abs. 2 ist mit dem in anderen Vorschriften des LPVG wortgleich verwendeten Begriff identisch und umfasst jedenfalls die in § 75 Abs. 1 bis 3 angesprochenen personellen Einzelmaßnahmen, wohl auch die in den §§ 81 Abs. 1 Nr. 3–8, 87 Abs. 1 Nr. 9 aufgezählten Angelegenheiten. Sonstige Befugnisse genügen nicht. So ist z. B. die Befugnis, Urlaub oder Dienstbefreiung zu erteilen oder dienstliche Beurteilungen abzugeben, keine Befugnis zu selbstständigen Entscheidungen in Personalangelegenheiten, die nach Nr. 3 zum Ausschluss der Wählbarkeit führt (BVerwG, 11.3.1982 – 2 P 8.80 – PersV 1983, 195 und 10.5.1982 – 6 P 40.80 – PersV 1983, 405).

35 **Personalreferenten.** Zu selbstständigen Entscheidungen in Personalangelegenheiten befugt sind oft außer dem Dienstvorgesetzten auch sonstige Beschäftigte mit Zeichnungsbefugnis (Personalreferenten). Es ist auch hier nicht notwendig, dass sich die Entscheidungsbefugnis auf sämtliche Personalangelegenheiten erstreckt; diese kann auch eingeschränkt übertragen worden sein.

36 **Ständiger Vertreter des Personalreferenten.** Während die Nr. 2 den ständigen Vertreter des Dienststellenleiters von der Wählbarkeit ausschließt, enthält das Gesetz keine Aussage zum Vertretungsfall eines Personalreferenten. Auch hier wird zur Vermeidung des „bösen Scheins" einer Interessenkollision davon auszugehen sein, dass der ständige Abwesenheitsvertreter **nicht wählbar** ist.

37 d) **Personalsachbearbeiter (Nr. 4).** Nicht wählbar sind weiterhin die den Beschäftigten nach Nr. 3 zugeordneten unmittelbaren Mitarbeiter, die als Personalsachbearbeiter die Entscheidungen in „Personalangelegenheiten" vorbereiten. Personalsachbearbeiter in diesem Sinne ist nur, wer eine gewisse **Selbstständigkeit** besitzt und Vorschläge machen und damit auf die zu treffende Entscheidung **Einfluss** nehmen kann. Wer nur auf Anweisung arbeitet, fällt nicht darunter; z. B. ein Sachbearbeiter für Besoldung oder Beihilfen.

38 **BfC und ihre Stellvertreterin (Nr. 5).** Der neu gefasste Abs. 2 erweitert den Kreis der zum PR nicht wählbaren Beschäftigten um die Beauftragte für Chancengleichheit und deren Stellvertreterin. Diesen Ausschluss von der Wählbarkeit begründet die Landesregierung in ihrem Gesetzentwurf zum ÄG 2013 damit, dass die BfC kraft ihres Amtes an die Dienststellenleitung angebunden sei (LT-Drucksache 15/4224, S. 91). Diese Regelung begegnet auch keinen verfassungsrechtlichen Bedenken (VGH Mannheim, 21.9.2016 – PL 15 S 251/16 – juris; 20.1.2015 – PL 15 S 1102/14 – ZfPR 2015, 39).

39 **2. Wählbarkeit der Personalsachbearbeiter (Satz 2).** Abs. 2 Satz 2 stellt klar, dass § 9 Abs. 2 Nr. 3 und 4 nicht für Beschäftigte gilt, die nicht ständig selbstständige Entscheidungen in Personalangelegenheiten treffen oder vorbereiten. Diese sind wählbar, sofern Personalentscheidungen nur einen **untergeordneten Teil ihrer Gesamtaufgaben** ausmachen. Dies wäre z. B. zu bejahen, wenn nur gelegentlich Entscheidungen im Rahmen dezentraler Budgetierung erfolgen oder Saisonkräfte eingestellt werden. Gleiches gilt für **Sachbearbeiter**, die für die oben genannten Beschäftigten entspr. Entscheidungen **vorbereiten**. Ob die Entscheidung von Personalangelegenheiten nur einen untergeordneten Teil der Gesamtaufgaben ausmacht, dürfte im Einzelfall nur schwer zu ermitteln sein, zumal die zeitliche Inanspruchnahme auch Schwankungen unterworfen sein kann. Es ist zumindest erforderlich, dass der Beschäftigte durchschnittlich weniger als die Hälfte seiner Dienst- bzw. Arbeitszeit für die Entscheidung von Personalangelegenheiten (einschließlich deren Vorbereitung) aufwendet.

§ 10 Bildung von Personalräten, Zahl der Mitglieder

(1) In allen Dienststellen, die in der Regel mindestens fünf Wahlberechtigte beschäftigen, von denen drei Beschäftigte wählbar sind, werden Personalräte gebildet.

(2) Dienststellen, bei denen die Voraussetzungen des Absatzes 1 nicht vorliegen, werden von der übergeordneten Dienststelle im Einvernehmen mit der Stufenvertretung einer benachbarten Dienststelle zugeteilt, wenn die Mehrheit ihrer wahlberechtigten Beschäftigten in geheimer Abstimmung zustimmt.

(3) Der Personalrat besteht in Dienststellen mit in der Regel

5 bis 14 wahlberechtigten Beschäftigten	**aus einer Person,**
15 wahlberechtigten Beschäftigten bis 50 Beschäftigten	**aus drei Mitgliedern,**
51 bis 150 Beschäftigten	**aus fünf Mitgliedern,**
151 bis 300 Beschäftigten	**aus sieben Mitgliedern,**
301 bis 600 Beschäftigten	**aus neun Mitgliedern,**

601 bis 1000 Beschäftigten	**aus elf Mitgliedern,**
1001 bis 1500 Beschäftigten	**aus 13 Mitgliedern,**
1501 bis 2000 Beschäftigten	**aus 15 Mitgliedern,**
2001 bis 3000 Beschäftigten	**aus 17 Mitgliedern,**
3001 bis 4000 Beschäftigten	**aus 19 Mitgliedern,**
4001 bis 5000 Beschäftigten	**aus 21 Mitgliedern,**
5001 bis 7500 Beschäftigten	**aus 23 Mitgliedern,**
7501 bis 10000 Beschäftigten	**aus 25 Mitgliedern,**
10001 und mehr Beschäftigten	**aus 27 Mitgliedern.**

(4) Liegen in Dienststellen mit in der Regel 601 und mehr Beschäftigten Außenstellen, Nebenstellen oder Teile der Dienststelle räumlich vom Dienstort der Hauptdienststelle entfernt, erhöht sich die Zahl der Mitglieder nach Absatz 3 um

1. **zwei Mitglieder, wenn mindestens ein Drittel der in der Regel Beschäftigten der Dienststelle,**
2. **vier Mitglieder, wenn mindestens die Hälfte der in der Regel Beschäftigten der Dienststelle**

zum überwiegenden Teil ihrer Arbeitszeit an einem anderen als dem Dienstort der Hauptdienststelle beschäftigt ist.

(5) [1]Maßgebend für die Ermittlung der Zahl der Mitglieder des Personalrats ist der zehnte Arbeitstag vor Erlass des Wahlausschreibens. [2]Der Wahlvorstand legt dabei den zu dem Stichtag absehbaren Beschäftigtenstand zugrunde, der voraussichtlich über die Hälfte der Amtszeit des Personalrats in der Dienststelle vorhanden sein wird.

I. Personalratsfähige Dienststellen (Abs. 1)

1. Regelungszusammenhang, Anwendungsbereich. § 10 Abs. 1 konkretisiert die in § 1 dem Grundsatz nach festgelegte Pflicht zur Bildung von Personalvertretungen und bestimmt, dass Personalräte bei allen Dienststellen i. S. d. § 5 Abs. 1 zu bilden sind, die i. d. R. mind. fünf Wahlberechtigte beschäftigen, von denen drei Beschäftigte wählbar sind. § 10 Abs. 2 und 5 gilt für den **GesamtPR** (§ 54 Abs. 3) und für die **Stufenvertretungen** (§ 55 Abs. 3) entsprechend; gemäß § 58 Abs. 3 findet § 10 Abs. 1, 3 und 5 für den **AusbildungsPR** entspr. Anwendung. 1

Grundsatz. § 10 Abs. 1 und das gesamte LPVG gehen davon aus, dass in jeder personalratsfähigen Dienststelle möglichst ein PR gewählt werden soll. Ob bei der Dienststelle ein PR tatsächlich gebildet werden kann, hängt aber auch von der Bereitschaft der Beschäftigten ab, einen PR zu wählen bzw. eine Wahl zum PR anzunehmen. Das LPVG schafft zwar den notwendigen Rahmen (z. B. durch § 16), um eine PR-Wahl zu ermöglichen, es sieht die Bildung eines PR aber nicht vor, wenn die Beschäftigten hieran nicht interessiert sind. In diesem Fall bleibt die Dienststelle für die laufende Amtszeit ohne PR (vgl. Ilbertz-Widmaier § 12 Rn. 4). 2

2. Kleinstdienststelle. Erfüllt eine Dienststelle die in Abs. 1 festgelegten Voraussetzungen nicht, kann kein PR gewählt werden. Es ist dann nach Abs. 2 zu verfahren (s. u.), um eine Vertretung der dortigen Beschäftigten sicherzustellen. 3

Wird in einer Dienststelle, die die Voraussetzungen des Abs. 1 nicht erfüllt, dennoch ein PR gebildet, so ist dieser kein Personalrat i. S. d. LPVG (vgl. Ilbertz-Widmaier § 12 Rn. 9).

4 **GesamtPR, Stufenvertretung.** § 10 Abs. 1 betrifft nur die Wahl des örtlichen PR. Diesen können die Beschäftigten einer nach Abs. 1 nicht personalratsfähigen Dienststelle nicht wählen; hinsichtlich der Wahl eines GesamtPR und der Stufenvertretungen sind sie aber – vorbehaltlich §§ 8, 9 – **wahlberechtigt und wählbar.** Dies gilt auch, wenn ihre Dienststelle nicht nach Abs. 2 einer anderen Dienststelle zugeteilt worden ist.

5 **3. Mindestzahl von Wahlberechtigten.** Voraussetzung für die Bildung eines PR ist es, dass die Organisationseinheit eine Dienststelle i. S. d. § 5 Abs. 1 darstellt, bei der mind. fünf wahlberechtigte Beschäftigte „in der Regel" beschäftigt werden, von denen zudem drei wählbar sein müssen.

6 **Beschäftigte.** § 10 Abs. 1 knüpft ohne Einschränkung an den Beschäftigtenbegriff des § 4 Abs. 1 und 2 an. Beschäftigter i. S. d. § 10 ist damit zunächst jede Person, die die Voraussetzungen des § 4 Abs. 1 Satz 1 erfüllt. Auf die dortige Komm. wird Bezug genommen. Beschäftigte sind damit, neben den vollzeit- und teilzeitbeschäftigten Beamten und Arbeitnehmern, auch alle anderen Personen, die weisungsgebunden in die Arbeitsorganisation der Dienststelle eingegliedert sind, die Voraussetzungen des § 12a TVG erfüllen oder sich in einer Ausbildung i. S. d. § 4 Abs. 1 Satz 1 Nr. 2 befinden.

7 **Externe Beschäftigte.** Als Beschäftigte gelten auch die Personen, die unter Fortsetzung eines Dienst- oder Arbeitsverhältnisses zur Dienststelle zu anderen Stellen abgeordnet bzw. diesen zugewiesen sind oder dort ihre geschuldete Arbeitsleistung erbringen (**§ 4 Abs. 1 Satz 2**). Damit ist auch eindeutig, dass auch solche Beschäftigten, die erkrankt sind, sich im Mutterschutz und in Elternzeit befinden oder beurlaubt sind, die Beschäftigteneigenschaft nicht verlieren. Gleiches gilt für eine Abwesenheit vom Arbeitsplatz, die aus einem staatsbürgerliche Engagement resultiert (z. B. Dienste nach dem BFDG, dem JFDG oder dem SG).

8 **Wahlberechtigung.** § 10 Abs. 1 stellt nur auf die wahlberechtigten Beschäftigten ab und knüpft insoweit an § 8 an. Bei Ermittlung der Mindestzahl sind damit nur die Beschäftigten i. S. d. § 4 Abs. 1 und 2 zu berücksichtigen, die zugleich wahlberechtigt nach § 8 sind. Dies führt z. B. dazu, dass beurlaubte Beschäftigte, die die Voraussetzungen des § 8 Abs. 1 Nr. 2 erfüllen, nicht mitzuzählen sind.

9 **Auszubildende.** Die in § 4 Abs. 1 Satz 1 Nr. 2 genannten Personen sind zwar Beschäftigte, aber nur zu berücksichtigen, wenn sie auch bei der Dienststelle wahlberechtigt sind. Die in § 8 Abs. 2 Satz 1 genannten Beschäftigten sind nur ihrer Stammbehörde zuzurechnen und dies auch nur dann, wenn sie nicht aufgrund einer nach § 58 erlassenen Rechtsverordnung zu einem AusbildungsPR wahlberechtigt sind (§ 58 Abs. 4).

10 **„In der Regel"-Beschäftigte.** § 10 Abs. 1 verlangt, dass die bei der Mindestzahl zu berücksichtigenden Personen „in der Regel" bei der Dienststelle beschäftigt sein müssen. Das Gesetz möchte damit erreichen, dass nur die Beschäftigten berücksichtigt werden, die der Dienststelle eine gewisse Dauer zur Verfügung stehen, um zufällige Verzerrungen zu vermeiden. Einen zeitlichen Rahmen steckt insoweit – der nicht direkt anwendbare – Abs. 5 Satz 2 ab, wonach der Wahlvorstand einen zum Stichtag absehbaren Beschäftigtenstand zugrunde zu legen hat, der voraussichtlich über die Hälfte der Amtszeit des zu wählenden PR in der Dienststelle vorhanden sein wird. Die Zahl derjenigen die „in der Regel" in der Dienststelle beschäftigt sind, wird dem unter normalen Verhältnissen in der Dienststelle vorhandenen Personalstand entsprechen. Bei der Ermittlung ist in erster Linie vom Stellenplan bzw. der Stellenübersicht auszugehen. Abweichungen vom Stellenplan ist in der Weise Rechnung zu tragen, dass der **regelmäßige tatsächliche Beschäftigungsstand** zugrunde zu legen ist. Erforderlich ist neben einer retrospektiven Bestandsaufnahme immer auch eine prognostische Einschätzung der zukünftigen Entwicklung.

11 **Vorübergehend Beschäftigte.** Nicht berücksichtigt werden Beschäftigte, die nur vorübergehend in der Dienststelle tätig sind. Dies gilt insb. für Saisonarbeiter sowie Urlaubs- und Krankheitsvertretungen. Ob befristet eingestellte Arbeitnehmer nur „vorübergehend" beschäftigt sind, ist nach den Umständen des Einzelfalls zu beurteilen; in aller Regel werden sie als „in der Regel"-Beschäftigte anzusehen sein. Die vorübergehende Nichtbesetzung von Stellen bleibt außer Betracht.

12 **Wählbare Beschäftigte.** Nach § 10 Abs. 1 müssen von den mind. fünf Wahlberechtigten zudem drei wählbar sein. Insoweit knüpft die Vorschrift an § 9 an, wobei insb. zu berücksichtigen ist, dass nur die Beschäftigten i. S. d. § 4 Abs. 1 Satz 1 wählbar sind. Mit dieser Regelung soll sichergestellt werden, dass die Beschäftigten bei der PR-Wahl auch zwischen verschiedenen Personen auswählen können.

13 **4. Änderung der Beschäftigtenzahl.** Sinkt die Zahl der wahlberechtigten Beschäftigten einer Dienststelle während der Amtszeit eines PR nicht nur vorübergehend unter fünf, so ist das Amt des PR beendet (vgl. Ilbertz-Widmaier § 12 Rn. 11). Es ist dann nach Abs. 2 zu verfahren. Sinkt die Zahl der wählbaren Beschäftigten einer Dienststelle während der Amtszeit des PR unter drei, so hat dies keine Auswirkungen auf dessen Bestand und führt deshalb nicht zur Beendigung der Amtszeit des PR (vgl. Ilbertz-Widmaier § 16 Rn. 9). Dieses Erfordernis soll lediglich den Wählern bei der Wahl eine Auswahl unter verschiedenen Personen ermöglichen.

II. Zuteilung von Kleinstdienststellen (Abs. 2)

14 **1. Anwendungsbereich.** Die Vorschrift findet nur auf Dienststellen des Landes Anwendung. Nur bei diesen gibt es „übergeordnete" Behörden, die eine Zuteilungsentscheidung vornehmen können und Stufenvertretungen. Gegenüber den Gemeinden, Landkreisen und sonstigen Körperschaften, Anstalten und Stiftun-

gen des öffentlichen Rechts, die der Aufsicht des Landes unterstehen, sind die jeweiligen Aufsichtsbehörden nicht übergeordnete Behörden i. S. d. § 10 Abs. 2.

15 **2. Voraussetzungen.** Abs. 2 schreibt vor, dass nicht personalratsfähige Kleinstdienststellen von der übergeordneten Dienststelle im Einvernehmen mit der bei ihr bestehenden Stufenvertretung einer benachbarten Dienststelle zuzuteilen sind. **Zuständig** für die Zuteilung einer Kleinstdienststelle ist die übergeordnete Dienststelle, in deren Bereich die zuzuteilende, nicht personalratsfähige Kleinstdienststelle liegt und bei der eine Stufenvertretung besteht. Die zuständige Dienststelle ist zur Zuteilung verpflichtet, kein Ermessen. Die Zuteilung ist bei Errichtung der Dienststelle oder unmittelbar nach dem Zeitpunkt, ab der die Zahl der regelmäßig Beschäftigten die Grenze des Abs. 1 dauerhaft unterschreitet, zu verfügen.

16 **Einvernehmen der Stufenvertretung.** Das Einvernehmen der zuständigen Stufenvertretung ist Wirksamkeitsvoraussetzung der Zuteilung. Erteilt die Stufenvertretung ihr Einvernehmen nicht, muss die Zuteilung unterbleiben. Es handelt sich um kein Beteiligungsverfahren, bei dem das fehlende Einvernehmen durch eine Einigungsstelle ersetzt werden kann. Die übergeordnete Behörde kann das Einvernehmen der Stufenvertretung auch nicht im Beschlussverfahren vor dem VG erreichen.

17 **Zustimmung der Beschäftigten.** Dem neu eingeführten Zustimmungserfordernis liegt die Überlegung zugrunde, dass „es der Entscheidung der Beschäftigten [der] Kleinstdienststelle überlassen bleiben [soll], ob sie personalvertretungsrechtlich einer benachbarten Dienststelle zugeteilt und mithin von dem Personalrat bei dieser Dienststelle vertreten werden oder ohne Personalvertretung bleiben wollen“ (LT-Drucksache 15/4224, S. 91). Ob die Mehrheit der wahlberechtigten Beschäftigten zustimmt, muss in einer **geheimen Abstimmung** (vgl. insoweit § 5 Rn. 69) ermittelt werden.

18 **Aufnehmende Dienststelle.** Die betroffenen Dienststellen müssen nach dem Wortlaut der Norm nicht unbedingt demselben Verwaltungszweig oder dem Geschäftsbereich derselben obersten Dienstbehörde angehören, sollten dies aber aus praktischen Gründen tun. Ebenso sollten sich die Dienststellen in räumlicher Nähe zueinander befinden. Es können auch zwei oder mehrere Kleinstdienststellen zusammengelegt und damit eine personalratsfähige Dienststelle i. S. d. LPVG gebildet werden (ebenso Richardi/Dörner/Weber § 12 Rn. 18; vgl. aber Ilbertz-Widmaier § 12 Rn. 12).

19 **3. Rechtsfolgen.** Mit der Zuteilung werden die Beschäftigten der zugeteilten Dienststelle unter den Voraussetzungen der §§ 8, 9 in der aufnehmenden Dienststelle wahlberechtigt und wählbar. Der dort gebildete PR wird auch für die Vertretung dieser Beschäftigten zuständig und damit zum gemeinsamen PR. Die Zuteilung ändert aber nichts daran, dass zugeteilte und aufnehmende Dienststelle in verwaltungsorganisatorischer Hinsicht als getrennte Dienststellen mit jeweils eigenem Leiter weiterhin existieren. Dem gemeinsamen PR steht

jeder Dienststellenleiter im Rahmen seiner jeweiligen Zuständigkeiten gegenüber.

20 **4. Aufhebung der Zuteilung.** Die personalvertretungsrechtliche Zuteilung einer Kleinstdienststelle zu einer anderen Dienststelle nach Abs. 2 endet durch Aufhebung der Zuteilung. Die Aufhebung erfolgt durch die Behörde, die die Zuteilung verfügt hat. Wirksamkeitsvoraussetzung einer Aufhebung ist das Einvernehmen der Stufenvertretung und die Zustimmung der Mehrheit der wahlberechtigten Beschäftigten der zugeteilten Kleistdienststelle. Eine Aufhebung dürfte allerdings nur in Ausnahmefällen in Betracht kommen (vgl. Richardi/Dörner/Weber § 12 Rn. 21).

21 **Erledigung der Zuteilung.** Die Zuteilung wird gegenstandslos, wenn die Kleinstdienststelle die Personalratsfähigkeit nach Abs. 1 erlangt. Einer förmlichen Aufhebung der Zuteilung bedarf es dann nicht. Im Falle der Erlangung der Personalratsfähigkeit ist unverzüglich ein PR nach § 23 Abs. 1 Satz 1 Nr. 6 zu wählen (vgl. Richardi/Dörner/Weber § 12 Rn. 21; **a. A.**: Ilbertz-Widmaier § 12 Rn. 16 – die Zuteilung bleibt bis zum Ablauf der Amtszeit des PR bestehen).

III. Zahl der Mitglieder des Personalrats (Abs. 3)

22 **Grundsatz.** Die Zahl der Mitglieder des PR ergibt sich grundsätzlich aus der in Abs. 3 festgelegten Staffel. Diese Zahl kann weder durch Tarifvertrag noch durch Dienstvereinbarung oder sonstige Vereinbarung geändert werden. Durch die Verringerung der Anzahl von Ein-Personen-Personalräten durch das ÄG 2013 wird – so die Begründung des Gesetzentwurfs (LT-Drucksache 15/4224, S. 91) – „nützlicher Meinungsaustausch mehrerer Mitglieder gefördert" und weiter: „Die Mitgliederzahlen von Personalräten bis 1.500 Beschäftigten haben sich im Wesentlichen als effektiv und angemessen erwiesen und sollen deshalb nicht verändert werden. Jedenfalls ist nicht dargetan und auch sonst nicht ersichtlich, dass die sachgerechte Aufgabenerledigung bisher gelitten habe. Auch die Stärkung der Mitbestimmungsrechte verlangt nicht nach mehr Personalratsmitgliedern, vielmehr nach effektiven Praktiken, die durch weitere Änderungen im Personalvertretungsrecht ermöglicht werden. Veränderungen an der Personalratsgröße sollen deshalb punktuell nur an Stellen erfolgen, die mit grundlegenden Strukturänderungen des Dienststellenaufbaus verbunden sind."

23 **Staffelung.** Bei der Feststellung der maßgeblichen Mitgliederzahl ist **strikt zu beachten**, dass § 10 Abs. 3 die Staffelung in drei Stufen vornimmt, wobei zunächst nur auf die in der Regel **wahlberechtigten Beschäftigten** und ab der dritten Stufe nur noch auf die Anzahl der in der Regel **Beschäftigten** abgestellt wird. Für die **erste Stufe** (der PR besteht aus einer Person) kommt es nur auf die Zahl der in der Regel wahlberechtigten Beschäftigten an (mind. fünf und höchstens 14). Für die **zweite Stufe** (der PR besteht aus drei Mitgliedern) ist als untere Grenze eine Zahl von 15 i. d. R. wahlberechtigten Beschäftigten und als obere Grenze eine Zahl von 50 i. d. R. Beschäftigten **ohne Rücksicht auf deren Wahlberechtigung** festgelegt. Hat z. B. eine Dienststelle zwar 22 i. d. R.

Beschäftigte, von denen aber nur 14 wahlberechtigt sind, so besteht der PR aus einer Person. Erst ab der **dritten Stufe** (der PR hat fünf Mitglieder) ist ausschließlich die Zahl der i. d. R. Beschäftigten maßgebend. Die Zahl der Mitglieder des PR nach Abs. 3 wird vom Wahlvorstand ermittelt (§ 7 Abs. 1 Satz 1 WO). Bei Dienststellen mit bis zu 50 Beschäftigten muss der Wahlvorstand zwingend auch die Zahl der wahlberechtigten Beschäftigten feststellen (vgl. § 5 Satz 4 WO).

24 **Zulässige Abweichungen.** Hat eine Dienststelle weniger wählbare Beschäftigte, als nach Abs. 3 PR-Mitglieder zu wählen sind, besteht der PR aus der höchstmöglichen Zahl von Mitgliedern (vgl. Richardi/Dörner/Weber § 16 Rn. 12; Ilbertz-Widmaier § 16 Rn. 7). Gleiches gilt, wenn zu wenige Kandidaten zur Verfügung stehen oder wenn gewählte Bewerber und Ersatzmitglieder die Wahl ablehnen und deshalb die gesetzliche Zahl der Mitglieder des PR unterschritten wird. Diese Erwägungen gelten entsprechend, wenn für eine Gruppe insgesamt, d. h. auf allen eingereichten Wahlvorschlägen zusammen, weniger Wahlbewerber vorgeschlagen werden, als Gruppenvertreter zu wählen sind.

25 **Wahlanfechtung.** Die Regelungen des Abs. 3 sind wesentliche Vorschriften i. S. v. § 21 Abs. 1 (vgl. BVerwG, 24.2.2015 – 5 P 7.14 – PersR 2015 = PersV 2015, 264).

IV. Erhöhung der Zahl der PR-Mitglieder (Abs. 4)

26 **Voraussetzungen.** Nach Abs. 4 erhöht sich die Zahl der PR-Mitglieder des Abs. 3, wenn eine Dienststelle i. d. R. 601 und mehr Beschäftigte hat („**größere Dienststellen**") *und* wenn deren Außenstellen, Nebenstellen oder Teile der Dienststelle räumlich vom Dienstort der Hauptdienststelle entfernt liegen. Dienstort in diesem Sinne ist die **politische Gemeinde** (vgl. Bossert, VBlBW 2014, 413, 417). Die Erhöhung der Sitzzahl nach Abs. 4 „soll es Beschäftigten in entfernt gelegenen Außenstellen erleichtern, Vertreter aus den eigenen Reihen im Personalrat zu platzieren. Mit dem Ziel, durch höhere Sitzzahlen die Außenstellenvertretung zu stärken, soll den Beschäftigten die Berücksichtigung bei ihrer Wahlentscheidung erleichtert werden" (vgl. LT-Drucksache 15/4224, S. 92). Von verbindlichen Quoten für die räumlich getrennten Teile der Dienststelle hat der Gesetzgeber abgesehen.

27 **Maß der Erhöhung.** Nach Abs. 4 erhöht sich die Zahl der PR-Mitglieder um **zwei Mitglieder**, wenn der Anteil der außerhalb des Hauptorts Beschäftigten an der Gesamtbeschäftigtenzahl mind. ein Drittel, bzw. um **vier Mitglieder**, wenn der Anteil mind. die Hälfte der i. d. R. Beschäftigten beträgt. Werden Beschäftigte bei der Hauptdienststelle und auch bei einem räumlich getrennten Dienststellenteil eingesetzt, kommt es darauf an, an welchem Ort sie überwiegend beschäftigt sind.

V. Ermittlung der Mitgliederzahl des Personalrats (Abs. 5)

1. Maßgeblicher Zeitpunkt (Satz 1). Der Wahlvorstand muss nach Abs. 5 Satz 1 für die Bestimmung der Zahl der zu wählenden PR-Mitglieder von den Verhältnissen am zehnten Arbeitstag vor Erlass des Wahlausschreibens ausgehen. Nach § 55 Satz 2 WO sind Arbeitstage in diesem Sinne die Wochentage Montag bis Freitag mit Ausnahme der gesetzlichen Feiertage, Heiligabend und Silvester. 28

2. Absehbarer Beschäftigtenstand (Satz 2). Nach dieser Vorschrift legt der Wahlvorstand für die Bestimmung der Zahl der zu wählenden PR-Mitglieder den zu dem Stichtag des Abs. 5 Satz 1 absehbaren **Beschäftigtenstand** zugrunde, der voraussichtlich über die Hälfte der Amtszeit des PR in der Dienststelle vorhanden sein wird. Der Wahlvorstand hat hierbei eine **Prognoseentscheidung** zu treffen. Zum einen muss er die bisherige personelle Zusammensetzung der Dienststelle in den Blick nehmen (tatsächlicher Personalbestand), zum anderen muss er erwägen und einschätzen, welche zukünftige Entwicklung zu erwarten ist. Dabei sind konkrete Personalplanungen bereits zu berücksichtigen. 29

Änderung der Beschäftigtenzahl. Für die Mitgliederzahl des PR sind Änderungen der Zahl der i. d. R. Wahlberechtigten oder der i. d. R. Beschäftigten, die **nach der Wahl** während der Amtszeit des PR eintreten, regelmäßig unerheblich. Größere Änderungen der Zahl der i. d. R. Beschäftigten können nach § 23 Abs. 1 Satz 1 Nr. 1 aber zu einer **vorzeitigen Neuwahl** führen. 30

§ 11 Vertretung nach Gruppen und Geschlechtern

(1) [1]Besteht der Personalrat aus mindestens drei Mitgliedern, sollen im Personalrat Frauen und Männer entsprechend ihren Anteilen an den in der Regel Beschäftigten der Dienststelle vertreten sein. [2]Sind in der Dienststelle Beamte und Arbeitnehmer beschäftigt, sollen Frauen und Männer in jeder Gruppe, der mehr als ein Sitz im Personalrat zusteht, entsprechend ihrem Anteil an den in der Regel beschäftigten Gruppenangehörigen vertreten sein.

(2) [1]Besteht der Personalrat aus mindestens drei Mitgliedern und sind in der Dienststelle Beamte und Arbeitnehmer beschäftigt, so muss jede der Gruppen entsprechend der Zahl der in der Regel beschäftigten Gruppenangehörigen im Personalrat vertreten sein. [2]Sind beide Gruppen gleich groß, entscheidet das Los. [3]Macht eine Gruppe von ihrem Recht, im Personalrat vertreten zu sein, keinen Gebrauch, so verliert sie ihren Anspruch auf Vertretung für die Dauer der Amtszeit des Personalrats; die entsprechend zustehenden Sitze fallen der anderen Gruppe zu.

(3) [1]Der Wahlvorstand stellt fest, wie hoch der Anteil der Frauen und der Männer an den in der Regel Beschäftigten insgesamt und innerhalb der Gruppen ist. [2]Er errechnet nach den Grundsätzen der Verhältniswahl die Verteilung der Sitze

1. **im Personalrat auf die Gruppen,**
2. **im Personalrat auf die Geschlechter,**
3. **innerhalb einer Gruppe, der mehr als ein Sitz im Personalrat zusteht, auf die Geschlechter.**

(4) Eine Gruppe erhält mindestens bei in der Regel

weniger als 101 Gruppenangehörigen	**einen Vertreter,**
101 bis 300 Gruppenangehörigen	**zwei Vertreter,**
301 bis 1000 Gruppenangehörigen	**drei Vertreter,**
1001 bis 2500 Gruppenangehörigen	**vier Vertreter,**
2501 bis 5000 Gruppenangehörigen	**fünf Vertreter,**
5001 und mehr Gruppenangehörigen	**sechs Vertreter.**

(5) Eine Gruppe, der in der Regel nicht mehr als fünf Beschäftigte angehören, erhält nur dann eine Vertretung, wenn sie mindestens ein Zwanzigstel der Beschäftigten der Dienststelle umfasst.

1 **Anwendungsbereich.** § 11 gilt für die Verteilung der Sitze im PR nach Gruppen und Geschlechtern. Die Vorschrift gilt entspr. für den AusbildungsPR (§ 58 Abs. 3 Satz 1). § 11 Abs. 1 *bis* 3 gelten für den GesamtPR (§ 54 Abs. 4) und die Stufenvertretungen (§ 55 Abs. 3) entspr. Für die JAV bestimmt § 62 Abs. 1 Satz 2 die entspr. Anwendung von § 11 Abs. 1 *und* Abs. 3. Die anteilige Berücksichtigung der Gruppen ist zwingend („muss"); nach § 12 Abs. 1 kann eine andere Verteilung der Sitze auf die Gruppen beschlossen werden. Die Vertretung nach Geschlechtern ist nicht zwingend vorgeschrieben („sollen"), aber vom Gesetz intendiert. Die Regelungen gelten gleichermaßen für Gruppenwahl und gemeinsame Wahl (§ 13 Abs. 2).

I. Geschlechterbezogene Verteilung (Abs. 1)

2 **Freiheit der Wahl.** Bei der Wahl des PR sind neben den Bestimmungen des LPVG (z. B. § 13 Abs. 1) und der WO vor allem auch die allg. Grundsätze für demokratische Wahlen – insb. die Freiheit der Wahl – zu beachten; § 20 nennt die „Freiheit der Wahl" auch ausdrücklich in der Überschrift der Norm. „Gewünschte" Ergebnisse einer noch durchzuführenden Wahl stehen zu diesen demokratischen Grundsätzen in direktem Widerspruch (vgl. zum Ganzen: BAG, 16.3.2005 – 7 ABR 40/04 – BAGE 114, 119 = NZA 2005, 1252 – zu § 15 BetrVG; vgl. aber auch: LAG Köln, 13.10.2003 – 2 TaBV 40/04 – NZA-RR 2004, 247). Die Freiheit der Wahl kann auch nicht nach Maßgabe von **Art. 3 Abs. 2 GG** eingeschränkt werden. Denn dieses Grundrecht bindet die staatliche Gewalt (Art. 1 Abs. 3 GG), nicht den Wähler. Die **Förderpflicht** nach Art. 3 Abs. 2 Satz 2 GG verlangt **vom Staat** (nicht vom Bürger) Maßnahmen zur tatsächlichen Durchsetzung der Gleichberechtigung und der Beseitigung bestehender Nachteile. Aber auch dem Staat ist keine demokratiewidrige Beschränkung der Freiheit der Wahl erlaubt. Folgerichtig bestimmt **§ 20 Abs. 4 Satz 3 WO,** dass der Wähler nicht gebunden ist, „eine bestimmte Anzahl von Stimmen an Bewerber eines bestimmten Geschlechts zu vergeben." Abs. 1 bringt daher lediglich einen gesetzgeberischen Wunsch zum Ausdruck. Seine Erfüllung hängt insb. von der Bereitschaft zur Kandidatur und dem Wahlverhalten der Beschäftigten ab.

3 **1. Anteilige Berücksichtigung im PR (Satz 1).** Die Regelung strebt eine anteilige Berücksichtigung von **Frauen und Männern** im PR an. Die Geschlechter sollen

im PR möglichst mit den gleichen Anteilen vertreten sein, den sie bei den **Beschäftigten** der Dienststelle bzw. bei den **Gruppen** haben.

4 a) **Voraussetzungen.** Der PR muss aus mehr als einer Person bestehen. In der Dienststelle i. S. d. § 5 Abs. 1 müssen Frauen und Männer beschäftigt sein; ist dies nicht der Fall finden § 11 Abs. 1 Satz 1 und die hierauf bezogenen Vorschriften der WO von vornherein keine Anwendung. **Bezugsgröße** für die anteilige Berücksichtigung von Frauen und Männern im PR ist die Zahl der in der Dienststelle **Beschäftigten**, wobei auch hier vom Beschäftigtenbegriff des § 4 Abs. 1 und 2 auszugehen ist.

5 **„In der Regel" beschäftigt.** Maßgeblich für die Ermittlung sind nur die „in der Regel" Beschäftigten; (zum Begriff vgl. § 10 Rn. 10). Auch hier sollen nur solche Beschäftigte berücksichtigt werden, die der Dienststelle eine gewisse Dauer zur Verfügung stehen werden. Der Wahlvorstand stellt dabei auf den zum Stichtag absehbaren Beschäftigtenstand ab, der voraussichtlich über die Hälfte der Amtszeit des PR in der Dienststelle beschäftigt sein wird (§ 5 Satz 3 WO). Gleiches gilt für den Bezirkswahlvorstand (§ 46 Satz 2 Nr. 5), den Hauptwahlvorstand und bei der Wahl des GesamtPR. Die Prognose des Verhältnisses von weiblichen und männlichen Beschäftigten dürfte allerdings (noch) größere Probleme bereiten als die Prognose hinsichtlich der voraussichtlichen Beschäftigtenzahl.

6 b) **Verfahren.** Bedeutung hat § 11 Abs. 1 Satz 1 vor allem durch seine verfahrensmäßige Absicherung. Das festgestellte Verhältnis von Frauen und Männern bei den in der Regel Beschäftigten ist für die gesamte Wahl zu beachten, insb. bei der Aufstellung des Wählerverzeichnisses, dem Wahlausschreiben und auch bei der Prüfung der eingereichten Wahlvorschläge.

7 aa) **Zuständigkeit.** Die Berücksichtigung von Frauen soll durch das Wahlverfahren und die damit verbundenen Prüf- und Hinweispflichten des **Wahlvorstands** gewährleistet werden. Dieser ist zunächst verpflichtet, die maßgeblichen Zahlenwerte (vgl. Rn. 8 ff.) zu ermitteln und die Verteilung auf Gruppen bzw. auf Frauen und Männer vorzunehmen. Die so ermittelten Zahlen sind auch dem gesamten weiteren Verfahren zugrunde zu legen. Weiterhin hat der Wahlvorstand auf die ermittelten Zahlen im Wahlausschreiben hinzuweisen und muss die gewünschte Verteilung der PR-Sitze auf Frauen und Männer bei der Prüfung von Wahlvorschlägen sowie im Wählerverzeichnis berücksichtigen.

8 bb) **Ermittlung der Daten.** Der Wahlvorstand muss vor der PR-Wahl den voraussichtlichen Beschäftigtenstand, die voraussichtliche Verteilung dieser Beschäftigten auf die beiden Gruppen sowie die Anteile von Frauen und Männern an den Beschäftigten und den beiden Gruppen ermitteln. Weiterhin hat der Wahlvorstand festzustellen, wie viele Sitze im PR jeweils auf die beiden Gruppen entfallen müssen. Schlussendlich muss der Wahlvorstand ermitteln, in welchem Verhältnis Frauen und Männer im PR und in den Gruppen vorhanden sein sollen.

9 **Feststellung der Beschäftigtenzahl.** Zunächst hat der Wahlvorstand die maßgebliche Beschäftigtenzahl festzustellen. Aus dieser ergibt sich die Zahl der

PR-Mitglieder (§ 7 Abs. 1 Satz 1 WO; § 10 Abs. 3; ggf. modifiziert nach § 10 Abs. 4). Hierzu erfasst der Wahlvorstand den aktuellen **tatsächlichen Personalbestand** (Beschäftigte i. S. d. § 4 Abs. 1 Satz 1). Hinzuzurechnen sind die Beschäftigten i. S. d. § 4 Abs. 1 Satz 2 (abgeordnete, beurlaubte, etc. Beschäftigte). Konkret absehbare künftige Personalentwicklungen (Erhöhungen, Verminderungen) sind zusätzlich zu berücksichtigen. Auf dieser Basis trifft der Wahlvorstand eine **Prognoseentscheidung**, über den Beschäftigtenstand, der voraussichtlich über die Hälfte der Amtszeit des PR in der Dienststelle vorhanden sein wird (§ 5 Satz 3 WO; § 10 Abs. 5). Diese Zahl legt die PR-Größe (§ 10 Abs. 3 ggf. modifiziert nach Abs. 4) fest.

10 **Feststellung der Gruppenangehörigen.** Nachdem die Größe des zu wählenden PR bestimmt ist (vgl. Rn. 9), stellt der Wahlvorstand die Gruppenzugehörigkeit fest. Auch hier ist wieder vom aktuellen Personalbestand und dessen konkreter Verteilung auf die Gruppen auszugehen und sind absehbare künftige Entwicklungen zu berücksichtigen. Auch hier muss der Wahlvorstand wieder eine **Prognoseentscheidung** treffen, wie groß die beiden Gruppen wohl voraussichtlich über die Hälfte der Amtszeit des PR jeweils sein werden. Diese Gruppengrößen sind die Basis für die dann vorzunehmende Verteilung der PR-Sitze.

11 **Verteilung der PR-Sitze auf die Gruppen.** Auf der Basis der ermittelten Gruppengrößen (vgl. Rn. 10) erfolgt im nächsten Schritt die Verteilung der nach § 10 Abs. 3 und 4 ermittelten PR-Sitze auf die beiden Gruppen (§ 7 Abs. 1 Satz 2 WO; § 11 Abs. 2 bis 5). Die konkrete Verteilung der PR-Sitze auf die beiden Gruppen erfolgt gemäß § 7 Abs. 2 Satz 1 bis 4 WO zunächst nach dem d'Hondt'schen Höchstzahlenverfahren; ggf. durch Los (§ 7 Abs. 2 Satz 5 WO; § 11 Abs. 2 Satz 2). Nach § 11 Abs. 4 und 5 notwendige Korrekturen sind abschließend vorzunehmen (§ 7 Abs. 3 WO).

12 **Feststellung des Frauenanteils.** Sodann muss der Wahlvorstand den Anteil von Frauen und Männern an der prognostizierten Beschäftigtenzahl (vgl. Rn. 9) und den jeweiligen Anteil von Frauen und Männern an den prognostizierten Gruppengrößen (vgl. Rn. 10) feststellen (§ 5 Satz 1 WO; § 11 Abs. 3). Auch hier muss er absehbare Veränderungen berücksichtigen und zudem eine **Prognose** erstellen, wie sich der Frauenanteil an der voraussichtlichen Beschäftigtenzahl und den voraussichtlichen Gruppengrößen über die Hälfte der Amtszeit des PR jeweils voraussichtlich entwickeln wird.

13 **Feststellung der Verteilung auf Frauen und Männer.** Schließlich muss der Wahlvorstand – ausgehend von den Zahlenwerten (vgl. Rn. 9–12) – feststellen, wie viele Sitze im PR – entsprechend ihren Anteilen an der Beschäftigtenzahl – auf Frauen und Männer entfallen sollen (§ 8 Satz 1 WO; § 11 Abs. 1 Satz 1) bzw. wie viele PR-Sitze auf Frauen und Männer – entsprechend ihren Anteilen an den jeweiligen Gruppen – in den jeweiligen Gruppen des PR entfallen sollen (§ 8 Satz 2 WO; § 11 Abs. 1 Satz 2).

14 **Maßgeblicher Zeitpunkt.** Maßgeblicher Stichtag für die Feststellung der Beschäftigtenzahl sowie der Anteile von Frauen und Männern bei den Beschäftig-

ten (§ 5 Satz 1 WO) ist der **zehnte Arbeitstag** vor Erlass des Wahlausschreibens (§ 5 Satz 2 WO).

Sonstige Wahlen. Entsprechendes gilt für die Wahl der **Stufenvertretungen** (§§ 46 Satz 2 Nr. 5 und 6; 50 Abs. 2 Nr. 1 und 2 WO) und der Wahl des **GesamtPR** (§ 51 WO). 15

cc) Wahlausschreiben. Nach § 9 Abs. 2 Nr. 6 WO sind im Wahlausschreiben u. a. mitzuteilen, wie viele Sitze im PR auf Frauen und Männer entfallen sollen. Außerdem muss auf die gesetzlichen Vorschriften zur Vertretung nach Geschlechtern hingewiesen werden (§ 9 Abs. 2 Nr. 11 WO). 16

dd) Wahlvorschläge. Ein Wahlberechtigter darf nur solche Bewerber wählen, die in einem der bekannt gemachten Wahlvorschläge aufgenommen worden sind; hierauf ist in der Bekanntmachung der Wahlvorschläge ausdrücklich hinzuweisen (§ 18 Abs. 2 Satz 2 Nr. 2 WO). Gemäß § 13 Abs. 5 sind Wahlvorschläge aber grundsätzlich **quotenkonform** einzureichen. Sie müssen mind. so viele Bewerber enthalten, wie erforderlich sind, um die anteilige Verteilung der Sitze im PR und innerhalb der Gruppen auf Frauen und Männer zu sichern (§ 13 Abs. 5 Satz 1; vgl. auch § 12 Abs. 2 Satz 1 WO). Wahlvorschläge, die diesem Erfordernis nicht genügen, sind nur als gültig zuzulassen, wenn die Abweichung schriftlich begründet wird (§ 13 Abs. 5 Satz 2; § 12 Abs. 2 Satz 2 WO); diese Begründung ist zusammen mit dem Wahlvorschlag bekanntzugeben (§ 13 Abs. 5 Satz 3); wegen der Rechtsfolgen vgl. § 13 Rn. 60 ff. 17

ee) Wählerverzeichnis. Gemäß § 6 Abs. 3 Satz 2 WO sind im Wählerverzeichnis die Anteile von Frauen und Männern an den i. d. R. Beschäftigten innerhalb der Gruppen der Beamten und Arbeitnehmer anzugeben. 18

2. Anteilige Berücksichtigung bei den Gruppen (Satz 2). Frauen und Männer sollen in jeder Gruppe, der im PR mehr als ein Sitz zusteht, entsprechend ihrem Anteil an den „in der Regel" beschäftigten Gruppenangehörigen vertreten sein. Auch dies soll durch entspr. Prüf- und Hinweispflichten des Wahlvorstands gewährleistet werden. 19

Verfahren. Zum maßgeblichen Zeitpunkt wird auch die Verteilung von Frauen und Männern auf die Gruppen vom Wahlvorstand festgestellt (vgl. Rn. 8 ff.). Die nach § 5 Satz 3 WO vorzunehmende **Prognose der Beschäftigtenentwicklung** ist dabei mit einer weiteren Unsicherheit verbunden. Denn der Wahlvorstand muss nicht nur prognostizieren wie viele Beschäftigte im maßgeblichen Zeitraum wohl insgesamt vorhanden sein werden und wie viele von diesen Beschäftigten Frauen und Männer sein werden, sondern auch noch, wie sich die beiden Geschlechter wohl auf die beiden Gruppen verteilen werden. Ob dies noch praktikabel ist, müssen die nächsten Wahlen erweisen. Nach § 8 Satz 2 WO ist zu ermitteln, wie viele PR-Sitze in der jeweiligen Gruppe auf Frauen und Männer entfallen sollen, wenn beide Gruppen im PR vertreten sind und diesen mehr als ein Sitz zusteht. 20

Wahlausschreiben. Im Wahlausschreiben ist nach § 9 Abs. 2 Nr. 5 WO auch anzugeben, welche Anteile Frauen und Männer an den wahlberechtigten Be- 21 schäftigten innerhalb der Gruppen der Beamten und Arbeitnehmer aufweisen. Nach § 9 Abs. 2 Nr. 6 WO ist mitzuteilen, wie viele PR-Sitze in der jeweiligen Gruppe auf Frauen und Männer (§ 8 Satz 2 WO) entfallen. Außerdem muss auf die gesetzlichen Vorschriften zur Vertretung nach Geschlechtern hingewiesen werden (§ 9 Abs. 2 Nr. 11 WO).

22 **Wahlvorschläge.** Gemäß § 13 Abs. 5 Satz 1 müssen Wahlvorschläge mind. so viele Bewerber enthalten, wie erforderlich sind, um die anteilige Verteilung der Sitze innerhalb der Gruppen auf Frauen und Männer zu sichern; vgl. auch § 12 Abs. 2 Satz 1 WO. Wahlvorschläge, die diesem Erfordernis nicht genügen, sind nur als gültig zuzulassen, wenn die Abweichung (ausreichend) schriftlich begründet wird (§ 13 Abs. 5 Satz 2; § 12 Abs. 2 Satz 2 WO); diese Begründung ist zusammen mit dem Wahlvorschlag bekanntzugeben (§ 13 Abs. 5 Satz 3).

23 **3. Rechtsfolgen.** Verstöße gegen wesentliche Vorschriften über das Wahlverfahren können zur Wahlanfechtung (§ 21) führen. Eine Verletzung von Vorschriften zur Vorbereitung oder Durchführung der PR-Wahl kann ggf. auch im Beschlussverfahren beim VG (Personalvertretungskammer) gerügt werden. Nach Durchführung der Wahl steht nur mehr die Wahlanfechtung zur Verfügung; ein weiterwirkendes Feststellungsinteresse hinsichtlich einzelner Vorfragen des Wahlverfahrens besteht dann nicht mehr.

24 **a) Beschlussverfahren.** Gegenstand eines Beschlussverfahrens nach § 92 Abs. 2 Nr. 2 (Wahl der Personalvertretung) kann nur die behauptete Verletzung wesentlicher Vorschriften des Wahlverfahrens sein. Wesentlich i. d. S. sind die zwingenden Regelungen des Gesetzes. Zu den Ermittlungen und Feststellungen nach §§ 5, 8 WO ist der Wahlvorstand verpflichtet. Kommt der Wahlvorstand diesen Verpflichtungen nicht nach, könnte z. B. ein Mitglied des Wahlvorstands diese Pflichtwidrigkeit im Beschlussverfahren feststellen lassen.

25 **Zurückweisung von Wahlvorschlägen.** Die Zurückweisung eines Wahlvorschlags könnte vor der Wahl auch im Beschlussverfahren (§ 92 Abs. 1 Nr. 2) – ggf. im Rahmen eines einstweiligen Verfügungsverfahrens – überprüft werden. Nach Durchführung der Wahl besteht nur noch die Möglichkeit der Wahlanfechtung; ein (weiterwirkendes) Feststellungsinteresse besteht auch hier nicht mehr.

26 **Prognoseentscheidungen.** Die vom Wahlvorstand zu treffenden Prognoseentscheidungen (voraussichtliche Beschäftigtenzahl, voraussichtliche Verteilung auf die Gruppen, voraussichtliche Verteilung der Beschäftigten bzw. Gruppenmitglieder auf Frauen und Männer –vgl. Rn. 8 ff.) unterliegen seiner **Einschätzungsprärogative.** Gegenstand eines Beschlussverfahrens könnten allenfalls offensichtlich fehlsame Prognoseentscheidungen sein, wenn diese Auswirkungen auf die Gruppenverteilung hätten.

27 **b) Wahlanfechtung.** Bei § 11 Abs. 1 handelt es sich nicht um „wesentliche Vorschriften über das Wahlrecht“. Mit der „Nichterfüllung“ der Wünsche des Gesetzgebers kann keine Wahlanfechtung nach § 21 begründet werden (vgl. hierzu auch: Richardi/Dörner/Weber § 17 Rn. 30; Ilbertz/Widmaier § 17 Rn. 25).

Zurückweisung von Wahlvorschlägen. § 13 Abs. 5 und § 12 Abs. 2 WO stellen wesentliche Vorschriften über das Wahlverfahren dar, deren Verletzung eine **Wahlanfechtung** rechtfertigen kann. Dies wäre z. B. der Fall, wenn ein Wahlvorschlag vom Wahlvorstand, gestützt auf § 13 Abs. 5, zu Unrecht als nicht gültig behandelt und zurückgewiesen worden wäre. 28

II. Gruppenbezogene Verteilung (Abs. 2)

1. Beteiligung der Gruppen (Satz 1). Die Regelung über die Vertretung nach Gruppen ist zwingend; von ihr kann nur nach § 12 Abs. 1 abgewichen werden. Abs. 2 Satz 1 bestimmt, dass jede Gruppe entsprechend der Zahl der „in der Regel" (vgl. hierzu Rn. 5) beschäftigten Gruppenangehörigen im PR vertreten sein muss, wenn der PR aus mind. drei Mitgliedern besteht und in der Dienststelle Beamte und Arbeitnehmer beschäftigt sind. Die Wahlberechtigung der „in der Regel" beschäftigten Gruppenangehörigen ist unerheblich. Auszugehen ist auch insoweit von der Zahl der am zehnten Arbeitstag vor Erlass des Wahlausschreibens „in der Regel" Beschäftigten und von ihrer Verteilung auf die Gruppen (vgl. § 5 Satz 2 WO). Die Verteilung der Sitze auf die Gruppen ist vom Wahlvorstand vor dem Erlass des Wahlausschreibens zu ermitteln (vgl. § 7 Abs. 1 WO), da das Wahlausschreiben diese Angaben enthalten muss (vgl. § 9 Abs. 2 Nr. 4 WO). 29

Wiederholungswahl. Bei einer Wiederholungswahl aufgrund einer erfolgreichen Wahlanfechtung (§ 21) bleibt die Sitzverteilung der Gruppen auch dann unverändert, wenn sich die Zahl und die Zusammensetzung der Beschäftigten zwischenzeitlich geändert hat (vgl. BVerwG, 15.2.1994 – 6 P 9.92 – PersR 1994, 167 = PersV 1995, 21; Ilbertz-Widmaier § 17 Rn. 12). 30

2. Losentscheid (Satz 2). Der PR besteht aus einer ungeraden Zahl von Mitgliedern (§ 10 Abs. 3 und 4). Die Regelung des Abs. 2 Satz 1 greift deshalb nicht, wenn die beiden Gruppen die gleiche Zahl von „in der Regel" Beschäftigten aufweisen; sie können dann nicht mit der gleichen Zahl von Mitgliedern im PR vertreten sein. Für diesen Fall entscheidet bei gleicher Stärke der Gruppen das Los, welcher Gruppe die höhere Zahl von Sitzen zufällt. Nach § 7 Abs. 1 Satz 2 WO ist es Aufgabe des Wahlvorstands, den erforderlichen Losentscheid durchzuführen, wozu jedes Verfahren zulässig ist, welches geeignet ist, ein nicht beeinflussbares Zufallsergebnis herbeizuführen, und den daran Teilnehmenden gleiche Chancen gibt (BVerwG, 15.5.1991 – 6 P 15.89 – PersR 1991, 411 = PersV 1992, 89). Zulässig ist z. B. das, Würfeln oder das Werfen einer Münze. 31

3. Verzicht einer Gruppe (Satz 3). Ein Verzicht i. d. S. kann ausdrücklich erklärt werden oder Folge eines ungültigen Wahlvorschlags bzw. des Fehlens von Wahlbewerbern sein. Wenn eine Gruppe von ihrem Recht, im PR vertreten zu sein, keinen Gebrauch macht, erhöht sich die Zahl der Sitze der anderen Gruppe. Diese Gruppe bildet dann den PR mit der sich aus § 10 Abs. 3 und 4 ergebenden Mitgliederzahl. 32

Beispiel: Die Dienststelle hat 70 Beamte und 21 Arbeitnehmer. Der PR besteht aus fünf Mitgliedern (vgl. § 10 Abs. 3); vier Sitze entfallen auf die

Beamten, ein Sitz auf die Arbeitnehmer. Die Arbeitnehmer verzichten auf ihre Vertretung. Infolgedessen entfallen alle fünf Sitze auf die Beamten. Die Gruppe der Arbeitnehmer kann erst wieder an der nächsten PR-Wahl teilnehmen. Ihre Angehörigen können sich nicht der anderen Gruppe anschließen.

33 **Verzicht beider Gruppen.** Machen beide Gruppen von ihrem Recht, im PR vertreten zu sein, keinen Gebrauch, so kann kein PR gewählt werden.

34 **Verzichtserklärung.** Einen ausdrücklichen Verzicht müssen alle Gruppenangehörigen **einstimmig beschließen** (vgl. Ilbertz-Widmaier § 17 Rn. 9). Der Verzicht muss ggü. dem Wahlvorstand erklärt werden. Der Verzicht ist bedingungsfeindlich und kann nicht zurückgenommen werden.

35 **Ungültiger Wahlvorschlag.** Ist bei Gruppenwahl für eine Gruppe kein gültiger Wahlvorschlag beim Wahlvorstand eingegangen bzw. sind vom Wahlvorstand gerügte Mängel nicht innerhalb der gesetzten Nachfrist (§ 16 WO) behoben worden, fallen alle Sitze der anderen Gruppe zu (§ 7 Abs. 4 WO).

36 **Fehlende Wahlbewerber.** Sind bei gemeinsamer Wahl für eine Gruppe Bewerber **nicht gültig vorgeschlagen** worden (§ 16 Abs. 2 und 4 WO), fallen alle Sitze der anderen Gruppe zu (§ 7 Abs. 4 WO). Diese Folge tritt auch ein, wenn eine Gruppe **keine wählbaren** Angehörigen hat, die wählbaren Gruppenangehörigen nicht kandidieren und auch von der Möglichkeit, nach § 12 Abs. 2 Satz 1 gruppenfremde Bewerber aufzustellen, kein Gebrauch gemacht worden ist (vgl. Ilbertz-Widmaier § 17 Rn. 7).

37 **Nichtausschöpfung der Sitze.** Schlägt eine Gruppe weniger Wahlbewerber vor, als ihr nach der Sitzverteilung (Rn. 11) Sitze zustehen würden, fallen die nicht in Anspruch genommenen Sitze nicht an die andere Gruppe, sondern bleiben unbesetzt.

38 **Rechtsschutz.** Eine unrichtige Verteilung der Sitze auf die Gruppen kann bis zur Durchführung der Wahl im **Beschlussverfahren** gerügt werden. Nach Durchführung der Wahl kann dies nur noch im Wege der **Wahlanfechtung** geltend gemacht werden. Die Anfechtung kann in diesem Fall auch auf die Berichtigung des Wahlergebnisses (Herbeiführung einer anderen Sitzverteilung) gerichtet sein (BVerwG, 15.3.1968 – VII P 5/67 – PersV 1968, 187).

III. Aufgaben des Wahlvorstands (Abs. 3)

39 **1. Erforderliche Feststellungen (Satz 1).** Der Wahlvorstand muss ermitteln und feststellen, wie hoch der Anteil der Frauen und Männer an den in der Regel Beschäftigten insgesamt und innerhalb der Gruppen ist (vgl. insoweit Rn. 8 ff.).

40 **2. Verteilung der Sitze (Satz 2).** Ausgehend von den nach Satz 1 ermittelten Zahlen errechnet der Wahlvorstand nach den Grundsätzen der Verhältniswahl die Verteilung der Sitze auf die Gruppen (Nr. 1) und Geschlechter (Nr. 2) sowie innerhalb einer Gruppe auf die Geschlechter (Nr. 3).

Grundsätze der Verhältniswahl. § 7 Abs. 2 WO bestimmt hinsichtlich der Verteilung der Sitze im PR auf die Gruppen die Anwendung des **d'Hondt'schen Höchstzahlverfahrens.** Hierbei werden die Zahlen der der Dienststelle angehörenden Beamten und Arbeitnehmer nebeneinandergestellt und der Reihe nach durch 1, 2, 3 usw. geteilt (§ 7 Abs. 2 Satz 2 WO). Auf die jeweils höchste Teilzahl (Höchstzahl) wird so lange ein Sitz zugeteilt, bis alle nach § 10 Abs. 3 und 4 ermittelten PR-Sitze verteilt sind (§ 7 Abs. 2 Satz 3 WO). Jede Gruppe erhält grundsätzlich so viele Sitze (vorbehaltlich Abs. 4), wie Höchstzahlen auf sie entfallen (§ 7 Abs. 2 Satz 4 WO). Das Verfahren nach d'Hondt ist verfassungsgemäß und mit höherrangigem Recht vereinbar (BAG, 22.11.2017 – 7 ABR 35/16 – NZA 2018, 604). 41

Verteilung auf Gruppen und Geschlechter. Hinsichtlich der Verteilung der Sitze im PR und innerhalb einer Gruppe auf die Geschlechter ordnet § 8 Satz 3 WO die entspr. Anwendung des § 7 Abs. 2 WO an. Es sind also die Zahlen der der Dienststelle bzw. einer Gruppe angehörenden Frauen und Männer nebeneinander zu stellen und der Reihe nach durch 1, 2, 3 usw. zu teilen (siehe oben). Jede Gruppe bzw. jedes Geschlecht erhält so viele Sitze, wie Höchstzahlen auf sie entfallen (§ 7 Abs. 2 Satz 4 WO). 42

Losentscheid. Nach § 7 Abs. 2 Satz 5 WO entscheidet das Los, wenn bei gleichen Höchstzahlen nur noch ein Sitz zu verteilen ist. 43

Beispiel: Eine Dienststelle hat 240 Beschäftigte, 120 von ihnen sind Beamte (Gruppe A) und 120 Arbeitnehmer (Gruppe B). Der PR besteht aus 7 Mitgliedern (§ 10 Abs. 3). Höchstzahlen: 120 (A); 120 (B); 60 (A); 60 (B); 40 (A); 40 (B); 30 (A); 30 (B). Das Los muss entscheiden, ob Gruppe A oder B einen 4. Sitz erhält.

IV. Mindestvertretung einer Gruppe (Abs. 4)

Minderheitenschutz. Der durch das ÄG 2013 neu gefasste Abs. 4 dient dem Minderheitenschutz (vgl. LT-Drucksache 15/4224, S. 94). Jede Gruppe erhält – vorbehaltlich Abs. 5 – mind. die ihr in Abs. 4 zugestandene Zahl an Sitzen. Die Zahl der Sitze der anderen Gruppe vermindert sich entsprechend und wird jeweils um die zuletzt zugeteilten Sitze gekürzt (§ 7 Abs. 3 Satz 2 WO). 44

Beispiel: Eine Dienststelle hat 414 Beschäftigte, 380 von ihnen sind Beamte (Gruppe A) und 34 Arbeitnehmer (Gruppe B). Der PR besteht aus 9 Mitgliedern (§ 10 Abs. 3). Höchstzahlen: 380 (A); 190 (A); 126,67 (A); 95 (A); 76 (A); 63,33 (A); 54,29 (A); 47,5 (A); 38 (A), 34,55 (A), 34 (B). Danach würden auf Gruppe A alle neun Sitze entfallen. Da jedoch nach Abs. 4 die Gruppe B einen Vertreter erhalten muss, erhält Gruppe A nur acht Sitze. Abs. 5 ändert an diesem Ergebnis nichts.

V. Vertretung von Kleinstgruppen (Abs. 5)

Mindestbeschäftigtenzahl. Das Gesetz sieht in Abs. 5 eine **Ausnahmeregelung** von der allg. Verteilung nach Abs. 2 bzw. Abs. 4 für eine Gruppe vor, der 45

i. d. R. nur fünf oder weniger Beschäftigte angehören (Kleinstgruppe). Ein Vertretungsanspruch besteht dann nur, wenn die Gruppe mind. ein **Zwanzigstel aller Beschäftigten** der Dienststelle umfasst. Bei der Ermittlung des Anteils an den Beschäftigten ist eine Abrundung auf eine ganze Zahl nicht zulässig.

Beispiel: Die Dienststelle zählt 120 Beschäftigte, 5 von ihnen sind Beamte und 115 Arbeitnehmer. Die Gruppe der Beamten erhält keinen Vertreter, da sie nicht mind. ein Zwanzigstel der Beschäftigten, d. h. 6 Beschäftigte, zählt. Alle 5 Sitze fallen der Gruppe der Arbeitnehmer zu.

46 **Gemeinsame Wahl.** Steht einer Gruppe nach Abs. 5 keine Vertretung zu, so findet nach § 13 Abs. 2 Satz 1 gemeinsame Wahl statt.

§ 12 Andere Gruppeneinteilung

(1) [1]Die Verteilung der Mitglieder des Personalrats auf die Gruppen kann abweichend von § 11 geordnet werden, wenn die wahlberechtigten Angehörigen jeder Gruppe dies vor der Neuwahl in getrennten geheimen Vorabstimmungen beschließen. [2]Der Beschluss bedarf der Mehrheit der Stimmen aller Wahlberechtigten jeder Gruppe.

(2) [1]Für jede Gruppe können auch Angehörige der anderen Gruppe vorgeschlagen werden. [2]Die Gewählten gelten als Vertreter derjenigen Gruppe, für die sie vorgeschlagen worden sind. [3]Satz 2 gilt auch für Ersatzmitglieder.

1 **Anwendungsbereich.** Die Vorschrift schafft für die Gruppen der Beamten und Arbeitnehmer die Möglichkeit, eine von der gesetzlichen Regelung des § 11 abweichende Verteilung der Mitglieder des PR auf die Gruppen in Vorabstimmungen zu beschließen. Zu unterscheiden von einem Vorgehen nach Abs. 1 ist der Fall, dass eine Gruppe auf ihr Vertretungsrecht nach § 11 Abs. 2 Satz 3 verzichtet. § 12 gilt für den GesamtPR (§ 54 Abs. 4), die Stufenvertretungen (§ 55 Abs. 3) und den AusbildungsPR (§ 58 Abs. 3 Satz 1) entsprechend.

I. Abweichende Verteilung (Abs. 1)

2 **1. Vorabstimmungen (Satz 1).** Durch inhaltlich übereinstimmende Beschlüsse der Gruppen kann die Verteilung der Sitze auf die Gruppen anders, als es § 11 vorsieht, geregelt werden. Die Initiative für die Durchführung von Vorabstimmungen kann jeder Beschäftigte der Dienststelle, aber auch jede in der Dienststelle vertretene Gewerkschaft sowie der Wahlvorstand selbst ergreifen.

3 a) **Voraussetzungen.** Das Gesetz überantwortet die Entscheidung über die abweichende Sitzverteilung der Mehrheitsentscheidung der betroffenen Gruppenmitglieder und stellt ansonsten nur wenige tatbestandliche Voraussetzungen für die Zulässigkeit solcher Vorabstimmungen auf. Die Abstimmenden müssen naturgemäß **Beschäftigte** der Dienststelle sein (§§ 4, 5). Anders als in § 18 Abs. 1 BPersVG, müssen die Abstimmenden aber auch **wahlberechtigt** sein (§ 8). Die Möglichkeit der Vorabstimmung besteht bei der Gruppenwahl und bei gemeinsamer Wahl.

Neuwahl des PR. Zulässig sind Vorabstimmungen nach dem Wortlaut von § 12 Abs. 1 Satz 1 nur bei der Neuwahl des PR. Das ist die regelmäßige PR-Wahl, kann aber auch eine vorzeitige Neuwahl nach § 23 sein. Auszuschließen ist insoweit aber die „Neuwahl" nach § 23 Abs. 1 Nr. 5 (erfolgreiche Anfechtung der PR-Wahl). Diese Wahl, die nach gerichtlicher Ungültigerklärung einer PR-Wahl durchzuführen ist, stellt – entgegen dem Wortlaut des § 23 Abs. 1 Nr. 5 – keine Neuwahl dar, sondern ist eine Wiederholungswahl (vgl. § 21 Abs. 2 Satz 2). Den Begriff der Wiederholungswahl hat der Gesetzgeber mit dem DRG bewusst eingeführt, um klarzustellen, „dass im Falle einer wegen Wahlanfechtung aufgehobenen Personalratswahl nicht eine Neuwahl, sondern eine Wiederholungswahl durchzuführen ist." (LT-Drucksache 14/6694, S. 563). 4

Wiederholungswahl. Im Gegensatz zu einer Neuwahl ist eine Wiederholungswahl dadurch gekennzeichnet, dass die „neue" Wahl unter den gleichen Voraussetzungen durchzuführen ist, wie die ursprüngliche – für ungültig erklärte – Wahl. Dies schließt die erstmalige Durchführung von Vorabstimmungen nach § 12 Abs. 1 Satz 1 begrifflich aus. Umgekehrt bedeutet dies aber auch, dass (wirksame) Vorabstimmungen hinsichtlich der alten – für ungültig erklärten – Wahl auch für die Wiederholungswahl Bestand und Relevanz haben. 5

Bedingungsfeindlichkeit. Vorabstimmungen können nicht unter einer Bedingung, z. B. dass die Neuwahl als Gemeinschaftswahl zu erfolgen habe, durchgeführt werden (vgl. Richardi/Dörner/Weber § 18 Rn. 16 m. w. N.) Dies schließt aber nicht aus, dass zeitgleich in zwei getrennten Vorabstimmungsverfahren zum einen über eine andere Gruppeneinteilung nach § 12 Abs. 1 Satz 1, zum anderen über die gemeinsame Wahl (§ 13 Abs. 2) beschlossen wird, solange keine inhaltliche Verknüpfung i. S. einer Bedingung hergestellt wird. 6

b) Verfahren. Die Abstimmungen müssen den Anforderungen genügen, die § 4 WO hinsichtlich der Zusammensetzung und Funktion des Abstimmungsvorstands aufstellt. Die Vorabstimmungen müssen getrennt und geheim erfolgen und auch den sonstigen allg. Grundsätzen für demokratische Wahlen genügen. 7

aa) Abstimmungsvorstand. Nach § 4 WO muss die Vorabstimmung zwingend unter der Leitung eines aus mind. drei wahlberechtigten Beschäftigten bestehenden Abstimmungsvorstands durchgeführt werden. Diesem muss mind. ein Mitglied jeder in der Dienststelle vertretenen Gruppen angehören. Der Abstimmungsvorstand kann auch mehr als drei Mitglieder haben („mindestens" drei wahlberechtigte Beschäftigte; vgl. BVerwG, 21.7.1980 – 6 P 13.80 – PersV 1981, 501). 8

Berufung des Abstimmungsvorstands. Wer den Abstimmungsvorstand beruft, ist weder im LPVG noch in der WO geregelt. Beschäftigte können den Abstimmungsvorstand aus eigener Initiative bilden, er kann aber auch vom PR eingesetzt oder von einer Personalversammlung gewählt werden. Auch der ordnungsgemäß bestellte Wahlvorstand kann Abstimmungsvorstand sein. 9

Verfahren des Abstimmungsvorstands. In § 4 WO ist geregelt, dass die Abstimmungen **„unter Leitung"** des Abstimmungsvorstands erfolgen. Das bedeutet, 10 dass er – als Gremium – alle für die Abstimmungen maßgeblichen Entscheidungen zu treffen hat, z. B. die Entscheidung über die Abstimmungsberechtigung eines Beschäftigten, über die Gruppenzugehörigkeit, über die äußere Ordnung bei der Durchführung einer Versammlung und der Abstimmung. Das Verfahren ist einfach und zweckmäßig auszugestalten; bei Meinungsverschiedenheiten im Gremium entscheidet die Mehrheit. Die Einberufung der Beschäftigten zur Durchführung der Vorabstimmungen erfolgt zweckmäßigerweise auch durch den Abstimmungsvorstand (vgl. Ilbertz- Widmaier § 18 Rn. 11). Die Stimmabgabe kann in einer gemeinsamen Versammlung, aber auch in getrennten Versammlungen erfolgen (Richardi/Dörner/Weber § 18 Rn. 13).

11 bb) **Abstimmungen.** Die Vorabstimmungen müssen getrennt und geheim erfolgen und auch den sonstigen allg. Grundsätzen für demokratische Wahlen genügen. Die Mindestanforderungen an eine unmittelbare, allgemeine, freie und gleiche Teilnahmemöglichkeit der Stimmberechtigten und an eine zuverlässige Ermittlung des Abstimmungsergebnisses müssen gewährleistet sein (vgl. VGH Mannheim, 10.6.1986 – 15 S 3319/85 – ZBR 1988, 72). Die Grundsätze des § 20 (Freiheit der Wahl, Kosten) gelten bei Vorabstimmungen nach Abs. 1 entsprechend.

12 **Geheime Abstimmung.** Die Abstimmung muss geheim und damit schriftlich erfolgen (§ 4 WO). **Briefwahl** ist in entsprechender Anwendung des § 23 WO zulässig und kann erforderlichenfalls unter den Voraussetzungen des § 24 WO vom Abstimmungsvorstand angeordnet werden (vgl. BVerwG, 21.7.1980 – 6 P 13.80 – PersV 1981, 501). Eine Abstimmung per Akklamation oder das Einreichen einer Unterschriftenliste genügt nicht. Um den Anforderungen an eine geheime Abstimmung zu genügen, ist es sachgerecht, sich an den §§ 22–25 WO zu orientieren.

13 **Getrennte Abstimmung.** Nach § 4 WO müssen die Abstimmungen zwingend nach Gruppen getrennt erfolgen. Dies folgt auch aus § 12 Abs. 1 Satz 1, wonach „jede Gruppe“ eine andere Gruppeneinteilung beschließen muss. Das Abstimmungsergebnis muss für jede Gruppe gesondert ermittelt werden. Dies schließt nicht aus, dass eine gemeinsame Versammlung der wahlberechtigten Beschäftigten erfolgt, in der dann getrennt abgestimmt wird.

14 **Bekanntgabe an den Wahlvorstand.** Das Ergebnis der Vorabstimmungen ist dem Wahlvorstand mitzuteilen. Es kann vom Wahlvorstand nur berücksichtigt werden, wenn es diesem binnen sechs Arbeitstagen nach der Bekanntmachung nach § 1 Abs. 3 WO (Bekanntgabe der Namen der Mitglieder und Ersatzmitglieder des Wahlvorstands) vorgelegt worden ist (§ 4 WO). Werden die Abstimmungsergebnisse verspätet beim Wahlvorstand eingereicht, bleiben sie unberücksichtigt.

15 **Glaubhaftmachung.** § 4 WO verlangt auch die Glaubhaftmachung aller maßgeblichen Umstände. Glaubhaft zu machen sind danach insb., dass sich ein Abstimmungsvorstand konstituiert hat, der aus mind. drei wahlberechtigten Beschäftigten bestanden hat. Die Personen, die den Abstimmungsvorstand gebildet haben, sind zu benennen, wobei mitzuteilen ist, wer zu welcher Gruppe

gehört. Glaubhaft zu machen ist weiterhin, dass es zu Abstimmungen unter der Leitung des Abstimmungsvorstands gekommen ist und dass dieses Verfahren ordnungsgemäß durchlaufen worden ist. Es ist glaubhaft zu machen, dass den Anforderungen an die Abstimmungen – insb. geheime und getrennte Abstimmung – genügt worden ist. Schließlich ist das Ergebnis der Abstimmungen mitzuteilen und glaubhaft zu machen. Fehlt die Glaubhaftmachung oder ist sie unzureichend, bleiben die Ergebnisse der Vorabstimmungen unberücksichtigt.

Form der Glaubhaftmachung. Der Abstimmungsvorstand ist nicht zum Beweis oder zur Versicherung an Eides statt verpflichtet; § 294 ZPO ist nicht, auch nicht entsprechend anwendbar. Es genügt jede Erklärung ggü. dem Wahlvorstand, aus der sich plausibel ergibt, dass das nach § 4 WO; § 12 Abs. 1 gebotene Verfahren eingehalten worden ist. Ausreichend wäre z. B. eine Niederschrift, die von den Mitgliedern des Abstimmungsvorstandes unterzeichnet ist, aus der sich die oben (vgl. Rn. 15) genannten Umstände ergeben. 16

2. Mehrheitsentscheidung beider Gruppen (**Satz 2**). Aufgrund des durch das ÄG 2013 neu gefassten Satzes 2 bedarf es nunmehr bei beiden Beschlüssen der Mehrheit der Stimmen **aller Wahlberechtigten** der jeweiligen Gruppe. Die Mehrheit der an der Vorabstimmung teilnehmenden wahlberechtigten Gruppenangehörigen genügt nicht. Auch eine **Kleinstgruppe** i. S. d. § 11 Abs. 5 hat an der Vorabstimmung teilzunehmen. 17

a) **Inhalt der Beschlüsse.** Gegenstand der Vorabstimmungen kann nicht eine Erhöhung oder Verminderung der Zahl der Mitglieder des PR sein, denn diese Zahl ist in § 10 zwingend festgelegt (vgl. Ilbertz-Widmaier § 18 Rn. 4). Hinsichtlich ihres zulässigen Inhalts müssen die Beschlüsse **inhaltlich übereinstimmen.** Die beiden Beschlüsse müssen die von § 11 abweichende Verteilung der Mitglieder des PR auf die Gruppen zweifelsfrei erkennen lassen; die abweichende Sitzverteilung muss zahlenmäßig konkret bezeichnet worden sein. Weichen die beiden Beschlüsse von einander ab, bleiben die Vorabstimmungen bei der Neuwahl unberücksichtigt. 18

Einzelfälle. Der vollständige Ausschluss einer Gruppe ist nicht zulässig; jeder Gruppe muss mind. ein Vertreter im PR bleiben (vgl. Richardi/Dörner/Weber § 18 Rn. 9; Ilbertz-Widmaier § 18 Rn. 8). Unbedenklich ist es, wenn abweichend von § 11 Abs. 5 beschlossen wird, dass auch ein Vertreter einer **Kleinstgruppe** im PR vertreten ist (vgl. Richardi/Dörner/Weber § 18 Rn. 10). 19

b) **Zeitliche Wirkung.** Ein Beschluss nach Abs. 1 gilt – anders als ein Beschluss nach § 5 Abs. 3 Satz 1 – jeweils nur für die bevorstehende Neuwahl des PR. Soll für spätere Wahlen an der geänderten Sitzverteilung festgehalten werden, bedarf es jeweils erneuter Vorabstimmungen. 20

II. Gruppenfremde Vertreter im Personalrat (Abs. 2)

1. Vorschlagsrecht (**Satz 1**). Die Regelung ermöglicht, dass für jede Gruppe auch Angehörige der jeweils anderen Gruppe vorgeschlagen werden können. Dies bedeutet, dass in den Wahlvorschlag einer Gruppe ein gruppenfremder 21

Bewerber aufgenommen werden kann. Kandidiert aber ein Arbeitnehmer für die Gruppe der Beamten – oder umgekehrt – so dürfen diese Bewerber nicht auch auf einem Wahlvorschlag der eigenen Gruppe kandidieren (§ 13 Abs. 8). Die Regelungen des Abs. 2 sind unabhängig von derjenigen des Abs. 1. Abs. 2 gilt für Gruppenwahl und für gemeinsame Wahl (§ 13 Abs. 2).

22 **2. Gruppenzugehörigkeit (Satz 2).** Nach Abs. 2 Satz 2 gelten die gruppenfremden gewählten Bewerber als Vertreter der Gruppe, die sie vorgeschlagen hat und für die sie gewählt worden sind. Durch diese gesetzliche Fiktion tritt aber **keine statusrechtliche Änderung** ein: Der Beamte im statusrechtlichen Sinne bleibt Beamter auch wenn er im PR als Arbeitnehmer gilt, gleiches gilt für den Arbeitnehmer, der nicht zum Beamten wird. Gruppenfremde Gewählte bleiben Angehörige der Gruppe, der sie dienst- bzw. arbeitsrechtlich zuzuordnen sind.

> **Beispiel:** Die Gruppe der Beamten wählt einen nach seinem Eintritt in den Ruhestand im Arbeitnehmerverhältnis weiterbeschäftigten Beamten in den PR. Der Gewählte bleibt dienstrechtlich Arbeitnehmer, gilt aber in seiner Eigenschaft als PR-Mitglied als Beamter.

23 **Personalvertretungsrechtliche Bedeutung.** Die Fiktion des Abs. 2 Satz 2 hat nur eine (zudem eingeschränkte – vgl. Rn. 24) personalvertretungsrechtliche Bedeutung; z. B. bei der Bildung des Vorstands nach § 28, bei Beschlüssen nach § 34 Abs. 4 Satz 2 und bei einem Antrag nach § 37 Abs. 1. Maßgeblich ist die gesetzliche Fiktion, wenn es gerade um die Funktion des Gewählten als PR-Mitglied geht.

24 **Betroffenheit als Beschäftigter.** Kommt es personalvertretungsrechtlich auf die Stellung des Betroffenen als Beschäftigter an, ist die statusrechtliche Stellung maßgeblich. Soll z. B. ein Arbeitnehmer, der für die Gruppe der Beamten in den PR gewählt worden ist, anders eingruppiert werden, richtet sich das Mitbestimmungsverfahren ausschließlich nach den für Arbeitnehmer geltenden Regelungen. Bei der nächsten Wahl des PR ist dieser Arbeitnehmer auch bei der Gruppe der Arbeitnehmer und nicht bei der Gruppe der Beamten wahlberechtigt, ebenso ist er bei einer etwaigen Berufung in den Wahlvorstand der Gruppe der Arbeitnehmer zuzurechnen.

25 **Statuswechsel.** Ändert sich der Status des Beschäftigten während der Amtszeit und damit auch die Gruppenzugehörigkeit – ein Beamter tritt in den Ruhestand und arbeitet als Arbeitnehmer weiter; ein Arbeitnehmer wird verbeamtet – lässt dies die Mitgliedschaft im PR und die Gruppenzugehörigkeit unberührt (§ 25 Abs. 2). Für gruppenfremde Gewählte bedeutet dies, dass sie ab dem Zeitpunkt des Statuswechsels sowohl statusrechtlich als auch personalvertretungsrechtlich gleich eingeordnet sind: Der für die Gruppe der Beamten gewählte Arbeitnehmer gilt nach § 12 Abs. 2 Satz 2 als Beamter, nach dem Statuswechsel ist er aber auch ansonsten Beamter.

26 **3. Gruppenfremde Ersatzmitglieder (Satz 3).** Gemäß Abs. 2 Satz 3 gilt die Regelung des Satzes 2 auch für die gruppenfremden Bewerber, die als Ersatzmitglied gewählt worden sind. Das bedeutet, dass das Ersatzmitglied nach § 27 Abs. 2 Satz 1 aufgrund der Vorschlagsliste, auf der es kandidiert hat, nach-

rückt. Würde sich die statusrechtliche Stellung des Ersatzmitglieds vor Eintritt in den PR ändern (§ 27 Abs. 3), wären fiktive Stellung und statusrechtliche Stellung gleich.

§ 13 Wahl des Personalrats

(1) Der Personalrat wird in geheimer und unmittelbarer Wahl gewählt.

(2) [1]Besteht der Personalrat aus mehr als einer Person, so wählen die Beamten und Arbeitnehmer ihre Vertreter je in getrennten Wahlgängen, es sei denn, dass eine Gruppe nach § 11 Absatz 5 keine Vertretung erhält oder die wahlberechtigten Angehörigen jeder Gruppe vor der Neuwahl in getrennten geheimen Vorabstimmungen die gemeinsame Wahl beschließen. [2]Der Beschluss bedarf der Mehrheit der Stimmen aller Wahlberechtigten jeder Gruppe.

(3) [1]Die Wahl wird nach den Grundsätzen der Verhältniswahl durchgeführt. [2]Wird nur ein Wahlvorschlag eingereicht, so findet Mehrheitswahl statt. [3]In Dienststellen, deren Personalrat aus einer Person besteht, wird dieser mit einfacher Stimmenmehrheit gewählt. [4]Das Gleiche gilt für Gruppen, denen nur ein Vertreter im Personalrat zusteht.

(4) [1]Zur Wahl des Personalrats können die wahlberechtigten Beschäftigten und die in der Dienststelle vertretenen Gewerkschaften Wahlvorschläge machen. [2]Jeder Wahlvorschlag der Beschäftigten muss von mindestens einem Zwanzigstel der wahlberechtigten Gruppenangehörigen unterzeichnet sein. [3]In jedem Fall genügt die Unterzeichnung durch 50 wahlberechtigte Gruppenangehörige. [4]Die nach § 9 Absatz 2 Satz 1 Nummer 3 und 4 in Verbindung mit Satz 2 nicht wählbaren Beschäftigten dürfen keine Wahlvorschläge machen oder unterzeichnen.

(5) [1]Die Wahlvorschläge müssen mindestens so viele Bewerber enthalten, wie erforderlich sind, um die anteilige Verteilung der Sitze im Personalrat und innerhalb der Gruppen auf Frauen und Männer zu erreichen. [2]Wahlvorschläge, die diesem Erfordernis nicht entsprechen, hat der Wahlvorstand nach näherer Maßgabe der Wahlordnung als gültig zuzulassen, wenn die Abweichung schriftlich begründet wird. [3]Die Begründung ist mit dem Wahlvorschlag bekanntzugeben.

(6) Ist gemeinsame Wahl beschlossen worden, so muss jeder Wahlvorschlag der Beschäftigten von mindestens einem Zwanzigstel der wahlberechtigten Beschäftigten unterzeichnet sein; Absatz 4 Satz 3 und 4 gilt entsprechend.

(7) [1]Werden bei gemeinsamer Wahl für eine Gruppe gruppenfremde Bewerber vorgeschlagen, muss der Wahlvorschlag der Beschäftigten von mindestens einem Zwanzigstel der wahlberechtigten Gruppenangehörigen unterzeichnet sein, für die sie vorgeschlagen werden. [2]Absatz 4 Satz 3 und 4 gilt entsprechend.

(8) Jeder Beschäftigte kann nur auf einem Wahlvorschlag benannt werden.

Anwendungsbereich. In § 13 sind die Grundsätze festgelegt, nach denen der (örtliche) PR, zu wählen ist. § 13 gilt auch für die Wahl des **GesamtPR** (§ 54 Abs. 4) und der **Stufenvertretungen** (§ 55 Abs. 3) sowie des **AusbildungsPR** (§ 58 Abs. 3 Satz 1). 1

I. Geheime und unmittelbare Wahl (Abs. 1)

2 **Wahlgrundsätze.** Nach Abs. 1 muss die Wahl zum PR geheim und unmittelbar sein. Dies gilt unabhängig davon, ob Gruppenwahl oder gemeinsame Wahl stattfindet, ob nur ein Mitglied des PR oder ob mehrere Mitglieder des PR zu wählen sind, ob eine Ergänzungswahl, Wiederholungswahl oder Neuwahl durchgeführt wird. Die PR-Wahl muss darüber hinaus den allg. verfassungsrechtlichen Anforderungen an Wahlen genügen, also auch **frei, gleich und allgemein** sein.

3 **1. Geheime Wahl.** Die Wahl zum PR muss geheim erfolgen. Dies verlangt, dass Wahlberechtigte ihre Stimme abgeben können, ohne dass festgestellt werden kann, wie sie abgestimmt haben. Dies ist zunächst durch die Gestaltung des Wahlraums (§ 22 Abs. 1 Satz 1 WO) und durch den Verschluss der Wahlurne (§ 22 Abs. 1 Satz 3 und 4 WO; ggf. auch dessen Abs. 5) sicher zu stellen. Dem dient auch die Präsenzpflicht des Wahlvorstands im Wahlraum (§ 22 Abs. 3 WO). Die Wahl darf nur mit Stimmzetteln und Stimmzettelumschlägen durchgeführt werden, die eine geheime Wahl gewährleisten.

4 **2. Unmittelbare Wahl.** Die Wahl muss unmittelbar sein. Der Wahlberechtigte muss selbst (persönlich) abstimmen, darf seine Stimme also nicht durch einen Vertreter oder durch Beauftragte (Wahlmänner) abgeben. Zulässig ist aber die Unterstützung durch eine Vertrauensperson nach § 22 Abs. 2 WO, wenn der Wahlberechtigte durch ein körperliches Gebrechen in der Stimmabgabe behindert ist.

5 **Briefwahl.** Voraussetzung der Briefwahl ist nicht mehr, dass der wahlberechtigte Beschäftigte im Zeitpunkt der Wahl verhindert ist, seine Stimme persönlich abzugeben (§ 23 WO); Briefwahl ist infolgedessen uneingeschränkt zulässig. Zu den Möglichkeiten des Wahlvorstands, in bestimmten Konstellationen bzw. für bestimmte Beschäftigte Briefwahl anzuordnen, vgl. §§ 24 und § 25 WO.

6 **3. Freie Wahl.** Die Wahl des PR muss frei erfolgen. Dies ist im Abs. 1 nicht ausdrücklich geregelt, ergibt sich aber aus den allg. Wahlgrundsätzen und auch aus der Überschrift von § 20 und dessen Regelungen im dortigen Abs. 1. Der Wahlberechtigte darf nicht in der Ausübung des aktiven und passiven Wahlrechts beschränkt werden. Er kann frei entscheiden, wen er wählt bzw. wem er wie viele Stimmen gibt. Keine Verletzung der Freiheit der Wahl stellt die Beschränkung auf die Wählbarkeit von Bewerbern, die in einem bekanntgemachten Wahlvorschlag aufgenommen worden sind, dar (vgl. § 18 Abs. 2 Satz 2 Nr. 2 WO).

7 **Quoten.** Der Grundsatz der freien Wahl verbietet grundsätzlich auch eine Quotierung. Hinsichtlich der Berücksichtigung von weiblichen und männlichen Bewerbern bei der Stimmabgabe ist dies in § 20 Abs. 4 Satz 3 WO klar zum Ausdruck gebracht. Bei der Zusammensetzung des PR nach Beschäftigungsarten und Organisationseinheiten (§ 14) hat der Gesetzgeber sich von vornherein auf einen Appell beschränkt und jede Verpflichtung zur Quotierung in Wahlvorschlägen unterlassen.

4. Gleiche Wahl. Jeder Wahlberechtigte muss das gleiche Stimmrecht haben. Dies verlangt grundsätzlich die Gleichheit von Zählwert und Erfolgswert der Stimme. Hier ist allerdings nicht zu übersehen, dass es durch das Gruppenprinzip zu Verschiebungen kommen kann (vgl. z. B. § 11 Abs. 4). 8

5. Allgemeine Wahl. Die Allgemeinheit der Wahl verlangt, dass grundsätzlich alle Beschäftigten zur Wahl zugelassen sein müssen. Dies schließt nicht aus, dass der Gesetzgeber die Wahlberechtigung der Beschäftigten von bestimmten Voraussetzungen (z. B. Lebensalter, Beschäftigungszeit, etc.) abhängig macht. 9

II. Wahlsysteme (Abs. 2)

1. Gruppenwahl und gemeinsame Wahl (Satz 1). Nach Satz 1 kann der PR in Gruppenwahl oder gemeinsamer Wahl gewählt werden. Hierbei hat die Gruppenwahl Vorrang, wenn der PR nicht nur aus einer Person besteht und in der Dienststelle beide Gruppen (Beamte und Arbeitnehmer) vertreten sind. Gruppenwahl bedeutet, dass die Wahlberechtigten der beiden Gruppen ihre Vertreter im PR in getrennten Wahlgängen wählen. Bei gemeinsamer Wahl stimmen alle Wahlberechtigten gemeinsam ab. 10

a) **Gruppenwahl.** Bei der Gruppenwahl wählen die wahlberechtigten Beschäftigten in getrennten Wahlgängen. Die getrennte Wahl folgt aus dem Gruppenprinzip, einem der tragenden Grundsätze des Personalvertretungsrechts (vgl. auch § 98 Abs. 2 und 3 BPersVG). Das Gruppenprinzip hat nicht nur bei der Wahl des PR, sondern im gesamten Personalvertretungsrecht besondere Bedeutung (vgl. die Komm zu § 4 Abs. 3 und 4). 11

Stimmabgabe bei Gruppenwahl. Bei der Gruppenwahl wählen die Wahlberechtigten jeder Gruppe nur die Vertreter ihrer Gruppe; jeder Wähler kann so viele Stimmen abgeben, als Vertreter der Gruppe, der er angehört, zu wählen sind (§ 20 Abs. 4 Satz 1 WO). 12

b) **Gemeinsame Wahl.** Eine gemeinsame Wahl findet (nur) statt, wenn der PR lediglich aus einer Person besteht (vgl. § 10 Abs. 3), wenn eine Gruppe nach § 11 Abs. 5 keine Vertretung erhält oder wenn die Mehrheit der Wahlberechtigten jeder in der Dienststelle vertretenen Gruppen dies in einer Vorabstimmung (vgl. § 4 WO) beschließt. 13

Stimmabgabe bei gemeinsamer Wahl. Bei gemeinsamer Wahl wählen alle Wahlberechtigten sämtliche PR-Mitglieder ohne Rücksicht auf die Gruppeneinteilung; jeder Wähler hat so viele Stimmen, als PR-Mitglieder zu wählen sind. Die Verteilung der Sitze auf die Gruppen nach § 11 wird aufgrund der Durchführung einer gemeinsamen Wahl nicht berührt; dementsprechend kann der Wähler bei gemeinsamer Wahl für die Bewerber der einzelnen Gruppen nur so viele Stimmen abgeben, als Vertreter dieser Gruppe zu wählen sind (§ 20 Abs. 4 Satz 2 WO). 14

Vorabstimmungen. Für die Vorabstimmung i. S. d. § 13 Abs. 2 gilt § 12 entsprechend. Diese muss vor der Wahl stattfinden. Das Ergebnis einer Vorabstim- 15 mung wird vom Wahlvorstand gemäß § 4 WO nur berücksichtigt, wenn dieses – unter Beachtung der in § 4 WO festgelegten Anforderungen – binnen sechs Arbeitstagen nach der Bekanntgabe der Mitglieder des Wahlvorstands (§ 1 Abs. 3 WO) dem Wahlvorstand vorliegt. Eine nachträgliche Genehmigung ist nicht möglich. Eine fehlerhaft durchgeführte gemeinsame Wahl ist i. d. R. nicht nichtig, aber anfechtbar. Die Wahlgrundsätze (vgl. Rn. 2 ff.) sowie § 20 gelten bei Vorabstimmungen entsprechend. Eine etwaige Aufforderung des Abstimmungsvorstands, bei der Vorabstimmung für die gemeinsame Wahl zu stimmen, stellt keine unzulässige Wahlbeeinflussung dar, darin liegt auch keine die Gültigkeit der Wahl berührende Pflichtverletzung (vgl. BVerwG, 21.7.1980 – 6 P 13.80 – PersV 1981, 501).

16 **Fehlender Wahlvorschlag.** Wird die gemeinsame Wahl beschlossen, werden aber nur für eine Gruppe gültige Wahlvorschläge eingereicht, findet Gruppenwahl statt. Wahlberechtigt sind dann nur noch die Angehörigen dieser Gruppe. Die Angehörigen der anderen Gruppe haben ihren Anspruch auf Vertretung für die Dauer der Amtszeit des PR verloren (§ 11 Abs. 2 Satz 3). Diese Sitze fallen der anderen Gruppe zu.

17 **2. Mehrheitsentscheidung (Satz 2).** Der Beschluss über die gemeinsame Wahl bedarf der Mehrheit der Wahlberechtigten jeder in der Dienststelle vertretenen Gruppe; die Mehrheit der Abstimmenden genügt nicht. Abstimmungsberechtigt sind jeweils nur die wahlberechtigten Angehörigen der Gruppe. Der Beschluss über die gemeinsame Wahl gilt nur für die bevorstehende PR-Wahl.

III. Verhältniswahl und Mehrheitswahl (Abs. 3)

18 **Regelungsbereich.** Abs. 3 Satz 1 bestimmt, dass die Wahl des PR grundsätzlich als Verhältniswahl durchzuführen ist; nach Maßgabe von Satz 2 findet Mehrheitswahl statt. Verhältniswahl oder Mehrheitswahl kommen sowohl bei Gruppenwahl als auch bei gemeinsamer Wahl in Frage. Besteht der PR nur aus einer Person oder steht einer Gruppe nur ein Vertreter zu, ist mit einfacher Mehrheit zu wählen (Sätze 3 und 4).

19 **Stimmenzahl.** Sowohl bei Verhältniswahl als auch bei Mehrheitswahl kann jeder Wähler so viele Stimmen abgeben, als bei Gruppenwahl Vertreter der Gruppe, der er angehört, bei gemeinsamer Wahl PR-Mitglieder insgesamt zu wählen sind (§ 20 Abs. 4 Satz 1 WO). Bei gemeinsamer Wahl kann er jedoch für die Bewerber der einzelnen Gruppen nur so viele Stimmen abgeben, als Vertreter dieser Gruppen zu wählen sind (§ 20 Abs. 4 Satz 2 WO).

20 **1. Verhältniswahl (Satz 1).** Grundsätzlich gelten bei der Wahl des PR die Grundsätze der Verhältniswahl. Nach diesen Grundsätzen ist zu wählen, wenn – bei **Gruppenwahl** – für die betreffende Gruppe mehrere gültige Wahlvorschläge eingegangen und mehrere Vertreter zu wählen sind oder – bei **gemeinsamer Wahl** – mehrere gültige Wahlvorschläge eingegangen sind und mehr als ein Vertreter zu wählen ist. Vgl. auch die besonderen Vorschriften für die Verhältniswahl in der Wahlordnung (§§ 33 bis 39 WO). Die Ermittlung der ge-

wählten Gruppenvertreter folgt bei Gruppenwahl aus § 37 WO, bei gemeinsamer Wahl aus § 38 WO.

a) Stimmabgabe. Im Falle der Verhältniswahl kann der Wähler gemäß § 33 Satz 1 Hs. 1 WO Bewerber innerhalb der gleichen Gruppe aus anderen Wahlvorschlägen übernehmen (**panaschieren**). Dies geschieht i. d. R. durch handschriftliche Beifügung der Namen der aus anderen Wahlvorschlägen zu übernehmenden Bewerber auf den Stimmzettel, mit dem gewählt wird, und durch Beifügung eines Kreuzes oder einer Zahl zu diesen Namen. Außerdem kann der Wähler im Falle der Verhältniswahl gemäß § 33 Satz 1 Hs. 2 WO jedem Bewerber bis zu drei Stimmen geben (**kumulieren**). Die ihm insgesamt oder im Falle der gemeinsamen Wahl für Bewerber jeder Gruppe zustehende Zahl von Stimmen darf er dabei nicht überschreiten. 21

b) Wahlergebnis bei Gruppenwahl. Es werden die für jeden Bewerber abgegebenen gültigen Stimmen ermittelt. Sodann werden die auf sämtliche Bewerber eines jeden Wahlvorschlags entfallenden Stimmen zusammengezählt (§ 37 Abs. 1 Satz 2 WO). Stimmen, die für einen Bewerber abgegeben worden sind, der vom Wähler aus einem anderen Wahlvorschlag übernommen worden ist, sind zugunsten des Wahlvorschlags, aus dem er übernommen worden ist, zu zählen (§ 37 Abs. 1 Satz 5 WO). 22

> **Beispiel:** Ein Bewerber wird aus dem Wahlvorschlag 2 in den Wahlvorschlag 1 übernommen. Die für ihn abgegebenen Stimmen sind dem Wahlvorschlag 2 gutzuschreiben.

Wahlergebnis bei gemeinsamer Wahl. Es ist ebenfalls von der Zahl der für die einzelnen Bewerber abgegebenen gültigen Stimmen auszugehen. Die auf die Bewerber gleicher Gruppenzugehörigkeit der einzelnen Wahlvorschläge entfallenen Stimmen werden zusammengezählt (§ 38 Abs. 1 Satz 2 WO). Für jede Gruppe werden die für die einzelnen Wahlvorschläge ermittelten Gesamtstimmenzahlen nebeneinandergestellt und der Reihe nach durch 1, 2, 3 usw. geteilt (§ 38 Abs. 1 Satz 2 WO). Auf die jeweils höchste Teilzahl (Höchstzahl) wird so lange ein Sitz zugeteilt, bis alle der Gruppe zustehenden Sitze verteilt sind (§ 38 Abs. 1 Satz 3 WO). Innerhalb der Wahlvorschläge werden die den einzelnen Gruppen zugefallenen Sitze auf die Bewerber der entsprechenden Gruppen in der Reihenfolge der von ihnen erreichten Stimmenzahlen zugeteilt (§ 38 Abs. 2 Satz 1 WO). 23

Gleiche Höchstzahlen. Ist bei gleichen Höchstzahlen nur noch ein Sitz oder sind bei drei gleichen Höchstzahlen nur noch zwei Sitze zu verteilen, so **entscheidet das Los** (§ 37 Abs. 1 Satz 4 bzw. § 38 Abs. 1 Satz 4 WO). 24

Gleiche Stimmenzahl. Haben innerhalb eines Wahlvorschlags bei gemeinsamer Wahl **innerhalb einer Gruppe,** mehrere Bewerber die gleiche Stimmenzahl erhalten, **entscheidet die Reihenfolge** der Benennung im Wahlvorschlag (§ 37 Abs. 2 Satz 3, § 38 Abs. 2 Satz 2 WO). 25

Ersatzmitglieder. Die Bewerber, auf die kein Sitz entfällt, sind in der Reihenfolge der von ihnen erreichten Stimmenzahlen als Ersatzmitglieder ihres Wahl- 26 vorschlags für die Gruppe, für die sie vorgeschlagen wurden, festzustellen (§ 37 Abs. 2 Satz 4, § 38 Abs. 2 Satz 2 WO). Ersatzmitglieder können natürlich nur für die Wahlvorschläge bzw. bei gemeinsamer Wahl für die Gruppen innerhalb der Wahlvorschläge festgestellt werden, die mind. einen Sitz erhalten haben.

27 **Fehlende Bewerber bei einzelnen Wahlvorschlägen.** Enthält ein Wahlvorschlag weniger Bewerber, als ihm nach der Zahl der auf ihn entfallenen Höchstzahlen Sitze zustehen würden, so fallen bei **Gruppenwahl** die überschüssigen Sitze den übrigen Wahlvorschlägen in der Reihenfolge der nächsten Höchstzahlen zu (§ 37 Abs. 3 Satz 1 WO). Bei **gemeinsamer Wahl** fallen die überschüssigen Sitze den Bewerbern derselben Gruppe auf den übrigen Wahlvorschlägen in der Reihenfolge der nächsten Höchstzahlen dieser Gruppe zu (§ 38 Abs. 3 Satz 1 WO). Die überschüssigen Sitze fallen nicht der anderen Gruppe desselben Wahlvorschlags zu.

28 **Fehlende Bewerber bei allen Wahlvorschlägen.** Enthalten – bei **Gruppenwahl** – alle Wahlvorschläge oder – bei **gemeinsamer Wahl** – alle Wahlvorschläge für dieselbe Gruppe zu wenig Bewerber, bleiben die überschüssigen **Sitze unbesetzt** (§ 37 Abs. 3 Satz 2, § 38 Abs. 3 Satz 2 WO). Sie gehen also, im Gegensatz zu dem in § 16 Abs. 4 Nr. 1 und § 7 Abs. 4 WO genannten Fall, nicht auf die andere Gruppe über.

29 **Wegfall der Wählbarkeit.** Die auf einen Bewerber entfallenden Stimmen, dessen Wählbarkeit nach Bekanntgabe des Wahlvorschlags (§ 18 WO) weggefallen ist (z. B. aufgrund einer Versetzung, die im Zeitpunkt der Bekanntgabe noch nicht bekannt war), sind bei der Ermittlung der Gesamtstimmenzahlen eines Wahlvorschlags bzw. einer Gruppe dennoch zu berücksichtigen.

30 **2. Mehrheitswahl (Satz 2).** Findet Mehrheitswahl statt, kann der Wähler jedem Bewerber nur eine Stimme geben (§ 40 Satz 1 WO). Die Gestaltung der Stimmzettel bei Mehrheitswahl regelt § 41 WO. § 42 WO bestimmt, welche Stimmzettel und welche Stimmen ungültig sind. Die Ermittlung der gewählten Bewerber folgt aus § 43 WO; § 44 WO enthält besondere Regelungen über die Wahlniederschrift und die Bekanntmachung des Wahlergebnisses.

31 **Gruppenwahl.** Nach den Grundsätzen der Mehrheitswahl ist bei Gruppenwahl zu wählen, wenn für die betreffende Gruppe nur ein gültiger Wahlvorschlag eingegangen ist oder nur ein Vertreter zu wählen ist (Satz 4); vgl. VG Karlsruhe, 16.7.2010 – PL 12 K 1234/10 – juris. Im Falle der Gruppenwahl muss für jeden der beiden Wahlgänge gesondert festgestellt werden, ob dieser nach den Grundsätzen der Mehrheits- oder der Verhältniswahl durchzuführen ist (vgl. Altvater u. a. § 17 Rn. 8).

32 **Gemeinsame Wahl.** Bei gemeinsamer Wahl findet Mehrheitswahl statt, wenn nur ein gültiger Wahlvorschlag eingegangen ist oder nur ein Personalratsmitglied zu wählen ist (vgl. Satz 3).

33 a) **Stimmabgabe bei Mehrheitswahl.** Im Falle der Mehrheitswahl kann der Wähler jedem Bewerber **nur eine Stimme** geben (§ 40 Satz 1 WO). Stimmen-

häufung (Kumulation) ist nicht zulässig (vgl. § 42 Abs. 2 WO). Panaschieren ist bei Mehrheitswahl nicht möglich (vgl. auch § 41 Abs. 1 und 2 WO).

34 **b) Ermittlung der gewählten Bewerber.** Das Ergebnis der Mehrheitswahl wird nach § 43 WO ermittelt. Dabei ist danach zu differenzieren, ob *mehrere* Bewerber auf Grund *eines* Wahlvorschlags zu wählen sind (§ 43 Abs. 1 WO), ob nur *ein* Bewerber auf Grund *mehrerer* Wahlvorschläge zu wählen ist (§ 43 Abs. 2 WO) oder ob *mehrere* Bewerber *eines* Wahlvorschlags zu wählen sind (§ 43 Abs. 3 WO). Ist *ein* Bewerber auf Grund *eines* Wahlvorschlags zu wählen, gelten nach § 43 Abs. 4 WO dessen Abs. 1 und 3 entsprechend. Sind mehrere Bewerber aufgrund eines Wahlvorschlags zu wählen, so sind nach § 43 Abs. 1 Satz 1 WO bei Gruppenwahl die Bewerber in der Reihenfolge der jeweils höchsten auf sie entfallenen Stimmenzahl gewählt (Nr. 1); bei gemeinsamer Wahl sind die den einzelnen Gruppen zustehenden Sitze mit Bewerbern dieser Gruppe in der Reihenfolge der jeweils höchsten auf sie entfallenen Stimmenzahlen zu besetzen (Nr. 2). Ist ein Bewerber aufgrund eines oder mehrerer Wahlvorschläge zu wählen, so ist der Bewerber gewählt, der die meisten Stimmen erhalten hat (vgl. § 43 Abs. 2 Satz 1, § 43 Abs. 4 WO).

35 **Stimmengleichheit.** Haben in den Fällen des § 43 Abs. 1 oder Abs. 2 WO mehrere Bewerber die gleiche Stimmenzahl erhalten, **entscheidet das Los** (§ 43 Abs. 1 Satz 2, Abs. 2 Satz 2 WO) und nicht, wie im Falle der Verhältniswahl, die Reihenfolge der Benennung auf dem Wahlvorschlag (vgl. §§ 37 Abs. 2 Satz 3; 38 Abs. 2 Satz 2 WO).

36 **Ersatzmitglieder.** In den Fällen des § 43 Abs. 1 und 2 WO sind die nicht gewählten Bewerber in der Reihenfolge der von ihnen erreichten Stimmenzahlen als Ersatzmitglieder festzustellen (§ 43 Abs. 1 Satz 3, Abs. 2 Satz 3 WO).

IV. Wahlvorschläge (Abs. 4)

37 **Begriff.** Wahlvorschläge sind empfangsbedürftige Willenserklärungen (Ilbertz/Widmaier § 19 Rn. 40 m. w. N.). Sie bestehen aus der **Bewerberliste** und der **Unterschriftenliste**, die zusammen eine einheitliche Urkunde bilden (BVerwG, 10.4.1978 – 6 P 60.78 – PersV 1979, 197; 11.3.2014 – 6 P 5.13 – PersR 2014, 58 = PersV 2014, 258). Wahlvorschläge oder Unterschriften können nicht unter einer Bedingung angebracht werden (§ 14 Abs. 2 Satz 2 WO). Die Zustimmungserklärungen (vgl. Rn. 40) sind nicht Bestandteil des Wahlvorschlags. Wahlvorschläge werden mit dem Zugang beim Wahlvorstand wirksam. Die Bewerberliste darf nicht geändert werden; in der Unterschriftenliste dürfen vor Einreichung Fehler berichtigt werden.

38 **Bedeutung.** Der Wahlberechtigte darf nur die wählbaren Bewerber wählen, die in einen der bekanntgemachten Wahlvorschläge aufgenommen worden sind. Hierauf ist in der Bekanntmachung der Wahlvorschläge (§ 18 Abs. 2 Satz 2 Nr. 2 WO) und bereits im Wahlausschreiben ausdrücklich hinzuweisen (§ 9 Abs. 2 Nr. 16 WO). Die Wahlvorschläge müssen den Anforderungen von § 13 Abs. 4 bis 8 sowie der §§ 11 ff. WO genügen; insb. innerhalb der Einreichungs-

frist des § 11 Abs. 2 Satz 1 WO schriftlich beim Wahlvorstand eingereicht worden sein.

39 **Kennwort.** Wird der Wahlvorschlag nach § 12 Abs. 7 WO mit einem Kennwort versehen, so darf dieses wegen § 20 Abs. 1 Satz 1 nicht irreführend sein (VGH Mannheim, 12.4.2007 – PL 15 S 940/05 – ZfPR 2008, 7).

40 **Zustimmungserklärung.** Dem Wahlvorschlag ist die schriftliche Zustimmung der in ihm aufgeführten Bewerber zur Aufnahme in den Wahlvorschlag beizufügen (§ 13 Abs. 2 WO). Diese kann nicht unter einer Bedingung erteilt werden (§ 14 Abs. 2 Satz 2 WO). Bereits aus dem Wortlaut des § 13 Abs. 2 WO ergibt sich, dass die Zustimmungserklärung nicht Bestandteil des Wahlvorschlags ist. Das Schriftformerfordernis ist nur erfüllt, wenn die vom Bewerber unterschriebene Zustimmungserklärung beim Wahlvorstand eingereicht wird; eine Übermittlung per Telefax reicht nicht aus (vgl. BVerwG, 11.3.2014 – 6 P 5.13 – PersR 2014, 58 = PersV 2014, 258).

41 **Fehlende Zustimmungserklärung.** Nach Ablauf der Einreichungsfrist können Zustimmungserklärungen nicht mehr nachgereicht werden (§ 14 Abs. 2 Satz 2 WO). In Wahlvorschlägen sind die Bewerber zu streichen, deren Zustimmungserklärung fehlt oder nicht rechtzeitig oder unter einer Bedingung vorgelegt worden ist (§ 15 Abs. 2 Satz 1 Nr. 2 WO). Zustimmungserklärungen können nach Einreichung des Wahlvorschlags **nicht** mehr **zurückgenommen** werden (§ 14 Abs. 3 WO). Vor Einreichung beim Wahlvorstand ist dies möglich.

42 **Amts- und Funktionsbezeichnung.** Die im Wahlvorschlag angegebene Amts- und Funktionsbezeichnung (vgl. § 12 Abs. 3 Satz 2 WO) ist im dienstrechtlichen Sinne zu verstehen (z. B. Schreibkraft, Sachbearbeiter, Referent, Sachgebietsleiter, Kraftfahrer, Hausmeister, Regierungsinspektor, Regierungsdirektorin). Die Bezeichnung „Personalrat" ist keine entspr. Bezeichnung; die Verwendung dieser Bezeichnung im Stimmzettel (vgl. §§ 18, 21 WO) stellt einen Verstoß gegen eine wesentliche Vorschrift des Wahlverfahrens dar (§ 21 Abs. 1) und führt bei Wahlanfechtung zur Ungültigkeit der Wahl. Ebenfalls um keine Amts- oder Funktionsbezeichnung handelt es sich z. B. bei der Angabe „Betriebswirt".

43 **Vorgeschlagene Bewerber.** Vorgeschlagen werden können die wählbaren Beschäftigten der Dienststelle. Auch bei gemeinsamer Wahl können für eine Gruppe **gruppenfremde** Beschäftigte vorgeschlagen werden (vgl. § 12 Abs. 2 Satz 1).

44 **1. Vorschlagsberechtigung (Satz 1).** Wahlvorschläge können von wahlberechtigten Beschäftigten (Abs. 4, 6 und 7) gemacht werden (vgl. Rn. 53 ff.). Vorschlagsberechtigt sind auch die in der Dienststelle vertretenen Gewerkschaften (Abs. 4 Satz 1).

45 **Gewerkschaftliche Wahlvorschläge.** Wahlvorschläge, die von einer in der Dienststelle vertretenen Gewerkschaft eingereicht werden, bedürfen der **Unterschrift** eines zeichnungsberechtigten Mitglieds des Vorstands einer Gewerkschaft auf Orts-, Bezirks-, Landes- oder Bundesebene (§ 12 Abs. 4 WO). Der

Wahlvorstand kann einen Nachweis über die Zeichnungsberechtigung und darüber verlangen, dass seine Gewerkschaft in der Dienststelle vertreten ist (§ 15 Abs. 1 Satz 2 WO). Dies braucht der Wahlvorstand aber nur in Zweifelsfällen zu prüfen. Wer Vorstandsmitglied ist, bestimmt sich nach den Statuten der Gewerkschaft.

Gruppenfremde Bewerber. Bei Wahlvorschlägen der in der Dienststelle vertretenen **Gewerkschaften** genügt, auch wenn gruppenfremde Bewerber für eine Gruppe vorgeschlagen werden, die Unterzeichnung durch ein zeichnungsberechtigtes Mitglied des Vorstands der Gewerkschaft auf Orts-, Bezirks-, Landes- oder Bundesebene (vgl. Rn. 45). 46

a) **Einreichung beim Wahlvorstand.** Wahlvorschläge sind innerhalb von zwölf Arbeitstagen nach Erlass des Wahlausschreibens (§ 9 WO) während der Dienststunden beim Wahlvorstand einzureichen (§ 11 Abs. 2 Satz 1 WO). Sie werden mit ihrer Einreichung rechtsverbindlich. Der Ort, an dem die Wahlvorschläge abzugeben sind, ist im Wahlausschreiben ausreichend bestimmt anzugeben (vgl. § 9 Abs. 2 Nr. 17 WO sowie BVerwG, 11.8.2009 – 6 PB 16.09 – PersR 2009, 418 = PersV 2009, 465). **Vor Erlass des Wahlausschreibens** können Wahlvorschläge **nicht** eingereicht werden. Vorbereitende Handlungen (Kandidatensuche, Unterstützungsunterschriften) sind allerdings zulässig und auch zweckmäßig. 47

Rücknahme des Wahlvorschlags. Die Rücknahme eines Wahlvorschlags nach Einreichung beim Wahlvorstand ist ausgeschlossen (vgl. BVerwG, 11.6.1975 – VII P 15.73 – BVerwGE 48, 317 = PersV 1976, 185). 48

b) **Prüfung und Rückgabe.** Der Vorsitzende des Wahlvorstands prüft die eingereichten Wahlvorschläge auf etwaige Mängel und teilt diese dem Vertreter des Wahlvorschlags unverzüglich mit; mängelbehaftete Wahlvorschläge müssen zur Mängelbeseitigung zurückgeben werden (vgl. § 14 Abs. 2 WO). Auch die Rückgabe muss „unverzüglich" erfolgen. Um dem zu genügen, muss der Wahlvorstand Vorkehrungen treffen, um auch am Ende der Einreichungsfrist ihm vorgelegte Wahlvorschläge prüfen zu können und gegebenenfalls eine noch fristgerechte Ergänzung oder Korrektur zu ermöglichen (VG Stuttgart, 16.12.2014 – PL 22 K 3331/14 – n. v.). 49

Nichtzulassung. Wird ein gültiger Wahlvorschlag vom Wahlvorstand nicht zugelassen, stellt dies eine Verletzung einer wesentlichen Vorschrift über das Wahlverfahren i. S. d. § 21 dar (vgl. BVerwG, 26.11.2008 – 6 P 7.08 – PersR 2009, 267 = PersV 2009, 138). 50

Veränderung des Wahlvorschlags. Übernimmt der Wahlvorstand bei der Mehrheitswahl die Bewerber nicht in unveränderter Reihenfolge aus dem eingereichten Wahlvorschlag, stellt auch dies eine Verletzung einer wesentlichen Vorschrift über das Wahlverfahren i. S. d. § 21 dar und begründet regelmäßig eine Wahlanfechtung. 51

Sonderfälle. Ist **gemeinsame Wahl** nach Abs. 2 beschlossen worden und wurde nur für eine Gruppe ein gültiger Wahlvorschlag eingereicht oder wurden die 52

Wahlvorschläge für die andere Gruppe zurückgezogen, kann eine gemeinsame Wahl nicht stattfinden (vgl. Ilbertz-Widmaier § 19 Rn. 26). Es ist nach § 11 Abs. 2 Satz 3 zu verfahren, d. h. die Zahl der Sitze der anderen Gruppe ist zu erhöhen (Altvater u. a. § 17 Rn. 7). Ebenso ist nach § 11 Abs. 2 Satz 3 zu verfahren, wenn zwar gemeinsame Wahl ordnungsmäßig beschlossen worden ist, aber für eine Gruppe auf allen eingereichten Wahlvorschlägen **keine Bewerber gültig benannt** worden sind (vgl. § 16 Abs. 4 Nr. 1 WO).

53 **2. Wahlvorschläge der wahlberechtigten Beschäftigten (Satz 2).** Für Wahlvorschläge der (wahlberechtigten) Beschäftigten sind die Unterschriften von mind. einem Zwanzigstel der wahlberechtigten Gruppenangehörigen, bei gemeinsamer Wahl die Unterschriften von mind. einem Zwanzigstel der wahlberechtigten Beschäftigten der Dienststelle erforderlich. Das Quorum soll dazu dienen, aussichtslose und nicht ernsthafte Bewerbungen möglichst zu vermeiden. Dezimalstellen sind nach oben aufzurunden, da andernfalls nicht die Mindestzahl gewahrt wäre. Eine absolute Mindestzahl von Unterschriften ist insoweit nicht vorgeschrieben. So genügen z. B. bei 38 Wahlberechtigten einer Gruppe zwei Unterschriften. Das Unterschriftenquorum ist im Wahlausschreiben anzugeben (§ 9 Abs. 2 Nr. 15 WO).

54 **Unterzeichnung mehrerer Wahlvorschläge.** Die Unterzeichnung mehrerer Wahlvorschläge durch einen Wahlberechtigten ist nach § 15 Abs. 4 WO zu behandeln. Sein Name ist unter allen eingereichten Wahlvorschlägen zu streichen. Sofern Wahlvorschläge danach nicht mehr die erforderliche Anzahl von Unterschriften aufweisen, hat sie der Wahlvorstand dem Listenvertreter (vgl. § 12 Abs. 5 WO) mit der Auflage, die fehlenden Unterschriften binnen drei Arbeitstagen nachzubringen, zurückzugeben.

55 **Wahlvorstand, Wahlbewerber.** Die Mitglieder und Ersatzmitglieder des Wahlvorstands dürfen Wahlvorschläge unterzeichnen. Die Mitglieder des Wahlvorstands können aber nicht Vertreter eines Wahlvorschlags oder deren Stellvertreter sein (§ 12 Abs. 6 WO). Auch Wahlbewerber können den Wahlvorschlag unterzeichnen, auf dem sie selbst als kandidieren, aber nicht als gruppenfremder Kandidat.

56 **Änderung des Wahlvorschlags.** Bei einer Änderung des Wahlvorschlags nach der Unterzeichnung decken die Unterschriften diesen nur dann und insoweit, als die **Zustimmung der Unterzeichner** zu der Änderung erteilt worden ist. Unterschriften von Unterzeichnern, die der Änderung nicht nachweislich zugestimmt haben, können nicht mitgezählt werden. Die Bewerberliste darf keine Änderungen enthalten; in der Unterschriftenliste dürfen – vor Einreichung beim Wahlvorstand – Fehler berichtigt und mit Zustimmung der Betroffenen auch Namen gestrichen werden (BVerwG, 14.4.1978 – 6 P 60.78 – PersV 1979, 197). Die Berichtigung der Schreibweise eines Namens ist, wenn zu berechtigten Zweifeln daran, dass alle Unterzeichner dieselbe Person als Bewerber bezeichnet haben, kein Anlass besteht, keine Änderung des Wahlvorschlags. Die Änderung der Bezeichnung eines Wahlvorschlags vor dessen Einreichung beim Wahlvorstand berührt nicht die Identität des Wahlvorschlags und die Gültig-

keit der vorher erteilten Kandidatenzustimmungen und Unterstützungsunterschriften.

57 **Fehlende Unterschriften.** Nach Ablauf der Einreichungsfrist können fehlende Unterschriften nicht mehr nachgereicht werden (§ 14 Abs. 2 Satz 2 WO); entspr. Wahlvorschläge sind ungültig (§ 15 Abs. 5 Nr. 3 WO). Unterschriften können nach Einreichung des Wahlvorschlags nicht mehr zurückgenommen werden (§ 14 Abs. 3 WO). Vor Einreichung ist dies möglich.

58 **3. Unterstützung von 50 Wahlberechtigten** (Satz 3). Ohne Rücksicht auf die Größe der Dienststelle und das erreichte Quorum genügt die Unterzeichnung eines Wahlvorschlags durch 50 wahlberechtigte Gruppenangehörige bzw. wahlberechtigte Beschäftigte der Dienststelle (vgl. hierzu auch BVerfG, 23.3.1982 – 2 BvL 1/81 – PersV 1982, 329). Der von den Wahlberechtigten eigenhändig unterzeichnete Wahlvorschlag muss im Original beim Wahlvorstand eingehen (BVerwG, 11.3.2014 – 6 P 5.13 – PersR 2014, 58 = PersV 2014, 258).

59 **4. Fehlende Wahlvorschlagsberechtigung** (Satz 4). Die Beschäftigten, die nach § 9 Abs. 2 Satz 1 Nr. 3 und 4 i. V. m. Satz 2 nicht wählbar sind, dürfen keine Wahlvorschläge machen oder unterzeichnen. Dies sind die Beschäftigten, die zu selbstständigen Entscheidungen in Personalangelegenheiten der Dienststelle befugt sind und deren unmittelbare Mitarbeiter, die als Personalsachbearbeiter die Entscheidungen vorbereiten. Obwohl nicht ausdrücklich geregelt, sind hiervon auch der **Dienststellenleiter** und sein **ständiger Vertreter** erfasst. Die Nichterwähnung beruht auf einem Versehen im Verlaufe des Gesetzgebungsverfahrens (so zu Recht: Altvater u. a. § 13 Rn. 14). Es wäre auch eine nicht nachvollziehbare Ungleichbehandlung, wenn die Personen nach § 9 Abs. 2 Satz 1 Nr. 3 und 4 ausgeschlossen wären, der Dienststellenleiter und sein Vertreter aber nicht.

V. Mindestzahl der Bewerber (Abs. 5)

60 **1. Berücksichtigung von Gruppen und Geschlechtern** (Satz 1). Um seinem Wunsch nach anteiliger Berücksichtigung von Frauen (vgl. § 11) Nachdruck zu verleihen, hat der Gesetzgeber mit dem ÄG 2013 zusätzliche Anforderungen an Wahlvorschläge normiert. Diese müssen mind. so viele Bewerberinnen und Bewerber enthalten, dass Frauen und Männern entsprechend den Soll-Vorschriften des § 11 Abs. 1 im PR bzw. in der Gruppenvertretung vertreten sein können (vgl. auch § 12 Abs. 2 Satz 1 WO). Enthält der Wahlvorschlag mehr Bewerberinnen und Bewerber als erforderlich sind, so ist dies rechtlich unerheblich. Kommt einer Gruppe **lediglich ein Sitz** im Personalrat zu, hat Abs. 5 Satz 1 keine Bedeutung (VG Karlsruhe, 12.12.2014 – PL 12 K 2295/14 – juris; bestätigt durch VGH Mannheim, 25.8.2016 – PL 15 S 152/15 – juris). In Abs. 5 Satz 1 ist von einer anteiligen Verteilung der Sitze im Personalrat und innerhalb der Gruppen auf Frauen und Männer die Rede; eine anteilige Vertretung ist aber in Fällen, in denen einer Gruppe von vornherein lediglich ein Sitz im PR zusteht, nicht denkbar.

61 **2. Schriftliche Begründung (Satz 2).** Der Wahlvorstand muss einen Wahlvorschlag, der die Anforderungen des Abs. 5 Satz 1 nicht erfüllt, zulassen, wenn die Abweichung schriftlich begründet wird (vgl. auch § 12 Abs. 2 Satz 2 WO). Eine Prüfung der „Berechtigung" der geltend gemachten Gründe sieht das Gesetz nicht vor; dementsprechend ordnet § 15 Abs. 1 Satz 1 Nr. 6 WO auch nur eine Prüfung des „Vorliegens" einer schriftlichen Begründung für ein Abweichen an. Als ungültig zurückzuweisen ist ein Wahlvorschlag, der die notwendige schriftliche Begründung nicht enthält (§ 15 Abs. 5 Nr. 7 WO).

62 **3. Bekanntgabe der Begründung (Satz 3).** Wird eine schriftliche Begründung, weshalb eine anteilige Berücksichtigung von Frauen und Männern nicht möglich war, abgegeben, ist diese nach § 18 Abs. 1 Satz 2 WO in der Bekanntmachung der Wahlvorschläge mit dem jeweiligen Wahlvorschlag bekannt zu machen. Die Wähler sollen sich selbst ein Bild von der Plausibilität dieser Begründung machen und können ihr Wahlverhalten auch darauf einstellen.

63 **Unterlassene Bekanntgabe.** Ein Verstoß gegen die Pflicht zur Bekanntgabe der Begründung der Abweichung rechtfertigt nicht die Ungültigerklärung der Wahl (VG Karlsruhe 12.12.2014 – PL 12 K 2295/14 – juris; bestätigt durch VGH Mannheim, 25.8.2016 – PL 15 S 152/15 – juris). Bei dem Erfordernis handelt es sich nicht um eine wesentliche Verfahrensvorschrift i. S. d. § 21 Abs. 1, sondern um eine Ordnungsvorschrift, deren Verletzung nicht zur Ungültigkeit der Wahl führt.

VI. Quorum bei gemeinsamer Wahl (Abs. 6)

64 Bei gemeinsamer Wahl muss jeder Wahlvorschlag der Beschäftigten von mind. **einem Zwanzigstel** der wahlberechtigten Beschäftigten unterzeichnet sein, ohne dass es dabei auf deren Gruppenzugehörigkeit ankommt. **Abs. 6 Hs. 2** ordnet die entspr. Geltung von Abs. 4 Satz 3 und 4 an. Dies bedeutet, dass In jedem Fall – ohne Rücksicht auf die Größe der Dienststelle – **fünfzig Unterschriften** der wahlberechtigten Beschäftigten genügen. Nach Abs. 4 Satz 4 (entspr.) dürfen auch hierbei die in § 9 Abs. 2 Satz 1 Nr. 3 und 4 i. V. m. Satz 2 genannten **nicht wählbaren Beschäftigten** sowie der Dienststellenleiter und sein ständiger Vertreter (vgl. Rn. 59) keine Wahlvorschläge machen und unterzeichnen.

VII. Vorschlag gruppenfremder Bewerber (Abs. 7)

65 **1. Quorum bei gemeinsamer Wahl (Satz 1).** Werden bei gemeinsamer Wahl für eine Gruppe gruppenfremde Bewerber vorgeschlagen, müssen diese nicht nur von mind. einem Zwanzigstel der wahlberechtigten Beschäftigten der Dienststelle, sondern auch von mind. einem Zwanzigstel der wahlberechtigten Gruppenangehörigen, für die der gruppenfremde Bewerber vorgeschlagen wird, unterstützt werden. Hierdurch werden keine zusätzlichen Unterschriften verlangt; die vorgelegten Unterschriften müssen nur beide Anforderungen erfüllen. Dieses Erfordernis ist auch mit dem Gleichbehandlungsgrundsatz des Art. 3 Abs. 1

GG vereinbar (BVerwG, 3.2.1988 – 6 P 12.86 – PersR 1988, 156 = PersV 1988, 499).

2. Entsprechende Geltung von Abs. 4 Satz 3 und 4 (Satz 2). Auch hier genügen in jedem Fall – ohne Rücksicht auf die Größe der Dienststelle – 50 Unterschriften der wahlberechtigten Beschäftigten und 50 Unterschriften der wahlberechtigten Angehörigen der Gruppe, für die ein gruppenfremder Bewerber vorgeschlagen wird. Auch hier dürfen die in § 9 Abs. 2 Satz 1 Nr. 3 und 4 i. V. m. Satz 2 genannten nicht wählbaren Beschäftigten sowie der Dienststellenleiter und sein ständiger Vertreter (vgl. Rn. 59) keine Wahlvorschläge machen und unterzeichnen. 66

Wahlvorschlag der Gewerkschaft. Bei Wahlvorschlägen der in der Dienststelle vertretenen **Gewerkschaften** genügt, auch wenn gruppenfremde Bewerber für eine Gruppe vorgeschlagen werden, die Unterzeichnung durch ein zeichnungsberechtigtes Mitglied des Vorstands der Gewerkschaft auf Orts-, Bezirks-, Landes- oder Bundesebene. 67

VIII. Bewerber auf mehreren Wahlvorschlägen (Abs. 8)

Streichung aus dem Wahlvorschlag. Ist ein Beschäftigter mit seiner Zustimmung auf mehreren Wahlvorschlägen als Bewerber benannt worden, ist nach § 15 Abs. 3 WO zu verfahren. Der Bewerber ist aufzufordern, innerhalb von drei Arbeitstagen zu erklären, auf welchem Wahlvorschlag er benannt bleiben will. Gibt er die Erklärung nicht bzw. nicht fristgerecht ab, wird er auf allen Wahlvorschlägen gestrichen. Das Verbot der Doppelkandidatur bezieht sich nur auf den gleichen PR, d. h. ein Wahlbewerber kann gleichzeitig für den PR, die Stufenvertretungen und den GesamtPR) kandidieren. 68

§ 14 Zusammensetzung des Personalrats nach Beschäftigungsarten und Dienststellenteilen

(1) Der Personalrat soll sich aus Vertretern der verschiedenen Beschäftigungsarten und verschiedener Organisationseinheiten der Dienststelle zusammensetzen.

(2) [1]Dem Personalrat beim Landratsamt sollen Beschäftigte des Landkreises und des Landes entsprechend ihren Anteilen an den in der Regel Beschäftigten des Landratsamts angehören. [2]Dies gilt entsprechend für die Vertretung in den Gruppen im Personalrat.

Anwendungsbereich. Die Vorschrift gilt für die Zusammensetzung des PR; Abs. 2 bezieht sich ausschließlich auf den PR beim LRA und dessen Zusammensetzung. Für den GesamtPR (§ 54 Abs. 4) und die Stufenvertretungen (§ 55 Abs. 3) ordnet das Gesetz die entspr. Anwendung von § 14 an. Bei den Stufenvertretungen kann aber wohl nur § 14 Abs. 1 gemeint sein. Für den AusbildungsPR ist nur § 14 Abs. 1 entspr. anwendbar (§ 58 Abs. 3 Satz 1) 1

I. Beschäftigungsarten und Organisationseinheiten (Abs. 1)

2 **Regelungsziel.** § 14 Abs. 1 bezweckt eine ausgewogene Zusammensetzung des PR; es sollen sich möglichst alle Beschäftigten mit ihren Interessen im PR wiederfinden. Dies erhöht zum einen die Akzeptanz des PR und seiner Arbeit. Zum anderen soll die von Abs. 1 gewünschte Zusammensetzung auch die Kommunikation zwischen dem PR und den Beschäftigten erleichtern und damit eine Grundlage für die vertrauensvolle Zusammenarbeit in der Dienststelle sein. Dies gewährleistet nicht nur eine möglichst umfassende Vertretung der Interessen der Beschäftigten, sondern sorgt auch für eine bessere Entscheidungsgrundlage für den PR. § 14 Abs. 1 ist keine zwingende Regelung, sondern enthält **Wünsche des Gesetzgebers.** Die Beschäftigten und die Gewerkschaften sollen bei der Einreichung von Wahlvorschlägen (vgl. § 13 Abs. 4) der Leitidee des § 14 Abs. 1 möglichst entsprechen; die Freiheit der Wahl kann auch durch diese Regelung nicht eingeschränkt werden.

3 **Beschäftigungsarten.** Mit Beschäftigungsarten innerhalb der Dienststelle sind die verschiedenen Berufsgruppen und Tätigkeitsbereiche zu verstehen (z. B. bei den Beamten die verschiedenen Laufbahngruppen, technische und nichttechnische Beschäftigte, Sachbearbeiter und Kanzleikräfte, etc.). Es liegt auf der Hand, dass die unterschiedlichen Tätigkeitsbereiche höchst unterschiedliche Interessen haben können. Die Berücksichtigung möglichst vieler Beschäftigungsarten soll dem PR Einblick in die jeweilige Situation und Interessen der Beschäftigten geben und ihm ermöglichen, bei seiner Meinungsbildung und seinen Entscheidungen diese Besonderheiten zu berücksichtigen.

4 **Organisationseinheiten.** Der PR soll in seiner Zusammensetzung auch die verschiedenen Organisationseinheiten der Dienststelle widerspiegeln. Die Erwägungen, die diesen Appell tragen, sind den oben bei den Beschäftigungsarten dargestellten Gründen vergleichbar. Insbesondere sollen Außenstellen und Nebenstellen sowie räumlich entfernte Dienststellenteile, die von der Hauptdienststelle getrennt sind, bei der Zusammensetzung des PR möglichst zum Zuge kommen, nicht zuletzt um Verselbstständigungen (§ 5 Abs. 3 Satz 1) zu vermeiden; vgl. auch die Erhöhungsmöglichkeit nach § 10 Abs. 4.

5 **Wahlverfahren.** Anders als bei der Vertretung von Frauen und Männern im PR und in den Gruppen (§ 11 Abs. 1) wird der gesetzgeberische Appell des § 14 Abs. 1 nicht verfahrensmäßig flankiert; insb. gibt es keine Verpflichtung des Wahlvorstands die Verteilung der Beschäftigten nach Beschäftigungsarten und Organisationseinheiten zu erheben und den Wahlberechtigten mitzuteilen. Dementsprechend enthält das **Wahlausschreiben** auch keine entsprechenden Hinweise (vgl. zum Anteil von Frauen und Männern: § 9 Abs. 2 Nr. 5, 6 und 11 WO). Die WO enthält auch keine dem § 12 Abs. 2 WO vergleichbare Regelung, die eine Zurückweisung von **Wahlvorschlägen** erlauben würde, die § 14 Abs. 1 nicht Rechnung tragen.

6 **Rechtsschutz.** § 14 Abs. 1 stellt keine wesentliche Wahlvorschrift i. S. d. § 21 Abs. 1 dar. Die Nichtbeachtung der Vorschrift ist damit ohne Bedeutung für

die Gültigkeit der Wahl und kann auch nicht erfolgreich zur Grundlage einer **Wahlanfechtung** gemacht werden.

II. Personalrat beim Landratsamt (Abs. 2)

1. Beschäftigte des Kreises und des Landes (Satz 1). Der mit dem ÄG 2013 neu ins Gesetz aufgenommene Abs. 2 trägt den Besonderheiten des LRA Rechnung. Dieses stellt nunmehr eine einheitliche Dienststelle dar (vgl. § 5 Abs. 5 Satz 2), mit der Folge, dass nur ein PR für alle Beschäftigten gewählt wird. Den unterschiedlichen Interessen der Beschäftigten des Landkreises und des Landes soll nach dem Wegfall des besonderen PR für die Beschäftigten des Landes beim LRA nun durch eine möglichst anteilige Berücksichtigung bei der Zusammensetzung des PR Rechnung getragen werden. Maßgeblich für die Berechnung der jeweiligen Anteile sind die „in der Regel" Beschäftigten. 7

Verfahren, Rechtsschutz. Auch § 14 Abs. 2 hat als „Soll-Vorschrift" ausschließlich Appell-Charakter. Er begründet keine Pflichten des Wahlvorstands in verfahrensrechtlicher Hinsicht und trifft auch keine rechtsverbindliche Festlegung der Anteile der verschiedenen Beschäftigtengruppen im PR des LRA. Wie im Falle des Abs. 1 handelt es sich bei beiden Fallgruppen des Abs. 2 auch um keine wesentlichen Vorschriften über die Wahl, die eine Wahlanfechtung nach § 21 Abs. 1 rechtfertigen könnte. 8

2. Verteilung auf die Gruppen (Satz 2). Ähnlich wie § 11 Abs. 1 Satz 2 für das Verhältnis von Frauen und Männern eine anteilige Berücksichtigung der Geschlechter auch innerhalb der Gruppen erreichen möchte, zielt § 14 Abs. 2 Satz 2 darauf, dass die Beschäftigten des Landkreises und des Landes auch in den beiden Gruppen – entsprechend ihrem jeweiligen Anteil an den Gruppen – im PR vertreten sein sollen. Der **Wahlvorstand** muss insoweit aber keine besonderen Erhebungen und Ermittlungen durchführen; es bleibt bei dem Verfahren nach § 7 WO. Dies bedeutet, dass die Verteilung der Personalratssitze auf die Gruppen anhand der gesamten Beschäftigten des LRA vorgenommen wird; eine weitere Differenzierung erfolgt nicht. Dem gesetzgeberischen Appell kann deshalb nur bei der Aufstellung der Wahlvorschläge und durch das Wahlverhalten entsprochen werden. 9

§ 15 Wahlvorstand

(1) [1]Der Wahlvorstand besteht aus drei wahlberechtigten Beschäftigten. [2]Sind in der Dienststelle Angehörige verschiedener Gruppen beschäftigt, so muss jede Gruppe im Wahlvorstand vertreten sein. [3]Beide Geschlechter sollen im Wahlvorstand vertreten sein.

(2) Ein Mitglied des Wahlvorstands wird zum Vorsitzenden sowie ein weiteres Mitglied zum stellvertretenden Vorsitzenden bestimmt.

(3) [1]Für jedes Mitglied des Wahlvorstands können Ersatzmitglieder derselben Gruppe bestellt werden. [2]Ein Ersatzmitglied tritt in den Wahlvorstand ein, wenn ein Mitglied aus dem Wahlvorstand ausscheidet oder ein Mitglied des Wahlvorstands zeitweilig verhindert ist.

(4) [1]Ist der Vorsitzende des Wahlvorstands zeitweilig verhindert, vertritt ihn der stellvertretende Vorsitzende; scheidet der Vorsitzende aus dem Wahlvorstand aus, so ist der Vorsitz neu zu bestimmen. [2]Unabhängig davon tritt jeweils das Ersatzmitglied nach Absatz 3 Satz 2 ein.

(5) § 41 Absatz 1 Satz 2, § 43 Absatz 2 Satz 2 und § 47 Absatz 1 Satz 1 und Absatz 2 sowie Absatz 4 gelten entsprechend für die Mitglieder des Wahlvorstands und Ersatzmitglieder, solange sie in den Wahlvorstand eingetreten sind.

1 **Regelungsbereich.** § 15 regelt Größe und Zusammensetzung des Wahlvorstands (Abs. 1 und 2), die Bestellung von Ersatzmitgliedern (Abs. 3), die Vertretung des Vorsitzenden (Abs. 4) und die Rechtsstellung der Mitglieder des Wahlvorstands durch die Anordnung der entsprechenden Geltung der für PR-Mitglieder maßgeblichen Vorschriften (Abs. 5). Die Verweisung auf §§ 41 Abs. 1 Satz 2, 43 Abs. 2 Satz 2 wird durch den direkt geltenden § 20 Abs. 2 Satz 2 sowie § 15 KSchG ergänzt.

I. Größe und Zusammensetzung des Wahlvorstands (Abs. 1)

2 **1. Größe des Wahlvorstands (Satz 1).** Nach Abs. 1 Satz 1 besteht der Wahlvorstand aus drei wahlberechtigten Beschäftigten. Auch hier ist vom weiten Beschäftigtenbegriff des § 4 Abs. 1 und 2 auszugehen; die Wahlberechtigung folgt aus § 8. Die **Wählbarkeit** dieser Beschäftigten (§ 9) ist nicht Voraussetzung. Die Anzahl drei ist vom Gesetz zwingend vorgegeben und darf weder unter- noch überschritten werden.

3 **Ausscheiden aus dem Wahlvorstand.** Mitglieder des Wahlvorstands können ihr Amt jederzeit niederlegen. Der Verlust der Beschäftigteneigenschaft oder der Wahlberechtigung beendet automatisch auch das Amt des Wahlvorstands. Scheidet ein Mitglied aus dem Wahlvorstand aus, rückt ein **Ersatzmitglied** nach (Abs. 3 Satz 2), damit die gesetzlich vorgeschrieben Mitgliederzahl erhalten bleibt; zum Wechsel der Gruppenzugehörigkeit vgl. unten Rn. 9. Sind keine Ersatzmitglieder bestellt worden (Abs. 3 Satz 1 sieht dies nicht zwingend vor) oder keine mehr vorhanden, ist unverzüglich nach § 16 eine erneute Bestellung vorzunehmen, um die Funktionsfähigkeit des Wahlvorstands zu erhalten.

4 **Amtsmüdigkeit.** Das LPVG geht davon aus, dass es wahlberechtigte Beschäftigte gibt, die bereit sind, dieses Amt zu übernehmen. Eine dahingehende Rechtspflicht besteht indes nicht. Ist kein Beschäftigter hierzu bereit, kommt es nicht zur Bildung eines Wahlvorstands und demzufolge auch nicht zur Wahl des PR.

Ohne Wahlvorstand kann keine PR-Wahl stattfinden; eine gleichwohl durchgeführte Wahl wäre nichtig. Gleiches gilt, wenn sich nur ein oder zwei Beschäftigte zur Amtsübernahme bereit erklären würden. Wird die vom Gesetz zwingend vorgeschriebene Zahl von drei Mitgliedern nicht erreicht, kann kein Wahlvorstand gebildet werden. Dies ergibt sich nicht nur aus dem klaren Wortlaut des Gesetzes, sondern auch aus dessen flankierenden Regelungen. Bei nur einem Mitglied wäre die zwingende Vertretung beider Gruppen nicht möglich; bei nur zwei Mitgliedern wäre der Wahlvorstand in seiner Handlungs- und Entscheidungsfähigkeit (vgl. Rn. 5), die auf Mehrheitsentscheidungen beruht, beeinträchtigt.

5 **Beschlussfassung.** Der Wahlvorstand handelt und entscheidet fast **durchweg als Gremium**; dem Vorsitzenden sind nur wenige Befugnisse übertragen (z. B. §§ 14 Abs. 1 Satz 1, Abs. 2 Satz 1; 22 Abs. 4 Satz 2; 23 Abs. 2 Satz 1 und Abs. 6). Zu seiner Unterstützung kann der Wahlvorstand wahlberechtigte Beschäftigte als **Wahlhelfer** bestellen (§ 1 Abs. 1 Satz 2 WO), die aber nicht als Wahlvorstand fungieren können. Weil der Wahlvorstand seine Beschlüsse mit einfacher Stimmenmehrheit seiner Mitglieder fasst (§ 1 Abs. 4 Satz 1 WO), ist von elementarer Bedeutung, dass alle vom Gesetz vorgeschriebenen Mitglieder bestellt worden sind und noch aktionsfähig sind. Denn beschlussfähig ist der Wahlvorstand nur, wenn **alle Mitglieder** anwesend sind (1 Abs. 4 Satz 2 Hs. 1 WO). Vertretung durch Ersatzmitglieder ist nach § 1 Abs. 4 Satz 2 Hs. 2 WO zwar zulässig, sind aber keine Ersatzmitglieder (mehr) da, ist der Wahlvorstand handlungsunfähig.

6 **Bekanntmachung.** Der Wahlvorstand macht die Namen seiner Mitglieder und der Ersatzmitglieder unverzüglich nach seiner Wahl oder Bestellung in der Dienststelle bekannt (§ 1 Abs. 3 Satz 1 WO). Der Wahlvorstand kann sich dabei grundsätzlich auch der in der Dienststelle üblichen elektronischen Kommunikationsformen bedienen. Dies gilt ausdrücklich auch für die Bekanntmachung nach § 1 Abs. 3 Satz 2 Hs. 2 WO, der auf § 2 Abs. 2 WO verweist. Aus §§ 1 Abs. 3 Satz 2 Hs. 1; 2 Abs. 2 Satz 2 WO folgt aber die Notwendigkeit zumindest eines **schriftlichen Aushangs in der Hauptdienststelle**. Von der Befugnis des § 2 Abs. 2 Satz 3 WO sollte tunlichst kein Gebrauch gemacht werden. Denn bei dem jetzt geltenden sehr weiten und offenen Beschäftigtenbegriff des § 4 kann niemand ernsthaft behaupten, dass „alle wahlberechtigten Beschäftigten der Dienststelle über einen eigenen Zugang zur üblicherweise in der Dienststelle genutzten Informations- und Kommunikationstechnik verfügen."

7 **2. Vertretung der Gruppen (Satz 2).** Im Wahlvorstand müssen alle Gruppen vertreten sein, wenn in der Dienststelle Angehörige verschiedener Gruppen beschäftigt sind. Dies bedeutet, dass in diesem Fall jeweils ein Beschäftigter der Gruppe der Beamten und ein Beschäftigter der Gruppe der Arbeitnehmer zwingend im Wahlvorstand vertreten sein müssen. Hinsichtlich des **dritten Mitglieds** macht das Gesetz keine Vorgaben. Wird der Wahlvorstand vom PR oder Dienststellenleiter bestellt (§ 16 Abs. 1 und Abs. 3) liegt es im **Ermessen** des PR bzw. des Dienststellenleiters, welcher Gruppe das dritte Mitglied angehört. Im Falle der Wahl durch eine Personalversammlung (§ 16 Abs. 2), entscheidet die Mehrheit.

8 **Kleinstgruppen.** Das Gesetz macht das Erfordernis der Gruppenrepräsentanz von keinen weiteren Voraussetzungen abhängig als von der Beschäftigung von Angehörigen verschiedener Gruppen. § 15 Abs. 1 Satz 2 ist damit selbst dann zwingend, wenn die Gruppe voraussichtlich nicht im PR vertreten sein wird, weil die Voraussetzungen des § 11 Abs. 5 gegeben sind.

9 **Verlust der Gruppenzugehörigkeit.** Wechselt ein Mitglied des Wahlvorstands die Gruppenzugehörigkeit während seiner Amtszeit, fehlt eine ausdrückliche Regelung, wie dann zu verfahren ist. § 25 Abs. 2 gilt für die Mitglieder des PR. Eine entspr. Anwendung auf Mitglieder des Wahlvorstands ist nicht unproblematisch. Denn wenn im Wahlvorstand das einzige Gruppenmitglied die Gruppe wechselt, ist die vom Gesetz verlangte Gruppenrepräsentanz („muss jede Gruppe im Wahlvorstand vertreten sein") nur noch formal gewährleistet. Letztlich ist eine entspr. Anwendung von § 25 Abs. 2 aber sachgerecht, um die Funktionsfähigkeit des Wahlvorstands zu erhalten.

10 **Verzicht einer Gruppe.** Finden sich faktisch keine Gruppenangehörigen, die zur Amtsübernahme bereit sind, kann dem gesetzlichen Erfordernis nicht entsprochen werden. Gleiches gilt, wenn alle Gruppenmitglieder förmlich auf das Amt verzichten. Hier wäre es nicht sachgerecht, die PR-Wahl insgesamt in Frage zu stellen, wenn durch Vertreter der anderen Gruppe ein Wahlvorstand gebildet werden kann. Denn durch die Vertretung der Gruppe im Wahlvorstand sollen die Interessen dieser Gruppe gewahrt werden. Haben alle Gruppenmitglieder an diesem Amt aber kein Interesse, kann der gesetzliche Zweck nicht erreicht werden. Der Wahlvorstand wird dann aus den Mitgliedern der anderen Gruppe gebildet (Ilbertz-Widmaier § 20 Rn. 7 m. w. N.).

11 **3. Vertretung der Geschlechter (Satz 3).** Nach Abs. 1 Satz 3 sollen beide Geschlechter im Wahlvorstand vertreten sein. Auch hier kommt lediglich ein Wunsch des Gesetzgebers ohne rechtliche Verbindlichkeit zum Ausdruck.

12 **4. Rechtsfolgen.** Wird eine PR-Wahl ohne Wahlvorstand durchgeführt, ist sie nichtig. Gleiches gilt, wenn der Wahlvorstand nicht die vom Gesetz verlangte Größe von drei Mitgliedern aufweist. Verstöße gegen § 15 Abs. 1 Satz 2 verletzen zwingendes Recht und damit wesentliche Vorschriften i. S. d. § 21 Abs. 1, weshalb die Wahl anfechtbar ist. Ggf. kann ein solcher Fehler vor der Wahl in einem Beschlussverfahren gerügt werden. Sind nicht beide Geschlechter im Wahlvorstand vertreten, bleibt dies folgenlos.

II. Vorsitzender und stellvertretender Vorsitzender (Abs. 2)

13 **Bestimmung; Wahl des Vorsitzenden.** Nach Abs. 2 wird ein Mitglied des Wahlvorstands zum Vorsitzenden sowie ein weiteres Mitglied zum stellvertretenden Vorsitzenden bestimmt. Damit wird an die Regelung des § 16 Abs. 1 angeknüpft, wonach der PR den Wahlvorstand sowie den Vorsitzenden und dessen Stellvertreter bestimmt. Die anderen Möglichkeiten der Wahl bzw. Bestellung nach § 16 Abs. 2 und 3 müssen entsprechend interpretiert werden. Dies bedeutet, dass der Dienststellenleiter im Falle des § 16 Abs. 3 nicht nur einen Wahlvorstand bestellt, sondern – in entsprechender Anwendung von § 16 Abs. 1 – zugleich den Vorsitzenden und den Stellvertreter bestimmt. Gleiches muss für den Fall des § 16 Abs. 2 gelten: Die Personalversammlung wählt dann nicht nur den Wahlvorstand, sondern auch den Vorsitzenden und den Stellvertreter. Die beiden müssen nicht zwingend verschiedenen Gruppen angehören; dies würde aber der Intention von Abs. 1 Satz 2 am ehesten entsprechen.

Wahl durch den Wahlvorstand. Ist der Wahlvorstand nach § 16 bestellt worden und ist die Bestimmung von Vorsitzendem und Stellvertreter unterblieben, muss dies vom PR durch ergänzenden Beschluss nachgeholt werden. In den Fällen des § 16 Abs. 2 oder Abs. 3 ist eine Ergänzungswahl bzw. Ergänzungsentscheidung untunlich. Der Wahlvorstand muss dann selbst diese Bestimmung vornehmen (Ilbertz-Widmaier § 20 Rn. 9). 14

III. Bestellung und Eintritt von Ersatzmitglieder (Abs. 3)

1. Bestellung von Ersatzmitgliedern (Satz 1). Wie oben (vgl. Rn. 5) bereits dargelegt wurde, kommt es für die Entscheidungs- und Handlungsfähigkeit des Wahlvorstands entscheidend darauf an, dass die gesetzliche Mitgliederzahl während der gesamten Amtszeit möglichst durchgehend erhalten bleibt. Mit einer Verhinderung (z. B. Krankheit) oder dem vorzeitigen Ausscheiden (vgl. Rn. 3) von Mitgliedern muss aber immer gerechnet werden, weshalb es zwar nicht gesetzlich geboten, aber sachgerecht ist, von Anfang an Ersatzmitglieder zu bestellen. Anderenfalls hat ein ergänzendes Bestellungsverfahren (§ 16) zu erfolgen, was nur im Falle des § 16 Abs. 1 ohne große Probleme möglich ist. 15

Personenbezogene Bestellung, Verfahren. Satz 1 sieht die Möglichkeit vor, dass „für jedes Mitglied des Wahlvorstands" Ersatzmitglieder derselben Gruppe bestellt werden können. Ein Ersatzmitglied für einen Beamten muss damit auch Beamter, ein Ersatzmitglied für einen Arbeitnehmer auch Arbeitnehmer sein. Wer die Ersatzmitglieder bestellt, ist in Abs. 3 Satz 1 nicht geregelt; dies bestimmt sich nach § 16. Im Fall des § 16 Abs. 1 sollte deshalb der PR neben der Bestellung des Wahlvorstands und der Bestimmung von Vorsitzendem und Stellvertreter zugleich jeweils (zumindest) ein Ersatzmitglied für jedes Mitglied des Wahlvorstands bestellen und ggf. die Reihenfolge des Nachrückens festlegen. Für den Fall des § 16 Abs. 2 sind in der Wahlversammlung zugleich Ersatzmitglieder zu wählen. Im Fall des § 16 Abs. 3 obliegt die Bestellung der Ersatzmitglieder dem Dienststellenleiter. 16

2. Eintritt von Ersatzmitgliedern (Satz 2). Der Eintritt eines Ersatzmitglieds in den Wahlvorstand kann dauerhaft – Eintritt für ein ausgeschiedenes Mitglied – oder vorübergehend – Eintritt für ein zeitweilig verhindertes Mitglied – erfolgen. Ergänzend können die Bestimmungen über den Eintritt von Ersatzmitgliedern für verhinderte bzw. ausscheidende Mitglieder des PR (§ 27) herangezogen werden. 17

IV. Zeitweilige Verhinderung und Ausscheiden des Vorsitzenden (Abs. 4)

1. Vertretung des Vorsitzenden (Satz 1). Abs. 4 Satz 1 regelt zwei verschiedene Konstellationen: die zeitweilige Verhinderung des Vorsitzenden und das Ausscheiden des Vorsitzenden aus dem Wahlvorstand. Die in Abs. 4 Satz 2 getroffene Regelung betrifft das für den Vorsitzenden bestellte Ersatzmitglied. Dieses rückt in beiden Fällen des Satzes 1 in den Wahlvorstand nach, aber in beiden 18

Fällen nicht als Vorsitzender, sondern nur als einfaches Mitglied. Da der Vorsitzende des Wahlvorstands nahezu keine Befugnisse hat (vgl. Rn. 5) ist nur schwer verständlich, weshalb ein derart abgestuftes Verfahren gewählt worden ist.

19 **Zeitweilige Verhinderung.** Die Vertretung des zeitweilig verhinderten Vorsitzenden erfolgt durch den stellvertretenden Vorsitzenden (Abs. 4 Satz 1 Hs. 1). Dieser ist ausschließlich Verhinderungsvertreter. Der Vorsitzende übernimmt das Amt wieder sobald die Verhinderung (z. B. die Krankheit) endet. Während dieser Zeit rückt das für den Vorsitzenden bestellte Ersatzmitglied in den Wahlvorstand ein. Dessen Amt endet, wenn der Vorsitzende wieder amtiert.

20 **Ausscheiden.** Scheidet der Vorsitzende aus dem Wahlvorstand aus, ist der Vorsitz neu zu bestimmen (Abs. 4 Satz 1 Hs. 2). Der PR (oder der sonst nach § 16 Berufene) muss jetzt einen der drei Mitglieder des Wahlvorstands (das sind der stellvertretende Vorsitzende, das andere verbliebene Mitglied und das Ersatzmitglied) als neuen Vorsitzenden bestimmen und ggf. auch einen neuen Stellvertreter, wenn der alte zum Vorsitzenden bestimmt worden ist.

21 **2. Eintritt des Ersatzmitglieds (Satz 2).** Für den zeitweilig verhinderten oder ausscheidenden Vorsitzenden tritt jeweils dessen nach Abs. 3 bestelltes Ersatzmitglied ein, allerdings nur als „einfaches Mitglied“ (vgl. LT-Drucksache 15/4224, S. 96). Beim **Ausscheiden** des Vorsitzenden muss vom PR (oder sonst nach § 16) einer der drei Mitglieder des Wahlvorstands (s. o.) ein **neuer Vorsitzender** und ggf. auch ein neuer Stellvertreter bestimmt werden (siehe oben).

22 **Neubestellung.** Im Gesetzentwurf der Landesregierung ist im Zusammenhang mit der Regelung des Abs. 4 noch ausgeführt (LT-Drucksache 15/4224, S. 96), dass eine vollständige Neubestellung des Wahlvorstands durch den PR in Betracht kommt, wenn weder das nachgerückte Ersatzmitglied noch die verbliebenen Mitglieder den Vorsitz übernehmen wollen.

V. Rechtsstellung des Wahlvorstands (Abs. 5)

23 **Schutzvorschriften.** Die Mitglieder des Wahlvorstands nehmen Aufgaben und Befugnisse nach dem LPVG wahr, weshalb sie nach § 6 Abs. 1 nicht behindert und benachteiligt werden dürfen; sie unterliegen der Verschwiegenheitspflicht (§ 7). § 20 Abs. 1 bestimmt, dass die Wahl des PR nicht behindert oder in sittenwidriger Weise beeinflusst werden darf. Abs. 5 ordnet ergänzend die entspr. Anwendung von Schutzvorschriften, die den PR betreffen, auf die Mitglieder des Wahlvorstands und die eingetretenen Ersatzmitglieder an. Auf die dortige Komm. wird ergänzend verwiesen.

24 **Reisekosten.** Nach § 41 Abs. 1 Satz 2 (entspr.) sind den Mitgliedern des Wahlvorstands die zur Erfüllung ihrer Aufgaben notwendigen Reisekosten zu erstatten. Da die Dienststelle die Kosten der Wahl trägt (§ 20 Abs. 2 Satz 1) kommt die Verpflichtung zur Übernahme von (Reise)Kosten auch insoweit in Betracht.

Versäumnis von Arbeitszeit; Dienstbefreiung. Gemäß § 20 Abs. 2 Satz 2 führt die Versäumnis von Arbeitszeit in Folge der Tätigkeit im Wahlvorstand nicht zu einer Minderung der Besoldung bzw. des Arbeitsentgelts. Nach 43 Abs. 2 Satz 2 (entspr.) haben Mitglieder des Wahlvorstands Anspruch auf Dienstbefreiung, wenn sie durch das Amt über ihre individuell maßgebliche Arbeitszeit hinaus beansprucht worden sind. 25

Versetzungsschutz. Nach § 47 Abs. 1 Satz 1 (entspr.) sind die Mitglieder des Wahlvorstands wie PR-Mitglieder vor Versetzungen geschützt. Allerdings erklärt § 15 Abs. 5 nicht die Sätze 2 bis 4 des § 47 Abs. 1 für entsprechend anwendbar, weshalb es für die dort genannten Maßnahmen nicht der Zustimmung der zuständigen Personalvertretung bedarf und auch kein gerichtliches Zustimmungsersetzungsverfahren stattfindet. Faktisch unterscheidet sich der Versetzungsschutz von Wahlbewerbern aber kaum von dem des PR-Mitglieds. Denn durch die Nichtanwendbarkeit der besonderen Schutzvorschrift des § 47 Abs. 1 Satz 2 kommt wieder die allg. **Mitbestimmungsregelung des § 75 Abs. 2 Nr. 1** zum Tragen. Dies bedeutet, dass der Wahlbewerber auch hier nicht ohne Zustimmung des PR (diesmal im Mitbestimmungsverfahren; vgl. § 73 Abs. 1 Satz 1) versetzt werden kann. Kommt der PR zur Überzeugung, dass durch die Versetzung in die Freiheit der Wahl eingegriffen wird, scheidet eine Zustimmung (jedenfalls zu diesem Zeitpunkt) aus. Der Dienststellenleiter kann dann zwar eine vorläufige Regelung nach § 88 Abs. 4 in Erwägung ziehen; hiergegen bestehen aber die üblichen prozessualen Möglichkeiten des betroffenen Beschäftigten (Individualrechtsschutz) und die kollektivrechtlichen Möglichkeiten des PR; insb. der Antrag auf Erlass einer einstweiligen Verfügung mit dem Ziel der Fortsetzung des Mitbestimmungsverfahrens. **Maßgeblicher Zeitpunkt** ist der Tag des Eingangs des ordnungsgemäßen Antrags auf Zustimmung zur beabsichtigten Versetzung beim PR; eine ohne Zustimmung des PR verfügte und dem Beschäftigten bekanntgegebene Versetzung ist rechtswidrig und unwirksam. 26

Abordnung, Zuweisung, Gestellung, Umsetzung. Durch die entspr. Anwendbarkeit von § 47 Abs. 2 sind die Mitglieder des Wahlvorstands wie PR-Mitglieder gegen die dort genannten Maßnahmen der Dienststelle geschützt. Auch hier ist § 47 Abs. 1 Satz 2 nicht entsprechend anwendbar und deshalb keine Zustimmung des PR erforderlich. Auch hier bedarf es aber der Zustimmung des PR im Mitbestimmungsverfahren bevor eine der genannten Maßnahmen vollzogen werden kann (vgl. § 75 Abs. 2 Nr. 3 (Abordnung), Nr. 3 (Zuweisung) und Nr. 4 (Personalgestellung); vgl. insoweit Rn. 26. Eine **Umsetzung** bedarf nach § 75 Abs. 1 Nr. 11 der Zustimmung des PR allerdings nur dann, wenn sie mit einem Wechsel des Dienstorts verbunden ist. 27

Kündigungsschutz. Gegen ordentliche Kündigungen schützt die Mitglieder des Wahlvorstands ab dem Zeitpunkt ihrer Bestellung § 15 Abs. 3 Satz 1 KSchG, der auch nachwirkenden Kündigungsschutz (§ 15 Abs. 3 Satz 2 KSchG) für den Zeitraum von sechs Monaten nach Bekanntgabe des Wahlergebnisses gewährleistet. Maßgeblicher Zeitpunkt der Bestellung ist der Tag der Beschlussfassung des PR (§ 16 Abs. 1) bzw. der Tag der Bestellung durch den Dienststellenleiter (§ 16 Abs. 3) oder der Tag der Wahl durch die Personalversammlung 28

(§§ 16 Abs. 2, 17 Abs. 3). Bei Einsetzung nach §§ 21 Abs. 2 Satz 1, 24 Abs. 3 Satz 1 besteht der Kündigungsschutz ab dem Zeitpunkt der Verkündung des Bestellungsbeschlusses bzw. dessen Zustellung.

29 **Außerordentliche Kündigung.** Nach § 108 Abs. 1 Satz 1 BPersVG, der für das Land unmittelbar gilt (vgl. § 1 Rn. 3), können Mitglieder des Wahlvorstands nur mit Zustimmung der zuständigen Personalvertretung außerordentlich gekündigt werden; die Zustimmung kann nach Maßgabe von § 108 Abs. 1 Satz 2 BPersVG ggf. gerichtlich ersetzt werden. Den gleichen Schutz gewährt § 47 Abs. 4 (entspr.); auf die dortige Komm. wird Bezug genommen. Eine ohne Zustimmung ausgesprochene außerordentliche Kündigung ist unwirksam. Bei außerordentlichen Kündigungen besteht aber kein nachwirkender Kündigungsschutz.

30 **Ersatzmitglieder.** Durch Abs. 5 sind jetzt auch ausdrücklich die Ersatzmitglieder geschützt, wenn sie bzw. solange sie eingetreten sind. Der nachwirkende Kündigungsschutz nach dem KSchG steht dem endgültig eingetretenen Ersatzmitglied ebenso zu, wie dem bestellten/gewählten Mitglied (sechs Monate nach Bekanntgabe des Wahlergebnisses – s. o.). Beim nur vorübergehend eingetretenen Ersatzmitglied ist zeitlicher Anknüpfungspunkt für den nachwirkenden Kündigungsschutz der Zeitpunkt der Beendigung seiner (letzten) individuellen Amtstätigkeit.

§ 16 Bestellung oder Wahl des Wahlvorstands

(1) Spätestens zwölf Wochen vor Ablauf seiner Amtszeit bestellt der Personalrat den Wahlvorstand und bestimmt den Vorsitzenden und den stellvertretenden Vorsitzenden.

(2) [1]Auf Antrag von mindestens drei wahlberechtigten Beschäftigten oder einer in der Dienststelle vertretenen Gewerkschaft beruft der Leiter der Dienststelle eine Personalversammlung zur Wahl des Wahlvorstands und zur Bestimmung des Vorsitzes ein, wenn

1. **der Personalrat zehn Wochen vor Ablauf seiner Amtszeit keinen Wahlvorstand bestellt hat oder**
2. **in einer Dienststelle, die die Voraussetzungen des § 10 Absatz 1 erfüllt, kein Personalrat besteht.**

[2]Die Personalversammlung wählt einen Versammlungsleiter.

(3) Findet die einberufene Personalversammlung nicht statt oder wählt die Personalversammlung keinen Wahlvorstand, so bestellt ihn der Leiter der Dienststelle auf Antrag von mindestens drei wahlberechtigten Beschäftigten oder einer in der Dienststelle vertretenen Gewerkschaft.

1 **Anwendungsbereich.** § 16 soll die Bildung eines PR sichern. Er trifft die Regelungen, die zur Bestellung des Wahlvorstands führen sollen. Grundsätzlich ist dies Aufgabe des amtierenden PR (Abs. 1). Die Absätze 2 und 3 treffen Bestimmungen für den Fall, dass der PR seiner Pflicht nach Abs. 1 nicht nachkommt bzw. in der Dienststelle kein PR besteht. § 16 ist für die **Neuwahl der Gruppenvertreter** (§ 23 Abs. 2 Satz 1) nach Maßgabe von § 23 Abs. 2 Satz 2 Nr. 1 und

Nr. 2 entsprechend anwendbar. § 16 Abs. 1 ist für den **GesamtPR** entsprechend anwendbar (§ 54 Abs. 4). An Stelle einer Personalversammlung zur Bestellung des Wahlvorstands übt der Dienststellenleiter die Befugnis nach § 16 Abs. 2 und 3 und § 17 Abs. 3 aus (§ 54 Abs. 4 Nr. 2). Gleiches gilt für die **Stufenvertretungen** durch § 55 Abs. 3, der auch auf § 54 Abs. 4 Hs. 2 Nr. 2 verweist, und für den **AusbildungsPR** (§ 58 Abs. 3 Satz 1 und 2).

I. Bestellung des Wahlvorstands durch den PR (Abs. 1)

1. Pflicht des PR. Abs. 1 verpflichtet den in einer Dienststelle bestehenden PR, 2
den Wahlvorstand zu bestellen (kein Ermessen). Kommt er dieser Verpflichtung nicht nach, handelt er pflichtwidrig. Maßnahmen nach § 24 dürften i. d. R. zu diesem Zeitpunkt untunlich sein. Die direkte Folge einer Pflichtverletzung regelt § 16 Abs. 2: Die dann eröffnete Möglichkeit einer Wahl des Wahlvorstands durch die Personalversammlung.

Geschäftsführender PR. In den Fällen des § 23 Abs. 1 Satz 1 Nr. 1 bis 3 wird 3
der Wahlvorstand vom geschäftsführenden PR (§ 23 Abs. 1 Satz 2) bestellt. Gleiches gilt für den PR, dessen Amtszeit bereits abgelaufen ist (§ 22 Abs. 2 Satz 1), wenn nicht zwischenzeitlich schon eine Bestellung des Wahlvorstands nach § 16 Abs. 2 oder 3 stattgefunden hat. Der geschäftsführende PR hat den Wahlvorstand unverzüglich zu bestellen.

2. Entscheidung des PR. Über die Bestellung der Mitglieder des Wahlvorstands, 4
von Ersatzmitgliedern und die Bestimmung des Vorsitzenden bzw. des stellvertretenden Vorsitzenden entscheidet der PR durch **Beschluss** (§ 34). Es handelt sich um eine **gemeinsame Angelegenheit**, über die gemeinsam beraten und beschlossen wird. (§ 34 Abs. 4 Satz 1). Kein Beschäftigter ist verpflichtet, sich zum Mitglied bzw. Ersatzmitglied des Wahlvorstands bestellten zu lassen bzw. die Funktion des Vorsitzenden oder des stellvertretenden Vorsitzenden zu übernehmen. Eine Bestellung bzw. Bestimmung wird erst nach der Annahme des jeweiligen Amtes wirksam. Der PR sollte die erforderliche Zustimmung bereits vor Beschlussfassung einholen, kann diese aber auch nachträglich erklären lassen.

Bestellung der Mitglieder. Es steht im **Ermessen** des PR, welche Personen er zu 5
Mitgliedern des Wahlvorstands bestellt. Gebunden ist das Ermessen des PR durch § 15 Abs. 1 Bestellt werden können nur Beschäftigte der Dienststelle (§ 4 Abs. 1 und 2), die wahlberechtigt (§ 8) sein müssen. Der PR muss **drei** wahlberechtigte Beschäftigte als Wahlvorstand bestellen (§ 15 Abs. 1 Satz 1). Die **Gruppen** müssen nach Maßgabe von § 15 Abs. 1 Satz 2 vertreten sein. Nach § 15 Abs. 1 Satz 3 sollen Frauen und Männer im Wahlvorstand vertreten sein. Als Wahlvorstandsmitglied können auch Mitglieder des amtierenden PR bestellt werden.

Bestellung der Ersatzmitglieder. Nach § 15 Abs. 3 Satz 1 können zugleich – 6
ggf. auch nachträglich durch Ergänzungsbeschluss – Ersatzmitglieder bestellt werden. Da immer damit gerechnet werden muss, dass Mitglieder des Wahlvor-

stands ausscheiden oder zeitweilig (z. B. durch Krankheit) verhindert sind, ist es ratsam, zusammen mit der Bestellung zugleich für jedes Mitglied (zumindest) ein Ersatzmitglied derselben Gruppe zu bestellen.

7 **Bestimmung des Vorsitzenden.** § 15 Abs. 2 sieht vor, dass ein Mitglied zum Vorsitzenden und ein weiteres Mitglied zum stellvertretenden Vorsitzenden zu bestimmen ist. Auch diese Bestimmung obliegt dem PR und steht in seinem Ermessen.

8 **Bestellungsfrist.** Für den Regelfall bestimmt Abs. 1 Satz 1, dass die Bestellung spätestens **zwölf Wochen** vor dem Ablauf der Amtszeit des PR (§ 22 Abs. 1 Satz 1) vorzunehmen ist. Ein geschäftsführender PR, das sind die Fälle des § 23 Abs. 1 Nr. 1 bis 3 ggf. auch des § 22 Abs. 2 Satz 1, hat den Wahlvorstand **unverzüglich** – d. h. ohne schuldhaftes Zögern (§ 121 Abs. 1 Satz 1 BGB) – zu bestellen.

9 **3. Folgen der Bestellung.** Mit der Bestellung und der Annahme des Amtes **beginnt** für die Beschäftigten das Amt des Wahlvorstands. Ab diesem Zeitpunkt kommt ihnen die **Rechtsstellung** nach § 15 Abs. 5 bzw. § 15 Abs. 3 KSchG zu (vgl. § 15 Rn. 23 ff.). Ihnen obliegt jetzt die Erfüllung der durch das LPVG (§§ 17 ff.) bzw. die WO zugewiesenen gesetzlichen Aufgaben.

10 **Teilnahme an der Wahl.** Wahlvorstandsmitglieder bleiben berechtigt, für den zu wählenden PR **Wahlvorschläge** zu machen und zu unterzeichnen und selbst als **Wahlbewerber** vorgeschlagen zu werden. Sie dürfen allerdings nicht Vertreter eines Wahlvorschlags oder deren Stellvertreter sein (§ 12 Abs. 6 WO).

11 **Bekanntmachung.** Der Wahlvorstand macht die Namen seiner Mitglieder und der Ersatzmitgliederunverzüglich nach seiner Wahl oder Bestellung in der Dienststelle bekannt (§ 1 Abs. 3 Satz 1 WO). Der Wahlvorstand kann sich dabei grundsätzlich auch der in der Dienststelle üblichen elektronischen Kommunikationsformen bedienen. Dies gilt ausdrücklich auch für die Bekanntmachung nach § 1 Abs. 3 Satz 2 Hs. 2 WO, der auf § 2 Abs. 2 WO verweist. Aus §§ 1 Abs. 3 Satz 2 Hs. 1; 2 Abs. 2 Satz 2 WO folgt aber die Notwendigkeit zumindest eines **schriftlichen Aushangs in der Hauptdienststelle**. Von der Befugnis des § 2 Abs. 2 Satz 3 WO sollte tunlichst kein Gebrauch gemacht werden. Denn bei dem jetzt geltenden sehr weiten und offenen Beschäftigtenbegriff des § 4 kann niemand ernsthaft behaupten, dass „alle wahlberechtigten Beschäftigten der Dienststelle über einen eigenen Zugang zur üblicherweise in der Dienststelle genutzten Informations- und Kommunikationstechnik verfügen."

12 **4. Ende der Bestellung.** Regulär endet das Amt des Wahlvorstands mit der Wahl des Wahlleiters in der konstituierenden Sitzung (§ 19) des neugewählten PR (BVerwG, 18.4.1978 – 6 P 34/78 – PersV 1979, 194). Das Amt endet **vorzeitig** durch **Niederlegung,** die jederzeit möglich ist, durch Neuwahl oder Neubestellung eines Wahlvorstands im Falle des § 17 Abs. 3 oder ggf. nach § 16 Abs. 4 Nr. 2 WO, wenn eine Wahl nicht zustande kommt.

II. Wahl durch eine Personalversammlung (Abs. 2)

13 **Regelungsbereich.** Abs. 2 ermöglicht die Bestellung des Wahlvorstands und Bestimmung dessen Vorsitzenden durch die Personalversammlung in den Fällen, in denen der PR seiner Pflicht nach Abs. 1 nicht nachkommt (Satz Nr. 1) und wenn in der Dienststelle, in der ein PR gewählt werden soll, kein PR vorhanden ist (Satz 1 Nr. 2). Satz Nr. 1 gilt entsprechend für den **geschäftsführenden PR** (vgl. Rn. 3), wenn dieser seiner Pflicht zur unverzüglichen Bestellung eines Wahlvorstands nicht nachkommt. Bei der **Neuwahl der Gruppenvertreter** (§ 23 Abs. 2 Satz 1) findet eine Personalversammlung oder Gruppenversammlung zur Wahl eines Wahlvorstands nicht statt (§ 23 Abs. 2 Satz 2 Nr. 1).

14 **1. Einberufung.** Die Personalversammlung kann vom Dienststellenleiter – nicht von Amts wegen – sondern nur auf Antrag von mind. drei wahlberechtigten Beschäftigten oder einer in der Dienststelle vertretenen Gewerkschaft einberufen werden. Wird ein solcher Antrag nicht gestellt, kann keine Personalversammlung einberufen werden. Dann scheidet auch eine Bestellung des Wahlvorstands durch den Dienststellenleiter nach Abs. 3 aus, weil dieser eine „einberufene Personalversammlung" voraussetzt. Eine PR-Wahl kann dann nicht stattfinden.

15 **Hinweis, Form.** Der Dienststellenleiter kann und sollte in der Dienststelle in geeigneter Weise darauf hinweisen, dass eine Personalversammlung von ihm nur einberufen werden kann, wenn drei wahlberechtigte Beschäftigte oder eine in der Dienststelle vertretene Gewerkschaft dies beantragen. Für die Antragstellung sieht Abs. 2 keine bestimmte **Form** vor; der Dienststellenleiter sollte zur Beweissicherung aber auf einem schriftlichen Antrag bestehen.

16 **Antragsbefugnis.** Der Antrag kann nur von (mind.) drei wahlberechtigten **Beschäftigten** oder einer in der Dienststelle vertretenen **Gewerkschaft** gestellt werden. Hinsichtlich der Beschäftigteneigenschaft ist auf § 4 Abs. 1 und 2 abzustellen; die Wahlberechtigung ergibt sich aus § 8. In der Dienststelle vertreten ist eine Gewerkschaft, wenn ihr mind. ein Beschäftigter dieser Dienststelle angehört (vgl. § 2 Rn. 45).

17 **Personalversammlung.** Für die vom Dienststellenleiter einzuberufende Personalversammlung gelten grundsätzlich die allg. Bestimmungen der §§ 49 bis 53, denen die speziellen Regelungen der §§ 16 und 20 vorgehen. Die Versammlung besteht aus den Beschäftigten der Dienststelle (§ 49 Abs. 1); sie ist nichtöffentlich (§ 53 Abs. 1). Teilnahmeberechtigt sind – vorbehaltlich § 53 Abs. 3 – die in § 53 Abs. 2 Satz 1 genannten Personen. Die Personalversammlung nach § 16 Abs. 2 findet grundsätzlich während der **Arbeitszeit** statt (§ 51 Abs. 1 Satz 1), was sich auch aus § 20 Abs. 2 Satz 2 ergibt; die Teilnahme an ihr hat **keine Minderung der Besoldung** oder des Arbeitsentgelts zur Folge (§ 20 Abs. 2 Satz 2). Auch die sonstigen Kosten der Personalversammlung sind **Kosten der Wahl**, die die Dienststelle trägt (§ 20 Abs. 2 Satz 1).

18 **Tagesordnung.** § 16 Abs. 2 geht den allg. Bestimmungen (vgl. §§ 50 Abs. 1 Satz 1; 52; 53 Abs. 3 Satz 3) vor. Alleiniger Tagesordnungspunkt der vom

Dienststellenleiter einberufenden Personalversammlung ist die Wahl des Wahlvorstands. Andere Punkte dürfen nicht behandelt werden.

19 **Verfahrensgang.** Die Versammlung nach § 16 Abs. 2 wird nicht vom Vorsitzenden des PR geleitet (vgl. § 50 Abs. 1 Satz 2), sondern vom Dienststellenleiter. Dieser eröffnet die Personalversammlung, stellt die Förmlichkeiten fest, prüft die Teilnahmeberechtigung der Erschienenen und fordert Nichtberechtigte auf, die Versammlung zu verlassen. Einer Feststellung der **Beschlussfähigkeit** bedarf es nicht, weil die Versammlung unabhängig von der Zahl der Erschienenen beschlussfähig ist (Ilbertz-Widmaier § 20 Rn. 19). Sodann ist gemäß § 16 Abs. 2 Satz 2 ein **Versammlungsleiter** zu wählen. Dieser übernimmt die Leitung der Versammlung und führt die Wahl des Wahlvorstands (vgl. Rn. 26 ff.) durch. Danach wird die Personalversammlung vom Versammlungsleiter geschlossen.

20 **Säumnis des Dienststellenleiters.** Kommt der Dienststellenleiter seiner Verpflichtung zur Einberufung einer Personalversammlung **nicht nach,** so können die Antragsberechtigten beim VG ein Beschlussverfahren mit dem Ziel einleiten, dem Dienststellenleiter aufzugeben, die Personalversammlung einzuberufen. In Betracht kommt hier auch eine Dienstaufsichtsbeschwerde.

21 a) **Untätigkeit des PR (Nr. 1).** Der Wahlvorstand wird von der Personalversammlung gewählt, wenn der PR zehn Wochen vor Ablauf seiner Amtszeit seiner Verpflichtung zur Bestellung und Bestimmung nach Abs. 1 nicht nachgekommen ist. Beim geschäftsführenden PR (vgl. Rn. 3) ist eine deutlich kürzere Frist, höchstens zwei Wochen, zugrunde zu legen.

22 **Fehlerhafte Bestellung.** Die fehlerhafte Bestellung durch den PR steht der Untätigkeit nicht gleich. Hier steht nur das gerichtliche Beschlussverfahren zur Verfügung, um den Fehler geltend zu machen, wenn der Wahlvorstand nicht von sich aus das Amt niederlegt.

23 **Übergang der Zuständigkeit.** In den Fällen des Satz 1 Nr. 1 bleibt der PR bis zur Entscheidung der Personalversammlung zur Bestellung nach Abs. 1 befugt. Mit der Wahl eines Wahlvorstands erlischt diese Befugnis (Ilbertz-Widmaier § 20 Rn. 14 m. w. N.), Wählt die Personalversammlung einen Wahlvorstand, obwohl der PR schon zuvor – rechtswirksam – einen Wahlvorstand bestellt hat, ist diese Wahl unwirksam. Umgekehrt ist die Bestellung durch den PR unbeachtlich, wenn die Personalversammlung schon entschieden hat.

24 b) **Fehlender PR (Nr. 2).** Das Verfahren nach § 16 Abs. 2 kommt nur in Betracht, wenn die Dienststelle personalratsfähig ist (§ 10 Abs. 1). Bedeutung hat die Nr. 2, wenn eine Dienststelle neu errichtet worden ist, wenn Außenstellen, Nebenstellen oder Teile einer Dienststelle nach § 5 Abs. 1 oder einer nach § 5 Abs. 4 zusammengefassten Dienststelle gemäß § 5 Abs. 3 zu einer personalvertretungsrechtlich selbstständigen Dienststelle erklärt oder zu einer solchen zusammengefasst werden oder wenn in einer Dienststelle, die bisher die Voraussetzungen des § 10 Abs. 1 nicht erfüllt hat, ein PR zu bilden ist. Nach Nr. 2 ist auch zu verfahren, wenn alle Mitglieder und Ersatzmitglieder des PR ihr Amt niedergelegt haben.

Anfechtung, Auflösung. Nr. 2 ist nicht anwendbar, wenn ein Personalrat deshalb fehlt, weil die PR-Wahl mit Erfolg angefochten und deshalb für ungültig erklärt worden ist (§ 21 Abs. 2 Satz 1, § 23 Abs. 1 Nr. 5) oder wenn der PR durch Gerichtsentscheidung aufgelöst worden ist (§ 24 Abs. 1, § 23 Abs. 1 Nr. 4). In diesen Fällen wird der Wahlvorstand vom Vorsitzenden der Fachkammer des VG bestellt (§ 21 Abs. 2 Satz 1, § 24 Abs. 3 Satz 1); dieser kann auch Ersatzmitglieder bestellen und hat den Vorsitzenden und den Stellvertreter zu bestimmen. 25

2. Wahl des Versammlungsleiters (Satz 2). Die Personalversammlung wählt nach Abs. 2 Satz 2 einen Versammlungsleiter. Dies ist erforderlich, weil eine Leitung der Versammlung durch den PR-Vorsitzenden, wie § 50 Abs. 1 Satz 2 sie normalerweise vorsieht, im Fall der Nr. 2 nicht möglich und im Fall der Nr. 1 untunlich ist. Die Wahl erfolgt formlos; sie muss nicht geheim sein. Vorschläge können aus der Mitte der Versammlung gemacht werden. Wählbar sind alle anwesenden Beschäftigten (Richardi/Dörner/Weber § 20 Rn. 31), mit Ausnahme des Dienststellenleiters. Gewählt ist, wer die Mehrheit der abgegebenen Stimmen erhält. Nimmt der Gewählte die Wahl an, übernimmt er die Sitzungsleitung und ruft den Tagesordnungspunkt „Wahl des Wahlvorstands" auf. 26

Aufgaben. Der Versammlungsleiter hat die Wahl des Wahlvorstands sowie des Vorsitzenden und stellvertretenden Vorsitzenden durchzuführen; maßgeblich sind auch hier die Anforderungen von § 15 Abs. 1 und 2. Der Versammlungsleiter kann die Wahl von Ersatzmitgliedern (§ 15 Abs. 3) anregen und ggf. auch diese Wahl durchführen. Abstimmungsberechtigt sind alle anwesenden Beschäftigten, außer dem Dienststellenleiter. 27

Wahlverfahren. Das Verfahren ist formlos; eine geheime Abstimmung ist nicht erforderlich aber möglich. Der Versammlungsleiter muss auf die Anforderungen des § 15 Abs. 1 hinweisen. Vorschläge können aus der Mitte der Versammlung kommen. Nicht anwesende Bewerber können nur berücksichtigt werden, wenn eine schriftliche Erklärung von ihnen vorliegt, dass sie zur Amtsübernahme bereits sind und das Amt im Falle der Wahl annehmen. Er muss prüfen, ob die Vorgeschlagenen wahlberechtigte Beschäftigte sind und ob die Gruppen entsprechend § 15 Abs. 1 Satz 2 berücksichtigt sind. Die Abstimmung kann gestuft erfolgen (erst Wahl des Wahlvorstands, dann die Bestimmung des Vorsitzes und schließlich die Wahl von Ersatzmitgliedern), sie kann aber auch einheitlich erfolgen, wenn Missverständnisse ausgeschlossen sind. Gewählt ist, wer die Mehrheit der abgegebenen Stimmen erreicht hat; Stimmenthaltungen werden nicht mitgerechnet. Über den Wahlablauf sowie die Ergebnisse wird eine Niederschrift gefertigt. 28

Nachträgliche Bestimmung des Vorsitzes. Hat die Personalversammlung nur den Wahlvorstand gewählt, aber nicht den Vorsitz bestimmt, ist es nicht sachgerecht, hierzu eine weitere Personalversammlung durchzuführen. In diesem Fall muss der Wahlvorstand selbst den Vorsitzenden und den Stellvertreter bestimmen. 29

30 **3. Ergänzungsentscheidung.** Scheiden Mitglieder aus dem Wahlvorstand aus (z. B. Niederlegung des Amts; Wechsel der Dienststelle; etc.) und steht auch kein Ersatzmitglied mehr zur Verfügung (§ 15 Abs. 3 Satz 2), muss der Wahlvorstand ergänzt werden. Hierfür ist in erster Linie der PR zuständig; im Falle seiner Säumnis gilt wieder § 16 Abs. 2. Direkt nach § 16 Abs. 2 ist zu verfahren, wenn eine Ergänzungsentscheidung im Falle von Abs. 2 Satz 1 Nr. 2 erforderlich wird.

III. Bestellung durch den Dienststellenleiter (Abs. 3)

31 **1. Anwendungsbereich.** Abs. 3 kommt nur zur Anwendung, wenn die Wahl eines Wahlvorstands durch eine Personalversammlung nach Abs. 2 – aus welchen Gründen auch immer – gescheitert ist. Eine direkte Anwendung von Abs. 3 ohne vorherige Personalversammlung ist unzulässig. Dies gilt auch im Falle der Säumnis des PR, der seinen Verpflichtungen aus Abs. 1 nicht nachkommt. Auch dann muss zwingend zunächst das Verfahren nach Abs. 2 durchlaufen worden sein. Bestellt der Dienststellenleiter ohne das Vorliegen der erforderlichen Voraussetzungen gleichwohl einen Wahlvorstand, so ist diese Bestellung rechtswidrig, aber i. d. R. nicht nichtig, wenn den Anforderungen des § 15 Abs. 1 genügt worden ist. Die Fehlerhaftigkeit einer solchen Bestellung kann vor Durchführung der Wahl im Beschlussverfahren festgestellt werden oder nach der Wahl mit der Wahlanfechtung (§ 21 Abs. 1) gerügt werden.

32 **2. Voraussetzungen.** Der Leiter der Dienststelle kann einen Wahlvorstand nach Abs. 3 nur bestellen, wenn zwei Voraussetzungen vorliegen: Das Verfahren nach Abs. 2 muss erfolglos durchlaufen worden sein (unten a) und es muss ein ausdrücklicher Antrag von Antragsbefugten auf Bestellung eines Wahlvorstands an den Dienststellenleiter gerichtet worden sein (unten b). Der Dienststellenleiter kann die Bestellung eines Wahlvorstands **nicht von Amts wegen** vornehmen.

33 **a) Fehlende Bestellung durch die Personalversammlung.** Das von § 16 Abs. 2 vorgesehene Verfahren muss ergebnislos durchlaufen worden sein. „Die einberufene Personalversammlung“ i. S. d. Abs. 3 ist nur die Personalversammlung nach Abs. 2. Es müssen **alle Voraussetzungen** des Abs. 2, also für die Einberufung einer Personalversammlung zur Bestellung eines Wahlvorstands, vorgelegen haben (siehe oben). Die Personalversammlung muss vom Dienststellenleiter tatsächlich einberufen worden sein. Trotz dieser ordnungsgemäß einberufenen Personalversammlung ist die beabsichtigte Wahl eines Wahlvorstands unterblieben, weil die Personalversammlung entweder (faktisch) nicht stattgefunden hat oder zwar stattgefunden hat, aber kein Wahlvorstand gewählt worden ist.

34 **Unterbliebene Personalversammlung.** Die Personalversammlung findet nur dann nicht statt i. S. d. Abs. 3, wenn sie zuvor ordnungsgemäß vom Dienststellenleiter einberufen war und für die Beschäftigten die Möglichkeit der Teilnahme und Wahl eines Wahlvorstands eröffnet war, aber faktisch nicht stattgefunden hat, z. B. weil trotz ordnungsgemäßer Einberufung kein Beschäftigter erschienen ist. Dem steht nicht gleich, wenn die Personalversammlung nicht

stattfindet, weil die Einberufung – vor Durchführung – durch den Dienststellenleiter wieder aufgehoben worden ist oder gerichtlich untersagt worden ist, weil die gesetzlichen Voraussetzungen nicht erfüllt waren. In solchen Fällen ist die von Abs. 2 verlangte Personalversammlung zunächst nachzuholen.

Gescheiterte Personalversammlung. Die andere Möglichkeit, die Abs. 3 vorsieht, geht davon aus, dass die einberufene Personalversammlung tatsächlich stattfindet, aber kein Wahlvorstand gewählt wird, z. B. weil sich überhaupt niemand oder nicht ausreichend viele Personen bereit erklären, Mitglied des Wahlvorstands zu werden bzw. den Vorsitz zu übernehmen oder wenn dem § 15 Abs. 1 Satz 2 nicht genügt werden kann. 35

b) **Antrag.** Der Dienststellenleiter darf nur aufgrund eines ausdrücklich gestellten Antrags handeln. Er kann aber die Stellung eines solchen Antrags anregen. Er kann und sollte auch in der Dienststelle in geeigneter Weise darauf hinweisen, dass ein Wahlvorstand von ihm nur bestellt werden kann, wenn drei wahlberechtigte Beschäftigte oder eine in der Dienststelle vertretene Gewerkschaft dies beantragen. Abs. 3 sieht keine besondere **Form** für die Antragstellung vor; der Dienststellenleiter sollte zur Beweissicherung aber auf einem schriftlichen Antrag bestehen. Die Antragstellung muss **zeitnah** zur gescheiterten Personalversammlung erfolgen. 36

Antragsbefugnis. Der Antrag kann nur von (mind.) **drei wahlberechtigten Beschäftigten** oder einer in der Dienststelle vertretenen **Gewerkschaft** gestellt werden. Hinsichtlich der Beschäftigteneigenschaft ist auf § 4 Abs. 1 und 2 abzustellen; die Wahlberechtigung ergibt sich aus § 8. In der Dienststelle vertreten ist eine Gewerkschaft, wenn ihr mind. ein Beschäftigter dieser Dienststelle angehört (vgl. § 2 Rn. 45). Bei der **Neuwahl der Gruppenvertreter** (§ 23 Abs. 2 Satz 1) kann der Antrag nur von drei wahlberechtigten Beschäftigten, die der Gruppe angehören, gestellt werden (§ 23 Abs. 2 Satz 2 Nr. 2 Satz 1). 37

3. **Weiteres Verfahren.** Das Verfahren ist vom Dienststellenleiter beschleunigt zu betreiben. Wenn nicht bereits mit dem Antrag Vorschläge hinsichtlich der Besetzung des Wahlvorstands verbunden waren, kann er dienststellenintern nochmals um solche Vorschläge bitten; er muss dies aber nicht. Er kann auch direkte Gespräche mit Beschäftigten führen, um die Übernahmebereitschaft zu klären. 38

4. **Entscheidung.** Wenn ein zulässiger Antrag vorliegt und auch die sonstigen Voraussetzungen gegeben sind, muss der Dienststellenleiter **unverzüglich** tätig werden (kein Ermessen). Kommt er dieser Pflicht nicht nach, kann er im Dienstaufsichtswege dazu angehalten werden. Ist der Antrag unzulässig (z. B. wegen fehlender Wahlberechtigung von Antragstellern) darf der Dienststellenleiter keinen Wahlvorstand bestellen; er sollte dann aber darauf hinwirken, dass behebbare Fehler umgehend behoben werden, um eine Bestellung zu ermöglichen. 39

a) **Bestellung des Wahlvorstands.** Der Dienststellenleiter ist an die Vorschläge der Beschäftigten oder der Gewerkschaft nicht gebunden (Ermessen). Dieses 40

Ermessen ist allerdings durch die bindenden Vorgaben des § 15 Abs. 1 eingeschränkt. Der Dienststellenleiter muss deshalb drei wahlberechtigte Beschäftigte bestellen, ggf. müssen beide Gruppen vertreten sein (§ 15 Abs. 1 Satz 2). § 15 Abs. 1 Satz 3 soll – wenn möglich – genügt werden. Wenn möglich, sollte der Dienststellenleiter auch **Ersatzmitglieder** bestellen.

41 b) **Bestimmung des Vorsitzenden.** Anders als Abs. 1 sieht Abs. 3 nicht ausdrücklich vor, dass der Dienststellenleiter zugleich den Vorsitzenden und den stellvertretenden Vorsitzenden des Wahlvorstands bestellt. Diese Befugnis kommt dem Dienststellenleiter aber in entsprechender Anwendung von Abs. 1 zu. Angesichts des fortgeschrittenen Verfahrensstands ist es geboten, dass der Wahlvorstand möglichst bald handlungsfähig ist. Unterlässt der Dienststellenleiter diese Bestellung, hat er sie auf Aufforderung des Wahlvorstands nachzuholen. Erfolgt dies nicht kann der Wahlvorstand selbst den Vorsitz und die Stellvertretung regeln.

42 c) **Ergänzungsentscheidung.** Legen einzelne Mitglieder des Wahlvorstands ihr Amt nieder oder wird die gesetzlich gebotene Zahl von drei Mitgliedern nach der Bestellung aus anderen Gründen unterschritten, kann der Dienststellenleiter **von Amts wegen** die erforderliche Ergänzungsentscheidung treffen. Eines weiteren Antrags von Antragsbefugten i. S. d. Abs. 3 bedarf es insoweit nicht. Gleiches gilt, wenn die zunächst unterbliebene Bestellung von **Ersatzmitgliedern** zu einem späteren Zeitpunkt nachgeholt wird. Tritt der gesamte Wahlvorstand zurück, ist für eine Ergänzungsentscheidung kein Raum; dann muss der Wahlvorstand nach den gesetzlichen Bestimmungen – also nur auf Antrag – neu bestellt werden.

43 5. **Folgen der Bestellung/Nichtbestellung.** Die bestellten Mitglieder und Ersatzmitglieder müssen das Amt ausdrücklich annehmen. Dies ist ggü. dem Dienststellenleiter zu erklären und von diesem in den Akten festzuhalten. Der Wahlvorstand hat sodann die Namen seiner Mitglieder und Ersatzmitglieder in der Dienststelle bekannt zu machen (§ 1 Abs. 3 Satz 1 WO). Ist der Wahlvorstand nach Abs. 3 durch den Dienststellenleiter bestellt worden, soll die Wahl des PR spätestens zwei Monate nach der Bestellung stattfinden (§ 17 Abs. 2 Satz 3). Wird vom Dienststellenleiter **kein Wahlvorstand** bestellt, weil sich keine (bzw. nicht genügend) Beschäftigte bereit erklären, das Amt zu übernehmen, findet eine PR-Wahl nicht statt.

44 6. **Säumnis des Dienststellenleiters.** Kommt der Dienststellenleiter der Verpflichtung, einen Wahlvorstand zu bestellen, nicht unverzüglich nach, können die nach Abs. 2 Antragsbefugten beim VG ein **Beschlussverfahren** mit dem Ziel einleiten (BVerwG, 16.12.2010 – 6 PB 18/10 – PersR 2011, 120 = PersV 2011, 136), die Säumnis des Dienststellenleiters festzustellen; es kommt auch ein Antrag auf Fortsetzung des Verfahrens (Bestellung des Wahlvorstands) in Betracht. Möglich ist auch eine Dienstaufsichtsbeschwerde, um den Dienststellenleiter zum pflichtgemäßen Handeln anzuhalten.

45 7. **Säumnis des bestellten Wahlvorstands.** Kommt der vom Dienststellenleiter bestellte Wahlvorstand seinen Pflichten nicht nach, gilt § 17 Abs. 3.

§ 17 Einleitung und Durchführung der Wahl

(1) [1]Der Wahlvorstand führt die Wahl des Personalrats durch. [2]Er bestimmt den Tag, die Zeit und den Ort der Wahl. [3]Dabei hat er auf die Belange der Beschäftigten und der Dienststelle Rücksicht zu nehmen.

(2) [1]Der Wahlvorstand hat die Wahl spätestens zwei Monate vor dem vorgesehenen Wahltag einzuleiten. [2]Die Wahl soll rechtzeitig vor dem Ablauf der Amtszeit des Personalrats stattfinden. [3]Ist der Wahlvorstand durch die Personalversammlung gewählt, durch den Leiter der Dienststelle bestellt oder findet eine nicht regelmäßige Personalratswahl nach § 23 Absatz 1 statt, soll die Wahl spätestens zwei Monate nach der Wahl oder Bestellung des Wahlvorstands stattfinden.

(3) [1]Kommt der Wahlvorstand den Verpflichtungen nach Absatz 1 Satz 1 und 2 und Absatz 2 nicht nach, so beruft der Leiter der Dienststelle eine Personalversammlung zur Wahl eines neuen Wahlvorstands ein. [2]§ 16 Absatz 2 Satz 2 und Absatz 3 gilt entsprechend.

(4) Bei einer Neubestellung des Wahlvorstands nach Absatz 3 gelten Absatz 1 Satz 2 und Absatz 2 mit der Maßgabe, dass der Wahlvorstand unverzüglich den Wahltag festzusetzen und die Wahl einzuleiten hat.

Regelungszusammenhang. § 17 regelt die grundsätzlichen Pflichten des Wahlvorstands hinsichtlich der Einleitung und Durchführung der Wahl des PR (Abs. 1 und 2). Die näheren Bestimmungen werden durch die §§ 9 ff. WO getroffen. Die Absätze 3 und 4 treffen Bestimmungen über das Vorgehen des Dienststellenleiters, wenn der Wahlvorstand seinen gesetzlichen Pflichten nicht nachkommt. § 17 Abs. 1, 2 und 4 findet entspr. Anwendung bei der Wahl des **GesamtPR** (§ 54 Abs. 4); die nach § 17 Abs. 3 vorgesehene Einberufung einer Personalversammlung entfällt hier; stattdessen entscheidet der Dienststellenleiter (§ 54 Abs. 4 Nr. 2). Gleiches gilt für die Wahl der **Stufenvertretungen** (§ 55 Abs. 3), durch den auch die entspr. Anwendung von § 54 Abs. 4 Nr. 2 angeordnet ist. Bei der Wahl des **AusbildungsPR** ist § 17 Abs. 1 und 2 entsprechend anwendbar (§ 58 Abs. 3 Satz 1). Auch hier übt der Dienststellenleiter an Stelle der Personalversammlung die Befugnisse nach § 16 Abs. 2 und § 17 Abs. 3 aus (§ 58 Abs. 3 Satz 2). 1

I. Durchführung der Wahl (Abs. 1)

Aufgaben des Wahlvorstands. Zentrale Aufgaben des Wahlvorstands sind Vorbereitung und Durchführung der Wahl des PR. Diese Aufgaben werden seit dem ÄG 2013 im Gesetz selbst und nicht mehr allein in der WO geregelt. Satz 1 entspricht § 1 Abs. 1 Satz 1 WO, die Sätze 2 und 3 entsprechen § 3 Satz 1 und 2 WO. Der Wahlvorstand arbeitet mit der Dienststelle zusammen, ist aber von dieser unabhängig. Der Dienststellenleiter hat zwar auch (personalvertretungsrechtliche) Kontrollbefugnisse ggü. dem Wahlvorstand (vgl. z. B. § 17 Abs. 3), hieraus folgt aber **kein Weisungsrecht**. Der Wahlvorstand wird i. d. R. vom PR bestellt (§ 16 Abs. 1), er ist aber kein Organ des PR und von diesem und den anderen Personen, die Aufgaben und Befugnisse nach dem 2

LPVG wahrnehmen, unabhängig. Wegen der **Rechtsstellung** des Wahlvorstands vgl. die Komm. zu § 15 Abs. 5.

3 **Unterstützung des Wahlvorstands.** Zur Erfüllung seiner Aufgaben kann der Wahlvorstand wahlberechtigte Beschäftigte als Wahlhelfer bestellen (§ 1 Abs. 1 Satz 2 WO). Für diese gelten die Regelungen der §§ 20 Abs. 2, 41 Abs. 1 Satz 2 und 43 Abs. 2 Satz 2 entsprechend (§ 1 Abs. 1 Satz 3 WO). Nach § 1 Abs. 2 WO muss die Dienststelle den Wahlvorstand bei der Erfüllung seiner Aufgaben unterstützen. Hierzu hat sie ihm insb. die dort aufgeführten Unterlagen zur Verfügung zu stellen sowie für die sächliche Ausstattung (Räume, Geschäftsbedarf, Kommunikationstechnik, etc.) und Büropersonal Sorge tragen. Die durch die Wahl entstehenden Kosten trägt die Dienststelle (§ 20 Abs. 2 Satz 1). Hierzu zählt auch der Schulungsbedarf, den die Mitglieder des Wahlvorstands haben. Von keinem Beschäftigten kann erwartet werden, dass er sich ohne Weiteres in den umfangreichen und komplizierten Regelungen des LPVG und der Wahlordnung zurechtfindet oder sich die erforderlichen Kenntnisse auf eigene Kosten verschafft.

4 **1. Durchführung der Wahl (Satz 1).** Nach Satz 1 hat der Wahlvorstand die Wahl des PR durchzuführen. Unter „Durchführung der Wahl" wird gelegentlich nur die eigentliche Wahlhandlung und die Feststellung des Wahlergebnisses verstanden. Wenn § 17 von „Einleitung und Durchführung" der Wahl spricht, meint er damit aber umfassend alle Tätigkeiten, die dem Wahlvorstand vom LPVG und der WO zugewiesen sind: Von der Bekanntgabe seiner Bestellung (§ 1 Abs. 3 Satz 1 WO) bis zur Einberufung und Leitung der konstituierenden Sitzung des neu gewählten PR (§ 19). Nachfolgend wird unterschieden zwischen:

- **Vorbereitung der Wahl.** Das ist die Phase von der Bestellung des Wahlvorstands bis zum Erlass des Wahlausschreibens (§ 9 WO); **sie dient der Feststellung und** Ermittlung der notwendigen Daten, um das Wahlausschreiben, mit dem die Wahl eingeleitet wird, fertigen und bekannt machen zu können.
- **Einleitung der Wahl.** Mit Erlass des Wahlausschreibens ist die Wahl eingeleitet (§ 9 Abs. 6 WO). Auf der Basis des Wahlausschreibens werden die Wahlvorschläge eingereicht, vom Wahlvorstand geprüft (§§ 11 ff. WO) und bekannt gemacht (§ 18 WO). Stimmzettel und Stimmzettelumschläge werden hergestellt (§ 21 WO); die Briefwahlunterlagen werden versandt.
- **Wahlhandlung, Feststellung des Wahlergebnisses.** Die Wahlhandlung (§ 22 WO) besteht aus der Vorbereitung des Wahlraums und der Wahlurne; der Stimmabgabe sowie dem Einwurf der Wahlbriefe (§ 23 Abs. 6 WO). Die Feststellung des Wahlergebnisses erfolgt nach §§ 26 ff. WO und den besonderen Vorschriften über die Verhältniswahl (§§ 33 ff. WO) und die Mehrheitswahl (§§ 40 ff. WO). Sodann wird das Wahlergebnis den Gewählten mitgeteilt (§ 30 WO) und in der Dienststelle bekannt gemacht (§ 31 WO).

Die Aufgaben, die dem Wahlvorstand insoweit jeweils obliegen, sind detailliert in der WO geregelt. Mit der Bestellung des Wahlleiters in der konstituierenden Sitzung (§ 19) endet das Amt des Wahlvorstands. Dieser übergibt die Wahlunterlagen an den neu gewählten PR (§ 32 WO). Nach Beendigung des Amtes ist der Wahlvorstand personalvertretungsrechtlich nicht mehr existent und kann insb. nicht mehr Beteiligter eines Beschlussverfahrens (z. B. eines Wahlanfechtungsverfahrens) sein.

a) Vorbereitung der Wahl. Nach seiner Bestellung (§ 16) und der Bekanntgabe der Mitglieder und Ersatzmitglieder in der Dienststelle (§ 1 Abs. 3 Satz 1 WO) hat der Wahlvorstand die in den §§ 1 bis 9 WO geregelten Aufgaben erledigen. 5

Vorabstimmungen. Der Wahlvorstand macht auf die Möglichkeit von Vorabstimmungen aufmerksam und weist in der Bekanntmachung nach § 1 Abs. 3 Satz 1 WO zugleich auf die Frist von sechs Arbeitstagen – diese läuft ab der Bekanntmachung – hin, innerhalb derer die erforderlichen Unterlagen dem Wahlvorstand vorliegen müssen (§ 4 WO). 6

Beschäftigtenzahl. Der Wahlvorstand ermittelt die Zahl der Beschäftigten i. S. d. § 4 Abs. 1 und 2 (§ 5 Satz 1 bis 3 WO); im Falle des § 5 Satz 4 WO (bis zu 50 Beschäftigten) auch die wahlberechtigten Beschäftigten (erforderlich i.H.a. § 10 Abs. 3). In diesem Zusammenhang stellt der Wahlvorstand auch fest, welchen Anteil Frauen und Männer an den Beschäftigten haben. 7

Wählerverzeichnis. Der Wahlvorstand erstellt nach Maßgabe von § 6 WO das Wählerverzeichnis der wahlberechtigten Beschäftigten getrennt nach den Gruppen der Beamten und Arbeitnehmer. Er aktualisiert und **berichtigt dieses im Bedarfsfall** bis zum Abschluss der Wahlhandlung (§ 6 Abs. 1 Satz 2 WO). Er entscheidet über Einsprüche gegen die Richtigkeit des Wählerverzeichnisses (§ 6 Abs. 5 und 6 WO). 8

Zahl der PR-Mitglieder. Der Wahlvorstand ermittelt nach **Maßgabe von § 10 Abs. 3 bis 5** die Zahl der zu wählenden Mitglieder des PR anhand der von ihm prognostizierten Zahl der voraussichtlich „in der Regel“ Beschäftigten. 9

Verteilung auf die Gruppen. Der Wahlvorstand ermittelt nach Maßgabe von § 11 i. V. m. § 7 WO die Verteilung der ermittelten PR-Mandate auf die beiden Gruppen. Er berücksichtigt ggf. Vorabstimmungen nach § 12 Abs. 1 hinsichtlich einer abweichenden Gruppeneinteilung. 10

Verteilung auf Frauen und Männer. Der Wahlvorstand ermittelt nach Maßgabe von § 11 Abs. 1 und 3 und § 8 WO den Anteil von Frauen und Männern an den Beschäftigten der Dienststelle und deren jeweiligen Anteil an den Gruppen. 11

b) Verfahren des Wahlvorstands. Der Wahlvorstand kann sich eine **Geschäftsordnung** geben oder sein Verfahren (ohne eine solche) einfach und zweckmäßig gestalten. Letzteres dürfte vorzugswürdig sein. Anhaltspunkte können die Regelungen des LPVG über die Geschäftsführung des PR bieten. 12

c) Sitzungen des Wahlvorstands. Die Sitzungen des Wahlvorstands sind **nichtöffentlich.** Über die Sitzungen des Wahlvorstands sind **Niederschriften** zu errichten, jedenfalls wenn Entscheidungen i. S. d. § 19 Satz 1 WO getroffen worden sind. Die Niederschriften sollen von allen Mitgliedern des Wahlvorstands unterzeichnet werden (§ 19 Satz 2 WO). 13

14 **Teilnahmeberechtigung.** Teilnahmeberechtigt sind **allein die Mitglieder** des Wahlvorstands, ggf. auch die eingetretenen Ersatzmitglieder. Eine dem § 20 Abs. 1 Satz 4 BPersVG vergleichbare Regelung besteht in Baden-Württemberg nicht. Deshalb können an den Sitzungen **keine Beauftragten** von **Gewerkschaften** teilnehmen. Die Personen, die allg. oder im Einzelfall (z. B. aufgrund eines PR-Beschlusses) berechtigt sind, an PR-Sitzungen teilzunehmen (§§ 30, 32), sind nicht zur Teilnahme an den Sitzungen des Wahlvorstands berechtigt. Ein solches Recht ergibt sich für die **Schwerbehindertenvertretung** auch nicht aus § 95 SGB-IX. Eine dem § 32 Abs. 2 vergleichbare Regelung fehlt in der WO. Aus dem Umstand, dass dem Wahlvorstand nach § 1 Abs. 2 Satz 2 WO von der Dienststelle **Büropersonal** zur Verfügung zu stellen ist, muss gefolgert werden, dass dieses – entsprechend § 32 Abs. 2 – auch zur Erstellung von Niederschriften hinzugezogen werden darf.

15 **Einladung, Sitzungsleitung.** LPVG und WO weisen dem Vorsitzenden des Wahlvorstands nur wenige Befugnisse zu. Im Vordergrund steht das Kollegium, das gemeinsam handelt und entscheidet. Regelungen, die mit den §§ 28 ff. vergleichbar sind, kennt die WO nicht. Aus Gründen der Praktikabilität ist es aber erforderlich, dass jedenfalls die organisatorischen Befugnisse innerhalb des Kollegiums klar zugewiesen werden. Dabei kann man sich an den Regelungen über die Geschäftsführung des PR orientieren; zwingend ist dies nicht. Aus der WO folgt auch nicht zwingend, dass bestimmte Funktionen (z. B. die Leitung der Sitzung) nur vom Vorsitzenden ausgeübt werden können.

16 d) **Entscheidungen**. Der Wahlvorstand fasst seine Beschlüsse mit einfacher Stimmenmehrheit (§ 1 Abs. 4 Satz 1 WO). Er ist **beschlussfähig**, wenn alle Mitglieder anwesend sind (§ 1 Abs. 4 Satz 2 Hs. 1 WO), wobei eine Vertretung durch Ersatzmitglieder möglich und im Bedarfsfall auch geboten ist.

17 **2. Bestimmung von Tag, Zeit und Ort der Wahl (Satz 2).** Der Wahlvorstand bestimmt nach Abs. 1 Satz 2 den Wahltag, die Zeit der Wahl und den Ort der Wahl (vgl. auch § 3 Satz 1 WO). Diese Bestimmungen müssen zwingend im Wahlausschreiben enthalten sein (§ 9 Abs. 2 Nr. 2 WO).

18 **Wahltag.** Den Tag der Wahl (Wahltag) bestimmt der Wahlvorstand grundsätzlich nach seinem Ermessen. Eingeschränkt wird dieses **Ermessen** in mehrfacher Hinsicht. In Betracht kommt nur ein Arbeitstag. Nach Abs. 1 Satz 3 (vgl. auch § 3 Satz 2 WO) ist auf die Belange der Beschäftigten und der Dienststelle Rücksicht zu nehmen. Die Wahl soll nach Abs. 2 Satz 2 rechtzeitig vor dem Ablauf der Amtszeit des PR (§ 22 Abs. 1 Satz 3) stattfinden; eine personalvertretungslose Zeit soll tunlichst vermieden werden. Schließlich macht das Gesetz in den Fällen des § 17 Abs. 2 Satz 3 enge zeitliche Vorgaben. In allen diesen Fällen soll die Wahl spätestens zwei Monate nach der Wahl oder Bestellung des Wahlvorstands stattfinden. Im Regelfall findet die Wahl an einem Tag statt, der dann auch Wahltag i. S. d. WO ist. Erfordern die besonderen Verhältnisse einer Dienststelle eine **mehrtägige Wahl**, so kann die Wahl in einem Zeitraum von höchstens vier aufeinanderfolgenden Tagen durchgeführt werden (§ 3 Satz 3 WO). Wahltag i. S. d. WO – und sinnvollerweise auch i. S. d. LPVG – ist in diesem Falle der **erste Tag der Wahlhandlung**.

Zeit der Wahl. Die Wahlzeit ist der Zeitraum am Wahltag, innerhalb dessen der Wahlraum zur Stimmabgabe geöffnet ist und die Wahlberechtigten ihre Stimme abgeben können. Nach Ablauf der Wahlzeit darf nicht mehr gewählt werden. Lediglich die Wahlberechtigten, die sich bereits im Wahlraum aufhalten, dürfen ihre Stimme noch abgeben (§ 22 Abs. 6 Satz 1 WO). Wenn auch diese Stimmen abgegeben sind, erklärt der Wahlvorstand die Wahlhandlung für beendet (§ 22 Abs. 6 Satz 2 WO). Eine **Unterbrechung** der Wahlhandlung führt nicht zu einer Verlängerung der festgesetzten und im Wahlausschreiben bekannt gegebenen Wahlzeit. Während der Wahlzeit müssen immer mind. zwei Mitglieder des Wahlvorstands im Wahlraum anwesend sein; ggf. ein Mitglied des Wahlvorstands und ein Wahlhelfer (§ 22 Abs. 3 WO). 19

Ort der Wahl. Die Wahl findet in aller Regel in der Dienststelle statt. Auch bei der Auswahl des Wahlraums hat der Wahlvorstand ein Ermessen. Der Wahlraum muss aber zwingend den Anforderungen genügen, die Gesetz und WO an die **geheime Wahl** (§ 13 Abs. 1) stellen. Nach § 22 Abs. 1 Satz 1 WO muss sichergestellt sein, dass die Wähler im Wahlraum den Stimmzettel unbeobachtet kennzeichnen können. Zwingend sind auch die Regelungen über die **Öffentlichkeit der Wahlhandlung** und der **Auszählung** (§ 18 sowie §§ 22 Abs. 8, 26 Abs. 6 WO). Wird hiergegen verstoßen, kann dies zur Anfechtung der Wahl führen (vgl. § 18 Rn. 9). Der Raum muss während der gesamten Dauer der Wahlhandlung und der Auszählung für alle Beschäftigten einfach erreichbar und durchgängig zugänglich sein (§ 22 Abs. 8). Der Raum sollte **abschließbar** sein, damit im Falle einer Unterbrechung der Wahlhandlung oder der Auszählung die Wahlurne sicher aufbewahrt werden kann. Der Wahlraum sollte für die Beschäftigten auch deshalb gut erreichbar sein, um die Versäumung der Arbeitszeit gering zu halten. 20

3. Belange der Beschäftigten und der Dienststelle (Satz 3). Bei der Bestimmung von Tag, Zeit und Ort der Wahl muss der Wahlvorstand auf die Interessen der Beschäftigten und der Dienststelle Rücksicht nehmen. Diese Interessen können naturgemäß von Dienststelle zu Dienststelle sehr unterschiedlich sein, weshalb es auf die konkreten Umstände des Einzelfalls ankommt. Aus Sicht der Beschäftigten kommt es immer darauf, dass sie von ihrem Wahlrecht unschwer Gebrauch machen können. Die Festlegung eines Wahltags in der Haupturlaubszeit kommt bspw. nicht in Betracht. Die Beschäftigten werden regelmäßig auch ein Interesse daran haben, den Wahlraum gut und schnell erreichen zu können. Aus Sicht der Dienststelle sind bspw. auch die Kosten der Wahl (§ 20 Abs. 2) in den Blick zu nehmen. 21

II. Einleitung der Wahl (Abs. 2)

1. Zeitpunkt der Einleitung (Satz 1). Nach Satz 1 ist der Wahlvorstand verpflichtet, spätestens zwei Monate vor dem vorgesehenen Wahltag (vgl. auch § 9 Abs. 1 Satz 1 WO) die Wahl einzuleiten. Eingeleitet wird die Wahl mit dem Erlass des Wahlausschreibens (§ 9 Abs. 6 WO). Das Wahlausschreiben muss zwingend die in § 9 Abs. 2 WO aufgeführten Angaben enthalten; es soll von sämtlichen Mitgliedern des Wahlvorstands unterschrieben werden (§ 9 Abs. 1 22

Satz 2 WO). Das Wahlausschreiben ist am Tage seines Erlasses bekannt zu geben (vgl. § 9 Abs. 3 Satz 1 WO; zu Bekanntmachungen vgl. § 2 WO). An den Personenkreis des § 9 Abs. 4 WO soll es übersandt werden. Das Wahlausschreiben ist die verbindliche Grundlage für das weitere Verfahren; **offenbare Unrichtigkeiten** können vom Wahlvorstand aber jederzeit berichtigt werden (§ 9 Abs. 5 WO). Offenbare Unrichtigkeiten i. d. S. sind z. B. Schreibfehler und Rechenfehler (§ 42 LVwVfG ist sinngemäß anzuwenden).

23 **Wahlvorschläge.** Innerhalb von zwölf Arbeitstagen nach Erlass des Wahlausschreibens sind beim Wahlvorstand schriftlich die Wahlvorschläge einzureichen (§ 11 Abs. 2 WO); vorschlagsberechtigt sind die wahlberechtigten Beschäftigten und die in der Dienststelle vertretenen Gewerkschaften (§ 11 Abs. 1 WO). Die inhaltlichen Anforderungen an die Wahlvorschläge regeln die §§ 12 und 13 WO. Der Wahlvorstand prüft die Wahlvorschläge (§§ 14 ff. WO), stellt ihre Reihenfolge her (§ 17 WO) und macht sie bekannt (§ 18 WO).

24 **Auslegungspflicht.** Vom Tage des Erlasses des Wahlausschreibens bis zur Bekanntmachung des Wahlergebnisses ist das LPVG und die WO zur Einsicht der Beschäftigten aufzulegen (§ 10 WO); elektronische Abrufbarkeit genügt, wenn die Voraussetzungen von § 2 Abs. 2 WO erfüllt sind.

25 **2. Zeitpunkt der Wahl (Satz 2).** Nach Abs. 2 Satz 2 **soll** die Wahl rechtzeitig vor Ablauf der Amtszeit des PR stattfinden. Gemeint ist hier der regelmäßige Ablauf der Amtszeit, wie er sich aus den Vorschriften über die regelmäßigen PR-Wahlen nach § 22 Abs. 1 ergibt. Die Wahl muss deshalb zu einem Zeitpunkt durchgeführt werden, mit dem sicherstellt ist, dass der neu gewählte PR sein Amt unmittelbar nach Ablauf der Amtszeit des bisherigen PR antreten kann. Das Gesetz will vermeiden, dass der alte PR nur geschäftsführend – und damit auch nur mit stark eingeschränkten Kompetenzen – im Amt verbleibt (§ 22 Abs. 2 Satz 1).

26 **Fristüberschreitung.** Die Fristbestimmung des Abs. 2 Satz 2 ist nicht zwingend („soll"). Ihre Verletzung macht die Wahl nicht anfechtbar. Eine geringfügige Fristüberschreitung rechtfertigt auch nicht eine Neuwahl oder Neubestellung des Wahlvorstands nach Abs. 3.

27 **3. Frist in Sonderfällen (Satz 3).** In den Fällen des Abs. 2 Satz 3 **soll** die Wahl spätestens zwei Monate nach der Wahl oder Bestellung des Wahlvorstands stattfinden. Diesen Fällen ist gemeinsam, dass ein besonderes Beschleunigungsinteresse besteht, weil es entweder schon bei der Bestellung bzw. der Wahl des Wahlvorstands zu Verzögerungen gekommen ist oder – im Falle des § 23 Abs. 1 – in der Dienststelle überhaupt kein PR besteht (§ 23 Abs. 1 Satz 1 Nr. 6). In den Fällen des § 23 Abs. 1 Satz 1 Nr. 4 und 5 fungiert der vom Gericht eingesetzte Wahlvorstand als PR und hat die PR-Wahl „unverzüglich" einzuleiten und durchzuführen (§§ 21 Abs. 2 Satz 2, 24 Abs. 3 Satz 2). In den Fällen des § 23 Abs. 1 Satz 1 Nr. 1 bis 3 besteht lediglich ein geschäftsführender PR – mit eingeschränkten Rechten – und nur für längstens vier Monate (§ 23 Abs. 1 Satz 2). Eine **Fristüberschreitung** ist aber auch hier folgenlos (vgl. Rn. 26).

III. Säumnis des Wahlvorstands (Abs. 3)

Regelungsziel. Kommt der Wahlvorstand seinen Verpflichtungen nach Abs. 1 Satz 1 und Abs. 2 bzw. der WO nicht oder nur zögerlich nach, besteht die Gefahr, dass ein PR nicht rechtzeitig gewählt werden kann oder die Wahl gänzlich vereitelt wird. Hier ermöglicht Abs. 3 die Ersetzung eines säumigen Wahlvorstands durch einen neuen Wahlvorstand. Der Austausch erfolgt entweder dadurch, dass die Personalversammlung einen neuen Wahlvorstand wählt (Abs. 3 Satz 1) oder – in entsprechender Anwendung von § 16 Abs. 3 – durch Bestellung eines neuen Wahlvorstands durch den Dienststellenleiter. 28

1. Einberufung einer Personalversammlung (Satz 1). Wenn die Voraussetzungen des Abs. 3 Satz 1 vorliegen, **muss** der Dienststellenleiter eine Personalversammlung einberufen, mit dem Ziel, einen neuen Wahlvorstand wählen zu lassen. Abs. 3 Satz 1 weist dem Dienststellenleiter insoweit eine (personalvertretungsrechtliche) Kontrollfunktion zu. Er muss die Tätigkeit des Wahlvorstands beobachten und, wenn er eine säumige oder fehlerhafte Sachbehandlung feststellt, handeln. 29

Voraussetzungen. Handeln darf der Dienststellenleiter nur, wenn der Wahlvorstand seinen „Verpflichtungen nicht nachkommt“. Dem Dienststellenleiter kommt insoweit keine Einschätzungsprärogative zu; die Pflichtverstöße des Wahlvorstands müssen objektiv vorliegen. Es handelt sich um einen unbestimmten Rechtsbegriff, der gerichtlich voll überprüfbar ist. Verletzt sein müssen deshalb **zwingende Vorschriften** des Gesetzes und/oder der WO, die voraussichtlich dazu führen, dass die Wahl **unzumutbar verzögert** oder gar **vereitelt** oder höchstwahrscheinlich **anfechtbar** wird. Keine Anwendung kann Abs. 3 Satz 1 finden, wenn der Wahlvorstand im Rahmen seines Ermessens handelt oder nur geringfügige Abweichungen von den gesetzlichen Fristen oder sonstigen Vorschriften festzustellen sind. Liegen die tatbestandlichen Voraussetzungen vor, muss der Dienststellenleiter die Personalversammlung einberufen (kein Ermessen). 30

Verfahren. Anders als im Fall des § 16 Abs. 2 setzt die Einberufung der Personalversammlung **keinen Antrag** von Beschäftigten oder einer in der Dienststelle vertretenen Gewerkschaft voraus; der Dienststellenleiter handelt von Amts wegen. Im Rahmen der **vertrauensvollen Zusammenarbeit,** der nicht nur in Bezug auf den PR gilt, ist der Dienststellenleiter aber verpflichtet, zunächst das Gespräch mit dem Wahlvorstand zu suchen, die Pflichtverletzungen zu benennen und auf Abhilfe zu dringen. Erst wenn auch dies ergebnislos bleibt, kann er von Abs. 3 Satz 1 Gebrauch machen. Das übrige Verfahren gestaltet sich ebenso, wie im Falle des § 16 Abs. 2; auf die Komm. zu § 16 Abs. 2 wird verwiesen. Insbesondere hat die Personalversammlung einen **Versammlungsleiter** zu wählen, der die Neuwahl des Wahlvorstands durchzuführen hat (**§ 17 Abs. 3 Satz 2** i. V. m. § 16 Abs. 2 Satz 2). 31

2. Entsprechende Anwendung von § 16 (Satz 2). Abs. 3 Satz 2 ordnet zum einen die entspr. Anwendung von § 16 Abs. 2 Satz 2 (Wahl eines Versammlungsleiters – vgl. Rn. 31) an. Zum anderen ist hiernach auch **§ 16 Abs. 3 entspre-** 32

chend anzuwenden. Damit soll auch hier gesichert werden, dass alsbald ein neuer Wahlvorstand amtieren kann, auch wenn die Personalversammlung nicht stattfindet oder es dort zu keiner Neuwahl kommt. Zu § 16 Abs. 3 gibt es allerdings einen erheblichen Unterschied: Dort gibt es keinen Wahlvorstand und es besteht ein erhebliches Interesse, möglichst schnell einen Wahlvorstand zu bestellen, um die PR-Wahl durchführen zu können. Im Falle des § 17 Abs. 3 amtiert ein Wahlvorstand, allerdings pflichtwidrig, wie der Dienststellenleiter meint. Eine entspr. Anwendung von § 16 Abs. 3 ist deshalb nicht unproblematisch.

33 **Ablehnung einer Neuwahl.** Dem Dienststellenleiter steht kein Bestellungsrecht nach § 16 Abs. 3 (entspr.) zu, wenn die Personalversammlung stattfindet und in der Sache selbst beschließt, dass die vom Dienststellenleiter geltend gemachte Pflichtverletzung nicht vorliegt bzw. eine Abberufung nicht rechtfertigt. Wollte man dem Dienststellenleiter auch in einem solchen Fall ein Vetorecht (Letztentscheidungsrecht) einräumen, wäre die Personalversammlung entbehrlich und würde nur zu einer weiteren Verzögerung des Verfahrens führen. Nach Sinn und Zweck des § 16 Abs. 3 wird dem Dienststellenleiter dort nur eine Notkompetenz eingeräumt, weil die primären Möglichkeiten des § 16 Abs. 1 und Abs. 2 ergebnislos geblieben sind; von einer solchen Konstellation kann keine Rede sein, wenn die Personalversammlung das Verhalten des amtierenden Wahlvorstands anders bewertet, als der Dienststellenleiter.

34 **Bestellung nach § 16 Abs. 3.** Steht einer Entscheidung nach § 16 Abs. 3 nicht das Votum der Personalversammlung entgegen (vgl. Rn. 33) kann der Dienststellenleiter eine Neubestellung nur vornehmen, wenn auch die übrigen Voraussetzungen des § 16 Abs. 3 gegeben sind. Dies würde insbes. voraussetzen, dass ein dahingehender **Antrag** von mind. drei wahlberechtigten Beschäftigten oder von einer in der Dienststelle vertretenen Gewerkschaft gestellt wird.

35 **Ende des Amtes.** Mit der Wahl eines neuen Wahlvorstands bzw. der Neubestellung durch den Dienststellenleiter endet das Amt des bisherigen Wahlvorstands. Damit endet auch seine Rechtsstellung nach § 15 Abs. 5. Ab diesem Zeitpunkt läuft auch die 6-Monatsfrist für den nachwirkenden Kündigungsschutz nach § 15 Abs. 3 Satz 2 KSchG.

IV. Festsetzung des Wahltags (Abs. 4)

36 **Regelungsziel.** Nach Abs. 4 gelten Abs. 1 Satz 2 und Abs. 2 mit der Maßgabe, dass der (neue) Wahlvorstand unverzüglich den Wahltag festzusetzen und die Wahl einzuleiten hat, wenn es zu einer Neubestellung des Wahlvorstands nach Abs. 3 gekommen ist. Mit „Neubestellung" ist hierbei auch die Neuwahl durch die Personalversammlung gemeint. Angesichts der säumigen Sachbehandlung durch den alten Wahlvorstand soll der neue Wahlvorstand das Verfahren jetzt beschleunigt betreiben, um möglichst bald die PR-Wahl durchführen zu können.

§ 18 Feststellung des Wahlergebnisses

[1]Unverzüglich nach Abschluss der Wahl nimmt der Wahlvorstand öffentlich die Auszählung der Stimmen vor, stellt deren Ergebnis in einer Niederschrift fest und gibt es den Angehörigen der Dienststelle bekannt. [2]Dem Leiter der Dienststelle, den in der Dienststelle vertretenen Gewerkschaften und den Vertretern der sonstigen gültigen Wahlvorschläge ist eine Abschrift der Niederschrift zu übersenden.

Regelungsbereich. § 18 enthält im Wesentlichen die Regelungen von § 23 Abs. 2 in der vor Inkrafttreten des ÄG 2013 geltenden Fassung; ergänzend sind die Bestimmungen der §§ 26–31 WO heranzuziehen. § 18 gilt für den GesamtPR (§ 54 Abs. 3), die Stufenvertretungen (§ 55 Abs. 3) und den AusbildungsPR (§ 58 Abs. 3 Satz 1) entsprechend. 1

1. Auszählung und Feststellung des Wahlergebnisses (Satz 1). Unverzüglich nach Abschluss der Wahl ist der Wahlvorstand verpflichtet, öffentlich die Auszählung der Stimmen vorzunehmen, das Ergebnis der Wahl festzustellen und bekannt zu geben. 2

a) **Abschluss der Wahl.** Abgeschlossen ist die Wahl, wenn die vom Wahlvorstand bestimmte Zeit (§ 17 Abs. 1 Satz 2; § 3 Satz 1 WO), wie sie im Wahlausschreiben bekannt gemacht worden ist (§ 9 Abs. 2 Nr. 2 WO), abgelaufen ist und der Wahlvorstand die Wahlhandlung für beendet erklärt hat (§ 22 Abs. 6 Satz 2). Zu beachten ist in diesem Zusammenhang auch § 22 Abs. 6 Satz 1 WO, wonach auch nach Ablauf der für die Durchführung der Wahlhandlung festgesetzten Zeit die Wahlberechtigten, die sich in diesem Zeitpunkt bereits im Wahlraum befinden, noch abstimmen dürfen. Erst nach der Stimmabgabe dieser Wahlberechtigten erklärt der Wahlvorstand die Wahlhandlung für beendet (§ 22 Abs. 6 Satz 2 WO). Tritt dieser Fall ein, muss der Wahlvorstand durch geeignete Maßnahmen dafür sorgen, dass nicht andere Wahlberechtigte, die den Wahlraum erst nach Ablauf der festgesetzten Zeit betreten haben, noch abstimmen können. Der Zeitpunkt des Endes der Wahl ist in die Wahlniederschrift aufzunehmen (§ 29 Abs. 1 Satz 2 Nr. 4 WO). 3

Unterbrechung der Wahl. Keinen Abschluss der Wahl i. S. d. § 18 Satz 1 stellt die Unterbrechung der Wahl dar. Dies kommt namentlich in Betracht, wenn die Wahl wegen der besonderen Verhältnisse der Dienststelle auf mehrere Tage (höchstens vier aufeinanderfolgende Tage) festgesetzt wird (§ 3 Satz 3 WO). Für diesen Fall erfolgt **keine Zwischenauszählung.** Der Wahlvorstand hat bei Unterbrechung die Wahlurne so zu verschließen und aufzubewahren, dass der Einwurf oder die Entnahme von Stimmzetteln unmöglich ist (§ 22 Abs. 5 Satz 1 WO). Bei Fortführung der Wahl hat sich der Wahlvorstand davon zu überzeugen, dass der angebrachte Verschluss unversehrt ist (§ 22 Abs. 5 Satz 2 WO). Diese Umstände und die Zeiten der Unterbrechung der Wahl sind in der Wahlniederschrift zu vermerken. 4

b) **Unverzüglich.** Der Wahlvorstand muss die Auszählung unverzüglich d. h. „ohne schuldhaftes Zögern“ vornehmen. Ein unverzügliches Tätigwerden liegt 5 regelmäßig nur dann vor, wenn die Auszählung der Stimmen sowie die Feststellung und Bekanntgabe des Wahlergebnisses **noch am Wahltag** erfolgen. Der Wahlvorstand hat Vorsorge dafür zu treffen, dass dies möglich ist, z. B. durch die Festlegung der Zeit der Stimmabgabe und durch die Bestellung von Wahlhelfern in hinreichender Zahl.

6 **Anderer Tag.** Kann aus besonderen Gründen die Auszählung nicht am Wahltag vorgenommen oder abgeschlossen werden, ist jedenfalls zeitnah, **regelmäßig am Folgetag**, auszuzählen. Der Wahlvorstand hat dies formell zu beschließen, wobei Tag, Ort und Zeit der Auszählung festzulegen sind. In diesem Fall sind alle, die zur Teilnahme an der Auszählung berechtigt sind (s. u.), über den für die Auszählung festgesetzten Tag, den Ort und die genaue Zeit **umgehend zu informieren**. Es gilt auch in diesem Fall § 22 Abs. 5 Satz 1 WO. Der Wahlvorstand muss die Urne so verschließen und aufbewahren, dass ein Einwurf bzw. eine Entnahme von Stimmzetteln unmöglich ist. Bei Wiedereröffnung des Verfahrens zur Auszählung muss sich der Wahlvorstand vorab davon überzeugen, dass der Verschluss unversehrt ist (§ 22 Abs. 5 Satz 2). Auch diese Vorgänge, einschließlich der gefassten Beschlüsse, sind in die Wahlniederschrift aufzunehmen.

7 **Unterbrechung der Auszählung.** Die WO geht davon aus, dass die Auszählung grundsätzlich am Wahltag erfolgt und an diesem auch abgeschlossen wird. Dies ist auch anzustreben. Besondere Umstände (z. B. Erkrankung von Wahlhelfern, Probleme bei der Auszählung) können zur Folge haben, dass die Auszählung nicht am gleichen Tage beendet werden kann, sondern unterbrochen werden muss (zur Unterbrechung der Auszählung vgl. VGH Mannheim, 21.9.2016 – PL 15 S 2666/15 – juris). Diese Möglichkeit sieht § 26 Abs. 2 Satz 2 WO auch ausdrücklich vor. Bei völlig übermüdeten Wahlhelfern ist auch nicht mehr gewährleistet, dass die getroffenen Feststellungen fehlerfrei sind. Die Wahlunterlagen sind in diesem Fall unter Verschluss zu nehmen (§ 26 Abs. 2 Satz 2 WO); für diesen Fall gilt § 22 Abs. 5 Satz 1 und 2 WO entsprechend (vgl. hierzu Rn. 6).

8 **Beschlüsse und Maßnahmen des Wahlvorstands.** Der Wahlvorstand hat die Unterbrechung der Auszählung formell zu beschließen. Er hat dabei Tag, Ort und genaue Zeit der Fortsetzung der Auszählung festzulegen. Auch in diesem Fall sind alle, die zur Teilnahme an der Auszählung berechtigt sind (s. u.), hierüber **umgehend zu informieren.** Die Information allein der im Zeitpunkt der Unterbrechung im Wahlraum Anwesenden genügt nicht. Notwendig, aber auch ausreichend sind E-Mails im dienststelleninternen Verteiler derart, dass bei Arbeitsaufnahme am nächsten Tag diese Information normalerweise zur Kenntnis genommen werden kann und für Interessierte genügend Zeit verbleibt, um an der Fortsetzung der Auszählung teilzunehmen. Dies ist bei der Festsetzung des Zeitpunkts der Fortsetzung der Auszählung zu berücksichtigen. Externe Berechtigte, wie die **Gewerkschaften**, müssen zusätzlich informiert werden. Auch hier muss sichergestellt werden, dass eine Teilnahme an der Fortsetzung der Auszählung möglich ist.

c) **Öffentliche Stimmauszählung.** Satz 1 verlangt auch, dass die Auszählung der Stimmen öffentlich zu erfolgen hat. Ergänzend bestimmt § 26 Abs. 6 WO, dass die Sitzung den Beschäftigten zugänglich sein muss. Die Teilnahmeberechtigten sollen bei der Auszählung anwesend sein können und die Handlungen und Entscheidungen des Wahlvorstands beobachten können. Die Beschäftigten der Dienststelle, die in ihr vertretenen Gewerkschaften und der Dienststellenleiter sollen **jederzeit und ungehindert** die ordnungsgemäße Durchführung dieser Wahlhandlung kontrollieren können. Dem Erfordernis der „Öffentlichkeit" ist nicht Rechnung getragen, wenn interessierte Wahlbeobachter Einlass in den Auszählungsraum **nur auf besondere Aufforderung** (etwa durch Anruf eines Wahlvorstandsmitglieds, Klopfen an eine verschlossene Tür, Klingelzeichen etc.) erhalten (VG Karlsruhe, 30.7.2010 – PL 12 K 837/10 – juris). Satz 1 und § 26 Abs. 6 WO sind wesentliche Vorschriften über das Wahlverfahren i. S. d. § 21 Abs. 1; ein Verstoß gegen das Gebot der Öffentlichkeit macht die Wahl anfechtbar (VG Karlsruhe, 30.7.2010 – PL 12 K 837/10 – juris). 9

Umfang des Öffentlichkeitsgebots. Öffentlich muss nicht allein die Auszählung sein, sondern die gesamte Sitzung und das vom Gesetz vorgeschriebene Verfahren. Es umfasst die vorbereitenden Handlungen (§ 26 Abs. 2 Satz 1 WO), die Prüfung der Wahlurnen, das Öffnen der Wahlurnen, das Entnehmen der Stimmzettelumschläge (§ 26 Abs. 2 Satz 2 WO), das Entnehmen der Stimmzettel und die Prüfung der Gültigkeit (§ 26 Abs. 3 WO), die Feststellung der gültigen bzw. ungültigen Stimmzettel und der gültigen bzw. ungültigen Stimmen (§ 26 Abs, 4 WO) sowie die eigentliche Auszählung und Feststellung des Ergebnisses. 10

Teilnahmeberechtigte Beschäftigte. Teilnahmeberechtigt sind zunächst **alle Beschäftigten** der Dienststelle (§ 26 Abs. 6 WO); nicht nur die Wahlberechtigten. Sie brauchen hierfür keine zusätzliche Erlaubnis, müssen sich aber abmelden, wenn sie ihren Arbeitsplatz verlassen. Dringende dienstliche Belange können einer Anwesenheit bei der Auszählung entgegenstehen. Die durch die Teilnahme entstehende Versäumnis von Arbeitszeit hat keine Minderung der Besoldung bzw. des Arbeitsentgelts zur Folge; es handelt sich um Kosten „infolge der Ausübung des Wahlrechts" (§ 20 Abs. 2 Satz 2). Ein Anspruch auf Dienstbefreiung bei Überschreiten der individuell maßgeblichen Arbeitszeit steht aber nur den Mitgliedern des Wahlvorstands zu (§§ 15 Abs. 5 i. V. m. 43 Abs. 2 Satz 2). 11

Sonstige Teilnahmeberechtigte. Teilnahmeberechtigt sind auch die in der Dienststelle vertretenen **Gewerkschaften,** die Beauftragte entsenden können. Das Teilnahmerecht folgt aus der besonderen Stellung, die Gewerkschaften in Bezug auf die PR-Wahl haben. Diesen stehen Initiativrechte und Kontrollrechte im Vorfeld der Wahl zu (§§ 16 Abs. 2 Satz 1 und 3; 17 Abs. 3), sie können Wahlvorschläge machen (§ 13 Abs. 4 Satz 1; § 12 Abs. 4 und 5 WO) schlussendlich haben sie auch das Recht zur Wahlanfechtung (§ 21 Abs. 1), was erforderlich macht, dass sie sich über die Einhaltung der insoweit maßgeblichen Bestimmungen selbst informieren können. Teilnahmebefugt ist auch der **Dienststellenleiter,** auch wenn er kein Beschäftigter i. S. d. § 4 ist, weil er hin- 12 sichtlich der PR-Wahl vergleichbare Aufgaben und Befugnisse wie die Gewerkschaften hat.

13 **Auszählung nach Dienstschluss.** Die Öffentlichkeit der Stimmauszählung muss bis zur Feststellung des Wahlergebnisses gewährleistet sein. Dem kann besondere Bedeutung zukommen, wenn sich die Auszählung hinzieht und sich z. B. über das Ende der normalen Dienstzeit erstreckt. Für diesen Fall ist zwingend dafür zu sorgen, dass der Wahlraum **unverändert zugänglich bleibt.** Der Zugang zum Raum selbst und dessen Erreichbarkeit in der Dienststelle müssen für alle Teilnahmeberechtigten ununterbrochen während der gesamten Zeit der Auszählung gewährleistet sein. Bei Ende der normalen Dienststunden muss sich der Wahlvorstand davon überzeugen, dass das Gebäude ggf. auch Zwischentüren nicht abgeschlossen worden ist. Dies ist ggf. in der Wahlniederschrift zu vermerken.

14 **Auszählung am anderen Tag; Unterbrechung.** Die Öffentlichkeit der Auszählung wird auch verletzt, wenn nicht allen Teilnahmeberechtigten bekannt gemacht worden ist, dass die Auszählung an einem anderen Tag stattfinden soll. Diese Information muss so beschaffen sein und den Teilnahmeberechtigten so rechtzeitig zugehen, dass sie von ihrem Teilnahmerecht ohne Weiteres Gebrauch machen können. Gleiches gilt im Falle der Unterbrechung der Auszählung (vgl. Rn. 8). Wird der Ort und/oder die Zeit der Fortsetzung der Auszählung nicht in ordnungsgemäßer Weise (siehe oben) beschlossen und bekannt gemacht, erfolgt die weitere Auszählung unter Verstoß gegen den Grundsatz der Öffentlichkeit.

15 d) **Feststellung des Wahlergebnisses.** Die Feststellung des Wahlergebnisses hat strikt nach den Anforderungen der WO zu erfolgen. Das Verfahren beginnt mit der Entfernung aller nicht benützten Stimmzettelumschläge und Stimmzettel vom Wahltisch (§ 26 Abs. 2 Satz 1 WO). Bei Auszählung an einem anderen Tag bzw. nach Unterbrechung der Auszählung sind die Wahlurnen zu prüfen (§§ 22 Abs. 5 Satz 1 und 2; 26 Abs. 2 Satz 2 WO). Danach sind die Wahlurnen zu öffnen, die Stimmzettelumschläge zu entnehmen und ungeöffnet zu zählen (§ 26 Abs. 2 Satz 2 WO). Nach Feststellung der Zahl der Stimmabgabevermerke und Abgleich mit den abgegebenen Stimmzettelumschlägen (§ 26 Abs. 2 Satz 3 und 4, Abs. 3 WO) werden die Stimmzettel den Stimmzettelumschlägen entnommen und ihre Gültigkeit geprüft (§ 26 Abs. 3 WO).

16 **Beschlüsse des Wahlvorstands.** Über die Gültigkeit von Stimmzetteln und Stimmen entscheidet der Wahlvorstand (§ 26 Abs. 5 Satz 1 WO). Stimmzettelumschläge und Stimmzettel, über die der Wahlvorstand Beschluss gefasst hat, sind der Wahlniederschrift anzuschließen (§ 26 Abs. 5 Satz 2 WO. Dies gilt auch für die Stimmzettel, auf denen nur einzelne Stimmen für ungültig erklärt worden sind (§ 26 Abs. 5 Satz 3 WO). In der Wahlniederschrift wird die Zahl der ungültigen Stimmzettel aufgenommen (§ 29 Abs. 1 Satz 2 Nr. 8 WO). Hat der Wahlvorstand über die Gültigkeit zweifelhafter Stimmzettel oder Stimmen nach § 26 Abs. 5 Satz 1 WO Beschluss gefasst, sind die hierfür maßgebenden Gründe ebenfalls in die Wahlniederschrift aufzunehmen (§ 29 Abs. 1 Satz 2 Nr. 9 WO).

Ungültige Stimmzettel. Der Wahlvorstand stellt die Zahl der gültigen und ungültigen Stimmzettel fest (§ 26 Abs. 4 WO). Welche Stimmzettel ungültig sind bestimmt § 27 WO. Die auf ungültigen Stimmzetteln abgegebenen Stimmen sind unbeachtlich. Sie werden weder als gültige noch als ungültige Stimmen berücksichtigt (§ 27 Abs. 1 Satz 2 WO). Bei **Mehrheitswahl** sind auch solche Stimmzettel ungültig, die die Voraussetzungen des § 42 Abs. 1 WO erfüllen. 17

Ungültige Stimmen. Welche Stimmen ungültig sind, bestimmt § 28 Satz 1 WO. Ungültige Stimmen werden bei der Ermittlung des Wahlergebnisses nicht angerechnet. Bei der **Verhältniswahl** sind auch Stimmen ungültig, die einem Bewerber über die zulässige Häufungszahl hinaus zugewendet werden (§ 35 WO). Werden bei Verhältniswahl Stimmen abgegeben, die nach § 28 WO oder § 35 WO ungültig sind, werden diese Stimmen gestrichen (§ 36 Satz 1 WO). Verbleibt dann eine über die zulässige Zahl hinausgehende Stimmenzahl, werden die überzähligen Stimmen nach Maßgabe von § 36 Satz 2 und 3 WO gestrichen. Bei **Mehrheitswahl** sind auch Stimmen ungültig, die einem Bewerber im Wege der Stimmenhäufung zugewendet wurden (§ 42 Abs. 2 Satz 1 WO). In diesem Fall bleibt eine der Stimmen gültig (§ 42 Abs. 2 Satz 2 WO). 18

Feststellungsbeschluss. Nach Auszählung der gültigen Stimmen wird das Wahlergebnis vom Wahlvorstand – in immer noch öffentlicher Sitzung – durch Beschluss abschließend festgestellt (§ 26 Abs. 6 WO). Die Namen der gewählten Bewerber und die Namen und Reihenfolge der Ersatzmitglieder wird in die Wahlniederschrift aufgenommen (§ 29 Abs. 1 Satz 2 Nr. 10 WO). 19

e) **Wahlniederschrift, Wahlunterlagen.** Über alle maßgeblichen Vorgänge ist eine Wahlniederschrift zu fertigen, die von allen Mitgliedern des Wahlvorstands unterzeichnet werden soll (§ 29 Abs. 1 Satz 1 WO). Die Wahlniederschrift muss insb. die in § 29 Abs. 1 Satz 2 WO aufgeführten Mindestangaben enthalten. Besondere Vorkommnisse bei Wahlhandlung oder der Feststellung des Wahlergebnisses sind nach § 29 Abs. 2 WO in die Wahlniederschrift aufzunehmen. Bei **Verhältniswahl** muss die Wahlniederschrift auch die in § 39 Abs. 1 WO aufgeführten Angaben enthalten. Bei **Mehrheitswahl** regelt § 44 Abs. 1 WO die erforderlichen zusätzlichen Feststellungen. Die Wahlniederschrift, sonstige Niederschriften alle anderen Wahlunterlagen sind vom Wahlvorstand dem PR zu übergeben und von diesem mind. bis zur Durchführung der nächsten PR-Wahl aufzubewahren (§ 32 WO). 20

f) **Bekanntmachungen.** Die gewählten PR-Mitglieder sind vom Wahlvorstand unverzüglich zu informieren (§ 30 WO). Das Wahlergebnis ist in **der Dienststelle** bekannt zu machen (§ 31 Abs. 1 Satz 1 WO). Für Bekanntmachungen des Wahlvorstands gelten allgemein die Vorschriften des § 2 WO. Die Bekanntmachung des Wahlergebnisses hat grundsätzlich durch **zweiwöchigen Aushang** an den gleichen Stellen wie das Wahlausschreiben zu erfolgen (§ 31 Abs. 1 Satz 2 Hs. 1 WO). Da § 31 Abs. 1 Satz 2 Hs. 2 WO aber auch die entspr. Geltung von § 2 Abs. 2 WO anordnet, kann das Wahlergebnis in gleicher Weise wie das Wahlausschreiben auch in elektronischer Form bekanntgemacht werden. § 31 Abs. 2 und 3 WO regelt den notwendigen Inhalt der Bekanntmachung. Bei **Verhältniswahl** sind die zusätzlichen Angaben nach § 39 Abs. 2 21

WO, bei **Mehrheitswahl** die zusätzlichen Angaben nach § 44 Abs. 2 WO aufzunehmen.

22 **2. Übersendung von Abschriften** (Satz 2). Der Wahlvorstand muss auch die in § 18 Satz 2 aufgeführten Adressaten durch Übersendung von Abschriften der Wahlniederschrift über den Wahlausgang informieren. Diese Verpflichtung wird durch § 31 Abs. 4 WO wiederholt. Die Übersendung an diesen Adressatenkreis rechtfertigt sich aufgrund deren besonderer Interessenlage. Der **Dienststellenleiter** ist insb. anfechtungsbefugt i. S. d. § 21 Abs. 1 und muss von daher über die wesentlichen Umstände des Wahlvorgangs und des Wahlergebnisses informiert sein. Auch diejenigen, von denen Wahlvorschläge stammen, haben naturgemäß ein besonderes Interesse an der Wahl und am Wahlausgang. Dies sind die **Vertreter** der von den Beschäftigten eingereichten **Wahlvorschläge** (§ 12 Abs. 5 WO) und die in der Dienststelle vertretenen **Gewerkschaften,** die grundsätzlich das Recht haben, Wahlvorschläge einzureichen (§ 13 Abs. 4 Satz 1) und hiervon auch regelmäßig Gebrauch machen. Die Gewerkschaften sind zudem nach § 21 Abs. 1 anfechtungsberechtigt.

§ 19 Konstituierende Sitzung des Personalrats

Spätestens sechs Arbeitstage nach dem Wahltag beruft der Wahlvorstand die Mitglieder des Personalrats zur Vornahme der vorgeschriebenen Wahlen ein und leitet die Sitzung, bis der Personalrat aus seiner Mitte einen Wahlleiter bestellt hat.

1 **Regelungszusammenhang.** § 19 entspricht nahezu wörtlich § 34 Abs. 1 in der vor Inkrafttreten des ÄG 2013 geltenden Fassung. Für die Gesetzesänderung führt der Gesetzentwurf der Landesregierung zum ÄG 2013 „systematische Gründe“ an (LT-Drucksache 15/4224, S. 97), was sachgerecht ist, weil die konstituierende Sitzung sich elementar von den PR-Sitzungen i. S. d. §§ 30, 32 unterscheidet. Die konstituierende Sitzung ist keine Sitzung *des* PR, sondern eine Sitzung *zur Konstituierung* des PR. Deshalb passen hier auch die für die Anberaumung und Durchführung von PR-Sitzungen dienenden Vorschriften nur teilweise (s. u.). Die Norm gilt für den **GesamtPR** (§ 54 Abs. 4) und den **AusbildungsPR** (§ 58 Abs. 3 Satz 1) entsprechend; ebenso für die **Stufenvertretungen** (§ 55 Abs. 3), wobei nach § 55 Abs. 3 Nr. 3 hier eine abweichende 3-Wochen-Frist für die Einberufung besteht.

2 **1. Einberufung.** Die Einberufung erfolgt durch den Wahlvorstand; d. h. durch das Gremium und nicht etwa durch den Vorsitzenden. Insoweit ist weder durch das LPVG noch durch die WO eine besondere Zuständigkeitsbestimmung erfolgt. Es verbleibt bei den allg. Regelungen über die **Beschlussfassung des Wahlvorstands** (§ 1 Abs. 4 WO). Durch Beschluss des Wahlvorstands ist deshalb auch der Tag der konstituierenden Sitzung zu bestimmen. Der Wahlvorstand kann auch durch Beschluss die weiteren Befugnisse (Sitzungsleitung, etc.) auf den Vorsitzenden oder ein anderes Mitglied des Wahlvorstands übertragen, muss dies aber nicht.

3 **Einladung.** Die Einladung zur Sitzung erfolgt durch den Wahlvorstand, es sei denn er hat zuvor diese Befugnis z. B. auf den Vorsitzenden übertragen. Einzuladen sind nur die **Teilnahmeberechtigten**. Da umstritten ist (vgl. Rn. 12 ff.), wer zur Teilnahme berechtigt ist, muss der Wahlvorstand, wenn er sich insoweit nicht einig ist, auch hierüber Beschluss fassen. Ein „natürliches" Recht des Vorsitzenden zur Einladung und zur Bestimmung des Teilnehmerkreises besteht nicht.

4 **Form der Einladung.** Das Gesetz schreibt keine bestimmte Form für die Einladung vor; diese sollte aus Gründen der Beweissicherung aber **schriftlich** erfolgen. Eine entspr. Anwendung von § 2 Abs. 2 WO erscheint sachgerecht. Wenn alle Teilnahmeberechtigten über einen eigenen Zugang zur üblicherweise in der Dienststelle genutzten Informations- und Kommunikationstechnik verfügen, genügt eine Einladung in dieser Form.

5 **Tagesordnung.** Der Mitteilung einer Tagesordnung bedarf es nicht, weil sich diese direkt – und **abschließend** – aus dem Gesetz ergibt. Dem Wahlvorstand ist unbenommen, in der Einladung auf § 19 Bezug zu nehmen oder auch den Gesetzeswortlaut „Vornahme der vorgeschriebenen Wahlen" zu wiederholen. Weitere Punkte dürfen nicht Gegenstand der konstituierenden Sitzung sein und keinesfalls in die Tagesordnung aufgenommen werden.

6 **Anschließende Arbeitssitzung des PR.** Soweit es für zulässig erachtet wird, dass sich an die konstituierende Sitzung sogleich eine Arbeitssitzung des PR anschließen darf (vgl. Rn. 27 ff.), gehört diese jedenfalls **nicht zu den Befugnissen des Wahlvorstands.** Dieser kann weder in eigener Zuständigkeit irgendwelche Tagesordnungspunkte für eine solche Arbeitssitzung bestimmen, noch kann dies der Wahlvorstand „im Auftrag" des (künftigen) PR, weil es diesen im Zeitpunkt der Einladung – also vor der konstituierenden Sitzung – noch überhaupt nicht gibt. Aus diesem Grund kann auch der künftige PR nicht schon im Vorfeld seiner Konstituierung Arbeitssitzungen terminieren oder Tagesordnungspunkte festlegen.

7 **Wahlanfechtung.** Die konstituierende Sitzung hat auch stattzufinden, wenn die Wahl angefochten worden ist. Eine nichtige Wahl entfaltet keinerlei Rechtsfolgen und verpflichtet dementsprechend auch nicht zur Einberufung der konstituierenden Sitzung. Im Zweifelsfall hat der Wahlvorstand nicht von einer nichtigen Wahl auszugehen und deshalb nach § 19 einzuladen.

8 **Amtszeit des alten PR.** Die konstituierende Sitzung ist innerhalb der gesetzlichen Frist auch dann durchzuführen, wenn der alte PR noch im Amt ist. Die Amtszeit des neuen PR beginnt zwar dann noch nicht (§ 22 Abs. 1 Satz 2). Widersprüchliche Entscheidungen kann es aber definitionsgemäß nicht geben, weil nach § 19 nur „die vorgeschriebenen Wahlen" (§§ 28, 29) durchzuführen sind. Dies tangiert die Tätigkeit des amtierenden PR nicht. Nach der Konstituierung und vor Amtsantritt kann der neue PR allerdings nur über seine internen Angelegenheiten beraten und beschließen, z. B. über die Bildung von Ausschüssen (§ 35), Übertragung von Aufgaben und Befugnissen auf den Vorstand (§ 36) oder über eine Geschäftsordnung (§ 39).

9 **Säumnis des Wahlvorstands.** Kommt der Wahlvorstand seiner Verpflichtung aus § 19 nicht nach, so haben die gewählten PR-Mitglieder das Recht, selbst zur konstituierenden Sitzung zusammenzutreten und die Wahlen (§§ 28, 29) durchzuführen. Hierüber und über das Verfahren zur Durchführung dieser Sitzung müssen sich die gewählten PR-Mitglieder abstimmen.

10 **2. Teilnahmeberechtigte.** Teilnahmeberechtigt und teilnahmeverpflichtet sind alle Mitglieder des Wahlvorstands; im Verhinderungsfalle muss ein Ersatzmitglied teilnehmen. Vom Wahlvorstand einzuladen sind alle gewählten PR-Mitglieder. Im Falle der Verhinderung eines gewählten PR-Mitglieds ist das nach § 27 Abs. 1 Satz 2 eintretende Ersatzmitglied zu laden. Welches Ersatzmitglied eintritt, bestimmte § 27 Abs. 2. Ein Ersatzmitglied darf nur geladen werden, wenn das gewählte PR-Mitglied tatsächlich für die Zeit der Sitzung verhindert ist. Dies muss der Wahlvorstand prüfen und ggf. Beschluss fassen (§ 1 Abs. 4 WO).

11 **Nichtöffentliche Sitzung.** Die konstituierende Sitzung ist nichtöffentlich (§ 32 Abs. 1 entspr.). An ihr teilnehmen dürfen nur die Personen, die aufgrund gesetzlicher Regelungen ein Teilnahmerecht haben. § 19 selbst schafft ein solches Teilnahmerecht nur für die gewählten PR-Mitglieder und – bis zur Bestellung eines Wahlleiters – für die Mitglieder des Wahlvorstands. **Sonstige Personen haben kein Teilnahmerecht** an der konstituierenden Sitzung (vgl. Rn. 12 ff.).

12 a) **JAV.** Eine Teilnahme der **Mitglieder der JAV** scheidet von vornherein aus, weil diese auch an PR-Sitzungen nur teilnehmen dürfen, wenn § 59-Angelegenheiten behandelt werden (§ 32 Abs. 4 Satz 2). Dies ist nach § 19 ausgeschlossen.

13 **JAV-Vertreter.** Auch das von der JAV benannte Mitglied hat **kein Teilnahmerecht** (ebenso: Ilbertz-Widmaier § 34 Rn. 11; **a. A.:** Richardi/Dörner/Weber § 34 Rn. 14; Altvater u. a. § 19 Rn. 3). Ein solches ist in § 19 nicht geregelt, ein Teilnahmerecht folgt auch nicht aus dem Recht, allgemein an PR-Sitzungen teilzunehmen zu können (vgl. § 32 Abs. 4 Satz 1). Denn die konstituierende Sitzung nach § 19 ist keine Sitzung *des* PR, sondern eine Sitzung *zur Konstituierung* des PR. Dies kommt durch die Neuregelung durch das ÄG 2013 deutlich zum Ausdruck (vgl. Rn. 1).Vor der Konstituierung gibt es keinen funktionsfähigen PR, der eine Sitzung abhalten könnte, an der ein Teilnahmerecht bestehen könnte. PR-Sitzungen i. S. d. § 32 sind auch nur die Sitzungen i. S. d. § 30 also solche, die ordnungsgemäß vom Vorsitzenden des PR anberaumt worden sind (§ 30 Abs. 1 Satz 1), für die nach § 30 Abs. 1 Satz 2 eine Tagesordnung festgesetzt worden ist und zu der ordnungsgemäß vom Vorsitzenden eingeladen worden ist (§ 30 Abs. 1 Satz 3 und 4). Vor der konstituierenden Sitzung gibt es keinen Vorsitzenden, der in Anwendung des § 30 handeln könnte; dieser soll erst noch bestimmt werden. Eine **entsprechende Anwendung** der §§ 30, 32 auf die konstituierende Sitzung scheidet aus. Hier fehlt es schon an einer Reglungslücke im Gesetz. Angesichts der in § 19 abschließend geregelten Tagesordnungspunkte besteht keinerlei Notwendigkeit für eine Sitzungsteilnahme des JAV-Vertreters. Die Entscheidungen nach §§ 28, 29 sind allein Angelegenheit der PR-Mitglieder bzw. der Gruppen.

b) **Schwerbehindertenvertretung.** § 19 sieht auch kein Teilnahmerecht der Schwerbehindertenvertretung vor. Ein Teilnahmerecht folgt auch hier nicht aus dem allg. Recht, an PR-Sitzungen teilnehmen zu können; dieses Recht greift aus den oben dargelegten Gründen ebenso wenig wie beim benannten Mitglied der JAV. (vgl. Rn. 13). Ein Teilnahmerecht folgt auch **nicht aus § 95 Abs. 4 Satz 1 SGB-IX**. Diese Vorschrift begründet u. a. das Recht der Schwerbehindertenvertretung zur Teilnahme an allen **Sitzungen des Personalrats.** Um eine solche Sitzung handelt es sich bei der konstituierenden Sitzung nach § 19 aber gerade nicht (siehe oben). Dass diese Sichtweise nicht im Widerspruch zum SGB-IX steht, ergibt sich aus § 95 Abs. 4 Satz 1 und 2 SGB-IX. Denn dort ist ausgeführt, wozu das Teilnahmerecht der Schwerbehindertenvertretung dienen soll. Alle diese Fragen stellen sich nicht in der konstituierenden Sitzung. 14

c) **Beauftragte von Personalvertretungen.** An PR-Sitzungen könnten Beauftragte von Stufenvertretungen und des GesamtPR nur teilnehmen, wenn dies der PR im Einzelfall vorher beschlossen hätte (§ 32 Abs. 5 Satz 1). Insoweit ist eine entspr. Anwendung von §§ 30, 32 auf die konstitutive Sitzung denklogisch ausgeschlossen. Denn um einen solchen Beschluss ordnungsgemäß fassen zu können, müsste es schon einen PR geben und dieser müsste in einer ordnungsgemäß anberaumten PR-Sitzung einen entsprechenden Beschluss gefasst haben, was vor der konstituierenden Sitzung ausgeschlossen ist. Eine Beschlussfassung vor Konstituierung oder außerhalb einer ordnungsgemäßen Sitzung ist nicht möglich (Richardi/Dörner/Weber § 34 Rn. 10). 15

d) **BfC.** Nach § 32 Abs. 6 Satz 1 kann die BfC nur an Sitzungen des PR teilnehmen, wenn ein Gegenstand auf **ihren Antrag** hin auf die Tagesordnung gesetzt worden ist (Nr. 1) oder der **PR** dies im Einzelfall **beschließt** (Nr. 2). Eine Teilnahme an der konstituierenden Sitzung ist damit **denkgesetzlich ausgeschlossen.** Denn einen Beschluss hinsichtlich der Teilnahme kann ein noch nicht existenter PR nicht treffen (vgl. Rn. 14); ebenso wenig kann ein von der BfC beantragter Punkt auf die Tagesordnung der konstituierenden Sitzung gesetzt werden. Für einen solchen Antrag würde zudem ein Ansprechpartner fehlen. Ein noch nicht gewählter „Vorsitzender“ kann keinen Punkt auf Antrag der BfC auf eine Tagesordnung nehmen. 16

e) **Gewerkschaften.** Beauftragte von in der Dienststelle vertretenen Gewerkschaften sind schon **nicht allgemein berechtigt,** an Sitzungen des PR teilzunehmen, sondern nur wenn die Voraussetzungen des § 32 Abs. 3 Satz 1 vorliegen. Einen solchen Antrag eines Viertels der PR-Mitglieder oder der Mehrheit einer Gruppe kann es vor Konstituierung nicht geben. Ein solcher Antrag müsste zudem an den Vorsitzenden gerichtet sein, den es noch nicht gibt. Schließlich müsste der „Vorsitzende“ in Vollzug eines ordnungsgemäßen Antrags die Gewerkschaft zur Sitzung einladen (**a. A.:** Altvater u. a. § 19 Rn. 3). Dies alles ist ausgeschlossen. 17

f) **Dienststellenleiter.** Eine entspr. Anwendung der Vorschriften über PR-Sitzungen scheidet auch für den Dienststellenleiter erkennbar aus. Dieser nimmt gemäß § 32 Abs. 4 nur an PR-Sitzungen teil, die auf **sein Verlangen** anberaumt wurden (vgl. § 32 Abs. 3 Satz 1) oder zu denen er **ausdrücklich** vom PR-Vorsit- 18 zenden **geladen** worden ist (§ 32 Abs. 2). Beides trifft für die konstituierende Sitzung offensichtlich nicht zu. Die Sitzung findet wegen § 19 und nicht auf Verlangen des Dienststellenleiters statt; den PR-Vorsitzenden, der ihn einladen könnte, gibt es erst nach der konstituierenden Sitzung. Gleiches gilt für den Vertreter des Dienststellenleiters oder von diesem **beauftragte Personen.** Vertreter von **Arbeitnehmervereinigungen** können nur zusammen mit dem Dienststellenleiter an einer PR-Sitzung teilnehmen.

19 g) **Büropersonal.** Nach § 32 Abs. 2 kann der PR ihm zur Verfügung gestelltes Büropersonal zur Erstellung der Niederschrift hinzuziehen. Diese Vorschrift gilt nicht für den Wahlvorstand und auch nicht für den Wahlleiter nach § 19.

20 3. **Einberufungsfrist.** Die erste (konstituierende) Sitzung des PR hat spätestens sechs Arbeitstage nach dem Wahltag stattzufinden. Ziel ist es, möglichst schnell einen handlungsfähigen PR zu konstituieren. Dieser besteht nicht schon aufgrund der erfolgten Wahl, sondern erst nach der Sitzung nach § 19.

21 **Wahltag.** Nach der Legaldefinition des § 3 Satz 1 WO ist der „Wahltag" der vom Wahlvorstand bestimmte Tag der Wahl. Bei **mehrtägigen Wahlen** gilt nach § 3 Satz 4 WO der erste Tag der Wahlhandlung als Wahltag i. S. d. Gesetzes, weshalb die Frist des § 19 nicht ab dem letzten Tag der Wahl, sondern ab dem ersten Tag läuft (**a. A.** Ilbertz-Widmaier § 34 Rn. 5; Altvater u. a. § 19 Rn. 2). Soweit die Gegenmeinung auf Gesichtspunkte der Praktikabilität verweist, können sich solche Erwägungen nicht gegen den Wortlaut des Gesetzes durchsetzen. Es trifft zwar zu, dass die WO keine Vorschriften zur Anberaumung der Sitzungen des PR enthält, dies wäre aber nur überzeugend, wenn das LPVG selbst eine von der WO abweichende Regelung hinsichtlich des Wahltags treffen würde, was nicht der Fall ist. Da der unbestimmte Rechtsbegriff „Wahltag" in der WO legaldefiniert ist und das LPVG weder ausdrücklich noch nach Sinn und Zweck der konstituierenden Sitzung hiervon abweicht, verbleibt es bei § 3 Satz 4 WO. Zudem kann sich der Wahlvorstand bei mehrtägigen Wahlen rechtzeitig auf die Kürze der dann verbleibenden Frist einstellen; zumal eine Überschreitung der Frist i.d.R folgenlos wäre.

22 **Fristbeginn.** Die Einberufungsfrist beginnt mit dem ersten Arbeitstag nach dem Wahltag. Bei **Stufenvertretungen** gilt eine Frist von drei Wochen (§ 55 Abs. 3 Nr. 3). Die Einberufung hat spätestens sechs Arbeitstage nach dem Wahltag zu erfolgen. Die Regelung lässt offen, ob innerhalb dieser Frist eingeladen werden muss oder ob bereits die Sitzung in dieser Frist stattfinden muss. Im Hinblick darauf, dass das Gesetz eine möglichst schnelle Konstituierung des PR wünscht, ist von letzterem auszugehen. **Arbeitstage** sind die Wochentage Montag bis Freitag mit Ausnahme der gesetzlichen Feiertage sowie Heiligabend und Silvester (§ 55 Satz 2 WO entspr.).

23 **Fristüberschreitung.** § 19 ist eine Ordnungsvorschrift, deren Verletzung nicht zur Rechtswidrigkeit der gefassten Beschlüsse führt. Kommt der Wahlvorstand seiner Pflicht längere Zeit nicht nach, können die gewählten PR-Mitglieder selbst die Initiative ergreifen und sich zu einer konstituierenden Sitzung versammeln und die vorgesehenen Wahlen durchführen (vgl. Rn. 9).

4. Sitzungsablauf. Die konstituierende Sitzung besteht aus zwei Teilen: Zunächst leitet der Wahlvorstand die Sitzung bis ein Wahlleiter bestellt ist. Mit der Bestellung eines Wahlleiters endet das Amt des Wahlvorstands (BVerwG, 18.4.1978 – 6 P 34/78 – PersV 1979, 194). Ab diesem Zeitpunkt obliegt dem Wahlleiter die Sitzungsleitung. Ab diesem Zeitpunkt ist auch die Anwesenheit der Mitglieder des Wahlvorstands weder notwendig, noch gerechtfertigt. Diese müssen den Sitzungsraum verlassen (BVerwG, 18.4.1978 – 6 P 34/78 – PersV 1979, 194), wenn sie nicht als Personalratsmitglieder gewählt worden sind. 24

a) **Beginn der Sitzung.** Der Wahlvorstand (als Gremium) oder das von diesem bestimmte Mitglied eröffnet die Sitzung und stellt die Anwesenden fest. Wer nicht teilnahmeberechtigt ist, muss den Sitzungsraum verlassen. Der Wahlvorstand nimmt die Vorschläge für die Wahl des Wahlleiters entgegen und führt die Abstimmung hierüber durch. 25

Wahlleiter. Das Gesetz schreibt für diese Wahl keine besonderen Förmlichkeiten vor. Sie kann durch Zuruf, durch offene, aber auch durch geheime Abstimmung geschehen. Die Abstimmung muss aber nicht unbedingt geheim erfolgen (Richardi/Dörner/Weber § 34 Rn. 17). Der Wahlleiter muss Mitglied des neu gewählten PR sein („aus seiner Mitte"). Gewählt werden kann auch ein anwesendes eingetretenes Ersatzmitglied. 26

b) **Fortsetzung der Sitzung.** Ab der Bestellung bzw. der Wahl des Wahlleiters übernimmt dieser die Leitung der Sitzung. Der Wahlleiter hat die in den §§ 28 und 29 vorgeschriebenen Wahlen durchzuführen. Können sich die PR-Mitglieder nicht auf einen Wahlleiter einigen, dürften keine Bedenken bestehen, wenn der Wahlvorstand die Sitzung bis zur Wahl des Vorsitzenden leitet. Nach deren Abschluss ist die konstituierende Sitzung beendet. 27

5. Anschließende Arbeitssitzung. Eine sich anschließende Arbeitssitzung des PR mit weiteren Tagesordnungspunkten sollte nur ausnahmsweise in Erwägung gezogen werden. Eine solche käme ohnehin nur in Betracht, wenn die Amtszeit des neu gewählten PR bereits begonnen hat oder – falls der alte PR noch amtiert – nur solche Punkte behandelt werden, die interne Angelegenheiten des neu gewählten PR betreffen, z.B. die Bildung von Ausschüssen (§ 35), die Übertragung von Aufgaben und Befugnissen auf den Vorstand (§ 36) oder die Verabschiedung einer Geschäftsordnung (§ 39). 28

Zustimmung aller PR-Mitglieder. Da zu einer solchen Sitzung nicht ordnungsgemäß eingeladen worden ist (§ 30), könnten wirksame Beschlüsse auch nur gefasst werden, wenn **alle PR-Mitglieder** mit der **Durchführung der Sitzung** und allen **Tagesordnungspunkten** einverstanden wären. Der Wahlvorstand kann keinesfalls solche Punkte auf die Tagesordnung der konstituierenden Sitzung nehmen (vgl. Rn. 6). 29

Sonstige Teilnahmeberechtigte. Zu berücksichtigen ist schließlich auch, dass es sich bei einer solchen Sitzung um eine PR-Sitzung i.S.d. §§ 30, 32 handeln würde. Das von der JAV benannte Mitglied und die Schwerbehindertenvertretung hätten insoweit ein allg. Teilnahmerecht (§ 32 Abs. 4 Satz 1, Abs. 5), das 30 verletzt würde, wenn nicht auch sie über diese Sitzung informiert wären und mit der **Durchführung der Sitzung** und den **Tagesordnungspunkten** ausdrücklich einverstanden wären. Bei § 59-Angelegenheiten hätte die gesamte JAV nicht nur ein Teilnahmerecht, sondern auch ein gleichwertiges Stimmrecht (§ 32 Abs. 4 Satz 2).

§ 20 Freiheit der Wahl, Kosten

(1) [1]Niemand darf die Wahl des Personalrats behindern oder in einer gegen die guten Sitten verstoßenden Weise beeinflussen. [2]Insbesondere darf kein Wahlberechtigter in der Ausübung des aktiven und passiven Wahlrechts beschränkt werden. [3]§ 47 Absatz 1 Satz 1 und Absatz 2 sowie Absatz 4 gilt für Wahlbewerber entsprechend.

(2) [1]Die Kosten der Wahl trägt die Dienststelle. [2]Notwendiges Versäumnis von Arbeitszeit infolge der Ausübung des Wahlrechts, der Teilnahme an den in den § 16 Absatz 2 und § 17 Absatz 3 genannten Personalversammlungen oder der Betätigung im Wahlvorstand hat keine Minderung der Besoldung oder des Arbeitsentgelts zur Folge.

1 **Anwendungsbereich.** § 20 gilt für die PR-Wahlen. Die Norm gilt entsprechend für die Wahl des **GesamtPR** (§ 54 Abs. 3), der **Stufenvertretungen** (§ 55 Abs. 3) und des **AusbildungsPR** (§ 58 Abs. 3 Satz 1). Für die Wahl der JAV ordnet § 62 Abs. 1 die entspr. Geltung von § 20 Abs. 1 Satz 1 und 2 sowie von Abs. 2 an.

I. Freiheit der Wahl und Schutz der Wahlbewerber (Abs. 1)

2 **Regelungsziel.** § 20 Abs. 1 stellt eine spezielle Ausprägung des allg. Behinderungs- und Benachteiligungsverbots (§ 6 Abs. 1) dar. Die geschützten Wahlen sollen möglichst frei und unbehindert stattfinden können. Die Regelung schützt in ihren Sätzen 1 und 2 ausdrücklich die **Freiheit der PR-Wahl** vor Behinderungen und sittenwidrigen Wahlbeeinflussungen sowie die **Freiheit der Wahlberechtigten** in ihrer inneren Überzeugungsbildung und bei der Ausübung des aktiven und passiven Wahlrechts. Die sittenwidrige Wahlbeeinflussung ist dabei ein spezieller Unterfall der unzulässigen Wahlbehinderung i. S. d. Abs. 1 Satz 1. Wird bei der Prüfung einer Wahlbeeinflussung deren „Sittenwidrigkeit“ verneint, ist immer zu überlegen, ob nicht jedenfalls eine unzulässige Wahlbehinderung gegeben ist. Satz 3 erstreckt den Schutz des Arbeitsplatzes, der für PR-Mitglieder gilt, auch auf **Wahlbewerber**.

3 **Schutzumfang.** Der Schutz ist in **inhaltlicher Hinsicht** umfassend (BVerwG, 19.9.2012 – 6 A 7/11 – PersR 2013, 123). Abs. 1 Satz 1 spricht zwar nur von „Behinderung“ und „sittenwidriger Beeinflussung“; hierbei handelt es sich aber nur um eine exemplarische Aufzählung verbotener Eingriffe. Geschützt sind Wahl, Wähler, Wahlbewerber und alle anderen Personen, die im Zusammenhang mit der Wahl Aufgaben und Befugnisse wahrnehmen, auch gegen jedwede sonstige Benachteiligung i. S. d. § 6 Abs. 1, wenn nicht durch § 20 Abs. 1 Satz 1 und 2 direkt, dann jedenfalls durch § 6 Abs. 1. Der Schutz um-

fasst alle formellen Handlungen, die das LPVG bzw. die WO im Hinblick auf die Wahl vorsehen (Wahl des Wahlvorstands, Vorbereitung der Wahl, Einleitung und Durchführung der Wahl) bis hin zur Einberufung und Leitung der konstituierenden Sitzung des neuen PR (§ 19) aber auch alle informellen Maßnahmen (z. B. Wahlabsprachen der Wahlberechtigten). Die verbotene Handlung muss aber eine äußere Beziehung zu einer geschützten Wahl haben. In **zeitlicher Hinsicht** beginnt der Schutz schon mit den vorbereitenden Überlegungen (sollen Vorabstimmungen durchgeführt werden, wer soll für den PR kandidieren, welche Personen sollen den Wahlvorstand bilden, etc.) und endet nicht mit der Durchführung der Wahl und der Bekanntmachung des Wahlergebnisses, sondern wirkt zeitlich weiter, wenn spätere Benachteiligungen wahlbezogen erfolgen. Dies muss jedenfalls bei einem unmittelbaren Zusammenhang zur Wahl gelten, z. B. wenn auf Beschäftigte Druck ausgeübt wird, sich nicht einem Wahlanfechtungsantrag (§ 21 Abs. 1) anzuschließen.

Begünstigter Personenkreis. Geschützt sind in erster Linie, neben den ausdrücklich genannten Wahlberechtigten und Wahlbewerbern, die Mitglieder und Ersatzmitglieder des Wahlvorstands, die Wahlhelfer, das dem Wahlvorstand zur Verfügung gestellte Büropersonal, aber auch die Beschäftigten der Dienststelle soweit sie den Wahlvorstand bei der Erfüllung seiner Aufgabe unterstützen (§ 1 Abs. 2 Satz 1 WO). Besonders geschützt sind auch alle Personen, die, wenn auch nur zeitlich oder gegenständlich beschränkt, Befugnisse im Rahmen der Wahl wahrnehmen. Hierzu zählen z. B. die wahlberechtigten Beschäftigten bzw. die Gewerkschaften, die Anträge nach § 16 Abs. 2 und 3 stellen, aber auch diejenigen, die bspw. Einspruch gegen die Richtigkeit des Wählerverzeichnisses einlegen (§ 6 Abs. 5 WO). Sie alle dürfen nicht behindert oder benachteiligt werden, weil sie Aufgaben oder Befugnisse nach dem LPVG bzw. der WO wahrnehmen wollen oder wahrgenommen haben. 4

Verpflichteter Personenkreis. Niemand darf die Wahl behindern oder sittenwidrig beeinflussen. Diese Verbote betreffen alle Phasen der Wahl und alle Personen, die – in welcher Form auch immer – bei der Vorbereitung und der Durchführung der Wahl tätig sind sowie die Beschäftigten, die für ein Amt kandidieren oder ihre Stimme abgeben wollen. Die Verbote richten sich an **jedermann** (BVerwG, 19.9.2012 – 6 A 7/11 – PersR 2013, 123) also nicht nur an die Dienststelle und an die Beschäftigten der Dienststelle (einschließlich der Wahlbewerber und der Unterstützer von Wahlvorschlägen), sondern auch an Personen oder Organisationen (z. B. Gewerkschaften) außerhalb der Dienststelle (VGH Mannheim, 12.4.2007 – PL 15 S 940/05 – ZfPR 2008, 7; VG Karlsruhe, 30.7.2010 – PL 12 K 837/10 – juris). 5

1. Freiheit der Wahl (Satz 1). Die in Abs. 1 Satz 1 enthaltenen Verbote sollen die Freiheit der Wahl vor Wahlbehinderung und sittenwidriger Beeinflussung schützen. Zur Wahl gehören nicht nur die Stimmabgabe, sondern auch die Vorbereitung, die Einleitung und die Durchführung der Wahl sowie Vorabstimmungen nach § 12 Abs. 1 und § 13 Abs. 2. Nach Sinn und Zweck der Regelung sind auch schon die Abstimmungen nach § 5 Abs. 4 erfasst, da sie im weiteren Sinne vorbereitend für die Wahlen sind. 6

7 **Information, Wahlwerbung.** Satz 1 schützt insb. auch die im Zusammenhang mit der Wahl stehende Information der Beschäftigten über die anstehende Wahl, Listen, vorgeschlagene Wahlbewerber und Wahlziele. Geschützt ist auch die direkte Werbung für einzelne Wahlvorschläge und/oder Kandidaten. Dieses Recht umfasst z. B. auch das Verteilen von **Wahlzeitschriften** und **Handzetteln.** Zulässig ist auch das Aushängen von **Plakaten** an den dafür allgemein vorgesehenen Stellen. Werbung darf auch über dienststelleninterne Informations- und Kommunikationssysteme (**Intranet, E-Mail**) erfolgen, die in der Dienststelle üblicherweise benutzt wird (vgl. BAG, 20.1.2009 – 1 AZR 515/08 – NJW 2009, 1990; OVG Münster, 10.11.2005 – 1 A 1264/05.PVL – PersR 2006, 133; IlbertzWidmaier § 20 Rn. 6 m. w. N.). Einer **Erlaubnis** des Dienststellenleiters bedarf es insoweit ebenso wenig wie beim Verteilen von Handzetteln oder dem Aushang von Plakaten. Wahlwerbung ist auch **während der Arbeitszeit** erlaubt, solange dadurch der Dienstbetrieb nicht erheblich beeinträchtigt wird (BVerwG, 19.9.2012 – 6 A 7/11 – PersR 2013, 123). Der **Dienststellenleiter** und sein Vertreter dürfen bei der PR-Wahl nicht Partei ergreifen, sondern sind zur Neutralität verpflichtet. Für **PR-Mitglieder** gilt dies nur (ausnahmsweise) dann, wenn sie gerade und ausdrücklich als Amtsträger auftreten; ansonsten können sie sich – trotz der Neutralitätspflicht des § 69 Abs. 1 Satz 2 – so äußern wie andere Beschäftigte auch (BVerwG, 19.9.2012 – 6 A 7/11 – PersR 2013, 123).

8 **Koalitionsfreiheit.** Das Recht auf Wahlwerbung und Information haben nicht nur die Beschäftigten, sondern auch die in der Dienststelle vertretenen **Gewerkschaften** und Berufsverbände. Für die Gewerkschaften folgt das Recht auf Wahlwerbung nicht nur aus dem Grundsatz der freien Wahl, sondern auch aus ihrer verfassungsrechtlich geschützten Stellung (Art. 9 Abs. 3 GG). Die Koalitionsfreiheit schützt auch das Recht, Beschäftigte in den Dienststellen zu informieren und dort Mitglieder zu werben (BVerfG, 14.11.1995 – 1 BvR 601/92 – PersR 1996, 131). Nach der Rechtsprechung der Arbeitsgerichte kann diese Werbung durch Angehörige der Dienststelle, aber auch durch dienststellenfremde Gewerkschaftsangehörige erfolgen, denen auch der Zutritt zur Dienststelle zu gewähren ist (vgl. z. B.: BAG, 22.5.2012 – 1 ABR 11/11 – NZA 2012, 1176; 28.2.2006 – 1 AZR 460/04 – PersR 2006, 398). Geschützt ist insb. auch das Recht zur Werbung in der Dienststelle vor **Personalratswahlen** (BVerfG, 30.11.1965 – 2 BvR 54/62 – NJW 1966, 491; vgl. auch BVerfG, 26.5.1970 – 2 BvR 664/65 – BVerfGE 28, 295).

9 a) **Behinderung.** Das Verbot der Wahlbehinderung soll die ungehinderte Durchführung der Wahl gewährleisten. Der Begriff der Behinderung ist weit auszulegen. Daher ist grundsätzlich jede Form der Beeinträchtigung der Aufgabenwahrnehmung – von der Erschwerung und Störung bzw. Verzögerung bis zur Verhinderung – als Behinderung anzusehen (BVerwG, 27.8.1990 – 6 P 26.87 – PersR 1990, 327 = PersV 1991, 75). Eine Behinderung kann auch durch ein Unterlassen erfolgen, wenn eine Pflicht zum Handeln besteht, und dieses unterlassen wird (BVerwG, 27.4.1983 – 6 P 3/81 – PersV 1984, 324).

10 **Kausalität, Verschulden.** Eine Behinderungsabsicht oder ein Verschulden ist nicht erforderlich (BAG, 19.8.1992 – 7 AZR 262/91 – PersR 1993, 85 = PersV

1996, 26); es genügt, dass objektiv eine Behinderung vorliegt. Dies ist im Einzelfall anhand aller maßgeblichen Umstände festzustellen. Die beanstandete Handlung muss aber eine gewisse Intensität und Zielrichtung aufweisen.

Beispiele: Eine Behinderung stellt die Verweigerung der gesetzlich gebotenen Dienstbefreiung für den Wahlvorstand dar. Eine Wahlbehinderung liegt auch vor, wenn der Wahlvorstand einem im Wahllokal persönlich erscheinenden Wahlberechtigten die Herausgabe der Wahlunterlagen mit der Begründung verweigert, er habe Briefwahl beantragt und die entsprechenden Unterlagen erhalten (vgl. BVerwG, 3.3.2003 – 6 P 14.02 – PersR 2003, 196). Eine Behinderung kann durch die Verweigerung der **Übernahme notwendiger Kosten** erfolgen (BVerwG, 27.8.1990 – 6 P 26/87 – PersR 1990, 327 = PersV 1991, 75); bspw. für notwendige Schulungen des Wahlvorstands. 11

b) **Wahlbeeinflussung.** Abs. 1 Satz 1 verpflichtet dazu, alles zu unterlassen, was in einer das Anstandsgefühl aller billig und gerecht Denkenden verletzenden Weise ein bestimmtes Wahlergebnis herbeiführen kann. Hierdurch soll die freie Entscheidung der Wahlberechtigten geschützt werden. „Beeinflussen" setzt zunächst ein **aktives Handeln** voraus. Das verbotene Handeln muss zudem auf den Eintritt des gewünschten Erfolgs (z. B. Teilnahme oder Nichtteilnahme an der Wahl, Verzicht auf eine Kandidatur, bestimmtes Wahlverhalten) gerichtet sein; es muss ein **kausaler Zusammenhang** zwischen verbotener Handlung und dem gewünschten Erfolg bestehen. Die sittenwidrige Wahlbeeinflussung setzt immer eine dahingehende **Absicht** des Handelnden voraus. 12

Sittenwidrigkeit. Mit dem Tatbestandsmerkmal der Sittenwidrigkeit will das Gesetz unzulässige von zulässigen Wahlbeeinflussungen abgrenzen. Jede Wahlwerbung ist eine Wahlbeeinflussung und soll dies und darf dies auch sein. Dabei ist es grundsätzlich auch zulässig, konkurrierende Wahllisten und Kandidaten anzugreifen und von deren Wahl abzuraten. Eine Wahlbeeinflussung ist erst dann sittenwidrig, wenn die Einflussnahme nach ihrem Inhalt, Beweggrund und Zweck gegen das Gefühl aller billig und gerecht Denkenden verstößt (§ 138 BGB). Maßgeblich für diese Bewertung sind immer die Umstände des Einzelfalls. 13

Beispiele: Eine sittenwidrige Beeinflussung der Wahl stellt die absichtliche Verfälschung von Wählerlisten oder Wahlvorschlägen dar oder die Versetzung von Beschäftigten allein zu dem Zweck, dass sie nicht an der Wahl teilnehmen können. Sittenwidrig ist auch die Androhung dienstlicher oder persönlicher Nachteile oder wenn Vorteile für ein bestimmtes Wahlverhalten gewährt oder in Aussicht gestellt werden. Wirbt eine Liste ausdrücklich damit, dass ihre Kandidaten nicht organisiert seien („**freie Liste**"), ist das Verschweigen des Eintritts in eine Gewerkschaft vor der Wahl irreführend und damit sittenwidrig i. S. d. Abs. 1 Satz 1 (BVerwG, 7.11.1969 – VII P 2/69 – PersV 1970, 155); ebenso, eine Liste als „frei", „unabhängig" oder „neutral" zu bezeichnen, obwohl viele – wenn nicht alle – Kandidaten gewerkschaftlich organisiert sind (VG Hamburg, 11.12.1992 – 1 VG FB 30/92 – PersR 1993, 508). Gleiches gilt, wenn ein Kennwort (§ 12 Abs. 7 14

WO) für einen Wahlvorschlag verwendet wird, das eine besonders hohe Verwechselungsgefahr begründet (BVerwG, 23.10.1970 – VII P 8/70 – PersV 1971, 143). **Keine sittenwidrige Wahlbeeinflussung** ist die Forderung einer Gewerkschaft an ihre Mitglieder nur auf von ihr aufgestellten Wahlvorschlagslisten zu kandidieren, auch wenn bei Zuwiderhandlungen ein Ausschluss oder ein Funktionsverbot angedroht wird (Altvater u. a. § 20 Rn. 4).

15 **2. Schutz der Wahlberechtigten (Satz 2).** Nach Abs. 1 Satz 2 darf kein Wahlberechtigter in seinem aktiven oder passiven Wahlrecht beschränkt werden. Es handelt sich um eine spezielle Gewährleistung des allg. Behinderungsverbots des Satzes 1. Das Verbot richtet sich gegen jedermann und soll die Freiheit der Wahlberechtigten bei ihrer inneren Überzeugungsbildung und bei der Ausübung des aktiven und passiven Wahlrechts gewährleisten.

16 **a) Beschränkung.** Mit dem Begriff „beschränken" ist jede unmittelbare oder mittelbare Beeinträchtigung des aktiven oder passiven Wahlrechts gemeint. Auch der Begriff der Beschränkung ist weit auszulegen. Daher ist grundsätzlich **jede** Form der **Beeinträchtigung** der Wahlberechtigten – von der Erschwerung der Informationsbeschaffung bis hin zur Androhung von Sanktionen für ein bestimmtes Wahlverhalten – als Beschränkung anzusehen. Eine Beschränkung kann auch durch ein Unterlassen erfolgen, wenn eine Pflicht zum Handeln besteht, und dieses unterlassen wird.

17 **Gesetzliche Beschränkungen.** Gemeint sind von § 20 Abs. 1 Satz 2 nicht Beschränkungen, die aus dem Gesetz selbst folgen; z. B., dass der Wahlberechtigte nur wählbare Beschäftigte (§ 9) und auch nur solche Bewerber wählen darf, die in einem bekanntgemachten Wahlvorschlag aufgenommen worden sind (§ 18 Abs. 2 Satz 2 Nr. 2 WO). Verboten sind die Beschränkungen, die im Gegensatz zum Gesetz stehen und deshalb die Freiheit der Wahl verletzen. Keine Beschränkung der Freiheit der Wahl stellen die §§ 11 Abs. 1, 13 Abs. 5 dar, weil die Wahlfreiheit des Wahlberechtigten, ob er Bewerber eines bestimmten Geschlechts wählt, durch diese Verfahrensregelungen nicht eingeschränkt werden (§ 20 Abs. 4 Satz 3 WO).

18 **Absicht, Verschulden.** Eine Absicht oder ein Verschulden des Handelnden ist nicht erforderlich. Es genügt, dass der Wahlberechtigte objektiv in seiner Freiheit der Wahl (aktiv oder passiv) eingeschränkt worden ist. Dies ist im Einzelfall anhand aller maßgeblichen Umstände festzustellen.

19 **b) Wahlrecht.** Geschützt ist der Wahlberechtigte hinsichtlich seines aktiven und seines passiven Wahlrechts. Gemeint ist damit nicht nur die direkte Wahlhandlung (§ 22 WO), sondern alle Phasen der Wahlvorbereitung und Durchführung der Wahl, in denen der Wahlberechtigte durch das LPVG oder die WO Befugnisse zugesprochen erhält (z. B. Vorabstimmungen zu unterstützen, an ihnen teilzunehmen, den Wahlvorstand zu wählen, Wahlvorschläge zu machen, an einer Personalversammlung teilzunehmen, selbst zu kandidieren etc.).

20 **c) Rechtsfolgen.** Verstöße gegen die Freiheit der Wahl (Abs. 1 Satz 1 und 2) können unterschiedliche personalvertretungsrechtliche Folgen haben und sich

auch auf das Beschäftigungsverhältnis auswirken. Strafrechtlich relevant sind solche Verstöße nur dann, wenn zusätzlich qualifizierende Tatbestände (z. B. Nötigung oder Beleidigung) erfüllt sind.

aa) **Personalvertretungsrechtliche Folgen.** Verstöße gegen die Freiheit der Wahl stellen immer auch relevante Verletzungen i. S. d. § 21 Abs. 1 dar und können zu einer erfolgreichen **Wahlanfechtung** führen; ausnahmsweise – bei besonders schwerwiegenden Verstößen – kann eine PR-Wahl auch **nichtig** sein (Richardi/Dörner/Weber § 24 Rn. 18 m. w. N.). 21

Beschlussverfahren. In Betracht kommt bei Behinderungen der Wahl auch die Einleitung eines Beschlussverfahrens, mit dem Ziel, diese Störungen noch vor der Wahl zu beseitigen. Ggf. ist es ausreichend, die Behinderung oder Beeinflussung feststellen zu lassen. Bei Wahlen ist wegen der grundsätzlich gegebenen Eilbedürftigkeit auch der Antrag auf Erlass einer **einstweiligen Verfügung** möglich. Mit einem Beschlussverfahren könnten auch Verletzungen der Neutralitätspflicht durch den **Dienststellenleiter** gerügt werden. 22

Abberufung des Wahlvorstands. Verletzt ein Mitglied des Wahlvorstands § 20 Abs. 1 Satz 1 oder 2 so kann der PR nur den gesamten Wahlvorstand abberufen und einen neuen Wahlvorstand bestellen (§ 16 Abs. 1). Die Abberufung einzelner Mitglieder des Wahlvorstands sieht das Gesetz nicht vor. 23

Ausschluss eines PR-Mitglieds. Verletzt ein Mitglied des PR die Freiheit der Wahl, so kommt ein Antrag auf Ausschluss beim VG in Betracht. Ein Ausschluss setzt allerdings eine **grobe Pflichtverletzung** voraus (vgl. § 24 Abs. 1). Die Erfüllung eines Straftatbestands (z. B. Nötigung) erfüllt regelmäßig auch die Voraussetzungen des § 24 Abs. 1. Einem Ausschlussantrag unmittelbar vor der PR-Wahl kann im Hinblick auf § 24 Abs. 2 durchaus Bedeutung zukommen. 24

bb) **Folgen für das Beschäftigungsverhältnis.** Ein Verstoß gegen Abs. 1 Satz 1 kann zugleich eine Dienstpflichtverletzung bzw. eine Verletzung arbeitsvertraglicher Pflichten darstellen. Dies wäre aber nur zu bejahen, wenn ein direkter Bezug zum Dienst- bzw. Arbeitsverhältnis bestünde. So könnte z. B die (strafrechtlich relevante) Verleumdung eines Vorgesetzten, der auf einer anderen Liste kandidiert, auch die außerordentliche Kündigung eines Arbeitnehmers bzw. disziplinarische Maßnahmen gegen einen Beamten rechtfertigen. Maßgeblich sind die Umstände des Einzelfalls. 25

Dienstaufsichtsbeschwerde. Verletzt der Dienststellenleiter seine Pflicht zur strikten Neutralität im Wahlkampf, indem er z. B. Vorteile verspricht oder Nachteile androht oder einzelne Listen oder Bewerber benachteiligt, kommt eine Dienstaufsichtsbeschwerde in Betracht. 26

Schadensersatz/Nichtigkeit. Die Regelung über die Freiheit der Wahl ist Schutzgesetz i. S. d. § 823 Abs. 2 BGB und verpflichtet denjenigen zum Schadensersatz, der gegen das Schutzgesetz verstoßen hat. § 20 Abs. 1 Satz 1 und 2 begründet auch ein gesetzliches Verbot i. S.d § 134 BGB. Rechtsgeschäftliche Handlungen, die gegen die Freiheit der Wahl verstoßen, sind nichtig. Dies 27 würde bspw. für die Kündigung eines Arbeitnehmers gelten, dessen Arbeitsverhältnis beendet worden ist, um ihn – vor der Aufstellung des Wahlvorschlags – an einer Kandidatur zu hindern; zur fortbestehenden Wählbarkeit gekündigter Arbeitnehmer vgl. auch § 9 Rn. 21.

28 **Strafrechtliche Folgen.** Sittenwidrige Wahlbeeinflussungen können auch strafrechtliche Folgen haben (z. B. nach §§ 185 bis 187 und § 240 StGB). Die Vorschriften der §§ 107 ff. StGB über Wahlbehinderung, Wählernötigung usw. sind allerdings nicht anwendbar, da die PR-Wahlen in § 108d StGB, der die von §§ 107 ff. StGB erfassten Wahlen nennt, nicht aufgeführt sind.

29 **3. Schutz der Wahlbewerber (Satz 3).** Abs. 1 Satz 3 ordnet die entspr. Anwendung von § 47 Abs. 1 Satz 1 sowie Abs. 2 und Abs. 4 für Wahlbewerber an. Die Regelung stellt die Wahlbewerber hinsichtlich des Schutzes ihres Arbeitsplatzes teilweise mit den PR-Mitgliedern gleich. Durch § 15 Abs. 3 KSchG wird zudem der besondere Kündigungsschutz auf Wahlbewerber erstreckt.

30 a) **Versetzungsschutz.** Die Wahlbewerber dürfen gegen ihren Willen nur versetzt werden, wenn dies auch unter Berücksichtigung ihrer Bewerbung aus wichtigen dienstlichen Gründen **unvermeidbar** ist (Abs. 1 Satz 3 i. V. m. § 47 Abs. 1 Satz 1).

31 **Schutzzeitraum.** Der besondere **Schutz beginnt** mit der Aufstellung des Wahlvorschlags (BVerwG, 13.6.2007 – 1 WDS-VR 2/07 – juris). Das ist der Zeitpunkt, in dem ein ordnungsgemäßer Wahlvorschlag einer in der Dienststelle vertretenen Gewerkschaft oder ein mit ausreichenden Unterstützungsunterschriften versehener Wahlvorschlag der Beschäftigten aufgestellt wird. **Behebbare Mängel** des Wahlvorschlags sind insoweit unbeachtlich (BAG, 17.3.2005 – 2 AZR 275/04 – NZA 2005, 1064). Ist zu diesem Zeitpunkt bereits ein Wahlvorstand bereits ordnungsgemäß bestellt, kommt es nicht auf den Zeitpunkt der Einreichung des Wahlvorschlags beim Wahlvorstand an (BAG, 7.7.2011 – 2 AZR 377/10 – NZA 2012, 107; vgl. auch Ilbertz-Widmaier § 24 Rn. 11). **Maßgeblicher Zeitpunkt für die geplante Versetzung** ist die Antragstellung der Dienststelle im Mitbestimmungsverfahren (§§ 73 Abs. 1 Satz 1, 76 Abs. 1), also der Tag, an dem das Antragsschreiben des Dienststellenleiters beim PR eingeht. Auf einen etwaigen früheren Zugang einer (rechtswidrigen) Versetzungsverfügung beim Beschäftigten – unter Missachtung des Mitbestimmungsrechts des PR (s. u. Rn. 32) – kann nicht abgestellt werden. Der Versetzungsschutz für Wahlbewerber **endet** regulär am Tag der Bekanntgabe des Wahlergebnisses durch den Wahlvorstand (§ 31 WO); vorzeitig, wenn die Kandidatur vorher endet.

32 **Verfahren.** § 20 Abs. 1 Satz 3 verweist nicht auf § 47 Abs. 1 Satz 2 und 3. Das bedeutet, dass die Versetzung eines Wahlbewerbers gegen seinen Willen **keiner Zustimmung** des PR nach § 47 Abs. 1 Satz 2 bedarf. Folgerichtig kann auch nicht in einem Beschlussverfahren eine verweigerte Zustimmung des PR ersetzt werden (dortiger Satz 3). Faktisch unterscheidet sich der Versetzungsschutz von Wahlbewerbern aber kaum von dem des PR-Mitglieds. Denn durch die Nichtanwendbarkeit der besonderen Schutzvorschrift des § 47 Abs. 1 Satz 2 kommt

wieder die allg. **Mitbestimmungsregelung des § 75 Abs. 2 Nr. 1** zum Tragen. Dies bedeutet, dass der Wahlbewerber auch hier nicht ohne Zustimmung des PR (diesmal im Mitbestimmungsverfahren; vgl. § 73 Abs. 1 Satz 1) versetzt werden kann. Kommt der PR zur Überzeugung, dass durch die Versetzung in die Freiheit der Wahl eingegriffen wird, scheidet eine Zustimmung (jedenfalls zu diesem Zeitpunkt) aus. Der Dienststellenleiter kann dann zwar eine vorläufige Regelung nach § 88 Abs. 4 in Erwägung ziehen; hiergegen bestehen aber die üblichen prozessualen Möglichkeiten des betroffenen Beschäftigten (Individualrechtsschutz) und die kollektivrechtlichen Möglichkeiten des PR; insb. der Antrag auf Erlass einer einstweiligen Verfügung mit dem Ziel der Fortsetzung des Mitbestimmungsverfahrens.

Abordnung, Zuweisung, Gestellung, Umsetzung. Durch die entspr. Anwendbarkeit von § 47 Abs. 2 sind Wahlbewerber wie PR-Mitglieder gegen die dort genannten Maßnahmen der Dienststelle geschützt. Auch hier ist § 47 Abs. 1 Satz 2 nicht entsprechend anwendbar und deshalb keine Zustimmung des PR erforderlich. Auch hier bedarf es aber der Zustimmung des PR im Mitbestimmungsverfahren bevor eine der genannten Maßnahmen vollzogen werden kann (vgl. § 75 Abs. 2 Nr. 3 (Abordnung), Nr. 3 (Zuweisung) und Nr. 4 (Personalgestellung)); vgl. insoweit Rn. 32. Eine **Umsetzung** bedarf nach § 75 Abs. 1 Nr. 11 der Zustimmung des PR allerdings nur dann, wenn sie mit einem Wechsel des Dienstorts verbunden ist. 33

b) **Kündigungsschutz**. Für die Wahlbewerber besteht der besondere Kündigungsschutz nach § 15 Abs. 3 Satz 1 KSchG bzw. nach § 108 Abs. 1 Satz 1 BPersVG, ergänzend durch entspr. Anwendung von § 47 Abs. 4 Satz 1. Danach ist eine **ordentliche Kündigung** nach § 15 Abs. 3 Satz 1 KSchG im Schutzzeitraum, also vom Zeitpunkt der Aufstellung des Wahlvorschlags an (vgl. Rn. 35), bis zur Bekanntgabe des Wahlergebnisses, unzulässig. Die **außerordentliche Kündigung** eines Wahlbewerbers ist im Schutzzeitraum nur zulässig, wenn Tatsachen vorliegen, die zur Kündigung aus wichtigem Grund berechtigen *und* wenn die nach dem Personalvertretungsrecht erforderliche Zustimmung vorliegt. Nach § 108 Abs. 1 Satz 2 BPersVG bzw. § 47 Abs. 4 Satz 1 (entspr.) bedarf die außerordentliche Kündigung der Zustimmung des PR, die ggf. durch gerichtliche Entscheidung ersetzt werden kann. 34

Schutzzeitraum. Der besondere Kündigungsschutz **beginnt**, wenn der Wahlvorschlag aufgestellt ist. Das ist der Zeitpunkt, in dem ein ordnungsgemäßer Wahlvorschlag einer in der Dienststelle vertretenen Gewerkschaft oder ein mit ausreichenden Unterstützungsunterschriften versehener Wahlvorschlag der Beschäftigten aufgestellt wird. Ist zu diesem Zeitpunkt bereits ein Wahlvorstand ordnungsgemäß bestellt, kommt es nicht auf den Zeitpunkt der Einreichung des Wahlvorschlags beim Wahlvorstand an (vgl. Ilbertz-Widmaier § 24 Rn. 11). Der Schutzzeitraum **endet** regulär am Tag der Bekanntgabe des Wahlergebnisses durch den Wahlvorstand (§ 31 WO); vorzeitig, wenn die Kandidatur vorher endet. 35

Nachwirkender Kündigungsschutz. Gemäß § 15 Abs. 3 Satz 2 Hs 1 KSchG ist die **ordentliche Kündigung** von Wahlbewerbern auch innerhalb von **sechs** 36

Monaten nach Bekanntgabe des Wahlergebnisses unzulässig. Bei vorzeitigem Ende der Schutzzeit beginnt die 6-Monats-Frist entsprechend früher. Eine **außerordentliche Kündigung** ist ab der Bekanntgabe des Wahlergebnisses nach den allg. Bestimmungen möglich; insoweit besteht keine Nachwirkung.

II. Kosten der Wahl; Versäumnis an Arbeitszeit (Abs. 2)

37 **1. Kosten der Wahl (Satz 1).** Kosten der Wahl sind alle Aufwendungen für Tätigkeiten aufgrund der Wahl des PR. Dies sind die sächlichen und persönlichen Aufwendungen, die aufgrund des LPVG und der WO durch die Vorbereitung und Durchführung der Wahl entstehen. Zu den Wahlkosten rechnen auch die Kosten der **Vorabstimmungen** sowie anfallende Reisekosten; ggf. auch die Kosten von Personalversammlungen (§§ 16, 17).

38 **Notwendige Kosten.** Die Dienststelle hat nur die notwendigen Kosten der Wahl zu tragen, d. h. diejenigen Kosten, die bei objektiver Betrachtung der Erfordernisse der Wahl vom Wahlvorstand als berechtigt angesehen werden durften. Dies folgt aus der allg. Verpflichtung zum sparsamen Mitteleinsatz; ein Hinweis für diese Einschränkung findet sich auch in Satz 2, der auch nur die „notwendige" Versäumnis von Arbeitszeit als unschädlich hinsichtlich der Besoldung bzw. des Arbeitsentgelts ansieht.

39 **Kosten für Schulungen.** Die Kosten für die Teilnahme der Wahlvorstandsmitglieder an Schulungsveranstaltungen zur Vermittlung von Kenntnissen über die Wahlvorschriften sind regelmäßig notwendig. Auf § 44 Abs. 1 wird zwar nicht ausdrücklich verwiesen, die Kostentragungspflicht der Dienststelle ergibt sich aber aus der Natur der Sache. Alle Beteiligten, auch die Dienststelle, sind an einer zügigen und ordnungsgemäßen Durchführung der Wahl interessiert. Wahlanfechtungen und gar Wiederholungswahlen sind mit erheblichen Kosten verbunden, von den Friktionen und Belastungen solcher Konflikte völlig abgesehen. Die PR-Wahl kann aber nur ordnungsgemäß durchgeführt werden, wenn die Mitglieder des Wahlvorstands über die Wahlvorschriften unterrichtet sind. Der Schulungsbedarf muss durch die Maßnahme objektiv gedeckt werden, d. h. der Veranstalter, die Referenten und das Programm müssen Gewähr dafür bieten, dass die Schulung zweckentsprechend durchgeführt wird. Bei den Mitgliedern des Wahlvorstands muss ein **subjektiver Schulungsbedarf** vorliegen. Dies ist insb. bei Beschäftigten, die erstmals in den Wahlvorstand berufen worden sind, unzweifelhaft der Fall. Gleiches gilt bei grundlegenden Änderungen der Gesetzeslage. Dies alles gilt auch für die **Ersatzmitglieder.** Über die Schulungsnotwendigkeit und teilnehmende (Ersatz-)Mitglieder entscheidet der Wahlvorstand durch Fassung eines Beschlusses, der festlegt, wer an welcher Schulung teilnehmen soll.

40 **Reisekosten.** Notwendige Kosten der Wahl sind auch die Reisekosten des **Wahlvorstands,** die anlässlich der Vorbereitung und Durchführung der Wahl anfallen. Dies ergibt sich ohne Weiteres aus § 15 Abs. 5 i. V. m. § 41 Abs. 1 Satz 2. Sie erhalten Reisekostenvergütungen nach dem LRKG. Gleiches gilt für **Wahlhelfer** (§ 1 Abs. 1 Satz 3 WO). **Reisen zur Stimmabgabe** sind i. H.a. die

Möglichkeit der Briefwahl (§ 23 WO) regelmäßig nicht erforderlich. Zu bedenken ist in diesem Zusammenhang aber auch, dass den wahlberechtigten Beschäftigten auch das Recht zusteht, der Wahlhandlung und Auszählung beizuwohnen. Die Umstände des Einzelfalls können deshalb eine Anreise aus diesem Anlass als notwendig erscheinen lassen.

Kosten der Rechtsverfolgung. Alle Personen und Institutionen, denen durch das LPVG oder die WO anlässlich der Wahl des PR Aufgaben und Befugnisse zugewiesen sind, können potentiell Beteiligte von personalvertretungsrechtlichen Beschlussverfahren werden. Die notwendigen Kosten solcher Beschlussverfahren, namentlich des PR oder des Wahlvorstands zur Klärung von Zuständigkeiten oder Befugnissen bzw. zur Abwehr von rechtwidrigen Eingriffen, sind Kosten der Wahl. Da die Beschlussverfahren gerichtskostenfrei sind, geht es hier um die **Hinzuziehung** eines **Rechtsanwalts** für die vorgerichtliche Beratung bzw. die gerichtliche Vertretung. Solche Kosten sind nicht von der Dienststelle zu tragen, wenn die Rechtsverfolgung aussichtslos oder mutwillig ist. Das gleiche gilt für alle Beschlussverfahren zur Klärung von Streitfragen im Laufe des Wahlverfahrens. 41

Wahlanfechtung. Zu den Kosten der Wahl gehören auch die außergerichtlichen Kosten eines **Wahlanfechtungsverfahrens.** (BVerwG, 29.8.2000 – 6 P 7.99 – PersR 2000, 513). Dies gilt nur dann nicht, wenn die Rechtsverfolgung von vornherein aussichtslos erscheint (BVerwG, 11.10.2010 – 6 P 16.09 – PersR 2011, 33). 42

2. Versäumnis von Arbeitszeit (Satz 2). Nach Abs. 2 Satz 2 hat die notwendige Versäumnis von Arbeitszeit infolge der Ausübung des Wahlrechts, der Teilnahme an den Personalversammlungen (§§ 16 Abs. 2 und 17 Abs. 3) oder der Betätigung im Wahlvorstand keine Minderung der Besoldung oder des Arbeitsentgelts zur Folge. Unter Besoldung sind alle Bezüge i. S. d. LBesG zu verstehen; hinsichtlich des Arbeitsentgelts gilt das Lohnausfallprinzip. Nicht ausdrücklich aufgeführt aber ebenfalls umfasst sind hier **Wahlhelfer**, wie sich aus der durch § 1 Abs. 1 Satz 3 WO erfolgten Bezugnahme auf § 43 Abs. 2 Satz 2 ergibt. 43

Abmeldung. Zur Ausübung des Wahlrechts, zur Teilnahme an Personalversammlungen und zur Betätigung als Wahlvorstand oder Wahlhelfer bedarf der Beschäftigte **keiner Genehmigung.** Er muss sich aber abmelden, wenn er entsprechend seinen gesetzlichen Befugnissen von seinem Arbeitsplatz abwesend ist. Auch dies kann entbehrlich sein, wenn die Umstände offenkundig sind (z. B. bei einer Personalversammlung oder der Tätigkeit als Wahlvorstand am Wahltag). 44

Dienstbefreiung. Werden Mitglieder des Wahlvorstands oder Wahlhelfer über ihre individuell maßgebliche Arbeitszeit hinaus tätig, steht ihnen Dienstbefreiung in entsprechender Anwendung von § 43 Abs. 2 Satz 2 zu (§ 15 Abs. 5 bzw. § 1 Abs. 1 Satz 3 WO). Maßgeblich für den Umfang der Dienstbefreiung ist die individuell maßgebliche Arbeitszeit, was insb. für Teilzeitkräfte Bedeutung hat. 45

§ 21 Anfechtung der Wahl

(1) Mindestens drei Wahlberechtigte, jede in der Dienststelle vertretene Gewerkschaft oder der Leiter der Dienststelle können binnen einer Frist von zwölf Arbeitstagen, vom Tag der Bekanntgabe des Wahlergebnisses an gerechnet, die Wahl beim Verwaltungsgericht anfechten, wenn gegen wesentliche Vorschriften über das Wahlrecht, die Wählbarkeit oder das Wahlverfahren verstoßen worden und eine Berichtigung nicht erfolgt ist, es sei denn, dass durch den Verstoß das Wahlergebnis nicht geändert oder beeinflusst werden konnte.

(2) [1]Ist die Wahl für ungültig erklärt, setzt der Vorsitzende der Fachkammer des Verwaltungsgerichts einen Wahlvorstand ein. [2]Dieser hat unverzüglich die Wiederholungswahl einzuleiten, durchzuführen und das Ergebnis festzustellen. [3]Der Wahlvorstand nimmt die dem Personalrat nach diesem Gesetz zustehenden Befugnisse und Pflichten bis zur Wiederholungswahl wahr.

1 **Anwendungsbereich.** § 21 Abs. 1 findet Anwendung bei der Anfechtung der PR-Wahl, ggf. auch bei der Anfechtung der Wahl einer **Gruppenvertretung** (BVerwG, 26.11.2008 – 6 P 7.08 – PersR 2009, 267 = PersV 2009, 138). Die Wahl eines **einzelnen PR-Mitglieds** kann nicht nach § 21 Abs. 1 angefochten werden, weil sie nicht aus dem Wahlvorgang ausgegliedert werden kann (BVerwG, 7.11.1975 – VII P 11/74 – ZBR 1976, 228). § 21 gilt für den **GesamtPR** (§ 54 Abs. 3), die **Stufenvertretungen** (§ 55 Abs. 3), den **AusbildungsPR** (§ 58 Abs. 3 Satz 1) und die **JAV** (§ 62 Abs. 1 Satz 2) entsprechend.

2 **Beschlussverfahren.** Die Anfechtungsmöglichkeit nach § 21 Abs. 1 schließt es nicht aus, Verstöße gegen die Wahlvorschriften schon vorher zum Gegenstand eines Beschlussverfahrens zu machen. Antragsberechtigt können diejenigen sein, die nach dem LPVG oder der WO Aufgaben oder Befugnisse im Wahlverfahren haben, die im Streit sind, oder um Behinderungen der Wahl abzuwehren. Eine gerichtliche Klärung wird in dieser Phase des Verfahrens wegen der besonderen Eilbedürftigkeit im Wege der einstweiligen Verfügung erfolgen müssen. Ein gerichtlich verfügter **Abbruch der Wahl** scheidet in aller Regel aus. Er käme nur dann in Betracht, wenn die Wahl voraussichtlich nichtig wäre. Zulässig können aber Verfügungen sein, die darauf zielen, eine fehlerhafte und anfechtbare Wahl zu vermeiden (vgl. hierzu BVerwG, 14.4.2008 – 6 P 6/08 – PersR 2008, 417 = PersV 2008, 340).

I. Anfechtung der Wahl (Abs. 1)

3 **1. Anfechtungsberechtigte.** Nach der abschließenden Aufzählung in Abs. 1 sind berechtig die Wahl des PR anzufechten: (mind.) drei Wahlberechtigte der Dienststelle, jede in der Dienststelle vertretene Gewerkschaft sowie der Dienststellenleiter. Andere Personen oder Institutionen sind nicht anfechtungsbefugt, auch nicht der PR oder der Wahlvorstand (BVerwG, 17.3.1983 – 6 P 30/82 – PersV 1984, 320). Die Wahl kann auch zulässigerweise von mehreren Anfechtungsberechtigten angefochten werden. Wird nur die **Wahl einer Gruppe** angefochten, müssen die Anfechtenden nicht notwendigerweise Mitglieder der

Gruppe sein (BVerwG, 20.6.1990 – 6 P 2/90 – PersR 1990, 219 = PersV 1990, 536).

a) Drei Wahlberechtigte. Es muss sich um (mind.) drei Beschäftigte der Dienststelle i. S. d. § 4 handeln, die bei der angefochtenen Wahl wahlberechtigt waren (vgl. Rn. 5). Es kommt nicht darauf an, dass die Beschäftigten ihr Wahlrecht bei der angefochtenen Wahl tatsächlich ausgeübt haben. Anfechtungsbefugt sind auch die Beschäftigten, deren Wahlrecht umstritten war und noch nicht abschließend geklärt ist. Dies ist dann ggf. als Vorfrage im Wahlanfechtungsverfahren zu prüfen. Die Anfechtungsberechtigung entfällt auch nicht, wenn die Antragsteller von der Möglichkeit des Einspruchs gegen die Richtigkeit des Wählerverzeichnisses keinen Gebrauch gemacht haben (vgl. Richardi/Dörner/Weber § 25 Rn. 27 f. m. w. N.). 4

Wahlberechtigung. Wer nicht wahlberechtigt war, kann die Wahl nicht anfechten (BVerwG, 23.6.1999 – 6 P 6/98 – PersR 1999, 451 = PersV 2000, 74). Die Wahlberechtigung muss zum Zeitpunkt der Wahl bestanden haben, maßgeblich ist der Wahltag. Ein im Verlauf der Wahlanfechtung eintretender **Verlust** der Wahlberechtigung für künftige Wahlen berührt die Anfechtungsbefugnis nicht (BVerwG, 27.4.1983 – 6 P 17.81 – PersV 1984, 322; 24.2.2015 – 5 P 7.14 – PersR 2015, 54 = PersV 2015, 264). Ein Verlust der Wahlberechtigung führt grundsätzlich auch nicht dazu, dass das auch für das Wahlanfechtungsverfahren zu fordernde **Rechtsschutzinteresse** entfällt (BVerwG, 24.2.2015 – 5 P 7.14 – PersR 2015, 54 = PersV 2015, 264). 5

Streitgenossenschaft. Die drei Antragsteller können den Anspruch nur gemeinsam als Streitgenossen verfolgen. Das gesamte Anfechtungsverfahren muss deshalb immer von mind. drei anfechtungsberechtigten Beschäftigte (auch in allen Rechtsmittelinstanzen) fortdauernd gemeinsam betrieben werden (BVerwG, 8.2.1982 – 6 P 43.80 – PersV 1983, 63; 27.4.1983 – 6 P 17.81 – PersV 1984, 322). Es genügt nicht, dass das Verfahren zunächst zulässig von (mind.) drei anfechtungsberechtigten Beschäftigten eingeleitet worden ist. Eine Wahlanfechtung **wird unzulässig,** wenn einer der drei anfechtungsberechtigten Beschäftigten, die die Wahl angefochten haben, während des Wahlanfechtungsverfahrens als Wahlanfechtender ausscheidet (vgl. BVerwG, 27.4.1983 – 6 P 17.81 – PersV 1984, 322). 6

Gruppenzugehörigkeit. Es ist nicht erforderlich, dass sich unter den Antragstellern Beschäftigte aller in der Dienststelle vorhandenen **Gruppen** befinden. Auch die Wahl einer Gruppenvertretung kann von drei Wahlberechtigten nur der anderen Gruppe angefochten werden (vgl. BVerwG, 10.5.1982 – 6 P 40.80 – PersV 1983, 155; VG Stuttgart, 16.12.2014 – PL 22 K 3331/14 – n. v.). 7

b) Gewerkschaft. Eine Gewerkschaft ist in der Dienststelle vertreten, wenn ihr mind. ein Beschäftigter der Dienststelle angehört; dieser muss nicht unbedingt wahlberechtigt sein. Die Gewerkschaft muss für die Dienststelle nicht tarifzuständig sein. Gewerkschaft i. S. d. § 21 sind auch die Berufsverbände der Beamten. Gewerkschaftliche Spitzenorganisationen, die satzungsgemäß keine natürlichen Personen als Mitglieder haben, sind in einer Dienststelle nicht vertreten 8 und auch nicht anfechtungsberechtigt (BVerwG, 11.2.1981 – 6 P 20.80 – PersV 1982, 112).

9 c) **Dienststellenleiter.** Die Wahl kann auch vom Dienststellenleiter angefochten werden. Besonders durch dieses Anfechtungsrecht wird das öffentliche Interesse an der Ordnungsmäßigkeit der PR-Wahl zum Ausdruck gebracht. Es geht bei der Wahlanfechtung nicht allein um Rechte der einzelnen Wahlbewerber oder der Wahlberechtigten, sondern um eine ordnungsgemäße Bildung der Personalvertretungen (BVerwG 21.7.2009 – 1 WB 18/08 – PersV 2009, 413). Die Anfechtungsbefugnis ist nicht an die Person des bei der Wahl amtierenden Amtsinhabers gebunden. Tritt nach der Wahl oder auch während des schon laufenden Anfechtungsverfahrens ein neuer Dienststellenleiter das Amt an, wird der Anfechtungsantrag nicht unzulässig; es ist lediglich das Rubrum zu berichtigen.

10 2. **Voraussetzungen.** Mit Aussicht auf Erfolg kann die Wahl des PR nur angefochten werden, wenn die im Gesetz aufgeführten Voraussetzungen erfüllt sind. Hiernach muss der Antragsteller geltend machen, dass ein Verstoß gegen wesentliche Vorschriften über das Wahlrecht, die Wählbarkeit oder das Wahlverfahren stattgefunden hat, der nicht berichtigt worden ist, und dass durch diesen Verstoß das Wahlergebnis geändert oder beeinflusst werden konnte.

11 a) **Wesentliche Vorschriften.** Wesentliche Vorschriften i. d. S. können nur die **zwingenden Vorschriften** (Muss-Vorschriften) des LPVG und der WO sein. Die Verletzung von Soll-Vorschriften führt in der Regel nicht zum Erfolg einer Wahlanfechtung (BVerwG, 26.11.1997 – 6 P 12/95 – PersR 1998, 161). Die Antragsteller müssen im Wahlanfechtungsverfahren darlegen, aus welchen Gründen gegen wesentliche Vorschriften der genannten Art verstoßen worden sein soll. Ist diesen Anforderungen Genüge getan, so kann die Wahl auch aus Gründen für ungültig erklärt werden, die erst nach Ablauf der Anfechtungsfrist geltend gemacht oder von Amts wegen festgestellt werden (BVerwG, 13.5.1998 – 6 P 9.97 – PersR 1998, 516; vgl. auch BVerwG, 28.5.2009 – 6 PB 11.09 – PersR 2009, 364 = PersV 2009, 383).

12 **Beispiele:** Das Wahlrecht wird verletzt, wenn Wahlberechtigte nicht zur Wahl zugelassen werden oder wenn Personen, die nicht wahlberechtigt sind, wählen dürfen; auch durch die Annahme der Wählbarkeit von nicht wählbaren Kandidaten (BVerwG, 23.6.1999 – 6 P 6/98 – PersR 1999, 451 = PersV 2000, 74) oder wenn wählbare Beschäftigte als Wahlbewerber nicht zugelassen worden sind. Die wesentlichen Vorschriften über das Wahlverfahren ergeben sich aus dem LPVG und der WO zur Vorbereitung und Durchführung der Wahl, z. B. der notwendige Inhalt des Wahlausschreibens (§ 9 Abs. 2 WO) oder die rechtswidrige Zurückweisung von Wahlvorschlägen (BVerwG, 27.11.1984 – 6 P 2/84 – juris).

13 b) **Berichtigung.** Die Verletzung von unwesentlichen Vorschriften hinsichtlich der Wahl sind unbeachtlich; sie können von vornherein nicht zum Erfolg des Anfechtungsantrags führen und brauchen auch nicht unbedingt berichtigt zu werden. Verstöße gegen **wesentliche Vorschriften** i. S. d. § 21 Abs. 1 können

unbeachtlich werden, wenn sie noch während des Wahlverfahrens vom Wahlvorstand berichtigt worden sind. Der Wahlvorstand kann Fehler nur berichtigen, wenn sie heilbar sind. Dies ist nur der Fall, wenn dadurch nicht die Ordnungsmäßigkeit der Wahl in Frage gestellt wird. Zulässig kann z. B. die Berichtigung einer unrichtig berechneten Frist sein (VGH München, 1.7.1977 – 10 XVIII 76 – PersV 1980, 60); unzulässig wäre z. B. eine Änderung der Berechnung der Zahl der zu wählenden PR-Mitglieder. Maßgeblich ist insoweit die Frage, ob die durch die Berichtigung erfolgte Änderung Auswirkung auf das Wahlverfahren oder das Wahlverhalten haben konnte, d. h. ob zur Behebung des Mangels eine Wiederholung der Wahl erforderlich war. Eine Berichtigung hat durch förmlichen **Beschluss** des Wahlvorstands zu erfolgen (§ 1 Abs. 4 WO).

Offenbare Unrichtigkeiten. Offensichtliche Fehler des Wahlausschreibens können jederzeit berichtigt werden (§ 9 Abs. 5 WO). Gleiches muss grundsätzlich auch für andere offensichtliche Fehler (§ 42 LVwVfG kann sinngemäß angewandt werden), die während des Wahlverfahrens unterlaufen sind, gelten; insoweit kann sich niemand, der an der Wahl beteiligt ist, auf schutzwürdiges Vertrauen berufen. Das **Wählerverzeichnis** hat der Wahlvorstand nach § 6 Abs. 1 Satz 2 WO bis zum Abschluss der Wahlhandlung auf dem Laufenden zu halten und zu berichtigen. 14

Berichtigung im Anfechtungsverfahren. Während des schon laufenden Anfechtungsverfahrens können noch Fehler des Wahlvorstands bei der Feststellung des Wahlergebnisses berichtigt werden, wenn die Wahl im Übrigen ordnungsgemäß abgelaufen ist. So kann z. B. die Berücksichtigung von zunächst unberücksichtigt gebliebenen Stimmen zur Berichtigung des Wahlergebnisses führen. 15

c) **Kausalität.** Eine Wahlanfechtung hat keinen Erfolg, wenn zwar ein wesentlicher Verstoß vorliegt, das **Wahlergebnis** dadurch aber **nicht beeinflusst** oder geändert werden konnte. Für den Erfolg der Wahlanfechtung genügt schon die **Möglichkeit** einer Änderung oder Beeinflussung des Wahlergebnisses, ohne dass es der Feststellung einer tatsächlich erfolgten Änderung oder Beeinflussung bedarf. Ob diese Möglichkeit bestand, d. h. ob der Verstoß geeignet war, eine Änderung oder Beeinflussung des Wahlergebnisses herbeizuführen, beantwortet sich in der Regel aus der Art des Verstoßes und der Berücksichtigung des konkreten Sachverhalts. Dabei wird allerdings eine nur denkbare Möglichkeit dann nicht genügen, die Anfechtung zu begründen, wenn sie nach der Lebenserfahrung vernünftigerweise nicht in Betracht zu ziehen ist. Demnach bleiben abstrakt nicht auszuschließende, nach der Lebenserfahrung aber unwahrscheinliche Kausalverläufe unberücksichtigt, wenn für ihren Eintritt keine tatsächlichen Anhaltspunkte bestehen (BVerwG, 26.11.2008 – 6 P 7.08 – PersR 2009, 267 = PersV 2009, 138; 11.8.2009 – 6 PB 16.09 – PersR 2009, 418 = PersV 2009, 456). 16

Beispiele: Wenn ein nichtwahlberechtigter Beschäftigter zur Wahl zugelassen worden ist, ist zu berechnen, ob die Zahl der auf die einzelnen Wahlvorschläge entfallenden Sitze sich ändern würde, wenn jeweils auf jeden einzelnen Wahlvorschlag eine entspr. Zahl von Stimmen weniger abgegeben 17 worden wäre (vgl. § 20 Abs. 4, §§ 37, 38 und 43 WO). Die Angabe einer um einen Tag verkürzten Einreichungsfrist für Wahlvorschläge im Wahlausschreiben stellt der Art nach einen Mangel des Wahlverfahrens dar, der ohne Einfluss auf das Wahlergebnis bleiben kann (BVerwG, 7.5.2003 – 6 P 17.02 – PersR 2003, 313 = PersV 2003, 423).

18 **Ersatzmitglieder.** Ein Wahlverstoß der sich lediglich auf die Reihenfolge der Ersatzmitglieder auswirkt, beeinflusst das Wahlergebnis nicht und berechtigt nicht zur Wahlanfechtung (BAG, 21.2.2001 – 7 ABR 41/99 – NZA 2002, 383 zu § 19 Abs. 1 BetrVG; vgl. aber auch VG Karlsruhe, 16.7.2010 – PL 12 K 1234/10 – juris).

19 **3. Anfechtungsfrist.** Die Anfechtungsfrist beträgt **zwölf Arbeitstage**; die Frage, ob eine Wahl Bestand hat oder angefochten wird, muss innerhalb kurzer Zeit geklärt sein (VGH Mannheim, 7.6.2011 – PL 15 S 147/11 – juris). **Arbeitstage** i. S. d. LPVG sind die Wochentage Montag bis Freitag mit Ausnahme der gesetzlichen Feiertage, Heiligabend und Sylvester (§ 55 Satz 2 WO). Die Anfechtungsfrist ist eine **Ausschlussfrist** (BVerwG, 13.7.2011 – 6 P 16.10 – PersR 2011, 443 = PersV 2011, 433), was insb. bedeutet, dass bei deren Versäumung eine Wiedereinsetzung in den vorigen Stand nicht stattfindet.

20 a) **Fristbeginn.** Die Anfechtungsfrist beginnt mit dem ersten Arbeitstag nach der **Bekanntmachung** des Wahlergebnisses (§ 31 WO); bei nicht ordnungsgemäßer Bekanntmachung beginnt die Anfechtungsfrist überhaupt nicht zu laufen (BVerwG, 23.10.2003 – 6 P 10/03 – PersR 2004, 35 = PersV 2004, 99). Maßgebend für den Beginn der Frist ist der Tag, der auf den Aushang des Wahlergebnisses folgt (nicht der Tag, der nach Ablauf der Zweiwochenfrist nach § 31 Abs. 1 WO beginnt). Bei mehrfacher Bekanntmachung des Wahlergebnisses, ist der Tag der letzten Bekanntmachung maßgeblich. Wird das Wahlergebnis berichtigt wird die Frist neu in Lauf gesetzt.

21 **Keine Hinweispflicht.** Die Bekanntgabe des Wahlergebnisses (vgl. § 18 Satz 1) hat die in § 31 Abs. 2, Abs. 3 WO genannten Angaben zu enthalten. Ein Hinweis auf die Anfechtungsfrist des Abs. 1 ist dort nicht erwähnt und deshalb auch nicht erforderlich.

22 b) **Fristende.** Die Anfechtungsfrist endet mit dem Ablauf des zwölften Arbeitstages (also um 24.00 Uhr) nach der Bekanntgabe des Wahlergebnisses (§§ 187 Abs. 1, 188 Abs. 1 BGB).

23 **Verspätete Anfechtung.** Wird eine Wahl nicht oder nicht rechtzeitig angefochten, so gilt sie als ordnungsgemäß durchgeführt – auch wenn sie rechtswidrig war – (BVerwG, 23.10.2003 – 6 P 10.03 – PersR 2004, 35 und 13.7.2011 – 6 P 16.10 – PersR 2011, 443 = PersV 2011, 433; VG Stuttgart, 22.1.2015 – 3 K 3148/14 – juris), es sei denn, sie ist (ausnahmsweise) nichtig (vgl. Rn. 24 ff.). Der gewählte PR ist dann der legitimierte Vertreter der Beschäftigten i. S. d. Gesetzes.

24 **4. Nichtige Wahl.** Eine Wahl ist (nur) dann nichtig, wenn sie mit so großen Mängeln behaftet ist, dass nicht einmal der Anschein einer ordnungsmäßigen

Wahl besteht (BVerwG, 23.10.2003 – 6 P 10/03 – PersR 2004, 35 = PersV 2004, 99); z. B. wenn ohne Wahlvorstand gewählt worden ist. Das Fehlen einer personalratspflichtigen Dienststelle allein führt nur dann zur Nichtigkeit der Wahl eines PR, wenn dieser Mangel im Zeitpunkt der Wahl offensichtlich war (BVerwG, 18.1.1990 – 6 P 8/88 – PersR 1990, 108 = PersV 1990, 348; 15.3.1987 – 6 P 20.85 – PersV 1988, 401).

a) **Anfechtung der nichtigen Wahl.** Auch die Nichtigkeit der PR-Wahl kann im Wege der Wahlanfechtung nach § 21 Abs. 1 geltend gemacht werden. Dies ist rechtlich zwar eigentlich nicht notwendig, weil eine nichtige Wahl keinerlei Rechtswirkungen besitzt, die durch gerichtliche Entscheidung beseitigt werden könnten. Eine Wahlanfechtung ist gleichwohl geboten, jedenfalls, wenn unklar ist, ob die vorhandenen Fehler derart schwerwiegend sind, dass sie zur Nichtigkeit geführt haben. Würde die Nichtigkeit später – z. B. in einem gerichtlichen Verfahren, wenn sich die Gültigkeit der Wahl als Vorfrage stellt – verneint, hätte die rechtswidrige (aber nicht nichtige) Wahl Bestand, weil nach Ablauf der Frist des § 21 Abs. 1 keine Anfechtung mehr möglich ist. Mit der erfolgreichen Anfechtung der nichtigen Wahl kann auch der **Rechtsschein** beseitigt werden, der durch die durchgeführte Wahl und deren Ergebnis entstanden ist. Prozessual ist es sinnvoll, im Anfechtungsantrag hauptsächlich die Feststellung der Nichtigkeit der Wahl zu beantragen und zusätzlich den Antrag zu stellen, die Wahl für ungültig zu erklären, falls das Gericht nicht von der Nichtigkeit ausgeht. 25

Sonstige Geltendmachung der Nichtigkeit. Die Nichtigkeit kann **von jedermann und jederzeit** geltend gemacht werden, der an der Feststellung der Nichtigkeit ein Interesse hat (vgl. Richardi/Dörner/Weber § 25 Rn. 11). Die Geltendmachung ist an **keine Frist** gebunden, insb. nicht an die Wahlanfechtungsfrist. Über die Nichtigkeit einer PR-Wahl kann in jedem Verfahren als Vorfrage entschieden werden. Soll nur die Nichtigkeit einer PR-Wahl festgestellt werden, entscheidet das VG im Beschlussverfahren nach § 92 Abs. 1 Nr. 2 (vgl. Richardi/Dörner/Weber § 25 Rn. 10). 26

b) **Rechtsfolgen der Nichtigkeit.** Im Falle der Nichtigkeit ist die PR-Wahl so zu behandeln, als wäre sie nicht erfolgt (BVerwG, 13.5.1987 – 6 P 20.85 – PersV 1988, 401). Das in nichtiger Wahl „gewählte" Gremium ist kein PR. Seine Mitglieder haben nicht die Rechtsstellung von PR-Mitgliedern (z. B. keinen Kündigungs- und Versetzungsschutz, etc.). Die mit ihrer Tätigkeit entstehenden Kosten fallen nicht unter § 41. Die Dienststelle kann aber zur Erstattung etwaiger Aufwendungen der „PR-Mitglieder" unter dem Gesichtspunkt von Treu und Glauben verpflichtet sein, wenn sie von der Nichtigkeit der Wahl Kenntnis hatte oder grob fahrlässig keine Kenntnis hatte und die Kosten von der Dienststelle (mit)verursacht worden sind. Alle Beschlüsse und sonstigen Rechtshandlungen dieses „PR" sind unwirksam. 27

5. **Verfahren.** Gemäß § 92 Abs. 1 entscheidet das VG (Personalvertretungskammer). Für das Verfahren vor dem VG gelten die Vorschriften des ArbGG über das Beschlussverfahren entsprechend (§ 92 Abs. 2). Örtlich zuständig ist das VG, in dessen Bezirk der Sitz der Dienststelle liegt, in der die Wahl stattgefun- 28

den hat (§ 82 Satz 1 ArbGG). Das Verfahren wird durch einen schriftlichen Antrag (oder zur Niederschrift) beim VG eingeleitet.

29 a) **Untersuchungsgrundsatz.** Für die Aufklärung des Sachverhalts im Beschlussverfahren gilt ein eingeschränkter Amtsermittlungsgrundsatz (§ 83 Abs. 1 ArbGG). Im Rahmen der gestellten Anträge ermittelt das Gericht den Sachverhalt von Amts wegen. Der Antragsteller muss aber vortragen, worauf er die Wahlanfechtung stützt. Fehlender Tatsachenvortrag kann nur innerhalb der Anfechtungsfrist nachgeholt werden. Ist der Antrag rechtzeitig ausreichend begründet worden, können im Verfahren weitere Anfechtungsgründe nachgeschoben werden (BVerwG, 13.5.1998 – 6 P 9/97 – PersR 1998, 516). Auch, wenn das Gericht nicht verpflichtet ist, hypothetischen Wahlrechtsverstößen nachzugehen, ist es nicht an den Vortrag der Antragsteller und an die geltend gemachten Anfechtungsgründe gebunden und damit auch nicht auf die Prüfung der von ihnen gerügten Mängel beschränkt.

30 b) **Beteiligte.** Am Wahlanfechtungsverfahren sind die Anfechtenden als **Antragsteller** beteiligt. Neben dem (den) Antragsteller(n) kennt das Beschlussverfahren noch die **weiteren Beteiligten.** Der **Dienststellenleiter** ist immer am Verfahren beteiligt (vgl. § 92 Abs. 2 i. V. m. § 83 Abs. 3 ArbGG), ebenso der aus der Wahl hervorgegangene **Personalrat;** (auch wenn nur die Wahl einer Gruppenvertretung angefochten wird). **Nicht beteiligt** ist der **Wahlvorstand,** der die angefochtene Wahl durchgeführt hat (BVerwG, 18.4.1978 – 6 P 34.78 – PersV 1979, 194). Denn er hat mit der Bestellung eines Wahlleiters in der von ihm einberufenen konstituierenden Sitzung des PR (vgl. § 19) aufgehört zu bestehen. Nicht beteiligt sind auch Beschäftigte, die durch die Anfechtung ihren Sitz im PR verlieren könnten (BVerwG, 8.7.1977 – VII P 28.75 – PersV 1978, 312).

31 c) **Antrag.** Der Anfechtungsantrag richtet sich i.d.R gegen die **Gültigkeit der Wahl** des gesamten PR. Sachdienlicher Antrag wäre, die Wahl für ungültig (unwirksam) zu erklären; ggf. in Kombination mit einem Antrag, der auf Feststellung der Nichtigkeit der Wahl gerichtet ist. Andere Feststellungsanträge können in einen Gestaltungsantrag umgedeutet werden.

32 **Ergebnisberichtigung.** Richtet sich die Wahlanfechtung nur gegen die **Feststellung des Wahlergebnisses,** so muss das VG das richtige Wahlergebnis in seinem Beschluss feststellen (vgl. VG Karlsruhe, 16.7.2010 – PL 12 K 1234/10 – juris). Eine Befugnis zur Berichtigung kann auch dann bestehen, wenn ein festgestellter Verstoß gegen das Wahlverfahren zwar keinen Einfluss auf das Wahlergebnis haben kann, eine Berichtigung aber aus Gründen der Rechtssicherheit und zur Vermeidung weiterer Fehlerfolgen erforderlich erscheint (Richardi/Dörner/Weber § 25 Rn. 57). Ein Antrag auf Berichtigung des Wahlergebnisses kann nach Ablauf der Anfechtungsfrist nicht um einen Antrag erweitert werden, der darauf zielt, die Wahl für ungültig zu erklären (VGH Mannheim, 7.6.2011 – PL 15 S 147/11 – juris).

33 **Gruppenwahl.** Bei Gruppenwahl kann die Anfechtung auf die Wahl der Vertreter einer Gruppe beschränkt werden, wenn der geltend gemachte Verstoß das Wahlergebnis in der anderen Gruppe nicht berührt. Die auf eine **Gruppe** be-

schränkte Wahlanfechtung kann nach Ablauf der Anfechtungsfrist nicht erstmals auf die Wahl der anderen Gruppe erweitert werden, auch wenn sich der geltend gemachte Fehler entsprechend auswirkt (BVerwG, 6.6.1991 – 6 P 7.08 – PersR 1991, 337 = PersV 1992, 76).

Beschränkte Antragstellung. Bereits unzulässig (es fehlt das Rechtsschutzbedürfnis) ist eine Wahlanfechtung, die sich nur auf eine Gruppe beschränkt, wenn sich der geltend gemachte Fehler notwendig auch auf die andere Gruppe auswirkt (BVerwG, 26.11.2008 – 6 P 7.08 – PersR 2009, 267 = PersV 2009, 138). 34

6. Entscheidung des VG. Wird der Anfechtungsantrag zurückgenommen oder erledigt er sich aus anderen Gründen, wird das Anfechtungsverfahren eingestellt. Ist der Antrag unzulässig (z. B., weil die Anfechtung nicht mehr von drei Wahlberechtigten unterstützt wird) oder unbegründet, weil die geltend gemachten Fehler nicht vorliegen oder sich diese jedenfalls nicht auf das Wahlergebnis auswirken konnten, ist der Antrag abzulehnen. In allen diesen Fällen hat die PR-Wahl Bestand. 35

Ablauf der Amtszeit. Im Anfechtungsverfahren kann die Wahl (Gruppenwahl) nur für ungültig erklärt werden bzw. ein anderes Ergebnis festgestellt werden, wenn der neu gewählte PR noch amtiert. Danach kommt allenfalls noch die **Feststellung** eines Wahlrechtsverstoßes durch das Gericht in Betracht, wenn die Voraussetzungen eines abstrakten Feststellungsantrags vorliegen. Dies ist dann der Fall, wenn eine hohe Wahrscheinlichkeit dafür spricht, dass der Vorgang, der die Wahlanfechtung ausgelöst hat, sich wiederholen wird und die sich an ihn knüpfenden Rechtsfragen erneut stellen werden (BVerwG, 13.7.2011 – 6 P 16/10 – PersR 2011, 443 = PersV 2011, 433). Erfolgt keine solche Antragsänderung, ist das Verfahren erledigt und einzustellen. 36

Stattgebende Entscheidung. Liegt die mit dem Antrag geltend gemachte Verletzung wesentlicher Vorschriften vor und konnte sich diese auch auf das Wahlergebnis auswirken, hat der Antrag Erfolg. Ist ein Gestaltungsantrag (die Wahl für ungültig zu erklären) gestellt, erklärt das VG die Wahl des PR insgesamt oder die Gruppenwahl für ungültig (unwirksam). Stellt sich nur das Wahlergebnis als fehlerhaft dar, ist dieses – auf entsprechenden Antrag – durch das Gericht zu berichtigen (siehe oben). 37

7. Rechtsfolgen. Die erfolgreiche Wahlanfechtung wird mit der Rechtskraft der Entscheidung – **nicht** aber **rückwirkend** – wirksam (BVerwG, 13.6.1969 – VII P 10.68 – PersV 1970, 14; vgl. auch BVerwG, 13.7.2011 – 6 P 16.10 – PersR 2011, 443 = PersV 2011, 433). 38

a) **Beginn der Amtszeit des neuen PR.** Die Anfechtung der Wahl hat keinen Einfluss auf den Beginn der Amtszeit des neu gewählten PR; es sei denn die Wahl wäre nichtig gewesen (vgl. Rn. 24 ff.). Der gewählte PR nimmt seine gesetzlichen Aufgaben und Befugnisse wahr, ungeachtet des parallel laufenden Anfechtungsverfahrens. Anders als ein geschäftsführender PR (vgl. § 22 Abs. 2 Satz 2) unterliegt er hinsichtlich seiner Kompetenzen, keinen Beschränkungen. 39

Auswirkung auf den gewählten PR hat die Wahlanfechtung erst, wenn die Wahl **rechtskräftig für ungültig** erklärt worden ist. Diese Entscheidung wirkt (ab Rechtskraft) ex nunc (d. h. nur mit Wirkung für die Zukunft); alle Handlungen und Entscheidungen des PR, die vor diesem Zeitpunkt getroffen worden sind, bleiben wirksam.

40 b) **Feststellung der Ungültigkeit der Wahl.** Wird mit der Entscheidung rechtskräftig festgestellt, dass die Wahl ungültig ist, hört der PR auf zu bestehen. Die Gewählten verlieren ihr Amt als PR-Mitglieder, die Ersatzmitglieder ihre Stellung als solche. Bis zum Beginn der Amtszeit des dann neu zu wählenden PR amtiert der vom Vorsitzenden der Personalvertretungskammer eingesetzte Wahlvorstand als PR (Abs. 2 Satz 3).

41 **Ungültige Gruppenwahl.** Wird nur die Wahl einer Gruppe für ungültig erklärt, bleiben die Mitglieder der anderen Gruppe im Amt und bilden den PR der Dienststelle, auch wenn dann § 23 Abs. 1 Satz 1 Nr. 2 (vorübergehend) nicht erfüllt ist. Es werden **keine Ersatzmitglieder** der verbleibenden Gruppe herangezogen, um die frei gewordenen Plätze zu besetzen. Der Rest-PR bestimmt aber **nicht den Wahlvorstand** für die Wiederholungswahl (VG Stuttgart, 18.3.2015 – PL 22 K 1349/15 – n. v.); vgl. auch Rn. 46. Von der Sache her ähnelt die dann eingetretene Konstellation den Fällen des § 23 Abs. 1 Nr. 1 bis 3, weshalb sich die entspr. Anwendung von § 23 Abs. 1 Satz 3 i. V. m. § 22 Abs. 2 Satz 2 anbietet: der Rest-PR bleibt nur geschäftsführend im Amt und wird erst wieder nach durchgeführter Wiederholungswahl voll funktionsfähig (**a. A.:** Altvater u. a. § 21 Rn. 18).

42 c) **Wiederholungswahl.** Hört bei erfolgreicher Wahlanfechtung der PR auf zu bestehen, muss das Wahlverfahren vollständig wiederholt werden. Wurde nur die Wahl der Vertreter einer **Gruppe** mit Erfolg angefochten, muss nur diese Wahl wiederholt werden. Die Wiederholungswahl muss unter den gleichen Voraussetzungen erfolgen, wie sie bei der für ungültig erklärten Wahl bestanden haben, z. B. Größe des PR, Sitze der Gruppen, Gruppenzugehörigkeit. Seit der angefochtenen Wahl neu eingestellte wahlberechtigte Beschäftigte dürfen nicht teilnehmen (BVerwG, 15.2.1994 – 6 P 9.92 – PersR 1994, 167 = PersV 1995, 21).

II. Folgen der Erklärung der Ungültigkeit der Wahl (Abs. 2)

43 1. **Einsetzung des Wahlvorstands (Satz 1).** Wird die angefochtene Wahl rechtskräftig für ungültig erklärt, bestellt der Vorsitzende der Personalvertretungskammer unverzüglich einen Wahlvorstand. Dem Vorsitzenden stehen hierbei dieselben Befugnisse wie dem PR nach§ 16 Abs. 1 zu. Er bestimmt auch den Vorsitzenden und den stellvertretenden Vorsitzenden des Wahlvorstands, er ist auch befugt, Ersatzmitglieder zu bestellen. Falls dies später notwendig werden sollte, hat der Vorsitzende der Fachkammer auch den Wahlvorstand zu ergänzen; ihm stehen auch die Befugnisse nach § 17 Abs. 3 zu, falls der eingesetzte Wahlvorstand säumig ist oder pflichtwidrig handelt (vgl. die Komm. zu § 17 Abs. 3).

44 a) **Antrag.** Eines ausdrücklichen Antrags der Beteiligten des Anfechtungsverfahrens bedarf es nicht; das Gericht kann – und muss ggf. auch – von Amts wegen handeln. Ein Antrag ist aber zulässig und auch sinnvoll, weil die Beteiligten die Verhältnisse in der Dienststelle besser kennen als das Gericht, insb. wissen, wer für das Amt in Betracht zu ziehen ist und auch zur Amtsübernahme bereit wäre. Sachgerecht ist es jedenfalls, wenn der Vorsitzende den Beteiligten insoweit Gelegenheit zur Stellungnahme gibt und versucht, den Wahlvorstand möglichst im Konsens mit allen Betroffenen zu bestimmen. Der Vorsitzende ist bei seiner Entscheidung an einen Antrag oder an Empfehlungen der Beteiligten nicht gebunden.

45 b) **Entscheidung.** Die Entscheidung des Gerichts ergeht im personalvertretungsrechtlichen Beschlussverfahren durch Beschluss, ohne Mitwirkung der ehrenamtlichen Richter. Die Bestellung des Wahlvorstands wird wirksam mit Verkündung oder Zustellung des Beschlusses (BAG, 26.11.2009 – 2 AZR 185/08 – NZA 2010, 443). Der Vorsitzende der Personalvertretungskammer ist für die Einsetzung des Wahlvorstands auch dann zuständig, wenn das Anfechtungsverfahren erst in einer höheren Instanz rechtskräftig abgeschlossen worden ist. Gegen die Entscheidung ist die Beschwerde nach § 87 ArbGG statthaft. Über die Beschwerde entscheidet der Fachsenat beim VGH Baden-Württemberg und zwar gemäß § 98 ArbGG (entspr.) durch den Vorsitzenden des Fachsenats allein.

46 c) **Ungültige Gruppenwahl.** Wenn nur die Wahl einer Gruppe rechtskräftig für ungültig erklärt wird, ist nur die Wahl für diese Gruppe zu wiederholen. Auch für den Fall der Wiederholungswahl nur einer Gruppe unter Fortbestand des PR im Übrigen bestimmt der **Vorsitzende der Personalvertretungskammer** und nicht der Rest-PR den Wahlvorstand (VG Stuttgart, 18.3.2015 – PL 22 K 1349/15 – n. v.; **a.A.**: Altvater u. a. § 21 Rn. 18). Dies folgt aus dem klaren Wortlaut der Norm, der keine Differenzierung dahin vornimmt, ob die Wahl des PR insgesamt oder nur teilweise für ungültig erklärt wird. Eine andere Sichtweise ist auch nicht i. H.a. Sinn und Zweck bzw. der systematischen Auslegung der Norm geboten. § 23 Abs. 2 regelt zwar eine äußerlich vergleichbare Situation. Der entscheidende Unterschied liegt aber darin, dass der PR hier einer Veränderung, die während der laufenden Amtszeit eintritt, Rechnung tragen muss. Demgegenüber betrifft die Wiederholungswahl nach erfolgreicher Wahlanfechtung einen Gegenstand, der vor der Amtsübernahme des neuen PR liegt. Eine Bestellung durch den neuen Rest-PR ist auch nicht sachgerecht. Häufig führen gerade unterschiedliche Gruppen- oder Beschäftigteninteressen zu einer Wahlanfechtung. Auch bestehen bei der Durchführung einer Wiederholungswahl besondere Anforderungen an die Objektivität des Wahlverfahrens, um weitere Rechtsverletzungen oder auch nur Irritationen zu vermeiden. Es kann ohne Weiteres sein, dass der verbleibende Rest-PR dieses Vertrauen der Beschäftigten gerade aus den Gründen, die zur Wahlanfechtung geführt haben, nicht besitzt.

47 d) **Nichtige Wahl.** Wird im Anfechtungsverfahren die Nichtigkeit der Wahl festgestellt, liegt kein Fall des Abs. 2 Satz 1 vor. Es spricht aber viel dafür, die Norm in diesem Fall entsprechend anzuwenden. Die entstandene Lage ist mit der Konstellation des § 23 Abs. 1 Satz 1 Nr. 6 nicht vergleichbar. Denn erkenn-

bar bestand in der Dienststelle das Bedürfnis, einen PR zu wählen, was nicht gelungen ist. In dieser Situation kommt es darauf an, die entstandene Unsicherheit möglichst schnell zu überwinden, was am effektivsten durch die unverzügliche Einsetzung eines Wahlvorstands durch den Vorsitzenden der Personalvertretungskammer erfolgen kann. Diese Auslegung würde auch § 21 Abs. 2 Satz 3 gerecht. Denn der Gesetzgeber wollte im Fall einer erfolgreichen Wahlanfechtung tunlichst eine personalratslose Zeit vermeiden.

48 **2. Wiederholungswahl (Satz 2).** Mit dem Dienstrechtsreformgesetz hat der Gesetzgeber den zuvor in Satz 2 und 3 verwendeten Begriff der Neuwahl durch den Begriff der Wiederholungswahl ersetzt. Er wollte damit klarstellen, dass im Fall einer erfolgreichen Wahlanfechtung keine Neuwahl, sondern eine Wiederholungswahl stattzufinden hat, für die die gleichen Voraussetzungen bestehen müssen, wie bei der ursprünglichen Wahl (vgl. LT-Drucksache 14/6694, S. 563). Auch wenn in § 23 Abs. 1 Satz 1 Nr. 5 unverändert (und damit falsch) von Neuwahl gesprochen wird, ist eindeutig, dass nach erfolgreicher Wahlanfechtung **keine Neuwahl** stattfindet. Eine Wiederholungswahl ist dadurch gekennzeichnet, dass sie – soweit als möglich – unter den gleichen Bedingungen stattfinden soll, wie die für ungültig erklärte Wahl, mithin von den damals geltenden tatsächlichen und rechtlichen Verhältnissen auszugehen hat. Maßgeblich sind deshalb die Größe des damals zu wählenden PR und die damalige Verteilung der Sitze entsprechend der Gruppenzugehörigkeit. Nach der Wahl neu eingestellte Beschäftigte dürfen bei der Wiederholungswahl nicht wählen oder gewählt werden.

49 **3. Aufgabenwahrnehmung (Satz 3).** Seit Inkrafttreten des ÄG 95 hat der vom Vorsitzenden der Fachkammer bestellte Wahlvorstand die Aufgabe, die dem PR zustehenden Befugnisse und Pflichten bis zur Wiederholungswahl wahrzunehmen. Hierdurch soll eine Zeit ohne jegliche Personalvertretung vermieden werden.

50 **Beginn und Ende der Funktion.** Die Einsetzung des Wahlvorstands wird mit der Verkündung bzw. Zustellung des Gerichtsbeschlusses wirksam. Eine etwaige Beschwerde gegen den Bestellungsbeschluss ändert hieran nichts, bis ggf. im Beschwerdeverfahren eine Abänderung des erstinstanzlichen Beschlusses erfolgt. Ab dem Zeitpunkt der Bestellung stehen dem Wahlvorstand auch die Befugnisse nach Satz 3 zu. Die Zeitangabe „bis zur Wiederholungswahl" ist auslegungsbedürftig. Gemeint ist keineswegs die Einleitung dieser Wahl. Anknüpfen könnte man an den Wahltag, was aber bei mehrtägiger Wahl oder zeitlich späterer Bekanntgabe des Wahlergebnisses Probleme bereiten kann. Eindeutig ist es hingegen – wie auch in den anderen Fällen – von der konstituierenden Sitzung des neu gewählten PR auszugehen. Die Amtszeit des neu gewählten PR beginnt in diesen Fällen immer mit dem Tag der Wahl (§ 22 Abs. 1 Satz 2). Von daher darf der Wahlvorstand in diesem Falle die Frist des § 19 nicht ausschöpfen, sondern muss unverzüglich (baldmöglichst) zur konstituierenden Sitzung einladen. Wenn nicht besondere Umstände dagegen sprechen, wird dies regelmäßig der Tag, an dem das Wahlergebnis feststellt wird, sein können.

Befugnisse und Pflichten. Dem Wahlvorstand kommt kraft seiner Einsetzung die Funktion eines PR zu. Damit soll erkennbar eine personalratslose Zeit vermieden werden. Dieser PR hat aber nicht das Mandat der Beschäftigten, weshalb seine Befugnisse keinesfalls weitergehen können, als die eines geschäftsführenden PR (vgl. § 22 Abs. 2 Satz 2). Der Wahlvorstand sollte sich in dieser Phase auf die möglichst zügige Vorbereitung und Durchführung der Wiederholungswahl konzentrieren und nur solche PR-Aufgaben wahrnehmen, die unaufschiebbar oder jedenfalls dringlich sind. 51

Abberufung. Kommt der eingesetzte Wahlvorstand seinen Pflichten nach Abs. 2 Satz 2 nicht nach, kann der Vorsitzende der Personalvertretungskammer nach § 17 Abs. 3 (entspr.) verfahren (vgl. Rn. 43). Dies wird aber nur relevant werden, wenn der Wahlvorstand untätig bleibt oder ein vergleichbares Fehlverhalten festzustellen ist. 52

Abschnitt 2 **Amtszeit**

§ 22 Amtszeit, regelmäßiger Wahlzeitraum

(1) [1]Die regelmäßige Amtszeit des Personalrats beträgt fünf Jahre. [2]Sie beginnt mit dem Tag der Wahl oder, wenn zu diesem Zeitpunkt noch ein Personalrat besteht, mit dem Ablauf der Amtszeit dieses Personalrats. [3]Die Amtszeit endet spätestens am 31. Juli des Jahres, in dem die regelmäßigen Personalratswahlen stattfinden.

(2) [1]Ist am Tag des Ablaufs der Amtszeit ein neuer Personalrat nicht gewählt, führt der Personalrat die Geschäfte weiter, bis der neue Personalrat gewählt ist, längstens bis zum Ablauf des 31. Juli. [2]Der geschäftsführende Personalrat ist nicht befugt, Maßnahmen nach § 84 zu beantragen oder Dienstvereinbarungen zu schließen.

(3) [1]Die regelmäßigen Personalratswahlen finden alle fünf Jahre in der Zeit vom 1. April bis 31. Juli statt. [2]Fand außerhalb dieses Zeitraums eine Personalratswahl statt, so ist der Personalrat in dem auf die Wahl folgenden nächsten Zeitraum der regelmäßigen Personalratswahlen neu zu wählen, wenn die Amtszeit des Personalrats zu Beginn des für die regemäßigen Personalratswahlen festgelegten Zeitraums mehr als ein Jahr betragen hat. [3]War seine Amtszeit kürzer, so ist der Personalrat erst in dem übernächsten Zeitraum der regelmäßigen Personalratswahlen neu zu wählen.

I. Regelmäßige Amtszeit (Abs. 1)

Amtszeit. Die regelmäßige Amtszeit des PR betrug bis zum Inkrafttreten des ÄG 2013 vier Jahre; nunmehr sieht Abs. 1 Satz 1 eine **fünfjährige regelmäßige Amtszeit** vor. Die Landesregierung führt in ihrem Gesetzentwurf zum Vorschlag der Verlängerung aus (LT-Drucksache 15/4224, S. 98): „Der Kontinuität und Qualität der Personalratsratsarbeit ist die längere Dauer der Amtszeit zuträglich. Es fällt weniger Einarbeitungsaufwand neuer Personalratsmitglieder an und die während der Amtszeit gewonnenen Erfahrungen und Kenntnisse können länger eingesetzt werden. Demgegenüber sind Verfestigungen bestehen- 1

der Personalratsstrukturen nicht zu erwarten. Die regelmäßige Erneuerung der Legitimation des Personalrats zur Repräsentation aller Beschäftigten einer Dienststelle ist auch bei einer um ein Jahr verlängerten Amtszeit noch ausreichend sichergestellt."
Die Amtszeit kann **kürzer** (z. B. bei Auflösung durch das Verwaltungsgericht nach § 24 Abs. 1 oder in den Fällen des Abs. 3 Satz 2) oder **länger** (in den Fällen des Abs. 3 Satz 3) sein.

1a **Übergangsvorschrift des Art. 13 § 1 des ÄG 2013 („Amtszeiten").**

(1) Für die zum Zeitpunkt des Inkrafttretens dieses Gesetzes vorhandenen Personalräte, Gesamtpersonalräte und Stufenvertretungen gilt abweichend von § 26 Absatz 1 Satz 1 LPVG § 26 Absatz 1 Satz 1 LPVG in der am Tag vor Inkrafttreten dieses Gesetzes geltenden Fassung.

(2) …

(3) In den Fällen des Absatzes 1 und 2 verlängern sich die Amtszeiten der zum Zeitpunkt des Inkrafttretens dieses Gesetzes vorhandenen Personalräte, Gesamtpersonalräte, Stufenvertretungen, Jugend- und Auszubildendenvertretungen, Gesamt-Jugend- und Auszubildendenvertretungen sowie der Richterräte, deren Amtszeit jeweils im März 2014 enden würde, um einen Monat, längstens bis zum Tag der Neuwahl der entsprechenden Vertretung.

2 **Beginn der Amtszeit.** Die Amtszeit beginnt **mit dem Tag der Wahl, nicht aber vor dem Ablauf der Amtszeit des alten PR**, wenn dieser sich am Wahltag noch im Amt befindet (**Satz 2**). Wird die Wahl an mehreren aufeinander folgenden Tagen durchgeführt, gilt der erste Tag der Wahlhandlung als Wahltag (§ 3 Satz 4 WO). Für die Berechnung des Beginns der regelmäßigen Amtszeit ist auch der Wahltag mitzuzählen (vgl. § 187 Abs. 2 Satz 1 BGB). Der PR ist durch eine Wahlanfechtung nicht gehindert, sein Amt vom Beginn seiner Amtszeit an auszuüben. Die Weiterführung der Geschäfte durch den alten PR über den Ablauf seiner Amtszeit hinaus ist nicht möglich. Die **neugewählten, aber noch nicht amtierenden PR-Mitglieder** genießen bereits den **Schutz** des § 47 LPVG (vgl. Ilbertz-Widmaier § 26 Rn. 6).

3 **Konstituierung nicht erforderlich.** Keine Voraussetzung für den Beginn der Amtszeit des PR ist seine **Konstituierung** (vgl. § 19). Der PR ist jedoch, solange er die in § 28 vorgeschriebenen Wahlen des Vorstands bzw. die Bestimmung des Vorsitzenden und ggf. seiner Stellvertreter nicht durchgeführt hat, handlungsunfähig.

4 **Ende der Amtszeit.** Die Amtszeit des PR endet fünf Jahre nach ihrem Beginn (dazu s. Rn. 2). Das Ende wird nach § 188 Abs. 2 Hs. 2 BGB berechnet. Begann z. B. die Amtszeit eines PR am 20. Mai des Jahres X, so endete sie mit dem Ablauf des 19. Mai des Jahres X+5.

5 **Satz 3.** Die Amtszeit des PR endet (z. B. in den Fällen des § 23 Abs. 1) ohne Rücksicht auf ihren Beginn spätestens mit dem Ablauf des 31. Juli des Jahres, in dem die regelmäßigen PR-Wahlen durchzuführen sind (vgl. nunmehr Abs. 3 Satz 1), es sei denn, die Amtszeit des PR hat zu Beginn des für die regelmäßigen Personalratswahlen festgelegten Zeitraums noch nicht ein Jahr betragen (vgl.

Abs. 3 Satz 3). In diesem Falle endet die Amtszeit erst mit dem Ablauf des 31. Juli des übernächsten Zeitraums der regelmäßigen PR-Wahlen. Die Amtszeit des PR endet auch dann spätestens mit dem Ablauf des 31. Juli des Jahres, in dem die regelmäßigen PR-Wahlen stattfinden, wenn die Neuwahl sich verzögert oder gar nicht zustande kommt; es besteht dann kein PR in der Dienststelle. Abs. 1 Satz 3 bewirkt keine Verlängerung einer schon vor dem 31. Juli beendeten Amtszeit bis zu diesem Zeitpunkt (vgl. die Einschränkung „spätestens“).

II. Weiterführung der Geschäfte nach Ablauf der Amtszeit (Abs. 2)

Keine personalratslose Zeit. Die Regelung des Abs. 2 soll eine personalratslose Zeit verhindern. Bis zur Wahl eines neuen PR, längstens aber bis zum 31. Juli führt der alte PR nach Ablauf seiner Amtszeit die Geschäfte weiter (Satz 1). Mit dem Ablauf seiner Amtszeit verfügt der PR allerdings nur noch über eine allenfalls eingeschränkte Legitimation. Dem trägt Satz 2 Rechnung, indem er regelt, dass der nach Satz 1 geschäftsführende PR weder Maßnahmen nach § 84 beantragen noch Dienstvereinbarungen schließen darf. 6

III. Zeitpunkt der regelmäßigen Personalratswahlen (Abs. 3 Satz 1)

§ 19 Abs. 1 in der vor Inkrafttreten des ÄG 2013 geltenden Fassung bestimmte, dass die regelmäßigen PR-Wahlen alle vier Jahr in der Zeit vom 1. März bis 31. Mai stattfinden. Dass sie nunmehr **alle fünf Jahre** stattfinden (Abs. 3 Satz 1), ist Folge der um eine Jahr verlängerten Amtszeit (vgl. Rn. 1). Zur Verschiebung und Verlängerung der Zeit, in der die regelmäßigen PR-Wahlen stattfinden sollen (nunmehr **vom 1. April bis 31. Juli**) führt die Landesregierung in der Begründung ihres Entwurfs zum ÄG 2013 aus (LT-Drucksache 15/4224, S. 99): „Hierdurch wird ein einheitlicher Wahlzeitraum mit den Wahlen im Schulbereich erreicht. Hinzu kommt, dass der Zeitpunkt der Personalratswahlen im Laufe der Jahre zunehmend an das Ende des regelmäßigen Wahlzeitraums gerückt ist. Durch die Verschiebung des Wahlzeitraums kann dieser wieder besser ausgenutzt werden. Außerdem kann durch die Verlängerung des Wahlzeitraums die Wahlvorbereitung während der in dieser Zeit häufig anfallenden Ferien und Feiertage günstiger gestaltet werden.“ 7

IV. Amtszeit des außerhalb des Zeitraums der regelmäßigen PR-Wahlen gewählten PR (Abs. 3 Sätze 2 und 3)

Sätze 2 und 3 entsprechen inhaltlich § 19 Abs. 3 in der vor Inkrafttreten des ÄG 2013 geltenden Fassung. Die Amtszeit des außerhalb des Zeitraums der regelmäßigen PR-Wahlen gewählten PR endet grundsätzlich am 31. Juli desjenigen Jahres, in dem nach Satz 1 die nächsten regelmäßigen PR-Wahlen stattfinden (vgl. **Satz 2**); die **Amtszeit** des PR ist in diesem Fall **kürzer als die regelmäßige Amtszeit** nach Abs. 1 Satz 1. Dies gilt allerdings nur dann, wenn die Amtszeit des PR zu Beginn des für die regelmäßigen PR-Wahlen festgelegten 8

Zeitraums (vgl. Satz 1) mehr als ein Jahr betragen hat. War der PR hingegen zu diesem Zeitpunkt höchstens ein Jahr, also relativ kurz, im Amt, so findet die nächste PR-Wahl erst im übernächsten Zeitraum der regelmäßigen PR-Wahlen statt (vgl. **Satz 3**); die **Amtszeit** des PR ist in diesem Fall **länger als die regelmäßige Amtszeit** nach Abs. 1 Satz 1. Mit den zwingenden Vorgaben der Sätze 2 und 3 wird sichergestellt, dass die PR-Wahlen möglichst bald wieder im Zeitraum der regelmäßigen PR-Wahlen nach Satz 1 stattfinden.

V. Entsprechende Geltung des § 22

9 § 22 gilt für den GesamtPR (§ 54 Abs. 3), die Stufenvertretungen (§ 55 Abs. 3) und den AusbildungsPR (§ 58 Abs. 3, wobei für ihn auch eine kürzere Amtszeit festgelegt werden kann, § 58 Abs. 1 Nr. 2) entsprechend.
Für die JAV legt § 62 Abs. 4 Satz 1 eine regelmäßige Amtszeit von zwei Jahren und sechs Monaten fest. Nach § 62 Abs. 4 Satz 3 gilt § 22 Abs. 1 Satz 2 und Abs. 2 Satz 1 entsprechend. Zu den regelmäßigen Personalratswahlen verhält sich § 62 Abs. 3 Satz 1; nach § 62 Abs. 3 Satz 2 gilt § 22 Abs. 3 Satz 2 und 3 entsprechend.

§ 23 Vorzeitige Neuwahl

(1) [1]Der Personalrat ist außerhalb des für die regelmäßigen Personalratswahlen festgelegten Zeitraums neu zu wählen, wenn

1. **mit Ablauf von 20 Monaten oder 40 Monaten, vom Tag der Wahl gerechnet, die Zahl der in der Regel Beschäftigten um ein Drittel, mindestens aber um 50 gestiegen oder gesunken ist oder**
2. **die Gesamtzahl der Mitglieder des Personalrats auch nach dem Eintreten sämtlicher Ersatzmitglieder um mehr als ein Viertel der Mitgliederzahl nach § 10 Absatz 3 gesunken ist oder**
3. **der Personalrat mit der Mehrheit seiner Mitglieder seinen Rücktritt beschlossen hat oder**
4. **der Personalrat durch gerichtliche Entscheidung aufgelöst ist oder**
5. **die Wahl des Personalrats mit Erfolg angefochten worden ist oder**
6. **in der Dienststelle kein Personalrat besteht.**

[2]In den Fällen der Nummer 1 bis 3 führt der Personalrat die Geschäfte weiter, bis der neue Personalrat gewählt ist, längstens für vier Monate. [3]§ 22 Absatz 2 Satz 2 gilt entsprechend.

(2) [1]Ist eine in der Dienststelle vorhandene Gruppe, die bisher im Personalrat vertreten war, auch nach dem Eintreten sämtlicher Ersatzmitglieder durch kein Mitglied des Personalrats mehr vertreten, so wählt diese Gruppe für den Rest der Amtszeit des Personalrats neue Vertreter. [2]Die §§ 16 bis 18, 20 und 21 finden mit folgenden Maßgaben entsprechende Anwendung:

1. **Eine Personalversammlung oder eine Gruppenversammlung zur Wahl eines Wahlvorstands findet nicht statt.**
2. **Die Bestellung des Wahlvorstands durch den Leiter der Dienststelle ist nur auf Antrag von drei wahlberechtigten Beschäftigten der Gruppe, für welche die Neuwahl stattfinden soll, möglich. Das Antragsrecht einer in der Dienststelle vertretenen Gewerkschaft bleibt unberührt.**

I. Vorzeitige Neuwahl des gesamten PR (Abs. 1 Satz 1)

Fälle einer zwingenden vorzeitigen Neuwahl. Abs. 1 Satz 1 übernimmt im Wesentlichen die Regelung des § 19 Abs. 2 in der vor Inkrafttreten des ÄG 2013 geltenden Fassung. Er zählt die Fälle in denen der PR vorzeitig neu zu wählen ist, abschließend auf. Auf die vorzeitige Neuwahl kann in diesen Fällen nicht verzichtet werden. 1

Fall der Nr. 1. Nr. 1 betrifft den Fall einer aus Sicht des Gesetzgebers **erheblichen Veränderung der Beschäftigtenzahl.** Bislang stellte der Gesetzgeber auf den Ablauf von zwei Jahren, vom Tag der Wahl gerechnet ab; eine erhebliche Veränderung der Beschäftigtenzahl nahm er an, wenn die Zahl der regemäßigen Beschäftigten um die Hälfte, mind. aber um 50 gestiegen oder gesunken ist (§ 19 Abs. 2 Nr. 1 in der vor Inkrafttreten des ÄG 2013 geltenden Fassung). 2

Zwei Stichtage. Nunmehr sieht der Gesetzgeber – nicht zuletzt „im Hinblick auf die Verlängerung der Amtszeit des Personalrats" (vgl. LT-Drucksache 15/4224, S. 99) – zwei Stichtage vor, nämlich den Ablauf von 20 Monaten und den Ablauf von 40 Monaten, jeweils vom Tag der Wahl (vgl. dazu § 3 Satz 4 WO: „der erste Tag der Wahlhandlung") gerechnet. 3

> **Beispiel:** Für eine am 15.05. des Jahres X durchgeführte Wahl sind Stichtage der 15.1. des Jahres X+2 und der 15.9. des Jahres X+3.

Veränderungen, die nach dem späteren Stichtag eintreten, führen zu keiner vorzeitigen Neuwahl.

Zahl der in der Regel Beschäftigen. Nach Nr. 1 kommt es auf die Veränderung der Zahl der in der Regel Beschäftigten (vgl. § 4 Abs. 1 und 2) und nicht etwa auf die Zahl der Wahlberechtigten (vgl. § 8 Abs. 1) an. Auch eine Veränderung der Zahl der Angehörigen der beiden Gruppen ist unerheblich. 4

Um ein Drittel, mindestens aber um 50. Zur Herabsenkung des Quorums auf ein Drittel ist in der Begründung des Gesetzentwurfs lediglich zu lesen (LT-Drucksache 15/4224, S. 99), dass diese „in der Praxis schneller zu Neuwahlen, insb. bei größeren Umgliederungen von Dienststellen [führt]". Die beiden Voraussetzungen müssen kumulativ erfüllt sein. 5

Fall der Nr. 2. Nr. 2 betrifft den Fall einer aus Sicht des Gesetzgebers **erheblichen Verringerung der Gesamtzahl der PR-Mitglieder.** Auszugehen ist von der Zahl der PR-Mitglieder, die der Wahlvorstand bei der PR-Wahl nach § 10 Abs. 3 ermittelt hat (Soll-Stärke). Der PR ist danach neu zu wählen, sobald die Ist-Stärke des PR auch nach dem Eintreten sämtlicher Ersatzmitglieder (vgl. § 27) 75 v. H. der Soll-Stärke unterschreitet. 6
Beispiel: Die Mindeststärke ist unterschritten, wenn bei einem siebenköpfigen PR zwei Mitglieder und bei einem neun- oder elfköpfigen PR drei Mitglieder fehlen.

Bereits bei Konstituierung. Der Fall der Nr. 2 kann auch bereits bei der Konstituierung des PR eintreten (z. B. bei Ablehnung der Annahme der Wahl und fehlenden Ersatzmitgliedern). Anders verhält es sich, wenn der PR bei der Neu- 7 wahl mangels Wahlbewerber oder mangels wählbarer Beschäftigter nicht die Mindeststärke erreicht; hier besteht der PR auch fort, wenn seine Mitgliederzahl unter 75 v. H. der Soll-Stärke liegt, da die Gesamtzahl der Mitglieder des PR nicht i. S. v. Nr. 2 abgesunken ist.

8 Die **zeitweilige Verhinderung** eines oder mehrerer PR-Mitglieder führt auch dann nicht zur Neuwahl, wenn dadurch vorübergehend weniger als 75 v. H. der PR-Sitze besetzt sind und keine (weiteren) Ersatzmitglieder zur Verfügung stehen. Das zeitweilig verhinderte PR-Mitglied bleibt Mitglied des PR. Es ist daher bei der Ermittlung, ob die Voraussetzungen für eine vorzeitige Neuwahl nach Nr. 2 vorliegen, zu den im Amt befindlichen PR-Mitgliedern zu rechnen (vgl. Richardi/Dörner/Weber § 27 Rn. 21; Ilbertz-Widmaier § 27 Rn. 17).

9 **Fall der Nr. 3.** Nr. 3 betrifft den Fall des **Rücktritts des PR.** Für den Rücktrittsbeschluss nach Nr. 3 ist die Mehrheit der Stimmen aller PR-Mitglieder (Zahl der gewählten PR-Mitglieder), nicht nur die Mehrheit der Stimmen der an der Abstimmung teilnehmenden PR-Mitglieder erforderlich. Ersatzmitglieder, die anstelle eines ausgeschiedenen oder zeitweilig verhinderten PR-Mitglieds (§ 27 Abs. 1) in den PR eingetreten sind, können bei dem Beschluss mitwirken. Der Rücktrittsbeschluss bindet auch die PR-Mitglieder, die gegen ihn gestimmt haben, ferner die Ersatzmitglieder ohne Rücksicht darauf, ob sie schon in den PR eingetreten sind oder nicht (vgl. § 27 Abs. 4). Der Rücktrittsbeschluss ist **nicht begründungspflichtig** und unterliegt keiner inhaltlichen gerichtlichen Kontrolle (BVerwG, 7.5.2003 – 6 P 17.02 – www.bverwg.de = PersR 2003, 313 = PersV 2003, 423 = ZfPR 2003, 229). Er ist **unwiderruflich.** Von der wirksamen Beschlussfassung über seinen Rücktritt an ist der PR nur noch geschäftsführend tätig (Satz 2; s. Rn. 17).

10 **Aus einem Mitglied bestehende Personalvertretung.** Auch eine nur aus einem Mitglied bestehende Personalvertretung kann zurücktreten (vgl. Ilbertz-Widmaier § 27 Rn. 22; Richardi/Dörner/Weber § 27 Rn. 26).

11 **Rücktritt einer Gruppenvertretung.** Der Rücktritt einer Gruppenvertretung ist im LPVG nicht vorgesehen (vgl. Richardi/Dörner/Weber § 27 Rn. 27; Ilbertz-Widmaier § 27 Rn. 21). Die Vertreter einer Gruppe und ihre Ersatzmitglieder können aber durch Einzelerklärungen ihr Amt niederlegen (vgl. § 25 Abs. 1 Nr. 2; § 25 Rn. 2). Neue Gruppenvertreter sind dann nach Abs. 2 zu wählen. Wenn durch die Amtsniederlegung auch die Voraussetzungen der Nr. 2 eintreten, ist der ganze PR neu zu wählen (BVerwG, 18.3.1982 – 6 P 30.80 – BVerwGE 65, 153 = PersV 1983, 71).

12 **Gleichzeitige Amtsniederlegung.** Von dem Rücktrittsbeschluss nach Nr. 3 ist die **gleichzeitige Amtsniederlegung** (vgl. § 25 Abs. 1 Nr. 2; § 25 Rn. 2) **aller Mitglieder und Ersatzmitglieder** des PR zu unterscheiden. In diesem Fall ist in der Dienststelle **kein PR mehr vorhanden,** denn das Amt aller PR-Mitglieder endet mit der Amtsniederlegung. Es ist deshalb nach Maßgabe des § 16 Abs. 2 und 3 ein Wahlvorstand zu bestellen.

13 Zur **Folgeregelung des Satz 2,** die **für die Fäll der Nr. 1 bis 3** gilt, vgl. Rn. 17.

14 **Fall der Nr. 4.** Nr. 4 betrifft den Fall der **Auflösung des PR durch gerichtliche Entscheidung.** Der durch gerichtliche Entscheidung nach § 24 Abs. 1 aufgelöste PR darf keine Tätigkeit mehr ausüben. Die Auflösung trifft auch die Ersatzmitglieder (vgl. § 27 Abs. 4). Das weitere Verfahren richtet sich nach § 24 Abs. 3. Der **vom Vorsitzenden der Fachkammer des Verwaltungsgerichts eingesetzte Wahlvorstand** nimmt bis zur Neuwahl die dem PR zustehenden Befugnisse und Pflichten wahr (§ 24 Rn. 19). Solange der Wahlvorstand nicht eingesetzt ist, ist eine Beteiligung der Beschäftigten in allen Angelegenheiten, die nach dem LPVG der Beteiligung des PR unterliegen, nicht möglich.

15 Der **Ausschluss eines oder mehrerer Mitglieder** aus dem PR nach § 28 Abs. 1 führt nur unter den Voraussetzungen der Nr. 2 zur Neuwahl des PR.

16 **Fälle der Nr. 5 und 6.** Nr. 1 betrifft den Fall einer mit Erfolg angefochtenen Wahl des PR (vgl. § 21), Nr. 6 den Fall, dass in der Dienststelle kein PR besteht.

II. Geschäftsführung in den Fällen des Abs. 1 Satz 1 Nr. 1 bis 3 (Abs. 1 Satz 2 und 3)

17 Nach Satz 2 ist der (Rest-)**PR verpflichtet, in den Fällen des Satzes 1 Nr. 1 bis 3 die Geschäfte fortzuführen.** Dies gilt in zeitlicher Hinsicht bis zur Wahl des neuen PR, nicht jedoch länger als vier Monate. Mit dieser Regelung soll eine personalratslose Zeit möglichst vermieden oder (in Ausnahmefällen) auf das unumgängliche Mindestmaß beschränkt werden.

18 **Entsprechende Geltung des § 22 Abs. 2 Satz 2 (Satz 3).** Bei der Fortführung der Geschäfte ist der PR nur insoweit eingeschränkt, als er nicht befugt ist, Maßnahmen nach § 84 zu beantragen oder Dienstvereinbarungen zu schließen (vgl. § 22 Rn. 6).

19 **Ersatzmitglieder** können im Fall des Satzes 1 Nr. 1 nachrücken (§ 27 Rn. 3). Für den Fall des Satzes 1 Nr. 3 ist dies durch § 27 Abs. 4 seit Inkrafttreten des ÄG 2013 ausgeschlossen (vgl. § 27 Rn. 15).

20 Die Mitglieder des PR genießen während der Fortführung der Geschäfte weiterhin den für „normale“ PR-Mitglieder geltenden Schutz.

21 Zu Beginn seiner geschäftsführenden Tätigkeit hat der PR einen Wahlvorstand nach § 16 Abs. 1 zu bestellen. Kommt er dieser Verpflichtung nicht unverzüglich nach, hat der Dienststellenleiter auf Antrag von mind. drei Wahlberechtigten oder einer in der Dienststelle vertretenen Gewerkschaft nach § 16 Abs. 2 und 3 zu verfahren.

III. Vorzeitige Neuwahl von Gruppenvertretern (Abs. 2)

22 Abs. 2 entspricht im Wesentlichen § 27 in der vor Inkrafttreten des ÄG 2013 geltenden Fassung. Die Vorschrift enthält eine Regelung für den Fall, dass eine in der Dienststelle vorhandene **Gruppe**, die bisher im Personalrat vertreten war, – auch nach Eintreten sämtlicher Ersatzmitglieder, wie das ÄG 2013 ausdrück-

lich klargestellt hat (vgl. LT-Drucksache 15/4224, S. 100) – **durch kein Mitglied des PR mehr vertreten** ist. Diese **Gruppe wählt** dann **für den Rest der Amtszeit** des PR **neue Vertreter (Satz 1)**. Es ist **unerheblich, aus welchen Gründen** die Gruppe nicht mehr vertreten ist, insb. aus welchen Gründen die Mitglieder und die Ersatzmitglieder der Gruppe ausgeschieden sind, oder ob auf den für die Gruppe eingereichten Wahlvorschlägen nicht genügend Bewerber benannt waren, sodass Ersatzmitglieder in ausreichender Zahl nicht gewählt werden konnten (vgl. § 27 Rn. 13). Sind **gleichzeitig** auch die **Voraussetzungen des Abs. 1 Satz 1 Nr. 2 gegeben,** ist der **gesamte PR neu zu wählen** (vgl. BVerwG, 18.3.1982 – 6 P 30.80 – BVerwGE 65, 153 = PersV 1983, 71; Rn. 6).

23 **Auch bei gemeinsamer Wahl.** Eine vorzeitige Neuwahl von Gruppenvertretern findet auch statt, wenn der PR in gemeinsamer Wahl (§ 13 Abs. 2) gewählt worden ist (Altvater/Coulin/Klimpe-Auerbach § 27 Rn. 2; vgl. aber Richardi/Dörner/Weber § 27 Rn. 60). Das Gruppenprinzip erfordert, dass die nicht mehr vertretene Gruppe die Möglichkeit zur Wahl neuer Vertreter erhält. Andernfalls hätte dies in § 23 ausgeschlossen werden müssen.

24 Abs. 2 findet keine Anwendung, wenn eine **Gruppe** von ihrem Recht, im PR vertreten zu sein, **keinen Gebrauch gemacht** hat (vgl. § 11 Abs. 2 Satz 3). Denn in diesem Fall ist sie nicht „nicht mehr", sondern war „überhaupt nicht" vertreten. Die „wahlmüde" Gruppe bleibt bis zur nächsten Neuwahl ohne Vertretung.

25 **Modifizierte Anwendung der §§ 16 bis 18, 20 und 21 (Satz 2).** Für die **Bestellung des Wahlvorstands,** die **Einleitung und Durchführung der Wahl,** die **Feststellung des Wahlergebnisses,** die **Freiheit und die Kosten der Wahl** sowie die Anfechtung der **Wahl** gelten die §§ 16 bis 18, 20 und 21 mit den in Satz 2 genannten Maßgaben entsprechend. Insbesondere ist in Nr. 2 festgelegt, dass der Leiter der Dienststelle bei Gruppenneuwahlen nur auf Antrag von **drei wahlberechtigten** Beschäftigten der Gruppe, für welche die Neuwahl stattfinden soll, oder einer in der Dienststelle vertretenen Gewerkschaft (§ 2 Rn. 17) tätig werden kann.

26 Die neuen Gruppenvertreter wählen das auf sie entfallende Vorstandsmitglied (vgl. § 28 Abs. 1). Zur Wahl beruft der Vorsitzende oder stellvertretende Vorsitzende des PR ein (je nach dem, welche dieser Personen von der Gruppenneuwahl nicht betroffen ist); der Anordnung der entsprechenden Anwendung des § 19 bedurfte es deshalb nicht.

27 **Amtszeit der neu gewählten Gruppenvertreter.** Die Amtszeit der neu gewählten Gruppenvertreter endet mit der Amtszeit der übrigen PR-Mitglieder, denn sie sind nur **für den Rest der Amtszeit des PR** gewählt (vgl. Richardi/Dörner/Weber § 27 Rn. 74). § 22 Abs. 3 Satz 2 und 3 findet nicht entspr. Anwendung.

IV. Entsprechende Geltung des § 23

28 § 23 gilt für den GesamtPR (§ 54 Abs. 3) und die Stufenvertretungen (§ 55 Abs. 3) insgesamt entsprechend, für den AusbildungsPR und für die JAV eingeschränkt (vgl. § 58 Abs. 3 bzw. § 60 Abs. 3 Satz 2 und Abs. 4 Satz 3).

§ 24 Ausschluss einzelner Mitglieder und Auflösung des Personalrats

(1) [1]Auf Antrag eines Viertels der Wahlberechtigten oder einer in der Dienststelle vertretenen Gewerkschaft kann das Verwaltungsgericht den Ausschluss eines Mitglieds aus dem Personalrat oder die Auflösung des Personalrats wegen grober Vernachlässigung seiner gesetzlichen Befugnisse oder wegen grober Verletzung seiner gesetzlichen Pflichten beschließen. [2]Der Personalrat kann aus den gleichen Gründen den Ausschluss eines Mitglieds beantragen. [3]Der Leiter der Dienststelle kann den Ausschluss eines Mitglieds aus dem Personalrat oder die Auflösung des Personalrats wegen grober Verletzung seiner gesetzlichen Pflichten beantragen.

(2) Ist über den Antrag auf Ausschluss eines Mitglieds bis zum Ablauf der Amtszeit noch nicht rechtskräftig entschieden, so ist das Verfahren mit der Wirkung für die folgende Amtszeit fortzusetzen, wenn das Mitglied für die folgende Amtszeit wieder gewählt worden ist.

(3) [1]Ist der Personalrat aufgelöst, so setzt der Vorsitzende der Fachkammer des Verwaltungsgerichts einen Wahlvorstand ein. [2]Dieser hat unverzüglich die Neuwahl einzuleiten, durchzuführen und das Ergebnis festzustellen. [3]Der Wahlvorstand nimmt bis zur Neuwahl die dem Personalrat nach diesem Gesetz zustehenden Befugnisse und Pflichten wahr.

I. Auflösung des Personalrats oder Ausschluss eines Mitglieds (Abs. 1)

Bedeutung. Der gewählte PR hat eine starke Stellung. Weder er im Ganzen noch ein einzelnes Mitglied kann (etwa durch einen Misstrauensantrag der Beschäftigten) zum Rücktritt gezwungen werden. Wenn der **PR** nicht selbst seinen Rücktritt beschließt (vgl. § 23 Abs. 1 Satz 1 Nr. 3), kann er **nur durch das Verwaltungsgericht** (Fachkammer für Personalvertretungsangelegenheiten, § 93) und **nur aus den im Gesetz genannten Gründen** auf Antrag **aufgelöst** werden. Dem Wort „kann" nach Abs. 1 Satz 1 kommt nur zuständigkeitsregelnde Bedeutung zu, es eröffnet dem Verwaltungsgericht kein Ermessen, da der Gesetzgeber die Sanktionsmaßnahme des Abs. 1 Satz 1 nicht von einem gesetzlich nicht näher begrenzten Ermessen abhängig gemacht hat, sondern allein von einer groben Unterlassung von Befugnissen oder einer groben Verletzung von Pflichten (BVerwG, 27.11.1981 – 6 P 38/79 – PersV 1983, 408). Das Verwaltungsgericht muss daher die Auflösung des Personalrats beschließen, wenn es eine grobe Verletzung gesetzlicher Pflichten feststellt. 1

Antragsberechtigung. Berechtigt zur Stellung des Antrags auf Auflösung des PR oder auf Ausschluss eines Mitglieds sind gemäß **Satz 1** ein Viertel der – zur Zeit der Antragstellung – Wahlberechtigten (s. § 8) oder die in der Dienststelle vertretenen Gewerkschaften (§ 2 Rn. 17), ferner gemäß **Satz 3** der Dienststellenleiter, der hierbei nach den für die betreffende Dienststelle geltenden Vorschriften vertreten werden kann. 2

Ein Viertel der Wahlberechtigten (Satz 1 Alt. 1). Die Mindestzahl von einem Viertel der Wahlberechtigten muss im Zeitpunkt der Antragstellung und für 3 die Dauer des Ausschluss- bzw. Auflösungsverfahrens, also auch in der Rechtsmittelinstanz, vorliegen (vgl. Richardi/Dörner/Weber § 28 Rn. 31).

4 **Antragsgrund der in Satz 1 genannten Antragsberechtigten.** Die in Satz 1 genannten Antragsberechtigten müssen eine grobe Vernachlässigung gesetzlicher Befugnisse oder eine grobe Verletzung gesetzlicher Pflichten geltend machen.

5 **Antragsberechtigung des Dienststellenleiters (Satz 3).** Die Antragsberechtigung des Dienststellenleiters ist nicht an die Person des jeweiligen Amtsinhabers, sondern an das Amt gebunden (BVerwG, 6.2.1979 – 6 P 14.78 – PersV 1980, 196 = ZBR 1980, 191).

6 **Antragsgrund des Dienststellenleiters.** Der Dienststellenleiter kann nur eine grobe Verletzung gesetzlicher Pflichten geltend machen.

7 **Antragsberechtigung des PR (Satz 2).** Den Ausschluss eines Mitglieds kann auch der PR – durch Mehrheitsbeschluss, vgl. § 33 – beantragen (Satz 2). Notwendig ist die einfache Stimmenmehrheit aller anwesenden PR-Mitglieder ohne Rücksicht auf die Gruppenzugehörigkeit. An der Beschlussfassung darf das PR-Mitglied, über dessen Ausschluss das Verwaltungsgericht auf Antrag des PR beschließen würde, weder beratend noch entscheidend mitwirken, da es persönlich betroffen ist (§ 33 Abs. 1; VGH Mannheim, 23.2.1996 – PL 15 S 3328/94 – www.landesrecht-bw.de = ZBR 1997, 30 (LS)). Für das betroffene Mitglied tritt ein Ersatzmitglied ein (vgl. § 27 Abs. 1 Satz 2).

8 **Anfechtungsgrund des PR.** Hinsichtlich des Anfechtungsgrunds verweist Satz 2 auf Satz 1.

9 **Erfolg des Antrags.** Der Antrag hat Erfolg, wenn das Verwaltungsgericht eine grobe Verletzung gesetzlicher Pflichten bzw. eine **grobe Vernachlässigung gesetzlicher Befugnisse** feststellen kann.

10 **Grobe Verletzung gesetzlicher Pflichten.** Eine Pflichtverletzung ist dann grob, wenn sie schwerwiegend ist und ein mangelndes Pflichtbewusstsein des PR bzw. des PR-Mitglieds erkennen lässt oder auf die gesetzmäßige Tätigkeit des PR von nicht unbedeutendem Einfluss ist (vgl. BVerwG, 14.5.2014 – 6 PB 13.14 – www.bverwg.de Rn. 5; VG Karlsruhe, 24.5.2013 – PL 12 K 3822/12 –, www.landesrecht-bw.de Rn. 31 = PersV 2013, 430). Das Vertrauen in eine künftige ordnungsmäßige Amtsführung muss zerstört oder zumindest schwer erschüttert sein und zwar vom Standpunkt eines objektiv urteilenden, verständigen Beschäftigten aus (BVerwG, 14.4.2004 – 6 PB 1.04 – www.bverwg.de = PersR 2004, 268 = ZfPR 2004, 229 = ZBR 2005, 49). Eine grobe Pflichtverletzung kann beispielsweise vorliegen, wenn Befugnisse (in erheblichem Umfang) überschritten werden, in die Tätigkeit der Dienststelle eingegriffen wird, die Verschwiegenheitspflicht (§ 17) verletzt wird (vgl. VGH Mannheim, 11.2.2014 – PL 15 S 1384/13 – juris; VG Karlsruhe, 24.5.2013 – PL 12 K 3822/12 –, www.landesrecht-bw.de Rn. 27 = PersV 2013, 430), der Frieden in der Dienststelle gefährdet wird (§ 68 Abs. 2), in der Dienststelle politische Betätigung erfolgt (§ 69 Abs. 1 Satz 3), Gewerkschaftsbeiträge während der Dienstzeit trotz Verbots einkassiert werden, andere PR-Mitglieder

oder der Dienststellenleiter grob beschimpft oder verunglimpft werden (vgl. BVerwG, 14.5.2014 – 6 PB 13.14 – www.bverwg.de Rn. 5), die Personalversammlung nach § 50 Abs. 1 nicht durchgeführt wird, Vorgänge aus einer PR-Sitzung an Außenstehende weitergegeben werden, ein PR-Mitglied Anträge und Schreiben im Namen des PR an die Dienststellenleitung richtet, ohne dass ein entsprechender Beschluss des PR gefasst worden ist, ein PR-Mitglied den Sitzungen des PR ohne Mitteilung der Verhinderung überwiegend fernbleibt (VGH Mannheim, 19.11.2002 – PL 15 S 1416/02 – PersV 2003, 352). Eine wiederholte Pflichtverletzung ist nicht erforderlich, vielmehr genügt ein einmaliger grober Verstoß gegen die sich aus dem Personalvertretungsrecht ergebenden Pflichten (VGH Mannheim, 13.11.2001 – PL 15 S 2611/00 – juris – Tz. 88).

Grobe Vernachlässigung gesetzlicher Befugnisse. Eine grobe Vernachlässigung der gesetzlichen Befugnisse ist namentlich Untätigkeit da, wo die Interessen der Beschäftigten ein Tätigwerden besonders verlangen. 11

Verschulden. Auf ein Verschulden kommt es beim PR nicht an, es genügt objektive Pflichtverletzung (BVerwG, 15.12.1961 – VII P 3.61 – BVerwGE 13, 242 = PersV 1962, 65). Dagegen kann der Ausschluss eines einzelnen Mitglieds aus dem PR nur auf schuldhaftes Verhalten gestützt werden, wobei einfache Fahrlässigkeit genügt (BVerwG, 14.2.1969 – VII P 11.71 – BVerwGE 31, 298 = PersV 1969, 252; 14.5.2014 – 6 PB 13.14 – www.bverwg.de Rn. 5). 12

„Tätige Reue“ (z. B. Entschuldigung mit der Versicherung, sich künftig gesetzeskonform zu verhalten) kann die Ahndung der Pflichtverletzung nicht verhindern (vgl. Ilbertz-Widmaier § 28 Rn. 7). 13

Vorläufiger Rechtsschutz. Im Wege der **einstweiligen Verfügung** (vgl. § 85 Abs. 2 ArbGG, § 92 Rn. 51) kann das Verwaltungsgericht in (besonders) schwerwiegenden und dringenden Fällen dem betreffenden PR-Mitglied die weitere Amtsausübung vorläufig untersagen, nicht aber den Ausschluss aus dem PR beschließen (Altvater/Coulin/Klimpe-Auerbach § 28 Rn. 5). 14

Die Pflichtverletzung braucht nicht zugleich eine **Dienstpflichtverletzung** zu sein. Ist dies jedoch der Fall, kann der Dienststellenleiter die nötigen Maßnahmen (Einleitung eines Disziplinarverfahrens, Kündigung) neben dem Antrag auf Ausschluss aus dem PR ergreifen. 15

Kein Verlust der Wählbarkeit. Durch den Ausschluss aus dem PR verliert das Mitglied nicht die **Wählbarkeit bei einer neuen Wahl.** 16

II. Fortsetzung des Verfahrens nach Ablauf der Amtszeit (Abs. 2)

Der Antrag auf Auflösung des PR oder auf Ausschluss eines PR-Mitglieds wird durch das Aufhören des Bestehens des PR (z. B. durch Ablauf der Amtszeit) gegenstandslos. Nach Abs. 2 ist jedoch das **Ausschlussverfahren** gegen ein PR-Mitglied **mit der Wirkung für die folgende Amtszeit fortzuführen,** wenn das PR-Mitglied für die folgende Amtszeit wiedergewählt worden ist. Damit soll 17 verhindert werden, dass über Ausschlussanträge, die erst verhältnismäßig kurze Zeit vor Ablauf der Amtszeit eines PR gestellt werden, ohne Rücksicht auf die Schwere der vorgeworfenen Pflichtverletzung überhaupt nicht entschieden werden muss und diese deshalb ohne Folgen bleiben. Allerdings besteht kein Anlass für die Weiterführung des Ausschlussverfahrens, wenn das PR-Mitglied nicht erneut gewählt und deshalb ohnehin aus dem PR ausgeschieden ist (BVerwG, 7.5.2003 – 6 P 17.02 – www.bverwg.de = PersR 2003, 313 = PersV 2003, 423 = ZfPR 2003, 229).

18 Das Bundesverwaltungsgericht hat – in einem Fall im Anwendungsbereich des BPersVG, das keine dem Abs. 2 entspr. Vorschrift kennt – entschieden, dass ein Rechtsschutzbedürfnis für den Antrag auf Ausschluss eines PR-Mitglieds aus dem PR nur gegeben ist, wenn die gerichtliche Entscheidung noch gestaltende Wirkung haben kann oder wenn eine hohe Wahrscheinlichkeit dafür spricht, dass sich die Rechtsfragen, die der Antrag aufwirft, unter denselben Verfahrensbeteiligten wiederum stellen werden (BVerwG, 12.8.1988 – 6 P 5.87 – BVerwGE 80, 50 = PersR 1988, 268 = PersV 1989, 268). Letzteres dürfte durch Abs. 2 für Fälle im Anwendungsbereich des LPVG ausgeschlossen sein.

III. Folgen der Auflösung des Personalrats (Abs. 3)

19 Nach der rechtskräftigen Auflösung kann der PR keinerlei Befugnisse mehr ausüben. An seine Stelle tritt der vom Vorsitzenden der Fachkammer des Verwaltungsgerichts eingesetzte Wahlvorstand. Zur Bestellung und Zusammensetzung des Wahlvorstands sowie zu dessen Befugnissen vgl. § 21 Rn. 26 und 31.

IV. Entsprechende Geltung des § 24

20 § 24 gilt für den GesamtPR (§ 54 Abs. 3), die Stufenvertretungen (§ 55 Abs. 3), den AusbildungsPR (§ 86 Abs. 3) und die JAV (§ 62 Abs. 4) entsprechend. Ein Ausschluss aus der JAV führt, sofern das Mitglied auch der GesamtJAV angehört, gleichzeitig zum Erlöschen der Mitgliedschaft in diesem Gremium (§ 66 Abs. 2).

§ 25 Erlöschen der Mitgliedschaft im Personalrat

(1) Die Mitgliedschaft im Personalrat erlischt durch

1. **Ablauf der Amtszeit,**
2. **Niederlegung des Amts,**
3. **Rücktritt des gesamten Personalrats,**
4. **Beendigung des Dienst-, Arbeits- oder Ausbildungsverhältnisses,**
5. **Ausscheiden als Beschäftigter aus der Dienststelle,**
6. **Beurlaubung ohne Dienstbezüge oder Arbeitsentgelt, wenn diese länger als zwölf Monate gedauert hat; bei Mitgliedern, die bereits bei Beginn der Amtszeit beurlaubt sind, beginnt die Frist ab diesem Zeitpunkt,**
7. **Teilzeitbeschäftigung mit Freistellungsjahr, wenn dieses bis zum Ruhestand andauert, mit dem Beginn der Freistellung,**
8. **Altersteilzeit im Blockmodell mit dem Beginn der Freistellung,**

9. Verlust der Wählbarkeit,
10. gerichtliche Entscheidung nach § 24 Absatz 1 Satz 1,
11. Feststellung nach Ablauf der in § 21 Absatz 1 bezeichneten Frist, dass der Gewählte nicht wählbar war.

(2) Die Mitgliedschaft im Personalrat wird durch einen Wechsel der Gruppenzugehörigkeit eines Mitglieds nicht berührt; dieses bleibt Vertreter der Gruppe, die es gewählt hat.

(3) Für Waldarbeiter gilt Absatz 1 Nummer 4 und 5 mit der Maßgabe, dass die Mitgliedschaft im Personalrat erst bei endgültigem Ausscheiden als Waldarbeiter erlischt.

I. Gründe für das Erlöschen der Mitgliedschaft (Abs. 1)

Ablauf der Amtszeit (Nr. 1). Dass die Mitgliedschaft im PR durch den Ablauf der Amtszeit (vgl. § 22 Abs. 1) erlischt, ist eine Selbstverständlichkeit. 1

Niederlegung des Amts (Nr. 2). Die Niederlegung des Amts ist jederzeit möglich. Die Erklärung ist dem PR oder dessen Vorsitzenden ggü. abzugeben und muss unbedingt und unmissverständlich sein, jedoch nicht begründet werden. Aus Gründen der Rechtssicherheit ist Schriftform zu empfehlen. Die Erklärung kann nicht zurückgenommen oder angefochten werden. Die Niederlegung des Amts wird mit dem Zugang der Erklärung beim Adressaten bzw. zu dem in der Erklärung genannten Termin wirksam. Bei Niederlegung des Amts tritt ein Ersatzmitglied ein (s. § 27 Abs. 1). 2

Durch sämtliche PR-Mitglieder. Denkbar ist auch, dass sämtliche PR-Mitglieder ihr Amt niederlegen und für diese Ersatzmitglieder, die ihr Amt nicht niederlegen, eintreten. In diesem Fall wird im Gegensatz zu dem in § 23 Abs. 1 Satz 1 Nr. 3 geregelten Fall nicht neu gewählt (vgl. auch § 23 Rn 12 zu dem Fall, dass auch die Ersatzmitglieder ihr Amt niederlegen). 3

Nichtannahme der Wahl zum PR. Wird die Wahl zum PR nicht angenommen, liegt ebenfalls eine Amtsniederlegung nach Nr. 2 vor; die Erklärung ist in diesem Fall ggü. dem Wahlvorstand abzugeben. 4

Nur ein PR-Mitglied. Besteht der PR nur aus einer Person, kann die Erklärung nur ggü. dem Ersatzmitglied abgegeben werden. Fehlt das Ersatzmitglied, muss ausnahmsweise der Dienststellenleiter Adressat der Erklärung sein (vgl. Richardi/Dörner/Weber § 29 Rn. 14). 5

Rücktritt des gesamten PR (Nr. 3). Die Ergänzung um den Tatbestand des Rücktritts des gesamten PR (vgl. § 23 Abs. 1 Satz 1 Nr. 3 sowie § 27 Abs. 4) soll – so die Begründung der Landesregierung des Entwurfs zum ÄG 2013 (LT-Drucksache 15/4224, S. 100) – klarstellen, „dass die Mitgliedschaft des einzelnen Mitglieds durch Rücktritt des gesamten Gremiums erlischt, ohne dass es einer Niederlegung des Amtes im Sinne von § 29 Absatz 1 Nummer 2 *[Anm. des Verfassers: nunmehr § 25 Abs. 1 Nr. 2]* von jedem Mitglied und jedem Ersatzmitglied bedarf“. 5a

6 **Beendigung des Dienst-, Arbeits- oder Ausbildungsverhältnisses (Nr. 4).** Weiterer Grund für das Erlöschen der Mitgliedschaft ist die Beendigung des Dienst-, Arbeits- oder Ausbildungsverhältnisses. Regelungen zur **Beendigung des Beamtenverhältnisses** enthalten die §§ 31 ff. LBG (in der Fassung des Dienstrechtsreformgesetzes). Eine Beendigung des Dienstverhältnisses i. S. v. Nr. 4 ist nach Sinn und Zweck der Regelung auch dann anzunehmen, wenn die Nichtigkeit der Ernennung festgestellt oder diese zurückgenommen wird (vgl. §§ 12 und 13 LBG). Die Versetzung zu einem anderen Dienstherrn (vgl. § 24 Abs. 1 Alt. 2 LBG) fällt ebenfalls unter Nr. 3. Wegen der **Beendigung des Arbeitsverhältnisses** der Arbeitnehmer wird auf die tarifvertraglichen Regelungen Bezug genommen. Die Beendigung des Dienst-, Arbeits- oder Ausbildungsverhältnisses dürfte in aller Regel auch zu einem Ausscheiden aus der Dienststelle i. S. v. Nr. 5 führen.
Die Mitgliedschaft endet auch dann, wenn unmittelbar im Anschluss an ein Beamtenverhältnis auf Widerruf ein (neues) Beamtenverhältnis auf Probe bei derselben Dienststelle begründet wird.

7 **Fälle des § 26.** Bei einem Verbot der Führung der Dienstgeschäfte (s. § 26 Rn. 2) oder bei einer vorläufigen Dienstenthebung (s. § 26 Rn. 3) liegt keine Beendigung des Dienstverhältnisses vor; dies ergibt sich jedenfalls aus § 26. Die Mitgliedschaft im PR ruht nach dieser Vorschrift lediglich.

8 **Ausscheiden als Beschäftigter aus der Dienststelle (Nr. 5).** Ein Fall des Ausscheidens aus der Dienststelle (Nr. 5) dürfte häufig mit der Beendigung des Dienst-, Arbeits- oder Ausbildungsverhältnisses i. S. v. Nr. 4 zusammenfallen. Eigenständige Bedeutung dürfte Nr. 5 insb. bei Beschäftigten erlangen, die in keinem derartigen Verhältnis zur Dienststelle stehen (vgl. § 4 Rn. 6). Die Landesregierung betont in ihrem Gesetzentwurf zum ÄG 2013 (LT-Drucksache 15/4224, S. 100), dass maßgeblich „in jedem Fall das Ausscheiden aus der Dienststelle als Beschäftigter [ist], wenn also die Eingliederung in die Arbeitsorganisation beendet wird". Eine Abordnung zu oder eine Zuweisung an eine andere Dienststelle ist zwar für die Beschäftigteneigenschaft nach § 4 Abs. 1 Satz 2 unerheblich, führt aber zum Verlust der Wählbarkeit (vgl. § 9 Rn. 1) und unterfällt damit Nr. 9. Ein Beschäftigter, der zugleich Mitglied des örtlichen Personalrats und des Gesamtpersonalrats ist, scheidet nach Nr. 5 nicht dadurch als Beschäftigter seiner Dienststelle aus, dass er für seine Tätigkeit als Mitglied des Gesamtpersonalrats von seiner dienstlichen Tätigkeit freigestellt wurde. Seine Vollfreistellung führt nicht dazu, dass die Mitgliedschaft im örtlichen Personalrat kraft Gesetzes erlischt (VGH Mannheim, 21.9.2016 – PL 15 S 689/15 – DÖV 2017, 164).

9 **Beurlaubung ohne Dienstbezüge oder Arbeitsentgelt (Nr. 6), Teilzeitbeschäftigung mit Freistellungsjahr (Nr. 7) und Altersteilzeit im Blockmodell (Nr. 8).** Diese Fälle knüpfen an § 9 Abs. 1 Nr. 2 bis 4 an. Sie betreffen das längere (Nr. 6) bzw. dauerhafte (Nr. 7 und 8) Ausscheiden aus der Arbeitsorganisation. Eigentlich führen sie zum Verlust der Wahlberechtigung und damit auch der Wählbarkeit i. S. v. Nr. 9. Vermutlich da § 9 Abs. 1 Satz 1 Nr. 2 bis 4 auf den Wahltag abstellen, hielt die Landesregierung eine „klarstellende Anpassung" (LT-Drucksache 15/4224, S. 100) für erforderlich.

Verlust der Wählbarkeit (Nr. 9). Die Mitgliedschaft im PR erlischt nach Nr. 9 auch durch den Verlust der Wählbarkeit. In Betracht kommen insb. der Fall der durch Richterspruch erfolgten Aberkennung der Fähigkeit, Rechte aus öffentlichen Ämtern zu erlangen (vgl. § 9 Abs. 2 Nr. 1) und der Fall des Einrückens in den Personenkreis des § 9 Abs. 2 Nr. 2 bis 5, ferner der Fall des Verlusts des aktiven Wahlrechts. Wie sich schon aus dem Wortlaut der Bestimmung („Verlust"), aber auch aus der Regelung des Abs. 1 Nr. 11 ergibt, ist der Fall des (anfänglichen) Fehlens der Wählbarkeit nicht erfasst. 10

Gerichtliche Entscheidung nach § 24 Abs. 1 Satz 1 (Nr. 10). Eine gerichtliche Entscheidung nach § 24 Abs. 1 Satz 1 liegt vor, sobald der vom Verwaltungsgericht gefasste Beschluss über den Ausschluss rechtskräftig wird. 11

Feststellung nach Ablauf der in § 21 Abs. 1 bezeichneten Frist, dass der Gewählte nicht wählbar war (Nr. 11). Das Verwaltungsgericht kann auch nach Ablauf der in § 21 Abs. 1 bezeichneten Frist für die Anfechtung der Wahl die Feststellung treffen, dass der Gewählte nicht wählbar war (vgl. § 92 Abs. 1 Nr. 1; VG Karlsruhe, 30.9.2011 – PL 12 K 701/11 – www.landesrecht-bw.de Rn. 37). Eine solche Feststellung führt zum Erlöschen der Mitgliedschaft im PR. Ein auf die Feststellung gerichteter Antrag an das Verwaltungsgericht ist nicht an eine bestimmte Frist gebunden. Er kann jederzeit gestellt werden, solange der Gewählte dem PR angehört. Im LPVG ist nicht ausdrücklich festgelegt, wer den Antrag stellen kann. Nach VGH Mannheim (10.11.2016 – PL 15 S 743/16 – juris) ist ein Wahlberechtigter, auch wenn er selbst in den Personalrat gewählt wurde, für sich alleine nicht befugt, die Feststellung der Nichtwählbarkeit eines Personalratsmitglieds zu beantragen. Für diese „kleine Wahlanfechtung" bedarf es einer Gruppe von mind. drei Wahlberechtigten (VGH Mannheim, 9.9.1986 – 15 S 3169/85 –; VG Karlsruhe a. a. O.). In sinngemäßer Anwendung des § 21 Abs. 1 dürfte auch eine Antragstellung durch jede in der Dienststelle vertretene Gewerkschaft und den Leiter der Dienststelle zulässig sein. Nach h. M. ist eine Antragstellung ausgeschlossen, wenn der Mangel der Wählbarkeit inzwischen behoben ist. 12

II. Wechsel der Gruppenzugehörigkeit (Abs. 2)

Ein Wechsel der Gruppenzugehörigkeit führt nicht zum Erlöschen der Mitgliedschaft. Vielmehr bleibt der Betroffene Vertreter der Gruppe, die ihn gewählt hat. 13

III. Sonderregelung für Waldarbeiter (Abs. 3)

Abs. 3 entspricht § 96 Satz 1 in der vor Inkrafttreten des ÄG 2013 geltenden Fassung. Bei Waldarbeitern soll die Mitgliedschaft nicht nur deshalb erlöschen, weil das Beschäftigungsverhältnis aus Gründen der Saison oder der Witterung für einige Zeit unterbrochen ist. Die Folgeregelung des § 96 Satz 2 in der vor Inkrafttreten des ÄG 2013 geltenden Fassung findet sich nunmehr in § 26 Abs. 4. 14

IV. Entsprechende Geltung des § 25

15 § 25 gilt für den GesamtPR (§ 54 Abs. 3), die Stufenvertretungen (§ 55 Abs. 3), den AusbildungsPR (§ 58 Abs. 3) und die JAV (§ 62 Abs. 4) entsprechend.

§ 26 Ruhen der Mitgliedschaft im Personalrat

(1) Die Mitgliedschaft eines Beamten im Personalrat ruht, solange ihm die Führung der Dienstgeschäfte verboten oder er disziplinarrechtlich vorläufig des Dienstes enthoben ist.

(2) Die Mitgliedschaft der in § 8 Absatz 2 bezeichneten Beschäftigten im Personalrat ruht, solange sie entsprechend den Erfordernissen ihrer Ausbildung einen Ausbildungsabschnitt in einer anderen Dienststelle ableisten.

(3) Die Absätze 1 und 2 gelten sinngemäß für Arbeitnehmer.

(4) Die Mitgliedschaft von Waldarbeitern im Personalrat ruht, solange sie vorübergehend nicht im Beschäftigungsverhältnis stehen.

1 **Ruhen der Mitgliedschaft eines Beamten (Abs. 1).** Ruht die Mitgliedschaft eines Beamten i. S. v. Abs. 1, so bleibt dieser zwar Mitglied des PR; für ihn tritt aber ein Ersatzmitglied ein (vgl. § 27 Abs. 1 Satz 2). Der Schutz des § 47 bleibt bestehen.

2 **Verbot der Führung der Dienstgeschäfte.** Rechtsgrundlage für ein Verbot der Führung der Dienstgeschäfte ist § 39 Satz 1 des Beamtenstatusgesetzes (BeamtStG); hiernach kann Beamtinnen und Beamten aus zwingenden dienstlichen Gründen die Führung der Dienstgeschäfte verboten werden (vgl. § 78 LBG a. F.). Die Mitgliedschaft im PR ruht von dem Zeitpunkt ab, in dem die Verfügung wirksam und vollziehbar geworden ist. Damit ein Rechtsbehelf des Betroffenen keine – die Vollziehbarkeit entfallen lassende – aufschiebende Wirkung hat, ist ein Vorgehen nach § 80 Abs. 2 Satz 1 Nr. 4 VwGO erforderlich. Hat das Verwaltungsgericht nach Anordnung der sofortigen Vollziehung die aufschiebende Wirkung nach § 80 Abs. 5 Satz 1 Alt. 2 VwGO wiederhergestellt, lebt die ruhende Mitgliedschaft wieder auf. Das Verbot der Führung der Dienstgeschäfte erlischt – und das Ruhen der Mitgliedschaft im PR ist zu Ende –, wenn nicht bis zum Ablauf von drei Monaten gegen die Beamtin oder den Beamten ein Disziplinarverfahren oder ein sonstiges auf Rücknahme der Ernennung oder auf Beendigung des Beamtenverhältnisses gerichtetes Verfahren eingeleitet worden ist (§ 39 Satz 2 BeamtStG).

3 **Vorläufige Enthebung des Dienstes.** Die Mitgliedschaft eines Beamten im PR ruht auch, wenn er nach § 22 Abs. 1 Satz 1 des Landesdisziplinargesetzes (LDG) vom 14.10.2008 (GBl. S. 343) **vorläufig des Dienstes enthoben** ist (vgl. § 89 LDO a. F.). Da die gegen die Verfügung gerichtete (Anfechtungs-)Klage nach § 23 Abs. 5 LDG (in der seit Inkrafttreten des Dienstrechtsreformgesetzes geltenden Fassung) keine aufschiebende Wirkung hat (zur Entbehrlichkeit eines Vorverfahrens vgl. § 15 Abs. 2 des Gesetzes zur Ausführung der Verwaltungsgerichtsordnung (AGVwGO) vom 14.10.2008 (GBl. S. 343)), ruht die Mit-

gliedschaft des Beamten im PR ab dem Zeitpunkt der Zustellung der Verfügung (vgl. § 23 Abs. 1 LDG). Sie lebt wieder auf, wenn das Gericht (Disziplinarkammer oder Disziplinarsenat, vgl. §§ 7 und 8 AGVwGO) die aufschiebende Wirkung der Klage nach § 80 Abs. 5 Satz 1 Alt. 1 VwGO anordnet. Die Disziplinarbehörde kann eine vorläufige Dienstenthebung nach § 23 Abs 6 LDG (in der seit Inkrafttreten des Dienstrechtsreformgesetzes geltenden Fassung) auch selbst aufheben.

Durch den **Erlass einer Disziplinarverfügung** (vgl. § 38 LDG) oder durch die **Einleitung eines Disziplinarverfahrens ohne vorläufige Dienstenthebung** wird die Mitgliedschaft des Beamten im PR nicht berührt. 4

Das Verbot der Führung der Dienstgeschäfte oder die vorläufige Dienstenthebung rechtfertigen nicht als solche den Erfolg eines **Ausschlussantrags nach § 24 Abs. 1**. Das Verwaltungsgericht schließt den Beamten vielmehr nur dann aus dem PR aus, wenn der die Maßnahme auslösende Tatbestand gleichzeitig zum Vorliegen der in § 24 Abs. 1 genannten Ausschlussgründe führt (vgl. Ilbertz-Widmaier § 30 Rn. 10). 5

Ruhen der Mitgliedschaft der in § 8 Abs. 2 bezeichneten Beschäftigten (Abs. 2). Abs. 2 stellt klar, dass die Mitgliedschaft eines Auszubildenden im PR auch ruht, solange ein Ausbildungsabschnitt in einer anderen Dienststelle abgeleistet wird (vgl. LT-Drucksache 15/4224, S. 101). 6

Die **sinngemäße Geltung für Arbeitnehmer** (**Abs. 3**) war vor Inkrafttreten des ÄG 2013 in § 30 Satz 2 angeordnet. 7

Die **Sonderregelung für Waldarbeiter** (Abs. 4) enthielt vor Inkrafttreten des ÄG 2013 § 96 Satz 2. Sie ist eine Folgeregelung zu § 25 Abs. 3 (vgl. § 25 Rn. 14). 8

§ 26 gilt für den GesamtPR (§ 54 Abs. 3), die Stufenvertretungen (§ 55 Abs. 3), den AusbildungsPR (§ 58 Abs. 3) und die JAV (§ 62 Abs. 4) entsprechend. 9

§ 27 Ersatzmitglieder

(1) [1]Scheidet ein Mitglied aus dem Personalrat aus, so tritt ein Ersatzmitglied ein. [2]Ist ein Mitglied des Personalrats zeitweilig verhindert oder ruht seine Mitgliedschaft, so tritt ein Ersatzmitglied für die Zeit der Verhinderung oder des Ruhens ein.

(2) [1]Die Ersatzmitglieder werden der Reihe nach aus den nicht gewählten Beschäftigten derjenigen Vorschlagslisten entnommen, denen die zu ersetzenden Mitglieder angehören. [2]Ist ein Mitglied nach Absatz 1 mit einfacher Stimmenmehrheit gewählt, so tritt der nicht gewählte Beschäftigte mit der nächsthöheren Stimmenzahl als Ersatzmitglied ein.

(3) § 25 Absatz 2 gilt entsprechend bei einem Wechsel der Gruppenzugehörigkeit vor dem Eintritt des Ersatzmitglieds in den Personalrat.

(4) In den Fällen des § 23 Absatz 1 Satz 1 Nummer 3 und 4 treten Ersatzmitglieder nicht ein.

I. Eintreten eines Ersatzmitglieds in den Personalrat (Abs. 1)

1 **Ersatzmitglied.** Nach Abs. 1 ist ein Ersatzmitglied eine Person, die nicht in den PR gewählt worden ist, jedoch für ein Mitglied des PR nach dessen Ausscheiden, bei dessen zeitweiliger Verhinderung oder bei Ruhen der Mitgliedschaft in den PR (dauerhaft oder vorübergehend) eintritt. Einer Entscheidung des PR oder seines Vorsitzenden bedarf es für den **Eintritt** des Ersatzmitglieds nicht; dieser erfolgt vielmehr **kraft Gesetzes.** Der Eintritt hängt auch nicht davon ab, ob während der Verhinderung des (ordentlichen) PR-Mitglieds oder des Ruhens der Mitgliedschaft eine PR-Sitzung stattfindet. Das Ersatzmitglied wird nach Maßgabe des Abs. 2 (s. Rn. 12) den nicht gewählten Wahlbewerbern entnommen. Dieser nicht gewählte Wahlbewerber wird erst in dem Zeitpunkt „Ersatzmitglied des PR", zu dem er für ein gewähltes Mitglied in den PR eintritt, und bleibt es nur so lange, wie das gewählte PR-Mitglied, das er ersetzt, verhindert ist, sein PR-Amt selbst auszuüben, oder seine Mitgliedschaft ruht. Mit dem Ende seiner Ersatzmitgliedschaft verliert er wieder die Stellung eines „Ersatzmitglieds des PR". Er tritt in den Stand eines in einem Wahlvorschlag aufgeführten, aber nicht gewählten Beschäftigten zurück, der eine Chance hat, wiederum in den PR als Ersatzmitglied einzutreten. Ihm gibt das Personalvertretungsrecht dann keinen stärkeren Schutz gegen ihm nicht genehme Personalmaßnahmen der Dienststelle als anderen nicht gewählten Wahlbewerbern (BVerwG, 27.9.1987 – 6 P 38.83 – ZBR 1985, 60 = NJW 1985, 2842 = PersV 1986, 468). Siehe hierzu auch § 15 Abs. 2 KSchG.

2 **Nur bei Vorliegen der gesetzlichen Voraussetzungen.** Nur im Falle des Ausscheidens (vgl. § 25 Abs. 1), der zeitweiligen Verhinderung und des Ruhens der Mitgliedschaft von (ordentlichen) PR-Mitgliedern treten Ersatzmitglieder in den PR ein. Die PR-Mitglieder können sich **nicht beliebig** von Ersatzmitgliedern **vertreten lassen.**

3 **Fortbestand des PR.** Voraussetzung für das Eintreten von Ersatzmitgliedern ist ferner, dass der PR als solcher bestehen bleibt. Deshalb können, wenn dies erforderlich wird, Ersatzmitglieder auch in den PR eintreten, wenn dieser in den Fällen des § 23 Abs. 1 Satz 1 Nr. 1 bis 3 nach § 23 Abs. 1 Satz 2 die Geschäfte fortführt (§ 23 Rn. 17). Ist der PR durch gerichtliche Entscheidung nach § 24 Abs. 1 aufgelöst, können auch keine Ersatzmitglieder mehr eintreten, da mit der Rechtskraft der Entscheidung der PR zu bestehen aufgehört hat (vgl. § 24 Abs. 3). Dies gilt auch, wenn bei erfolgreicher Wahlanfechtung die Ungültigkeit der Wahl festgestellt wird (vgl. § 21 Rn. 21).

4 **Zeitweilige Verhinderung und Ruhen der Mitgliedschaft (Satz 2).** Der vorübergehende Eintritt eines Ersatzmitglieds nach Abs. 1 Satz 2 ist vorgesehen für die zeitweilige Verhinderung eines PR-Mitglieds (z. B. durch Urlaub, Krankheit oder Dienstreise) und für das Ruhen der Mitgliedschaft nach § 26. Letzteres gilt ausdrücklich seit Inkrafttreten des ÄG 2013; allerdings dürfte eine „zeitweilige Verhinderung" auch im Falle des Ruhens der Mitgliedschaft vorliegen (so die 13. Auflage § 31 Rn. 4 und wohl auch LT-Drucksache 15/4224, S. 101 [„ausdrücklich ... vorgesehen"]).

4a Keine Verhinderung liegt vor, wenn das PR-Mitglied tatsächlich in der Lage ist, sein Amt auszuüben, sich jedoch aus persönlichen Beweggründen dessen enthält, etwa weil es über andere PR-Mitglieder verärgert ist oder weil es sich an der Entscheidung über eine ihm nicht genehme Angelegenheit nicht beteiligen will (s. auch Rn. 2). In seinem solchen Fall ist u. U. nach § 24 Abs. 1 zu verfahren (vgl. Ilbertz-Widmaier § 31 Rn. 11).

5 **Dauer der Verhinderung unerheblich.** Auf die Dauer der Verhinderung kommt es im Falle des Satz 2 nicht an. Eine zeitweilige Verhinderung eines PR-Mitglieds mit der Folge des (zeitweiligen) Eintritts eines Ersatzmitglieds liegt etwa vor, wenn es an einer Sitzung des PR nicht teilnehmen kann, aber auch schon, wenn das Mitglied wegen persönlicher Betroffenheit durch eine einzelne Angelegenheit, über die beschlossen werden soll – etwa über eine Personalangelegenheit oder über den Ausschluss eines Mitglieds –, als befangen angesehen werden muss (vgl. Ilbertz-Widmaier § 31 Rn. 10; Richardi/Dörner/Weber § 31 Rn. 21). Verhinderung kann somit bereits vorliegen, wenn ein PR-Mitglied nicht an der ganzen Sitzung teilnehmen kann. Zur plötzlichen kurzfristigen Verhinderung s. Rn. 10.

6 **Befangenheit.** Ist ein PR-Mitglied in einer Angelegenheit als befangen anzusehen, so darf es bei der Behandlung dieser Angelegenheit im PR auch nicht beratend mitwirken (vgl. § 33). Die Frage der Befangenheit ist auch bei den zeitweilig eintretenden Ersatzmitgliedern zu prüfen. Diese liegt z. B. vor, wenn über den Ausschluss eines PR-Mitglieds nach § 24 Abs. 1 Satz 2 beschlossen werden soll, denn das Ersatzmitglied rückt möglicherweise für den Rest der Amtszeit in den PR nach.

7 **Krankheit.** Eine zeitweilige Verhinderung durch Krankheit liegt in der Regel vor, wenn sich das PR-Mitglied ordnungsgemäß krankgemeldet hat und dem Dienst ferngeblieben ist. Jedenfalls ist ein PR-Mitglied, das objektiv dienst- bzw. arbeitsunfähig ist, an der Teilnahme der Personalratssitzung verhindert, und zwar auch dann, wenn es sich selbst für „amtsfähig“ hält und an der Sitzung teilnehmen möchte. Dagegen kann in einer plötzlichen kurzfristigen Unterbrechung der Teilnahme an einer PR-Sitzung – z. B. wegen plötzlichen Unwohlseins, zur Entgegennahme eines dringenden Ferngesprächs oder zur Erledigung eines plötzlich notwendig gewordenen Dienstgeschäfts – keine zeitweilige Verhinderung gesehen werden, die zum Eintritt eines Ersatzmitglieds in den PR führt (vgl. auch Richardi/Dörner/Weber § 31 Rn. 13).

8 **Urlaub.** Im Falle des genehmigten Urlaubs eines PR-Mitglieds entsteht für das Ersatzmitglied kraft Gesetzes ein eigenständiges Teilnahmerecht an den PR-Sitzungen (Rn. 2). Dieses Teilnahmerecht schließt das Teilnahmerecht des PR-Mitglieds auch dann aus, wenn das eingetretene Ersatzmitglied der Sitzung unentschuldigt fernbleibt; denn das PR-Mitglied hat kein Wahlrecht, ob es während seines genehmigten Urlaubs doch an einer PR-Sitzung teilnehmen will.

9 Die Ersatzmitglieder genießen **während der Vertretungszeit** den gleichen **Schutz** wie die PR-Mitglieder (vgl. §§ 43 bis 47; VG Stuttgart, 22.1.2015 – 3 K 3148/14 – www.landesrecht-bw.de Rn. 20).

10 **Einladung des Ersatzmitglieds.** Der PR-Vorsitzende hat ein Ersatzmitglied zur Sitzung einzuladen, wenn ihm im Zeitpunkt der Ladung bekannt ist, dass ein Mitglied verhindert ist. Tritt die Verhinderung erst nach der Ladung ein oder wird sie erst zu diesem Zeitpunkt bekannt, hat der Vorsitzende das entspr. Ersatzmitglied unverzüglich zu verständigen und ihm Sitzungstermin und Beratungsgegenstände mitzuteilen. Wird ein Befangenheitsgrund und damit die zeitweilige Verhinderung erst in der Sitzung bekannt und ist eine Vertagung der die Befangenheit auslösenden Angelegenheit z. B. wegen Fristablaufs ausgeschlossen, wird der Vorsitzende versuchen müssen, das entspr. Ersatzmitglied herbeizuholen. Gelingt dies kurzfristig nicht, wird es zulässig sein, dass der PR ohne das Ersatzmitglied beschließt.

11 Denkbar ist im Übrigen auch, dass ein Ersatzmitglied für ein Ersatzmitglied eintritt, etwa wenn das „erste" Ersatzmitglied „auf den Eintritt in den PR verzichtet". Da der Eintritt kraft Gesetzes erfolgt, ist ein „Verzicht" juristisch als Amtsniederlegung i. S. v. § 25 Abs. 1 Nr. 2 anzusehen.

II. Bestimmung der Person des Ersatzmitglieds (Abs. 2)

12 Ersatzmitglieder rücken – zwingend – in der Reihenfolge nach, die vom Wahlvorstand aufgrund des Wahlergebnisses nach § 37 Abs. 2 Satz 4, § 38 Abs. 2 Satz 2, § 43 Abs. 1 Satz 3 und § 43 Abs. 2 Satz 3 WO festgelegt wurde. Das Nachrücken von Ersatzmitgliedern in den PR ist also ein Vorgang, der in der vorausgegangenen Wahl des PR seine Grundlage findet (BVerwG, 30.11.2010 – 6 PB 16.10 – www.bverwg.de = PersR 2011, 73). Es rücken nach

a) **bei Verhältniswahl** (s. § 13 Rn. 25): das auf dem gleichen Wahlvorschlag mit der höchsten Stimmenzahl gewählte Ersatzmitglied der gleichen Gruppe;
b) **bei Mehrheitswahl** (s. § 13 Rn. 26):
   aa) wenn nur ein PR-Mitglied zu wählen war:
   das mit der höchsten Stimmenzahl gewählte Ersatzmitglied ohne Rücksicht auf Gruppenzugehörigkeit und Wahlvorschlag;
   bb) wenn nur ein Mitglied einer Gruppe zu wählen war:
   das mit der höchsten Stimmenzahl gewählte Ersatzmitglied derselben Gruppe ohne Rücksicht auf den Wahlvorschlag;
   cc) wenn mehrere Mitglieder einer Gruppe aufgrund eines Wahlvorschlags zu wählen waren:
   das mit der höchsten Stimmenzahl gewählte Ersatzmitglied derselben Gruppe. Dies gilt auch bei gemeinsamer Wahl nach § 13 Abs. 2 aufgrund eines Wahlvorschlags.

13 **Erschöpfung einer Vorschlagsliste.** Ist eine Vorschlagsliste erschöpft, kann nicht ein Ersatzmitglied, das einer anderen Gruppe angehört oder auf einem anderen Wahlvorschlag gewählt wurde, nachrücken. Ein Rückgriff auf andere Vorschlagslisten ist auch dann ausgeschlossen, wenn zugleich die Voraussetzungen für eine außerordentliche Personalratsneuwahl nach § 27 Abs. 1 Satz 1 Nr. 2 eintreten (vgl. BVerwG, 30.11.2010 – 6 PB 16.10 – www.bverwg.de = PersR 2011, 73).

III. Wechsel der Gruppenzugehörigkeit vor Eintritt des Ersatzmitglieds (Abs. 3)

Wie die PR-Mitglieder beim Wechsel ihrer Gruppenzugehörigkeit weiterhin Angehörige der Gruppe im PR bleiben, für die sie gewählt worden sind, so bleiben nach Abs. 3 auch die Ersatzmitglieder über die ganze Dauer der Amtszeit des PR Ersatzmitglieder der Gruppe des PR, für die sie (als Ersatzmitglieder) gewählt worden sind, auch wenn sich ihre Gruppenzugehörigkeit (z. B. durch die Ernennung eines Arbeitnehmers zum Beamten) ändert. 14

IV. Regelung für die Fälle des § 23 Abs. 1 Satz 1 Nr. 3 und 4 (Abs. 4)

Abs. 4 bestimmt ausdrücklich, dass in den Fällen des § 23 Abs. 1 Satz 1 Nr. 3 und 4, wenn also der PR mit der Mehrheit seiner Mitglieder seinen Rücktritt beschlossen hat oder durch gerichtliche Entscheidung aufgelöst worden ist, keine Ersatzmitglieder eintreten. 15

V. Entsprechende Geltung des § 27

§ 27 gilt für den GesamtPR (§ 54 Abs. 3), die Stufenvertretungen (§ 55 Abs. 3), den AusbildungsPR (§ 58 Abs. 3) und die JAV (§ 62 Abs. 4) entsprechend. 16

Abschnitt 3 **Geschäftsführung**

§ 28 Vorstand

(1) [1]Der Personalrat bildet aus seiner Mitte den Vorstand. [2]Diesem muss ein Mitglied jeder im Personalrat vertretenen Gruppe angehören. [3]Die Vertreter jeder Gruppe wählen das auf sie entfallende Vorstandsmitglied.

(2) [1]Der Personalrat kann aus seiner Mitte mit der Mehrheit der Stimmen aller Mitglieder zwei weitere Mitglieder in den Vorstand wählen. [2]Sind Mitglieder des Personalrats aus Wahlvorschlägen mit verschiedenen Bezeichnungen gewählt worden und sind im Vorstand nach Absatz 1 Mitglieder aus dem Wahlvorschlag nicht vertreten, der die zweitgrößte Zahl aller von den Angehörigen der Dienststelle abgegebenen Stimmen erhalten hat, so ist eines der weiteren Vorstandsmitglieder aus diesem Wahlvorschlag zu wählen.

(3) Beide Geschlechter sollen im Vorstand vertreten sein.

(4) [1]Der Vorstand führt die laufenden Geschäfte. [2]Er kann dazu andere Mitglieder des Personalrats heranziehen.

Vorbemerkung. § 28 gilt für den GesamtPR (§ 54 Abs. 4), die Stufenvertretungen (§ 55 Abs. 3) und den AusbildungsPR (§ 58 Abs. 3) entsprechend, nicht dagegen für die JAV, die GesamtJAV und die StufenJAV (vgl. § 62 Abs. 5, § 66 Abs. 3). Über Streitigkeiten entscheidet das Verwaltungsgericht nach § 92 Abs. 1 Nr. 3. 1

I. Vorstand (Abs. 1)

2 **1. Bildung des Vorstands.** Der PR muss einen Vorstand wählen; wählt er keinen Vorstand oder bestimmt er keinen Vorsitzenden, so liegt eine grobe Pflichtverletzung vor, die zur Auflösung des PR nach § 24 Abs. 1 führen kann. Grundsätzlich sind die Wahlen in der ersten (konstituierenden) Sitzung (vgl. § 19) des neu gewählten PR durchzuführen. Die Funktionsfähigkeit des PR hängt aber nicht von der Bestimmung des Vorstandes oder eines Vorsitzenden und seines Stellvertreters ab; ein ordnungsgemäß gewählter PR kann vielmehr auch schon vorher rechtswirksame Beschlüsse fassen, da sonst bei Auseinandersetzungen um die Vorstandsbildung die Interessen der Beschäftigten nicht wirksam wahrgenommen werden könnten (a. A. Ilbertz-Widmaier § 32 Rn. 1).

3 **Anfechtung.** Die **Wahl** des Vorstands **kann** nicht gemäß § 21, sondern nach **§ 92 Abs. 1 Nr. 3** vor den Verwaltungsgerichten **angefochten werden**, da es sich nicht um eine Wahl i. S. d. § 21 handelt, sondern um einen Akt der Geschäftsführung des PR. Eine Frist besteht daher im Gegensatz zu § 21 hier nicht (BVerwG 15.5.1991 – 6 P 15/89 – BVerwGE 88, 183 = PersV 1992, 73 = PersR 1991, 411), doch ist Verwirkung des Rechts zur Anrufung des Gerichts anzunehmen, wenn der Antragsberechtigte während eines längeren Zeitraums sich so verhält, dass andere Beteiligte annehmen können, er werde von seinem Antragsrecht keinen Gebrauch machen (BVerwG, 10.10.1957 – II CO 5.56 – BVerwGE 5, 261 = DÖV 1958, 267 = NJW 1958, 75).

4 **2. Zusammensetzung.** Der **Vorstand** besteht aus so vielen Mitgliedern, wie Gruppen im PR vertreten sind. Sind beide Gruppen (Beamte und Arbeitnehmer, vgl. § 4 Abs. 3 und 4) im PR vertreten, so besteht der Vorstand aus zwei Mitgliedern. Besteht der PR nur aus einer Gruppe, so besteht der Vorstand grundsätzlich auch nur aus einem Mitglied der einzig vertretenen Gruppe (BVerwG, 27.8.1997 – 6 P 11/95 – PersR 1998, 113). Die Zuwahl weiterer Vorstandsmitglieder ist nach Abs. 2 möglich (s. dazu unten).

5 **Verlust des Bestellungsrechts.** Macht eine Gruppe von ihrem Recht, das auf sie entfallende Vorstandsmitglied zu wählen, keinen Gebrauch, so verliert sie ihren Anspruch auf Bestellung eines **Gruppensprechers** (§ 11 Abs. 2 Satz 3 analog). Das Recht zur Wahl des unbesetzten Vorstandssitzes geht in diesem Fall auf die andere Gruppe über (BVerwG, 19.8.2010 – 6 PB 10.10 – ZfPR online 2010, Nr. 11, 8–9; VG Karlsruhe, 30.9.2011 – PL 12 K 701/11 – juris; a. A: Ilbertz-Widmaier § 32 Rn. 12).

6 **3. Wahl.** Ist eine Gruppe nur durch ein Mitglied im PR vertreten, so ist dieses (kraft seiner Wahl zum PR-Mitglied) zugleich das auf diese Gruppe entfallende Vorstandsmitglied. Hat eine Gruppe zwei oder mehr PR-Mitglieder, wählen die Gruppenvertreter unter sich das auf sie entfallende Vorstandsmitglied (Abs. 1 Satz 3). Einer Bestätigung der Gewählten durch den gesamten PR bedarf es nicht. Der PR muss die von den Gruppen getroffene Wahl hinnehmen; er kann nicht verlangen, dass die Gruppen sich nach dem Willen der Mehrheit des PR richten. Die Gruppenvertreter können auch nicht einen Angehörigen einer anderen Gruppe wählen; § 12 Abs. 2 gilt insoweit nicht entsprechend (LVG

Hamburg, 5.3.1957, ZBR 1957, 182). Dagegen kann ein gemäß § 12 Abs. 2 gewähltes PR-Mitglied von der Gruppe, von der es gewählt wurde, auch zum Vorstandsmitglied gewählt und vom PR in dieser Eigenschaft auch zum Vorsitzenden des PR bestimmt werden (LVG Arnsberg, 25.9.1958, ZBR 1959, 338).

Wahlverfahren. Vorschriften über das Wahlverfahren fehlen (außer § 19: Zeitpunkt!). Jede Gruppe kann selbst darüber entscheiden, wie die Wahl durchgeführt werden soll. Die Wahl kann formlos geschehen; insb. ist keine geheime Wahl vorgeschrieben. Damit ist auch eine offene Abstimmung z. B. durch Zuruf oder Handzeichen zulässig (Lorenzen u. a. § 32 Rn. 12). 7

Wahlwiederholung und Losentscheid. Ergibt sich bei der Wahl **Stimmengleichheit, ist ein Losentscheid zulässig** (OVG Weimar, 20.3.2001 – 5 PO 407/00 – PersV 2002, 515 = PersR 2002, 213; VGH Mannheim, 19.7.1983 – 15 S 74/83 – ZBR 1984, 190). Voraussetzung hierfür ist nach der Rechtsprechung (BVerwG, 15.5.1991 – 6 P 15/89 – PersV 1992, 73; VG Stuttgart – PL 22 4503/07 – BeckRS 2008, 36076), dass anders eine ordnungsgemäße Bildung des Personalratsvorstandes nicht zu verwirklichen ist. Es ist deshalb nicht zu beanstanden, wenn der Personalrat nach einem ersten, mit Stimmengleichheit endenden Wahlgang, sich nicht sofort für das Losverfahren entscheidet, sondern zunächst eine Wahlwiederholung beschließt, um zu klären, ob sich das Stimmenverhältnis unter dem Eindruck der Patt-Situation ändert. Der Losentscheid kann aber **nicht durch Streichholzziehen** durchgeführt werden, weil dieses Verfahren wenig transparent ist und es die Gefahr der Manipulation verstärkt in sich birgt (BVerwG, 15.5.1991 – 6 P 15.89 – BVerwGE 88, 183 = PersV 1992, 73 = PersR 1991, 411). Denkbar ist dagegen ein **Münzwurf** (VGH München, 13.2.1991 – 17 P 90.3560 – NJW 1991, 2306 f.). Kommt es über die Verfahrensweise beim Losentscheid innerhalb der Gruppenvertreter nicht zu einer Mehrheit, so kann ein Losentscheid und damit die Vertretung der betreffenden Gruppe im Vorstand des PR nicht zustande kommen. Der (gesamte) PR ist weder berechtigt, diese den Gruppenvertretern obliegende, aber von diesen nicht bewältigte Aufgabe der Bestimmung des Losverfahrens an sich zu ziehen, noch kann er die Gruppenvertreter sonst zwingen, sich auf ein bestimmtes Losverfahren zu einigen und es dann auch durchzuführen. Die Gruppe bleibt eben dann im Vorstand unvertreten bis sie eine Lösung gefunden hat (VGH München, 2.4.1986 – 18 C 86.00748 – ZBR 1987, 29). 8

Wahl trotz Verhinderung. Sofern PR-Mitglieder aus dienstlichen (z. B. Besprechung) oder persönlichen (z. B. Krankheit, Urlaub) Gründen an der Teilnahme **an der konstituierenden Sitzung** verhindert sind, **können sie trotzdem** zum Vorstandsmitglied (und später zum Vorsitzenden) **gewählt werden,** wenn sie ihre Bereitschaft zur Kandidatur und zur Annahme des Mandats vorher schriftlich erklärt haben. Die Erklärung kann ggü. dem Wahlvorstand abgegeben werden, der sie der Gruppe bzw. dem Wahlleiter (§ 19) weiterzuleiten hat. 9

Ersatzvorstandsmitglieder. Die Wahl von Ersatzvorstandsmitgliedern ist zulässig (Lorenzen u. a. § 32 Rn. 16; Ilbertz-Widmaier § 32 Rn. 16). **Scheidet ein Vorstandsmitglied vorzeitig aus** dem PR aus, so rückt für dieses in seiner Eigenschaft als PR-Mitglied (nicht aber als Vorstandsmitglied!) ein Ersatzmitglied 10 gemäß § 27 nach. Die Gruppe hat ein neues Vorstandsmitglied zu wählen, sofern sie das Ersatzvorstandsmitglied zuvor noch nicht bestimmt hat. Bei **zeitweiliger Verhinderung eines Vorstandsmitglieds** wird dieses in seiner Eigenschaft als PR-Mitglied ebenfalls von einem Ersatzmitglied nach § 27 vertreten. Die Vertretung als Vorstandsmitglied muss entweder von Fall zu Fall oder allgemein in der Geschäftsordnung geregelt werden. Wegen der Vertretung des Vorsitzenden s. § 29 Abs. 1 Satz 2.

II. Zuwahl von Mitgliedern in den Vorstand (Abs. 2)

11 **Zweck.** Nach Abs. 2 „kann" der PR aus seiner Mitte mit der Mehrheit der Stimmen aller Mitglieder zwei weitere Mitglieder in den Vorstand wählen. Durch die Zuwahl können gerade große PR dem Umfang der diesen übertragenen Aufgaben Rechnung tragen und die Arbeitskraft des Vorstands zur Führung der laufenden Geschäfte verstärken.

12 **Voraussetzungen.** Anders als nach der vor dem ÄG 2013 geltenden Rechtslage (§ 33 a. F.) ist die Zuwahl von Ergänzungsmitgliedern in den Vorstand nicht mehr von einer Mindestgröße des PR abhängig (nach früherer Rechtslage ab einer Größe von elf Mitgliedern). Somit wird die Zuwahl auch kleineren PR ermöglicht. Die Zuwahl steht im **pflichtgemäßen Ermessen** des PR. Bei großen PR dürfte sich das Ermessen allerdings zu einer **Zuwahl-Pflicht** verdichten, um die Arbeitsfähigkeit des Vorstands bei erhöhter Aufgabenlast zu sichern.

13 **Reihenfolge.** Die **Zuwahl** nimmt der **PR in seiner Gesamtheit aus seiner Mitte** vor (anders als bei Abs. 1 Satz 3 nicht die einzelnen Gruppen), und zwar grundsätzlich erst **nach** der Wahl des Vorstands und nach der Bestimmung des Vorsitzenden und ggf. des Stellvertreters des Vorsitzenden. Die einzuhaltende Reihenfolge spiegelt den Vorrang des Gruppenprinzips bei der Vorstandsbildung wider (vgl. BVerwG, 19.8.2010 – 6 PB 10.10 – ZfPR online 2010, Nr. 11, 8–9). Die Wahl der Ergänzungsmitglieder findet aber grundsätzlich ebenso in der konstituierenden Sitzung statt.

14 **Vorsitzender.** Der PR ist zunächst bei der Bestimmung des Vorsitzenden und ggf. des Stellvertreters des Vorsitzenden auf die nach Abs. 1 Satz 3 gewählten Vorstandsmitglieder beschränkt. Den nach Abs. 2 zugewählten Vorstandsmitgliedern können nur dann diese Ämter durch Wahl übertragen werden, wenn nach Abs. 1 Satz 3 gewählte Vorstandsmitglieder nicht zur Verfügung stehen (BVerwG, 13.6.1957 – II CO 3.56 – BVerwGE 5, 118 = ZBR 1957, 407; VGH München, 22.12.1982 – 17 C 82 A. 1851 – PersV 1984, 416 = ZBR 1984, 55).

15 **Minderheitenschutz.** In seinem freien Ermessen bei der Wahl der weiteren Vorstandsmitglieder ist der PR durch Abs. 2 Satz 2 eingeschränkt, der einen weiteren Minderheitenschutz enthält und dem Willen der Wähler Rechnung trägt, indem eine starke Wählerminderheit zwingend auch im Vorstand vertreten wird. Wenn nicht bereits nach Abs. 1 Satz 3 ein PR-Mitglied, das aus dem Wahlvorschlag gewählt worden ist, der die zweitgrößte Zahl aller von den

wahlberechtigten Beschäftigten der Dienststelle abgegebenen Stimmen erhalten hat, zum Vorstandsmitglied gewählt worden ist, ist der PR verpflichtet, eines der nach Abs. 2 Satz 1 zu wählenden Mitglieder aus den PR-Mitgliedern dieses Wahlvorschlags zu wählen.

16 **Wahlvorschlag.** Abs. 2 Satz 2 weicht insoweit von § 33 Satz 2 BPersVG ab, als er **keine Mindestzahl** der für den Wahlvorschlag abgegebenen Stimmen vorschreibt und außerdem den Begriff „Wahlvorschlag" anstelle des im Personalvertretungsrecht nicht gebräuchlichen Ausdrucks „Listen" verwendet und damit klarstellt, dass nur die einzelnen Wahlvorschläge (§ 12 WO), nicht etwa bei Gruppenwahl die unter einem gleichen Kennwort (§ 12 Abs. 7 WO) oder einer gleichen Bezeichnung für mehrere Gruppen abgegebenen Wahlvorschläge, gemeint sind (vgl. VGH Mannheim, 22.1.1991 – 15 S 1681/90 – PersR 1992, 39; a. A. Altvater u.a § 33 Rn. 4).

17 **Zahl der Stimmen.** Die Zahl der für einen Wahlvorschlag abgegebenen Stimmen ist die Summe der gültigen Stimmen, die die auf dem Wahlvorschlag zur Wahl gestellten Bewerber erhalten haben. Dazu gehören auch die Stimmen, die dem einzelnen Bewerber unter Verwendung des Stimmzettels eines anderen Wahlvorschlags im Wege des Panaschierens zugewendet worden sind.

18 **Keine verfassungsrechtlichen Bedenken.** Es gibt kein die Gestaltungsfreiheit des Gesetzgebers einengendes Verfassungsgebot, bei der Wahl zum PR-Vorstand den **Minderheitenschutz** ausschließlich über die Grundsätze der Verhältniswahl zu berücksichtigen, auch wenn der PR nach diesen Grundsätzen gewählt wurde. Verfassungsrechtliche Bedenken gegen Satz 2 bestehen daher nicht (BVerwG, 27.9.1990 – 6 P 23.88 – PersV 1991, 266 = PersR 1991, 25; BVerfG, 5.12.1990 – 2 BvR 1528/90 – juris).

19 **Keine Annahmepflicht.** Eine Pflicht zur Annahme eines Vorstandsamtes besteht für die PR-Mitglieder nicht. Lehnen alle Mitglieder der zweitstärksten Liste mit Ausnahme eines Mitglieds das Amt des Vorstandsmitglieds ab, dann bleibt dem PR keine andere Wahl, als dieses Mitglied in den erweiterten Vorstand aufzunehmen. Die „Wahl" beschränkt sich in diesem Fall auf die schlichte Aufnahme dieses einen Mitglieds in den erweiterten Vorstand, ohne dass es dazu einer Mehrheitsentscheidung des PR bedarf (vgl. BVerwG, 19.8.2010 – 6 PB 10.10 – ZfPR online 2010, Nr. 11, 8–9).

20 **Keine nachträgliche Ungültigkeit.** Der Übertritt eines nach Abs. 2 Satz 2 gewählten Ergänzungsmitglieds zu einem Verband, der einen anderen Wahlvorschlag getragen hat, führt nicht zur nachträglichen Ungültigkeit der Wahl zum Vorstandsmitglied (BVerwG, 12.6.1984 – 6 P 13.83 – BVerwGE 69, 311 ff. = PersV 1986, 162).

21 **Wahlverfahren.** Über das Wahlverfahren ist nichts gesagt, insb. ist – ebenso wie beim Vorstand nach Abs. 1 – geheime Wahl nicht vorgeschrieben.

22 **Absolute Mehrheit.** Seit dem ÄG 2013 genügt für die Zuwahl der Ergänzungsmitglieder nicht mehr die einfache Stimmenmehrheit. Vielmehr bedarf es der

absoluten Mehrheit, d. h. der Mehrheit der Stimmen aller Mitglieder des PR (nicht nur der Anwesenden).

23 **Rechte und Pflichten.** Die Vorstandsmitglieder werden grundsätzlich bis zum Ende der Amtszeit des Personalrats gewählt. Sie sind vollberechtigte Vorstandmitglieder, die hinsichtlich ihrer Aufgaben die **gleichen Rechte und Pflichten** haben wie die durch die Gruppen bestimmten Vorstandsmitglieder (Ilbertz-Widmaier § 33 Rn. 7). Das Amt eines Vorstandsmitglieds kann vorzeitig enden, insb., wenn das Vorstandsmitglied sein Amt nach § 25 Abs. 1 Nr. 2 niederlegt. Ferner ist die **Abberufung** der zugewählten Vorstandsmitglieder durch den PR jederzeit in einer ordnungsgemäß einberufenen Sitzung ohne besondere Begründung durch Beschluss des Personalrats möglich, der mit einfacher Mehrheit der Stimmen der anwesenden Vertreter der betreffenden Gruppen zu fassen ist (BVerwG, 23.10.1970 –VII P 5.70 – PersV 1971, 140).

III. Gleichberechtigung (Abs. 3)

24 **Gleichberechtigung.** Mit dem ÄG 95 wurde auch für den Vorstand die **geschlechteranteilige Besetzung** als Soll-Bestimmung vorgeschrieben (Abs. 3). Vgl. hierzu die Erl. zu § 11 Abs. 1. Die Umsetzung in der Praxis wird allerdings durch die aus dem Gruppenprinzip abgeleiteten zwingenden Vorschriften in Abs. 1 Satz 2 und Satz 3 erschwert, wonach jede Gruppe eine von den anderen Gruppen unabhängiges Wahlgremium bildet und nur ein Vorstandsmitglied wählen kann.

IV. Geschäftsführung (Abs. 4)

25 **Geschäftsführung.** Der **Vorstand führt die laufenden Geschäfte** zur gesamten Hand mit gleichen Rechten und Pflichten. Abs. 4 Satz 1 ist insoweit zwingend. Dies schließt nicht aus, einzelne Aufgaben zur federführenden Vorbereitung auf einzelne Vorstandsmitglieder aufzuteilen. Abs. 4 Satz 2 stellt darüber hinaus klar, dass der Vorstand zur Erledigung laufender Geschäfte auch andere Mitglieder des PR heranziehen kann.

26 **Geschäftsverteilung.** Über die Geschäftsverteilung innerhalb des Vorstands ist ggf. vom gesamten PR zu entscheiden (VGH München, 17.9.1992 – 17 P 92.1614 – ZBR 1993, 279 = PersR 1993, 384). Die Bestellung eines besonderen **„Geschäftsführers“** ist dann fehlerhaft, wenn damit die in erster Linie zur Erledigung der laufenden Geschäfte berufenen Vorstandsmitglieder ausgeschaltet werden sollen. Zur Bildung von **Ausschüssen** s. § 35.

27 **Laufende Geschäfte.** Zu den „laufenden Geschäften“ i. S. v. Abs. 4 gehören insb. die Vorbereitung und Durchführung der Beschlüsse des PR, vorbereitende Verhandlungen, Einholung von Auskünften, Entgegennahme von Anregungen, Vorschlägen und Anträgen des Dienststellenleiters und der Beschäftigten, Abhaltung von Sprechstunden, Ausarbeitung und Beschaffung der für die Beratung und Beschlussfassung des PR erforderlichen Unterlagen sowie die Fertigung von Entwürfen für die Entscheidungen des PR, ferner die Erledigung aller

verwaltungsmäßigen und technischen Arbeiten, die sich aus der Tätigkeit des PR ergeben (vgl. BVerwG, 13.2.2012 – 6 PB 19.11 – PersR 2012, 172).

Keine laufenden Geschäfte. Nicht zu den laufenden Geschäften gehört „jedenfalls die Erledigung von Angelegenheiten, die vom Gesetzgeber zum Gegenstand einer Beschlussfassung des PR gemacht werden“ (BVerwG, 20.3.1959 – VII P 8.58 – BVerwGE 8, 214 = PersV 1959, 187). Dies sind insb. alle der Mitbestimmung oder der Mitwirkung unterliegenden personellen und sozialen Angelegenheiten (BVerwG, 11.10.1972 – VII P 2.72 – BVerwGE 41, 30 = PersV 1973, 48; VGH Kassel, 22.5.1974 – BPV TK 3/74 – PersV 1975, 65). 28

Weitere Aufgaben. Über die laufenden Geschäfte hinaus kann der PR weitere Befugnisse auf den Vorstand übertragen. S. hierzu den mit ÄG 2013 eingeführten § 36. 29

§ 29 Vorsitz

(1) [1]Der Personalrat bestimmt, welches Vorstandsmitglied nach § 28 Absatz 1 den Vorsitz übernimmt. [2]Das Vorstandsmitglied der anderen Gruppe übernimmt den stellvertretenden Vorsitz, es sei denn, der Personalrat bestimmt dazu mit Zustimmung der Vertreter dieser Gruppe ein anderes Mitglied aus seiner Mitte. [3]Ist nur eine Gruppe im Vorstand vertreten, bestimmt der Personalrat aus seiner Mitte ein Mitglied, das den stellvertretenden Vorsitz übernimmt.

(2) [1]Der Vorsitzende vertritt den Personalrat im Rahmen der von diesem gefassten Beschlüsse. [2]In Angelegenheiten, die nur eine Gruppe betreffen, vertritt der Vorsitzende, wenn er nicht selbst dieser Gruppe angehört, gemeinsam mit einem der Gruppe angehörenden Vorstandsmitglied den Personalrat.

Vorbemerkung. § 29, der vor dem ÄG 2013 die Absätze 2 und 3 des § 32 a. F. bildete, gilt für den GesamtPR (§ 54 Abs. 4), die Stufenvertretungen (§ 55 Abs. 3) und den AusbildungsPR (§ 53 Abs. 3) entsprechend, nicht dagegen für die JAV, die GesamtJAV und die StufenJAV (vgl. § 62 Abs. 5, § 66 Abs. 3). 1

I. Vorsitzender und Stellvertreter (Abs. 1)

1. Bestimmung. Den **Vorsitzenden** bestimmt der **ganze PR nach** der Wahl der Vorstandsmitglieder durch die Gruppenvertreter nach § 28 Abs. 1. 2

Keine Gruppenangelegenheit. Die Abstimmung über den PR-Vorsitz stellt keine Gruppenangelegenheit dar (BVerfG, 19.12.1994 – 2 BvL 8/88 – BVerfGE 91, 367 = PersV 1995, 168 = PersR 1995, 165). Eine Abstimmung über die Person des Vorsitzenden dürfte auch dann erforderlich sein, wenn wegen des Verzichts des anderen Vorstandsmitglieds nur ein Bewerber übrig bleibt („Der PR bestimmt.“). 3

2. Stellvertretender Vorsitzender. Das Vorstandsmitglied der anderen Gruppe ist kraft Gesetzes sein Stellvertreter, es sei denn der PR bestimmt mit Zustimmung der Vertreter der Gruppe, der die Stellvertretung an sich zusteht (notwen- 4 dig ist die Mehrheit der Gruppenmitglieder), ein anderes Mitglied des PR aus seiner Mitte zum stellvertretenden Vorsitzenden. Er kann also sowohl ein nach § 28 Abs. 2 zugewähltes Vorstandsmitglied zum stellvertretenden Vorsitzenden bestimmen (eine Bestimmung zum Vorsitzenden ist für zugewählte Vorstandsmitglieder nur möglich, wenn die nach § 28 Abs. 1 Satz 3 von den Gruppenvertretern gewählten beiden Vorstandsmitglieder verzichten; BVerwG, 9.2.1962 – VII P 2.61 – BVerwGE 13, 341 = PersV 1962, 229; VGH München, 5.2.2003 – 17 P 02.3215 – PersV 2004, 60), als auch ein nicht dem Vorstand angehörendes PR-Mitglied.

5 **Umfang der Vertretungsbefugnis.** Soweit ein nicht dem Vorstand angehörendes Mitglied des PR die Stellvertretung des Vorsitzenden übernimmt, beschränkt sich die Vertretungsbefugnis auf die Funktionen im Amt des Vorsitzenden und umfasst nicht dessen Funktionen als Vorstandsmitglied (z. B. nach § 36).

6 **Geschäftsführungsakt.** Die Bestimmung des Vorsitzenden und seines Stellvertreters ist keine Wahl im eigentlichen Sinne, sondern ein Geschäftsführungsakt, der in Form eines Beschlusses des PR zu treffen ist und wie alle Beschlüsse mit **einfacher Mehrheit** der anwesenden PR-Mitglieder i. S. d. § 34 ergeht (BVerwG, 3.8.1983 – 6 P 15.81 – PersV 1985, 69 = ZBR 1984, 128). § 37 ist nicht anwendbar. Bei **Stimmengleichheit** ist wie bei der Wahl der Vorstandsmitglieder der Vorsitzende per Los zu bestimmen, wobei zuvor auch die Durchführung eines **zweiten Wahlgangs** in Betracht kommt (VG Stuttgart, 4.6.2008 – PL 22 K 4503/07 – juris).

7 **Abberufung des Vorsitzenden.** Der PR kann den Vorsitzenden (mit einfacher Mehrheit) **jederzeit abberufen,** jedoch nur in dieser Eigenschaft. Für den Stellvertreter gilt dies nur in Verbindung mit dem Vorsitzenden oder der Abberufung als Vorstandsmitglied, da insoweit eine gesetzliche Regelfolge besteht, es sei denn, der PR hat ohnehin ein anderes Mitglied aus seiner Mitte zum Stellvertreter bestimmt. Der PR kann auch mit Zustimmung der Gruppe, die bisher den Stellvertreter stellt, jederzeit ein anderes PR-Mitglied zum Stellvertreter bestimmen.

8 **Abberufung der Vorstandsmitglieder.** Als Vorstandsmitglieder kann den Vorsitzenden und seinen Stellvertreter bzw. seine Stellvertreter jedoch nur die Gruppe abberufen, die sie gewählt hat, nicht der PR. Der Beschluss (einfache Mehrheit) bedarf keiner Begründung und ist nur beschränkt gerichtlich nachprüfbar (BVerwG, 23.10.1970 – VII P 5.70 – BVerwGE 36, 174 = PersV 1971, 141 = ZBR 1971, 123).

9 **3. Satz 3.** Besteht der Vorstand nur aus einem Mitglied (d. h. es ist nur die Gruppe der Beamten oder Arbeitnehmer im PR vertreten), bestimmt der PR mit einfacher Mehrheit den stellvertretenden PR-Vorsitzenden aus seiner Mitte.

II. Aufgaben des Vorsitzenden (Abs. 2)

10 **1. Vertretung des PR.** Zu den **Aufgaben des Vorsitzenden** gehören insb. die in § 29 Abs. 2 (Vertretung des PR), § 30 Abs. 1 und 3 (Anberaumung von Sitzungen), § 30 Abs. 1 Satz 2 (Tagesordnung und Leitung der Verhandlung), § 31

Abs. 2 (Tagesordnung), § 32 Abs. 3 (Mitteilungen), § 38 Abs. 1 Satz 2 (Unterzeichnung der Niederschrift), § 50 Abs. 1 Satz 2 (Einladung zur und Leitung der Personalversammlung) und § 71 Abs. 6 (Begehung der Dienststelle) aufgeführten Funktionen. Zur Vertretung im personalvertretungsrechtlichen Beschlussverfahren vor dem Verwaltungsgericht vgl. die Erl. zu § 92.

Im Rahmen der PR-Beschlüsse. Da der Vorsitzende die Aufgabe hat, den PR **im Rahmen der von diesem gefassten Beschlüsse zu vertreten** (Abs. 2 Satz 1), spricht die Vermutung dafür, dass **Erklärungen des Vorsitzenden** durch einen Beschluss des PR gedeckt sind (Ilbertz-Widmaier § 32 Rn. 27). Die Dienststelle darf auf die Richtigkeit der Erklärungen des Vorsitzenden des PR vertrauen, sie aber nicht „unbesehen" zur Grundlage ihrer Entscheidungen machen, wenn sie begründete Zweifel in tatsächlicher oder rechtlicher Hinsicht hat. Ein eigenmächtiges Abweichen des Vorsitzenden von den Beschlüssen des PR ist ein Pflichtverstoß i. S. v. § 24 Abs. 1 (vgl. OVG Lüneburg, 5.11.1974 – POVG B 3/74 – PersV 1976, 61 = PersR 1976, 349). 11

Vollzugsorgan. Der Vorsitzende ist kein Vertreter im Willen i. S. v. §§ 164 ff. BGB; er vertritt den PR in der Erklärung. Ihm steht kein eigenes Entscheidungsrecht zu; er ist lediglich Sprachrohr und Vollzugsorgan (BVerfG, 19.12.1994 – 2 BvL 8/88 – BVerfGE 91, 367 = PersV 1995, 168 = PersR 1995, 165). 12

2. Gruppenangelegenheiten. Abs. 2 Satz 2 schränkt die Vertretungsbefugnis des Vorsitzenden des PR dahin ein, dass ihm die **Vertretung in Angelegenheiten, die nur eine Gruppe betreffen,** nur gemeinsam mit einem dieser Gruppe angehörenden Vorstandsmitglied zukommt, es sei denn, er ist selbst Angehöriger dieser Gruppe oder für diese Gruppe nach § 12 Abs. 2 gewählt. Befinden sich in einem nach § 28 Abs. 2 ergänzten Vorstand mehrere Mitglieder einer Gruppe, so ist vor den nach § 28 Abs. 2 zugewählten Vorstandsmitgliedern das nach § 28 Abs. 1 Satz 3 gewählte Vorstandsmitglied zur Vertretung in den Gruppenangelegenheiten heranzuziehen. Ist eine Gruppe im PR (§ 11 Abs. 5) oder im Vorstand nicht vertreten, so kommt die Vertretung des PR in Angelegenheiten dieser Gruppe dem Vorsitzenden allein zu. 13

Unwirksamkeit. Erklärungen des PR, bei denen die zwingenden Bestimmungen des Abs. 2 nicht beachtet worden sind, **bei denen insbesondere die vorgeschriebene Mitbeteiligung des Gruppenvertreters fehlt, sind unwirksam** (BVerwG, 14.7.1986 – 6 P 12.84 – ZBR 1986, 312 = PersV 1987, 199; BVerwG, 21.4.1992 – 6 P 8.90 – PersR 1992, 304 = ZBR 1992, 280; Ilbertz-Widmaier § 32 Rn. 36; Altvater u. a. § 29 Rn. 10). 14

§ 30 Anberaumung der Sitzungen

(1) [1]Der Vorsitzende des Personalrats beraumt die Sitzungen an; dabei hat er auf die dienstlichen Erfordernisse Rücksicht zu nehmen. [2]Er setzt die Tagesordnung fest und leitet die Verhandlung. [3]Der Vorsitzende hat die Mitglieder des Personalrats, die Schwerbehindertenvertretung und das von der Jugend- und Auszubildendenvertretung nach § 32 Absatz 4 Satz 1 benannte Mitglied zu

den Sitzungen rechtzeitig unter Mitteilung der Tagesordnung zu laden. [4]Zu den Sitzungen sind ebenso zu laden
1. die weiteren Mitglieder der Jugend- und Auszubildendenvertretung,
2. Beauftragte von Stufenvertretungen,
3. Beauftragte des Gesamtpersonalrats,
4. die Beauftragte für Chancengleichheit,
soweit sie allgemein oder auf Beschluss des Personalrats berechtigt sind, an der Sitzung teilzunehmen.

(2) Der Leiter der Dienststelle ist vom Zeitpunkt der Sitzung unter Mitteilung der Tagesordnung rechtzeitig zu verständigen und zu Tagesordnungspunkten, an denen er teilnehmen soll, zu laden.

(3) [1]Auf Antrag eines Viertels der Mitglieder des Personalrats, der Mehrheit der Vertreter einer Gruppe oder des Leiters der Dienststelle hat der Vorsitzende eine Sitzung anzuberaumen und den Gegenstand, dessen Beratung beantragt wird, auf die Tagesordnung zu setzen. [2]Entsprechendes gilt in Angelegenheiten, die
1. besonders Beschäftigte im Sinne von § 59 betreffen, für die Mehrheit der Mitglieder der Jugend- und Auszubildendenvertretung;
2. schwerbehinderte Beschäftigte besonders betreffen, für die Schwerbehindertenvertretung;
3. besonders die Gleichstellung von Frauen und Männern betreffen, für die Beauftragte für Chancengleichheit.

(4) Der Leiter der Dienststelle oder im Verhinderungsfall eine von ihm beauftragte Person nimmt an den Sitzungen, die auf sein Verlangen anberaumt sind, und an den Sitzungen, zu denen er ausdrücklich eingeladen ist, teil.

(5) [1]Der Personalrat kann von Fall zu Fall beschließen, dass Beauftragte von Stufenvertretungen und Beauftragte des Gesamtpersonalrats berechtigt sind, mit beratender Stimme an einer Sitzung teilzunehmen. [2]In diesem Fall kann die Ladung zur Sitzung nach Absatz 1 auch kurzfristig erfolgen.

1 **Vorbemerkung.** § 30 gilt für den GesamtPR (§ 54 Abs. 4), die Stufenvertretungen (§ 55 Abs. 3) und den AusbildungsPR (§ 58 Abs. 3) entsprechend. Wegen der Sitzungen der JAV, der GesamtJAV und der StufenJAV vgl. § 63 Abs. 5 und § 66 Abs. 3. Teilweise ist § 30 zudem auf die Arbeitsgemeinschaften anwendbar (§ 56 Abs. 3 Satz 3).

2 **Konstituierende Sitzung.** Die **erste (konstituierende) Sitzung** des PR wird durch den Wahlvorstand einberufen. Genaueres ist seit dem ÄG 2013 nicht mehr in § 30 Abs. 1 geregelt, sondern in § 19. Siehe daher die dortigen Erläuterungen.

I. Anberaumung und Ladung (Abs. 1)

3 **1. Anberaumung.** Nach der konstituierenden Sitzung kann **nur der Vorsitzende des PR Sitzungen anberaumen**, nicht etwa ein anderes Mitglied oder der Dienststellenleiter, grundsätzlich auch wenn der Vorsitzende trotz Antrags gemäß Abs. 3 nicht tätig wird; in diesem Fall verletzt er seine Pflicht (vgl. hierzu § 24). In einem solchen Fall wird der PR jedoch das Recht zur Selbstversammlung haben, um seine Aufgaben wahrnehmen zu können. Voraussetzung ist,

dass alle Mitglieder zusammenkommen und mit der Anberaumung der Sitzung einverstanden sind (Lorenzen u. a. § 34 Rn. 9; Ilbertz-Widmaier § 34 Rn. 13). Ansonsten bestimmt das LPVG nicht, in welchem **zeitlichen Abstand** die Sitzungen stattfinden. Dies hat der Vorsitzende nach pflichtgemäßem Ermessen entsprechend der Dringlichkeit der anfallenden Vorgänge zu entscheiden (Ilbertz-Widmaier § 34 Rn. 12).

Dienstliche Belange. Bei der Anberaumung der Sitzungen ist nach Abs. 1 Satz 1 Hs. 2 auf die dienstlichen Erfordernisse **Rücksicht** zu nehmen. Die Sitzungen finden in der Regel während der Arbeitszeit statt (§ 32 Abs. 1). 4

2. Tagesordnung. Nach Abs. 1 Satz 2 setzt der Vorsitzende die Tagesordnung fest und leitet die Sitzung. In die Tagesordnung hat der PR-Vorsitzende alle Angelegenheiten aufzunehmen, „die sich aus der Erfüllung der gesetzlichen Aufgaben der Personalvertretung ergeben" (BVerwG, 29.8.1975 – VII P 2.74 – BVerwGE 49, 144 = ZBR 1976, 124 = PersV 1976, 385). 5

Inhalt der Tagesordnung. In der Tagesordnung sind die **Beratungsgegenstände** so **klar zu bezeichnen**, dass sich die PR-Mitglieder hinreichend auf die Beratung vorbereiten können (BVerwG, 29.8.1975 – VII P 2.74 – BVerwGE 49, 144 = ZBR 1976, 124 = PersV 1976, 385). Es genügt bspw. nicht die Angabe als Tagesordnungspunkt „Behandlung von Mitbestimmungsfällen nach § 74 bzw. § 75 LPVG" oder „Verschiedenes". Vielmehr ist genau anzugeben, um welche konkrete Personalangelegenheit es sich handelt (z. B. „Beförderung von Frau Muster zur Amtsrätin zum 1.8.2015"). 6

Informationen. Den PR-Mitgliedern müssen die gleichen **Unterlagen** zur Verfügung stehen, wie sie dem Vorstand vorliegen (VGH Kassel, 9.4.1980 – BPV TK 15/78 – PersV 1982, 376). Einen Anspruch darauf, dass diese Unterlagen in Abschrift mit der Tagesordnung versandt werden, besteht nicht, ebenso wenig ein Recht, vor der Sitzung Einsicht in Akten oder Unterlagen zu nehmen; gesetzlich vorgesehene Informationsquelle ist die PR-Sitzung (BVerwG, 29.8.1975 – VII P 2.74 – BVerwGE 49, 144 = ZBR 1976, 124 = PersV 1976, 385). Der PR-Vorsitzende ist verpflichtet, in der Sitzung umfassend zu informieren und Auskunft zu geben (BVerwG, 19.7.1994 – 6 P 12.92 – PersV 1995, 77 = PersR 1994, 518). 7

Leitung. Der Vorsitzende leitet die PR-Sitzung. So erteilt er beispielswiese das Wort, leitet die Abstimmungen, stellt die Anwesenheit und die Beschlussfähigkeit fest, übt im Sitzungsraum das Hausrecht aus etc. (vgl. Altvater u. a. § 34 Rn. 12). 8

3. Ladung. Zu den Sitzungen sind die PR-Mitglieder und stets die in Abs. 1 Satz 3 aufgeführten weiteren Teilnahmeberechtigten (Schwerbehindertenvertretung § 32 Abs. 5, JAV-Mitglied § 32 Abs. 4 Satz 1) so **rechtzeitig** zu laden, dass ihnen noch ausreichend Zeit bleibt, sich auf die einzelnen Punkte der Tagesordnung, die ihnen mit der Ladung übermittelt werden muss, entsprechend vorzubereiten und nötigenfalls eine vorherige Besprechung mit ihrer Gruppe durchführen zu können. Eine bestimmte Form der Ladung und der 9

Übermittlung der Tagesordnung ist nicht vorgeschrieben. Näheres über die Form und den Zeitpunkt der Ladung sowie über die Form der Tagesordnung kann in der Geschäftsordnung des PR bestimmt werden (§ 39).

10 **Verspätete Tagesordnung.** Wird ein Punkt der **Tagesordnung nicht rechtzeitig** den PR-Mitgliedern bekannt gegeben, so kann darüber nur dann im PR beschlossen werden, wenn alle Mitglieder erschienen und mit der Beschlussfassung einverstanden sind (BVerwG, 10.10.1957 – II CO 1.57 – BVerwGE 5, 263 = ZBR 1957, 413; VGH München, 4.2.2004 – 18 P 03.692 – PersV 2004, 308 = ZfPR 2004, 198).

11 **4. Ladung weiterer Teilnahmeberechtigten.** Abs. 1 Satz 4 bestimmt, welche weiteren Personen zu den Sitzungen des PR zu laden sind, namentlich die weiteren Mitglieder der JAV, Beauftragte von Stufenvertretungen, Beauftragte des GesamtPR und die Beauftragte für Chancengleichheit. Die Ladung erfolgt allerdings nur, soweit diese Personen nach anderen Vorschriften des LPVG allgemein (vgl. etwa § 32 Abs. 4 Satz 2, Abs. 6) oder auf Beschluss des PR berechtigt sind, an der Sitzung teilzunehmen.

II. Ladung des Dienststellenleiters (Abs. 2)

12 **Ladung des Dienststellenleiters.** Nach Abs. 2 ist der Dienststellenleiter vom Zeitpunkt der Sitzung rechtzeitig und unter Mitteilung der Tagesordnung zu verständigen und zu Tagesordnungspunkten, an denen er teilnehmen soll, zu laden. Die Information des Dienststellenleiters entspricht dem Grundsatz der vertrauensvollen Zusammenarbeit von PR und Dienststelle. Die Ladung des Dienststellenleiters in bestimmten Fällen korrespondiert mit seinem in Abs. 4 normierten Teilnahmerecht.

III. Antrag auf Anberaumung von Sitzungen und Aufnahme in die Tagesordnung (Abs. 3)

13 **1. Anberaumung auf Antrag.** Nach Abs. 3 können bestimmte Personen bzw. Personengruppen den Vorsitzenden zwingen, eine Sitzung anzuberaumen und den Gegenstand, dessen Beratung beantragt wird, auf die Tagesordnung zu setzen. Der Antrag muss einen bestimmten Gegenstand benennen, der beraten werden soll (Ilbertz-Widmaier § 34 Rn. 34). Eine bestimmte Form des Antrags ist nicht vorgeschrieben. Sie muss es allerdings dem Vorsitzenden ermöglichen, die Erfüllung der Antragsvoraussetzungen zu überprüfen.

14 **Antragsberechtigte.** Die **Aufzählung der Personen in Abs. 3**, die die Anberaumung einer PR-Sitzung und die Aufnahme eines bestimmten Beratungspunktes in die Tagesordnung dieser Sitzung erzwingen können, **ist erschöpfend.** Andere Personen, einzelne Mitglieder des PR und die in der Dienststelle vertretenen Gewerkschaften können nur entspr. Anregungen zur Tagesordnung geben oder Wünsche äußern, eine Behandlung bestimmter Themen aber nicht erzwingen. Antragsberechtigt sind nach Abs. 3 Satz 1 ein Viertel der Mitglieder des PR, die Mehrheit der Vertreter einer Gruppe und der Leiter der Dienststelle.

15 **2. Weitere Antragsberechtigte in bestimmten Angelegenheiten.** Durch Abs. 3 Satz 2 wird der Kreis der Antragsberechtigten erweitert, allerdings mit der weiteren Voraussetzung, dass die Belange der von ihnen vertretenen Personen „besonders betroffen“ sind. Unter dieser Voraussetzung antragsberechtigt sind die Mehrheit der Mitglieder der JAV und die Schwerbehindertenvertretung. Gleiches gilt für die Beauftragte für Chancengleichheit, die seit dem ÄG 2013 nur noch in Angelegenheiten antragsberechtigt ist, die besonders die Gleichstellung von Frauen und Männern betreffen. Das früher vorgesehene Antragsrecht des Vertrauensmannes der Zivildienstleistenden wurde aus dem Gesetz gestrichen, da es seit Aussetzung der Wehrpflicht zum 1.7.2011, die auch den Wegfall des Zivildienstes zur Folge hatte, ohnehin ins Leere ging. Dem Sprecher der Freiwilligen nach § 10 Bundesfreiwilligendienstgesetz (vom 28.4.2011, BGBl. I S. 687) hat der Gesetzgeber kein entsprechendes Recht eingeräumt.

IV. Teilnahme des Dienststellenleiters (Abs. 4)

16 **Teilnahmerecht und -pflicht.** Der **Dienststellenleiter** hat das Recht und die Pflicht, an den PR-Sitzungen, die auf sein Verlangen anberaumt worden sind, teilzunehmen. Die unbegründete Ablehnung der Teilnahme an einer sonstigen Sitzung des PR, zu der er ausdrücklich eingeladen wurde, dürfte ein Verstoß gegen die Pflicht zur vertrauensvollen Zusammenarbeit (§ 2 Abs. 1) sein. Der Dienststellenleiter kann sich im Verhinderungsfalle durch eine beauftragte Person vertreten lassen; als solcher wird jedoch nur ein Angehöriger der Dienststelle in Betracht kommen. In der Regel wird es sich um seinen ständigen Vertreter handeln. Er kann auch weitere Beschäftigte (Sachbearbeiter) mitbringen oder schicken, jedoch im Hinblick auf die Nichtöffentlichkeit der Sitzungen nur, wenn der PR mit ihrer Anwesenheit einverstanden ist. Ein Recht, bei der förmlichen Beratung und Beschlussfassung des PR anwesend zu sein, hat der Dienststellenleiter nicht (Ilbertz-Widmaier § 34 Rn. 37 ff.; Altvater u. a. § 34 Rn. 16).

V. Beauftragte von Stufenvertretungen und GesamtPR (Abs. 5)

17 **Im Einzelfall.** Das durch Abs. 5 eröffnete Recht, im Einzelfall **Beauftragte von Stufenvertretungen** (§ 55) und **Beauftragte des GesamtPR** (§ 54) mit beratender Stimme zur Sitzung einzuladen, dient dem Erfahrungsaustausch und ist auf Angelegenheiten beschränkt, für welche die Dienststelle, bei welcher der PR gebildet ist, zuständig ist (a. A. Altvater u. a. § 34 Rn. 17). Vor einem solchen Beschluss müssen die Informationsmöglichkeiten innerhalb der Dienststelle ausgeschöpft werden. Die Einladung kann nicht im Voraus für alle künftigen Sitzungen beschlossen werden, sondern muss auf bestimmte Sitzungen und Tagesordnungspunkte beschränkt sein. Die Beschränkung auf Einzelfälle soll im Hinblick auf die mit der Teilnahme in der Regel verbundenen Kosten (insb. Reisekosten) den Ausnahmecharakter dieser Vorschrift verdeutlichen (LT-Drucksache 11/6312 S. 38). Die Einberufung des PR ist nicht fehlerhaft, wenn die Ladung in diesen Fällen nur kurzfristig erfolgt (Abs. 5 Satz 2).

§ 31 Gemeinsame Aufgaben von Personalrat, Richterrat und Staatsanwaltsrat

(1) Sind an einer Angelegenheit sowohl der Personalrat als auch der Richterrat oder der Staatsanwaltsrat beteiligt, so teilt der Vorsitzende dem Richterrat oder dem Staatsanwaltsrat den entsprechenden Teil der Tagesordnung mit und gibt ihm Gelegenheit, Mitglieder in die Sitzung des Personalrats zu entsenden (§ 30 des Landesrichter- und -staatsanwaltsgesetzes).

(2) [1]Der Vorsitzende des Personalrats hat auf Antrag des Richterrats oder des Staatsanwaltsrats oder des Leiters der Dienststelle eine Angelegenheit, deren Beratung beantragt ist, auf die Tagesordnung zu setzen. [2]§ 30 Absatz 3 bis 5 gilt entsprechend.

1 **Vorbemerkung.** § 31 regelt das Verfahren für die Beratung und Beschlussfassung über gemeinsame Angelegenheiten von Richterrat oder Staatsanwaltsrat und PR bei Gerichten und Staatsanwaltschaften. Er gilt **nicht** für den GesamtPR (§ 54 Abs. 4), die Stufenvertretungen (§ 55 Abs. 3) und den AusbildungsPR (§ 58 Abs. 3).

I. Gemeinsame Aufgaben (Abs. 1)

2 **Richterrat.** Nach § 15 Nr. 1 LRiStAG werden bei den Gerichten des Landes **Richterräte** für die Beteiligung der Richter an allg. und sozialen Angelegenheiten nach Maßgabe der §§ 20 und 21 LRiStAG eingerichtet. Nach § 20 Nr. 2 LRiStAG wird der Richterrat gemeinsam mit dem PR an den in §§ 68, 68a, 70, 71 Abs. 2 Nr. 9, Abs. 3 Nr. 1, 3 bis 18, § 72 Abs. 2 Satz 1 Nr. 2 und 3, Abs. 3 und 4, § 76 Abs. 1 Nr. 1 und 2, § 80 Abs. 1a des LPVG bezeichneten allg. und sozialen Angelegenheiten, die sowohl Richter als auch Bedienstete des Gerichts, für das er gebildet ist, betreffen (gemeinsame Angelegenheiten), beteiligt. Die genannten Vorschriften beziehen sich noch auf die Zählung des LPVG vor dessen Neubekanntmachung vom März 2015. Heute finden sich die entsprechenden Vorschriften in den §§ 70, 71, 74, 75 Abs. 3 Nr. 9, Abs. 4 Nr. 1, 3 bis 18, § 76 Abs. 2 Satz 1 Nr. 2 und 3, Abs. 3 und 4, § 81 Abs. 1 Nr. 1 und 2, § 85 Abs. 2 des LPVG.

3 **Gemeinsame Angelegenheiten.** Als gemeinsame Angelegenheiten können nur solche Regelungstatbestände angesehen werden, die sinnvollerweise – d. h. aus vernünftigen Erwägungen – für die durch den Richterrat Repräsentierten nur in gleicher oder ähnlicher Weise wie für die durch den PR vertretenen Bediensteten geregelt werden können, beide also **unmittelbar berühren.** Der Begriff der Gemeinsamkeit schafft eine feste Klammer, die nicht ohne Gefährdung einer wirksamen und sinnvollen Regelung der Angelegenheit gelöst werden kann (vgl. BVerwG, 14.8.2007 – 6 PB 5.07 – NJW-RR 2007, 1716).

4 **Entsendung in PR.** Zur Beratung und Beschlussfassung über **gemeinsame Angelegenheiten** entsendet der Richterrat nach Maßgabe des § 28 Abs. 2 LRiStAG Mitglieder in den PR, wobei die Zahl der Entsandten zur Zahl der Richter im

gleichen Verhältnis stehen muss wie die Zahl der Mitglieder des PR zur Zahl der wahlberechtigten Beamten und Arbeitnehmer des Gerichts.

Aussetzung eines PR-Beschlusses. Bei der entsprechenden Anwendung des § 37 LPVG (früher: § 40 LPVG) gelten die in den PR entsandten Mitglieder des Richterrats als Vertreter einer Gruppe (§ 28 Abs. 3 LRiStAG), sodass sie die Aussetzung eines Beschlusses des PR über gemeinsame Angelegenheiten bewirken können. 5

Staatsanwaltsrat. Die vorstehenden Erl. gelten entsprechend für die gemeinsame Beratung und Beschlussfassung über gemeinsame Angelegenheiten von **Staatsanwaltsrat** und PR (vgl. auch § 89 Abs. 3 LRiStAG). 6

II. Antrag auf Behandlung (Abs. 2)

Antragsrecht. Auf Antrag des Richterrats, des Staatsanwaltsrats oder des Dienststellenleiters hat der Vorsitzende des PR eine Angelegenheit auf die Tagesordnung zu setzen. 7

Beauftragte von Stufenvertretungen. Mit dem ÄG 95 wurde – wie für den PR – auch für die gemeinsamen Sitzungen nach Abs. 2 Satz 2 zugelassen, dass durch gemeinsamen Beschluss Beauftragte von Stufenvertretungen eingeladen werden können. Gleiches gilt seit dem ÄG 2013 für Beauftragte des GesamtPR. § 30 Abs. 3 bis 5 gilt entsprechend. 8

§ 32 Durchführung der Sitzungen, Teilnahmerechte

(1) Die Sitzungen des Personalrats sind nicht öffentlich; sie finden in der Regel während der Arbeitszeit statt.

(2) Der Personalrat kann ihm zur Verfügung gestelltes Büropersonal zur Erstellung der Niederschrift hinzuziehen.

(3) [1]Auf Antrag eines Viertels der Mitglieder oder der Mehrheit einer Gruppe des Personalrats kann von Fall zu Fall je eine beauftragte Person der im Personalrat vertretenen Gewerkschaften an einer Sitzung beratend teilnehmen. [2]In diesem Fall sind der Zeitpunkt der Sitzung und die Tagesordnung den im Personalrat vertretenen Gewerkschaften rechtzeitig mitzuteilen. [3]Nimmt der Leiter der Dienststelle oder die von ihm beauftragte Person an der Sitzung teil, kann er oder sie einen Vertreter der Arbeitgebervereinigung, der die Dienststelle angehört, hinzuziehen. [4]Personelle und soziale Angelegenheiten einzelner Beschäftigter dürfen nur mit deren vorheriger Einwilligung in Anwesenheit von Beauftragten von Gewerkschaften oder der Arbeitgebervereinigung beraten werden.

(4) [1]Ein Mitglied der Jugend- und Auszubildendenvertretung, das von dieser benannt wird, kann an allen Sitzungen des Personalrats beratend teilnehmen. [2]An der Behandlung von Angelegenheiten, die besonders Beschäftigte im Sinne von § 59 betreffen, kann die gesamte Jugend- und Auszubildendenvertretung teilnehmen; die Mitglieder der Jugend- und Auszubildendenvertretung haben bei Beschlüssen des Personalrats in diesen Angelegenheiten Stimmrecht. [3]Der Vorsitzende des Personalrats soll Angelegenheiten, die besonders

Beschäftigte im Sinne von § 59 betreffen, der Jugend- und Auszubildendenvertretung zur Beratung zuleiten.

(5) Die Schwerbehindertenvertretung kann an allen Sitzungen des Personalrats beratend teilnehmen.

(6) [1]Die Beauftragte für Chancengleichheit kann an den Beratungen des Personalrats von einzelnen Gegenständen auf der Tagesordnung teilnehmen, wenn
1. der Gegenstand auf ihren Antrag auf die Tagesordnung gesetzt wurde oder
2. der Personalrat dies im Einzelfall beschließt.
[2]Sie kann Anregungen zur Behandlung von Angelegenheiten geben, die besonders die Gleichstellung von Frauen und Männern betreffen.

(7) [1]Der Personalrat kann nach vorheriger Unterrichtung des Leiters der Dienststelle sachverständige Personen aus der Dienststelle oder sonstige Auskunftspersonen aus der Dienststelle anhören, soweit dies zur Erfüllung seiner Aufgaben erforderlich ist. [2]Die Teilnahme dieser Personen an Beratung und Beschlussfassung ist nicht zulässig.

(8) [1]Der Personalrat kann nach vorheriger Unterrichtung des Leiters der Dienststelle in Mitbestimmungsangelegenheiten zu personellen Einzelmaßnahmen betroffene Beschäftigte anhören. [2]Absatz 7 Satz 2 gilt entsprechend.

I. Grundsätze für die Durchführung der Sitzungen (Abs. 1)

1 **Nichtöffentlichkeit.** Aus der **Nichtöffentlichkeit** der PR-Sitzungen ergibt sich, dass alle Beratungspunkte wie auch der Gang der Beratung selbst **vertraulich** zu behandeln sind (vgl. auch § 7) und dass an den PR-Sitzungen im Ausgangspunkt nur die Mitglieder des PR teilnehmen können. Ersatzmitglieder dürfen an den PR-Sitzungen nur teilnehmen, wenn sie für ein ausgeschiedenes oder verhindertes PR-Mitglied eingetreten sind (vgl. § 27 Abs. 1). Hiervon kann weder durch – auch nicht durch einstimmigen – Beschluss des PR noch durch die Geschäftsordnung des PR abgewichen werden. Auch die Zulassung der Öffentlichkeit in Einzelfällen ist nicht möglich; die Ausnahmen sind im LPVG abschließend geregelt und bedürfen sowohl hinsichtlich der Personen als auch der Voraussetzungen ihrer Zulassung einer ausdrücklichen gesetzlichen Regelung. Bei den Sitzungen des PR muss daher immer überprüft werden, wer unter welchen Voraussetzungen teilnahmeberechtigt ist.

2 **Zweck.** Die Nichtöffentlichkeit soll die sachliche, freie, durch Druck von außen nicht beeinflusste Willensbildung innerhalb des PR und damit einhergehend die Unabhängigkeit der PR-Mitglieder im Rahmen einer offenen Diskussion sicherstellen (BVerwG, 11.1.2006 – 6 PB 17.05 – PersV 2006, 186 = PersR 2006, 300).

3 **Abstimmungsverhalten.** In der Öffentlichkeit bekannt gegeben werden darf insb. auch nicht das Abstimmungsverhalten eines einzelnen PR-Mitglieds. Dieses kann zwar seinen abweichenden Standpunkt zum gefassten PR-Beschluss öffentlich vertreten, allerdings nur so, dass daraus keine Rückschlüsse auf das Abstimmungsverhalten der anderen PR-Mitglieder gezogen werden können (Ilbertz-Widmaier § 10 Rn. 12 und VGH München, 14.11.2001 – 17 PO 1.1526 – ZfPR 2002, 172).

Ausnahmen. Der Grundsatz der Nichtöffentlichkeit der PR-Sitzungen ist im LPVG mehrmals durchbrochen: 4

§ 30 Abs. 4 und 5:	Teilnahme des Dienststellenleiters und von Beauftragten der Stufenvertretungen und des GesamtPR,
§ 31:	Teilnahme von Mitgliedern des Richterrats oder Staatsanwaltsrats (§ 28 Abs. 1 LRiStAG),
§ 32 Abs. 2:	Anwesenheit von Büropersonal zur Erstellung der Niederschrift,
§ 32 Abs. 3:	Teilnahme von Vertretern der Gewerkschaften und der Arbeitgebervereinigung,
§ 32 Abs. 4:	Teilnahme eines Mitglieds oder aller Mitglieder der JAV,
§ 32 Abs. 5:	Teilnahme der Schwerbehindertenvertretung,
§ 32 Abs. 6:	Teilnahme der Beauftragten für Chancengleichheit in bestimmten Fällen,
§ 32 Abs. 7:	Teilnahme sachverständiger Personen der Dienststelle und sonstiger Auskunftspersonen,
§ 32 Abs. 8:	Anhörung betroffener Beschäftigter.

Referenten. Der Grundsatz der Nichtöffentlichkeit schließt wohl aber nicht aus, dass der **Dienststellenleiter** zu PR-Sitzungen, an denen er nach § 30 Abs. 4 teilnimmt, **Referenten oder Sachbearbeiter** mitbringt. Voraussetzung ist jedoch, dass der PR damit einverstanden ist (Ilbertz-Widmaier § 35 Rn. 4 f.). Sie dürfen jedoch keinesfalls bei der eigentlichen Beratung und der Beschlussfassung anwesend sein. 5

Rechtsfolgen der Verletzung des Gebots der Nichtöffentlichkeit. Ein Verstoß gegen das Gebot der Nichtöffentlichkeit führt grundsätzlich **nicht zur Ungültigkeit** der gefassten Beschlüsse, kann aber zumindest dann nicht ohne Folgen bleiben, wenn der Sinn und Zweck des Gebots nicht mehr erfüllt werden kann. Ein **Beschluss** des PR wird daher als **ungültig** angesehen, wenn Personen in der Sitzung des PR anwesend waren, denen kein Teilnahmerecht zusteht, und wenn nicht ausgeschlossen werden kann, dass der Beschluss ohne die Teilnahme anders ausgefallen wäre (Sächs OVG, 7.4.1998 – PersV 1999, 500; Lorenzen u. a. § 35 Rn. 9). Hierzu müssen hinreichende Anhaltspunkte vorliegen, dass die unberechtigte Teilnahme für das Beratungs- und Beschlussergebnis von Einfluss gewesen ist. 6

Die Zulassung einer Person an einer Personalratssitzung, der kein Teilnahmerecht zusteht, stellt eine **Verletzung der Verschwiegenheitspflicht** des PR nach § 7 Abs. 1 dar, die bei verbeamteten Personalräten als **Dienstvergehen** disziplinarrechtlich geahndet werden kann (vgl. § 7 Rn. 8). Schließlich kann die Verletzung der Verschwiegenheitspflicht zu einer **Strafbarkeit** nach § 203 Abs. 2 Nr. 3 und nach § 353b StGB führen. Wiederholte Verletzung des Gebots der Nichtöffentlichkeit ist als Pflichtverletzung i. S. des § 24 zu betrachten (Ilbertz-Widmaier § 35 Rn. 6).

Sitzungstermine. Sitzungen des PR finden grundsätzlich **während der Arbeitszeit** statt. Nur wenn es aus dienstlichen Gründen unbedingt notwendig ist, kann die Dienststelle gegen die Abhaltung einer Sitzung während der Arbeits- 7 zeit Einwendungen erheben. Aus dem Grundsatz der vertrauensvollen Zusammenarbeit ergibt sich aber die Pflicht des PR-Vorsitzenden, bei der Anberaumung der Sitzungen auf die dienstlichen Erfordernisse Rücksicht zu nehmen (§ 30 Abs. 1 Satz 1). Der Termin sollte so gewählt werden, dass möglichst alle PR-Mitglieder an der Sitzung teilnehmen können, wobei grundsätzlich eine **Teilnahmepflicht** besteht.

8 **Dienstbezüge.** Die Mitglieder des PR erleiden durch die Teilnahme an den Sitzungen keine Einbuße an **Besoldung oder Arbeitsentgelt** (vgl. § 43 Abs. 2 Satz 1). Wenn eine Sitzung außerhalb der Arbeitszeit stattfindet, ist **Dienstbefreiung** in entsprechendem Umfang zu gewähren (§ 43 Abs. 2 Satz 2).

9 **Unterrichtung des Vorgesetzten.** Die Einordnung der PR-Sitzungen in die Arbeitszeit schließt nicht aus, dass die PR-Mitglieder, sofern sie nicht ganz freigestellt sind, vor Verlassen ihres Arbeitsplatzes ihren dienstlichen Vorgesetzten zu unterrichten haben (Lorenzen u. a. § 35 Rn. 11). Dessen Genehmigung benötigen sie jedoch nicht.

II. Protokollführer (Abs. 2)

10 **Protokollführer.** Nach alter Rechtslage durften nicht dem PR angehörende Personen weder als Protokollführer noch als Schreibkraft des Protokollführers an den PR-Sitzungen teilnehmen. Die Hinzuziehung einer solchen Person hätte einen Verstoß gegen die Nichtöffentlichkeit der PR-Sitzung dargestellt. Die Protokollierung musste daher zwingend von einem PR-Mitglied übernommen werden. Dies hinderte dieses Mitglied jedoch möglicherweise, aktiv an den Beratungen des PR teilzunehmen oder verzögerte dadurch die Beratungen (LT-Drucksache 15/4224 S. 103). Seit dem ÄG 2013 ist die Heranziehung von dem PR zur Verfügung gestellten Büropersonals zur Erstellung der Niederschrift (§ 38) kraft Gesetzes erlaubt. Die Heranziehung steht im Ermessen des PR. Der Gesetzgeber ist damit einem praktischen Bedürfnis zum Zwecke der effektiveren PR-Arbeit nachgekommen. Die hinzugezogene Assistenzkraft unterliegt dabei der **Verschwiegenheitspflicht** nach § 7.

III. Teilnahme der Gewerkschaften und Arbeitgebervereinigung (Abs. 3)

11 **1. Teilnahmeberechtigung.** Als Ausnahme von der Nichtöffentlichkeit sieht Abs. 3 unter bestimmten Voraussetzungen Teilnahmerechte von Vertretern der Gewerkschaften und der Arbeitgebervereinigung vor. Nur beauftragte Personen solcher **Gewerkschaften** sind teilnahmeberechtigt, die „unter den Mitgliedern des PR vertreten sind“, d. h. denen mind. ein Mitglied des PR angehört. Gewerkschaften, die zwar mind. ein Mitglied in der Dienststelle, aber nicht unter den PR-Mitgliedern haben, sind nicht teilnahmeberechtigt (anders in § 21 Abs. 1). Zum Begriff der Gewerkschaft s. die Erl. zu § 2.

12 **Eine beauftragte Person.** Nur eine beauftragte Person jeder unter den Mitgliedern des PR vertretenen Gewerkschaften kann teilnehmen. Jede Gewerkschaft

ist in der Auswahl ihres Beauftragten frei. Es kann auch ein Beschäftigter der Dienststelle als beauftragte Person einer Gewerkschaft entsandt werden. Die beauftragte Person braucht nicht der Gewerkschaft, die sie entsendet, anzugehören. Der PR wie auch der Dienststellenleiter können von ihr den Nachweis der Beauftragung durch eine Gewerkschaft verlangen.

Aller vertretenen Gewerkschaften. Es ist nicht zulässig, etwa nur dem Beauftragten einer unter den Mitgliedern des PR vertretenen Gewerkschaft die Teilnahme zu gestatten. Vielmehr muss der Antrag die **Teilnahme** je **einer beauftragten Person aller** unter den Mitgliedern des PR vertretenen Gewerkschaften umfassen (anders § 36 BPersVG). Bei der Einladung ist die Tagesordnung anzugeben, damit eine Vorbereitung möglich ist. 13

Im Einzelfall. Die Entsendung je eines Gewerkschaftsbeauftragten kann nicht im Voraus für alle künftigen PR-Sitzungen beantragt werden. Vielmehr ist der **Antrag nur von „Fall zu Fall"** zulässig, d. h. er muss auf bestimmte Sitzungen und bestimmte Tagesordnungspunkte beschränkt sein. Etwas anderes kann auch nicht durch die Geschäftsordnung des PR bestimmt werden. 14

Schweigepflicht. Die Beauftragten der Gewerkschaften unterliegen der Schweigepflicht (§ 7). 15

Mehrheit einer Gruppe/Viertel der PR-Mitglieder. Die **Mehrheiten nach Satz 1** bestimmen sich nach den Soll-Stärken und nicht nach der Zahl der bei der Antragstellung Anwesenden. Die Zahl der PR-Mitglieder ist durch vier zu teilen und das Ergebnis auf die nächste volle Zahl aufzurunden. Hat ein PR weniger als vier Mitglieder, kann jedes Mitglied den Antrag stellen. Die Mehrheit einer Gruppe ist bereits gegeben, wenn die Gruppe nur einen Vertreter hat (Ilbertz-Widmaier § 36 Rn. 10). Verfügt eine Gruppe über zwei Mitglieder, müssen beide zustimmen. 16

Form und Frist. Für den Antrag ist **keine bestimmte Form vorgeschrieben.** Satz 2 geht davon aus, dass er rechtzeitig vor der Sitzung gestellt wird, denn nur so ist die rechtzeitige Einladung unter Mitteilung der Tagesordnung möglich. Denkbar dürfte in Übereinstimmung mit Lorenzen u. a. (§ 36 Rn. 5) aber auch noch eine Antragstellung in der Sitzung sein. Die Antragsstellung ist in der Sitzungsniederschrift zu vermerken. 17

Kein Ablehnungsrecht. Der Vorsitzende des PR hat dem Antrag zu entsprechen. Der **PR ist nicht berechtigt,** durch einen nach § 34 mit einfacher Stimmenmehrheit seiner anwesenden Mitglieder gefassten Beschluss einen Antrag auf beratende **Teilnahme** je eines Beauftragten der im PR vertretenen Gewerkschaften an einer PR-Sitzung, der zuvor mit der erforderlichen Zahl von PR-Mitgliedern gestellt worden ist, **abzulehnen** (OVG Münster, 8.5.1995 – 1 A 146792.PVL – PersR 1996, 202). 18

Beratende Stimme. Beauftragte der Gewerkschaften haben in den Sitzungen des PR beratende Stimme. Sie nehmen an den Abstimmungen des PR nicht teil, dürfen jedoch dazu Stellung nehmen und Kritik üben. 19

20 **2. Mitteilung an Gewerkschaften und Dienststellenleiter.** Wird ein Antrag nach Satz 1 gestellt, so sind den im PR vertretenen Gewerkschaften der Zeitpunkt der Sitzung und die Tagesordnung rechtzeitig mitzuteilen (Satz 2). Der Dienststellenleiter ist bereits nach § 30 Abs. 2 rechtzeitig von der Sitzung und der Tagesordnung zu unterrichten. Hierbei ist ihm auch mitzuteilen, dass Gewerkschaftsvertreter hinzugezogen werden. Dies gebietet die vertrauensvolle Zusammenarbeit und ermöglicht es dem Dienststellenleiter, sofern er an der Sitzung teilnimmt, einen Vertreter der Arbeitgebervereinigung als Tarifpartner der Gewerkschaften rechtzeitig beizuziehen (LT-Drucksache 15/4224 S. 104).

21 **3. Teilnahme eines Vertreters der Arbeitgebervereinigung.** Einen (nur einen) Vertreter der Arbeitgebervereinigung, der die Dienststelle angehört, kann der Dienststellenleiter oder die von ihm beauftragte Person stets zu den PR-Sitzungen hinzuziehen, an denen er teilnimmt. Er kann ihn aber nicht mit seiner Vertretung beauftragen. In Betracht kommen die Tarifgemeinschaft deutscher Länder und die Vereinigung der kommunalen Arbeitgeberverbände. Auch der Vertreter der Arbeitgebervereinigung hat im PR bloß beratende Stimme wie der Dienststellenleiter und die Beauftragten der in der Dienststelle vertretenen Gewerkschaften.

22 **4. Datenschutz.** Soweit über personelle und soziale Angelegenheiten einzelner Beschäftigter in Anwesenheit der Beauftragten der Gewerkschaft oder der Arbeitgebervereinigung gesprochen werden soll, bedarf es der **vorherigen schriftlichen Zustimmung** der betroffenen Beschäftigten (Satz 4). Das Zustimmungserfordernis dient der Wahrung des Grundrechts der Beschäftigten auf informationelle Selbstbestimmung. Beschäftigte müssen zwar davon ausgehen, dass ihre Angelegenheiten, soweit sie der PR-Beteiligung unterliegen, im PR personenbezogen erörtert werden. Die Hinzuziehung von externen Beauftragten ist ihnen jedoch nicht allgemein transparent, weshalb auf die vorherige schriftliche Zustimmung abzustellen ist (LT-Drucksache 15/4224 S. 104).

IV. Teilnahme der JAV (Abs. 4)

23 **1. Teilnahme eines JAV-Vertreters.** Der JAV muss Gelegenheit gegeben werden, zu **jeder** Sitzung des PR **einen** Vertreter zu entsenden, unabhängig von den Themen auf der Tagesordnung. Es muss ihr deshalb rechtzeitig der Zeitpunkt und die Tagesordnung der Sitzungen des PR mitgeteilt werden (§ 30 Abs. 1 Satz 3). Dies gilt auch für die konstituierende Sitzung (§ 19), wobei die Einladung vom Wahlvorstand vorzunehmen ist.

24 **Bestimmung des Vertreters.** Besteht die JAV aus zwei oder mehr Mitgliedern, so bestimmt sie mit einfacher Mehrheit, wer an den einzelnen Sitzungen teilnehmen soll. Die Entscheidung kann für mehrere Sitzungen, aber auch von Fall zu Fall getroffen werden. In der Regel wird wohl der Vorsitzende der JAV bestimmt werden.

25 **Beratende Stimme.** Der **Vertreter der JAV** nimmt an den Sitzungen des PR mit **beratender** Stimme teil. Er kann zur Sache sprechen und Vorschläge machen.

Er darf sich an der Abstimmung **nicht** beteiligen, muss aber nicht die Sitzung verlassen. Wird der von der JAV benannte Vertreter nicht oder nicht ordnungsgemäß zu den Sitzungen des PR eingeladen, liegt eine **Pflichtverletzung** des PR-Vorsitzenden i. S. des § 24 vor. Die in diesen Sitzungen vom PR gefassten Beschlüsse sind **deshalb aber nicht unwirksam.**

2. Teilnahme der gesamten JAV. Die **gesamte JAV** hat nur **ein Teilnahmerecht** an der Behandlung der Tagesordnungspunkte der einzelnen Sitzungen, **die besonders Beschäftigte im Sinne von § 59 betreffen.** Die Unterscheidung in Angelegenheiten, die „besonders" Beschäftigte i. S. v. § 59 betreffen und solchen, die diese „überwiegend" betreffen, ist mit dem ÄG 95 im Interesse einer intensiveren Teilhabe der Jugendlichen an der PR-Arbeit aufgegeben worden. Seither haben alle Mitglieder der JAV bzw. der GesamtJAV im GesamtPR (in den Fällen des § 91 Abs. 8) bereits in Angelegenheiten Teilnahme- und Stimmrecht, welche die Beschäftigten i. S. v. § 59 nicht nur überwiegend, sondern „besonders" betreffen. 26

Besondere Betroffenheit. Ob eine Angelegenheit die Beschäftigten i. S. v. § 59 besonders betrifft, ist objektiv und in der Regel **von Fall zu Fall** zu beurteilen. Eine besondere Interessenlage der Beschäftigten i. S. v. § 59 ist gegeben, wenn die Angelegenheit ihre bedeutsamen und damit schützenswerten Interessen betrifft, daneben aber ebenso bedeutsame oder noch gewichtigere Interessen der übrigen Beschäftigten oder, bei einer Gruppenangelegenheit, die Angehörigen dieser Gruppe berührt. Darunter fallen insb. Fragen zur **Ausbildung** (Ausbildungsplätze, Ausbildungsgänge, besondere Fortbildungsangebote für Jugendliche) oder zum **Jugendarbeitsschutz.** Dazu gehören auch personelle Einzelmaßnahmen im Zuge der Besetzung von Dienstposten, die einen besonderen Bezug zu den Beschäftigten i. S. v. § 59 haben (z. B. Dienstposten des Ausbildungsleiters). Nicht unter Abs. 4 Satz 2 fällt die Einstellung oder Beförderung von Jugendlichen i. S. v. § 59, da hierbei nicht die Geltendmachung von jugendspezifischen Interessen im Vordergrund steht. 27

Stimmrecht. Das Stimmrecht besteht unabhängig davon, ob über die Angelegenheit der PR nach § 34 Abs. 4 Satz 1 gemeinsam beschließt oder lediglich die Vertreter einer Gruppe nach § 34 Abs. 4 Satz 2 zur Beschlussfassung berufen sind, auch wenn dies in den Fällen des § 34 Abs. 4 Satz 2 zu einer gewissen Einschränkung des Gruppenprinzips führt. Das Abstimmungsverfahren entspricht dem Üblichen nach § 34 Abs. 1, wobei die Stimmen der JAV-Mitglieder uneingeschränkt mitzuzählen sind. 28

Unwirksamkeit bei Nichtbeteiligung. PR-Beschlüsse in Angelegenheiten, die **besonders Beschäftigte im Sinne von** § 59 betreffen, sind **unwirksam,** wenn der JAV nicht ermöglicht wurde, an der Beratung und Abstimmung nach Abs. 4 Satz 2 teilzunehmen (Altvater u. a. § 41 Rn. 5). Nimmt die JAV dagegen aus freien Stücken ihre Beteiligungsrechte nicht wahr, sind die ohne sie gefassten Beschlüsse wirksam (Ilbertz-Widmaier § 40 Rn. 13; Altvater u. a. § 41 Rn. 5). 29

30 **Einspruchsrecht.** Wegen des Einspruchsrechts (**Aussetzungsantragsrechts**) der JAV im Falle einer erheblichen Beeinträchtigung wichtiger Interessen der Beschäftigten i. S. des § 59 siehe § 37.

31 3. **Information.** Mit dem ÄG 95 neu aufgenommen wurde die Aufforderung an den PR, Angelegenheiten, welche besonders Beschäftigte i. S. v. § 59 betreffen, über die sie also mitbeschließen dürfen, der JAV **vorweg zur Vorberatung zuzuleiten.** Die Einhaltung dieser Soll-Bestimmung wird davon abhängen, welche Zeitspielräume vorhanden sind.

V. Teilnahme der Schwerbehindertenvertretung (Abs. 5)

32 **Teilnahmerecht.** Die **Schwerbehindertenvertretung** hat das Recht, an **allen** Sitzungen des PR beratend teilzunehmen (s. a. § 95 Abs. 4 Satz 1 SGB IX). Sie ist deshalb zu allen Sitzungen des PR unter Mitteilung der Tagesordnung zu laden (§ 30 Abs. 1 Satz 3), hat aber – anders als die JAV – auch in Angelegenheiten, die überwiegend Schwerbehinderte betreffen, **kein Stimmrecht.** Jedoch hat auch sie ein eigenes Einspruchsrecht nach § 37 Abs. 1 Satz 1. Das fehlende Stimmrecht der Schwerbehindertenvertretung hat zur Folge, dass sie nur an der Beratung, nicht jedoch an der eigentlichen Beschlussfassung teilnehmen darf. Die Zulassung der Teilnahme der Schwerbehindertenvertretung an der Beschlussfassung des PR stellt eine Verletzung der Verschwiegenheitspflicht der Personalräte dar (vgl. Rn. 1).

33 **Wegfall des Vertrauensmannes.** Das frühere Teilnahmerecht des **Vertrauensmannes der Zivildienstleistenden** in Angelegenheiten, die auch Zivildienstleistende betrafen, (§ 41 Abs. 3 a. F.) ist durch das ÄG 2013 entfallen. Es ging ohnehin seit Aussetzung der Wehrpflicht zum 1.7.2011, die auch den Wegfall des Zivildienstes zur Folge hatte, **ins Leere.** Der Gesetzgeber hat dem Sprecher der Freiwilligen nach § 10 Bundesfreiwilligendienstgesetz (vom 28.4.2011, BGBl. I S. 687) kein entsprechendes Teilnahmerecht eingeräumt.

VI. Teilnahme der Beauftragten für Chancengleichheit (Abs. 6)

34 **Erweitertes Teilnahmerecht.** Durch das ÄG 2013 erhielt die Beauftragte für Chancengleichheit (§§ 16 ff. ChancenG) in Abs. 6 ein erweitertes Teilnahmerecht an PR-Sitzungen. Dieses Recht besteht nach wie vor nicht generell, sondern nur in bestimmten Fällen. Während jedoch ihre Teilnahme zuvor auf solche Fälle beschränkt war, in denen der PR ihre Teilnahme beschlossen hat (vgl. § 41 Abs. 4 Satz 1 a. F., heute § 32 Abs. 6 Satz 1 Nr. 2), kann sie nach der Neuregelung auch dann teilnehmen, wenn ein Gegenstand beraten wird, der auf ihren Antrag auf die Tagesordnung gesetzt wurde (Abs. 6 Satz 1 Nr. 1). Dies sind die Fälle des § 30 Abs. 3 Satz 2 Nr. 3. Vor der Teilnahme an der Sitzung des PR muss geprüft werden, ob und unter welchen Voraussetzungen ein Teilnamerecht der Beauftragten für Chancengleichheit besteht. Soweit in der Praxis die Teilnahme der Beauftragten für Chancengleichheit in allen Sitzungen des PR unabhängig vom Vorliegen der Voraussetzungen des Abs. 6

zugelassen wird, stellt dies eine Verletzung der Verschwiegenheitspflicht der Personalräte dar (vgl. Rn. 1).
In der Sitzung kann die Beauftragte für Chancengleichheit **nur Anregungen** zur Behandlung von Angelegenheiten geben, die besonders die Gleichstellung von Frauen und Männern betreffen (Abs. 6 Satz 2). Ein Stimmrecht besteht nicht.

VII. Anhörung von Auskunftspersonen (Abs. 7)

Auskunftspersonen. Nach dem mit ÄG 2013 neu eingefügten Abs. 7 kann der PR nunmehr ausdrücklich nach vorheriger Unterrichtung des Dienststellenleiters sachverständige Personen und sonstige Auskunftspersonen aus der Dienststelle anhören, soweit dies zur Erfüllung seiner Aufgaben erforderlich ist (Abs. 7 Satz 1). Die Vorschrift dient der Erfüllung des allg. Informationsanspruchs des PR (§ 71). Zu beachten ist, dass es sich lediglich um Auskunftspersonen **aus der Dienststelle** handeln darf. Die notwendige **vorherige Unterrichtung** des Dienststellenleiters erfolgt im Hinblick auf den Grundsatz der vertrauensvollen Zusammenarbeit. 35

Bloße Anhörung. Das Teilnahmerecht an der PR-Sitzung aus Abs. 7 ist zeitlich und sachlich beschränkt. Es beschränkt sich auf eine bloße Anhörung zu einem bestimmten Tagesordnungspunkt. Nach der Anhörung muss die Auskunftsperson die Sitzung wieder verlassen. Satz 2 stellt klar, dass eine weitergehende Teilnahme an der Beratung und Beschlussfassung des PR nicht zulässig ist und damit einen Verstoß gegen den Grundsatz der Nichtöffentlichkeit darstellen würde. 36

VIII. Anhörung Betroffener (Abs. 8)

Betroffene Beschäftigte. Nach Abs. 8 hat der PR die Möglichkeit, in Mitbestimmungsangelegenheiten zu personellen Einzelmaßnahmen betroffene Beschäftigte anzuhören. Diese Möglichkeit war bereits zuvor anerkannt (vgl. Kommentierung § 36 Rn. 6 der 13. Auflage), wurde aber erst durch das ÄG 2013 gesetzlich verankert. Auch in diesem Fall ist der Dienststellenleiter vorab zu unterrichten und der Betroffene von der eigentlichen Beratung und Beschlussfassung des PR ausgeschlossen (Abs. 8 Satz 2 i. V. m. Abs. 7 Satz 2). 37

§ 33 Befangenheit

(1) [1]Ein Mitglied des Personalrats darf weder beratend noch entscheidend mitwirken, wenn die Entscheidung einer Angelegenheit ihm selbst oder folgenden Personen einen unmittelbaren Vorteil oder Nachteil bringen kann:
1. **dem Ehegatten oder dem Lebenspartner nach § 1 des Lebenspartnerschaftsgesetzes,**
2. **einem in gerader Linie oder in der Seitenlinie bis zum dritten Grad Verwandten,**
3. **einem in gerader Linie oder in der Seitenlinie bis zum zweiten Grad Verschwägerten oder als verschwägert Geltenden, solange die die Schwäger-**

schaft begründende Ehe oder Lebenspartnerschaft nach § 1 des Lebenspartnerschaftsgesetzes besteht, oder

4. einer von ihm kraft Gesetzes oder Vollmacht vertretenen Person.

[2]Satz 1 gilt nicht,

1. wenn die Entscheidung nur die gemeinsamen Interessen einer Berufs- oder Beschäftigtengruppe berührt,

2. für Wahlen, die vom Personalrat aus seiner Mitte vorgenommen werden müssen,

3. für Wahlen, die von den Gruppen aus ihrer Mitte vorgenommen werden müssen.

(2) Ein Mitglied des Personalrats darf ferner weder beratend noch entscheidend mitwirken, wenn es die zur Beschlussfassung anstehende Maßnahme als Beschäftigter der Dienststelle vorbereitet oder daran verantwortlich mitgewirkt hat.

(3) [1]Das Mitglied des Personalrats, bei dem ein Tatbestand vorliegt, der Befangenheit zur Folge haben kann, hat dies vor Beginn der Beratung über diesen Gegenstand dem Vorsitzenden mitzuteilen. [2]Ob ein Ausschließungsgrund vorliegt, entscheidet in Zweifelsfällen in Abwesenheit des Betroffenen der Personalrat.

(4) Wer an der Beratung und Entscheidung nicht mitwirken darf, muss die Sitzung verlassen.

(5) Ein Beschluss ist rechtswidrig, wenn bei der Beratung oder Beschlussfassung ein Mitglied trotz Befangenheit mitgewirkt hat.

1 **Vorbemerkung.** § 33 ist im Grundsatz dem § 18 GemO nachgebildet und legt die **Fälle, in denen ein PR-Mitglied an der Beratung und Beschlussfassung des PR nicht teilnehmen darf,** näher fest. Das BPersVG enthält keine entspr. Bestimmung; jedoch wird der Ausschluss befangener PR-Mitglieder auf Bundesebene als Selbstverständlichkeit angesehen (Ilbertz-Widmaier § 37 Rn. 8), da es einem allg. Grundsatz entspricht, dass jemand, der durch eine Maßnahme persönlich betroffen ist, sich in Bezug auf diese Maßnahme jeder Tätigkeit im Rahmen eines objektiven und neutralen Gremiums wie dem PR enthalten muss (vgl. BVerwG, 28.4.1967 – VII P 11.66 – PersV 1968, 110).

2 **Besondere Bedeutung der Vorschrift.** Da ein **Beschluss des PR rechtswidrig** ist, wenn bei der Beratung oder Beschlussfassung der Vorsitzende oder ein PR-Mitglied trotz Befangenheit mitgewirkt hat (Abs. 5), kommt der Vorschrift auch in der Praxis besondere Bedeutung zu. Hierbei ist es unerheblich, ob der Grund der Befangenheit erst nachträglich bekannt wird (Leuze-Wörz-Bieler § 36 a. F. Rn. 23).

I. Mitwirkungsverbot (Abs. 1)

3 **1. Mitwirkungsverbot.** Satz 1 beschreibt diejenigen Fälle, in denen ein Mitwirkungsverbot besteht. Namentlich darf ein PR-Mitglied **weder beratend noch entscheidend** mitwirken, wenn die Entscheidung einer Angelegenheit ihm selbst oder bestimmten, im Folgenden näher umschriebenen Personen einen unmittel-

baren **Vor- oder Nachteil** bringen **kann**. In diesen Fällen geht das Gesetz von einer Befangenheit des PR-Mitglieds aus.

4 **Nr. 1: Ehegatten und Lebenspartner**. Voraussetzung ist, dass die **Ehe oder** die **Lebenspartnerschaft** rechtlich besteht; ob die Ehegatten/Lebenspartner getrennt leben, ist unerheblich. Seit Inkrafttreten des Dienstrechtsreformgesetzes vom 9.11.2010 gelten geschiedene Ehegatten nicht mehr als befangen.

5 **Nr. 2: Verwandte**. Nach § 1589 BGB bestimmt sich der Grad der **Verwandtschaft** nach der Zahl der sie vermittelnden Geburten. Zwischen Verwandtschaft in der geraden oder in der Seitenlinie unterscheidet das Gesetz nicht. Bis zum dritten Grad verwandt sind die Eltern, Großeltern, Urgroßeltern, Kinder, Enkel, Urenkel, Geschwister, Onkel, Tanten, Neffen und Nichten. Cousinen und Cousins sind im vierten Grad miteinander verwandt. Sie fallen daher nicht unter Nr. 2. Mit dem nichtehelichen Kind ist der Vater nach Feststellung der Vaterschaft durch Anerkennung oder gerichtliche Entscheidung verwandt (§§ 1592, 1600d BGB). Durch die Annahme an Kindes Statt (Adoption) wird der Adoptierte zum Verwandten des Adoptierenden. Im Fall der Adoption eines Minderjährigen entsteht auch ein Verwandtschaftsverhältnis des Adoptierten zu den Verwandten des Annehmenden (vgl. § 1754 Abs. 1 BGB). Bei einer Volljährigenadoption tritt dagegen keine Verwandtschaft im Verhältnis des Angenommenen zu den Verwandten des Annehmenden ein (§ 1770 Abs. 1 Satz 1 BGB). Entsprechendes gilt für die Schwägerschaft.

6 **Nr. 3: Verschwägerte**. Schwägerschaft ist das Verhältnis eines Ehegatten zu den Verwandten des anderen Ehegatten. **Als verschwägert gelten** nach § 11 Abs. 2 Satz 1 LPartG auch die Verwandten eines Lebenspartners mit dem anderen Lebenspartner. Die Schwägerschaft dauert zwar nach der Auflösung der sie begründenden Ehe/Lebenspartnerschaft fort (§ 1590 Abs. 2 BGB; § 11 Abs. 2 Satz 3 LPartG). Jedoch bestimmt Nr. 3 seit Inkrafttreten des Dienstrechtsreformgesetzes vom 9.11.2010 ausdrücklich, dass die Befangenheit nur vorliegt, solange die die Schwägerschaft begründende Ehe oder Lebenspartnerschaft besteht. Dies korrespondiert mit der Streichung der geschiedenen Ehegatten aus Nr. 1 der Vorschrift.

7 **Grad der Schwägerschaft.** Der Grad der Schwägerschaft bestimmt sich nach dem Grad der sie vermittelnden Verwandtschaft. Bis zum zweiten Grad ist verschwägert der eine Ehegatte mit den Großeltern, Eltern und Geschwistern des anderen Ehegatten sowie mit dessen Kindern und Enkeln, also mit seinen Stiefkindern und Stiefenkeln. Dagegen sind die von beiden Ehegatten in die Ehe eingebrachten Kinder (die also keinen Elternteil gemeinsam haben) weder miteinander verwandt noch verschwägert. Nicht miteinander verschwägert sind z. B. auch die Ehefrauen zweier Brüder oder die Ehemänner zweier Schwestern.

8 **Nr. 4: Vetretene.** Ein Mitwirkungsverbot besteht auch, wenn der Vor- bzw. Nachteil bei einer vom PR-Mitglied kraft Gesetzes oder Vollmacht vertretenen Person eintreten kann. Diese Voraussetzungen sind z. B. gegeben zwischen Vormund und Mündel (§ 1793 BGB), Betreuer und Betreuten (§ 1902 BGB) oder bei einer Pflegschaft (§ 1915 BGB), aber auch zwischen Rechtsanwalt und

Mandanten oder zwischen dem Beschäftigten und dem von ihm in einer bestimmten Sache Bevollmächtigten.

9 **Unmittelbarer Vor- oder Nachteil.** Sinn und Zweck des § 33 ist es, die Unparteilichkeit und Uneigennützigkeit der Personalvertretung zu sichern. § 33 knüpft an äußere Tatbestandsmerkmale an und unterstellt eine daraus folgende Interessenskollision. Es kommt daher nicht darauf an, ob tatsächlich eine Interessenskollision gegeben ist, es genügt die **Möglichkeit** eines unmittelbaren Vor- oder Nachteils („bringen kann"). Hierzu müssen konkrete Umstände vorliegen, die eine daraus folgende Interessenkollision nahelegen. Der Nachweis einer tatsächlichen Befangenheit ist nicht zu führen; vielmehr muss der mögliche Vor- oder Nachteil, d. h ein **materielles oder ideelles Sonderinteresse rechtlicher, wirtschaftlicher oder anderer Art,** hinreichend wahrscheinlich sein und eine reale Grundlage haben. Für die Beantwortung der Frage, ob ein Vor- oder Nachteil unmittelbar oder mittelbar ist, kommt es darauf an, ob ein individuelles Sonderinteresse oder nur ein allg. Interesse oder ein Gruppeninteresse betroffen ist. Es muss ein individuelles Sonderinteresse tangiert sein, durch das sich die Tätigkeit des PR auf die persönlichen Belange der betreffenden Person zuspitzt und daher zu befürchten ist, dass das PR-Mitglied nicht unvoreingenommen seine gesetzliche Funktion ausüben kann. Von einer Unmittelbarkeit eines Vor- oder Nachteils kann nicht gesprochen werden, wenn die zu treffende Entscheidung lediglich weitere und rechtlich ferner liegende Auswirkungen auf die Rechtsstellung eines Personalratsmitglieds hat. Deshalb ist bei einer Entscheidung des Personalrats über die Zustimmung zur Versetzung eines Personalratsmitglieds zwar das davon betroffene Personalratsmitglied ausgeschlossen, nicht jedoch das Ersatzmitglied, das ggfs. später Mitglied des Personalrats würde (VGH Mannheim, 1.10.1985 – 4 S 2143/84 – VBlBW 1987, 193). Eine unmittelbare Betroffenheit liegt ferner dann nicht vor, wenn der Personalrat über die Freistellung eines Personalratsmitglieds beschließt. Denn außer dem begünstigten Personalratsmitglied sind potentiell alle anderen Personalratsmitglieder, die die Freistellung auch gerne in Anspruch nehmen würden, genauso betroffen.

10 **2. Ausnahmen.** Soweit Entscheidungen nur die gemeinsamen Interessen einer Berufs- oder Beschäftigtengruppe tangieren, liegt nach Abs. 1 Satz 2 kein Befangenheitsgrund vor. Das gleiche gilt für Wahlen, die aus der Mitte des PR oder aus der Mitte einer Gruppe des PR vorgenommen werden.

11 **Nr. 1: Gruppenprivileg.** Ein Ausschluss wegen Befangenheit erfolgt **nicht,** wenn die vom PR vorzunehmende Entscheidung nur die **gemeinsamen Interessen einer Berufs- oder Beschäftigtengruppe** berührt. Das ist der Fall, wenn es sich um kollektive Interessen von Personenmehrheiten dreht, die sich nach gemeinsamen örtlichen, beruflichen, wirtschaftlichen oder sozialen Interessen abgrenzen lassen. Nur individuelle, nicht kollektive Interessen sollen einen Ausschlussgrund bilden. Dieses sog. **Gruppenprivileg** findet sich auch im Kommunalrecht (vgl. § 18 Abs. 3 GemO).

12 **Nr. 2 und Nr. 3: Wahlen.** Die Befangenheitsvorschriften gelten darüber hinaus **nicht für Wahlen.** Dies gilt für Wahlen, die der PR aus seiner Mitte vornehmen muss und für solche, die die Gruppen aus ihrer Mitte vornehmen müssen.

II. Mitwirkungsverbot bei vorherigem Tätigwerden (Abs. 2)

13 **Vortätigkeit.** Abs. 2 ist als Mitwirkungsverbot durch das ÄG 2013 hinzugefügt worden. Danach darf ein PR-Mitglied auch dann nicht mitwirken, wenn es die zur Beschlussfassung anstehende Maßnahme als Beschäftigter der Dienststelle vorbereitet oder daran verantwortlich mitgewirkt hat. Es handelt sich um eine Folgeänderung zu § 9 Abs. 2 Satz 2 n. F. und der darin erfolgten Zulassung der Wählbarkeit für Beschäftigte, welche nicht ständig selbstständige Entscheidungen in Personalangelegenheiten treffen oder vorbereiten, wenn Personalangelegenheiten nur einen untergeordneten Teil der Gesamtaufgaben des Beschäftigten ausmachen. Die Zulassung der Wählbarkeit soll durch den Ausschluss wegen Befangenheit ausgeglichen werden. Der Ausschluss gilt jedoch nicht nur in Personalangelegenheiten, sondern auch in anderen Angelegenheiten, welche die Dienststelle in den PR einbringt und an der der Betreffende mitgewirkt hat. Die Anhörung als sachverständige Person aus der Dienststelle nach § 32 Abs. 7 wird dadurch nicht ausgeschlossen (zum Ganzen LT-Drucksache 15/4224 S. 105).

III. Verfahren (Abs. 3)

14 **1. Selbstanzeige.** Liegen Umstände vor, die Befangenheit zur Folge haben können, müssen diese vom PR-Mitglied dem Vorsitzenden mitgeteilt werden, bevor mit der Beratung des entsprechenden Gegenstandes begonnen wird. Da in **Zweifelsfällen** allein der PR entscheidet, müssen auch Umstände offenbart werden, die das PR-Mitglied nicht für ausreichend erachtet, um den Tatbestand der Befangenheit zu begründen.

15 **2. Entscheidung über Mitwirkungsverbot.** In klaren Fällen eines Mitwirkungsverbots bedarf es keiner ausdrücklichen Entscheidung des PR. In Zweifelsfällen muss der PR aber ausdrücklich entscheiden. Das betroffene PR-Mitglied ist an der Mitwirkung bei dieser Entscheidung gehindert, auch wenn er sich selbst nicht für befangen hält. Die Beschlussfassung über das Mitwirkungsverbot erfolgt in seiner Abwesenheit.

IV. Folgen (Abs. 4 und Abs. 5)

16 **Verhaltenspflichten.** Ein Mitglied des PR, das an einer Angelegenheit nicht mitwirken darf, hat die **Sitzung zu verlassen.** Das Mitwirkungsverbot gilt nur für die konkrete Angelegenheit, für die Gründe i. S. v. Abs. 1 oder 2 vorliegen. An den übrigen Tagesordnungspunkten kann das PR-Mitglied noch bzw. wieder teilnehmen.

17 **Rechtsfolge.** Wirkt ein PR-Mitglied mit, obwohl es befangen ist, so ist der gefasste Beschluss **rechtswidrig und unwirksam** (vgl. § 34 Rn. 9). Nach BVerwG (19.10.2015 – 5 P 11.14 – DÖV 2016, 353) gilt dies unabhängig davon, ob tatsächlich Befangenheit vorliegt oder nicht, da mit einem Ausschluss bereits dem „bösen Schein" einer Befangenheit vorgebeugt werden soll. In dem vom BVerwG entschiedenen Fall wurde in einem Auswahlverfahren

über eine beabsichtigte personelle Einzelmaßnahme dem Personalrat eine Auswahlentscheidung mit dem Ersuchen um Zustimmung unterbreitet. Ein Mitglied des Personalrats hatte sich zuvor selbst in diesem Auswahlverfahren beworben und anschließend bei der Personalratsentscheidung mitgewirkt. Hierzu hat das BVerwG festgestellt, dass dieses Personalratsmitglied mit Blick auf das Gebot der Unbefangenheit von der Teilnahme an der Beratung und Beschlussfassung des Personalrats über die Mitbestimmungsvorlage auch dann ausgeschlossen ist, wenn es von der Auswahlentscheidung nicht begünstigt wird. Es ist hierbei unerheblich, ob es tatsächlich befangen ist. Die Feststellung der Rechtswidrigkeit kann im gerichtlichen Beschlussverfahren begehrt werden. Ferner ist der Beschluss, einen Antrag auf Ausschluss von PR-Mitgliedern zu stellen, unwirksam, wenn an der Beratung und Beschlussfassung die auszuschließenden PR-Mitglieder mitgewirkt haben (VGH Mannheim, 23.2.1996 – PL 15 S 3328/94 – IÖD 1996, 154 = ZBR 1997, 30 (LS)). § 33 Abs. 5 enthält keine Regelung für den Fall, dass ein vermeintlich zu Unrecht für befangen angesehenes Personalratsmitglied von der Beschlussfassung ausgeschlossen wurde, ohne dass tatsächlich ein Befangenheitsgrund vorlag. Nach VG Karlsruhe kann in diesem Fall nicht von einer Rechtswidrigkeit der Beschlussfassung des Personalrats ausgegangen werden (19.6.2015 – PL 12 K 3112/14 – PersV 2015, 463). Denn anders als im Kommunalrecht, für das der Gesetzgeber mit der Gesetzesnovelle vom 7.6.1977 (GBl. S. 173) entschieden hat, dass auch der Ausschluss eines Gemeinderatsmitglieds ohne Vorliegen eines Befangenheitsgrundes zur Rechtswidrigkeit des Gemeinderatsbeschlusses nach § 18 Abs. 6 Satz 1 GemO führt, hat er diese Rechtsfolge in das LPVG und dessen nachfolgenden Änderungen bewusst nicht übernommen. Daher ist ein Rückgriff auf die kommunalrechtliche Regelung nicht zulässig.

§ 34 Beschlussfassung

(1) [1]Die Beschlüsse des Personalrats werden mit einfacher Stimmenmehrheit der anwesenden Mitglieder gefasst. [2]Bei Stimmengleichheit ist ein Antrag abgelehnt.

(2) Der Personalrat ist nur beschlussfähig, wenn mindestens die Hälfte seiner Mitglieder anwesend ist; Stellvertretung durch Ersatzmitglieder ist zulässig.

(3) [1]In einfach gelagerten Angelegenheiten, die durch die Geschäftsordnung nicht anderweitig übertragen sind, kann der Vorsitzende im schriftlichen Umlaufverfahren beschließen lassen, wenn kein Mitglied des Personalrats diesem Verfahren widerspricht. [2]Die nähere Bestimmung einfach gelagerter Angelegenheiten und das Verfahren sind in der Geschäftsordnung zu regeln. [3]Das Ergebnis des Umlaufbeschlusses ist dem Personalrat in der nächsten Sitzung bekanntzugeben.

(4) [1]Die im Personalrat vertretenen Gruppen beraten und beschließen gemeinsam. [2]In Angelegenheiten, die lediglich die Angehörigen einer Gruppe betreffen, beschließen nach gemeinsamer Beratung im Personalrat nur die Vertreter dieser Gruppe, wenn getrennte Beschlussfassung in der Geschäftsordnung allgemein festgelegt ist oder im Einzelfall die Mehrheit der Vertreter dieser Gruppe die alleinige Beschlussfassung beantragt.

Vorbemerkung. § 34 gilt für den GesamtPR (§ 54 Abs. 4), die Stufenvertretungen (§ 55 Abs. 3 mit Modifikationen für das Umlaufverfahren), den AusbildungsPR (§ 58 Abs. 3) und – obwohl nicht ausdrücklich geregelt – auch für die JAV, die GesamtJAV und die StufenJAV (Lorenzen u. a. § 37 Rn. 3) entsprechend. 1

I. Beschlussfassung durch einfache Stimmenmehrheit (Abs. 1)

1. Stimmenmehrheit. Die Vorschrift bestimmt, unter welchen Voraussetzungen der PR wirksame Beschlüsse fassen kann. Erforderlich ist die **Mehrheit der anwesenden Mitglieder** des PR (sog. einfache Mehrheit). Die Beschlüsse und die Stimmenmehrheit sind in der Niederschrift zu dokumentieren (vgl. hierzu § 38). 2

Ordnungsgemäße Sitzung. Beschlüsse können nur in einer **ordnungsmäßig einberufenen** Sitzung (§ 30) gefasst werden. An der **Beschlussfassung** dürfen nur die in der Sitzung anwesenden PR-Mitglieder sowie die Ersatzmitglieder, die für ein ausgeschiedenes oder verhindertes Mitglied in den PR eingetreten sind (§ 27), mitwirken. 3

Anwesenheit. Die (körperliche) Anwesenheit muss **bei der Beschlussfassung** gegeben sein. Es genügt nicht, dass die Anwesenheit nur beim Beginn der Sitzung oder nur bei der Beratung des Punktes der Tagesordnung, über den beschlossen werden soll, besteht. Dagegen ist eine zeitweilige Abwesenheit bei der Beratung des Punktes, über den beschlossen werden soll, unerheblich. Schriftliche oder fernmündliche Abstimmung durch Abwesende ist **nicht zulässig** (Altvater u. a. § 38 Rn. 1). Zur (neuen) Möglichkeit der Durchführung eines Umlaufbeschlussverfahrens s. u. die Erläuterungen zu Abs. 3. 4

Keine Abstimmung über Begründung. Die schriftliche Begründung eines Beschlusses bedarf keiner Abstimmung innerhalb des PR (Ilbertz-Widmaier § 37 Rn. 6). 5

Tagesordnung. Beschlüsse, die in einer Sitzung gefasst werden, zu der **nicht rechtzeitig oder ohne Mitteilung der Tagesordnung eingeladen** wurde, sind grundsätzlich unwirksam. Beschlüsse ohne Ankündigung in der Tagesordnung oder ohne vorausgegangene Einladung sind jedoch dann möglich, wenn alle PR-Mitglieder anwesend und mit der Beschlussfassung bzw. Erweiterung der Tagesordnung einverstanden sind (vgl. Ilbertz-Widmaier § 37 Rn. 4). Auch evtl. Teilnahmeberechtigte (§ 32) müssen ggf. anwesend sein (Lorenzen u. a. § 37 Rn. 7). 6

Wiederaufgreifen. Wurde über einen Tagesordnungspunkt Beschluss gefasst, so kann der PR diesen Punkt in derselben Sitzung wiederaufnehmen und anders beschließen. Dies gilt jedenfalls dann, wenn die PR-Mitglieder, die an dem ersten Beschluss mitgewirkt haben, an der Beschlussfassung über das Wiederaufgreifen des Tagesordnungspunktes beteiligt sind (BVerwG, 5.5.1989 – 6 P 13.86 – BVerwGE 82, 52 = PersV 1989, 485 = PersR 1989, 273). 7

8 **Änderung eines Beschlusses.** Der Beschluss einer Personalvertretung **kann aufgehoben oder geändert werden,** solange er noch nicht umgesetzt und nach außen rechtswirksam geworden ist (Ilbertz-Widmaier § 37 Rn. 13; Lorenzen u. a. § 37 Rn. 21). Bemerkt wird, dass die Änderung eines nach außen noch nicht wirksamen Beschlusses nach § 30 Abs. 3 auf Antrag eines Viertels der Mitglieder des PR oder der Mehrheit der Vertreter einer Gruppe auf die Tagesordnung einer neuen PR-Sitzung gesetzt werden müsste und in dieser Sitzung nach § 34 Abs. 1 beschlossen werden könnte. Zur vorübergehenden Aussetzung eines Beschlusses des PR s. § 37.

9 **Rechtswidrigkeit und Unwirksamkeit von Personalratsbeschlüssen bei Verfahrensmängeln.** Ein mit **wesentlichen Verfahrensmängeln behafteter Beschluss** des PR ist **unwirksam.** Die Frage, ob und unter welchen Voraussetzungen rechtswidrige Beschlüsse des Personalrats nichtig sind, ist im LPVG nicht geregelt. Nach BVerwG (19.10.2015 – 5 P 11.14 – NZA-RR 2016, 166) können hierzu die Regelungen des § 43 Abs. 3, § 44 VwVfG zwar nicht unmittelbar, jedoch ihre verfahrensrechtliche Grundsätze herangezogen werden (so auch Kopp, VwVfG Komm. § 44 Rn. 6). Hiernach sind rechtswidrige Beschlüsse des Personalrats dann als **nichtig** und unwirksam anzusehen, wenn sie unter einem besonders schwerwiegenden Fehler leiden, der bei verständiger Würdigung aller in Betracht kommenden Umstände offensichtlich ist. Dies ist insb. bei der **Mitwirkung eines befangenen Mitglieds** bei der Beratung oder Beschlussfassung des Personalrats nach § 33 Abs. 5 der Fall, da dies einen Verstoß gegen das § 20 Abs. 1 Satz 1 VwVfG zugrundeliegende Gebot der Unbefangenheit und des damit einhergehenden Grundsatzes, dass niemand „Richter in eigener Sache" sein darf, darstellt. Weitere Fälle der Unwirksamkeit werden angenommen z. B. bei Unzuständigkeit, bei Mitwirkung eines (früheren) Mitglieds, dessen Amt erloschen ist, bei Fehlen der Beschlussfähigkeit, bei Verstoß gegen die Ladungsvorschrift des § 30 Abs. 1 Satz 3.

10 **Verwaltungsgerichtliches Verfahren.** Über Streitigkeiten hinsichtlich der Verfahrensweise entscheiden die Verwaltungsgerichte nach § 92 Abs. 1 Nr. 3. Bei der inhaltlichen Überprüfung hat das Gericht das **Ermessen** des PR zu berücksichtigen.

11 **Keine Rechtswidrigkeit der mitbestimmungsbedürftigen Maßnahme.** Verfahrensmängel, die die Unwirksamkeit eines PR-Beschlusses nach sich ziehen, bewirken dagegen **nicht,** dass die **Maßnahme des Dienststellenleiters,** die bspw. der Mitbestimmung des PR unterliegt, rechtswidrig und für den Betroffenen anfechtbar ist; denn die Verletzung des § 34 fällt nicht in die Sphäre des Dienststellenleiters und die Beteiligung des PR dient **nicht in erster Linie Individualinteressen,** sondern vornehmlich dem Wohl aller Beschäftigten (VGH Mannheim, 21.9.2007 – 4 S 2131/07 – IÖD 2008, 180).

12 **Art der Abstimmung.** Um Missverständnisse zu vermeiden, muss die zur Abstimmung gestellte Fragestellung so eindeutig wie möglich formuliert sein. Über die **Art** der Abstimmung (Handzeichen oder Zuruf, offen oder geheim etc.) entscheidet der PR oder die zur Beschlussfassung berufene Gruppe (Abs. 4),

nicht aber der Vorsitzende. Die Art der Abstimmung kann in der Geschäftsordnung geregelt werden.

Qualifizierte Mehrheit. Die (qualifizierte oder absolute) Mehrheit aller Mitglieder des PR – nicht nur der anwesenden – ist erforderlich für den Beschluss des Rücktritts des PR nach § 23 Abs. 1 Nr. 3, die Wahl von Ergänzungsmitgliedern des Vorstandes nach § 28 Abs. 2 Satz 1 und für den Beschluss über den Erlass einer Geschäftsordnung nach § 39. 13

2. Stimmengleichheit. Da einfache Stimmenmehrheit der Anwesenden gefordert wird, ist bei Stimmengleichheit ein **Antrag abgelehnt** (Satz 2). Es gibt also keinen Stichentscheid des Vorsitzenden. **Stimmenenthaltung** wirkt sich daher praktisch als Ablehnung aus (Ilbertz-Widmaier § 37 Rn. 11; Lorenzen u. a. § 37 Rn. 16; OVG Magdeburg, 25.4.2001 – SL 12/00 – PersV 2002, 81 = PersR 2001, 485). 14

II. Beschlussfähigkeit (Abs. 2)

Feststellung. Bei der Feststellung der **Beschlussfähigkeit** des PR, die der Vorsitzende vornimmt, ist von der Zahl der Mitglieder des PR auszugehen, wie sie sich aus § 10 ergibt. Können jedoch für ausgeschiedene PR-Mitglieder Ersatzmitglieder nicht nachrücken, weil die betreffende Vorschlagsliste erschöpft ist, bleiben diese Sitze bei der Feststellung der Beschlussfähigkeit außer Betracht. Ebenso bleiben die Sitze außer Betracht, die nicht besetzt werden konnten, weil nicht in ausreichender Zahl Wahlbewerber vorgeschlagen wurden. Dagegen ist ein verhindertes PR-Mitglied, für das ein Ersatzmitglied nicht vorhanden ist, bei Feststellung der Beschlussfähigkeit mitzurechnen, denn seine Mitgliedschaft im PR ist auch bei Verhinderung nicht beendet. Stimmberechtigte Mitglieder der JAV (§ 32 Abs. 4 Satz 2 Hs. 2) oder des Richter- bzw. Staatsanwaltsrats (§ 31) bleiben bei der Feststellung der Beschlussfähigkeit ebenso außer Betracht (Ilbertz-Widmaier § 37 Rn. 10). 15

Anwesenheit bei Abstimmung. Nicht notwendig ist, dass mind. die Hälfte der PR-Mitglieder bei der Beratung anwesend ist. Es kommt nur auf die Anwesenheit bei der Abstimmung an. Ein Mitglied, das wegen Befangenheit an der Beratung und Abstimmung nicht teilnehmen kann, wird bei der Feststellung der Beschlussfähigkeit nicht mitgezählt. Führen PR-Mitglieder die Beschlussunfähigkeit des PR vorsätzlich herbei (z. B. durch unbegründetes Fernbleiben oder durch Verlassen der Sitzung), so kann darin eine grobe Pflichtverletzung liegen, die zum Ausschluss der betreffenden Mitglieder nach § 24 Abs. 1 führen kann. 16

Vertretung durch Ersatzmitglied. Abs. 2 Hs. 2 bedeutet nicht, dass ein Mitglied sich beliebig durch ein Ersatzmitglied vertreten lassen kann. Die Stellvertretung ist nur in Fällen des § 27, d. h. nur bei tatsächlicher Verhinderung des Mitglieds, möglich. Das anwesende Ersatzmitglied wird bei der Feststellung der Beschlussfähigkeit mitgezählt. 17

18 **Erreichbarkeit.** Die ständige Beschlussfähigkeit soll durch die PR-Mitglieder über die neu eingefügten Regelungen über die Erreichbarkeit nach § 39 Abs. 2 sichergestellt werden. Vgl. die Erläuterungen zu § 39.

III. Schriftliches Umlaufverfahren (Abs. 3)

19 **1. Umlaufverfahren.** In Anlehnung an die schon früher für Stufenvertretungen bestehende Möglichkeit (vgl. § 55 Abs. 3 Nr. 5) ist mit dem ÄG 2013 auch für die PR-Beschlüsse die Möglichkeit der Durchführung eines schriftlichen Umlaufverfahrens gesetzlich eingeführt worden. Das Umlaufverfahren wird bei Vorliegen der Voraussetzungen durch den Vorsitzenden veranlasst und dient der Vereinfachung der PR-Arbeit. Die Voraussetzungen hierfür hat der Gesetzgeber jedoch bewusst eng gefasst (LT-Drucksache 15/4224 S. 105).

20 **Widerspruch.** Ein Umlaufverfahren darf nicht durchgeführt werden, wenn **ein Mitglied** des PR dieser Verfahrensweise widerspricht. Sodann ist das Umlaufverfahren abzubrechen und die Angelegenheit auf die Tagesordnung der nächsten Sitzung zu übernehmen.

21 **Zustandekommen des Beschlusses.** Ein Umlaufbeschluss ist zustande gekommen, wenn die Mehrheit der Mitglieder zugestimmt hat. Dies bedeutet indes nicht, dass der weitere Umlauf der Angelegenheit unterbleiben kann, sobald sich mehr als die Hälfte der Unterschriften der PR-Mitglieder auf dem Dokument befinden. Der Beschluss ist **allen** PR-Mitgliedern zuzuleiten. Auch das letzte PR-Mitglied muss noch die Möglichkeit haben, Widerspruch zu erheben und so die Aussprache und persönliche Beschlussfassung in einer PR-Sitzung herbeizuführen.

22 **2. Einfach gelagerte Angelegenheiten.** Das Umlaufverfahren darf nur in einfach gelagerten Angelegenheiten stattfinden, die durch die Geschäftsordnung nicht anderweitig (etwa auf einen Ausschuss nach § 35 Abs. 4 oder den Vorstand nach § 36 Abs. 1) übertragen sind (Satz 1). In der Geschäftsordnung (§ 39) ist die nähere Bestimmung einfach gelagerter Angelegenheiten zu regeln (Satz 2).

23 **Verfahren.** Sofern der PR von der Möglichkeit des Umlaufs Gebrauch machen will, ist auch das nähere Verfahren in der Geschäftsordnung zu regeln. Hierbei sind insb. die datenschutzrechtlichen Vorgaben zu beachten.

24 **3. Ergebnis.** Nach Satz 3 ist das Ergebnis des Umlaufbeschlusses dem PR in der nächsten Sitzung bekanntzugeben. Dies obliegt dem Vorsitzenden, der das Umlaufverfahren in Gang gesetzt hat.

IV. Grundsatz der gemeinsamen Beratung und Beschlussfassung (Abs. 4)

25 **1. Gemeinsame Beratung und Beschlussfassung.** Das Gesetz geht zwar von dem Grundsatz aus, dass die Vertreter der Gruppen (Beamte und Arbeitnehmer) in erster Linie die Gruppeninteressen zu wahren haben, betrachtet aber doch den

öffentlichen Dienst als eine **Einheit**. Daher ist im Grundsatz eine gemeinsame Beratung und Beschlussfassung vorgesehen (Satz 1). Das Gesetz geht seit dem ÄG 2013 davon aus, dass nicht mehr nur gemeinsame Angelegenheiten, sondern auch solche Angelegenheiten, die nur eine Gruppe betreffen, generell gemeinsam beschlossen werden. Der Begriff der gemeinsamen Angelegenheit findet sich im Gesetz nicht mehr. Er dient allerdings weiterhin der Abgrenzung zu den Gruppenangelegenheiten, für die Satz 2 eine Sonderregelung trifft.

2. Getrennte Beschlussfassung. Abweichend von dem Grundsatz der gemeinsamen Beschlussfassung beschließen in Angelegenheiten, die lediglich die Angehörigen einer Gruppe betreffen, nach Satz 2 nur die Vertreter dieser Gruppe (Gruppenprinzip!). Voraussetzung hierfür ist, dass eine getrennte Beschlussfassung in der Geschäftsordnung (§ 39) allgemein festgelegt ist oder im Einzelfall die Mehrheit der Vertreter dieser Gruppe die alleinige Beschlussfassung beantragt. Hierdurch kann der PR seinen örtlichen Gegebenheiten Rechnung tragen. 26

Dennoch gemeinsame Beratung. Auch bei dieser getrennten Beschlussfassung in Gruppenangelegenheiten ist wenigstens eine gemeinsame Beratung im PR vorgeschrieben. Nur die Beschlussfassung kann den Gruppenvertretern vorbehalten werden. 27

Gruppenangelegenheiten. Welche **Angelegenheiten** nur die Angehörigen **einer Gruppe unmittelbar** betreffen, ist im Einzelfall nach dem sachlichen Gegenstand und der Rechtsnatur der Maßnahme zu entscheiden. Durch die zwingende gemeinsame Beratung, wird den mittelbaren Interessen der nicht zum Beschluss berufenen Gruppe hinreichend Rechnung getragen (BVerwG, 21.12.2006 – 6 PB 17.06 – PersR 2007, 169). 28

Abgrenzung. Personalangelegenheiten, die einen einzelnen Beschäftigten betreffen, sind in der Regel Gruppenangelegenheiten, unbeschadet etwaiger Rückwirkungen auf Angehörige anderer Gruppen. Beschlüsse im Rahmen der §§ 47, 48 sind keine Gruppenangelegenheiten. Dgl. gilt für die Bestellung der Fachbeauftragten (§ 75 Abs. 4 Nr. 1); soweit damit allerdings weitere personelle Maßnahmen verbunden sind (z. B. Einstellung, Versetzung), handelt es sich insoweit zusätzlich um eine Gruppenangelegenheit. 29

Keine gemeinsamen Angelegenheiten. Gruppenangelegenheiten sind von den gemeinsamen Angelegenheiten abzugrenzen. Diese liegen vor, wenn alle im PR vertretenen Gruppen unmittelbar betroffen sind. So zählen etwa **soziale Angelegenheiten** in der Regel zu den gemeinsamen Angelegenheiten, da das Interesse einer Gleichbehandlung aller Beschäftigten im Vordergrund steht (Lorenzen u. a. § 38 Rn. 16). Hat die Maßnahme allerdings in erster Linie individuelle Auswirkungen, handelt es sich um eine Angelegenheit derjenigen Gruppe, der der Betroffene angehört (Ilbertz-Widmaier § 38 Rn. 15). 30

Geschäftsführende Beschlüsse. Geschäftsführende Beschlüsse sind in aller Regel gemeinsame Angelegenheiten, wie bspw. die Bestellung des Wahlvorstandes, der Antrag auf Ausschluss eines PR-Mitglieds wegen grober Pflichtverletzung oder die Einberufung einer Personalversammlung. 31

32 **Zusammensetzung des PR.** Die Entscheidung, ob in einem **Wahlanfechtungsverfahren** Beschwerde gegen den Beschluss der Fachkammer für Personalvertretungssachen, durch den im Wege der Wahlberichtigung einer Gruppe ein Sitz entzogen wurde, eingelegt werden soll, ist eine allg. und keine Gruppenangelegenheit. Von der Zusammensetzung des PR sind alle Gruppen gleichmäßig berührt, auch wenn nur die Stärke einer Gruppe streitig ist (OVG Münster, 29.11.1988 – CL 64/87 – ZBR 1990, 159 = PersV 1990, 80).

33 **Status des Beschäftigten.** Bei der Übernahme eines Beschäftigten in eine andere Gruppe (z. B. Arbeitnehmer wird Beamter) handelt es sich um eine Angelegenheit der neuen Gruppe (VGH Mannheim, 23.7.1985 – 15 S 136/85 – PersV 1987, 478). Ebenso kann über die Einstellung oder Höhergruppierung eines Arbeitnehmers unter Inanspruchnahme einer Beamtenstelle die Gruppe der Arbeitnehmer allein entscheiden. Entscheidend ist der Status desjenigen, in dessen Angelegenheit der PR beteiligt ist.

34 **Beschlussfassung durch die Gruppe.** Für die **Entscheidung der Gruppe** ist es unerheblich, in welcher Stärke sie im PR vertreten ist. Für die Beschlussfassung der Gruppe gelten die gleichen Grundsätze wie für den PR, d. h. auch bei Gruppenbeschlüssen muss mind. die Hälfte der Gruppenvertreter anwesend sein. Bei Stimmengleichheit (Patt) gilt entsprechend Abs. 1 Satz 2 die Angelegenheit als abgelehnt. Die Gruppenabstimmung setzt keine Abwesenheit der PR-Mitglieder der anderen Gruppe voraus (Ilbertz-Widmaier § 38 Rn. 8).

35 **Begründung.** Diejenigen Gruppenvertreter, welche eine Angelegenheit ablehnen, sind gehalten, die Begründung für die Ablehnung zu formulieren (Ilbertz-Widmaier § 38 Rn. 8).

36 **Beschluss des PR.** Der Beschluss der Gruppenvertreter ist ein Beschluss des PR; zur Ausführung eines solchen Beschlusses vgl. § 29 Abs. 2 Satz 2.

37 **Anwesenheit.** Ist kein Gruppenvertreter anwesend und ist nicht ein Umlaufverfahren vorgesehen, kann keine Gruppenentscheidung getroffen werden. Die Beschlussfassung muss deshalb ausgesetzt werden. Ist eine **Gruppe im PR überhaupt nicht** (nicht nur in einer einzelnen Sitzung) **vertreten**, beschließt der ganze PR über ihre Angelegenheiten.

§ 35 Ausschüsse des Personalrats

(1) [1]In einem Personalrat mit elf und mehr Mitgliedern kann der Personalrat durch Regelung in der Geschäftsordnung zur Vorberatung seiner Beratungen und Vorbereitung von Beschlüssen aus seiner Mitte höchstens bis zum Ablauf seiner Amtszeit Ausschüsse bilden, in denen jeweils beide Gruppen vertreten sein müssen. [2]Beide Geschlechter sollen im Ausschuss vertreten sein.

(2) Den Vorsitz in den Ausschüssen führt der Vorsitzende des Personalrats, soweit in der Geschäftsordnung des Personalrats nichts anderes bestimmt ist.

(3) [1]Die § 30 Absatz 1, 2 und 4, § 32 Absatz 1, 2 und 4 Satz 1 sowie Absätze 5 bis 8, §§ 33, 34 Absatz 3 Satz 3 sowie Absatz 4 Satz 1 und § 38 gelten entspre-

chend. ²Das Weitere über die Zusammensetzung und das Verfahren regelt die Geschäftsordnung.

(4) ¹Der Personalrat kann seine Befugnisse in einfach gelagerten Mitbestimmungsangelegenheiten und in Mitwirkungsangelegenheiten, mit Ausnahme der Fälle des § 81 Absatz 2, höchstens bis zum Ablauf seiner Amtszeit auf Ausschüsse übertragen. ²In welchem Umfang er die Ausübung seiner Befugnisse übertragen will, ist in der Geschäftsordnung zu bestimmen. ³Für die Beschlussfassung in den Ausschüssen gelten § 32 Absatz 4 Satz 2 und § 34 Absatz 1, 2 und 4 Satz 2 entsprechend. ⁴Der Personalrat ist über die Beschlüsse unverzüglich zu unterrichten.

(5) ¹Eine einem Ausschuss übertragene Angelegenheit ist dem Personalrat zur Beratung und Beschlussfassung vorzulegen, wenn

1. **der Ausschuss die Zustimmung zu einer beabsichtigten Maßnahme verweigern oder Einwendungen gegen eine beabsichtigte Maßnahme erheben will,**
2. **ein Ausschussmitglied einen Beschluss des Ausschusses als eine erhebliche Beeinträchtigung der Interessen der durch das Mitglied vertretenen Gruppe erachtet,**
3. **die Schwerbehindertenvertretung einen Beschluss des Ausschusses als erhebliche Beeinträchtigung wichtiger Interessen der schwerbehinderten Beschäftigten erachtet,**
4. **der Vertreter der Jugend- und Auszubildendenvertretung einen Beschluss des Ausschusses als eine erhebliche Beeinträchtigung wichtiger Interessen der Beschäftigten im Sinne von § 59 erachtet.**

²Die Vorlage an den Personalrat ist der Dienststelle schriftlich mitzuteilen. ³In den Fällen des Satzes 1 verlängert sich die Frist zur Zustimmung oder Erhebung von Einwendungen um eine Woche, soweit mit der Dienststelle nichts anderes vereinbart ist.

I. Bildung von Ausschüssen (Abs. 1)

Ausschüsse. Als weitere Option zur effektiveren Gestaltung der PR-Arbeit besteht für PR mit elf oder mehr Mitgliedern seit dem ÄG 2013 die Möglichkeit, Ausschüsse zu bilden. Hierzu bedarf es einer Regelung in der Geschäftsordnung (§ 39). Die gebildeten Ausschüsse bestehen jeweils bis zum Ablauf der Amtszeit des PR. Ein neu gewählter PR ist daher nicht an vorherige Regelungen gebunden. 1

Zusammensetzung. Die Ausschüsse werden „aus der Mitte des PR" gebildet, d. h. mit PR-Mitgliedern besetzt. Nach Abs. 1 Satz 1 müssen in jedem Ausschuss beide Gruppen vertreten sein. Dies kann jedoch nur gelten, wenn beide Gruppen auch im PR vertreten sind. Nach Abs. 1 Satz 2 sollen beide Geschlechter im Ausschuss vertreten sein. Diese Vorschrift entspricht der Soll-Vorschrift des § 28 Abs. 3. 2

Aufgaben. Die Ausschüsse dienen der **Vorberatung** der Beratungen des PR und der **Vorbereitung** von Beschlüssen des PR. Dies kann gerade bei sehr großen PR mit hohem Arbeitsaufkommen eine bedeutende Entlastung darstellen. In kleinerem Umfang kann der PR auch seine Entscheidungsbefugnisse auf Ausschüsse übertragen. Siehe hierzu die Erläuterungen unten zu Abs. 4. 3

II. Ausschuss-Vorsitz (Abs. 2)

4 **Vorsitz.** Der Vorsitzende des PR führt grundsätzlich auch den Vorsitz in den jeweiligen Ausschüssen. In der Geschäftsordnung des PR (nicht der Ausschüsse!) kann etwas Abweichendes geregelt werden. Eine abweichende Regelung ist insb. dann sinnvoll, wenn mehrere Ausschüsse gebildet werden und der Vorsitzende daher entlastet werden soll. Als Alternative für den Ausschuss-Vorsitz nennt das Gesetz keine bestimmten Personen. Hierbei wird wohl aber insb. – wenn auch nicht zwingend – auf die weiteren Vorstandsmitglieder zurückzugreifen sein.

III. Anwendbare Vorschriften (Abs. 3)

5 **1. Anwendbare Vorschriften.** Die Vorschriften über die Anberaumung von Sitzungen des PR, die Tagesordnung, die zu ladenden Teilnahmeberechtigten (§ 30 Abs. 1 und 2), die Teilnahme des Dienststellenleiters (§ 30 Abs. 4), die Durchführung der Sitzung (§ 32 Abs. 1 und 2), die Teilnahmeberechtigungen (§ 32 Abs. 4 bis 8), die Mitwirkungsverbote bei zu besorgender Befangenheit (§ 33), die Bekanntgabe von Entscheidungen (§ 34 Abs. 3 Satz 3), die gemeinsame Beratung und Beschlussfassung (§ 34 Abs. 4 Satz 1) sowie die Niederschrift (§ 38) gelten für die Ausschüsse entsprechend. Wichtig ist hier insb., dass diejenigen, die zur Teilnahme an den PR-Sitzungen berechtigt sind, auch an den Ausschusssitzungen teilnehmen können.

6 **2. Satz 2.** Das Weitere über die Zusammensetzung der Ausschüsse und das Verfahren regelt die Geschäftsordnung (des PR).

IV. Übertragung von Befugnissen (Abs. 4)

7 **Übertragung.** Abs. 4 ermöglicht es dem PR, seine Befugnisse **in einfach gelagerten Mitbestimmungsangelegenheiten** und in **Mitwirkungsangelegenheiten** auf Ausschüsse zu übertragen (Satz 1). Dies gilt nicht in Fällen des § 81 Abs. 2 (Mitwirkung bei Disziplinarmaßnahmen gegen Beamte und Abmahnungen gegen Arbeitnehmer auf Antrag der Betroffenen). Der Umfang der Übertragung der Befugnisse bestimmt der PR in seiner Geschäftsordnung (Satz 2). Die Übertragung erfolgt allgemein und nicht bezogen auf einen konkreten Mitwirkungs- bzw. Mitbestimmungsfall.

8 **Beschluss des Ausschusses.** Auch bei der Beschlussfassung durch einen Ausschuss ist das Stimmrecht der JAV in Angelegenheiten, die besonders Beschäftigte i. S. v. § 59 betreffen, zu beachten (Satz 3 i. V. m. § 32 Abs. 4 Satz 2). Im Übrigen gelten § 34 Abs. 1 (einfache Mehrheit, Ablehnung bei Stimmengleichheit), § 34 Abs. 2 (Beschlussfähigkeit) und § 34 Abs. 4 Satz 2 (ggf. Trennung nach Gruppen) entsprechend.

9 **Unterrichtung des PR.** Nach Satz 4 ist der PR über die Beschlüsse der Ausschüsse unverzüglich zu unterrichten. Die Unterrichtung ist unabdingbar, da die Beschlüsse nach außen als Beschlüsse des PR wirken.

V. Vorlage an PR (Abs. 5)

Rückübertragung. Um die Verantwortlichkeit des PR als Gesamtgremium zu sichern, ist eine eigentlich dem Ausschuss zur Entscheidung übertragene Angelegenheit dem PR zur Beratung und Beschlussfassung vorzulegen, wenn eine der in Satz 1 genannten Voraussetzungen vorliegt. Die Rückübertragung erfolgt danach, wenn der Ausschuss die Zustimmung zu einer beabsichtigten Maßnahme verweigern oder Einwendungen erheben will (Nr. 1), ein Ausschussmitglied einen Beschluss als eine erhebliche Beeinträchtigung der Interessen der durch ihn vertretenen Gruppe erachtet (Nr. 2), die Schwerbehindertenvertretung einen Beschluss als erhebliche Beeinträchtigung wichtiger Interessen der schwerbehinderten Beschäftigten erachtet (Nr. 3) oder der Vertreter der JAV einen Beschluss als eine erhebliche Beeinträchtigung wichtiger Interessen der Beschäftigten i. S. v. § 59 erachtet (Nr. 4). Der Ausschuss kann demnach nur zustimmende Stellungnahmen abgeben bzw. von einer Stellungnahme gänzlich absehen. 10

Beschluss des PR. Nach erfolgter Rückübertragung beraumt der PR-Vorsitzende eine Sitzung an und setzt die Angelegenheit zur Beratung und Beschlussfassung auf die Tagesordnung (§ 30 Abs. 1). An die vom Ausschuss geäußerte Ansicht ist der PR nicht gebunden. Auch ein PR-Mitglied, das zugleich Mitglied des zunächst zur Entscheidung berufenen Ausschusses ist, ist bei der Abstimmung im PR nicht an seine frühere Stimmabgabe im Ausschuss gebunden. 11

Fristverlängerung. Die Vorlage an den PR ist der Dienststelle schriftlich mitzuteilen (Satz 2). Denn durch die Rückübertragung verlängert sich die Frist zur Zustimmung oder Erhebung von Einwendungen um eine Woche (Satz 3). Hierauf kann sich die Dienststelle nur durch die Mitteilung einstellen. Zwischen der Dienststelle und dem PR kann Abweichendes vereinbart werden (Satz 3 a. E.). 12

§ 36 Übertragung von Befugnissen auf den Vorstand des Personalrats

(1) [1]Der Personalrat kann seine Befugnisse in einfach gelagerten Mitbestimmungsangelegenheiten und in Mitwirkungsangelegenheiten, mit Ausnahme der Fälle des § 81 Absatz 2, höchstens bis zum Ablauf seiner Amtszeit auf den Vorstand übertragen. [2]In welchem Umfang er die Ausübung seiner Befugnisse auf den Vorstand übertragen will, ist in der Geschäftsordnung zu bestimmen.

(2) § 32 Absatz 5, § 34 Absatz 1, 2 und 3 Satz 3 sowie Absatz 4 Satz 2, § 35 Absatz 4 Satz 4 und Absatz 5 Satz 1 Nummer 1 bis 3 sowie Satz 2 und 3 gelten entsprechend.

I. Übertragung auf den Vorstand (Abs. 1)

Übertragung. Bereits vor Einführung des § 36 durch das ÄG 2013 konnte der PR nach § 72 Abs. 8 und Abs. 9 a. F. seine Befugnisse in Mitwirkungsangelegenheiten über die Führung der laufenden Geschäfte hinaus auf den Vorstand übertragen. Mit der Neuregelung in § 36 ist dies nun darüber hinaus auch 1 in einfach gelagerten Mitbestimmungsangelegenheiten möglich. Dem PR steht damit eine weitere Option zur effektiveren Gestaltung seiner Arbeit zur Verfügung. Ob er hiervon Gebrauch macht, steht in seinem Ermessen. Die Übertragung erfolgt auf den gesamten **Vorstand** (§ 28) und nicht auf den Vorsitzenden (§ 29). Die Übertragung ist unabhängig von der Größe des PR.

2 **Umfang.** Die weiteren Vorgaben zur Übertragung von Befugnissen auf den Vorstand nach § 36 decken sich im Wesentlichen mit den Vorschriften zur Übertragung von Befugnissen auf die Ausschüsse nach § 35 Abs. 4 und Abs. 5. Den Umfang der Übertragung hat der PR in seiner Geschäftsordnung allgemein und detailliert zu bestimmen. Sie gilt höchstens bis zum Ablauf seiner Amtszeit. Übertragen werden können lediglich Befugnisse in einfach gelagerten Mitbestimmungsangelegenheiten und in Mitwirkungsangelegenheiten, mit Ausnahme der Fälle des § 81 Abs. 2.

II. Anwendbare Vorschriften (Abs. 2)

3 **Verfahren.** Das weitere Verfahren deckt sich ebenso mit dem im Falle der Übertragung auf Ausschüsse. § 32 Abs. 5 (Teilnahme der Schwerbehindertenvertretung), § 34 Abs. 1 (einfache Mehrheit, Ablehnung bei Stimmengleichheit), § 34 Abs. 2 (Beschlussfähigkeit), § 34 Abs. 3 Satz 3 (Bekanntgabe an PR), § 34 Abs. 4 Satz 2 (ggf. Trennung nach Gruppen), § 35 Abs. 4 Satz 4 (unverzügliche Unterrichtung des PR), § 35 Abs. 5 Satz 1 Nr. 1 bis Nr. 3 (Rückübertragung), § 35 Abs. 5 Satz 2 (Mitteilung an Dienststelle) und § 35 Abs. 5 Satz 3 (Fristverlängerung) gelten entsprechend.

4 **Rückübertragung.** Auch der Vorstand darf damit lediglich zustimmende Stellungnahmen abgeben oder von einer Stellungnahme absehen. Möchte er die Zustimmung zu einer Maßnahme verweigern oder Einwendungen erheben, entscheidet der gesamte PR. Auch bei zu besorgender Beeinträchtigung von Gruppeninteressen und wichtiger Interessen der schwerbehinderten Beschäftigten ist eine Entscheidung durch den gesamten PR sichergestellt. Bei einer von der JAV besorgten Beeinträchtigung wichtiger Interessen der Beschäftigten i. S. v. § 59 erfolgt eine Rückübertragung jedoch, anders als bei einer Zuständigkeit eines Ausschusses (§ 35 Abs. 5 Satz 1 Nr. 4), nicht.

§ 37 Einspruch der Vertreter einer Gruppe, der Beschäftigten im Sinne von § 59 oder der schwerbehinderten Beschäftigten

(1) [1]Erachtet die Mehrheit der Vertreter einer Gruppe, die Mehrheit der Mitglieder der Jugend- und Auszubildendenvertretung oder die Schwerbehindertenvertretung einen Beschluss des Personalrats als eine erhebliche Beeinträchtigung wichtiger Interessen der durch sie vertretenen Beschäftigten, so ist auf ihren Antrag der Beschluss auf die Dauer von einer Woche vom Zeitpunkt der Beschlussfassung an auszusetzen. [2]In dieser Frist soll, gegebenenfalls mit Hilfe der unter den Mitgliedern des Personalrats vertretenen Gewerkschaften, eine Verständigung versucht werden. [3]Bei Aussetzung eines Beschlusses

nach Satz 1 und Unterrichtung der Dienststelle verlängern sich Fristen nach diesem Gesetz um die Dauer der Aussetzung.

(2) [1]Nach Ablauf der Frist ist über die Angelegenheit erneut zu beschließen. [2]Wird der erste Beschluss bestätigt, so kann der Antrag auf Aussetzung nicht wiederholt werden.

1 **Vorbemerkung.** § 37 gilt für den GesamtPR (§ 54 Abs. 4) und die Stufenvertretungen (§ 55 Abs. 3) entsprechend.

I. Einspruch und Aussetzung (Abs. 1)

2 **1. Aussetzungsantrag.** Ein Einspruch bzw. Aussetzungsantrag ist sowohl gegen Beschlüsse, die der PR in seiner Gesamtheit gefasst hat (§ 34 Abs. 4 Satz 1), wie auch gegen Beschlüsse der Gruppenvertreter (§ 34 Abs. 4 Satz 2) **zulässig,** denn auch diese Beschlüsse sind Beschlüsse des PR (BVerwG, 29.1.1992 – 6 P 17.89 – PersV 1992, 426 = PersR 1992, 208). Die Wahl des Vorstands und die Bestimmung des Vorsitzenden sowie ggf. seiner Stellvertreter sind keine Beschlüsse i. S. des § 34 Abs. 1; als Geschäftsführungsakte sind sie Einsprüchen nicht zugänglich (so auch Lorenzen u. a. § 39 Rn. 4; Ilbertz-Widmaier § 39 Rn. 11). Gegen sie ist deshalb ein Aussetzungsantrag unzulässig.

3 **Antragsberechtigte.** Antragsberechtigt ist die **Mehrheit der** dem PR angehörenden **Vertreter einer Gruppe.** Die Mehrheit der bei der Beschlussfassung über den Antrag anwesenden Gruppenvertreter genügt nicht. Es kommt nicht darauf an, wie stark die Gruppe ist und wie viele ihrer Vertreter an der Sitzung teilgenommen haben. Das Antragsrecht ist weder auf die Gruppe beschränkt, deren Mehrheit gegen den Beschluss gestimmt hat, noch auf die Gruppenvertreter, die innerhalb ihrer Gruppe überstimmt worden sind (Ilbertz-Widmaier § 39 Rn. 6; Lorenzen u. a. § 39 Rn. 8). Bei einem Gruppenbeschluss kann auch eine am Beschluss nicht beteiligte Gruppe die Aussetzung beantragen. Wenn eine Gruppe nur einen Vertreter im PR hat, kann dieser den Antrag stellen. Eine Gruppe, die zwei Vertreter hat, kann den Aussetzungsantrag nur einstimmig beschließen.

4 **Weitere Antragsberechtigte.** Antragsberechtigt sind ferner die **Mehrheit der Mitglieder der JAV und die Schwerbehindertenvertretung.** Das Gleiche gilt nach § 28 Abs. 3 LRiStAG bei Gerichten und Staatsanwaltschaften auch für die in den PR entsandten Mitglieder des **Richterrats** bzw. **Staatsanwaltsrats.**

5 **Ersetzung jederzeit möglich.** Selbstverständlich ändert § 37 nichts an der stets bestehenden Möglichkeit des PR, einen Beschluss, der mehrheitlich als unzweckmäßig angesehen wird, durch einen neuen Beschluss aufzuheben oder abzuändern.

6 **Möglichkeit der Interessenbeeinträchtigung.** Der Antrag ist zulässig, wenn die Antragsberechtigten den angegriffenen Beschluss des PR als eine erhebliche Beeinträchtigung wichtiger Interessen der durch sie vertretenen Beschäftigten erachten. Es genügt die Behauptung, dass wichtige Interessen beeinträchtigt

werden; eine Beweispflicht besteht nicht. Der Vorsitzende darf einem Aussetzungsantrag jedoch höchst ausnahmsweise dann nicht entsprechen, wenn sich die Ausübung des Antragsrechts unzweifelhaft als **Rechtsmissbrauch** darstellt (BVerwG, 29.1.1992 – 6 P 17.89 – PersV 1992, 426 = PersR 1992, 208).

7 **Form.** Für den Aussetzungsantrag enthält das Gesetz keine Formvorschriften. Der Antrag, der sich an den PR-Vorsitzenden richtet, kann **formlos**, schriftlich oder mündlich (z. B. zweckmäßigerweise zur Niederschrift in der Sitzung) gestellt werden.

8 **Frist.** Eine ausdrückliche Antragsfrist sieht das Gesetz nicht vor. Der Antrag muss aber **vor Ausführung** des beanstandeten Beschlusses gestellt werden (vgl. Ilbertz-Widmaier § 39 Rn. 13).

9 **Zwingende Aussetzung.** Der Beschluss „**ist** auf die Dauer von **einer Woche** vom Zeitpunkt der Beschlussfassung an auszusetzen". Vor Ablauf von einer Woche darf über die Angelegenheit nicht neu beschlossen werden. Die Wirkungen eines getroffenen Beschlusses sind suspendiert. Die Aussetzungsfrist entspricht seit dem ÄG 2013 der in Bezug auf das Antragsrecht der Schwerbehindertenvertretung vorrangigen Bundesvorschrift § 95 Abs. 4 Satz 2 SGB IX.

10 **2. Verständigung.** Der Grundsatz der vertrauensvollen Zusammenarbeit zwischen Dienststelle und Personalvertretung (§ 2 Abs. 1) sollte in erhöhtem Maße für die Zusammenarbeit innerhalb des PR gelten. Deshalb sollte **zunächst innerhalb des PR eine Verständigung** versucht werden. Die Hilfe (**Vermittlung**) der unter den Mitgliedern des PR vertretenen Gewerkschaften kann von allen Beteiligten, d. h. auch von einem einzelnen PR-Mitglied, angerufen werden. Die entsprechenden Beratungen können auch außerhalb einer förmlichen PR-Sitzung stattfinden. Es sind aber auch andere Verständigungsversuche möglich, z. B. mit Hilfe des Dienststellenleiters.

11 **3. Fristverlängerung.** Im Gegensatz zu § 39 Abs. 1 Satz 3 BPersVG **verlängern sich die durch die Aussetzung eines Beschlusses berührten Fristen um die Zeit der Aussetzung,** d. h. um eine Woche. In Betracht kommen insb. die Fristen in § 76 Abs. 6, § 82 Abs. 4 und § 91 Abs. 3 und 8. Ein Versäumnis dieser Fristen durch den PR gilt als Zustimmung bzw. Billigung der beabsichtigten Maßnahmen (§ 76 Abs. 9 Satz 1, § 82 Abs. 4 Satz 1). Nach Ablauf der Frist kann sie der Dienststellenleiter unverzüglich vollziehen. Es ist daher notwendig, dass der PR den **Dienststellenleiter** von einem Einspruch nach § 37 und der sich daraus ergebenden Fristverlängerung unverzüglich **unterrichtet.** Dies ist nunmehr auch im Gesetz genannte Voraussetzung der Fristverlängerung.

II. Erneute Beschlussfassung (Abs. 2)

12 **1. Erneute Entscheidung.** Nach Ablauf der Frist muss über die Angelegenheit erneut entschieden werden. Zu diesem Zweck hat der Vorsitzende eine förmliche Sitzung unmittelbar vor Ablauf der Aussetzungsfrist anzuberaumen.

2. Keine erneute Aussetzung. Brachte der Verständigungsversuch keine Änderung und wird der ursprüngliche Beschluss bei der erneuten Beschlussfassung bestätigt, kann **nicht noch einmal** ein Aussetzungsantrag gestellt werden. 13

§ 38 Niederschrift

(1) [1]Über jede Verhandlung des Personalrats ist eine Niederschrift aufzunehmen, die mindestens den Wortlaut der Beschlüsse und die Stimmenmehrheit, mit der sie gefasst sind, enthält. [2]Die Niederschrift ist vom Vorsitzenden und einem weiteren Mitglied zu unterzeichnen. [3]Der Niederschrift ist eine Anwesenheitsliste beizufügen, in die sich jeder Teilnehmer eigenhändig einzutragen hat.

(2) [1]Haben der Leiter der Dienststelle, die von ihm beauftragte Person oder Beauftragte von Gewerkschaften an der Sitzung teilgenommen, so ist ihnen der entsprechende Teil der Niederschrift abschriftlich zuzuleiten. [2]Einwendungen gegen die Niederschrift sind unverzüglich schriftlich zu erheben und der Niederschrift beizufügen.

(3) [1]Die Beauftragte für Chancengleichheit, die Schwerbehindertenvertretung, Mitglieder der Jugend- und Auszubildendenvertretung und Beauftragte von Stufenvertretungen und des Gesamtpersonalrats können in die Niederschrift über den Teil der Sitzung Einsicht nehmen, an dem sie teilgenommen haben. [2]Entsprechende Abschriften können gefertigt werden.

Vorbemerkung. § 38 gilt für den GesamtPR (§ 54 Abs. 4), die Stufenvertretungen (§ 55 Abs. 3), den AusbildungsPR (§ 58 Abs. 3), die Ausschüsse (§ 35 Abs. 3), teilweise für die Arbeitsgemeinschaften (§ 56 Abs. 3 Satz 3) und – wenn auch nicht ausdrücklich bestimmt – für die JAV, die GesamtJAV und die StufenJAV entsprechend. 1

I. Anforderungen an die Niederschrift (Abs. 1)

1. Zweck. Die Niederschrift dient der **Dokumentation der wesentlichen Vorgänge** im PR, dem Nachweis des ordnungsgemäßen Geschäftsgangs und des gesetzmäßigen Zustandekommens der PR-Beschlüsse. 2

Sitzungen. Über **alle förmlichen Sitzungen des PR** ist eine **Niederschrift** zu fertigen, die im Original bei den Akten des PR aufzubewahren ist. Nicht notwendig ist eine Niederschrift über sonstige Zusammenkünfte (z. B. Vorberatungen), Besprechungen und Verhandlungen des PR, auch nicht über die vierteljährlichen Besprechungen mit dem Dienststellenleiter nach § 68 Abs. 1 (Lorenzen u. a. § 41 Rn. 3 und § 66 Rn. 11; Wahlers, PersV 1989, 145; a. A. Ilbertz-Widmaier § 41 Rn. 7). Obgleich können auch hier schriftliche Fixierungen der wesentlichen Vorgänge ratsam sein. 3

Frist. Eine Frist, innerhalb derer die Niederschrift anzufertigen ist, sieht das Gesetz **nicht** vor. Es empfiehlt sich jedoch dringend eine **zeitnahe** Anfertigung, um die vollständige und sachlich richtige Dokumentation zu gewährleisten. 4

5 **Vorstandssitzungen.** Die Sitzungen des Vorstands unterliegen in gleichem Maße der Protokollierungspflicht. Gleiches gilt für die Sitzungen der nach § 35 gebildeten **Ausschüsse** (§ 35 Abs. 3).

6 **Inhalt.** In der Niederschrift sind wenigstens der **Wortlaut der gefassten Beschlüsse** und das ihnen zugrunde liegende **Abstimmungsergebnis** (Ja-, Nein-Stimmen, Enthaltungen) zu erfassen. Darüber hinaus sollte auch der **Gang der Beratung** festgehalten werden. Ein Wortprotokoll ist dabei ebenso wenig erforderlich wie, von begründeten Ausnahmen abgesehen, die Aufnahme jeder Äußerung zur Sache oder etwa die Feststellung, wer sich nicht geäußert hat. Bei namentlicher Abstimmung sollte auch festgehalten werden, wie das einzelne PR-Mitglied gestimmt hat. Abgelehnte förmliche Beschlussanträge sind ebenfalls im Wortlaut festzuhalten mit dem Ergebnis der Abstimmung, die zu ihrer Ablehnung geführt hat. Auch über Sitzungen, in denen nur beraten wurde, ist eine Niederschrift zu fertigen.

7 **Datenschutz.** Mit dem ÄG 95 wurde in § 67 Abs. 4 aus Gründen des Datenschutzes bestimmt, dass **personenbezogene Daten** in Niederschriften spätestens am Ende des achten Jahres ab der Speicherung zu löschen sind.

8 **Protokollführer.** Es gehört zu den Aufgaben des **Vorsitzenden**, dafür zu sorgen, dass über jede Sitzung eine Niederschrift geführt wird. Er kann diese Tätigkeit selbst übernehmen oder aber den PR veranlassen, einen Protokollführer aus seiner Mitte für alle Sitzungen im Voraus oder im ständigen Wechsel von Sitzung zu Sitzung zu bestellen. Seit dem ÄG 2013 kann der PR gemäß § 32 Abs. 2 ihm zur Verfügung gestelltes **Büropersonal** zur Erstellung der Niederschrift hinzuziehen. Damit dürfen nunmehr auch bestimmte nicht dem PR angehörende Personen zum Schriftführer bestellt werden. Denkbar ist auch, das Protokoll zu diktieren und im Anschluss von der zur Verfügung gestellten Bürokraft schreiben zu lassen.

9 **Wirksamkeit von Beschlüssen.** Wird **keine Niederschrift** angefertigt, oder weist diese erhebliche Mängel auf, wird dadurch die **Gültigkeit** der Beschlüsse des PR **nicht berührt**, wohl aber ihre **Beweisbarkeit** erheblich erschwert.

10 **2. Unterzeichnung.** Abs. 1 Satz 2 bestimmt nur, dass die Niederschrift vom Vorsitzenden und einem weiteren Mitglied zu unterzeichnen ist. Daraus folgt, dass über die Niederschrift nicht zwingend vom PR zu beschließen ist. Vorsitzender i. S. der Vorschrift ist derjenige, der die Sitzung leitet. Bei Verhinderung muss dies nicht zwingend der eigentliche Vorsitzende des PR nach § 29 Abs. 1 Satz 1 sein.

11 **3. Anwesenheitsliste.** In die der Niederschrift beizufügende Anwesenheitsliste haben sich nicht nur die PR-Mitglieder, sondern auch alle weiteren an der Sitzung teilnehmenden Personen, z. B. der Dienststellenleiter, sein Vertreter oder die von ihm beauftragte Person, Gewerkschaftsvertreter, die Schwerbehindertenvertretung, die Mitglieder der JAV oder die Beauftragte für Chancengleichheit eigenhändig einzutragen.

II. Protokollabschrift und Einwendungen (Abs. 2)

1. Dienststellenleiter/Gewerkschaften. Anspruch auf einen **Auszug** aus der Niederschrift haben nur der Leiter der Dienststelle, die von ihm beauftragte Person und Beauftragte von Gewerkschaften und zwar nur über den Teil der Sitzung, an dem sie teilgenommen haben. Für die Herstellung und Zuleitung ist vom PR-Vorsitzenden zu sorgen. 12

PR-Mitglieder. Keinen entsprechenden Anspruch haben die einzelnen PR-Mitglieder (die Praxis sieht allerdings anders aus). Etwas anderes kann in der Geschäftsordnung des PR festgelegt werden. 13

Einsichtnahme. Die einzelnen PR-Mitglieder haben das Recht der jederzeitigen Einsichtnahme in die Niederschriften; sie können sich auch Abschriften anfertigen. Andere Personen können in die Niederschrift nur zu den Punkten Einsicht nehmen, an denen sie teilgenommen haben (siehe dazu auch Abs. 3). 14

Beschäftigte. Auch einzelne Beschäftigte haben **keinen** solchen Anspruch, auch wenn Angelegenheiten behandelt wurden, die sie betreffen. 15

2. Einwendungen. Nach Abs. 2 Satz 2 sind Einwendungen gegen die Niederschrift **unverzüglich** beim Vorsitzenden des PR zu erheben und, sofern die beiden Unterzeichner diesen stattgeben, die Niederschrift zu **berichtigen**. Sowohl bei einer Berichtigung als auch bei Ablehnung sind die Einwendungen der Niederschrift beizufügen. Bei Berichtigung muss die ursprüngliche Fassung der Niederschrift erkennbar bleiben. In Zweifelsfällen muss der PR über die Einwendungen entscheiden. Um Unsicherheiten zu vermeiden, empfiehlt es sich (wie in der Praxis üblich) die Billigung der Niederschrift regelmäßig auf die Tagesordnung einer der nächsten Sitzungen des PR zu setzen. Die Einwendungen können durch jeden Sitzungsteilnehmer erhoben werden. 16

III. Einsichtnahme (Abs. 3)

1. Recht der Einsichtnahme. Seit dem ÄG 2013 haben auch die Beauftragte für Chancengleichheit, die Schwerbehindertenvertretung, Mitglieder der JAV und Beauftragte von Stufenvertretungen und des GesamtPR das Recht, Einsicht in die Niederschrift zu nehmen. Das Recht beschränkt sich allerdings auf den Teil der Sitzung, an dem diese Personen teilgenommen haben. Es korrespondiert mit den Teilnahme- und Antragsrechten der genannten Personen aus § 30 Abs. 3 und § 32. Wer an der Sitzung teilgenommen hat, soll auch Kenntnis von der Niederschrift erlangen dürfen (LT-Drucksache 15/4224 S. 107). 17

2. Abschrift. Abschriften für die Einsichtnahmeberechtigten können von den entsprechenden Teilen der Niederschrift gefertigt werden. Dies soll aber nach dem Willen des Gesetzgebers nicht die Regel darstellen (LT-Drucksache 15/4224 S. 107). 18

§ 39 Geschäftsordnung

(1) Sonstige Bestimmungen über die Geschäftsführung können in einer Geschäftsordnung getroffen werden, die der Personalrat mit der Mehrheit der Stimmen seiner Mitglieder und in jeder Gruppe mit der Mehrheit der Stimmen der jeweiligen Gruppenmitglieder beschließt.

(2) [1]Hat der Personalrat mindestens fünf Mitglieder, so soll er sicherstellen, dass er an den regelmäßigen Arbeitstagen der für Personalratsbeteiligungen zuständigen Verwaltung der Dienststelle, bei der er eingerichtet ist, für die Einleitung förmlicher Beteiligungsverfahren erreichbar ist. [2]Andere Personalräte sollen die Dienststelle rechtzeitig vorher unterrichten, wenn absehbar ist, dass der Personalrat für mehrere zusammenhängende Arbeitstage nicht erreichbar ist. [3]Personalrat und Dienststelle können für die Dauer der Amtszeit des Personalrats abweichende Vereinbarungen für die Erreichbarkeit treffen.

(3) Die Geschäftsordnung und Änderungen der Geschäftsordnung sind der Dienststelle zur Kenntnis zu geben.

1 **Vorbemerkung.** § 39 gilt für den GesamtPR (§ 54 Abs. 4), die Stufenvertretungen (§ 55 Abs. 3) und den AusbildungsPR (§ 58 Abs. 3) entsprechend; nicht dagegen für die JAV und die GesamtJAV (s. a. Lorenzen u. a. § 42 Rn. 2). Durch das ÄG 2013 ist der Geschäftsordnung eine größere Bedeutung zugemessen worden. Aus Gründen der Rechtssicherheit und Verlässlichkeit für die Dienststelle und andere sollen Verfahrensregelungen in der Geschäftsordnung getroffen werden. Dies gilt insb. im Rahmen der gebotenen Flexibilisierungen und Optionsmöglichkeiten (LT-Drucksache 15/4224 S. 107).

I. Erlass einer Geschäftsordnung (Abs. 1)

2 **Ermessen.** Ob der PR eine Geschäftsordnung beschließt, liegt in seinem Ermessen („können getroffen werden"). Bei größeren PR ist eine Geschäftsordnung aber sehr ratsam.

3 **Inhalt.** Die Geschäftsordnung kann nur die formellen Verfahrensvorschriften des LPVG (d. h. die Vorschriften über den internen Geschäftsbetrieb des PR) ergänzen oder Lücken ausfüllen. Sie darf nicht von den zwingenden Vorschriften des LPVG abweichen. Auch Abläufe, die nach dem LPVG mit dem Dienststellenleiter abzustimmen sind, darf der PR nicht einseitig durch seine Geschäftsordnung festlegen (z. B. Sprechstunden nach § 40).

4 **Regelungsgegenstände.** Regelungsgegenstände der Geschäftsordnung können bspw. sein: Art und Weise der Abstimmung; turnusmäßige Bestimmung von Schriftführern; Übertragung spezieller Aufgaben an einzelne Mitglieder; Form der Ladung; Vertretung von Vorstandsmitgliedern; Verbreitung der Niederschrift. Im LPVG wird an einigen Stellen ausdrücklich darauf verwiesen, dass eine Regelung bestimmter Abläufe durch eine Geschäftsordnung zu erfolgen hat. So erfolgt etwa die Bildung von Ausschüssen (§ 35 Abs. 1), die Übertragung von Befugnissen auf Ausschüsse (§ 35 Abs. 4 Satz 2) oder den Vorstand (§ 36 Abs. 1 Satz 2), die Bestimmung einfacher Angelegenheiten und die Einzel-

heiten des Umlaufverfahrens (§ 34 Abs. 3) und die Festlegung getrennter Beschlussfassung (§ 34 Abs. 4) durch die Geschäftsordnung.

5 **Beschluss und Mehrheiten.** Der PR gibt sich die Geschäftsordnung durch Beschluss (§ 34). Da der Geschäftsordnung größere Verbindlichkeit zukommt als anderen Beschlüssen, bedarf es besonders **qualifizierter Mehrheiten**. Zum einen muss sie mit der **absoluten Mehrheit** der Stimmen der Mitglieder des PR (also nicht nur der bei der Abstimmung anwesenden Mitglieder) beschlossen werden. Maßgebend dafür ist die Ist-Stärke des PR und nicht die Soll-Stärke nach § 10 Abs. 3. Darüber hinaus muss die Geschäftsordnung neuerdings auch in jeder Gruppe mit der **Mehrheit der Stimmen der jeweiligen Gruppenmitglieder** beschlossen werden. Dieses zusätzliche Mehrheitserfordernis ist durch das ÄG 2013 eingefügt worden und dient dem Minderheitenschutz von Gruppen. Gegen die Auffassung einer kleinen Gruppe, die möglicherweise nur aus einer Person besteht, können flexiblere Geschäftsführungsregelungen nicht herbeigeführt werden. Kommen die Mehrheiten nicht zustande, bleibt es bei den gesetzlichen Regelnormen (LT-Drucksache 15/4224 S. 107).

6 **Form.** Schriftform ist zwar nicht vorgeschrieben, gebietet sich jedoch aus der Sache heraus. Schließlich ist die Geschäftsordnung auch als Beschluss des PR im Wortlaut in die Sitzungsniederschrift nach § 38 aufzunehmen (Altvater u. a. § 43 Rn. 3).

7 **Geltungsdauer.** Die Geschäftsordnung gilt für die Dauer der Amtszeit des PR, der sie beschlossen hat (Altvater u. a. § 43 Rn. 4; Lorenzen u. a. § 42 Rn. 18; a. A Ilbertz-Widmaier § 42 Rn. 8). Dies ergibt sich nicht zuletzt aus einer Zusammenschau mit den Regelungen in § 35 Abs. 1 Satz 1 und § 36 Abs. 1 Satz 1 („höchstens bis zum Ablauf seiner Amtszeit“) und dem in Abs. 1 betonten Minderheitenschutz. Will ein neu gewählter PR die vorherige Geschäftsordnung übernehmen, sollte der Vorsitzende die Beratung und Beschlussfassung darüber auf eine der ersten Tagesordnungen setzen.

8 **Änderung.** Eine Änderung oder Aufhebung der Geschäftsordnung ist jederzeit mit den in Abs. 1 genannten Mehrheiten möglich.

II. Erreichbarkeit (Abs. 2)

9 **1. Grundsätzliche Erreichbarkeit.** Abs. 2 wurde durch das ÄG 2013 eingefügt. Er enthält erstmals Vorschriften über die Erreichbarkeit der PR-Mitglieder. Ab einer Größe von **fünf Mitgliedern** soll der PR sicherstellen, dass er an den regelmäßigen Arbeitstagen der für PR-Beteiligungen zuständigen Verwaltung der Dienststelle für die Einleitung förmlicher Beteiligungsverfahren erreichbar ist.

10 **Zweck.** Nach der Intention des Gesetzgebers soll die Neuregelung für eine kontinuierliche und verlässliche Zusammenarbeit im Hinblick auf die Handlungsfähigkeit der Dienststelle, insb. in förmlichen Mitbestimmungs- und Mitwirkungsangelegenheiten sorgen. Entsprechend dem Grundsatz der partnerschaftlichen und vertrauensvollen Zusammenarbeit muss sich die Dienststelle

darauf verlassen können, dass der PR auch zu Ferien- oder Urlaubszeiten ansprechbar ist. Dies muss jedenfalls im PR ab einer bestimmten Größe (fünf Mitglieder) grundsätzlich sichergestellt sein (LT-Drucksache 15/4224 S. 108). Die PR-Mitglieder müssen daher ihre Urlaubs-, Dienstreisen- und Fortbildungsplanung miteinander abstimmen.

11 **Beschlussfähigkeit.** Die Beschlussfähigkeit muss **innerhalb angemessener Zeit** herbeigeführt werden können. Hierzu sind unter Umständen Ersatzmitglieder heranzuziehen. Durch die Regelung soll der Fall vermieden werden, dass eine Dienststelle gehindert ist, Maßnahmen rasch und zeitgerecht vorzunehmen, weil der PR nicht arbeitsfähig ist. Andererseits soll die Funktion des PR nicht durch kurze Beratungszeiten geschwächt werden, wenn die Dienststelle nur noch mit Eilentscheidung notwendige Handlungen vornehmen könnte (LT-Drucksache 15/4224 S. 108).

12 **Regelmäßige Arbeitstage.** Bei der regelmäßigen Erreichbarkeit ist auf die Funktionszeiten der Verwaltung, die sich üblicherweise mit den personalratsrelevanten Angelegenheiten befasst, abzustellen. Nicht relevant ist dabei die Gesamtarbeitszeit der Dienststelle, wie etwa die von Versorgungsbetrieben oder Krankenhäusern, die rund um die Uhr und an Wochenenden und Feiertagen einsatzbereit sind.

13 **Soll-Vorschrift.** Die grundsätzliche Verpflichtung in Abs. 2 Satz 1 ist als Soll-Vorschrift ausgestaltet. Die PR-Mitglieder sollen ihre Erreichbarkeit in aller Regel sicherstellen. Dies schließt nicht aus, dass Fälle eintreten, in denen die Erreichbarkeit des PR unvorhergesehen nicht besteht, bspw. bei dringender dienstlicher Abwesenheit oder in Krankheitsfällen. Diese ausnahmsweise Nichterreichbarkeit in **unvorhergesehenen Fällen** stellt daher keine Pflichtverletzung des PR dar.

14 **2. Erreichbarkeit kleiner PR.** Nach Satz 2 sollen andere PR, d.h. solche mit weniger als fünf Mitgliedern, die Dienststelle rechtzeitig vorher unterrichten, wenn absehbar ist, dass der PR für mehrere zusammenhängende Arbeitstage nicht erreichbar ist. Würden kleine PR der Verpflichtung des Satz 1 unterworfen, wären die Freiheiten der Mitglieder zu stark eingeschränkt. Gerade ein PR mit nur einem Mitglied könnte sodann gar nicht mehr abwesend sein. Daher beschränkt sich die Verpflichtung der kleinen PR auf eine Unterrichtungspflicht ggü. der Dienststelle, dass die Erreichbarkeit auf eine bestimmte Zeit nicht gewährleistet werden kann.

15 **Mehrere zusammenhängende Arbeitstage.** Die Gesetzesbegründung geht davon aus, dass das Merkmal im Hinblick auf die Eilfrist von einer Woche (§ 76 Abs. 6 Satz 2) in der Regel ab einem Zeitraum von **mehr als drei Arbeitstagen** erfüllt ist. Abhängig von der Lage von Feiertagen und Wochenenden könnten es auch weniger Arbeitstage sein (LT-Drucksache 15/4224 S. 108).

16 **3. Abweichende Vereinbarungen.** Die gesetzlichen Vorgaben über die Erreichbarkeit nach Satz 1 und Satz 2 sind nicht absolut verbindlich. PR und Dienststelle können nach Satz 3 eine abweichende Vereinbarung über die Erreichbar-

keit treffen. Dies soll es wiederum ermöglichen, den örtlichen Gegebenheiten Rechnung zu tragen (LT-Drucksache 15/4224 S. 108).

III. Mitteilung an Dienststelle (Abs. 3)

Mitteilung an Dienststelle. Die im Rahmen von Abs. 1 beschlossene Geschäftsordnung und nachfolgende Änderungen sind der Dienststelle mitzuteilen. Dies folgt aus dem Grundsatz der vertrauensvollen Zusammenarbeit. Die Dienststelle muss in der Lage sein, sich auf die Arbeitsweise des PR einzustellen. 17

§ 40 Sprechstunden

(1) [1]Der Personalrat kann Sprechstunden während der Arbeitszeit einrichten. [2]Zeit und Ort bestimmt er im Einvernehmen mit dem Leiter der Dienststelle.

(2) [1]Versäumnis von Arbeitszeit wegen des Aufsuchens der Sprechstunde des Personalrats oder sonstiger Inanspruchnahme des Personalrats hat keine Minderung der Besoldung oder des Arbeitsentgelts zur Folge. [2]Soweit der Besuch der Sprechstunde aus dienstlichen Gründen außerhalb der Arbeitszeit stattfinden muss, ist Beschäftigten Dienstbefreiung in entsprechendem Umfang zu gewähren. [3]Reisekosten, die durch den Besuch der Sprechstunde entstehen, werden in entsprechender Anwendung des Landesreisekostengesetzes erstattet.

Vorbemerkung. § 40 gilt für den GesamtPR (§ 54 Abs. 4), die Stufenvertretungen (§ 55 Abs. 3), den AusbildungsPR (§ 58 Abs. 3), die JAV, GesamtJAV und die StufenJAV (§§ 63 Abs. 7 Satz 2, 66 Abs. 3 und Abs. 4) entsprechend. 1

I. Einrichtung von Sprechstunden (Abs. 1)

1. Einrichtung. Ob Sprechstunden eingerichtet werden sollen, **entscheidet der PR** nach pflichtgemäßem **Ermessen.** Nach Satz 1 sind Sprechzeiten **grundsätzlich während der Arbeitszeit** einzurichten. Sprechstunden können aber auch **außerhalb der Arbeitszeit** eingerichtet werden. Für die Durchführung der Sprechstunden hat die Dienststelle nach § 41 Abs. 2 geeignete **Räumlichkeiten** in erforderlichem Umfang zur Verfügung zu stellen. 2

Beratung durch PR-Mitglied. Nur ein Mitglied des PR kann die Sprechstunde abhalten, nicht etwa ein Vertreter der Gewerkschaften. Das Mitglied wird in der Regel dem Vorstand angehören, muss es aber nicht. Es kann für die Abhaltung der Sprechstunden freigestellt werden. Nach h. M. muss der Beschäftigte in der Sprechstunde die Möglichkeit haben, mit einem Vertreter seiner Gruppe zu sprechen. 3

Rechtsberatung. Der PR ist zu einer **rechtlichen Erörterung** mit den Beschäftigten nur befugt, soweit dies zur sachgerechten Ausübung seiner gesetzlich geregelten Handlungsbefugnisse, namentlich in konkreten mitwirkungs- oder mitbestimmungspflichtigen Angelegenheiten, erforderlich ist; in diesem Rahmen 4 kann der PR die Erörterung der Rechtsfragen eigenverantwortlich gestalten. Dazu gehört **nicht**, Bedienstete in der **Durchsetzung subjektiver Rechte** ggü. der Dienststelle unmittelbar zu unterstützen (BVerwG, 18.8.2003 – 6 P 6.03 – PersV 2004, 55 = PersR 2003, 498). Nach § 2 Abs. 3 Nr. 3 des Rechtsdienstleistungsgesetzes vom 12.12.2007 (BGBl. I S. 2840) ist dem PR „die Erörterung der die Beschäftigten berührenden Rechtsfragen mit ihren gewählten Interessenvertretungen, soweit ein Zusammenhang zu den Aufgaben dieser Vertretungen besteht" erlaubt, ohne den Restriktionen des Rechtsdienstleistungsgesetzes zu unterliegen. Eine Hilfestellung zur Rechtsdurchsetzung im Klage- oder Verwaltungsverfahren bleibt damit aber ausgeschlossen (Ilbertz-Widmaier § 43 Rn. 2a).

5 **Haftung.** Die PR-Mitglieder haften für die von ihnen in der Sprechstunde gegebenen Auskünfte nur aus unerlaubter Handlung (§§ 676, 823 BGB). Der PR als solcher haftet nicht, ebenso wenig die Dienststelle (Lorenzen u.a. § 43 Rn. 17; Ilbertz-Widmaier § 43 Rn. 7).

6 **2. Einvernehmen des Dienststellenleiters.** Das Einvernehmen mit dem Dienststellenleiter ist nur für die Bestimmung von **Ort und Zeit** der Sprechstunden erforderlich, wenn diese während der Arbeitszeit durchgeführt werden sollen. Werden Sprechstunden **außerhalb der Dienstzeit** durchgeführt, bedarf es des Einvernehmens des Dienststellenleiters nur, wenn dienstliche Räume oder Geschäftsbedarf in Anspruch genommen werden.

II. Aufsuchen der Sprechstunde (Abs. 2)

7 **Versäumnis von Arbeitszeit.** Wird eine Sprechstunde während der Dienstzeit eingerichtet, können die Beschäftigten sie **ohne Minderung** ihres Anspruchs auf Besoldung oder Arbeitsentgelt besuchen (Satz 1). Sie haben sich vor dem Verlassen ihres Arbeitsplatzes bei ihrem Vorgesetzten abzumelden. Findet der Besuch der Sprechstunde aus dienstlichen Gründen außerhalb der Arbeitszeit statt, ist Dienstbefreiung in entsprechendem Umfang zu gewähren (Satz 2). Die Beschäftigten sollen nicht davon abgehalten werden, die Sprechstunde aufzusuchen.

8 **Reisekosten.** Entstehende Reisekosten werden analog zum LRKG erstattet. Dies soll es auch Beschäftigten in Außenstellen ohne eigene Personalvertretung ermöglichen, die Sprechstunde zu nutzen.

§ 41 Kosten

(1) [1]Die durch die Tätigkeit des Personalrats entstehenden notwendigen Kosten trägt die Dienststelle. [2]Mitglieder des Personalrats erhalten bei Reisen, die zur Erfüllung ihrer Aufgaben notwendig sind, Reisekostenvergütungen nach dem Landesreisekostengesetz.

(2) Für die Sitzungen, die Sprechstunden und die laufende Geschäftsführung hat die Dienststelle in erforderlichem Umfang Räume, Geschäftsbedarf, die

üblicherweise in der Dienststelle genutzte Informations- und Kommunikationstechnik und Büropersonal zur Verfügung zu stellen.

(3) [1]Dem Personalrat werden in allen Dienststellen geeignete Plätze für Bekanntmachungen und Anschläge zur Verfügung gestellt und er kann erforderliche schriftliche Mitteilungen an die Beschäftigten verteilen. [2]Er kann die Beschäftigten auch über die üblicherweise in der Dienststelle genutzten Informations- und Kommunikationseinrichtungen unterrichten. [3]Die Kosten für erforderliche Informationsmedien des Personalrats trägt die Dienststelle.

Vorbemerkung. § 41 gilt für den GesamtPR (§ 54 Abs. 4), die Stufenvertretungen (§ 55 Abs. 3), die Arbeitsgemeinschaften (§ 56 Abs. 3 Satz 4, § 57 Abs. 6 Satz 2), den AusbildungsPR (§ 58 Abs. 3), die JAV, die GesamtJAV und die StufenJAV (§§ 64 Satz 1, 66 Abs. 3) entsprechend. 1

I. Kostentragung (Abs. 1)

1. Grundsatz. Nach Abs. 1 Satz 1 trägt die Dienststelle die durch die Tätigkeit des PR entstehenden **notwendigen Kosten.** Dies sichert die Pflicht des PR zur objektiven und neutralen Amtsführung. Aufgrund der Kostentragung ist der PR für die Wahrnehmung seiner Aufgaben **nicht auf Zuwendungen Dritter** angewiesen. Damit korrespondiert ein grundsätzliches Verbot, Zuwendungen von Dritten anzunehmen (BVerwG, 10.10.1990 – 6 P 22.88 – PersV 1991, 272 = PersR 1991, 27 ff.) und Beiträge zu erheben (§ 42). Da das PR-Amt zudem als unentgeltliches Ehrenamt ausgestaltet ist (§ 43 Abs. 1), ist die Kostentragung durch die Dienststelle nur konsequent. 2

Notwendige Kosten. Notwendige Kosten des PR und der PR-Mitglieder sind die Aufwendungen, die diesen aus ihrer Tätigkeit entstanden sind und die sie bei objektiver Betrachtung und vernünftiger Abwägung aller Umstände und unter Beachtung des **Gebots der sparsamen Verwaltung öffentlicher Mittel** für berechtigt halten durften (BVerwG, 18.6.1991 – 6 P 3.90 – PersV 1992, 45 = PersR 1991, 341). Die kostenverursachenden Tätigkeiten und Maßnahmen müssen zum Aufgabenbereich des PR oder eines seiner Mitglieder gehören. Die Dienststelle kann die **Übernahme von Kosten,** die sie nicht für notwendig hält, **ablehnen.** Hiergegen kann der PR das Verwaltungsgericht anrufen (vgl. § 92 Abs. 1 Nr. 3). 3

Haushaltsmittel. PR haben ihre Arbeit so zu gestalten, dass die dadurch entstehenden, von der Dienststelle zu tragenden Kosten die zur Verfügung stehenden Haushaltsmittel **nicht überschreiten.** Die Grundsätze der **Sparsamkeit** und **Wirtschaftlichkeit** sind zu beachten (BVerwG, 24.11.1986 – 6 P 3.85 – PersV 1987, 422 = PersR 1987, 84; BVerwG, 26.2.2003 – 6 P 9.02 – BVerwGE 118, 1 = PersV 2003, 348 = PersR 2003, 279). Auch das **Verhältnismäßigkeitsgebot** ist zu beachten (BVerwG, 18.6.1991 – 6 P 3.90 – PersV 1992, 45 = PersR 1991, 341). Der PR ist an den durch das Haushaltsgesetz festgestellten Haushaltsplan gebunden. Voraussehbarer Finanzbedarf zur Deckung regelmäßiger Aufwendungen ist von ihm rechtzeitig vor Aufstellung des Haushaltsplans bei der 4

Dienststelle anzumelden. Anfragen der Dienststelle nach dem Haushaltsbedarf sind vom PR nach bestem Wissen zu beantworten.

5 **Erschöpfte Mittel.** Sind die vorgesehenen Mittel erschöpft, so hat sich der PR grundsätzlich weiterer kostenwirksamer Beschlüsse zu enthalten. Dies gilt nicht, wenn das Personalvertretungsrecht strikte Festlegungen trifft, welche die Funktions- und Arbeitsfähigkeit der Personalvertretung sicherstellen und **keinen zeitlichen Aufschub** dulden (z. B. Durchführung von PR-Wahlen; BVerwG, 26.2.2003 – 6 P 9.02 – BVerwGE 118, 1 = PersV 2003, 348 = PersR 2003, 279). **Unvorhersehbare** und **unvermeidbare** Aufwendungen, die bei der Haushaltsanforderung nicht berücksichtigt werden konnten, sind so rechtzeitig der Dienststelle anzuzeigen, dass die zusätzlichen Mittel vor dem Entstehen der Verpflichtung haushaltsrechtlich nachbewilligt werden können (überplanmäßige oder außerplanmäßige Ausgaben). Der PR hat die Verwendung der Haushaltsmittel entweder selbst zu kontrollieren oder sich vor kostenwirksamen Entscheidungen zu erkundigen, ob Mittel zur Verfügung stehen. Versäumt er dies, muss er vom Dienststellenleiter unterrichtet werden, wenn die Mittel erschöpft sind.

6 **Rechtsverfolgung/Rechtsverteidigung.** Zu Abs. 1 Satz 1 gehören auch die **Kosten eines Rechtsstreits,** den der PR in Ausübung seiner Befugnisse führt, einschließlich der Kosten der u. U. notwendigen oder vorgeschriebenen (z. B. nach § 89 Abs. 1, § 94 Abs. 1 ArbGG) Zuziehung eines Rechtsanwalts oder Gewerkschaftsvertreters.

7 **Rechtsanwaltskosten.** Die Kosten eines vom PR mit der Durchführung eines **personalvertretungsrechtlichen** gerichtlichen **Beschlussverfahrens** beauftragten Rechtsanwalts sind i. S. des Abs. 1 Satz 1 notwendig, wenn der PR die Durchführung des Beschlussverfahrens und die Hinzuziehung des Rechtsanwalts **bei sachgerechter Würdigung aller Umstände für erforderlich halten durfte** (VGH Mannheim, 19.11.2002 – PL 15 S 744/02 – PersR 2003, 204); davon ist grundsätzlich auszugehen. Dies gilt auch dann, wenn der PR auf den Rat des Rechtsanwalts hin von der Durchführung eines gerichtlichen Beschlussverfahrens absieht (VGH Mannheim, 13.11.1979 – XIII S 2392/78 – ZBR 1980, 258 = PersV 1982, 21). Insbesondere ist die Zuziehung eines Prozessbevollmächtigten geboten, wenn im gerichtlichen Verfahren **Vertretungszwang** besteht. In solchen Fällen kann die Dienststelle die Kostenerstattung nur ganz ausnahmsweise verweigern, wenn bspw. im Falle des § 94 Abs. 1 ArbGG die Einlegung eines Rechtsmittels bei verständiger Würdigung von vornherein als aussichtslos anzusehen ist (Lorenzen u. a. § 44 Rn. 18).

8 **Mutwilligkeit/Aussichtslosigkeit.** Ein Kostenerstattungsanspruch besteht nur dann **nicht,** wenn der Rechtsstreit (Beschlussverfahren) **mutwillig,** aus haltlosen Gründen begonnen wurde (BVerwG, 29.4.2011 – 6 PB 21.10 – PersV 2011, 397 = PersR 2011, 341) oder die Rechtsverfolgung **von vornherein aussichtslos** war. Von vornherein aussichtslos ist ein Antrag, wenn sich seine Abweisung nach Maßgabe der einschlägigen Rechtsvorschriften und dazu gegebenenfalls vorliegender Rechtsprechung **geradezu aufdrängt.** Eine Rechtsverfolgung kann nicht als aussichtslos betrachtet werden, wenn sie bisher ungeklärte Rechtsfragen aufwirft (BVerwG, 11.10.2010 – 6 P 16.09 – PersR 2011, 33). **Mutwillig-**

keit liegt vor, wenn bei zwei gleichwertigen prozessualen Wegen der **kostspieligere** beschritten wird oder das Verfahren zur Durchsetzung eines individuellen, mit der personalvertretungsrechtlichen Aufgabenstellung nicht zusammenhängenden Anspruchs eines PR-Mitglieds betrieben wird.

9 **Vorheriger Beschluss des PR.** Vor Einleitung eines gerichtlichen Verfahrens bzw. der Beauftragung eines Rechtsanwalts bedarf es eines **vorherigen Beschlusses** des PR und zwar für **jeden Instanzenzug** (BVerwG, 19.12.1996 – 6 P 10.94 – PersR 1997, 309).

10 **Information des Dienststellenleiters.** Für die Einleitung gerichtlicher Verfahren bzw. die Einschaltung eines Anwalts ist **keine vorherige Zustimmung** des Dienststellenleiters erforderlich; seine Unterrichtung kann aber aus haushaltsrechtlichen Gründen erforderlich sein (über- oder außerplanmäßige Ausgabe).

11 **Einigungsversuch.** Der Erstattungsanspruch setzt vor Einleitung eines Beschlussverfahrens einen ernsthaften Einigungsversuch mit dem Dienststellenleiter voraus.

12 **Haftung der Dienststelle.** Die Dienststelle haftet bei rechtmäßiger Verweigerung der Kostenerstattung **nicht gegenüber dem Anwalt.** Auftraggeber ist allein der PR, dem insoweit Teilrechtsfähigkeit zukommt. Der Anspruch gegen die Dienststelle auf Erstattung der Rechtsanwaltskosten kann abgetreten werden. Wird bspw. ein Anspruch auf Kostenerstattung im Rahmen eines Wahlanfechtungsverfahrens nach Einleitung eines Beschlussverfahrens an den Bevollmächtigten abgetreten, so rückt dieser von Gesetzes wegen auch verfahrensrechtlich in die Antragstellerposition ein (BVerwG, 11.10.2010 – 6 P 16.09 – PersR 2011, 33).

13 **Anwaltsgebühren.** Die Gebührenforderung des Rechtsanwalts muss mit dem RVG in Einklang stehen; dazu gehört auch die Erteilung einer Rechnung, die an den PR als Auftraggeber und nicht an die Dienststelle als möglicherweise Kostentragungspflichtige gerichtet sein muss. Vorschussforderungen (§ 9 RVG) unterliegen ebenfalls der Kostenerstattungspflicht (OVG Hamburg, 25.2.2002 – 8 Bf 378/00 – PersV 2002, 420 = ZfPR 2002, 337). Aus dem Gebot der sparsamen Verwendung öffentlicher Mittel folgt, dass die Dienststelle regelmäßig nur die gesetzliche Vergütung nach dem RVG zu erstatten hat und nicht ein auf der Basis einer Vergütungsvereinbarung in Rechnung gestelltes Zeithonorar (VGH Mannheim, 2.11.2010 – PB 15 S 127/10 – PersR 2011, 122; BVerwG, 29.4.2011 – 6 PB 21.10 – PersV 2011, 397 = PersR 2011, 341).

14 **Aufwendungen des PR-Mitglieds.** Sind die Anwaltskosten in einer Angelegenheit entstanden, in deren Zusammenhang das PR-Mitglied in dieser Eigenschaft zur ordnungsgemäßen Erfüllung seiner Aufgaben tätig geworden ist, besteht Kostenerstattungspflicht. Dies gilt z. B. für ein personalvertretungsrechtliches Beschlussverfahren, das von einem Personalratsmitglied als Antragsteller in Wahrnehmung seiner mitgliedschaftlichen Rechte betrieben wird, um die Rechtswidrigkeit eines Personalratsbeschlusses feststellen zu lassen (Bay VGH, 23.4.1997 – 17 P 97.450 – PersV 1997, 404) oder für ein Verfahren, in dem

die Nichtwählbarkeit eines Personalratsmitglieds festgestellt werden soll und in dem dieses Beteiligter ist. Diese Voraussetzung liegt bei einem Verfahren nach § 47 Abs. 4 LPVG bzw. § 108 Abs. 1 BPersVG **nicht** vor, d. h. wenn dem Mitglied **außerordentlich gekündigt** werden soll, weil das Personalratsmitglied in diesem Verfahren lediglich seine persönlichen individualrechtlichen Interessen wahrnimmt (BVerwG, 25.2.2004 – 6 P 12.03 – PersR 2004, 181 = PersV 2004, 338 = ZfPR 2004, 110). Auch bei einem erfolgreichen **Ausschlussverfahren** nach § 24 ist eine Kostenerstattung für das ausgeschlossene Mitglied nicht möglich (BVerwG, 26.10.1962 – VII P 1.62 – BVerwGE 15, 96 = PersV 1963, 158).

15 **Außergerichtliche Beratung.** Die Heranziehung eines **Rechtsanwalts** zur Beratung außerhalb eines Beschlussverfahrens darf der PR nur unter ganz besonderen Umständen und nach eingehender Überlegung und sachgerechter Würdigung aller Umstände des Einzelfalles für geboten halten, nachdem er zunächst alle ihm zur Verfügung stehenden Möglichkeiten der Klärung innerhalb der Behördenorganisation genutzt hat (VGH Mannheim, 19.11.2002 – PL 15 S 744/02 – PersR 2003, 204). Dabei ist auch § 68 Abs. 2 und 3 zu beachten.

16 **Kosten für Sachverständige.** Die gleichen Grundsätze gelten für die Heranziehung eines **Sachverständigen.** § 71 Abs. 1 schließt zwar die Hinzuziehung eines Sachverständigen durch den PR nicht schlechthin aus. Begrenzt wird diese „Selbstinformation" durch die Grundsätze der vertrauensvollen Zusammenarbeit und der Verhältnismäßigkeit, durch die Friedenspflicht sowie durch die Verpflichtung, eine Einigung möglichst innerhalb der Dienststelle anzustreben (§ 68 Abs. 2 und 3; BVerwG, 8.11.1989 – 6 P 7.87 – BVerwGE 84, 58 = PersV 1989, 342 = PersR 1990, 102). Der PR muss vor Einschaltung eines Sachverständigen alle vorhandenen und ihm zur Verfügung stehenden Hilfen zur **Informationsbeschaffung und -verarbeitung ausgeschöpft** haben. Dazu gehören Erkundigungen bei Gewerkschaften, die Selbstunterrichtung an Hand von Fachliteratur, das Einholen von Auskünften bei der Dienststelle bzw. innerhalb der Behördenorganisation, z. B. beim Landesbeauftragten für den Datenschutz, und die Teilnahme an projektbezogenen Schulungen. Es muss vorher festgestellt sein, dass andere, weniger kostenintensive Informationsquellen nicht zur Verfügung stehen (BVerwG, 18.6.1991 – 6 P 3.90 – PersV 1992, 45 = PersR 1991, 341).

17 **Wissenschaftler.** Die Dienststelle hat nicht die Kosten eines **Referats** zu tragen, das der PR auf **einer Personalversammlung** von einem auswärtigen Wissenschaftler zu den Auswirkungen halten lässt, die ein erst als Bericht einer Regierungskommission vorliegendes Reformvorhaben auf die Beschäftigten, Kunden und Bürger haben kann (BVerwG, 18.6.1991 – 6 P 3.90 – PersV 1992, 45 = PersR 1991, 341).

18 **Kosten der Wahlen.** Für die Kosten der **Wahlen** gilt § 20 Abs. 2. Die Kosten eines erfolgreich durchgeführten **Wahlanfechtungsverfahrens** sind „Kosten der Wahl", die von der Dienststelle zu tragen sind (BVerwG, 29.8.2000 – 6 P 7.99 – BVerwGE 112, 12 = PersR 2000, 513 = PersV 2001, 131).

19 **Einzelfälle.** Kosten, die durch Tätigkeiten entstehen, **die nicht zu den gesetzlichen Aufgaben des PR gehören,** hat die Dienststelle nicht zu tragen. So sind dem PR z. B. nicht zu ersetzen: Aufwendungen für **Jubiläums-, Geburtstags- oder Hochzeitsgeschenke**, Reisekosten für **Krankenbesuche** (es sei denn, es liegt ein konkreter, in der Aufgabenerfüllung des PR liegender Besuchsgrund vor) oder zur Teilnahme an einer **Beerdigung** sowie die Kosten eines Kranzes, die Kosten der **Teilnahme an Arbeitstagungen mit PR anderer Behörden** (Ausnahme Arbeitsgemeinschaften i. S. d. § 56) oder entsprechender Behörden anderer Bundesländer zu einem Erfahrungs- oder Meinungsaustausch (BVerwG, 27.4.1979 – 6 P 89.78 – PersV 1981, 23). Keine Erfüllung personalvertretungsrechtlicher Aufgaben sind in der Regel auch **Besprechungen zwischen Vorsitzenden von Personalvertretungen** (BVerwG, 21.7.1982 – 6 P 30.79 – PersV 1983, 372). Dies gilt auch für Besprechungen des Vorsitzenden des PR einer nachgeordneten Dienststelle und dem Leiter der vorgesetzten Dienstbehörde und dem Vorsitzenden der dort bestehenden Stufenvertretung. Die Vorbereitung und Durchführung von **Betriebsausflügen** gehört ebenfalls nicht zu den gesetzlichen Aufgaben des PR. Die Dienststelle hat nur dann die entstandenen Kosten zu übernehmen, wenn der PR im Auftrag oder mit Zustimmung der Dienststelle handelt (VGH Kassel, 15.12.1975 – HPV TL 8/74 – PersV 1977, 137). Die Übernahme der Kosten einer Sitzung in einem nahegelegenen Erholungsgebiet kann der PR nicht verlangen, wenn in der Dienststelle die erforderlichen Räume zur Verfügung stehen. Dies gilt auch für **auswärtige Klausurtagungen** des PR.

20 **Arbeitsgemeinschaften.** Seit dem ÄG 2013 werden die Kosten für die Teilnahme an dienststellenübergreifenden Arbeitsgemeinschaften von der Dienststelle getragen, deren Personalvertretung Mitglieder in die Arbeitsgemeinschaft entsendet (§ 56 Abs. 3 Satz 4). Im Falle der Arbeitsgemeinschaft der Vorsitzenden der Hauptpersonalräte bei den obersten Landesbehörden (ARGE-HPR) trägt die Kosten die oberste Dienstbehörde, deren Geschäftsbereich der Vorsitzende der Arbeitsgemeinschaft angehört (§ 57 Abs. 6 Satz 2).

21 **2. Reisekosten.** Für notwendige Reisen erhalten die PR-Mitglieder **Reisekosten** nach dem LRKG. Da danach die Reisekostenvergütung nicht mehr nach Besoldungsgruppen gestaffelt ist, wurde der früher in Abs. 1 enthaltene Verweis auf die Beträge für Beamte der Besoldungsgruppe A 15 durch das Dienstrechtsreformgesetz vom 9.11.2010 gestrichen. Für den Bereich des Landes siehe auch die Hinweise des Finanzministeriums in der Allgemeinen Verwaltungsvorschrift zum LRKG vom 30.11.2009 (GABl. S. 307), insb. Nr. 4.1 zu § 1.

22 **Beschluss.** Reisen müssen vom PR **vor Antritt beschlossen werden** (BVerwG, 21.7.1982 – 6 P 14.79 – PersV 1983, 316); einer **Genehmigung des Dienststellenleiters bedarf es** daneben **nicht.** Die Dienststelle darf jedoch nachprüfen, ob eine Reise innerhalb des gesetzlichen Aufgabenbereichs des PR erfolgte und ob ihre Ausführung als vertretbar angesehen werden durfte. Wurde einem PR-Mitglied für eine Reise in Personalvertretungsangelegenheiten die unentgeltliche Benutzung eines Dienstkraftwagens in zumutbarer Weise angeboten, hat es keinen Anspruch auf Fahrtkostenerstattung, wenn es die Reise mit seinem

eigenen Kraftfahrzeug durchgeführt hat (BVerwG, 27.8.1990 – 6 P 26.87 – PersV 1991, 75 = PersR 1990, 327).

23 **Stufenvertretungen.** Für die Mitglieder der Stufenvertretungen bestimmt § 55 Abs. 3 Nr. 6, dass der für Reisekostenvergütungen maßgebende Dienstort der Sitz der Dienststelle ist, der das Mitglied der Stufenvertretung angehört. Mitglieder eines BPR können die Erstattung der durch die Teilnahme an einer außerhalb des **Sitzes der Mittelbehörde stattgefundenen Sitzung entstandenen Reisekosten nur verlangen,** wenn die Reise für die Behandlung der Tagesordnung aufgrund besonderer Umstände für vertretbar oder erforderlich gehalten werden durfte (VGH Mannheim, 11.4.1995 – PL 15 S 54/94 – PersV 1997, 264 = PersR 1996, 30). Mitglieder von Stufenvertretungen können die Reisekosten für die **Teilnahme an Sitzungen (örtlicher) PR** im Rahmen des § 30 Abs. 5 erstattet erhalten.

24 **Schulungen.** Wegen der Kosten der Teilnahme an Schulungs- und Bildungsveranstaltungen s. die Erl. zu § 44.

II. Sächliche Ausstattung (Abs. 2)

25 **Räume.** Die Dienststelle hat für die Sitzungen, Sprechstunden und die laufende Geschäftsführung geeignete Räume zur Verfügung zu stellen. Bei **Großraumbüros** hat der PR ebenfalls nur Anspruch darauf, dass ihm für seine Geschäfte eine Teilfläche des Großraumbüros zur Verfügung steht, wenn er die Möglichkeit zur Mitbenutzung von Sitzungs- und Besprechungszimmern hat (OVG Münster, 4.3.1994 – 1 A 2443/91.PVL – PersV 1996, 412 = PersR 1994, 566). Hierdurch darf allerdings die Einhaltung der datenschutzrechtlichen Vorgaben (§ 67) nicht beeinträchtigt sein.

26 **Geschäftsbedarf.** Die Dienststelle trägt auch die Kosten des erforderlichen Geschäftsbedarfs.

27 **Kosten für Fachliteratur.** Zum Geschäftsbedarf gehört **Fachliteratur** (BVerwG, 25.7.1979 – 6 P 29.78 – PersV 1980, 57; VGH Mannheim, 3.5.1994 – PB 15 S 3048/93 – PersV 1995, 140 = PersR 1994, 375). In welchem Umfang und in welcher Ausstattung diese erforderlich ist, wird in der Regel von der Zahl der Beschäftigten der Dienststelle abhängen, sofern sich nicht aus der Struktur der Dienststelle besondere qualitative Anforderungen an die Arbeit der Personalvertretung ergeben. Unabhängig hiervon sind in jedem Fall die Texte der für die Arbeit der Personalvertretung bedeutsamen Rechtsvorschriften **und ein Erläuterungswerk** (Kommentar) **zum Personalvertretungsrecht** in aktueller Fassung erforderlich (BVerwG, 25.7.1979 – 6 P 29.78 – PersV 1980, 57; VGH Mannheim, 3.5.1994 – PB 15 S 3048/93 – PersV 1995, 140 = PersR 1994, 375). Eine Verweisung auf die in der Dienststelle sonst vorhandenen Exemplare kommt nur bei solchen Vorschriften in Betracht, die lediglich gelegentlich benötigt werden. Begrenzt wird der Bedarf an Fachliteratur durch den auch für die Personalvertretung geltenden Grundsatz der sparsamen Verwaltung öffentlicher Mittel.

28 **Arbeitsrechtskommentare.** Zum erforderlichen Geschäftsbedarf des PR kann auch je ein Kommentar des TVöD und des TV-L gehören, wenn der PR auch Arbeitnehmer zu vertreten hat. Es kann genügen, ihm den Kommentar bei Bedarf auf Anforderung von Fall zu Fall im Wege der Ausleihe zur Verfügung zu stellen (BVerwG, 21.1.1991 – 6 P 13.89 – PersV 1991, 473 = PersR 1991, 92; BVerwG, 16.5.1991 – 6 P 13.90 – PersV 1992, 40 = PersR 1991, 333).

29 **Fachzeitschriften.** Zum Geschäftsbedarf, den eine Dienststelle dem PR zur Verfügung zu stellen hat, gehört auch eine für seine Arbeit einschlägige Fachzeitschrift zum **Personalvertretungsrecht.** Der haushaltsrechtliche Grundsatz der Sparsamkeit kann nur die Art und Weise beeinflussen, in der die Zeitschrift dem PR zur Verfügung zu stellen ist (BVerwG, 29.6.1988 – 6 P 18.86 – BVerwGE 79, 361 = ZBR 1988, 321 = PersV 1988, 394). Hieraus lässt sich aber nicht herleiten, dass für jeden PR eine solche Zeitschrift zur alleinigen Benutzung zu beschaffen ist. Eine Fachzeitschrift kann auch in der Weise zur Verfügung gestellt werden, dass zwischen den PR mehrerer kleinerer Dienststellen an einem Ort ein Umlaufverfahren eingerichtet wird, das eine zeitgerechte Information und einen späteren Zugriff auf die bereits umgelaufenen Hefte ohne wesentliche Probleme gewährleistet (BVerwG, 12.9.1989 – 6 P 14.87 – ZBR 1990, 55 = PersR 1989, 293). Soweit in der Dienststelle nicht bereits eine Fachzeitschrift für Personalvertretungsrecht vorhanden ist, hat der PR unter mehreren zu seiner Information geeigneten Fachzeitschriften ein Auswahlrecht (BVerwG, 5.10.1989 – 6 P 10.88 – ZBR 1990, 556 = PersR 1990, 11; Lecheler, PersV 1988, 241). Steht dem PR eine geeignete personalvertretungsrechtliche Fachzeitschrift zur Mitbenutzung zur Verfügung, so kann er nicht verlangen, dass stattdessen oder zusätzlich eine andere derartige Fachzeitschrift beschafft wird (BVerwG, 30.1.1991 – 6 P 7.89 – PersV 1991, 474 = PersR 1991, 213). Ein PR mit geringen Mitwirkungsrechten hat jedenfalls grundsätzlich keinen Anspruch auf Beschaffung und Überlassung der erforderlichen Fachzeitschriften zum alleinigen Gebrauch. Er kann auf ein Umlaufverfahren verwiesen werden (BVerwG, 19.8.1994 – 6 P 25.92 – PersV 1995, 80 = PersR 1994, 522).

30 **Informations- und Kommunikationstechnik.** Dem PR ist die **üblicherweise** in der Dienststelle genutzte Informations- und Kommunikationstechnik zur Verfügung zu stellen. Dies ist seit dem ÄG 2013 ausdrücklich in Abs. 2 verankert, um dem technischen Fortschritt Rechnung zu tragen. Bereits zuvor konnten diese Techniken unter den Geschäftsbedarf des PR subsumiert werden. Zu den Informations- und Kommunikationstechniken gehören insb. Telefon, Computer, ein E-Mail-Account und ein Internetzugang (siehe dazu im Weiteren). Entscheidend ist, welche Techniken üblicherweise in der Dienststelle verwendet werden.

31 **Telekommunikation.** Zu den zur Verfügung zu stellenden Informations- und Kommunikationstechniken gehört je nach Bedarf auch ein **Telefonanschluss**; ist die Erreichbarkeit des PR erschwert, kommt ggf. ein **Mobiltelefon** (Handy) in Betracht. Die Zielnummernspeicherung zur Erfassung der durch die PR-Tätigkeit verursachten Kosten ist zulässig, sofern eine fachliche Kontrolle ausgeschlossen ist und es dem Dienststellenleiter verwehrt ist, sich ein Bild über den möglichen Gesprächsinhalt zu verschaffen (BVerwG, 16.6.1989 – 6 P 10.86 – BVerwGE 82, 131 = PersV 1989, 486 = PersR 1989, 296). Ein **Anruf-**

beantworter kann berechtigt sein, wenn die Erreichbarkeit des PR besonders erschwert ist (z. B. bei Unterbringung der Dienststelle in weit auseinanderliegenden Gebäuden oder Verwendung des PR-Mitglieds im Außendienst). Die Aufstellung eines eigenen **Telefax**gerätes für den PR wird nur in größeren Dienststellen erforderlich sein; in kleineren Dienststellen dürfte die Mitbenutzung in der Dienststelle vorhandener Geräte genügen (selbstverständlich unter Beachtung der datenschutzrechtlichen Erfordernisse).

32 **PC.** Angesichts des heutigen Büroausstattungsstandards bedarf die Notwendigkeit der Arbeit des PR mit einem **Computer** (PC) nebst Monitor und Drucker sowie Software keiner besonderen Begründung mehr (Ilbertz-Widmaier § 44 Rn. 38). Das VG Sigmaringen bezeichnet eine EDV-Grundausstattung zu Recht als **regelmäßig unverzichtbar** (VG Sigmaringen, 13.9.2010 – PL 11 K 4215/09 – juris). Die Bereitstellung eines PC ist nicht zuletzt zur Speicherung der Grunddaten nach § 67 Abs. 3 sinnvoll. Der PR kann aber nicht verlangen, allein zum Zweck der Wahrung der Vertraulichkeit seiner Arbeit nicht vernetzte eigene Festplatten, Programme und Laufwerke zu erhalten, da der erforderliche Schutz auch hinreichend durch die Vergabe von Passwörtern im Rahmen des Netzwerks der Dienststelle gewährleistet werden kann (VGH Mannheim, 9.10.2001 – PL 15 S 2437/00 – PersR 2002, 126 = PersV 2002, 148). Ob vom PR auch ein **mobiler Computer** (Laptop/Notebook) gefordert werden kann, ist vom Einzelfall abhängig, ausgeschlossen ist es jedenfalls nicht (so auch Ilbertz-Widmaier § 44 Rn. 38; die Erforderlichkeit bejaht: VG Sigmaringen, 13.9.2010 – PL 11 K 4215/09 – juris).

33 **Intranet/Internet.** In Übereinstimmung mit der Rechtsprechung des BAG zum BetrVG wird die Nutzung eines in der Dienststelle vorhandenen **Intranets** zur Einstellung von Informationen und Beiträgen für zulässig gehalten werden können, wenn der Dienststelle keine besonderen Kosten entstehen, die Schweigepflicht (§ 7) gewahrt ist und keine sonstigen Gründe entgegenstehen (BAG, 3.9.2003 – 7 ABR 12/03 – NZA 2004, 278 = ZfPR 2003, 304 (LS)). Auch der Zugang zum **Internet** kann – soweit aufgabenbezogen notwendig – zur Sachmittelausstattung gehören, um z. B. an Informationen über arbeits- und personalvertretungsrechtliche Entwicklungen und die neueste Rechtsprechung zu gelangen (vgl. BAG, 3.9.2003 – 7 ABR 8/03 – BAGE 107, 231 = NZA 2004, 281) und zudem Informationen über die PR-Arbeit an die Beschäftigten – etwa per E-Mail – weiterleiten zu können. Ein wichtiger Maßstab für die Erforderlichkeit und Angemessenheit der Nutzung von PC, Intranet, Internet und E-Mail ist die **Standardausstattung** der Dienststelle.

34 **Büropersonal.** Durch das ÄG 2013 wurde der Begriff „Schreibkräfte" in Abs. 2 durch den Begriff „Büropersonal" (entsprechend § 44 Abs. 2 BPersVG) ersetzt. Die Tätigkeit, für die bei Bedarf eine Kraft zur Verfügung zu stellen ist, beschränkt sich damit nicht nur auf die bloße Anfertigung von Schreiben, sondern kann bspw. auch Fotokopier- und Versandarbeiten, Terminvereinbarungen und die Erledigung von Telefonaten erfassen. Nach § 32 Abs. 2 kann das Büropersonal inzwischen auch zur Erstellung der Niederschrift hinzugezogen werden. Je nach Arbeitsanfall ist die zeitweilige oder dauerhafte Zuordnung von Büropersonal (einer oder mehrerer Personen) zum PR notwendig. Die Erle-

digung der Schreibarbeiten in einer zentralen Schreibstelle ist zulässig, wenn sichergestellt ist, dass nur zum Stillschweigen besonders verpflichtete Schreibkräfte mit den PR-Arbeiten betraut werden (VGH Kassel, 17.2.1994 – HPV TL 2143/92 – ZBR 1994, 190 = IÖD 1994, 167, der die Verpflichtung zur Bereitstellung eines besonderen Raums bejaht, wenn die räumlichen Verhältnisse der Dienststelle dies zulassen und auch die anderen Beschäftigten in ähnlich großzügigen räumlichen Verhältnissen arbeiten können). Die Auswahl des Büropersonals obliegt dem Dienststellenleiter; er kann vom PR aber nicht verlangen, eine bestimmte Person zu beschäftigen, von der eine sachgerechte Erledigung der anfallenden Aufgaben nicht zu erwarten ist. Auch die Vertrauenswürdigkeit des ausgewählten Personals muss gewährleistet sein. Einem PR mit drei Freistellungen wird der Anspruch auf eine vollbeschäftigte Bürokraft zugestanden werden müssen. Das OVG Magdeburg sieht bei einem aus neun Mitgliedern bestehenden PR einer Kommunalverwaltung und einer vollen Freistellung die Zuweisung einer Bürokraft mit 20 Wochenstunden als erforderlich an (30.7.2003 – 5 L 5/02 – PersV 2004, 64 = PersR 2003, 508).

III. Bekanntmachungen und Informationsschriften (Abs. 3)

1. Bekanntmachungen. Dem PR sind in allen Dienststellen geeignete Plätze für **Bekanntmachungen** und **Anschläge – sog. „Schwarzes Brett“** – zur Verfügung zu stellen (Abs. 3 Satz 1). Sie müssen für die Beschäftigten leicht zugänglich und wahrnehmbar sein, ggf. sind mehrere Orte und Schutzmaßnahmen vorzusehen (OVG Hamburg, 22.5.2000 – 8 Bf 436/99.PVL – PersV 2001, 120 = PersR 2001, 43). 35

Keine eigenen Mitteilungen Einzelner. Das **einzelne PR-Mitglied** ist nicht berechtigt, das dem PR in der Dienststelle zur Verfügung gestellte Anschlagbrett für eigene Mitteilungen über die PR-Tätigkeit ohne Genehmigung des PR und des Dienststellenleiters zu nutzen (VGH München, 29.7.1987 – 17 C 87.01687 – ZBR 1988, 134 = PersV 1988, 274). 36

Schriftliche Mitteilungen. Darüber hinaus kann der PR auch erforderliche schriftliche Mitteilungen unmittelbar an alle Beschäftigten verteilen. Die Herausgabe von Informationsschriften (z. B. auch solche auf elektronischem Weg oder Flugblätter) ist damit gleichberechtigt zu den sonstigen Möglichkeiten der Unterrichtung der Beschäftigten (z. B. Anschlagtafel) zugelassen. Dem PR ist es überlassen, welchen Informationsweg er unter Beachtung des Gebots der sparsamen Verwendung öffentlicher Mittel gehen will. Auch die Herausgabe einer periodischen Informationsschrift ist nicht grundsätzlich ausgeschlossen (vgl. aber OVG Münster, 10.2.1993 – CL 1/90 – PersV 1995, 461, das die Zulässigkeit im Grundsatz verneinte und sie für sehr große Dienststellen offen ließ), muss jedoch die Voraussetzung der Erforderlichkeit erfüllen. Sonstige Informationsmöglichkeiten dürfen nicht ausreichen, um das Informationsbedürfnis der Beschäftigten hinreichend zu befriedigen. 37

Vertrauensvolle Zusammenarbeit. Die Informationsschrift darf im Übrigen dem Grundsatz der vertrauensvollen Zusammenarbeit (§ 2) nicht widerstrei- 38 ten. Die vertrauensvolle Zusammenarbeit bedingt den persönlichen Kontakt zwischen PR und Dienststellenleiter; dies lässt es nicht zu, dass Meinungsverschiedenheiten in der unpersönlichen Form dienststellenöffentlicher schriftlicher Verlautbarungen ausgetragen werden. Informationsschriften und Flugblätter müssen in unmittelbarem Zusammenhang mit den Aufgaben des PR stehen, sie dürfen auch nicht gegen gesetzliche Bestimmungen (z. B. § 68 Abs. 2 – Friedenspflicht, Strafgesetze) verstoßen oder für bestimmte Gewerkschaften werben.

39 **2. E-Mail und Intranet.** Nach Satz 2 kann der PR die Beschäftigten auch über die üblicherweise in der Dienststelle genutzten Informations- und Kommunikationseinrichtungen unterrichten. Hierbei ist jeweils dem technischen Fortschritt Rechnung zu tragen. Angesichts der inzwischen nahezu flächendeckenden Ausstattung der öffentlichen Verwaltung in Baden-Württemberg mit moderner EDV-Technik, sind insb. E-Mail und Intranet zur Weitergabe von Informationen nutzbar, sofern damit alle Beschäftigten erreicht werden (Ilbertz-Widmaier § 44 Rn. 38; Lorenzen u. a. § 44 Rn. 40c); ggf. sind die Informationen zusätzlich an die „nicht vernetzten" Beschäftigten auf herkömmlichem Wege weiterzuleiten. Die Belange des Datenschutzes sind hierbei zwingend zu beachten (§ 67).

40 **Homepage.** Unter Umständen kann dem PR auch ein Anspruch auf Einrichtung einer personalratseigenen Homepage im dienststelleneigenen **Intranet** zustehen, wenn in der Dienststelle ein entsprechendes Medium regelmäßig genutzt wird (Ilbertz-Widmaier § 44 Rn. 41).

41 **3. Kosten.** Die Kosten für die erforderlichen Informationsmedien des PR trägt die Dienststelle. Die Erforderlichkeit ist jeweils nach den Umständen des Einzelfalles zu bestimmen.

42 **Inhalt.** Unbeschadet der Frage der Notwendigkeit der Herausgabe eines **Informationsblatts** durch den PR kann von der Dienststelle die Übernahme der Kosten abgelehnt werden, wenn dieses Artikel enthält, die mit dem Aufgabenbereich des PR nichts zu tun haben, diese die Beschäftigten der Dienststelle nicht unmittelbar betreffen, gegen gesetzliche Bestimmungen, insb. gegen Strafgesetze und die Friedenspflicht verstoßen oder wenn der Grundsatz der sparsamen Verwendung öffentlicher Mittel nicht beachtet wird (BVerwG, 26.11.1982 – 6 P 40.79 – PersV 1983, 408; OVG Münster 10.2.1993 – CL 1/90 – PersV 1995, 461).

43 **Keine Zuwendungen Dritter.** Der PR darf aber auch eine von ihm herausgegebene Informationsschrift, für die die Kosten nicht von der Dienststelle übernommen werden, weder durch eine Umlage bei seinen Mitgliedern oder den Beschäftigten der Dienststelle noch durch Zuwendungen Dritter, wozu auch der kostenlose Druck gehört, finanzieren. Eine Zuwiderhandlung wäre ein Verstoß gegen das Gebot der Objektivität und Neutralität seiner Amtsführung und gegen das Verbot, Beiträge von den Beschäftigten zu erheben (§ 42; BVerwG, 10.10.1990 – 6 P 22.88 – PersR 1991, 27).

§ 42 Verbot der Beitragserhebung

Der Personalrat darf für seine Zwecke von den Beschäftigten keine Beiträge erheben oder annehmen.

Vorbemerkung. § 42 gilt für den GesamtPR (§ 54 Abs. 4), die Stufenvertretungen (§ 55 Abs. 3), die Arbeitsgemeinschaften (§ 56 Abs. 3), den AusbildungsPR (§ 58 Abs. 3), die JAV, die GesamtJAV und die StufenJAV (§§ 64 Satz 1, 64 Abs. 3) entsprechend. Es handelt sich um einen allg. Rechtsgrundsatz des Personalvertretungsrechts. 1

Grundsatz. Nach § 41 sind die persönlichen und sächlichen **Kosten**, die dem PR und seinen Mitgliedern aus ihrer Tätigkeit entstehen, **von der Dienststelle zu tragen.** Damit ist die Funktionsfähigkeit des PR aus finanzieller Sicht hinreichend gesichert. Es ist deshalb zur **Wahrung der Unabhängigkeit** des PR nur folgerichtig, wenn § 42 dem PR die Erhebung und die Annahme von Beiträgen von den Beschäftigten untersagt. Auch den Druck seines Informationsblattes darf der PR nicht durch eine Umlage auf seine Mitglieder finanzieren, denn auch die PR-Mitglieder gehören zu den Beschäftigten im Sinne dieser Vorschrift (BVerwG, 10.10.1990 – 6 P 22.88 – PersR 1991, 27). 2

Beiträge. Unter den Begriff „Beiträge" fallen nicht nur Geldleistungen, sondern **Leistungen aller Art.** 3

Leistungen Dritter. Auch von der Dienststelle darf der PR über § 41 hinausgehende Zuwendungen weder fordern noch annehmen. Dies gilt auch für etwaige Zuwendungen Dritter, z. B. der Gewerkschaften. Das **Verbot, Zuwendungen von Dritten anzunehmen,** folgt aus der allg. **Pflicht des PR zur objektiven und neutralen Amtsführung,** insb. aus seiner Pflicht, alles zu unterlassen, was Zweifel hinsichtlich der Neutralität und Objektivität seiner Amtsführung begründen könnte (BVerwG, 10.10.1990 – 6 P 22.88 – PersR 1991, 27). 4

Sammlungen. Ebenso darf der PR keine Sammlungen für andere Zwecke durchführen. Er darf deshalb auch den Beitragseinzug für Gewerkschaften nicht übernehmen. Es ist jedoch nichts dagegen einzuwenden, wenn ein einzelnes PR-Mitglied außerhalb seiner Tätigkeit im PR den Beitrag für die Gewerkschaft, der es angehört, einzieht. 5

Spenden. Die Annahme von **freiwilligen Beiträgen** und Spenden der Beschäftigten wird aber wohl dann nicht als unzulässig angesehen werden können, wenn sie der **Pflege der innerdienstlichen zwischenmenschlichen Beziehungen** oder der Erfüllung einer **gesellschaftlich gebotenen Pflicht** dienen (vgl. auch Lorenzen u. a. § 45 Rn. 8; Ilbertz-Widmaier § 45 Rn. 4). So wird gegen Spenden für bspw. **Geburtstags- oder Hochzeitsgeschenke** sowie für einen Kranz anlässlich einer **Beerdigung** nichts einzuwenden sein. Es wird zweckmäßig sein, wenn der PR möglichst im Einvernehmen mit dem Dienststellenleiter handelt und vor derartigen Sammlungen einen zustimmenden Beschluss der Personalversammlung herbeiführt. 6

Abschnitt 4 **Rechtsstellung der Personalratsmitglieder**

§ 43 Allgemeines

(1) Die Mitglieder des Personalrats führen ihr Amt unentgeltlich als Ehrenamt.

(2) [1]Versäumnis von Arbeitszeit, die zur ordnungsmäßigen Durchführung der Aufgaben des Personalrats erforderlich ist, hat keine Minderung der Besoldung oder des Arbeitsentgelts zur Folge. [2]Werden Mitglieder des Personalrats durch die Erfüllung ihrer Aufgaben über ihre individuell maßgebliche Arbeitszeit hinaus beansprucht, so ist ihnen Dienstbefreiung in entsprechendem Umfang zu gewähren.

1 **Vorbemerkung.** Die frühere amtliche Fußnote zum 4. Abschnitt wurde durch das ÄG 2013 gestrichen. Die Fußnote enthielt Verweise auf unmittelbar für die Länder geltende Vorschriften des BPersVG, namentlich auf die §§ 107 bis 109 und § 9 BPersVG, die den Schutz der PR-Mitglieder ausgestalten. Die Vorschriften wurden zwischenzeitlich vollinhaltlich in das LPVG übernommen, sodass die amtliche Fußnote entbehrlich wurde. Die dem § 107 BPersVG entspr. Vorschrift über die Behinderungs-, Benachteiligungs- und Begünstigungsverbote findet sich in § 6 Abs. 1 LPVG. Vorschriften zum Kündigungsschutz entsprechend § 108 BPersVG finden sich in § 47 LPVG. Der Unfallschutz entsprechend § 109 BPersVG ist landesrechtlich in § 6 Abs. 2 LPVG geregelt (früher § 47a a. F.). Die Regelungen zur Weiterbeschäftigung von Auszubildenden (§ 107 Satz 2 i. V. m. § 9 BPersVG) sind in § 48 LPVG enthalten. Vgl. hierzu im Einzelnen die Erläuterungen zu den jeweiligen Vorschriften.

2 **Entsprechende Anwendung.** § 43 gilt für den GesamtPR (§ 54 Abs. 4), die Stufenvertretungen (§ 55 Abs. 3), die Arbeitsgemeinschaften (§ 56 Abs. 3 Satz 3, § 57 Abs. 6), den AusbildungsPR (§ 58 Abs. 3), die JAV, die GesamtJAV und die StufenJAV (§§ 64 Satz 1, 66 Abs. 3 und Abs. 4) entsprechend.

I. Ehrenamt (Abs. 1)

3 **Unentgeltlichkeit.** Abs. 1 legt fest, dass die Mitglieder des PR ein öffentliches **Ehrenamt** innehaben, **mit dem eine Vergütung nicht verbunden ist** (Unentgeltlichkeit). Die PR-Mitglieder dürfen für ihre PR-Tätigkeit weder von ihrer Dienststelle und deren Beschäftigten noch von Außenstehenden (z. B. Gewerkschaften, Verbänden) Zuwendungen, gleich welcher Art, auch nicht in versteckter Form (z. B. Zuweisung eines besseren Arbeitsplatzes, bevorzugte Beförderung oder Höhergruppierung, unangemessene Entlastung im Amt, Zahlung von Sitzungsgeldern) annehmen. Das Verbot des Abs. 1 schließt aber den Ersatz der notwendigen Auslagen, die den PR-Mitgliedern bei der Erfüllung ihrer gesetzlichen Aufgaben entstanden sind, nicht aus (vgl. § 41).

II. Aufgabendurchführung (Abs. 2)

4 **1. Arbeits- bzw. Dienstbefreiung.** Nach Abs. 2 haben die PR-Mitglieder Anspruch auf **Arbeits- oder Dienstbefreiung** in dem für die Wahrnehmung ihrer

gesetzlichen Aufgaben erforderlichen Umfang. Satz 1 sieht daher vor, dass ein Versäumnis von Arbeitszeit **nicht zur Minderung der Besoldung** oder des Arbeitsentgelts führt. Dieser Anspruch besteht nicht für die Tätigkeiten der PR-Mitglieder in Angelegenheiten, die nicht zu ihren gesetzlich festgelegten Aufgaben gehören, z. B. die Vertretung von Beschäftigten vor dem Arbeitsgericht oder für die Tätigkeit in einem Verband oder einer Gewerkschaft. Lehnt die Dienststelle die Arbeits- oder Dienstbefreiung wegen Fehlens der Voraussetzungen ab, muss das PR-Mitglied am Arbeitsplatz verbleiben, auch wenn es anderer Auffassung ist (Ilbertz-Widmaier § 46 Rn. 6). Über Streitigkeiten entscheidet das VG (ggf. im einstweiligen Rechtsschutzverfahren).

Benachrichtigung. Zur ordnungsmäßigen Wahrnehmung ihrer gesetzlichen Aufgaben bedürfen die Mitglieder des PR weder eines Urlaubs noch einer ausdrücklichen Dienstbefreiung, soweit es sich um von Fall zu Fall zu erledigende Aufgaben handelt, wie Sitzungen, Besprechungen mit dem Dienststellenleiter, Beratung von Beschäftigten u. dgl. Jedoch haben sie ihre **Vorgesetzten zu benachrichtigen**, wenn sie dem Dienst fernbleiben müssen oder ihre Dienstaufgaben nicht erledigen können (BVerwG, 9.3.1990 – 6 P 15.88 – BVerwGE 85, 36 = PersV 1990, 315 = PersR 1990, 177). Dazu gehört die Angabe des Orts und der voraussichtlichen Dauer der Abwesenheit. 5

Aufgabenerfüllung. Das Versäumnis von Arbeitszeit muss zur Erfüllung der gesetzlichen Aufgaben der PR-Mitglieder **erforderlich** und auch im Hinblick auf das Gebot der sparsamen und wirtschaftlichen Verwaltung der öffentlichen Mittel vertretbar sein. Dies schließt eine übermäßige zeitliche Ausdehnung von Besprechungen und Sitzungen ebenso aus wie die Übertragung einzelner Aufgaben an mehrere PR-Mitglieder, wenn diese ebenso gut und mit insgesamt geringerem Zeitaufwand von einem einzelnen PR-Mitglied erledigt werden können. Grundsätzlich wird man davon ausgehen können, dass als erforderlich die Arbeitszeitversäumnis angesehen werden kann, die das PR-Mitglied zur Erfüllung seiner Aufgaben bei der gegebenen Sachlage unter vernünftiger Würdigung aller Umstände für notwendig halten durfte (Ilbertz-Widmaier § 46 Rn. 8; Lorenzen u. a. § 46 Rn. 37). 6

2. Freizeitausgleich. Kann die PR-Arbeit ausnahmsweise nicht während der Arbeitszeit erfolgen, sollen die PR-Mitglieder nicht dadurch benachteiligt werden, dass sie ihre ehrenamtliche PR-Arbeit während der Freizeit erbringen müssen (LT-Drucksache 15/4224 S. 109 f.). Nach Abs. 2 Satz 2 haben die PR-Mitglieder daher einen **Rechtsanspruch** auf Freizeitausgleich, wenn sie durch die Erfüllung ihrer Aufgaben über ihre **individuell maßgebliche Arbeitszeit** hinaus in Anspruch genommen werden. Der Freizeitausgleich bemisst sich nach der tatsächlichen Dauer der PR-Arbeit, wobei Pausen nicht mitgerechnet werden (BVerwG, 30.1.1986 – 2 C 18.83 – PersV 1987, 21 = PersR 1987, 21). Die Abgeltung des Freizeitausgleichs durch die Zahlung einer Mehrarbeitsvergütung o. Ä. ist unzulässig (Lorenzen u. a. § 46 Rn. 68). 7

Individuell maßgebliche Arbeitszeit. Durch das ÄG 2013 wurde die frühere Bezugsgröße der „regelmäßigen Arbeitszeit“ durch die „individuell maßgebli- 8 che Arbeitszeit" ersetzt. Hierdurch wurde insb. für Teilzeitbeschäftigte die Rechtssicherheit verbessert. Für sie gilt § 43 Abs. 2 gleichermaßen.

9 **Reisezeiten.** Kein Anspruch auf Freizeitausgleich besteht nach der Entscheidung des BAG vom 22.5.1986 (6 AZR 526/83 – PersV 1988, 455 = PersR 1987, 86) **für Reisezeiten,** die ein PR-Mitglied zum Erreichen einer auswärtigen Sitzung des BPR außerhalb der regelmäßigen Arbeitszeit aufwendet (s. a. OVG Greifswald, 30.5.2000 – 8 L 120/00 – ZfPR 2003, 139). Dieser Entscheidung kann wegen des Benachteiligungsverbots aber nur gefolgt werden, soweit der Ausschluss auch für Dienstreisen aller anderen Beschäftigten der Dienststelle gilt (vgl. auch Altvater u. a. § 47 Rn. 6).

10 **Ausschlussfrist.** Der Anspruch auf Freizeitausgleich ist ein Anspruch aus dem Beamten- oder Dienstverhältnis (BAG, 16.4.2003 – 7 AZR 423/01 – AP Nr. 138 zu § 37 BetrVG) und fällt unter die Ausschlussfrist der §§ 37 Abs. 1 TVöD und TV-L.

§ 44 Schulungs- und Bildungsmaßnahmen

(1) [1]Die Mitglieder des Personalrats sowie die Ersatzmitglieder, die in absehbarer Zeit in den Personalrat eintreten werden oder regelmäßig zu Sitzungen des Personalrats hinzugezogen werden, sind unter Fortzahlung der Besoldung oder des Arbeitsentgelts für die Teilnahme an Schulungs- und Bildungsveranstaltungen vom Dienst freizustellen, soweit diese Kenntnisse vermitteln, die für die Tätigkeit im Personalrat erforderlich sind; dabei sind die dienstlichen Interessen angemessen zu berücksichtigen. [2]§ 43 Absatz 2 Satz 2 gilt entsprechend.

(2) [1]Der Vorsitzende des Personalrats sowie einer der stellvertretenden Vorsitzenden haben viermal im Jahr Anspruch auf Besoldungs- oder Entgeltfortzahlung anlässlich der Teilnahme an einer von der zuständigen Gewerkschaft einberufenen Konferenz der Vorsitzenden der Personalräte. [2]Denselben Anspruch haben alle Mitglieder des Personalrats zweimal im Jahr zur Teilnahme an einer gleichen Konferenz. [3]Die persönliche Teilnahme an einer dieser Konferenzen ist durch eine Bescheinigung der zuständigen gewerkschaftlichen Konferenzleitung nachzuweisen. [4]Absatz 1 bleibt unberührt.

I. Schulungs- und Bildungsveranstaltungen (Abs. 1)

1 **1. Freistellung bei Erforderlichkeit.** Die PR-Mitglieder sind nach Abs. 1 unter Fortzahlung der Besoldung und des Arbeitsentgelts für die Teilnahme an **erforderlichen** Schulungs- und Bildungsveranstaltungen **freizustellen.** Das Merkmal der Erforderlichkeit bestimmt sich danach, ob die Schulung **objektiv** für die PR-Tätigkeit, aber auch **subjektiv** im Hinblick auf das Schulungsbedürfnis des entsandten Mitglieds geboten ist. Die Schulungsveranstaltung muss von ihrer Thematik her die Vermittlung von Kenntnissen zum Gegenstand haben, die ihrer Art nach für die Tätigkeit des PR benötigt werden. Sie muss die Gewähr für eine ordentliche und sachgerechte Schulung bieten. Außerdem muss in objektiver Hinsicht ein **Schulungsbedürfnis** für das zu entsendende PR-Mitglied bestehen. Subjektiv erforderlich ist die Teilnahme an der Schulung dann, wenn

gerade der von der Personalvertretung Ausgewählte die Schulung in den Themenbereichen benötigt, die Gegenstand der Veranstaltung bilden. Dieses Schulungsbedürfnis kann sich daraus ergeben, dass das Mitglied einer personalvertretungsrechtlichen Schulung bedarf, um seine Tätigkeit im PR überhaupt sachgerecht ausüben zu können, oder wenn eine Spezialausbildung erforderlich ist, um den besonderen Aufgaben, die ihm innerhalb der Personalvertretung zukommen, gerecht werden zu können (VGH Mannheim, 11.4.1995 – PL 15 S 2879/94 – PersR 1996, 61).

Berechtigte Personen. Für Schulungs- und Bildungsmaßnahmen erforderlichenfalls freizustellen sind neben den PR-Mitgliedern seit dem ÄG 2013 auch ausdrücklich **Ersatzmitglieder**, die in absehbarer Zeit in den PR eintreten werden oder bereits gegenwärtig regelmäßig zu Sitzungen des PR hinzugezogen werden. In diesen Fällen ist es im Hinblick auf die Gewährleistung der reibungslosen Arbeitsfähigkeit des PR sinnvoll, den in Frage kommenden Ersatzmitgliedern bereits frühzeitig eine Schulung zu ermöglichen, die sich allerdings in der Regel auf eine **Grundschulung** beschränken dürfte (LT-Drucksache 15/4224 S. 110). 2

Entscheidung über Teilnahme. Welches PR-Mitglied oder Ersatzmitglied eine Schulung besucht, entscheidet der PR. Im Hinblick auf den Grundsatz der vertrauensvollen Zusammenarbeit hat er hierbei allerdings auf dienstliche Belange Rücksicht zu nehmen. Die Entscheidung über die Schulungsteilnahme erfolgt durch gemeinsamen Beschluss i. S. v. § 34 Abs. 4 Satz 1. Das PR-Mitglied/Ersatzmitglied ist verpflichtet, den Beschluss zu befolgen. Die Dienststelle spricht sodann die Freistellung von den Dienstgeschäften für den benötigten Zeitraum aus. Hierbei überprüft sie das Vorliegen der Voraussetzungen des Abs. 1, allerdings unter Beachtung des dem PR zustehenden **Beurteilungsspielraums** (vgl. BVerwG, 25.6.1992 – 6 P 29.90 – PersR 1992, 364 = PersV 1992, 523). 3

Keine Dienstreise. Reisen zu Schulungs- und Bildungsveranstaltungen nach Abs. 1 sind keine Dienstreisen; sie bedürfen deshalb keiner Anordnung oder Genehmigung durch den zuständigen Vorgesetzten (vgl. die Allgemeine Verwaltungsvorschrift zum LRKG vom 30.11.2009 – GABl. S. 307 – Nr. 4.1 zu § 1). 4

Orientierungshilfe. Zu § 47 Abs. 5 a. F. (heute § 44 Abs. 1) hatte das Innenministerium Baden-Württemberg im Einvernehmen mit dem Finanzministerium am 16.5.1991 (GABl. S. 601) die Verwaltungsvorschrift über die Kosten der Teilnahme an Schulungs- und Bildungsveranstaltungen i. S. d. § 47 Abs. 5 LPVG erlassen, die aufgrund der Bereinigungsanordnung vom 16.12.1981 (GABl. 1982 S. 14), geändert am 8.1.1997 (GABl. S. 74), mit Ablauf des Jahres 1998 außer Kraft getreten ist. Das Innenministerium teilte den anderen Landesministerien mit, dass im Interesse des Vorschriftenabbaus die Verwaltungsvorschrift nicht neu erlassen wird. Gleichzeitig übersandte es den nachstehenden Entwurf einer neuen Vorschrift. Dieser Entwurf kann als Orientierungshilfe für die Auslegung des § 44 Abs. 1 herangezogen werden (s. a. die Hinweise des Finanzministeriums in der Allgemeinen Verwaltungsvorschrift zum LRKG vom 30.11.2009, GABl. S. 307 zu § 1). Verbindlich ist er **nicht!** 5

Entwurf

Verwaltungsvorschrift des Innenministeriums über Schulungs- und Bildungsveranstaltungen für Mitglieder von Personalvertretungen (VwV-PersV-Schulung)
Vom … Az: 1-0307/82

I.

Das Innenministerium gibt im Einvernehmen mit dem Finanzministerium zur Freistellung von Mitgliedern der Personalvertretungen und zur Übernahme der Kosten anlässlich der Teilnahme an Schulungs- und Bildungsveranstaltungen im Sinne des § 47 Abs. 5 des Landespersonalvertretungsgesetzes – LPVG – (Schulungen) folgende Hinweise:

1. *Die Personalvertretung entscheidet durch Beschluss, welche ihrer Mitglieder an Schulungen teilnehmen sollen. Die Dienststelle entscheidet über die Freistellung vom Dienst und zugleich über die Übernahme der Kosten (§ 45 Abs. 1 Satz 1 LPVG).*
2. *Die Schulung muss dem zur Teilnahme bestimmten Mitglied Kenntnisse vermitteln, die für seine Tätigkeit in der Personalvertretung objektiv und subjektiv erforderlich sind. Dies bedeutet:*
   - *die Schulung muss Sachgebiete betreffen, die zu den Aufgaben der jeweiligen Personalvertretung gehören, und*
   - *das zur Teilnahme bestimmte Mitglied muss der Schulung in den Themenbereichen, die Gegenstand der Schulung sind, bedürfen.*

2.1 *Die Vermittlung von Grundkenntnissen (Grundschulung) über das Personalvertretungsrecht sowie regelmäßig berührte Sachgebiete, wie z. B. Dienst- und Tarifrecht, ist für alle Personalvertretungen erforderlich.*
Die Grundschulung steht jedem Mitglied zu, das nicht bereits eine Grundschulung erfahren oder die entsprechenden Grundkenntnisse anderweitig erworben hat. War die Mitgliedschaft für mehrere Amtszeiten unterbrochen oder hat sich die Rechtslage grundlegend geändert, kann ausnahmsweise eine erneute Grundschulung erforderlich sein.
Für die Grundschulung wird in der Regel eine Dauer bis zu fünf Kalendertagen (Reisetage nicht eingerechnet) als erforderlich anzuerkennen sein.

2.2 *Die Vermittlung von Kenntnissen über spezielle Sachgebiete (Spezialschulung) ist nur für solche Personalvertretungen erforderlich, die mit Vorgängen aus derartigen Spezialgebieten (z. B. Informationstechnik, Arbeitsschutz, Kündigungsschutz, Datenschutz) befasst sind oder in naher Zukunft befasst sein werden.*
Die Vermittlung von Kenntnissen über ein Spezialgebiet ist in der Regel nur für ein Mitglied der Personalvertretung erforderlich. Schulungsbedürftig ist ein Mitglied nur, wenn ihm besondere in der Schulung zu behandelnde Aufgaben zugewiesen sind und kein anderes Mitglied über entsprechende Kenntnisse verfügt.

2.3 *[…]*

3. *[…]*

4. *Bei der Entscheidung über die Kostenübernahme ist das Gebot der sparsamen Bewirtschaftung öffentlicher Mittel, insbesondere in Bezug auf die Zahl der zu entsendenden Mitglieder und die Dauer der Schulung, zu beachten. Außerdem ist zu prüfen, ob nicht gleichwertige Schulungsveranstaltungen angeboten werden, deren Besuch geringere Kosten verursachen würde.*
Die Personalvertretung muss im Rahmen der Haushaltsaufstellung den Bedarf an Haushaltsmitteln bei der Dienststelle anmelden. Sind die verfügbaren Haus-

haltsmittel erschöpft, kommt die Kostenübernahme nur im Falle eines unvorhergesehenen und unabweisbaren Schulungsbedürfnisses (§ 37 Abs. 1 der Landeshaushaltsordnung) in Betracht. In diesem Fall können Verpflichtungen durch die Personalvertretung erst nach Schaffung der haushaltsmäßigen Voraussetzungen für die Kostenübernahme (Bereitstellung von überplanmäßigen Mitteln) eingegangen werden. Die Personalvertretung wirkt bei der Bereitstellung dieser Mittel durch Anzeige und Begründung des Mittelbedarfs mit.

5. *Die Höhe der zu übernehmenden notwendigen Kosten bestimmt sich entsprechend § 45 Abs. 1 Satz 2 LPVG nach dem Landesreisekostengesetz (LRKG). Das freizustellende Personalratsmitglied hat die notwendigen Kosten durch geeignete Nachweise zu belegen. Aus den Kostennachweisen muss sich ergeben, welche Leistungen erbracht werden und welche Preise die Schulungsteilnehmer hierfür zu bezahlen haben. Nach Möglichkeit sollten die Zahl der notwendigen Übernachtungen sowie der Preis für die einzelne Übernachtung ebenso ersichtlich sein wie die Anzahl und die Einzelpreise der zu berechnenden Frühstücke, Mittag- und Abendessen.*
6. *Die sachlichen und personellen Generalunkosten (Vorhaltekosten) einer gewerkschaftlichen Schulungseinrichtung sind keine notwendigen Nebenkosten im Sinne des § 14 LRKG, da sie nicht in unmittelbarem Zusammenhang mit einer konkreten Schulungsveranstaltung stehen. Aus den Kostennachweisen von gewerkschaftlichen Schulungseinrichtungen muss hervorgehen, dass in dem Teilnehmerbeitrag oder den Verpflegungs- und Unterkunftskosten keine Vorhaltekosten enthalten sind.*

II.

(Anwendungsempfehlung für die der Aufsicht des Landes unterstehenden Körperschaften, Anstalten und Stiftungen des öffentlichen Rechts.)

III.

(Inkrafttreten)

Rundschreiben des BMI. Anhaltspunkte für die Anwendung des Abs. 1 bietet darüber hinaus das Rundschreiben des **Bundesministeriums des Innern** zur Kostenerstattung für die Teilnahme an Schulungs- und Bildungsveranstaltungen sowie die hierfür notwendigen Freistellungen nach § 46 Abs. 6 Bundespersonalvertretungsgesetz (BPersVG) vom 28.4.2008 (GMBl. S. 406). Auch dieses Rundschreiben ist für das Land Baden-Württemberg **nicht** verbindlich, kann jedoch ebenso als Orientierungshilfe dienen. 6

Schulungskosten. Wegen der Bereitstellung der für die Schulungskosten erforderlichen Haushaltsmittel siehe § 41. Schulungskosten sind regelmäßige Aufwendungen, für die ein Antrag auf überplanmäßige oder außerplanmäßige Mittel grundsätzlich ausgeschlossen ist (BVerwG, 24.11.1986 – 6 P 3.85 – PersV 1987, 422 = PersR 1987, 84). Bei fehlenden Haushaltsmitteln sind die Kosten der Teilnahme an einer Schulungsveranstaltung, welche für die PR-Tätigkeit erforderliche Kenntnisse vermittelt, von der Dienststelle nur dann zu übernehmen, wenn der **Schulungsbedarf unaufschiebbar** ist (BVerwG, 26.2.2003 – 6 P 10.02 – PersV 2003, 351 = PersR 2003, 276). Unaufschiebbarkeit wird vom BVerwG bei 7

Grundschulungen bejaht, wenn diese eineinhalb Jahre nach der Neuwahl noch nicht erfolgt sind, da sie sonst ihren Zweck nicht mehr erfüllen könnten. Bei Spezialschulungen liegt Unaufschiebbarkeit vor, wenn die vermittelten Kenntnisse benötigt werden, um einem akuten Handlungsbedarf zu genügen.

8 **Rechtsprechungsbeispiele zu Abs. 1 (früher § 47 Abs. 5 a. F.) bzw. vergleichbaren Vorschriften des Bundes und der Länder:**

- Zur Erforderlichkeit der Schulung:
  BVerwG, 27.4.1979 – 6 P 83.78 – ZBR 1980, 254; BVerwG, 27.4.1979 – 6 P 76.78 – PersV 1981, 68 (Änderungen des BPersVG); BVerwG, 27.4.1979 – 6 P 62.78 – PersV 1981, 241 = ZBR 1981, 230 (Arbeitsschutz); BVerwG, 27.4.1979 – 6 P 17.78 – PersV 1981, 161 = ZBR 1980, 27 (Arbeitsrecht); BVerwG, 27.4.1979 – 6 P 3.78 – PersV 1981, 242 = ZBR 1981, 230 (Wahlordnung, Kindergeld); VGH Mannheim, 11.4.1995 – PL 15 S 2879/94 – PersR 1996, 61 (arbeitsgerichtliches Verfahren); OVG Lüneburg, 29.3.2007 – 17 LP 4/05 – ZfPR online 2007 Nr. 8, 11–13 (Altersversorgung im öffentlichen Dienst); BVerwG, 9.7.2007 – 6 P 9.06 – PersR 2007, 434 (Grundschulung für neugewählte PR-Mitglieder).
- **Zur Teilnahme** des Vorsitzenden und des stellvertretenden Vorsitzenden des PR **an einem** sich über fünf Arbeitstage und ein Wochenende erstreckenden **Schulungskurs „Einführung in das Arbeitsrecht“**: VGH Mannheim, 13.11.1979 – XIII 3415/78 – PersV 1982, 22 = ZBR 1980, 258.
- Für die Teilnahme eines PR-Mitglieds ohne besondere Aufgaben an einem Seminar „Arbeitsrecht II – Verfahrensrecht“, das Spezialkenntnisse auf dem Gebiet des Arbeitsgerichtsverfahrens vermittelt, besteht kein Schulungsbedarf: VGH Mannheim, 11.4.1995 – PL 15 S 2879/94 – PersR 1996, 61.
- **Keine Erforderlichkeit der Schulung, wenn mit der Materie vertraute Mitglieder dem PR angehören**: BVerwG, 16.11.1987 – 6 PB 14.87 – ZBR 1988, 195 = PersV 1989, 67 = RiA 1988, 332.
- **Keine** für die PR-Arbeit erforderliche **Schulung über Arbeitskampf**: BVerwG, 22.7.1982 – 6 P 42.79 – PersV 1983, 374 = ZBR 1983, 165.
- **Schulung in rhetorischer Kommunikation nicht** für die Tätigkeit im PR erforderlich: BVerwG, 27.4.1979 – 6 P 36.78 – PersV 1981, 26; VGH Kassel, 2.12.2004 – 22 TL 558/04 – PersV 2005, 423 = ZfPR 2005, 70.
- Eine **Schulung zum Thema „Mobbing“** kann erforderlich sein, wenn eine Konfliktlage dargelegt wird, aus der sich ein Handlungsbedarf zur Wahrnehmung einer gesetzlichen Aufgabenstellung ergibt und zu deren Lösung das auf der Schulung vermittelte Wissen notwendig ist (für das BetrVG: BAG, 15.1.1997 – 7 ABR 14.96 – BAGE 85, 56 = NZA 1997, 781).
- Auch die **Schulung mehrerer PR-Mitglieder über „Eingruppierungsrecht des BAT“** (jetzt TVöD/TV-L) kann bei entsprechendem Arbeitsanfall im PR erforderlich sein: BVerwG, 16.11.1987 – 6 PB 14.87 – PersV 1989, 67.
- Die Teilnahme des **Stellvertreters eines PR-Vorsitzenden an Schulungsveranstaltungen für Vorsitzende von PR mit dem Gegenstand „Vorbereitung und Durchführung von Sitzungen, Verhandlungen und Versammlungen“ ist nicht erforderlich, solange nicht feststeht, dass er demnächst Vorsitzender werden wird**: BVerwG, 23.4.1991 – 6 P 19.88 – BVerwGE 88, 137 = PersV 1992, 115 = ZBR 1991, 311.

- Ein PR-Mitglied kann grundsätzlich lediglich die Übernahme der Kosten für die Teilnahme an **einer** mehrtägigen Schulungsveranstaltung zum **Landespersonalvertretungsrecht** verlangen. Die Übernahme der Kosten für eine weitere Schulung im Personalvertretungsrecht kommt allenfalls dann in Betracht, wenn zwischen den Schulungsveranstaltungen eine größere Zeitspanne liegt oder zwischenzeitlich in der Rechtsentwicklung wesentliche Änderungen eingetreten sind: OVG Münster, 9.12.1980 – 2 CL 7/78 – PersV 1981, 378.
- **Voraussetzung der Pflicht** der Dienststelle, **die Kosten der Schulung** eines Mitglieds der Personalvertretung (JAV) **zu erstatten, ist grundsätzlich ein entsprechender Entsendungsbeschluss der Personalvertretung und eine entsprechende Freistellung durch die Dienststelle.** Die Dienststelle kann nicht nachträglich geltend machen, die Voraussetzungen – etwa wegen Erschöpfung der Haushaltsmittel – hätten nicht vorgelegen: VGH Mannheim, 8.6.1982 – 15 S 2630/81 – PersV 1983, 468; OVG Münster, 4.3.1993 – CL 33/89 – PersV 1995, 463, entsprechend zur Berechtigung zur Teilnahme an einer Schulung.
- **Der Beschluss des PR,** ein Mitglied zu einer Schulungs- und Bildungsveranstaltung zu entsenden, **hat nicht die Wirkung, dass das Mitglied zur Teilnahme an der Veranstaltung vom Dienst freigestellt ist.** Hierzu bedarf es der Freistellung vom Dienst durch die Dienststelle: VGH Mannheim, 6.7.1982 – 15 S 23/82 – PersV 1983, 469.
- Auf dem Gebiet der **Personalplanung/Arbeitsorganisation** besteht kein Schulungsanspruch, wenn die Dienststelle keine eigenständigen Entscheidungskompetenzen auf diesen Gebieten hat: OVG Lüneburg. 18.3.1992 – 17 L 10/90 – PersV 1994, 25.
- Kein Schulungsanspruch besteht, wenn die Schulungsveranstaltung nur **wenige Tage vor dem Ende der Amtszeit** eines PR-Mitglieds stattfinden soll: BVerwG, 25.6.1992 – 6 P 29.90 – PersR 1992, 364 = ZBR 1992, 379.
- Eine Schulung zum Thema **„Kündigungsschutz nach dem Schwerbehindertengesetz“** kann für die PR-Tätigkeit erforderlich sein: OVG Münster, 23.9.1992 – CB 172/89 – PersR 1993, 224.
- Wenn aus Sicht eines objektiven Betrachters eine Schulungsveranstaltung nicht erforderlich ist oder die Kosten in einem unangemessenen Verhältnis zu dem zu erwartenden Schulungseffekt stehen bzw. wenn keine Haushaltsmittel vorhanden sind, kann die **Kostenübernahme abgelehnt** werden: BVerwG, 7.12.1994 – 6 P 36.93 – BVerwGE 97, 116 = PersR 1995, 179.
- **Allgemeine Vorhaltekosten** (Generalunkosten) einer gewerkschaftlichen Bildungsstätte sind im Rahmen personalvertretungsrechtlicher Schulungsmaßnahmen ebenso wenig zu erstatten wie Kosten für zusätzliche Gesetzestexte und Kommentare für jeden Teilnehmer: VGH München, 3.5.2000 – 17 P 99.3639 – ZfPR 2001, 8 = PersV 2001, 365.
- Erweist sich die erfolgte Durchführung einer Schulungsveranstaltung wegen Verstoßes gegen das **Gebot der sparsamen Verwendung öffentlicher Mittel** als nicht erforderlich, so bleibt die Verpflichtung der Dienststelle unberührt, wenigstens diejenigen Kosten zu erstatten, die bei einer dieses Gebot beachtenden Durchführung der Veranstaltung angefallen wären: BVerwG, 12.11.2012 – 6 P 4.12 – PersR 2013, 85 = PersV 2013, 155.

9 **Sonderurlaub.** Unbeschadet der Regelung des § 44 kann nach § 29 Abs. 1 Nr. 3 AzUVO (früher: § 12 Abs. 1 Nr. 3 UrlVO) i. V. m. Nr. 9 VV zu § 112 LBG (heute: § 71 LBG) auf Anforderung der zuständigen Berufsvertretung, sofern dienstliche Gründe nicht entgegenstehen, Beamten Urlaub unter Belassung der Dienstbezüge zur Teilnahme an **Tagungen** und Lehrgängen, die **Zwecken der Gewerkschaften oder der Berufsverbände** dienen, bewilligt werden.

10 **Umfang.** Übersteigt dieser Urlaub zusammen mit dem Urlaub zur Teilnahme an Tagungen, Lehrgängen und Veranstaltungen, die fachlichen Zwecken dienen (§ 29 Abs. 1 Nr. 3c AzUVO), im Urlaubsjahr die Dauer von fünf Tagen, so ist für die weitere Zeit Erholungsurlaub des laufenden Urlaubsjahres oder, wenn dieser bereits genommen ist, Erholungsurlaub des folgenden Urlaubsjahres zu nehmen. Abweichend hiervon können nach § 29 Abs. 4 AzUVO für die genannten Zwecke Urlaub auch bis zu zehn Tagen, durch die oberste Dienstbehörde in besonders begründeten Ausnahmefällen auch darüber hinaus, bewilligt werden.

11 **2. Freizeitausgleich.** Abs. 1 Satz 2 erklärt § 43 Abs. 2 Satz 2 für entsprechend anwendbar. Damit ist PR-Mitgliedern bzw. Ersatzmitgliedern, die an Schulungen teilnehmen, die über ihre individuell maßgebliche Arbeitszeit hinausreichen, Dienstbefreiung in entsprechendem Umfang zu gewähren. Damit gibt der Gesetzgeber zu erkennen, dass er auch Schulungsmaßnahmen als PR-Arbeit ansieht, die nicht in die Freizeit der Mitglieder fallen soll (LT-Drucksache 15/4224 S. 110). Dies kommt insb. auch Teilzeitbeschäftigten zugute.

II. Gewerkschaftstagungen (Abs. 2)

12 **1. Vorsitzender.** Abs. 2 regelt – wie Abs. 1 – ausschließlich die dienstrechtliche Seite (Freistellung, Fortzahlung der Bezüge) für die Teilnahme **des Vorsitzenden des PR** an einer von der zuständigen Gewerkschaft einberufenen **Konferenz.** Der Vorsitzende und einer seiner Stellvertreter können **viermal im Jahr** bei Besoldungs- und Entgeltfortzahlung an einer solchen Konferenz teilnehmen. Die bisherige Bindung an das Kalendervierteljahr wurde aufgegeben, weil die Terminierung derartiger Konferenzen weniger an Jahresquartalen orientiert ist (LT-Drucksache 15/4224 S. 111).

13 **Kosten.** Die Kostenerstattung bestimmt sich nach § 41 Abs. 1. Sie hängt bei Entsendung von PR-Mitgliedern zu einer **gewerkschaftlichen Personalrätekonferenz** davon ab, ob sich die Kosten (Reisekosten) auf die Tätigkeit des PR zurückführen lassen, und ob der Besuch der Konferenz objektiv zur Erfüllung der Aufgaben des PR und subjektiv für das entsandte PR-Mitglied erforderlich war (BVerwG, 1.8.1996 – 6 P 21.93 – PersV 1997, 109 = ZBR 1996, 400). Nach der Allgemeinen Verwaltungsvorschrift zum LRKG vom 30.11.2009 – GABl. S. 307 – Nr. 4.2 zu § 1 erfolgt eine Reisekostenerstattung für Reisen zu Konferenzen nach Abs. 2 (früher § 47 Abs. 6 a. F.) in der Regel nicht.

14 **2. PR-Mitglieder.** Während sich Satz 1 nur auf den Vorsitzenden des PR und seine Stellvertreter bezieht, regelt Satz 2, dass auch die übrigen Mitglieder des

PR einen solchen Anspruch auf Teilnahme an der gleichen Konferenz besitzen, allerdings nur zweimal im Jahr. Über die konkrete Teilnahme entscheidet der PR durch Beschluss.

3. Bescheinigung. Der Vorsitzende oder das PR-Mitglied muss an der Gewerkschaftskonferenz persönlich teilnehmen. Über seine Teilnahme muss die veranstaltende Gewerkschaft eine Bescheinigung ausstellen, die das PR-Mitglied bzw. der Vorsitzende seinem Arbeitgeber/Dienstherrn vorzulegen hat. Die Vorlage einer ordnungsgemäßen Bescheinigung ist Voraussetzung der Fortzahlung der Bezüge (Altvater u. a. § 47 Rn. 37). 15

4. Schulungen. Satz 4 stellt klar, dass sich die Regelungen des Abs. 2 nicht auf die Teilnahme an Schulungsveranstaltungen bezieht, sondern die dafür geltenden speziellen Regelungen unberührt lässt. 16

§ 45 Freistellung

(1) [1]Mitglieder des Personalrats sind auf Antrag des Personalrats von ihrer dienstlichen Tätigkeit freizustellen, wenn und soweit es nach Umfang und Art der Dienststelle zur ordnungsgemäßen Durchführung ihrer Aufgaben erforderlich ist. [2]Sie sind freizustellen in Personalräten mit

fünf Mitgliedern	**für zwölf Arbeitsstunden in der Woche,**
sieben Mitgliedern	**für 24 Arbeitsstunden in der Woche,**
neun Mitgliedern	**im Umfang eines Vollzeitbeschäftigten,**
elf Mitgliedern	**im Umfang von zwei Vollzeitbeschäftigten,**
13 Mitgliedern	**im Umfang von drei Vollzeitbeschäftigten,**
15 Mitgliedern	**im Umfang von vier Vollzeitbeschäftigten,**
17 Mitgliedern	**im Umfang von fünf Vollzeitbeschäftigten,**
19 Mitgliedern	**im Umfang von sechs Vollzeitbeschäftigten,**
21 Mitgliedern	**im Umfang von sieben Vollzeitbeschäftigten,**
23 Mitgliedern	**im Umfang von acht Vollzeitbeschäftigten,**
25 Mitgliedern	**im Umfang von neun Vollzeitbeschäftigten,**
27 Mitgliedern	**im Umfang von zehn Vollzeitbeschäftigten.**

[3]Eine entsprechende Teilfreistellung mehrerer Mitglieder ist zulässig.

(2) Personalrat und Dienststelle können abweichend von Absatz 1 Satz 2 höhere oder niedrigere Freistellungen für die Dauer der Amtszeit des Personalrats vereinbaren.

(3) [1]Maßgebend für die Ermittlung der Freistellungen ist die Zahl der Mitglieder des Personalrats, welche nach § 10 Absatz 1, 3 und 4 einer zum Zeitpunkt der Antragstellung durchzuführenden Wahl des Personalrats zugrunde zu legen wäre. [2]Würde sich nach der Freistellung die Zahl der Mitglieder des Personalrats im Falle einer Neuwahl um mehr als zwei Mitglieder verringern, ist eine aufgrund der bisherigen Mitgliederzahl bewilligte Freistellung zu verringern. [3]Absatz 2 bleibt unberührt.

(4) [1]Bei der Freistellung sind zunächst die von den Gruppenvertretern gewählten Vorstandsmitglieder, sodann die übrigen Vorstandsmitglieder zu berücksichtigen. [2]Bei weiteren Freistellungen sind die im Personalrat vertretenen Wahlvorschläge nach den Grundsätzen der Verhältniswahl zu berücksichtigen; dabei sind die nach Satz 1 freigestellten Vorstandsmitglieder anzurechnen.

I. Freistellung (Abs. 1)

1 **1. Grundsatz.** Freistellung nach § 45 bedeutet eine **generelle Befreiung von dienstlicher Tätigkeit**, im Gegensatz zur Dienstbefreiung zur Wahrnehmung der von Fall zu Fall auftretenden Aufgaben des PR nach § 43 Abs. 2. Die Freistellung kann eine teilweise (für Stunden oder Tage) oder eine vollständige sein. Der Betreffende wird von seinen Dienstaufgaben entpflichtet. Die Freistellung ist nur möglich und zulässig, wenn und soweit es nach Umfang und Art der Dienststelle zur ordnungsgemäßen Durchführung der PR-Arbeit erforderlich ist. Die Übertragung der Aufgaben, für die freigestellt wird, muss in die Zuständigkeit des PR fallen und mit dem Gesetz in Einklang stehen.

2 **Antrag.** Die Freistellung wird vom PR bei der Dienststelle beantragt. Dies ist eine gemeinsame Angelegenheit, für die es eines Beschlusses des PR bedarf. Er entscheidet auch unter Beachtung von Abs. 4, welche Mitglieder freigestellt werden sollen nach § 34 Abs. 4 Satz 1 als gemeinsame Angelegenheit.

3 **Entscheidung über Freistellung.** Die **Dienststelle** prüft, ob die Freistellungen gerechtfertigt sind und entscheidet über die Freistellung der einzelnen PR-Mitglieder. Dem PR steht ein **Rechtsanspruch** auf Freistellungen zu (Ilbertz-Widmaier § 46 Rn. 16; Lorenzen u. a. § 46 Rn. 94). Die vom PR getroffene Auswahl seiner freizustellenden Mitglieder ist für den Dienststellenleiter insoweit verbindlich, als er nicht von ihr abweichen darf. Er muss eine beantragte Freistellung ablehnen, wenn entweder die gesetzlichen Voraussetzungen nicht gegeben sind oder wenn unabweisbare Gründe, die sich aus den von ihm rechtlich und tatsächlich zu vertretenden dienstlichen Belangen oder aus seiner eigenen personalvertretungsrechtlichen Stellung ableiten, der Freistellung eines oder mehrerer der vom PR ausgewählten Mitglieder entgegenstehen. Er ist aber nicht berechtigt, eine Freistellung auch dann abzulehnen, wenn er die Auswahlentscheidung des PR mit Vorschriften des Personalvertretungsrechts für unvereinbar hält, die seine eigene personalvertretungsrechtliche Stellung nicht berühren (VGH Mannheim, 11.1.1983 – 15 S 2470/82 – ZBR 1984, 154; BVerwG, 10.5.1984 – 6 P 33.83 – BVerwGE 69, 222 = PersV 1986, 160 = PersR 1986, 15).

4 **Zuständigkeit.** Die **Entscheidung** über den Antrag auf Freistellung eines PR-Mitglieds obliegt **in Gemeinden** als Geschäft der laufenden Verwaltung dem **Bürgermeister.**

5 **Keine Mitbestimmung.** Da die Freistellung der PR-Mitglieder kein Fall der Mitbestimmung oder der Mitwirkung ist, finden im Falle der Nichteinigung die §§ 73 ff. keine Anwendung. Der PR kann sich aber an die nächsthöhere Dienststelle wenden mit der Bitte, im Dienstaufsichtsweg einzugreifen. Er kann auch das Verwaltungsgericht anrufen.

6 **Dauer.** Freistellungen erfolgen grundsätzlich für die Dauer der Amtszeit des PR, es sei denn, sie werden wegen eindeutiger, erheblicher und dauerhafter **Veränderung der Beschäftigtenzahl** (nach oben oder nach unten) oder der Aufgaben des PR oder wegen Abberufung des Freigestellten durch den PR aufgehoben (BVerwG, 2.9.1996 – 6 P 3.95 – PersR 1996, 498 = PersV 1997, 119). Vgl. hierzu auch Abs. 3.

Lohnausfallprinzip. Die PR-Mitglieder haben, auch wenn sie ganz oder teilweise freigestellt sind, die Besoldung bzw. das Arbeitsentgelt zu beanspruchen, das sie normalerweise für ihre Arbeit erhalten würden. Es gilt das sog. Lohnausfallprinzip, d. h. der Entgeltanspruch richtet sich danach, welche Sach- und Rechtslage vorgelegen hätte, wenn die PR-Aufgaben nicht übernommen worden wären (Ilbertz-Widmaier § 46 Rn. 9). Zu ihm gehören auch die Nebenbezüge, die vor der Freistellung regelmäßig angefallenen tariflichen Zuschläge für Nacht-, Sonntags- und Feiertagsarbeit usw., nicht jedoch der Ersatz für Aufwendungen, die infolge der Arbeitsversäumnis oder Freistellung nicht entstanden sind oder nicht mehr entstehen. Die für die Zuschläge anfallenden Steuern und Sozialversicherungsbeiträge muss das freigestellte PR-Mitglied selbst tragen, auch wenn die Zuschläge usw. vor der Freistellung abgabenfrei ausgezahlt wurden. Dem Arbeitnehmer steht nur das Arbeitsentgelt zu, das er bei Erbringung der Arbeitsleistung erhalten hätte, nicht aber ein tariflicher Urlaubslohnaufschlag (BAG, 23.10.2002 – 7 AZR 416/01 – BAGE 103, 158 = PersR 2003, 247). Eine bisher gewährte Erschwerniszulage für Dienst zu ungünstigen Zeiten ist weiterzuzahlen. Die Höhe bestimmt sich nach der Zahl der Stunden des Dienstes zu ungünstigen Zeiten, die der Beamte geleistet hätte, wenn er nicht freigestellt worden wäre (BVerwG, 13.9.2001 – 2 C 34.00 – ZfPR 2002, 105 = PersR 2002, 162 = PersV 2003, 146). 7

Keine Pauschale. Eine **pauschalierte Aufwandsentschädigung** für ganz oder teilweise freigestellte PR-Mitglieder, wie sie § 46 Abs. 5 BPersVG vorsieht, **lehnte der Gesetzgeber ab.** Der Anspruch der PR-Mitglieder auf Ersatz der ihnen durch ihre PR-Tätigkeit entstehenden notwendigen Kosten (§ 41 Abs. 1) bleibt unberührt. 8

Urlaub. Der Urlaub voll freigestellter PR-Mitglieder ist (formal) von der Dienststelle zu genehmigen; sie hat sich dabei an die Vorstellungen des PR zu halten. Hierbei ist § 39 Abs. 2 zu beachten. 9

2. Umfang der Freistellungen. Abs. 1 Satz 2 enthält eine durch das ÄG 2013 umfassend umstrukturierte Freistellungsstaffel. Der Freistellungsanspruch wird nunmehr an die Zahl der Mitglieder des PR angeknüpft, wie sie sich aus § 10 ergibt (vgl. auch Abs. 3) und nicht mehr an die Zahl der „in der Regel Beschäftigten“. Der zeitliche Freistellungsumfang bemisst sich nicht mehr an Mitgliedern, sondern nach dem Arbeitszeitumfang von Vollzeitbeschäftigten. Damit soll vorgebeugt werden, dass teilzeitbeschäftigte PR-Mitglieder bei Freistellungen unberücksichtigt bleiben, aus der Befürchtung heraus, dass das Freistellungskontingent teilweise verfallen könnte (LT-Drucksache 15/4224 S. 111). Insgesamt wurde zudem der Freistellungsumfang erhöht, um den durch das ÄG 2013 erweiterten Mitbestimmungs- und Beteiligungsrechten Rechnung zu tragen. 10

Freistellungsstaffel. Ab einer PR-Größe von fünf Mitgliedern legt die Freistellungsstaffel den Umfang der Freistellungen fest. Eine **Prüfung**, ob und inwieweit nach Art und Umfang bei der einzelnen Dienststelle eine Freistellung zur ordnungsmäßigen Durchführung der Aufgaben der Personalvertretung tatsächlich erforderlich ist, findet **nicht** statt. Der Freistellungsstaffel liegt die Erwä- 11 gung zugrunde, dass bei einer bestimmten Mitgliederzahl im PR und einer damit verbundenen hohen Anzahl von Beschäftigten für den PR regelmäßig Aufgaben anfallen, die eine entspr. Freistellung erfordern. Die Freistellungssätze beruhen auf vom Gesetzgeber für angemessen erachteten Erfahrungswerten. In Dienststellen mit weniger als fünf PR-Mitgliedern ist über den Freistellungsanspruch anhand einer **konkreten Bedarfsprüfung** nach Abs. 1 Satz 1 zu entscheiden.

12 **3. Teilfreistellung.** Abs. 1 Satz 3 lässt ausdrücklich die Teilfreistellung mehrerer PR-Mitglieder zu und erleichtert damit die verstärkte Mitarbeit und Übernahme von Funktionen (z. B. im Vorstand) auch der Mitglieder, die wegen ihrer PR-Tätigkeit aus ihrem bisherigen Arbeitsgebiet nicht ganz ausscheiden und sich für den Fall der Beendigung ihrer Freistellung die Rückkehr auf ihren bisherigen Arbeitsplatz offen halten möchten. Durch Teilfreistellungen darf die Obergrenze der Freistellungen nach Abs. 1 Satz 2 nicht überschritten werden. Die Verteilung der Freistellungsstunden richtet sich auch bei Teilfreistellungen nach § 45 Abs. 4 (VGH Mannheim, 24.4.2001 – PL 15 S 1419/00 – PersR 2001, 481).

II. Abweichende Vereinbarung (Abs. 2)

13 **Abweichende Vereinbarung.** Die Freistellungsstaffel in Abs. 1 Satz 2 beruht auf einer gesetzlichen Vermutung des im Normfall erforderlichen Freistellungsaufwands. Mit Abs. 2 ermöglicht es jedoch der Gesetzgeber dem PR und der Dienststelle, gemeinsam und flexibel auf die örtlichen Gegebenheiten und die aktuelle Arbeitsbelastung zu reagieren. Sie können einvernehmlich abweichende Vereinbarungen – etwa durch Dienstvereinbarungen – über den Freistellungsumfang treffen. Dabei kommen sowohl höhere als auch niedrigere Freistellungen in Betracht. Entscheidend bleibt der Erforderlichkeitsgrundsatz aus Abs. 1 Satz 1 (LT-Drucksache 15/4224 S. 113).

III. Ermittlung der Freistellungen (Abs. 3)

14 **1. Maßgebende Zahl.** Abs. 3 Satz 1 bestimmt, welche Mitgliederzahl des PR zu welchem Zeitpunkt für die Freistellung maßgebend ist, namentlich die Zahl der Mitglieder, die nach § 10 Abs. 1, Abs. 3 und Abs. 4 einer zum Zeitpunkt der Antragstellung (auf Freistellung) durchzuführenden Wahl des PR zugrunde zu legen wäre.

15 **2. Reduzierung der Freistellungen.** Bereits vor dem ÄG 2013, durch das Abs. 3 in die Freistellungsvorschriften aufgenommen wurde, war nach der Rechtsprechung anerkannt, dass der PR verpflichtet ist, während seiner Amtszeit eine Reduzierung der Zahl der Freistellungen hinzunehmen, wenn eindeutig feststeht, dass der nach der Freistellungsstaffel maßgebliche Schwellenwert erheblich und dauerhaft unterschritten wird (vgl. BVerwG, 9.7.2008 – 6 PB 12.08 – PersR 2008, 415 = PersV 2008, 421). Abs. 3 Satz 2 bestimmt nunmehr, dass eine erhebliche Verringerung mit der Konsequenz einer Verringerung der bewil-

ligten Freistellungen erst vorliegt, wenn sich die Mitgliederzahl des PR im Falle einer fiktiven Neuwahl um mehr als zwei Mitglieder verringern würde. Damit führen Schwankungen in geringerem Umfang nicht zu Änderungen in der Freistellung. Die Regelung greift nach der Intention des Gesetzgebers allerdings nur, wenn die bewilligten Freistellungen der bisher maßgeblichen Mitgliederzahl des PR entsprechen, also das Freistellungskontingent vollständig ausgeschöpft ist (zum Ganzen LT-Drucksache 15/4224 S. 113).

3. Abweichende Vereinbarungen. Abs. 3 Satz 3 stellt klar, dass Abs. 2 unberührt bleibt, d. h. dass unbeschadet der grundsätzlichen Verpflichtung zur Anpassung der Freistellungen aus Abs. 3 Satz 2 der PR und die Dienststelle einvernehmlich eine abweichende Regelung treffen können. 16

IV. Freizustellende Personen (Abs. 4)

1. Auswahlermessen des Personalrats bei der Entscheidung über die freizustellenden Personen. Wie die zur Verfügung stehenden Freistellungsstunden auf die Mitglieder des Personalrats verteilt werden, entscheidet der Personalrat nach eigenem **Ermessen.** Nach VGH Mannheim (30.11.2016 – PL 15 S 1080/16 – BeckRS 2016, 110644) ist die Entscheidung über die Verteilung von Freistellungsstunden ermessensfehlerhaft und verstößt gegen das Willkürverbot nach Art. 20 Abs. 3 i. V. m. Art. 3 Abs. 1 GG, wenn die Freistellungen aus sachfremden Erwägungen entgegen dem Willen eines betroffenen Personalratsmitglieds verteilt werden oder wenn für die Verteilung der Freistellungsstunden keine hinreichenden sachlichen Gründe – z. B. die Erfüllung konkreter Aufgabenzuweisungen im Vorstand – vorliegen und dies dem Zweck des § 45 der Sicherung der Funktionsfähigkeit des PR widerspricht. 17

2. Vorstandsmitglieder. Die grundsätzliche Dispositionsbefugnis des Personalrats bei der Auswahl der dem Dienststellenleiter zu Freistellung zu benennenden Personalratsmitglieder unterliegt den Vorgaben des Abs. 4 Satz 1: Hiernach sind bei der Freistellung zunächst die von den Gruppenvertretern gewählten Vorstandsmitglieder, sodann die übrigen Vorstandsmitglieder zu berücksichtigen. § 45 Abs. 4 schafft einen **absoluten Vorrang der Gruppenvorstandsmitglieder.** Der PR kann daher nicht ein zugewähltes Vorstandsmitglied zur Freistellung vorschlagen, wenn ein zur Freistellung bereites Gruppenvorstandsmitglied noch vorhanden ist (VGH Mannheim, 29.9.1992 – 15 S 1685/91 – PersV 1997, 507). 17a

3. Weitere Freistellungen. Nach Abs. 4 Satz 2 sind bei weiteren Freistellungen die im PR vertretenen **Wahlvorschläge** nach den Grundsätzen der Verhältniswahl unter Anrechnung der bereits freigestellten Vorstandsmitglieder zu berücksichtigen. Das in Abs. 4 Satz 2 enthaltene Verteilungsprogramm dient dem Minderheitenschutz, da es dem PR gebietet, die Freistellungsstunden unter den Mitgliedern der Personalvertretung im Verhältnis der auf die im PR vertretenen Wahlvorschläge entfallenden Sitze zu verteilen (VGH Mannheim, 4.3.2016 – PL 15 S 1235/15 – juris). 18

§ 46 Benachteiligungsverbot, Berufsbildung freigestellter Mitglieder des Personalrats

(1) Von ihrer dienstlichen Tätigkeit freigestellte Mitglieder des Personalrats dürfen in ihrem beruflichen Werdegang nicht benachteiligt werden.

(2) [1]Von ihrer dienstlichen Tätigkeit freigestellte Mitglieder des Personalrats dürfen von Maßnahmen der Berufsbildung innerhalb und außerhalb der Verwaltung oder des Betriebs nicht ausgeschlossen werden. [2]Innerhalb eines Jahres nach Beendigung der Freistellung eines Personalratsmitglieds ist diesem im Rahmen der Möglichkeiten der Dienststelle Gelegenheit zu geben, eine wegen der Freistellung unterbliebene verwaltungs- oder betriebsübliche Entwicklung nachzuholen. [3]Für Mitglieder des Personalrats, die drei volle aufeinanderfolgende Amtszeiten von ihrer dienstlichen Tätigkeit freigestellt waren, erhöht sich der Zeitraum nach Satz 2 auf zwei Jahre.

I. Benachteiligungsverbot (Abs. 1)

1 **Benachteiligungsverbot.** Abs. 1 konkretisiert das Benachteiligungsverbot des § 6 Abs. 1 in Bezug auf den **beruflichen Werdegang** von Freigestellten. Danach nehmen freigestellte PR-Mitglieder bei Erfüllung der beamten-, laufbahn- oder tarifrechtlichen Voraussetzungen in demselben Umfang am beruflichen Fortkommen teil, wie nicht Freigestellte. Für die freigestellten PR-Mitglieder ist eine **fiktive Nachzeichnung** der Laufbahn oder des beruflichen Werdegangs vorzunehmen; zum Vergleich ist auf die berufliche Entwicklung von Beschäftigten abzustellen, die vor der Freistellung einen dem PR-Mitglied entsprechenden Dienstposten innehatten. Zur gesicherten Bewertung des Leistungsvermögens kann es auch notwendig sein, die Freistellung zu unterbrechen, um berufliche Kenntnisse und Fähigkeiten nachzuweisen, wenn dieser Nachweis von allen Bewerbern gefordert wird (z. B. bei Aufstieg oder Höhergruppierungen; vgl. z. B. OVG Münster, 24.6.1980 – 6 A 292/78 – PersV 1982, 75). Eine solche Erprobungszeit kann nach Auffassung des OVG Koblenz (8.11.2004 – 2 A 10994/04 – ZfPR 2005, 8 = PersR 2005, 195 = PersV 2005, 149) bei Beamten auch im Wege der Teilzeitbeschäftigung von mind. der Hälfte der regelmäßigen Arbeitszeit abgeleistet werden.

2 **Beamte.** Die Nachzeichnung ist bei Beamten dadurch möglich, dass die letzte dienstliche Beurteilung unter Berücksichtigung der Entwicklung vergleichbarer Beamter **fiktiv fortgeschrieben** wird (BVerwG, 10.4.1997 – 2 C 38.95 – PersR 1997, 533; OVG Magdeburg, 30.5.2000 – B 3 S 391/99 – ZfPR 2001, 171). Sie ist keine dienstliche Beurteilung i. S. des Beamtenrechts, die dem Betroffenen zu eröffnen und zu den Personalakten zu nehmen wäre. Allerdings ist ihm zur Nachzeichnung im Rahmen eines Auswahlverfahrens **rechtliches Gehör** zu gewähren.

3 **Einzelfälle.** Der Anspruch eines freigestellten PR-Mitglieds auf **Höhergruppierung** setzt eine fiktive Nachzeichnung des beruflichen Werdegangs voraus, den das PR-Mitglied ohne die PR-Tätigkeit genommen hätte (BAG, 27.6.2001 – 7 AZR 496/99 – NZA 2002, 106 = ZfPR 2002, 44 = PersR 2002, 39). Dgl. kann bei teilweise freigestellten PR-Mitgliedern gelten (BAG, 19.3.2003 – 7

AZR 334/02 – BAGE 105, 329 = PersV 2004, 69 = ZfPR 2004, 79). Dabei ist darauf zu achten, dass keine Bevorzugung ggü. nicht freigestellten PR-Mitgliedern eintritt und darauf abzustellen, welche höherbewertete Tätigkeit für den Betroffenen in Betracht gekommen wäre und anderen, vergleichbaren, nicht freigestellten Arbeitnehmern auch übertragen wurde. Eingruppierungsunterschiede, die nur auf individuelle Leistungs- und Befähigungsunterschiede zurückgehen, dürfen nicht berücksichtigt werden. Ein **Bewährungsaufstieg**, der – wie der Zeitaufstieg – während der Freistellung möglich ist, ist davon abhängig, ob die tarifgerechte Eingruppierung dies zulässt.

Vergütung. Das PR-Mitglied kann den Arbeitgeber – ohne, dass es auf dessen Verschulden ankäme – unmittelbar auf die Zahlung der Vergütung aus einer höheren Vergütungsgruppe in Anspruch nehmen, wenn er ohne seine Freistellung mit Aufgaben betraut worden wäre, welche die Eingruppierung in die höhere Vergütungsgruppe rechtfertigen (BAG, 27.6.2001 – 7 AZR 496/99 – NZA 2002, 106 = ZfPR 2002, 44 = PersR 2002, 39). 4

Auswahlverfahren. Kommt ein PR-Mitglied in einem Auswahlverfahren mangels fehlendem aktuellen Fachwissen oder weil sich der Arbeitgeber zur Beurteilung der fachlichen und beruflichen Qualifikation in Folge der Freistellung außer Stande sieht, nicht in Betracht, so ist zwar die Entscheidung für den qualifizierteren Bewerber nach Art. 33 Abs. 2 GG nicht zu beanstanden. Gleichwohl kann eine Zahlungspflicht aus § 107 BPersVG i. V. mit § 46 Abs. 1 LPVG entstehen, wenn das Fehlen von feststellbarem aktuellem Wissen aufgrund der Freistellung eingetreten ist (BAG, 27.6.2001 – 7 AZR 496/99 – NZA 2002, 106 = ZfPR 2002, 44 = PersR 2002, 39). 5

Alter Arbeitsplatz. Das PR-Mitglied hat nach Beendigung der Freistellung keinen Anspruch auf seinen „alten“ Arbeitsplatz; es kann nur die Übertragung von Tätigkeiten verlangen, die denen vor der Freistellung besoldungs- bzw. tarifmäßig entsprechen. 6

II. Berufliche Weiterbildung (Abs. 2)

Berufliche Weiterbildung. Abs. 2 wurde § 38 Abs. 4 BetrVG nachgebildet und soll neben Abs. 1 sicherstellen, dass PR-Mitgliedern auch durch eine längere Freistellung keine Nachteile in ihrem beruflichen Werdegang entstehen. Sie dürfen daher von Maßnahmen der **Berufsbildung** nicht ausgeschlossen werden (Satz 1). Satz 2 und Satz 3 gehen davon aus, dass ein freigestelltes PR-Mitglied wegen der Freistellung nicht in der Lage war, an Berufsbildungsmaßnahmen teilzunehmen. Ihm ist daher nach Beendigung der Freistellung Gelegenheit zu geben, die unterbliebene **verwaltungs- oder betriebsübliche Entwicklung nachzuholen**. Hierfür sieht Satz 2 einen Zeitraum von einem Jahr vor. Sofern die Freistellung für drei volle aufeinanderfolgende Amtszeiten des PR bestand, erhöht sich der Zeitraum auf zwei Jahre (Satz 3), da der Nachholungsbedarf in diesem Fall regelmäßig höher ist. 7

§ 47 Schutz des Arbeitsplatzes

(1) [1]Mitglieder des Personalrats dürfen gegen ihren Willen nur versetzt werden, wenn dies auch unter Berücksichtigung der Mitgliedschaft im Personalrat aus wichtigen dienstlichen Gründen unvermeidbar ist. [2]Die Versetzung von Mitgliedern des Personalrats gegen ihren Willen bedarf der Zustimmung des Personalrats. [3]Verweigert der Personalrat seine Zustimmung oder äußert er sich nicht innerhalb von drei Arbeitstagen nach Eingang des Antrags, so kann das Verwaltungsgericht die Zustimmung auf Antrag der Dienststelle ersetzen, wenn die Voraussetzungen des Satzes 1 vorliegen. [4]In dem Verfahren vor dem Verwaltungsgericht ist das Mitglied des Personalrats Beteiligter.

(2) Absatz 1 gilt entsprechend in den Fällen der Abordnung, der Zuweisung, der Personalgestellung und der mit einem Wechsel des Dienstorts verbundenen oder für eine Dauer von mehr als zwei Monaten vorgesehenen Umsetzung in derselben Dienststelle.

(3) [1]Für Auszubildende in öffentlich-rechtlichen Ausbildungsverhältnissen, Beamte im Vorbereitungsdienst und Beschäftigte in einer dem Vorbereitungsdienst entsprechenden Berufsausbildung gelten die Absätze 1 und 2 sowie die §§ 15 und 16 des Kündigungsschutzgesetzes nicht. [2]Die Absätze 1 und 2 gelten ferner nicht bei den dort genannten Personalmaßnahmen dieser Beschäftigten im Anschluss an den Vorbereitungsdienst oder das Ausbildungsverhältnis.

(4) [1]Die außerordentliche Kündigung von Mitgliedern des Personalrats, die in einem Arbeitsverhältnis stehen, bedarf der Zustimmung des Personalrats. [2]Verweigert der Personalrat seine Zustimmung oder äußert er sich nicht innerhalb von drei Arbeitstagen nach Eingang des Antrags, so kann das Verwaltungsgericht die Zustimmung auf Antrag der Dienststelle ersetzen, wenn die außerordentliche Kündigung unter Berücksichtigung aller Umstände gerechtfertigt ist. [3]In dem Verfahren vor dem Verwaltungsgericht ist das Mitglied des Personalrats Beteiligter.

(5) Die Absätze 1, 2 und 4 gelten entsprechend für Ersatzmitglieder, solange sie nach § 27 Absatz 1 in den Personalrat eingetreten sind.

I. Allgemeines

1 **Anwendungsbereich.** § 47 gilt auch für die **Mitglieder des GesamtPR** (§ 54 Abs. 4) **und der Stufenvertretungen** (§ 55 Abs. 3). Für den **AusbildungsPR** gilt § 47 Abs. 1 und 2 entsprechend (§ 58 Abs. 3 Satz 1). Für die Mitglieder der **JAV** gilt § 47 Abs. 1, 2 und 4 entsprechend (§ 64 Satz 2) mit der Maßgabe, dass die in § 47 genannten Personalmaßnahmen bei Mitgliedern der JAV der Zustimmung des PR bedürfen. Für die Mitglieder der **GesamtJAV** und der **StufenJAV** (§ 66) ist § 64 Satz 2 entsprechend anzuwenden, wenn ein Mitglied dieser Gremien (ausnahmsweise) nicht zugleich Mitglied einer JAV ist.

2 **Wahlvorstand und Wahlbewerber.** Entsprechend gilt § 47 Abs. 1 Satz 1, Abs. 2 und Abs. 4 auch für die Mitglieder des Wahlvorstands und deren Ersatzmitglieder, solange sie in den Wahlvorstand eingetreten sind (§ 15 Abs. 5), und die Wahlbewerber (§ 20 Abs. 1 Satz 3). Entsprechend gelten diese Regelungen auch für die Mitglieder der Wahlvorstände zur Wahl des **GesamtPR** (§ 54

Abs. 4), der **Stufenvertretungen** (§ 55 Abs. 3) und des **AusbildungsPR** (§ 58 Abs. 3 Satz 1). Für die **JAV** fehlt eine vergleichbare Verweisung. § 62 Abs. 1 verweist lediglich auf § 20 Abs. 1 Satz 1 und 2 sowie dessen Abs. 2; dort und in § 64 Satz 3 wird auf § 47 Abs. 1 Satz 1, Abs. 2 und Abs. 4 direkt Bezug genommen. Für die **GesamtJAV** und die **StufenJAV** stellt sich die Frage nicht, da dort keine Wahlen stattfinden. Rechtlich unterscheidet sich der Schutz dieses Personenkreises von den oben (Rn. 1) genannten Personen, weil die in § 47 Abs. 1 und 2 genannten Personalmaßnahmen nicht der Zustimmung der Personalversammlung bedürfen und demzufolge auch kein gerichtliches Zustimmungsersetzungsverfahren stattfindet. Faktisch gibt es nahezu keinen Unterschied, weil (fast) alle Maßnahmen nach § 47 Abs. 1 Satz 1 und Abs. 2 nach § 75 Abs. 1 und 2 mitbestimmungspflichtig sind und von daher der vorherigen Zustimmung des PR unterliegen; lediglich bei Fällen der Umsetzung kann es aufgrund der eingeschränkten Regelung des § 75 Abs. 1 Nr. 11 zu einem abgeschwächten Schutz kommen.

Verhältnis zum BPersVG. Die §§ 95 bis 106 BPersVG (Rahmenrecht) und die §§ 107 bis 109 BPersVG (unmittelbar für die Länder geltende Vorschriften) durfte der Bund bis zum Inkrafttreten des Gesetzes zur Änderung des Grundgesetzes vom 28.8.2006 (BGBl. I S. 2034; sog. Föderalismusreform I) erlassen (Art. 75 Abs. 1 Nr. 1 GG a. F.). Da Art. 75 GG ersatzlos aufgehoben worden ist, gibt es insoweit keine (personalvertretungsrechtliche) Gesetzgebungskompetenz des Bundes mehr; die §§ 95 bis 109 BPersVG könnten heute deshalb nicht mehr als Bundesrecht erlassen werden. Diese Vorschriften des BPersVG gelten nach Art. 125a Abs. 1 Satz 1 GG als Bundesrecht fort, mit der Maßgabe, dass sie jederzeit durch Landesrecht ersetzt werden können (Art. 125a Abs. 1 Satz 2 GG); vgl. hierzu: BAG, 7.11.2007 – 7 AZR 820/06 – PersR 2008, 203 – zu § 107 Satz 1 BPersVG. Das Landespersonalvertretungsrecht ist durch das ÄG 2013 umfassend neu kodifiziert worden, weshalb die §§ 95 bis 109 BPersVG in Baden-Württemberg ersetzt worden sind und keine Geltung mehr haben, soweit es sich dabei nicht um **arbeitsrechtliche Regelungen** handelt, für die der Bund unverändert die Gesetzgebungskompetenz hat (Art 74 Abs. 1 Nr. 12 GG). 3

§ 108 BPersVG – Kündigungsschutz. Nach der Rechtsprechung des BAG ist davon auszugehen, dass es sich bei § 108 BPersVG um eine arbeitsrechtliche Regelung handelt. Ob auch § 107 Satz 2 BPersVG als Bundesarbeitsrecht uneingeschränkt weiter gilt, hat das BVerwG ausdrücklich offengelassen (BVerwG, 21.2.2011 – 6 P 12/10 – PersR 2011, 271). Unveränderte Geltung hat aber **§ 108 Abs. 1 BPersVG.** Nach § 108 Abs. 1 BPersVG bedarf die außerordentliche Kündigung des dort genannten Personenkreises durchweg der vorherigen Zustimmung der zuständigen Personalvertretung. Wird diese versagt, steht das Zustimmungsersetzungsverfahren offen (§ 108 Abs 1 Satz 2 BPersVG), bei dem der betroffene Arbeitnehmer zwingend Beteiligter ist (§ 108 Abs. 1 Satz 3 BPersVG). Soweit das LPVG (§ 47 Abs. 4 in direkter bzw. entsprechender Anwendung) in Einklang mit § 108 Abs. 1 BPersVG steht, geht das Bundesrecht zwar vor, was bei der praktischen Anwendung aber unerheblich ist. Da das Bundesrecht aber die Mitglieder aller Personalvertretungen 4 schützt, steht § 58 Abs. 3 Satz 1 (AusbildungsPR), der nur auf § 47 Abs. 1 und 2 und nicht auch auf dessen Abs. 4 verweist, im Widerspruch zum Bundesrecht. § 108 Abs. 1 BPersVG verlangt auch in diesem Fall die vorherige Zustimmung der Personalvertretung; eine ohne Zustimmung der Personalvertretung ausgesprochene außerordentliche Kündigung ist unwirksam.

5 **Zweck.** Die Dienststelle soll nicht durch Personalmaßnahmen Einfluss auf die Zusammensetzung des PR nehmen können. Geschützt wird damit nicht nur das einzelne Mitglied, sondern auch das Gremium in seiner Funktionsfähigkeit. Bei Verletzung der durch § 47 geschützten Rechte können sowohl der PR als auch das betroffene PR-Mitglied Antragsteller eines Beschlussverfahrens sein, mit dem die Verletzung gerügt wird.

II. Schutz vor Versetzungen (Abs. 1)

6 **1. Personenkreis, Voraussetzungen (Satz 1).** Die Versetzung eines PR-Mitglieds gegen seinen Willen ist nur zulässig, wenn dies auch unter Berücksichtigung der Mitgliedschaft im PR aus wichtigen dienstlichen Gründen unvermeidbar ist. Abs. 1 Satz 1 gilt sowohl für Beamte als auch für Arbeitnehmer, die Mitglied des PR sind. Für Ersatzmitglieder gilt der Versetzungsschutz des Abs. 1 nur nach Maßgabe von Abs. 5.

7 a) **Einverständnis des Betroffenen.** Die Vorschrift findet nur Anwendung, wenn die Versetzung **gegen den Willen** des betroffenen PR-Mitglieds erfolgen soll. Die Vorschrift schützt zwar auch den PR als Gremium (siehe oben), aber nicht ggü. dem betroffenen Mitglied. Ist dieses mit der beabsichtigten Maßnahme einverstanden, bedarf es für die Versetzung nicht mehr der Zustimmung des PR nach § 47 Abs. 1 (BVerwG, 18.10.1977 – VII P 14.75 – PersV 1979, 70).

8 **Form, Bedingung.** Das Einverständnis des Beschäftigten mit der Versetzung muss ausdrücklich erfolgen und eindeutig sein. Es sollte von der Dienststelle in geeigneter Form dokumentiert werden. Wird das Einverständnis vom PR-Mitglied nur unter einer Bedingung erklärt, bleibt die Zustimmungsbedürftigkeit der Versetzung durch diese Erklärung unberührt.

9 **Widerruf.** Die Zustimmung eines PR-Mitglieds zu seiner Versetzung kann nach der Eröffnung der Versetzungsverfügung nicht mehr widerrufen werden (BVerwG, 12.4.2000 – 1 WB 7.00 – PersV 2000, 557).

10 **Mitbestimmungsverfahren.** Die Zustimmung des PR-Mitglieds zur Versetzung lässt die Zustimmungsbedürftigkeit der Maßnahme nach § 75 Abs. 2 Nr. 1 unberührt. Das PR-Mitglied kann nur über die eigenen Rechte disponieren, nicht über die Rechte des PR. § 47 Abs. 1 schließt die Anwendung der §§ 73 ff. als spezielle Regelung nur im Fall der Zustimmung des PR zur Versetzung aus; dann bedarf es keiner zusätzlichen Zustimmung dieses PR im Mitbestimmungsverfahren. Stimmt lediglich das betroffene PR-Mitglied der Versetzung zu, bleibt der Prüfungsauftrag, der dem PR durch die förmliche Mitbestimmung kollektivrechtlich eröffnet ist, bestehen. § 75 Abs. 2 Nr. 1 stellt nicht entscheidend darauf ab, ob der betroffene Beschäftigte mit der Versetzung einverstan-

den ist oder nicht, zumal hier nicht nur die Zustimmung des PR der abgebenden Dienststelle, sondern auch die Zustimmung des PR der aufnehmenden Dienststelle erforderlich ist.

b) Versetzungsbegriff. Für **Beamte** ist vom beamtenrechtlichen Versetzungsbegriff auszugehen. Nach § 24 Abs. 1 LBG ist eine Versetzung eine **auf Dauer** angelegte Übertragung eines anderen Amtes bei einer anderen Dienststelle desselben oder eines anderen Dienstherrn. Für Versetzungen zum Bund bzw. länderübergreifende Versetzungen gilt § 15 BeamtStG. Kennzeichen der Versetzung ist der **Wechsel der Dienststelle** (im verwaltungsorganisatorischen Sinne). Nach § 4 Abs. 1 TV-L sind Versetzungen von **Arbeitnehmern** zulässig. Unter Versetzung wird hier die vom Arbeitgeber (Direktionsrecht) veranlasste auf Dauer bestimmte Beschäftigung bei einer anderen Dienststelle oder einem anderen Betrieb desselben Arbeitgebers unter Fortsetzung des bestehenden Arbeitsverhältnisses verstanden. 11

c) Unvermeidbar. Durch Abs. 1 Satz 1 genießen die Mitglieder des PR einen besonderen Versetzungsschutz. Es genügt hier nicht mehr, dass für die Versetzung ein dienstliches Interesse besteht (vgl. § 24 Abs. 2 Satz 1 und § 25 Abs. 1 Satz 2 LBG), die Versetzung muss vielmehr unvermeidbar sein. Unvermeidbar ist die Maßnahme nur dann, wenn jede andere Möglichkeit der Erfüllung der anstehenden dienstlichen Aufgaben ausscheidet, insb. wenn durch den Einsatz oder die Versetzung eines anderen Beschäftigten den dienstlichen Belangen nicht in ausreichendem Maße Rechnung getragen werden könnte. Bei der Auslegung des unbestimmten Rechtsbegriffs „unvermeidbar" sind zudem die Interessen des PR an einer ungestörten und unveränderten Zusammenarbeit als auch die Interessen des betroffenen PR-Mitglieds zu berücksichtigen. 12

2. Zustimmung des PR (Satz 2). Liegen die tatbestandlichen Voraussetzungen des Abs. 1 Satz 1 vor, bedarf es zur Zulässigkeit der Versetzung zudem der ausdrücklichen vorherigen Zustimmung des PR zur geplanten Maßnahme. Insoweit hat der PR ein Mitbeurteilungsrecht; er kann die erforderliche Zustimmung versagen, wenn er die Unvermeidbarkeit der Maßnahme verneint. Eine ohne vorherige Zustimmung des PR verfügte Versetzung ist rechtswidrig. 13

Mehrere Ämter. Ist der Beschäftigte nicht nur Mitglied in einer Personalvertretung, sondern in mehreren Personalvertretungen (z. B. in einem örtlichen PR und einer Stufenvertretung), bedarf es der Zustimmung aller betroffenen Personalvertretungen. 14

Mitglied der Stufenvertretung. Die Versetzung eines Mitglieds einer Stufenvertretung bedarf deren Zustimmung, auch wenn diese Versetzung nicht zum Verlust des Amtes in der Stufenvertretung führt, z. B. weil die neue Dienststelle ebenfalls zum Bereich der Stufenvertretung gehört (BVerwG, 29.4.1981 – 6 P 37.79 – PersV 1982, 406). 15

Maßgeblicher Zeitpunkt. Maßgeblicher Zeitraum ist die Amtszeit des PR, ggf. die hiervon abweichende Zeit der Mitgliedschaft des betroffenen Mitglieds im PR. Eine bereits vor Amtsantritt verfügte, aber erst nach Amtsantritt wirksame 16

Versetzungsverfügung ist zustimmungspflichtig; hier kommt regelmäßig auch der zusätzliche Schutz des § 20 Abs. 1 Satz 3 zum Tragen. Eine vor Ablauf der Amtszeit des PR verfügte und erst nach deren Ende wirksam werdende Versetzung eines PR-Mitglieds unterliegt bei dessen fehlender Zustimmung auch weiterhin dem Schutz des Abs. 1, insb. dem Zustimmungserfordernis des Abs. 1 Satz 2, wenn das PR-Mitglied noch vor Eintritt der Wirksamkeit der Personalmaßnahme erneut in den PR gewählt wird (BVerwG, 18.5.2004 – 1 WDS-VR 1.04 – PersV 2004, 460 = PersR 2005, 322).

17 a) **Verfahren.** Die Dienststelle beantragt beim PR die Zustimmung zur geplanten Versetzung. Der Antrag bedarf der Schriftform. Im Antrag ist das dienstliche Interesse an der Personalmaßnahme darzulegen, weiterhin muss dargelegt werden, dass nur durch die Versetzung des PR-Mitglieds diesem dienstlichen Interesse genügt werden kann; insb. nicht die Aufgabenerfüllung durch einen anderen Beschäftigten in Betracht kommt; ggf. sind erforderliche Unterlagen vorzulegen. Der PR muss vollständig informiert sein, um seine Entscheidung treffen zu können. Die Zustimmung nach Abs. 1 Satz 2 gehört nicht zu den Fällen der förmlichen Beteiligung des PR nach Teil 8 Abschnitt 2 des LPVG. Das weitere Verfahren ist deshalb in Abs. 1 Satz 3 und 4 abschließend geregelt.

18 b) **Entscheidung des PR.** Der PR entscheidet durch **Beschluss.** Es handelt sich um eine gemeinsam zu beschließende Angelegenheit i. S. d. § 34 Abs. 4 Satz 1, keine Gruppenangelegenheit, da der PR in seiner Gesamtheit betroffen ist (vgl. Ilbertz-Widmaier § 47 Rn. 43). Das betroffene PR-Mitglied wirkt bei der Beschlussfassung nicht mit, es tritt ein Ersatzmitglied nach § 27Abs. 1 Satz 2 ein. Im Hinblick auf Abs. 1 Satz 3 ist die Angelegenheit beschleunigt zu behandeln und die getroffene Entscheidung der Dienststelle unverzüglich mitzuteilen.

19 aa) **Zustimmung.** Stimmt der PR der beabsichtigten Versetzung zu, kann diese von der Dienststelle vollzogen werden, wenn auch der PR der aufnehmenden Dienststelle zustimmt (§ 75 Abs. 2 Nr. 1). Hinsichtlich der abgebenden Dienststelle unterliegt die Versetzung eines Beschäftigten zwar auch der Mitbestimmung nach § 75 Abs. 2 Nr. 1, das Zustimmungsverfahren nach Abs. 1 Satz 2 geht der Mitbestimmung aber als speziellere Regelung vor. Der PR kann die Zustimmung zur Versetzung eines seiner Mitglieder auch **nach Ablauf der Äußerungsfrist** nach Abs. 1 Satz 3 noch erteilen (VGH Mannheim, 28.3.1996 – 4 S 3185/95 – ZBR 1996, 222). Ein zwischenzeitlich eingeleitetes Zustimmungsersetzungsverfahren erledigt sich dadurch.

20 **Bedingung, Widerruf.** Die Zustimmung des PR zu einer Versetzung kann nicht unter einer Bedingung erteilt werden. Eine solche Erklärung des PR gilt als Ablehnung. Eine Zustimmung des PR kann nach Mitteilung an die Dienststelle nicht mehr widerrufen werden.

21 **Rechtschutz des PR-Mitglieds.** Die Zustimmung des PR bindet nicht das betroffene PR-Mitglied. Ist er mit der getroffenen Entscheidung des PR nicht einverstanden, stehen ihm sowohl die Möglichkeiten des **Individualrechtsschutzes** (vor dem VG für Beamte, vor dem ArbG für Arbeitnehmer), als auch die Möglichkeit des **Beschlussverfahrens** offen. Er kann beim VG (Personalvertre-

tungskammer) den Antrag stellen, festzustellen, dass die Voraussetzungen des Abs. 1 Satz 1 (Unvermeidbarkeit der Versetzung) nicht gegeben seien.

Mitbestimmung. Die Versetzung des PR-Mitglieds unterliegt neben der Zustimmung nach Abs. 1 Satz 2 auch der Mitbestimmung nach § 75 Abs. 2 Nr. 1. Dem Mitbestimmungsrecht des abgebenden PR ist durch die nach § 47 Abs. 1 Satz 2 erfolgten Zustimmung genügt. Erforderlich ist und bleibt auch nach dieser Zustimmungserteilung, die Zustimmung des PR der aufnehmenden Dienststelle. Deren Beteiligungsrecht wird durch die nach § 47 Abs. 1 erteilten Zustimmung nicht beseitigt oder eingeschränkt. In diesem Mitbestimmungsverfahren dürfte allerdings regelmäßig eine vorläufige Regelung nach § 88 Abs. 4 zulässig sein, wenn die tatbestandlichen Voraussetzungen des § 47 Abs. 1 Satz 1 vorliegen und der PR der aufnehmenden Dienststelle seine Zustimmung gleichwohl versagen würde. 22

bb) Ablehnung der Zustimmung. Lehnt der PR die Zustimmung zur geplanten Versetzung ab, ist eine Versetzung unzulässig. Der Dienststelle ist in diesem Fall allein die Einleitung eines Beschlussverfahrens (Zustimmungsersetzungsverfahrens) nach Abs. 1 Satz 3 erlaubt. Ansonsten besteht – anders als im Mitbestimmungsverfahren – keinerlei Möglichkeit von vorläufigen Regelungen (vgl. insoweit § 88 Abs. 4). Der ausdrücklichen Ablehnung steht die Nichtbescheidung innerhalb von drei Arbeitstagen gleich. 23

Rechtswidrige Versetzung. Ohne die Zustimmung des PR ist eine gleichwohl verfügte Versetzung rechtswidrig. Bei der Versetzung eines Arbeitnehmers ist die vorherige Zustimmung des PR Wirksamkeitsvoraussetzung. Die Versetzung eines Beamten erfolgt durch Verwaltungsakt, der – unabhängig von seiner Rechtmäßigkeit – mit seiner Bekanntgabe wirksam wird (§ 43 Abs. 1 LVwVfG), wenn er nicht ausnahmsweise nichtig ist (§ 43 Abs. 3 LVwVfG). 24

Rechtsschutz. Gegen rechtswidrige Versetzungen bestehen sowohl kollektivrechtliche als auch individualrechtliche Rechtsschutzmöglichkeiten. Der PR kann ein Beschlussverfahren einleiten, um feststellen zu lassen, dass ihn die rechtswidrige Versetzung in seinen Rechten aus § 47 Abs. 1 Satz 2 verletzt. Ebenso kann das betroffene PR-Mitglied ein Beschlussverfahren einleiten, um die Rechtswidrigkeit der Versetzung feststellen zu lassen. Denn er wird durch diese Versetzung nicht nur individualrechtlich betroffen, sondern zugleich in seiner Amtsstellung. Der PR ist auf kollektivrechtlichen Rechtsschutz beschränkt; insb. kann er gegen eine Versetzungsverfügung keinen Widerspruch einlegen. Legt auch der betroffene Beamte keinen Widerspruch ein, wird der Verwaltungsakt unanfechtbar. Damit erledigt sich aber nur das individualrechtliche Verfahren, nicht etwaige vom PR oder PR-Mitglied betriebene Beschlussverfahren. 25

3. Ersetzung der Zustimmung (Satz 3). Stimmt der PR der Maßnahme nicht zu oder äußert er sich nicht innerhalb der in Satz 3 genannten Frist von drei Arbeitstagen, kann das Verwaltungsgericht auf Antrag des Dienststellenleiters die Zustimmung ersetzen, wenn die Voraussetzungen des Satzes 1 vorliegen. Die Entscheidung ergeht im Beschlussverfahren (§ 92). 26

27 **Verfahren.** Das Beschlussverfahren wird durch einen Antrag der Dienststelle eingeleitet. Verfahrensbeteiligte sind der Dienststellenleiter als Antragsteller sowie der PR und das betroffene PR-Mitglied als weitere Beteiligte. Der PR der aufnehmenden Dienststelle ist kein Beteiligter des Verfahrens. Das VG prüft den unterbreiteten Sachverhalt von Amts wegen, ist aber auf die mit dem Zustimmungsantrag geltend gemachten Gründe beschränkt.

28 **Entscheidung.** Lehnt das Gericht den Antrag ab und wird die Entscheidung rechtskräftig, hat die Versetzung zu unterbleiben. Der Dienststelle stehen die üblichen Rechtsmittel (vgl. § 92 Rn. 43 ff.) zur Verfügung. Gleiches gilt für die anderen Beteiligten des Verfahrens, falls die Zustimmung vom Gericht ersetzt wird. Die Versetzung darf dann erst vollzogen werden, wenn die Zustimmungsersetzung rechtskräftig geworden ist. Die Zustimmungsersetzung bindet nicht den PR der aufnehmenden Dienststelle, der unverändert im Mitbestimmungsverfahren (§ 75 Abs. 2 Nr. 1) der Versetzung zustimmen muss, bevor diese vollzogen werden kann.

29 **4. Beteiligung des PR-Mitglieds (Satz 4).** Im gerichtlichen Beschlussverfahren sind der Dienststellenleiter (Antragsteller) und der PR (weiterer Beteiligter) beteiligt. Abs. 1 Satz 4 bestimmt, dass die Rechte des betroffenen PR-Mitglieds nicht nur vom PR wahrgenommen werden, sondern dass das PR-Mitglied selbst am Verfahren zu beteiligen ist. Dieser hat alle aus der Stellung als Verfahrensbeteiligter folgenden Rechte und kann sich auch dann anwaltlich vertreten lassen, wenn bereits der PR einen Rechtsanwalt mandatiert hat. Das betroffene PR-Mitglied kann insb. auch selbstständig Rechtsmittel einlegen und verfolgen, falls das VG die Zustimmung ersetzt. Das betroffene PR-Mitglied kann auch selbstständig ein Beschlussverfahren einleiten, wenn der PR die Zustimmung zur Versetzung – aus Sicht des PR-Mitglieds zu Unrecht – erteilt oder die Dienststelle die Versetzung unter Verletzung von § 47 Abs. 1 verfügt und der PR hiergegen nicht vorgeht.

30 **Individualrechtsschutz.** Von Abs. 1 Satz 4 unberührt bleiben die Möglichkeiten der Rechtsverfolgung vor dem Arbeitsgericht bzw. dem Verwaltungsgericht im Rahmen des individuellen Rechtsschutzes des betroffenen PR-Mitglieds. In einem solchen Verfahren kann er die Rechtmäßigkeit der Versetzung insgesamt überprüfen lassen, aber insb. auch geltend machen, dass diese wegen der fehlenden bzw. zu Unrecht erteilten Zustimmung rechtswidrig sei.

III. Abordnung, Zuweisung, Gestellung, Umsetzung (Abs. 2)

31 **Gleichgestellte Personalmaßnahmen.** Nach § 47 Abs. 2 gilt Abs. 1 entsprechend für die Abordnung, die Zuweisung, die Gestellung und die mit einem Wechsel des Dienstorts verbundene oder für eine Dauer von mehr als zwei Monaten vorgesehene Umsetzung in derselben Dienststelle. Auch diese Personalmaßnahmen dürfen nur verfügt werden, wenn die Voraussetzungen von Abs. 1 Satz 1 vorliegen und die nach Abs. 1 Satz 2 erforderliche Zustimmung des PR vorliegt.

Mitbestimmungsverfahren. Die in Abs. 2 genannten Maßnahmen Abordnung, Zuweisung und Gestellung sind ebenfalls mitbestimmungspflichtig nach § 75 Abs. 2 Nr. 2 bis 4. Dies bedeutet, dass – ebenso wie bei der Versetzung – die Zustimmung des PR der aufnehmenden Dienststelle erforderlich ist, bevor die Maßnahme vollzogen werden kann. Eine Zustimmungsersetzung im gerichtlichen Beschlussverfahren bindet nur die abgebende, nicht die aufnehmende Dienststelle, wenngleich die Gründe einer solchen Gerichtsentscheidung jedenfalls faktisch erhebliches Gewicht besitzen werden. Zur Umsetzung vgl. unten Rn. 40. 32

1. Abordnung. Nach § 25 Abs. 1 Satz 1 LBG ist eine Abordnung eines **Beamten** die **vorübergehende** Übertragung einer Beschäftigung bei einer anderen Dienststelle desselben oder eines anderen Dienstherrn unter Beibehaltung des bisherigen Amtes und der bisherigen Dienstbezüge. Für Abordnungen zum Bund bzw. länderübergreifende Abordnungen gilt § 14 BeamtStG. Bei **Arbeitnehmern** wird unter Abordnung die vom Arbeitgeber veranlasste vorübergehende Beschäftigung bei einer anderen Dienststelle oder einem anderen Betrieb desselben oder eines anderen Arbeitgebers nach TV-L bzw. TVöD unter Fortdauer des bestehenden Arbeitsvertrags verstanden. 33

Voraussetzungen. Jede Abordnung – unabhängig von ihrer Dauer – löst die Zustimmungspflicht aus; die in § 75 Abs. 2 Nr. 2 festgelegte Zweimonatsfrist gilt hier nicht. Die Beendigung einer befristeten Abordnung und damit Rückkehr („Rückabordnung“) des Beschäftigten in die Stammdienststelle löst keine Zustimmungspflicht aus (VGH Mannheim, 30.3.1999 – PL 15 S 2568/98 – PersR 1999, 275). Die Voraussetzungen des Abs. 1 müssen auch hier durchweg gegeben sein (vgl. Rn. 11). 34

2. Zuweisung. Die Zuweisung von Beamten regelt § 20 Abs. 1 BeamtStG. Hiernach kann Beamten **vorübergehend** (ganz oder teilweise) eine ihrem Amt entspr. Tätigkeit bei einem Dritten, der keine Dienstherreneigenschaft hat, zugewiesen werden, wenn dies im dienstlichen oder öffentlichen Interesse ist. Für **Arbeitnehmer** trifft § 4 Abs. 2 und 3 TV-L und TVöD vergleichbare Regelungen. Der Arbeitseinsatz erfolgt bei einem Dritten, bei dem TV-L oder TVöD nicht zur Anwendung kommen. Jede Zuweisung – unabhängig von ihrer Dauer – löst die Zustimmungspflicht aus. Die Voraussetzungen des § 47 Abs. 1 Satz 1 müssen auch hier durchweg gegeben sein. 35

3. Gestellung. Nach § 4 Abs. 3 TV-L bzw. TVöD ist die Personalgestellung die unter Fortdauer des bestehenden Arbeitsverhältnisses erfolgende i. d. R. **auf Dauer** angelegte Beschäftigung bei einem Dritten. Die Modalitäten werden zwischen dem Arbeitgeber und dem Dritten vereinbart. Voraussetzung ist, dass die Aufgaben der gestellten Beschäftigten vom Arbeitgeber auf den Dritten endgültig verlagert werden. Jede Gestellung – unabhängig von ihrer Dauer – löst die Zustimmungspflicht aus. Die Voraussetzungen des § 47 Abs. 1 Satz 1 müssen auch hier durchweg gegeben sein. 36

4. Umsetzung. Umsetzung ist (für Beamte und Arbeitnehmer gleichermaßen) 37
die Übertragung eines anderen Arbeitsbereichs (Dienstpostens), bei der sich Art

und Inhalt oder die funktionelle Verantwortung des Beschäftigten ändern. Die Umsetzung erfolgt innerhalb der Dienststelle (im verwaltungsorganisatorischen Sinne), der Aufgabenbereich des Beschäftigten wird aber **wesentlich geändert.** Organisatorische Veränderungen, die den Arbeitsbereich unverändert lassen, sind keine Umsetzung.

38 **Qualität der Veränderung.** § 47 Abs. 2 betrifft nicht jede Änderung des Arbeitsbereichs, sondern nur solche, die für eine Dauer von **mehr als zwei Monaten** vorgesehen sind oder mit einem **Wechsel des Dienstorts** verbunden sind. Dann ist auch eine nur vorübergehende Umsetzung eines PR-Mitglieds, zustimmungsbedürftig (BVerwG, 29.4.1981 – 6 P 37.79 – PersV 1982, 406). Dienstort in diesem Sinne ist die politische Gemeinde. Eine **Teilumsetzung** ist relevant i. S. v. § 47, wenn ein die bisherige Tätigkeit prägender Aufgabenbereich entzogen wird.

39 **Zweck.** Die Ausdehnung des Zustimmungserfordernisses durch das ÄG 2013 begründete der Gesetzgeber mit der großen Wichtigkeit der Erhaltung des konkret zugewiesenen Arbeitsplatzes für die PR-Mitglieder. Sie sollen vor jeder Maßnahme bewahrt werden, die sie an der unabhängigen Wahrnehmung ihres Ehrenamtes hindern können. Auch eine Umsetzung am selben Dienstort bringe die Eingliederung in eine andere Arbeitsorganisation mit sich, in der die PR-Tätigkeit unter Umständen nur unter erschwerten Bedingungen erledigt werden kann. In der Regel besteht auf dem bisherigen Arbeitsplatz eine Übereinkunft, die dienstliche Aufgaben und PR-Tätigkeit in Einklang bringen. Dies soll durch eine Umsetzung nicht gefährdet werden (LT-Drucksache 15/4224 S. 114).

40 **Mitbestimmungsverfahren.** Eine Umsetzung ist nach § 75 Abs. 1 Nr. 11 mitbestimmungspflichtig. Hier gibt es aber keine aufnehmende Dienststelle, weshalb eine (rechtskräftige) Zustimmungsersetzung im Beschlussverfahren das Verfahren verbindlich abschließt. Auch wenn das betroffene PR-Mitglied mit der Umsetzung einverstanden ist und deshalb § 47 Abs. 2 i. V. m. Abs. 1 nicht anwendbar ist (vgl. insoweit Rn. 10), verschafft § 75 Abs. 1 Nr. 11 dem PR ggü. § 47 nur ein eingeschränktes Mitbestimmungsrecht, weil hiervon nur Umsetzungen betroffen sind, die mit einem Wechsel des Dienstortes verbunden sind.

41 **5. Sonstige Maßnahmen.** Nicht unter den Schutz des Abs. 1 und Abs. 2 fallen **Maßnahmen i. S. v. § 16 BeamtStG,** da es sich um keine Versetzungen handelt und der Übergang eine gesetzliche Folge darstellt. Ebenso nicht darunter fallen organisatorische Maßnahmen, durch welche die Gliederung der Dienststellenorganisation verändert wird, auch wenn mit ihnen der Verlust des PR-Amts verbunden ist (BVerwG, 15.7.2004 – 6 P 15.03 – PersR 2004, 434 = PersV 2004, 427).

IV. Ausnahmen für Auszubildende (Abs. 3)

42 **Regelungszusammenhang.** Abs. 3 Satz 1 schließt die Anwendung der Absätze 1 und 2 sowie von §§ 15 und 16 KSchG für den dort genannten Personenkreis aus. Soweit der Schutz vor Versetzungen und gleichgestellten Personalmaßnah-

men betroffen ist, bestehen gegen einen solchen Ausschluss keine durchgreifenden Bedenken. Durch § 99 Abs. 2 BPersVG ist zwar rahmenrechtlich bestimmt, dass die Mitglieder von Personalvertretungen gegen ihren Willen nur versetzt oder abgeordnet werden dürfen, wenn dies aus wichtigen dienstlichen Gründen unvermeidbar ist. Das Rahmenrecht hat der Landesgesetzgeber aber wirksam durch das ÄG 2013 ersetzt (Art. 125a Abs. 1 Satz 1), vgl. Rn. 3.

Ausschluss des Kündigungsschutzes. Zweifel an der Verfassungsmäßigkeit des § 47 Abs. 3 bestehen jedoch insoweit, als Abs. 3 Satz 1 auch die §§ 15 und 16 KSchG für nicht anwendbar erklärt. Denn dies stellt keine personalvertretungsrechtliche, sondern eine arbeitsrechtliche Regelung dar. Die Gesetzgebungskompetenz der Länder besteht insoweit aber nur, wenn nicht der Bund von seiner konkurrierenden Gesetzgebungskompetenz Gebrauch macht. Nach Art. 74 Abs. 1 Nr. 12 GG erstreckt sich die konkurrierende Gesetzgebung u. a. auf das Arbeitsrecht. Nach Art. 72 Abs. 1 GG haben die Länder hier eine Kompetenz nur solange und soweit der Bund nicht von seiner Gesetzgebungszuständigkeit Gebrauch gemacht hat. Die einschränkenden Regelungen des Art. 72 Abs. 2 und 3 GG sind vorliegend nicht einschlägig, weil sie nicht das Arbeitsrecht (Art. 74 Nr. 12 GG) betreffen. Das bedeutet, dass Landesgesetze, die im Widerspruch zum arbeitsrechtlichen Bundesrecht stehen, nichtig sind, wobei Art. 72 Abs. 1 GG dem Art. 31 als lex specialis vorgeht. Erfüllen die in Abs. 3 Satz 1 genannten Personen die Voraussetzungen der **§§ 15 und 16 KSchG**, so sind diese bundesrechtlichen Regelungen **uneingeschränkt** für sie **anwendbar**. Eine Öffnungsklausel, die abweichende landesrechtliche Regelungen zulässt, enthält das KSchG nicht. Die fast inhaltsgleiche Regelung von § 47 Abs. 3 Satz 1 BPersVG stellt keine solche Öffnungsklausel dar, weil sich diese Norm nur auf die Beschäftigten des Bundes bezieht. § 47 Abs. 3 Satz 1 dürfte insoweit teilweise nichtig sein, da der Landesgesetzgeber die bundesrechtlichen Vorschriften der §§ 15 und 16 KSchG nicht einfach außer Kraft setzen kann. 43

1. Personenkreis (Satz 1). Abs. 3 Satz 1 betrifft nur Auszubildende in öffentlich-rechtlichen Ausbildungsverhältnissen, Beamte im Vorbereitungsdienst und Beschäftigte in einer dem Vorbereitungsdienst entsprechenden Berufsausbildung. Sonstige Auszubildende, die ebenfalls Beschäftigte i. S. d. § 4 Abs. 1 und 2 sind, insb. solche, die eine berufliche Ausbildung nach dem BBiG durchlaufen, betrifft Abs. 3 nicht. 44

Öffentlich-rechtliche Ausbildungsverhältnisse. Öffentlich-rechtliche Ausbildungsverhältnisse werden einem Vorbereitungsdienst vorgeschaltet oder sollen diesen für solche Personen, die nicht die Ernennungsvoraussetzungen zum Beamten auf Widerruf erfüllen, ersetzen. Ist dem Vorbereitungsdienst ein öffentlich-rechtliches Ausbildungsverhältnis vorgeschaltet, wie bspw. bei der Ausbildung des mittleren und des gehobenen Dienstes (vgl. § 6 Abs. 1 APrOVwmD; §§ 2, 14 Abs. 1 APrOVwgD), beginnen diese Personen die Ausbildung nach einer Zulassung (§§ 4 ff. APrOVwgD; § 3 APrOVwmD). Die für Beamte auf Widerruf geltenden Vorschriften gelten für diesen Personenkreis grundsätzlich entsprechend (§ 16 Abs. 5 Satz 1 LBG). Das Ausbildungsverhältnis endet mit der Berufung in ein Beamtenverhältnis auf Widerruf (zur Ableistung des an- 45 schließenden Vorbereitungsdienstes) oder durch Entlassung (§ 14 Abs. 2 AProVwgD; § 5 Abs. 2 APrOVwmD).

46 **Vorbereitungsdienst.** Nach § 16 Abs. 1 Satz 1 Nr. 1 LBG können Laufbahnbewerber die Befähigung für eine Laufbahn erwerben: Durch einen Vorbereitungsdienst im **Beamtenverhältnis auf Widerruf** (Nr. 1a) sowie in einem **öffentlich-rechtlichen Ausbildungsverhältnis** (Nr. 1b); s. Rn. 45.

47 **Entsprechende Berufsausbildung.** Abs. 3 Satz 1 findet auch Anwendung für Personen, deren (privatrechtliche) Berufsausbildung „dem Vorbereitungsdienst entspricht". Das ist dann der Fall, wenn die Auszubildenden regelmäßig eine zeitlich festgelegte Reihe von Ausbildungsstellen (Stationen) durchlaufen und damit nicht mit einer Stelle, an der sie ausgebildet werden, fest verbunden sind (BVerwG, 11.9.2007 – 6 PB 9/07 – PersR 2007, 484).

48 **2. Anschlussverwendung (Satz 2).** Abs. 3 Satz 1 betrifft die Personalmaßnahmen während der Ausbildungszeit der dort genannten Personen. Ergänzend hierzu regelt Abs. 3 Satz 1 die Personalmaßnahmen, denen die dort genannten Beschäftigten im Anschluss an das Ausbildungsverhältnis ausgesetzt sind, wenn sie also dann zu einer anderen Dienststelle versetzt, abgeordnet oder einer sonstigen Personalmaßnahme i. S. d. Abs. 2 unterworfen werden. Auch dann verbleibt es bei der Ausschlussregelung des Abs. 3 Satz 1.

V. Außerordentliche Kündigung (Abs. 4)

49 **Regelungszusammenhang.** Abs. 4 wurde mit dem Dienstrechtsreformgesetz vom 9.11.2010 in das LPVG eingefügt. § 47 Abs. 4 stellt eine arbeitsrechtliche Regelung dar. Der gleichgerichtete § 108 Abs. 1 BPersVG, der nicht durch das ÄG 2013 ersetzt worden ist, (vgl. Rn. 4), geht deshalb unverändert der landesrechtlichen Regelung des § 47 Abs. 4 vor. Da beide Normen weitgehend inhaltsgleich sind, besteht lediglich bei den Mitgliedern des AusbildungsPR ein relevanter Vorrang des Bundesrechts (vgl. Rn. 4).

50 **1. Zustimmung des PR (Satz 1).** Nach Abs. 4 Satz 1 bedarf die außerordentliche Kündigung von Mitgliedern des PR, die in einem Arbeitsverhältnis stehen, der Zustimmung des PR. Ohne die erforderliche Zustimmung ausgesprochene Kündigungen sind unwirksam. Abs. 4 betrifft ausschließlich außerordentliche Kündigungen, ordentliche Kündigungen von Mitgliedern der Personalvertretung sind nach § 15 Abs. 2 Satz 1 KSchG nicht zulässig.

51 a) **Personenkreis.** Der Kündigungsschutz nach Abs. 4 sowie nach § 15 des KSchG gilt nur für Arbeitnehmer, **nicht für Beamte.** Die bei Beamten auf Lebenszeit oder auf Zeit allein mögliche Beendigung des Beamtenverhältnisses gegen ihren Willen im Wege des förmlichen Disziplinarverfahrens nach dem Landesdisziplinargesetz oder im Wege der zwangsweisen Zurruhesetzung nach § 44 LBG bleibt hier ebenso unberührt wie die bei allen Beamten mögliche Entlassung nach §§ 31 und 32 LBG. Aber auch für Beamte auf Probe oder auf Widerruf, die nach § 23 Abs. 3 und 4 BeamtStG ohne förmliches Disziplinarverfahren entlassen werden können, fehlt ein entsprechender Kündigungs- bzw.

Entlassungsschutz. Zu beachten ist ggf. § 107 Satz 1 BPersVG und § 75 Abs. 3 Nr. 10.

b) **Außerordentliche Kündigung.** Außerordentliche Kündigungen mit **notwendiger Auslauffrist** sind keine Kündigungen i. S. v. § 47 Abs. 4 und damit nach § 15 Abs. 2 Satz 1 KSchG unzulässig. Kündigungen mit **sozialer Auslauffrist** sind als außerordentliche Kündigungen zu behandeln. Außerordentliche Kündigung i. S. v. Abs. 4 ist auch die **außerordentliche Änderungskündigung**. 52

c) **Verfahren.** Die Dienststelle muss beim PR **vorher** die Zustimmung zu der geplanten Kündigung beantragen. Das Verfahren wird durch den Antrag des Dienststellenleiters eingeleitet. Zuständig für die Stellung eines Zustimmungsantrags ist derjenige, der für das Aussprechen der Kündigung zuständig ist. Das Zustimmungsverfahren ist kein Beteiligungsverfahren (Mitbestimmung oder Mitwirkung). Die §§ 73 ff. finden keine Anwendung. 53

d) **Frist, Begründung.** Der Antrag muss in der Frist des § 626 Abs. 2 BGB gestellt werden. Die Dienststelle muss den Antrag genau unter vollständiger Angabe der Kündigungsgründe begründen; ggf. sind erforderliche Unterlagen vorzulegen. Der PR muss vollständig informiert sein, um seine Entscheidung treffen zu können. 54

e) **Entscheidung des PR.** Der PR entscheidet durch **Beschluss** (keine Gruppenangelegenheit). Eine Zustimmung kann er auch noch **nach Ablauf der Frist** des § 47 Abs. 4 Satz 2 erteilen. Zuständig für die Zustimmung ist der PR, dem der Beschäftigte als Mitglied angehört. Gehört ein Arbeitnehmer mehreren Personalvertretungen als Mitglied an, bedarf es zu seiner außerordentlichen Kündigung der Zustimmung jeder einzelnen dieser Personalvertretungen (BVerwG, 8.2.1986 – 6 P 20.84 – PersV 1987, 46). Widerspricht der PR der Maßnahme oder äußert er sich nicht in der Frist des § 47 Abs. 4 Satz 2 hat die Kündigung zu unterbleiben. Der Dienststelle ist dann nur noch die Einleitung eines Beschlussverfahrens nach § 47 Abs. 4 Satz 2 eröffnet. 55

Stimmrecht. Die Mitglieder der **JAV** stimmen bei der außerordentlichen Kündigung eines ihrer Mitglieder (mit Ausnahme dieses Mitglieds) im PR mit, da es sich um eine Angelegenheit handelt, die besonders die Beschäftigten i. S. v. § 59 betrifft (§ 32 Abs. 4 Satz 2). 56

2. Ersetzung der Zustimmung (Satz 2). Das VG kann die Zustimmung auf Antrag des Dienststellenleiters ersetzen, wenn die außerordentliche Kündigung unter Berücksichtigung aller Umstände gerechtfertigt ist (Abs. 4 Satz 2). Das VG prüft die Zulässigkeit der beabsichtigten außerordentlichen Kündigung in vollem Umfang nach. Ob ausreichende Kündigungsgründe vorliegen, die die Zustimmungserteilung rechtfertigen, ist nach den arbeitsrechtlichen Grundsätzen zu entscheiden. Maßgeblich ist damit, ob ein wichtiger Grund i. S. v. § 626 Abs. 1 BGB gegeben ist. Das VG prüft nur die Kündigungsgründe, die Gegenstand des Zustimmungsverfahrens des PR waren. Die Zustimmungsersetzung durch das VG hat Bindungswirkung für den nachfolgenden Kündigungsschutzprozess (Präklusion). 57

58 **Frist.** Der Antrag auf Ersetzung der Zustimmung muss innerhalb der **zweiwöchigen Ausschlussfrist** des § 626 Abs. 2 BGB beim VG gestellt sein und demnächst zugestellt werden (Lorenzen u. a. § 47 Rn. 80). Bei der beabsichtigten Kündigung eines Schwerbehinderten ist der Antrag rechtzeitig gestellt, wenn er **unverzüglich** nach Erteilung der behördlichen Zustimmung nach dem SGB IX bei Gericht eingeht (VGH Mannheim, 11.12.2001 – PL 15 S 715/01 – PersR 2002, 344 = PersV 2003, 149).

59 **Einzelfälle.** Beispielsweise stellt **Diebstahl** zum Nachteil des Arbeitgebers einen wichtigen Grund dar, der zur Ersetzung der Zustimmung zur außerordentlichen Kündigung des Arbeitsverhältnisses eines Hausmeisters durch das VG ermächtigt (VGH Mannheim, 11.12.2001 – PL 15 S 715/01 – PersR 2002, 344 = PersV 2003, 149).

60 **Ausspruch der Kündigung.** Die außerordentliche Kündigung darf erst ausgesprochen werden, wenn die gerichtliche Zustimmungsersetzung **rechtskräftig** geworden ist. Der Arbeitgeber muss dann aber auch die Kündigung **unverzüglich** aussprechen. Übersieht/ignoriert der Dienststellenleiter die Zustimmungsbedürftigkeit und kündigt er ohne die erforderliche Zustimmung, so handelt er rechtswidrig. Die Kündigung ist unwirksam (§ 108 Abs. 2 BPersVG).

61 **Unzulässige Kündigung.** Der PR kann sich nur im Beschlussverfahren (Feststellung der Rechtswidrigkeit der ausgesprochenen Kündigung) wehren; ggf. ist auch ein Antrag auf Erlass einer einstweiligen Verfügung anhängig zu machen. Auch das betroffene PR-Mitglied kann wie der PR ein Beschlussverfahren anhängig machen. Denn er wird durch die rechtswidrige Kündigung nicht nur individuell (arbeitsrechtlich) betroffen, sondern auch in seiner Amtsstellung. Parallel zum Beschlussverfahren muss das betroffene PR-Mitglied aber immer auch individuellen Rechtsschutz suchen, also Kündigungsschutzklage beim ArbG erheben.

62 **3. Beteiligung des PR-Mitglieds (Satz 3).** Im gerichtlichen Beschlussverfahren ist das betroffene PR-Mitglied weiterer Beteiligter. Insoweit stehen ihm alle verfahrensrechtlichen Befugnisse zu; insb. auch die Befugnis, Rechtsmittel gegen die gerichtliche Entscheidung einzulegen.

63 **4. Ordentliche Kündigung.** Gemäß § 15 Abs. 2 Satz 1 KSchG ist die ordentliche Kündigung eines Mitglieds einer Personalvertretung oder der JAV unzulässig, es sei denn, dass Tatsachen vorliegen, die zu einer Kündigung aus wichtigem Grund ohne Einhaltung einer Kündigungsfrist berechtigen und dass die erforderliche Zustimmung der Personalvertretung vorliegt oder ersetzt worden ist. Damit ist jede ordentliche Kündigung eines PR-Mitglieds unzulässig; ebenso jede ordentliche Änderungskündigung. Einen vergleichbaren Kündigungsschutz bietet § 15 Abs. 3 Satz 1 KSchG für Mitglieder des Wahlvorstands bzw. Wahlbewerber.

64 **Nachwirkender Kündigungsschutz.** Für die Mitglieder der Personalvertretungen und der JAV besteht auch noch ein Jahr nach Beendigung ihrer Amtszeit Kündigungsschutz (§ 15 Abs. 2 Satz 2 KSchG). Die Mitglieder eines Wahlvor-

stands und die Wahlbewerber haben den Schutz noch ein halbes Jahr nach der Bekanntgabe des Wahlergebnisses (§ 15 Abs. 3 Satz 2 KSchG).

VI. Ersatzmitglieder (Abs. 5)

Entsprechende Anwendung. Die Abs. 1, 2 und 4 gelten entsprechend für Ersatzmitglieder, solange sie nach § 27 Abs. 1 in den PR eingetreten sind. Mit dem ÄG 2013 hat der Gesetzgeber die bereits in der Rechtsprechung anerkannte Fallgruppe in das Gesetz übernommen (BVerwG, 27.9.1984 – 6 P 38.83 – PersV 1986, 468). Das Ersatzmitglied muss dauerhaft oder jedenfalls für längere Zeit ein Mitglied des PR ersetzen, um in den Anwendungsbereich des § 47 zu fallen. Wer als Ersatzmitglied an nur einer Sitzung des PR teilgenommen hat, genießt zwar den nachwirkenden Kündigungsschutz nach § 15 Abs. 2 Satz 2 KSchG, seine außerordentliche Kündigung bedarf aber nicht der Zustimmung dieses PR (BVerwG, 8.12.1986 – 6 P 20.84 – PersV 1987, 426). **65**

§ 48 Übernahme Auszubildender

(1) Beabsichtigt die Dienststelle, einen Auszubildenden in einem Berufsausbildungsverhältnis nach dem Berufsbildungsgesetz, dem Krankenpflegegesetz oder dem Hebammengesetz, der Mitglied im Personalrat ist, nach erfolgreicher Beendigung des Berufsausbildungsverhältnisses nicht in ein Arbeitsverhältnis auf unbestimmte Zeit zu übernehmen, so hat sie dies drei Monate vor Beendigung des Berufsausbildungsverhältnisses dem Auszubildenden schriftlich mitzuteilen.

(2) Verlangt ein Auszubildender nach Absatz 1 innerhalb der letzten drei Monate vor Beendigung des Berufsausbildungsverhältnisses schriftlich von der Dienststelle die Weiterbeschäftigung, so gilt zwischen dem Auszubildenden und der Dienststelle im Anschluss an das erfolgreiche Berufsausbildungsverhältnis ein Arbeitsverhältnis auf unbestimmte Zeit als begründet.

(3) Die Absätze 1 und 2 gelten auch, wenn das Berufsausbildungsverhältnis vor Ablauf eines Jahres nach Beendigung der Amtszeit des Personalrats erfolgreich endet.

(4) [1]Die Dienststelle kann spätestens bis zum Ablauf von zwei Wochen nach Beendigung des Berufsausbildungsverhältnisses beim Verwaltungsgericht beantragen,

1. **festzustellen, dass ein Arbeitsverhältnis nach den Absätzen 2 oder 3 nicht begründet wird, oder**
2. **das bereits nach den Absätzen 2 oder 3 begründete Arbeitsverhältnis aufzulösen,**

wenn Tatsachen vorliegen, aufgrund derer der Dienststelle unter Berücksichtigung aller Umstände die Weiterbeschäftigung nicht zugemutet werden kann. [2]In dem Verfahren vor dem Verwaltungsgericht ist der Personalrat Beteiligter.

(5) Die Absätze 2 bis 4 sind unabhängig davon anzuwenden, ob die Dienststelle ihrer Mitteilungspflicht nach Absatz 1 nachgekommen ist.

I. Nichtübernahme von Auszubildenden (Abs. 1)

1 **Personenkreis.** Mit § 48 (früher § 47 Abs. 4 bis 8 a. F.) wurden die bisher unmittelbar für die Länder geltenden Vorschriften des **§ 107 Satz 2 i. V. m. § 9 BPersVG** unter redaktioneller Anpassung in das Landesrecht übernommen. Sie gelten durch Verweisungen auch für Mitglieder des GesamtPR (§ 54 Abs. 4), Mitglieder der Stufenvertretungen (§ 55 Abs. 3) sowie Mitglieder der JAV (§ 64 Satz 2). Für Auszubildende, die vorzeitig (vor dem Ende der Amtszeit) aus dem PR ausgeschieden sind, gilt der Schutz des § 48 nicht. Nach § 48 werden die in einem Berufsausbildungsverhältnis nach dem **Berufsbildungsgesetz**, dem **Krankenpflegegesetz** und dem **Hebammengesetz** stehenden Beschäftigten, die PR-Mitglieder sind, gegen die Nichtübernahme in ein Arbeitsverhältnis auf unbestimmte Zeit nach Beendigung der Ausbildung geschützt. Beschäftigte, die **im Rahmen eines öffentlich-rechtlichen Dienstverhältnisses ausgebildet werden** (z. B. Auszubildende in öffentlich-rechtlichen Ausbildungsverhältnissen i. S. d. § 16 Abs. 5 LBG, Beamte auf Widerruf im Vorbereitungsdienst) sowie Volontäre und Anlernlinge gehören nicht zu den geschützten Personen. Sie haben aber den Schutz des § 6 Abs. 1 (Benachteiligungsverbot). Auch **Umschulungen** zu einem Beruf nach dem Berufsbildungsgesetz, dem Krankenpflegegesetz oder dem Hebammengesetz fallen unter den Schutz (BVerwG, 31.5.1990 – 6 P 16.88 – PersV 1990, 528 = PersR 1990, 256 = ZfPR 1990, 107).

2 **Beamte.** Der Schutz nach § 48 sowie § 15 des KSchG gilt **nicht für Beamte.** Die bei Beamten auf Lebenszeit oder auf Zeit allein mögliche Beendigung des Beamtenverhältnisses gegen ihren Willen im Wege des förmlichen Disziplinarverfahrens nach dem Landesdisziplinargesetz oder im Wege der zwangsweisen Zurruhesetzung nach § 44 LBG bleibt hier ebenso unberührt wie die bei allen Beamten mögliche Entlassung nach §§ 31 und 32 LBG. Aber auch für Beamte auf Probe oder auf Widerruf, die nach § 23 Abs. 3 und 4 BeamtStG ohne förmliches Disziplinarverfahren entlassen werden können, fehlt ein entsprechender Kündigungs-(Entlassungs-)schutz, jedoch ist bei diesen Beamten § 107 Satz 1 BPersVG und § 75 Abs. 3 Nr. 10 zu beachten.

3 **Mitteilungspflicht.** Der Arbeitgeber, der einen Auszubildenden nach erfolgreicher Beendigung der Ausbildung nicht in ein Arbeitsverhältnis auf unbestimmte Zeit übernehmen will, muss dies dem Auszubildenden drei Monate vor Beendigung des Ausbildungsverhältnisses schriftlich mitteilen.

II. Übernahmeverlangen (Abs. 2)

4 **Arbeitsverhältnis.** Verlangt ein Auszubildender i. S. v. Abs. 1 innerhalb der letzten drei Monate vor Beendigung des Berufsausbildungsverhältnisses schriftlich die Weiterbeschäftigung, so kommt durch dieses Verlangen im Anschluss an das Ausbildungsverhältnis ein Arbeitsverhältnis auf unbestimmte Zeit zustande.

5 **Ersatzmitglied.** Ein Beschäftigter, der in einer JAV nur an wenigen, zeitlich weit auseinanderliegenden Sitzungen oder nur kurzfristig als **Ersatzmitglied** mitge-

wirkt hat, kann nicht verlangen, nach Beendigung seiner Berufsausbildung in der Dienststelle in einem Dauerarbeitsverhältnis weiterbeschäftigt zu werden (BVerwG, 25.6.1986 – 6 P 27.84 – ZBR 1986, 306 = PersV 1986, 514). Dagegen ist das **Weiterbeschäftigungsverlangen** eines Ersatzmitglieds **gerechtfertigt,** wenn zeitlich getrennte Vertretungstätigkeiten in einer so großen Zahl von Einzelfällen ausgeübt worden sind, dass sie in ihrer Gesamtheit einer über einen längeren, in sich geschlossenen Zeitraum bestehenden Ersatzmitgliedschaft im PR gleichkommt und wenn sich eine missbräuchliche Begünstigung ausschließen lässt (BVerwG, 28.2.1990 – 6 P 21.87 – BVerwGE 85, 5 = PersV 1990, 312). Entscheidend sind die Umstände des Einzelfalls.

Keine Hinweispflicht. Der Leiter der Dienststelle ist nicht verpflichtet, den Auszubildenden darauf hinzuweisen, dass er sein **Übernahmeverlangen** nach Abs. 2 innerhalb der letzten drei Monate vor Beendigung des Berufsausbildungsverhältnisses (schriftlich) zu stellen hat (BVerwG, 22.4.1987 – 6 P 15.83 – PersR 1987, 189); er muss die Fristeinhaltung auch nicht zugunsten des Auszubildenden kontrollieren oder ihn zur Wahrung seiner Rechte anhalten (BVerwG, 9.10.1996 – 6 P 20.94 – BVerwGE 102, 100 = ZfPR 1997, 44 = PersR 1997, 163). 6

III. Nachwirkung (Abs. 3)

Abschluss der Berufsausbildung. Die Abs. 1 und 2 gelten auch im Falle des Abs. 3. Die Auszubildenden haben den Schutz auch noch, wenn das Berufsausbildungsverhältnis vor Ablauf eines Jahres nach Beendigung der Amtszeit erfolgreich endet. 7

IV. Gerichtliches Verfahren (Abs. 4)

1. Antrag. Der Arbeitgeber kann im verwaltungsgerichtlichen Beschlussverfahren klären lassen, ob es durch das Übernahmeverlangen zu einem Arbeitsverhältnis gekommen ist bzw. er kann die Auflösung dieses Arbeitsverhältnisses begehren. 8

Frist. Der Antrag kann nur innerhalb einer Frist von zwei Wochen nach Beendigung des Ausbildungsverhältnisses beim Verwaltungsgericht gestellt werden. Die **Zweiwochenfrist** nach Abs. 4 Satz 1 ist nur gewahrt, wenn der Bedienstete, der den Antrag für die Dienststelle stellt, seine Vertretungsbefugnis durch Vorlage einer schriftlichen Vollmacht innerhalb der Ausschlussfrist nachweist; auf den Zeitpunkt der Ausstellung der Vollmacht kommt es nicht an (BVerwG, 1.12.2003 – 6 P 11.03 – BVerwGE 119, 270 ff. = PersR 2004, 60 = ZfPR 2004, 73). 9

Voraussetzungen. Dem Feststellungs- bzw. Auflösungsantrag ist nur zu entsprechen, wenn Tatsachen vorliegen, aufgrund derer dem Arbeitgeber die Weiterbeschäftigung nicht zumutbar ist. 10

11 **Zumutbarkeit.** Einem Arbeitgeber ist es nur dann zuzumuten, ein (früheres) Mitglied einer Personalvertretung nach Abschluss der Berufsausbildung weiter zu beschäftigen, wenn ihm dafür eine **Planstelle** oder ein der Ausbildung entsprechender **Arbeitsplatz** zur Verfügung steht, auf dem der Weiterzubeschäftigende dauernd beschäftigt werden kann. Nach dem Beschluss des BVerwG vom 31.5.1990 (6 P 16.88 – PersV 1990, 528 = PersR 1990, 256) ist für die Beurteilung der **Zumutbarkeit** nach Abs. 4 Satz 1 (früher § 47 Abs. 7 Satz 1 a. F.) ausschlaggebend, ob im Zeitpunkt der Beendigung des Berufsausbildungsverhältnisses **gesetzliche oder tarifliche oder schwerwiegende in der Person des Beschäftigten liegende Gründe gegeben sind, die es ausschließen, die Fortsetzung des Beschäftigungsverhältnisses von dem Arbeitgeber zu verlangen.** Die Weiterbeschäftigung ist für den Arbeitgeber auch unzumutbar, wenn eine **ausbildungsadäquate Stelle nicht zur Verfügung** steht (VGH München, 4.2.1987 – 17 C 86.03523 – ZBR 1988, 137; vgl. auch BVerwG, 2.11.1994 – 6 P 6.93 – PersV 1995, 332). Die objektiven und subjektiven Einstellungsbedingungen des öffentlichen Dienstes müssen beachtet sein. **Der Arbeitgeber ist nicht verpflichtet, eine Planstelle oder einen Arbeitsplatz einzurichten, um seiner Weiterbeschäftigungspflicht nachkommen zu können** (BVerwG, 15.10.1985 – 6 P 13.84 – BVerwGE 72, 154 = PersR 1986, 173 = ZBR 1986, 142; BVerwG, 9.9.1999 – 6 P 5.98 – BVerwGE 109, 295 = PersR 2000, 156 = ZBR 2000, 172).

12 **Beförderungsstellen.** Die Weiterbeschäftigung ist dann nicht unzumutbar, wenn nur Stellen frei sind, für die zwar auch die Absolventen hinreichend qualifiziert sind, die jedoch als „Beförderungsstellen“ verwendet werden sollen und speziell zu diesem Zweck zur alsbaldigen Besetzung intern ausgeschrieben sind; denn die Weiterbeschäftigung kann unter den Vorbehalt gestellt werden, dass die Beschäftigung auf dieser Planstelle nur vorübergehend (vertretungsweise) vorgesehen ist und alsbald auf dem durch den vorgesehenen Beförderungsvorgang demnächst frei werdenden Arbeitsplatz fortgesetzt werden soll (BVerwG, 17.5.2000 – 6 P 8/99 – ZfPR 2000, 232 = PersR 2000, 419).

13 **Eignung.** Eine Weiterbeschäftigung ist nicht zumutbar, wenn andere Bewerber objektiv wesentlich fähiger und geeigneter sind als das PR-Mitglied (BVerwG, 9.9.1999 – 6 P 5.98 – BVerwGE 109, 295 = PersR 2000, 156). Dies ist der Fall, wenn er in einer maßgeblichen Abschlussprüfung um deutlich mehr als eine volle Notenstufe schlechter abgeschnitten hat als der schwächste sonstige Bewerber, der sonst in ein Dauerarbeitsverhältnis übernommen würde. Die Differenz muss mind. das 1,33-fache dieser Notenstufe betragen (BVerwG, 17.5.2000 – 6 P 9.99 – PersR 2000, 421).

14 **Betriebliche Gründe. Umstände** i. S. v. Abs. 4 Satz 1, die eine Weiterbeschäftigung unzumutbar machen, sind nicht nur personenbedingte oder verhaltensbedingte, sondern **auch betriebliche Gründe** (VGH Mannheim, 13.11.1979 – XIII 1277/79 – PersV 1982, 24).

15 **Stellenbesetzungssperre.** Auch eine **haushaltsrechtliche** Stellenbesetzungssperre ist bei der Prüfung, ob dem Arbeitgeber die Weiterbeschäftigung nicht zuzumuten ist, zu beachten (BVerwG, 30.10.1987 – 6 P 25.85 – BVerwGE 78, 223 =

PersV 1988, 494 = RiA 1988, 157; VGH Mannheim, 22.8.1995 – PB 15 S 1008/95 – PersR 1996, 286). Jedoch führt eine **verwaltungsinterne** allg. Stellenbesetzungssperre, die von dem die Funktion des Arbeitgebers wahrnehmenden Verwaltungsorgan verfügt wurde, nicht zur Unzumutbarkeit der Weiterbeschäftigung eines (früheren) PR-Mitglieds (BVerwG, 13.3.1989 – 6 P 22.85 – ZBR 1989, 309 = PersV 1989, 357). Dagegen führt ein von einer übergeordneten Behörde verfügter Einstellungsstopp zur Unzumutbarkeit, wenn er in Vollzug wenigstens globaler Anweisungen des Haushaltsgesetzgebers zur Personaleinsparung ergeht. Ausnahmen müssen eindeutig gefasst sein (BVerwG, 2.11.1994 – 6 P 6.93 – PersV 1995, 332). Unzumutbarkeit kann auch vorliegen, wenn im maßgebenden Zeitpunkt der Beendigung des Ausbildungsverhältnisses eine durch den Haushaltsgesetzgeber veranlasste Stellenbesetzungssperre besteht, von der das Finanzministerium nur im Falle eines unabweisbar vordringlichen Personalbedarfs Ausnahmen zulassen kann (BVerwG, 13.9.2001 – 6 PB 9.01 – PersR 2001, 524 = PersV 2002, 552).

Topfwirtschaft. Im Fall von Topfwirtschaft (wenn Funktionen nicht bestimmten Planstellen zugeordnet sind) ist eine Weiterbeschäftigung zumutbar, wenn zur Nachbesetzung freier Dienstposten noch Planstellen zur Verfügung stehen (OVG Lüneburg, 1.9.1993 – 17 L 1672/93 – PersR 1994, 290). 16

2. Beteiligung. Im Beschlussverfahren ist nach Abs. 4 Satz 2 auch der PR beteiligt. Ebenfalls beteiligt sind die Dienststelle als Antragstellerin sowie der betroffene Auszubildende und die JAV als weitere Beteiligte. 17

V. Verletzung der Mitteilungspflicht (Abs. 5)

Unabhängig von Mitteilungspflicht. Die Anwendung der Abs. 2 bis 4 hängt nicht davon ab, ob die Dienststelle ihrer Mitteilungspflicht nach Abs. 1 nachgekommen ist. 18

Teil 3 **Die Personalversammlung**

§ 49 Allgemeines

(1) Die Personalversammlung besteht aus den Beschäftigten der Dienststelle.

(2) Kann nach den dienstlichen Verhältnissen, der Eigenart der Dienststelle oder anderen sachlichen Gegebenheiten eine gemeinsame Versammlung aller Beschäftigten nicht stattfinden, so sind Teilversammlungen abzuhalten.

(3) Der Personalrat kann ferner getrennte Versammlungen in bestimmten Verwaltungseinheiten der Dienststelle oder Versammlungen eines bestimmten Personenkreises durchführen.

(4) [1]Auf Beschluss der zuständigen Personalräte kann zur Behandlung gemeinsamer Angelegenheiten eine gemeinsame Personalversammlung mehrerer Dienststellen stattfinden, wenn für sie ein Gesamtpersonalrat gebildet ist oder wenn Dienststellen derselben juristischen Person nach § 1 unter dersel-

ben Leitung stehen. ²Die Personalräte einigen sich zugleich, welcher Vorsitzende eines Personalrats die gemeinsame Personalversammlung leitet.

(5) § 68 Absatz 2 und § 69 Absatz 1 Satz 3 gelten für die Personalversammlung entsprechend.

I. Begriff und Funktion (Abs. 1)

1 **Begriff der Personalversammlung.** Eine Personalversammlung i. S. v. §§ 49 ff. ist eine Veranstaltung des PR und kann nur von ihm einberufen werden (§ 50 Abs. 1 Satz 1). Besteht bei einer Dienststelle kein Personalrat, so kann auch keine Personalversammlung in diesem Sinne stattfinden. Die Personalversammlung ist als eine alle Beschäftigten der Dienststelle erfassende **Vollversammlung** (Abs. 1) oder als eine Reihe von ebenfalls alle Beschäftigten erfassenden **Teilversammlungen** (Abs. 2) durchzuführen. Mit dem ÄG 95 neu eröffnet wurde in Abs. 3 die Möglichkeit, **getrennte Versammlungen** für bestimmte Verwaltungseinheiten oder bestimmte Beschäftigtengruppen abzuhalten. Seit dem ÄG 2013 gibt es ferner die Möglichkeit der Durchführung **gemeinsamer Versammlungen** mehrerer Dienststellen (Abs. 4).

2 **Anwendungsbereich.** Personalversammlungen finden **bei den Dienststellen** i. S. d. LPVG (vgl. § 5) statt. Soweit von § 5 Abs. 3 oder 4 Gebrauch gemacht wird, ist die Personalversammlung für die verselbstständigte Außenstelle, Nebenstelle oder den verselbstständigten Teil der Dienststelle bzw. für die zusammengefasste Dienststelle anzuberaumen. Für den Bereich eines **GesamtPR** oder einer **Stufenvertretung** werden **keine Personalversammlungen** durchgeführt, weil die §§ 54 und 55 nicht auf die Vorschriften über die Personalversammlung verweisen. Demgegenüber ordnet § 58 Abs. 3 Satz 1 auch die entsprechende Anwendung der §§ 49 bis 53 an, weshalb für den Bereich eines **AusbildungsPR** Personalversammlungen durchzuführen sind. Für die **Jugend- und Auszubildendenversammlung** (§ 65) sind die für die Personalversammlung geltenden Vorschriften sinngemäß anzuwenden (§ 65 Abs. 3).

3 **Beschäftigte.** Die Personalversammlung besteht aus sämtlichen **Beschäftigten** i. S. v. § 4 **der Dienststelle** ohne Rücksicht darauf, ob sie wahlberechtigt (§ 8) oder wählbar (§ 9) sind. Sie gilt als „Organ der Personalvertretung" (BVerwG, 30.7.2010 – 6 P 11.09 – PersR 2010, 400 ff.). Ist der **Dienststellenleiter** Beschäftigter i. S. v. § 4, ist er schon deshalb teilnahmeberechtigt (**a. A.** Altvater u. a. § 49 Rn. 5); ansonsten ergibt sich sein Teilnahmerecht bzw. seine Teilnahmepflicht aus § 53 Abs. 4.

4 **Abwesende Beschäftigte.** Teilnahmeberechtigt sind auch Beschäftigte, die zur Zeit der Personalversammlung temporär nicht in der Dienststelle arbeiten z. B. wegen Teilnahme an einer Fortbildung, Erholungsurlaub, Mutterschaftsurlaub, Elternzeit, etc., ggf. auch wegen einer Erkrankung, wenn die Arbeitsunfähigkeit nicht an der Teilnahme hindert. Gleiches gilt für Beschäftigte i. S. v. **§ 4 Abs. 1 Satz 2**, die aufgrund von Abordnung, Zuweisung oder Gestellung zum Zeitpunkt der Personalversammlung nicht in der Dienststelle tätig sind bzw. ihre Arbeitsleistung dort faktisch nicht erbringen. Auch diese Personen sind Be-

schäftigte i. S. v. § 4, an den § 49 Abs. 1 anknüpft, und damit nach dem klaren Wortlaut des Gesetzes teilnahmeberechtigt. Der erweiterte Beschäftigtenbegriff, den das ÄG 2013 eingeführt hat, verlangt eine faktische Eingliederung des Beschäftigten in die Dienststelle gerade nicht mehr, nicht einmal zur Begründung der Wahlberechtigung (§ 8). Es wäre nicht nachvollziehbar, wenn ein Beschäftigter, der wahlberechtigt ist, nicht auch an einer Personalversammlung teilnehmen dürfte. Die anderslautende Rechtsprechung des BVerwG (vgl. hierzu Ilbertz/Widmaier § 48 Rn. 13 m. w. N.) ist auf Baden-Württemberg insoweit nicht anwendbar bzw. überholt (ebenso: Altvater u. a. § 49 Rn. 5).

Andere Versammlungen. Keine Personalversammlung i. S. v. §§ 49 ff. sind die Personalversammlungen nach § 16 Abs. 2 und § 17 Abs. 3 zur Wahl eines **Wahlvorstands**. Denn diese Versammlungen werden vom Dienststellenleiter einberufen und grundsätzlich von einem von der Versammlung gewählten Versammlungsleiter geleitet. Keine Personalversammlung ist die **Jugend- und Auszubildendenversammlung** (§ 65), die vom Vorsitzenden der JAV einberufen und geleitet wird; die für die Personalversammlung geltenden Regelungen sind aber sinngemäß anzuwenden (§ 65 Abs. 3). Keine Personalversammlung i. S. v. §§ 49 ff. sind auch Versammlungen, die vom Dienststellenleiter, Gewerkschaften oder Dritten einberufen werden, unabhängig davon, ob sich die Einladung nur an die Beschäftigten der Dienststelle richtet oder auch nur diese Beschäftigten an der Versammlung teilnehmen. Der **Dienststellenleiter** verstößt gegen den Grundsatz der vertrauensvollen Zusammenarbeit, wenn er eine von ihm einberufene Versammlung der Beschäftigten als „Personalversammlung“ bezeichnet; er darf auch nicht zu einer anberaumten Personalversammlung eine „Mitarbeiterversammlung“ als Gegenveranstaltung einberufen (Altvater u. a. § 49 Rn. 3). 5

Funktion. Die Personalversammlung ist ein „dienststelleninternes Aussprache-forum“ (VGH Mannheim, 19.1.1993 – PL 15 S 346/92 – PersR 1993, 358). Sie hat in erster Linie den Zweck, die Beschäftigten über die Arbeit des PR zu unterrichten. Darüber hinaus können alle mit dem Beschäftigungsverhältnis und der Dienststelle zusammenhängenden Fragen angesprochen und entsprechende Informationen verlangt bzw. verschafft werden, die die Dienststelle oder die Beschäftigten unmittelbar betreffen. Die Zuständigkeit der Personalversammlung folgt aus § 52 und entspricht im Wesentlichen dem Aufgabenbereich des PR. Die Personalversammlung gibt auch Gelegenheit zur freien Aussprache und zum Erfahrungsaustausch unter den Beschäftigten. Die Personalversammlung hat aber **keine Entscheidungsbefugnisse**. Soweit Beschlüsse gefasst werden, binden diese weder die Beschäftigten oder den PR noch den Dienststellenleiter. 6

Verhältnis zum PR. Die Personalversammlung ist kein dem PR übergeordnetes Kontrollorgan. Die Personalversammlung kann das Verhalten oder Entscheidungen des PR zwar **missbilligen**, diesen aber nicht auflösen oder einzelne Mitglieder aus dem PR ausschließen. Ein etwaiges Fehlverhalten des PR oder seiner Mitglieder kann nur nach § 24 geltend gemacht werden. Die Beschlüsse der Personalversammlung binden den PR auch nicht in seiner **Amtsführung**. Sie kann dem PR zwar gemäß § 52 Abs. 3 Satz 1 Anträge unterbreiten und zu 7 seinen Beschlüssen Stellung nehmen, sie kann dem PR aber keine Weisungen erteilen. Solche Beschlüsse der Personalversammlung können die Entscheidungen des PR nur faktisch beeinflussen und sollen das auch. Personalvertretungsrechtlich ist allein der PR entscheidungsbefugt und verantwortlich.

8 **Verhältnis zum Dienststellenleiter.** Die Personalversammlung ist auch kein Kontrollorgan gegenüber dem Dienststellenleiter bzw. seiner Amtsführung. Vom Dienststellenleiter getroffene Entscheidungen und dessen Amtsführung können in der Personalversammlung aber durchaus thematisiert und auch kritisch gewürdigt werden (**a. A.** Ilbertz/Widmaier § 48 Rn. 3a).

9 **Kosten.** Die Kosten der Personalversammlung hat die Dienststelle zu tragen (§ 41 Abs. 1 Satz 1). Diese allgemeine Regelung über die Kostentragung wird durch § 51 teilweise konkretisiert. Nach dessen Abs. 1 führt die Teilnahme an einer Personalversammlung nicht zu einer Minderung der Besoldung bzw. des Arbeitsentgelts; ggf. ist Dienstbefreiung nach Maßgabe von § 51 Abs. 1 Satz 3 und 4 zu erteilen. Nach § 51 Abs. 2 sind Kosten, die den Beschäftigten durch die Teilnahme entstehen, in entsprechender Anwendung des Landesreisekostengesetzes zu erstatten. Zu den Kosten einer Personalversammlung können ggf. auch Dolmetscherkosten gehören, wenn in Dienststellen mit ausländischen Beschäftigten ein Dolmetscher zu der Personalversammlung hinzugezogen werden muss (Altvater u. a. § 49 Rn. 4). Zu den Kosten der Personalversammlung können auch die Kosten für die Anmietung eines Raums gehören, falls in der Dienststelle keine geeigneten Räume zur Verfügung stehen.

II. Teilversammlungen (Abs. 2)

10 **Voraussetzungen.** Die Durchführung von Teilversammlungen kann nur **ausnahmsweise** erfolgen. Sie muss auf die Fälle beschränkt bleiben, in denen eine Vollversammlung objektiv unmöglich oder jedenfalls unzweckmäßig ist (BVerwG, 16.12.1960 – VII P 3.59 – PersV 1961, 106). Teilversammlungen sind nur im Zusammenhang mit anderen Teilversammlungen zur Erreichung der Gesamtheit der Beschäftigten zulässig; d. h. die Summe der Teilversammlungen muss einer Vollversammlung gleichkommen (VGH Mannheim, 15.9.1987 – 15 S 3397/86 – PersV 1990, 131). Teilversammlungen sind in **drei Fallkonstellationen** zulässig: Zunächst können Teilversammlungen wegen der „dienstlichen Verhältnisse“ erforderlich sein. Mit dem ÄG 95 wurde die Möglichkeit von Teilversammlungen auch auf Fälle erstreckt, in denen diese wegen der „Eigenart der Dienststelle“ oder wegen „anderer sachlicher Gegebenheiten“ erforderlich sind.

11 **Dienstliche Verhältnisse.** Einer Vollversammlung entgegenstehende dienstliche Verhältnisse können sich aus der **Organisation** der Dienststelle ergeben (z. B. große Dienststelle mit vielen Neben- und/oder Außenstellen), der Art des **Arbeitsablaufs** (z. B. Schichtdienst), der Art und Bedeutung der zu erfüllenden Aufgaben, die die durchgängige **Aufrechterhaltung des Dienstbetriebs** erfordern, i. d. R. aber nicht allein deshalb, weil in der Dienststelle für eine Vollversammlung **kein geeigneter Raum** zur Verfügung steht (**a. A.** Ilbertz/Widmaier

§ 48 Rn. 18). In diesem Fall muss auch die Anmietung oder das Ausweichen auf einen externen Sitzungssaal unmöglich oder unzumutbar sein.

12 **Eigenart der Dienststelle.** Der zweite Tatbestand stellt einen Unterfall der „dienstlichen Verhältnisse" dar und konkretisiert diesen. Mit der Eigenart der Dienststelle sind in erster Linie organisatorisch-technische Besonderheiten der Dienststelle angesprochen (vgl. hierzu: Fitting § 42 BetrVG Rn. 54 ff. – zur „Eigenart des Betriebs"; mit Hinweisen auf die Rechtsprechung des BAG). Das BAG bejaht dieses Tatbestandsmerkmal z. B. für den Fall einer großen Zahl von Beschäftigten oder für kontinuierlich arbeitende Schichtbetriebe.

13 **Sonstige Gegebenheiten.** Der dritte Ausnahmetatbestand stellt keine Öffnungsklausel dar, die beliebige Entscheidungsmöglichkeiten des PR eröffnet, sondern einen auslegungsbedürftigen unbestimmten Rechtsbegriff. Nach allgemeinen Grundsätzen muss sich die Auslegung zunächst an den anderen Fallgruppen des Abs. 2 orientieren, weshalb als „sonstige Gegebenheiten" nur solche Fallkonstellationen in Betracht kommen, die ihrer Art nach mit den „dienstlichen Erfordernissen" bzw. der „Eigenart der Dienststelle" vergleichbar sind. Die Anerkennung „sonstiger Gegebenheiten" darf auch nicht den Ausnahmecharakter des Abs. 2 konterkarieren; auch in diesen Fällen muss die Durchführung einer Vollversammlung unmöglich oder hochgradig unzweckmäßig sein. Keine „sonstige Gegebenheiten" sind insbesondere die mit einer Vollversammlung – im Vergleich zu Teilversammlungen – verbundenen (etwaigen) **höheren Kosten**.

14 **Entscheidung und Verfahren.** Ob Teilversammlungen durchgeführt werden sollen, entscheidet der PR durch Beschluss. Liegen die tatbestandlichen Voraussetzungen des Abs. 2 vor „sind" Teilversammlungen abzuhalten (kein **Ermessen** des PR – **a. A.** Altvater u. a. § 49 Rn. 11). Hinsichtlich der Einladung, Sitzungsleitung und Durchführung der Teilversammlungen gelten die Vorschriften über die Vollversammlung. Der PR beruft deshalb auch die Teilversammlungen ein. Er legt die **Tagesordnung** fest, die für alle Teilversammlungen identisch sein muss, und bestimmt Ort(e) und Zeitpunkt(e) der Teilversammlungen. Ort und Zeit der Teilversammlungen müssen so bestimmt werden, dass alle betroffenen Beschäftigten an der jeweiligen Teilversammlung teilnehmen können und damit letztlich allen Beschäftigten der Dienststelle eine Teilnahmemöglichkeit eröffnet ist. Der Vorsitzende des PR lädt zu den Teilversammlungen ein und leitet diese.

15 **Teilnahmeberechtigung.** Auch die Teilversammlungen sind nicht öffentlich. An einer Teilversammlung können die Beschäftigten teilnehmen, für die die jeweilige Teilversammlung einberufen wird. Teilnahmeberechtigt an **allen Teilversammlungen** ist auch der in § 53 aufgeführte Personenkreis. Diese Personen sind vom PR-Vorsitzenden über alle anberaumten Teilversammlungen sowie die Tagesordnung zu informieren bzw. zu laden. Wird von diesen Personen die **Änderung der Tagesordnung** beantragt (§ 53 Abs. 2 Satz 3), kann der PR die Tagesordnung nur für alle Teilversammlungen gleichermaßen ändern. Vorschläge des PR zum **Ausschluss** von Personen nach § 53 Abs. 2 Satz 1 Nr. 1 (Gewerkschaftsbeauftragter) oder Nr. 2 (Beauftragter einer Arbeitgebervereinigung) können nur einheitlich für alle Teilversammlungen erfolgen. Über

den Ausschluss entscheiden aber die jeweiligen Teilversammlungen unabhängig voneinander; maßgeblich ist die Mehrheit der Stimmen der in der Teilversammlung anwesenden Beschäftigten.

16 **Teilnahmerecht des PR.** Teilnahmeberechtigt sind jeweils auch **alle PR-Mitglieder** (ebenso: Altvater u. a. § 49 Rn. 11), auch wenn sie nicht Beschäftigte des Bereichs sind, für den die Teilversammlung anberaumt wird. Die Personalversammlung – auch die Teilversammlungen – sind eine Veranstaltung des PR; schon dies spricht für ein Teilnahmerecht des gesamten PR. Hier erstattet „der Personalrat" seinen Tätigkeitsbericht (§ 52 Abs. 1) und steht den Beschäftigten Rede und Antwort – nicht nur der Vorsitzende des PR. Das Teilnahmerecht aller PR-Mitglieder folgt insoweit auch aus § 53 Abs. 2. Dort sind die Mitglieder des PR nicht aufgeführt, weil es schlicht selbstverständlich ist, dass diese an der Personalversammlung teilnehmen – und nicht allein deswegen, weil sie auch Beschäftigte sind, sondern in erster Linie, weil die Personalversammlung eine vom PR anberaumte, inhaltlich gestaltete und verantwortete Veranstaltung ist. Nichts anderes kann für Teilversammlungen gelten. Personalversammlung und Teilversammlungen dienen demselben Zweck: der Information und dem Gedankenaustausch zwischen den Beschäftigten und dem PR. Dieser Vorgang soll unmittelbar erfolgen und nicht durch Vermittlung von Vorstandsmitgliedern, Beauftragten, Vertretern, etc. Nur ein solcher unmittelbarer Austausch ermöglicht den Mitgliedern des PR die Wahrnehmung ihrer gesetzlichen Aufgaben und Befugnisse. Jedes PR-Mitglied ist für die gesamte PR-Tätigkeit verantwortlich und deshalb z. B. auch im Beschlussverfahren antragsbefugt. Aus diesem Grund finden auch die Vierteljahresgespräche mit dem Dienststellenleiter (§ 68 Abs. 1 Satz 1) nicht etwa mit dem Vorsitzenden oder dem Vorstand des PR statt, sondern mit der kompletten Personalvertretung.

III. Getrennte Versammlungen (Abs. 3)

17 **Begriff.** Getrennte Versammlungen sind Personalversammlungen besonderer Art. Sie sind „Teilversammlungen", weil sie nicht alle Beschäftigten erfassen (sollen), dienen aber nicht dem Zweck, die eigentliche Personalversammlung i. S. v. Abs. 1 zu ersetzen, sondern treten neben diese. Die Regelung wurde durch das ÄG 95 in das Gesetz eingefügt. Eine getrennte Versammlung soll es ermöglichen, die Beschäftigten einer bestimmten Verwaltungseinheit (Organisationseinheit) oder einen bestimmten Personenkreis (Beschäftigtenkreis) gezielt anzusprechen, um über spezifische für diese Teilgruppe wichtige Fragen zu informieren und einen Gedankenaustausch mit diesen Beschäftigten zu ermöglichen.

18 **Verwaltungseinheit.** Getrennte Versammlungen sind beispielsweise für bestimmte Organisationseinheiten der Dienststelle möglich (z. B. eine Abteilung oder eine Außenstelle). Maßgeblich für die Abgrenzung ist insoweit zunächst das jeweilige Organisationsrecht. Entscheidend ist, ob ein besonderer Informations- bzw. Erörterungsbedarf gerade für diese bestimmte Gruppe von Beschäftigten besteht. Bei der Abgrenzung der „bestimmten Verwaltungseinheit" und

damit der einzuladenden Beschäftigtengruppe steht dem PR ein Beurteilungsspielraum zu.

19 **Bestimmter Personenkreis.** Eine getrennte Versammlung kann auch für einen bestimmten Personenkreis durchgeführt werden. Das können z. B. Beschäftigte einzelner Laufbahngruppen oder Laufbahnen sein, weibliche bzw. männliche Beschäftigte oder bestimmte Beschäftigte einzelner Abteilungen der Dienststelle, wenn es hierfür einen verbindenden sachlichen Grund gibt. Auch bei dieser Auswahl hat der PR einen Beurteilungsspielraum.

20 **Entscheidung und Verfahren.** Der PR entscheidet durch Beschluss, ob eine getrennte Personalversammlung durchgeführt werden soll; er bestimmt die Abgrenzungskriterien (und damit den Teilnehmerkreis) und legt die Tagesordnung sowie Ort und Zeit der Versammlung fest. Der Vorsitzende des PR lädt die Teilnahmeberechtigten ein und leitet die Sitzung. Auch für die weitere Durchführung der getrennten Versammlung gelten die §§ 49 bis 53 entsprechend.

21 **Teilnahmeberechtigung.** Auch die getrennte Versammlung ist nicht öffentlich. Teilnahmeberechtigt sind die vom PR bestimmten Beschäftigten. Teilnahmeberechtigt ist auch der Personenkreis des § 53 Abs. 2 bis 4. Über einen Ausschlussvorschlag entscheidet nach § 53 Abs. 3 Satz 2 die getrennte Versammlung mehrheitlich. Teilnahmeberechtigt sind immer auch alle PR-Mitglieder (vgl. Rn. 16).

IV. Gemeinsame Personalversammlung (Abs. 4)

22 **1. Voraussetzungen (Satz 1).** Der durch das ÄG 2013 eingefügte Abs. 4 Satz 1 eröffnet die Möglichkeit einer gemeinsamen Personalversammlung. Die Beschäftigten **mehrerer Dienststellen** können sich gemeinsam versammeln, um gemeinsame Angelegenheiten zu erörtern, wenn die gesetzlichen Voraussetzungen hierfür gegeben sind. Dies setzt zum einen voraus, dass für diese Dienststellen ein (gemeinsamer) Gesamtpersonalrat besteht oder dass diese Dienststellen zur selben juristischen Person i. S. v. § 1 gehören und unter derselben Leitung stehen. Der Gesetzgeber dachte insoweit insbesondere an die Fälle des § 5 Abs. 3 und etwa an den Fall einer Gemeinde, die einen Eigenbetrieb führt, der als eigene Dienststelle im Sinne des LPVG gilt (vgl. LT-Drucksache 15/4224 S. 115). Zum anderen können Gegenstand einer gemeinsamen Personalversammlung nur **Angelegenheiten** i. S. v. § 52 Abs. 2 sein, die Belange der Beschäftigten aller auf der Personalversammlung vertretenen Dienststellen unmittelbar betreffen.

23 **Entscheidung und Verfahren.** Die Entscheidung steht im **Ermessen** der zuständigen Personalräte („kann"). Diese haben jeweils durch (inhaltsgleichen) Beschluss festzulegen, dass eine gemeinsame Versammlung stattfinden soll, sowie Ort, Zeit und Tagesordnung zu bestimmen. Die Einladungen zur gemeinsamen Versammlung werden von den PR-Vorsitzenden aller beteiligten PR jeweils in ihrem Zuständigkeitsbereich verfügt, wenn nicht – auch insoweit – eine abweichende Entscheidung nach Abs. 4 Satz 2 getroffen worden ist (siehe unten).

24 **Teilnahmeberechtigung.** Auch die gemeinsame Personalversammlung ist nicht öffentlich (§ 53 Abs. 1). Teilnahmeberechtigt sind die Beschäftigten aller betroffenen Dienststellen sowie der Personenkreis des § 53 Abs. 2 bis 4. Ein etwaiger Ausschluss nach § 53 Abs. 3 Satz 2 erfolgt durch die gemeinsame Versammlung. Voraussetzung eines solchen Beschlusses ist aber ein inhaltlich übereinstimmender Vorschlag aller beteiligten Personalräte (§ 53 Abs. 3 Satz 1).

25 **2. Versammlungsleitung (Satz 2).** Nach Abs. 4 Satz 2 müssen sich die beteiligten PR zugleich mit dem Beschluss über die Durchführung einer gemeinsamen Versammlung auch darüber einigen, welcher PR-Vorsitzende die gemeinsame Personalversammlung leiten soll. In diesem Beschluss kann auch bestimmt werden, dass diesem PR-Vorsitzenden auch die vorbereitenden Handlungen (insbesondere die Einladungen – § 50 Abs. 1 Satz 2) übertragen werden. Dies scheint sachgerecht, damit die Teilnahmeberechtigten einen klar definierten Ansprechpartner für Rückfragen und Anträge haben, z. B. für Anträge auf Änderung oder Erweiterung der Tagesordnung (§ 53 Abs. 2 Satz 3).

V. Anwendbare Vorschriften (Abs. 5)

26 **Verhaltensgebote.** Abs. 5 ordnet die entsprechende Geltung von § 68 Abs. 2 (Friedenspflicht) und von § 69 Abs. 1 Satz 3 (Verbot der parteipolitischen Betätigung) für die Personalversammlung an. Diese Verhaltensgebote können nur einschränkt auf die Personalversammlung und ihre Teilnehmer übertragen werden. Besondere Zurückhaltungspflichten obliegen den Mitgliedern des PR und dem Dienststellenleiter insbesondere deshalb, weil diese Personen in besonderer Weise zur Neutralität und Objektivität bei der Amtsführung verpflichtet sind. Eine vergleichbare Pflicht trifft Beschäftigte, die eine Personalversammlung besuchen, nicht. Besondere Mäßigungspflichten können sich zwar aus beamtenrechtlichen oder arbeitsrechtlichen Regelungen für den einzelnen Beschäftigten ergeben und auch für sein Verhalten in einer Personalversammlung relevant sein, finden dann ihre Grundlage aber nicht in § 49 Abs. 5, sondern im Dienst- bzw. Arbeitsrecht.

27 **Frieden der Dienststelle.** Nach § 68 Abs. 2 Satz 1 haben Dienststelle und Personalvertretung alles zu unterlassen, was geeignet ist, die Arbeit und den Frieden der Dienststelle zu beeinträchtigen. Eine entsprechende Anwendung dieser Norm muss berücksichtigen, dass eine Personalversammlung kein grundrechtsfreier Raum ist. Hieraus folgt insbesondere, dass deren Teilnehmer das Recht auf freie Meinungsäußerung (Art. 5 Abs. 1 Satz 1 GG) besitzen. Das bedeutet auch, dass die Teilnehmer einer Personalversammlung Entscheidungen und Amtsführung des PR und auch des Dienststellenleiters frei ansprechen und kritisieren dürfen. Hier können selbstredend auch Missstände thematisiert werden. Grenzen der freien Meinungsäußerung (nach den Maßstäben der Rechtsprechung des BVerfG!) sind einzuhalten; insbesondere ist ehrverletzende Kritik in aller Regel unzulässig. Maßgeblich für die rechtliche Bewertung sind aber immer die konkreten Umstände des Einzelfalls. Weshalb Kritik am Verhalten des Dienststellenleiters durch förmliche Missbilligungsbeschlüsse der Perso-

nalversammlung durchweg unzulässig sein soll (so z. B. Ilbertz/Widmaier § 48 Rn. 3a), erschließt sich nicht.

Friedenspflicht. Nach § 68 Abs. 2 Satz 2 dürfen Dienststelle und Personalver- 28
tretung keine Maßnahmen des Arbeitskampfs gegeneinander durchführen. Aus der entsprechenden Anwendung der Norm folgt nicht, dass eine Personalversammlung sich nicht mit zurückliegenden, aktuellen oder bevorstehenden Arbeitskämpfen befassen darf. Solange es sich um Meinungsäußerungen handelt, sind diese durch Art. 5 Abs. 1 Satz 1 GG gedeckt. Das Verbot der „Durchführung" von Arbeitskampfmaßnahmen betrifft nur konkretes Handeln von Beschäftigten im Rahmen eines aktuellen Arbeitskampfes.

Parteipolitische Betätigung. Nach § 69 Abs. 1 Satz 3 haben der Dienststellen- 29
leiter und die Personalvertretung jede parteipolitische Betätigung in der Dienststelle zu unterlassen. Die entsprechende Anwendung von § 69 Abs. 1 Satz 3 auf Teilnehmer einer Personalversammlung verlangt eine Beschränkung des Äußerungsverbots auf eindeutiges parteipolitisches Verhalten, z. B. Wahlaufrufe, konkrete Werbung für eine politische Partei oder politische Richtung oder vergleichbare Resolutionen. Nicht von dem Verbot erfasst sind Äußerungen, die das Verhalten von Parteien betreffen, insb., wenn hierdurch Tarif-, Besoldungs- oder Sozialangelegenheiten thematisiert werden.

§ 50 Einberufung der Personalversammlung

(1) [1]Der Personalrat beruft die Personalversammlung ein und legt die Tagesordnung fest. [2]Der Vorsitzende des Personalrats lädt zur Personalversammlung ein und leitet sie.

(2) Der Personalrat ist auf Wunsch des Leiters der Dienststelle oder eines Viertels der wahlberechtigten Beschäftigten verpflichtet, eine Personalversammlung einzuberufen und den Gegenstand, dessen Beratung beantragt ist, auf die Tagesordnung zu setzen.

(3) Auf Antrag einer in der Dienststelle vertretenen Gewerkschaft muss der Personalrat vor Ablauf von drei Wochen nach Eingang des Antrags eine Personalversammlung einberufen, wenn im vorhergegangenen Kalenderjahr keine Personalversammlung und keine Teilversammlung durchgeführt worden sind.

I. Einberufung und Einladung (Abs. 1)

1. Einberufung; Tagesordnung (Satz 1). Personalversammlungen werden vom 1
PR einberufen. Auch Personalversammlungen, die auf Wunsch des Dienststellenleiters oder eines Viertels der wahlberechtigten Beschäftigten (Abs. 2) oder auf Antrag einer in der Dienststelle vertretenen Gewerkschaft (Abs. 3) anberaumt werden müssen, können nur vom PR einberufen werden (BVerwG, 23.5.1986 – 6 P 23.83 – PersV 1987, 196). Versammlungen nach § 16 Abs. 2 oder § 17 Abs. 3 sind keine Personalversammlungen i. S. v. §§ 49 ff.; diese sind vom Dienststellenleiter zur Wahl eines Wahlvorstands einzuberufen.

2 a) **Beschluss.** Der PR beschließt förmlich (§ 34 Abs. 1), ob eine Personalversammlung einberufen werden soll. Es handelt sich um eine gemeinsame Angelegenheit i. S. v. § 34 Abs. 4. In dem Einberufungsbeschluss wird zugleich Zeit und Ort der Personalversammlung sowie die Tagesordnung festgelegt. In den Fällen des § 49 Abs. 2 bis 4 sind ggf. die zusätzlichen Entscheidungen zu treffen (vgl. die Komm. zu § 49). Der PR ist stets berechtigt, eine Personalversammlung einzuberufen, wenn hierzu ein Anlass besteht; auch mehrfach im Kalenderjahr.

3 **Fehlender Beschluss.** Ist der PR-Beschluss unwirksam oder fehlt ein Einberufungsbeschluss gänzlich, kann keine Personalversammlung stattfinden. Der PR-Vorsitzende kann dann nicht wirksam zu einer Personalversammlung einladen; ohne PR-Beschluss darf die Personalversammlung auch nicht zusammentreten. Der PR-Vorsitzende bzw. der PR-Vorstand sind nicht befugt ohne entsprechende Beschlussfassung des Gremiums eine Personalversammlung selbst anzuberaumen, zu einer solchen einzuladen oder eine Tagesordnung aufzustellen. Eine vom PR beschlossene Tagesordnung darf der Vorsitzende bzw. der Vorstand auch nicht ergänzen oder abändern.

4 **Rechtsfolgen.** Findet eine Versammlung ohne wirksamen PR-Beschluss statt, ist die Dienststelle nicht zur Kostentragung verpflichtet. Die Teilnahme der Beschäftigten an einer solchen Versammlung ist pflichtwidrig und löst insb. nicht die Rechtsfolgen des § 51 aus. Die Rechtswidrigkeit einer solchen Personalversammlung kann von allen Antragsberechtigten (z. B. dem Dienststellenleiter und jedem PR-Mitglied) im Beschlussverfahren geltend gemacht werden.

5 b) **Ermessen.** Die Beschlussfassung erfolgt nach pflichtgemäßem Ermessen. Das Ermessen des PR erstreckt sich grundsätzlich auch auf die Bestimmung der genauen Zeit und des Versammlungsortes sowie der aufzustellenden Tagesordnung (siehe unten). Dieses Ermessen wird durch § 52 Abs. 1 dahin eingeschränkt, dass der PR einmal in jedem Kalenderjahr im Rahmen einer Personalversammlung einen **Tätigkeitsbericht** erstatten **soll** (§ 52 Abs. 1), also mindestens einmal kalenderjährlich eine Personalversammlung einberufen muss. Hiervon kann der PR nur aus zwingenden Gründen absehen. Wenn die Voraussetzungen des Abs. 2 und Abs. 3 vorliegen, ist der PR zur Einberufung einer Personalversammlung **verpflichtet.** Kommt er dieser Verpflichtung nicht oder nicht rechtzeitig nach, handelt er rechtswidrig, was die Folgen des § 24 Abs. 1 auslösen kann.

6 **Versammlungsort.** Im Rahmen seines Ermessens bestimmt der PR auch den Versammlungsort. In der Regel wird die Personalversammlung in der Dienststelle stattfinden. Steht dort kein geeigneter Raum zur Verfügung, kann die Personalversammlung ausnahmsweise auch außerhalb der Dienststelle durchgeführt werden. Die dadurch entstehenden Kosten hat die Dienststelle zu tragen (§ 41 Abs. 1 Satz 1). Die Bestimmung des Versammlungsortes sollte im Rahmen der vertrauensvollen Zusammenarbeit mit der Dienststelle besprochen werden, insb. wenn Mietkosten entstehen würden. Kommt keine Übereinstimmung zustande, entscheidet der PR nach pflichtgemäßem Ermessen. Dem

Dienststellenleiter steht dann nur die Einleitung eines Beschlussverfahrens zur Klärung strittiger Fragen (z. B. Kostentragung) offen.

7 **Versammlungszeit.** Auch die Bestimmung der Versammlungszeit steht grundsätzlich im pflichtgemäßem Ermessen des PR. Dieses Ermessen wird durch § 51 Abs. 1 Satz 1 dahin eingeschränkt, dass die Versammlungen in aller Regel während der Arbeitszeit stattfinden müssen. Dies gilt nicht, wenn die dienstlichen Verhältnisse eine andere Regelung erfordern (vgl. die Komm. zu § 51 Abs. 1).

8 c) **Tagesordnung.** Der PR (und nicht der Vorsitzende) legt auch die Tagesordnung für die Personalversammlung nach pflichtgemäßem Ermessen fest. Welche Angelegenheiten zur Behandlung in der Personalversammlung in Betracht kommen, ergibt sich aus § 52 (vgl. die dortige Komm.). Das Ermessen des PR wird bei einer Personalversammlung i. S. v. § 52 Abs. 1 eingeschränkt, weil diese Tagesordnung zumindest die Erstattung des Tätigkeitsberichts enthalten muss. Ausgeschlossen ist das Ermessen im Fall des Abs. 2. Wenn dessen Voraussetzungen vorliegen, ist der PR nicht nur zur Einberufung einer Personalversammlung verpflichtet, sondern auch dazu, den von den Antragstellern benannten Punkt auf die Tagesordnung zu setzen. Im Fall des Abs. 3 muss die Tagesordnung zwingend den Punkt „Tätigkeitsbericht des PR" enthalten.

9 **Änderung der Tagesordnung.** Die Teilnahmeberechtigten können die Änderung bzw. die Ergänzung der beschlossenen Tagesordnung beantragen (§ 53 Abs. 2 Satz 3). Solche Anträge sind an den PR zu richten, der durch Beschluss nach pflichtgemäßem Ermessen entscheidet. Eine Änderung der Tagesordnung kommt dabei nur in Betracht, wenn der Tagesordnungspunkt im Ermessen des PR steht, nicht aber in den Fällen des § 50 Abs. 2, weil hier die Tagesordnung der Disposition des PR entzogen ist. Im Fall des § 50 Abs. 3 muss die Tagesordnung den Punkt „Tätigkeitsbericht des PR" enthalten. Änderungs- bzw. Ergänzungsanträge können auch aus der Mitte der Personalversammlung kommen. Der PR kann auch im Vorfeld der Personalversammlung auf sonstige Anregungen bzw. von Amts wegen eine Änderung/Ergänzung der Tagesordnung durch Beschluss vornehmen, wenn die Teilnahmeberechtigten hierüber noch rechtzeitig informiert werden können.

10 **2. Einladung; Sitzungsleitung (Satz 2).** Die Regelung weist dem PR-Vorsitzenden die Befugnis zu, zur Personalversammlung einzuladen und diese zu leiten. Diese Befugnisse bestehen von Gesetzes wegen und sind einer Entscheidung des PR entzogen. Entgegenstehende PR-Beschlüsse sind unwirksam. Auch die Personalversammlung kann dem PR-Vorsitzenden nicht durch Beschluss die Sitzungsleitung entziehen und einen anderen Versammlungsleiter bestimmen. Der PR-Vorsitzende muss die Aufgaben selbst erfüllen und kann diese nicht delegieren. Im Verhinderungsfall hat der Stellvertreter diese Aufgaben wahrzunehmen.

11 a) **Einladung.** Der PR-Vorsitzende muss den Beschäftigten Zeit und Ort der Personalversammlung sowie die beschlossene Tagesordnung mitteilen. Für diese Einladung zur Personalversammlung enthält das LPVG keine Formvorschriften. Es muss aber sichergestellt sein, dass alle Beschäftigten rechtzeitig,

unter Angabe der Tagesordnung und in geeigneter Weise eingeladen werden. Dies kann durch Anschlag, durch Umlauf oder durch besondere Einladungsschreiben (z. B. auch auf elektronischem Wege) geschehen. Gleiches gilt für die **sonstigen Teilnahmeberechtigten** (§ 53 Abs. 2 Satz 2, Abs. 4). Diese müssen insb. so rechtzeitig eingeladen werden, dass sie von ihrem Antragsrecht nach § 53 Abs. 2 Satz 3 Gebrauch machen können.

12 b) **Leitung.** Die Personalversammlung wird vom PR-Vorsitzenden geleitet. Er eröffnet die Personalversammlung und stellt fest, ob nur Teilnahmeberechtigte anwesend sind; ggf. hat er Nichtberechtigte aufzufordern, den Sitzungsraum zu verlassen. Er gibt die Tagesordnung (ggf. mit etwaigen Änderungen) bekannt. Soweit der PR einen Beschluss i. S. v. § 53 Abs. 3 Satz 1 gefasst hat, führt er vorab die Entscheidung der Personalversammlung nach § 53 Abs. 3 Satz 2 herbei. Er ruft die Tagesordnungspunkte auf, erteilt (und entzieht) das Wort. Stellt Anträge zur Abstimmung und stellt jeweils das Abstimmungsergebnis fest. Wenn die Personalversammlung beendet ist, schließt der Vorsitzende die Versammlung.

13 **Sitzungsniederschrift.** Der PR-Vorsitzende ist nicht verpflichtet, den Ablauf der Personalversammlung zu protokollieren. Die Fertigung einer Sitzungsniederschrift ist aber ohne Weiteres zulässig. Diese kann vom Vorsitzenden selbst oder von einem von ihm bestimmten Schriftführer gefertigt werden. Ob eine Niederschrift gefertigt wird, steht im Ermessen des Vorsitzenden. Jedenfalls in den Fällen des § 50 Abs. 2 und 3 ist es ratsam, ein Protokoll zu fertigen. Dies gilt auch, wenn Tagesordnungspunkte von Brisanz behandelt werden. Um Missverständnissen und Fehldeutungen vorzubeugen, empfiehlt es sich, diese Punkte und ihre Behandlung, insb. etwaige Anträge und Beschlüsse in einer Niederschrift festzuhalten.

14 **Hausrecht.** In der Dienststelle steht das Hausrecht grundsätzlich dem Dienststellenleiter zu. Während der Dauer der Personalversammlung kommt dieses Recht aber dem PR-Vorsitzenden bzw. seinem Stellvertreter als Versammlungsleiter zu. Bei Personalversammlungen, die außerhalb der Dienststelle stattfinden, besteht kein Hausrecht des Dienststellenleiters. Als Inhaber des Hausrechts ist der PR-Vorsitzende für den ordnungsgemäßen und störungsfreien Ablauf der Versammlung verantwortlich. Er ist befugt und ggf. auch verpflichtet, Störungen zu unterbinden, das Wort zu entziehen und Störer aus der Versammlung zu verweisen.

II. Einberufungspflicht (Abs. 2)

15 **Antragsberechtigte.** Auf Wunsch des **Dienststellenleiters** oder eines **Viertels der wahlberechtigten Beschäftigten** (§ 8) ist der PR zur Einberufung einer Personalversammlung verpflichtet. Der Gegenstand, dessen Beratung von den Initiativberechtigten begehrt wird, muss zwingend auf die Tagesordnung gesetzt werden. Er muss hinreichend bestimmt bezeichnet werden und sich im Rahmen der Befassungsbefugnis nach § 52 halten. Bei der auf Antrag nach Abs. 2 anzuberaumenden Personalversammlung handelt es sich um eine normale Personal-

versammlung i. S. v. § 49 Abs. 1, für die die Vorschriften der §§ 49 ff. gelten. In aller Regel wird eine Vollversammlung durchzuführen sein; liegen die besonderen Voraussetzungen von § 49 Abs. 2 vor, ist der PR aber verpflichtet, Teilversammlungen abzuhalten. Nach § 50 Abs. 2 kann **keine getrennte** und **keine gemeinsame** Versammlung verlangt werden.

Verfahren. Der Dienststellenleiter äußert seinen Wunsch gegenüber dem PR-Vorsitzenden. Der Wunsch sollte schriftlich unter genauer Angabe der zu behandelnden Tagesordnungspunkte mitgeteilt werden. Auch der Wunsch der Beschäftigten muss gegenüber dem PR-Vorsitzenden erklärt werden. Hinsichtlich dieses Verfahrens enthält das Gesetz keine Vorgaben. Aus Gründen der Überprüfbarkeit und der Beweissicherung wird eine Unterschriftsliste erforderlich sein, die die Tagesordnungspunkte genau bezeichnet sowie den Wunsch der Unterzeichner zum Ausdruck bringt, dass hierzu eine Personalversammlung durchgeführt werden soll. Aus der Unterschriftsliste müssen sich eindeutig und nachvollziehbar die Namen der Unterstützer ergeben (Name, Vorname, Abteilung, etc.). Der PR-Vorsitzende prüft, ob die gesetzlichen Voraussetzungen erfüllt sind, und beraumt ggf. eine Sitzung des PR mit dem Ziel der Beschlussfassung des PR an. 16

Entscheidung. Das Gesetz enthält (anders als Abs. 3) keine Regelungen, wann diese PR-Sitzung stattzufinden hat und die Entscheidung zu treffen ist. Es folgt aber aus der Natur der Sache, dass Anträge nach Abs. 2 nur gestellt werden, wenn es dringliche Themen zu behandeln gibt. Der PR muss deshalb **unverzüglich** entscheiden und muss auch den Termin für die Personalversammlung möglichst zeitnah bestimmen. Der PR entscheidet durch Beschluss (§ 34). Es gelten die allgemeinen Vorschriften über die Beschlussfassung. Hinsichtlich der Frage, ob eine Personalversammlung stattfinden soll und der zu behandelnden Tagesordnungspunkte besteht kein Ermessen des PR. Die Tagesordnung kann aber durch den PR um weitere Punkte ergänzt werden (Altvater u. a. § 30 Rn. 6). Der PR muss aber nach pflichtgemäßem Ermessen über den Ort und den genauen Zeitpunkt der Versammlung entscheiden. 17

III. Antrag einer Gewerkschaft (Abs. 3)

Voraussetzungen. Hat der PR im Laufe des vorhergegangenen Kalenderjahres keine Personalversammlung oder Teilversammlungen durchgeführt, so kann eine in der Dienststelle vertretene Gewerkschaft die Einberufung einer Personalversammlung beantragen. Haben im abgelaufenen Kalenderjahr Teilversammlungen stattgefunden, steht den Gewerkschaften das Recht nach Abs. 3 nur zu, wenn diese nicht für alle Beschäftigte durchgeführt worden sind (Ilbertz-Widmaier § 49 Rn. 18). Bei der auf Antrag nach Abs. 3 anzuberaumenden Personalversammlung handelt es sich um eine normale Personalversammlung i. S. v. § 49 Abs. 1, für die die Vorschriften der §§ 49 ff. gelten. In aller Regel wird eine Vollversammlung durchzuführen sein; liegen die besonderen Voraussetzungen von § 49 Abs. 2 vor, ist der PR aber verpflichtet, Teilversammlungen abzuhalten. Nach § 50 Abs. 3 kann **keine getrennte** und **keine gemeinsame** Versammlung verlangt werden. 18

19 **Tagesordnung.** Während Abs. 2 darauf zielt, dass bestimmte Punkte auf die Tagesordnung gesetzt und behandelt werden, will Abs. 3 die Untätigkeit des PR sanktionieren. Ziel des Antragsrechts der Gewerkschaft ist deshalb insb. die Erstattung des Tätigkeitsberichts sicherzustellen (§ 52 Abs. 1). Ob die Gewerkschaft mit einem Antrag nach Abs. 3 auch die Behandlung weiterer Tagesordnungspunkte verlangen kann, lässt sich dem Gesetz nicht entnehmen. Werden solche Punkte mit dem Antrag der Gewerkschaft aber ausdrücklich bezeichnet, muss der PR darüber jedenfalls nach pflichtgemäßem Ermessen entscheiden.

20 **Verfahren.** Anknüpfungspunkt von Abs. 3 ist das Kalenderjahr. Die Gewerkschaft kann ihren Antrag deshalb nach dem 31. Dezember des abgelaufenen Jahres stellen. Der (schriftliche) Antrag ist an den PR-Vorsitzenden zu richten. Dieser prüft, ob die gesetzlichen Voraussetzungen gegeben sind und führt ggf. eine Sitzung des PR herbei. Diese Sitzung muss innerhalb von drei Wochen nach Eingang des Antrags stattfinden.

21 **Entscheidung.** Der PR entscheidet durch Beschluss (§ 34). Es gelten die allgemeinen Vorschriften über die Beschlussfassung. Hinsichtlich der Frage, ob eine Personalversammlung stattfinden soll, besteht kein Ermessen des PR. Der PR entscheidet nach pflichtgemäßem Ermessen über Ort und Zeit der Personalversammlung. Die Entscheidung des PR muss **binnen drei Wochen** nach Eingang des Antrags getroffen werden. Der Zeitpunkt der Personalversammlung kann aber nach der Frist von drei Wochen liegen, darf allerdings nicht unverhältnismäßig hinausgezögert werden (**a. A.** Altvater u. a. § 50 Rn. 9 – auch Durchführung innerhalb von drei Wochen). Als Tagesordnungspunkt ist zwingend die Erstattung des Tätigkeitsberichts des PR aufzunehmen, es können aber auch weitere Tagesordnungspunkte aufgenommen werden. Das Recht der Teilnahmeberechtigten, Änderungen und Ergänzungen der Tagesordnung zu beantragen, bleibt unberührt.

§ 51 Durchführung der Personalversammlung

(1) [1]Personalversammlungen finden während der Arbeitszeit statt, soweit nicht die dienstlichen Verhältnisse eine andere Regelung erfordern. [2]Die Teilnahme an der Personalversammlung hat keine Minderung der Besoldung oder des Arbeitsentgelts zur Folge. [3]Soweit Personalversammlungen aus dienstlichen Gründen außerhalb der Arbeitszeit stattfinden müssen, ist den Teilnehmern Dienstbefreiung in entsprechendem Umfang zu gewähren. [4]§ 43 Absatz 2 Satz 2 gilt entsprechend.

(2) Die Kosten, die durch die Teilnahme an Personalversammlungen entstehen, werden in entsprechender Anwendung des Landesreisekostengesetzes erstattet.

I. Durchführung der Personalversammlung (Abs. 1)

1 **1. Zeitpunkt der Personalversammlung (Satz 1).** Personalversammlungen finden grundsätzlich **während der Arbeitszeit** statt. Seit dem ÄG 2013 gilt dieser

Grundsatz für **alle** Personalversammlungen i. S. v. § 49 (Vollversammlungen, Teilversammlungen, getrennte Versammlungen, gemeinsame Versammlungen). Mit der Neuregelung will der Gesetzgeber dem Zweck der Personalversammlung, ein Forum zum Informationsaustausch zwischen den Beschäftigten und dem PR zu bieten, besser entsprechen (LT-Drucksache 15/4224 S. 116). Unter Arbeitszeit i. S. v. Abs. 1 Satz 1 ist die in der Dienststelle übliche Arbeitszeit zu verstehen.

Genauer Zeitpunkt. Grundsätzlich ist es Sache des PR, festzulegen, **wann innerhalb der Arbeitszeit** eine Personalversammlung stattfinden soll. Der PR hat aber, je nach Lage des Einzelfalls, bei der Terminierung auf die Aufgaben und Belange der Dienststelle und ihrer Beschäftigten Rücksicht zu nehmen (OVG Bremen, 14.6.1977 – PV-B 11/76 – PersV 1980, 62). Auch gebietet der Grundsatz der vertrauensvollen Zusammenarbeit eine Festlegung des Zeitpunkts der Personalversammlung nach Rücksprache mit dem Dienststellenleiter. Die ausdrückliche Zustimmung des Dienststellenleiters ist jedoch nicht erforderlich (OVG Münster, 4.9.1989 – CL 36/89 – PersV 1993, 28 = PersR 1990, 343). Kommt eine Einigung nicht zustande, ist es Sache des PR, den Zeitpunkt zu bestimmen (Lorenzen u. a. § 50 Rn. 6; Ilbertz-Widmaier § 48 Rn. 9). 2

Ausnahmen. Vom Grundsatz, dass Personalversammlungen in der Arbeitszeit stattfinden, kann nur abgewichen werden, soweit die dienstlichen Verhältnisse eine andere Regelung zwingend erfordern, d. h. die Versammlung objektiv und unausweichlich betriebsstörend in die technische Organisation der Dienststelle eingreifen würde (Ilbertz-Widmaier § 50 Rn. 5). Die Bestimmung ist eng auszulegen. Störungen im Betriebsablauf und Einschränkungen bei der Aufgabenerfüllung sind immer mit der Durchführung einer Personalversammlung während der Arbeitszeit verbunden und deshalb hinzunehmen. Diese Grenze wird erst überschritten, wenn die uneingeschränkte Aufgabenerfüllung nicht nur im öffentlichen Interesse liegt, sondern die Funktionsfähigkeit gerade dieser Dienststelle ununterbrochen bestehen muss (z. B. Krankenhaus). Die Erforderlichkeit ist zu verneinen, wenn auch durch Einrichtung eines **Notdienstes** die Funktionsfähigkeit gewährleistet werden kann. 3

Teilversammlungen. Können aufgrund der dienstlichen Verhältnisse bzw. der Eigenart der Dienststelle Vollversammlungen während der Arbeitszeit nicht stattfinden, ist von der Möglichkeit von Teilversammlungen (§ 49 Abs. 2) Gebrauch zu machen (vgl. hierzu § 49 Rn. 10 ff.). 4

Lehrer. Personalversammlungen der Lehrer sind grundsätzlich (bzw. so weit als möglich) in die unterrichtsfreie Arbeitszeit zu legen (BVerwG, 25.6.1984 – 6 P 2.83 – PersV 1984, 500; VGH Mannheim, 30.10.2001 – PL 15 S 526/01 – PersR 2002, 33). Nach der Verwaltungsvorschrift des Kultusministeriums vom 31.1.2002 (K. u. U. 2002 S. 191) in der Fassung vom 11.11.2009 (K. u. U. 2009 S. 223) können Personalversammlungen im Bereich der Grund-, Haupt-, Real- und Sonderschulen (nun sonderpädagogische Bildungs- und Beratungszentren) grundsätzlich nicht in die Hauptunterrichtszeit am Vormittag gelegt werden. Allerdings wird zugelassen, dass Personalversammlungen in jedem zweiten Kalenderjahr einmal frühestens um 11.00 Uhr beginnen können, so- 5 fern in dem Kalenderjahr nur eine Personalversammlung gemäß § 50 Abs. 1 (a. F.) stattfindet; im Übrigen beginnen die Personalversammlungen frühestens um 13.00 Uhr.

6 **Schichtarbeit.** Arbeiten die Beschäftigten in **mehreren Schichten**, so sollte die Personalversammlung so gelegt werden, dass sie zumindest einen Teil der Arbeitszeit beider Schichten erfasst (Ilbertz-Widmaier § 50 Rn. 4).

7 **Rechtsschutz.** Beschließt der PR eine Personalversammlung innerhalb der Arbeitszeit, obwohl nach Auffassung des Dienststellenleiters dienstliche Belange entgegenstehen, können beide Beteiligte die strittige Frage im Beschlussverfahren klären lassen. Unterlässt der Dienststellenleiter diese Klärung kann er weder gegenüber dem PR noch gegenüber den an der Personalversammlung teilnehmenden Beschäftigten eine Pflichtverletzung rügen. Gleiches gilt, wenn der Dienststellenleiter den vom PR bestimmten Zeitpunkt für ermessensfehlerhaft hält.

8 **2. Besoldung; Arbeitsentgelt (Satz 2).** Die Beschäftigten, die an Personalversammlungen teilnehmen, müssen hinsichtlich der Besoldung (Beamte) oder des Arbeitsentgelts (Arbeitnehmer) so gestellt werden, als wenn sie gearbeitet hätten. Das gilt auch für die Zeiten der Hin- und Rückwege, die während der Arbeitszeit zurückzulegen sind (Altvater u. a. § 51 Rn. 3). Wird die während der Arbeitszeit begonnene Personalversammlung über das Ende der normalen Dienst- bzw. Arbeitszeit hinaus fortgesetzt, besteht kein Anspruch auf Vergütung für die überschießende Zeit. Beschäftigte, die an der Personalversammlung nicht teilnehmen, müssen arbeiten. Verlassen sie trotzdem ihren Arbeitsplatz, haben sie keinen Anspruch auf Entgelt.

9 **3. Dienstbefreiung (Satz 3).** Findet eine Personalversammlung aus dienstlichen Gründen ausnahmsweise **außerhalb der Arbeitszeit** statt, hat der Beschäftigte für die Zeit der Teilnahme einen Anspruch auf Freizeitausgleich durch entsprechende Dienstbefreiung. Dies erfasst die Fälle, in denen die Versammlung gänzlich außerhalb der Arbeitszeit anberaumt ist und auch die Fälle, in denen sich die Versammlung über die Arbeitszeit hinaus erstreckt. Die Teilnehmer haben aber in diesen Fällen keinen Anspruch auf Dienstbefreiung für die erforderlichen Wegezeiten (BVerwG, 28.10.1982 – 2 C 1.80 – PersV 1985, 162).

10 **4. Individuelle Arbeitszeit (Satz 4).** Durch den neuen Satz 4 (entsprechende Anwendung von § 43 Abs. 2 Satz 2) wird klargestellt, dass es für den Anspruch auf Dienstbefreiung aus Satz 3 auf die individuelle Arbeitszeit des jeweiligen Teilnehmers ankommt. Dies hat insb. für Teilzeitbeschäftigte und Beschäftigte im Schichtdienst Bedeutung.

II. Erstattung von Reisekosten (Abs. 2)

11 **Teilnahme an der Personalversammlung.** Die Dienststelle hat auch etwaige Reisekosten zu tragen, die den Beschäftigten aus Anlass der Teilnahme an den Personalversammlungen entstehen (z. B. wenn die Personalversammlung nicht am Dienstort der Beschäftigten stattfindet). Das LRKG ist entsprechend anzu-

wenden. Die entstandenen Kosten müssen nachgewiesen werden. Eine Anordnung der Dienstreise bzw. deren Genehmigung ist nicht erforderlich. Die Erstattungspflicht erstreckt sich auf sämtliche Reisekosten im Sinne des Landesreisekostenrechts. Dazu kann neben der Fahrtkostenerstattung auch die Gewährung von Tage- und Übernachtungsgeld gehören.

Unfallfürsorge. Auf Unfälle, die sich aus Anlass der Teilnahme an Personalversammlungen ereignen – dazu gehören auch Wegunfälle –, finden bei Beamten die beamtenrechtlichen Unfallfürsorgevorschriften entsprechende Anwendung. Sachschäden werden entsprechend § 80 LBG ersetzt (vgl. § 6 Abs. 2). Arbeitnehmer haben in diesen Fällen den gesetzlichen Unfallversicherungsschutz der §§ 2 Abs. 1 Nr. 1, 8 Abs. 1 SGB VII (Ilbertz-Widmaier § 50 Rn. 11; Lorenzen u. a. § 11 Rn. 24). 12

§ 52 Angelegenheiten der Personalversammlung

(1) Der Personalrat soll einmal in jedem Kalenderjahr in einer Personalversammlung einen Tätigkeitsbericht erstatten.

(2) Die Personalversammlung kann alle Angelegenheiten behandeln, die die Dienststelle oder ihre Beschäftigten unmittelbar betreffen, insbesondere wirtschaftliche Angelegenheiten, Tarif-, Besoldungs- und Sozialangelegenheiten sowie Fragen der Gleichstellung von Frauen und Männern.

(3) [1]Die Personalversammlung kann dem Personalrat Anträge unterbreiten und zu seinen Beschlüssen Stellung nehmen. [2]In einer gemeinsamen Personalversammlung wird gemeinsam beraten, Anträge und Stellungnahmen an die Personalräte werden jedoch getrennt von den Beschäftigten der jeweiligen Dienststelle beschlossen.

(4) Der Personalrat unterrichtet die Beschäftigten über die Behandlung der Anträge und den Fortgang der in der Personalversammlung behandelten Angelegenheiten.

I. Jährlicher Tätigkeitsbericht (Abs. 1)

Berichtspflicht. Der PR soll einmal in jedem Kalenderjahr einen Tätigkeitsbericht erstatten. Durch das ÄG 2013 wurde der halbjährliche Rhythmus für den Tätigkeitsbericht in einen Jahresrhythmus und zudem die zwingende Verpflichtung in eine Soll-Vorschrift umgewandelt. Damit steht die Berichterstattung über die Geschäftstätigkeit des PR aber nicht in dessen Belieben. Wenn der PR vom Regelfall des § 52 Abs. 1 abweichen will, muss er dafür triftige Gründe vorweisen können. Unterstrichen wird dies durch das Antragsrecht der in der Dienststelle vertretenen Gewerkschaften (§ 50 Abs. 3). Hat während des vorhergegangenen Kalenderjahres keine Personalversammlung stattgefunden, muss diese auf gewerkschaftlichen Antrag innerhalb von drei Wochen anberaumt und auch zeitnah durchgeführt werden. Die Neuregelung soll damit lediglich eine flexiblere Handhabung ohne strikte Bindung an das Kalenderjahr oder -halbjahr ermöglichen (LT-Drucksache 15/4224 S. 116). Unberührt bleibt auch das Wunschrecht des Dienststellenleiters bzw. eines Viertels der wahlbe- 1 rechtigten Beschäftigten, die auch die Erstattung eines Tätigkeitsberichts auf die Tagesordnung setzen lassen können (§ 50 Abs. 2).

2 **Tätigkeitsbericht.** Der Tätigkeitsbericht wird vom PR erstattet. Ob der Bericht nur mündlich vorgetragen oder auch schriftlich vorgelegt wird, entscheidet der PR nach seinem Ermessen. Der Vortrag des Tätigkeitsberichts kommt grundsätzlich dem Vorsitzenden zu (§ 29 Abs. 2 Satz 1). Der PR kann aber durch Beschluss auch den Stellvertreter des Vorsitzenden oder ein anderes PR-Mitglied beauftragen oder die Berichterstattung auf mehrere Mitglieder verteilen (z. B. nach Gruppen). Gegenstand des Berichts ist die Tätigkeit des PR während des Berichtszeitraums (Rechenschaftsbericht über die Arbeit auf allen Zuständigkeits- und Handlungsgebieten). Der **wesentliche Inhalt** des Berichts muss vorab vom PR festgelegt und beschlossen worden sein (BVerfG, 26.6.1970 – 2 BvR 311/67 – PersV 1970, 260; BVerwG, 25.2.1972 – VII P 2.71 – PersV 1972, 214).

3 **Inhalt des Berichts.** Der Tätigkeitsbericht hat über die Arbeit des PR möglichst vollständig Auskunft zu geben. Darzustellen sind dabei insb.: die Verfahren der förmlichen Beteiligung des PR, die personelle Entwicklung der Dienststelle und etwaige Organisationsentscheidungen sowie die Besprechungen mit dem Dienststellenleiter und das Verhältnis des PR zur Dienststelle. Hierbei sind auch etwaige Meinungsunterschiede und Konflikte offen anzusprechen. Berichtet werden sollte grundsätzlich auch über die Zusammenarbeit mit der Schwerbehindertenvertretung, der JAV, den in der Dienststelle vertretenen Gewerkschaften sowie – soweit vorhanden und relevant – mit den Stufenvertretungen, dem GesamtPR und den Arbeitsgemeinschaften der Personalvertretungen. Ggf. hat der Bericht auch über die Behandlung der Anregungen und Anträge vorangegangener Personalversammlungen zu informieren (Abs. 4).

4 **Verschwiegenheitspflicht.** Angelegenheiten, die der Verschwiegenheitspflicht des PR unterliegen (§ 7), z. B. der Inhalt von Personalakten, dürfen im Tätigkeitsbericht nicht vorgetragen werden. In diesen Fällen besteht nur die Möglichkeit, durch Verallgemeinerung auf in diesem Zusammenhang bestehende Problemfelder aufmerksam zu machen (Lorenzen u. a. § 49 Rn. 6). Der PR ist aber kein „Schweigeorden“, sondern dazu eingesetzt und befugt, die Interessen der Beschäftigten wahrzunehmen. Dieser Verpflichtung muss auch der Tätigkeitsbericht nachkommen. In Zweifelsfällen ist es sinnvoll, die Frage der Verschwiegenheitspflicht mit dem Dienststellenleiter zu erörtern und ggf. eine Entbindung nach § 7 Abs. 3 förmlich zu beantragen.

5 **Tagesordnung; Verfahren.** Die Personalversammlung nach Abs. 1 dient in erster Linie der Erstattung des Tätigkeitsberichts, kann aber auch andere Tagesordnungspunkte vorsehen. Die Erweiterung der Tagesordnung kann auch nach § 53 Abs. 2 Satz 3 beantragt oder von der Personalversammlung selbst beschlossen werden. Nach der Erstattung des Tätigkeitsberichts findet zwingend eine **Aussprache** statt. Hierfür ist ein angemessener Zeitrahmen vorzusehen. Die Teilnehmer der Personalversammlung können zum Bericht oder zu einzelnen Fragen (z. B. Beschlüssen des PR) Stellung nehmen und Anträge unterbreiten (Abs. 3 Satz 1). Sie können dabei auch Kritik üben sowie Erläuterungen

verlangen (Ilbertz-Widmaier § 49 Rn. 12). Diese Rechte haben nicht nur die Beschäftigten, sondern auch die sonstigen Teilnahmeberechtigten (§ 53).

II. Angelegenheiten (Abs. 2)

Zulässige Behandlungsgegenstände. Eine obligatorische Behandlung bestimmter Themen ist nicht vorgesehen. Die Personalversammlung kann alle Angelegenheiten behandeln, die die Dienststelle oder ihre Beschäftigten unmittelbar betreffen, insb. wirtschaftliche Angelegenheiten, Tarif-, Besoldungs- und Sozialangelegenheiten sowie – mit dem ÄG 95 neu eingefügt – Fragen der Gleichstellung von Frauen und Männern. Dazu gehören alle Angelegenheiten, für die der PR nach §§ 73 bis 90 zuständig ist, aber auch die in den §§ 68 bis 72 genannten (allgemeinen) Aufgaben des PR (BVerwG, 25.5.1962 – VII P 11.60 – PersV 1962, 234; Ilbertz-Widmaier § 51 Rn. 3). Fragen, die von der Personalversammlung behandelt werden sollen, müssen jedoch die Dienststelle oder ihre Beschäftigten „unmittelbar" betreffen. Dies gilt auch für die Behandlung von wirtschaftlichen Angelegenheiten, Tarif-, Besoldungs- und Sozialangelegenheiten sowie Fragen der Gleichstellung von Frauen und Männern. Auf die Entscheidungsbefugnis des Dienststellenleiters kommt es nicht an; ausreichend ist, dass sich aus einer Entscheidung unmittelbare Auswirkungen auf die Dienststelle oder ihre Beschäftigten ergeben können. Die Vorbereitung von Streiks, Arbeitskämpfen und ähnlichen Maßnahmen, die Abfassung politischer Resolutionen oder die Werbung für politische Parteien ist unzulässig (Ilbertz-Widmaier § 51 Rn. 6, 7). 6

Verhandlungsleitung. Der PR darf Angelegenheiten, für deren Beratung die Personalversammlung nicht zuständig ist, nicht auf die Tagesordnung setzen. Die Erörterung solcher Fragen außerhalb der Tagesordnung hat der Vorsitzende des PR als Leiter der Personalversammlung (, § 50 Abs. 1 Satz 2) zu unterbinden. 7

III. Anträge und Stellungnahmen (Abs. 3)

1. Befugnisse (Satz 1). Die Personalversammlung kann dem PR **Anträge** unterbreiten und **Vorschläge** machen sowie zu seinen Beschlüssen – auch kritisch – **Stellung** nehmen. Sie ist dem PR **nicht übergeordnet.** Sie hat weder ihm noch dem Dienststellenleiter gegenüber ein Kontrollrecht (OVG Münster 19.3.1979 – CL 21/78 – ZBR 1980, 131). Dies folgt aus ihrer Natur als „dienststelleninternes Aussprachеforum", das der Verständigung und Information der Beschäftigten dient. 8

Beschlüsse der Personalversammlung. Die Personalversammlung kann das Verhalten oder Entscheidungen des PR zwar **missbilligen**, diesen aber nicht auflösen oder einzelne Mitglieder aus dem PR ausschließen. Ein etwaiges Fehlverhalten des PR oder seiner Mitglieder kann nur nach § 24 geltend gemacht werden. Auch eine „**Entlastung**" des PR durch die Personalversammlung sieht das Gesetz nicht vor (BVerwG, 24.10.1975 – VII P 11/73 PersV 1976, 422). Die 9

Beschlüsse der Personalversammlung binden den PR auch nicht in seiner **Amtsführung.** Solche Beschlüsse der Personalversammlung können die Entscheidungen des PR nur faktisch beeinflussen und sollen das auch. Personalvertretungsrechtlich ist allein der PR entscheidungsbefugt und verantwortlich.

10 **Beschlussfassung.** Die Willenserklärungen (Antrag; Stellungnahme) der Personalversammlung erfolgen durch **Beschluss.** Vorschriften über die Beschlussfassung und -fähigkeit fehlen. Es entscheidet die Mehrheit der Anwesenden, wobei eine Mindestzahl von anwesenden Beschäftigten nicht vorgeschrieben ist. Stimmberechtigt ist jeder Beschäftigte ohne Rücksicht auf die Wahlberechtigung. Ob auch der **Dienststellenleiter** als Beschäftigter der Dienststelle in der Personalversammlung stimmberechtigt ist (so Ilbertz-Widmaier § 51 Rn. 13, soweit ihn die Angelegenheit wie jeden anderen Beschäftigten auch betrifft) oder als Repräsentant des Dienstherrn in der Personalversammlung vom Stimmrecht ausgeschlossen ist, ist umstritten.

11 **2. Gemeinsame Personalversammlung (Satz 2).** Im Rahmen von gemeinsamen Personalversammlungen (§ 49 Abs. 4) kann zwar gemeinsam beraten werden, die Beschlussfassung hinsichtlich der Anträge und Stellungnahmen an die jeweiligen PR erfolgt jedoch getrennt durch die Beschäftigten der jeweiligen Dienststellen.

IV. Behandlung von Anträgen und Verfahrensfortgang (Abs. 4)

12 **Unterrichtungspflicht.** Anträge und Anregungen der Personalversammlung sollen nicht „versanden“, sondern die Tätigkeit des PR beeinflussen. Um diese Absicht zu unterstützen, sieht Abs. 4 vor, dass der PR die Beschäftigten über die Behandlung der gestellten Anträge und den Fortgang der in der Personalversammlung behandelten Angelegenheiten zu unterrichten hat. Wann und wie die Unterrichtung erfolgt, entscheidet der PR nach pflichtgemäßem Ermessen. Dies kann beispielsweise durch schriftliche Informationen, sollte aber spätestens im Rahmen der nächsten Personalversammlung erfolgen. Zu berücksichtigen hat der PR dabei aber immer die näheren Umstände des Einzelfalls, z. B. eine besondere Eilbedürftigkeit der Angelegenheit.

§ 53 Nichtöffentlichkeit der Personalversammlung, Teilnahmerechte

(1) Die Personalversammlung ist nicht öffentlich.

(2) [1]An der Personalversammlung können mit beratender Stimme teilnehmen:
1. je ein Beauftragter der in der Dienststelle vertretenen Gewerkschaften,
2. ein Beauftragter der Arbeitgebervereinigung, der die Dienststelle angehört,
3. ein beauftragtes Mitglied der Stufenvertretung,
4. ein Beauftragter der Dienststelle, bei der die Stufenvertretung besteht,
5. ein beauftragtes Mitglied des Gesamtpersonalrats,
6. die Schwerbehindertenvertretung,
7. ein beauftragtes Mitglied der Jugend- und Auszubildendenvertretung.

[2]Der Vorsitzende des Personalrats hat die Einberufung der Personalversammlung den Teilnahmeberechtigten mitzuteilen. [3]Die Teilnahmeberechtigten können Änderungen oder Ergänzungen der Tagesordnung beantragen.

(3) [1]Der Personalrat kann der Personalversammlung vorschlagen, dass Beauftragte nach Absatz 2 Satz 1 Nummer 1 und 2 an der Personalversammlung nicht teilnehmen sollen. [2]Über den Ausschluss entscheidet die Personalversammlung mit der Mehrheit der Stimmen der anwesenden Beschäftigten.

(4) [1]Der Leiter der Dienststelle kann an den Personalversammlungen teilnehmen. [2]An den Personalversammlungen, die auf seinen Wunsch einberufen worden sind oder zu denen er ausdrücklich eingeladen worden ist, hat er teilzunehmen. [3]Er kann einen Vertreter der Arbeitgebervereinigung, der die Dienststelle angehört, hinzuziehen; in diesem Fall kann auch je ein Beauftragter der in der Dienststelle vertretenen Gewerkschaften an der Personalversammlung teilnehmen. [4]Der Leiter der Dienststelle kann sich durch einen Beauftragten in der Personalversammlung vertreten lassen, sofern die Personalversammlung nicht auf seinen Wunsch einberufen worden ist.

I. Nichtöffentlichkeit der Personalversammlung (Abs. 1)

Grundsatz. Die Personalversammlung ist nicht öffentlich. Der Kreis der Teilnahmeberechtigten ist durch § 49 Abs. 1 und § 53 abschließend festgelegt. Die gesetzliche Regelung ist **zwingend** und kann auch nicht durch Tarifvertrag, Dienstvereinbarung oder Beschluss der Personalversammlung oder des PR aufgehoben oder modifiziert werden. Nichtteilnahmeberechtigte Personen können deshalb auch nicht als Gäste zugelassen werden. Dies gilt auch für die Teilnahme von Medienvertretern (BVerwG, 24.10.1975 – VII P 11.73 – PersV 1976, 425; Lorenzen u. a. § 48 Rn. 20, 21). Der PR-Vorsitzende hat als Versammlungsleiter darauf zu achten, dass sich nur Teilnahmeberechtigte im Sitzungssaal befinden und Nichtberechtigte zum Verlassen der Versammlung aufzufordern. Durch das Gebot der Nichtöffentlichkeit soll die Personalversammlung vor sachfremden Einflüssen geschützt und ein offener Meinungsaustausch der Teilnehmer ermöglicht werden. 1

Dienststellenleiter. Ist der Leiter der Dienststelle Beschäftigter i. S. v. § 4, ist er schon als solcher teilnahmeberechtigt. Im Übrigen eröffnet ihm Abs. 4 Satz 1 ausdrücklich ein Teilnahmerecht. 2

Auskunftspersonen; Sachverständige. Dienststellenfremde dürfen als Auskunftspersonen oder Sachverständige hinzugezogen werden, wenn dies zur Unterrichtung der Teilnehmer wegen deren Sach- und Fachkenntnisse sinnvoll ist und anderenfalls die Beschäftigten nicht die erforderlichen Informationen erhalten würden (BVerwG, 6.9.1984 – 6 P 17.82 – PersV 1985, 205 = PersR 1985, 44; BVerwG, 18.6.1991 – 6 P 3.90 – PersV 1992, 45 = PersR 1991, 341). Erforderlich ist ein entspr. **Beschluss des PR**, der die teilnahmeberechtigten Auskunftspersonen bzw. den Sachverständigen benennt und die Gründe für die Erforderlichkeit der Teilnahme darlegt. Das Anwesenheitsrecht ist jedoch auf die Dauer der Erörterung des entspr. Themas (Tagesordnungspunktes) beschränkt. Nicht erforderlich soll die Zuziehung einer dienststellenfremden Auskunftsperson bzw. eines Sachverständigen i. d. R. dann sein, wenn auch ein Beschäftigter die 3 notwendigen Auskünfte erteilen kann (BVerwG, 18.6.1991 – 6 P 3/90 – PersR 91, 341 – zweifelhaft).

4 **Politiker.** Auch die Teilnahme von Politikern, die nicht Angehörige der Dienststelle sind, ist nicht zulässig. Sie kann nur ausnahmsweise dann zulässig sein, wenn diese als Auskunftspersonen bzw. als Sachverständige vom PR eingeladen werden und die obigen Voraussetzungen erfüllt sind (vgl. Rn. 3). Dann sollte aber sichergestellt sein, dass durch die Themenstellung sowie die konkrete Organisation der Befragung, eine ausschließlich sachbezogene Information der Beschäftigten aus aktuellem, gewichtigem Anlass und zu ihren konkreten Fragen gewährleistet ist, insb. jegliche parteipolitische Darstellung und Auseinandersetzung vermieden wird (BVerwG, 10.3.1995 – 6 P 15.93 – PersR 1995, 489).

5 **Sitzungsniederschrift.** Eine Verpflichtung, den Ablauf der Personalversammlung zu protokollieren, besteht nicht (vgl. § 50 Rn. 13). Wird eine Sitzungsniederschrift gefertigt, folgt aus dem Grundsatz der Nichtöffentlichkeit auch, dass unbefugten Dritten keine Einsicht in die Niederschrift gewährt werden darf und auch keine Abschrift ausgehändigt werden darf. Die Anfertigung von Wortprotokollen durch Dritte, insb. durch den Dienststellenleiter, ist unzulässig, es sei denn, alle Versammlungsteilnehmer hätten einer solchen Protokollierung vorab ausdrücklich zugestimmt (vgl. Altvater u. a. § 53 Rn. 2).

6 **Ton- und Bildaufzeichnungen.** Ton- und Bildaufnahmen sollten grundsätzlich unterbleiben. Etwaige Aufnahmen (durch Teilnahmeberechtigte) sind nur zulässig, wenn alle Teilnehmer zustimmen. Die Entscheidung trifft der Versammlungsleiter. Werden konkrete Personen gefilmt oder werden deren Beiträge aufgenommen, ist zudem deren vorherige ausdrückliche Zustimmung zu der Aufzeichnung erforderlich. Diese Zustimmung sollte vom Versammlungsleiter protokolliert werden. Unzulässige Aufnahmen hat er zu unterbinden.

II. Teilnahmeberechtigung (Abs. 2)

7 **1. Teilnahmeberechtigte** (Satz 1). An der Personalversammlung dürfen in erster Linie die **Beschäftigten** teilnehmen (§ 49 Abs. 1). Diese sind zur Teilnahme berechtigt, aber nicht verpflichtet. Sie dürfen keinesfalls an der Teilnahme gehindert werden, von wem auch immer. Es ist im Gegenteil Pflicht des PR und der Dienststelle, sicherzustellen, dass möglichst allen Beschäftigten Gelegenheit zur Teilnahme geboten wird. Abs. 2 Satz 1 erweitert den Kreis der Teilnahmeberechtigten auf die dort genannten Personen. Diese dürfen von Gesetzes wegen an der gesamten Personalversammlung teilnehmen, allerdings nur mit beratender Stimme. Dies bedeutet, dass sie sich zu Wort melden, Fragen stellen und zur Sache sprechen dürfen.

8 a) **Gewerkschaften** (Nr. 1). Teilnahmeberechtigt sind alle Gewerkschaften, die unter den Beschäftigten der Dienststelle vertreten sind. Das Teilnahmerecht gilt für alle in § 49 genannten Personalversammlungen. Jede Gewerkschaft kann nur einen Beauftragten entsenden. In der Auswahl ihres Beauftragten ist die

Gewerkschaft frei. Der Beauftragte muss kein Funktionär der Gewerkschaft sein. Ebenso ist eine Mitgliedschaft in der Gewerkschaft nicht erforderlich. Auch ein Beschäftigter der Dienststelle kann Beauftragter einer Gewerkschaft sein.

Ausschlussmöglichkeit. Der PR kann der Personalversammlung vorschlagen, dass Gewerkschaftsbeauftragte nicht an der Personalversammlung teilnehmen sollen (Abs. 3 Satz 1). Über den Ausschluss entscheidet die Personalversammlung mehrheitlich (Abs. 3 Satz 2). Wegen der Einzelheiten dieses Verfahrens vgl. Rn. 19 ff. Ist der Gewerkschaftsbeauftragte zugleich Beschäftigter der Dienststelle kann er nicht ausgeschlossen werden. 9

Befugnisse. Gewerkschaftsbeauftragte haben die gleichen Rechte, wie die anderen Teilnahmeberechtigten nach Abs. 2 Satz 1. Besondere Befugnisse oder ein Kontrollrecht haben die Gewerkschaften nicht. So sind sie z. B. nicht befugt, in einem personalvertretungsrechtlichen Beschlussverfahren überprüfen zu lassen, ob der PR-Vorsitzende in seiner Eigenschaft als Leiter der Personalversammlung seine Pflichten verletzt hat (OVG Münster, 31.5.1988 – CL 16/86 – PersV 1990, 33). 10

b) **Arbeitgebervereinigung (Nr. 2).** Gehört die Dienststelle einer Arbeitgebervereinigung an, ist auch ein Beauftragter dieser Arbeitgebervereinigung teilnahmeberechtigt. Dieses Teilnahmerecht besteht neben der Hinzuziehungsmöglichkeit nach Abs. 4 Satz 3. Macht der Beauftragte von seinem Teilnahmerecht nach Abs. 2 Satz 1 Nr. 2 Gebrauch, kann er auch ohne den Dienststellenleiter an der Personalversammlung teilnehmen. Im Falle von Abs. 4 Satz 3 nur zusammen mit dem Dienststellenleiter. 11

Ausschlussmöglichkeit. Der PR kann der Personalversammlung vorschlagen, dass der Beauftragte der Arbeitgebervereinigung nicht an der Personalversammlung teilnehmen soll (Abs. 3 Satz 1). Über den Ausschluss entscheidet die Personalversammlung mehrheitlich (Abs. 3 Satz 2). Wegen der Einzelheiten dieses Verfahrens vgl. Rn. 19 ff. Ein etwaiger Ausschluss berührt allerdings nicht das Teilnahmerecht nach Abs. 4 Satz 3 (vgl. Rn. 24). 12

c) **Stufenvertretung (Nr. 3).** Teilnahmeberechtigt ist auch ein beauftragtes Mitglied der Stufenvertretung. Das zu entsendende Mitglied muss durch Beschluss der Stufenvertretung von Fall zu Fall bestellt werden. Eine generelle Bestellung des Vorsitzenden mit Substitutionsrecht ist unzulässig (BVerwG, 18.3.1981 – 6 P 85.78 – PersV 1982, 237). Stufenvertretung in diesem Sinne ist die **nächsthöhere Stufenvertretung.** Zu § 52 Abs. 1 Satz 3 BPersVG hat das BVerwG mit Beschluss vom 18.3.1981 (6 P 85.78 – PersV 1982, 237) entschieden, dass die bei der obersten Dienstbehörde gebildete Stufenvertretung (HPR) ein beauftragtes Mitglied nur zu den Personalversammlungen der Mittelstufe entsenden kann. Dies muss auch für die Auslegung des § 53 Abs. 2 Satz 1 Nr. 3 LPVG gelten. Zu Personalversammlungen bei Dienststellen der unteren Verwaltungsstufe kann deshalb nur die nächsthöhere Stufenvertretung, also in der Regel der BPR, ein beauftragtes Mitglied entsenden (VGH Mannheim, 15.10.1991 13

– 15 S 388/91 – PersV 1992, 357; vgl. hierzu auch LT-Drucksache 15/4224 S. 117).

13 d) **Nächsthöhere Dienststelle** (Nr. 4). Teilnahmeberechtigt ist ein Beauftragter der Dienststelle, bei der die Stufenvertretung besteht. Damit soll die Parität bei der Information der Beschäftigten gewährleistet werden. Diese sollen nicht nur vom Beauftragten der Stufenvertretung informiert werden, sondern auch vom Vertreter der übergeordneten Behörde. Das Teilnahmerecht nach Nr. 4 besteht aber unabhängig davon, ob die Stufenvertretung einen Beauftragten entsendet oder nicht.

14 e) **GesamtPR** (Nr. 5). Besteht ein GesamtPR so ist auch ein beauftragtes Mitglied des GesamtPR teilnahmeberechtigt. Das zu entsendende Mitglied muss durch Beschluss des GesamtPR von Fall zu Fall bestellt werden. Anders als bei der Stufenvertretung sieht das Gesetz nicht vor, dass auch ein Beauftragter der Gesamtdienststelle teilnahmeberechtigt ist. Im Hinblick auf die Teilnahmebefugnis des Dienststellenleiters erscheint ein solches Teilnahmerecht auch als entbehrlich.

15 f) **Schwerbehindertenvertretung** (Nr. 6). Mit beratender Stimme kann auch die Schwerbehindertenvertretung teilnehmen. Abs. 2 Satz 1 Nr. 6 eröffnet die Möglichkeit der besonderen Vertretung der Interessen schwerbehinderter Menschen und trägt der Regelung von § 95 Abs. 8 SGB IX Rechnung, mit der ein Teilnahme- und Rederecht der Schwerbehindertenvertretung bei allen Personalversammlungen gewährleistet wird. Das Teilnahmerecht wird grundsätzlich von der Vertrauensperson der schwerbehinderten Menschen wahrgenommen, im Falle der Verhinderung durch ein stellvertretendes Mitglied (§ 94 Abs. 1 Satz 1 SGB IX).

16 g) **JAV** (Nr. 7). Das in Abs. 2 Satz 1 Nr. 7 vorgesehene Teilnahmerecht eines beauftragten Mitglieds der JAV hat mehr deklaratorische Bedeutung, da die Beschäftigten i. S. v. § 59 wie alle anderen Beschäftigten ohnehin das Recht haben, an der Personalversammlung teilzunehmen. Durch die explizite Nennung ist jedoch klargestellt, dass das beauftragte Mitglied stellvertretend für das Gremium JAV das Wort ergreifen kann. Die Entsendung wurde im Gegensatz zur vorherigen Gesetzesfassung auf **ein** beauftragtes **Mitglied** beschränkt. Die JAV darf daher nicht mehr Nichtmitglieder mit der Wahrung ihrer Interessen in der Personalversammlung beauftragen. Die JAV entscheidet durch Beschluss, welches Mitglied beauftragt wird.

17 2. **Einladung, Tagesordnung** (Satz 2). Der PR hat allen Teilnahmeberechtigten die Einberufung der Personalversammlung unter Angabe von Ort und Zeit rechtzeitig mitzuteilen, und zwar auch den Gewerkschaften, die nur durch Beschäftigte im Sinne von § 59 in der Dienststelle vertreten sind (VGH Mannheim, 21.3.1988 – 15 S 2438/87 – ZBR 1989, 153). Der Einladung ist die vom PR beschlossene Tagesordnung beizufügen. Auf das Antragsrecht nach Satz 3 ist hinzuweisen.

18 3. **Antragsrecht** (Satz 3). Die teilnahmeberechtigten Personen können die Änderung und/oder Ergänzung der beschlossenen Tagesordnung beantragen. Über

diese Anträge entscheidet der PR durch Beschluss. Wird der Antrag abgelehnt, verbleibt es bei der ursprünglichen Tagesordnung. Wird die Tagesordnung geändert, sind alle Teilnahmeberechtigten hierüber zu informieren. Andere Anträge als die in Abs. 2 Satz 3 genannten, dürfen die sonstigen Teilnahmeberechtigten nicht stellen; sie haben auch kein Stimmrecht in der Personalversammlung. Sie können lediglich im Rahmen ihrer Wortbeiträge in der Personalversammlung Anregungen geben, die ggf. von Beschäftigten aufgegriffen werden.

III. Ausschluss von Beauftragten (Abs. 3)

1. Vorschlag des PR (Satz 1). Das zuvor in § 53 Abs. 1 Satz 1 a. F. enthaltene Widerspruchsrecht des PR gegen die Teilnahme der Beauftragten der Gewerkschaften und der Arbeitgebervereinigung wurde mit dem ÄG 2013 in ein Vorschlagsrecht des PR umgewandelt. Der Gesetzgeber geht davon aus, dass ein Ausschluss weiterhin möglich sein muss, da die Personalversammlung keine Gewerkschafts- oder Arbeitgeberveranstaltung ist (LT-Drucksache 15/4224 S. 118); die Koalitionsfreiheit soll dadurch nicht beeinträchtigt sein (**a. A.** Altvater u. a. § 53 Rn. 14. 19

Voraussetzungen. Das Gesetz enthält nach wie vor keine Bestimmungen darüber, aus welchen Gründen die Beauftragten ausgeschlossen werden können sollen. Ein solcher Vorschlag des PR ist aber nur beim Vorliegen eines **wichtigen Grundes** zulässig. Dabei muss die **Chancengleichheit** unter den Gewerkschaften, aber auch zwischen den Beauftragten der Gewerkschaften und dem Beauftragten der Arbeitgebervereinigung gewahrt bleiben. Ein Ausschluss nur der Gewerkschaften oder einzelner Gewerkschaften oder nur der Arbeitgeberseite ist unzulässig. Den Ausschluss eines **bestimmten Beauftragten** kann der PR nur dann vorschlagen, wenn zu befürchten ist, dass er das Hausrecht des Vorsitzenden verletzen oder die Sitzung stören würde (Ilbertz-Widmaier § 52 Rn. 12). 20

Verfahren. Der PR entscheidet durch Beschluss (§ 34). Vor Beschlussfassung ist die betroffene Gewerkschaft/Arbeitgebervereinigung anzuhören. Über den Beschluss ist der betroffene Teilnahmeberechtigte zu informieren, damit ggf. durch Entsendung eines anderen Beauftragten auf die Bedenken des PR reagiert werden kann. Bei einer **gemeinsamen Personalversammlung** (§ 49 Abs. 4) müssen alle beteiligten Personalräte gleichlautende Beschlüsse hinsichtlich des Ausschlusses fassen. 21

Ausnahmen. Die Ausschlussmöglichkeit besteht nicht für alle Personalversammlungen bzw. Fallkonstellationen, weil zwei spezielle Regelungen der allg. Ausschlussmöglichkeit des Abs. 3 vorgehen. In diesen Fällen ist dem PR ein Beschluss, der den Ausschluss eines Beauftragten vorschlägt, versagt. Die Rechtswidrigkeit eines gleichwohl gefassten PR-Beschlusses kann die betroffene Gewerkschaft/Arbeitgeberverband im Beschlussverfahren feststellen lassen. 22

23 **Verhältnis zu § 50 Abs. 3.** Die Ausschlussmöglichkeit findet keine Anwendung auf Personalversammlungen, die auf Antrag der Gewerkschaft anzuberaumen sind (§ 50 Abs. 3). Diese Regelung weist den in der Dienststelle vertretenen Gewerkschaften eine **besondere Kontrollbefugnis** zu. Die vom Gesetz grundsätzlich vorgesehene Verpflichtung des PR zur Einberufung (mindestens) einer Personalversammlung im Kalenderjahr zur Erstattung des Tätigkeitsberichts wird verfahrensmäßig durch das besondere Antragsrecht der Gewerkschaft abgesichert. Dann muss der diesen Antrag stellenden Gewerkschaft aber durchweg die Möglichkeit der Kontrolle offenbleiben, ob der PR seinen gesetzlichen Verpflichtungen nachkommt. Dieses besondere Kontrollrecht geht der allg. Regelung des § 53 Abs. 3 vor. Diese Kontrolle setzt aber die Teilnahme der Gewerkschaft an der Personalversammlung voraus (ebenso Altvater u. a. § 53 Rn. 15 – mit anderer Begründung).

24 **Verhältnis zu § 53 Abs. 4.** Der bei allen Personalversammlungen teilnahmeberechtigte Dienststellenleiter kann nach § 53 Abs. 4 Satz 3 einen Vertreter der **Arbeitgebervereinigung** zuziehen. Ob der Dienststellenleiter von dieser Befugnis Gebrauch macht, ist allein seine Entscheidung und steht nicht zur Disposition des PR oder der Personalversammlung; der Ausschluss eines solchen Vertreters scheidet aus (vgl. hierzu auch LT-Drucksache 15/4224 S. 118). Dessen Teilnahmerecht besteht aber nur als Begleiter des Dienststellenleiters; allein ist er nicht teilnahmeberechtigt. Macht der Dienststellenleiter von dieser Befugnis Gebrauch, bestimmt Abs. 4 Satz 2 Hs. 2, dass dann auch alle in der Dienststelle vertretenen **Gewerkschaften** durch je einen Beauftragten an der Personalversammlung teilnehmen können. Auch dieses besondere Teilnahmerecht wird von der Ausschlussmöglichkeit des Abs. 3 nicht tangiert. Über einen bereits beschlossen PR-Vorschlag zum Ausschluss der Beauftragten von Gewerkschaften und Arbeitgebervereinigungen darf beim Vorliegen der Voraussetzungen des Abs. 4 Satz 3 nicht mehr durch die Personalversammlung abgestimmt werden.

25 **2. Entscheidung der Personalversammlung (Satz 2).** Über den Ausschlussvorschlag ist vorab – vor Eintritt in die Tagesordnung – abzustimmen. Die Abstimmung hat in den Fällen der § 50 Abs. 3, § 53 Abs. 4 Satz 3 zu unterbleiben (vgl. Rn. 23 f.). Vor der Abstimmung findet eine Aussprache über den Vorschlag des PR statt. Der PR hat seinen Beschluss auf entspr. Nachfrage der Beschäftigten zu erläutern. Sodann entscheidet die Personalversammlung mit der (einfachen) Mehrheit der Stimmen der anwesenden Beschäftigten. Wird dem Vorschlag des PR entsprochen, müssen die betroffenen Beauftragten die Personalversammlung verlassen.

IV. Teilnahme des Dienststellenleiters (Abs. 4)

26 **1. Teilnahmerecht (Satz 1).** Der Leiter der Dienststelle hat das Recht an allen Personalversammlungen i. S. v. § 49 teilzunehmen. Der Leiter der Dienststelle ist dabei berechtigt, in der Personalversammlung das Wort zu ergreifen, Fragen zu stellen und zur Sache zu sprechen. Auf Fragen des PR oder aus der Mitte der Personalversammlung darf und soll er eingehen. Sachanträge stellen und

abstimmen darf der Dienststellenleiter aber nur, wenn er zugleich **Beschäftigter** der Dienststelle ist. Dann gehört er zu dem Personenkreis, aus dem die Personalversammlung besteht, und hat damit grundsätzlich die gleichen Rechte, wie alle anderen Beschäftigten der Dienststelle. Dies wird man jedoch auf solche Angelegenheiten beschränken müssen, die ihn wie jeden anderen Beschäftigten auch betreffen und die mit seiner herausgehobenen Stellung als Dienststellenleiter nichts zu tun haben.

27 **2. Teilnahmepflicht (Satz 2).** Eine Teilnahmepflicht besteht für den Dienststellenleiter nur bei den Personalversammlungen, die auf seinen Wunsch einberufen worden sind (vgl. § 50 Abs. 2) oder zu denen er ausdrücklich eingeladen worden ist. Eine Teilnahmepflicht besteht nur bei förmlicher – nicht nur informeller – Einladung. Dies setzt durchweg einen entspr. ordnungsgemäßen Beschluss des PR voraus. Verweigert der Dienststellenleiter ohne zwingenden Grund die Teilnahme und entsendet er, obwohl dies zulässig wäre (vgl. insoweit Abs. 4 Satz 4), auch keinen Beauftragten, so liegt darin ein Verstoß gegen den Grundsatz der vertrauensvollen Zusammenarbeit (§ 2 Abs. 1), der den PR zu einer Dienstaufsichtsbeschwerde berechtigen würde (vgl. Ilbertz-Widmaier § 52 Rn. 18, 19).

28 **3. Arbeitgebervereinigung (Satz 3).** Nach Abs. 4 Satz 3 kann der Dienststellenleiter einen Vertreter der Arbeitgebervereinigung, der die Dienststelle angehört, zur Personalversammlung zuziehen. Dieser tritt aber nur gemeinsam mit dem Dienststellenleiter auf; ohne diesen könnte er lediglich nach Abs. 2 Nr. 2 teilnahmebefugt sein. Die Möglichkeit des Ausschlusses aus der Personalversammlung auf Vorschlag des PR besteht in diesem Falle nicht (vgl. Rn. 24). Nach Abs. 4 Satz 3 Hs. 2 kann je ein Beauftragter der in der Dienststelle vertretenen **Gewerkschaften** an der Personalversammlung teilnehmen, wenn der Dienststellenleiter einen Vertreter der Arbeitgebervereinigung hinzuzieht. Auch diese Beauftragten können nicht nach Abs. 3 ausgeschlossen werden (vgl. Rn. 24). Der Vertreter der Arbeitgebervereinigung sowie die Gewerkschaftsbeauftragten nehmen an der Personalversammlung mit beratender Stimme teil (a. A. Altvater u. a. § 53 Rn. 20).

29 **4. Vertretung des Dienststellenleiters (Satz 4).** Der Dienststellenleiter entscheidet, von welchem Beauftragten er sich vertreten lässt. Regelmäßig wird dies aber sein ständiger Vertreter sein. Besondere Anforderungen an die Person des Beauftragten stellt das Gesetz nicht. Eine Vertretung durch einen Beauftragten, der von den auf der Tagesordnung stehenden Punkten keine Kenntnis hat, ist allerdings ausgeschlossen. Ist die Personalversammlung auf Wunsch des Dienststellenleiters einberufen worden, scheidet eine Vertretung in aller Regel aus.

Teil 4 Gesamtpersonalrat und Stufenvertretungen, Arbeitsgemeinschaften

§ 54 Gesamtpersonalrat

(1) In den Fällen des § 5 Absatz 3 wird neben den einzelnen Personalräten ein Gesamtpersonalrat gebildet.

(2) [1]Die Mitglieder des Gesamtpersonalrats werden von den Beschäftigten der Dienststellen gewählt, für die der Gesamtpersonalrat gebildet wird. [2]Der Gesamtpersonalrat besteht bei

bis zu 500 in der Regel Beschäftigten	**aus sieben Mitgliedern,**
501 bis 1000 in der Regel Beschäftigten	**aus neun Mitgliedern,**
1001 bis 3000 in der Regel Beschäftigten	**aus elf Mitgliedern,**
3001 bis 5000 in der Regel Beschäftigten	**aus 13 Mitgliedern,**
5001 bis 7500 in der Regel Beschäftigten	**aus 15 Mitgliedern,**
7501 bis 10000 in der Regel Beschäftigten	**aus 17 Mitgliedern,**
10001 und mehr in der Regel Beschäftigten	**aus 19 Mitgliedern.**

(3) [1]Im Gesamtpersonalrat erhält jede Gruppe mindestens einen Vertreter. [2]Besteht der Gesamtpersonalrat aus mehr als neun Mitgliedern, erhält jede Gruppe mindestens zwei Vertreter. [3]§ 11 Absatz 5 gilt entsprechend.

(4) Für die Wahl, die Amtszeit und die Geschäftsführung des Gesamtpersonalrats gelten die §§ 8 bis 10 Absatz 2 und 5, § 11 Absatz 1 bis 3, §§ 12 bis 16 Absatz 1, § 17 Absatz 1, 2 und 4, §§ 18 bis 48 mit folgenden Maßgaben entsprechend:

1. **Das Wahlrecht kann auch bei Zugehörigkeit zu mehreren Dienststellen, für die der Gesamtpersonalrat gebildet wird, nur einmal ausgeübt werden.**
2. **An Stelle einer Personalversammlung zur Bestellung des Wahlvorstands übt der Leiter der Dienststelle, bei der der Gesamtpersonalrat errichtet wird, die Befugnis zur Bestellung des Wahlvorstands nach § 16 Absatz 2 und 3 sowie § 17 Absatz 3 aus.**
3. **[1]Eine beauftragte Person des Personalrats kann an den Sitzungen des Gesamtpersonalrats mit beratender Stimme teilnehmen, wenn Angelegenheiten behandelt werden, die Beschäftigte der Dienststelle betreffen, bei welcher der Personalrat gebildet ist. [2]Die Einladung zu der Sitzung ist dem Personalrat zuzuleiten.**

(5) Für die Befugnisse und Pflichten des Gesamtpersonalrats gelten die §§ 68 bis 90 entsprechend.

I. Bildung eines Gesamtpersonalrats (Abs. 1)

1 **Verselbstständigung, Zusammenfassung.** Abs. 1 schreibt die Bildung eines GesamtPR in den Fällen vor, in denen nach § 5 Abs. 3 Satz 1 Außenstellen, Nebenstellen oder Teile von Dienststellen zu selbstständigen Dienststellen i. S. d. LPVG erklärt oder zu solchen zusammengefasst werden (vgl. insoweit die Komm. zu § 5 Abs. 3). Wird eine solche Entscheidung getroffen, so sind ab der folgenden PR-Wahl (§ 5 Abs. 3 Satz 5) für die verselbstständigten Teile Personalräte sowie ein GesamtPR zu wählen. Vom Grundsatz, dass in einer Dienststelle nur eine Personalvertretung besteht, die alle personalvertretungsrechtlichen Aufgaben und Befugnisse, die die Beschäftigten dieser Dienststelle

betreffen, wahrnimmt, wird im Fall des § 5 Abs. 3 Satz 1 Abstand genommen. Die Beschäftigten der ursprünglich einheitlichen Dienststelle, werden jetzt von verschiedenen Personalvertretungen vertreten. Damit bedarf es aber für die Hauptdienststelle eines Ansprechpartners, der beteiligt werden kann, wenn eine beabsichtigte Maßnahme über den Bereich einer Dienststelle hinausgeht (§ 91 Abs. 8 Satz 1). Der GesamtPR wird von allen Beschäftigten (der Hauptdienststelle und der verselbstständigten Dienststellen) gewählt und repräsentiert damit alle Beschäftigten. Zur Bildung eines GesamtPR beim **Südwestrundfunk** vgl. § 112.

Anzahl der Personalräte. I.d.R. ist ein GesamtPR bei der Existenz von zumindest zwei zusammengehörigen Personalvertretungen zu bilden. Ein GesamtPR ist aber auch dann zu bilden, wenn nur in der Hauptdienststelle, aber nicht in der nach § 5 Abs. 3 verselbstständigten Dienststelle ein PR gewählt worden ist, weil es auch in diesem Fall eines Ansprechpartners zur Wahrnehmung der Interessen aller Beschäftigten bedarf. 2

Zwingendes Recht. Die Vorschrift ist zwingend, durch Tarifvertrag oder Dienstvereinbarung kann nichts anderes bestimmt werden. Andererseits gilt auch hier, dass es faktisch nur zur Bildung eines GesamtPR kommt, wenn sich Beschäftigte finden, die bereit sind, das Amt zu übernehmen. Wird – aus welchen Gründen auch immer – kein GesamtPR gewählt, können die ihm zustehenden Befugnisse auch nicht wahrgenommen werden. 3

Funktion. Der GesamtPR ist eine **eigenständige Personalvertretung**, der den einzelnen PR nicht übergeordnet ist, sondern organisatorisch auf der gleichen Ebene wie diese steht. Er hat auch nicht die Funktion einer Stufenvertretung (BVerwG, 30.7.2010 – 6 P 11.09 – PersR 2010, 400.) Hinsichtlich seines Zuständigkeitsbereichs fungiert er als PR und ist anstelle der PR der Dienststellen zu beteiligen (§ 91 Abs. 8 Satz 2). Er ist ggü. den einzelnen PR nicht weisungsbefugt, sondern hat diese lediglich **anzuhören** (§ 91 Abs. 8 Satz 3), wenn eine Angelegenheit einzelne Beschäftigte oder einzelne Dienststellen betrifft. Er bildet eine organisatorische Einheit mit den verselbstständigten Neben- und Teildienststellen auf der gleichen Verwaltungsebene. 4

Zuständigkeit. Die Zuständigkeit des GesamtPR ist in § 91 Abs. 8 geregelt und ist gegeben, wenn die beabsichtigte Maßnahme über den Bereich einer personalvertretungsrechtlich verselbstständigten Dienststelle hinausgeht. Hinsichtlich der **Befugnisse** und der **Pflichten** des GesamtPR ordnet Abs. 5 die entspr. Geltung der §§ 68 bis 90. 5

Kleine Eigenbetriebe. Eigenbetriebe i.S.d § 5 Abs. 2 gelten nicht als Dienststellen im personalvertretungsrechtlichen Sinne, sondern sind Teil der Gemeinde bzw. einer vergleichbaren juristischen Person des öffentlichen Rechts. Wenn solche Eigenbetriebe verselbstständigt werden, kann ein GesamtPR unter Einschluss der Beschäftigten des kleinen Eigenbetriebs gebildet werden (vgl. auch § 5 Rn. 62). 6

Große Eigenbetriebe. Fallen Eigenbetriebe nicht unter § 5 Abs. 2, sind sie nicht Teil der Dienststelle „Gemeinde“, sondern eigenständige Dienststelle. Betriebs- 7 teile dieser eigenständigen Dienststelle könnten aber ebenfalls nach § 5 Abs. 3 Satz 1 – beim Vorliegen der sonstigen Voraussetzungen – verselbstständigt werden, mit der Folge, dass dann auf der Ebene des Eigenbetriebs ein GesamtPR zu bilden ist. Ggf. bestehen dann zwei GesamtPR nebeneinander: der GesamtPR auf der Ebene der Gemeinde und ein GesamtPR auf der Ebene des großen Eigenbetriebs (vgl. § 5 Rn. 62 f.).

8 **Zusammenfassung und Verselbstständigung.** Will man alle Beschäftigten einer Gemeinde – einschließlich der kleinen und großen Eigenbetriebe – durch nur einen GesamtPR repräsentieren lassen, ist dies nur durch eine Kombination einer Zusammenfassung (§ 5 Abs. 4 Satz 1) und sich dann anschließender Verselbstständigungen der einzelnen Dienststellenteile und Eigenbetriebe nach § 5 Abs. 3 Satz 1 (vgl. § 5 Rn. 64 f.) möglich. Bei beteiligungspflichtigen Maßnahmen, die alle Beschäftigten der Gemeinde (einschließlich der Eigenbetriebe) betreffen, steht dem Dienststellenleiter (Bürgermeister) dann ein GesamtPR ggü., der alle Beschäftigten repräsentiert.

II. Wahl und Größe des Gesamtpersonalrats (Abs. 2)

9 **1. Wahl (Satz 1).** Alle Personalvertretungen werden grundsätzlich in geheimer und unmittelbarer Wahl von den wahlberechtigten Beschäftigten gewählt. Dies gilt auch für die Wahl des GesamtPR. Es ist nicht zulässig, dass die einzelnen PR die Mitglieder des GesamtPR bestimmen (anders § 47 Abs. 2 Satz 1 BetrVG für den Gesamtbetriebsrat). Es gelten die allg. Bestimmungen über die Wahlberechtigung, die Wählbarkeit und das Wahlverfahren mit den Modifikationen des Abs. 4 (s. u.).

10 **2. Größe (Satz 2).** Die Zahl der Mitglieder des GesamtPR wurde durch das ÄG 2013 erhöht. Nach der Intention des Gesetzgebers berücksichtigt die höhere Mitgliederzahl des GesamtPR dessen Zuständigkeit für Maßnahmen, die über den Bereich einer einzigen Dienststelle hinausgehen und entspricht damit einem Bedürfnis der personalvertretungsrechtlichen Praxis. Dies sind in der Regel weniger routinemäßige Personaleinzelfälle, dafür häufiger übergreifend konzeptionelle Angelegenheiten der Gesamtdienststelle. Mitgliederzahlen unweit unterhalb der Stufen der örtlichen PR sind demnach angemessen (LT-Drucksache 15/4224 S. 118). Die Größe richtet sich wie bei den (örtlichen) PR größerer Dienststellen (vgl. § 10 Abs. 3) nach der Zahl der in der Regel Beschäftigten und nicht nach der Zahl der wahlberechtigten Beschäftigten.

III. Gruppenvertreter (Abs. 3)

11 **Minderheitenschutz.** Die Minderheitenschutzbestimmung des § 11 Abs. 4 findet für den GesamtPR keine Anwendung. Abs. 3 Satz 1 bestimmt lediglich, dass jede Gruppe mind. einen Sitz im GesamtPR erhält. Besteht der GesamtPR aus mehr als neun Mitgliedern, erhält jede Gruppe mind. zwei Sitze (Satz 2). Für **Kleinstgruppen** ordnet Abs. 3 Satz 3 die entspr. Geltung von § 11 Abs. 5 an. Dies bedeutet, dass eine Gruppe, der i. d. R. nicht mehr als fünf Beschäftigte

angehören, nur dann eine Vertretung im GesamtPR erhält, wenn sie mind. ein Zwanzigstel der Beschäftigten umfasst.

IV. Wahl, Amtszeit, Geschäftsführung (Abs. 4)

1. Wahlberechtigung und Wählbarkeit. Für die Wahl des GesamtPR gelten § 8 (Wahlberechtigung) und § 9 (Wählbarkeit) entsprechend, wobei es zu folgenden Modifikationen kommt: 12

a) Wahlberechtigung. Abs. 4 Nr. 1 stellt klar, dass das Wahlrecht auch bei Zugehörigkeit zu mehreren Dienststellen, für die der GesamtPR gebildet wird (etwa durch Teilzuweisungen), nur einmal ausgeübt werden kann. 13

b) Wählbarkeit. Die entspr. Anwendung von § 9 über die Wählbarkeit bedeutet u. a. auch, dass die in § 9 Abs. 2 genannten Beschäftigten aller Dienststellen, für die der GesamtPR gebildet wird, nicht in den GesamtPR wählbar sind. Es sind also nicht nur die unter § 9 Abs. 2 fallenden Beschäftigten der (Haupt-)Dienststelle, bei der der GesamtPR eingerichtet wird, vom passiven Wahlrecht zum GesamtPR ausgeschlossen. Hätte der Gesetzgeber anderes gewollt, hätte er die in § 55 Abs. 3 Nr. 1 und 2 für die Wählbarkeit zu den Stufenvertretungen getroffene Regelung auch in den § 54 übernehmen müssen. 14

c) Kompatibilität. Die Mitgliedschaften im PR, im GesamtPR und in den Stufenvertretungen schließen sich gegenseitig nicht aus, sondern können gleichzeitig wahrgenommen werden. 15

2. Wahlverfahren. Die §§ 10 Abs. 2 und 5, 11 Abs. 1 bis 3, 12 bis 16 Abs. 1, 17 Abs. 1, 2 und 4, 18, 19, 20 und 21 gelten entsprechend. Auf die dortigen Erläuterungen wird verwiesen. Nach **Abs. 4 Nr. 2** wird zur Bestellung eines Wahlvorstands aber nicht nach§ § 16 Abs. 2 und 3, 17 Abs. 3 (entspr.) eine **Personalversammlung** einberufen. Stattdessen übt der Dienststellenleiter die Befugnis zur Bestellung des Wahlvorstands aus. Abs. 4 verweist nicht auf § 10 Abs. 3 und 4, weil die Zahl der Mitglieder des GPR abschließend durch Abs. 2 Satz 2 geregelt ist. Gleiches gilt für § 11 Abs. 4 und 5, weil Abs. 3 die Mindestvertretung abschließend regelt und dort direkt auf § 11 Abs. 5 verwiesen wird. 16

Wahlordnung. Gemäß § 51 Satz 1 WO gelten die §§ 1 bis 44 WO für die Wahl des GesamtPR entsprechend. Die Wahl ist von einem dafür bestellten Wahlvorstand durchzuführen (§ 51 Satz 2 WO). Die Wahl der PR der einzelnen Dienststellen und die Wahl des GPR sollen möglichst gleichzeitig durchgeführt werden (§ 52 Abs. 1 Satz 2 WO). Werden die Wahlen gemeinsam durchgeführt gelten die Verfahrensgrundsätze des § 52 Abs. 2 WO. 17

3. Amtszeit. Die Vorschriften des Abschnitts 2 (§§ 22–27) gelten für den GesamtPR entsprechend. Auch insoweit auf die dortigen Erläuterungen verwiesen. 18

4. Geschäftsführung. Die Regelungen des Abschnitts 3 (§§ 28–42) über die Geschäftsführung des PR gelten entsprechend. Abs. 4 Nr. 3 Satz 1 regelt eine zusätzliche Teilnahmeberechtigung an Sitzungen des GesamtPR. 19

20 **Teilnahmeberechtigung.** Abs. 4 Nr. 3 Satz 1 bestimmt, dass an den Sitzungen des GesamtPR eine **beauftragte Person des PR** mit beratender Stimme teilnehmen kann, wenn Angelegenheiten behandelt werden, die Beschäftigte dieser Dienststelle betreffen. In diesem Fall hat der Vorsitzende des GesamtPR die Einladung zur Sitzung dem betroffenen PR zuzuleiten (Abs. 4 Nr. 3 Satz 2).

21 5. **Rechtsstellung.** Schlussendlich werden von Abs. 4 die Vorschriften des Abschnitts 4 (§§ 43–48) über die Rechtsstellung der Mitglieder des PR für entsprechend anwendbar erklärt.

22 **Freistellung.** Für die Freistellung der Mitglieder des GesamtPR gilt § 45 (insgesamt) entsprechend. Hiernach sind Mitglieder des GesamtPR auf Antrag des GesamtPR von ihrer dienstlichen Tätigkeit freizustellen, wenn und soweit dies nach Art und Umfang der Dienststellen, für die der GesamtPR gebildet worden ist, zur ordnungsgemäßen Durchführung ihrer Aufgaben erforderlich ist. Seit dem ÄG 2013 gilt die **Freistellungsstaffel** des § 45 Abs. 1 Satz 2 **auch für den GesamtPR.** Denn Abs. 4 verweist ohne Einschränkung en auf sämtliche Regelungen des § 45 (anders § 55 Abs. 3, der für die Stufenvertretungen nur auf § 45 Abs. 1 Satz 1 und dessen Abs. 4 verweist). Mit der Anwendung der Freistellungsstaffel entsteht für einen GesamtPR ab neun Mitgliedern, und damit faktisch für jeden GesamtPR, mind. eine Freistellung im Umfang einer Vollzeitarbeitskraft (vgl. hierzu: LT-Drucksache 15/4224 S. 119).

23 **Berufsbildung.** Die freigestellten Mitglieder des GesamtPR haben nach § 46 den gleichen Schutz vor Benachteiligungen bei ihrem beruflichen Werdegang (§ 46 Abs. 1) und Anspruch auf berufsbildende und berufsfördernde Maßnahmen wie die freigestellten Mitglieder der örtlichen PR (§ 46 Abs. 2).

24 6. **Personalversammlungen.** Für den Geschäftsbereich eines GesamtPR sieht das LPVG Personalversammlungen nicht vor. Die §§ 49 bis 53 finden auf den GesamtPR keine direkte Anwendung und werden von Abs. 4 auch nicht für entsprechend anwendbar erklärt. Allerdings besteht nach § 49 Abs. 4 die Möglichkeit von gemeinsamen Personalversammlungen mehrerer Dienststellen auf Beschluss des PR, wenn für sie ein GesamtPR gebildet ist. Zur Teilnahme eines beauftragten Mitglieds des GesamtPR an Personalversammlungen der einzelnen Dienststellen vgl. § 53 Abs. 2 Satz 1 Nr. 5.

25 **Personalversammlung zur Bestellung des Wahlvorstands.** Gemäß **Abs. 4 Nr. 2** finden auch die zur Bestellung eines Wahlvorstands für die PR-Wahl vorgesehenen Personalversammlungen (§§ 16 Abs. 2 und 3, 17 Abs. 3) nicht statt. Stattdessen übt der Leiter der Dienststelle, bei der der GesamtPR errichtet wird, die Befugnis zur Bestellung des Wahlvorstands aus.

V. Befugnisse und Pflichten des Gesamtpersonalrats (Abs. 5)

26 Falls der GesamtPR nach § 91 Abs. 8 zuständig ist, gelten hinsichtlich seiner Befugnisse und Pflichten die **§§ 68 bis 90 entsprechend.** Der GesamtPR hat somit im Falle seiner Zuständigkeit die gleichen Rechte und Pflichten wie der örtliche PR.

§ 55 Bezirkspersonalrat und Hauptpersonalrat (Stufenvertretungen)

(1) [1]Für den Geschäftsbereich mehrstufiger Verwaltungen werden Stufenvertretungen gebildet, und zwar bei den Mittelbehörden Bezirkspersonalräte, bei den obersten Dienstbehörden Hauptpersonalräte. [2]Mittelbehörde im Sinne dieses Gesetzes ist die einer obersten Dienstbehörde unmittelbar nachgeordnete Behörde, der andere Dienststellen nachgeordnet sind.

(2) [1]Die Mitglieder des Bezirkspersonalrats werden von den zum Geschäftsbereich der Mittelbehörde, die Mitglieder des Hauptpersonalrats von den zum Geschäftsbereich der obersten Dienstbehörde gehörenden Beschäftigten gewählt. [2]Der Bezirkspersonalrat besteht bei

bis zu 500 in der Regel Beschäftigten	aus drei Mitgliedern,
501 bis 1000 in der Regel Beschäftigten	aus fünf Mitgliedern,
1001 bis 3000 in der Regel Beschäftigten	aus sieben Mitgliedern,
3001 bis 5000 in der Regel Beschäftigten	aus neun Mitgliedern,
5001 und mehr in der Regel Beschäftigten	aus elf Mitgliedern.

[3]Der Hauptpersonalrat besteht bei

bis zu 500 in der Regel Beschäftigten	aus fünf Mitgliedern,
501 bis 1000 in der Regel Beschäftigten	aus sieben Mitgliedern,
1001 bis 2000 in der Regel Beschäftigten	aus neun Mitgliedern,
2001 bis 3000 in der Regel Beschäftigten	aus elf Mitgliedern,
3001 bis 5000 in der Regel Beschäftigten	aus 13 Mitgliedern,
5001 bis 10000 in der Regel Beschäftigten	aus 15 Mitgliedern,
10001 bis 20000 in der Regel Beschäftigten	aus 17 Mitgliedern,
20001 und mehr in der Regel Beschäftigten	aus 19 Mitgliedern.

(3) Für die Wahl, die Amtszeit und die Geschäftsführung der Stufenvertretungen gelten die §§ 8 bis 10 Absatz 2 und 5, § 11 Absatz 1 bis 3, §§ 12 bis 16 Absatz 1, § 17 Absatz 1, 2 und 4, §§ 18 bis 45 Absatz 1 Satz 1 und Absatz 4, §§ 46 bis 48 und 54 Absatz 3 und 4 Nummer 1 bis 3 mit folgenden Maßgaben entsprechend:

1. § 9 Absatz 2 Satz 1 Nummer 2 bis 4 gilt nur für die leitenden Beschäftigten der Dienststelle, bei der die Stufenvertretung errichtet ist, sowie für die unmittelbaren Mitarbeiter dieser Beschäftigten, die als Personalsachbearbeiter Entscheidungen vorbereiten.
2. Die in § 9 Absatz 2 Satz 1 Nummer 2 bis 4 genannten Personen, die Beschäftigte einer nachgeordneten Dienststelle sind, dürfen als Mitglieder der Stufenvertretung an Personalangelegenheiten der eigenen Dienststelle weder beratend noch entscheidend mitwirken; § 33 Absatz 2 bleibt unberührt.
3. Bei der entsprechenden Anwendung des § 19 tritt an die Stelle der Frist von sechs Arbeitstagen die Frist von drei Wochen.
4. § 32 Absatz 5 gilt mit der Maßgabe, dass beim Bezirkspersonalrat die Bezirksschwerbehindertenvertretung, die für die Dienststelle, bei der der Bezirkspersonalrat gebildet ist, zuständig ist, zu beteiligen ist; dies gilt entsprechend für die Beteiligung der Hauptschwerbehindertenvertretung beim Hauptpersonalrat.
5. § 34 Absatz 3 gilt mit der Maßgabe, dass der Vorsitzende alle Angelegenheiten im schriftlichen Umlaufverfahren beschließen lassen kann, wenn nicht im Einzelfall ein Drittel der Mitglieder dem schriftlichen Umlaufverfahren widerspricht.
6. Der für die Reisekostenvergütungen nach § 41 Absatz 1 Satz 2 maßgebende Dienstort ist der Sitz der Dienststelle, der das Mitglied der Stufenvertretung angehört.

(4) Für die Befugnisse und Pflichten der Stufenvertretungen gelten die §§ 68 bis 90 entsprechend.

(5) [1]Die Personalräte oder, wenn solche nicht bestehen, die Leiter der Dienststellen bestellen auf Ersuchen des Bezirks- oder Hauptwahlvorstands die örtlichen Wahlvorstände für die Wahl der Stufenvertretungen. [2]Werden in einer Verwaltung die Personalräte und Stufenvertretungen gleichzeitig gewählt, so führen die bei den Dienststellen bestehenden Wahlvorstände die Wahlen der Stufenvertretungen im Auftrag des Bezirks- oder Hauptwahlvorstands durch. [3]Für die Durchführung der Wahl der Stufenvertretungen bei den Landratsämtern ist der Wahlvorstand für die Wahl des Personalrats beim Landratsamt zuständig.

I. Bildung von Stufenvertretungen (Abs. 1)

1 **1. Mehrstufige Verwaltungen** (Satz 1). Für den Geschäftsbereich mehrstufiger Verwaltungen werden nach § 55 Stufenvertretungen gebildet. Stufenvertretungen werden nur bei mehrstufigen, d. h. mind. zweistufigen, im Verhältnis der Über-/Unterordnung stehenden Verwaltungen gebildet. Die Einrichtung von Stufenvertretungen kommt nur im Bereich der **unmittelbaren Landesverwaltung** in Frage, weil es nur hier mehrstufige Verwaltungen gibt (vgl. § 5 Rn. 14 ff.). Die gestufte unmittelbare Landesverwaltung ist durch Fachaufsicht und Dienstaufsicht (§§ 2 und 3 LVG) sowie das Weisungsrecht gekennzeichnet, das die obersten Landesbehörden bzw. die Mittelbehörden ggü. den nachgeordneten allg. und besonderen Verwaltungsbehörden besitzen. Demgegenüber unterliegen Selbstverwaltungskörperschaften nur im übertragenen Wirkungsbereich einer Fachaufsicht, im Bereich der Selbstverwaltung lediglich der Rechtsaufsicht. Kennzeichen der unmittelbaren Landesverwaltung ist damit der hierarchische Verwaltungsaufbau, wie er insbesondere im LVG zum Ausdruck kommt.

2 **a) Zuständigkeiten.** Den Stufenvertretungen kommen in der gestuften Verwaltung zwei Hauptaufgaben zu: Zum einen sind sie Ansprechpartner der übergeordneten Dienststellen im Stufenverfahren der Mitbestimmung (§ 77) und Mitwirkung (§ 83), zum anderen sind sie die Personalvertretung, die die Interessen der Beschäftigten vertritt, wenn Maßnahmen auf der mittleren oder obersten Ebene getroffen werden (§ 91 Abs. 2), für die ein örtlicher PR nicht zuständig ist. Die Stufenvertretungen sind keine übergeordneten Personalvertretungen (Altvater u. a. § 55 Rn. 2), sondern stehen neben den PR der einzelnen Dienststellen.

3 **Stufenverfahren.** Die Funktion der Stufenvertretung in den Stufenverfahren trägt der Weisungsgebundenheit der nachgeordneten Dienststellen Rechnung. Die von diesen getroffenen oder beabsichtigten Entscheidungen werden im Stufenverfahren einer Überprüfung unterzogen, wenn zwischen der nachgeordneten Dienststelle und dem dortigen PR keine Einigung zustande gekommen ist. Durch eine erneute Überprüfung auf der nächsten Stufe, ggf. auch auf der höchsten Stufe, wird die Qualität der zu treffenden Entscheidungen und ihre Sachgerechtigkeit unter Berücksichtigung der Interessen der Beschäftigten ge-

prüft und gewährleistet. Des Weiteren wird eine gleiche Behandlung der Beschäftigten über den Bereich der Ausgangsdienststelle hinaus gesichert. Für nicht gestufte Verwaltungen gibt es kein Stufenverfahren (vgl. insoweit § 89 Abs. 1).

Dienststellenübergreifende Angelegenheiten. Neben den Angelegenheiten, für die der örtliche PR zuständig ist (§ 91 Abs. 1), gibt es viele beteiligungspflichtige Maßnahmen und andere für die Beschäftigten bedeutsame Entscheidungen, die den Wirkungskreis von örtlichen PR übersteigen und deshalb in die Zuständigkeit einer Stufenvertretung fallen (§ 91 Abs. 2). Das ist bspw. der Fall, wenn neue Software für alle Landesbehörden beschafft werden soll. Eine solche Entscheidung wird von der obersten Dienstbehörde getroffen, deren Ansprechpartner der dort gebildete HPR ist. 4

Auffangzuständigkeit. Darüber hinaus kommen den Stufenvertretungen Auffangzuständigkeiten zu, wenn Dienststellen neu errichtet werden und noch kein PR gewählt worden ist (§ 91 Abs. 7) bzw. wenn Maßnahmen bei Dienststellen getroffen werden, für den es keinen PR gibt (§ 91 Abs. 4). 5

b) BPR und HPR. Bei den **obersten Dienstbehörden** (zum Begriff vgl. § 3 Abs. 2 LBG), denen andere Behörden nachgeordnet sind, werden Hauptpersonalräte (HPR) gebildet. Zur **Landtagsverwaltung** vgl. § 5 Rn. 22. Da dem Landtag keine Behörden nachgeordnet sind, wird dort auch kein HPR gebildet. Die Vorsitzenden der PR der Dienststellen des Landtags sind aber teilnahmeberechtigt bei den Sitzungen der ARGE-HPR (§ 57 Abs. 2 Nr. 2). Bei den Mittelbehörden (vgl. Abs. 1 Satz 2) werden Bezirkspersonalräte (BPR) gebildet. Stufenvertretungen sind zwingend zu bilden, wenn die gesetzlichen Voraussetzungen gegeben sind. Hierbei kommt es nicht darauf an ob bei den nachgeordneten Dienststellen örtliche PR gebildet sind. 6

2. Mittelbehörden (Satz 2). Mittelbehörden i. S. d. LPVG sind Behörden, die obersten Dienstbehörden unmittelbar nachgeordnet sind und denen andere Dienststellen (eine genügt) nachgeordnet sind. Im Bereich der allg. Landesbehörden sind dies die Regierungspräsidien (§§ 10, 11 ff. LVG); ihnen nachgeordnet sind die Landratsämter und nach Maßgabe von § 26 Abs. 1 Nr. 2 LVG untere Sonderbehörden. Im Bereich der Sonderbehörden sind neben den Regierungspräsidien ebenfalls Mittelbehörden: die Landesoberbehörden und die höheren Sonderbehörden, denen untere Sonderbehörden nachgeordnet sind (§ 26 Abs. 1 Nr. 2, Abs. 2 LVG). Einzelheiten bestimmt das jeweilige Fachrecht. 7

a) Regierungspräsidium (RP). Beim RP werden seit Inkrafttreten des Verwaltungsstruktur-Reformgesetz vom 1.7.2004 (GBl. S. 469) zum 1.1.2005 Aufgaben aus den Geschäftsbereichen nahezu aller Ministerien wahrgenommen (Bündelungsfunktion). Dem Innenministerium obliegt nach § 14 Abs. 1 Satz 2 LVG für die Bediensteten der Regierungspräsidien – mit Ausnahme der Bediensteten des schulpsychologischen und schulpädagogischen Dienstes – die den Ministerien zugewiesenen Aufgaben auf dem Gebiet der Personalangelegenheiten. Den Regierungspräsidien nachgeordnet sind die Landratsämter als untere Verwaltungsbehörden, in die nahezu sämtliche unteren Sonderbehörden 8 eingegliedert worden sind. Nachgeordnet sind außerdem das Staatliche Tierärztliche Untersuchungsamt – Diagnostikzentrum Aulendorf, die Chemischen und Veterinäruntersuchungsämter und die Staatlichen Schulämter. Beim RP ist ein **allgemeiner BPR** zu bilden, zu dessen Geschäftsbereich alle Beschäftigten des Landes beim RP und den nachgeordneten Dienststellen gehören.

9 **Schulbereich.** Das Regierungspräsidium ist zudem obere Schulaufsichtsbehörde (§ 34 Abs. 1 SchulG), weshalb nach § 98 Abs. 2 Satz 1 **drei besondere Bezirkspersonalräte für den schulischen Bereich** (Gymnasien, Berufliche Schulen sowie für den GHWRGS-Bereich) zu wählen sind.

10 b) **Sonderregelungen.** Wegen der Besonderheiten für die Stufenvertretungen im Bereich der **Justizverwaltung** vgl. § 95; zum Bereich der **Polizei** vgl. § 96 Abs. 2; der besondere Bezirkspersonalrat für die Polizei ist nach dem Polizeistrukturreformgesetz entfallen.

II. Zusammensetzung der Stufenvertretungen (Abs. 2)

11 **1. Wahl des BPR und des HPR** (Satz 1). Die Mitglieder des BPR werden von den zum Geschäftsbereich der Mittelbehörde gehörenden Beschäftigten gewählt; die Mitglieder des HPR von den zu ihrem Geschäftsbereich gehörenden Beschäftigten. Maßgeblich ist insoweit, wer die Dienstaufsicht über die Beschäftigten führt (vgl. § 14 LVG).

12 a) **Allgemeiner BPR.** Beim RP wird der (allgemeine) BPR gewählt. Der besondere BPR für die Polizei ist nach dem Polizeistrukturreformgesetz entfallen. Der allg. BPR wird gewählt von:
- allen Beschäftigten des Regierungspräsidiums;
- den nicht zum Lehrpersonal gehörenden Landesbeschäftigten bei den in § 98 Abs. 2 genannten schulischen Einrichtungen;
- den Landesbeschäftigten bei den Landratsämtern, beim Staatlichen Tierärztlichen Untersuchungsamt – Diagnostikzentrum Aulendorf und bei den Chemischen und Veterinäruntersuchungsämtern.

13 **Besondere BPR.** Das RP ist obere Schulaufsichtsbehörde (§ 34 Abs. 1 SchulG), weshalb nach § 98 Abs. 2 Satz 1 drei besondere Bezirkspersonalräte für den **schulischen Bereich** (Gymnasien, Berufliche Schulen sowie für den GHWRGS-Bereich) zu wählen sind. Diese werden von den zum jeweiligen Bereich gehörenden Lehrkräften gewählt.

14 b) **Wahl des HPR.** Während die Beschäftigten aus den unterschiedlichen Fachrichtungen beim RP einen gemeinsamen (allgemeinen) BPR wählen, richtet sich nach Abs. 2 Satz 1 die Wahlberechtigung zum HPR nach den jeweiligen Geschäftsbereichen der Ministerien. Die Beschäftigten der Regierungspräsidien sind daher zu folgenden HPR wahlberechtigt:
- die Beschäftigten des schulpsychologischen und schulpädagogischen Dienstes zum (außerschulischen) HPR des Kultusministeriums, nachdem dieses Ministerium für sie personalverwaltend zuständig ist (§ 14 Abs. 1 Satz 2 LVG);

– alle anderen Beschäftigten zum (allgemeinen) HPR beim Innenministerium (§ 14 Abs. 1 Satz 2 LVG).

Polizei. Die Beschäftigten der Polizeidienststellen und der Einrichtungen für den Polizeivollzugsdienst wählen den HPR der Polizei beim Innenministerium (vgl. § 96 Abs. 2). 15

Landesbeschäftigte. Die Landesbeschäftigten bei den Landratsämtern und den anderen nachgeordneten Behörden wählen je nach fachlicher Zuständigkeit (maßgebend ist grundsätzlich die Zuordnung der Stellen zu bestimmten Einzelplänen des Staatshaushaltsplans) den HPR des jeweils für sie dienstrechtlich zuständigen Ministeriums (z. B. Beschäftigte des medizinischen Dienstes den HPR beim Sozialministerium, Beschäftigte des schulpsychologischen und schulpädagogischen Dienstes den (außerschulischen) HPR beim Kultusministerium; § 20 Abs. 1 Satz 2 LVG i. V. m. § 8 Abs. 3 Satz 1 Nr. 2 LVG), ansonsten den allg. HPR beim Innenministerium. Die Beschäftigten des Staatlichen Tierärztlichen Untersuchungsamts – Diagnostikzentrum Aulendorf und der Chemischen und Veterinäruntersuchungsämter sind zum HPR des Ministeriums für Ernährung und Ländlichen Raum wahlberechtigt, das Fachpersonal der Staatlichen Schulämter bei den Stadtkreisen wählt den (außerschulischen) HPR beim Kultusministerium. 16

c) **Kompatibilität.** Die Mitgliedschaft im PR, im GesamtPR und in den Stufenvertretungen schließen sich gegenseitig nicht aus. Ebenso kann ein wählbarer Beschäftigter, wenn die sonstigen Voraussetzungen vorliegen, sich als Bewerber für die Wahl zum PR, zum GesamtPR und zu den Stufenvertretungen aufstellen lassen, auch wenn diese Wahlen gleichzeitig stattfinden. 17

2. Mitgliederzahl des BPR (Satz 2). Abs. 2 Satz 2 legt die Zahl der Mitglieder des BPR fest. Die in Abs. 2 Satz 2 festgelegte Staffel knüpft an die Zahl der in der Regel Beschäftigten an. Der BPR besteht danach mind. aus drei Mitgliedern (bis zu 500 in der Regel Beschäftigte) und höchstens aus elf Mitgliedern (5001 und mehr in der Regel Beschäftigte). Mit dem ÄG 2013 ist die Mitgliederzahl des BPR im unteren Bereich abgesenkt worden, um das Verhältnis zur Größe der HPR zu wahren. Der Gesetzgeber hat sich dabei von der Überlegung leiten lassen, dass BPR in erster Linie mit gleichartigen Personalentscheidungen befasst seien. Im Gegensatz hierzu hätten die HPR ein anspruchsvolles breites und wechselndes Aufgabenfeld. 18

3. Mitgliederzahl des HPR (Satz 3). Auch die in Abs. 2 Satz 3 festgelegte Staffel knüpft an die Zahl der in der Regel Beschäftigten an. Der HPR besteht danach mind. aus fünf Mitgliedern (bis zu 500 in der Regel Beschäftigte) und höchstens aus19 Mitgliedern (20001 und mehr in der Regel Beschäftigte). Durch das ÄG 2013 wurde die Zahl der Mitglieder der HPR erhöht. Der Gesetzgeber erkennt damit an, dass die konstruktive Mitarbeit des HPR bei vielerlei Fragestellungen und frühzeitigen Hinzuziehungen die Verteilung der anfallenden Aufgaben auf mehrere Schultern erfordert (vgl. LT-Drucksache 15/4224 S. 120). 19

III. Wahl, Amtszeit, Geschäftsführung und Rechtsstellung (Abs. 3)

20 **Anwendbare Vorschriften.** Wie § 54 Abs. 4 für den GesamtPR verweist § 55 Abs. 3 hinsichtlich der Wahlberechtigung und Wählbarkeit, der Amtszeit der Stufenvertretungen, der Geschäftsführung der Stufenvertretungen und der Rechtsstellung der Mitglieder der Stufenvertretungen überwiegend auf die für den PR geltenden Vorschriften und nimmt in Abs. 3 Nr. 1 bis 6 Modifikationen hinsichtlich deren Anwendbarkeit vor. Zu beachten ist, dass Abs. 3 auch § 54 Abs. 3 und 4 Nr. 1 bis 3 für entsprechend anwendbar erklärt, weshalb auch diese Abweichungen bei den Stufenvertretungen zu beachten sind. Im Einzelnen:

21 **1. Wahlberechtigung und Wählbarkeit.** Zum BPR sind auch die Beschäftigten der Mittelbehörde, bei der er gebildet wird, wahlberechtigt und wählbar, wenn die sonstigen Voraussetzungen hierfür vorliegen, da der BPR an allen Maßnahmen zu beteiligen ist, die der Leiter der Mittelbehörde für deren gesamten Geschäftsbereich trifft. Dies gilt entspr. für das Wahlrecht der Beschäftigten einer obersten Dienstbehörde bei der Wahl zum HPR bei dieser. Nach Abs. 3 gelten für die Wahl der Stufenvertretungen § 8 (Wahlberechtigung) und § 9 (Wählbarkeit) entspr., wobei es zu folgenden Modifikationen kommt:

22 a) **Wahlberechtigung.** Nach Abs. 3 i. V. m. **§ 54 Abs. 4 Nr. 1** kann das Wahlrecht zur Wahl einer Stufenvertretung nur einmal ausgeübt werden, auch wenn der Beschäftigte mehreren Dienststellen in deren Bereich angehört.

23 b) **Wählbarkeit (Nr. 1).** Zum BPR und zum HPR sind, im Gegensatz zu der für die Wahl des GesamtPR geltenden Regelung, nach **Abs. 3 Nr. 1** auch die leitenden Beschäftigten und die Personalsachbearbeiter der Dienststellen, die der Dienststelle nachgeordnet sind, bei der diese Stufenvertretungen gebildet werden, wählbar. Nur der **Leiter der Dienststelle**, bei der die Stufenvertretung errichtet ist, sein ständiger Vertreter und die Beschäftigten, die zu selbstständigen Entscheidungen in Personalangelegenheiten für den Bereich der Stufenvertretung, nicht nur für die Dienststelle selbst, befugt sind, sowie die unmittelbaren Mitarbeiter dieser Beschäftigten, die als **Personalsachbearbeiter** deren Entscheidungen vorbereiten, sind **nicht wählbar**.

24 **2. Wahlverfahren.** Die §§ 10 Abs. 2 und 5, 11 Abs. 1 bis 3, 12 bis 16 Abs. 1, 17 Abs. 1, 2 und 4, 18, 19, 20 und 21 gelten entsprechend mit den nachfolgenden Maßgaben. Abs. 3 verweist nicht auf § 10 Abs. 3 und 4, weil die Zahl der Mitglieder der Stufenvertretungen abschließend durch Abs. 2 Satz 2 und 3 geregelt ist. Die **Kosten der Wahl** der Stufenvertretungen tragen die Dienststellen, bei denen sie gebildet werden (**Abs. 3 i. V. m. § 20 Abs. 2**). Eine etwaige Aufteilung der Kosten unter den Dienststellen im Geschäftsbereich einer Mittelbehörde oder einer obersten Dienstbehörde ist eine haushaltsrechtliche Angelegenheit und wird in der Regel unter dem Gesichtspunkt der Zweckmäßigkeit und der Verwaltungsvereinfachung zu entscheiden sein.

25 **Personalversammlung, Wahlvorstand.** Nach Abs. 3 i. V. m. **§ 54 Abs. 4 Nr. 2** wird zur Bestellung eines Wahlvorstands nicht nach §§ 16 Abs. 2 und 3, 17

Abs. 3 (entspr.) eine Personalversammlung einberufen. Stattdessen übt der jeweilige Dienststellenleiter die Befugnis zur Bestellung des Wahlvorstands aus.

Gruppenbeteiligung. Die Sitze in den Stufenvertretungen sind auf die einzelnen Gruppen entsprechend ihrem Anteil an den Beschäftigten zu verteilen (Abs. 3 i. V. m. § 11 Abs. 2). Nach Abs. 3 i. V. m. **§ 54 Abs. 3 Satz 1** erhält jede Gruppe in der Stufenvertretung mind. einen Vertreter. Nach dessen Satz 2 erhöht sich diese Zahl auf zwei Gruppenvertreter, wenn die Stufenvertretung aus mehr als neun Mitgliedern besteht. Nach dem dortigen Satz 3 gilt § 11 Abs. 5 für Kleinstgruppen entsprechend. Wegen dieser Verweisung auf § 54 Abs. 3, der die Mindestvertretung der Gruppen abschließend regelt und auch direkt auf § 11 Abs. 5 verweist, wird in § 55 Abs. 3 nicht auch die entspr. Anwendung von § 11 Abs. 4 und 5 angeordnet. 26

Konstituierende Sitzung (Nr. 3). Nach **Abs. 3 Nr. 3** gilt für die Einberufung der konstituierenden Sitzung der neu gewählten Stufenvertretung (§ 19 entspr.) eine Frist von drei Wochen, anstatt der Frist von sechs Arbeitstagen. 27

Wahlordnung. Gemäß § 45 Abs 1 WO gelten die §§ 1 bis 44 WO für die Wahl des BPR entsprechend mit den Modifikationen der §§ 46 bis 49 WO. Für die Wahl des HPR gelten gemäß § 50 Abs. 1 WO die §§ 45 bis 49 WO entsprechend mit den Modifikationen des § 50 Abs. 2 bis 4 WO. § 55 Abs. 5 trifft die Regelungen hinsichtlich der Bestellung der Wahlvorstände für diese Wahlen. 28

3. Amtszeit. Die Vorschriften des Abschnitts 2 (§§ 22 bis 27) gelten für die Stufenvertretungen entsprechend. Auch insoweit auf die dortigen Erläuterungen verwiesen. 29

4. Geschäftsführung. Die Regelungen des Abschnitts 3 (§§ 28 bis 42) über die Geschäftsführung des PR für die Stufenvertretungen gelten entspr. mit folgenden Modifikationen: 30

a) **Befangenheit (Nr. 2).** Nach **Abs. 3 Nr. 2** dürfen die in § 9 Abs. 2 Satz 1 Nr. 2 bis 4 genannten Personen als Mitglieder der Stufenvertretung weder beratend noch entscheidend an der Behandlung von Personalangelegenheiten der eigenen Dienststelle teilnehmen. Bei solchen Sitzungen sind sie nicht teilnahmeberechtigt; ggf. müssen sie bei solchen Tagesordnungspunkten den Raum verlassen. Gleiches gilt über die Verweisung auf **§ 33 Abs. 2** für die Fälle, in denen das Mitglied der Stufenvertretung die zur Beschlussfassung anstehende Maßnahme als Beschäftigter der Dienststelle vorbereitet oder daran verantwortlich mitgewirkt hat. 31

b) **Teilnahmeberechtigung.** Nach Abs. 3 i. V. m. **§ 54 Abs. 4 Nr 3 Satz 1** darf eine beauftragte Person des PR an **Sitzungen von Stufenvertretungen** beratend teilnehmen, wenn Angelegenheiten behandelt werden, die Beschäftigte der Dienststelle betreffen, bei der der PR gebildet ist. In diesem Fall hat der Vorsitzende der Stufenvertretung die Einladung zur Sitzung dem betroffenen PR zuzuleiten (§ 54 Abs. 4 Nr. 3 Satz 2 entspr.). 32

33 c) **Schwerbehindertenvertretung** (Nr. 4). Nach **Abs. 3 Nr. 4** kann an den Sitzungen des BPR die Bezirksschwerbehindertenvertretung, an den Sitzungen des HPR die Hauptschwerbehindertenvertretung teilnehmen. Diese sind jeweils vom Vorsitzenden zu den Sitzungen zu laden.

34 d) **Umlaufverfahren** (Nr. 5). Nach **Abs. 3 Nr. 5** kann der Vorsitzende **alle** Angelegenheiten der Stufenvertretung auch im schriftlichen Umlaufverfahren beschließen lassen, wenn nicht im Einzelfall ein Drittel der Mitglieder dem widerspricht. Bereits das ÄG 95 eröffnete für die Stufenvertretung – wie nunmehr auch in § 34 Abs. 3 für den PR – die Möglichkeit des Umlaufbeschlussverfahrens. Es ist allerdings nicht nur in einfach gelagerten Angelegenheiten, sondern in allen Angelegenheiten zulässig; die datenschutzrechtlichen Vorgaben sind auch hier zu beachten. Ob von dieser Art der Beschlussfassung im Einzelfall Gebrauch gemacht wird, entscheidet der Vorsitzende. Auf Wunsch eines Drittels der Mitglieder der Stufenvertretung ist das Umlaufbeschlussverfahren abzubrechen und die Angelegenheit in eine Sitzung zur Beschlussfassung zu übernehmen.
Ein Umlaufbeschluss ist zustande gekommen, wenn die Mehrheit der Mitglieder zugestimmt hat.

35 5. **Rechtsstellung.** Von Abs. 3 werden auch die Vorschriften des Abschnitts 4 (§§ 43 bis 45 Abs. 1 Satz 1 und Abs. 4 sowie die §§ 46 bis 48) über die Rechtsstellung der Mitglieder des PR für entsprechend anwendbar erklärt.

36 a) **Freistellung.** Für die Freistellung der Mitglieder der Stufenvertretungen gilt nur § 45 Abs. 1 Satz 1 und Abs. 4 entsprechend. Hiernach sind Mitglieder der Stufenvertretungen auf Antrag der Stufenvertretung von ihrer dienstlichen Tätigkeit freizustellen, wenn und soweit dies zur ordnungsgemäßen Durchführung ihrer Aufgaben erforderlich ist. Die **Freistellungsstaffel** des § 45 Abs. 1 Satz 2 **gilt nicht** für die Stufenvertretungen. Denn Abs. 3 verweist nicht auf § 45 Abs. 1 Satz 2.

37 **Berufsbildung.** Die freigestellten Mitglieder der Stufenvertretungen haben nach § 46 den gleichen Schutz vor Benachteiligungen bei ihrem beruflichen Werdegang (§ 46 Abs. 1 entspr.) und Anspruch auf berufsbildende und berufsfördernde Maßnahmen wie die freigestellten Mitglieder der örtlichen PR (§ 46 Abs. 2 entspr.).

38 b) **Reisekosten (Nr. 6).** Eine modifizierende Reglung trifft **Abs. 3 Nr. 6** dahin, dass für Reisekostenvergütungen nach § 41 Abs. 1 Satz 2 maßgebender Dienstort der Sitz der Dienststelle ist, der das Mitglied der Stufenvertretung angehört. Mit dem ÄG 95 wurde in Abs. 3 Nr. 6 aus reisekostenrechtlichen Gründen festgeschrieben, dass Dienstort eines Mitglieds der Stufenvertretung stets der Sitz seiner Stammdienststelle ist; es erhält damit die volle Reisekostenvergütung für die Fahrt zwischen dem Ort seiner Stammdienststelle und dem Sitz der Stufenvertretung. Ein PR-Mitglied, das einen Tag vor der Sitzung der Stufenvertretung an den von seinem Dienstort weit entfernt liegenden Tagungsort anreist, hat Anspruch auf Erstattung der dadurch entstehenden Mehrkosten

(OVG Münster, 4.10.2001 – 1 A 531/00.PVB – PersV 2002, 371 ff. = PersR 2002, 83 ff.).

6. Personalversammlungen. Für die Stufenvertretungen sieht das LPVG Personalversammlungen nicht vor. Die §§ 49 bis 53 finden hier keine direkte Anwendung und werden von Abs. 3 auch nicht für entsprechend anwendbar erklärt. Zur Teilnahme eines beauftragten Mitglieds von Stufenvertretungen an Personalversammlungen der einzelnen Dienststellen vgl. § 53 Abs. 2 Satz 1 Nr. 3. 39

Personalversammlung zur Bestellung des Wahlvorstands. Gemäß Abs. 3 i. V. m. **§ 54 Abs. 4 Nr. 2** finden auch die zur Bestellung eines Wahlvorstands für die PR-Wahl vorgesehenen Personalversammlungen (§§ 16 Abs. 2 und 3, 17 Abs. 3) nicht statt. Stattdessen übt der Leiter der Dienststelle, bei der die Stufenvertretung gebildet ist, die Befugnis zur Bestellung des Wahlvorstands aus. 40

IV. Befugnisse und Pflichten (Abs. 4)

Beteiligung der Stufenvertretungen. Für die Befugnisse und Pflichten der Stufenvertretungen gelten die **§§ 68 bis 90** entsprechend. Zu beachten ist zudem § 91 Abs. 2 bis 7. Die Stufenvertretungen haben somit, wenn sie nach § 91 Abs. 2 bis 7 für die Beteiligung zuständig sind, die gleichen Rechte und Pflichten wie der örtliche PR. 41

Unzulässigkeit sog. Vorbehaltsbeschlüsse. Sog. „Vorbehaltsbeschlüsse" einer Stufenvertretung, die vor Eingang der Stellungnahme des örtlichen PR getroffen werden, verletzen die Informationsrechte und Entscheidungsbefugnisse der Mitglieder des Gremiums (BVerwG, 19.7.1994 – 6 P 12.92 – PersV 1995, 77 = PersR 1994, 518). 42

V. Wahlvorstände (Abs. 5)

Bezirks- und Hauptwahlvorstand. Für die Wahl des BPR gelten die §§ 45 bis 49 WO, wobei § 45 Abs. 1 die entspr. Geltung der §§ 1 bis 44 WO anordnet, soweit in den besonderen Vorschriften nichts anderes bestimmt ist. Für die Wahl des HPR bestimmt § 50 Abs. 1 WO die entspr. Anwendung der §§ 45 bis 49, soweit in § 50 Abs. 2 bis 4 WO nichts anderes bestimmt ist. Hiernach obliegt die Durchführung der Wahlen zu den Stufenvertretungen dem Bezirks- bzw. dem Hauptwahlvorstand. Die Bestellung dieser Wahlvorstände ist Aufgabe der (alten) Stufenvertretungen. Nur wenn eine Stufenvertretung diese ihr obliegende Pflicht nicht oder nicht rechtzeitig erfüllt, hat der Leiter der Dienststelle, bei der die Stufenvertretung gebildet wurde, nach §§ 16 ff. tätig zu werden. 43

1. Örtliche Wahlvorstände (Satz 1). Die Wahl der Stufenvertretungen wird in den einzelnen Dienststellen von den örtlichen Wahlvorständen im Auftrag des Bezirks- bzw. Hauptwahlvorstands vorbereitet und durchgeführt. Nach Abs. 5 Satz 1 sind sie auf Ersuchen des Bezirks-bzw. Hauptwahlvorstands vom jeweiligen PR ggf. vom Dienststellenleiter zu bestellen. 44

45 **2. Durchführung der Wahl** (Satz 2). Die Wahlen des HPR und des BPR sollen möglichst gleichzeitig durchgeführt werden; ggf. können die Wahlen des PR und des GesamtPR gleichzeitig mit den Wahlen der Stufenvertretungen stattfinden. Maßgeblich sind die Bestimmungen der WO (vgl. Rn. 28). Finden die PR-Wahlen und die Wahl der Stufenvertretungen gleichzeitig statt, haben die bestehenden Wahlvorstände nach Abs. 5 Satz 2 im Auftrag des Bezirks- oder Hauptwahlvorstands auch die Wahlen der Stufenvertretungen durchzuführen.

46 **3. Landratsamt** (Satz 3). Für die Durchführung der Wahl der Stufenvertretungen bei den Landratsämtern ist der Wahlvorstand für die Wahl des dortigen PR zuständig.

§ 56 Arbeitsgemeinschaften von Personalvertretungen

(1) Personalvertretungen derselben Verwaltungsstufe, desselben Verwaltungszweigs oder mehrerer Verwaltungen und Betriebe juristischer Personen nach § 1 können zur Behandlung gemeinsam betreffender Angelegenheiten eine Arbeitsgemeinschaft bilden, wenn dies der Wahrnehmung der Befugnisse und Pflichten der einzelnen Personalvertretung förderlich ist.

(2) [1]Der Arbeitsgemeinschaft gehören jeweils der Vorsitzende oder ein anderes von der Personalvertretung bestimmtes Mitglied der beteiligten Personalvertretungen an. [2]In begründeten Fällen ist im Einvernehmen mit der Dienststelle der entsendenden Personalvertretung eine Entsendung mehrerer Mitglieder zulässig.

(3) [1]Die Arbeitsgemeinschaft bestimmt aus ihrer Mitte einen Vorsitzenden und Stellvertreter. [2]Sie gibt sich eine Geschäftsordnung. [3]Für die Rechte und Pflichten der Mitglieder von Personalvertretungen in Arbeitsgemeinschaften und für die Geschäftsführung der Arbeitsgemeinschaften gelten § 30 Absatz 1 Satz 1 und 2, § 32 Absatz 1, § 38 Absatz 1, §§ 42, 43, 67 Absatz 1, § 68 Absatz 2, § 69 Absatz 1 Satz 2 und 3 entsprechend. [4]§ 41 gilt mit der Maßgabe, dass die durch die Entsendung in die Arbeitsgemeinschaft entstehenden notwendigen Kosten von der Dienststelle der jeweils entsendenden Personalvertretung zu tragen sind.

(4) [1]Abweichend von Absatz 2 Satz 1 können die Personalräte bei den Universitätsklinika eine Arbeitsgemeinschaft bilden, der aus jedem Universitätsklinikum bis zu zwei Mitglieder angehören. [2]Auf Antrag des Personalrats ist bei jedem Universitätsklinikum ein Mitglied für bis zu zehn Arbeitsstunden in der Woche von seiner dienstlichen Tätigkeit für die Wahrnehmung von Aufgaben der Arbeitsgemeinschaft freizustellen. [3]Eine entsprechende Teilfreistellung von zwei Mitgliedern ist zulässig. [4]§ 43 Absatz 2 bleibt unberührt.

(5) Die Befugnisse und Aufgaben der Personalvertretungen nach diesem Gesetz bleiben unberührt; die §§ 73 bis 88 finden keine Anwendung.

1 **Vorbemerkung.** § 56 ist durch das ÄG 2013 eingefügt worden, wobei Abs. 4 dem gleichzeitig aufgehobenen § 94 b a. F. entspricht. Arbeitsgemeinschaften von verschiedenen Personalvertretungen gab es zwar in der Praxis bereits zuvor. Hierfür gab es jedoch, bis auf wenige Ausnahmen (etwa für die Arbeitsgemeinschaft der Universitätsklinika; vgl. hierzu Abs. 4), keine gesetzliche Veran-

kerung. Mit § 56 hat der Gesetzgeber nunmehr eine Rechtsgrundlage geschaffen, um einerseits den Schutz der PR-Arbeit auch bei Tätigkeiten in Arbeitsgemeinschaften klarzustellen (z. B. den Unfallschutz) und andererseits auch Pflichten zu verdeutlichen, wie bspw. das Neutralitätsgebot und die Verschwiegenheitspflicht (LT-Drucksache 15/4224 S. 121).

I. Bildung von Arbeitsgemeinschaften (Abs. 1)

Regelungszusammenhang. Für die Bildung von Arbeitsgemeinschaften gab es und gibt es ein praktisches Bedürfnis. Arbeitsgemeinschaften dienen allein dem Informations- und Meinungsaustausch. Im Verhältnis zu den Personalvertretungen stellt Abs. 5 klar, dass deren Befugnisse unberührt bleiben und dass den Arbeitsgemeinschaften keine Beteiligungsrechte nach den §§ 73 bis 88 zukommen. Durch die nun erfolgte ausdrückliche Reglung im LPVG wird die früher informelle Zusammenarbeit zur „Wahrnehmung von Aufgaben und Befugnissen" nach dem LPVG, mit der Folge, dass die gesetzlichen Regelungen, die hieran anknüpfen (z. B. die Verschwiegenheitspflicht) jetzt auch für diese Form der Tätigkeit gelten. 2

Voraussetzungen. Abs. 1 macht die Bildung von Arbeitsgemeinschaften der Personalvertretungen von zwei Voraussetzungen abhängig: Zum einen müssen die Mitglieder einer Arbeitsgemeinschaft organisatorisch verbunden sein, derselben Verwaltungsstufe, demselben Verwaltungszweig oder derselben juristischen Person nach § 1 zugeordnet sein; zum anderen muss die Arbeitsgemeinschaft zur Behandlung gemeinsam betreffender Angelegenheiten dienen und dies muss zur Wahrnehmung der Befugnisse und Pflichten der einzelnen Personalvertretungen förderlich sein. 3

1. Organisatorische Zuordnung. Das Gesetz nennt die Voraussetzungen, unter denen Arbeitsgemeinschaften von Personalvertretungen gebildet werden können. Diese erlauben schon sehr weitgehend Zusammenschlüsse interessierter Personalvertretungen; eine darüber hinausgehende informelle Zusammenarbeit ist durch das Gesetz nicht ausgeschlossen, kann sich dann aber nicht auf die Regelungen des § 56 (z. B. Kostentragung) berufen. 4

Verwaltungsstufe. Ob Personalvertretungen derselben Verwaltungsstufe angehören, richtet sich nicht nach dem allg. Organisationsrecht der Verwaltung, sondern nach dem Personalvertretungsrecht, das durch seine Dreistufigkeit gekennzeichnet ist. Neben der Arbeitsgemeinschaft der HPR, die in § 57 gesondert geregelt ist, kommen deshalb Arbeitsgemeinschaften von Bezirkspersonalräten oder von örtlichen PR in Betracht. 5

Verwaltungszweig. Für die Zugehörigkeit zum selben Verwaltungszweig kommt es nicht auf die Gleichartigkeit der zu erfüllenden Aufgaben an, sondern auf das formale Kriterium der hierarchischen Verknüpfung der Dienststellen (VGH Mannheim, 24.7.2007 – PL 15 S 3/06 – juris). Danach gehören zu einem Verwaltungszweig alle Dienststellen, die eine gemeinsame oberste Dienstbehörde haben. 6

7 **Juristische Person.** Die dritte Alternative von Abs. 1 knüpft an die rechtliche Zuordnung der Dienststelle an. Verwaltungen und Betriebe können dann eine Arbeitsgemeinschaft bilden, wenn sie derselben juristischen Person des öffentlichen Rechts nach § 1 zugeordnet sind.

8 **2. Förderung der Arbeit der Personalvertretungen.** Arbeitsgemeinschaften der Personalvertretungen können gebildet werden, wenn dies der Wahrnehmung der Befugnisse und Pflichten der einzelnen Personalvertretung förderlich ist. Arbeitsgemeinschaften sollen den Informations- und Meinungsaustausch in gemeinsam betreffenden Angelegenheiten ermöglichen. Sie dienen der Abstimmung der PR-Arbeit untereinander. Auch eine Qualitätssicherung bzw. -steigerung ist hierdurch ggf. zu erwarten.

9 **a) Gemeinsame Angelegenheiten.** Gegenstand der Behandlung durch die Arbeitsgemeinschaft können nur personalvertretungsrechtlich relevante Fragen sein, die die Teilnehmer gemeinsam betreffen. Die Themen, mit denen sich die Arbeitsgemeinschaft befasst, müssen einen Bezug zum Aufgabenbereich der Personalvertretungen haben. Die Behandlung konkreter Beteiligungsverfahren ist hierdurch nicht umfasst, sondern nur die anlässlich von Beteiligungsverfahren aufgetretenen abstrakten personalvertretungsrechtlichen Fragestellungen.

10 **b) Informationsaustausch.** So wünschenswert und bedeutsam der Meinungsaustausch zwischen Personalvertretungen ist, so eindeutig ist auch die Regelung von § 7, die **Verschwiegenheitspflicht**. Eine Offenbarungsmöglichkeit ggü. Mitgliedern anderer Personalvertretungen sieht § 7 Abs. 2 nicht vor; auch nicht im Falle der formalisierten Zusammenarbeit in einer Arbeitsgemeinschaft. Der Verschwiegenheitspflicht unterliegende Angelegenheiten dürfen in der Arbeitsgemeinschaft deshalb nur offenbart werden, wenn nach § 7 Abs. 3 wirksam von der Verschwiegenheitspflicht entbunden worden ist (vgl. hierzu § 7 Rn. 73 ff.).

11 **3. Bildung von Arbeitsgemeinschaften.** Eine Pflicht zur Bildung von Arbeitsgemeinschaften besteht nicht. Den angesprochenen Personalvertretungen steht es frei, sich zu einer Arbeitsgemeinschaft zusammenzuschließen. Nähere Bestimmungen, wie dies zu erfolgen hat, trifft das Gesetz nicht. Deshalb ist davon auszugehen, dass jede Personalvertretung sich frei entscheiden kann, ob sie mit anderen Personalvertretungen eine Arbeitsgemeinschaft bildet, sich einer schon bestehenden Arbeitsgemeinschaft anschließt oder auch diese wieder verlässt. Voraussetzung ist jeweils ein ordnungsgemäßer Beschluss der jeweiligen Personalvertretung. Bildung und Beitritt bedürfen zudem der Zustimmung der anderen Personalvertretungen. Da an die Mitgliedschaft in einer Arbeitsgemeinschaft und die Mitarbeit in derselben erhebliche rechtliche Folgen (§ 56 Abs. 3 Satz 3) geknüpft sind, ist ein Mindestmaß an formeller Einbindung unverzichtbar. Die Entsendung eines anderen Mitglieds als des Vorsitzenden (Abs. 2 Satz 1) oder die Entsendung mehrerer Mitglieder (Abs. 2 Satz 2) bedarf in jedem Fall der ausdrücklichen und ordnungsgemäßen Beschlussfassung durch die Personalvertretung.

II. Zusammensetzung der Arbeitsgemeinschaften (Abs. 2)

1. Vorsitzende (Satz 1). Den Arbeitsgemeinschaften gehören nach Satz 1 grundsätzlich die Vorsitzenden der beteiligten Personalvertretungen an. Hat die Personalvertretung darüber Beschluss gefasst, dass sie mit anderen Personalvertretungen eine Arbeitsgemeinschaft bilden will bzw. sich einer solchen anschließt, ist der Vorsitzende automatisch als Mitglied dieser Arbeitsgemeinschaft bestimmt. Nur dann, wenn ein anderes Mitglied der Personalvertretung diese Funktion übernehmen soll, bedarf es eines dahingehenden Beschlusses. Dies kommt bspw. in Betracht, wenn der Vorsitzende durch anderweitige Verpflichtungen schon stark belastet ist. 12

2. Mehrere Mitglieder (Satz 2). In begründeten Fällen ist im Einvernehmen mit der Dienststelle der entsendenden Personalvertretung eine Entsendung mehrerer Mitglieder zulässig; diese müssen der Personalvertretung angehören. Das Gesetz geht davon aus, dass der durch § 56 bezweckte Informationsaustausch grundsätzlich gewährleistet ist, wenn die beteiligte Personalvertretung durch ein Mitglied in der Arbeitsgemeinschaft vertreten ist. Die Entsendung mehrerer Mitglieder durch eine Personalvertretung ist deshalb die Ausnahme, die einer besonderen Begründung bedarf. 13

a) **Begründete Fälle.** Wann eine solche Ausnahme zu bejahen ist, sagt das Gesetz nicht. Aus der Formulierung „begründete Fälle" ist der Schluss zu ziehen, dass keine generelle Entsendung von mehreren Mitgliedern gemeint ist, sondern nur die Entsendung mehrerer Mitglieder im **begründeten Einzelfall.** Dies kann z. B. relevant werden, wenn auf der Tagesordnung der Arbeitsgemeinschaft Fragen stehen, die einem Mitglied der beteiligten Personalvertretung speziell zugewiesen sind (z. B. EDV) und bei denen es sinnvoll ist, dass nicht allein der Vorsitzende am Informations- und Meinungsaustausch teilnimmt. 14

b) **Verfahren.** Will eine Personalvertretung mehr als ein Mitglied in die Arbeitsgemeinschaft entsenden, muss sie zunächst einen dahingehenden Beschluss fassen. In dem Beschluss muss angegeben sein, welche Mitglieder der Personalvertretung zusätzlich zum Vorsitzenden (bzw. dem anderen durch Beschluss bestimmten Mitglied) in die Arbeitsgemeinschaft entsandt werden sollen. Gegenstand des Beschlusses müssen weiterhin die besonderen Gründe sein, die die Entsendung von mehr als einem Mitglied erfordern. Auf der Basis dieses Beschlusses muss das Einvernehmen des Dienststellenleiters erteilt werden. 15

c) **Einvernehmen.** Die Entsendung mehrerer Mitglieder bedarf des Einvernehmens des Dienststellenleiters. Damit ist dem Dienststellenleiter kein Ermessen, sondern ein Mitbeurteilungsrecht eingeräumt. Die Entsendung „mehrerer Mitglieder" ist nach dem Gesetz zulässig, wenn ein „begründeter Fall" vorliegt, macht die Zulässigkeit mithin gerade von der Erfüllung dieses unbestimmten Rechtsbegriffs abhängig. Liegt kein „begründeter Fall" vor, so liegen die gesetzlichen Voraussetzungen nicht vor und ist die Entsendung mehrerer Mitglieder ausgeschlossen. Umgekehrt erfüllt ein „begründeter Fall" die gesetzlichen Voraussetzungen und damit die Zulässigkeit der Entsendung. Auch wenn man dem Dienststellenleiter insoweit ein Ermessen einräumen wollte, wäre dieses stark 16 eingeschränkt, wenn ein begründeter Fall vorliegt. Dann folgt schon aus dem Grundsatz der vertrauensvollen Zusammenarbeit, dass das Einvernehmen zu erteilen ist, wenn die Personalvertretung „gute Gründe" für die Entsendung mehrerer Mitglieder hat. Eine Versagung käme dann z. B. in Betracht, wenn das vorgesehene Mitglied in der fraglichen Zeit aus dienstlichen Gründen unabkömmlich ist.

III. Vorstand, Geschäftsordnung, Geschäftsführung, Rechtsstellung (Abs. 3)

17 **1. Vorstand** (Satz 1). Die Arbeitsgemeinschaft bestimmt einen Vorsitzenden und Stellvertreter. Sie kann danach einen oder mehrere Stellvertreter bestimmen. Diese Personen müssen der Arbeitsgemeinschaft angehören („aus ihrer Mitte"). In der Bestimmung ist die Arbeitsgemeinschaft bei der Wahl des Verfahrens frei; ebenso bei der Frage, welche Personalvertretungen im Vorstand vertreten sein sollen und ob bspw. auch die Gruppen im Vorstand berücksichtigt werden sollen.

18 **2. Geschäftsordnung** (Satz 2). Die Verabschiedung einer Geschäftsordnung ist nach Satz 2 obligatorisch. Nach allg. Grundsätzen ist zur Verabschiedung die **Mehrheit der Mitglieder** der Arbeitsgemeinschaft erforderlich. Die Geschäftsordnung bildet die Grundlage für die Geschäftsführung soweit nicht durch die in Satz 3 erfolgte Bezugnahme zwingende Regelungen gelten (vgl. insoweit Rn. 19). Die Geschäftsordnung regelt den internen Geschäftsbetrieb der Arbeitsgemeinschaft und muss von daher nicht veröffentlicht werden.

19 **3. Geschäftsführung, Rechtsstellung (Satz 3).** Abs. 3 Satz 3 verweist hinsichtlich der Geschäftsführung der Arbeitsgemeinschaften auf wenige Vorschriften des LPVG für den PR. Nur insoweit sind die in Bezug genommenen Regelungen verbindlich; die Geschäftsführung ist im Übrigen von der Arbeitsgemeinschaft durch die Geschäftsordnung zu regeln. Hierbei kann sie sich ergänzend auch an den nicht in Bezug genommenen Vorschriften für die Arbeit des PR orientieren, aber nur dann und nur soweit deren Geltung vom Gesetz nicht bewusst ausgeschlossen worden ist (z. B. Teilnahmeberechtigung – vgl. Rn. 20). Die Verweise hinsichtlich der **Rechtsstellung** der Mitglieder sind verbindlich und abschließend. Es steht der Arbeitsgemeinschaft nicht frei, abweichende Regelungen zu treffen.

20 a) **Geschäftsführung.** Der Vorsitzende beraumt die Sitzungen an und legt die Tagesordnung fest (§ 30 Abs. 1 Satz 1 und 2 entspr.). In einer Geschäftsordnung dürften Regelungen zulässig sein, die ähnlich wie § 30 Abs. 3 vorsehen, dass der Vorsitzende aufgrund eines (ggf. qualifizierten) Antrags aus der Arbeitsgemeinschaft verpflichtet ist, Sitzungen anzuberaumen bzw. bestimmte Punkte auf die Tagesordnung zu setzen.

21 aa) **Nichtöffentlichkeit.** Die Sitzungen sind nichtöffentlich (§ 32 Abs. 1 entspr.). § 56 nimmt allein den Abs. 1 von § 32 in Bezug und ausdrücklich nicht die Bestimmungen, die für Sitzungen des PR eine Teilnahmemöglichkeit anderer Personen eröffnen. Dies ist **verbindlich** mit der Folge, dass auch in der Ge-

schäftsordnung keine abweichenden Regelungen getroffen werden dürfen. Solange die Arbeitsgemeinschaften nur informell organisiert waren, hatten die Beteiligten einen relativ großen Gestaltungsspielraum, wenngleich sie auch damals keine Geheimnisse offenbaren durften. Durch die formalisierte Ausgestaltung in § 56 hat sich dies grundlegend geändert.

bb) Teilnahmeberechtigung. Nur die Mitglieder der Arbeitsgemeinschaft sind teilnahmeberechtigt. Die Teilnahme anderer Personen hat der Gesetzgeber bewusst ausgeschlossen Zum einen ergibt sich dies aus § 57 Abs. 2, der für die ARGE-HPR explizite Teilnahmeregelungen trifft. Der Gesetzgeber hat demnach genau gesehen, dass insoweit Regelungsbedarf besteht, sich bei § 56 aber bewusst für eine restriktive Handhabung entschlossen. Zum anderen ist zu bedenken, dass vieles, was in der Arbeitsgemeinschaft besprochen wird, der Verschwiegenheitspflicht (§ 7) unterliegt. Die Verschwiegenheitspflicht wird aber bereits dadurch verletzt, dass Personen an Sitzungen teilnehmen, die nicht teilnahmeberechtigt sind (BVerwG, 27.11.1981 – 6 P 38/79 – PersV 1983, 408; vgl. auch § 7 Rn. 36). 22

Schwerbehindertenvertretung. Auch eine Schwerbehindertenvertretung ist nicht teilnahmeberechtigt. Deren Teilnahmerecht folgt auch nicht aus § 95 Abs. 4 Satz 1 SGB-IX, weil die Arbeitsgemeinschaft keine Personalvertretung ist. Ebenso wenig folgt ein Teilnahmerecht aus § 95 Abs. 5 Satz 1 SGB-IX, weil es sich auch um keine der dort aufgeführten Besprechungen handelt. Eine Ausnahme bildet insoweit allein die ARGE-HPR, bei der § 57 Abs. 2 Nr. 1 die Teilnahmeberechtigung eines Vertreters der zu einer Arbeitsgemeinschaft zusammengeschlossenen Schwerbehindertenvertretungen bei den obersten Landesbehörden ausdrücklich vorsieht. 23

Gewerkschaften. Beauftragte von Gewerkschaften sind **nicht teilnahmeberechtigt.** Für PR-Sitzungen gibt es lediglich ein eingeschränktes Teilnahmerecht für beauftragte Personen von Gewerkschaften (vgl. § 32 Abs. 3 Satz 1 und 2). Diese Regelung wird von § 56 Abs. 3 Satz 3 nicht in Bezug genommen und auch ansonsten kein Teilnahmerecht geregelt. 24

Dienststellenleiter. Kein Teilnahmerecht haben auch die Dienststellenleiter sowie Vertreter von Arbeitgebervereinigungen. Über Sitzungen des PR ist der Dienststellenleiter nach § 30 Abs. 2 rechtzeitig zu informieren bzw., wenn er teilnehmen soll, zu laden. Nach Maßgabe von § 30 Abs. 4 nimmt der Dienststellenleiter an PR-Sitzungen teil. Diese Regelungen sind von § 56 Abs. 3 Satz 3 nicht in Bezug genommen. Hier wäre allerdings zu erwägen, dass Dienststellenleiter von der Verschwiegenheitspflicht entbinden können (§ 7 Abs. 3). Soweit nur solche Punkte erörtert werden, die dieser Entbindungsbefugnis unterliegen, würde jedenfalls die Verschwiegenheitspflicht nicht einer Teilnahme entgegenstehen, weshalb entspr. Reglungen in der Geschäftsordnung zulässig sein können. Vertreter von Arbeitgebervereinigungen können an PR-Sitzungen nur zusammen mit dem Dienststellenstellenleiter auftreten (§ 32 Abs. 3 Satz 3); ein eigenständiges Teilnahmerecht haben sie nicht. Nichts anderes kann für die Teilnahme an Sitzungen einer Arbeitsgemeinschaft gelten. Ein eigenständiges 25

Teilnahmerecht könnte ihnen auch nicht durch die Geschäftsordnung eingeräumt werden.

26 cc) **Niederschrift.** Über die Sitzungen der Arbeitsgemeinschaft sind unter Beachtung von § 38 Abs. 1 (entspr.) Niederschriften zu errichten. Zu beachten ist auch hier, dass § 56 nicht auch auf § 32 Abs. 2 verweist. Dies bedeutet, dass zur Erstellung der Niederschrift kein Büropersonal hinzugezogen werden darf. Die Niederschrift muss der Vorsitzende fertigen oder ein von ihm beauftragtes Mitglied der Arbeitsgemeinschaft. Die unzulässige Hinzuziehung von Büropersonal zur Fertigung hat das BVerwG als „grobe Pflichtverletzung" bezeichnet, die im entschiedenen Fall die Auflösung des PR rechtfertigte (BVerwG, 27.11.1981 – 6 P 38/79 – PersV 1983, 408).

27 b) **Rechtsstellung.** Die Rechte und Pflichten der Mitglieder von Arbeitsgemeinschaften sind (teilweise) durch die entspr. Anwendbarkeit der §§ 42, 43, 68 Abs. 2 und 69 Abs. 1 Satz 2 und 3 geregelt. Die Mitglieder von Arbeitsgemeinschaften sind aber auch in dieser Funktion „Personen, die Aufgaben und Befugnisse nach diesem Gesetz wahrnehmen." Deshalb ist – auch ohne ausdrücklichen Verweis in § 56 – direkt anwendbar: die Verschwiegenheitspflicht (§ 7) sowie das Behinderungs-, Benachteiligungs- und Begünstigungsverbot nach § 6 Abs. 1; soweit Beamte die Funktion wahrnehmen auch der Unfallschutz des § 6 Abs. 2.

28 4. **Kosten (Satz 4).** Hinsichtlich der Kosten erklärt Abs. 3 Satz 4 den § 41 mit der Maßgabe für anwendbar, dass die durch die Entsendung in die Arbeitsgemeinschaft entstehenden notwendigen Kosten von der Dienststelle der jeweils entsendenden Personalvertretung zu tragen sind. Besonders wichtig dürfte in diesem Zusammenhang die Reisekostenvergütung nach dem LRKG sein, da Arbeitsgemeinschaften häufig überregional gebildet werden.

IV. Arbeitsgemeinschaft der PR der Universitätsklinika (Abs. 4)

29 **Regelungszusammenhang.** Abs. 4 trifft eine Sonderregelung für die Arbeitsgemeinschaft der PR der Universitätsklinika; diese befand sich vor dem ÄG 2013 in § 94b a. F. Diese Vorschrift kam wie auch § 94a a. F. durch Art. 3 des Hochschulmedizinreformgesetzes vom 24.11.1997 (GBl. S. 474) in das LPVG und wurde durch das UniMedG vom 7.2.2011 geändert. Nach Art. 9 Abs. 4 UniMedG hätten die dort vorgesehenen personalvertretungsrechtlichen Neuregelungen (§§ 94a, 94b a. F.) ab dem jeweiligen Errichtungszeitpunkt der Körperschaften für Universitätsmedizin in Kraft treten sollen. Nach § 77 Abs. 1 LHG a. F. hätte dies bis spätestens 1.1.2013 erfolgen müssen. Durch die weitgehende Rückabwicklung des UniMedG durch das Gesetz vom 22.11.2011 sind die früheren personalvertretungsrechtlichen Sonderregelungen (§§ 94a, 94b a. F.) wieder in den Stand der vor dem 7.2.2011 geltenden Fassung gebracht worden. Durch § 94b a. F. wurde erstmals eine Arbeitsgemeinschaft von Personalvertretern mit entsprechenden Kosten- und Freistellungsregelungen im LPVG geregelt. Begründet wurde die Einrichtung einer solchen Arbeitsgemeinschaft seinerzeit mit der Erforderlichkeit einer Abstimmung der PR der Klinika untereinander, die bis zur rechtlichen Verselbstständigung der Universitätskli-

nika über den HPR beim Wissenschaftsministerium möglich gewesen sei. Inhaltliche Änderungen gingen mit der Verschiebung der Norm in den § 56 Abs. 4 durch das ÄG 2013 nicht einher.

1. Mitglieder (Satz 1). Nach Abs. 4 Satz 1 können die PR bei den Universitätsklinika eine Arbeitsgemeinschaft bilden, der abweichend von Abs. 2 Satz 1 aus jedem Universitätsklinikum bis zu zwei Mitglieder angehören. Anders als bei der allg. Regelung muss für die Entsendung eines weiteren Mitglieds hier kein „begründeter Fall“ dargelegt werden. Neben den besonderen Regelungen von Abs. 4 Satz 1 bis 3 gelten auch für die Mitglieder dieser Arbeitsgemeinschaft die allg. Bestimmungen der Abs. 1 bis 3 und 5, z. B. die Kostentragungspflicht des Klinikums des entsendenden PR (Abs. 3 Satz 4). 30

2. Freistellung (Satz 2). Nach Abs. 4 Satz 2 kommt für die Wahrnehmung der Aufgaben in der Arbeitsgemeinschaft eine Freistellung von Mitgliedern der Arbeitsgemeinschaft jeweils im Umfang von bis zu 10 Arbeitsstunden in der Woche in Betracht. Satz 2 nimmt damit § 45 Abs. 1 Satz 1 in Bezug („bis zu“), nach dem eine Freistellung zu erfolgen hat, soweit dies zur Aufgabenerfüllung „erforderlich“ ist. Die Freistellung erfolgt **bei jedem Klinikum** für ein Mitglied. Bei jedem Klinikum muss der dortige PR an den Dienststellenleiter einen entsprechenden Antrag stellen, der das frei zu stellende AG-Mitglied und den zeitlichen Umfang der beantragten Freistellung benennt und dessen Erforderlichkeit begründet. Der Antragstellung hat ein entsprechender Beschluss des PR voraus zu gehen. Ist die beantragte Freistellung „erforderlich“, muss der Dienststellenleiter diese gewähren (kein Ermessen). Überprüfen kann er dabei nur die Erforderlichkeit des Umfangs der Freistellung, nicht die Entscheidung des PR, wer freigestellt werden soll. 31

3. Teilfreistellung (Satz 3). Nach Abs. 4 Satz 3 kommt alternativ zur Freistellung eines Mitglieds auch die Teilfreistellung beider Mitglieder in Betracht, wobei beide Freistellungen zusammen 10 Arbeitsstunden wöchentlich nicht überschreiten dürfen. Die Summe der Teilfreistellungen muss ihrem Umfang nach „erforderlich“ sein; dies ist vom PR darzulegen (vgl. Rn. 31). Wie die erforderliche Gesamtfreistellung auf die beiden Mitglieder zu verteilen ist, entscheidet der jeweilige PR. 32

4. Arbeitszeit; Dienstbefreiung (Satz 4). Dass § 43 Abs. 2 unberührt bleibt, bedeutet zum einen, dass die Wahrnehmung von Aufgaben im Rahmen der Arbeitsgemeinschaft und die damit verbundene Versäumnis an Arbeitszeit nicht zu einer Minderung der Besoldung bzw. des Arbeitsentgelts führt. Zum anderen kommt auch hier Dienstbefreiung in entsprechender Anwendung von § 43 Abs. 2 Satz 2 in Betracht. Da § 43 insgesamt bereits durch Abs. 3 Satz 3 für entsprechend anwendbar erklärt worden ist, soll die nochmalige Erwähnung von § 43 Abs. 2 in Satz 4 wohl klarstellen, dass eine Freistellung nach Satz 2 bzw. Teilfreistellung nach Satz 3 nicht auf eine etwaige Dienstbefreiung „angerechnet“ werden kann, sondern zusätzlich zu gewähren ist. 33

V. Verhältnis zu den Personalvertretungen (Abs. 5)

34 **Keine Beteiligungsreche.** Abs. 5 stellt klar, dass die Arbeitsgemeinschaften nicht an die Stelle der Personalvertretungen treten und nicht an ihrer Stelle Entscheidungen treffen können. Die für die Personalvertretungen geltenden Regelungen über die Mitbestimmung, Mitwirkung und Anhörung (§§ 73 bis 88) gelten explizit nicht. Dies verdeutlicht, dass die Arbeitsgemeinschaften lediglich dem Informations- und Meinungsaustausch dienen und nicht die Arbeit der PR ersetzen.

§ 57 Arbeitsgemeinschaft der Vorsitzenden der Hauptpersonalräte

(1) [1]Die Vorsitzenden der Hauptpersonalräte bei den obersten Landesbehörden bilden die Arbeitsgemeinschaft der Vorsitzenden der Hauptpersonalräte (ARGE-HPR). [2]Besteht bei einer obersten Landesbehörde kein Hauptpersonalrat, ist der Vorsitzende des Personalrats bei der obersten Landesbehörde Mitglied in der Arbeitsgemeinschaft.

(2) An den Sitzungen der Arbeitsgemeinschaft können teilnehmen:
1. ein Vertreter der zu einer Arbeitsgemeinschaft zusammengeschlossenen Schwerbehindertenvertretungen bei den obersten Landesbehörden,
2. die Vorsitzenden der Personalräte der Dienststellen des Landtags von Baden-Württemberg.

(3) [1]Die Arbeitsgemeinschaft ist anzuhören vor Entscheidungen
1. der Landesregierung, welche für die Beschäftigten des Landes in den Geschäftsbereichen der obersten Dienstbehörden unmittelbar belastende Regelungen enthalten,
2. oberster Dienstbehörden, welche auch Beschäftigte in den Geschäftsbereichen anderer oberster Dienstbehörden des Landes betreffen,

soweit die Entscheidungen in Angelegenheiten nach den §§ 74, 75, 81 und 87 mit Ausnahme von Maßnahmen in einzelnen personellen Angelegenheiten der Beteiligung des Personalrats unterliegen würden, wenn sie von einer Dienststelle für ihre Beschäftigten getroffen würden. [2]Satz 1 gilt nicht, wenn nach beamtenrechtlichen Vorschriften die Spitzenorganisationen der zuständigen Gewerkschaften und Berufsverbände zu beteiligen sind. [3]§ 56 Absatz 5 gilt entsprechend.

(4) [1]Die federführend zuständige oberste Dienstbehörde hört die Arbeitsgemeinschaft rechtzeitig und umfassend zu der beabsichtigten Maßnahme an. [2]Der Arbeitsgemeinschaft sind die erforderlichen Unterlagen vorzulegen. [3]Auf Verlangen der Arbeitsgemeinschaft ist die beabsichtigte Maßnahme mit ihr zu erörtern. [4]Die Arbeitsgemeinschaft übermittelt ihre Stellungnahme der anhörenden obersten Dienstbehörde innerhalb von drei Wochen, sofern nicht einvernehmlich eine andere Frist vereinbart ist; § 91 Absatz 3 gilt sinngemäß.

(5) [1]Die Arbeitsgemeinschaft kann grundsätzliche Angelegenheiten beraten, die für die Beschäftigten von allgemeiner Bedeutung sind und über den Geschäftsbereich einer obersten Dienstbehörde hinausgehen. [2]Sie kann hierzu Vorschläge machen und Stellungnahmen abgeben. [3]Dies gilt auch dann, wenn nach beamtenrechtlichen Vorschriften die Spitzenorganisationen der zuständigen Gewerkschaften und Berufsverbände zu beteiligen sind. [4]Absatz 4 gilt entsprechend.

(6) [1]§ 56 Absatz 3 Satz 1 bis 3 gilt entsprechend. [2]§ 41 gilt mit der Maßgabe, dass die oberste Dienstbehörde, deren Geschäftsbereich der Vorsitzende der Arbeitsgemeinschaft angehört, die notwendigen Kosten für die Geschäftsstelle der Arbeitsgemeinschaft trägt.

Vorbemerkung. Mit § 57 ist als besondere Arbeitsgemeinschaft die Arbeitsgemeinschaft der Vorsitzenden der HPR bei den obersten Dienstbehörden (ARGE-HPR) gesetzlich durch das ÄG 2013 verankert worden. Die Tätigkeit der ARGE-HPR war bereits bisher aufgrund von Ministerratsbeschlüssen anerkannt. Mit der gesetzlichen Verankerung soll nunmehr für die ARGE-HPR eine Rechtsgrundlage geschaffen und deren Befugnisse konkretisiert werden. Beteiligungsrechte sind der ARGE-HPR in § 57 nicht zugewiesen, da sie nicht über die unmittelbare Legitimation aufgrund einer direkten Wahl durch die Beschäftigten verfügt. Gleichwohl soll damit die Vertretung der Interessen der Landesbeschäftigten ggü. der Landesregierung und den Ministerien nachhaltig gestärkt werden, da die ARGE-HPR unabhängig von Gewerkschaften und Berufsverbänden die Binnensicht der Beschäftigten vertritt. Außerdem soll ein Forum geboten werden, das die Abstimmung und den Erfahrungsaustausch zwischen den HPR verbessert (zum Ganzen LT-Drucksache 15/4224 S. 121). 1

I. Bildung der ARGE-HPR (Abs. 1)

Mitglieder. Die ARGE-HPR wird aus den jeweiligen Vorsitzenden der HPR bei den obersten Landesbehörden gebildet (Satz 1). Ist bei einer obersten Landesbehörde kein HPR vorhanden, ist der Vorsitzende des PR dieser Behörde (Hauspersonalrat) zugleich Mitglied der ARGE-HPR (Satz 2). 2

II. Sitzungen der ARGE-HPR (Abs. 2)

Nichtöffentlichkeit. Nach § 57 Abs. 6 Satz 1 gilt § 56 Abs. 3 Satz 1 bis 3 entsprechend, womit u. a. § 32 Abs. 1 für entsprechend anwendbar erklärt wird. Damit sind alle Sitzungen der ARGE-HPR nichtöffentlich. An den Sitzungen teilnehmen dürfen deshalb grundsätzlich nur die Mitglieder der ARGE-HPR. Wegen der aus der Nichtöffentlichkeit von Sitzungen folgenden Konsequenzen wird auf die Komm. zu § 56 verwiesen (vgl. dort Rn. 21 ff.). 3

Sonstige Teilnahmeberechtigte. Anders als § 56 regelt § 57 Abs. 2 ausdrücklich die Teilnahmeberechtigung sonstiger Personen an den Sitzungen der ARGE-HPR; vgl. insoweit auch § 56 Rn. 22 ff. Hinsichtlich der Teilnahmeberechtigung von Vertretern der Dienststellen (vgl. hierzu auch § 56 Rn. 25) ist bei § 57 zu bedenken, dass die ARGE-HPR sowohl hinsichtlich ihres Anhörungsrechts (Abs. 3) als auch hinsichtlich ihrer Rechte aus Abs. 5 jeweils einen Anspruch auf Erörterung des Sachverhalts mit der (federführenden) obersten Dienstbehörde hat. Insoweit ist unzweifelhaft, dass deren Vertreter an der entsprechenden Sitzung der ARGE-HPR teilnehmen dürfen. 4

5 **1. Schwerbehindertenvertretung (Nr. 1).** Für die Sitzungen der ARGE-HPR ist, anders als in § 56, ein Teilnahmerecht der Schwerbehindertenvertretung ausdrücklich geregelt. Teilnahmeberechtigt ist ein Vertreter der zu einer Arbeitsgemeinschaft zusammengeschlossenen Schwerbehindertenvertretungen bei den obersten Landesbehörden (AGSV BW). Das Teilnahmerecht berechtigt zur Teilnahme an allen Sitzungen der ARGE-HPR. In aller Regel wird wohl der Vorsitzende der AGSV BW an den Sitzungen teilnehmen; zwingend ist dies jedoch nicht (vgl. hierzu LT-Drucksache 15/4224 S. 121 f.).

6 **2. Dienststellen des Landtags (Nr. 2).** Ebenfalls teilnahmeberechtigt sind die Vorsitzenden der PR der Dienststellen des baden-württembergischen Landtags. Sie sind keine Mitglieder der ARGE-HPR nach Abs. 1, da sie nicht zu der der Regierung unterstellten Landesverwaltung gehören und ein HPR dort nicht besteht. Zum Geschäftsbereich der Landtagsverwaltung gehören derzeit drei Dienststellen: die Landtagsverwaltung, die Dienststelle des Landesbeauftragten für den Datenschutz und die Landeszentrale für politische Bildung (LT-Drucksache 15/4224 S. 122).

III. Anhörungsrecht (Abs. 3)

7 **1. Voraussetzungen (Satz 1).** Die ARGE-HPR wird bei ressortübergreifenden Angelegenheiten unterrichtet und angehört, wenn Beschäftigte **unmittelbar belastet** werden, eine förmliche Beteiligung einer Personalvertretung nicht stattfindet, die belastenden Maßnahmen aber eine förmliche PR-Beteiligung auslösen würden, wenn es sich nicht um ressortübergreifende Angelegenheiten handeln würde. Es müsste sich dabei weiterhin um einen Fall der förmlichen Beteiligung nach den §§ 74, 75 (Mitbestimmung), 81 (Mitwirkung) oder 87 (Anhörung) handeln.

8 **Kollektive Maßnahmen.** Das Beteiligungsrecht müsste auf kollektive Maßnahmen bezogen sein; ein Beteiligungsrecht hinsichtlich individueller Personalentscheidungen allein wäre nicht ausreichend (LT-Drucksache 15/4224 S. 122). Für die Beteiligung von Personalvertretungen bei Einzelmaßnahmen, die sich über den Bereich der Dienststelle, die die Entscheidung trifft, hinaus erstreckt, gilt § 91 Abs. 6 Satz 1 und 2. Danach ist der PR der Dienststelle zu beteiligen, auf deren Beschäftigten sich die Maßnahme erstreckt; bzw. – bei Erstreckung auf mehrere Dienststellen – die PR aller betroffenen Dienststellen. Für Maßnahmen, die der Ministerpräsident – ressortübergreifend – auf Vorschlag einer obersten Dienstbehörde trifft, ist Gegenstand der Beteiligung der Vorschlag dieser obersten Dienstbehörde und die dort zuständige Personalvertretung zu beteiligen (§ 91 Abs. 5).

9 **a) Entscheidungen der Landesregierung (Nr. 1).** Die Landesregierung ist keine Dienststelle im personalvertretungsrechtlichen Sinne; es gibt auch keine Personalvertretung bei der Landesregierung, die die Interessen der Beschäftigten des Landes ggü. der Landesregierung vertreten könnte. Gleichwohl gibt es Entscheidungen der Landesregierung, die die Beschäftigten des Landes unmittelbar belasten und eigentlich eine Beteiligung einer Personalvertretung erfordern

würden. Das Anhörungsrecht der ARGE-HPR soll dieses Beteiligungsdefizit teilweise ausgleichen.

b) Entscheidungen oberster Dienstbehörden (Nr. 2). Oberste Dienstbehörden sind Dienststellen, bei denen Personalvertretungen bestehen. Diese Personalvertretungen sind aber nur befugt, die Interessen der dort Beschäftigten zu vertreten. Die Nr. 2 betrifft die Konstellation, dass eine oberste Dienstbehörde Entscheidungen trifft, die nicht oder nicht nur die eigenen Beschäftigten betrifft, sondern auch – oder allein – Beschäftigte in den Geschäftsbereichen anderer oberster Dienstbehörden des Landes belastet. Die dortigen Personalvertretungen sind für diese belastende Maßnahme nicht zuständig, weil diese nicht von ihrer Dienststelle getroffen worden sind (§ 91 Abs. 1). Die Personalvertretung der Dienststelle, die die Maßnahme trifft, ist nicht zuständig, weil sie nicht zur Wahrnehmung der Interessen der Beschäftigten anderer Dienststellen berufen ist. Dies ist z. B. der Fall, wenn das Finanzministerium belastende Entscheidungen hinsichtlich des Arbeitsentgelts angestellter Lehrkräfte trifft, die zum Geschäftsbereich des Kultusministeriums gehören. Das Anhörungsrecht der ARGE-HPR soll auch dieses Beteiligungsdefizit teilweise ausgleichen. 10

2. Ausnahmen (Satz 2). Die Anhörung der ARGE-HPR unterbleibt, wenn nach beamtenrechtlichen Vorschriften die Spitzenorganisationen der zuständigen Gewerkschaften und Berufsverbände zu beteiligen sind. Es handelt sich hierbei um die Maßnahmen nach § 53 BeamtStG und § 89 LBG, bei denen auch keine Beteiligung der Personalvertretungen vorgesehen ist (§ 90). Die unterbleibende Anhörung der ARGE-HPR nach Abs. 3 hindert diese aber nicht, auch solche Angelegenheiten zu beraten und diesbezügliche Vorschläge und Stellungnahmen abzugeben (Abs. 5 Satz 3). 11

3. Befugnisse der Personalvertretungen (Satz 3). Nach Satz 3 gilt § 56 Abs. 5 entsprechend. Hiernach bleiben die Befugnisse und Aufgaben der Personalvertretungen nach dem LPVG unberührt; die §§ 73 bis 88 finden auch für die ARGE-HPR keine Anwendung. Die ARGE-HPR ist keine Personalvertretung i. S. d. LPVG und hat keine förmlichen Beteiligungsrechte nach dem LPVG. Das besondere Anhörungsrecht der ARGE-HPR tritt nicht in Konkurrenz zu den Personalvertretungen, sondern soll Beteiligungslücken bei ressortübergreifenden Angelegenheiten (teilweise) schließen. 12

IV. Verfahren der Anhörung (Abs. 4)

1. Information (Satz 1). Ansprechpartner der ARGE-HPR ist in beiden Fällen des Abs. 3 Satz 1 die federführend zuständige oberste Dienstbehörde. Diese hört die ARGE-HPR rechtzeitig und umfassend zu der beabsichtigten Maßnahme an. Die Unterrichtung hat schriftlich zu erfolgen und ist an den Vorsitzenden der ARGE-HPR zu richten. Die Unterrichtung muss alle für die Willensbildung und Entscheidung der ARGE-HPR nötigen Informationen enthalten. 13

2. Unterlagen (Satz 2). Um sachgerecht Stellung nehmen zu können, ist es unabdingbar, dass der ARGE-HPR die erforderlichen Unterlagen zur Verfügung 14 gestellt werden. Ob es sich dabei nur um die Gewährung der Einsichtnahme oder eine dauerhafte Überlassung handelt, hängt von den Umständen des Einzelfalls ab. Erforderlich sind die Unterlagen, die die ARGE-HPR bei objektiver Betrachtung, für bedeutsam halten darf. Im Rahmen einer vertrauensvollen Zusammenarbeit sollte der Maßstab aber nicht kleinlich dimensioniert sein.

15 **3. Erörterung (Satz 3).** Die ARGE-HPR kann eine Erörterung der Angelegenheit verlangen. Das Erörterungsrecht umfasst zunächst einen Anspruch auf eine weitergehende Begründung durch die federführende oberste Dienstbehörde ggf. auch die Beantwortung konkreter Fragen des Vorsitzenden, die dieser in Vorbereitung der Sitzung des Gremiums klären will, oder Klärungsbedarf nach Beratung der ARGE-HPR. Eine Erörterung umfasst aber immer auch das direkte Gespräch mit Vertretern der federführenden obersten Dienstbehörde.

16 **4. Frist zur Stellungnahme (Satz 4).** Die ARGE-HPR übermittelt ihre Stellungnahme der anhörenden obersten Dienstbehörde innerhalb von drei Wochen. Diese Frist ist keine Ausschlussfrist, sondern kann einvernehmlich verlängert werden. Besondere Voraussetzungen nennt das Gesetz insoweit nicht, sodass die Beteiligten die Frist im Einzelfall frei vereinbaren können, falls drei Wochen nicht ausreichend sind. Die ebenfalls zulässige einvernehmliche Fristabkürzung dürfte eine mehr theoretische Möglichkeit sein, zumal die ARGE-HPR einer besonderen Eilbedürftigkeit unschwer durch eine zügige Sachbehandlung (faktisch) Rechnung tragen kann.

17 **Fristverlängerung.** Nach Satz 4 Hs. 2 ist § 91 Abs. 3 entsprechend anwendbar. Danach erhöht sich die 3-Wochen-Frist auf fünf Wochen, wenn die ARGE-HPR vor ihrer Entscheidung einer **Personalvertretung Gelegenheit zur Äußerung** gibt. Auch diese Frist kann in entsprechender Anwendung von § 76 Abs. 6 Satz 3 und Abs. 7 und 8 verlängert werden (§ 91 Abs. 3 Satz 2 Hs. 2 entspr.).

18 **Behandlung der Stellungnahme.** Die Landesregierung (Nr. 1) bzw. die oberste Dienstbehörde, die die Maßnahme treffen will (Nr. 2), ist an die Stellungnahme der ARGE-HPR nicht gebunden. Das Verfahren sollte dann aber zumindest den Anforderungen entsprechen, das für Anhörungen im förmlichen Beteiligungsverfahren gilt. Nach § 87 Abs. 2 findet dort § 70 Abs. 2 entspr. Anwendung. Dies würde im vorliegenden Fall verlangen, dass der ARGE-HPR innerhalb der Frist des § 70 Abs. 2 schriftlich mitgeteilt wird, warum ihren Vorschlägen nicht gefolgt wird.

V. Grundsätzliche Angelegenheiten (Abs. 5)

19 **1. Beratung (Satz 1).** Über die Anhörungsrechte nach Abs. 3 hinaus kann die ARGE-HPR grundsätzliche Angelegenheiten beraten, die für die Beschäftigten von allg. Bedeutung sind und über den Geschäftsbereich einer obersten Dienstbehörde hinausgehen. Beschränken sich solche Fragen auf den Geschäftsbereich einer obersten Dienstbehörde, so ist der entspr. HPR für die Sachbehandlung zuständig.

2. Vorschläge und Stellungnahmen (Satz 2). Zu Angelegenheiten, die für die Beschäftigten von allg. Bedeutung sind, und über den Geschäftsbereich einer obersten Dienstbehörde hinausgehen, kann die ARGE-HPR auch Vorschläge unterbreiten und Stellungnahmen abgeben. Ansprechpartner insoweit ist die jeweilige oberste Dienstbehörde bzw. bei Maßnahmen der Landesregierung, die federführende oberste Dienstbehörde. 20

3. Verhältnis zu Spitzenorganisationen (Satz 3). Im Gegensatz zu Abs. 3, der eine Anhörung der ARGE-HPR zu Themenbereichen ausschließt, für die die Zuständigkeit der Spitzenorganisationen begründet ist, eröffnet Abs. 5 Satz 3 die Behandlung dieser Themen ausdrücklich für die ARGE-HPR. Diese kann deshalb auch grundsätzliche Angelegenheiten, wie etwa bei Anhörungen zu dienstrechtlichen Gesetz- und Verordnungsentwürfen, für die auch die PR-Beteiligung nach § 90 ausgeschlossen ist, behandeln und Vorschläge und Stellungnahmen unterbreiten. 21

4. Verfahren (Satz 4). Für den Ablauf der Beratungen bzw. der Vorschläge und Stellungnahmen gelten nach Satz 4 die Regelungen des Abs. 4 entsprechend. Dies bedeutet, dass der Vorsitzende der ARGE-HPR die notwendigen Informationen und Unterlagen bei der (federführenden) obersten Dienstbehörde anfordern kann, die zur Vorlage verpflichtet ist. Ebenso besteht eine Verpflichtung zur Erörterung des Beratungsgegenstands (Abs. 4 Satz 3 entspr.). Die Stellungnahmefrist des Abs. 4 Satz 4 ist in diesem Zusammenhang nicht relevant. 22

VI. Geschäftsführung, Rechtsstellung, Kostentragung (Abs. 6)

1. Geschäftsführung und Rechtsstellung (Satz 1). Nach § 57 Abs. 6 Satz 1 gelten die Vorschriften des § 56 Abs. 3 Satz 1 bis 3 über die Geschäftsführung und die dort aufgeführten Regelungen über die Rechte und Pflichten der Mitglieder von Personalvertretungen in Arbeitsgemeinschaften für die Arbeitsgemeinschaft der Vorsitzenden der HPR entsprechend. 23

a) **Vorsitz.** Nach § 56 Abs. 3 Satz 1 (entspr.) bestimmt die ARGE-HPR einen Vorsitzenden und Stellvertreter. Die Mitglieder des Vorstands müssen Mitglieder der ARGE-HPR sein („aus ihrer Mitte"). Es können auch mehrere Stellvertreter bestimmt werden. Wie die Vorstandsmitglieder bestimmt werden, ist der ARGE-HPR überlassen; diese regelt ihre Verfahren und auch die Bestimmung des Vorsitzenden und seiner Stellvertreter selbst. 24

b) **Geschäftsordnung.** Nach § 56 Abs. 3 Satz 2 (entspr.) gibt sich die ARGE-HPR eine Geschäftsordnung. Die Verabschiedung einer Geschäftsordnung ist obligatorisch. Nach allg. Grundsätzen ist zur Verabschiedung die **Mehrheit der Mitglieder** der Arbeitsgemeinschaft erforderlich. Die Geschäftsordnung bildet die Grundlage für die Geschäftsführung soweit nicht durch die in § 56 Abs. 3 Satz 3 erfolgte Bezugnahme zwingende Regelungen gelten. Die Geschäftsordnung regelt den internen Geschäftsbetrieb der Arbeitsgemeinschaft und muss von daher nicht veröffentlicht werden. 25

26 c) **Geschäftsführung.** Nach § 56 Abs. 3 Satz 3 (entspr.) gelten die §§ 30 Abs. 1 Satz 1 und 2, 32 Abs. 1 und 38 Abs. 1 auch für die ARGE-HPR entsprechend.

27 **Sitzungen.** Die Sitzungen der ARGE-HPR werden vom Vorsitzenden anberaumt; dieser legt auch die Tagesordnung fest. Der Vorsitzende lädt die Teilnahmeberechtigten zur Sitzung und leitet die Sitzung (§ 30 Abs. 1 Satz 1 und 2 entspr.).

28 **Nichtöffentlichkeit.** Die Sitzungen der ARGE-HPR sind nichtöffentlich (§ 32 Abs. 1 entspr.). An diesen dürfen nur die Mitglieder der ARGE-HPR und die sonstigen Teilnahmeberechtigten teilnehmen (vgl. Rn. 3 ff.).

29 **Niederschrift.** Über die Sitzungen der ARGE-HPR ist jeweils eine Niederschrift zu fertigen (§ 38 Abs. 1 entspr.). In inhaltlicher Hinsicht ist den Anforderungen von § 38 Abs. 1 Rechnung zu tragen. Zu beachten ist auch hier, dass § 56 nicht auch auf § 32 Abs. 2 verweist. Dies bedeutet, dass zur Erstellung der Niederschrift kein Büropersonal hinzugezogen werden darf. Die Niederschrift muss der Vorsitzende fertigen oder ein von ihm beauftragtes Mitglied der Arbeitsgemeinschaft.

30 d) **Rechtsstellung.** Über § 57 Abs. 6 Satz 1 i. V. m. § 56 Abs. 3 Satz 3 finden auch hier die §§ 42, 43, 67 Abs. 1, 68 Abs. 2 und 69 Abs. 1 Satz 2 und 3 entspr. Anwendung.

31 **2. Kostentragung (Satz 2).** Nach Abs. 6 Satz 2 gilt hinsichtlich der Tragung der notwendigen Kosten § 41 mit der Maßgabe, dass die oberste Dienstbehörde, deren Geschäftsbereich der Vorsitzende der Arbeitsgemeinschaft angehört, die notwendigen Kosten für die **Geschäftsstelle** der Arbeitsgemeinschaft trägt. Damit fallen die allgemein für die Tätigkeit der ARGE-HPR entstehenden notwendigen Kosten (z. B. Sachaufwand, Büropersonal) nicht mehr beim Innenministerium an (LT-Drucksache 15/4224 S. 122). Aufwendungen der **einzelnen Mitglieder** der ARGE-HPR (insbesondere Reisekosten, Arbeitszeitausgleich) sollen von der obersten Dienstbehörde, deren Geschäftsbereich das jeweilige Mitglied angehört, getragen werden. Durch diese gesetzliche Verankerung wird nach den Vorstellungen des Gesetzgebers die bereits bestehende Praxis nachgezeichnet.

Teil 5 **Ausbildungspersonalrat**

§ 58

(1) Für Auszubildende in öffentlich-rechtlichen Ausbildungsverhältnissen, Beamte im Vorbereitungsdienst und für Beschäftigte in dem Vorbereitungsdienst entsprechender Berufsausbildung kann das für die Ordnung der Ausbildung zuständige Ministerium im Einvernehmen mit dem Innenministerium durch Rechtsverordnung bestimmen, dass

1. Ausbildungspersonalräte für eine oder mehrere Dienststellen oder für einzelne Ausbildungsbereiche gebildet werden,

2. die Amtszeit abweichend von § 22 Absatz 1 auf eine kürzere Dauer als fünf Jahre, mindestens aber auf die Dauer von einem Jahr, festgesetzt und ein von § 22 Absatz 3 Satz 1 abweichender Zeitraum für die regelmäßigen Wahlen festgelegt wird,
3. von Beteiligungsangelegenheiten des Teils 8 Abschnitt 2 abgesehen werden kann, soweit dies mit Rücksicht auf eine sachgemäße Ausbildung oder sonst aus wichtigen Gründen erforderlich und gesetzlich nichts anderes bestimmt ist.

(2) Wahlberechtigt und wählbar zum Ausbildungspersonalrat sind die Auszubildenden in öffentlich-rechtlichen Ausbildungsverhältnissen, die Beamten im Vorbereitungsdienst und die Beschäftigten in dem Vorbereitungsdienst entsprechender Berufsausbildung der Dienststellen oder des Ausbildungsbereichs, für die der Ausbildungspersonalrat gebildet wird.

(3) [1]Für die Wahl, die Amtszeit, die Geschäftsführung, die Rechte, Pflichten und Aufgaben des Ausbildungspersonalrats und seiner Mitglieder gelten § 8 Absatz 1, § 9 Absatz 1 Nummer 1 und Absatz 2 Nummer 1, § 10 Absatz 1, 3 und 5, §§ 11 bis 14 Absatz 1, §§ 15, 16 Absatz 1, § 17 Absatz 1 und 2, §§ 18 bis 23 Absatz 1 Satz 1 Nummer 2 bis 6, Satz 2 und 3, §§ 24 bis 30, 32 Absatz 1 bis 3, 5 bis 8, §§ 33, 34, 38 bis 44, 47 Absatz 1 und 2, §§ 49 bis 53, 68 bis 71 und 73 bis 88 entsprechend. [2]An Stelle einer Personalversammlung zur Bestellung des Wahlvorstands übt der Leiter der Dienststelle, bei der der Ausbildungspersonalrat gebildet ist, die Befugnis zur Bestellung des Wahlvorstands nach § 16 Absatz 2 und 3 sowie § 17 Absatz 3 aus.

(4) Beschäftigte, die zu einem Ausbildungspersonalrat wahlberechtigt sind, besitzen nicht die Wahlberechtigung und die Wählbarkeit zum Personalrat, zum Gesamtpersonalrat, zu den Stufenvertretungen und zur Jugend- und Auszubildendenvertretung.

(5) § 31 findet mit der Maßgabe Anwendung, dass für die Beratung sozialer Angelegenheiten gemeinsame Sitzungen mit dem Personalrat und dem Richterrat und Staatsanwaltsrat der Dienststelle, deren Leiter auch der Leiter der Dienststelle ist, bei der der Ausbildungspersonalrat gebildet ist, stattfinden können.

(6) Eine Beteiligung bei der Gestaltung von Lehrveranstaltungen sowie bei der Auswahl der Lehrpersonen findet nicht statt.

I. Bildung von Ausbildungspersonalräten (Abs. 1)

1. Anwendungsbereich. Nach § 58 können für den dort genannten Personenkreis AusbildungsPR mit von den allg. Regelungen abweichender Amtszeit und abweichenden Aufgaben und Befugnissen geschaffen werden. Das für die Ausbildung zuständige Ministerium kann nach Abs. 1 durch Rechtsverordnung bestimmen, dass AusbildungsPR gebildet werden (Nr. 1), dass die Amtszeit auf weniger als fünf Jahre festgesetzt wird (Nr. 2) und dass die Beteiligung des AusbildungsPR abweichend von den allg. Bestimmungen geregelt wird (Nr. 3). Wenn und soweit von der Befugnis des Abs. 1 kein Gebrauch gemacht wird, verbleibt es bei den allg. Regelungen; d. h.: auch diese in Ausbildung befindlichen Personen sind Beschäftigte i. S. d. § 4 Abs. 1 Satz 1 Nr. 2. Sie sind wahlberechtigt mit der Einschränkung des § 8 Abs. 2 Satz 1, wonach sie nur bei ihrer Stammbehörde wahlberechtigt sind bzw. bei der Ausbildungsstelle, die die 1 oberste Dienstbehörde als Stammbehörde i. S. d. LPVG bestimmt (§ 8 Abs. 2 Satz 2); vgl. hierzu auch § 4 Rn. 58 ff.).

2 a) **Personenkreis.** § 58 Abs. 1 umfasst Auszubildende in öffentlich-rechtlichen Ausbildungsverhältnissen, Beamte im Vorbereitungsdienst und Beschäftigte in einer dem Vorbereitungsdienst entsprechenden Berufsausbildung. Es handelt sich um denselben Beschäftigtenkreis, wie er in § 8 Abs. 2 und in § 47 Abs. 3 Satz 1 angesprochen ist.

3 **Öffentlich-rechtliche Ausbildungsverhältnisse.** Öffentlich-rechtliche Ausbildungsverhältnisse werden einem Vorbereitungsdienst vorgeschaltet oder sollen diesen für solche Personen, die nicht die Ernennungsvoraussetzungen zum Beamten auf Widerruf erfüllen, ersetzen. Ist dem Vorbereitungsdienst ein öffentlich-rechtliches Ausbildungsverhältnis vorgeschaltet, wie bspw. bei der Ausbildung des mittleren und des gehobenen Dienstes (vgl. § 6 Abs. 1 APrOVwmD; §§ 2, 14 Abs. 1 APrOVwgD) beginnen diese Personen die Ausbildung nach einer Zulassung (§§ 4 ff. APrOVwgD; § 3 APrOVwmD). Die für Beamte auf Widerruf geltenden Vorschriften gelten für diesen Personenkreis grundsätzlich entsprechend (§ 16 Abs. 5 Satz 1 LBG). Das Ausbildungsverhältnis endet mit der Berufung in ein Beamtenverhältnis auf Widerruf (zur Ableistung des anschließenden Vorbereitungsdienstes) oder durch Entlassung (§ 14 Abs. 2 AProVwgD; § 5 Abs. 2 APrOVwmD). Das öffentlich-rechtliche Ausbildungsverhältnis nach § 5 Abs. 1 JAG endet i. d. R. mit dem Bestehen bzw. Nichtbestehen der Zweiten Juristischen Staatsprüfung (§ 5 Abs. 3 JAG).

4 **Vorbereitungsdienst.** Nach § 16 Abs. 1 Satz 1 Nr. 1 LBG können Laufbahnbewerber die Befähigung für eine Laufbahn erwerben: durch einen Vorbereitungsdienst im **Beamtenverhältnis auf Widerruf** (Nr. 1a) sowie in einem öffentlich-rechtlichen Ausbildungsverhältnis (Nr. 1b); siehe oben Rn. 3.

5 **Entsprechende Berufsausbildung.** § 58 Abs. 1 findet auch Anwendung für Personen, deren (privatrechtliche) Berufsausbildung „dem Vorbereitungsdienst entspricht“. Das ist dann der Fall, wenn die Auszubildenden regelmäßig eine zeitlich festgelegte Reihe von Ausbildungsstellen (Stationen) durchlaufen und damit nicht mit einer Stelle, an der sie ausgebildet werden, fest verbunden sind (BVerwG, 11.9.2007 – 6 PB 9/07 – PersR 2007, 484; Ilbertz-Widmaier § 13 Rn. 29).

6 **Sonstige berufliche Ausbildung.** Wer sich in sonstiger beruflicher Ausbildung befindet, zählt nicht zum Personenkreis des § 58 Abs. 1. Hierbei handelt es sich vor allem um Auszubildende, die aufgrund eines Berufsausbildungsvertrags (§§ 10 ff. BBiG) nach dem Berufsbildungsgesetz ausgebildet werden. Dies gilt auch für andere Ausbildungsverhältnisse, wie bspw. nach dem Krankenpflegegesetz oder vergleichbaren Gesetzen. In sonstiger Ausbildung sind auch Personen, die eine berufliche Fortbildung (§§ 53 ff. BBiG) oder berufliche Umschulung (§ 62 Abs. 1 BBiG) absolvieren. Nicht unter § 58 Abs. 1 fallen auch z. B. Volontäre und Praktikanten. Der entscheidende Unterschied zum Personenkreis des Abs. 1 liegt daran, dass sie ihrer Ausbildung (Tätigkeit) nicht an

wechselnden Ausbildungsstellen, sondern i. d. R. an nur einer Stelle absolvieren.

b) **Regelungszweck.** Die in Abs. 1 genannten Beschäftigten absolvieren Ausbildungen, die dadurch gekennzeichnet sind, dass sie nicht fest in eine bestimmte Dienststelle eingegliedert sind, sondern verschiedene Ausbildungsstellen durchlaufen werden. Die Bindung zu einer bestimmten Dienststelle, bei der auch der PR zu wählen ist, fehlt damit in der Regel. Von daher wird regelmäßig auch das Interesse dieser Beschäftigten an einer PR-Wahl teilzunehmen, nicht besonders ausgeprägt sein. Auch haben diese Beschäftigten während ihrer Ausbildung häufig auch andere Interessen als die Stammbeschäftigten. Schließlich sind die fraglichen Ausbildungszeiten auch durchweg kürzer als die regelmäßige Amtszeit des PR. Die Auszubildenden hätten deshalb nur eher zufällig Gelegenheit an allg. PR-Wahlen teilzunehmen. Unter Berücksichtigung dieser Umstände liegt es nahe, für diesen Personenkreis andere Formen der Vertretung und Beteiligung zu schaffen. 7

Sonderregelungen. Im Hinblick auf die besondere Situation dieses Personenkreises trifft schon das LPVG selbst besondere Regelungen. § 8 Abs. 2 beschränkt die **Wahlberechtigung** dieser Auszubildenden auf die Stammbehörde; was auch Auswirkungen auf das passive Wahlrecht (§ 9) hat. § 8 Abs. 2 ist für die Wahl des GesamtPR sowie der Stufenvertretungen entsprechend anzuwenden. § 47 Abs. 3 schränkt den **Schutz des Arbeitsplatzes** für diesen Personenkreis ein. § 58 schafft die rechtliche Grundlage, um über die bereits im Gesetz getroffenen Sonderregelungen hinaus für diese Auszubildenden zugeschnittene Regelungen zu treffen. Dementsprechend steht § 8 Abs. 2 Satz 1 ausdrücklich unter dem Vorbehalt abweichender Regelungen nach § 58. 8

2. **Rechtsverordnungen.** Bei der Verschiedenartigkeit der einzelnen Ausbildungsgänge wäre eine abschließende und einheitliche Regelung im LPVG nicht sinnvoll. § 58 Abs. 1 schafft deshalb die Ermächtigungsgrundlage zum Erlass von Rechtsverordnungen durch das für die Ordnung des Ausbildungsgangs (Laufbahn) zuständige Ministerium. Wird von dieser Befugnis kein Gebrauch gemacht, verbleibt es bei den allg. Bestimmungen des LPVG mit den bereits im Gesetz vorgesehenen Sonderregelungen. Die Rechtsverordnung bedarf des Einvernehmens (der Zustimmung) des Innenministeriums. 9

a) **Bildung von AusbildungsPR (Nr. 1).** Nach Nr. 1 kann das jeweils zuständige Ministerium bestimmen, dass und für welchen Zuständigkeitsbereich AusbildungsPR gebildet werden. Die Zuständigkeit eines AusbildungsPR kann sich auf eine oder mehrere Dienststellen oder Ausbildungsbereiche erstrecken. Der AusbildungsPR ist im Gegensatz zur JAV eine Personalvertretung i. S. d. LPVG, der auch die gesetzlich bestimmten Beteiligungsrechte zustehen. Soweit die Zuständigkeit des AusbildungsPR begründet ist, stehen nur ihm und nicht dem PR diese gesetzlichen Befugnisse zu. Von der Möglichkeit des § 58 Abs. 1 haben z. B. Gebrauch gemacht und entspr. Rechtsverordnungen erlassen: 10

– Verordnung des **Kultusministeriums** über die Bildung von Ausbildungspersonalräten im Geschäftsbereich der Kultusverwaltung vom 7.3.1977 (GBl. S. 98). An den Seminaren für die schulpraktische Ausbildung (**Grund- und**

Hauptschulen sowie **Realschulen**) gibt es keine AusbildungsPR. Für die Lehramtsanwärter GHS und RS ist die jeweils zugewiesene Schule „Stammbehörde“, an der sie wahlberechtigt sind.

- Verordnung des **Justizministeriums** über die Errichtung von Ausbildungspersonalräten für Rechtsreferendare vom 17.3.1977 (GBl. S. 98).
- Verordnung des **Innenministeriums** über Ausbildungspersonalräte für die Anwärterinnen und Anwärter des gehobenen Verwaltungsdienstes vom 15.1.2010 (GBl. S. 21). Hiernach werden bei den Hochschulen in Ludwigsburg und Kehl AusbildungsPR eingerichtet, die für die von den Hochschulen getroffenen Maßnahmen personalvertretungsrechtlich zuständig sind; nicht aber für Maßnahmen des IM bzw. des MWK (§ 3 Abs. 1 VO-IM).
- Verordnung des **Wissenschaftsministeriums** über die Bildung eines Ausbildungspersonalrats für den gehobenen Archivdienst vom 8.3.1989 (GBl. S. 143).

11 b) **Abweichende Amtszeit (Nr. 2).** Nach Abs. 1 Nr. 2 kann die Amtszeit des AusbildungsPR abweichend von § 22 Abs. 1 auf eine kürzere Dauer als fünf Jahre, mind. aber auf die Dauer von einem Jahr, festgesetzt werden. Ebenso kann ein von § 22 Abs. 3 abweichender Zeitraum für die regelmäßigen Wahlen festgelegt werden. Nach den geltenden Verordnungen beträgt die regelmäßige Amtszeit von AusbildungsPR ein Jahr (vgl. z. B. § 2 Abs. 1 VO-IM). Sie endet am letzten Tag des Zeitraums der regelmäßigen Wahlen. Die regelmäßigen Wahlen finden in unterschiedlichen Zeiträumen statt (z. B. vom 2. bis 31. Mai jeden Jahres für die Hochschulen für öffentliche Verwaltung, § 2 Abs. 2 VO-IM).

12 c) **Abweichende Beteiligung (Nr. 3).** Nach Abs. 1 Nr. 3 kann in der Verordnung von Beteiligungsangelegenheiten des Teils 8 Abschnitts 2 des LPVG abgesehen werden, soweit dies mit Rücksicht auf eine sachgemäße Ausbildung oder sonst aus wichtigen Gründen erforderlich und gesetzlich nichts anderes bestimmt ist. In dem hier angesprochenen Teil des LPVG (§§ 73 bis 90) sind die förmlichen Beteiligungsrechte des PR geregelt. So bestimmt z. B. § 3 Abs. 2 VO-IM, dass in den dort genannten Fällen anstelle der Mitbestimmung die Mitwirkung zur Geltung kommt. Zum Teil werden auch einige Mitbestimmungsgegenstände gänzlich ausgeschlossen (vgl. z. B. § 3 Abs. 2 VO-MWK für den gehobenen Archivdienst).

13 **Bestimmtheit.** Zu Recht werden Bedenken gegen die Bestimmtheit von § 58 Abs. 1 Nr. 3 geltend gemacht (so: Altvater u. a. § 58 Rn. 5). Nach Art. 61 Abs. 1 Satz 2 LV müssen Inhalt, Zweck und Ausmaß der erteilten Ermächtigung im Gesetz bestimmt sein. Die weitgehend offene Formulierung der Nr. 3, die Abweichungen vom gesetzlichen Regelfall wegen „Rücksicht auf eine sachgemäße Ausbildung“ bzw. „sonst aus wichtigen Gründen“ für zulässig erklärt, lässt dem Verordnungsgeber einen bemerkenswerten Freiraum. Eingebunden wird dieser Freiraum am ehesten noch durch das Tatbestandsmerkmal „erforderlich“, bei dessen enger Auslegung die Bestimmtheit der Ermächtigungsnorm wohl bejaht werden kann.

II. Wahlberechtigung und Wählbarkeit (Abs. 2)

14 **Personenkreis.** Hat das zuständige Ministerium von Abs. 1 Gebrauch gemacht, so beschränkt sich das aktive und passive Wahlrecht der dort genannten Beschäftigten auf den AusbildungsPR, der für diesen Bereich geschaffen worden ist. Besondere Voraussetzungen (z. B. Altersgrenze, vgl. hierzu Rn. 16) stellt Abs. 2 nicht auf. Die Wahlberechtigung und die Wählbarkeit hängen allein davon ab, dass der Beschäftigte zum Personenkreis des Abs. 2 gehört und in dem Ausbildungsbereich, für den der AusbildungsPR gebildet worden ist, seine Ausbildung absolviert. Die Wahlberechtigung und die Wählbarkeit zum PR, GesamtPR, zu den Stufenvertretungen und zur JAV bestehen dann nicht mehr (Abs. 4). Wurde kein AusbildungsPR geschaffen, bestimmt sich das Wahlrecht der genannten Personen unverändert nach § 8 Abs. 2.

III. Wahl, Amtszeit, Geschäftsführung, Rechtsstellung (Abs. 3)

15 **1. Entsprechende Anwendung** (Satz 1). Hinsichtlich der Wahl, der Amtszeit, der Geschäftsführung, der Rechtsstellung der Mitglieder und der Beteiligung des AusbildungsPR ordnet Abs. 3 die entspr. Geltung von Regelungen für den PR an. Der AusbildungsPR ist eine Personalvertretung i. S. d. LPVG, weshalb die für Personalvertretungen allgemein geltenden Vorschriften auch für ihn direkt gelten (z. B. § 67).

16 a) **Wahlberechtigung und Wählbarkeit.** Für die Wahl des AusbildungsPR gelten neben § 58 Abs. 2 die § 8 Abs. 1 und § 9 Abs. 1 Nr. 1 und Abs. 2 Nr. 1 entsprechend. Um zum AusbildungsPR wählbar zu sein, muss der Bewerber dem Ausbildungsbereich deshalb seit zwei Monaten angehören (Nr. 1); hingegen gilt die **Altersgrenze** des § 9 Abs. 1 Nr. 2 hier nicht.

17 b) **Wahlverfahren.** Nach Abs. 3 Satz 1 gelten die §§ 10 Abs. 1, 3 und 5, 11 bis 14 Abs. 1, §§ 15, 16 Abs. 1, 17 Abs. 1 und 2, §§ 18 bis 21 entsprechend.

18 **Personalversammlung zur Bestellung des Wahlvorstands.** Nicht für entsprechend anwendbar werden in Abs. 3 Satz 1 die §§ 16 Abs. 2 und 3, 17 Abs. 3 erklärt, weshalb Personalversammlungen zur Bestellung eines Wahlvorstands nicht stattfinden (Abs. 3 Satz 2); vgl. Rn. 30.

19 **Wahlordnung.** Gemäß § 53 WO gelten die §§ 1 bis 44 WO für die Wahl des AusbildungsPR entsprechend.

20 c) **Amtszeit.** Von den Vorschriften des Abschnitts 2 gelten die §§ 22, 23 Abs. 1 Satz 1 Nr. 2 bis 6, Satz 2 und 3, §§ 24 bis 27) für den AusbildungsPR entsprechend. Auch insoweit auf die dortigen Erläuterungen verwiesen.

21 d) **Geschäftsführung.** Es gelten von den Regelungen des Abschnitts 3 die §§ 28 bis 30, § 32 Abs. 1 bis 3, 5 bis 8, §§ 33, 34, 38 bis 42 über die Geschäftsführung des PR entsprechend. Die entspr. Anwendung von § 31 erfolgt nach Maßgabe von Abs. 5.

22 e) **Rechtsstellung.** Nach Abs. 3 Satz 1 sind auch von den Vorschriften des Abschnitts 4 die §§ 43, 44 und 47 Abs. 1 und 2 über die Rechtsstellung der Mitglieder des PR für entsprechend anwendbar erklärt.

23 aa) **Freistellung.** Eine Freistellung (§ 45) von Mitgliedern des AusbildungsPR kommt naturgemäß nicht in Betracht; dementsprechend entfällt auch die Anwendbarkeit von § 46.

24 bb) **Versäumnis von Arbeitszeit; Schulung.** Entsprechend anwendbar sind aber die §§ 43 und 44, was bedeutet, dass die durch die Tätigkeit im AusbildungsPR versäumte Arbeitszeit keine Minderung der Besoldung bzw. des Arbeitsentgelts zur Folge hat; ggf. besteht Anspruch auf Dienstbefreiung (§ 43 Abs. 2 Satz 2 entspr.). Auch für Mitglieder des AusbildungsPR kommen Schulungsmaßnahmen nach den allg. Grundsätzen in Betracht; vgl. die dortige Komm.

25 cc) **Versetzungsschutz.** Die **Mitglieder des AusbildungsPR** genießen den besonderen Schutz vor Versetzungen, Abordnungen, Zuweisungen, Gestellungen und den in § 47 Abs. 2 genannten Umsetzungen. Nach Abs. 3 Satz 1 ist **§ 47 Abs. 1 und 2** entspr. anwendbar **nicht aber § 47 Abs. 3,** der die Anwendung der Arbeitsplatzschutzvorschriften für den Personenkreis des § 58 Abs. 1 ausdrücklich ausschließt.

26 **Wahlvorstand, Wahlbewerber.** Für die Mitglieder und eingetretenen Ersatzmitglieder des Wahlvorstands gilt nach dem entsprechend (vgl. § 58 Abs. 3 Satz 1) anwendbaren § 15 Abs. 5 nur der Schutz des § 47 Abs. 1 Satz 1 und Abs. 2 (insoweit kein Zustimmungserfordernis bzw. Zustimmungsersetzung nach § 47 Abs. 1 Satz 2 bis 4). Gleiches gilt für die **Wahlbewerber** (§ 58 Abs. 3 Satz 1 i. V. m. § 20 Abs. 1 Satz 3).

27 dd) **Kündigungsschutz.** Die ordentliche und außerordentliche Kündigung sowie die Änderungskündigung von Mitgliedern des AusbildungsPR und des Wahlvorstands sowie der Wahlbewerber unterliegt weitgehendenden Einschränkungen durch das Bundesrecht (KSchG und § 108 Abs. 1 BPersVG) und auch durch das LPVG. Die Mitglieder des AusbildungsPR sind Mitglieder einer Personalvertretung i. S. d. § 15 Abs. 2 Satz 1 KSchG, weshalb die §§ 15, 16 KSchG für sie Anwendung finden. Gleiches gilt für die Wahlbewerber für die Wahl des AusbildungsPR und den Mitgliedern des anlässlich dieser Wahl bestellten Wahlvorstands.

28 **Kündigung.** Die Kündigung eines Mitglieds des AusbildungsPR ist nach **§ 15 Abs. 2 Satz 1 KSchG** unzulässig. Für den in § 58 Abs. 1 genannten Personenkreis schließt § 47 Abs. 3 Satz 1 die Geltung der §§ 15 und 16 KSchG zwar ausdrücklich aus, dies gilt aber nicht, wenn diese Personen Mitglied eines AusbildungsPR sind. Für Mitglieder des AusbildungsPR verbleibt es schon deshalb beim Kündigungsschutz nach § 15 Abs. 2 Satz 1 KSchG und dem nachwirkenden Kündigungsschutz nach § 15 Abs. 2 Satz 2 KSchG, weil durch § 58 Abs. 3 Satz 1 nicht **§ 47 Abs. 3** für entsprechend anwendbar erklärt worden ist. Im Übrigen ist § 47 Abs. 3 Satz 1 insoweit nichtig, weil der Landesgesetzgeber nicht eine Norm des Bundesrechts für unanwendbar erklären kann (vgl. § 1 Rn. 5).

Wahlvorstand, Wahlbewerber. Die Mitglieder des Wahlvorstands genießen ab dem Zeitpunkt ihrer Bestellung Kündigungsschutz nach § 15 Abs. 3 Satz 1 KSchG und nachwirkenden Kündigungsschutz nach § 15 Abs. 3 Satz 2 KSchG (für sechs Monate nach Bekanntgabe des Wahlergebnisses). Die Kündigung eines **Wahlbewerbers** ist nach § 15 Abs. 3 Satz 1 KSchG unzulässig ab dem Zeitpunkt der Aufstellung des Wahlvorschlags, wobei auch hier der Zeitpunkt der Aufstellung der Liste maßgeblich ist, nicht erst der Zugang des Wahlvorschlags beim Wahlvorstand (vgl. insoweit § 20 Rn. 34 f.). Der Kündigungsschutz dauert auch hier bis zur Bekanntgabe des Wahlergebnisses. Auch Wahlbewerber genießen nachwirkenden Kündigungsschutz nach § 15 Abs. 3 Satz 2 KSchG. 29

Außerordentliche Kündigung. Mitglieder des **AusbildungsPR** können nach § 15 Abs. 2 Satz 1 KSchG ohne Einhaltung einer Kündigungsfrist nur aus wichtigem Grund gekündigt werden *und* wenn die nach dem Personalvertretungsrecht **erforderliche Zustimmung** vorliegt oder gerichtlich ersetzt worden ist. Für die Mitglieder des AusbildungsPR gilt zwar, dass Abs. 3 Satz 1 nicht die entspr. Anwendung des § 47 Abs. 4, der ein solches Zustimmungserfordernis enthält, anordnet. Dies ist folgenlos, weil sich das Zustimmungserfordernis bereits aus dem vorrangigen Bundesrecht ergibt (Rn. 31). Eine ohne Zustimmung ausgesprochene außerordentliche Kündigung eines Mitglieds des AusbildungsPR ist unwirksam (§ 108 Abs. 2 BPersVG). 30

Bundesrechtliches Zustimmungserfordernis. Nach **§ 108 Abs. 1 BPersVG** bedarf jede außerordentliche Kündigung eines Mitglieds einer Personalvertretung immer der vorherigen Zustimmung der zuständigen Personalvertretung; § 108 Abs. 1 Satz 2 BPersVG ordnet für den Fall der verweigerten bzw. unterbliebenen Zustimmung das gerichtliche Ersetzungsverfahren an. § 108 Abs. 1 BPersVG gilt unmittelbar für Baden-Württemberg und geht einer entgegen stehenden landesrechtlichen Regelung vor (vgl. § 1 Rn. 5). Bei § 108 Abs. 1 BPersVG handelt es sich um eine arbeitsrechtliche Regelung, für die der Bundesgesetzgeber auch nach der Föderalismusreform die Zuständigkeit des Art. 74 Abs. 1 Nr. 12 GG besitzt, weshalb die Norm nicht nur nach § 125a Abs. 1 Satz 1 GG weitergilt, sondern als unmittelbar geltendes und dem Landesgesetzgeber entzogenes Bundesrecht Geltung für alle Länder hat. 31

Außerordentliche Kündigung. Für **Wahlbewerber** (zur PR-Wahl) gilt nach § 20 Abs. 1 Satz 3 die Regelung des § 47 Abs. 4 entsprechend. Da § 58 Abs. 3 Satz 1 die entspr. Anwendung von § 20 ohne Einschränkung anordnet, besteht für diesen Personenkreis das Zustimmungserfordernis sowohl nach § 47 Abs. 4 als auch – vorrangig – nach § 108 Abs. 1 Satz 1 BPersVG. Für Mitglieder des **Wahlvorstands** ordnet § 15 Abs. 5 die entspr. Anwendung von § 47 Abs. 4 an. Auch insoweit verweist Abs. 3 Satz 1 einschränkungslos auf § 15, weshalb auch für den Wahlvorstand bei der Wahl des AusbildungsPR das Zustimmungserfordernis des § 47 Abs. 4 gilt. Auch hier besteht parallel und vorrangig das Zustimmungserfordernis des § 108 Abs. 1 Satz 1 BPersVG. 32

ee) **Übernahme Auszubildender.** Nach § 48 hat ein Auszubildender, der Mitglied im PR ist (oder nach Maßgabe von § 48 Abs. 3 war), ggf einen Anspruch 33 auf Begründung eines Arbeitsverhältnisses auf unbestimmte Zeit. Entsprechendes gilt nach § 64 Satz 2 für Mitglieder der JAV. § 58 Abs. 3 Satz 1 ordnet für die Mitglieder des AusbildungsPR nicht die entspr. Geltung des § 48 an. Zu beachten ist in diesem Zusammenhang aber auch **§ 107 Satz 2 BPersVG**, der die entspr. Anwendung von § 9 BPersVG für die Länder anordnet, aus dem sich ggf. auch ein solcher Anspruch ergeben kann. Nach § 9 BPersVG gilt der gleiche Übernahmeanspruch des Auszubildenden, wie ihn § 48 gewährt. Auch bei § 107 Satz 2 BPersVG handelt es sich um eine arbeitsrechtliche Regelung (vgl. § 1 Rn. 4), für die der Bundesgesetzgeber auch nach der Föderalismusreform die Zuständigkeit des Art. 74 Abs. 1 Nr. 12 GG besitzt (offen gelassen von BVerwG, 21.2.2011 – 6 P 12/10 – PersR 2011, 271), weshalb die Norm nicht nur nach § 125a Abs. 1 Satz 1 GG weitergilt, sondern als unmittelbar geltendes und dem Landesgesetzgeber entzogenes Bundesrecht Geltung für alle Länder hat (vgl. § 1 Rn. 2 ff.). Hierbei scheidet eine entspr. Anwendung von § 107 Satz 2 BPersVG für **Beamte auf Widerruf** aus (BVerwG, 30.5.2012 – 6 PB 7/12 – PersR 2012, 383 = PersV 2012, 394). Jedenfalls für Auszubildende, die sich in einer privatrechtlich ausgestalteten Ausbildung befinden, die dem Vorbereitungsdienst nur hinsichtlich der wechselnden Ausbildungsstationen entspricht (siehe oben), kann eine Anwendung von § 107 Satz 2 i. V. m. § 9 BPersVG in Betracht kommen, wenn der Auszubildende Mitglied des AusbildungsPR, also einer Personalvertretung i. S. d. § 9 Abs. 1 ist bzw. war.

34 f) **Personalversammlungen.** Nach Abs. 3 Satz 1 sind auch die §§ 49 bis 53 entsprechend anwendbar und damit alle Vorschriften des Teil 3 über die Personalversammlungen; vgl. auch Rn. 30.

35 g) **Beteiligung.** Abs. 3 Satz 1 erklärt auch die §§ 68 bis 88 (mit Ausnahme von § 72 – Wirtschaftsausschuss) für entsprechend anwendbar. Die förmliche Beteiligung der AusbildungsPR wird aber durch die speziellen Regelungen der nach Abs. 1 erlassenen Verordnungen stark eingeschränkt (vgl. Rn. 12). Einen direkten Ausschluss einer Beteiligung des AusbildungsPR nimmt Abs. 6 hinsichtlich der Gestaltung der Lehrveranstaltungen und der Auswahl der Lehrpersonen vor.

36 2. **Bestellung des Wahlvorstands (Satz 2).** Ausgeschlossen sind nach Abs. 3 Satz 2 die zur Bestellung eines Wahlvorstands für die PR-Wahl vorgesehenen Personalversammlungen (§§ 16 Abs. 2 und 3, 17 Abs. 3). Stattdessen übt der Leiter der Dienststelle, bei der der AusbildungsPR gebildet ist, die Befugnis zur Bestellung des Wahlvorstands aus. Folgerichtig ist in Abs. 3 Satz 1 nicht die entspr. Anwendbarkeit dieser Vorschriften angeordnet worden.

IV. Wahl zu sonstigen Personalvertretungen (Abs. 4)

37 Nach Abs. 4 sind die Auszubildenden i. S. d. § 58 Abs. 1, die zu einem AusbildungsPR wahlberechtigt sind, nicht wahlberechtigt und wählbar zum PR, zum GesamtPR, zu den Stufenvertretungen und zur JAV. Abs. 4 korrespondiert mit Abs. 2. Sobald durch eine entspr. Rechtsverordnung nach Abs. 1 die Möglichkeit zur Wahl eines AusbildungsPR geschaffen worden ist, können die hier-

durch betroffenen Beschäftigten nur mehr den AusbildungsPR wählen bzw. für diesen kandidieren und nicht mehr die anderen Personalvertretungen sowie die JAV.

V. Gemeinsame Angelegenheiten (Abs. 5)

Gemeinsame Sitzungen. Nach Abs. 5 findet für die Geschäftsführung des AusbildungsPR § 31 teilweise Anwendung. Relevant ist die Regelung für den AusbildungsPR für Rechtsreferendare, die einem Landgericht zur Ausbildung zugewiesen sind. Es muss sich um eine Angelegenheit i. S. v. § 31 Abs. 1 handeln. Es muss sich weiterhin um eine „**soziale Angelegenheit**“ handeln. Das sind alle Angelegenheiten, die die Arbeitsbedingungen der Referendare betreffen (BVerwG, 16.4.2008 – 6 P 8/07 – PersR 2008, 418). Betrifft diese Angelegenheit den AusbildungsPR, aber auch den PR und den Richterrat bzw. den Staatsanwaltsrat, so ist die Angelegenheit in einer gemeinsamen Sitzung zu behandeln. 38

VI. Lehrveranstaltungen und Lehrpersonen (Abs. 6)

Lehrveranstaltungen. Nach Abs. 6 findet eine Beteiligung des AusbildungsPR bei Maßnahmen, die der Gestaltung der Lehrveranstaltungen dienen, nicht statt. Eine eingeschränkte Mitbestimmung des PR gibt es nach § 75 Abs. 4 Nr. 9 hinsichtlich allg. Fragen zur Durchführung der beruflichen Bildung „mit Ausnahme der Gestaltung von Lehrveranstaltungen“. Da es überhaupt kein Mitbestimmungsrecht oder sonstiges Beteiligungsrecht gibt, das für den AusbildungsPR entsprechend anwendbar sein könnte, hat Abs. 6 insoweit nur klarstellende Funktion. 39

Lehrpersonen. Bei der Bestellung und Abberufung von **Ausbildern** und **Ausbildungsleitern** betrifft der Mitbestimmungsgegenstand des § 75 Abs. 4 Nr. 9, soweit nicht ohnehin zwingende gesetzliche Vorgaben vorgehen, nur die „**allgemeinen Fragen**“, nicht die konkrete Auswahl oder Abberufung von Personen. Durch Abs. 6 wird auch der verbleibende Teil des Mitbestimmungsgegenstandes („allgemeine Fragen bei der Auswahl von Lehrpersonen“) vollständig der Beteiligung des AusbildungsPR entzogen. 40

Teil 6 Jugend- und Auszubildendenvertretungen, Jugend- und Auszubildendenversammlung

§ 59 Grundsatz

In Dienststellen, bei denen Personalvertretungen gebildet sind und denen in der Regel mindestens fünf wahlberechtigte Beschäftigte angehören, die das 18. Lebensjahr noch nicht vollendet haben oder die sich in einer beruflichen Ausbildung befinden, werden Jugend- und Auszubildendenvertretungen gebildet.

1 **1. Bundesrahmenrecht.** Nach § 95 Abs. 2 Satz 1 BPersVG sind in den einzelnen Dienststellen der Länder zwingend Jugend- und Auszubildendenvertretungen (JAV) vorzusehen. Nach der Föderalismusreform (vgl. § 1 Rn. 2) gilt § 95 Abs. 2 BPersVG für die Länder verbindlich fort (Art. 125a Abs. 1 Satz 1 GG), kann aber jederzeit durch abweichendes Landesrecht ersetzt werden (Art. 125a Abs. 1 Satz 2 GG). Aktuell entspricht das Landesrecht allen Vorgaben des § 95 Abs. 2 einschließlich der Teilnahmeberechtigung eines von der JAV bestimmten Vertreters bei den PR-Sitzungen (§ 95 Abs. 2 Satz 2 BPersVG; § 32 Abs. 4 Satz 1). Die Frage, wann die übrigen Mitglieder der JAV an den PR-Sitzungen – beratend oder mitentscheidend – teilnehmen dürfen, hat § 95 Abs. 2 Satz 3 BPersVG ohnehin in das Ermessen der Landesgesetzgebung gestellt (vgl. insoweit § 32 Abs. 4 Satz 2).

2 **2. Anwendungsbereich.** JAV werden nach § 59 in Dienststellen mit in der Regel mind. fünf wahlberechtigten Beschäftigten, die das 18. Lebensjahr noch nicht vollendet haben bzw. sich in einer beruflichen Ausbildung befinden, gebildet. Anlass für den Gesetzgeber, auch Auszubildende, die das 18. Lebensjahr schon vollendet haben, in die Vertretung der jüngeren Beschäftigten einzubeziehen, war die Tatsache, dass der Anteil der volljährigen Auszubildenden zuletzt immer mehr gestiegen ist. Die Jugendvertretungen alter Art konnten somit nur noch einen Bruchteil der Auszubildenden vertreten (vgl. LT-Drucksache 10/3250). Das Land Baden-Württemberg hat dies mit dem Gesetz zur Änderung des LPVG vom 29.10.1990 (GBl. S. 317) berücksichtigt.

3 a) **Begriff.** Die JAV ist – anders als der AusbildungsPR – **keine Personalvertretung**. Sie steht nicht selbstständig neben der Personalvertretung, sondern kann die ihr vom Gesetz zugeschriebenen Aufgaben und Befugnisse i. d. R. nur im Zusammenwirken mit der Personalvertretung der Dienststelle erfüllen (BVerwG, 8.7.1977 – VII P 22.75 – PersV 1978, 309). Deshalb unterscheiden die sonstigen gesetzlichen Regelungen auch durchgehend zwischen „Personalvertretung" und „JAV" (vgl. z. B. § 15 Abs. 2 Satz 1 KSchG; § 108 Abs. 1 Satz 1 BPersVG). § 59 spricht zwar von „Personalvertretungen", regelt in den §§ 60 bis 64 aber nur die JAV, die mit dem (örtlichen) PR zusammenarbeitet. Jugend- und Auszubildendenvertretungen, die beim GesamtPR oder den Stufenvertretungen gebildet werden, nennt § 66 „Gesamt-Jugend- und Auszubildendenvertretung" (GJAV) bzw. „Stufen-Jugend- und Auszubildendenvertre-

tungen“ (BJAV bzw. HJAV). Beim AusbildungsPR wird keine JAV gebildet, wie sich aus der Natur der Sache und auch aus § 58 Abs. 4 ergibt.

b) Verhältnis zur Dienststelle. Die Interessen aller Beschäftigten der Dienststelle, also auch die der Beschäftigten i. S. v. § 59, werden von der Personalvertretung wahrgenommen. Diese ist der vom Gesetz vorgesehene Ansprechpartner des Dienststellenleiters, von der die der Personalvertretung zugewiesenen Aufgaben und Befugnisse wahrzunehmen sind. Die JAV hat keine eigenen Beteiligungsrechte. Sie nimmt die Belange der Beschäftigten i. S. v. § 59 ggü. der Dienststelle über die Personalvertretung und nicht direkt wahr. Sie kommuniziert i. d. R. nicht direkt mit dem Dienststellenleiter, sondern **über die Personalvertretung.** Zu diesem Zweck obliegt es der JAV, der Personalvertretung die besonderen Belange der Beschäftigten i. S. v. § 59 nahe zu bringen und dafür einzutreten, dass eine angemessene Berücksichtigung dieser Belange gewährleistet ist (Ilbertz-Widmaier § 57 Rn. 5). Dem Dienststellenleiter ist es allerdings nicht verwehrt, die JAV in § 59-Angelegenheiten direkt anzusprechen und/oder zu informieren bzw. Unterlagen zuzuleiten. Im Rahmen der vertrauensvollen Zusammenarbeit muss der Dienststellenleiter hierüber aber auch die Personalvertretung informieren. 4

c) Verhältnis zur Personalvertretung. Die JAV steht neben der Personalvertretung, der sie zugeordnet ist, und erfüllt die ihr durch das Gesetz zugewiesenen Aufgaben. Die Personalvertretung ist der JAV nicht übergeordnet, sondern strukturell gleichgeordnet. Die Personalvertretung übt keine Aufsicht über die JAV aus und hat dieser ggü. auch kein Weisungsrecht. Die Personalvertretung hat aber ein Prüfungsrecht, ob die gesetzlichen Voraussetzungen, auf die sich die JAV stützt, gegeben sind. Sie hat auch ein Mitbeurteilungsrecht, ob auch sie die von der JAV für sinnvoll gehaltenen Maßnahmen als zweckmäßig einschätzt und diese deshalb ggü. der Dienststelle im Sinne der JAV vertritt. § 70 Abs. 1 Nr. 7 verpflichtet die Personalvertretung zur **engen Zusammenarbeit** mit der JAV. Diese Zusammenarbeit ist auch durch das Teilnahmerecht des von der JAV beauftragten Mitglieds an PR-Sitzungen (§ 32 Abs. 4 Satz 1), das Teilnahme- und Stimmrecht der gesamten JAV nach § 32 Abs. 4 Satz 2, die besondere Informationspflicht des PR-Vorsitzenden nach § 32 Abs. 4 Satz 3 und das Einspruchsrecht nach § 37 Abs. 1 Satz 1 gesichert. 5

3. Voraussetzungen. Eine JAV ist in allen Dienststellen zu bilden, in denen die Voraussetzungen des § 59 erfüllt sind. In der Dienststelle muss danach eine Personalvertretung bestehen und ihr müssen in der Regel mind. fünf wahlberechtigte Beschäftigte beschäftigt sein, die das 18. Lebensjahr noch nicht vollendet haben oder die sich in einer beruflichen Ausbildung befinden (Beschäftigte i. S. v. § 59). 6

a) Bestehende Personalvertretung. JAV können nur in den Dienststellen gebildet werden, in denen eine Personalvertretung gebildet ist, denn nur über diese Personalvertretung kann die JAV ihre Tätigkeit entfalten; der PR bestimmt nach § 62 Abs. 1 Satz 1 auch den Wahlvorstand für die Wahl einer JAV sowie dessen Vorsitzenden und den stellvertretenden Vorsitzenden. Ohne ordnungsgemäß bestellten Wahlvorstand ist die Durchführung der JAV-Wahl nicht mög- 7 lich. Die Bestellung des Wahlvorstands durch eine Personalversammlung, durch die Jugend- und Auszubildendenversammlung, durch den Dienststellenleiter oder durch die JAV selbst ist nicht zulässig, denn die §§ 15 bis 18 finden auf die Wahl der JAV keine Anwendung. Der Dienststellenleiter ist also im Gegensatz zum Verfahren bei der Bestellung eines Wahlvorstands für die Wahl des PR nicht verpflichtet und auch nicht berechtigt, einen Wahlvorstand für die Wahl der JAV zu bestellen, wenn der PR dieser Pflicht nicht nachkommt. Eine Untätigkeit des PR könnte jedoch eine grobe Verletzung seiner gesetzlichen Pflichten mit den sich aus § 24 ergebenden Folgen darstellen. Näheres zur Wahl ergibt sich aus § 62.

8 **Wegfall der Personalvertretung.** Da die Bildung einer JAV unabdingbar an das Bestehen einer Personalvertretung gebunden ist, hört diese mit der Personalvertretung auf zu bestehen, z. B. bei Auflösung des PR nach § 24 Abs. 1, Unterlassung der Neuwahl des PR nach Ablauf der Amtszeit oder nach Rücktritt des PR, es sei denn, es handelt sich nur um eine verhältnismäßig kurze „personalratslose" Zeit, z. B. durch Verzögerung der Neuwahl oder wegen erfolgreicher Anfechtung der PR-Wahl (Ilbertz-Widmaier § 57 Rn. 8; Lorenzen u. a. § 57 Rn. 16). Auch bei vorübergehendem Nichtvorhandensein einer Personalvertretung besteht keine Möglichkeit der unmittelbaren Wahrnehmung der Aufgaben der JAV ggü. der Dienststelle (umstritten).

9 **Kleinstdienststellen.** In Kleinstdienststellen, die nach § 10 Abs. 2 einer benachbarten Dienststelle zugeteilt sind, kann es keine JAV gegeben, weil hier keine Personalvertretung gebildet ist.

10 **b) Personenkreis.** Eine JAV wird nach § 59 dann bei der Dienststelle gebildet, wenn dieser „in der Regel" mind. fünf wahlberechtigte Beschäftigte angehören, die das 18. Lebensjahr noch nicht vollendet haben oder sich in beruflicher Ausbildung befinden.

11 **Lebensalter.** Das 18. Lebensjahr hat vollendet, wer seinen 18. Geburtstag begeht (§ 187 Abs. 2 Satz 2 BGB). Die früher vorhandene Altersobergrenze von 26 Jahren bei Auszubildenden wurde mit dem ÄG 95 im Interesse einer umfassenden Interessenvertretung gestrichen (anders noch § 57 BPersVG, der eine Altersobergrenze von 25 Jahren vorsieht).

12 **Berufliche Ausbildung.** Der Begriff „berufliche Ausbildung" meint nicht nur Ausbildungen nach dem BBiG oder gleichgestellte privatrechtliche berufliche Ausbildungen, sondern jede berufliche Ausbildung i. S. d. § 4 Abs. 1 Satz Nr. 2. Es handelt sich demnach um alle Beschäftigten, die in einem privatrechtlichen Ausbildungsverhältnis oder in einem öffentlich-rechtlichen Ausbildungsverhältnis stehen, einschließlich der Beamten auf Widerruf im Vorbereitungsdienst. Umfasst sind auch jugendliche Beschäftigte in atypischen Ausbildungssituationen wie z. B. Praktikanten und Volontäre, wenn diese derart in die Dienststelle eingegliedert sind, dass sie den Beschäftigtenbegriff des § 4 Abs. 1 erfüllen.

13 **Wahlberechtigte Beschäftigte.** Wahlberechtigt sind die Beschäftigten i. S. v. § 59, wenn deren Wahlberechtigung nicht nach § 58 Abs. 4 (Wahlrecht zum

AusbildungsPR) oder § 96 Abs. 3 (Polizeibeamte im Vorbereitungs- oder Ausbildungsdienst) entfällt (§ 60 Abs. 1 Satz 1). Nach § 60 Abs. 1 Satz 2 ist § 8 Abs. 1 entsprechend anwendbar, weshalb auch in diesen Fällen die Wahlberechtigung entfällt.

Zahl der Beschäftigten. Maßgeblich sind die „in der Regel" Beschäftigten. Insoweit gilt dasselbe, was in § 10 Abs. 1 allgemein für die Beschäftigten geregelt ist (vgl. § 10 Rn. 10 f.). Unterschreitet die Zahl der „in der Regel-Beschäftigten" i. S. d. § 59 dauerhaft die Zahl von fünf Beschäftigten, endet das Amt der JAV. § 62 Abs. 3 Satz 2 ordnet die entspr. Geltung von § 23 Abs. 1 Satz 1 Nr. 2 bis 6 an, nicht aber die Geltung von dessen Nr. 1. Das bedeutet, dass nach einer JAV-Wahl eintretende Veränderungen der „in der Regel-Beschäftigten" nicht zu einer Neuwahl der JAV führen. 14

§ 60 Wahlberechtigung, Wählbarkeit

(1) [1]Wahlberechtigt sind die Beschäftigten im Sinne von § 59, soweit sich aus den §§ 58 und 96 nichts anderes ergibt. [2]§ 8 Absatz 1 gilt entsprechend.

(2) [1]Wählbar sind Beschäftigte, die am Wahltag das 26. Lebensjahr noch nicht vollendet haben, soweit sich aus den §§ 58 und 96 nichts anderes ergibt. [2]Die Altersgrenze gilt nicht für Beschäftigte, die sich in einer beruflichen Ausbildung befinden. [3]§ 9 Absatz 1 Nummer 1 und Absatz 2 ist entsprechend anzuwenden.

I. Aktives Wahlrecht (Abs. 1)

1. Wahlberechtigung (Satz 1). Bei der Wahl der JAV sind alle in der Dienststelle Beschäftigten wahlberechtigt, die am Wahltag das 18. Lebensjahr noch nicht vollendet haben oder sich in einer beruflichen Ausbildung befinden. Beschäftigte in diesem Sinne sind die Beschäftigten nach § 4 Abs. 1, die zusätzlich die Voraussetzungen des § 59 erfüllen. Wahlberechtigt sind alle Beschäftigten i. S. d. § 59, nicht nur Deutsche i. S. v. Art. 116 Abs. 1 GG, sondern auch **Ausländer** und staatenlose Beschäftigte. 1

a) **Stichtag.** Die zeitlichen Vorgaben (Lebensalter, andauernde Berufsausbildung) des Abs. 1 Satz 1 müssen am **Wahltag** erfüllt sein, das ist der vom Wahlvorstand festgesetzte Tag der Wahl (§ 17 Abs. 1 Satz 2; §§ 3 Satz 1, 9 Abs. 2 Nr. 2 WO). Wird die Wahl an mehreren (aufeinanderfolgenden) Tagen durchgeführt, gilt der erste Tag der Wahlhandlung als Wahltag i. S. d. Gesetzes und der WO (§ 3 Satz 4 WO). Der jugendliche Beschäftigte darf deshalb am ersten Tag einer mehrtägigen Wahl das 18. Lebensjahr noch nicht vollendet haben, auch wenn er erst an einem späteren Tag abstimmt. Gleiches gilt für die Berufsausbildung, diese darf am ersten Tag der mehrtägigen Wahl noch nicht beendet sein. 2

b) **Beschäftigte.** Wahlberechtigte Beschäftigte i. S. d. § 60 Abs. 1 müssen zunächst Beschäftigte i. S. v. § 4 Abs. 1 sein (auf die Komm. zu § 4 wird Bezug genommen). Wie allgemein beim Beschäftigtenbegriff ist auch hier nach den Beschäftigten i. S. d. § 4 Abs. 1 Satz 1 und den Beschäftigten i. S. d. § 4 Abs. 1 3

Satz 2 zu differenzieren. Hierbei ist zu beachten, dass § 4 Abs. 1 Satz 2 nur von der „Fortsetzung eines bestehenden unmittelbaren Dienst- oder Arbeitsverhältnisses zur Dienststelle" handelt, **nicht** hingegen von der Fortsetzung eines **„Ausbildungsverhältnisses"**.

4 aa) **Beschäftigungsdienststelle.** Beschäftigte i. S. d. § 4 Abs. 1 Satz 1, die zusätzlich die Voraussetzungen des § 59 erfüllen, üben ihr aktives Wahlrecht zur JAV bei der Dienststelle aus, bei der sie am Tag der Wahl tatsächlich beschäftigt (eingegliedert) sind.

5 **Stammbehörde.** § 60 Abs. 1 Satz 2 verweist nur auf § 8 Abs. 1, nicht auf dessen Abs. 2. Die wahlberechtigten Beschäftigten i. S. d. § 59 sind deshalb nicht auf eine Stammbehörde in diesem Sinne beschränkt und zwar auch dann nicht, wenn sie zum Personenkreis des § 8 Abs. 2 Satz 1 gehören. Ebenso wenig kann die oberste Dienstbehörde eine Stammbehörde nach § 8 Abs. 2 Satz 2 bestimmen und damit das Wahlrecht dieser Beschäftigten beschränken.

6 **Abordnung, Zuweisung, etc.** Abgeordnete, zugewiesene oder gestellte Beschäftigte i. S. d. § 59 sind in der neuen Dienststelle ohne Wartezeit und ohne Rücksicht auf die Dauer der Abordnung sofort zur JAV wahlberechtigt.

7 bb) **Abordnende Dienststelle.** Die abgeordneten, etc. Beschäftigten i. S. d. § 59 sind in diesem Falle aber nur dann **zusätzlich** bei der abordnenden, zuweisenden, etc. Dienststelle **wahlberechtigt**, wenn sie sich nicht in einem Ausbildungsverhältnis, sondern in einem fortbestehenden unmittelbaren Dienst- oder Arbeitsverhältnis zur abordnenden Stelle befinden. § 4 Abs. 1 Satz 2 regelt keine fortbestehenden „Ausbildungsverhältnisse".

8 c) **Ausnahmen.** Nicht wahlberechtigt zur JAV sind Beschäftigte i. S. v. § 59, die die Wahlberechtigung zu einem **AusbildungsPR** besitzen (§ 58 Abs. 4), oder **Polizeibeamte** im Vorbereitungs- oder Ausbildungsdienst sind und am Wahltag das 18. Lebensjahr vollendet haben (§ 96 Abs. 3).

9 **2. Verlust des Wahlrechts (Satz 2).** Nach Abs. 1 Satz 2 gilt § 8 Abs. 1 entsprechend. Nach der dortigen Nr. 1 sind nicht wahlberechtigt die Beschäftigten, die infolge Richterspruchs das Recht in öffentlichen Angelegenheiten zu wählen oder zu stimmen, verloren haben. § 8 Abs. 1 Nr. 4 scheidet im vorliegenden Zusammenhang aus; die Nummern 2 und 3 dürften nur eine untergeordnete Bedeutung haben. Auf die Komm. zu § 8 Abs. 1 wird Bezug genommen.

II. Passives Wahlrecht (Abs. 2)

10 **1. Wählbarkeit (Satz 1).** Wählbar zur JAV sind alle Beschäftigten, die am Wahltag (vgl. Rn. 2) das 26. Lebensjahr noch nicht vollendet haben. Anders als beim aktiven Wahlrecht schränkt Abs. 2 Satz 1 die Wählbarkeit nicht auf den Personenkreis des § 59 ein und verlangt folgerichtig auch nicht die Wahlberechtigung zur JAV nach § 60 Abs. 1 Satz 1. Bestimmt wird lediglich eine Altersgrenze, die zudem durch Abs. 2 Satz 2 relativiert wird. Einschränkungen

der Wählbarkeit ergeben sich auch hier aus den §§ 58 Abs. 4 und 96 Abs. 3 bzw. der entsprechenden Anwendung von § 9.

11 a) **Voraussetzungen.** Um zur JAV wählbar zu sein, muss der Wahlbewerber die Voraussetzungen des § 9 Abs. 1 Satz 1 erfüllen. Dies bedeutet: er muss Beschäftigter i. S. d. **§ 4 Abs. 1 Satz 1** sein, er muss **wahlberechtigt** i. S. d. § 8 Abs. 1 sein und er darf – vorbehaltlich Abs. 2 Satz 2 – am Wahltag das **26. Lebensjahr** noch nicht vollendet haben. Durch die entspr. Anwendung von § 9 Abs. 1 Nr. 1 (vgl. Abs. 2 Satz 3) wird zusätzlich verlangt, dass der Wahlbewerber der **Dienststelle seit zwei Monaten** angehören muss. Das Gesetz verlangt kein Mindestalter der Wahlbewerber, weil § 9 Abs. 1 Nr. 2 nicht für entsprechend anwendbar erklärt wird.

12 b) **Ausnahmen.** Wie beim aktiven Wahlrecht sind auch hier die besonderen Regelungen des § 58 Abs. 4 und des § 96 Abs. 3 zu beachten. Wer zu einem AusbildungsPR wahlberechtigt ist, besitzt nicht die Wahlberechtigung und die Wählbarkeit zur JAV. Wer Polizeibeamter im Vorbereitungs- oder Ausbildungsdienst ist und am Wahltag das 18. Lebensjahr vollendet hat, besitzt ebenfalls nicht die Wählbarkeit zur JAV.

13 **Mitgliedschaft im PR.** Die Wählbarkeit zur JAV wird nicht dadurch ausgeschlossen, dass der Wahlbewerber Mitglied im PR oder einer anderen Personalvertretung (GesamtPR oder Stufenvertretung) ist, oder hierfür kandidiert (Lorenzen u. a. § 58 Rn. 25; Ilbertz-Widmaier § 58 Rn. 8). Zum AusbildungsPR besteht keine Konkurrenzsituation, weil dies durch § 58 Abs. 4 ausgeschlossen wird.

14 2. **Altersgrenze (Satz 2).** Seit dem ÄG 95 gilt die Altersgrenze des 26. Lebensjahres nicht mehr für Beschäftigte, die sich in einer beruflichen Ausbildung befinden. Überschreitet ein Mitglied während der Amtszeit der JAV die Altersgrenze oder beendet er seine Ausbildung, so scheidet er **nicht** aus der JAV aus (vgl. § 62 Abs. 4 Satz 4). Die Wählbarkeit muss lediglich am Wahltag gegeben sein (VGH München, 19.12.1984 – 18 C 84 A.2790 – ZBR 1985, 88 ff.).

15 3. **Ausschlüsse der Wählbarkeit (Satz 3).** Nach Abs. 2 Satz 3 findet § 9 Abs. 2 entspr. Anwendung. Nicht wählbar zur JAV sind deshalb Beschäftigte, die infolge Richterspruchs die Fähigkeit, Rechte aus öffentlichen Wahlen zu erlangen, nicht besitzen (§ 9 Abs. 2 Satz 1 Nr. 1 entspr.). Die weiteren Fallgruppen des § 9 Abs. 2 (Nr. 2 bis 5) sind ebenfalls zu beachten, dürften im Falle der JAV aber eine geringe Rolle spielen.

§ 61 Zahl der Mitglieder

(1) Die Jugend- und Auszubildendenvertretung besteht in Dienststellen mit in der Regel

5 bis 20 Beschäftigten im Sinne von § 59	**aus einer Person,**
21 bis 50 Beschäftigten im Sinne von § 59	**aus drei Mitgliedern,**
51 bis 200 Beschäftigten im Sinne von § 59	**aus fünf Mitgliedern,**
mehr als 200 Beschäftigten im Sinne von § 59	**aus sieben Mitgliedern.**

(2) § 14 gilt entsprechend.

I. Zahl der Mitglieder (Abs. 1)

1 **Größe der JAV.** Nach Abs. 1 besteht die JAV aus mind. einer Person und höchstens aus sieben Mitgliedern. Maßgebend für die Zahl ihrer Mitglieder ist die Zahl derjenigen Beschäftigten i. S. v. § 59, die „in der Regel" in der Dienststelle beschäftigt sind; auf deren Wahlberechtigung oder Wählbarkeit kommt es nicht an. Die maßgebliche Zahl der Jugend- und Auszubildendenvertreter wird vom Wahlvorstand ermittelt. Die Größe der JAV wird durch § 61 festgelegt, beschreibt aber nur eine Zielgröße und Obergrenze. Stehen in der Dienststelle nicht genügend Wahlbewerber zur Verfügung kann auch eine JAV mit weniger Mitgliedern, als die Staffel jeweils ausweist, gewählt werden.

2 **Feststellung der JAV-Größe.** Zuständig für die Ermittlung der nach § 61 maßgeblichen Mitgliederzahl ist der nach § 62 Abs. 1 Satz 1 bestimmte Wahlvorstand. Nach 54 Abs. 1 WO i. V. m. § 5 Satz 1 WO stellt der Wahlvorstand die Zahl der „in der Regel" Beschäftigten (i. S. d. § 59) fest. Nach § 54 Abs. 1 WO i. V. m. § 5 Satz 2 WO ist insoweit der zehnte Arbeitstag vor Erlass des Wahlausschreibens für diese Feststellungen maßgebend. Diese Feststellungen sind die Grundlage für die Angaben im Wahlausschreiben (§ 54 Abs. 1 WO i. V. m. § 9 Abs. 2 Nr. 3 und 4 WO).

3 **Änderung der Beschäftigtenzahl.** Ändert sich nach der Wahl der JAV die Zahl der in der Regel Beschäftigten i. S. d. § 59, so bleibt dies für die Größe der gewählten JAV ohne Auswirkung. Denn § 62 Abs. 3 Satz 2 ordnet nur die entspr. Geltung von § 23 Abs. 1 Satz 1 Nr. 2 bis 6 an, nicht aber die entspr. Anwendung von dessen Nr. 1 an. Sinkt oder steigt die maßgebliche Beschäftigtenzahl, so kann dies erst bei der nächsten JAV-Wahl berücksichtigt werden, führt aber nicht zu einer Neuwahl der JAV nach § 23.

II. Zusammensetzung der JAV (Abs. 2)

4 **1. Beschäftigungsarten; Organisationseinheiten.** Nach Abs. 2 gilt § 14 entsprechend. Auch die JAV soll sich daher möglichst aus Vertretern der verschiedenen Beschäftigungsarten und verschiedenen Organisationseinheiten der Dienststelle zusammensetzen (§ 14 Abs. 1 entspr.). Maßgeblich insoweit können nur die Beschäftigungsarten und Organisationseinheiten sein, in denen die für eine Wahl in Frage kommenden Beschäftigten faktisch tätig sind. Dem Wunsch des Gesetzgebers zu entsprechen, dürfte bei der JAV-Wahl noch schwieriger sein, als bei der Wahl des PR.

5 **Landratsamt.** Da sich die Verweisung nicht auf § 14 Abs. 1 beschränkt, gilt auch dessen Abs. 2 Satz 1 entsprechend. Danach soll die JAV beim LRA möglichst aus Beschäftigten i. S. d. § 59 des Landkreises und des Landes bestehen.

6 **Rechtsfolge.** § 14 Abs. 1 und Abs. 2 Satz 1 enthält jeweils eine Soll-Vorschrift und damit keine zwingende Regelung des Wahlverfahrens, deren Verletzung zu einer Anfechtbarkeit der Wahl führen kann. Der Wunsch des Gesetzgebers wird auch nicht verfahrensrechtlich flankiert. Wahlvorschläge, die § 14 nicht beach-

ten, sind ebenso zulässig wie solche, die versuchen, der gesetzgeberischen Intention nahe zu kommen.

2. Frauen und Männer. § 62 Abs. 2 Satz 2 ordnet die entspr. Geltung der §§ 11 Abs. 1 und 3, 13 Abs. 5 für die JAV-Wahl an. Daraus kann unschwer geschlossen werden, dass es der Wunsch des Gesetzgebers ist, dass Frauen und Männer entsprechend ihrem jeweiligen Anteil an den Beschäftigten i. S. d. § 59 auch in der JAV vertreten sein sollen (§ 11 Abs. 1 entspr.). Der Wahlvorstand muss deshalb die entspr. Anteile der Geschlechter feststellen (§ 11 Abs. 3 Satz 1 entspr.). Wahlvorschläge für die Wahl der JAV müssen so viele Bewerber aufweisen, wie erforderlich sind, um die anteilige Verteilung der Sitze in der JAV auf Frauen und Männer zu erreichen (§ 13 Abs. 5 Satz 1 entspr.). 7

Rechtsfolge. § 11 Abs. 1 ist eine Soll-Vorschrift, deren Verletzung nicht zur erfolgreichen Anfechtung der JAV-Wahl führen kann; gleiches gilt für eine etwaige Verletzung der Begründungs- bzw. Bekanntmachungspflicht nach § 13 Abs. 5 (entspr.). Ebenso wie bei der PR-Wahl bleibt die Nichtbeachtung dieses Wunsches des Gesetzgebers weitgehend folgenlos. Auch Wahlvorschläge, die § 13 Abs. 5 Satz 1 nicht genügen, hat der Wahlvorstand zuzulassen, wenn die Abweichung schriftlich begründet wird. Eine inhaltliche Überprüfung der Stichhaltigkeit der abgegebenen Begründung durch den Wahlvorstand findet nicht statt. Alleinige Folge ist die in § 13 Abs. 5 Satz 3 angeordnete Bekanntgabe der Begründung zusammen mit dem Wahlvorschlag. Die Wahlberechtigten sollen sich bei ihrer Wahlentscheidung selbst ein Urteil über die abgegebene Begründung machen können (vgl. zum Ganzen § 13 Rn. 60 ff.). Auf die eigentliche Wahlentscheidung der Wahlberechtigten darf wegen der Freiheit der Wahl ohnehin kein Zwang ausgeübt werden (§ 54 Abs. 1 WO i. V. m. § 20 Abs. 4 Satz 3 WO). 8

3. Gruppen. Das Gruppenprinzip i. S. einer Unterscheidung zwischen Beamten und Arbeitnehmern gilt bei der Wahl der JAV nicht, anders als bei der PR-Wahl. § 62 Abs. 1 Satz ordnet nicht die entspr. Geltung von § 11 Abs. 2 an. 9

§ 62 Wahlgrundsätze

(1) [1]Der Personalrat bestimmt den Wahlvorstand, den Vorsitzenden und den stellvertretenden Vorsitzenden. [2]§ 11 Absatz 1 und 3, § 13 Absatz 1, 3 und 4 Satz 1, Absatz 5, 6 und 8, § 20 Absatz 1 Satz 1 und 2, Absatz 2 und § 21 gelten entsprechend.

(2) [1]Der Wahlvorstand kann bestimmen, dass die Wahl in Dienststellen mit höchstens 20 in der Regel Beschäftigten im Sinne von § 59 in einer Wahlversammlung stattfindet. [2]Er hat dazu spätestens vier Wochen vor Ablauf der Amtszeit einzuberufen. [3]Gewählt wird in geheimer Wahl nach den Grundsätzen der Mehrheitswahl. [4]Der Vorsitzende des Wahlvorstands leitet die Wahlversammlung, führt die Wahl durch und fertigt über das Ergebnis eine Wahlniederschrift.

(3) [1]Die regelmäßigen Wahlen der Jugend- und Auszubildendenvertretung finden im Wechsel

1. zusammen mit den regelmäßigen Wahlen des Personalrats und

2. sonst in der Zeit vom 1. Oktober bis 31. Januar
statt. [2]§ 22 Absatz 3 Satz 2 und 3 sowie § 23 Absatz 1 Satz 1 Nummer 2 bis 6 gelten entsprechend.

(4) [1]Die regelmäßige Amtszeit der Jugend- und Auszubildendenvertretung beträgt zwei Jahre und sechs Monate. [2]Sie endet spätestens mit Ablauf des letzten Tages des Zeitraums, in dem die regelmäßigen Wahlen der Jugend- und Auszubildendenvertretung stattfinden. [3]§ 22 Absatz 1 Satz 2 und Absatz 2 Satz 1, § 23 Absatz 1 Satz 2 sowie §§ 24 bis 27 gelten entsprechend. [4]Die Mitgliedschaft in der Jugend- und Auszubildendenvertretung erlischt nicht dadurch, dass ein Mitglied im Laufe der Amtszeit das 26. Lebensjahr vollendet oder die Ausbildung beendet.

(5) Besteht die Jugend- und Auszubildendenvertretung aus drei oder mehr Mitgliedern, so wählt sie aus ihrer Mitte einen Vorsitzenden und dessen Stellvertreter.

I. Wahlvorstand und Grundsätze der Wahl (Abs. 1)

1 **1. Bestimmung des Wahlvorstands (Satz 1).** Zur Vorbereitung und Durchführung der Wahl der JAV bestellt im Regelfall der PR einen Wahlvorstand, dessen Vorsitzenden und dessen stellvertretenden Vorsitzenden. Die Bestimmung erfolgt durch Beschluss des PR. Mitglieder einer noch im Amt befindlichen JAV haben bei dieser Beschlussfassung des PR Stimmrecht nach § 32 Abs. 4 Satz 2 (Lorenzen u. a. § 60 Rn. 13). Es handelt sich um eine gemeinsame Angelegenheit (§ 34 Abs. 4 Satz 1). Ist die JAV nach Abs. 4 Satz 3 i. V. m. § 24 Abs. 1 Satz 1 oder 3 vom VG **aufgelöst** worden, wird der Wahlvorstand vom Vorsitzenden der VG (Personalvertretungskammer) nach § 24 Abs. 3 Satz 1 (entspr.) eingesetzt. Gleiches gilt für den Fall der erfolgreichen **Wahlanfechtung** (62 Abs. Abs 1 Satz 2 i. V. m. 21 Abs. 2 Satz 1).

2 **a) Verfahren des PR.** § 62 Abs. 1 Satz 2 verweist nicht auf die für die Bestellung des Wahlvorstands für die PR-Wahl wichtigen Regelungen der §§ 15 bis17. Das Gesetz räumt dem PR insoweit ein weites **Ermessen** ein, von dem er pflichtgemäß Gebrauch machen muss. Ermessensfehlerfrei handelt der PR jedenfalls, wenn er sich an den gesetzlichen Vorgaben für die PR-Wahl orientiert. Durch die tatsächliche entspr. Anwendung der Verfahrensregelungen der §§ 15 bis 17 durch den PR erhalten diese aber keine Verbindlichkeit i. S. „wesentlicher (zwingender) Vorschriften über das Wahlverfahren“ (vgl. § 21 Abs. 1), weshalb eine „fehlerhafte“ Handhabung durch den PR keinen Anfechtungsgrund darstellt. Sinngemäß anwendbar sind auch nur solche Regelungen der §§ 15 bis 17, die der Gesetzgeber nicht bewusst für die JAV-Wahl ausschließen wollte (z. B. das Gruppenprinzip).

3 **Frist.** Für die Bestellung des Wahlvorstands ist § 16 Abs. 1 sinngemäß anwendbar. Es ist jedenfalls nicht sachwidrig, die Frist von zwölf Wochen vor dem Ablauf der Amtszeit der bestehenden JAV als Anhaltspunkt für den Zeitpunkt einer Bestellung zu nehmen. Die 10-Wochenfrist des § 16 Abs. 2 Satz 1 Nr. 1 ist in diesem Zusammenhang irrelevant, weil das Gesetz keine Ersatzbestellung durch eine Personalversammlung oder den Dienststellenleiter vorsieht. Dieser

Frist kann aber Bedeutung zukommen, wenn eingeschätzt werden muss, ob der PR säumig ist.

4 **Frist bei vorzeitiger Neuwahl.** Nach Abs. 3 Satz 2 gilt § 23 Abs. 1 Satz 1 Nr. 2 bis 6 entsprechend, weshalb es auch zur vorzeitigen Neuwahl der JAV kommen kann. In den Fällen der Nr. 2, 3 und 6 ist der Wahlvorstand vom PR baldmöglichst (unverzüglich) zu bestellen, weil nur so der besonderen Eilbedürftigkeit der Situation Rechnung getragen werden kann.

5 **Frist bei Auflösung und Anfechtung.** Ist die JAV nach Abs. 4 Satz 3 i. V. m. § 24 Abs. 1 Satz 1 oder 3 vom VG rechtskräftig aufgelöst worden, wird der Wahlvorstand vom Vorsitzenden der VG (Personalvertretungskammer) nach § 24 Abs. 3 Satz 1 (entspr.) eingesetzt. Gleiches gilt für den Fall der erfolgreichen Wahlanfechtung (62 Abs. Abs 1 Satz 2 i. V. m. 21 Abs. 2 Satz 1). In beiden Fällen hat der eingesetzte Wahlvorstand „unverzüglich" die Neuwahl bzw. Wiederholungswahl einzuleiten und durchzuführen, woraus geschlossen werden kann, dass auch die Bestellung des Wahlvorstands durch den Vorsitzenden der Fachkammer als eilbedürftig einzuschätzen ist und deshalb „unverzüglich" zu erfolgen hat.

6 **b) Inhalt der Entscheidung.** Über die Größe und die Zusammensetzung des Wahlvorstands enthält das LPVG nur wenige Bestimmungen. Auch insoweit hat § 62 die Regelungen der §§ 15 bis 17 nicht für entsprechend anwendbar erklärt, weshalb der PR bzw. der Vorsitzende des VG (Personalvertretungskammer) die Entscheidung nach pflichtgemäßem Ermessen zu treffen haben. An die zwingenden Vorgaben des Gesetzes sind beide gleichermaßen gebunden. Eine Bestellung von Ersatzmitgliedern ist möglich und sachgerecht.

7 **Größe des Wahlvorstands.** Nach Abs. 1 Satz 1 bestimmt der PR den Vorsitzenden und den stellvertretenden Vorsitzenden. Von daher muss der Wahlvorstand aus mind. zwei Personen bestehen. Nach § 54 Abs. 1 WO sind die Vorschriften der §§ 1 bis 44 WO entsprechend anwendbar. Es gilt deshalb auch § 1 Abs. 4 Satz 1 WO, weshalb der Wahlvorstand seine Beschlüsse mit einfacher Stimmenmehrheit seiner Mitglieder fasst. Von daher ist es sinnvoll, wenn nicht geboten, dass der Wahlvorstand aus (zumindest) drei Mitgliedern bestehen muss, um arbeitsfähig zu sein. Es ist jedenfalls nicht ermessensfehlerhaft, sich an § 15 Abs. 1 Satz 1 zu orientieren und außer dem Vorsitzenden und dem Stellvertreter noch ein weiteres Mitglied zu bestellen. Dies ist auch eine ausreichende Größe, um die zugewiesenen Aufgaben zu bewältigen.

8 **Zusammensetzung des Wahlvorstands.** Hinsichtlich der Zusammensetzung des Wahlvorstands sind den gesetzlichen Regelungen verschiedene Anhaltspunkte zu entnehmen. **Zwingend** ist § 54 Abs. 1 Nr. 3 WO, wonach dem Wahlvorstand **mindestens** ein nach § 9 in den PR wählbarer Beschäftigter angehören muss. Durch die entspr. Anwendbarkeit von § 11 Abs. 1 und 3 (vgl. Abs. 1 Satz 2) wird für die Wahl der JAV auch im Zusammenhang mit der Bestimmung des Wahlvorstands der gesetzgeberische Wunsch nach Berücksichtigung von Frauen und Männern zum Ausdruck gebracht. Der Wahlvorstand sollte deshalb so zusammengesetzt sein, dass die **Geschlechter** entsprechend ihrem Anteil an den „in der

Regel" Beschäftigten i. S. v. § 59 bei der Zusammensetzung des Wahlvorstands berücksichtigt werden. Dem Gesetz lässt sich auch unschwer entnehmen, dass die jugendlichen Beschäftigten i. S. d. § 59 auch bei der Bestimmung des Wahlvorstands in die Pflicht genommen werden sollen; dies folgt aus dem Umkehrschluss aus § 54 Abs. 1 Nr. 3 WO. Nicht erforderlich ist es, dass die in der Dienststelle vertretenen **Gruppen** auch im Wahlvorstand vertreten sind.

9 c) **Säumiger PR.** Kommt der PR seiner Verpflichtung nach Abs. 1 Satz 1 nicht in angemessener Frist bzw. nicht unverzüglich nach, ist eine sinngemäße Anwendung des § 16 Abs. 2 Satz 1 Nr. 1 in Betracht zu ziehen. § 16 Abs. 2 wollte eine Säumnis des PR bei Nichterfüllung der Pflichten nach § 16 Abs. 1 erkennbar nicht folgenlos lassen. Die Interessenlage der Beteiligten ist bei der Bestimmung des Wahlvorstands für die JAV-Wahl völlig vergleichbar. Da eine Personalversammlung bzw. eine Ersatzzuständigkeit des Dienststellenleiters (vgl. § 16 Abs. 2 und 3) insoweit ausscheidet, kann die Säumnis des PR nur in einem gerichtlichen Beschlussverfahren gerügt werden, wenn Gespräche mit dem PR zu keinem Ergebnis führen. Antragsbefugt wären alle, die eine Verletzung einer durch das LPVG zugewiesenen Rechtsposition geltend machen könnten. Das wäre der Dienststellenleiter, der auch insoweit für die Einhaltung des Gesetzes in seiner Dienststelle verantwortlich ist, jede in der Dienststelle vertretene Gewerkschaft, aber auch jeder Beschäftigte i. S. d. § 59, dessen Wahlrecht durch die Nichtbestellung des Wahlvorstands vereitelt werden kann. In Betracht kommt insb. der Antrag auf Erlass einer einstweiligen Verfügung, mit der der PR verpflichtet werden soll, unverzüglich einen Wahlvorstand zu bestellen (Altvater u. a. § 62 Rn. 1a).

10 d) **Fehlender PR.** Besteht in der Dienststelle kein PR, so kann auch keine JAV gewählt werden. Das Gesetz sieht nur eine Bestellung des Wahlvorstands durch den PR und keine Möglichkeit der Ersatzbestellung durch eine Personalversammlung oder den Dienststellenleiter vor (vgl. insoweit § 16 Abs. 2 und 3). Da das Gesetz nicht auf die §§ 15 bis 18 verweist, sind die Personalversammlung oder der Dienststellenleiter dazu nicht befugt.

11 **2. Wahlgrundsätze (Satz 2).** Für die Vorbereitung und Durchführung der JAV-Wahl gelten gemäß § 54 Abs. 1 WO grundsätzlich die Regelungen der §§ 1 bis 44 WO. § 62 Abs. 1 Satz 2 ordnet die entspr. Geltung von § 11 Abs. 1 und 3, § 13 Abs. 1, 3 und 4 Satz 1, Abs. 5, 6 und 8, § 20 Abs. 1 Satz 1 und 2 sowie von § 21 an. Die Wahl der JAV ist immer eine **gemeinsame Wahl** (§ 54 Abs. 1 Nr. 1 WO). Eine Unterteilung in die verschiedenen Gruppen (Beamte und Arbeitnehmer) findet nicht statt; die Vorschriften über die Gruppenwahl gelten nicht (§ 54 Abs. 1 Nr. 2 WO).

12 a) **Frauen und Männer.** § 11 Abs. 1 und 3 gilt entsprechend. Deshalb sollen in der JAV Frauen und Männer entsprechend ihren Anteilen an den in der Regel Beschäftigten i. S. d. § 59 vertreten sein. Es handelt sich um keine zwingende Regelung („sollen"), deren Verletzung die Wahl anfechtbar macht. Dem Wunsch des Gesetzgebers muss der Wahlvorstand aber in entspr. Anwendung von § 11 Abs. 3 dadurch Rechnung tragen, dass er die Anteile beider Geschlechter und die daraus folgende Berücksichtigung bei der Sitzverteilung er-

mittelt und im Wahlausschreiben veröffentlicht (§ 54 Abs. 1 WO i. V. m. § 9 Abs. 2 Nr. 5 und 6 WO). Flankiert wird diese Regelung auch hier durch die entspr. Anwendbarkeit von § 13 Abs. 5 Satz 1, wonach Wahlvorschläge mind. so viele Bewerber enthalten müssen, wie erforderlich sind, um die anteilige Sitzverteilung auf Frauen und Männer zu erreichen. Auch hier besteht die Begründungspflicht nach § 13 Abs. 5 Satz 2 (entspr.) sowie die Verpflichtung des Wahlvorstands, diese Begründung zusammen mit dem Wahlvorschlage bekanntzugeben. Wegen der Bedeutung und der Rechtsfolgen etwaiger Verstöße vgl. die Komm. zu § 11 Abs. 1 und § 13 Abs. 5.

b) **Geheime und unmittelbare Wahl.** Abs. 1 Satz 2 ordnet die entspr. Geltung **13**
von § 13 Abs. 1 an, wonach die Wahl zur JAV geheim und unmittelbar zu erfolgen hat. Unabhängig hiervon muss die JAV-Wahl auch den anderen allg. Anforderungen an demokratische Wahlen genügen, insb. frei und gleich sein.

Geheime Wahl. Geheime Wahl verlangt, dass die Wahlberechtigten ihre Stimme **14**
abgeben können, ohne dass festgestellt werden kann, wie sie abgestimmt haben. Dies ist zunächst durch die Gestaltung des Wahlraums (§ 22 Abs. 1 Satz 1 WO entspr.) und durch den Verschluss der Wahlurne (entspr. Anwendung von § 22 Abs. 1 Satz 3 und 4 WO; ggf. auch dessen Abs. 5) sicher zu stellen. Dem dient auch die Präsenzpflicht des Wahlvorstands im Wahlraum (§ 22 Abs. 3 WO entspr.). Die Wahl darf nur mit Stimmzetteln und Stimmzettelumschlägen durchgeführt werden, die eine geheime Wahl gewährleisten. Hinsichtlich einer Wahl in einer Wahlversammlung (§ 62 Abs. 2) stellt § 54 Abs. 2 WO zusätzliche Anforderungen.

Unmittelbare Wahl. Die JAV-Wahl muss unmittelbar sein. Der Wahlberechtigte **15**
muss selbst (persönlich) abstimmen, darf seine Stimme also nicht durch einen Vertreter oder durch Beauftragte (Wahlmänner). Zulässig ist aber die Unterstützung durch eine Vertrauensperson (§ 22 Abs. 2 WO entspr.), wenn der Wahlberechtigte durch ein körperliches Gebrechen in der Stimmabgabe behindert ist. Voraussetzung der **Briefwahl** ist nicht mehr, dass der wahlberechtigte Beschäftigte im Zeitpunkt der Wahl verhindert ist, seine Stimme persönlich abzugeben (§ 23 WO entspr.); Briefwahl ist infolgedessen uneingeschränkt zulässig.

c) **Verhältniswahl, Mehrheitswahl.** Die Wahl der JAV wird nach den Grundsät- **16**
zen der **Verhältniswahl** durchgeführt (Abs. 1 Satz 2 i. V. m. § 13 Abs. 3 Satz 1). Findet die Wahl nach § 62 Abs. 2 in einer Wahlversammlung statt, wird nach den Grundsätzen der Mehrheitswahl gewählt (§ 62 Abs. 2 Satz 3). Wird nur ein Wahlvorschlag eingereicht oder ist nur ein Jugend- und Auszubildendenvertreter (in Dienststellen mit i. d. R. 5 bis 20 Beschäftigten i. S. v. § 59) zu wählen, findet ebenfalls **Mehrheitswahl** statt (Abs. 1 Satz 2 i. V. m. § 13 Abs. 3 Satz 2).

d) **Wahlvorschläge.** Zur Wahl der JAV können die wahlberechtigten Beschäftig- **17**
ten i. S. v. § 59 und die in der Dienststelle vertretenen Gewerkschaften Wahlvorschläge machen (§ 13 Abs. 4 Satz 1 entspr.). Jeder Wahlvorschlag der Beschäftigten muss von mind. einem Zwanzigstel der wahlberechtigten Beschäftigten i. S. v. § 59 unterzeichnet sein (§ 13 Abs. 6 entspr.) In den Wahlvorschlägen sollen die Geschlechter entspr. ihrem Anteil unter der Beschäftig-

ten i. S. v. § 59 vertreten sein (vgl. Rn. 12). Jeder Beschäftigte i. S. v. § 59 kann nur auf einem Wahlvorschlag benannt werden (§ 13 Abs. 8 entspr.).

18 e) **Schutz der Wahl.** Abs. 1 Satz 2 ordnet die entspr. Anwendung von § 20 Abs. 1 Satz 1 und 2 für die JAV-Wahl an. Diese genießt damit den gleichen Schutz wie die Wahl der Personalvertretung. Die JAV-Wahl soll möglichst **frei von Behinderungen und sittenwidriger Wahlbeeinflussung** stattfinden können; ebenso soll die Freiheit der Wahlberechtigten in ihrer inneren Überzeugungsbildung und bei der Ausübung des aktiven und passiven Wahlrechts gewährleistet sein. Wegen der Einzelheiten wird auf die Komm. zu § 20 Abs. 1 Bezug genommen. Nicht entspr. anwendbar ist § 20 Abs. 1 Satz 3, der den Schutz des Arbeitsplatzes, der für PR-Mitglieder gilt, auch auf **Wahlbewerber** erstreckt. Dieser Schutz wird für den Wahlvorstand und Wahlbewerber zur JAV direkt durch § 64 Satz 3 gewährleistet.

19 f) **Kosten.** Die Kosten der Wahl der JAV trägt die Dienststelle (§ 20 Abs. 2 entspr.). Dies sind die sächlichen und persönlichen Aufwendungen, die aufgrund des LPVG und der WO durch die Vorbereitung und Durchführung der Wahl entstehen. Die Dienststelle hat aber nur die notwendigen Kosten der Wahl zu tragen, d. h. diejenigen Kosten, die bei objektiver Betrachtung der Erfordernisse der Wahl vom Wahlvorstand als berechtigt angesehen werden durften. Die Kosten für die Teilnahme der Wahlvorstandsmitglieder an Schulungsveranstaltungen zur Vermittlung von Kenntnissen über die Wahlvorschriften sind regelmäßig notwendig. Wegen weiterer Einzelheiten vgl. die Komm. zu § 20.

20 **Versäumnis von Arbeitszeit.** Nach § 20 Abs. 2 Satz 2 (entspr.) hat die notwendige Versäumnis von Arbeitszeit infolge der Ausübung des Wahlrechts oder der Betätigung im Wahlvorstand keine Minderung der Besoldung oder des Arbeitsentgelts zur Folge. Nicht ausdrücklich aufgeführt aber ebenfalls umfasst sind hier **Wahlhelfer**, wie sich aus der durch § 54 Abs. 1 WO i. V. m. § 1 Abs. 1 Satz 3 WO erfolgten Bezugnahme auf § 43 Abs. 2 Satz 2 ergibt. Zur Ausübung des Wahlrechts oder zur Betätigung als Wahlvorstand oder Wahlhelfer bedarf der Beschäftigte keiner Genehmigung. Er muss sich aber abmelden, wenn er entspr. seinen gesetzlichen Befugnissen von seinem Arbeitsplatz abwesend ist.

21 **Dienstbefreiung.** Werden **Wahlhelfer** über ihre individuell maßgebliche Arbeitszeit hinaus tätig, steht ihnen Dienstbefreiung in entspr. Anwendung von § 43 Abs. 2 Satz 2 zu (vgl. § 54 Abs. 1 i. V. m. § 1 Abs. 1 Satz 3 WO). Maßgeblich für den Umfang der Dienstbefreiung ist die individuell maßgebliche Arbeitszeit, was insb. für Teilzeitkräfte Bedeutung hat. Gleiches muss für die Mitglieder des **Wahlvorstands** gelten. § 15 Abs. 5 wird zwar von § 62 Abs. 1 Satz 2 nicht ausdrücklich in Bezug genommen. Hierbei muss es sich aber um ein Redaktionsversehen handeln. Denn dass die Wahlhelfer diesen – auch ansonsten allg. zugestandenen – Anspruch haben, die Mitglieder des Wahlvorstands aber nicht, wäre eine nicht mehr nachvollziehbare, aus Sachgründen nicht zu rechtfertigende Ungleichbehandlung des Wahlvorstands.

22 g) **Anfechtung.** Gemäß Abs. 1 Satz 2 gilt für die Anfechtung der Wahl der JAV § 21 entspr. Auf die dortige Komm. wird verwiesen. Anfechtungsberechtigt

sind drei wahlberechtigte Beschäftigte i. S.d § 59. Bei der Verletzung von „wesentlichen“ Vorschriften über das Wahlverfahren ist zu beachten, dass viele Entscheidungen in das Ermessen des Wahlvorstands gestellt sind (siehe oben).

II. Wahlversammlung (Abs. 2)

1. Wahlversammlung (Satz 1). In Dienststellen mit wenigen Jugendlichen und Auszubildenden (höchstens 20) ermöglicht Abs. 2 seit dem ÄG 2013 die JAV-Wahl in einer Wahlversammlung. Satz 1 korrespondiert mit § 61 Abs. 1, wonach bei 5 bis 20 „in der Regel“ Beschäftigten i. S. d. § 59 die JAV aus einer Person besteht. Die Wahlversammlung soll diese Person nach den Grundsätzen des Mehrheitswahlrechts (Abs. 2 Satz 3) wählen. Die Anwendung von Abs. 2 auf größere JAV ist ausgeschlossen. Die Durchführung einer Wahlversammlung steht im Ermessen des Wahlvorstands („kann“). Ein förmliches Antragsrecht von Beschäftigten, einer Gewerkschaft, des PR oder des Dienststellenleiters besteht nicht; diese können die Einberufung einer Wahlversammlung aber anregen. 23

2. Einberufung der Wahlversammlung (Satz 2). Soll die JAV-Wahl in einer Wahlversammlung erfolgen, muss der Wahlvorstand zunächst einen dahingehenden Beschluss fassen (§ 1 Abs. 4 WO entspr.). Nach Beschlussfassung beruft der Wahlvorstand die Wahlversammlung ein. Bei der Einberufung ist unerheblich, ob der Wahlvorstand oder der Vorsitzende des Wahlvorstands in Vollzug des gefassten Beschlusses, die Einladung ausspricht. Die Einberufung kann in direktem zeitlichen Zusammenhang mit der Beschlussfassung erfolgen, sie muss spätestens vier Wochen vor Ablauf der Amtszeit der JAV erfolgen. Einziger Tagesordnungspunkt der Wahlversammlung ist die Wahl der JAV; andere Punkte können nicht behandelt werden. Die Wahlversammlung ist **nichtöffentlich**. § 62 trifft keine Regelung hinsichtlich der **Teilnahmeberechtigten**. Es bestehen keine durchgreifenden Bedenken gegen eine sinngemäße Anwendung von § 53. 24

3. Geheime Wahl (Satz 3). Gewählt wird in geheimer Wahl mit Stimmzetteln (§ 54 Abs. 2 Satz 1 WO). Dies verlangt, dass die Wahlberechtigten ihre Stimme abgeben können, ohne dass festgestellt werden kann, wie sie abgestimmt haben. Eine offene Abstimmung ist unzulässig. Die Wahl muss auch den anderen, an demokratische Wahlen allg. zu stellenden Anforderungen, genügen, insb. frei, gleich und **unmittelbar** sein. Der Wahlberechtigte muss selbst (persönlich) abstimmen, darf seine Stimme also nicht durch einen Vertreter oder durch Beauftragte abgeben. Zulässig ist auch hier die Unterstützung durch eine Vertrauensperson nach § 22 Abs. 2 WO (entspr.), wenn der Wahlberechtigte durch ein körperliches Gebrechen in der Stimmabgabe behindert ist. 25

Mehrheitswahl. Gewählt wird nach den Grundsätzen der Mehrheitswahl; denn es ist lediglich eine Person als JAV zu wählen (§ 61 Abs. 1 i. V. m. § 13 Abs. 3 Satz 3). Eine Mindestteilnehmerzahl ist für die Wahlversammlung nicht vorgeschrieben. Gemäß § 54 Abs. 2 Satz 2 WO bestimmt der Wahlvorstand (durch Beschluss) die Einzelheiten des Wahlverfahrens in sinngemäßer Anwendung der 26

Vorschriften über die Mehrheitswahl (§§ 40 ff. WO). Diese Regelungen sind nicht zwingend; ihre weitgehende Anwendung ist aber sinnvoll. Ungültige Stimmzettel und ungültige Stimmen sollten deshalb entspr. § 42 WO behandelt werden. Da nur ein Bewerber ohne Berücksichtigung von Gruppen zu wählen ist, ist der Bewerber gewählt, der die meisten der abgegebenen gültigen Stimmenerhalten hat. Bei Stimmengleichheit entscheidet das Los. Die nicht gewählten Bewerber sind in der Reihenfolge der auf sie entfallenden gültigen Stimmen Ersatzmitglieder der JAV.

27 **4. Leitung der Wahlversammlung, Niederschrift** (Satz 4). Der Vorsitzende des Wahlvorstands leitet die Wahlversammlung. Insoweit hat er die gleichen Befugnisse wie der PR-Vorsitzende, der die Personalversammlung (§ 50 Abs. 1 Satz 2) leitet. Im Verhinderungsfall wird der Vorsitzende durch den stellvertretenden Vorsitzenden vertreten. Der Vorsitzende fertigt die **Wahlniederschrift**. Diese muss nicht zwingend den Anforderungen des § 29 WO entsprechen, sollte sich aber tunlichst hieran orientieren. Da allein der Vorsitzende die JAV-Wahl durchführt und über das Ergebnis eine Niederschrift fertigt, ist zu folgern, dass es der Anwesenheit der anderen Mitglieder des Wahlvorstands in der Wahlversammlung nicht zwingend bedarf, weshalb es in diesem Fall auch nicht zwingend der Unterschrift aller Mitglieder des Wahlvorstands auf der Niederschrift bedarf. Der Wahlvorstand (als Gremium) müsste dann allerdings die Einzelheiten des Wahlverfahrens bereits zuvor durch Beschluss festgelegt haben (§ 54 Abs. 2 Satz 2 WO).

28 **Feststellung und Bekanntgabe des Ergebnisses.** Das Wahlergebnis ist unverzüglich nach Abschluss der Wahlhandlung in der Wahlversammlung vom Vorsitzeden des Wahlvorstands festzustellen (§ 54 Abs. 2 Satz 3 WO). Eine spätere Auszählung ist unzulässig. Die Gewählten sind unverzüglich im Anschluss an die Wahlversammlung schriftlich zu benachrichtigen (§ 54 Abs. 2 Satz 4 WO). Sind diese in der Wahlversammlung anwesend, ist die mündliche Unterrichtung und die Protokollierung der Unterrichtung sowie der Annahme der Wahl in der Sitzungsniederschrift ausreichend. Das Wahlergebnis ist vom Wahlvorstand in der Dienststelle auf dem üblichen Weg bekanntzumachen (§ 54 Abs. 2 Satz 4 WO).

III. Zeitpunkt der JAV-Wahl (Abs. 3)

29 **1. Regelmäßige Wahlen** (Satz 1). Die regelmäßigen Wahlen der JAV finden im Wechsel zusammen mit den regelmäßigen Wahlen des PR und sonst in der Zeit vom 1. Oktober bis 31. Januar statt. Die Bestimmung trägt der Verlängerung der Amtszeit der JAV auf zwei Jahre und sechs Monate nach Abs. 4 Satz 1 Rechnung. Jedenfalls jede zweite Wahl findet gleichzeitig mit der des PR statt, um Synergieeffekte zu nutzen (LT-Drucksache 15/4224 S. 124). Der Wahltag wird jeweils vom Wahlvorstand festgelegt.

30 **2. Vorzeitige Neuwahlen** (Satz 2). Nach Abs. 3 Satz 2 gilt § 23 Abs. 1 Satz 1 Nr. 2 bis 6 entspr., weshalb die JAV neu zu wählen ist, wenn einer der dort genannten Fälle eintritt. § 23 Abs. 1 Satz 1 Nr. 1 findet insoweit ausdrücklich

keine Anwendung. Bei der „Neuwahl“ infolge einer erfolgreichen Wahlanfechtung (§ 23 Abs. 1 Satz 1 Nr. 5 entspr.) handelt es sich allerdings um eine Wiederholungswahl (vgl. die Komm. zu § 21).

Geschäftsführung. § 62 Abs. 3 Satz 2 ordnet nicht die entspr. Anwendung von § 23 Abs. 1 Satz 2 an. Dies bedeutet, dass auch in den Fällen des § 23 Abs. 1 Satz 1 Nr. 2 und 3 die JAV die Geschäfte nicht bis zur Wahl einer neuen JAV weiterführt (**a. A.:** Altvater u. a. § 62 Rn. 8). 31

Amtszeit nach Neuwahl. Wenn außerhalb des Zeitraums der regelmäßigen Wahlen neu gewählt worden ist, findet die (nächste) regelmäßige Wahl der JAV erst im übernächsten Zeitraum der regelmäßigen Wahlen statt, wenn die nach § 23 neu gewählte JAV zu diesem Zeitpunkt weniger als ein Jahr amtiert hat (§ 22 Abs. 3 Satz 2 und 3 entspr.). 32

IV. Regelmäßige Amtszeit (Abs. 4)

1. Regelmäßige Amtszeit (Satz 1). Die regelmäßige Amtszeit der JAV beträgt nach Abs. 4 Satz 1 zwei Jahre und sechs Monate und beginnt ebenso wie die Amtszeit des PR mit dem Tag der Wahl oder, wenn zu diesem Zeitpunkt noch eine JAV besteht, mit dem Ablauf deren Amtszeit (Satz 3 i. V. m. § 22 Abs. 1 Satz 2). Die Verlängerung der Amtszeit um sechs Monate im Rahmen des ÄG 2013 trägt der ebenfalls verlängerten Amtszeit des PR von nunmehr fünf Jahren Rechnung. 33

2. Ende der Amtszeit (Satz 2). Die Amtszeit endet spätestens mit Ablauf des letzten Tages des Zeitraums, in dem die regelmäßigen Wahlen der JAV stattfinden, also entweder am 31. Januar oder am 31. Juli (§ 22 Abs. 1 Satz 3). Sinkt die Zahl der Beschäftigten i. S. v. § 59 in einer Dienststelle während der Amtszeit der JAV nicht nur vorübergehend unter fünf, so ist das Amt der JAV beendet. 34

Wegfall des PR. Die Funktionsfähigkeit der JAV ist untrennbar an die Existenz eines PR geknüpft. Nur im Zusammenwirken mit dem PR kann sie ihre Aufgaben und Befugnisse wahrnehmen. Das Amt der JAV endet, wenn die Dienststelle die Personalratsfähigkeit verliert oder der PR aus anderen Gründen dauerhaft entfällt. Dabei ist nicht entscheidend, dass der PR möglicherweise nur kurze Zeit nicht besteht, weil mit einer baldigen Neuwahl gerechnet wird. 35

Geschäftsführender PR. Eine andere Betrachtungsweise ist angezeigt, wenn der PR nach § 23 Abs. 1 Satz 2 bis zur Wahl eines neuen PR geschäftsführend im Amt bleibt. Denn dann hat die JAV unverändert den erforderlichen Ansprechpartner, jedenfalls bis zum Ende der Amtszeit des geschäftsführenden PR (§ 22 Abs. 2 Satz 1). Die Funktionsfähigkeit des geschäftsführenden PR ist insoweit auch nicht eingeschränkt (§ 23 Abs. 1 Satz 3 i. V. m. § 22 Abs. 2 Satz 2). 36

Anfechtung, Auflösung. In den Fällen des § 23 Abs. 1 Satz 1 Nr. 4 und 5 ist zu bedenken, dass das Amt des PR erst endet, wenn die PR-Wahl vom Gericht rechtskräftig für ungültig erklärt worden ist. Gleiches gilt für den Fall der Auf- 37 lösung des PR nach § 24. Bis zu diesem Zeitpunkt amtiert der PR und kann auch alle Aufgaben ggü. der JAV bzw. i. S. der JAV erfüllen. Wird die Erklärung der Wahl als ungültig bzw. die Auflösung des PR rechtskräftig, hat der Vorsitzende der Fachkammer unverzüglich einen Wahlvorstand zu bestimmen (§§ 21 Abs. 2 Satz 1, 24 Abs. 3 Satz 1), der mit Amtsaufnahme bis zur Wiederholungswahl bzw. Neuwahl als PR fungiert (§§ 21 Abs. 2 Satz 3, 24 Abs. 3 Satz 3). Im Hinblick auf die (nahezu) nahtlose Gewährleistung der Zusammenarbeit der JAV mit dem PR bzw. dem Wahlvorstand in diesen Fällen, erscheint es sachgerecht, die JAV als fortbestehend zu behandeln (Altvater u. a. § 62 Rn. 10).

38 **3. Anwendbare Vorschriften (Satz 3).** Für den **Ausschluss** eines Mitglieds oder die **Auflösung** der JAV gilt § 24 entspr. Antragsberechtigt sind ein Viertel der wahlberechtigten Beschäftigten i. S. d. § 59 bzw. eine in der Dienststelle vertretene Gewerkschaft, unabhängig davon, ob sie Mitglieder im Kreis der Beschäftigten nach § 59 hat (§ 24 Abs. 1 Satz 1 entspr.). Antragsberechtigt ist auch der Dienststellenleiter (§ 24 Abs. 1 Satz 3 entspr.). Das Antragsrecht nach § 24 Abs. 1 Satz 2 (entspr.) steht der JAV zu; der PR ist nicht antragsberechtigt. Wegen der Einzelheiten wird auf die Komm. zu § 24 verwiesen. Für das **Erlöschen** oder **Ruhen** der Mitgliedschaft gelten die §§ 25 und 26 entspr., wobei gemäß Abs. 4 Satz 4 die Mitgliedschaft aber nicht erlischt, weil ein gewähltes JAV-Mitglied das 26. Lebensjahr vollendet oder die Ausbildung beendet. Für das Nachrücken von **Ersatzmitgliedern** gilt § 27 entspr.

39 **4. Altersgrenze (Satz 4).** Überschreitet ein Mitglied während der Amtszeit der JAV die Altersgrenze oder beendet er seine Ausbildung, so erlischt seine Mitgliedschaft in der JAV **nicht**. Die Wählbarkeitsvoraussetzungen müssen nur im Zeitpunkt der Wahl vorliegen.

V. Wahl des Vorsitzenden und des Stellvertreters (Abs. 5)

40 **Konstituierende Sitzung.** Wird nach Abs. 2 verfahren, gibt es keine konstituierende Sitzung der JAV. Gleiches gilt, wenn die JAV nur aus einer Person besteht, auch wenn diese nicht in einer Wahlversammlung gewählt worden ist. Besteht die JAV aus drei oder mehr Mitgliedern, wählt sie nach Abs. 5 „aus ihrer Mitte“ einen Vorsitzenden und dessen Stellvertreter. Dies erfolgt in der konstituierenden Sitzung der JAV (nach § 63 Abs. 5 Satz 1 Hs. 2 gilt § 19 entsprechend). Der Wahlvorstand beruft deshalb spätestens sechs Arbeitstage nach dem Wahltag die gewählten JAV-Mitglieder zur konstituierenden Sitzung ein und leitet die Sitzung bis die JAV aus ihrer Mitte einen **Wahlleiter** gewählt hat.

41 **Verfahren.** Die Wahl des Vorsitzenden und des Stellvertreters erfolgt in getrennten Wahlgängen. Hinsichtlich des Wahlverfahrens enthält das Gesetz keine verbindlichen Vorgaben. Das Verfahren legt die JAV nach pflichtgemäßem Ermessen fest, wobei sie sich an den Regelungen der WO orientieren kann. Die Wahlen müssen den Anforderungen, die allg. an demokratische Wahlen gestellt werden, genügen. Nach allg. Grundsätzen ist geheim abzustimmen, wenn ein JAV-Mitglied dies beantragt.

Aufgaben und Befugnisse. Die Aufgaben der JAV ergeben sich insb. aus § 63 (vgl. die dortige Komm.). Welche Befugnisse der Vorsitzende der JAV hat, ergibt sich teilweise aus dem Gesetz (vgl. z. B. § 63 Rn. 33). Im Übrigen legt dies die JAV durch Beschluss fest. Sie kann sich dabei an den Regelungen über die Geschäftsführung des PR orientieren; ggf. kann sie sich eine Geschäftsordnung geben. 42

§ 63 Aufgaben der Jugend- und Auszubildendenvertretung

(1) Die Jugend- und Auszubildendenvertretung hat folgende allgemeine Aufgaben:

1. **Maßnahmen, die den Beschäftigten im Sinne von § 59 dienen, insbesondere in Fragen der Berufsausbildung und der Übernahme der zu ihrer Berufsbildung Beschäftigten in ein Arbeits- oder Dienstverhältnis, beim Personalrat zu beantragen,**
2. **darüber zu wachen, dass die zugunsten der Beschäftigten im Sinne von § 59 geltenden Gesetze, Verordnungen, Tarifverträge, Dienstvereinbarungen, Verwaltungsanordnungen, Unfallverhütungsvorschriften und sonstigen Arbeitsschutzvorschriften durchgeführt werden,**
3. **Anregungen und Beschwerden von Beschäftigten im Sinne von § 59, insbesondere in Fragen der Berufsbildung, entgegenzunehmen und, falls sie berechtigt erscheinen, beim Personalrat auf eine Erledigung hinzuwirken; die Jugend- und Auszubildendenvertretung hat die betroffenen Beschäftigten im Sinne von § 59 über den Stand und das Ergebnis der Verhandlungen zu informieren,**
4. **Maßnahmen, die der Gleichstellung von weiblichen und männlichen Beschäftigten im Sinne von § 59 dienen, beim Personalrat zu beantragen,**
5. **die Eingliederung von Beschäftigten im Sinne von § 59 mit Migrationshintergrund in die Dienststelle sowie das Verständnis zwischen Beschäftigten im Sinne von § 59 unterschiedlicher Herkunft zu fördern und entsprechende Maßnahmen beim Personalrat zu beantragen,**
6. **Maßnahmen, die dem Umweltschutz, dem Klimaschutz oder der sorgsamen Energienutzung in der Dienststelle dienen, beim Personalrat zu beantragen.**

(2) [1]An Vorstellungsgesprächen zur Besetzung von ausgeschriebenen Ausbildungsplätzen kann ein Mitglied der Jugend- und Auszubildendenvertretung teilnehmen. [2]An Personalgesprächen mit entscheidungsbefugten Vertretern der Dienststelle kann auf Verlangen von Beschäftigten im Sinne von § 59 ein Mitglied der Jugend- und Auszubildendenvertretung teilnehmen.

(3) Die Zusammenarbeit der Jugend- und Auszubildendenvertretung mit dem Personalrat bestimmt sich nach § 30 Absatz 1 Satz 3 und 4, Absatz 3, § 32 Absatz 4, § 35 Absatz 3 und 5 Satz 1 Nummer 4, § 36 Absatz 2, § 37 Absatz 1 Satz 1 und § 38 Absatz 3.

(4) [1]Zur Durchführung ihrer Aufgaben ist die Jugend- und Auszubildendenvertretung durch den Personalrat rechtzeitig und umfassend zu unterrichten. [2]Vor Organisationsentscheidungen, die beteiligungspflichtige Maßnahmen zur Folge haben, ist die Jugend- und Auszubildendenvertretung durch den Personalrat frühzeitig und fortlaufend zu unterrichten. [3]Die Jugend- und Auszubildendenvertretung kann verlangen, dass ihr der Personalrat die zur Durchführung ihrer Aufgaben erforderlichen Unterlagen einschließlich der Bewerbungs-

unterlagen aller Bewerber bei Einstellungen von Beschäftigten im Sinne von § 59, soweit dem nicht berechtigte Belange der Bewerber entgegenstehen, zur Verfügung stellt.

(5) [1]Die Jugend- und Auszubildendenvertretung kann nach Verständigung des Personalrats Sitzungen abhalten; §§ 19 und 30 Absatz 1 gelten entsprechend. [2]An den Sitzungen der Jugend- und Auszubildendenvertretung kann ein vom Personalrat beauftragtes Personalratsmitglied teilnehmen.

(6) Die Jugend- und Auszubildendenvertretung oder ein von ihr beauftragtes Mitglied hat das Recht, nach vorheriger Unterrichtung des Personalrats und des Leiters der Dienststelle, Arbeits- und Ausbildungsplätze zu begehen, sofern die aufzusuchenden Beschäftigten im Sinne von § 59 zustimmen und zwingende dienstliche Gründe nicht entgegenstehen.

(7) [1]In Dienststellen mit mehr als 50 Beschäftigten im Sinne von § 59 kann die Jugend- und Auszubildendenvertretung Sprechstunden während der Arbeitszeit einrichten. [2]§ 40 gilt entsprechend. [3]Ein beauftragtes Mitglied des Personalrats kann beratend teilnehmen.

1 **Anwendungsbereich.** In § 63 sind die zentralen **Aufgaben und Befugnisse der JAV** aufgeführt. Durch das ÄG 2013 ist der Aufgabenkatalog des § 63 erweitert worden. Die JAV soll nunmehr – wie auch der PR nach § 70 Abs. 1 Nr. 6 und Nr. 11 – die Eingliederung von Beschäftigten i. S. v. § 59 mit Migrationshintergrund sowie das Verständnis zwischen Beschäftigten unterschiedlicher Herkunft fördern (Abs. 1 Nr. 5) sowie Maßnahmen, die dem Umweltschutz, dem Klimaschutz und der sorgsamen Energienutzung in der Dienststelle dienen, beim PR beantragen können (Abs. 1 Nr. 6). Die Aufzählung der Aufgaben in § 63 ist nicht abschließend, weil sich aus dem LPVG weitere Befugnisse der JAV ergeben, z. B. das Teilnahmerecht des von der JAV beauftragten Mitglieds bei der Personalversammlung (§ 53 Abs. 2 Satz 1 Nr. 7) sowie das Teilnahmerecht bei den gemeinschaftlichen Besprechungen mit dem Dienststellenleiter (§ 68 Abs. 1 Satz 6 Nr. 2) und bei den Sitzungen des Wirtschaftsausschusses (§ 72 Abs. 6 Satz 2 Nr. 2). Im Rahmen des Überwachungsauftrags nach Abs. 1 Nr. 2 hat die JAV auch darüber zu wachen, dass die allg. Grundsätze des § 69 insgesamt hinsichtlich der Beschäftigten i. S. d. § 59 eingehalten werden. § 63 gilt entspr. für die GesamtJAV (§ 66 Abs. 3 Satz 1) und die Stufen-JAV (§ 66 Abs. 4 Satz 2 i. V. m. Abs. 3 Satz 1), falls solche eingerichtet sind.

2 **Regelungszweck.** Aufgaben und Befugnisse hat die JAV nur dann und nur insoweit als sie aufgerufen ist, die Interessen der in § 59 genannten Beschäftigten wahrzunehmen. Dabei sind die Aufgaben und Befugnisse der JAV vorwiegend verfahrensrechtlicher Art. Sie soll Ansprechpartner der Beschäftigten i. S. v. § 59 sein, deren besonderen Belange und Bedürfnisse ermitteln und dafür eintreten, dass eine angemessene Berücksichtigung dieser Belange gewährleistet ist (Ilbertz-Widmaier § 57 Rn. 5). Die JAV soll darüber wachen, dass die zugunsten dieses Personenkreises bestehenden Vorschriften eingehalten werden. Die JAV hat keine eigenständigen förmlichen Beteiligungsrechte. Insoweit berät sie den PR im Rahmen ihres Mitwirkungs- und Antragsrechts nach § 63 sowie durch die Beteiligung des von der JAV benannten Mitglieds bei PR-Sitzungen (§ 32 Abs. 4 Satz 1) und ggf. durch Wahrnehmung des Einspruchsrechts nach

§ 37 Abs. 1. Unter den Voraussetzungen des § 32 Abs. 4 Satz 2 haben alle JAV-Mitglieder Teilnahme- und Stimmrecht bei der Beschlussfassung des PR.

Kooperation mit dem PR. In der Regel nimmt die JAV ihre Aufgaben gemeinsam mit dem PR wahr. Ein solches Zusammenwirken ist durchweg sinnvoll, rechtlich aber nur geboten, wenn es jeweils im Gesetz ausdrücklich geregelt ist, z. B. durch Abs. 1 Nr. 1, wonach die dort genannten Maßnahmen beim PR zu beantragen sind. Dem LPVG lässt sich aber kein allg. (ungeschriebener) Grundsatz entnehmen, wonach die JAV nur mit Zustimmung des PR und nur ggü. dem PR handeln darf. So weist auch § 63 der JAV Aufgaben und Befugnisse zu, die sie ohne Mitwirkung und ohne Zustimmung des PR wahrnehmen kann (z. B. Einrichtung einer Sprechstunde, § 63 Abs. 7 Satz 1; Teilnahme an Vorstellungsgesprächen, § 63 Abs. 2 Satz 1) oder bei denen die Wahrnehmung der Aufgabe lediglich die vorherige Information des PR verlangt (z. B. Begehung der Dienststelle, § 63 Abs. 6). Ebenso ist eindeutig, dass der JAV durch das LPVG auch Rechte ggü. dem PR eingeräumt sind, z. B. auf rechtzeitige und umfassende Information (Abs. 4), dem entspr. Pflichten des PR ggü. stehen (vgl. insoweit auch§ 32 Abs. 4 Satz 3). Evident ist auch, dass die JAV nicht mit dem PR abstimmen muss, ob sie von ihrem Einspruchsrecht nach § 37 Abs. 1 Satz 1 Gebrauch machen will oder nicht. In welcher Weise die Kooperation mit dem PR stattzufinden hat, kann deshalb nicht allgemein, sondern nur bereichsspezifisch beantwortet werden. Soweit der JAV Rechte ggü. dem PR zustehen, kommt auch die Einleitung eines Beschlussverfahrens in Betracht, wenn der PR diese Rechte verletzt. 3

Selbstorganisation, Selbstverwaltung. § 63 regelt die Wahrnehmung von Aufgaben und Befugnissen ggü. dem PR, der Dienststelle und den Beschäftigten. Keine Anwendung können diese Regelungen finden, soweit es um **interne Fragen** der JAV bzw. um die Rechtsstellung ihrer Mitglieder geht. Werden durch Gesetz Institutionen geschaffen, wie hier die JAV, so ist zunächst grundsätzlich davon auszugehen, dass diese die sie selbst betreffenden Fragen selbst zu regeln haben, solange nicht und soweit nicht Befugnisse Dritter gesetzlich begründet werden. So regelt § 64 Satz 2 bspw. ausdrücklich, dass die Dienststelle bei Maßnahmen nach § 47, die sich gegen JAV-Mitglieder richten, der Zustimmung des PR, nicht der JAV, bedarf. Eine solche Regelung trifft § 64 Satz 1 aber nicht, weshalb nicht der PR, sondern allein die JAV darüber Beschluss zu fassen hat, welches JAV-Mitglied an welcher Fortbildungsveranstaltung teilnehmen soll. Eine Zuständigkeit des PR insoweit folgt auch nicht aus Abs. 1 Nr. 1, weil dort nur allg. die Wahrnehmung der Beschäftigteninteressen ggü. der Dienststelle geregelt ist, nicht die Rechtsstellung von JAV-Mitgliedern und deren Geltendmachung. 4

Kontakt mit der Dienststelle. Ob die JAV direkt mit dem Dienststellenleiter oder dessen Beauftragten Kontakt aufnehmen darf, hängt davon ab, welche Aufgaben und Befugnisse die JAV wahrnimmt. Handelt es sich um eine Aufgabe, die zwingend über den PR zu erfolgen hat (z. B. Antragstellung nach Abs. 1 Nr. 1), erfolgt der Kontakt zwischen JAV und Dienststelle ausschließlich über den PR. Anderes gilt, wenn der JAV eigenständige Rechte eingeräumt sind. So teilt die JAV den Wunsch, an einem Vorstellungsgespräch teilnehmen 5 zu wollen (§ 63 Abs. 2 Satz 1) direkt dem Dienststellenleiter bzw. der Personalabteilung mit. Gleiches gilt für den Beschluss nach § 63 Abs. 7 Satz 1, eine Sprechstunde einzurichten. Ein direkter Kontakt zwischen JAV und Dienststelle ist auch in allen Fragen der Selbstorganisation und Selbstverwaltung zulässig, z. B. die Abrechnung von Reisekosten, die durch die Aufgabenwahrnehmung entstanden sind. In vielen dieser Fälle kann es sinnvoll sein, sich vorher mit dem PR abzustimmen oder diesen jedenfalls zu informieren; eine aus § 63 folgende Rechtspflicht besteht allerdings nur bei ausdrücklicher Regelung. Soweit der JAV eigenständige beratende Teilnahmerechte eingeräumt sind (§§ 53 Abs. 2 Satz 1 Nr. 7; 68 Abs. 1 Satz 6 Nr. 2; 72 Abs. 6 Satz 2 Nr. 2) handeln die beauftragten JAV-Mitglieder im Rahmen der Beschlüsse der JAV selbstständig.

6 **Dienststellenleiter.** Der Dienststellenleiter bzw. die von ihm beauftragten Personen können in allen Fällen, auch wenn die JAV mit der Dienststelle nur über den PR kommunizieren darf, **direkt mit der JAV Kontakt** aufnehmen. Jedenfalls in letzteren Fällen muss der PR i. H.a. die vertrauensvolle Zusammenarbeit aber auch informiert werden.

I. Aufgabenkatalog (Abs. 1)

7 **1. Antragsrecht (Nr. 1).** Die JAV kann Maßnahmen i. S. v. Abs. 1 Nr. 1 beim PR beantragen. Das Antragsrecht besteht lediglich in Bezug auf Maßnahmen, die die Beschäftigten i. S. d. § 59 betreffen; dieser Personenkreis muss aber nicht ausschließlich betroffen sein. Die in Nr. 1 angesprochenen Themen stellen keine abschließende Aufzählung dar; Gegenstand des Antragsrechts können alle Maßnahmen sein, die der Beteiligung des PR unterliegen und sich auch – unmittelbar oder mittelbar – auf die Beschäftigten i. S. d. § 59 auswirken können. Beantragt werden können nur Maßnahmen für die der PR zuständig ist. Ggf. ist ein Antrag von der GesamtJAV beim GesamtPR bzw. von der StufenJAV bei der zuständigen Stufenvertretung zu stellen. Insoweit folgt das Antragsrecht nach Nr. 1 der Zuständigkeitsverteilung zwischen den Personalvertretungen (vgl. § 91).

8 **Verfahren.** Dem Antrag der JAV geht eine Beratung und entspr. Beschlussfassung der JAV voraus. Der PR hat den Antrag entgegenzunehmen und sich mit ihm zu befassen; die JAV wirkt hierbei mit (§ 32 Abs. 4 Satz 2). Dabei hat der PR den Antrag auch auf seine Sachdienlichkeit, Zweckmäßigkeit und Begründung zu überprüfen, nicht nur auf dessen Rechtsförmigkeit. Folgt der PR dem Antrag, so hat er ihn an den Dienststellenleiter heranzutragen und auf seine Erledigung zu drängen, sei es im Rahmen seiner allg. Aufgaben nach § 70 und der regelmäßigen Besprechungen mit dem Dienststellenleiter nach § 68 Abs. 1 oder aber, wenn die besonderen Voraussetzungen hierfür gegeben sind, ggf. auch als Initiativantrag nach § 84. Folgt der PR dem Antrag der JAV nicht, so hat er diese über seine Entscheidung zu unterrichten. Die Unterrichtung braucht nicht förmlich zu erfolgen. Es genügt, wenn mind. ein Mitglied der JAV an der PR-Sitzung, in der die ablehnende Entscheidung getroffen wurde, anwesend war. Ggf. besteht das Einspruchsrecht der JAV (Mehrheitsentscheidung) nach § 37 Abs. 1 Satz 1.

2. Überwachungsauftrag (Nr. 2). Die JAV ist berechtigt und verpflichtet, über die Einhaltung der in Abs. 1 Nr. 2 genannten Schutzvorschriften zu wachen. Dieser Auftrag steht selbstständig neben der Überwachungsaufgabe des PR bzw. sonstiger Stellen (z. B. beim Arbeitsschutz). Die JAV ist allerdings auf die Beschäftigten i. S. d. § 59 beschränkt; es müssen jedenfalls auch Beschäftigte dieses Personenkreises betroffen sein. Von großer praktischer Relevanz sind insoweit der Jugendarbeitsschutz aber auch die in der Nr. 1 thematisierten Fragen der Berufsbildung. Ob der gesetzliche Überwachungsauftrag verdachtsunabhängig von der JAV wahrgenommen werden kann oder ob konkrete Anhaltspunkte für Rechtsverletzungen im Einzelfall vorliegen müssen, hängt von der zu beurteilenden Konfliktlage ab. Stellt die JAV eine Rechtsverletzung fest, ist sie gut beraten, zunächst den PR zu informieren, um eine vertiefende Klärung des Sachverhalts zu ermöglichen; insb. bevor außenstehende Stellen eingeschaltet werden. Bejaht auch der PR nach Überprüfung der Sach- und Rechtslage einen Rechtsverstoß, ist es sachgerecht, wenn dieser – unter Beteiligung der JAV – auf den Dienststellenleiter zugeht und auf Abhilfe dringt; ggf. auch die zuständigen Fachbehörden einschaltet. 9

3. Anregungen, Beschwerden (Nr. 3). Abs. 1 Nr. 3 korrespondiert mit § 70 Abs. 1 Nr. 4. Diese Regelung verpflichtet den PR Anregungen und Beschwerden von Beschäftigten und der JAV entgegen zu nehmen und zu behandeln. Die Beschäftigten i. S. d. § 59 können sich – wie alle Beschäftigten – mit Anregungen und Beschwerden direkt an den PR zu wenden. Sie können diese aber auch an die JAV richten, die diese nach Prüfung und Beschlussfassung an den PR weiterleitet. Gegenstand der Anregungen bzw. Beschwerden können alle Fragen sein, die in die Zuständigkeit des PR gehören. Anregungen und Beschwerden, die an die JAV gerichtet sind, werden von dieser geprüft und – wenn sie berechtigt erscheinen – an den PR weitergeleitet. Zuständig für die Erledigung ist allein der PR. Die JAV kann nur darauf „hinwirken" i. S. d. Beschäftigten zu verfahren. Hält auch der PR die Anregungen bzw. Beschwerden für berechtigt, wird er sich i.d.R i. S. d. Beschwerdeführers bei der Dienststelle verwenden. Neben einer nichtförmlichen Abhilfe kommt auch ein förmlicher Antrag gemäß § 70 Abs. 1 Nr. 1 ggf. auch ein Initiativantrag nach § 84 in Betracht. Förmliche Anträge sind vom Dienststellenleiter förmlich zu bescheiden (§ 70 Abs. 2; § 84 Abs. 2). Nachdem der PR vom Dienststellenleiter informiert worden ist, unterrichtet der PR die JAV, die ihrerseits die betroffenen Beschäftigten über den Verfahrensstand und über die getroffene Entscheidung unterrichtet. 10

4. Gleichberechtigung (Nr. 4). Die Regelung korrespondiert mit § 70 Abs. 1 Nr. 10, weshalb der PR auch originär zuständig ist. Hier sollen Maßnahmen, die der Gleichberechtigung von Frauen und Männern in der Dienststelle dienen, beim PR beantragt werden können. Bezogen ist das Antragsrecht der JAV auch hier auf die Beschäftigten i. S. d. § 59; diese müssen zumindest auch betroffen sein. Das weitere Verfahren gestaltet sich wie im Fall der Nr. 1. 11

5. Eingliederung (Nr. 5). Die durch das ÄG 2013 neu eingefügte Nr. 5 korrespondiert mit der ebenfalls durch das ÄG 2013 eingefügten neuen Aufgabe des PR (§ 70 Abs. 1 Nr. 6), die in die gleiche Richtung zielt. Hiernach kann die 12

JAV beim PR Maßnahmen beantragen, die der Eingliederung von Beschäftigten i. S. d. § 59 in die Dienststelle dienen sollen sowie das Verständnis zwischen den Beschäftigten unterschiedlicher Herkunft fördern sollen.

13 **6. Umweltschutz (Nr. 6).** Auch die Nr. 6 ist durch das ÄG 2013 in Abs. 1 neu eingefügt worden. Hiernach können von der JAV Maßnahmen, die dem Umweltschutz, dem Klimaschutz oder der sorgsamen Energienutzung in der Dienststelle dienen, beim PR beantragt werden. Dem entspricht die neu geschaffene Befugnis des PR (§ 70 Abs. 1 Nr. 11).

II. Teilnahme an Vorstellungs- und Personalgesprächen (Abs. 2)

14 **1. Vorstellungsgespräche (Satz 1).** Das ÄG 2013 hat der JAV in Abs. 2 Satz 1 – in Anlehnung an die Informations- und Teilnahmerechte des PR (vgl. § 71 Abs. 3 Satz 2) – ein Teilnahmerecht an Vorstellungsgesprächen zur Besetzung von Ausbildungsplätzen eingeräumt; nach der alten Rechtslage war ein solches Teilnahmerecht der JAV umstritten. Die gesetzliche Regelung knüpft nicht an den Personenkreis der Beschäftigten i. S. d. § 59 an, sondern an die Besetzung „ausgeschriebener Ausbildungsplätze“, was keinen inhaltlichen Unterschied begründet. Es ist unerheblich, ob die Dienststelle selbst die Vorstellungsgespräche durchführt oder diese von Dritten durchführen lässt (z. B. Assessment-Center). Das Anwesenheitsrecht dient nicht der Mitbeurteilung bzw. der Mitentscheidung der JAV, sondern lediglich deren Information und damit auch der Information des PR für das nachfolgende förmliche Beteiligungsverfahren.

15 **Verfahren.** Die Dienststelle muss die JAV über ausgeschriebene Ausbildungsplätze informieren und auch darüber, ob und wann Vorstellungsgespräche vorgesehen sind; die Information erfolgt direkt oder über den PR. Die JAV entscheidet (Beschluss), ob sie an solchen Vorstellungsgesprächen teilnehmen will. Sie kann diese Entscheidung von Fall zu Fall treffen und jeweils entscheiden, welches JAV-Mitglied an der konkreten Vorstellungsrunde teilnehmen soll. Die JAV kann aber auch ein JAV-Mitglied dauerhaft mit dieser Aufgabe betrauen. Die Entscheidung der JAV ist für die Dienststelle verbindlich; sie kann die Teilnahme des beauftragten JAV-Mitglieds nur ausnahmsweise ablehnen, wenn gegen dessen Teilnahme schwerwiegende Bedenken bestehen (z. B. wegen einer bereits erfolgten Verletzung der Verschwiegenheitspflicht). Das beauftragte JAV-Mitglied teilt der Dienststelle (Personalabteilung) mit, dass er an dem Vorstellungsgespräch teilnehmen wird. Eine Abstimmung mit dem PR oder dessen Information ist vom Gesetz nicht vorgesehen, wird aber regelmäßig sinnvoll sein. Das JAV-Mitglied nimmt nur beobachtend, nicht beratend teil; er hat aber ein Fragerecht.

16 **2. Personalgespräche (Satz 2).** Auf Verlangen eines Beschäftigten i. S. v. § 59 kann an Personalgesprächen mit entscheidungsbefugten Vertretern der Dienststelle ein Mitglied der JAV teilnehmen. Die Regelung ist durch das ÄG 2013 neu eingefügt worden und korrespondiert mit der allg. Befugnis des PR nach § 71 Abs. 4 Satz 1; auf die dortige Komm. wird Bezug genommen. Anders als bei den in Abs. 2 Satz 1 geregelten Vorstellungsgesprächen handelt hier i. d. R.

kein durch Beschluss beauftragtes Mitglied der JAV. Teilnahmeberechtigt ist grundsätzlich das JAV-Mitglied, das das Vertrauen des Beschäftigten genießt, und das dieser hinzuziehen will. „Auf Verlangen“ des Beschäftigten meint damit i. d. R. nicht irgendein JAV-Mitglied, dass nach Ermessen bestimmt werden kann, sondern nur das vom Beschäftigten ausgesuchte Mitglied. Die Teilnahme beim Personalgespräch dient der Unterstützung des Beschäftigten, aber auch der Information der JAV und der Information des PR für das (regelmäßig) nachfolgende förmliche Beteiligungsverfahren.

Verfahren. Die Beteiligung des JAV-Mitglieds muss von dem betroffenen Beschäftigtenbei der Dienststelle beantragt werden, wobei i. d. R. zugleich mitzuteilen ist, welches JAV-Mitglied an dem Gespräch teilnehmen soll. Mit diesem JAV-Mitglied sollte der Beschäftigte bereits im Vorfeld Kontakt aufgenommen und dessen Bereitschaft zur Gesprächsteilnahme abgeklärt haben. Eine Pflicht zur Teilnahme der JAV bzw. ihrer Mitglieder am Gespräch besteht nicht. Die Dienststelle informiert die JAV über den Wunsch des Beschäftigten und – soweit schon bekannt – über den Gesprächstermin. Hat der Beschäftigte kein konkretes JAV-Mitglied benannt, muss diese zunächst Beschluss fassen, ob sie an dem Personalgespräch teilnehmen will und welches JAV-Mitglied teilnehmen soll. Ein Ablehnungsrecht hat die Dienststelle nicht. Die Teilnahme des JAV-Mitglieds ist nur beobachtend, nicht beratend; er kann den Beschäftigten aber unterstützen und hat ein Fragerecht. 17

III. Zusammenarbeit mit dem Personalrat (Abs. 3)

1. Rechte der JAV. Hinsichtlich der Zusammenarbeit der JAV mit dem PR verweist Abs. 3 ausdrücklich auf § 30 Abs. 1 Satz 3 und 4, Abs. 3, § 32 Abs. 4, § 35 Abs. 3 und 5 Satz 1 Nr. 4, § 36 Abs. 2, § 37 Abs. 1 Satz 1 und § 38 Abs. 3. Durch diese Regelungen wird insb. gewährleistet, dass die JAV in die Willensbildung des PR einbezogen wird (Altvater u. a. § 61 Rn. 6). Im Einzelnen: 18

a) Einladung zu PR-Sitzungen. Abs. 3 verweist auf **§ 30 Abs. 1 Satz 3 und 4.** Angesprochen sind durch diese Regelung die Sitzungen des PR. Die JAV-Sitzungen, für die § 30 Abs. 1 entspr. anwendbar ist, sind in Abs. 5 Satz 1 geregelt. Die JAV-Mitglieder sind nach Maßgabe von § 32 Abs. 4 Satz 1 und 2 berechtigt, an den PR-Sitzungen teilzunehmen. Nach § 30 Abs. 1 Satz 3 hat der PR-Vorsitzende deshalb zu allen PR-Sitzungen das von der JAV benannte Mitglied einzuladen. In den Fällen des § 32 Abs. 4 Satz 2 hat der PR-Vorsitzende alle JAV-Mitglieder einzuladen (§ 30 Abs. 1 Satz 4). Den Teilnahmeberechtigten ist die Tagesordnung der jeweiligen Sitzung bekannt zu geben. 19

b) Anberaumung von PR-Sitzungen. Nach **§ 30 Abs. 3** hat der Vorsitzende des PR u. a. auf Antrag der Mehrheit der Mitglieder der JAV eine Sitzung des PR anzuberaumen und den Gegenstand, dessen Beratung beantragt wird, auf die Tagesordnung zu setzen, wenn er besonders Beschäftigte i. S. v. § 59 betrifft. 20

c) Teilnahme-, Stimmrecht. Ein Mitglied der JAV, das von dieser bestimmt wird, kann an **allen** Sitzungen des PR beratend teilnehmen (**§ 32 Abs. 4 Satz 1**). 21

Bei der Behandlung von Angelegenheiten, die besonders Beschäftigte i. S. v. § 59 betreffen, kann die gesamte JAV an der PR-Sitzung beratend teilnehmen; bei Beschlüssen des PR über diese Angelegenheiten haben alle JAV-Mitglieder Stimmrecht (**§ 32 Abs. 4 Satz 2**).

22 d) **Übertragung auf Ausschüsse.** Nach **§ 35 Abs. 3** hat das beauftragte JAV-Mitglied (§ 32 Abs. 4 Satz 1) auch ein Teilnahmerecht an Sitzungen der Ausschüsse des PR. § 35 Abs. 3 verweist nur auf § 32 Abs. 4 Satz 1 nicht auch auf dessen Satz 2, sodass die Gesamt-JAV weder Teilnahme- noch Stimmrecht bei Ausschusssitzungen hat. Nach **§ 33 Abs. 5 Satz 1 Nr. 4** muss der Ausschuss aber die Angelegenheit dem PR zur Beratung und Beschlussfassung vorlegen, wenn das beauftragte JAV-Mitglied einen Beschluss des Ausschusses als erhebliche Beeinträchtigung wichtiger Interessen der Beschäftigten i. S. v. § 59 erachtet. Bei der sich dann anschließenden PR-Sitzung gilt wieder § 32 Abs. 4 Satz 2: alle JAV-Mitglieder haben Teilnahme- und Stimmrecht.

23 e) **Übertragung auf den PR-Vorstand.** Nach § 63 Abs. 3 kommt auch **§ 36 Abs. 2** zur Anwendung, was nicht recht verständlich ist. Nach § 36 Abs. 2 gelten bei einer Übertragung von Befugnissen vom PR auf dessen Vorstand § 32 Abs. 5, § 34 Abs. 1, 2 und 3 Satz 3 sowie 4 Satz 2, § 35 Abs. 4 Satz 4 und Abs. 5 Satz 1 Nr. 1 bis 3 sowie dessen Sätze 2 und 3 entspr. § 32 Abs. 5 regelt das Teilnahmerecht der Schwerbehindertenvertretung. § 34 Abs. 1 und 2 die Beschlussfassung des PR. § 34 Abs. 3 Satz 3 betrifft das Umlaufverfahren bei der Beschlussfassung, dessen Abs. 4 Satz 2 die Gruppenentscheidung. § 35 Abs. 4 Satz 4 bestimmt, dass der PR unverzüglich über Ausschussbeschlüsse zu informieren ist. Dessen Abs. 5 Satz 1 Nr. 1 bis 3 betrifft die Vorlagepflicht des Ausschusses an den PR, wobei aber die dortige Nr. 4, die die JAV betrifft, ausdrücklich ausgenommen ist. Welche Regelungen durch die Verweisung des § 36 Abs. 2 für das Verhältnis zwischen PR und JAV getroffen werden sollen, bleibt im Dunkeln.

24 f) **Einspruchsrecht.** Nach **§ 37 Abs. 1 Satz 1** ist ein PR-Beschluss auf die Dauer von einer Woche vom Zeitpunkt der Beschlussfassung an **auszusetzen**, wenn die Mehrheit der JAV diesen Beschluss des PR als eine erhebliche Beeinträchtigung wichtiger Interessen der Beschäftigten i. S. v. § 59 erachtet, und die Aussetzung des Beschlusses beantragt.

25 g) **Sitzungsniederschrift.** Nach **§ 38 Abs. 3 Satz 1** können JAV-Mitglieder in die Niederschrift von PR-Sitzungen, an denen sie teilgenommen haben Einsicht nehmen. Nach § 38 Abs. 3 Satz 2 können für sie entspr. Abschriften gefertigt werden.

26 **2. Enge Zusammenarbeit, Unterrichtung.** Neben der Regelung des § 63 Abs. 3 verpflichtet auch **§ 70 Abs. 1 Nr. 7** den PR ausdrücklich zu einer engen Zusammenarbeit mit der JAV zur Förderung der Belange der Beschäftigten i. S. d. § 59. Nach § 63 Abs. 4 ist die JAV rechtzeitig und umfassend durch den PR zu unterrichten (s. u.). In die gleiche Richtung weist § 32 Abs. 4 Satz 3, der den PR-Vorsitzenden verpflichtet, Angelegenheiten, die besonders Beschäftigte i. S. d. § 59 betreffen, der JAV zur Beratung zuzuleiten.

Sonstige Rechte der JAV. Die JAV hat das Recht durch ein beauftragtes Mitglied der JAV (mit **beratender** Stimme) an **Personalversammlungen** teilnehmen zu können (§ 53 Abs. 2 Satz 1 Nr. 7). Gleiches gilt für die Besprechungen nach § 68 Abs. 1 Satz 6 Nr. 2, wenn Angelegenheiten behandelt werden, die Beschäftigte i. S. v. § 59 besonders betreffen; dann hat der PR ein Mitglied der JAV zu den **Besprechungen** mit dem Dienststellenleiter beizuziehen. Wenn diese Voraussetzungen vorliegen, kann ein benanntes Mitglied der JAV auch beratend an den Sitzungen des **Wirtschaftsausschusses** teilnehmen (§ 72 Abs. 6 Satz 1 Nr. 2). 27

IV. Informationsanspruch (Abs. 4)

1. Unterrichtung (Satz 1). Die zur Durchführung ihrer Aufgaben erforderliche Unterrichtung der JAV nach Abs. 4 Satz 1 ist primär Aufgabe des PR und nicht der Dienststelle, was nicht ausschließt, dass die Dienststelle der JAV direkt notwendige Informationen zukommen lässt (vgl. Rn. 6). Einen Unterrichtungsanspruch hat die JAV aber i. d. R. nur ggü. dem PR. Die Unterrichtung hat rechtzeitig und umfassend zu erfolgen; die JAV muss in die Lage versetzt werden, ihre gesetzlichen Aufgaben zu erfüllen. Die Unterrichtung hat nicht nur auf Verlangen, sondern **ständig** in dem Umfang zu erfolgen, dass die JAV ihre Aufgaben ordnungsmäßig wahrnehmen kann. In gleicher Weise verpflichtet § 32 Abs. 4 Satz 3 den PR-Vorsitzenden alle Angelegenheiten, die besonders Beschäftigte i. S. d. § 59 betreffen, der JAV zur Beratung zuzuleiten. 28

Verschwiegenheitspflicht. Der Informationsanspruch der JAV und die Unterrichtungspflicht des PR korrespondieren mit der Verschwiegenheitspflicht nach § 7 Abs. 1 Satz 1 und der Befreiung von der Verschwiegenheitspflicht nach § 7 Abs. 1 Satz 2 Nr. 1 und 2. Hiernach gilt die Verschwiegenheitspflicht nicht für die Mitglieder des PR und der JAV ggü. den übrigen Mitgliedern des Gremiums sowie für diese, wenn sie Aufgaben und Befugnisse nach dem LPVG wahrnehmen, ggü. dem zuständigen PR und der zuständigen JAV. Zu beachten ist insoweit allerdings, dass die JAV und ihre Mitglieder keinen umfassenden Informationsanspruch haben, sondern nur dann, wenn ihnen Aufgaben und Befugnisse ausdrücklich zugewiesen sind i. d. R. also wenn Beschäftigte i. S. d. § 59 betroffen sind. 29

2. Organisationsentscheidungen (Satz 2). Abs. 4 Satz 2 korrespondiert mit § 71 Abs. 2. Insoweit wird der PR verpflichtet, die Kenntnisse, die ihm hinsichtlich von Organisationsentscheidungen seitens der Dienststelle zur Verfügung gestellt worden sind, der JAV weiterzugeben. Die JAV ist insoweit „frühzeitig und fortlaufend zu unterrichten". Eine Einschränkung auf Beschäftigte i. S. d. § 59 nimmt das Gesetz hier nicht vor, weil sich Organisationsentscheidungen grundsätzlich auf alle Beschäftigten und damit auch die Beschäftigten nach § 59 auswirken können. Hinsichtlich des Begriffs der Organisationsentscheidungen, die beteiligungspflichtige Maßnahmen zur Folge haben, wird auf die Komm. zu § 71 Abs. 2 verwiesen. 30

3. Vorlage von Unterlagen (Satz 3). Unterlagen sind der JAV vom PR nur vorzulegen, wenn die JAV die Vorlage aus konkretem Anlass verlangt; nur zur 31

Einsichtnahme bzw. zeitweiligen Überlassung. Für die Überlassung von Unterlagen gelten die allg. Maßstäbe (vgl. § 71 Abs. 1 Satz 2). Wenn der PR ggü. der Dienststelle einen Anspruch auf Überlassung von Unterlagen besitzt, weil er deren Vorlage für erforderlich halten durfte, dann kann auch die JAV diese Unterlagen vom PR verlangen. Wegen weiterer Einzelheiten wird auf die Komm. zu § 71 verwiesen.

32 **Bewerbungsunterlagen.** Durch das ÄG 2013 wurde neu geregelt, dass der JAV Unterlagen „einschließlich der Bewerbungsunterlagen aller Bewerber bei Einstellungen von Beschäftigten i. S. v. § 59, soweit dem nicht berechtigte Belange der Bewerber entgegenstehen", vorzulegen sind. Diese Regelung entspricht § 71 Abs. 3 Satz 1; auf die dortige Komm. wird verwiesen. Datenschutzrechtliche Gründe stehen dieser Vorlagepflicht nicht entgegen, weil die JAV nicht „Dritter" i. S. d. Datenschutzrechts ist (Altvater u. a. § 63 Rn. 8).

V. Sitzungen (Abs. 5)

33 **1. Anberaumung von Sitzungen** (Satz 1). Die Regelungen über die JAV nehmen nur teilweise Bezug auf die Vorschriften für die Geschäftsführung des PR; Abs. 5 ordnet nur die entspr. Geltung von §§ 19 und 30 Abs. 1 an. Die Regelungen für den PR können aber – jedenfalls teilweise und sinngemäß – für die JAV Anwendung finden. Danach beraumt der Vorsitzende der JAV die Sitzungen der JAV an und setzt die **Tagesordnung** fest und leitet die Sitzung (§ 30 Abs. 1 Satz 1 und 2 entspr.). Zuvor muss er den PR verständigen, was nicht bedeutet, dass die JAV-Sitzung nur im Einvernehmen mit dem PR anberaumt werden kann. Die Verständigung des PR will nur das Teilnahmerecht des PR (Abs. 5 Satz 2) sicherstellen.

34 **Keine Pflicht zur Terminierung.** § 63 verweist nicht auf § 30 Abs. 3, weshalb der JAV-Vorsitzende nicht aufgrund eines Antrags von JAV-Mitgliedern, der Schwerbehindertenvertretung, der BfC oder des Dienststellenleiters verpflichtet ist, eine Sitzung anzuberaumen oder bestimmte Punkte auf die Tagesordnung zu nehmen. Auch der PR hat kein solches Recht. Stellt sich die Nichtterminierung bzw. Nichtbefassung mit bestimmten Punkten als grobe Pflichtverletzung dar, bleibt nur der Antrag auf Ausschluss aus der JAV, im Extremfall auf Auflösung der JAV (§ 24 Abs. 1 entspr.).

35 a) **Ort und Zeit.** Die Sitzungen finden i. d. R. **in der Dienststelle** statt; die Dienststelle muss hierfür geeignete Räumlichkeiten zur Verfügung stellen. Die Sitzungen finden grundsätzlich **während der Dienstzeit** statt; § 43 Abs. 2 Satz 1 und 2 gilt entspr. Der JAV-Vorsitzende muss auf die dienstlichen Verhältnisse und die Belange des PR Rücksicht zu nehmen und den PR sowie den Leiter der Dienststelle rechtzeitig vom Zeitpunkt der Sitzung unterrichten (Ilbertz-Widmaier § 61 Rn. 28; Lorenzen u. a. § 61 Rn. 69). Im Übrigen bestimmt der JAV-Vorsitzende den Termin nach seinem pflichtgemäßen Ermessen und lädt sodann die JAV-Mitglieder und die sonstigen Teilnahmeberechtigten zur Sitzung.

b) **Nichtöffentlich.** Die Sitzungen der JAV sind nichtöffentlich (Ilbertz-Widmaier § 61 Rn. 32; Lorenzen u. a. § 61 Rn. 73). § 32 Abs. 1 gilt entspr. Der JAV-Vorsitzende muss bei der Ladung und bei Eröffnung der Sitzung darauf achten, dass nur Teilnahmeberechtigte im Sitzungsraum anwesend sind. Die Teilnahme von Nichtberechtigten an der Sitzung verletzt die Verpflichtung zur Verschwiegenheit (§ 7 Abs. 1). 36

c) **Teilnahmeberechtigung.** Teilnahmeberechtigt sind die Mitglieder der JAV, der Beauftragte des PR (Abs. 5 Satz 2), der Dienststellenleiter bzw. die von ihm beauftragte Person, aber nur, wenn er geladen ist (§ 30 Abs. 4 entspr.), die Schwerbehindertenvertretung (§ 30 Abs. 1 Satz 3 entspr.), die in § 30 Abs. 1 Satz 4 genannten Personen, wenn sie geladen sind *und* die besonderen Voraussetzungen vorliegen. „Beauftragte von Stufenvertretungen" sind in diesem Fall die Beauftragten etwaiger Stufen-JAV; der „Beauftragte des GesamtPR" wäre in diesem Fall der Beauftragte einer GesamtJAV. 37

d) **Gewerkschaften; Arbeitgebervereinigung.** Die entspr. Geltung von § 32 Abs. 3 Satz 1 ist für die JAV nicht ausdrücklich angeordnet, aber sachgerecht. Der besonderen Bedeutung, die die Gewerkschaften haben (z. B. bei der Behandlung von Einsprüchen nach § 37), ist Rechnung zu tragen. Gleiches gilt für die entspr. Anwendung von § 32 Abs. 3 Satz 3. 38

e) **Beschlussfassung, Niederschrift.** Die JAV ist **beschlussfähig,** wenn mind. die Hälfte ihrer Mitglieder anwesend ist, ihre Beschlüsse werden grundsätzlich mit einfacher Stimmenmehrheit der anwesenden Mitglieder gefasst; bei Stimmengleichheit ist ein Antrag abgelehnt (§ 34 Abs. 1 und 2 entspr.). Über jede Sitzung ist eine **Niederschrift** zu fertigen (§ 38 Abs. 1 entspr.). 39

f) **Konstituierende Sitzung.** Nach Abs. 5 Satz 1 Hs. 2 gilt § 19 entsprechend. Zur konstituierenden Sitzung der JAV wird deshalb vom Vorsitzenden des Wahlvorstands innerhalb der Frist von sechs Arbeitstagen einberufen. Im Falle des § 62 Abs. 5 leitet der Vorsitzende des Wahlvorstands die konstituierende Sitzung bis die JAV einen Wahlleiter bestimmt hat (vgl. auch § 62 Rn. 40 f.). 40

2. Teilnahme eines PR-Mitglieds (Satz 2). An den JAV-Sitzungen kann nach Abs. 5 Satz 2 ein vom PR beauftragtes PR-Mitglied teilnehmen. Ob der PR von diesem Recht Gebrauch macht und welches Mitglied er beauftragt, entscheidet er nach pflichtgemäßem Ermessen durch Beschluss. Das beauftragte PR-Mitglied nimmt beratend an der Sitzung teil. Er hat keine Befugnis, Anträge zu stellen, weder zur Änderung bzw. Ergänzung der Tagesordnung noch zur Geschäftsordnung oder zur Sache selbst. 41

VI. Begehungsrecht (Abs. 6)

Begehung. Mit dem ÄG 1995 wurde auch für die JAV ein Begehungsrecht für Arbeits- und Ausbildungsplätze geschaffen. Abweichend von der für den PR getroffenen Regelung (vgl. § 71 Abs. 6) steht das Recht nicht dem Vorsitzenden, sondern der JAV zu; sie kann (durch Beschluss) ein Mitglied mit der Begehung beauftragen. Das Begehungsrecht dient der Selbstinformation der JAV 42 und korrespondiert vor allem mit deren Überwachungsaufgabe. Die JAV kann dabei Arbeitsplätze aufsuchen, ohne dass ein Verdacht hinsichtlich eines konkreten Rechtsverstoßes vorliegen muss (vgl. hierzu: BAG, 21.1.1982 – 6 ABR 17.79 – BAGE 37, 348 = DB 1982, 1277 zu § 70 BetrVG 1972).

43 **Verfahren.** Vor der Begehung sind zwingend der PR und der Dienststellenleiter zu unterrichten. Der Leiter der Dienststelle darf die Begehung nur aus zwingenden dienstlichen Gründen (z. B. Gefahr einer nicht unerheblichen Störung der Ordnung oder des Arbeitsablaufs) untersagen. Dies darf er der JAV direkt mitteilen, sollte aber auch den PR hierüber informieren. Der PR kann eine Begehung durch die JAV nicht verhindern.

44 **Zustimmung des Beschäftigten.** Aufgesucht werden dürfen nur Arbeits- und Ausbildungsplätze von Beschäftigten i. S. d. § 59, nicht die gesamte Dienststelle. Mit Rücksicht auf das Selbstbestimmungsrecht setzt das Aufsuchen die vorherige Zustimmung des Beschäftigten voraus.

VII. Sprechstunden (Abs. 7)

45 **1. Einrichtung (Satz 1).** Abs. 7 wurde durch das ÄG 2013 in § 63 eingefügt. Hiernach ist die JAV befugt, in Dienststellen mit mehr als 50 Beschäftigten i. S. d. § 59 Sprechstunden einzurichten. Im Vergleich zur früher geltenden Verweisung auf die für den PR geltenden Vorschriften, stellt die Neuregelung eine Einschränkung dar. Die Entscheidung steht im pflichtgemäßen Ermessen der JAV. Es bedarf weder einer Zustimmung seitens der Dienststelle noch der Zustimmung des PR. Vom Gesetz wird nicht einmal die vorherige Information von Dienststelle und PR verlangt; dies ist aber allein wegen der Interessen der Beschäftigten, die die Sprechstunde aufsuchen sollen, erforderlich.

46 **2. Ort und Zeit; Arbeitsversäumnis (Satz 2).** Nach Satz 2 gilt § 40 entsprechend. Dies bedeutet zunächst, dass auch die JAV-Sprechstunde grundsätzlich während der Arbeitszeit stattfindet (§ 40 Abs. 1 Satz 1 entspr.). Zeit und Ort der Sprechstunde bestimmt die JAV nach pflichtgemäßem Ermessen; sie bedarf insoweit aber der Zustimmung (Einvernehmen) des Dienststellenleiters (§ 40 Abs. 1 Satz 2 entspr.). Eine Zustimmung des PR oder eine Abstimmung mit dem PR verlangt das Gesetz nicht (**a. A.:** Altvater u. a. § 63 Rn. 14).

47 **Aufsuchen der Sprechstunde.** Ist von der JAV eine Sprechstunde eingerichtet worden, können die Beschäftigten i. S. d. § 59 diese zu den festgesetzten Zeiten ohne Erlaubnis aufsuchen. Sie müssen sich lediglich abmelden. Der Besuch der Sprechstunde kann von der Dienststelle nur abgelehnt werden, wenn im konkreten Einzelfall dringende dienstliche Belange dem entgegenstehen. Die nicht gerechtfertigte Verhinderung oder Behinderung des Sprechstundenbesuchs bzw. eine Benachteiligung wegen des Aufsuchens der Sprechstunde stellt einen Verstoß gegen § 6 Abs. 1 dar.

48 **Versäumnis von Arbeitszeit; Kosten.** Die durch den Besuch der Sprechstunde eingetretene Versäumnis an Arbeitszeit führt nicht zur Minderung der Besoldung oder des Arbeitsentgelts (§ 40 Abs. 2 Satz 1 entspr.); ggf. ist Dienstbefrei-

ung nach § 40 Abs. 2 Satz 2 (entspr.) zu gewähren, wenn der Besuch der Sprechstunde aus dienstlichen Gründen außerhalb der Arbeitszeit erfolgen musste. Entstehen dem Beschäftigten (notwendige) Reisekosten, um die Sprechstunde besuchen zu können, sind diese Kosten in entsprechender Anwendung des LRKG als Reisekosten zu erstatten (§ 40 Abs. 2 Satz 3 entspr.).

3. Teilnahme eines PR-Mitglieds (Satz 3). Die Sprechstunde wird von der JAV durchgeführt. Wer hierfür zuständig ist, entscheidet die JAV durch Beschluss. An der Sprechstunde der JAV kann ein beauftragtes PR-Mitglied beratend teilnehmen; eine Teilnahmepflicht besteht aber nicht. Welches PR-Mitglied teilnimmt, entscheidet der PR durch Beschluss (§ 34 Abs. 4 Satz 1). **49**

§ 64 Schutz der Mitglieder der Jugend- und Auszubildendenvertretung

[1]Für die Jugend- und Auszubildendenvertretung gelten die §§ 41 bis 45 Absatz 1 Satz 1, § 46 Absatz 1 und § 69 Absatz 1 Satz 3 entsprechend. [2]§ 47 Absatz 1, 2 und 4 sowie § 48 gelten entsprechend mit den Maßgaben, dass die dort aufgeführten Personalmaßnahmen bei Mitgliedern der Jugend- und Auszubildendenvertretung der Zustimmung des Personalrats bedürfen und in dem Verfahren vor dem Verwaltungsgericht auch die Jugend- und Auszubildendenvertretung beteiligt ist. [3]Für Mitglieder des Wahlvorstands und Wahlbewerber gilt § 47 Absatz 1 Satz 1, Absatz 2 sowie Absatz 4 entsprechend.

Regelungsbereich. § 64 regelt die Rechtsstellung der JAV und ihrer Mitglieder sowie den Versetzungs- und Kündigungsschutz von Wahlbewerbern und Mitgliedern des Wahlvorstands. Hinsichtlich des Kündigungsschutzes gelten die bundesrechtlichen Vorschriften des KSchG und des § 108 Abs. 1 BPersVG vorrangig. Der durch § 64 angesprochene Personenkreis nimmt zudem „Aufgaben und Befugnisse“ nach dem LPVG wahr, weshalb alle Regelungen, die hieran anknüpfen, unmittelbare Geltung auch für diese Personen haben; vgl. z. B. § 6 Abs. 1 (Behinderungs- und Benachteiligungsverbot), § 7 (Verschwiegenheitspflicht). Handelt es sich bei diesen Personen um Beamte, gilt auch der Unfallschutz des § 6 Abs. 2 unmittelbar. **1**

1. Kosten und Rechtsstellung (Satz 1). § 64 Satz 1 enthält Regelungen über die Kostentragung (§ 41 entspr.) und ordnet (teilweise) die entspr. Anwendung der Vorschriften über die Rechtsstellung der Mitglieder des PR für die Mitglieder der JAV an. **2**

a) Kosten der JAV, Beitragserhebung. Die durch die Tätigkeit der JAV entstehenden notwendigen Kosten trägt die Dienststelle (§ 41 Abs. 1 und 2 entspr.). Gleiches gilt für die Bereitstellung geeigneter Plätze für Bekanntmachungen und die Nutzung von Informations- und Kommunikationseinrichtungen der Dienststelle (§ 41 Abs. 3 entspr.). Eine Beitragserhebung durch die JAV schließt § 42 (entspr.) ausdrücklich aus. **3**

aa) Notwendige Kosten. Erstattungsfähige Kosten der JAV sind alle Aufwendungen für Tätigkeiten aufgrund der Wahrnehmung der gesetzlich zugewiesenen Aufgaben. Dies sind die sächlichen und persönlichen Aufwendungen, die **4**

aufgrund des LPVG, insb. infolge von § 63, entstehen. Die Dienststelle hat nur die notwendigen Kosten zu tragen, d. h. diejenigen Kosten, die bei objektiver Betrachtung der Erfordernisse von der JAV als berechtigt angesehen werden durften. Auch für die JAV gilt die allg. Verpflichtung zum sparsamen Mitteleinsatz. Wenn die Nutzung von Mitteln, die dem PR zur Verfügung gestellt worden sind, durch die JAV ohne Weiteres möglich und auch zumutbar ist (z. B. Fachzeitschriften, Fachliteratur zum Personalvertretungs- und Arbeitsrecht), entspricht die Mitbenutzung dem Grundsatz der sparsamen Haushaltsführung.

5 **Verfahren.** Über die Erforderlichkeit von Aufwendungen hat die JAV selbst nach pflichtgemäßem Ermessen, ggf. durch Beschluss, zu entscheiden. Dem PR kommt insoweit keine Kontrollbefugnis und auch kein Weisungsrecht zu. Gleiches gilt für die Dienststelle, die aber ein Mitbeurteilungsrecht hat. Sie kann prüfen, ob die geltend gemachten Kosten durch die Wahrnehmung gesetzlicher Aufgaben entstanden sind – also dem Grunde nach erstattungsfähig sind – und ob dem Grundsatz der sparsamen Mittelverwendung genügt worden ist – also auch der Höhe nach erstattungsfähig sind. Halten sich die Kosten im Rahmen pflichtgemäßen Ermessens der JAV, ist deren Entscheidung verbindlich. Entstehende Kosten macht die JAV direkt ggü. der Dienststelle geltend, nicht über den PR. Bei unterschiedlichen Auffassungen von JAV und Dienststelle ist die Erforderlichkeit von Kosten ggf. im gerichtlichen Beschlussverfahren zu klären. Über die Einleitung eines solchen Verfahrens entscheidet die JAV (s. u.).

6 **Kosten der Rechtsverfolgung.** Soweit der JAV Aufgaben und Befugnisse durch das LPVG zugewiesen sind, kann sie auch Beteiligte in einem personalvertretungsrechtlichen Beschlussverfahren sein. § 64 Satz 2 sieht dies in den dort genannten Fällen ausdrücklich vor, stellt aber keine abschließende Regelung dar. Streitigkeiten können auch im Rahmen der Kostentragungspflicht (vgl. Rn. 5) oder hinsichtlich der Notwendigkeit von Dienstbefreiung oder Freistellung entstehen. Die notwendigen Kosten solcher Beschlussverfahren zur Klärung von Zuständigkeiten oder Befugnissen bzw. zur Abwehr von rechtwidrigen Eingriffen, sind Kosten der JAV, die die Dienststelle trägt. Da die Beschlussverfahren gerichtskostenfrei sind, geht es hier um die Hinzuziehung eines **Rechtsanwalts** für die vorgerichtliche Beratung bzw. die gerichtliche Vertretung. Solche Kosten sind nur dann nicht von der Dienststelle zu tragen, wenn die Rechtsverfolgung aussichtslos oder mutwillig ist.

7 **bb) Reisekosten.** In entspr. Anwendung von § 41 Abs. 1 Satz 2 erhalten die Mitglieder der JAV ebenso wie die PR-Mitglieder für Reisen, die zur Erfüllung ihrer Aufgaben notwendig sind, Reisekostenvergütungen nach dem LRKG. Erstattungsfähig sind die Reisekosten, wenn die Reise dem Grunde nach notwendig war und die entstandenen Kosten der Höhe nach angemessen sind. Dies entscheidet die JAV nach pflichtgemäßem Ermessen; der Dienststelle steht insoweit nur ein Mitbeurteilungsspielraum zu (vgl. Rn. 5).

8 **cc) Kosten der Geschäftsführung.** In entspr. Anwendung von § 41 Abs. 2 hat die Dienststelle auch die Kosten für Sitzungen, Sprechstunden (vgl. insoweit aber § 63 Abs. 7 Satz 1) und die gesamte laufende Geschäftsführung zu tragen

und der JAV in erforderlichem Umfang Räume, Geschäftsbedarf, Informations- und Kommunikationstechnik sowie Büropersonal zur Verfügung zu stellen. Auch hierbei ist zu prüfen, ob eine Mitbenutzung der dem PR schon zur Verfügung gestellten Mittel möglich und zumutbar ist. Dies gilt insb. für die Bereitstellung von Büropersonal.

dd) Kosten der Information. § 64 Satz 1 erklärt auch § 41 Abs 3 für entspr. anwendbar, wonach die Dienststelle der JAV geeignete Plätze für Bekanntmachungen und Anschläge zur Verfügung stellen muss und sie schriftliche Mitteilungen an die Beschäftigten i. S. d. § 59 verteilen darf (dortiger Satz 1). Hierbei darf die JAV auch die in der Dienststelle vorhandenen und üblicherweise genutzten Informations- und Kommunikationseinrichtungen gebrauchen (dortiger Satz 2). § 41 Abs. 3 Satz 3 (entspr.) stellt nochmals ausdrücklich klar, dass auch die insoweit entstehenden Kosten von der Dienststelle zu tragen sind. Die JAV ist bei ihrer Informationsarbeit aber auf die Beschäftigten i. S. d. § 59 beschränkt und darf insbesondere nicht in Konkurrenz zum PR treten. 9

ee) Beitragserhebung. Auch die JAV darf für ihre Zwecke keine Beiträge erheben und annehmen (§ 42 entspr.). Es dürfen weder laufende noch einmalige Zahlungen eingefordert oder angenommen werden. Unerheblich ist auch, von wem die Zahlungen kommen; das Verbot richtet sich gegen jedermann. Verboten ist die Beitragserhebung der JAV nur für „ihre Zwecke“, d. h. zur Finanzierung der Amtsführung. Zulässig kann aber eine sog. „Freud- und Leid-Kasse“ sein, die es ermöglichen soll, aus gegebenem Anlass (z. B. Geburtstag, Trauerfall, etc.) Zuwendungen zu finanzieren. 10

b) Rechtsstellung. Nach § 64 Satz 1 gelten für die Rechtsstellung der JAV-Mitglieder die Vorschriften der §§ 43 bis 45 Abs. 1 Satz 1, 46 Abs. 1 und § 69 Abs. 1 Satz 3 entspr. 11

aa) Ehrenamt, Arbeitszeit. Die Mitglieder der JAV führen ihr Amt unentgeltlich als Ehrenamt (Satz 1 i. V. m. § 43 Abs. 1). Dies bedeutet, dass sie für ihre Amtstätigkeit weder Leistungen – welcher Art auch immer – verlangen oder entgegennehmen dürfen – von wem auch immer. Dies soll das Amt und den Amtsträger bei der Wahrnehmung der gesetzlichen Aufgaben, die er weisungsunabhängig und ohne materielle Interessen ausüben soll, schützen. § 43 Abs. 1 ist eine besondere Ausprägung des allg. Begünstigungsverbots des § 6 Abs. 1. Verboten sind direkte Zahlungen bzw. Vergünstigungen, aber auch verdeckte Zuwendungen an die JAV und an ihre Mitglieder. Soweit dies zur Erfüllung ihrer Aufgaben erforderlich ist, sind die Mitglieder der JAV unter Fortzahlung der Bezüge von der Arbeitspflicht befreit. Der für die Amtsführung erforderliche Zeitaufwand wird nach Maßgabe von § 43 Abs. 2 (entspr.) berücksichtigt (vgl. Rn. 13). 12

Dienstbezüge, Dienstbefreiung. Nach § 43 Abs. 2 Satz 1 (entspr.) hat die Versäumnis von Arbeitszeit keine Minderung der Dienstbezüge oder des Arbeitsentgelts zur Folge. Die Mitglieder der JAV bedürfen zur Wahrnehmung ihrer Aufgaben keiner Erlaubnis, müssen sich aber im Einzelfall abmelden. Werden Mitglieder der JAV durch die Erfüllung ihrer Aufgaben über ihre individuell 13 maßgebliche Arbeitszeit hinaus beansprucht, so ist ihnen Dienstbefreiung in entsprechendem Umfang zu gewähren (§ 43 Abs. 2 Satz 2 entspr.).

14 **bb) Schulungen, Konferenzen.** Nach § 44 Abs. 1 Satz 1 (entspr.) sind Mitglieder und Ersatzmitglieder unter Fortzahlung der Bezüge für die Teilnahme an Schulungs- und Bildungsveranstaltungen vom Dienst freizustellen. Bei **Schulungen** ist darauf abzustellen, ob beim Teilnehmer ein objektiver und subjektiver Schulungsbedarf besteht, um die Aufgaben der JAV, die sich vor allem aus § 63 ergeben, sachkundig ausüben zu können (VGH Mannheim, 18.6.1996 – PL 15 S 3314/95 – juris). Insoweit sind keine strengeren Anforderungen zu stellen, als bei der Teilnahme von PR-Mitgliedern an entspr. Veranstaltungen. Damit gehören jedenfalls Grundschulungen, die Kenntnisse über das Personalvertretungsrecht und insb. Informationen über die Aufgaben und Befugnisse der JAV vermitteln, zum objektiv notwendigen Schulungsbedarf. Gleiches gilt für Grundkenntnisse des allg. Arbeitsrechts, einschließlich Berufsbildung und Jugendarbeitsschutz, sowie Grundkenntnisse des Beamtenrechts. Ob Spezialschulungen (z. B. zum Schwerbehindertenrecht) zum notwendigen Bildungsbedarf gehören, ist nach Lage des Einzelfalls zu entscheiden.

15 **Ersatzmitglieder.** Der Anspruch nach § 44 Abs. 1 Satz 1 (entspr.) kommt auch für Ersatzmitglieder der JAV in Betracht, wenn diese in absehbarer Zeit in die JAV eintreten werden oder bereits aktuell regelmäßig zu Sitzungen der JAV herangezogen werden. Auch diese sind unter Fortzahlung der Bezüge für die Teilnahme an den oben dargestellten Schulungs- und Bildungsveranstaltungen vom Dienst freizustellen.

16 **Keine Zustimmung des PR.** Für die Entsendung des JAV-Mitglieds ist eine Genehmigung oder ein Einvernehmen des PR – entgegen der h. M. – nicht erforderlich. Die h. M. (vgl. z. B.: Altvater u. a. § 64 Rn. 10; Ilbertz-Widmaier § 62 Rn. 12) geht davon aus, dass die JAV ggü. der Dienststelle nicht allein handlungsfähig, sondern auf ein Zusammenwirken mit dem PR angewiesen ist. Diese Auffassung steht im Einklang mit der ständigen Rechtsprechung des BAG (grundlegend: 20.11.1973 – 1 AZR 331/73 – BAGE 25, 394 = NJW 1974, 879; vgl. auch BAG, 10.5.1974 – 1 ABR 60/73 – DB 1974, 1772), findet im LPVG aber keine ausreichende Stütze. § 63 regelt die Aufgaben der JAV und bestimmt, dass in den Fällen des § 63 Abs. 1 Nr. 1 und 3 bis 6 Maßnahmen beim PR zu beantragen sind. Andere dort genannte Aufgaben sind im Zusammenwirken oder nach entsprechender Unterrichtung des PR durchzuführen (z. B. § 63 Abs. 6). Im Aufgabenkatalog des § 63 finden sich aber auch Zuständigkeiten, die der JAV allein zugewiesen sind, z. B. die Teilnahme an Vorstellungsgesprächen oder an Personalgesprächen (§ 63 Abs. 2) oder die Einrichtung einer Sprechstunde (§ 63 Abs. 7 Satz 1). Insoweit besteht weder ein Mitwirkungsrecht des PR, noch ist ein vorhergehender Informationsanspruch des PR ausdrücklich geregelt. Bei den Aufgaben nach § 63 handelt es sich auch um Maßnahmen in Bezug auf die Beschäftigten, nicht um Fragen der Selbstorganisation bzw. Selbstverwaltung der JAV, die nicht mit den Aufgaben des § 63 vergleichbar sind. Entscheidend ist aber, dass § 64 selbst eine klare Regelung trifft, die gegen eine Beteiligung des PR bei der Selbstorganisation der JAV spricht. In § 64 Satz 2 ist bestimmt, dass Maßnahmen nach § 47 Abs. 1, 2 und

4 der Zustimmung des PR bedürfen. Diese Regelung wäre entbehrlich, wenn das Gesetz davon ausginge, dass die Dienststelle ohnehin nur den PR als Ansprechpartner hat, nur dieser Erklärungen abgeben kann und nur dieser rechtsverbindlich Anträge an die Dienststelle richten kann. Wenn § 64 Satz 2 diese ausdrückliche Regelung trifft, bringt er zum Ausdruck, dass der PR die erforderliche Zustimmung nach § 47 Abs. 1 Satz 2 und Abs. 4 Satz 1 zu erteilen hat, und nicht die JAV, was die entspr. Anwendung der Norm eigentlich fordern würde. Dann ist aber zu folgern, dass es im Anwendungsbereich von § 64 Satz 1 bei der Zuständigkeit der JAV bleibt.

Verfahren. Über die Erforderlichkeit einer Schulungs- oder Bildungsveranstaltung entscheidet die JAV nach pflichtgemäßem Ermessen durch Beschluss; zur Mitwirkung des PR vgl. Rn. 16. Durch Beschluss wird auch bestimmt, welches Mitglied (Ersatzmitglied) an der Veranstaltung teilnehmen soll. Die JAV hat den gefassten Beschluss rechtzeitig der Dienststelle mitzuteilen. Hierbei wird die erforderliche Freistellung des Teilnehmers und die Kostenübernahme beantragt. Die Dienststelle hat ein Mitbeurteilungsrecht, ob die tatbestandlichen Voraussetzungen (objektiver und subjektiver Fortbildungsbedarf) erfüllt sind und ob die Kosten der Fortbildungsveranstaltung „notwendig" i. S. d. § 41 Abs. 1 Satz 1 sind. Streitigkeiten entscheidet das VG (Personalvertretungskammer) im Beschlussverfahren. Verweigert die Dienststelle die Freistellung des Teilnehmers, kann dieser seinem Arbeitsplatz nicht eigenmächtig fernbleiben und an der Veranstaltung teilnehmen. In diesem Fall kommt ein Antrag auf Erlass einer einstweiligen Verfügung beim VG (Personalvertretungskammer) – nicht beim Arbeitsgericht – in Betracht. Ggf. kann auch noch nach Erledigung der Fortbildungsveranstaltung im Beschlussverfahren geklärt werden, ob die Freistellung bzw. die Kostenübernahme zu Recht von der Dienststelle verweigert worden ist. 17

Kosten für Schulungen. Die Kosten für die Teilnahme der JAV-Mitglieder bzw. Ersatzmitglieder an Schulungsveranstaltungen zur Vermittlung von erforderlichen Kenntnissen sind regelmäßig notwendig i. S. d. § 41 Abs. 1 Satz 1. Hierzu muss der Schulungsbedarf durch die Veranstaltung objektiv gedeckt werden, d. h. der Veranstalter, die Referenten und das Programm müssen Gewähr dafür bieten, dass die Schulung zweckentsprechend durchgeführt wird. Neben einem objektiven Schulungsbedarf muss bei den Teilnehmern auch ein subjektiver Schulungsbedarf vorliegen. Dies ist insb. bei Beschäftigten, die erstmals in die JAV gewählt worden sind, in aller Regel der Fall. Gleiches gilt bei grundlegenden Änderungen der Gesetzeslage. 18

Dienstbefreiung. Für die Teilnahme an Schulungs- und Bildungsveranstaltungen ist der Teilnehmer nach § 44 Abs. 1 Satz 1 unter Fortzahlung der Bezüge vom Dienst freizustellen. Es ist aber auch **§ 44 Abs. 1 Satz 2** entspr. anwendbar. Dieser verweist auf § 43 Abs. 2 Satz 2, woraus folgt, dass Teilnehmer an Fortbildungsveranstaltungen, die diese – über ihre individuell maßgebliche Arbeitszeit hinaus – zeitlich in Anspruch nehmen, nicht nur Anspruch auf Freistellung für die Teilnahme, sondern einen zusätzlichen Anspruch auf Dienstbefreiung im Umfang der Arbeitszeitüberschreitung haben. 19

20 **Gewerkschaftskonferenz.** Nach § 44 Abs. 2 Satz 1 (entspr.) hat der Vorsitzende der JAV und sein Stellvertreter einen Anspruch darauf, viermal im Jahr unter Fortzahlung der Bezüge an einer gewerkschaftlichen Konferenz der JAV-Vorsitzenden teilzunehmen. Die anderen JAV-Mitglieder haben einen entspr. Anspruch auf zweimalige Teilnahme an einer gewerkschaftlichen Konferenz der JAV-Mitglieder pro Jahr (§ 44 Abs. 2 Satz 2 entspr.). Es ist nicht erforderlich, dass das jeweils eingeladene JAV-Mitglied auch Mitglied der veranstaltenden Gewerkschaft ist. Nach § 44 Abs. 2 Satz 4 bleibt dessen Abs. 1 unberührt. Dies bedeutet, dass ein bestehender Schulungs- und Fortbildungsanspruch nach § 44 Abs. 1 Satz 1 nicht durch die Teilnahme an Gewerkschaftskonferenzen „verbraucht" wird.

21 **Verfahren.** Ein Beschluss der JAV ist nur hinsichtlich von JAV-Mitgliedern erforderlich (wer soll an welcher Gewerkschaftskonferenz teilnehmen), ggf. auch bei der Teilnahme des stellvertretenden Vorsitzenden, wenn mehrere Stellvertreter amtieren. Dem Vorsitzenden bzw. dem alleinigen Stellvertreter steht das Teilnahmerecht von Gesetzes wegen zu; ein Beschluss ist dann weder nötig noch zulässig. Welche Gewerkschaftskonferenz der Vorsitzende bzw. der Stellvertreter wählt, unterliegt seinem Ermessen. Eine Freistellungsentscheidung oder ein Mitbeurteilungsrecht der Dienststelle sieht § 44 Abs. 2 Satz 1 und 2 nicht vor. Die Dienststelle ist über die Teilnahme des Vorsitzenden bzw. eines anderen Teilnehmers lediglich zu informieren. Der Dienststellenleiter kann einer Teilnahme nur ausnahmsweise widersprechen, wenn die Anwesenheit des Teilnehmers in der Dienststelle zur fraglichen Zeit unabweislich notwendig ist; etwaige Streitigkeiten entscheidet das VG (Personalvertretungskammer). Der Teilnehmer ist zur persönlichen Teilnahme an der Gewerkschaftskonferenz verpflichtet und hat seine Teilnahme der Dienststelle durch Vorlage einer entsprechenden Bescheinigung nachzuweisen (§ 44 Abs. 2 Satz 3 entspr.).

22 cc) **Freistellung.** Für die Freistellung der Mitglieder der JAV verweist § 64 Satz 1 nur auf § 45 Abs. 1 Satz 1, nicht auf die Staffelung des § 45 Abs. 1 Satz 2. Hiernach sind die Mitglieder der JAV auf Antrag von ihrer dienstlichen Tätigkeit ganz oder teilweise freizustellen, wenn und soweit es nach Umfang und Art der Dienststelle zur ordnungsmäßigen Wahrnehmung ihrer Aufgaben erforderlich ist. Da das Gruppenprinzip für die JAV nicht gilt, findet auch § 45 Abs. 4 keine Anwendung.

23 **Verfahren.** Die JAV fasst Beschluss darüber, wer in welchem Umfang freigestellt werden soll; hinsichtlich der Mitwirkung des PR vgl. Rn. 16. Die JAV hat die tatbestandlichen Voraussetzungen des § 45 Abs. 1 Satz 1 zu prüfen und dies im Beschluss darzulegen; die Auswahl der freizustellenden Person(en) trifft sie nach pflichtgemäßem Ermessen. Die JAV beantragt auf der Grundlage des gefassten Beschlusses die Freistellung bei der Dienststelle. Die Dienststelle hat ein Mitbeurteilungsrecht hinsichtlich der Erforderlichkeit der beantragten Freistellung. Der Entscheidung der JAV über das freizustellende JAV-Mitglied kann sie nur aus wichtigem Grund widersprechen, z. B. um eine konkrete Gefährdung der Ausbildung des freizustellenden JAV-Mitglieds zu vermeiden (vgl. auch § 46 Abs. 1).

dd) Beruflicher Werdegang. Eine etwaige Freistellung von Jugend- und Auszubildendenvertretern darf nicht zu einer Beeinträchtigung ihres beruflichen Werdegangs führen (Satz 1 i. V. m. § 46 Abs. 1). Bei Beschäftigten i. S. v § 59, die in einem Ausbildungsverhältnis stehen, das mit einer Prüfung (Laufbahnprüfung) abzuschließen ist, wird eine Freistellung, die nicht zu einer Beeinträchtigung des beruflichen Werdegangs führt oder führen könnte, i. d. R. nicht möglich sein. Dies ist bei der Entscheidung der JAV zu berücksichtigen. 24

ee) Parteipolitische Tätigkeit. Auch für die JAV gilt das Verbot der parteipolitischen Betätigung in der Dienststelle (Satz 1 i. V. m. § 69 Abs. 1 Satz 3); die Behandlung von Tarif-, Besoldungs- und Sozialangelegenheiten wird hiervon aber nicht berührt. 25

2. Versetzungs- und Kündigungsschutz (Satz 2). Nach Satz 2 gelten die Regelungen des § 47 Abs. 1, 2 und 4 sowie des § 48 für die JAV-Mitglieder entsprechend. 26

a) Versetzungsschutz. Nach § 47 Abs. 1 Satz 1 (entspr.) dürfen JAV-Mitglieder gegen ihren Willen nur versetzt werden, wenn dies aus wichtigen dienstlichen Gründen unvermeidbar ist. Stimmt das betroffene JAV-Mitglied seiner Versetzung nicht zu, ist diese nur mit Zustimmung des PR (§ 64 Satz 2 i. V. m. § 47 Abs. 1 Satz 2) zulässig. Der PR hat insoweit kein Ermessen, sondern prüft nur die tatbestandlichen Voraussetzungen von § 47 Abs. 1 Satz 1. Erteilt der PR die erforderliche Zustimmung nicht, kann diese auf Antrag der Dienststelle vom VG (Personalvertretungskammer) im Beschlussverfahren ersetzt werden (§ 47 Abs. 1 Satz 3 entspr.). 27

Verfahren. Über den Zustimmungsantrag der Dienststelle entscheidet der PR durch Beschluss (§ 34 Abs. 4 Satz 1 – gemeinsame Angelegenheit). Es handelt sich um eine Angelegenheit, die Beschäftigte i. S. d. § 59 besonders betrifft, weshalb die gesamte JAV bei der PR-Sitzung teilnahmeberechtigt und stimmberechtigt ist (§ 32 Abs. 4 Satz 2). Ggf. besteht für die JAV das Einspruchsrecht nach § 37. Im gerichtlichen Beschlussverfahren ist die Dienststelle Antragsteller. Der PR ist weiterer Beteiligter des Zustimmungsersetzungsverfahrens, ebenso das betroffene JAV-Mitglied (§ 47 Abs. 1 Satz 4 entspr.) sowie die JAV selbst (§ 64 Satz 2). Das VG prüft, ob die Voraussetzungen von § 47 Abs. 1 Satz 1 vorliegen. Maßgeblich ist die Sach- und Rechtslage zum Zeitpunkt der Antragstellung der Dienststelle beim PR. Die geplante Versetzung kann erst vollzogen werden, wenn das VG die fehlende Zustimmung durch Beschluss ersetzt hat und dieser Beschluss rechtskräftig geworden ist. 28

Abordnung, Zuweisung, Gestellung, Umsetzung. Nach dem entspr. auf JAV-Mitglieder anwendbaren § 47 Abs. 2 gilt dessen Abs. 1 entspr. für die Fälle der Abordnung, Zuweisung oder Gestellung sowie der Umsetzung, wenn diese mit einem Wechsel des Dienstorts verbunden ist oder für einen längeren Zeitraum als zwei Monate vorgesehen ist. Auch diese Maßnahmen sind gegen den Willen des betroffenen JAV-Mitglieds nur zulässig, wenn sie aus wichtigen dienstlichen Gründen unvermeidbar sind und der PR der Maßnahme zustimmt (vgl. Rn. 27 f.). 29

30 **Auszubildende.** Nach § 47 Abs. 3 gelten die in dessen Abs. 1 und 2 geregelten Schutzvorschriften nicht für Auszubildende in öffentlich-rechtlichen Ausbildungsverhältnissen, Beamte im Vorbereitungsdienst und Beschäftigte in entspr. Berufsausbildung. § 64 Satz 2 ordnet aber nicht die entspr. Geltung von § 47 Abs. 3 an, weshalb auch Mitglieder dieses Personenkreises gegen Versetzungen und gleichgestellte Personalmaßnahmen gleichermaßen geschützt sind, wenn sie Mitglied der JAV sind.

31 **Ersatzmitglieder.** Der Schutz von § 47 Abs. 1 und 2 gilt auch für eingetretene Ersatzmitglieder. § 64 Satz 2 nimmt allerdings § 47 Abs. 5, der den Versetzungsschutz auf eingetretene Ersatzmitglieder erstreckt, nicht ausdrücklich in Bezug. Dies bleibt aber folgenlos, weil § 47 Abs. 5 nicht konstitutiv, sondern nur deklaratorisch ist. Denn Ersatzmitglieder sind den JAV-Mitgliedern völlig gleichgestellt, wenn sie tatsächlich in die JAV eingetreten sind, (vgl. hierzu Ilbertz-Widmaier § 47 Rn. 8). Sie sind dann JAV-Mitglieder und genießen denselben Schutz wie die originär Gewählten. Dies gilt insb. für den Fall des § 27 Abs. 1 Satz 1, wenn ein Mitglied der JAV endgültig ausscheidet und ein Ersatzmitglied (endgültig) eintritt; § 27 gilt entspr. für die JAV (vgl. § 62 Abs. 4 Satz 3). Werden sie nur zeitweise herangezogen und amtieren im Zeitpunkt der Versetzung etc. nicht mehr, genießen sie keinen besonderen Versetzungsschutz; auch nicht nach § 47 Abs. 5.

32 b) **Kündigungsschutz.** Nach § 64 Satz 2 findet auch § 47 Abs. 4 entspr. Anwendung. Dieser Regelung geht das vorrangig geltende Bundesrecht (§ 15 Abs. 2 Satz 1 KSchG, § 108 Abs. 1 BPersVG – vgl. hierzu § 1 Rn. 4) vor, das einen vergleichbaren Schutz gegen **außerordentliche Kündigungen** gewährt. Zum geschützten Personenkreis des § 108 Abs. 1 BPersVG gehören u. a. Mitglieder der Jugend- und Auszubildendenvertretungen. Deren außerordentliche Kündigung ist nur zulässig, wenn die zuständige Personalvertretung dieser vorher zugestimmt hat oder die fehlende Zustimmung im gerichtlichen Beschlussverfahren ersetzt worden ist (§ 108 Abs. 1 Satz 2 BPersVG).

33 **Verfahren.** Über den Zustimmungsantrag der Dienststelle entscheidet der PR durch Beschluss (§ 34 Abs. 4 Satz 1 – gemeinsame Angelegenheit). Es handelt sich um eine Angelegenheit, die Beschäftigte i. S. d. § 59 besonders betrifft, weshalb die gesamte JAV bei der PR-Sitzung teilnahmeberechtigt und stimmberechtigt ist (§ 32 Abs. 4 Satz 2). Ggf. besteht für die JAV das Einspruchsrecht nach § 37. Im gerichtlichen Beschlussverfahren ist die Dienststelle Antragsteller. Der PR ist weiterer Beteiligter des Zustimmungsersetzungsverfahrens, ebenso das betroffene JAV-Mitglied (§ 108 Abs. 1 Satz 3 BPersVG) sowie die JAV selbst (§ 64 Satz 2). Das VG prüft vollumfänglich, ob die Voraussetzungen für eine außerordentliche Kündigung vorliegen. Die beabsichtigte Kündigung kann erst ausgesprochen werden, wenn das VG die fehlende Zustimmung des PR durch Beschluss ersetzt hat und dieser Beschluss rechtskräftig geworden ist.

34 **Ordentliche Kündigung.** Eine ordentliche Kündigung von JAV-Mitgliedern ist gemäß § 15 Abs. 2 Satz 1 KSchG unzulässig. Dies gilt auch für eine ordentliche **Änderungskündigung** (BAG, 12.3.2009 – 2 AZR 47/08 – NZA 2009, 1264). Gemäß § 15 Abs. 2 Satz 2 KSchG besteht **nachwirkender Kündigungsschutz**

von einem Jahr nach Beendigung der Amtszeit. Maßgeblich ist der rechtlich relevante Zeitpunkt des Ausscheidens aus der JAV. So wirkt die Niederlegung des Amtes (§ 25 Abs. 1 Nr. 2 entspr.) sofort, ein Ausschluss (§ 24 entspr.) erst mit Rechtskraft der gerichtlichen Entscheidung.

Ersatzmitglieder. Kündigungsschutz besteht auch für Ersatzmitglieder, wenn sie tatsächlich in die JAV eingetreten sind. Denn dann sind sie Mitglied einer JAV i. S. d. § 108 Abs. 1 Satz 1 BPersVG (vgl. hierzu Ilbertz-Widmaier § 47 Rn. 8). Solange sie nicht herangezogen worden sind, genießen sie nur den allg. Kündigungsschutz für Arbeitnehmer. Ist die Kündigung beabsichtigt, während sie amtieren, so ist eine **ordentliche Kündigung** unzulässig (§ 15 Abs. 2 Satz 1 KSchG), die **außerordentliche Kündigung** bedarf der vorherigen Zustimmung des PR (siehe oben). 35

Nachwirkender Kündigungsschutz. Ist ein Ersatzmitglied nur zeitweise (§ 27 Abs. 1 Satz 2) in die JAV eingetreten, so gilt für ihn nach § 15 Abs. 2 Satz 2 KSchG nachwirkender Kündigungsschutz hinsichtlich einer beabsichtigten **ordentlichen Kündigung.** Die Jahresfrist beginnt ab der Beendigung der Heranziehung des Ersatzmitglieds und beginnt mit dessen erneuter Heranziehung erneut zu laufen. In diesem Fall muss das Ersatzmitglied aber tatsächlich JAV-Aufgaben wahrgenommen haben (BAG, 19.4.2012 – 2 AZR 233/11 – NJW 2012, 3740 – zum BetrVG). Da es für die **außerordentliche Kündigung** keinen nachwirkenden Kündigungsschutz gibt, ist eine außerordentliche Kündigung nach Beendigung der Heranziehung ohne Zustimmung des PR möglich. 36

c) **Übernahme Auszubildender.** Nach § 64 Satz 2 gilt auch § 48 entsprechend. Der besondere Schutz von Auszubildenden, die nach Beendigung ihrer Ausbildung die Fortsetzung des Beschäftigungsverhältnisses auf unbestimmte Zeit verlangen können, wenn sie Mitglied des PR sind oder waren, gilt auch für vergleichbare Mitglieder der JAV. Wegen der Einzelheiten wird auf die Komm. zu § 48 verwiesen. 37

3. Wahlvorstand, Wahlbewerber (Satz 3). Für Mitglieder des Wahlvorstands und für Wahlbewerber ordnet § 62 Satz 3 die entspr. Geltung von § 47 Abs. 1 Satz 1 und Abs. 2 sowie dessen Abs. 4 an. Zu diesem Personenkreis gehörende Beschäftigte können gegen ihren Willen nur versetzt werden, wenn die Versetzung aus wichtigen dienstlichen Gründen unvermeidbar ist; dies gilt auch für die gleichgestellten Personalmaßnahmen des § 47 Abs. 2. Eine außerordentliche Kündigung ist nur nach Maßgabe von § 47 Abs. 4 (entspr.) zulässig. Einen vergleichbaren Schutz bietet § 15 Abs. 5 für den PR-Wahlvorstand und § 20 Abs. 1 Satz 3 für die Wahlbewerber für den PR. 38

a) **Versetzungsschutz.** Die Wahlbewerber dürfen gegen ihren Willen nur versetzt werden, wenn dies auch unter Berücksichtigung ihrer Bewerbung aus wichtigen dienstlichen Gründen **unvermeidbar** ist (§ 47 Abs. 1 Satz 1 entspr.); gleiches gilt für die Mitglieder des Wahlvorstands. Da nicht die entspr. Geltung des § 47 Abs. 1 Satz 2 bis 4 angeordnet ist, bedarf die Versetzung keiner Zustimmung des PR, sie unterliegt aber dessen Mitbestimmung nach § 75 Abs. 2 Nr. 1 und kann ohne diese Zustimmung nicht rechtmäßig verfügt werden. 39

40 **Schutzzeitraum.** Der besondere **Schutz beginnt** für die Mitglieder des Wahlvorstands mit deren Bestellung, für Wahlbewerber mit der Aufstellung des Wahlvorschlags (BVerwG, 13.6.2007 – 1 WDS-VR 2/07 – juris). Das ist der Zeitpunkt, in dem ein ordnungsgemäßer Wahlvorschlag einer in der Dienststelle vertretenen Gewerkschaft oder ein mit ausreichenden Unterstützungsunterschriften versehener Wahlvorschlag der Beschäftigten aufgestellt wird. **Behebbare Mängel** des Wahlvorschlags sind insoweit unbeachtlich (BAG, 17.3.2005 – 2 AZR 275/04 – NZA 2005, 1064). Ist zu diesem Zeitpunkt bereits ein Wahlvorstand ordnungsgemäß bestellt, kommt es nicht auf den Zeitpunkt der Einreichung des Wahlvorschlags beim Wahlvorstand an (BAG, 7.7.2011 – 2 AZR 377/10 – NZA 2012, 107; vgl. auch Ilbertz-Widmaier § 24 Rn. 11). **Maßgeblicher Zeitpunkt für die geplante Versetzung** ist die Antragstellung der Dienststelle im Mitbestimmungsverfahren (§§ 73 Abs. 1 Satz 1, 76 Abs. 1), also der Tag, an dem das Antragsschreiben des Dienststellenleiters beim PR eingeht. Auf einen etwaigen früheren Zugang einer (rechtswidrigen) Versetzungsverfügung beim Beschäftigten – unter Missachtung des Mitbestimmungsrechts des PR – kann nicht abgestellt werden. Der Versetzungsschutz für Mitglieder des Wahlvorstands bzw. Wahlbewerber **endet** regulär am Tag der Bekanntgabe des Wahlergebnisses durch den Wahlvorstand (§ 31 WO entspr. bzw. § 54 Abs. 2 Satz 4 WO); vorzeitig, wenn das Amt bzw. die Kandidatur vorher endet.

41 **Verfahren.** § 64 Satz 3 verweist nicht auf § 47 Abs. 1 Satz 2 bis 4. Das bedeutet, dass die Versetzung eines Wahlbewerbers gegen seinen Willen **keiner Zustimmung** des PR nach § 47 Abs. 1 Satz 2 (entspr.) bedarf. Folgerichtig kann auch nicht in einem Beschlussverfahren eine verweigerte Zustimmung des PR ersetzt werden. Faktisch unterscheidet sich dieser Versetzungsschutz aber kaum von dem des JAV-Mitglieds. Denn durch die Nichtanwendbarkeit der besonderen Schutzvorschrift des § 47 Abs. 1 Satz 2 kommt wieder die allge. **Mitbestimmungsregelung des § 75 Abs. 2 Nr. 1** zum Tragen. Dies bedeutet, dass der Wahlbewerber bzw. das Mitglied des Wahlvorstands auch hier nicht ohne Zustimmung des PR (diesmal im Mitbestimmungsverfahren; vgl. § 73 Abs. 1 Satz 1) versetzt werden kann. Kommt der PR zur Überzeugung, dass durch die Versetzung in die Freiheit der Wahl eingegriffen wird, scheidet eine Zustimmung (jedenfalls zu diesem Zeitpunkt) offensichtlich aus. Der Dienststellenleiter kann bei Verweigerung der Zustimmung zwar eine vorläufige Regelung nach § 88 Abs. 4 in Erwägung ziehen; hiergegen bestehen aber die üblichen prozessualen Möglichkeiten des betroffenen Beschäftigten (Individualrechtsschutz) und die kollektivrechtlichen Möglichkeiten des PR; insb. der Antrag auf Erlass einer einstweiligen Verfügung mit dem Ziel der Fortsetzung des Mitbestimmungsverfahrens.

42 **Abordnung, Zuweisung, Gestellung, Umsetzung.** Durch die entspr. Anwendbarkeit von § 47 Abs. 2 sind die Mitglieder des Wahlvorstands bzw. die Wahlbewerber wie PR-Mitglieder gegen die dort genannten Maßnahmen der Dienststelle geschützt. Auch hier ist § 47 Abs. 1 Satz 2 nicht entspr. anwendbar und deshalb keine Zustimmung des PR erforderlich. Auch hier bedarf es aber der Zustimmung des PR im Mitbestimmungsverfahren bevor eine der genannten

Maßnahmen vollzogen werden kann; vgl. § 75 Abs. 2 Nr. 3 (Abordnung), Nr. 3 (Zuweisung) und Nr. 4 (Personalgestellung). Eine **Umsetzung** bedarf nach § 75 Abs. 1 Nr. 11 der Zustimmung des PR allerdings nur dann, wenn sie mit einem Wechsel des Dienstorts verbunden ist.

b) **Kündigungsschutz.** Für die Wahlbewerber und den Wahlvorstand besteht der besondere Kündigungsschutz nach § 15 Abs. 3 Satz 1 KSchG bzw. nach § 108 Abs. 1 Satz 1 BPersVG. Diese bundesrechtlichen Regelungen gehen dem § 47 Abs. 4 Satz 1 vor. Nach § 15 Abs. 3 Satz 1 KSchG ist eine **ordentliche Kündigung** eines Wahlbewerbers bzw. eines Mitglieds des Wahlvorstands im Schutzzeitraum, also vom Zeitpunkt der Aufstellung des Wahlvorschlags an bzw. der Bestellung des Wahlvorstands, bis zur Bekanntgabe des Wahlergebnisses, unzulässig. Die **außerordentliche Kündigung** eines Wahlbewerbers bzw. Mitglieds des Wahlvorstands ist im Schutzzeitraum nur zulässig, wenn Tatsachen vorliegen, die zur Kündigung aus wichtigem Grund berechtigen *und* wenn die nach dem Personalvertretungsrecht erforderliche Zustimmung vorliegt. Nach dem direkt anwendbaren § 108 Abs. 1 Satz 1 BPersVG (gleiches gilt nach dem inhaltsgleichen § 47 Abs. 4 Satz 1 entspr.) bedarf die außerordentliche Kündigung der Zustimmung des PR; das Verfahren richtet sich nach § 108 Abs. 1 Satz 2 und 3 BPersVG bzw. § 47 Abs. 4 Satz 2 und 3 (entspr.). 43

Nachwirkender Kündigungsschutz. Gemäß § 15 Abs. 3 Satz 2 Hs. 1 KSchG ist die **ordentliche Kündigung** von Wahlbewerbern bzw. Mitgliedern des Wahlvorstands auch innerhalb von **sechs Monaten** nach Bekanntgabe des Wahlergebnisses unzulässig. Bei vorzeitigem Ende der Schutzzeit beginnt die 6-Monats-Frist entsprechend früher zu laufen. Eine **außerordentliche Kündigung** ist ab der Bekanntgabe des Wahlergebnisses nach den allg. Bestimmungen möglich; insoweit besteht keine Nachwirkung des besonderen Kündigungsschutzes. 44

§ 65 Jugend- und Auszubildendenversammlung

(1) [1]Die Jugend- und Auszubildendenversammlung besteht aus den Beschäftigten im Sinne von § 59. [2]Sie wird vom Vorsitzenden der Jugend- und Auszubildendenvertretung geleitet. [3]Der Personalratsvorsitzende oder ein vom Personalrat beauftragtes anderes Mitglied soll an der Jugend- und Auszubildendenversammlung teilnehmen.

(2) [1]Die Jugend- und Auszubildendenversammlung soll möglichst unmittelbar vor oder nach einer Personalversammlung stattfinden. [2]Auf Antrag eines Viertels der Beschäftigten im Sinne von § 59 ist die Jugend- und Auszubildendenvertretung verpflichtet, innerhalb von vier Wochen eine Jugend- und Auszubildendenversammlung einzuberufen.

(3) Die für die Personalversammlung geltenden Vorschriften sind sinngemäß anzuwenden.

I. Zusammensetzung, Anberaumung, Einladung (Abs. 1)

1. Zusammensetzung (Satz 1). Die Jugend- und Auszubildendenversammlung besteht aus den Beschäftigten i. S. d. § 59 der Dienststelle. Hinzu kommen die 1

Mitglieder der JAV, auch wenn sie keine Beschäftigten i. S. d. § 59 sind, und die sonstigen Teilnahmeberechtigten (vgl. Rn. 18 ff.). Zweck der Jugend- und Auszubildendenversammlung ist zum einen die Information der Beschäftigten über die Arbeit der JAV und über sonstige relevante Vorgänge in der Dienststelle. Dies folgt insbes. auch aus § 52 Abs. 1 (entspr.), wonach die JAV einmal in jedem Kalenderjahr in einer Jugend- und Auszubildendenversammlung einen **Tätigkeitsbericht** erstatten soll. Zum anderen bietet die Jugend- und Auszubildendenversammlung Gelegenheit für die Beschäftigten i. S. d. § 59, ihre besonderen Interessen und Probleme zu diskutieren. Insoweit können von der Versammlung auch **Beschlüsse** gefasst werden und **Anträge** an die JAV oder den PR gestellt werden.

2 **2. Versammlungsleitung (Satz 2).** Abs. 2 Satz 2 regelt lediglich die Leitung der Jugend- und Auszubildendenversammlung, die dem Vorsitzenden der JAV übertragen wird. Zu dessen Befugnissen gehört auch die **Einladung** zur Jugend- und Auszubildendenversammlung (§ 50 Abs. 1 Satz 2 entspr.). Über die Einberufung der Jugend- und Auszubildendenversammlung hat der JAV-Vorsitzende die sonstigen Teilnahmeberechtigten zu informieren. Dies muss rechtzeitig und unter Angabe der von der JAV beschlossenen Tagesordnung erfolgen.

3 **a) Anberaumung.** Die Anberaumung der Versammlung erfolgt nicht durch den JAV-Vorsitzenden, sondern durch JAV-Beschluss. In diesem Beschluss wird **Zeit und Ort** der Jugend- und Auszubildendenversammlung sowie die Tagesordnung festgelegt (§ 50 Abs. 1 Satz 1 entspr.). Die Entscheidung steht im Ermessen der JAV, wobei sie allerdings die gesetzlichen Vorgaben – insbes. in zeitlicher Hinsicht – beachten muss. Eine Jugend- und Auszubildendenversammlung kann nur von der JAV einberufen werden, nicht vom PR oder dem Dienststellenleiter. Besteht in der Dienststelle keine JAV, kann auch keine Jugend- und Auszubildendenversammlung durchgeführt werden. I.d.R. wird jährlich nur eine Versammlung durchgeführt werden; die JAV kann aber auch weitere Jugend- und Auszubildendenversammlungen anberaumen, wenn ein entspr. Bedarf besteht.

4 **aa) Zeit.** In entspr. Anwendung von § 51 Abs. 1 Satz 1 müssen alle Jugend- und Auszubildendenversammlungen grundsätzlich **während der Arbeitszeit** stattfinden. Die Abhaltung der Versammlung außerhalb der Arbeitszeit kann nur ausnahmsweise in Betracht kommen, wenn die dienstlichen Verhältnisse dies zwingend „erfordern" d. h. keine praktikable Alternative zum festgelegten Termin besteht. Dies wird wohl nur völlig ausnahmsweise zu bejahen sein, wenn die Jugend- und Auszubildendenversammlung derart dringlich ist, dass ein späterer Zeitpunkt nicht in Betracht kommt und in der tatsächlich zur Verfügung stehenden Zeit dem Erfordernis des § 51 Abs. 1 Satz 1 nicht entsprochen werden kann.

5 **Personalversammlung.** Das Ermessen der JAV wird in zeitlicher Hinsicht auch durch Abs. 2 Satz 1 eingeschränkt, wonach die Jugend- und Auszubildendenversammlung möglichst unmittelbar vor oder nach einer Personalversammlung nach § 49 Abs. 1 stattfinden soll. Im Gegensatz zu § 50 Abs. 3 (entspr.) und Abs. 2 Satz 2 handelt es sich hier aber um keine zwingende Vorschrift.

Jährliche Versammlung. Das Gesetz geht davon aus, dass die Jugend- und Auszubildendenversammlung jährlich stattfinden soll. Dies folgt aus der entspr. Anwendung von § 52 Abs. 1, der regelt, dass die JAV „einmal im Kalenderjahr" in einer Versammlung einen Tätigkeitsbericht erstatten soll. Diese Regelung ist zwar nicht zwingend, wird aber durch das Antragsrecht nach § 50 Abs. 3 (entspr.) flankiert. Hiernach **muss** die JAV auf Antrag einer in der Dienststelle vertretenen **Gewerkschaft** vor Ablauf von **drei Wochen** nach Eingang des Antrags eine Versammlung einberufen, wenn im vorhergegangenen Kalenderjahr keine Versammlung oder Teilversammlung durchgeführt worden ist. 6

Antrag der Beschäftigten. Nach Abs. 2 Satz 2 muss die JAV eine Jugend- und Auszubildendenversammlung auf Antrag eines Viertels der Beschäftigten i. S. d. § 59 innerhalb von **vier Wochen** einberufen und die von den Antragstellern bezeichneten Punkte auf die Tagesordnung setzen (vgl. Rn. 15). 7

Antrag des Dienststellenleiters. Die JAV ist zur Anberaumung einer Jugend- und Auszubildendenversammlung auch verpflichtet, wenn der Dienststellenleiter einen entspr. Wunsch äußert; auch in diesem Fall sind zwingend die vom Dienststellenleiter bezeichneten Punkte auf die Tagesordnung zu setzen (§ 50 Abs. 2 entspr.). Bindende zeitliche Vorgaben für die Anberaumung und Durchführung einer solchen Jugend- und Auszubildendenversammlung enthält das Gesetz nicht. Die JAV darf einen solchen Wunsch aber nicht zögerlich behandeln, sondern muss diesem – auch unter dem Gesichtspunkt der vertrauensvollen Zusammenarbeit – alsbald entsprechen. Eine besondere Eilbedürftigkeit der angesprochenen Themen kann auch eine beschleunigte Sachbehandlung verlangen. 8

bb) Ort. Die Jugend- und Auszubildendenversammlung findet in aller Regel in der Dienststelle statt. Eine Versammlung an einem anderen Ort kommt nur in Betracht, wenn in der Dienststelle keine geeigneten Räumlichkeiten vorhanden sind oder zum angesetzten Termin nicht zur Verfügung stehen. Der Versammlungsort wird im Einvernehmen mit dem Dienststellenleiter festgelegt. Die Dienststelle hat geeignete Räumlichkeiten zur Verfügung zu stellen. 9

b) Tagesordnung. Die JAV legt durch Beschluss die Tagesordnung fest (§ 50 Abs. 1 Satz 1 entspr.). In die Tagesordnung können alle Punkte aufgenommen werden, die die Jugend- und Auszubildendenversammlung behandeln kann. Dies sind **alle Angelegenheiten**, die die Dienststelle oder ihre Beschäftigten unmittelbar betreffen; insb. gilt das für Tarif-, Besoldungs- und Sozialangelegenheiten sowie Fragen der Gleichstellung von Frau und Mann (§ 52 Abs. 2 entspr.). Insoweit müssen nicht notwendigerweise Interessen der Beschäftigten i. S. d. § 59 unmittelbar berührt sein. Die Aufstellung der Tagesordnung unterliegt dem **Ermessen** der JAV, wobei sie allerdings vorliegende Anregungen und Anträge der Beschäftigten berücksichtigen sollte. 10

Bindende Anträge. Wird die Jugend- und Auszubildendenversammlung auf Wunsch des Dienststellenleiters oder auf Antrag eines Viertels der Beschäftigten i. S. d. § 59 bzw. einer Gewerkschaft anberaumt, ist die JAV verpflichtet, die 11 von den Antragstellern bezeichneten Punkte auf die Tagesordnung zu nehmen. Diese kann die JAV durch weitere Tagesordnungspunkte ergänzen.

12 **Änderungen, Ergänzungen.** Die sonstigen Teilnahmeberechtigten können Änderungen oder Ergänzungen der Tagesordnung beantragen (§ 53 Abs. 2 Satz 3 entspr.). Über diese Anträge entscheidet die JAV vorab durch Beschluss. Die getroffene Entscheidung ist den Teilnahmeberechtigen mitzuteilen. Änderungen der Tagesordnung, die nach erfolgter Einladung vorgenommen werden, sind auch den eingeladenen Beschäftigten und den anderen Teilnahmeberechtigten unverzüglich mitzuteilen. Da die Jugend- und Auszubildendenversammlung alle Angelegenheiten behandeln kann (§ 52 Abs. 2 entspr.), kann sie auch selbst die festgelegte Tagesordnung erweitern oder ändern.

13 **3. Teilnahme des PR (Satz 3).** Nach Abs. 1 Satz 3 soll der PR-Vorsitzende oder ein vom PR beauftragtes anderes PR-Mitglied an der Jugend- und Auszubildendenversammlung teilnehmen. Die Regelung ist nicht zwingend, das Gesetz geht aber davon aus, dass die Präsenz des PR in der Jugend- und Auszubildendenversammlung grundsätzlich geboten ist. Das LPVG geht von der sehr engen Zusammenarbeit zwischen PR und JAV aus, wie sich bspw. aus den Regelungen des § 63 aber auch aus § 32 Abs. 4 ergibt. Von daher ist der regelmäßige Kontakt zwischen PR und JAV und damit grundsätzlich auch die Teilnahme des PR-Vorsitzenden oder eines sonstigen Vertreters des PR bei der Jugend- und Auszubildendenversammlung erforderlich. Nimmt der PR-Vorsitzende an der Jugend- und Auszubildendenversammlung teil, bedarf es keines Beschlusses, weil der Vorsitzende von einer ihm vom Gesetz direkt zugewiesenen Befugnis Gebrauch macht. Soll ein anderes PR-Mitglied an der Versammlung teilnehmen, hat der PR hierüber zu beschließen (§ 34 Abs. 4 Satz 1).

II. Zeitpunkt der Versammlung; Einberufung (Abs. 2)

14 **1. Personalversammlung (Satz 1).** Die Jugend- und Auszubildendenversammlung soll möglichst unmittelbar vor oder nach einer Personalversammlung stattfinden. Dies bringt Synergieeffekte und lässt eine höhere Teilnahme erwarten. Zudem ergeben sich aus der Personalversammlung ggf. Themen, die die Jugend- und Auszubildendenversammlung eingehender beraten will. Durch Abs. 2 Satz 1 wird das Ermessen der JAV bei der Bestimmung des Versammlungszeitpunkts eingeschränkt, es handelt sich aber um keine zwingende Vorschrift. Die zeitliche Verbindung mit einer Personalversammlung nach § 49 Abs. 1 trägt auch dem Erfordernis Rechnung, dass die Jugend- und Auszubildendenversammlung möglichst jährlich stattfinden soll. Dies folgt aus der entspr. Anwendung von § 52 Abs. 1 und dem Antragsrecht nach § 50 Abs. 3 (entspr.).

15 **2. Antragsrecht (Satz 2).** Nach Abs. 2 Satz 2 muss die JAV auf Antrag eines **Viertels der Beschäftigten** i. S. d. § 59 innerhalb von vier Wochen eine Jugend- und Auszubildendenversammlung einberufen und den Gegenstand, dessen Beratung beantragt worden ist, auf die Tagesordnung dieser Versammlung setzen. Die Regelung verlangt die „Einberufung“ innerhalb von vier Wochen nach

Eingang des Antrags bei der JAV, die Versammlung selbst muss nicht zwingend in diesem Zeitraum erfolgen. Aus der engen zeitlichen Bindung der JAV ist aber zu folgern, dass der anberaumte Termin nicht viel später als vier Wochen liegen darf. Das Antragsrecht besteht nur im Rahmen der Aufgabenzuständigkeit der JAV (LT-Drucksache 11/6312 S. 42).

Dienststellenleiter; Gewerkschaft. Neben dem Antragsrecht der Beschäftigten nach Abs. 2 Satz 2 besteht das Antragsrecht des Leiters der Dienststelle in entsprechender Anwendung von § 50 Abs. 2 (vgl. Rn. 8) und das Antragsrecht einer in der Dienststelle vertretenen Gewerkschaft (§ 50 Abs. 3 entspr); vgl. insoweit auch Rn. 6. Eine Gewerkschaft ist in der Dienststelle auch dann vertreten, wenn sie unter den zum Personenkreis des § 59 gehörenden Beschäftigten keine Mitglieder hat (VGH Mannheim, 21.3.1988 – 15 S 2433/87 – ZBR 1989, 153). 16

III. Versammlungsart, Teilnahmeberechtigung, Kosten (Abs. 3)

1. Art der Versammlung. Für die Jugend- und Auszubildendenversammlung gelten, soweit sich aus den Abs. 1 und 2 nichts anderes ergibt, die Vorschriften über die Personalversammlung sinngemäß. Auf die dortige Komm. wird Bezug genommen. Hiernach gilt u. a.: Die Jugend- und Auszubildendenversammlung ist grundsätzlich als **Vollversammlung** durchzuführen. Es sind – bei Vorliegen der jeweiligen Voraussetzungen – aber auch **Teilversammlungen** (§ 49 Abs. 2 entspr.), **getrennte Versammlungen** (§ 49 Abs. 3 entspr.) sowie **gemeinsame Versammlungen** (§ 49 Abs. 4 entspr.) für die Beschäftigten i. S. d. § 59 zulässig. 17

2. Nichtöffentlichkeit; Teilnahmeberechtigung. Die Jugend- und Auszubildendenversammlung ist nichtöffentlich (§ 53 Abs. 1 entspr.). An ihr können die Beschäftigten i. S. d. § 59 (vgl. § 65 Abs. 1 Satz 1), nicht die sonstigen Beschäftigten der Dienststelle teilnehmen. Teilnahmeberechtigt sind auch die Mitglieder der JAV, auch wenn sie nicht zum Personenkreis des § 59 gehören, und die sonstigen Teilnahmeberechtigten, die sich aus § 65 bzw. der entsprechenden Anwendung der §§ 49 bis 53 ergeben. 18

Personalrat. Nach § 65 Abs. 1 Satz 3 soll der PR-Vorsitzende oder ein vom PR beauftragtes anderes Mitglied an der Jugend- und Auszubildendenversammlung teilnehmen (vgl. Rn. 13). 19

Dienststellenleiter. Der Dienststellenleiter ist berechtigt, an jeder Versammlung teilzunehmen (§ 53 Abs. 4 Satz 1 entspr.). Er ist verpflichtet, an der Jugend- und Auszubildendenversammlung teilzunehmen, die auf seinen Wunsch einberufen worden ist oder zu der er ausdrücklich eingeladen worden ist (§§ 53 Abs. 4 Satz 2; 50 Abs. 2 entspr.). Nach § 53 Abs. 4 Satz 4 (entspr.) kann sich der Dienststellenleiter in der Versammlung vertreten lassen, es sei denn, diese ist auf seinen Wunsch anberaumt worden. Der Dienststellenleiter kann nach § 53 Abs. 4 Satz 3 (entspr.) einen Vertreter der Arbeitgebervereinigung, der die Dienststelle angehört, hinzuziehen. 20

21 **Gewerkschaften; Arbeitgebervereinigung.** Nach § 53 Abs. 2 Satz 1 Nr. 1 (entspr.) kann je ein Beauftragter der in der Dienststelle vertretenen Gewerkschaften an der Jugend- und Auszubildendenversammlung teilnehmen. Eine Gewerkschaft ist in der Dienststelle auch dann vertreten, wenn sie unter den zum Personenkreis des § 59 gehörenden Beschäftigten keine Mitglieder hat (VGH Mannheim, 21.3.1988 – 15 S 2438/87 – ZBR 1989, 153). Nach 53 Abs. 2 Satz 1 Nr. 2 (entspr.) kann auch ein Beauftragter der Arbeitgebervereinigung, der die Dienststelle angehört, teilnehmen. Das Teilnahmerecht dieser Personen steht unter dem Vorbehalt der abweichenden Entscheidung der Versammlung (§ 53 Abs. 3 entspr.). Erfolgt ein Ausschluss nach § 53 Abs. 3 Satz 2 (entspr.), kann der Beauftragte der Gewerkschaft an der Versammlung auch dann nicht teilnehmen, wenn diese auf Antrag der Gewerkschaft (§ 50 Abs. 3 entspr.) anberaumt worden ist. Eine Ausschlussentscheidung der Versammlung nach § 53 Abs. 3 (entspr.) erfasst nur Beauftragte nach dessen Abs. 2 Nr. 1 und 2, nicht den Vertreter der Arbeitgebervereinigung, der vom Dienststellenleiter nach § 53 Abs. 4 Satz 3 (entspr.) hinzugezogen worden ist. In diesem Fall kann auch nicht das Teilnahmerecht des Beauftragten der Gewerkschaft (§ 53 Abs. 4 Satz 3 entspr.) beseitigt werden.

22 **GesamtJAV; StufenJAV.** In Dienststellen, für die nach § 66 eine GesamtJAV gebildet ist, kann ein von der GesamtJAV beauftragtes Mitglied an der Versammlung teilnehmen. In Dienststellen, für die nach § 66 eine **BJAV** oder eine **HJAV** gebildet ist, kann ein von der Stufenvertretung beauftragtes Mitglied an der Versammlung teilnehmen (§ 53 Abs. Abs. 2 Satz 1 Nr. 3 und 5 entspr.). Ein Entsendungsrecht besteht nur für die jeweils nächsthöhere Stufenvertretung, nicht für die übernächste Stufenvertretung. Ebenso hat der **Beauftragte der Dienststelle**, bei der die Stufenvertretung besteht, ein Teilnahmerecht (§ 53 Abs. 2 Satz 1 Nr. 4 entspr.).

23 **Schwerbehindertenvertretung.** Die Schwerbehindertenvertretung kann mit beratender Stimme an der Jugend- und Auszubildendenversammlung teilnehmen. Dies folgt zum einen aus der entsprechenden Anwendung von § 53 Abs. 2 Satz 1 Nr. 6, zum anderen aus § 95 Abs. 8 SGB-IX.

24 **3. Zeitaufwand, Kosten.** Die Teilnahme an der Versammlung hat keine Minderung der Dienstbezüge oder des Arbeitsentgelts zur Folge (§ 51 Abs. 1 Satz 2 entspr.). Findet eine grundsätzlich während der Arbeitszeit durchzuführende Versammlung außerhalb der Arbeitszeit statt, ist den Teilnehmern **Dienstbefreiung** in entsprechendem Umfang zu gewähren (§ 51 Abs. 1 Satz 3 entspr.). Die **Kosten**, die durch die Teilnahme an der Versammlung entstehen, werden von der Dienststelle in entsprechender Anwendung des LRKG erstattet (§ 51 Abs. 2 entspr.).

§ 66 Gesamt-Jugend- und Auszubildendenvertretung, Stufen-Jugend- und Auszubildendenvertretung

(1) Bestehen in den Fällen des § 5 Absatz 3 mehrere Jugend- und Auszubildendenvertretungen, so ist neben diesen eine Gesamt-Jugend- und Auszubildendenvertretung zu bilden.

(2) [1]In die Gesamt-Jugend- und Auszubildendenvertretung entsendet jede Jugend- und Auszubildendenvertretung ein Mitglied. [2]Die Benennung hat in der ersten Sitzung nach der Wahl der Jugend- und Auszubildendenvertretung zu erfolgen. [3]Mindestens ein Ersatzmitglied ist zu benennen. [4]§ 27 Absatz 1 gilt entsprechend. [5]Die Namen und Anschriften der Mitglieder und der Ersatzmitglieder sind dem Vorsitzenden des Gesamtpersonalrats mitzuteilen.

(3) [1]Für die Gesamt-Jugend- und Auszubildendenvertretung gelten § 62 Absatz 3, §§ 63 und 64 Satz 1 entsprechend. [2]Die Mitglieder der Gesamt-Jugend- und Auszubildendenvertretung sind vom Vorsitzenden des Gesamtpersonalrats innerhalb von vier Wochen nach der Wahl der Jugend- und Auszubildendenvertretung zur konstituierenden Sitzung einzuladen; er leitet die Sitzung bis zur Benennung des Vorsitzenden der Gesamt-Jugend- und Auszubildendenvertretung.

(4) [1]Bei den Bezirkspersonalräten können Bezirks-Jugend- und Auszubildendenvertretungen und bei den Hauptpersonalräten Haupt-Jugend- und Auszubildendenvertretungen gebildet werden. [2]Die Absätze 2 und 3 gelten entsprechend.

Vorbemerkung. Das LPVG sieht seit dem ÄG 2013 nicht mehr nur die Einrichtung einer Gesamt-Jugend- und Auszubildendenvertretung (GesamtJAV) vor, sondern erlaubt jetzt auch – angelehnt an § 64 Abs. 1 BPersVG – die Bildung von Stufen-Jugend- und Auszubildendenvertretungen (StufenJAV) vor. Im Gegensatz zur GesamtJAV ist deren Einrichtung allerdings nicht obligatorisch, sondern vom Bedarf im Einzelfall abhängig. 1

I. Bildung der GesamtJAV (Abs. 1)

Voraussetzungen. Eine GesamtJAV muss gebildet werden, wenn die Voraussetzungen des Abs. 1 vorliegen. Sie kann nur gebildet werden, wenn ein GesamtPR nach § 54 Abs. 1 besteht. Weitere Voraussetzung ist dass in den Dienststellen, für die ein GesamtPR gebildet worden ist, **mehrere JAV** bestehen. Es genügt also nicht, dass nur in einer dieser Dienststellen eine JAV vorhanden ist. 2

II. Besetzung der GesamtJAV (Abs. 2)

1. Entsendung (Satz 1). Mit dem ÄG 95 wurde erstmals anstelle des Wahlverfahrens ein **Bestellungsverfahren** für die Mitglieder der GesamtJAV eingeführt. Nach der Gesetzesbegründung soll das einfachere Bestellungsverfahren jedenfalls vertretbar sein, da die Interessenwahrnehmung der Beschäftigten i. S. d. § 59 auch über die benannten Mitglieder sichergestellt sei (LT-Drucksache 11/6312 S. 43). 3

Rahmenrecht. Zum Teil wird die Auffassung vertreten, dass die Entsendung von JAV-Mitgliedern in die GesamtJAV § 98 BPersVG widerspricht (Altvater u. a. § 66 Rn. 1). Dem kann nicht gefolgt werden. Zum einen liegen die Voraussetzungen des § 98 BPersVG nicht vor, weil dessen Abs. 1 lediglich bestimmt, 4 dass „Personalvertretungen" in geheimer und unmittelbarer Wahl zu wählen sind. Die GesamtJAV ist aber ebenso wenig eine Personalvertretung wie die JAV. Das BPersVG unterscheidet auch im Übrigen zwischen „Personalvertretungen" und „Jugend- und Auszubildendenvertretungen" (vgl. z. B. § 99 und § 108 Abs. 1 BPersVG). § 98 Abs 1 BPersVG ist zudem eine rahmenrechtliche Regelung, die nur noch nach § 125a Abs. 1 Satz 1 GG fort gilt und jederzeit durch Landesrecht ersetzt werden kann. Würde § 66 Abs. 2 im Widerspruch zu § 98 Abs. 1 BPersVG stehen, wäre § 98 Abs. 1 BPersVG jedenfalls durch das ÄG 2013 ersetzt worden.

5 **Mitglied.** Nach Satz 1 entsendet jede JAV „ein Mitglied". Wäre dieses Tatbestandsmerkmal auf die GesamtJAV bezogen, müsste das endsandte Mitglied nicht zwingend Mitglied der entsendenden JAV sein. Versteht man den Wortlaut so, dass die **JAV eines ihrer Mitglieder** in die GesamtJAV entsenden muss, was auf den ersten Blick näherliegt, entsteht allerdings ein erhebliches rechtliches aber auch ein praktisches Problem. Denn gerade bei den Teildienststellen, für die ein GesamtPR gebildet wird, werden eher kleinere JAV zu finden sein. Liegt die Zahl der Beschäftigten i. S. d. § 59 bei bis zu 20 Beschäftigten, besteht die JAV nur aus einer Person (§ 61 Abs. 1). Wenn das in die GesamtJAV entsandte Mitglied zwingend Mitglied der JAV sein müsste, käme nur dieses eine JAV-Mitglied in Betracht. Nach Abs. 2 Satz 3 ist aber zugleich zwingend mind. ein Ersatzmitglied zu benennen. Das einzige JAV-Mitglied kann aber denknotwendigerweise nicht zugleich Mitglied i. S. d. des Abs. 2 Satz 1 und zugleich Ersatzmitglied i. S. d. Abs. 2 Satz 3 sein; als Ersatzmitglied muss in diesen Fällen demnach eine andere Person benannt werden können. Wenn man insoweit die Benennung von JAV-Ersatzmitgliedern auch als GesamtJAV-Ersatzmitglieder für zulässig halten wollte, wird das Problem allein dadurch nicht gelöst. Denn sobald dieses Ersatzmitglied nach § 27 Abs. 1 in die GesamtJAV eintreten würde, müsste es nach der Logik des Abs. 2 Satz 1 notwendigerweise auch Mitglied der entsendenden JAV sein. Das wäre z. B. nicht der Fall, wenn das einzige JAV-Mitglied, das auch in die GesamtJAV entsandt worden ist, sein Amt bei der GesamtJAV niederlegen würde, sein Amt als JAV aber beibehalten würde. Nur wenn das einzige JAV-Mitglied aus beiden Ämtern zeitgleich ausscheiden würde, entstünde dieses Problem nicht, weil das Ersatzmitglied dann zeitgleich in beide Ämter eintreten könnte. In praktischer Hinsicht kommt hinzu, dass bei diesen kleinen Dienststellen i. d. R. nur wenige Beschäftigte i. S. d. § 59, die auch zur Amtsübernahme bereit sind, vorhanden sein werden. Es erscheint deshalb sachgerecht, Abs. 2 Satz 1 so auszulegen, dass „ein Mitglied" i. S. der Vorschrift auch ein JAV-Ersatzmitglied sein kann, dieses Ersatzmitglied jedenfalls als Ersatzmitglied für die GesamtJAV (Abs. 2 Satz 3) benannt werden kann, mit der Folge, dass dieses Ersatzmitglied im Falle des § 27 Abs. 1 Mitglied der GesamtJAV wird, auch wenn er dann nicht zugleich JAV-Mitglied ist.

6 **Mitgliederzahl.** Die GesamtJAV besteht aus so vielen Mitgliedern, wie JAV bei der Gesamtdienststelle vorhanden sind. Maßgeblich ist somit zunächst die Zahl der (Teil)Dienststellen, die im Bereich der Gesamtdienststelle gebildet sind, wobei nur die (Teil)Dienststellen zu berücksichtigen sind, bei denen ein PR gebil-

det ist. Ist dort auch eine JAV gebildet, so ist diese auch in der GesamtJAV mit einem Mitglied vertreten.

2. Benennung (Satz 2). Nach Abs. 2 Satz 2 muss die JAV das in die GesamtJAV zu entsendende Mitglied in ihrer konstituierenden Sitzung benennen. Dies erfolgt durch einfachen Beschluss. Besteht die JAV nur aus einem Mitglied. kommt nur dieses Mitglied als Mitglied der GesamtJAV in Betracht. Will dieses einzige Mitglied das Amt in der GesamtJAV nicht übernehmen, kann er auch das an erster Stelle stehende **Ersatzmitglied** – bei dessen Weigerung das nächstplatzierte Ersatzmitglied – in die GesamtJAV entsenden (vgl. Rn. 5). Dies gilt auch, wenn bei mehrköpfigen JAV kein JAV-Mitglied zur Übernahme des Amtes bereit ist. Ist niemand zur Amtsübernahme bereit, ist die JAV in der GesamtJAV nicht vertreten. Scheidet das benannte Mitglied der GesamtJAV aus (z. B. wegen Wechsel der Dienststelle), so hat die JAV durch Beschluss ein neues Mitglied zu benennen. 7

Abberufung. Die JAV kann entsandte Mitglieder jederzeit abberufen. Erforderlich ist auch insoweit ein ordnungsgemäßer Beschluss. Eine Abberufung ist nur zulässig, wenn die JAV zugleich ein neues Mitglied der GesamtJAV benennt. Die Abberufung sowie die Daten des neuen Mitglieds sind dem Vorsitzenden des GesamtPR unverzüglich mitzuteilen (Satz 5). Im Interesse der Kontinuität sollte eine Abberufung jedoch nur bei grober Vernachlässigung der gesetzlichen Befugnisse oder grober Verletzung der gesetzlichen Pflichten (entsprechend § 24 Abs. 1) erfolgen. 8

Erlöschen der JAV-Mitgliedschaft. Erlischt die Mitgliedschaft des benannten Mitglieds in der JAV nach § 25, gilt dies automatisch auch für die Mitgliedschaft in der GesamtJAV. Die JAV muss ein neues Mitglied für die GesamtJAV benennen. Gleiches gilt für einen Ausschluss aus der JAV nach § 24 oder wenn die Mitgliedschaft in der JAV ruht (§ 26 entspr.). Einen Ausschluss nur aus der GesamtJAV sieht das Gesetz nicht vor; § 24 ist insoweit nicht entsprechend anwendbar. Für die Fälle, dass die entsendende JAV aufgelöst wird oder deren Wahl erfolgreich angefochten wird, ist nach Rechtskraft der gerichtlichen Entscheidung vom dann eingesetzten Wahlvorstand ein neues Mitglied für die GesamtJAV zu benennen (vgl. Rn. 26). 9

3. Ersatzmitglieder (Satz 3). Gemäß Abs. 2 Satz 3 ist in der konstituierenden Sitzung der JAV zusätzlich **mindestens** ein Ersatzmitglied für die GesamtJAV zu benennen. Die JAV entscheidet auch insoweit durch Beschluss. Sollen mehrere Ersatzmitglieder bestellt werden, muss die JAV über die Anzahl der Ersatzmitglieder und (zwingend) auch über deren Reihenfolge entscheiden. Ersatzmitglieder können auch aus dem Kreis der JAV-Ersatzmitglieder ausgewählt werden (vgl. Rn. 5), insbes., wenn die JAV nur aus einem Mitglied besteht oder wenn die bestellbaren JAV-Mitglieder nicht zur Amtsübernahme bereit sind bzw. deren Zahl für die Besetzung der Plätze der beschlossenen Ersatzmitglieder nicht ausreicht. Scheidet das Ersatzmitglied bzw. alle benannten Ersatzmitglieder während der Amtszeit der GesamtJAV aus, muss die JAV unverzüglich durch Beschluss eine neue Benennung vornehmen. Das Gesetz verlangt, dass 10 (zumindest) immer ein Ersatzmitglied benannt ist. Dies setzt naturgemäß voraus, dass jemand bereit ist, sich benennen zu lassen.

11 **4. Eintritt der Ersatzmitglieder (Satz 4).** Nach Abs. 2 Satz 4 gilt für den Eintritt des Ersatzmitglieds § 27 Abs. 1 entsprechend. Im Falle des endgültigen Ausscheidens des benannten Mitglieds tritt das benannte Ersatzmitglied automatisch an dessen Stelle; einer weiteren Beschlussfassung bedarf es nicht (§ 27 Abs. 1 Satz 1). Sind mehrere Ersatzmitglieder benannt worden, tritt das als erstes Ersatzmitglied benannte Ersatzmitglied an die Stelle des ausgeschiedenen Mitglieds der GesamtJAV. Ist bei der Benennung mehrerer Ersatzmitglieder bei der Beschlussfassung die Festlegung der Reihenfolge der Heranziehung unterblieben, muss die JAV neuen Beschluss fassen. Gleiches gilt, wenn im Zeitpunkt des Ausscheidens kein Ersatzmitglied mehr vorhanden ist. Ist das Mitglied der GesamtJAV nur zeitweilig verhindert oder ruht seine Mitgliedschaft (§ 27 Abs. 1 Satz 2), so tritt das benannte Ersatzmitglied nur für diesen Zeitraum in die GesamtJAV ein.

12 **5. Mitteilung an den GesamtPR (Satz 5).** Nach Abs. 2 Satz 5 muss die JAV dem Vorsitzenden des GesamtPR die Namen und Anschriften des für die GesamtJAV benannten Mitglieds sowie des benannten Ersatzmitglieds bzw. der Ersatzmitglieder nebst der festgelegten Reihenfolge deren Heranziehung mitteilen. Diese Mitteilung hat unverzüglich nach der konstituierenden Sitzung der JAV durch den Vorsitzenden der JAV zu erfolgen. Gleiches gilt für den Fall einer Abberufung oder einer Ergänzungsentscheidung nach dem Ausscheiden eines Mitglieds bzw. Ersatzmitglieds. Der Vorsitzende des GesamtPR prüft, ob die Angaben vollständig sind, ob das benannte Mitglied sowie die benannten Ersatzmitglieder die Voraussetzungen für eine Benennung erfüllen und ob bei mehreren Ersatzmitgliedern auch Beschluss über die Reihenfolge deren Heranziehung gefasst worden ist; ggf. ist ein Ergänzungsbeschluss herbei zu führen.

III. Konstituierung und anwendbare Vorschriften (Abs. 3)

13 **1. Vorsitzender, Aufgaben, Rechtsstellung (Satz 1).** Abs. 3 Satz 1 ordnet die entspr. Anwendung von § 62 Abs. 3, der seinerseits § 22 Abs. 3 Satz 2 und 3 sowie § 23 Abs. 1 Satz 1 Nr. 2 bis 6 in Bezug nimmt, sowie der §§ 63, 64 Satz 1 an, die die Aufgaben und Rechtsstellung der GesamtJAV regeln. 66 Abs. 3 ordnet **nicht** die entspr. Geltung von § 65 an, weshalb es keine von der GesamtJAV einzuberufende **gemeinsame Jugend- und Auszubildendenversammlung** der Gesamtdienststelle, an der alle Beschäftigten i. S. d. § 59 teilnehmen können, gibt.

14 a) **Verweis auf § 62 Abs. 3.** Der aktuelle Gesetzestext ordnet in Abs. 3 Satz 1 die entspr. Anwendung von § 62 Abs. 3 an. Dieser Verweis auf den heutigen § 62 Abs. 3 geht ins Leere, da diese Vorschrift jetzt den Zeitpunkt der Wahlen der JAV regelt und sich auch die dort in Bezug genommenen §§ 22, 23 mit der Wahl des PR befassen. Da die GesamtJAV nicht durch Wahlen, sondern durch Entsendung gebildet wird, ergibt eine entspr. Anwendung dieser Normen keinen Sinn. Es handelt sich offenbar um ein Redaktionsversehen im Rahmen der

Neubekanntmachung des LPVG vom 12. März 2015. Früher hat der vergleichbare § 64 Abs. 3 Satz 1 a. F. auf § 60 Abs. 3 a. F. verwiesen, der die Wahl des Vorsitzenden der JAV und dessen Stellvertreter regelt. § 60 Abs. 3 a. F. ist **wortgleich** mit dem jetzt geltenden **§ 62 Abs. 5**, auf den durch § 66 Abs. 3 Satz 1 ersichtlich weiterhin verwiesen werden soll.

15 **Wahl des Vorsitzenden.** Nach dem entsprechend anwendbaren § 62 **Abs.** 5 (vgl. Rn. 14) wählt die JAV aus ihrer Mitte einen Vorsitzenden und dessen Stellvertreter, wenn die JAV aus drei oder mehr Mitgliedern besteht. Nach dem klaren Wortlaut der Norm wird kein Vorsitzender gewählt, wenn die GesamtJAV nur aus zwei Mitgliedern besteht (**a. A.** Altvater u. a. § 64 Rn. 6). In diesem Falle obliegt die Geschäftsführung und die Außenvertretung den beiden Mitgliedern der GesamtJAV gemeinsam, mit der Maßgabe, dass sie bei unterschiedlicher Auffassung zunächst Einvernehmen herstellen müssen oder – alternativ – die Aufgaben und Befugnisse, soweit sie nicht von Gesetzes wegen dem Gremium zustehen, untereinander aufteilen müssen (Ressortprinzip). Die Wahl des Vorsitzenden und seines Stellvertreters erfolgt in der konstituierenden Sitzung der JAV.

16 **Neuwahl des Vorsitzenden.** Scheiden der Vorsitzende der GesamtJAV und/oder der stellvertretende Vorsitzende aus der GesamtJAV aus oder legen sie ihr Amt nieder, wählt die GesamtJAV alsbald aus ihrer Mitte einen neuen Vorsitzenden und/oder einen neuen Stellvertreter. Beim Ausscheiden aus der GesamtJAV sind vorab von den betroffenen JAV die neuen Mitglieder der GesamtJAV zu benennen. Zur Sitzung der GesamtJAV lädt der Vorsitzende, wenn der Stellvertreter ausscheidet, der Stellvertreter, wenn der Vorsitzende ausscheidet und die GesamtJAV, wenn beide gleichzeitig ausscheiden. In letzterem Fall wählt die GesamtJAV in der Sitzung zunächst einen Wahlleiter, der die Sitzung bis zur Wahl des (neuen) Vorsitzenden leitet.

17 b) **Aufgaben.** Abs. 3 Satz 1 ordnet die entspr. Anwendung von § 63 für die GesamtJAV an. Wie auch im Verhältnis von PR und GesamtPR haben die JAV und die GesamtJAV den gleichen Aufgabenbereich, der im Wesentlichen durch § 63 festgelegt ist (auf die Komm. zu § 63 wird Bezug genommen). JAV und GesamtJAV stehen gleichrangig nebeneinander; zwischen ihnen besteht kein Überordnungs-/Unterordnungsverhältnis und somit auch keine Weisungs- oder Kontrollbefugnis der GesamtJAV gegenüber den einzelnen JAV. Ihre Tätigkeitsbereiche sind nur durch unterschiedliche Zuständigkeiten voneinander abgegrenzt.

18 **Zuständigkeit.** Die GesamtJAV hat die Interessen aller Beschäftigten i. S. d. § 59 auf der Ebene der Gesamtdienststelle gegenüber dem GesamtPR wahrzunehmen. Maßgeblich ist daher zunächst die Abgrenzung der Zuständigkeiten zwischen PR und GesamtPR, der die entspr. Abgrenzung zwischen JAV und GesamtJAV folgt. Ist ein PR für eine Maßnahme zuständig, so ist ausschließlich die bei diesem PR bestehende JAV zuständig, weder die GesamtJAV noch eine bei einem anderen PR bestehende JAV. Entsprechend § 91 Abs. 8 ist die Zuständigkeit der GesamtJAV nach § 63 damit nur dann begründet, wenn eine Maßnahme über den Bereich einer (Teil)Dienststelle hinausgeht und deshalb

der GesamtPR zuständig ist (zuständig wäre). Ist nur eine Dienststelle betroffen, ist die Zuständigkeit der JAV gegeben.

19 **Zusammenarbeit.** Soweit Abs. 3 Satz 1 auf § 63 verweist, tritt an die Stelle des PR der GesamtPR und an die Stelle der JAV jeweils die GesamtJAV. Maßnahmen nach § 63 Abs. 1 muss die GesamtJAV beim GesamtPR beantragen. Die Zusammenarbeit nach § 63 Abs. 3 findet nach Maßgabe der dort genannten Vorschriften zwischen GesamtPR und GesamtJAV statt, was bspw. bedeutet, dass die GesamtJAV eines ihrer Mitglied als Mitglied i. S. d. § 32 Abs. 4 Satz 1 benennt, dass bei Angelegenheiten i. S. d. § 32 Abs. 4 Satz 2 alle Mitglieder der GesamtJAV beratend und stimmberechtigt an der Sitzung des GesamtPR teilnehmen und dass der Vorsitzende des GesamtPR die Angelegenheiten des § 32 Abs. 4 Satz 3 der GesamtJAV zur Kenntnis bringen muss. Gleiches gilt für § 63 Abs. 4. Das Einspruchsrecht nach § 37 gegenüber von Beschlüssen des GesamtPR steht nur der GesamtJAV zu.

20 **Geschäftsführung.** Über die Sitzungen der GesamtJAV ist der GesamtPR zu informieren; insoweit teilnahmeberechtigt ist ein vom GesamtPR beauftragtes Mitglied (§ 63 Abs. 5 entspr.). Eine Begehung der Dienststelle erfordert u. a. die Information des GesamtPR (§ 63 Abs. 6 entspr.). An Sprechstunden der GesamtJAV kann ein beauftragtes Mitglied des GesamtPR teilnehmen (§ 63 Abs. 7 Satz 2 entspr.).

21 c) **Rechtsstellung.** Abs. 3 Satz 1 ordnet nur die entspr. Anwendung von § 64 Satz 1 an, der seinerseits auf die §§ 41 bis 45 Abs. 1 Satz 1, 46 Abs. 1 und 69 Abs. 1 Satz 3 verweist. § 66 Abs. 3 Satz 1 verweist für die Mitglieder der GesamtJAV **nicht** auf die **Schutzvorschrift des § 64 Satz 2.** Dies ist nur dann unproblematisch, wenn die Mitglieder der GesamtJAV aufgrund ihrer gleichzeitigen Mitgliedschaft in der JAV den über diese Mitgliedschaft vermittelten Schutz des § 64 Satz 2 genießen.

22 **Ersatzmitglieder.** Folgt man der hier vertretenen Auffassung, dass auch Ersatzmitglieder der JAV in die GesamtJAV entsandt werden können, jedenfalls als dort benannte Ersatzmitglieder in die GesamtJAV eintreten können (vgl. Rn. 5), kommt ein solcher Schutz vor Versetzung, Abordnung etc. bzw. gegen Kündigung und ein Anspruch auf Übernahme nach § 48 nicht durch unmittelbare Anwendung von § 64 Satz 2 in Betracht. Denn diese Mitglieder der GesamtJAV sind weder zwingend Mitglied der JAV noch als dort gewähltes Ersatzmitglied i. S. d. § 27 Abs. 1 in die JAV eingetreten. Diese Mitglieder der GesamtJAV unterscheiden sich aber hinsichtlich ihrer Schutzbedürftigkeit in keiner Weise von JAV-Mitgliedern, weshalb eine entspr. Anwendung der Schutzvorschriften, auf die § 64 Satz 2 verweist, erforderlich ist.

23 **Kostentragung, Schutzvorschriften.** Nach Abs. 3 Satz 1 sind über § 64 Satz 1 die Regelungen der §§ 41 bis 45 Abs. 1 Satz 1, 46 Abs. 1 und 69 Abs. 1 Satz 3 entsprechend anwendbar. Auch insoweit unterscheidet sich das Regelungsprogramm für die GesamtJAV und deren Mitglieder nicht von der JAV bzw. deren Mitgliedern. Insoweit kann vollumfänglich auf die Komm. zu § 64 (dortige Rn. 11 bis 37) Bezug genommen werden.

d) Amtszeit. Die Amtszeit der GesamtJAV beträgt entsprechend der regelmäßigen Amtszeit ihrer Mitglieder zwei Jahre und sechs Monate (§ 62 Abs. 4 Satz 1 entspr.); **a.A.**: Altvater u. a. § 66 Rn. 5). Es ist zwar zutreffend, dass § 62 Abs. 4 nicht von § 66 in Bezug genommen wird, die Begrenzung ergibt sich aber aus der Zusammensetzung der GesamtJAV aus Mitgliedern (ausnahmsweise Ersatzmitgliedern) der zugehörigen JAV, deren Amtszeit durch § 62 Abs. 4 Satz 1 begrenzt ist. Bestätigt wird diese Sichtweise durch § 66 Abs. 3 Satz 2, der eine konstituierende Sitzung jeweils nach der Wahl der JAV vorsieht. Schon der Wortlaut „konstituierende" Sitzung spricht dafür, dass es in diesem Zeitpunkt die (alte) GesamtJAV nicht mehr gibt, sondern dass diese in der Sitzung nach § 66 Abs. 3 Satz 2 erst neu begründet werden muss. 24

Neuwahl der JAV. Ist die konstituierende Sitzung der GesamtJAV erfolgt und ein Vorsitzender und sein Stellvertreter gewählt, lässt eine etwa erforderliche Neuwahl einer JAV die GesamtJAV unberührt. Diese ist und bleibt i. d. R. funktionsfähig. Auch die betroffene JAV bleibt zunächst in der GesamtJAV wirksam vertreten. In den Fällen des § 23 Abs. 1 Nr. 2 und 3 bleibt die JAV geschäftsführend im Amt (§ 23 Abs. 1 Satz 2 entspr.), weshalb auch die Entsendung und die Mitgliedschaft des entsandten Mitglieds in der GesamtJAV bis zur Neuwahl der JAV unberührt bleibt. Die Sperrwirkung des § 22 Abs. 2 Satz 2 ist für die JAV und die GesamtJAV ohne Bedeutung. 25

Auflösung der JAV; Wahlanfechtung. In den Fällen von § 23 Abs. 1 Satz 1 Nr. 4 und 5 hat der Vorsitzende der Fachkammer unverzüglich einen **Wahlvorstand** für die Neuwahl bzw. Wiederholungswahl zu bestellen, der die Funktion der JAV in der Übergangszeit wahrnimmt. In diesem Falle endet das Amt der Mitglieder der JAV, womit auch die Grundlage einer – fortdauernden – Entsendung in die GesamtJAV entfällt. Auch deren Amt endet mit der Rechtskraft der Auflösungsentscheidung bzw. Ungültigerklärung. Der gerichtlich eingesetzte Wahlvorstand muss unverzüglich eine Neubenennung des GesamtJAV-Mitglieds und des Ersatzmitglieds vornehmen, wobei er auch die zuvor Entsandten berücksichtigen kann. 26

Auflösung; Ausschluss. Eine Auflösung der **GesamtJAV** bzw. den Ausschluss von Mitgliedern aus der GesamtJAV sieht das Gesetz nicht vor; § 24 Abs. 1 ist nicht direkt anwendbar und wird auch nicht von § 66 für anwendbar erklärt. Grobe Pflichtverletzungen einzelner Mitglieder der GesamtJAV können nur durch Abberufung des Mitglieds aus der GesamtJAV sanktioniert werden (Beschluss der JAV); bei grober Pflichtvernachlässigung bzw. -verletzung des Gremiums kommt ggf. ein Antrag auf Auflösung der beteiligten Jugend- und Auszubildendenvertretungen in Betracht, z. B. auch, wenn die Abberufung (s. o.) eines entsandten Mitglieds pflichtwidrig unterbleibt. 27

2. Konstituierende Sitzung (**Satz 2**). Der Vorsitzende des GesamtPR hat innerhalb von vier Wochen nach der regelmäßigen Wahl der JAV zur konstituierenden Sitzung der GesamtJAV einzuladen und diese bis zur Benennung des Vorsitzenden der GesamtJAV zu leiten. Abs. 3 Satz 2 spricht zwar von „Benennung", da in Abs. 3 Satz 1 aber auf § 62 Abs. 5 (vgl. Rn. 14) verwiesen wird, ist davon auszugehen, dass der Vorsitzende und sein Stellvertreter gewählt werden. Der 28

Vorsitzende des GesamtPR, der die konstituierende Sitzung leitet, hat danach auch die Funktion des Wahlleiters. Insoweit geht die Funktion des Vorsitzenden des GesamtPR über die Aufgabe des Wahlvorstands nach § 19 hinaus. Die 4-Wochen-Frist läuft ab der Bekanntgabe des Ergebnisses der JAV-Wahlen. Finden diese an unterschiedlichen Tagen statt, ab dem letzten Wahltag (Altvater u.a. § 66 Rn. 10).

IV. Stufen-Jugend- und Auszubildendenvertretung (Abs. 4)

29 **1. Bildung von Stufenvertretungen (Satz 1).** Durch das ÄG 2013 ist in Abs. 4 die Möglichkeit aufgenommen worden, Stufen-Jugend- und Auszubildendenvertretungen zu bilden. Sie müssen nicht – anders als die GesamtJAV – errichtet werden, sondern **können bedarfsabhängig** bei den Stufenvertretungen eingerichtet werden, um die zentrale Wahrnehmung der Interessen von Beschäftigten i. S. v. § 59 zu stärken. Bei den Bezirkspersonalräten können deshalb Bezirks-Jugend- und Auszubildendenvertretungen (**BJAV**) und bei den Hauptpersonalräten können Haupt-Jugend- und Auszubildendenvertretungen (**HJAV**) gebildet werden.

30 **Bedarfsfeststellung.** Können Stufenvertretungen bedarfsabhängig eingerichtet werden, bleibt die Frage, wann ein solcher Bedarf vorliegt. Das Gesetz beantwortet diese Frage, wer und in welchem Verfahren einen solchen Bedarf geltend machen soll (darf), nicht. Insoweit wird vertreten, dass nach Sinn und Zweck der Norm dafür nur die örtlichen JAV im Bezirk der Mittelbehörden bzw. der obersten Dienstbehörden i. S. d. § 55 Abs. 1 in Betracht kommen könnten (Altvater u.a. § 66 Rn. 12). Dem ist entgegenzuhalten, dass die örtlichen Vertretungen kaum die notwendigen Kenntnisse über aktuell anstehende Maßnahmen und deren Auswirkungen auf die Beschäftigten i. S. d. § 59 haben können – im Gegensatz zu den BPR und den HPR. Höchst bedenklich ist auch, dass die Frage, ob eine Stufen-JAV eingerichtet wird oder nicht, was erhebliche Auswirkungen – z. B. auf die Beschlussfassung der BPR und HPR (§ 32 Abs. 4 Satz 2 i. V. m. § 55 Abs. 3) – haben kann, vom Gesetz offengelassen wird. Es ist zu wünschen, dass hier alsbald gesetzgeberisch gehandelt wird.

31 **2. Zusammensetzung, Rechtsstellung, Geschäftsführung (Satz 2).** Nach Abs. 4 Satz 2 gelten die Absätze 2 und 3 für die Stufenvertretung entsprechend. Dies bedeutet insbes., dass eine gesonderte Wahl der Mitglieder der Stufen-JAV nicht stattfindet, sondern wie bei der GesamtJAV eine Entsendung erfolgt. Auch für die Rechtsstellung, Geschäftsführung und die Aufgaben der JAV-Stufenvertretungen gelten die für die GesamtJAV anzuwendenden Vorschriften entsprechend; auf die obige Komm. wird Bezug genommen.

Teil 7 **Datenschutz**

§ 67

(1) [1]Die Personalvertretungen haben bei der Verarbeitung personenbezogener Daten die datenschutzrechtlichen Vorschriften zu beachten und treffen die zu deren Einhaltung erforderlichen ergänzenden Regelungen für ihre Geschäftsführung in eigener Verantwortung. [2]Der Dienststelle sind die getroffenen Maßnahmen auf Verlangen mitzuteilen.

(2) [1]Die Personalvertretungen dürfen personenbezogene Daten speichern, soweit und solange dies zur Erfüllung ihrer Aufgaben erforderlich ist. [2]Nach Abschluss der Maßnahme, an der die Personalvertretung beteiligt war, sind die ihr in diesem Zusammenhang zur Verfügung gestellten personenbezogenen Daten zu löschen und Unterlagen mit personenbezogenen Daten der Dienststelle zurückzugeben.

(3) [1]Unabhängig von Absatz 2 dürfen Personalvertretungen zur Erfüllung ihrer Aufgaben Grunddaten der Beschäftigten speichern. [2]Dazu zählen Namen, Funktion sowie ihre Bewertung, Besoldungs- oder Entgeltgruppe, Geburts-, Einstellungs- und Ernennungsdatum, Rechtsgrundlage und Dauer der Befristung des Arbeitsverhältnisses, Datum der letzten Beförderung, Höher- oder Rückgruppierung, Beurlaubung und Teilzeitbeschäftigung. [3]Die Dienststelle stellt den Personalvertretungen diese Grunddaten auf aktuellem Stand zur Verfügung. [4]Vorher zur Verfügung gestellte Grunddaten sind unverzüglich zu löschen.

(4) Personenbezogene Daten in Niederschriften sind spätestens am Ende des achten Jahres ab der Speicherung zu löschen.

Vorbemerkung. Mit dem ÄG 95 wurde in § 67 (früher § 65 a. F.) die Bedeutung des Rechts der **informationellen Selbstbestimmung** ggü. den Personalvertretungen herausgestellt. Die Vorschrift wiederholt allg. Datenschutzgrundsätze und enthält konkrete datenschutzrechtliche Ermächtigungen und Verpflichtungen für die Arbeit der Personalvertretungen. **§ 67 gilt für alle Personalvertretungen,** also für den PR, den GesamtPR, die Stufenvertretungen, den AusbildungsPR, die JAV, GesamtJAV und die StufenJAV. Die in Baden-Württemberg für öffentliche Stellen und damit auch für Personalvertretungen geltenden Datenschutzgrundsätze ergeben sich seit 25.5.2018 aus der Datenschutz-Grundverordnung (DS-GVO) der EU (Verordnung (EU) 2016/679, ABl. L 119 v. 4.5.2016, ber. ABl. L 314 vom 22.11.2016, S. 72) als unmittelbar geltendes Recht. Die DS-GVO schreibt im Wesentlichen die bisherigen datenschutzrechtlichen Grundprinzipien fort, entwickelt sie weiter und muss von allen öffentlichen Stellen beachtet werden. Wegen des Anwendungsvorrangs des europäischen Rechts wurde das LDSG durch Gesetz vom 6.6.2018 (LT-Drucksache 16/4203) angepasst und enthält nur noch ergänzende Regelungen zur DS-GVO für einzelne Bereiche, in denen das Land von seiner Regelungskompetenz aufgrund der in der Verordnung enthaltenen Öffnungsklausel Gebrauch gemacht hat. Ein Beispiel hierfür stellt § 28 LDSG n. F. dar, wodurch das Land in einer Ausnahme zu Art. 83 DS-GVO festgelegt hat, dass Bußgelder gegen öffentliche Stellen i. d. R. grundsätzlich nicht verhängt werden dürfen. 1

2 **Kein Dritter.** Die Personalvertretungen sind **Teil der Dienststelle,** bei der sie gebildet sind, und nicht Dritte i. S. v. Art. 4 Nr. 10 DS-GVO (§ 3 Abs. 5 LDSG a. F.). Die Datenweitergabe von der Dienststelle zur Personalvertretung stellt damit keine Datenübermittlung dar. Zulässigkeit und Erforderlichkeit der Weitergabe personenbezogener Daten an die Personalvertretung bestimmen sich als Spezialregelung ausschließlich nach § 71 Abs. 1 bis 4; dabei ist auch auf die Belange des Datenschutzes Rücksicht zu nehmen (Lorenzen u. a. § 68 Rn. 61). Die Personalvertretungen entscheiden grundsätzlich eigenständig, ob sie ihre Aufgaben manuell (nicht automatisiert, in visuell lesbarer Form) oder automatisiert (in nicht visuell lesbarer Form) erledigen wollen.

3 **Eigenverantwortlichkeit.** Dem internen **behördlichen Datenschutzbeauftragten** i. S. v. Art. 39 DS-GVO (§ 10 LDSG a. F.) stehen grundsätzlich **keine Kontrollrechte** ggü. der Personalvertretung zu (für den Bereich des BetrVG: BAG, 11.11.1997 – 1 ABR 21/97 – BAGE 87, 64 = NZA 1998, 385 = PersR 1998, 227; Altvater u. a. § 65 Rn. 15). Die Personalvertretungen haben in eigener Verantwortung für die Einhaltung der Vorschriften Sorge zu tragen. Allerdings sind der Dienststelle nach dem mit ÄG 2013 eingefügten Abs. 1 Satz 2 die getroffenen Maßnahmen zum Datenschutz auf Verlangen mitzuteilen. Auch einer externen Kontrolle durch den **Landesbeauftragten für den Datenschutz** nach Art. 57 DS-GVO (§ 28 LDSG a. F.) steht dies nicht entgegen.

4 **Zustimmungserfordernis.** Ein grundlegendes **Einsichtsrecht** der Personalvertretung **in Personalakten** besteht **nicht.** Sie dürfen nach § 71 Abs. 1 Satz 3 nur mit **Zustimmung** des betroffenen Beschäftigten und nur von den von ihm bestimmten Mitgliedern der Personalvertretung eingesehen werden.

I. Verpflichtung zum Datenschutz (Abs. 1)

5 **1. Datenschutzvorschriften.** Abs. 1 wiederholt und betont den Grundsatz, dass die datenschutzrechtlichen Bestimmungen zu beachten sind. Dies sind zunächst die **allgemeinen Vorschriften** des Datenschutzrechts, insb.

- über die technischen und organisatorischen Maßnahmen, Art. 25 DS-GVO (§ 9 LDSG a. F.),
- die Rechte der Beschäftigten, Art. 12 bis 23 DS-GVO (§ 5 Abs. 1, §§ 21 bis 25 LDSG a. F.) und
- die Verarbeitung personenbezogener Daten bei Dienst- und Arbeitsverhältnissen, Art. 6 Abs. 1b (§ 36 LDSG a. F.) und Art. 88 DS-GVO, § 5 LDSG n. F.

Daneben sind die **bereichsspezifischen Datenschutzvorschriften** etwa in §§ 83 bis 88 LBG, in Tarifverträgen, Dienstvereinbarungen oder dienststelleninternen Datenschutzvorschriften zu beachten.

6 **Zweckbeschränkung.** Die von der Personalvertretung zulässigerweise erhobenen und an sie übermittelten Daten dürfen **nur für personalvertretungsrechtliche Zwecke** genutzt bzw. weiterverarbeitet werden, Art. 88 DS-GVO, § 5 LDSG n. F. (§ 36 Abs. 1 LDSG a. F.).

Datenverarbeitung. Zum Begriff „**Verarbeitung personenbezogener Daten**" siehe Art. 4 Nr. 2 DS-GVO (§ 3 Abs. 2 LDSG a. F.). Darunter fällt das Erheben, Speichern, Verändern, Übermitteln, Nutzen, Sperren und Löschen personenbezogener Daten. Die datenschutzrechtlichen Vorschriften finden Anwendung, gleichgültig, ob die Verarbeitung in einem automatisierten Verfahren oder in nicht automatisierten Dateien erfolgt, ebenso auf die Akten der Personalvertretung. Die Gestaltung und Auswahl der technischen Einrichtungen und Verfahren zur automatisierten Verarbeitung personenbezogener Daten hat sich danach auszurichten, keine oder so wenig personenbezogene Daten wie möglich zu verarbeiten, siehe Art. 25 DS-GVO (§ 9 Abs. 1 LDSG a. F.). 7

Maßnahmen. Wichtig sind die nach Art. 25 DS-GVO (§ 9 Abs. 2 bis 5 LDSG a. F.) von der Personalvertretung als ergänzende Regelung **eigenverantwortlich zu treffenden technischen und organisatorischen Maßnahmen.** Dazu ist ein **Sicherungskonzept** unter Berücksichtigung der Belange der jeweiligen Personalvertretung festzulegen, welches in einer Dienstanweisung für das Büropersonal und die sonst zur Bearbeitung befugten Mitglieder der Personalvertretung mündet. Die Dienststelle hat die Personalvertretung nach dem Grundsatz der vertrauensvollen Zusammenarbeit und im Blick auf § 41 Abs. 2 hierbei zu unterstützen. Erforderlich sind Maßnahmen nur, wenn ihr Aufwand, insb. unter Berücksichtigung der Art der zu schützenden personenbezogenen Daten, in einem angemessenen Verhältnis zu dem Schutzzweck steht. 8

Zuständigkeit. Zuständig ist die gesamte Personalvertretung und nicht der Vorstand, da es sich um kein laufendes Geschäft i. S. des § 28 Abs. 4 Satz 1 handelt. 9

Automatisierte Verarbeitung. Für die automatisierte Verarbeitung sind nach Art. 32 DS-GVO (§ 9 Abs. 3 LDSG a. F.) insb. geeignete Maßnahmen zu treffen, um die Vertraulichkeit, Integrität, Verfügbarkeit und Belastbarkeit der Systeme und Dienste im Zusammenhang mit der Verarbeitung auf Dauer sicherzustellen. 10
Zu diesem Zweck sollte die Personalvertretung Verantwortlichkeiten für den Umgang mit dem PC festlegen, insb. einen Systemverwalter und die Zuständigkeit für Auskünfte, Speicherung, Berichtigung, Sperrung und Löschung von Daten bestimmen. Die Sicherung des PC vor unbefugten Benutzern kann bspw. durch folgende Maßnahmen sichergestellt werden: Gehäuseabschluss und sichere Aufbewahrung des Schlüssels, Ausschluss des Startens über das Disketten- oder CD-ROM-Laufwerk bzw. das USB-Laufwerk, Einrichtung eines Passwortschutzes, Sperrung bei fehlerhaften Anmeldeversuchen, Einrichtung differenzierter Zugriffsbefugnisse, Schutz der Betriebs- und Anwendungsprogramme, Schutz vor Viren und Trojanern, automatisierte Protokollierung der Aktivitäten (s. a. die Hinweise des Landesbeauftragten für den Datenschutz beim Einsatz von PC in Anh. 9 des 17. Tätigkeitsberichts und seine Merkblätter zum technischen und organisatorischen Datenschutz unter www.baden-wuerttemberg.datenschutz.de).

Verzeichnis von Verarbeitungstätigkeiten. Das nach Art. 30 DS-GVO (§ 11 LDSG a. F.) zu führende Verzeichnis von Verarbeitungstätigkeiten (früher: Ver- 11 fahrensverzeichnis) ist Sache der Dienststelle, aufgrund der sich aus § 41 Abs. 2 ergebenden Verpflichtung.

12 **Unterrichtungspflicht.** Bei der **erstmaligen Speicherung** von Personalaktendaten in automatisierten Dateien und deren wesentliche Änderung ist die nach § 87 Abs. 5 LBG und § 36 Abs. 2 LDSG bestehende Unterrichtungspflicht ggü. den Beschäftigten zu beachten.

13 **Verhaltensregeln.** Beim Betrieb des PC sind die gebotenen Verhaltensregeln einzuhalten (z. B.: Abschalten beim Verlassen des Arbeitsplatzes oder Sperren des Bildschirms; sofortige Klärung von Störmeldungen; Verschluss nichtbenutzter Datenträger; ständige Aktualisierung von Zugriffsrechten; Auswertung von Protokolldaten; Vermeidung von Viren und Trojanern). Vor der Aussonderung, dem Verkauf oder der Weggabe eines PC zur Reparatur ist darauf zu achten, dass alle auf der Festplatte gespeicherten Daten (physikalisch) gelöscht sind.

14 **Nicht automatisierte Verarbeitung.** Bei personenbezogenen Daten in **nicht automatisierten Dateien oder in Akten** ist zu verhindern, dass Unbefugte bei der Bearbeitung, der Aufbewahrung, dem Transport und der Vernichtung auf die Daten zugreifen können, siehe Art. 25 DS-GVO (§ 9 Abs. 5 LDSG a. F.). Danach ist bspw. zu regeln:

- der Zugang zum Dienstzimmer der Personalvertretung und zu den Schränken, in denen personenbezogene Daten aufbewahrt werden, einschließlich der sicheren Aufbewahrung der Schlüssel;
- ob und auf welche Weise den Mitgliedern der Personalvertretung vor Sitzungen Unterlagen mit personenbezogenen Daten zugeleitet werden;
- dass Unterlagen mit besonders schutzbedürftigen Daten nur in der Sitzung zur Einsicht bereitgehalten, mündlich bekannt gegeben oder ausgeteilt werden;
- dass Unterlagen, die Mitgliedern vor oder bei der Sitzung überlassen werden, nach der Sitzung an den Vorsitzenden zurückzugeben sind;
- wer für die Erteilung von Auskünften sowie die Speicherung, Sperrung und Löschung der Daten, z. B. auch in Niederschriften nach Abs. 4, zuständig ist.

15 **2. Mitteilung an Dienststelle.** Nach Abs. 1 Satz 2 der durch das ÄG 2013 eingefügt wurde, sind der Dienststelle die getroffenen Maßnahmen zum Datenschutz auf Verlangen mitzuteilen. Dies soll nach der Gesetzesbegründung der Stärkung des Datenschutzes beim Umgang mit personenbezogenen Daten dienen (LT-Drucksache 15/4224 S. 127). Hieraus ergibt sich vor allem die Notwendigkeit der andauernden Selbstkontrolle, um dem Auskunftsverlangen nachkommen zu können.

II. Speicherung personenbezogener Daten (Abs. 2)

16 **1. Speicherung. Abs. 2 Satz 1** unterstreicht den Grundsatz, dass personenbezogene Daten nur **soweit und solange** gespeichert werden dürfen, wie dies **zur Aufgabenerfüllung der Personalvertretung notwendig** ist. Abs. 3 konkretisiert

dies für die dort genannten Grunddaten, Abs. 4 für personenbezogene Daten in Niederschriften. Die Regelung baut auf § 71 Abs. 1 bis 4 auf, der den Anspruch der Personalvertretung auf Unterrichtung zur Aufgabenerfüllung regelt; nur insoweit kann die Personalvertretung überhaupt speicherungsfähige Daten erhalten.

Zuständigkeit. Zuständig für die Einhaltung der Vorschrift ist zunächst der Vorstand, daneben auch die gesamte Personalvertretung. 17

2. Löschung. Abs. 2 Satz 2 stellt ergänzend für die **anlässlich von Beteiligungsverfahren** der Personalvertretung zur Verfügung gestellten personenbezogenen Daten fest, dass diese nach Abschluss des Beteiligungsverfahrens von ihr zu löschen, also unkenntlich zu machen und entspr. Unterlagen der Dienststelle zurückzugeben sind. Die Unterlagen dürfen von der Personalvertretung nicht selbst vernichtet werden. 18

Weitere Daten. Für **außerhalb von Beteiligungsverfahren** (z. B. bei Beschwerden) oder anlässlich von Wahlen erhaltene personenbezogene Daten gilt Abs. 2 Satz 1. Hierzu zählen bspw. auch Auflistungen über Freistellungen nach § 45 oder Listen über Teilnehmer an Schulungs- und Bildungsmaßnahmen nach § 44. Diese Daten können bis zum Abschluss der Amtszeit der Personalvertretung gespeichert werden. 19

III. Speicherung von Grunddaten (Abs. 3)

Grunddaten. Unabhängig von Abs. 2 erlaubt Abs. 3 der Personalvertretung i. S. v. Art. 6 Abs. 1e DS-GVO (§ 4 Abs. 1 Nr. 1 LDSG a. F.) die **dauerhafte Speicherung** der folgenden, abschließend aufgezählten **Grunddaten** der Beschäftigten: Name, Funktion sowie ihre Bewertung, Besoldungs- oder Entgeltgruppe, Geburts-, Einstellungs- und Ernennungsdatum, Rechtsgrundlage und Dauer der Befristung des Arbeitsverhältnisses, Datum der letzten Beförderung, Höher- oder Rückgruppierung, Beurlaubung und Teilzeitbeschäftigung. Unter Funktion ist die tatsächlich ausgeübte Tätigkeit im organisationsrechtlichen Sinne zu verstehen (z. B. Sachbearbeiter, Referent, Abteilungsleiter für die Einheit …). Bewertung ist die besoldungsrechtliche Bewertung i. S. v. § 20 LBesG bzw. die tarifrechtliche Einstufung der Tätigkeit, nicht dagegen die Bewertung im Haushaltsplan. 20

Überlassungsanspruch. Die Ermächtigung beseitigt die mit der Entscheidung des BVerwG vom 4.9.1990 (6 P 28.87 – PersV 1991, 83 = PersR 1990, 329) entstandenen Unsicherheiten. Sie gibt der Personalvertretung in Verbindung mit § 71 Abs. 1 bis 4 einen **Anspruch gegenüber der Dienststelle auf Überlassung der Grunddaten** (Abs. 3 Satz 2). Die Erforderlichkeit muss nicht mehr im Einzelfall geprüft werden. Der Gesetzgeber unterstellt, dass die Grunddaten zur Erfüllung der allg. Aufgaben stets notwendig sind. Kein Überlassungsanspruch besteht für die Grunddaten der Beschäftigten, für die das LPVG nicht gilt (z. B. Professoren i. S. v. § 99 Abs. 1 Nr. 1); dagegen besteht der Überlassungsanspruch für Beschäftigte, für die das LPVG bei den Beteiligungsfällen nur in 21 abgeschwächter Form gilt (z. B. wissenschaftliche Hilfskräfte i. S. v. § 99 Abs. 3). Bei den Stufenvertretungen (§ 55) wird der Überlassungsanspruch nur für die Grunddaten der Beschäftigten bejaht werden können, für die sie nach § 91 Abs. 2 unmittelbar zuständig sind. Im Stufenverfahren genügt es, wenn der BPR oder HPR die Daten der jeweiligen Beschäftigten von Fall zu Fall erhält.

22 **Verfahren.** In welcher **Form** die Grunddaten der Personalvertretung überlassen werden, entscheidet die Dienststelle. Die Grunddaten werden auf aktuellem Stand zur Verfügung gestellt. Für die Aktualisierung des ihr überlassenen Datenbestands ist grundsätzlich die Personalvertretung zuständig (z. B. Löschung der Daten ausgeschiedener Beschäftigter). Jedoch wird sie in regelmäßigen Abständen auch einen aktuellen Datensatz von der Dienststelle beanspruchen können. Frühere zur Verfügung gestellte Grunddaten sind dann unverzüglich zu löschen (Abs. 3 Satz 3). Der Personalvertretung dürfte von der Dienststelle auch ein auf die Grunddaten beschränkter Zugriff auf ein Personalverwaltungssystem eingeräumt werden können; in diesem Fall ist die Pflicht zur Unterrichtung der Beschäftigten nach § 87 Abs. 5 LBG zu beachten.

IV. Niederschriften (Abs. 4)

23 **Löschung nach 8 Jahren.** Nach Abs. 4 sind in **Niederschriften** (§ 38) enthaltene personenbezogene Daten spätestens am Ende des achten Jahres ab der Speicherung zu löschen, d. h. unkenntlich zu machen (also in Niederschriften des Jahres 2007 bis spätestens 31.12.2015). Die Löschung kann durch Schwärzung der Daten, die Vernichtung der gesamten Niederschrift bzw. die (physikalische) Löschung vom elektronischen Speichermedium erfolgen.

Teil 8 Beteiligung des Personalrats

Abschnitt 1 Allgemeines

§ 68 Zusammenarbeit zwischen Dienststelle und Personalvertretung

(1) [1]Der Leiter der Dienststelle oder sein Beauftragter und die Personalvertretung treten mindestens einmal im Vierteljahr zu gemeinschaftlichen Besprechungen zusammen. [2]In ihnen soll auch die Gestaltung des Dienstbetriebs behandelt werden, insbesondere alle Vorgänge, die die Beschäftigten wesentlich berühren. [3]Der Leiter der Dienststelle und die Personalvertretung können einvernehmlich zweimal im Jahr von den gemeinschaftlichen Besprechungen absehen, wenn wirtschaftliche Angelegenheiten im Wirtschaftsausschuss ausreichend behandelt worden sind. [4]Sofern in der Dienststelle kein Wirtschaftsausschuss besteht, soll die Dienststelle die Personalvertretung in den gemeinschaftlichen Besprechungen mindestens zweimal im Jahr über die von einem Wirtschaftsausschuss zu behandelnden Angelegenheiten unterrichten. [5]Sie haben über strittige Fragen mit dem ernsten Willen zur Einigung zu verhandeln und Vorschläge für die Beilegung von Meinungsverschiedenheiten zu

machen. [6]Zu den gemeinschaftlichen Besprechungen sind beratend hinzuzuziehen:

1. **die Schwerbehindertenvertretung,**
2. **ein Mitglied der Jugend- und Auszubildendenvertretung, das von dieser benannt wird, wenn Angelegenheiten behandelt werden, die besonders Beschäftigte im Sinne von § 59 betreffen,**
3. **die Beauftragte für Chancengleichheit, wenn Angelegenheiten behandelt werden, die besonders die Gleichstellung von Frauen und Männern betreffen.**

(2) [1]Dienststelle und Personalvertretung haben alles zu unterlassen, was geeignet ist, die Arbeit und den Frieden der Dienststelle zu beeinträchtigen. [2]Insbesondere dürfen Dienststelle und Personalvertretung keine Maßnahmen des Arbeitskampfs gegeneinander durchführen. [3]Arbeitskämpfe tariffähiger Parteien werden hierdurch nicht berührt.

(3) Außenstehende Stellen dürfen erst angerufen werden, wenn eine Einigung in der Dienststelle nicht erzielt worden ist.

Vorbemerkung. In § 2 Abs. 1 ist der **Grundsatz der vertrauensvollen Zusammenarbeit** zwischen Dienststelle und PR festgelegt. § 68 konkretisiert **Einzelheiten** dieser vertrauensvollen Zusammenarbeit wie gemeinsame Besprechungen (Abs. 1) und eine Friedenspflicht (Abs. 2 und 3). 1

Geltungsbereich. § 68 gilt für den PR, den GesamtPR (§ 91 Abs. 3), die Stufenvertretungen (s. §§ 77 und 91) und den AusbildungsPR (§ 58). 2

Rechtsfolgen. Bei schweren **Verstößen** gegen § 68 Abs. 2 oder 3 kann eine Auflösung des PR oder der Ausschluss einzelner Mitglieder nach § 24 in Betracht kommen. Die Kündigung eines Arbeitnehmers oder die Verhängung disziplinarischer Maßnahmen gegen einen Beamten sind nur möglich, wenn in dem Verstoß gegen § 68 Abs. 2 oder 3 zugleich eine schwerwiegende Verletzung der Pflichten aus dem Arbeits- oder Beamtenverhältnis liegt. 3

I. Zusammenarbeit

1. Vierteljahresgespräch. Dienststelle und Personalvertretung sind **verpflichtet,** mind. eine gemeinsame Besprechung im Vierteljahr (Vierteljahresgespräch) durchzuführen. Weitere Besprechungen sind möglich und geboten, wenn es die Sachlage erfordert. Durch die regelmäßigen Gespräche können anstehende Probleme frühzeitig besprochen werden. Eine Weigerung, an dem Vierteljahresgespräch teilzunehmen, wäre auf Seiten des Dienststellenleiters Grund für eine Dienstaufsichtsbeschwerde durch den PR, auf Seiten des PR eine Pflichtverletzung nach § 24. Der Dienststellenleiter kann sich aber durch einen von ihm Beauftragten vertreten lassen, und zwar auch dann, wenn er nicht verhindert ist (VGH Mannheim, 7.5.2013 – PL 15 S 2845/11 – PersV 2013, 341 = PersR 2013, 434). 4

Wirtschaftsausschuss. Gibt es in der Dienststelle einen Wirtschaftsausschuss nach § 72 können der Dienststellenleiter und der PR einvernehmlich auf zwei Bespre- 5 chungen verzichten, wenn wirtschaftliche Angelegenheiten bereits im Wirtschaftsausschuss ausreichend behandelt worden sind (s. Satz 3 sowie Rn. 9).

6 **Verfahren.** Vorschriften für die Form der Einladung sowie die Durchführung der Besprechungen enthält das LPVG nicht. Der Gesprächskontakt ist **informell. Ort und Zeitpunkt** der Besprechungen werden vom Dienststellenleiter und vom PR-Vorsitzenden von Fall zu Fall formlos **vereinbart.** Die Initiative können beide Seiten ergreifen. Sie können aber auch im Voraus für einen bestimmten Zeitraum die Besprechungstermine vereinbaren. Die Besprechungen können auch im Rahmen einer oder im Anschluss an eine PR-Sitzung stattfinden. Die Einladung zu den Besprechungen kann formlos ergehen, einer Tagesordnung bedarf es nicht. Eine **Besprechungsniederschrift** ist zwar nicht vorgeschrieben, ist aber sinnvoll und jedenfalls dann empfehlenswert, wenn Zusagen gemacht oder Vereinbarungen (für Dienstvereinbarungen gilt § 85) getroffen werden.

7 **Nichtöffentlichkeit.** Anders als in § 32 Abs. 1 Hs. 1 für die PR-Sitzungen ist nicht ausdrücklich bestimmt, dass die Vierteljahresgespräche nicht öffentlich sind. Wenn aber die Gespräche dem internen offenen Meinungsaustausch und der Bereinigung von Meinungsverschiedenheiten im Vorfeld des förmlichen Beteiligungsverfahrens (§§ 73 ff.) dienen sollen, sollte der Kreis der Beteiligten nur in Ausnahmefällen über den Dienststellenleiter oder seinen Beauftragten, die PR-Mitglieder, die Schwerbehindertenvertretung und ggf. die Jugend- und Auszubildendenvertretung sowie die Beauftragte für Chancengleichheit hinausgehen. Das LPVG hat deshalb weder den Vertretern der Gewerkschaften und der Arbeitgebervereinigungen, noch den Mitgliedern des GesamtPR oder der Stufenvertretungen ein Teilnahmerecht eingeräumt. Dies schließt aber nicht aus, dass zu den Besprechungen **im gegenseitigen Einvernehmen** diese Personen oder **Dritte,** etwa als Referenten oder Sachverständige, oder Mitarbeiter des Dienststellenleiters **zugezogen werden können**; ihre Teilnahme ist allerdings ausgeschlossen, wenn nur einer der Teilnahmeberechtigten widerspricht (BVerwG, 5.8.1983 – 6 P 11/81 – PersV 1985, 71 = PersR 1984, 31).

8 **2. Gesprächsgegenstand.** Die Besprechungen sind **nicht auf die der förmlichen Mitbestimmung, Mitwirkung oder Anhörung des PR unterliegenden Angelegenheiten** (s. §§ 74, 75, 81 und 87) **beschränkt.** Auch die Gestaltung des Dienstbetriebs soll behandelt werden, insb. alle Vorgänge, die die Beschäftigten wesentlich berühren. Die Gespräche können das gesamte dem PR nach dem LPVG zukommende Aufgabenspektrum umfassen, von den allg. bis hin zu den beteiligungspflichtigen Angelegenheiten, insb. auch die in § 70 Abs. 1 aufgeführten Aufgaben. Es muss sich aber um Angelegenheiten handeln, die die Dienststelle und die Beschäftigten betreffen, Angelegenheiten, die **außerhalb der Zuständigkeit der Dienststelle** liegen, können nicht Gesprächsgegenstand sein. Nach dem durch das ÄG 2013 neu eingefügten Satz 4 soll der PR bei den Besprechungen auch mind. zweimal im Jahr durch die Dienststelle über deren wirtschaftlichen Angelegenheiten unterrichtet werden (s. Rn. 10).

9 **3. Verhältnis zu § 72.** Gibt es in der Dienststelle einen Wirtschaftsausschuss nach § 72, können sich der Dienststellenleiter und der PR darauf verständigen,

zweimal im Jahr von den gemeinschaftlichen Besprechungen abzusehen, unter der Voraussetzung, dass wirtschaftliche Angelegenheiten bereits im Wirtschaftsausschuss ausreichend behandelt worden sind. Da dem Wirtschaftsausschuss fachkundige Mitglieder der Dienststelle angehören (§ 72 Abs. 4 Satz 3), können die wirtschaftlichen Angelegenheiten der Dienststelle dort intensiver behandelt werden. Für eine ausreichende Information des PR ist gesorgt, da dem Wirtschaftsausschuss zwingend mind. ein Mitglied des PR angehören muss (§ 72 Abs. 4 Satz 1).

4. Informationspflicht über wirtschaftliche Angelegenheiten. Gibt es in der Dienststelle keinen Wirtschaftsausschuss nach § 72, soll die Dienststelle den PR in den gemeinschaftlichen Besprechungen mind. zweimal im Jahr über die von einem Wirtschaftsausschuss zu behandelnden Angelegenheiten unterrichten. Dies hat zeitnah und umfassend zu erfolgen und der PR hat auch Anspruch auf Vorlage von Unterlagen. Die wirtschaftlichen Angelegenheiten sind beispielhaft in § 72 Abs. 3 aufgezählt. Auf die Kommentierung zu § 72 Abs. 3 wird verwiesen. In Dienststellen ohne wirtschaftliche Ausprägung kann die zweimalige jährliche Unterrichtung des PR sinnvoller sein als die Bildung eines Wirtschaftsausschusses. 10

5. Einigungswille. Satz 5 stellt eine Richtschnur dar, die nicht nur für die Vierteljahresgespräche, sondern für die Behandlung aller strittigen Fragen, insb. auch im Verfahren nach §§ 76 ff., 82 ff. und nach § 86 von Bedeutung ist. Bevor eine der förmlichen Mitbestimmung oder Mitwirkung des PR unterliegende Angelegenheit an die nächsthöhere Dienststelle, bei der eine Stufenvertretung besteht, oder an die Einigungsstelle herangetragen wird, haben Dienststelle und PR mit dem ernsten Willen zur Einigung zu verhandeln. Dies erfordert insb. eine offene Darlegung der gegenseitigen Standpunkte und ein verständnisvolles Eingehen auf sie. Weder vom Dienststellenleiter noch vom PR kann jedoch verlangt werden, dass sie ihre auch nach Abwägung der Argumente der Gegenseite für richtig gehaltene Auffassung aufgeben. Eine Kompromisspflicht ergibt sich aus Satz 5 weder für den Dienststellenleiter noch für den PR. Der gesetzlich geforderte Wille zur Einigung darf auch nicht dazu führen, einer erkennbar rechtswidrigen Forderung des Verhandlungspartners nachzugeben. 11

6. Teilnehmer. Satz 6 regelt **abschließend** den **Teilnehmerkreis** der Vierteljahresgespräche. Das Vierteljahresgespräch wird zwischen dem Dienststellenleiter (oder seinem Beauftragten) und **allen PR-Mitgliedern**, nicht nur dem PR-Vorsitzenden oder dem PR-Vorstand, geführt. Stets hinzugezogen werden muss die Schwerbehindertenvertretung, der eine beratende Stimme eingeräumt ist. Dagegen muss die Jugend- und Auszubildendenvertretung nur beigezogen werden, wenn Angelegenheiten behandelt werden, die **besonders** Beschäftigte i. S. v. § 59 betreffen, d. h. Personen, die das 18. Lebensjahr noch nicht vollendet haben oder sich in einer beruflichen Ausbildung befinden. Die Beauftragte für Chancengleichheit muss nur beigezogen werden, wenn Angelegenheiten behandelt werden, die besonders die Gleichstellung von Frauen und Männern betreffen. In beiden Fällen besteht dann ein Teilnahmerecht mit beratender Stimme. 12

II. Verhaltenspflichten

13 **1. Beeinträchtigungsverbot.** Verboten sind vorsätzliche und fahrlässige Handlungen, die geeignet sind, den Frieden in der Dienststelle zu stören. Der **Arbeitsfrieden** kann z. B. auch durch ausfallende Kritik an der Dienststelle oder **parteipolitische Agitation** in Flugschriften etc. oder durch die Aufforderung, das Gesetz nicht zu beachten, gestört werden (BVerwG, 27.11.1981 – 6 P 38/79 – PersV 1983, 408; BVerwG, 19.9.1984 – 1 D 38/84 – PersV 1985, 112).

14 **2. Friedenspflicht.** Maßnahmen des **Arbeitskampfs** sind hauptsächlich Streik und Aussperrung; dazu gehören aber auch Bummelstreik, Dienst nach Vorschrift o. Ä. Das Verbot betrifft nur die Dienststelle und die Personalvertretung als Organ. Der PR als solcher darf auch einen legalen Streik nicht unterstützen, z. B. dadurch, dass er zur Streikbeteiligung aufruft; der Dienstherr darf nicht den „PR" als solchen aussperren. Das einzelne Mitglied des PR und der Dienststellenleiter können jedoch als Arbeitnehmer (Beamten steht kein Streikrecht zu) an einem von der Gewerkschaft ausgerufenen Streik teilnehmen. Sie sind aber zur absoluten Zurückhaltung verpflichtet und dürfen die Autorität ihres Amtes nicht ausnutzen (BVerwG, 23.2.1994 – 1 D 48/92 – juris).

15 **3. Arbeitskämpfe.** Arbeitskämpfe tariffähiger Parteien werden durch das LPVG nicht berührt. Gehört eine öffentliche Verwaltung einer tariffähigen Vereinigung an, kann der Dienststellenleiter auf Weisung Maßnahmen des Arbeitskampfes durchführen; PR-Mitglieder können durch ihre Gewerkschaft aufgefordert werden, sich an Maßnahmen des Arbeitskampfes zu beteiligen.

III. Anrufung außenstehender Stellen

16 **Interner Einigungsversuch.** Bei sofortiger **Anrufung außenstehender Stellen** wäre die nach § 2 Abs. 1 vorgeschriebene vertrauensvolle Zusammenarbeit gefährdet. Anrufung bedeutet die Einschaltung mit dem Ziel einer Vermittlung, Einflussnahme oder Entscheidung.

17 **Außenstehende Stellen.** Außenstehend ist eine Stelle nur dann, wenn ihr nach dem Gesetz die Kompetenz zugewiesen ist, im Nichteinigungsfalle Streitigkeiten zwischen Dienststelle und Personalvertretung beizulegen, **nicht** also Einrichtungen, denen lediglich **Beratungsfunktion** zukommt, über deren Zuhilfenahme die Personalvertretung selbst entscheidet (s. Abs. 1, Rn. 7).

18 **Übergeordnete Dienststellen, Einigungsstellen.** Außenstehende Stellen sind danach übergeordnete Dienststellen, die bei ihr gebildeten Personalvertretungen und die **Einigungsstellen.**

19 **Gerichte.** Grundsätzlich gehören auch die Gerichte zu den außenstehenden Stellen. Es ist deshalb nicht ausgeschlossen, dass das Verwaltungsgericht einen Antrag nach § 92 wegen fehlenden Rechtsschutzbedürfnisses zurückweist, wenn es zu der Auffassung gelangt, dass die den Antrag stellende Stelle zuvor nicht alles unternommen hat um eine Einigung zu erzielen.

Zulässige Kontakte. Keine außenstehenden Stellen sind u. a. die **Gewerkschaften** und **Arbeitgebervereinigungen** und der **Landesbeauftragte für den Datenschutz.** Werden z. B. bei Gewerkschaften Sach- und Rechtsauskünfte eingeholt, liegt darin kein Verstoß gegen Abs. 3. Auch das **Parlament** und der **Petitionsausschuss** gehören nicht zu den außenstehenden Stellen (Ilbertz-Widmaier § 66 Rn. 18). Ein Petitionsrecht nach Art. 17 GG steht aber weder der Dienststelle noch dem PR zu. Zur Einschaltung der **Presse** siehe § 7 Rn. 11. 20

Verpflichteter Personenkreis. Abs. 3 gilt nur für die Dienststelle, deren Leiter, den PR und seine Mitglieder, nicht aber für sonstige Beschäftigte. Diese können insb. grundsätzlich gerichtlichen Rechtsschutz in Anspruch nehmen ohne einer vorherigen Einigungspflicht zu unterliegen. 21

§ 69 Allgemeine Grundsätze für die Behandlung der Beschäftigten

(1) [1]Dienststelle und Personalvertretung haben darüber zu wachen, dass alle Angehörigen der Dienststelle nach Recht und Billigkeit behandelt werden, insbesondere, dass jede Benachteiligung von Personen aus rassistischen Gründen oder wegen ihrer ethnischen Herkunft, ihrer Abstammung oder sonstigen Herkunft, ihrer Nationalität, ihrer Religion oder Weltanschauung, ihrer Behinderung, ihres Alters, ihrer politischen oder gewerkschaftlichen Betätigung oder Einstellung oder wegen ihres Geschlechts oder ihrer sexuellen Identität unterbleibt. [2]Dabei müssen sie sich so verhalten, dass das Vertrauen der Beschäftigten in die Objektivität und Neutralität ihrer Amtsführung nicht beeinträchtigt wird. [3]Der Leiter der Dienststelle und die Personalvertretung haben jede parteipolitische Betätigung in der Dienststelle zu unterlassen; die Behandlung von Tarif-, Besoldungs- und Sozialangelegenheiten wird hierdurch nicht berührt.

(2) Soweit sich Beschäftigte, die Aufgaben nach diesem Gesetz wahrnehmen, auch in der Dienststelle für ihre Gewerkschaft betätigen, gilt Absatz 1 Satz 2 und 3 entsprechend.

(3) Die Personalvertretung hat sich für die Wahrung der Vereinigungsfreiheit der Beschäftigten einzusetzen.

Vorbemerkung. Die Vorschrift **legt** dem Dienststellenleiter wie auch dem PR **Verpflichtungen auf,** die eine gedeihliche Entwicklung der persönlichen und dienstlichen Verhältnisse in der Dienststelle gewährleisten sollen. § 69 gilt für den PR, den GesamtPR (§ 91 Abs. 8), die Stufenvertretungen (s. §§ 77 und 91) und den AusbildungsPR (§ 58). Hinsichtlich der Jugend- und Auszubildendenvertretung (§ 59) gilt Folgendes: obwohl § 64 Satz 1 nur die entspr. Anwendung des § 69 Abs. 1 Satz 3 bestimmt, ist davon auszugehen, dass der gesamte § 69 nach seinem Sinngehalt zur Anwendung kommt. 1

I. Überwachungsverpflichtung und Verhaltenspflichten

1. Wächterstellung. Abs. 1 Satz 1 überträgt der **Dienststelle** und dem **PR** die Pflicht darüber zu wachen, dass **alle Angehörigen der Dienststelle gerecht behandelt werden.** Zu den Angehörigen gehören neben den Beschäftigten nach 2

§ 4 alle Personen, die in der Dienststelle für sie tätig sind, ohne Rücksicht auf ihren Rechtsstatus. Es ist Pflicht sowohl des Dienststellenleiters als auch des PR, bei Verstößen gegen die in Satz 1 genannten Grundsätze die erforderlichen Schritte zu ergreifen. Für den PR hat die Vorschrift nicht nur im Rahmen der förmlichen Beteiligung an Maßnahmen der Dienststelle Bedeutung. Auch soweit der PR an Maßnahmen personeller oder sozialer Art nicht förmlich beteiligt wird, hat er die Pflicht, Einwendungen zu erheben, wenn Beschäftigte aus den in Satz 1 genannten Gründen bevorzugt oder benachteiligt werden. Hat er mit seinen Einwendungen keinen Erfolg, hat er sogar die Pflicht, die Sache weiter zu verfolgen, z. B. durch einen Bericht an die vorgesetzte Dienststelle.

3 **Gegenstand.** Durch das Dienstrechtsreformgesetz vom 9.11.2010 ist Abs. 1 Satz 1 an § 1 des Allgemeinen Gleichbehandlungsgesetzes vom 14.8.2006 angepasst worden. Das bisherige Verbot der unterschiedlichen Behandlung ist durch den nunmehr verwendeten Begriff der Benachteiligung noch verdeutlicht worden. Die beispielhafte Aufzählung von unzulässigen Unterscheidungsmerkmalen ist um die Merkmale rassistische Benachteiligung, ethnische Herkunft, Weltanschauung, Behinderung, Alter und sexuelle Identität ergänzt worden. Die **Aufzählung** ist aber nach wie vor nur **beispielhaft** („insbesondere"), auch wenn der Gesetzgeber sich bemüht hat, möglichst viele Merkmale für eine mögliche Benachteiligung aufzuzählen.

4 **Recht und Billigkeit.** Die Behandlung „nach Recht und Billigkeit" verlangt nicht nur ein streng rechtmäßiges Vorgehen, sondern auch ein grundsätzlich wohlwollendes Verhalten ggü. den Beschäftigten. Insbesondere die Beachtung der Fürsorgepflicht ggü. Beamten (s. § 45 BeamtStG) und ggü. Arbeitnehmern ist hiervon erfasst.

5 **Differenzierungsverbot.** Die in der Vorschrift genannten Merkmale dürfen nicht als Anknüpfungspunkt für eine unterschiedliche Behandlung herangezogen werden. Das gilt auch dann, wenn ein bestimmtes Verhalten des Dienstherrn nicht auf eine verbotene Ungleichbehandlung angelegt ist, sondern in erster Linie andere Ziele verfolgt (BVerfG, 8.4.1987 – 1 BvL 8/84 – juris). Dabei kommt auch dem Verbot der **mittelbaren Benachteiligung** besondere Bedeutung zu. Eine unzulässige mittelbare Benachteiligung liegt i. d. R. vor, wenn zum Nachteil von Teilzeitbeschäftigten differenziert wird, da der ganz überwiegende Teil der Teilzeitbeschäftigten aus Frauen besteht.

6 **Ausnahmen vom Differenzierungsverbot.** Das Benachteiligungsverbot ist nicht verletzt, wenn eine unterschiedliche Behandlung der Sache nach geboten ist. So ist eine Gleichbehandlung von Frau und Mann zwingend, wenn wirkliche Gleichartigkeit besteht. Nach dem Geschlecht differenzierende Regelungen sind nur ausnahmsweise zulässig, wenn sie zur Lösung von Problemen, die ihrer Natur nach nur entweder bei Männern oder bei Frauen auftreten können, zwingend erforderlich sind (BVerfG, 28.1.1992 – 1 BvR 1025/82 – PersR 92, 166: das Nachtarbeitsverbot für Frauen ist nicht gerechtfertigt). Das Gleiche gilt, wenn besondere Rücksichtnahmen, z. B. ggü. Angehörigen von Glaubensgemeinschaften, geboten sind.

2. Objektivität und Neutralität. Die Vorschrift stellt nochmals ausdrücklich die Objektivitäts- und Neutralitätspflicht von Dienststelle und PR bei der Wahrnehmung der in Abs. 1 Satz 1 genannten Aufgaben heraus. Diese gilt auch für die Tätigkeit innerhalb des PR. 7

3. Parteipolitische Betätigung. Das Verbot der parteipolitischen Betätigung gilt für den Dienststellenleiter und den PR wie auch für die einzelnen PR-Mitglieder. Es dient der Wahrung des Friedens in der Dienststelle und der Erhaltung des Vertrauens der Beschäftigten in die Neutralität und Objektivität des Dienststellenleiters und des PR und verstößt nicht gegen das GG (BVerfG, 28.4.1976 – 1 BvR 71/73 – juris). 8

Verbotsinhalt. Unter das Verbot fällt jede parteipolitische Betätigung, sei es für eine bestimmte Partei oder für eine politische Richtung oder Gruppierung, die sich nicht (oder noch nicht) als Partei organisiert hat. Verboten ist insb. die **Werbung für eine Partei** und deren Programm in jeder Form, z. B. durch Flugblätter, Plakate, Informationsmaterial, Broschüren, die Herbeiführung von **Resolutionen** und **Unterschriftensammlungen** für bestimmte politische Ziele, Unterzeichnung von **Wahlaufrufen** für bestimmte Parteien oder Wahlbewerber, das Sammeln von Spenden für eine Partei. 9

Grundrechte. Die Dienststelle ist kein grundrechtsfreier Raum. Nicht verboten ist deshalb die schlichte politische oder sonstige Meinungsäußerung des Dienststellenleiters und der PR-Mitglieder, wenn damit nicht eine politische Agitation oder Propaganda verbunden ist. 10

Außerdienstliches Verhalten. Das Verbot der parteipolitischen Betätigung ist (trotz der Formulierung „in der Dienststelle") **räumlich nicht auf die Dienststelle beschränkt**, sondern umfasst auch jede parteipolitische Tätigkeit im Zusammenhang mit der oder unter Hinweis auf die Stellung als Dienststellenleiter oder PR-Mitglied. Außerhalb dieses Zusammenhangs ist die parteipolitische Betätigung des Dienststellenleiters und der PR-Mitglieder, nicht aber des PR als solchen, zulässig. 11

II. Gewerkschaftliche Betätigung

Gewerkschaftliche Betätigung in der Dienststelle. Nach Abs. 2 gelten das Gebot der Objektivität und der Neutralität (Abs. 1 Satz 2) und das Verbot der parteipolitischen Betätigung (Abs. 1 Satz 3) auch für die gewerkschaftliche Betätigung in der Dienststelle. Gewerkschaftlich organisierte PR-Mitglieder dürfen zwar Mitglieder für ihre Gewerkschaft werben, die **Werbung** muss sich jedoch auf die Dauer eines normalen Gesprächs während der Arbeitszeit beschränken (BVerfG, 14.11.1995 – 1 BvR 601/92 – PersR 1996, 131). Eine Werbung ist jedenfalls unzulässig, wenn sie nachhaltig und unter Druck auf den Umworbenen betrieben wird, auch die Verwendung des Briefkopfs des PR in einem Werbebrief für eine Gewerkschaft ist unzulässig (BVerwG, 22.8.1991 – 6 P 10/90 – PersV 1992, 158 = PersR 1991, 417). 12

III. Vereinigungsfreiheit

13 **Einsatz für Vereinigungsfreiheit.** Der PR und seine Mitglieder dürfen nicht nur selbst keinerlei Druck auf die Beschäftigten zu Gunsten oder Ungunsten bestimmter Gewerkschaften oder Berufsverbände ausüben, sondern müssen allen derartigen Bestrebungen entgegentreten, mögen sie von Beschäftigten der Dienststelle oder von außenstehenden Personen oder Organisationen ausgehen (vgl. Art. 9 Abs. 3 Satz 2 GG). Zur Vereinigungsfreiheit gehört auch die Freiheit, sich keiner Vereinigung anzuschließen (negative Koalitionsfreiheit).

14 **Rechtsfolgen.** Grobe Verstöße des PR oder einzelner Mitglieder gegen § 69 können zu Maßnahmen nach § 24 führen (BVerwG, 22.8.1991 – 6 P 10/90 – PersV 1992, 158 = PersR 1991, 417).

§ 70 Allgemeine Aufgaben der Personalvertretung

(1) Die Personalvertretung hat folgende allgemeine Aufgaben:

1. **Maßnahmen zu beantragen, die der Dienststelle und ihren Angehörigen oder im Rahmen der Aufgabenerledigung der Dienststelle der Förderung des Gemeinwohls dienen,**
2. **darüber zu wachen, daß die zugunsten der Beschäftigten geltenden Gesetze, Verordnungen, Tarifverträge, Dienstvereinbarungen, Verwaltungsanordnungen, Unfallverhütungsvorschriften und sonstigen Arbeitsschutzvorschriften durchgeführt werden und Anforderungen an die Barrierefreiheit nachgekommen wird,**
3. **auf die Verhütung von Unfall- und Gesundheitsgefahren zu achten, die für den Arbeitsschutz zuständigen Behörden, die Träger der gesetzlichen Unfallversicherung und die übrigen in Betracht kommenden Stellen durch Anregungen, Beratung und Auskunft bei der Bekämpfung von Unfall- und Gesundheitsgefahren zu unterstützen und sich für den Arbeitsschutz einzusetzen,**
4. **Anregungen und Beschwerden von Beschäftigten und der Jugend- und Auszubildendenvertretung entgegenzunehmen und, falls sie berechtigt erscheinen, durch Verhandlung mit dem Leiter der Dienststelle auf ihre Erledigung hinzuwirken; der Personalrat hat die betroffenen Beteiligten über das Ergebnis der Verhandlungen zu unterrichten,**
5. **im Zusammenwirken mit der Schwerbehindertenvertretung die Eingliederung und berufliche Entwicklung schwerbehinderter Beschäftigter und sonstiger Hilfsbedürftiger, insbesondere älterer Personen, in die Dienststelle zu fördern und für eine ihren Fähigkeiten und Kenntnissen entsprechende Beschäftigung zu sorgen,**
6. **an der Weiterentwicklung der interkulturellen Kompetenz der Verwaltung mitzuwirken und die Eingliederung von Beschäftigten mit Migrationshintergrund in die Dienststelle sowie das Verständnis zwischen Beschäftigten unterschiedlicher Herkunft zu fördern,**
7. **mit der Jugend- und Auszubildendenvertretung zur Förderung der Belange der Beschäftigten im Sinne von § 59 eng zusammenzuarbeiten,**
8. **Einrichtungen und Angebote der Dienststelle zur Kinderbetreuung anzuregen und vorzuschlagen,**
9. **Wahrung der Interessen der Beschäftigten in Telearbeit sowie auf einem sonstigen Arbeitsplatz außerhalb der Dienststelle,**

10. Maßnahmen zu beantragen, die der Gleichstellung von Frauen und Männern dienen,
11. Maßnahmen zu beantragen, die dem Umweltschutz, dem Klimaschutz oder der sorgsamen Energienutzung in der Dienststelle dienen.

(2) [1]Reicht die Personalvertretung schriftlich Anträge oder Vorschläge nach Absatz 1 ein, soll der Leiter der Dienststelle innerhalb von drei Wochen schriftlich Stellung nehmen oder, wenn die Einhaltung der Frist nicht möglich ist, einen schriftlichen Zwischenbescheid erteilen. [2]Die Ablehnung schriftlicher Anträge und Vorschläge hat der Leiter der Dienststelle schriftlich zu begründen.

I. Allgemeine Aufgaben

Allgemeines. Die Vorschrift nennt zur weiteren Konkretisierung des Grundsatzes der vertrauensvollen Zusammenarbeit von Dienststelle und PR (§ 2 Abs. 1) allg. Aufgaben des PR, die **selbstständig neben und unabhängig von den speziellen Zuständigkeiten** und Rechten des PR im Rahmen der der förmlichen Mitbestimmung, Mitwirkung und Anhörung unterliegenden Angelegenheiten (s. §§ 74, 75, 81 und 87) bestehen. Die Vorschrift gilt auch für die Stufenvertretungen (§§ 77 und 91), den GesamtPR (§ 91 Abs. 8) und den AusbildungsPR (§ 58). Die Aufgaben der Jugend- und Auszubildendenvertretung (§ 59) sind in § 63 gesondert geregelt. 1

Nr. 1. Gemeinwohlförderung. Nr. 1 wurde durch das ÄG 2013 (damals: § 68) ausgeweitet auf alle Maßnahmen, die der Dienststelle und ihren Angehörigen oder im Rahmen der Aufgabenerledigung der Dienststelle der Förderung des Gemeinwohls dienen. Dies gilt jedoch nur, soweit die Beschäftigten ihrerseits im Rahmen der Erfüllung ihrer Aufgaben auf die Förderung des Gemeinwohls zu achten haben. Es bleibt auch dabei, dass der PR keinen Auftrag zur **Gemeinwohlförderung**, sondern nur die Belange der Beschäftigten zu vertreten hat. 2

Allgemeines Initiativrecht. Aufgrund des allg. (formlosen) Initiativrechts (zum speziellen Initiativrecht s. § 84) kann der PR selbst Maßnahmen vorschlagen und für die Angehörigen der Dienststelle eintreten. In Betracht kommen etwa Arbeitsschutzmaßnahmen (s. a. Nr. 3), innerer Geschäftsbetrieb (jedoch nur, soweit die innerdienstlichen, sozialen oder persönlichen Belange der Beschäftigten unmittelbar berührt sind), Ausstattung der Dienststelle mit Arbeitsgeräten, Einrichtung von Werkküchen, Einrichtung von Parkplätzen für Fahrzeuge der Beschäftigten, aber auch Maßnahmen zur Förderung einzelner Beschäftigter (Fortbildung, Qualifizierung, Beförderung). 3

Innerdienstliche Belange. Zur Zuständigkeit des PR gehören nur innerdienstliche Belange, die in der Dienststelle geregelt werden können. Hierzu gehören nicht allg. Fragen, die durch Gesetz (z. B. Beamtenbesoldung im LBesG) oder Verordnung (z. B. allg. Urlaubsbestimmungen in der Arbeitszeit- und Urlaubsverordnung) geregelt sind. Soweit Rechtsvorschriften bestimmte Maßnahmen abschließend regeln, insb. etwa finanzielle Leistungen an Beschäftigte, kann der PR keine weitergehenden Forderungen erheben. 4

5 **Entscheidungsbefugnis der Dienststelle.** Da sich die Zuständigkeit des PR grundsätzlich auf diejenigen Angelegenheiten der Dienststelle beschränkt, in denen der Dienststellenleiter die Entscheidungsbefugnis hat (vgl. BVerwG, 13.12.1974 – VII P 4/73 – PersV 1975, 178), kann der PR Anregungen, Anträge und Vorschläge **nur an die Dienststelle** richten. Ist die übergeordnete Dienststelle zuständig, hat der Dienststellenleiter den Antrag an diese weiterzuleiten. Der PR seinerseits kann bei der zuständigen Stufenvertretung anregen, diese möge bei der zuständigen Dienststelle entspr. Anträge stellen. Der Dienststellenleiter entscheidet nach pflichtgemäßem Ermessen, ob und inwieweit er den Anregungen, Anträgen und Vorschlägen des PR entsprechen will.

6 **Antragsrecht.** Das Antragsrecht gibt dem PR die Möglichkeit, auch in Angelegenheiten initiativ zu werden, die **keiner förmlichen Beteiligung** unterliegen. Bei diesen allg. Aufgaben hat der PR eine Initiative zu entwickeln. Er hat nach pflichtgemäßem Ermessen zu entscheiden, ob und welche Maßnahmen er ergreift. Über die Antragstellung ist vom PR zu beschließen (a. A. Lorenzen u. a. § 68 Rn. 13). Ein besonderes **Verfahren** ist nicht vorgeschrieben. Für den Antrag ist auch keine bestimmte **Form** vorgeschrieben. Er kann **jederzeit mündlich oder schriftlich** ggü. der Dienststelle vorgebracht werden. Die Anregungen, Anträge und Vorschläge des PR können auch Gegenstand der Besprechungen nach § 68 Abs. 1 sein.

7 **Nichteinigung.** Erzielen der Dienststellenleiter und der PR kein Einvernehmen, so ist das Recht nach Nr. 1 ausgeschöpft; der PR hat keine gesetzliche Handhabe, um sein Anliegen auf der übergeordneten Verwaltungsebene durchsetzen zu können (vgl. BVerwG, 20.1.1993 – 6 P 21/90 – PersV 1994, 219). Gem. Abs. 2 ist die Dienststelle jedoch verpflichtet, auf schriftliche Anträge des PR zeitnah zu reagieren und diesem eine anderweitige Auffassung schriftlich darzulegen.

8 **Nr. 2. Überwachung.** Die Vorschrift legt ein **Überwachungsrecht und eine Überwachungspflicht des PR** fest. Sie ergänzt insoweit § 69 Abs. 1 Satz 1. Zur Ausübung dieses Überwachungsrechts hat die Dienststelle für einen möglichst umfassenden Kenntnisstand des PR zu sorgen. Für die Wahrnehmung des Überwachungsauftrags gibt es keine Formvorschriften.

9 **Umfang.** Das Überwachungsrecht umfasst **alle** die Dienststelle bindenden **Vorschriften.** Hierzu gehören sämtliche einschlägigen, allgemein verbindlichen Gesetze und Verordnungen, z. B. über Arbeitsschutz, Arbeitszeit, Jugendschutz und Schwerbehinderte, aber auch verwaltungsinterne Anordnungen, Dienstvereinbarungen und Tarifverträge. Hinzuweisen ist insb. auf die sich aus dem Teilzeit- und Befristungsgesetz vom 21.12.2000, BGBl. I S. 1966, zul. geänd. durch Art. 23 des Gesetzes vom 20.12.2011, BGBl. I S. 2854, ergebenden Überwachungsaufgaben und Informationsrechte; siehe dazu auch Kröll, PersR 2001, 179. Auch das Allgemeine Gleichbehandlungsgesetz vom 14.8.2006, zul. geänd. durch Art. 8 des Gesetzes vom 3.4.2013, BGBl. I S. 610, gibt dem PR eine Reihe zusätzlicher Überwachungsrechte und -pflichten. Nach dem ÄG 2013 ist der PR nunmehr auch verpflichtet, darüber zu wachen, dass den Anforderungen an die Barrierefreiheit nachgekommen wird. Alle baulichen Anla-

gen, Systeme (auch Computersysteme) und Gebrauchsgegenstände sind so zu gestalten, dass sie von allen Beschäftigten genutzt werden können, auch von schwerbehinderten Beschäftigten.

Keine allgemeine Aufsichtsbefugnis. Durch das Überwachungsrecht wird der PR nicht zu einem Kontrollorgan über die Verwaltung, welches der Rechts- und Fachaufsicht nebengeordnet ist. Dem PR kommt nicht die Aufgabe zu, die Aufgabenerfüllung und den inneren Betrieb der Dienststelle allgemein und unabhängig von ihm zugewiesenen Aufgaben zu überwachen. Deshalb reicht der Hinweis auf allg. Überwachungsaufgaben zur Begründung eines **Informationsanspruchs** nicht aus, dem Informationsverlangen muss vielmehr ein konkreter Bezug zu einer vom PR zu erfüllenden bestimmten Aufgabe zugrunde liegen (BVerwG, 29.8.1990 – 6 P 30/87 – PersV 1991, 78 = PersR 1990, 301). 10
Die Wahrnehmung des Überwachungsauftrags setzt deshalb in aller Regel voraus, dass **Anhaltspunkte für Verstöße** oder Unbilligkeiten erkennbar sind. Dies gilt allerdings nicht in Bereichen, in denen der **vorbeugenden Überwachung** (z. B. Arbeitsplatzsicherheit) eine besondere Bedeutung zukommt, da die Überwachungsaufgabe einen breiten, über die Konfliktfälle hinausgehenden Kenntnisstand erforderlich macht. Auch die **Einsichtnahme von Bruttolohn- und -gehaltslisten** darf nicht davon abhängig gemacht werden, dass die Besorgnis einer Rechtsverletzung besteht, ebenso die Unterrichtung über die Gewährung von **Leistungszulagen** und deren Empfänger (BVerwG, 22.12.1993 – 6 P 15/92 – PersV 1994, 523 = PersR 1994, 78).

Rechtsverfolgung. Aus der allg. Überwachungsaufgabe in Nr. 2 erwächst dem PR nicht das Recht, Meinungsverschiedenheiten über die Auslegung und Handhabung der „zugunsten der Beschäftigten" geltenden Normen gerichtlich überprüfen zu lassen. Seine Befugnisse enden dort, wo individuelle Rechte berührt sind, die der Beschäftigte selbst in Anspruch nehmen oder verteidigen kann. 11

Nr. 3. Arbeitsschutz. Nr. 3 verpflichtet den PR nicht nur, sich in der Dienststelle für den Arbeitsschutz und die Unfallverhütung einzusetzen, sondern darüber hinaus auch, sich mit den Einrichtungen, die außerhalb der Dienststelle für diese Maßnahmen zuständig sind, Kontakt aufzunehmen. Der PR hat nicht nur das Recht, sondern auch die Pflicht, von sich aus tätig zu werden; es ist ein Mitwirkungsrecht besonderer Art. Der PR hat seine Anregungen und Vorschläge zur Abstellung bestehender Mängel an den Dienststellenleiter heranzutragen (mündlich, zweckmäßigerweise aber schriftlich). Erst wenn mit dem Dienststellenleiter eine Einigung nicht erzielt wird, darf sich der PR an die für den Arbeitsschutz zuständigen Stellen (z. B. Regierungspräsidium, LRA, Berufsgenossenschaften, Baubehörden) sowie an die nächsthöhere Dienststelle oder an die Aufsichtsbehörde wenden (s. § 68 Abs. 3). Die Dienststelle und die für den Arbeitsschutz zuständigen Stellen haben ihrerseits eine Informationspflicht ggü. dem PR, s. § 71 Abs. 7. 12

Arbeitsschutz/Gesundheitsgefahren. Durch Maßnahmen des Arbeitsschutzes sollen Unfälle bei der Arbeit und arbeitsbedingte Gesundheitsgefahren verhütet und die Arbeit menschengerecht gestaltet werden (s. § 2 Abs. 1 ArbSchG). Zur 13

Verhütung von arbeitsbedingten Gesundheitsgefahren gehört insb. auch der vorbeugende Schutz vor schweren ansteckenden Krankheiten.

14 **Arbeitsschutzvorschriften.** Hierzu zählen insbesondere:

a) § 77 LBG, der auf § 18 Arbeitsschutzgesetz vom 7.8.1996 (BGBl. I S. 1246), zul. geänd. am 19.10.2013 (BGBl. I S. 3836) und die dazu ergangenen Verordnungen verweist; ggü. Arbeitnehmern bestehen die gleichen Fürsorgepflichten gem. § 618 BGB;
b) Arbeitszeit- und Urlaubsverordnung vom 29.11.2005 (GBl. S. 716), zul. geänd. am 26.11.2013 (GBl. S. 363); für Arbeitnehmer das Arbeitszeitgesetz vom 6.6.1994 (BGBl. I S. 1170), zul. geänd. durch Gesetz vom 20.4.2013 (BGBl. I S. 868);
c) Jugendarbeitsschutzgesetz vom 12.4.1976 (BGBl. I S. 965), zul. geänd. durch Gesetz vom 20.1.2015 (BGBl. I S. 10) und die aufgrund dieses Gesetzes erlassenen Verordnungen über den Arbeitsschutz für jugendliche Beamte, s. § 49 Abs. 2 Arbeitszeit- und Urlaubsverordnung vom 29.11.2005 (GBl. S. 716), zul. geänd. am 26.11.2013 (GBl. S. 363);
d) Mutterschutzgesetz i. d. F. der Bek. vom 20.6.2002 (BGBl. I S. 2318), zul. geänd. am 23.10.2012 (BGBl. I S. 2246), das für weibliche Arbeitnehmer gilt, sowie die für Beamtinnen und Richterinnen geltenden Vorschriften der §§ 32 ff. Arbeitszeit- und Urlaubsverordnung vom 29.11.2005 (GBl. S. 716), zul. geänd. am 26.11.2013 (GBl. S. 363);
e) Sozialgesetzbuch IX vom 19.6.2001 (BGBl. I. S. 1046), zul. geänd. am 7.1.2015 (BGBl. 2015 II S. 15);
f) Gesetz über Betriebsärzte, Sicherheitsingenieure und andere Fachkräfte für Arbeitssicherheit vom 12.12.1973 (BGBl. I S. 1885), zul. geänd. am 20.4.2013 (BGBl. I S. 868).

Dazu gehören weiter alle gesetzlichen und tarifvertraglichen Bestimmungen über den technischen Arbeitsschutz, z. B. Unfallverhütungsvorschriften, Vorschriften über den Umgang mit gesundheitsschädlichen oder gefährlichen Stoffen, Strahlenschutzverordnung, Biostoffverordnung.

15 **Nr. 4. Anregungen, Beschwerden Beschäftigter.** Der PR hat auch Anregungen und Beschwerden von Beschäftigten sowie der Jugend- und Auszubildendenvertretung aufzugreifen. Das bedeutet jedoch nicht, dass die Beschäftigten und die Jugend- und Auszubildendenvertretung ihre Anregungen und Beschwerden nur über den PR vorbringen dürfen.

16 **Verfahren.** Jedes PR-Mitglied ist verpflichtet, Anregungen und Beschwerden aufzunehmen und dem PR bekannt zu machen. Über deren Berechtigung ist vom gesamten PR durch Beschluss (§§ 34, 35) zu entscheiden.

17 **Entscheidung.** Eine Entscheidung über die Beschwerde von Beschäftigten oder der Jugend- und Auszubildendenvertretung steht dem PR nicht zu. Diese obliegt vielmehr dem Dienststellenleiter. Der PR hat auch **kein** allgemeines **Schlichtungsrecht.** Der PR ist verpflichtet, die betroffenen Beschäftigten bzw. bei Anregungen und Beschwerden der Jugend- und Auszubildendenvertretung diese über das Verhandlungsergebnis mit der Dienststellenleitung zu unterrichten; im letzteren Fall hat die Jugend- und Auszubildendenvertretung die betrof-

fenen Beschäftigten i. S. v. § 59 zu informieren. Da die Zuständigkeit des PR über eine Verhandlung mit der Dienststelle nicht hinausgeht, können die Beschwerden auch nicht an die Stufenvertretung weitergeleitet werden.

Rechtmäßigkeitskontrolle. Hat ein Beschäftigter Bedenken gegen die Rechtmäßigkeit einer ihm erteilten dienstlichen Weisung, so kann er diese nicht dem PR vortragen, da dieser insoweit nicht zuständig ist. Der Beamte hat den in § 36 Abs. 2 BeamtStG vorgeschriebenen Weg einzuhalten, u. U. kommt auch eine Beschwerde nach § 49 Abs. 1 LBG in Betracht; für Arbeitnehmer vgl. den TVöD und den TV-L. 18

Rechtsberatung. Zur rechtlichen Beratung der Beschäftigten ist der PR nur befugt, soweit dies zur sachgerechten Ausübung seiner gesetzlich übertragenen Handlungsbefugnisse namentlich in konkreten mitbestimmungspflichtigen Angelegenheiten erforderlich ist (BVerwG, 18.8.2003 – 6 P 6/03 – PersR 2003, 498 = PersV 2004, 55). 19

Nr. 5. Schwerbehinderte Beschäftigte. Hinsichtlich der **Eingliederung** Hilfsbedürftiger geht die Vorschrift über die entspr. Bestimmung des BPersVG (§ 68 Abs. 1 Nr. 4) hinaus. Hilfsbedürftige, deren Eingliederung der PR fördern und für deren angemessene Beschäftigung er sorgen soll, sind außer den ausdrücklich erwähnten schwerbehinderten Beschäftigten (§§ 1, 2 SGB IX) und älteren Personen, z. B. Wiedergutmachungsberechtigte, Vertriebene, Flüchtlinge, Umsiedler und anerkannte Asylberechtigte, aber auch Jugendliche, Suchtkranke, längerfristig arbeitslos Gewesene, Schwangere und Alleinerziehende mit minderjährigen Kindern. Die in Nr. 5 dem PR auferlegten Verpflichtungen erstrecken sich vor allem auf die **dienstliche Verwendung** der schutzbedürftigen Personen. Teilweise sind den Dienstherren und Arbeitgebern in den entsprechenden Spezialgesetzen, z. B. im SGB IX, ganz bestimmte konkrete Pflichten auferlegt. 20

Berufliche Förderung. Maßnahmen zur beruflichen Förderung schwerbehinderter Beschäftigter können sowohl **generelle Maßnahmen** wie auch **individuelle Maßnahmen** für den einzelnen schwerbehinderten Beschäftigten sein. Zu deren Beschäftigung s. a. die Gemeinsame Verwaltungsvorschrift aller Ministerien und des Rechnungshofs über die Beschäftigung schwerbehinderter Menschen in der Landesverwaltung vom 27.1.2005 (GABl. S. 324). 21

Maßnahmen. Auf folgende sich aus dem SGB IX ergebende Rechte und Pflichten des PR ist besonders hinzuweisen: 22

- § 80 Abs. 2: Anspruch auf Vorlage einer Kopie der Anzeige der Dienststelle an die Agentur für Arbeit über den Umfang der Beschäftigungspflicht und des Verzeichnisses der schwerbehinderten Beschäftigten;
- § 83: Beteiligungsrechte beim Abschluss der Integrationsvereinbarung;
- § 84: Beteiligungsrechte beim betrieblichen Eingliederungsmanagement;
- § 93: Förderung der Eingliederung schwerbehinderter Beschäftigter und Überwachung der der Dienststelle obliegenden Verpflichtungen nach §§ 71, 72 SGB IX (Beschäftigungspflicht) und §§ 81 bis 84 SGB IX sowie Hinwirken auf die Wahl der Schwerbehindertenvertretung;

– § 99: Enge Zusammenarbeit der Dienststelle und der Interessenvertretungen.

23 **Nr. 6. Beschäftigte mit Migrationshintergrund.** Die Förderung der Eingliederung von Beschäftigten mit Migrationshintergrund in die Dienststelle und des Verständnisses zwischen Beschäftigten unterschiedlicher Herkunft beinhaltet sowohl die Überwindung sprachlicher **Verständigungsschwierigkeiten** als auch die Unterrichtung über **nationalitäts- und herkunftsbedingte Unterschiede** in den Lebensgewohnheiten. Aufgenommen wurde durch das ÄG 2013 deshalb auch die Mitwirkung des PR an der interkulturellen Kompetenz der Verwaltung.

24 **Nr. 7. Zusammenarbeit mit der JAV.** Der PR ist zur engen Zusammenarbeit mit der Jugend- und Auszubildendenvertretung verpflichtet. Auch in Angelegenheiten der Beschäftigten im Sinne von § 59 kann er – sei es aus eigenem Entschluss, sei es auf Veranlassung der Jugend- und Auszubildendenvertretung – initiativ werden. Die Vorschriften über die Beteiligung der Jugend- und Auszubildendenvertretung werden dadurch nicht berührt.

25 **Nr. 8. Kinderbetreuung.** Der PR soll ggü. der Dienststelle initiativ werden, damit im notwendigen Umfang Kinderbetreuungseinrichtungen für die erziehenden Mütter und Väter unter den Beschäftigten verfügbar sind. Die Verpflichtung besteht erst, wenn entspr. Beschäftigungsverhältnisse vorliegen oder in Kürze zu erwarten sind. Kinderbetreuungseinrichtungen sind z. B. Kindertagesstättenplätze, Kindergartenplätze oder entspr. Belegungsrechte, Wickel- oder Stillraum, Kinderhochstuhl für die Kantine. Der PR kann nur dienststellenintern tätig werden, also nicht selbst Verhandlungen mit Dritten über die Vorhaltung entsprechender Kinderbetreuungseinrichtungen führen, es sei denn, er ist ausdrücklich vom Dienststellenleiter damit beauftragt worden.

26 **Nr. 9. Arbeitsplatz außerhalb der Dienststelle.** Der PR hat die Interessen aller Beschäftigte zu wahren, die ihre Arbeit nicht in der Dienststelle verrichten, sondern in Telearbeit oder auf einem sonstigen Arbeitsplatz außerhalb der Dienststelle. **Telearbeitsplätze** sind alle Arbeitsplätze, die datentechnisch mit der Dienststelle verbunden sind. Umfasst werden alle Beschäftigten, Beamte ebenso wie Arbeitnehmer, nicht aber die für die Dienststelle tätigen Selbstständigen oder lediglich arbeitnehmerähnlichen Personen. Im Rahmen der Interessenwahrnehmung soll der PR bei der Dienststelle u. a. darauf hinwirken, dass die Beschäftigten in den hausinternen Informationsdienst eingebunden und an ihrem externen Arbeitsplatz die arbeitsschutzrechtlichen Vorschriften gewahrt sind.

27 **Nr. 10. Gleichstellung von Frauen und Männern.** Die Vorschrift regelt als Spezialvorschrift zu Nr. 1 und § 69 Abs. 1 die Berechtigung und Verpflichtung des PR, die zur Gleichstellung von Frauen und Männern **notwendigen Maßnahmen** bei der Dienststelle zu beantragen. In der Vorschrift kommt die personalvertretungsrechtliche Bedeutung der Gleichstellungsfragen, gleichzeitig aber auch die Stellung des PR ggü. der **Beauftragten für Chancengleichheit** – früher: Frauenvertreterin – (§§ 16 ff. ChancenG) zum Ausdruck. Beide sind Teil der Dienststelle, nehmen die jeweils ihnen übertragenen Aufgaben wahr und stehen mit ihren gesetzlich definierten Aufgabenfeldern eigenständig nebeneinander. Auch der PR

hat im Rahmen der Aufgaben nach Nr. 1 und 10 darauf zu achten, dass die Bestimmungen des ChancenG eingehalten werden (vgl. BVerwG, 20.3.1996 – 6 P 7/94 – PersV 1996, 473 = PersR 1996, 319). Wegen der Aufgaben und Befugnisse der Beauftragten für Chancengleichheit siehe neben den Vorschriften des ChancenG auch § 30 Abs. 3 Satz 2 Nr. 3 (Initiativrecht der Beauftragten für Chancengleichheit) und § 32 Abs. 6 (Teilnahme der Beauftragten für Chancengleichheit an PR-Sitzungen hinsichtlich einzelner Gegenstände der Tagesordnung). Trotz der Eigenständigkeit beider Institutionen ist unter Berücksichtigung der gemeinsamen Ziele eine kooperative Zusammenarbeit anzustreben. Das in § 32 Abs. 6 der Beauftragten für Chancengleichheit eröffnete Teilnahmerecht an PR-Sitzungen sollte in diesem Sinne praktiziert werden. Gem. § 9 Abs. 2 Nr. 5 können die Beauftragte für Chancengleichheit und ihre Stellvertreterin selbst dem PR nicht mehr angehören (siehe Erl. zu § 9).

Beauftragte für Chancengleichheit. Der PR hat das Recht, in Beteiligungsverfahren nicht ohne vorherige Kenntnis der Stellungnahme der Beauftragten für Chancengleichheit zu entscheiden (BVerwG, 20.3.1996 – 6 P 7/94 – PersV 1996, 473 = PersR 1996, 319). Damit sind im Mitbestimmungs- und Mitwirkungsverfahren Vorlagen grundsätzlich zuerst der Beauftragten für Chancengleichheit und erst danach dem PR vorzulegen. § 4 Abs. 6 Satz 2 ChancenG stellt dazu nunmehr klarstellend fest, dass die Beteiligung der Beauftragten für Chancengleichheit vor Beteiligung der Personalvertretung erfolgen soll. Nach der Gesetzesbegründung in LT-Drucksache 13/4483 ist in begründeten Ausnahmefällen, etwa bei besonderer Dringlichkeit der Maßnahme, eine zeitgleiche Beteiligung der Beauftragten für Chancengleichheit und der Personalvertretung zulässig. 28

Maßnahmen. Maßnahmen nach Nr. 10 sind bspw. besonders auf die Bedürfnisse von Frauen ausgerichtete Fortbildungsveranstaltungen, Zulassung zu Fortbildungsveranstaltungen und Aufstiegslehrgängen sowie Auswahl von Referenten unter Berücksichtigung einer „Frauenquote“, Maßnahmen i. S. d. ChancenG (wie Bestellung der Beauftragten für Chancengleichheit, Bestellung der Ansprechpartnerin oder der fachlichen Beraterin, Einhaltung des Chancengleichheitsplans, Gestaltung der Arbeitszeit, Besetzung von Gremien) und Unterbindung sexueller Belästigungen in der Dienststelle. Es kann sich um allg. oder nur einzelne Beschäftigte betreffende Maßnahmen handeln. 29

Nr. 11. Umweltschutz. Bei den Maßnahmen des Umwelt- und Klimaschutzes sowie der sorgsamen Energienutzung, die der PR beantragen kann, muss es sich um Maßnahmen handeln, die in der Dienststelle durchgeführt werden sollen und die Bezug zu den Belangen der Beschäftigten haben. 30

II. Behandlung von Anträgen durch die Dienststelle

1. Pflicht zur Stellungnahme. Zu schriftlichen Anträgen und Vorschlägen des PR nach Abs. 1 soll der Dienststellenleiter innerhalb von drei Wochen schriftlich Stellung nehmen. Ist innerhalb dieser Frist eine schriftliche Stellungnahme nicht möglich, soll ein schriftlicher **Zwischenbescheid** erteilt werden, in dem 31 dem PR mitgeteilt wird, warum eine abschließende Stellungnahme derzeit noch nicht möglich ist und wann diese voraussichtlich erfolgen wird. Kommt der Dienststellenleiter dieser Verpflichtung nicht nach, liegt ein Verstoß gegen den Grundsatz der vertrauensvollen Zusammenarbeit vor, der jedoch keine Folgen hat.

32 2. **Begründungspflicht.** Lehnt der Dienststellenleiter schriftliche Anträge oder Vorschläge des PR nach Abs. 1 ab, muss er diese Ablehnung schriftlich begründen.

§ 71 Unterrichtungs- und Teilnahmerechte der Personalvertretung, Arbeitsplatzschutzangelegenheiten

(1) [1]Die Personalvertretung ist zur Durchführung ihrer Aufgaben rechtzeitig und umfassend zu unterrichten. [2]Ihr sind die hierfür erforderlichen Unterlagen vorzulegen. [3]Personalaktendaten dürfen nur mit Einwilligung des Beschäftigten und nur von den von ihm bestimmten Mitgliedern der Personalvertretung eingesehen werden.

(2) [1]Vor Organisationsentscheidungen, die beteiligungspflichtige Maßnahmen zur Folge haben, ist die Personalvertretung frühzeitig und fortlaufend zu unterrichten. [2]An Arbeitsgruppen, die der Vorbereitung derartiger Entscheidungen dienen, können Mitglieder der Personalvertretung beratend teilnehmen.

(3) [1]Bei Einstellungen von Beschäftigten sind der Personalvertretung auf Verlangen die Bewerbungsunterlagen aller Bewerber vorzulegen, soweit dem nicht berechtigte Belange der Bewerber entgegenstehen. [2]An Vorstellungs- oder Eignungsgesprächen, welche die Dienststelle im Rahmen geregelter oder auf Übung beruhender Auswahlverfahren zur Auswahl unter mehreren Bewerbern durchführt oder durchführen lässt, kann ein Mitglied der Personalvertretung, das von dieser benannt ist, teilnehmen.

(4) [1]An Personalgesprächen mit entscheidungsbefugten Vertretern der Dienststelle sowie an Beurteilungsgesprächen im Sinne von § 51 Absatz 2 Satz 1 des Landesbeamtengesetzes kann auf Verlangen des Beschäftigten ein Mitglied der Personalvertretung teilnehmen. [2]An allgemeinen Besprechungen zur Abstimmung einheitlicher Beurteilungsmaßstäbe vor regelmäßigen Beurteilungen im Sinne von § 51 Absatz 1 des Landesbeamtengesetzes kann ein Mitglied der Personalvertretung, das von dieser benannt ist, teilnehmen. [3]Die Gesamtergebnisse regelmäßiger Beurteilungen im Sinne von § 51 des Landesbeamtengesetzes sind der Personalvertretung anonymisiert mitzuteilen. [4]Dienstliche Beurteilungen sind auf Verlangen des betroffenen Beschäftigten der Personalvertretung zur Kenntnis zu geben.

(5) [1]Bei Prüfungen, die eine Dienststelle für Beschäftigte ihres Bereichs abnimmt, ist einem Mitglied der für diesen Bereich zuständigen Personalvertretung, das von dieser benannt ist, die Anwesenheit zu gestatten. [2]Dies gilt nicht für die Beratung.

(6) Der Vorsitzende oder ein beauftragtes Mitglied der Personalvertretung hat jederzeit das Recht, nach vorheriger Unterrichtung des Leiters der Dienststelle, die Dienststelle zu begehen und, sofern die Beschäftigten zustimmen, diese an ihrem Arbeitsplatz aufzusuchen, wenn zwingende dienstliche Gründe nicht entgegenstehen.

(7) [1]Die Dienststelle und die für den Arbeitsschutz zuständigen Behörden, die Träger der gesetzlichen Unfallversicherung und die übrigen in Betracht kommenden Stellen sind verpflichtet, bei allen im Zusammenhang mit dem Arbeitsschutz oder der Unfallverhütung stehenden Besichtigungen und Fragen und bei Unfalluntersuchungen die Personalvertretung oder die von ihr bestimmten Mitglieder der Personalvertretung derjenigen Dienststelle hinzuzuziehen, in der die Besichtigung oder Untersuchung stattfindet. [2]Die Dienststelle hat der Personalvertretung unverzüglich die den Arbeitsschutz oder die Unfallverhütung betreffenden Auflagen und Anordnungen der in Satz 1 genannten Stellen mitzuteilen. [3]An den Besprechungen der Dienststelle mit den Sicherheitsbeauftragten nach § 22 Absatz 2 des Siebten Buches Sozialgesetzbuch nehmen von der Personalvertretung beauftragte Mitglieder der Personalvertretung teil. [4]Die Personalvertretung erhält die Niederschriften über die Untersuchungen, Besichtigungen und Besprechungen, zu denen sie nach den Sätzen 1 und 3 hinzuzuziehen ist. [5]Die Dienststelle hat der Personalvertretung eine Durchschrift der nach § 193 Absatz 5 Satz 1 des Siebten Buches Sozialgesetzbuch von der Personalvertretung mit zu unterschreibenden Unfallanzeige oder des nach beamtenrechtlichen Vorschriften zu erstattenden Berichts auszuhändigen.

Vorbemerkung. Die Vorschrift regelt in Abs. 1 die dem Dienststellenleiter obliegende Pflicht zur umfassenden Unterrichtung des PR. Die Abs. 2 bis 4 konkretisieren die Informations- und Teilnahmerechte des PR vor Organisationsentscheidungen (Abs. 2), bei Vorstellungs- und Eignungsgesprächen (Abs. 3) sowie bei Personalgesprächen und Beurteilungen (Abs. 4). Abs. 5 regelt das Recht des PR auf Anwesenheit bei Prüfungen. Das Recht des PR zur Arbeitsplatzbegehung ist in Abs. 6 geregelt und die Zusammenarbeit beim Arbeitsschutz in Abs. 7. 1

Geltungsbereich. § 71 gilt für alle Personalvertretungen, also auch für den GesamtPR (§ 91 Abs. 8), die Stufenvertretungen (s. §§ 77 und 91), den AusbildungsPR (§ 58) und die Jugend- und Auszubildendenvertretung (§ 59). 2

I. Informationspflicht der Dienststelle

1. Informationspflicht. Der Dienststellenleiter ist **verpflichtet**, den PR **rechtzeitig und umfassend** über beabsichtigte Maßnahmen **zu unterrichten** und ihm die erforderlichen Unterlagen vorzulegen. Einschränkungen bestehen insoweit lediglich für **Personalaktendaten** (Satz 3 sowie Rn. 14 ff.). Einer besonderen Aufforderung hierzu durch den PR bedarf es nicht. 3

Umfang. Der Informationsanspruch des PR besteht nur insoweit, als er Auskünfte von der Dienststelle benötigt, um seine Aufgaben und Befugnisse uneingeschränkt, rechtzeitig und sachgerecht wahrnehmen zu können; dies beurteilt sich vom Standpunkt eines dies verständig würdigenden PR (BVerwG, 26.1.1994 – 6 P 21/92 – PersV 1994, 539 = PersR 1994, 213). Der Informationsanspruch bezieht sich auf **alle Aufgaben**, die dem PR zugewiesen sind, nicht nur auf die förmlichen Beteiligungsverfahren. Auch die allg. Aufgaben des PR und seine Überwachungsfunktion (s. § 70) erfordern seine Unterrichtung über 4 bestimmte Sachverhalte. Dabei reicht allerdings der Hinweis auf die Wahrnehmung allg. Überwachungsaufgaben grundsätzlich nicht aus. Dem PR steht **kein allumfassendes Informationsrecht** zu, um dadurch eine allg. Kontrolle der Tätigkeit der Dienststelle vorzunehmen, denn der PR ist kein Kontrollorgan, dem es obliegt, die Aufgabenerfüllung und den inneren Betrieb der Dienststelle allgemein zu überwachen. Er hat lediglich darüber zu wachen, dass die Belange der Beschäftigten gewahrt werden. Dabei stehen ihm die Informationen zu, die er braucht, um Rechtsverstößen möglichst schon im Vorfeld entgegenwirken zu können (s. die Gesetzesbegründung zum ÄG 2013, § 68a, LT-Drucksache 15/4224, S. 62). Besteht in **Zweifelsfällen** den Umständen nach eine „gewisse Wahrscheinlichkeit" für das Bestehen eines Beteiligungsrechts, muss der PR auch dann unterrichtet werden, wenn der Dienststellenleiter ein Beteiligungsrecht verneint (BVerwG, 28.6.2013 – 6 PB 8.13 – PersV 2013, 377 = PersR 2013, 518).

4a **Einzelfälle.** Der PR hat einen Anspruch auf Einsichtnahme in die Bruttolohn- und -gehaltslisten, um seinen Auftrag erfüllen zu können, darüber zu wachen, dass die Tarifverträge eingehalten werden (BVerwG, 22.4.1998 – 6 P 4/97 – PersV 1999, 23 = PersR 1998, 461). Dagegen darf er ohne einen sachlich berechtigten Anlass von der Dienststelle nicht verlangen, über die Schwangerschaft von Mitarbeiterinnen unterrichtet zu werden (BVerwG, 29.8.1990 – 6 P 30/87 – PersV 1991, 78 = PersR 1990, 301). Der PR hat auch keinen Anspruch darauf, dass ihn die Dienststelle vor jeder befristeten Einstellung oder befristeten Weiterbeschäftigung von in § 99 Abs. 2 genannten Beschäftigten unter Vorlage von deren Tätigkeitsbeschreibungen unterrichtet (VGH Mannheim, 7.5.2018 – PL 15 S 976/17 – juris).

5 **Waffengleichheit.** Allgemein wird dem PR der gleiche Informationsstand zu gewährleisten sein, wie ihn die Dienststelle hat, damit er anstehende Entscheidungsprozesse nachvollziehen kann. Nähere Einzelheiten zu Umfang und Grenzen des Anspruchs ergeben sich bei der Mitbestimmung auch aus dem Mitbestimmungstatbestand, insb. aus seinem Schutzzweck (VGH Mannheim, 23.2.1996 – PL 15 S 1715/94 – juris). Wegen der Überlassung der Grunddaten der Beschäftigten s. § 67 Abs. 3 und die Erl. hierzu.

6 **Zuständigkeit der Dienststelle.** Der Informationsanspruch des PR ist beschränkt auf die Angelegenheiten, für die die Dienststelle, bei der der PR gebildet ist, zur Entscheidung befugt ist. Er besteht nicht in Angelegenheiten, für deren Entscheidung eine übergeordnete Dienststelle zuständig ist.

7 **Verfahren.** Die Unterrichtung braucht **nicht durch** den **Dienststellenleiter persönlich** zu erfolgen, er kann sie auch seinem Stellvertreter oder einem Beauftragten übertragen. Die Unterrichtung kann schriftlich oder/und mündlich vorgenommen werden.

8 **Zeitpunkt.** Der PR muss so **rechtzeitig unterrichtet** werden, dass er noch **genügend Zeit** hat, sich mit der Angelegenheit zu befassen, sich eine Meinung zu bilden und die für seine Entscheidung im LPVG vorgeschriebenen Fristen zu wahren. Auch dürfen nicht durch vorausgegangene nicht beteiligungspflichtige

Maßnahmen so weit vollendete Tatsachen geschaffen worden sein, dass für eine echte Entscheidung des PR kein Raum mehr ist (VGH Mannheim, 23.2.1996 – PL 15 S 1715/94 – juris). „Rechtzeitig" heißt aber nicht „unverzüglich" und bedeutet auch nicht, dass die Dienststelle den PR schon unterrichten muss, wenn sie die ersten Überlegungen über eine etwa zu ergreifende Maßnahme anstellt. So setzt z. B. die Beteiligung des PR erst ein, wenn die Dienststelle sich zur Einstellung eines bestimmten Bewerbers oder mehrerer von ihnen entschlossen hat. Erst in diesem Stadium liegt eine „beabsichtigte Maßnahme" vor, die der Zustimmung des PR bedarf (BVerwG, 11.2.1981 – 6 P 3/79 – PersV 1982, 106).

Vollständigkeit. Umfassend ist die Unterrichtung, wenn sie alle Angaben ent- 9
hält, die für eine sachgemäße und sinnvolle Erfüllung der Aufgaben des PR erforderlich sind. Dazu gehört auch die Information über die Stellungnahme der Beauftragten für Chancengleichheit (BVerwG, 20.3.1996 – 6 P 7/94 – PersV 1996, 473 = PersR 1996, 319). Dem PR muss das Entscheidungsmaterial in derselben Vollständigkeit zugänglich sein, wie es dem Dienststellenleiter bei seiner Meinungsbildung zur Verfügung gestanden hat; nur so ist die notwendige „Waffengleichheit" gegeben.

Zustimmungsverweigerung. Bei einer Zustimmungsverweigerung wegen nicht 10
ausreichender Unterrichtung muss der PR konkrete, fallbezogene Ausführungen vorbringen, aus denen hervorgeht, dass der Dienststellenleiter über einzelne, für die beabsichtigte Maßnahme wesentliche Umstände nicht informiert hat, sonst ist der Einwand unbeachtlich (BVerwG, 29.6.1996 – 6 P 38/93 – PersR 1996, 239).

2. Unterlagen. Nach Satz 2 der Vorschrift sind dem PR die zu seiner Unterrich- 11
tung erforderlichen Unterlagen **vorzulegen.** Die Verpflichtung „vorzulegen" umfasst grundsätzlich alle Varianten von der **Einsichtnahme** bis zur zeitweisen oder **dauerhaften Überlassung** von Unterlagen. Welcher Weg zu beschreiten ist, hängt von der Aufgabenstellung unter Berücksichtigung einer die Schutzinteressen des Beschäftigten schonenden Vorgehensweise ab. Unterlagen, die der PR zur Wahrnehmung seiner Beteiligungsrechte immer wieder benötigt, sind ihm **in Kopie auf Dauer** zu überlassen. Dies gilt z. B. für die Personalbedarfsberechnung und den Stellenplan (BVerwG, 23.1.2002 – 6 P 5/01 – PersR 2002, 201 = PersV 2003, 153), aber auch für solche Unterlagen, die – sei es auch nur als Hintergrund- oder Abrundungsinformation – für die Arbeit des PR hilfreich und förderlich sind (VG Freiburg, 3.6.2004 – P 11 K 2859/03 – PersR 2004, 403 = PersV 2004, 461).

Umfang der Vorlagepflicht. Welche Unterlagen dem PR vorzulegen sind, richtet 12
sich nach der Vorlagefähigkeit und der Erforderlichkeit. Da dem PR keine allg. Kontrolle der Dienststelle zusteht, hat er auch keinen generellen und uneingeschränkten Vorlageanspruch. **Erforderlich** ist die Vorlage nur dann, wenn sie in einem untrennbaren Zusammenhang mit konkreten Aufgaben und Beteiligungsrechten des PR steht und er die in der Vorlage enthaltenen Informationen für seine Aufgabenwahrnehmung bzw. Entscheidung (z. B. Versagung oder Zustimmung) für bedeutsam halten kann. Hierbei kommt es auf den Standpunkt

eines objektiven PR an und nicht darauf, was der jeweilige PR für sich beanspruchen will. Dabei ist vom tatsächlichen Kenntnisstand des PR auszugehen und die Frage zu stellen, ob er zur zweckentsprechenden und sachgerechten Aufgabenerfüllung weitere Informationen für prüfungserheblich halten darf. Er hat deshalb einen Anspruch auf Einsicht in alle Unterlagen, die Auskünfte zur Eignung, Befähigung und fachlichen Leistung aller Stellenbewerber geben (BVerwG, 26.1.1994 – 6 P 21/92 – PersV 1994, 539 = PersR 1994, 213). Da der Unterrichtungsanspruch des PR nur ggü. der Dienststelle, bei der er gebildet ist, besteht, kann der PR nur die Vorlage von Unterlagen verlangen, über die der Dienststellenleiter verfügt. Der PR kann auch eine Ergänzung der ihm vorgelegten Unterlagen verlangen.

13 **Ausnahmen.** Über eine von der Dienststelle beabsichtigte Maßnahme, die (z. B. gem. § 75 Abs. 5) **nicht seiner Beteiligung unterliegt**, kann der PR weder seine Unterrichtung noch die Vorlage von Unterlagen verlangen. Das Gleiche gilt, wenn die Beteiligung des PR von einem Antrag des betroffenen Beschäftigten abhängt (s. z. B. § 76 Abs. 2 Satz 1 Nr. 1 und 2) und dieser keinen Beteiligungsantrag gestellt hat (vgl. BVerwG, 20.3.2002 – 6 P 6/01 – PersV 2002, 405 = PersR 2002, 395).

14 **3. Personalaktendaten.** Der Begriff der Personalaktendaten ist der Gleiche wie im allg. Beamtenrecht, vgl. dazu § 50 BeamtStG und §§ 83 bis 88 LBG sowie § 36 Abs. 2 LDSG, der für Arbeitnehmer auf die für Beamte geltenden Vorschriften verweist, es sei denn, besondere Rechtsvorschriften oder tarifliche Vereinbarungen gehen vor. Zur Personalakte gehören alle Unterlagen einschließlich der in Dateien gespeicherten Informationen, die den Beschäftigten betreffen, soweit sie mit seinem Dienstverhältnis in einem unmittelbaren inneren Zusammenhang stehen (Personalaktendaten, s. § 50 Satz 1 BeamtStG); andere Unterlagen dürfen in die Personalakte nicht aufgenommen werden. In die Personalakte aufzunehmen sind Bewerbungsunterlagen, dienstliche Beurteilungen, Angaben über Beförderungen (einschließlich deren Ablehnung), Abordnungen und Versetzungen, Nebentätigkeiten und Fortbildungen sowie gesundheitsbezogene Daten, aber auch besonders geführte Akten über Disziplinarverfahren sowie Besoldungsakten. Daten, die in keinem inneren Zusammenhang mit dem Dienstverhältnis stehen, sind auch dann nicht in die Personalakte aufzunehmen, wenn sie Bezug zum Dienstverhältnis haben, z. B. Sicherheits- und Kindergeldakten; sie sind in von der Personalakte getrennten Sachakten aufzunehmen.

15 **Zustimmungserfordernis.** Der Beschäftigte ist in seiner Entscheidung frei, ob und welchen Mitgliedern des PR er Einsicht in seine Personalakten geben will. Die Zustimmung ist ggü. dem Dienststellenleiter zu erklären und erfolgt zweckmäßigerweise schriftlich oder zur Niederschrift. Da § 88 Abs. 1 Satz 1 LBG nunmehr ausdrücklich bestimmt, dass Personalaktendaten nach sachlichen Gesichtspunkten in einen Grunddatenbestand und Teildatenbestände (z. B. Beihilfe, Heilfürsorge und Heilverfahren sowie Disziplinarverfahren, s. § 88 Abs. 1 Satz 2 LBG) gegliedert werden können, darf die Zustimmung auch auf einzelne genau bezeichnete Teildatenbestände beschränkt werden. Die Übermittlung von ärztlichen Gutachten und Befunden zu einem bestimmten Beam-

ten bedarf dessen ausdrücklicher Zustimmung (OVG Dresden, 26.11.2003 – 2 B 465/03 – PersV 2004, 351 = PersR 2004, 184). Wird die Zustimmung zur Einsichtnahme nicht dem gesamten PR erteilt, gilt für den Einsichtnehmenden die Verschwiegenheitspflicht des § 7.

Umfang des Einsichtsrechts. Die Personalakten dürfen von den ermächtigten PR-Mitgliedern eingesehen werden. Diese dürfen sich auch Aufzeichnungen und Notizen machen, wörtliche Auszüge oder Ablichtungen sind dagegen nicht erlaubt. Erst recht dürfen die Personalakten den ermächtigten PR-Mitgliedern **nicht überlassen** werden. 16

Fehlende Zustimmung. Wenn der Beschäftigte der Akteneinsicht nicht zustimmt, ist es nicht ohne Weiteres möglich, in der Sitzung des PR mündliche Auskünfte zu den Personalakten zu geben. Wegen des Schutzzwecks des Satzes 3 für die Beschäftigten wird dies nur in Betracht kommen, wenn es für den Beschluss des PR unabweisbar ist und ggü. dem Vertrauensschutz, den der Beschäftigte hat, vertretbar ist. Das Mitbestimmungsrecht des PR würde weitgehend entwertet werden, wenn selbst Auskünfte über einzelne Informationen aus der Personalakte, die zur Aufgabenerfüllung des PR unerlässlich sind, an die vorherige Zustimmung des Beschäftigten gebunden wäre (BVerwG, 26.1.1994 – 6 P 21/92 – PersV 1994, 539 = PersR 1994, 213). Dem Persönlichkeitsschutz kann im Rahmen des Erforderlichkeitsprinzips und der Bekanntgabe in möglichst schonender Weise ausreichend entsprochen werden. 17

II. Organisationsentscheidungen

1. Frühzeitige Unterrichtung. Vor Organisationsentscheidungen wie z. B. der Umstrukturierung der Behörde oder der Einführung von Pilotverfahren ist der PR nach der Neuregelung in Abs. 2 so frühzeitig und dann auch fortlaufend zu unterrichten, dass er auf die geplante Maßnahme Einfluss nehmen kann. Die verwaltungsinterne Meinungsbildung und dienststelleninternen Vorprüfungen und Vorgespräche unterliegen nicht der Mitbestimmung (BVerwG, 14.10.2002 – 6 P 7/01 – PersV 2003, 186 = PersR 2003, 113). Die Mitbestimmungspflicht setzt erst mit solchen Handlungen ein, die eine mitbestimmungspflichtige Maßnahme vorwegnehmen oder festlegen (s. die Neuregelung in § 73 Abs. 1 Satz 2). Da zu diesem Zeitpunkt der Meinungsbildungsprozess bereits abgeschlossen ist, muss der PR frühzeitig und fortlaufend unterrichtet werden, um bereits auf den Meinungsbildungsprozess Einfluss nehmen zu können. 18

2. Vorbereitende Arbeitsgruppe. Zur Vorbereitung von Organisationsentscheidungen werden in der Dienststelle häufig Arbeitsgruppen gebildet, an diesen können Mitglieder der Personalvertretung beratend teilnehmen. Ihre Teilnahme ist nicht zwingend erforderlich. Besteht seitens des PR jedoch ein Teilnahmewunsch, wird dieser zu erfüllen sein. Dies gilt jedoch nur für eine bei der örtlichen Dienststelle gebildete Arbeitsgruppe. Werden die Organisationsentscheidungen von der übergeordneten Dienststelle getroffen und auch vorbereitet, hat nur die dort bestehende Stufenvertretung ein Teilnahmerecht. 19

III. Einstellungen

20 **1. Bewerbungsunterlagen.** Bei der Einstellung von Bewerbern sind dem PR die Bewerbungsunterlagen aller Bewerber vorzulegen, also auch der Bewerber, die von der Dienststelle nicht für die Einstellung vorgesehen sind, sowie der Bewerber, die noch nicht Beschäftigte i. S. des LPVG (§ 4) sind, denn nur so kann der PR prüfen, ob ein Grund für die Verweigerung seiner Zustimmung vorliegt, insb., ob die Dienststelle bei der Auswahl die Grenzen eingehalten hat, die ihrem weiten Beurteilungsspielraum durch Art. 33 Abs. 2 GG gezogen sind. Soweit die Dienststelle in den Unterlagen nicht nur Gesamturteile (abschließende Bewertungen), sondern auch einzelne Noten ausweist, sind dem PR danach auch diese Beurteilungsnoten bekannt zu geben.

21 **Zusammenstellungen von Daten.** Vorzulegende Unterlagen können auch Zusammenstellungen von Daten sein, welche die Dienststelle ohne dazu verpflichtet zu sein aus eigener Initiative zu reinen Übersichtszwecken aufstellt. So kann der PR anlässlich der Mitbestimmung bei einer Einstellung oder Beförderung auch die Vorlage von Unterlagen verlangen, in denen vorhandene Erkenntnisse oder eingeholte Auskünfte zu Eignung, Befähigung und fachlicher Leistung der Bewerber zusammengestellt und gegeneinander abgewogen werden, wenn ihm diese Informationen sonst nicht zur Verfügung stehen.

22 **Persönlichkeitsschutz.** Die unerlässlichen Informationen sind unter Berücksichtigung des Persönlichkeitsschutzes der Beschäftigten in möglichst schonender Weise zu erteilen. Die Unterlagen können z. B. nur zur Einsicht bereitgehalten werden. Persönlichkeitsrechte der Beschäftigten werden nicht schon dadurch verletzt, dass dem PR aus den dienstlichen Beurteilungen die abschließenden Beurteilungsnoten bekanntgegeben werden (BVerwG, 26.1.1994 – 6 P 21/92 – PersV 1994, 539 = PersR 1994, 213). Das Informationsrecht des PR geht als bereichsspezifische Regelung des Dienstrechts einem etwa weiterreichenden Datenschutz vor (vgl. BVerwG, 9.10.1996 – 6 P 1/94 – PersV 1997, 171 = PersR 1997, 116).

23 **2. Vorstellungsgespräche.** Nach der Neuregelung in Abs. 3 Satz 2 hat der PR nunmehr das **Recht** eines seiner Mitglieder **zur Teilnahme** an Vorstellungs- und Eignungsgesprächen zu benennen. Dies gilt für Vorstellungsgespräche bei der Einstellung sowie für Auswahlgespräche für die Zulassung zum Aufstieg in die nächsthöhere Laufbahn oder für die Übertragung einer Tätigkeit, die den Tätigkeitsmerkmalen einer höheren Vergütungsgruppe entspricht. Die Auswahlgespräche dienen zur Vorbereitung der danach erfolgenden mitbestimmungsbedürftigen Entscheidungen über die Einstellung und den Aufstieg (s. § 75 Abs. 1 Nr. 1, 2, 4, 5 und 6). Es muss sich um institutionalisierte Auswahlgespräche handeln, die aufgrund von Richtlinien nach § 75 Abs. 4 Nr. 6 oder aufgrund ständiger Übung durchgeführt werden. Dabei ist gleichgültig, ob die Dienststelle die Auswahlgespräche selbst durchführt oder sie einen externen Dritten damit betraut. Das Teilnahmerecht des PR ist auf solche Fälle beschränkt, die im weiteren Verlauf zu einer **mitbestimmungspflichtigen** Maßnahme führen, ein bloßes Mitwirkungsrecht des PR (s. § 75 Abs. 6 Nr. 1) ist

nicht ausreichend (VGH Mannheim, 30.11.2016 – PL 15 S 31/16 – PersV 2017, 345).

Teilnahmerecht. Das Mitglied des PR hat nur ein Teilnahmerecht ohne beratende Stimme. Die Auswahlentscheidung nach dem Grundsatz der Bestenauslese wird allein von der Dienststelle getroffen ohne dass dem Mitglied des PR ein Beratungsrecht zustünde (s. auch die Kommentierung zu § 75 Abs. 1). Das Teilnahmerecht umfasst jedoch auch das Recht, Fragen zu stellen. 24

Ausbildungsplätze. An Vorstellungsgesprächen zur Besetzung von ausgeschriebenen Ausbildungsplätzen kann gem. § 63 Abs. 2 Satz 1 ein Mitglied der Jugend- und Auszubildendenvertretung teilnehmen. 25

IV. Personalgespräche und Beurteilungsgespräche

1. Personal-/Beurteilungsgespräche. Auf Verlangen des Beschäftigten kann ein Mitglied des PR an Personalgesprächen sowie an Beurteilungsgesprächen i. S. v. § 51 Abs. 2 Satz 1 LBG teilnehmen, um ihm bereits in diesem Stadium die notwendige allg. oder für Gegendarstellungen gebotene Unterstützung zukommen zu lassen. Die Teilnahme ist beim Dienststellenleiter bzw. bei demjenigen, welcher das Personal- oder Beurteilungsgespräch führt, zu beantragen; sie kann grundsätzlich nicht abgelehnt werden. Das Teilnahmerecht ist beschränkt auf das Personalgespräch mit dem Vertreter der Dienststelle, der zum Erlass der beabsichtigten Personalmaßnahme (z. B. Versetzung, Abordnung) befugt ist. Es ist weiter beschränkt auf das Beurteilungsgespräch, in welchem die Beurteilung bekannt gegeben und auf Verlangen besprochen wird (§ 51 Abs. 2 Satz 1 LBG). 26

Jugend- und Auszubildendenvertretung. Bei Beschäftigten i. S. v. § 59 steht auf deren Verlangen der Jugend- und Auszubildendenvertretung ein Teilnahmerecht zu (§ 63 Abs. 2 Satz 2). Sie hat nur ein Teilnahmerecht ohne beratende Stimme. Das Teilnahmerecht umfasst jedoch auch das Recht, Fragen zu stellen. 27

2. Allgemeine Abstimmungsbesprechungen. Gem. § 51 Abs. 1 Satz 1 LBG sind Eignung, Befähigung und fachliche Leistung von Beamten in regelmäßigen Zeitabständen zu beurteilen (sog. Regelbeurteilungen). Neben dem Erlass von Beurteilungsrichtlinien, der gem. § 75 Abs. 4 Nr. 4 mitbestimmungspflichtig ist, kann es sinnvoll sein, die bei den einzelnen Beurteilungen anzulegenden Maßstäbe abzustimmen, um zu gewährleisten, dass die unterschiedlichen Vorbeurteiler einheitliche Bewertungsmaßstäbe einhalten. Finden dabei zur Abstimmung allg. Schulungen und Informationsveranstaltungen statt, kann der PR eines seiner Mitglieder zur Teilnahme benennen. In Betracht kommt z. B. die Aufstellung eines Katalogs der Kriterien, die bei Inhabern bestimmter Stellen zu berücksichtigen sind und mit welcher Gewichtung. Das PR-Mitglied hat nur ein Teilnahmerecht, keine beratende Stimme. Orientierungsrunden oder Beurteilungskonferenzen, in denen die Beurteilungen einzelner oder einer Gruppe von Beschäftigten besprochen werden, sind keine allg. Besprechungen zur Abstimmung einheitlicher Beurteilungsmaßstäbe. 28

29 3. **Gesamtergebnisse.** Die bei den Regelbeurteilungen erzielten Gesamtergebnisse (Gesamtpunktzahl, Gesamtnoten) sind dem PR anonymisiert i. S. v. § 3 Abs. 6 LDSG mitzuteilen.

30 4. **Kenntnisgabe.** Auf Verlangen des betroffenen Beschäftigten ist dem PR dessen dienstliche Beurteilung zur Kenntnis zu geben. Sinnvollerweise soll das Verlangen schriftlich und ggü. der Dienststelle geäußert werden.

V. Prüfungen

31 1. **Anwesenheitsrecht.** Die Vorschrift gibt dem PR bei Prüfungen, die die Dienststelle für Beschäftigte (auch Beamte) ihres Bereiches abnimmt, ein Anwesenheitsrecht. Prüfungen in diesem Sinne sind alle von der Dienststelle vorzunehmenden, in einem förmlichen Verfahren geregelten Feststellungen des Kenntnisstands und der Fähigkeiten der Beschäftigten. Gespräche zwischen dem Dienststellenleiter oder seinem Beauftragten und einem Arbeitnehmer zur Feststellung seiner Kenntnisse und Fähigkeiten sind keine Prüfungen in diesem Sinne.

32 **Sachlicher Umfang.** Das Anwesenheitsrecht ist beschränkt auf Prüfungen, die die Dienststelle für die bei ihr Beschäftigten selbst abnimmt. Es besteht deshalb nicht bei Prüfungen, die von Einrichtungen (Schulen, Prüfungsämtern), die nicht zur Dienststelle gehören, abgenommen werden. Auch **Unterrichtsbesuche** durch Beamte der Schulaufsichtsbehörde sind bei Lehrern **keine Prüfungen** i. S. d. Abs. 5. **Vorstellungsgespräche** sind ebenfalls **keine Prüfungen** i. S. d. Abs. 5.

33 **Persönlicher Umfang.** Das **Anwesenheitsrecht** beschränkt sich auf **ein Mitglied des zuständigen PR**, das von diesem benannt wird. **Zuständig** ist der PR, der bei der Dienststelle gebildet ist, welche die Prüfung abnimmt.

34 2. **Beratung.** Hinsichtlich der Beratung ist ein Anwesenheitsrecht ausdrücklich ausgeschlossen. Anders als das Teilnahmerecht umfasst das Anwesenheitsrecht auch **nicht** das Recht, Fragen zu stellen.

VI. Arbeitsplatzbegehung

35 **Voraussetzungen.** Der Vorsitzende oder ein beauftragtes Mitglied des PR kann jederzeit, nach vorheriger Unterrichtung des Dienststellenleiters, die **Dienststelle begehen**, wenn zwingende dienstliche Gründe nicht entgegenstehen. Der PR ist nicht im Einzelnen darlegungspflichtig, aus welchem Anlass der Besuch stattfindet und warum er ihn für notwendig hält. Er muss sich auch nicht darauf verweisen lassen, die Angelegenheit besser in einer Sprechstunde mit dem Beschäftigten zu erörtern. Das Recht umfasst auch das Aufsuchen von außerhalb der Dienststelle befindlichen **Telearbeitsplätzen**.

36 **Zustimmungserfordernis.** Im Hinblick auf das Selbstbestimmungsrecht der Beschäftigten dürfen **einzelne Arbeitsplätze** nur aufgesucht werden, wenn die **Be-**

schäftigten zustimmen. Der PR kann einzelne Arbeitsplätze auch ohne die Zustimmung des Beschäftigten in Augenschein nehmen, z. B. Begutachtung, ob die arbeitsrechtlichen Vorgaben eingehalten sind, er kann dann jedoch den Beschäftigten nicht zum Gespräch verpflichten.

Widerspruchsrecht. Das Recht auf Arbeitsplatzbegehung steht dem PR oder einzelner seiner Mitglieder nur zu, wenn dienstliche Gründe nicht entgegenstehen. Es kann deshalb nur **im Einvernehmen mit dem Dienststellenleiter** ausgeübt werden. Widerspricht der Dienststellenleiter, muss er allerdings triftige Gründe geltend machen, etwa, dass eine nicht unerhebliche **Störung der Ordnung und des Arbeitsablaufs** zu befürchten oder dass der Besuch offensichtlich **rechtsmissbräuchlich** ist; nur insoweit steht ihm aufgrund seines Direktionsrechts ein **Widerspruchsrecht** zu (vgl. BVerwG, 9.3.1990 – 6 P 15/88 – PersV 1990, 315 = PersR 1990, 177). Für seine Entscheidung, ob der Arbeitsplatzbesuch unter arbeitsorganisatorischen Gründen vertretbar ist, muss der Dienststellenleiter wissen, welcher Bereich bzw. Arbeitsplatz besucht werden und zu welchem Zeitpunkt ein Gespräch geführt werden soll. 37

Aktionen des PR. Der **Grundsatz der vertrauensvollen Zusammenarbeit** ist auch bei der Arbeitsplatzbegehung zu beachten. Eine **Unterschriftenaktion** des PR, bei welcher die Beschäftigten ohne Einverständnis des Dienststellenleiters von einem Mitglied des PR am Arbeitsplatz aufgesucht werden, damit sie durch Unterschrift den PR in einer Angelegenheit in seiner Gegenposition zum Dienststellenleiter unterstützen, widerspricht dem Grundsatz der vertrauensvollen Zusammenarbeit (VGH Mannheim, 8.9.1992 – PL 15 S 130/92 – PersV 1995, 121). 38

VII. Zusammenarbeit beim Arbeitsschutz

1. Hinzuziehung und Information. Bei Besichtigungen im Zusammenhang mit dem Arbeitsschutz und Unfallverhütungen sowie bei Unfalluntersuchungen ist – und zwar nur diese – die Personalvertretung der Dienststelle zu beteiligen ist, in der die Besichtigung oder Untersuchung stattfindet. Dies gilt auch dann, wenn eine oder mehrere an einem Unfall Beteiligte Beschäftigte einer anderen Dienststelle sind. Teilnehmen kann der gesamte PR oder von ihm bestimmte Mitglieder. 39

Umfang. Ein Beteiligungsrecht besteht nur für die Besichtigungen und Untersuchungen, die von den für den Arbeitsschutz zuständigen Behörden, den Trägern der gesetzlichen Unfallversicherung und den übrigen in Betracht kommenden Stellen durchgeführt werden, **nicht** aber **für polizeiliche, staatsanwaltschaftliche oder gerichtliche Untersuchungen** und Ermittlungen. 40

2. Mitteilungspflicht. Der PR ist unverzüglich über die den Arbeitsschutz und die Unfallverhütung betreffenden Auflagen und Anordnungen der in Satz 1 genannten Stellen zu informieren. Dies soll dem PR die Möglichkeit geben, diese Auflagen oder Anordnungen mit zu überwachen und Vorschläge für deren rasche und zweckmäßige Durchführung zu machen. 41

42 **3. Besprechungen mit Sicherheitsbeauftragten.** Das Recht der gesetzlichen Unfallversicherung ist im SGB VII geregelt. Gem. § 22 Abs. 1 SGB VII sind in Dienststellen mit mehr als 20 Beschäftigten Sicherheitsbeauftragte zu bestellen; bei ihrer Bestellung und Abberufung bestimmt der PR nach § 75 Abs. 4 Nr. 1 Buchst. c mit. Die Sicherheitsbeauftragten haben die Dienststelle bei der Durchführung der Maßnahmen zur Verhütung von Arbeitsunfällen und Berufskrankheiten zu unterstützen, insb. sich von dem Vorhandensein und der ordnungsgemäßen Benutzung der vorgeschriebenen Schutzeinrichtungen und persönlichen Schutzausrüstungen zu überzeugen und auf Unfall- und Gesundheitsgefahren für die Versicherten aufmerksam zu machen (§ 22 Abs. 2 SGB VII). Anders als die Vorgängervorschrift (§ 719 Abs. 4 RVO) verpflichtet § 22 Abs. 2 SGB VII den Dienststellenleiter nicht mehr zu einem monatlichen Erfahrungsaustausch mit den Sicherheitsbeauftragten, dies soll sinnvollerweise einer flexibleren Handhabung in der Dienststelle überlassen bleiben. Bei den stattfindenden Besprechungen haben vom PR beauftragte PR-Mitglieder (nicht aber der ganze PR) das Recht teilzunehmen.

43 **4. Niederschriften.** Der PR hat Anspruch auf Überlassung der Niederschriften über die stattgefundenen Untersuchungen, Besichtigungen und Besprechungen, zu denen er nach den Sätzen 1 und 3 hinzuziehen ist. Die vorgeschriebene Unterrichtung des PR, der auch die Mitunterzeichnung der Unfallanzeigen durch den PR dient (s. Satz 5), soll diesem die Wahrnehmung seiner Aufgaben auf dem Gebiet des Arbeitsschutzes erleichtern und ihn ständig über alle Angelegenheiten, die für den Arbeitsschutz von Bedeutung sind, auf dem Laufenden halten.

44 **5. Unfallanzeige.** Gem. § 193 Abs. 1 Satz 1 SGB VII hat der Dienststellenleiter Unfälle von Versicherten in der Dienststelle dem Unfallversicherungsträger anzuzeigen, wenn Versicherte getötet oder so verletzt sind, dass sie mehr als drei Tage arbeitsunfähig werden. Die Anzeige ist binnen drei Tagen zu erstatten, nachdem der Dienststellenleiter von dem Unfall Kenntnis erlangt hat (§ 193 Abs. 4 Satz 1 SGB VII) und vom PR mit zu unterzeichnen (§ 193 Abs. 5 Satz 1 SGB VII). Bei Beamten tritt an die Stelle der Unfallanzeige i. S. v. § 193 SGB VII ein Bericht über den Unfall nach § 62 Abs. 3 LBeamtVGBW; eine Unterzeichnung durch den PR ist dabei allerdings nicht vorgesehen. Dem PR ist von der Dienststelle jeweils eine Durchschrift der Unfallanzeige oder des Berichts auszuhändigen.

§ 72 Wirtschaftsausschuss

(1) [1]In Dienststellen ab einer Größe der Personalvertretung von mindestens sieben Mitgliedern soll auf Antrag der Personalvertretung ein Wirtschaftsausschuss gebildet werden. [2]Der Wirtschaftsausschuss hat die Aufgabe, wirtschaftliche Angelegenheiten der Dienststelle zu beraten und die Personalvertretung zu unterrichten. [3]Die Befugnisse und Aufgaben der Personalvertretungen nach diesem Gesetz bleiben unberührt.

(2) Die Dienststelle hat den Wirtschaftsausschuss rechtzeitig und umfassend über die wirtschaftlichen Angelegenheiten unter Vorlage der erforderlichen

Unterlagen zu unterrichten, soweit dadurch nicht die Dienst- oder Betriebs- und Geschäftsgeheimnisse gefährdet werden, sowie die sich daraus ergebenden Auswirkungen auf die Personalplanung darzustellen.

(3) Zu den wirtschaftlichen Angelegenheiten im Sinne von Absatz 1 gehören insbesondere
1. die wirtschaftliche und finanzielle Lage der Dienststelle,
2. Veränderungen der Produktpläne,
3. beabsichtigte Investitionen,
4. beabsichtigte Partnerschaften mit Privaten,
5. die Stellung der Dienststelle in der Gesamtdienststelle,
6. beabsichtigte Rationalisierungsmaßnahmen,
7. Einführung neuer Arbeits- und Managementmethoden,
8. Fragen des Umweltschutzes, des Klimaschutzes oder der sorgsamen Energienutzung in der Dienststelle,
9. Verlegung von Dienststellen oder Dienststellenteilen,
10. Auflösung, Neugründung, Zusammenlegung oder Teilung der Dienststelle oder von Dienststellenteilen,
11. Zusammenarbeit mit anderen Dienststellen,
12. sonstige Vorgänge und Vorhaben, welche das wirtschaftliche Leben der Dienststelle und die Interessen der Beschäftigten der Dienststelle wesentlich berühren können.

(4) [1]Der Wirtschaftsausschuss besteht aus mindestens drei und höchstens sieben Mitgliedern, die der Dienststelle angehören müssen, darunter mindestens einem Mitglied der Personalvertretung. [2]Ersatzmitglieder können bestellt werden. [3]Die Mitglieder des Wirtschaftsausschusses sollen die zur Erfüllung ihrer Aufgaben erforderliche fachliche und persönliche Eignung besitzen. [4]Sie werden im Einvernehmen mit der Personalvertretung für die Dauer ihrer Amtszeit von der Dienststelle bestellt und können jederzeit abberufen werden. [5]Der Vorsitzende der Personalvertretung beruft die Mitglieder des Wirtschaftsausschusses zur konstituierenden Sitzung ein und leitet die Sitzung, bis der Wirtschaftsausschuss aus seiner Mitte einen Vorsitzenden gewählt hat. [6]§ 43 Absatz 2 gilt für die Mitglieder des Wirtschaftsausschusses entsprechend.

(5) Der Wirtschaftsausschuss soll einmal im Vierteljahr zusammentreten.

(6) [1]Der Leiter der Dienststelle oder eine von ihm beauftragte Person nimmt an den Sitzungen des Wirtschaftsausschusses teil; weitere sachkundige Beschäftigte können hinzugezogen werden. [2]An den Sitzungen des Wirtschaftsausschusses können darüber hinaus beratend teilnehmen:
1. die Schwerbehindertenvertretung,
2. ein Mitglied der Jugend- und Auszubildendenvertretung, das von dieser benannt wird, wenn Angelegenheiten behandelt werden, die besonders Beschäftigte im Sinne von § 59 betreffen,
3. die Beauftragte für Chancengleichheit, wenn Angelegenheiten behandelt werden, die besonders die Gleichstellung von Frauen und Männern betreffen.

I. Bildung und Aufgaben des Wirtschaftsausschusses (Abs. 1)

Vorbemerkung. § 72 stellt im Rahmen des LPVG ein Novum dar. Er ist dem Wirtschaftsausschuss des Betriebsverfassungsrechts (§§ 106 ff. BetrVG) nachgebildet, weshalb diese Vorschriften ergänzend heran gezogen werden können. 1

Dabei muss aber auf die Besonderheiten des öffentlichen Dienstes geachtet werden. Die Einzelbegründung zu § 72 des Gesetzentwurfs vom 29.9.2013 weist insoweit darauf hin, dass in öffentlichen Verwaltungen, besonders in Betrieben, aber auch im klassischen Verwaltungsbereich die wirtschaftlichen Rahmenbedingungen einen immer größeren Einfluss haben. Der Einsatz betriebswirtschaftlicher Steuerungsinstrumente schaffe die Grundlage von Entscheidungen der Dienststelle, die Auswirkungen auf die Beschäftigten haben könnten. Es sei deshalb sachgerecht, bewährte Gremien aus der privatwirtschaftlichen Mitarbeiterbeteiligung in das LPVG zu übernehmen. Die **Kosten** des Wirtschaftsausschusses trägt die Dienststelle.

2 **1. Bildung des Wirtschaftsausschusses (Satz 1).** In Dienststellen ab einer Größe des PR von mindestens sieben Mitgliedern (dies entspricht mindestens in der Regel 151 Beschäftigten) soll ein Wirtschaftsausschuss gebildet werden. Durch die Formulierung „soll“ wird zum Ausdruck gebracht, dass das Gesetz die Bildung eines Wirtschaftsausschusses bei dieser Dienststellengröße als Regelfall ansieht, in atypischen Fällen kann die Bildung eines Wirtschaftsausschusses auch bei dieser Dienststellengröße gleichwohl unterbleiben. Damit soll den Besonderheiten der öffentlichen Verwaltungen und Betriebe Rechnung getragen werden. Bei Universitätsklinika steht der Verpflichtung zur Einrichtung eines Wirtschaftsausschusses die Wissenschaftsfreiheit nicht entgegen (VG Sigmaringen, 2.8.2017 – PL 11 K 590/16 – juris). Umgekehrt schließt Abs. 1 Satz 1 die Bildung eines Wirtschaftsausschusses bei kleineren Betriebsgrößen nicht aus. Die Entscheidung liegt dann aber im Ermessen der Dienststelle. Besteht ein GesmtPR, so bestellt dieser die Mitglieder des Wirtschaftsausschusses (§ 107 Abs. 2 Satz 2 BetrVG entspr.).

3 **Vierteljahresgespräche.** Sieht die Dienststelle von der Bildung eines Wirtschaftsausschusses ab, muss sie die Neufassung des § 68 Abs. 1 beachten. Hiernach soll die Dienststelle den PR in den gemeinschaftlichen Besprechungen mindestens zweimal im Jahr über die von einem Wirtschaftsausschuss zu behandelnden Angelegenheiten unterrichten (§ 68 Abs. 1 Satz 4).

4 **Antrag des PR.** Die Bildung des Wirtschaftsausschusses soll auf Antrag des PR (ggf. des GesamtPR) erfolgen. Dies bedeutet, dass die Dienststelle beim Vorliegen der sonstigen Voraussetzungen des Abs. 1 Satz 1 einen Wirtschaftsausschuss bestellen muss, sobald ein solcher Antrag gestellt ist, es sei denn, es liegt ein atypischer Fall (s. o.) vor. Die Antragstellung ist aber nicht konstitutiv derart, dass es der Dienststelle verboten wäre, ohne Antrag des PR zu handeln. Ohne Antrag des PR steht es im Ermessen der Dienststelle, ob sie einen Wirtschaftsausschuss einrichtet oder nicht.

5 **2. Aufgaben (Satz 2).** Abs. 1 Satz 2 umschreibt allg. die Aufgaben des Wirtschaftsausschusses, während Abs. 3 die konkreten Tätigkeitsfelder des Wirtschaftsausschusses benennt. Der Wirtschaftsausschuss soll wirtschaftliche Angelegenheiten der Dienststelle beraten und den PR insoweit unterrichten. Deshalb brauchen die Mitglieder des Wirtschaftsausschusses auch die erforderliche fachliche und persönliche Eignung (Abs. 4 Satz 3). Sie können sich auch der fachlichen Unterstützung der Bediensteten der Dienststelle bedienen. Damit

ist der Wirtschaftsausschuss als Beratungs- und Informationsgremium die Schnittstelle zwischen Dienststelle und PR, der den PR insb. bei komplexen wirtschaftlichen Zusammenhängen beraten und unterstützen soll. Welche konkrete praktische Bedeutung diesem neuen Instrument zukommen wird, muss die Zukunft weisen.

Begriff. Der Wirtschaftsausschuss ist keine Personalvertretung und auch kein Teil der Personalvertretung, sondern eine Institution eigener Art. Er soll die Arbeit des PR unterstützen, indem er den PR in wirtschaftlichen Fragen, die die Dienststelle betreffen, unterrichtet und berät. 6

3. Verhältnis zum PR (Satz 3). Die Abgrenzung des Wirtschaftsausschusses zum PR wird durch Abs. 1 Satz 1 betont, der bestimmt, dass die Befugnisse und Aufgaben des PR durch die Bestellung eines Wirtschaftsausschusses unberührt bleiben. Dies bedeutet, dass selbstredend auch der PR für alle die Dienststelle betreffenden wirtschaftlichen Themen unverändert zuständig ist und diese auch mit der Dienststelle – z. B. in den Vierteljahresgesprächen – erörtern kann. Ebenso hat der PR gegenüber der Dienststelle einen Anspruch auf Information und Vorlage von Unterlagen, die die wirtschaftlichen Themen betreffen (vgl. insb. auch § 68 Abs. 1 Satz 4). 7

II. Informationspflicht der Dienststelle (Abs. 2)

Grundsatz. Die Informationspflicht der Dienststelle gegenüber dem Wirtschaftsausschuss ist in Anlehnung zur Informationspflicht gegenüber dem PR (§ 71 Abs. 1) ausgestaltet worden. Dies bedeutet, dass der Wirtschaftsausschuss rechtzeitig und umfassend über alle wirtschaftlichen Angelegenheiten unterrichtet werden muss. Die hierzu gehörenden Unterlagen sind dem Wirtschaftsausschuss vorzulegen. 8

Personalplanung. Von besonderer Bedeutung sind dabei Informationen, die sich auf die Personalplanung auswirken können. Hierbei muss die Unterrichtung dafür Sorge tragen, dass der Wirtschaftsausschuss möglichst frühzeitig über die personelle Situation der Dienststelle und deren Entwicklung informiert wird. Personalplanung ist dabei jede Planung, die sich auf den gegenwärtigen und künftigen Personalbedarf (Personalbeschaffung, Personalabbau, Personaleinsatz) in quantitativer und qualitativer Hinsicht bezieht (BAG, 6.11.1990 – 1 ABR 60/89 – BAGE 66, 186). 9

Geheimhaltung. Durchbrochen wird diese grundsätzliche Informationspflicht dann, wenn durch die Offenbarung Dienst-, Betriebs- oder Geschäftsgeheimnisse gefährdet werden. Die Begründung des Regierungsentwurfs nennt in diesem Zusammenhang ausdrücklich Daten von Bietern in einem Vergabeverfahren, es gibt aber eine Vielzahl anderer Sachbereiche, in denen die allgemeinen und speziellen Datenschutzbestimmungen, die den öffentlichen Dienst prägen, beachtet werden müssen. 10

III. Wirtschaftliche Angelegenheiten (Abs. 3)

11 **Aufgabenbereiche.** Die Aufzählung des Abs. 3 ist exemplarisch und nicht abschließend. Sie ist zu einem gewissen Teil der Aufzählung in § 106 Abs. 3 BetrVG nachgebildet. Zum großen Teil betreffen die hier aufgeführten Themen solche Angelegenheiten, bei deren späterer Umsetzung dem PR ein Beteiligungsrecht zustehen wird. Der Aufgabenbereich des Wirtschaftsausschusses ist aber nicht auf mögliche Beteiligungsfälle begrenzt, sondern geht über diese hinaus, wie sich insb. aus der Auffangklausel, der dortigen Nr. 12 ergibt, die alle Vorgänge und Vorhaben umfasst, die das wirtschaftliche Leben der Dienststelle und die Interessen der Beschäftigten wesentlich berühren können.

12 **Haushaltsrecht.** Im Bereich des öffentlichen Dienstes ist allerdings nicht zu übersehen, dass eine Vielzahl wirtschaftlicher Entscheidungen und insb. auch große Teile der Personalplanung den Dienststellen entzogen und dem Haushaltsgesetzgeber zugewiesen sind. Insoweit gab und gibt es keine Beteiligung des PR, sondern nur dessen Information, weshalb durch die Information eines neuen Gremiums nichts substantiell verändert wird.

IV. Zusammensetzung und Verfahren (Abs. 4)

13 **1. Anzahl der Mitglieder (Satz 1).** Nach Abs. 4 Satz 1 besteht der Wirtschaftsausschuss aus mindestens drei und höchstens sieben Mitgliedern. Damit ist die Wahl jeder Zahl zwischen der Ober- und der Untergrenze möglich; auch die Bestellung einer geraden Anzahl von Mitgliedern ist zulässig. Die Regelung ist § 107 Abs. 1 Satz 1 BetrVG nachgebildet. Welche Zahl konkret angemessen ist, hängt insb. von der Dienststellengröße und dem Umfang der zu bewältigenden Aufgaben ab.

14 **Zuständigkeit zur Festlegung.** Die konkrete Anzahl der Mitglieder des Wirtschaftsausschusses wird von der Dienststelle festgelegt. Denn nach § 72 Abs. 4 Satz 4 bestellt die Dienststelle die Mitglieder des Wirtschaftsausschusses, woraus abzuleiten ist, dass ihr insoweit auch die Befugnis zusteht, die konkrete Anzahl der Mitglieder des Wirtschaftsausschusses festzulegen. Gegenüber dem BetrVG weist die Regelung im LPVG hier einen wichtigen Unterschied auf: Nach § 107 Abs. 2 Satz 1 BetrVG bestimmt der Betriebsrat die Mitglieder des Wirtschaftsausschusses für die Dauer seiner Amtszeit, woraus unschwer gefolgert werden kann, dass er auch befugt ist, die Anzahl der Mitglieder in dem vom Gesetz vorgegebenen Rahmen festzulegen. Dem PR wird durch Abs. 4 Satz 4 aber insoweit nur das Recht zugewiesen, sein Einvernehmen zur konkreten Bestellungsentscheidung der Dienststelle zu versagen. Das heißt, er kann ggf. die Bestellung eines Mitglieds durch Versagung seines Einvernehmens verhindern, aber er kann nicht die Bestellung bestimmter Mitglieder oder die Bestellung einer bestimmten Anzahl von Mitgliedern erzwingen. Im Rahmen der vertrauensvollen Zusammenarbeit muss sich die Dienststelle aber mit dem PR auch über diese Fragen abstimmen, Vorschläge des PR ernsthaft prüfen und der eigenen Entscheidung zugrunde legen.

Personenkreis. Wer Mitglied des Wirtschaftsausschusses werden kann bestimmt das Gesetz dahin, dass alle Mitglieder Beschäftigte der Dienststelle sein müssen und dass zumindest ein Mitglied des Wirtschaftsausschusses auch **Mitglied des PR** sein muss. Darüber hinaus müssen die konkret ausgewählten Beschäftigten die erforderliche Eignung (Abs. 3 Satz 3) aufweisen. In diesem gesetzlich vorgegebenen Rahmen unterliegt es zunächst der Dienststelle nach ihrem Ermessen Beschäftigte auszuwählen und dem PR vorzuschlagen. Stimmt dieser zu, können diese Beschäftigten nach Abs. 4 Satz 4 bestellt werden und müssen sich (spätestens) dann darüber erklären, ob sie bereit sind, das Amt zu übernehmen. 15

Rechtsstellung der Mitglieder. Die Tätigkeit im Wirtschaftsausschuss ist **ehrenamtlich.** Der Wirtschaftsausschuss ist keine Personalvertretung im Sinne des LPVG. Mitglieder des Wirtschaftsausschusses, die nicht zugleich PR-Mitglieder sind, werden daher nicht als Mitglied einer Personalvertretung tätig. Die Vorschriften über die Rechtsstellung der PR-Mitglieder finden auf sie keine direkte Anwendung. Die Mitglieder des Wirtschaftsausschusses nehmen aber Aufgaben nach dem LPVG wahr, weshalb die diesbezüglichen Regelungen auch für sie gelten. Insb. unterliegen sie der Pflicht zur Verschwiegenheit (§ 7) und es gilt für sie das Behinderungs-, Benachteiligungs- und Begünstigungsverbot des § 6 (vgl. insofern auch §§ 78, 79 Abs. 2 BetrVG). 16

Freistellung; Schulung. Eine ausdrückliche Regelung hinsichtlich der Rechtsstellung findet sich in Abs. 4 Satz 6, der die entspr. Geltung von § 43 Abs. 2 anordnet. Mitglieder des Wirtschaftsausschusses sind deshalb zur Erfüllung ihrer Pflichten ohne Entgeltminderung von der Arbeit **freizustellen**, ggf. ist **Dienstbefreiung** zu erteilen. Ebenso wie im Betriebsverfassungsrecht ist § 44 über **Schulungs- und Bildungsmaßnahmen** entspr. anwendbar, weil die Funktionsfähigkeit eines Wirtschaftsausschusses nur gewährleistet ist, wenn dessen Mitglieder die erforderlichen Kenntnisse nicht nur bei der Bestellung besitzen müssen (vgl. Abs. 4 Satz 3), sondern diese auch ständig aktualisieren müssen. Etwaige Streitigkeiten sind im Beschlussverfahren zu klären. 16a

Kündigung; Versetzung. Die Mitglieder des Wirtschaftsausschusses gehören nicht zum Personenkreis des § 15 KSchG. Sie können sich auch nicht erfolgreich auf § 47 berufen. Erfolgt eine der dort genannten Maßnahmen oder eine ordentliche Kündigung aber gerade wegen der Tätigkeit im Wirtschaftsausschuss, liegt ein Verstoß gegen § 6 Abs. 1 vor, was die Maßnahme rechtswidrig macht. Neben dem individualrechtlichen Rechtsschutz, der den betroffenen Mitgliedern des Wirtschaftsausschusses eröffnet ist, steht dann auch die Möglichkeit der Einleitung eines Beschlussverfahrens zur Klärung der Rechtmäßigkeit der Maßnahme offen. 16b

2. Ersatzmitglieder (Satz 2). Nach Abs. 4 Satz 2 ist die Bestellung von Ersatzmitgliedern zulässig. Auch deren Bestellung erfolgt nach den Regelungen des Abs. 4, d. h. sie müssen Bedienstete der Dienststelle sein und werden durch die Dienststelle im Einvernehmen mit dem PR bestimmt. Auch die Ersatzmitglieder müssen ihrer Bestellung ausdrücklich zustimmen. Sie müssen die Voraussetzungen des Abs. 4 Satz 3 erfüllen. Bei der Bestellung mehrerer Ersatzmitglieder ist 17 zugleich die Reihenfolge ihrer etwaigen Heranziehung festzulegen. Die Bestellung von Ersatzmitgliedern kommt insb. in Betracht, wenn der Wirtschaftsausschuss nur aus drei Mitgliedern besteht und durch das Ausscheiden schon eines Mitglieds diese gesetzliche Untergrenze unterschritten würde.

18 **3. Eignung** (Satz 3). Nach Abs. 4 Satz 3 sollen die Mitglieder des Wirtschaftsausschusses die zur Erfüllung ihrer Aufgaben erforderliche fachliche und persönliche Eignung besitzen. **Fachliche Eignung** ist hierbei zu bejahen, wenn das Mitglied die Kenntnisse besitzt, die erforderlich sind, um die Informationen der Dienststelle i. S. v. Abs. 2 und 3 zu verstehen und auch beratend an den PR weiterzugeben. Abstrakter Maßstab ist der Katalog des Abs. 3, konkreter Maßstab sind die Verhältnisse und Anforderungen der jeweiligen Dienststelle. Allgemein erforderlich dürften insoweit aber durchweg betriebs- und haushaltswirtschaftliche Grundkenntnisse sein. **Persönliche Eignung** liegt vor, wenn das Mitglied, die für die Aufgabenerfüllung notwendige Zuverlässigkeit, insb. Verschwiegenheit aufweist. Ob die zu bestellenden Mitglieder des Wirtschaftsausschusses diesen Anforderungen genügen, muss die Dienststelle bei ihrer Auswahlentscheidung und der PR bei Erteilung seines Einvernehmens im Rahmen des ihnen insoweit eingeräumten Ermessens entscheiden.

19 **4. Bestellung** (Satz 4). Die Mitglieder des Wirtschaftsausschusses werden nach Abs. 4 Satz 4 von der Dienststelle bestellt. Das bedeutet zunächst, dass – anders als im Betriebsverfassungsrecht (dort durch den Betriebsrat) – keine Wahl erfolgt, sondern lediglich eine Entscheidung des Dienststellenleiters. Dieser kann sich auch schon vor seiner Entscheidung mit dem PR abstimmen, was einer vertrauensvollen Zusammenarbeit wohl am ehesten entsprechen würde. Sinnvollerweise werden auch die Beschäftigten, die in Erwägung gezogen werden, bereits im Vorfeld gefragt, ob sie mit der Bestellung einverstanden sind.

20 **Einvernehmen des PR.** Dem PR wird durch Abs. 4 Satz 4 das Recht zugewiesen, sein Einvernehmen zur konkreten Bestellungsentscheidung der Dienststelle zu erteilen oder zu versagen. Einvernehmen bedeutet: vorherige Zustimmung des PR zur Entscheidung der Dienststelle. Damit wird die Bestellung durch die Dienststelle erst wirksam, wenn der PR zugestimmt hat. Daraus folgt, dass der PR zwar die Bestellung eines Mitglieds durch Versagung seines Einvernehmens verhindern kann, aber er kann in diesem Verfahren grundsätzlich nicht die Bestellung bestimmter Mitglieder erzwingen, sondern nur vorschlagen. Sein Einvernehmen erteilt der PR nach entspr. Beschlussfassung nach § 34.

21 **PR-Mitglied.** Anderes gilt aber hinsichtlich des Mitglieds des Wirtschaftsausschusses, das auch Mitglied des PR sein muss. Hinsichtlich dieser Besetzung wird die Kompetenz der Dienststelle zur Bestellung der Mitglieder durchbrochen. Denn es folgt aus der Natur der Sache, dass der Gesetzgeber mit dieser Regelung die Präsenz des PR im Wirtschaftsausschuss sichern wollte. Dann aber kann es nur Sache des PR sein, darüber zu bestimmen, welches PR-Mitglied auch Mitglied im Wirtschaftsausschuss sein soll. Hierüber hat der PR nach § 34 Beschluss zu fassen. Dieser Beschluss ist für die Dienststelle bindend.

Dauer. Nach Abs. 4 Satz 4 werden die Mitglieder des Wirtschaftsausschusses für die Dauer der Amtszeit des PR bestellt. Nach Ablauf der Amtszeit muss ein neuer Wirtschaftsausschuss bestellt werden. 22

Abberufung. Während der Amtszeit können Mitglieder des Wirtschaftsausschusses jederzeit abberufen werden. Über die Abberufung entscheidet die Dienststelle. Da die Abberufung die Umkehroperation der Bestellung ist und zudem im selben Satz 4, wie die Bestellung geregelt ist, ist zu folgern, dass auch die Abberufung eines Mitglieds des **Einvernehmens des PR** bedarf. Erteilt der PR sein Einvernehmen nicht, verbleibt der Beschäftigte Mitglied des Wirtschaftsausschusses. Das Gesetz gibt keinerlei Vorgaben, wann eine Abberufung in Betracht kommt, so dass diese auch ohne besonderen Grund und insb. ohne Begründung erfolgen könnte. 23

Sonstige Beendigung. Die Mitgliedschaft im Wirtschaftsausschuss endet auch durch Amtsniederlegung, die jederzeit möglich ist und durch Beendigung des Beschäftigungsverhältnisses oder wenn der Beschäftigte nicht mehr der Dienststelle angehört. Die Mitgliedschaft des Beschäftigten, der nach Satz 1 zugleich dem PR angehört, endet auch dann, wenn dieser aus dem PR ausscheidet. 24

Nachträgliche Bestellung. Scheidet ein Mitglied aus dem Wirtschaftsausschuss aus bzw. wird es vorzeitig abberufen, steht es im Ermessen der Dienststelle, ob ein neues Mitglied bestellt wird. Dies gilt nicht, wenn durch das Ausscheiden die Mindestzahl von drei Mitgliedern unterschritten wird oder wenn das PR-Mitglied ausscheidet. Dann muss ein neues Mitglied bestellt werden. Das Verfahren richtet sich nach Abs. 4 Satz 4. 25

5. Konstituierende Sitzung (Satz 5). Nach der Bestellung der Mitglieder des Wirtschaftsausschusses durch die Dienststelle, bedarf es einer konstituierenden Sitzung, damit der Wirtschaftsausschuss die Arbeit aufnehmen kann. Die Konstituierung des Wirtschaftsausschusses ist in Anlehnung der Regelungen über den PR gefasst worden (§ 19). 26

Einberufung, Sitzungsleitung. Anders als § 19 regelt Abs. 4 Satz 5 keine bestimmte Frist, innerhalb derer der PR-Vorsitzende zur konstituierenden Sitzung einzuladen hat. Es liegt aber nahe, sich an dieser Frist zu orientieren, weil dieser eine vergleichbare Verfahrenssituation zugrunde liegt. Da der Wirtschaftsausschuss alsbald nach der Bestellung seiner Mitglieder seine Arbeit aufnehmen soll, muss der PR-Vorsitzende jedenfalls unverzüglich nach deren Bestellung zur konstituierenden Sitzung einladen. 27

Wahl des Vorsitzenden. In der konstituierenden Sitzung wählen die bestellten Mitglieder des Wirtschaftsausschusses aus ihrer Mitte einen Vorsitzenden. Mit der Wahl und deren Annahme übergibt der PR-Vorsitzende die Sitzungsleitung an den neu gewählten Vorsitzenden des Wirtschaftsausschusses. 28

6. Versäumnis von Arbeitszeit (Satz 6). Nach Abs. 4 Satz 6 gilt § 43 Abs. 2 entspr. Dies bedeutet, dass auch die Mitglieder des Wirtschaftsausschusses insoweit wie PR-Mitglieder zu behandeln sind. Versäumnis an Arbeitszeit, die zur ordnungsgemäßen Aufgabendurchführung erforderlich ist, darf keine Min- 29 derung der Besoldung bzw. des Arbeitsentgelts zur Folge haben; ggf. besteht in entspr. Anwendung von § 43 Abs. 2 Satz 2 Anspruch auf Dienstbefreiung.

V. Sitzungen des Wirtschaftsausschusses (Abs. 5)

30 **Vierteljahressitzungen.** Nach Abs. 5 soll der Wirtschaftsausschuss einmal im Vierteljahr zusammenkommen. Diese Anzahl von Sitzungen hält der Gesetzgeber im Regelfall („soll") für ausreichend, um eine kontinuierliche Unterrichtung des Wirtschaftsausschusses und damit des PR zu gewährleisten. Dieser Turnus ist sachgerecht zumal er der Regelung des § 70 Abs. 1 Satz 1 entspricht und auf diesen abgestimmt ist. Dieser Sitzungsturnus unterscheidet sich zwar vom monatlichen Sitzungsturnus des § 108 Abs. 1 BetrVG, ist aber im öffentlichen Dienst sachlich gerechtfertigt. Zudem stellt Abs. 5 nur eine Bestimmung für den Regelfall dar. Wenn es nach den besonderen Verhältnissen einer Dienststelle häufigerer Sitzungen bedarf, schließt dies Abs. 5 nicht aus. Ebenso sind auch weniger Sitzungen des Wirtschaftsausschusses möglich, wenn die konkreten Verhältnisse keine vier Sitzungen erfordern.

31 **Verhältnis zu § 68.** Die Anzahl der Sitzungen des Wirtschaftsausschusses hängt nicht zuletzt von der Informationspolitik gegenüber dem PR ab. Nach der Neuregelung von § 68 Abs. 1 können Dienststellenleiter und PR einvernehmlich auf zwei Besprechungen verzichten, wenn wirtschaftliche Angelegenheiten bereits im Wirtschaftsausschuss ausreichend behandelt worden sind. Umgekehrt ist zu folgern, dass es weniger Sitzungen des Wirtschaftsausschusses bedarf, wenn der PR schon umfänglich informiert worden ist. Dies folgt letztlich auch aus dem neuen § 68 Abs. 1 Satz 4. Wenn es in einer Dienststelle keinen Wirtschaftsausschuss gibt, soll die Dienststelle den PR in den gemeinschaftlichen Besprechungen mindestens zweimal im Jahr über die von einem Wirtschaftsausschuss zu behandelnden Angelegenheiten unterrichten. Entscheidend ist nach alledem, dass der PR – auf welchem Wege auch immer – über die wirtschaftlichen Angelegenheiten zeitnah und umfassend informiert wird.

VI. Teilnahme an den Sitzungen des Wirtschaftsausschusses (Abs. 6)

32 **1. Dienststellenleiter (Satz 1).** Nach Abs. 6 Satz 1 nimmt der Dienststellenleiter oder eine von diesem beauftragte Person an den Sitzungen des Wirtschaftsausschusses teil. Der Dienststellenleiter ist zur Teilnahme an den Sitzungen verpflichtet, kann sich aber durch eine beauftragte Person vertreten lassen. Der Dienststellenleiter ist vom Vorsitzenden des Wirtschaftsausschusses unter Angabe der Tagesordnung rechtzeitig zu den Sitzungen zu laden.

33 **Verfahren, Kosten.** Für die Ladungen und die Durchführung der Sitzungen finden die Vorschriften über die Sitzungen des PR sinngemäß Anwendung. Über die Sitzung ist eine **Niederschrift** zu erstellen. Der Wirtschaftsausschuss kann sich ebenso wie der PR eine **Geschäftsordnung** geben, in der Einzelheiten des

Verfahrens geregelt werden. Die Kosten der Sitzungen und die sonstigen Kosten des Wirtschaftsausschusses trägt die Dienststelle.

Vertraulichkeit. Die Sitzungen des Wirtschaftsausschusses sind nicht öffentlich und vertraulich. Dienststellenleiter und die Mitglieder des Wirtschaftsausschusses unterliegen der Verschwiegenheitspflicht nach § 7 Abs. 1 Satz 1, weil sie Personen sind, die Aufgaben nach diesem Gesetz wahrnehmen. 34

Sachkundige Beschäftigte. Nach Satz 1 können auch weitere sachkundige Beschäftigte zur Sitzung hinzugezogen werden. Werden sonstige Beschäftigte oder auch externe Sachverständige (vgl. hierzu: BVerwG, 8.11.1989 – 6 P 7/87 – PersV 1990, 342 = PersR 1990, 102) zu den Sitzungen zugezogen, nehmen auch diese Aufgaben nach diesem Gesetz wahr und unterliegen ebenfalls der Verschwiegenheitspflicht (vgl. insoweit auch § 108 Abs. 2 Satz 3 BetrVG). Hierauf sind sie ausdrücklich hinzuweisen. 35

2. Sonstige Teilnehmer (Satz 2). Nach Abs. 6 Satz 2 können an den Sitzungen des Wirtschaftsausschusses **beratend** die Schwerbehindertenvertretung, ein Mitglied der JAV sowie die Beauftragte für Chancengleichheit teilnehmen. Auch die sonstigen Teilnahmeberechtigten sind rechtzeitig und unter Beifügung der Tagesordnung zu den Sitzungen des Wirtschaftsausschusses zu laden. Zur Teilnahme an den Sitzungen sind sie nicht verpflichtet. Während die Schwerbehindertenvertretung an allen Sitzungen teilnehmen darf und deshalb zu allen Sitzungen zu laden ist, kommt dies für die JAV bzw. die BfC nur in Betracht, wenn jeweils die besonderen Verhältnisse, die ihre Teilnahme rechtfertigen, vorliegen. Das Teilnahmerecht besteht dann auch nur hinsichtlich der Tagesordnungspunkte, bei denen die besondere Betroffenheit der Teilnahmeberechtigten besteht. 36

Nr. 1: Schwerbehindertenvertretung. Die Schwerbehindertenvertretung ist an allen Sitzungen des Wirtschaftsausschusses teilnahmeberechtigt und dementspr. zu allen Sitzungen zu laden. 37

Nr. 2: JAV. Ein JAV-Mitglied ist nur dann teilnahmeberechtigt, wenn in der Sitzung Angelegenheiten behandelt werden, die besonders Beschäftigte im Sinne von § 59 betreffen. Ansonsten ist eine Sitzungsteilnahme unzulässig. Ob die Voraussetzungen des Abs. 6 Satz 2 Nr. 2 vorliegen, entscheidet der Vorsitzende des Wirtschaftsausschusses und lädt entspr. die JAV. Diese bestimmt sodann ein Mitglied der JAV als Sitzungsvertreter. 38

Nr. 3: BfC. Ebenso ist die Sitzungsteilnahme der Beauftragten für Chancengleichheit nur zulässig, wenn Angelegenheiten behandelt werden, die besonders die Gleichstellung von Frauen und Männern betreffen. Auch dies entscheidet der Vorsitzende des Wirtschaftsausschusses und lädt ggf. die Beauftragte für Chancengleichheit zur Sitzung. 39

Abschnitt 2 **Mitbestimmung, Mitwirkung und Anhörung**

§ 73 Mitbestimmung

(1) [1]Soweit eine Maßnahme der Mitbestimmung des Personalrats unterliegt, kann sie nur mit seiner Zustimmung getroffen werden. [2]Eine Maßnahme im Sinne von Satz 1 liegt bereits dann vor, wenn durch eine Handlung eine mitbestimmungspflichtige Maßnahme vorweggenommen oder festgelegt wird.

(2) [1]Der Personalrat kann seine Zustimmung zu Maßnahmen in zuvor festgelegten Einzelfällen oder für zuvor festgelegte Fallgruppen von Maßnahmen vorab erteilen. [2]Die Bestimmung der Maßnahmen erfolgt für die Dauer der Amtszeit des Personalrats in der Geschäftsordnung; die Bestimmung kann jederzeit geändert oder widerrufen werden. [3]Die Fälle, in denen die Vorabzustimmung in Anspruch genommen worden ist, sind dem Personalrat jeweils in der nächsten Sitzung bekanntzugeben.

I. Zustimmungserfordernis (Abs. 1)

1 **1. Vorherige Zustimmung** (Satz 1). Gegenstand der Mitbestimmung der Personalvertretung ist die **beabsichtigte Maßnahme** des Dienststellenleiters (zum Begriff vgl. § 76 Rn. 4). Entscheidend ist hierbei nicht, ob der Dienststellenleiter für die Durchführung der Maßnahme **zuständig ist**, sondern allein, ob er eine der Mitbestimmung unterliegende Maßnahme treffen will (BVerwG, 31.1.2017 – 5 P 10/15 – PersR 2017, 56 = PersV 2017, 295). Fehlt dem Dienststellenleiter die Zuständigkeit für die beabsichtigte Maßnahme, kann der PR seine Zustimmung schon aus diesem Grund versagen. In dem Umfang („soweit") diese Maßnahme der Mitbestimmung unterliegt, kann sie grundsätzlich nur mit vorheriger Zustimmung der Personalvertretung getroffen werden. Eine nachträgliche Einholung (im Sinne einer Genehmigung) ist ausgeschlossen; zur Nachholung der Mitbestimmung vgl. Rn. 12. Eine Zustimmung im Voraus kommt nur ausnahmsweise nach Maßgabe von Abs. 2 in Betracht.

2 **Begriff.** Die Mitbestimmung ist die **stärkste Form der Beteiligung**. Im Gegensatz zum Mitwirkungsverfahren, das im Falle der Nichteinigung zwischen Dienststelle und PR mit der Entscheidung der obersten Dienstbehörde bzw. bei Gemeinden, Landkreisen und den sonstigen Körperschaften, Anstalten und Stiftungen des öffentlichen Rechts mit der Entscheidung des in ihrer Verfassung vorgesehenen obersten Organs endet, endet das Mitbestimmungsverfahren, wenn eine Einigung nicht zustande kommt, grundsätzlich mit einem Beschluss der Einigungsstelle.

3 **Arten der Mitbestimmung.** Bei der Mitbestimmung ist zu unterscheiden zwischen der uneingeschränkten Mitbestimmung (§ 74), d. h. den Fällen, in denen die **Einigungsstelle** eine abschließende und für beide Beteiligte verbindliche Entscheidung trifft, und der eingeschränkten Mitbestimmung (§ 75), also den Fällen, in denen die Einigungsstelle nur eine **Empfehlung** an die oberste Dienstbehörde beschließen kann (§ 78 Abs. 4 Satz 1). Der Gesetzgeber ist bei der Zuordnung von Gegenständen zur vollen bzw. eingeschränkten Mitbestimmung insb. an das Demokratieprinzip gebunden. Nach der Rechtsprechung

des BVerfG (vgl. insb. 24.5.1995 – 2 BvF 1/92 – PersV 1995, 553 = PersR 1995, 483) kommt nach der dort aufgestellten **3-Fallgruppen-Theorie** bei bestimmten Maßnahmen grundsätzlich nur die eingeschränkte Mitbestimmung in Betracht. Dem trägt das neue LPVG Rechnung.

a) **Unterlassung des Verfahrens.** Die Durchführung eines Mitbestimmungsverfahrens kann versehentlich unterbleiben; es kann aber auch unterschiedliche Auffassungen über die Mitbestimmungsbedürftigkeit der Maßnahme geben. Ohne Zustimmung des PR getroffene Maßnahmen sind rechtswidrig. Der Dienststellenleiter kann aber die rechtswidrige Maßnahme aufheben und dem PR dann einen Antrag zur Entscheidung vorlegen; es tritt kein Verbrauch des Beteiligungsverfahrens durch die rechtswidrige Erstentscheidung ein (VGH Mannheim, 21.9.2007 – 4 S 2131/07 – juris). Handelt der Dienststellenleiter trotz bestehender Mitbestimmungsbedürftigkeit ohne Zustimmung des PR, kann dies eine Dienstpflichtverletzung darstellen, wenn das Mitbestimmungsrecht vorsätzlich oder hartnäckig verletzt wird. 4

Beschlussverfahren. Bei Verletzung eines Beteiligungsrechts steht dem PR durchweg die Anrufung des Verwaltungsgerichts – Personalvertretungskammer – offen, mit dem Ziel, das Beteiligungsrecht gerichtlich feststellen zu lassen. Vor Anrufung des Gerichts muss der PR im Rahmen der vertrauensvollen Zusammenarbeit aber zunächst dem Dienststellenleiter seine Rechtsauffassung darlegen und diesem Gelegenheit zur Abhilfe geben. 5

Frist/Verwirkung. Die Einleitung des Beschlussverfahrens ist nicht an eine bestimmte Frist gebunden. Im Rahmen der vertrauensvollen Zusammenarbeit ist der PR aber gehalten, den Dienststellenleiter auf das Beteiligungsrecht alsbald nach Kenntnis hinzuweisen. In der Regel tritt aber keine **Verwirkung** des Mitbestimmungsrechts ein, weil auch eine längere Untätigkeit des PR allein hierzu nicht ausreicht. Es müssen vielmehr im Einzelfall besondere Umstände hinzutreten, welche die verspätete Geltendmachung als Verstoß gegen Treu und Glauben erscheinen lassen (VGH Mannheim, 23.2.2010 – PL 15 S 2584/08). Dies ist insb. der Fall, wenn der Dienststellenleiter darauf vertrauen durfte, dass das Recht nicht mehr ausgeübt werde und ihm durch die verspätete Durchsetzung ein unzumutbarer Nachteil entstehen würde (VGH Mannheim, 23.2.2010 – PL 15 S 2584/08). 6

b) **Rechtsfolgen.** Ohne Zustimmung der zuständigen Personalvertretung getroffene Maßnahmen sind nicht schlechthin unwirksam. Hinsichtlich rechtsgeschäftlicher Erklärungen des Privatrechts kommt es bei Verletzung des Mitbestimmungsrechts darauf an, welchem **Schutzzweck die Mitbestimmung** dienen soll, ob der Arbeitnehmer begünstigt wird (Wirksamkeit der Maßnahme) oder belastet wird (Unwirksamkeit der Maßnahme); vgl. hierzu: BAG, 3.12.1991 – GS 2/90 – BAGE 69, 134; Ilbertz-Widmaier § 69 Rn. 39 ff. So sind z. B. nach der Rechtsprechung des BAG ohne Zustimmung des PR abgeschlossene Arbeitsverträge voll wirksam; die Dienststelle darf den Bewerber jedoch nicht beschäftigen, solange die Zustimmung des PR nicht vorliegt (BAG, 26.6.2002 – 7 AZR 92/01 – PersV 2003, 116; Richardi/Dörner/Weber § 75 Rn. 26). Bei einer Änderung der Entgeltgrundsätze unter Verstoß gegen das Mitbestim- 7 mungsrecht (§ 74 Abs. 2 Nr. 5) hat der Arbeitnehmer Anspruch auf der Grundlage der zuletzt mitbestimmten Entgeltgrundsätze (BAG, 5.5.2015 – 1 AZR 435/13 – DB 2015, 2095).

8 **Verwaltungsakte.** Mit ihrer Bekanntgabe werden Verwaltungsakte wirksam, wenn sie nicht ausnahmsweise aufgrund schwerwiegender Fehler nichtig sind. Eine Verletzung des Mitbestimmungsrechts führt regelmäßig nur zur Rechtswidrigkeit und damit Anfechtbarkeit des Verwaltungsakts. Wird ein rechtswidriger VA aber nicht angefochten, so wird er bestandskräftig und behält seine Wirkung trotz seiner Rechtswidrigkeit. Abweichend von diesen allg. verwaltungsverfahrensrechtlichen Regelungen kann das **Fachrecht** spezielle Regelungen enthalten, die die Folgen eines fehlerhaften Vorgehens der Verwaltung in anderer Weise abschließend regeln, z. B. bei Einstellungen, Anstellungen und Beförderungen von Beamten, die als Ernennungen nur in den vom Beamtenrecht vorgesehenen Fällen nichtig oder zurücknehmbar sind (Ilbertz-Widmaier § 69 Rn. 42 f.; Lorenzen u. a. § 69 Rn. 57a).

9 **Anfechtungsberechtigung.** Anfechtungsberechtigt ist der von der Maßnahme betroffene Beamte, wenn er durch den VA beschwert ist, z. B. bei der Ablehnung eines Antrags auf Teilzeitbeschäftigung oder Beurlaubung. Dies kann aber auch bei einer Versetzung, Abordnung oder Umsetzung der Fall sein. Der **PR hat kein Anfechtungsrecht** (Richardi/Dörner/Weber § 69 Rn. 120). Er kann allenfalls Dienstaufsichtsbeschwerde erheben oder in einem verwaltungsgerichtlichen Beschlussverfahren nach § 92 Abs. 1 Nr. 3 die Verletzung seines Mitbestimmungsrechts feststellen lassen. Dies führt aber nicht zur Unwirksamkeit der Maßnahme.

10 **Rückgängigmachung.** Wird die Mitbestimmungsbedürftigkeit einer Maßnahme nachträglich erkannt oder gerichtlich festgestellt, kann der Dienststellenleiter die getroffene Maßnahme ggf. rückgängig machen. Der PR hat aber keinen einklagbaren Rechtsanspruch auf Rückgängigmachung der Maßnahme (BVerwG, 20.1.1993 – 6 P 18/90 – PersV 1994, 215 = PersR 1993, 307). Handelt es sich jedoch um eine **fortwirkende** (abänderbare oder rückgängig machbare Maßnahme) besteht die Verpflichtung des Dienststellenleiters, diese rückgängig zu machen oder die Mitbestimmung nachzuholen (BVerwG, 16.9.1994 – 6 P 32/92 – PersV 1995, 175 = PersR 1995, 16). Ggf. kommt hier auch der Antrag auf Erlass einer einstweiligen Verfügung durch den PR in Betracht (BVerwG, 27.7.1990 – 6 PB 12/89 – PersV 1991, 29 = PersR 1990, 297; Widmaier, PersV 2000, 50).

11 c) **Abbruch des Verfahrens.** Der Dienststellenleiter kann ein bereits eingeleitetes Verfahren in jeder Phase des Mitbestimmungsverfahrens abbrechen. Dies kommt in Betracht, wenn er an der beabsichtigten Maßnahme nicht festhält oder er die Rechtslage anders einschätzt, z. B. weil er von der übergeordneten Dienststelle entspr. angewiesen worden ist (BVerwG, 28.8.2008 – 6 PB 19/08 – PersV 2009, 104 = PersR 2008, 458). Ebenso wie bei der Unterlassung des Verfahrens steht dem PR im letzteren Fall die Anrufung des VG offen, mit dem Ziel, im Beschlussverfahren die Mitbestimmungsbedürftigkeit der Maßnahme klären zu lassen. Steht dem PR ein Verfügungsgrund zur Seite, kann er die

Fortsetzung des Mitbestimmungsverfahrens auch im Wege der einstweiligen Verfügung verfolgen (vgl. z. B. VGH Mannheim, 2.7.2010 – PB 15 S 820/10).

d) Nachholung. Ein rechtswidrig unterlassenes Mitbestimmungsverfahren kann grundsätzlich auch mit Wirkung für die Vergangenheit nachgeholt werden, wenn sich die Maßnahme nicht zwischenzeitlich erledigt hat. Ob und ggf. bis zu welchem Zeitpunkt eine Nachholung mit heilender Wirkung zulässig ist, entscheidet in erster Linie das jeweilige Fachrecht (vgl. z. B. BVerwG, 22.3.1989 – 1 DB 30/88 – PersR 1989, 231; BVerwG, 24.11.1983 – 2 C 9/82 – BVerwGE 68, 189 (194 f.)). Fehlen spezielle Regelungen kommt es personalvertretungsrechtlich darauf an, ob der Zweck des Mitbestimmungsverfahrens durch eine Nachholung noch erreicht werden kann (VGH Mannheim, 10.9.2009 – 4 S 2816/07 – DÖV 2010, 43). Dies ist zu bejahen, wenn die rechtswidrig durchgeführte Maßnahme rückgängig gemacht oder abgeändert werden kann (BVerwG, 28.12.1998 – 6 P 1/97 – PersR 1999, 271) oder in zumutbarer Weise anderweitig ausgeglichen werden kann (VGH Mannheim, 10.9.2009 – 4 S 2816/07 – DÖV 2010, 43). Bei Vorliegen dieser Voraussetzungen, kann der PR vom Dienststellenleiter die nachträgliche Einleitung des Mitbestimmungsverfahrens und eine vollständige Unterrichtung verlangen (BVerwG, 15.3.1995 – 6 P 31/93 – PersV 1996, 121 = PersR 1995, 423). Eine Nachholung scheidet aber immer aus, wenn diese nur eine leere Förmelei wäre und dem PR keine Einwirkungsmöglichkeiten mehr zur Verfügung stünden. 12

2. Erweiterter Maßnahmebegriff (Satz 2). In der personalvertretungsrechtlichen Praxis wurde der Begriff der „Maßnahme" in der Vergangenheit als zu eng angesehen. Der neu ins Gesetz eingefügte Abs. 1 Satz 2 trägt dem Rechnung, indem er klarstellt, dass als zustimmungspflichtige „Maßnahme" bereits schon die Handlungen anzusehen sind, durch die eine mitbestimmungspflichtige Maßnahme vorweggenommen oder festgelegt wird. Sinn der Neuregelung ist es, solche Tatbestände zu erfassen, bei denen aufgrund der Verfahrensgestaltung oder der Vorfestlegung der Dienststelle die Mitbestimmung des PR zu spät kommen würde, falls dieser erst mit dem Antrag auf Zustimmung zur Beratung und Entscheidung aufgerufen würde. 13

Vorbereitende Handlungen. Man wird aber auch unter der Geltung des neuen Rechts nicht umhinkönnen, den erweiterten Maßnahmebegriff von rein vorbereitenden Handlungen zu unterscheiden. Lediglich vorbereitend ist eine Handlung dann, wenn die Entscheidung, **ob** eine Maßnahme überhaupt getroffen werden soll und **ggf. welche Maßnahme** konkret getroffen werden soll, offen ist. Die verwaltungsinterne Meinungsbildung sowie dienststelleninterne Vorprüfungen und Vorgespräche unterliegen nicht der Mitbestimmung (BVerwG, 14.10.2002 – 6 P 7/01 – PersV 2003, 186 = PersR 2003, 113). So ist z. B. die Anordnung einer amtsärztlichen Untersuchung wegen Zweifeln an der Dienstfähigkeit nur eine vorbereitende Maßnahme, die spätere Entscheidungen des Dienstherrn weder i. S. v. § 73 Abs. 1 Satz 2 vorwegnimmt noch festlegt (VG Stuttgart, 12.2.2018 – 10 K 1859/18 – juris). 14

Vorwegnahme. Von einer Vorwegnahme der Maßnahme ist dann auszugehen, wenn die zu bewertende Handlung der Dienststelle in allen Einzelheiten bereits 15 der Maßnahme entspricht, die eigentliche, später erfolgende Maßnahme mithin nur noch förmlich vollzieht, was bereits entschieden ist. Die Offenheit des Verfahrens, ob und ggf. wie eine Maßnahme zu treffen sein wird, die das vorbereitende Verfahren kennzeichnet, fehlt hier gerade.

16 **Festlegung.** Der zustimmungsbedürftigen Maßnahme steht auch eine Handlung der Dienststelle gleich, die zwar nicht schon der späteren „Maßnahme" entspricht, aber bereits solche Dispositionen trifft, die bei normalem Lauf der Dinge mit hoher Wahrscheinlichkeit auf eine bestimmte Maßnahme hinauslaufen. Auch hier muss die Frage, ob und wie die Dienststelle verbindlich handeln will, bereits im Vorfeld derart eingeengt sein, dass nicht mehr von einer offenen Entscheidungssituation gesprochen werden kann.

17 **Verfahren.** Verfährt die Dienststelle nach § 76 Abs. 1 liegt eine Maßnahme im Sinne von § 73 Abs. 1 Satz 1 vor. Im Falle des Abs. 1 Satz 2 fehlt ein solcher ausdrücklicher Antrag der Dienststelle, so dass nicht von einem Mitbestimmungsverfahren im Sinne von § 76 Abs. 1 gesprochen werden kann. Typischerweise werden dem PR deshalb die Umstände (Handlungen der Dienststelle), aus denen die bereits bestehende Zustimmungsbedürftigkeit geschlossen wird, anderweitig bekannt werden. In diesem Fall muss der PR sein Mitbestimmungsrecht unverzüglich gegenüber der Dienststelle geltend machen und die Einleitung eines förmlichen Mitbestimmungsverfahrens verlangen. Kommt die Dienststelle diesem Verlangen nicht nach, besteht die Möglichkeit ein gerichtliches Beschlussverfahren zur Klärung der Mitbestimmungsbedürftigkeit einzuleiten. In Betracht kommt in dieser Verfahrenssituation ggf. auch die Beschlussfassung und förmliche Ablehnung der Maßnahme durch den PR. Es ist dann aber Sache des PR, die Umstände im Einzelnen darzulegen, aus denen sich die behauptete Vorwegnahme bzw. die Festlegung ergibt.

18 **Modellversuche.** Die versuchsweise Einführung einer dem Grunde nach mitbestimmungspflichtigen Maßnahme ist bereits „Maßnahme" nach Abs. 1 Satz 1 und von daher mitbestimmungspflichtig, weil insoweit ein abgeschlossener Willensbildungsprozess des Dienststellenleiters vorliegt.

II. Vorabzustimmung (Abs. 2)

19 **1. Ausnahmeregelung (Satz 1).** § 73 Abs. 2 stellt eine Ausnahmeregelung dar, weil in Mitbestimmungsverfahren grundsätzlich zu verlangen ist, dass der PR **vor** Umsetzung der Maßnahme informiert wird, beraten und Beschluss fassen kann. Von daher ist Abs. 2 eng auszulegen. Dieses Normverständnis wird auch durch die bisherige Rechtsprechung des BVerwG nahegelegt, das sich in dieser Frage – anders als die Vorinstanzen (vgl. VGH Kassel, 19.3.1989 und 29.3.1989 – BPV TK 3821/87 – PersR 1989, 162 und PersV 1990, 176) – nicht festgelegt hat, sondern die Zulässigkeit von Vorabzustimmungen ausdrücklich offen gelassen hat (vgl. insoweit: BVerwG, 3.2.1993 – 6 P 28/91 – PersV 1994, 225 = PersR 1993, 260; 27.7.1990 – 6 PB 12/89 – PersV 1991, 29 = PersR 1990, 297). Der Gesetzesbegründung ist zu entnehmen, dass die Neuregelung der bestehenden Rechtsunsicherheit begegnen und Klarheit dahin

schaffen soll, dass in **Routinefällen**, die keinen erkennbaren Beratungsbedarf aufweisen, die Geschäftsführung des PR erleichtert werden soll. In der Praxis sollte die Vorabzustimmung aber auf einfache immer wieder auftretende Fälle beschränkt werden und nicht für **unbestimmte künftige Fälle** genutzt werden (vgl. hierzu auch Lorenzen u. a. § 69 Rn. 4b; Ilbertz-Widmaier § 69 Rn. 13).

Maßnahmen. Als Maßnahmen im Sinne von Abs. 2 Satz 1 kommen nur solche in Betracht, die ihrem Wesen nach einfach gelagert sind und routinemäßig entschieden werden können. Alle Mitbestimmungstatbestände, die eine größere Komplexität aufweisen oder für Beschäftigte oder Dienststelle folgenschwere Entscheidungen betreffen, bedürfen der einzelfallbezogenen Beratung und Beschlussfassung des PR und können nicht der Vorabzustimmung unterworfen werden. 20

Einzelfälle, Fallgruppen. Eine Vorabzustimmung kommt nur in zuvor festgelegten Einzelfällen bzw. zuvor festgelegten Fallgruppen von Maßnahmen in Betracht. Die Festlegung erfolgt nach Abs. 2 Satz 2 durch die Geschäftsordnung des PR. Liegt eine solche Festlegung nicht vor, muss die Dienststelle das normale Verfahren nach § 73 Abs. 1 einleiten. 21

2. Geschäftsordnung (**Satz 2**). Die Festlegung der Einzelfälle und Fallgruppen nach Abs. 2 Satz 1 und 2 muss zwingend in der Geschäftsordnung des PR (§ 39) erfolgen. Dies bedeutet, dass sich der PR dann zwingend eine Geschäftsordnung geben muss, wohingegen § 39 Abs. 1 es dem PR frei stellt, ob er eine Geschäftsordnung erlässt. Die Beschlussfassung des PR richtet sich insoweit nach § 39 Abs. 1. Nach der Begründung des Gesetzesentwurfs soll durch das Erfordernis der Geschäftsordnungsregelung sichergestellt werden, dass die Mehrheit des PR und der Gruppen eine solche Vorgehensweise und die dabei geregelten Fälle mitträgt. Die Dienststelle hat keinen Anspruch darauf, dass der PR eine entspr. Geschäftsordnung erlässt bzw. entspr. Festlegungen in die Geschäftsordnung aufnimmt. § 73 Abs. 2 will nur das Verfahren des PR erleichtern, aber nicht die Dienststelle privilegieren. 22

Bestimmtheit. In der Geschäftsordnung müssen die Maßnahmen, die der Vorabzustimmung unterfallen sollen, eindeutig und zweifelsfrei festgelegt sein. Bestehen aufgrund der Regelung in der Geschäftsordnung Zweifel an der Vorabzustimmung, ist die Dienststelle nicht zum Vollzug der Maßnahme berechtigt. Sie kann dann im Wege der vertrauensvollen Zusammenarbeit auf eine Klarstellung in der Geschäftsordnung hinwirken oder das Normalverfahren wählen. 23

Dauer. Die Vorabzustimmung wirkt ab Inkrafttreten der Geschäftsordnung des PR, was eine ordnungsgemäße und § 39 Abs. 1 genügende Beschlussfassung des PR voraussetzt. Sie wirkt für die Dauer der Amtszeit des PR. Eine zeitlich befristete Regelung ist nicht vorgesehen, wegen der jederzeitigen Widerruflichkeit aber auch nicht erforderlich. 24

Änderung/Widerruf. Die Bestimmung über die Vorabzustimmung in der Geschäftsordnung kann nach Abs. 2 Satz 2 jederzeit geändert oder gänzlich wi- 25 derrufen werden. Durch diese Dispositionsbefugnis wird vom Gesetz nochmals unterstrichen, dass allein der PR durch die Regelung privilegiert sein soll und frei darüber entscheiden kann, ob er auf einem normalen Mitbestimmungsverfahren besteht oder vom Vorabzustimmungsverfahren Gebrauch machen will. Es bedarf keiner besonderen Voraussetzungen, um einen Widerruf oder eine Änderung zu beschließen. Diese Beschlussfassung muss ihrerseits den formellen Erfordernissen des § 39 Abs. 1 entsprechen und der Dienststelle mitgeteilt werden (§ 39 Abs. 3). Ein Widerruf bzw. eine Änderung wird insb. dann in Betracht kommen, wenn in der praktischen Umsetzung der Vorabzustimmung Zweifelsfälle zu Tage treten bzw. sich erweist, dass von der Zustimmung auch Fälle erfasst werden, die der PR eigentlich nach §§ 76 ff. behandeln will.

26 **3. Bekanntgabe (Satz 3).** Nach Abs. 2 Satz 3 hat die Dienststelle, die Fälle, in denen die Vorabzustimmung in Anspruch genommen worden ist, dem PR jeweils in der nächsten Sitzung bekannt zu geben. Damit soll dem PR die Möglichkeit eröffnet werden, die praktische Umsetzung im Auge zu behalten und ggf. Änderungen an der Geschäftsordnung vorzunehmen.

§ 74 Angelegenheiten der uneingeschränkten Mitbestimmung

(1) Der Personalrat hat mitzubestimmen über die

1. **Gewährung von Unterstützungen, Vorschüssen, Darlehen und entsprechenden sozialen Zuwendungen,**
2. **allgemeine Festsetzung der Nutzungsbedingungen für Wohnungen, über die die Beschäftigungsdienststelle verfügt oder für die die Beschäftigungsdienststelle ein Vorschlagsrecht hat,**
3. **Zuweisung von Wohnungen nach Nummer 2,**
4. **Kündigung von Wohnungen nach Nummer 2,**
5. **Aufstellung des Urlaubsplans,**
6. **Festsetzung der zeitlichen Lage des Erholungsurlaubs für einzelne Beschäftigte, wenn zwischen dem Leiter der Dienststelle und den beteiligten Beschäftigten kein Einverständnis erzielt wird.**

(2) Der Personalrat hat, soweit eine gesetzliche oder tarifliche Regelung nicht besteht, mitzubestimmen über

1. **Regelungen der Ordnung in der Dienststelle und des Verhaltens der Beschäftigten,**
2. **Beginn und Ende der täglichen Arbeitszeit und der Pausen sowie die Verteilung der Arbeitszeit auf die einzelnen Wochentage,**
3. **Einführung, Anwendung, wesentliche Änderung und Aufhebung von Arbeitszeitmodellen,**
4. **Anordnung von Mehrarbeit oder Überstunden, Bereitschaftsdienst und Rufbereitschaft,**
5. **Fragen der Gestaltung des Entgelts innerhalb der Dienststelle für Arbeitnehmer, insbesondere durch Aufstellung von Entgeltgrundsätzen, die Einführung und Anwendung von neuen Entgeltmethoden und deren Änderung sowie die Festsetzung der Akkord- und Prämiensätze und vergleichbarer leistungsbezogener Entgelte, sowie entsprechende Regelungen innerhalb der Dienststelle für Beamte,**
6. **Errichtung, Verwaltung, wesentliche Änderung und Auflösung von Sozialeinrichtungen ohne Rücksicht auf ihre Rechtsform,**

7. Maßnahmen zur Verhütung von Dienst- und Arbeitsunfällen, Berufskrankheiten und sonstigen Gesundheitsschädigungen sowie von Gesundheitsgefährdungen,

8. Maßnahmen des behördlichen oder betrieblichen Gesundheitsmanagements einschließlich vorbereitender und präventiver Maßnahmen, allgemeine Fragen des behördlichen oder betrieblichen Eingliederungsmanagements, Maßnahmen aufgrund von Feststellungen aus Gefährdungsanalysen,

9. Aufstellung von Sozialplänen einschließlich Plänen für Umschulungen zum Ausgleich oder zur Milderung von wirtschaftlichen Nachteilen, die den Beschäftigten infolge von Rationalisierungsmaßnahmen entstehen,

10. Grundsätze über die Bewertung von anerkannten Vorschlägen im Rahmen des behördlichen oder betrieblichen Vorschlagwesens.

(3) Muss für Gruppen von Beschäftigten die tägliche Arbeitszeit nach Erfordernissen, die die Dienststelle nicht voraussehen kann, unregelmäßig und kurzfristig festgesetzt werden, so beschränkt sich die Mitbestimmung nach Absatz 2 Nummer 2 und 4 auf die Grundsätze für die Aufstellung der Dienstpläne.

Vorbemerkung. In der Vorschrift sind nunmehr sämtliche Angelegenheiten aufgeführt, in denen der PR uneingeschränkt mitzubestimmen hat. Die Aufzählung ist **abschließend.** Über diese Aufzählung hinaus können weder durch Tarifvertrag noch durch Dienstvereinbarung weitere Angelegenheiten der uneingeschränkten Mitbestimmung unterstellt werden (§§ 3, 85). In **Abs. 1** sind die Angelegenheiten aufgeführt, in denen der PR immer mitzubestimmen hat. **Abs. 2** zählt die Angelegenheiten auf, in denen der PR nur mitzubestimmen hat, soweit keine gesetzliche oder tarifliche Regelung besteht. In **Abs. 3** wird, wenn eine unregelmäßige und kurzfristige Festsetzung der täglichen Arbeitszeit erforderlich ist, die Mitbestimmung des PR beschränkt auf die Grundsätze für die Aufstellung der Dienstpläne. 1

Antrag/Widerspruch des Beschäftigten. In den Angelegenheiten des Abs. 1 Nr. 4 (Kündigung von Wohnungen) besteht ein Mitbestimmungsrecht des PR nur, wenn der Beschäftigte dies beantragt (§ 76 Abs. 2 Satz 1 Nr. 2). In den Angelegenheiten des Abs. 1 Nr. 1 (Gewährung von sozialen Zuwendungen) kann der betroffene Beschäftigte der Beteiligung des PR widersprechen (§ 76 Abs. 2 Satz 1 Nr. 3). In beiden Fällen hat der betroffene Beschäftigte auch die Möglichkeit, die Beteiligung des PR auf dessen Vorstand zu beschränken (§ 76 Abs. 4). 2

Form der Ausübung. Bei den Mitbestimmungstatbeständen des Abs. 1 Nr. 2, 5 und 6 sowie der Abs. 2 und 3, die nicht auf Einzelpersonen bezogen sind, kann das Mitbestimmungsrecht sowohl im Einzelfall als auch durch Abschluss einer Dienstvereinbarung nach § 85 ausgeübt werden. Auf die Kommentierung zu § 85 wird verwiesen. 3

Unterbliebene/mangelhafte Beteiligung. Eine unterbliebene oder mangelhafte Beteiligung des PR kann bis zum Abschluss des Widerspruchsverfahrens nachgeholt werden, wenn ihr noch eine echte Einwirkungsmöglichkeit auf die Entscheidung der Dienststelle gewährt wird. 4

I. Angelegenheiten der uneingeschränkten Mitbestimmung

5 **Begriff.** Bei der uneingeschränkten Mitbestimmung trifft die Einigungsstelle im Falle der Nichteinigung des PR mit der obersten Dienstbehörde oder dem in § 89 Abs. 1 Satz 1 Nr. 1 genannten obersten Organ eine abschließende und für die Beteiligten verbindliche Entscheidung (§ 78 Abs. 2 Sätze 1 und 2), bei der eingeschränkten Mitbestimmung (s. § 75) kann die Einigungsstelle nicht entscheiden, sondern nur eine Empfehlung an die oberste Dienststelle beschließen (§ 78 Abs. 4 Satz 1). Auf die Kommentierung zu § 78 wird verwiesen.

6 **Nr. 1: Soziale Zuwendungen.** Die Personalvertretung hat mitzubestimmen bei der Gewährung von **Unterstützungen**, Vorschüssen, Darlehen und entsprechenden sozialen Zuwendungen. Eines Antrags des Beschäftigten auf Beteiligung bedarf es nicht, dieser hat jedoch das **Recht**, der **PR-Beteiligung zu widersprechen** (§ 76 Abs. 2 Satz 1 Nr. 3); er ist von der beabsichtigten Maßnahme rechtzeitig vorher in Kenntnis zu setzen und auf sein Widerspruchsrecht hinzuweisen (§ 76 Abs. 3). Neben dem Widerspruchsrecht hat der Beschäftigte auch die Möglichkeit, die Beteiligung des PR auf dessen Vorstand zu beschränken (§ 76 Abs. 4).

7 **Unterstützungen.** Eine Unterstützung ist eine vom Dienstherrn ohne rechtliche Verpflichtung mit Rücksicht auf die allg. Fürsorgepflicht gewährte Leistung zur Erleichterung einer individuellen Notlage (BVerwG, 21.3.1980 – 6 P 79/78 – PersV 1981, 329). Damit scheiden alle Zuwendungen aus, auf die ein Rechtsanspruch besteht (z. B. Beihilfen in Krankheits-, Geburts- und Todesfällen, Jubiläumsgaben, Umzugskostenvergütungen). Ebenfalls scheiden Leistungen aus, die unter gleichen Voraussetzungen allen oder einem größeren Kreis von Beschäftigten ohne Rücksicht auf deren Bedürftigkeit gewährt werden, da es sich dann nicht mehr um soziale Zuwendungen handelt. Keine sozialen Zuwendungen sind somit Gehaltsvorschüsse (vgl. Ilbertz-Widmaier § 75 Rn. 40; s. auch die Verwaltungsvorschrift des Finanzministeriums vom 28.1.2008, GABl. S. 84, ber. S. 211, in der für die Gewährung eines Gehaltsvorschusses zwar verlangt wird, dass der Beschäftigte durch besondere Umstände ungewöhnlicher Art zu unabwendbaren Ausgaben genötigt ist, die er aus den laufenden Bezügen nicht bestreiten kann, die Kriterien hierfür aber abstrakt-generell festgelegt sind, ohne dass es auf die persönliche Bedürftigkeit ankommt). Auch bei der im Ermessen des Dienstherrn liegenden Gewährung von Sachschadensersatz handelt es sich um keine soziale Zuwendung i. S. d. Abs. 1 Nr. 1 (BVerwG, 30.3.1989 – 6 P 6/86 – PersV 1989, 362 = PersR 1989, 159). Ablehnende Entscheidungen, mit denen die beantragte Unterstützung versagt wird, unterliegen ebenfalls der Mitbestimmung.

8 **Nr. 2: Nutzungsbedingungen.** Zur allg. Festsetzung der Nutzungsbedingungen gehören insb. die Aufstellung von Grundsätzen für die Gestaltung der Mietverhältnisse (z. B. Mustermietvertrag, Hausordnung) und die Ermittlung des Mietzinses (u. a. Erhöhungssatz, wenn dieser als ein allg. Durchschnittswert angestrebt wird und die Entscheidung, ob lineare oder nichtlineare Erhöhung). Ein Mitbestimmungsrecht besteht bei Regelungen dieser Art jedoch nur, wenn und soweit die Beschäftigungsdienststelle eine Entscheidungskompetenz hat. **Kein**

Mitbestimmungsrecht besteht bei entsprechenden **Regelungen im konkreten Einzelfall**, z. B. bei der Festsetzung des Mietzinses für eine zugewiesene Wohnung (BVerwG, 15.3.1995 – 6 P 24/93 – juris). Ein Mitbestimmungsrecht besteht nur, wenn die Beschäftigungsdienststelle entweder über eine **Wohnung verfügt** oder sie ein **Vorschlagsrecht** hat. Auch über eine Wohnung, die nicht in ihrem Eigentum steht, verfügt die Beschäftigungsdienststelle, wenn ihr das Besetzungsrecht zusteht. Beim Vorschlagsrecht schlägt die Beschäftigungsdienststelle der verfügenden Dienststelle vor, die Wohnung an einen bestimmten Beschäftigten zu vergeben, das Entscheidungsrecht steht aber der verfügenden Dienststelle zu. Im staatlichen Bereich hat Abs. 1 Nr. 2–4 keine große Bedeutung, da Wohnungen, die im Eigentum des Landes stehen, vom Landesbetrieb Vermögen und Bau Baden-Württemberg verwaltet werden. Sie kommt allerdings zur Anwendung, wenn eine dieser Wohnung an Beschäftigte des Landesbetriebs Vermögen und Bau Baden-Württemberg vergeben wird, unter der Voraussetzung, dass die Entscheidung vom Dienststellenleiter und nicht von einem Wohnungsausschuss beim Landesbetrieb Vermögen und Bau Baden-Württemberg getroffen wird.

Nr. 3: Zuweisung von Wohnungen. Eine bloße Stellungnahme des Dienststellenleiters zur Wohnungsbelegung, auch ein Verzicht auf die Belegung ggü. der entscheidenden Stelle, begründet kein Mitbestimmungsrecht des PR. 9

Nr. 4: Wohnungskündigung. Wird die Wohnung durch die Dienststelle gekündigt, wird der PR **nur auf Antrag** des betroffenen Beschäftigten beteiligt (§ 76 Abs. 2 Satz 1 Nr. 2). Damit er dieses Recht ausüben kann, ist der Dienststellenleiter verpflichtet, den Beschäftigten rechtzeitig von der beabsichtigten Maßnahme zu unterrichten und auf sein Antragsrecht hinzuweisen (§ 76 Abs. 3). Der Beschäftigte kann hier verlangen, dass nur der Vorstand des PR mitbestimmt (§ 76 Abs. 4). 10

Nr. 5: Urlaubsplan. Der PR hat mitzubestimmen bei der Aufstellung des Urlaubsplans. Die Dauer des Urlaubs ist für Beamte in der Arbeitszeit- und Urlaubsverordnung und für Arbeitnehmer tarifvertraglich (s. TVöD und TV-L) geregelt. Insoweit ist der PR nicht beteiligt. Das Mitbestimmungsrecht bezieht sich auf die Lage des Urlaubs im Urlaubsjahr. Schutzzweck ist, auf eine gerechte Abwägung der Interessen der Einzelnen zu den Vorstellungen anderer Beschäftigten und zu den dienstlichen Interessen zu achten (BVerwG, 19.1.1993 – 6 P 19/90 – PersV 1993, 369 = PersR 1993, 167). Die Aufstellung des Urlaubsplans umfasst die zeitliche Lage des Urlaubs der Beschäftigten und die Regelung der Urlaubsvertretung. Auch die Festlegung der allg. Verfahrensgrundsätze, nach denen der Urlaub zu erteilen ist, z. B. Auslegung der Urlaubsliste, wird von der Mitbestimmung erfasst. Die Anordnung einer **Urlaubssperre** ist dagegen **nicht mitbestimmungspflichtig.** 11

Urlaubsplanung in Schulen. Die Festlegung des jährlichen Erholungsurlaubs der Lehrkräfte einer Musikschule auf die Faschingsferien und die Sommerferien der allgemeinbildenden Schulen unterliegt, da die Urlaubszeiten koordiniert werden, der Mitbestimmung des PR (VGH Mannheim, 20.6.2000 – PL 15 S 2134/99 – PersR 2000, 431). 12

13 **Nr. 6: Erholungsurlaub für einzelne Beschäftigte.** Der PR hat weiter mitzubestimmen über die Festsetzung der zeitlichen Lage des Erholungsurlaubs für einzelne Beschäftigte, wenn zwischen dem Dienststellenleiter und den beteiligten Beschäftigten kein Einverständnis erzielt wird. Dienststellenleiter und PR haben sowohl auf die Wünsche der Beschäftigten wie auch auf die dienstlichen Erfordernisse Rücksicht zu nehmen.

14 **Urlaubsbegriff.** Das Mitbestimmungsrecht erstreckt sich **nur** auf den **Erholungsurlaub** (§§ 21–25 Arbeitszeit- und Urlaubsverordnung, § 26 TVöD/TV-L), nicht auf den Sonderurlaub (§§ 26–30 Arbeitszeit- und Urlaubsverordnung, § 29 TVöD/TV-L) und den Urlaub aus sonstigen Gründen (§ 31 Arbeitszeit- und Urlaubsverordnung, § 28 TVöD/TV-L).

II. Mitbestimmung soweit keine gesetzliche oder tarifliche Regelung

15 **Vorrangige Regelungen.** In den in Abs. 2 genannten, grundsätzlich der uneingeschränkten Mitbestimmung unterliegenden Angelegenheiten, kann der PR **nur mitbestimmen, soweit keine gesetzliche oder tarifliche Regelung besteht.** Eine die Mitbestimmung ausschließende gesetzliche oder tarifliche Regelung liegt nur vor, wenn der Sachverhalt vollständig, umfassend und erschöpfend unmittelbar geregelt ist und es zum Vollzug der Maßnahme keines Ausführungsaktes mehr bedarf (BVerwG, 12.8.2002 – 6 P 17/01 – PersV 2003, 192 = PersR 2002, 473 und 18.5.2004 – PersV 2004, 386 = PersR 2004, 349). Die Regelung muss zwingend sein, eine gesetzliche Ermessensvorschrift entfaltet keine Sperrwirkung (BVerwG, 15.12.1994 – 6 P 19/92 – PersV 1995, 376 = PersR 1995, 207).

16 **Nr. 1: Ordnung in der Dienststelle.** Es muss sich um Regelungen für alle Beschäftigten oder wenigstens für bestimmte Gruppen von Beschäftigten der Dienststelle handeln, und zwar grundsätzlich um solche Regelungen, die das sog. Betriebsverhältnis, nicht (auch) das Grundverhältnis (Beamtenverhältnis, Arbeitsverhältnis) selbst betreffen; umfasst sind z. B. Vorschriften über Krank- und Abwesenheitsmeldung, Regelung des Hausdienstes, Parken von Fahrzeugen, Steuern von Dienstkraftwagen durch Selbstfahrer, Handel oder Entgegennahme von Bestellungen in der Dienststelle, Rauchverbot. Dies sind Regelungen, die das Miteinander der Beschäftigten und den Gebrauch der ihnen von der Dienststelle zur Verfügung gestellten Gegenstände ordnen (BVerwG, 19.5.2003 – 6 P 16/02 – PersV 2003, 339 = PersR 2003, 314). Auch das von der Dienststelle erlassene Verbot, während der Dienstzeit Rundfunksendungen zu hören, unterliegt der Mitbestimmung (BVerwG, 30.12.1987 – 6 P 20/82 – PersV 1989, 71 = PersR 1988, 54).

17 **Dienstaufgaben.** Dagegen unterliegen Regelungen, die die Erfüllung der dienstlichen Aufgaben der Beschäftigten regeln, also mit ihrer Arbeitsleistung in unmittelbarem Zusammenhang stehen, oder diensttechnische Regelungen, die den Ablauf des Dienstes gestalten, **nicht der Mitbestimmung,** denn die Beteiligung kann nicht so weit gehen, dass die Erfüllung der Aufgaben der Dienst-

stelle auch hinsichtlich ihrer Art und Weise von der Mitbestimmung des PR abhängt (BVerwG, 19.5.2003 – 6 P 16/02 – PersV 2003, 339 = PersR 2003, 314).

Abgrenzung. Bei Anordnungen, die sowohl das allg. Verhalten der Beschäftigten als auch die Erfüllung von Dienstaufgaben regeln, ist maßgebend, welcher Zweck objektiv im Vordergrund steht. Mitbestimmungsfrei sind Regelungen, bei denen die Diensterfüllung eindeutig Vorrang hat und die Verhaltens- und Ordnungsmaßnahme nur zwangsläufige Folge ist. Entschieden wurden folgende Einzelfälle: 18

Generelle Regelungen. Der Mitbestimmung unterliegen nur generelle Regelungen, die für alle Beschäftigte oder jedenfalls für einen nach abstrakten Kriterien abgrenzbaren Teil der Beschäftigten gelten. Anordnungen, die sich auf **einzelne Arbeitsplätze beschränken**, z. B. die Zuweisung von Dienstzimmern an einzelne Beschäftigte, gehören nicht zur Regelung der Ordnung in der Dienststelle. 19

Bekleidungsvorschriften. Anordnungen über das **Tragen der Dienstkleidung** der Beamten des Polizeivollzugsdienstes sind mitbestimmungsfrei, da sie die formale Gestaltung des Dienstes betreffen und damit den diensttechnischen Anordnungen zuzurechnen sind (OVG Lüneburg, 19.2.1986 – 17 B 16/85 – PersV 1988, 441; OVG Münster, 30.9.1986 – CB 26/84 – PersV 1988, 271). Zur „Kleiderordnung" in medizinischen Einrichtungen s. OVG Münster, 12.3.2003 – 1 A 5764/00.PVL – PersV 2004, 175 = PersR 2003, 323. 20

Anwesenheitserfassung. Die Anordnung der Führung von **Abwesenheitslisten,** in die von den Beschäftigten vor Verlassen des Dienstgebäudes der Zeitraum, der Anlass (dienstlich oder privat) sowie bei Dienstgängen der entspr. Aufenthaltsort einzutragen sind, unterliegt nicht der Mitbestimmung (BVerwG, 19.6.1990 – 6 P 3/87 – PersV 1990, 534 = PersR 1990, 259). 21

Alkohol-/Rauchverbot. Ein allg. **Alkoholverbot** unterliegt der Mitbestimmung, wenn im Vordergrund die Regelung des allg. Verhaltens der Beschäftigten und die Ordnung in der Dienststelle stehen, nicht aber, wenn das Alkoholverbot zur Sicherstellung der Erfüllung konkreter dienstlicher Aufgaben erlassen werden soll, z. B. für waffentragende Zollbeamte oder für Fahrer von Dienstkraftfahrzeugen. Eine solche Anordnung regelt nicht das „Verhalten der Beschäftigten", sondern betrifft unmittelbar die „Dienstausübung". Ein **Rauchverbot** zum Schutz vor Belästigungen am Arbeitsplatz ist der Mitbestimmung unterworfen. 22

Mitarbeitergespräche. Die Einführung strukturierter und formalisierter **Mitarbeitergespräche** mit Zielvereinbarung unterliegt der Mitbestimmung, allerdings nur hinsichtlich der Festlegung, welche Gesprächspartner in welchen Zeitabständen miteinander zu reden haben (VGH Mannheim, 9.5.2000 – PL 15 S 2514/99 – PersV 2000, 528 = PersR 2000, 291). 23

Erkrankte Beschäftigte. Dienstliche **Weisungen** zum Verhalten **gegenüber langzeiterkrankten und häufig kurzzeiterkrankten Beschäftigten** sind keine Angelegenheiten i. S. v. Nr. 1. Ebenso sind Gespräche mit Langzeitkranken über deren 24

Gesundheitszustand und die voraussichtliche Wiederaufnahme des Dienstes, die dazu dienen, die Voraussetzungen für die Wiederaufnahme des Dienstes zu schaffen, mitbestimmungsfrei.

25 **Ärztliche Bescheinigung.** Anordnungen, nach denen Beschäftigte, die während der Arbeitszeit einen Arzt aufsuchen, die Notwendigkeit des **Arztbesuch**s besonders nachweisen und sich bereit erklären müssen, auf Anforderung eine ärztliche Bescheinigung nachzureichen, fallen als Ordnungsmaßnahme unter Nr. 1 (OVG Münster, 3.2.2000 – 1 A 426/98.PVL – PersV 2000, 567 = PersR 2000, 517).

26 **Erscheinungsbild der Dienststelle.** Die Einführung einer bestimmten **Computerschrift** als Standardschriftart und die Bestimmung ihrer Verwendung als einheitliche Hausschrift regelt ausschließlich, in welcher Schriftform der dienstliche Schriftverkehr intern und extern abgewickelt werden soll und unterliegt deshalb nicht der Nr. 1 (VGH Mannheim, 17.9.2002 – PL 15 S 623/02 – PersR 2003, 78). Das Gleiche gilt für die **Anweisung** an Sachbearbeiter, auch ihren **Vornamen in Dienstbriefen anzugeben**.

27 **Nr. 2: Arbeitszeit.** Der PR hat mitzubestimmen über Beginn und Ende der täglichen Arbeitszeit und der Pausen sowie die Verteilung der Arbeitszeit auf die einzelnen Wochentage. Die **Dauer der wöchentlichen Arbeitszeit** unterliegt dagegen **nicht** der Mitbestimmung; sie wird für Beamte festgelegt in § 67 LBG sowie § 4 Arbeitszeit- und Urlaubsverordnung und für Arbeitnehmer durch Tarifvertrag (§ 6 Abs. 1, 2 TVöD, TV-L). Wegen der Mitbestimmung bei der Änderung der arbeitsvertraglich vereinbarten Arbeitszeit von Arbeitnehmern s. § 75 Abs. 1 Nr. 10.

28 **Umfang.** Dem Mitbestimmungsrecht des PR unterfällt jede Maßnahme, durch die eine generelle und unmittelbar verbindliche Verteilung der vorgeschriebenen Arbeitszeit und der Arbeitspausen auf die Wochenarbeitszeit oder die einzelnen Wochentage erfolgen soll (BVerwG, 12.8.2002 – 6 P 17/01 – PersV 2003, 192 = PersR 2002, 473). Mitbestimmungspflichtig sind nur (generelle konkrete) Regelungen, die alle Beschäftigte oder eine bestimmte Gruppe von ihnen umfassen; die Festlegung der Arbeitszeit nur eines einzelnen Beschäftigten ist demgegenüber nicht mitbestimmungspflichtig (nur kollektiver Schutzauftrag). Die Mitbestimmungspflicht kann auch greifen, wenn nur ein Teil der täglichen Arbeitszeit geregelt wird (BVerwG, 12.8.2002 – 6 P 17/01 – PersV 2003, 192 = PersR 2002, 473).

29 **Zuständigkeit der Dienststelle.** Das Mitbestimmungsrecht steht dem PR nur insoweit zu, soweit die einzelne Dienststelle eine **Entscheidungsfreiheit** hat, also insb. nicht durch eine **abschließende** gesetzliche oder tarifliche Regelung oder durch eine Verwaltungsanordnung einer übergeordneten Stelle gebunden ist. Ein Mitbestimmungsrecht besteht, wenn und soweit nach den gesetzlichen oder tarifvertraglichen Bestimmungen die Dienststelle einen Spielraum hat; so räumen §§ 6 ff. TV-L, §§ 7 ff. TVöD und §§ 8 ff. Arbeitszeit- und Urlaubsverordnung den einzelnen Dienststellen eine weite Entscheidungsbefugnis ein. Gegenstand des Mitbestimmungsrechts bilden die Verteilung der abzuleistenden

Arbeitszeit auf die zur Verfügung stehenden Arbeitstage und die Bestimmung ihrer zeitlichen Lage am einzelnen Arbeitstag. Hierzu gehört auch die Einführung der sog. **gleitenden Arbeitszeit** (s. § 9 Arbeitszeit- und Urlaubsverordnung), soweit diese nicht durch allg. Normen verbindlich geregelt ist (Festlegung der Kernarbeitszeit und der Gleitzeitspanne). Auch bei der Erstellung oder Änderung von **Schicht**-(Dienst-)**Plänen** bestimmt der PR nur mit, wenn und soweit nach den gesetzlichen oder tarifvertraglichen Bestimmungen die Dienststelle einen Spielraum zur Festlegung von Beginn und Ende der Arbeitszeit der betroffenen Beschäftigten hat (BVerwG, 2.3.1993 – 6 P 34/91 – PersV 1994, 231 = PersR 1993, 266).

30 **Stundenpläne.** Der Gesamtstundenplan und der **Lehrerstundenplan** der Schule unterliegen nicht der Mitbestimmung, denn hierbei handelt es sich nicht um eine generelle Regelung, sondern um ein Bündel von individuellen Festsetzungen (BVerwG, 23.12.1982 – 6 P 36/79 – PersV 1983, 413). Auch die Regelung von Präsenztagen am Ende der Sommerferien in der Dienstanweisung für Lehrerinnen und Lehrer ist nicht mitbestimmungspflichtig (BVerwG, 23.8.2007 – 6 P 7/06 – PersR 2007, 476).

31 **Einzelfälle.** Die Entscheidung über eine Verlängerung der Schalteröffnungszeiten ist, da sie die Erfüllung der Aufgaben der Sparkasse ggü. der Allgemeinheit und ihren Kunden betrifft, der Mitbestimmung entzogen (VGH Mannheim, 19.10.1999 – PL 15 S 326/99 – PersV 2002, 29 = PersR 2000, 25).

31a **Festlegung von Grundsätzen.** Aus der Einschränkung in Abs. 3 ergibt sich, dass Nr. 2 nur die Festsetzung der Arbeitszeit nach **vorhersehbaren** Erfordernissen umfasst. Ist eine unregelmäßige und kurzfristige Festsetzung der täglichen Arbeitszeit erforderlich und zwar aufgrund von Umständen, die für die Dienststelle nicht voraussehbar sind, wird das in Nr. 2 eingeräumte Mitbestimmungsrecht auf die **Festlegung von Grundsätzen** für die Aufstellung von Dienstplänen beschränkt. Dies sind die allg. Regeln, nach denen die Arbeitszeitfestsetzung zu erfolgen hat. Ist die Mitbestimmung auf die Aufstellung von Grundsätzen beschränkt, so unterliegt die jeweilige Festsetzung auch dann keiner Mitbestimmung, wenn die Dienststelle keine Grundsätze erlässt (VGH Mannheim, 8.9.1992 – 15 S 2807/91 – PersV 1997, 501).

32 **Zustimmungsverweigerung.** Der PR kann die Zustimmungsverweigerung darauf stützen, dass die vom Dienststellenleiter seiner Dienstzeitordnung zugrunde gelegte arbeitszeitrechtliche Beurteilung nicht der arbeitszeitrechtlichen Rechtslage – nur an diese wäre auch der PR gebunden – entspricht (VGH Mannheim, 1.4.2003 – PL 15 S 2688/02 – PersV 2003, 463 = PersR 2003, 366).

33 **Nr. 3: Arbeitszeitmodelle.** Nach diesem durch das ÄG 2013 neu eingefügten Beteiligungstatbestand bestimmt der PR mit bei Einführung, Anwendung, wesentlichen Änderung und Aufhebung von Arbeitszeitmodellen. Damit ist klargestellt, dass der PR auch dann mitzubestimmen hat, wenn die Beschäftigten flexible Arbeitszeiträume eingeräumt worden sind, insb. gleitende Arbeitszeit.

34 **Nr. 4: Mehrarbeit/Überstunden/Bereitschaftsdienst/Rufbereitschaft.** Mit diesem durch das ÄG 2013 neu eingefügten Beteiligungstatbestand wird zum einen entsprechend der Rspr. klargestellt, dass das Mitbestimmungsrecht auch die Entscheidung umfasst, ob und in welchem Umfang Mehrarbeit oder Überstunden angeordnet werden (vgl. BVerwG, 30.6.2005 – 6 P 9/04 – PersV 2006, 24 = PersR 2005, 416). Neben der Festlegung der Tage und Tageszeiten, zu denen vom Dienststellenleiter angeordnete Mehrarbeit oder Überstunden geleistet werden sollen, gehört dazu auch die Entscheidung, ob Mehrarbeit oder Überstunden überhaupt angeordnet werden. Kein Mitbestimmungsrecht besteht bei der Entscheidung über den Abbau der Überstunden. Für Beamte siehe die in § 67 Abs. 3 LBG getroffene Regelung.

35 **Präsenzpflicht.** Weiter wird klargestellt, dass das Mitbestimmungsrecht auch die Entscheidung umfasst, ob und in welchem Umfang Bereitschaftsdienst oder Rufbereitschaft angeordnet werden. Da **Bereitschaftsdienst** (= Bereithalten an einem vom Arbeitgeber bestimmten Ort außerhalb des privaten Bereichs, um im Bedarfsfall die Arbeit aufnehmen zu können, s. § 7 Abs. 3 ArbZG, § 7 Abs. 3 TV-L, § 9 TVöD) als Arbeitszeit gilt, unterlag seine Vereinbarung, Anordnung oder Änderung schon nach der bisherigen Rspr. der Mitbestimmung. Ausdrücklich aufgenommen in den Mitbestimmungstatbestand wurde durch das ÄG 2013 die **Rufbereitschaft.** Auch wenn diese nur ein Bereithalten im privaten Bereich verlangt (s. z. B. § 7 Abs. 4 TV-L), wird dadurch doch für die betroffenen Beschäftigten Dauer, Beginn oder Ende der Arbeitszeit i. S. v. Nr. 4 festgelegt. Keine mitbestimmungspflichtige Arbeitszeitregelung i. S. der Nr. 4 ist die Anordnung der grundsätzlichen Präsenzpflicht von **wissenschaftlichen Mitarbeitern und von Lehrkräften** für besondere Aufgaben an einer Pädagogischen Hochschule während der vorlesungsfreien Zeit durch den Rektor (VGH Mannheim, 21.10.1986 – 15 S 496/86 – PersV 1988, 261 (LS)). Dies ist auch der Fall bei der Festlegung des **Elternsprechtags** durch den Schulleiter (VGH Kassel, 30.3.1988 – HPV TL 337/84 – PersV 1990, 37 (LS)).

36 **Festlegung von Grundsätzen.** Aus der Einschränkung in Abs. 3 ergibt sich, dass Nr. 4 nur die Anordnung der **vorhersehbaren** Mehrarbeit und Überstunden und des **vorhersehbaren** Bereitschaftsdienstes umfasst. Ist eine unregelmäßige und kurzfristige Festsetzung der täglichen Arbeitszeit erforderlich und zwar aufgrund von Umständen, die für die Dienststelle nicht voraussehbar sind, wird das in Nr. 4 eingeräumte Mitbestimmungsrecht auf die **Festlegung von Grundsätzen** für die Aufstellung von Dienstplänen, insb. für die Anordnung von Rufbereitschaft, Mehrarbeit und Überstunden beschränkt. Ist die Mitbestimmung auf die Aufstellung von Grundsätzen beschränkt, so unterliegt die jeweilige Festsetzung auch dann keiner Mitbestimmung, wenn die Dienststelle keine Grundsätze erlässt (VGH Mannheim, 8.9.1992 – 15 S 2807/91 – PersV 1997, 501).

37 **Nr. 5: Fragen der Entgeltgestaltung.** Der PR hat mitzubestimmen bei Fragen der Entgeltgestaltung innerhalb der Dienststelle für Arbeitnehmer, insb. durch Aufstellung von Entgeltgrundsätzen, die Einführung und Anwendung von neuen Entgeltmethoden und deren Änderung sowie die Festsetzung der Akkord- und Prämiensätze und vergleichbarer leistungsbezogener Entgelte sowie

entsprechender Regelungen für Beamte. Der Bestimmung kommt im Bereich der einzelnen Dienststellen keine nennenswerte Bedeutung zu, da die entsprechenden Fragen entweder durch Gesetz oder Rechtsverordnung geregelt sind (s. z. B. für die Sonderzuschläge zur Sicherung der Funktions- und Wettbewerbsfähigkeit § 75 LBesGBW und für die Leistungsprämien § 76 LBesGBW) oder Gegenstand tarifvertraglicher Vereinbarungen sind. Der Mitbestimmung unterliegen nur abstrakt-generelle Regelungen (BVerwG, 23.12.1982 – 6 P 19/80 – PersV 1983, 506).

Entgeltgestaltung. Die Gestaltung des Entgelts i. S. d. Vorschrift umfasst das Aufstellen von allg. Regeln, nach denen das Entgelt zu erfolgen hat, nicht die Lohnhöhe. **Entgeltgrundsätze** legen die Errechnung des Entgelts fest, also die Technik. Mit den **Entgeltmethoden** wird die Art und Weise der erstmaligen und weiteren Anwendung oder Änderung der Entgeltgrundsätze bestimmt. Unter Akkord- und Prämiensätzen **vergleichbare leistungsbezogene Entgelte** sind solche zu verstehen, deren Höhe sich aus dem Verhältnis zur Arbeitsleistung ermittelt. Mitbestimmungspflichtig ist danach grundsätzlich die Aufstellung allg. Kriterienkataloge zur Festsetzung von Leistungsprämien i. S. v. § 76 LBesGBW (die Rechtsverordnung nach § 76 Abs. 6 LBesGBW steht noch aus, die bisher geltende Leistungsprämien- und -zulagenverordnung vom 30.3.1998 ist am 1.1.2011 außer Kraft getreten), nicht aber die Festsetzung einzelner Leistungsprämien. 38

Beihilfe. Der einzelvertragliche Ausschluss von Beihilfeansprüchen für neu eingestellte Arbeitnehmer unterliegt nicht der Mitbestimmung nach Nr. 5 (VGH Mannheim, 12.12.2000 – PL 15 S 1212/00 – PersV 2003, 432 = PersR 2001, 218). 39

Informationsanspruch. Besteht ein Mitbestimmungsrecht, kann der PR auch verlangen, dass die Dienststelle ihn über die entsprechenden Maßnahmen unterrichtet und ihm dabei die Namen der Betroffenen mitteilt. Der Informationsanspruch des PR ist gewahrt, wenn die Unterrichtung nach getroffener Vergabeentscheidung, aber vor Vergabe der Mittel selbst erfolgt (OVG Münster, 20.9.2002 – 1 A 1061/01.PVB – PersV 2003, 178 = PersR 2003, 161). Der PR kann die dazu gehörenden Unterlagen oder vorhandenen Listen nur innerhalb der Dienststelle einsehen, dagegen nicht ihre Aushändigung verlangen (BVerwG, 22.12.1993 – 6 P 15/92 – PersV 1994, 523 = PersR 1994, 78). 40

Nr. 6: Sozialeinrichtungen. Der PR hat bei der Errichtung, Verwaltung und Auflösung sowie nunmehr auch bei der wesentlichen Änderung von Sozialeinrichtungen mitzubestimmen ohne Rücksicht auf ihre Rechtsform. Sozialeinrichtungen sind auf Dauer gedachte Einrichtungen, die von der Dienststelle zu dem Zweck geschaffen wurden, den Beschäftigten oder einzelnen Gruppen von Beschäftigten Vorteile zukommen zu lassen. Der objektive Zweck muss darin bestehen, die soziale Lage der Beschäftigten durch die Gewährung der Vorteile zu verbessern. Hierzu gehören z. B. **Behördenkantinen, Beschäftigtenparkplätze, Kindertageseinrichtungen**, Erholungsheime und Kinderheime, Sportanlagen, Fortbildungseinrichtungen und Büchereien mit Unterhaltungsliteratur. 41

Da es auf die Rechtsform dieser Einrichtungen nicht ankommt, kann es sich auch um einen unselbstständigen Teil einer Dienststelle handeln.

42 **Selbsthilfeeinrichtungen.** Selbsthilfeeinrichtungen sind Einrichtungen, die von Beschäftigten selbst geschaffen und geführt werden. Sie sind deshalb keine Sozialeinrichtungen i. S. der Nr. 6.

43 **Zuständigkeit der Dienststelle.** Das Mitbestimmungsrecht ist nur gegeben, wenn die Dienststelle auf die Art und Weise, in der die Einrichtung die ihr gesteckten Ziele erfüllen soll und auf die der Erreichung dieses Ziels dienende Arbeit einwirken kann (BVerwG, 12.7.1984 – 6 P 14/83 – ZBR 1985, 28). Es ist dann aber auch bei Einrichtungen gegeben, die über den Bereich der Dienststelle hinausgehen oder die mit anderen Dienststellen gemeinsam errichtet oder verwaltet werden (BVerwG, 24.4.1992 – 6 P 33/90 – PersV 1992, 437 = PersR 1992, 308).

44 **Umfang.** Der PR hat bei der Errichtung, der wesentlichen Änderung (einschl. Umbau, s. BVerwG, 24.2.1992 – 6 P 33/90 – PersV 1992, 437 = PersR 1992, 308) und Auflösung, aber auch in allen Verwaltungsangelegenheiten der Sozialeinrichtungen mitzubestimmen. Zur Verwaltung gehören auch Maßnahmen zur Verringerung des Leistungsangebots wie z. B. die Herausnahme einer bestimmten Anzahl von Wohnungen aus dem Kontingent der vorgehaltenen Personalunterkünfte (OVG Münster, 6.2.2002 – 1 A 144/00.PVL – PersV 2003, 62 = PersR 2002, 478) oder die Übertragung der Aufgaben des angestellten Hausmeisters auf eine Fremdfirma (OVG Hamburg, 11.6.2001 – 8 Bf 424/00.PVL – PersV 2003, 66 = PersR 2002, 121). Auch die Erhöhung der Preise in einer **Personalkantine** ist mitbestimmungspflichtig (OVG Münster, 27.3.1998 – 1 A 5806/95.PVL – PersR 1999, 73).

45 **Ausübung.** Die Mitbestimmung in Verwaltungsangelegenheiten kann entweder von Fall zu Fall oder durch Aufstellung von Grundsätzen für die Verwaltung der Einrichtung (generelle Mitbestimmung) ausgeübt werden. Ob die Mitbestimmung allein durch die Entsendung eines PR-Mitglieds in die Verwaltungsstelle der Sozialeinrichtungen wahrgenommen werden kann, ist zweifelhaft.

46 **Parkplätze.** Parkplätze, die für Beschäftigte vorgehalten werden, können Sozialeinrichtungen sein. Allerdings stellen für die Allgemeinheit bestimmte und jederzeit ohne Beschränkung auf einen bestimmten Benutzerkreis gegen Entgelt zugängliche Parkplätze auch dann keine Sozialeinrichtung dar, wenn allein die Beschäftigten eine ggü. dem allgemein erhobenen Nutzungsentgelt verbilligte Parkberechtigung durch Zahlung einer monatlichen Gebühr erwerben können (VGH Mannheim, 25.2.1997 – PL 15 S 2464/95 – PersR 1997, 402).

47 **Ausnahmen. Kranzspenden, Nachrufe oder Todesanzeigen** für verstorbene Beschäftigte sind keine Sozialeinrichtungen. Dies gilt auch für **Betriebsausflüge** und für **einzelne Wohnungen**, über die die Dienststelle verfügt. Lediglich Personalwohnhäuser mit mehreren, einheitlich verwalteten Personalwohnungen, die freiwillig erstellt und ohne Gewinnerzielungsabsicht vermietet werden, gelten als Sozialeinrichtungen (BVerwG, 24.4.1992 – 6 P 33/90 – PersV 1992, 437 = PersR 1992, 308).

Privater Betreiber. Werden Einrichtungen von außerhalb der Verwaltung stehenden Dritten betrieben (z. B. verpachtete Kantinen), hat der PR beim Abschluss und der Kündigung des Pachtvertrags mitzubestimmen. Hinsichtlich des Betriebs der Einrichtung sind, da insoweit das LPVG nicht unmittelbar gilt, besondere Regelungen über die Einflussnahme des PR auf die Verwaltung notwendig. Die Beteiligungsrechte müssen deshalb in den zwischen der Dienststelle und dem Privaten abgeschlossenen Verträgen vorbehalten werden. Gegen den Willen des Privaten können Mitbestimmungsrechte nicht erzwungen werden. Die Erhöhung der Preise in einer verpachteten Personalkantine ist deshalb nur dann mitbestimmungspflichtig, wenn sich die Dienststelle ein Zustimmungsrecht zur Essenspreiserhöhung vorbehalten hat. 48

Nr. 7: Gesundheitsschädigungen/Gesundheitsgefährdungen. Der PR hat mitzubestimmen bei Maßnahmen zur Verhütung von Dienst- und Arbeitsunfällen, Berufskrankheiten und sonstigen Gesundheitsschädigungen. Hierzu gehören insb. die Durchführung des Arbeitsschutzgesetzes vom 7.8.1996, BGBl. I S. 1246 (zul. geändert am 5.12.2009, BGBl. I S. 160) und die dazu ergangenen Verordnungen, die Beachtung von Unfallschutzvorschriften, die Anordnung und Einrichtung von Arbeitsschutzvorrichtungen und Maßnahmen des vorbeugenden Gesundheitsschutzes. Grundsätzlich verantwortlich für die Durchführung dieser Maßnahmen ist der Dienstherr; diese Verantwortung wird durch die Mitbestimmung des PR nicht berührt. Die Bestellung von Fachkräften für Arbeitssicherheit und Sicherheitsbeauftragten ist gesondert in § 75 Abs. 4 Nr. 1 Buchst. c geregelt und unterliegt nur der eingeschränkten Mitbestimmung. 49

Maßnahmen. Voraussetzung für die Mitbestimmung ist, dass die beabsichtigte Maßnahme „zur Verhütung" der in Nr. 7 genannten Schäden und Gefährdungen ergriffen werden soll, d. h. dass sie darauf abzielt, das Risiko von Gesundheitsschäden und -gefährdungen oder Unfällen innerhalb der Dienststelle zu mindern. Der Mitbestimmungstatbestand erfasst daher nur Arbeitsschutzmaßnahmen, die nach gesetzlicher Vorschrift oder nach freiem Entschluss des Dienststellenleiters ergriffen werden sollen, um die Beschäftigten allgemein zu schützen oder vor konkreten Gefahren zu bewahren, die die Tätigkeit auf bestimmten Arbeitsplätzen mit sich bringt. Maßnahmen, die in erster Linie andere Zwecke verfolgen und sich nur mittelbar auf den Arbeits- oder Gesundheitsschutz der Beschäftigten auswirken können, unterliegen daher nicht der Mitbestimmung (BVerwG, 19.5.2003 – 6 P 16/02 – PersV 2003, 339 = PersR 2003, 317). 50

Schutzkleidung. Die Auswahl von Schutzkleidung für Beschäftigte eines Krankenhauses unterliegt als Maßnahme zur Verhütung von Gesundheitsschädigungen der Mitbestimmung (VGH Mannheim, 27.9.1994 – PL 15 S 2844/93 – PersR 1995, 214). 51

Amts- oder vertrauensärztliche Untersuchung. Keine Maßnahme i. S. der Nr. 7 ist die Anordnung der amts- oder vertrauensärztlichen Untersuchung von Beschäftigten zur Klärung ihrer Dienstfähigkeit. Auch die Neuregelung der Reinigungshäufigkeit in Diensträumen, in denen Arbeitsplätze eingerichtet sind, ist keine Maßnahme zur Verhütung von Gesundheitsschäden und -gefährdungen 52

i. S. von Nr. 7 und auch keine Maßnahme zur Gestaltung von Arbeitsplätzen nach § 75 Abs. 4 Nr. 12 (BVerwG, 25.8.1986 – 6 P 16/84 – PersV 1987, 287 = PersR 1986, 235).

53 **Bildschirmarbeit.** Der PR kann im Hinblick auf die EG-Bildschirmrichtlinie Unterbrechungen der Bildschirmarbeit durch andere Tätigkeiten oder Kurzpausen verlangen (BVerwG, 8.1.2001 – 6 P 6/00 – PersR 2001, 154).

54 **Schulraumsanierung.** Maßnahmen zur Asbestsanierung von Schulräumen und zur Beseitigung von Schaben und zur Dekontaminierung von insektengiftbelasteten Räumen in Schulen unterliegen, weil sie der Erfüllung der Schule obliegenden Aufgabe der ordnungsgemäßen Unterrichtung der Schüler dienen und wegen ihrer erheblichen organisatorischen Bedeutung, grundsätzlich nicht der Mitbestimmung; das gilt auch für Unterrichtsräume in Universitäten (BVerwG, 23.8.2000 – 6 P 12/99 – PersR 2001, 20).

55 **Beschäftigungsverbote nach dem Mutterschutzgesetz.** Die Beschäftigungsverbote nach dem Mutterschutzgesetz (§§ 3, 4, 6) schließen eine Mitbestimmung des PR aus; insoweit besteht auch kein Raum für Konkretisierungen oder Ergänzungen durch Dienstvereinbarungen (BVerwG, 19.5.1992 – 6 P 5/90 – PersV 1992, 444 = PersR 1992, 361).

56 **Gefährdungsbeurteilung.** Nach der Rechtsprechung unterliegt eine zu Arbeitsschutzzwecken (z. B. zur Gefährdungsbeurteilung) durchgeführte Befragung der Beschäftigten nicht der Nr. 7, da die Befragung noch keine Maßnahme ist, sondern sie nur vorbereitet (BVerwG, 14.10.2002 – 6 P 7/01 – PersV 2003, 186 = PersR 2003, 113). Es ist fraglich, ob dies im Hinblick auf den erweiterten Maßnahmebegriff in § 73 Abs. 1 Satz 2 noch aufrechterhalten werden kann (s. die Erl. zu § 73 Abs. 1 Satz 2).

57 **Nr. 8: Gesundheitsmanagement.** Nach diesem durch das ÄG 2013 (damals § 70 Abs. 2 Nr. 8) eingefügten Mitbestimmungstatbestand hat der PR mitzubestimmen bei Maßnahmen des behördlichen oder betrieblichen Gesundheitsmanagements einschließlich vorbereitender und präventiver Maßnahmen, allg. Fragen des behördlichen oder betrieblichen Eingliederungsmanagements sowie Maßnahmen aufgrund von Feststellungen aus Gefährdungsanalysen. Die Mitbestimmung umfasst damit alle Maßnahmen, die die Dienststelle ergreift, um so früh wie möglich Gesundheitsgefährdungen entgegenzuwirken und eine aktive Gesundheitsvorsorge zu betreiben. In Betracht kommen z. B. von Fachleuten gehaltene Vorträge über Gesundheitsrisiken und Gesundheitsvorsorge, aber auch die Durchführung von ganz konkreten Maßnahmen wie z. B. die Durchführung von **Augenuntersuchungen** anlässlich von Bildschirmarbeit, das Anbieten von Yogakursen o. Ä. oder das Anbieten einer Massagemöglichkeit in der Dienststelle. Hinsichtlich des bei längerfristig erkrankten Beschäftigten zu betreibenden Eingliederungsmanagements steht dem PR nur ein Mitbestimmungsrecht hinsichtlich der allg. Fragen zu, nicht hinsichtlich der Festlegung der bei einem konkreten Beschäftigten durchzuführenden Eingliederungsmaßnahmen. Hat der Dienststellenleiter eine **Gefährdungsanalyse** erstellen lassen, hat der PR bei den Maßnahmen mitzubestimmen, die dann aufgrund der Fest-

stellungen der Gefährdungsanalyse durchgeführt werden (z. B. der besseren Beleuchtung des Treppenhauses).

Nr. 9: Sozialpläne. Der PR hat mitzubestimmen bei der Aufstellung von Sozialplänen, einschließlich Plänen für Umschulungen, zum Ausgleich oder zur Milderung von wirtschaftlichen Nachteilen, die dem Beschäftigten infolge von Rationalisierungsmaßnahmen entstehen. Durch die Aufstellung von Sozialplänen sollen die den Beschäftigten durch Rationalisierungsmaßnahmen erwachsenden wirtschaftlichen Nachteile gemildert oder ausgeglichen werden. Der Ausgleich anderer Nachteile oder die Entscheidung über die Durchführung einer Rationalisierungsmaßnahme selbst können nicht Gegenstand eines Sozialplans sein. 58

Rationalisierungsmaßnahme. Eine Rationalisierungsmaßnahme i. S. d. Nr. 9 ist eine Maßnahme, durch die die Leistungen der Dienststelle verbessert werden sollen, indem der Aufwand an maschineller Arbeit oder auch an Zeit, Energie, Material und Kapital herabgesetzt wird (BVerwG, 17.6.1992 – 6 P 17/91 – PersV 1992, 175 = PersR 1992, 451). Die den tariflichen Rationalisierungsschutztarifverträgen zugrunde liegende Begriffsdefinition hat insoweit keine personalvertretungsrechtliche Bedeutung. Eine Rationalisierungsmaßnahme liegt danach nicht vor, wenn der Personalbedarf lediglich an die vorhandenen Gegebenheiten angepasst wird. Wirtschaftliche Nachteile sind nur vermögenswirksame Nachteile, nicht dagegen immaterielle Beeinträchtigungen. Die Mitbestimmung des PR ist im Übrigen auf die Aufstellung von Sozialplänen usw. beschränkt; bei Maßnahmen, die den anschließenden Vollzug der Rationalisierungsmaßnahme betreffen, ist er nicht zu beteiligen. 59

Nr. 10: Vorschlagswesen. Die Festlegung von Grundsätzen über die Bewertung von anerkannten Vorschlägen im Rahmen des behördlichen Vorschlagswesens unterliegt der Mitbestimmung. Das Mitbestimmungsrecht erstreckt sich nur auf die Erstellung von Grundsätzen nach denen eine Bewertung anerkannter Vorschläge durchzuführen ist. Dazu gehören u. a. die Festlegung von Kriterien hinsichtlich der Verwendbarkeit, Praktikabilität und Kosteneinsparung eines Vorschlags, aber auch die Art der Anerkennung, insb. die Höhe der Prämie. Nicht der Mitbestimmung unterliegt die Entscheidung über die Anerkennung einzelner Vorschläge, die Festlegung des Anerkennungsverfahrens und die Besetzung etwaiger Anerkennungsausschüsse. 60

III. Beschränkung der Mitbestimmung auf Festlegung von Grundsätzen

Aufstellung von Dienstplänen. Abs. 3 schafft kein eigenes Mitbestimmungsrecht, sondern schränkt das dem PR in Abs. 1 Nr. 2 und 4 eingeräumte Recht ein. Ist eine unregelmäßige und kurzfristige Festsetzung der täglichen Arbeitszeit erforderlich und zwar aufgrund von Umständen, die für die Dienststelle nicht voraussehbar sind, wird das in Nr. 2 und 4 eingeräumte Mitbestimmungsrecht auf die **Festlegung von Grundsätzen** für die Aufstellung von Dienstplänen, insb. für die Anordnung von Rufbereitschaft, Mehrarbeit und 61

Überstunden beschränkt. Ist die Mitbestimmung auf die Aufstellung von Grundsätzen beschränkt, so unterliegt die jeweilige Festsetzung auch dann keiner Mitbestimmung, wenn die Dienststelle keine Grundsätze erlässt (VGH Mannheim, 8.9.1992 – 15 S 2807/91 – PersV 1997, 501).

§ 75 Angelegenheiten der eingeschränkten Mitbestimmung

(1) Der Personalrat hat mitzubestimmen in Personalangelegenheiten der Beschäftigten, die voraussichtlich länger als zwei Monate Beschäftigte sein werden, bei

1. **Begründung des Beamtenverhältnisses, mit Ausnahme der Fälle, in denen das Beamtenverhältnis auf Widerruf nach Ablegung oder dem endgültigen Nichtbestehen der für die Laufbahn vorgeschriebenen Prüfung aufgrund von Rechtsvorschriften endet,**
2. **Einstellung von Arbeitnehmern, Übertragung der auszuübenden Tätigkeit bei der Einstellung, Nebenabreden zum Arbeitsvertrag, Zeit- oder Zweckbefristung des Arbeitsverhältnisses,**
3. **Ein-, Höher-, Um- oder Rückgruppierung einschließlich Stufenzuordnung sowie Verkürzung und Verlängerung der Stufenlaufzeit nach Entgeltgrundsätzen, Bestimmung der Fallgruppe innerhalb einer Entgeltgruppe, soweit jeweils tarifvertraglich nichts anderes bestimmt ist, übertariflicher Eingruppierung,**
4. **Beförderung, horizontalem Laufbahnwechsel,**
5. **Zulassung zum Aufstieg einschließlich der Zulassung zur Eignungsfeststellung für den Aufstieg,**
6. **zwei Monate überschreitender Übertragung von Dienstaufgaben eines Amtes mit höherem oder niedrigerem Grundgehalt,**
7. **zwei Monate überschreitender Übertragung einer Tätigkeit, die**
   a) **den Tätigkeitsmerkmalen einer höheren oder niedrigeren Entgeltgruppe entspricht als die bisherige Tätigkeit,**
   b) **einen Anspruch auf Zahlung einer Zulage auslöst, sowie Widerruf einer solchen Übertragung,**
8. **zwei Monate überschreitender Übertragung einer anderen Tätigkeit,**
9. **erneuter Übertragung von Dienstaufgaben eines Amtes oder der auszuübenden Tätigkeit nach Rückkehr aus der Beurlaubung von längerer Dauer,**
10. **wesentlicher Änderung des Arbeitsvertrags, ausgenommen der Änderung der arbeitsvertraglich vereinbarten Arbeitszeit,**
11. **Umsetzung innerhalb der Dienststelle, wenn sie mit einem Wechsel des Dienstorts verbunden ist,**
12. **ordentlicher Kündigung durch die Dienststelle.**

(2) Der Personalrat der abgebenden Dienststelle und, soweit dort bestehend, der Personalrat der aufnehmenden Dienststelle haben in Personalangelegenheiten jeweils mitzubestimmen bei

1. **Versetzung von Beschäftigten, die voraussichtlich länger als zwei Monate Beschäftigte sein werden, zu einer anderen Dienststelle,**
2. **Abordnung für die Dauer von mehr als zwei Monaten, mit Ausnahme der Abordnung von Beamten für die Erfüllung von Aufgaben nach dem Landesdisziplinargesetz,**
3. **Zuweisung für die Dauer von mehr als zwei Monaten,**
4. **Personalgestellung für die Dauer von mehr als zwei Monaten,**

5. Abordnung auch für die Dauer von weniger als zwei Monaten, sofern sie sich unmittelbar an eine vorangegangene Abordnung anschließt; entsprechendes gilt für die Zuweisung oder Personalgestellung.

(3) Der Personalrat bestimmt in Personalangelegenheiten der Beschäftigten nur auf deren Antrag mit, bei

1. Verlängerung der Probezeit,
2. Änderung der arbeitsvertraglich vereinbarten Arbeitszeit für die Dauer von mehr als zwei Monaten,
3. Anordnungen gegenüber Beschäftigten, welche die Freiheit in der Wahl der Wohnung beschränken,
4. Ablehnung eines Antrags auf Telearbeit oder auf Einrichtung eines Arbeitsplatzes außerhalb der Dienststelle, sofern diese Arbeitsform tarifvertraglich oder durch Dienstvereinbarung besteht,
5. Versagung oder Widerruf der Genehmigung einer Nebentätigkeit, Erteilung von Auflagen zu Nebentätigkeitsgenehmigungen, Untersagung einer Nebentätigkeit,
6. Ablehnung eines Antrags auf Teilzeitbeschäftigung oder Urlaub ohne Dienstbezüge oder Arbeitsentgelt, Widerruf der Bewilligung,
7. Ablehnung eines Antrags auf Altersteilzeit,
8. Herabsetzung der Anwärterbezüge oder Unterhaltsbeihilfe,
9. Geltendmachung von Ersatzansprüchen gegen Beschäftigte,
10. Entlassung von Beamten auf Probe oder auf Widerruf, wenn sie die Entlassung nicht selbst beantragt haben,
11. Abschluss von Aufhebungs- oder Beendigungsverträgen, wenn der Arbeitnehmer die Auflösung des Arbeitsverhältnisses nicht selbst beantragt hat; entsprechendes gilt für die Beendigung vom öffentlich-rechtlichen Ausbildungsverhältnissen,
12. Ablehnung des Antrags auf vorzeitige Versetzung in den Ruhestand oder vorzeitiger Versetzung in den Ruhestand, wenn der Beamte die Versetzung nicht selbst beantragt hat,
13. Feststellung der begrenzten Dienstfähigkeit, wenn der Beamte die Feststellung nicht selbst beantragt hat,
14. Ablehnung des Antrags auf Hinausschiebung des Eintritts in den Ruhestand wegen Erreichens der Altersgrenze.

(4) Der Personalrat hat, soweit eine gesetzliche oder tarifliche Regelung nicht besteht, mitzubestimmen über

1. Bestellung und Abberufung von
   a) Vertrauens- und Betriebsärzten,
   b) behördlichen Datenschutzbeauftragten,
   c) Fachkräften für Arbeitssicherheit, Sicherheitsbeauftragten, Beauftragten für biologische Sicherheit, Fachkräften und Beauftragten für den Strahlenschutz,
   d) Hygienebeauftragten,
   e) Beauftragten des Arbeitgebers für schwerbehinderte Menschen,
2. Widerruf der Bestellung der Beauftragten für Chancengleichheit oder ihrer Stellvertreterin,
3. Inhalt von Personalfragebögen, mit Ausnahme von solchen im Rahmen der Rechnungsprüfung, Inhalt von Fragebögen für Mitarbeiterbefragungen,
4. Beurteilungsrichtlinien,
5. Inhalt und Verwendung von Formulararbeitsverträgen,
6. Erlass von Richtlinien über die personelle Auswahl

a) bei Einstellungen,
b) bei Versetzungen,
c) bei Höher-, Rück- oder Umgruppierungen,
d) bei Kündigungen,
e) für Beförderungen und horizontalen Laufbahnwechsel nach Absatz 1 Nummer 4,
f) bei beförderungsähnlichen Übertragungen anderer Tätigkeiten und Übertragungen von Tätigkeiten, die einen Anspruch auf Zahlung einer Zulage auslösen,
g) für die Zulassung zum Aufstieg einschließlich Zulassung zur Eignungsfeststellung für den Aufstieg,

7. Erlass von Richtlinien über Ausnahmen von der Ausschreibung von Dienstposten für Beamte und Aufstellung von allgemeinen Grundsätzen über die Durchführung von Stellenausschreibungen für Arbeitnehmer einschließlich Inhalt, Ort und Dauer,
8. Absehen von der Ausschreibung eines Dienstpostens für Beamte, der nach gesetzlichen Vorschriften, einer Richtlinie nach Nummer 7 oder einer Dienstvereinbarung auszuschreiben wäre,
9. allgemeine Fragen zur Durchführung der beruflichen Ausbildung mit Ausnahme der Gestaltung von Lehrveranstaltungen,
   a) bei Arbeitnehmern einschließlich der Bestellung und Abberufung der Ausbilder und Ausbildungsleiter bei Ausbildungen im Sinne des Berufsbildungsgesetzes, des Krankenpflegegesetzes und des Hebammengesetzes,
   b) der Beamten einschließlich der Bestellung und Abberufung der Ausbilder und Ausbildungsleiter,
   c) von Studierenden der Dualen Hochschule, von Studierenden, die ein nach einer Studienordnung vorgeschriebenes Praktikum leisten, oder von Volontären,
10. allgemeine Fragen der beruflichen Fortbildung, Weiterbildung, Umschulung, Einführung in die Aufgaben einer anderen Laufbahn und Qualifizierungsmaßnahmen im Rahmen der Personalentwicklung,
11. Einführung und Anwendung technischer Einrichtungen, die dazu geeignet sind, das Verhalten und die Leistung der Beschäftigten zu überwachen,
12. Gestaltung der Arbeitsplätze,
13. Einführung, Anwendung oder wesentliche Änderung oder wesentliche Erweiterung technischer Einrichtungen und Verfahren der automatisierten Verarbeitung personenbezogener Daten der Beschäftigen, mit Ausnahme der Einführung und Anwendung automatisierter Verfahren für amtliche Statistiken beim Statistischen Landesamt, soweit diese von Dienststellen außerhalb des Geltungsbereichs dieses Gesetzes erstellt und unter dortiger Mitbestimmung der Personalvertretung freigegeben worden sind,
14. Maßnahmen, die zur Hebung der Arbeitsleistung und Erleichterung des Arbeitsablaufs geeignet sind, sowie deren wesentliche Änderung oder wesentliche Ausweitung,
15. Einführung grundsätzlich neuer Arbeitsmethoden, wesentliche Änderung oder wesentliche Ausweitung bestehender Arbeitsmethoden,
16. Einführung, wesentliche Änderung oder wesentliche Ausweitung der Informations- und Kommunikationsnetze,
17. Einführung grundsätzlich neuer Formen der Arbeitsorganisation und wesentliche Änderungen der Arbeitsorganisation,
18. Anordnung von Urlaubssperren aus arbeitsorganisatorischen Gründen,

19. Erstellung und Anpassung des Chancengleichheitsplans.

(5) Es gelten nicht
1. Absätze 1 bis 3 Nummer 1 bis 3, 5 bis 7, 10, 12, 14 für
   a) Beamtenstellen und Beamte der Besoldungsgruppe A 16 und höher, bei den obersten Dienstbehörden des Landes der Besoldungsgruppe B 3 und höher sowie jeweils für entsprechende Arbeitnehmerstellen und Arbeitnehmer,
   b) Landräte, Bürgermeister und Beigeordnete,
   c) leitende Beschäftigte öffentlich-rechtlicher Kreditinstitute; welche Beschäftigten leitende Beschäftigte öffentlich-rechtlicher Kreditinstitute sind, entscheidet die zuständige oberste Aufsichtsbehörde,
2. Absatz 1 Nummer 1 für die Begründung des Beamtenverhältnisses bei
   a) Polizeimeistern und Polizeikommissaren,
   b) Lehrern an allgemeinbildenden und beruflichen Schulen
3. Absatz 1 Nummer 11 und Absatz 2 für nicht beamtete Lehrer.

(6) An die Stelle der Mitbestimmung tritt, soweit in Absatz 5 nichts anderes bestimmt ist, die Mitwirkung
1. in den Fällen der Absätze 1, 2 und 3 Nummer 2, 3, 5 bis 7 und 14 bei
   a) Leitern von Dienststellen im Sinne dieses Gesetzes,
   b) Rektoren an Grund-, Haupt-, Werkreal-, Real- und Gemeinschaftsschulen sowie entsprechenden sonderpädagogischen Bildungs- und Beratungszentren,
   c) Abteilungsleitern bei den Regierungspräsidien, Landesoberbehörden und höheren Sonderbehörden,
   d) den Ersten Landesbeamten bei den Landratsämtern,
2. in den Fällen des Absatzes 1 Nummer 11 und des Absatzes 2 bei
   a) Beamten des allgemeinen Vollzugsdienstes und des Werkdienstes bei den Justizvollzugseinrichtungen,
   b) Polizeibeamten,
   c) Beschäftigten des Landesamts für Verfassungsschutz.

(7) [1]Wird trotz anderslautender Empfehlung der Einigungsstelle nach § 78 Absatz 4 eine ordentliche Kündigung ausgesprochen, ist dem Arbeitnehmer mit der Kündigung eine Abschrift der Empfehlung der Einigungsstelle zuzuleiten. [2]Hat der Arbeitnehmer im Falle des Satzes 1 nach dem Kündigungsschutzgesetz Klage auf Feststellung erhoben, dass das Arbeitsverhältnis durch die Kündigung nicht aufgelöst ist, so muss die Dienststelle auf Verlangen des Arbeitnehmers diesen nach Ablauf der Kündigungsfrist bis zum rechtskräftigen Abschluss des Rechtsstreits bei unveränderten Arbeitsbedingungen weiterbeschäftigen. [3]Auf Antrag der Dienststelle kann das Arbeitsgericht sie durch einstweilige Verfügung von der Verpflichtung zur Weiterbeschäftigung nach Satz 2 entbinden, wenn
1. die Klage des Arbeitnehmers keine hinreichende Aussicht auf Erfolg bietet oder mutwillig erscheint oder
2. die Weiterbeschäftigung des Arbeitnehmers zu einer unzumutbaren wirtschaftlichen Belastung der Dienststelle führen würde oder
3. die Verweigerung der Zustimmung des Personalrats offensichtlich unbegründet war.

(8) [1]Tritt nach einer Rechtsvorschrift im Falle der ordentlichen Kündigung des Arbeitnehmers durch die Dienststelle an die Stelle der Mitbestimmung die Mitwirkung, so ist dem Arbeitnehmer mit der Kündigung eine Abschrift der Stellungnahme des Personalrats zuzuleiten, sofern der Personalrat nach § 82 Ab-

satz 4 Satz 1 Einwendungen gegen die Kündigung erhoben hat, es sei denn, dass die Stufenvertretung nach Verhandlung nach § 83 Absatz 1 Satz 4 und 5 die Einwendungen nicht aufrechterhalten hat. [2]Bis zur endgültigen Entscheidung der übergeordneten Dienststelle nach § 83 Absatz 1 Satz 4 und 5 oder der obersten Dienstbehörde nach § 83 Absatz 2 oder des nach § 89 Absatz 1 zuständigen Organs kann die Kündigung nicht ausgesprochen werden. [3]Absatz 7 Satz 2 und 3 sowie § 76 Absatz 2 gelten entsprechend.

1 **Vorbemerkung.** In der Vorschrift sind nunmehr sämtliche Angelegenheiten aufgeführt, die der eingeschränkten Mitbestimmung des PR unterliegen. **Abs. 1** zählt die Personalangelegenheiten auf, in denen der PR bei einer voraussichtlichen Beschäftigungsdauer von zwei Monaten oder länger mitzubestimmen hat, wobei in **Abs. 2** die Angelegenheiten aufgeführt sind, die der doppelten Mitbestimmung bedürfen, sowohl der des PR der die Maßnahme treffenden (abgebenden) Dienststelle als auch der des PR der aufnehmenden Dienststelle. **Abs. 3** zählt die Angelegenheiten auf, in denen der PR nur mitzubestimmen hat, wenn der Beschäftigte dies beantragt. **Abs. 4** zählt die Angelegenheiten auf, in denen der PR mitbestimmt, soweit keine gesetzliche oder tarifliche Regelung besteht. Hinsichtlich einiger Angelegenheiten werden in **Abs. 5** bestimmte Personenkreise von der Mitbestimmungsbefugnis ausgenommen und in **Abs. 6** wird die Mitbestimmung für weitere Personenkreise zur Mitwirkung herabgestuft. Den Weiterbeschäftigungsanspruch des Arbeitnehmers bei der Beendigung des Arbeitsverhältnisses durch ordentliche Kündigung regelt für die Fälle, in denen der PR mitzubestimmen hat, **Abs. 7** und für die Fälle, in denen der PR nur mitzuwirken hat, **Abs. 8**.

2 **Abschließende Aufzählung.** Die Aufzählung der der eingeschränkten Mitbestimmung unterliegenden Angelegenheiten der Beschäftigten ist erschöpfend und zwingend (§§ 3, 85). Eine Erweiterung oder Einschränkung durch Vereinbarung zwischen Dienststelle und PR oder zwischen den Tarifpartnern ist nicht zulässig. Zu dem Verfahren und die Zuständigkeit s. § 76 und § 91.

3 **Ausübung.** Da die Mitbestimmungstatbestände des Abs. 4 nicht auf Maßnahmen ggü. Einzelpersonen bezogen sind, kann das Mitbestimmungsrecht sowohl im Einzelfall als auch durch Abschluss einer Dienstvereinbarung nach § 85 ausgeübt werden. Auf die Kommentierung zu § 85 wird verwiesen.

4 **Unterbliebene/mangelhafte Beteiligung.** Eine unterbliebene oder mangelhafte Beteiligung des PR kann bis zum Abschluss des Widerspruchsverfahrens nachgeholt werden, wenn ihr noch eine echte Einwirkungsmöglichkeit auf die Entscheidung der Dienststelle gewährt wird.

I. Angelegenheiten der eingeschränkten Mitbestimmung

5 **Eingeschränkte Mitbestimmung.** Während bei der uneingeschränkten Mitbestimmung (s. § 74) im Falle der Nichteinigung des PR mit der obersten Dienstbehörde oder dem in § 89 Abs. 1 Satz 1 genannten obersten Organ die Einigungsstelle eine abschließende und für die Beteiligten verbindliche

Entscheidung trifft (§ 78 Abs. 2 Satz 1 und 2), kann bei der eingeschränkten Mitbestimmung die Einigungsstelle, wenn sie sich nicht der Auffassung der obersten Dienstbehörde anschließt, nicht entscheiden, sondern nur eine Empfehlung an die oberste Dienstbehörde beschließen (§ 78 Abs. 4 Satz 1). Auf die Kommentierung zu § 78 wird verwiesen.

Mindestdauer der Beschäftigung. Die in Abs. 1 aufgezählten Personalangelegenheiten unterliegen nur dann der Mitbestimmung des PR, wenn eine mind. zweimonatige Beschäftigungsdauer zu erwarten ist. Die Vorschrift stellt nunmehr klar, dass bei einer kürzeren Beschäftigungsdauer auch die mit der Einstellung verbundene Übertragung der auszuübenden Tätigkeit nicht mitbestimmungspflichtig ist (s. Nr. 2). Da die Berufung in das Beamtenverhältnis regelmäßig für einen längeren Zeitraum erfolgt, hat die Vorschrift nur für Arbeitnehmer praktische Bedeutung. 6

Ausgenommener Personenkreis. Bei **allen** in Abs. 1 genannten Personalangelegenheiten von Beamten der Besoldungsgruppe A 16 und höher, bei den obersten Dienstbehörden des Landes der Besoldungsgruppen B 3 und höher sowie den entsprechenden Arbeitnehmern, bei Landräten, Bürgermeistern und Beigeordneten und leitenden Beschäftigten öffentlich-rechtlicher Kreditinstitute bestimmt der PR nicht mit und wird auch sonst **nicht beteiligt** (Abs. 5 Nr. 1). Bei **Polizeimeistern und Polizeikommissaren** sowie von **Lehrern** an **allgemeinbildenden und beruflichen Schulen** ist gem. Abs. 5 Nr. 2 die Mitbestimmung des PR nur bei der **Begründung** des Beamtenverhältnisses (Nr. 1) ausgeschlossen (s. Rn. 14). Bei nicht beamteten Lehrern ist gem. Abs. 5 Nr. 3 nur die Umsetzung (Nr. 11) von der Mitbestimmung ausgenommen (s. Rn. 49). 7

Herabstufung zur Mitwirkung. Bei Leitern von Dienststellen i. S. d. LPVG, Rektoren an Grund-, Haupt-, Werkreal-, Real- und Gemeinschaftsschulen sowie entsprechenden sonderpädagogischen Bildungs- und Beratungszentren, Abteilungsleitern bei den Regierungspräsidien, Landesoberbehörden und höheren Sonderbehörden und den Ersten Landesbeamten bei den Landratsämtern **tritt** bei **allen** in Abs. 1 genannten Personalangelegenheiten nach Abs. 6 Nr. 1 **an die Stelle der Mitbestimmung die Mitwirkung**. Für Beamte des allg. Vollzugsdienstes und Werkdienstes bei den Justizvollzugseinrichtungen, Polizeibeamte und Beschäftigte des Landesamts für Verfassungsschutz gilt dies gem. Abs. 6 Nr. 2 nur für die Umsetzung (s. Nr. 11 sowie Rn. 50). 8

Antragsabhängige Mitbestimmung. Bei **allen** in Abs. 1 genannten Personalangelegenheiten von leitenden Beschäftigten einer Dienststelle i. S. d. § 9 Abs. 2 Satz 1 Nr. 2 und 3, Beamten auf Zeit und Beschäftigten mit überwiegend wissenschaftlicher oder künstlerischer Tätigkeit bestimmt der PR nur mit, wenn der betroffene Beschäftigte dies beantragt (§ 76 Abs. 2 Satz 1 Nr. 1). 9

Nr. 1: Begründung des Beamtenverhältnisses. Das Beamtenverhältnis wird durch Ernennung begründet, die durch Aushändigung einer Ernennungsurkunde erfolgt (§ 8 Abs. 1 Nr. 1 und Abs. 2 BeamtStG). Mitbestimmungspflichtig ist die Entscheidung des Dienstherrn, einen bestimmten Bewerber einzustellen. Mitbestimmungspflichtig ist nicht nur die erstmalige Begründung eines 10

Beamtenverhältnisses, sondern auch die Wiederbegründung eines Beamtenverhältnisses, wenn ein früherer (entlassener, durch Disziplinarurteil aus dem Dienst entfernter oder ein im Ruhestand befindlicher) Beamter erneut in das Beamtenverhältnis berufen wird. Der Mitbestimmung unterliegt auch, wenn bei einem Beamten unter Fortbestand des bisherigen Beamtenverhältnisses ein weiteres Beamtenverhältnis zum gleichen oder einem anderen Dienstherrn begründet wird (vgl. dazu § 22 Abs. 2 Satz 1 und Abs. 3 BeamtStG). Das Gleiche gilt für die Übernahme eines Arbeitnehmers in das Beamtenverhältnis zum gleichen Dienstherrn, wobei das bisherige Dienstverhältnis des Arbeitnehmers endet (vgl. § 9 Abs. 3 LBG).

11 **Anwendungsbereich.** Welche Art von Beamtenverhältnis begründet werden soll (auf Lebenszeit, auf Zeit, auf Probe, auf Widerruf, als Ehrenbeamter, vgl. § 4 BeamtStG), ist grundsätzlich gleichgültig. **Ausgenommen** von der Mitbestimmung sind jedoch die Fälle in denen das **Beamtenverhältnis auf Widerruf nach Ablegung oder dem endgültigen Nichtbestehen der für die Laufbahn vorgeschriebenen Prüfung aufgrund von Rechtsvorschriften endet.** Gem. § 22 Abs. 4 BeamtStG endet das Beamtenverhältnis auf Widerruf mit Ablauf des Tages der Ablegung oder dem endgültigen Nichtbestehen der für die Laufbahn vorgeschriebenen Prüfung, sofern durch Landesrecht nichts anderes bestimmt ist, was in Baden-Württemberg nicht der Fall ist.

12 **Umwandlung eines Beamtenverhältnisses.** Im Hinblick auf den Schutzzweck des Mitbestimmungsrechts gilt auch die Übernahme eines Beamten auf Widerruf in ein Beamtenverhältnis auf Probe als Einstellung im personalvertretungsrechtlichen Sinne (BVerwG, 28.10.2002 – 6 P 13/01 – PersV 2003, 225 = PersR 2003, 117). Ansonsten stellt die Umwandlung eines Beamtenverhältnisses in ein solches anderer Art (z. B. „auf Probe" in „auf Lebenszeit", vgl. § 8 Abs. 1 Nr. 2 i. V. m. § 4 BeamtStG) keine Begründung eines Beamtenverhältnisses i. S. v. Abs. 1 Nr. 1 dar. In den Fällen des Dienstherrnwechsels nach §§ 16 ff. BeamtStG, also bei Umbildung von juristischen Personen des öffentlichen Rechts mit Dienstherrnfähigkeit (Körperschaften), wird bei Übernahme von Beamten durch Übernahmeverfügung gemäß § 17 Abs. 3 BeamtStG der PR nach Abs. 1 Nr. 1 zu beteiligen sein. Keine Mitbestimmung findet dagegen statt beim Übertritt der Beamten kraft Gesetzes nach § 16 Abs. 1 BeamtStG, da hier keine Entscheidung durch eine Dienststelle zu treffen ist.

13 **Rückkehr aus Beurlaubung.** Bei einem aus der Beurlaubung ohne Dienstbezüge zurückkehrenden Beamten erfolgt keine erneute Einstellung. Die dann notwendige erneute Übertragung von Dienstaufgaben nach der Rückkehr aus einer Beurlaubung von längerer Dauer ist jedoch gem. Abs. 1 Nr. 9 mitbestimmungspflichtig.

14 **Ausgenommener Personenkreis.** Gem. Abs. 5 unterliegt nicht der Mitbestimmung die **Einstellung** von Beamten der **Besoldungsgruppen A 16** und höher, bei den obersten Dienstbehörden des Landes der **Besoldungsgruppen B 3** und höher sowie bei **Landräten, Bürgermeistern und Beigeordneten** (Abs. 5 Nr. 1 Buchst. a und b). Auch bei der Begründung des Beamtenverhältnisses bei **Polizeimeistern und Polizeikommissaren** sowie von **Lehrern an allgemeinbildenden**

und beruflichen Schulen ist die Mitbestimmung des PR ausgeschlossen (Abs. 5 Nr. 2).

15 **Nr. 2: Einstellung von Arbeitnehmern.** Nr. 2 trifft für Arbeitnehmer eine Nr. 1 vergleichbare Regelung. Einstellung ist die Begründung eines Arbeitsverhältnisses, wobei es rechtlich ohne Bedeutung ist, wenn der Arbeitsvertrag zwar gewollt, rechtlich aber fehlgeschlagen und deshalb unwirksam ist (BVerwG, 4.9.1995 – 6 P 32/93 – PersV 1996, 220 = PersR 1995, 525). Bei der Einstellung eines neuen Arbeitnehmers soll der PR auch die Interessen der bereits in der Dienststelle Beschäftigten wahren. Der Mitbestimmung unterliegen deshalb auch die der erstmaligen Einstellung vergleichbaren Fallkonstellationen, wie die Verlängerung eines befristeten Arbeitsverhältnisses und die Umwandlung eines befristeten in ein unbefristetes Arbeitsverhältnis. Die Verlängerung eines unbefristeten Arbeitsverhältnisses über die Regelaltersgrenze hinaus durch Hinausschieben des Beendigungszeitpunktes ist dagegen nicht mitbestimmungspflichtig (VGH Mannheim, 10.11.2016 – PL 15 S 2083/15 – juris).

16 **Anwendungsbereich.** Mitbestimmungspflichtig ist die Entscheidung, einen bestimmten Bewerber einzustellen, seine erstmalige Eingliederung in die Dienststelle und die Entscheidung, welche Tätigkeiten der zur Einstellung vorgesehenen Personen zu übertragen sind. Der Inhalt des bei der Einstellung abzuschließenden Arbeitsvertrags ist in der Regel unmittelbar tarifvertraglich geregelt sowie durch Rechtsvorschriften festgelegt.

17 **Umwandlung.** Eine mitbestimmungspflichtige Einstellung liegt immer dann vor, wenn der Beschäftigte in die Dienststelle eingegliedert wird. Daran fehlt es, wenn von einem Krankenhaus die Reinigungsaufgaben durch Vertrag an ein **privates Reinigungsunternehmen** übertragen werden und das Krankenhaus keine Weisungsbefugnisse ggü. dessen Beschäftigten hat (BVerwG, 4.9.1995 – 6 P 32/93 – PersV 1996, 220 = PersR 1995, 525). Eine Einstellung liegt jedoch vor, wenn frühere Arbeitnehmer des Arbeitgebers oder frühere oder jetzige Beamte oder Richter des Dienstherrn als Arbeitnehmer übernommen werden sollen. Das Gleiche gilt, wenn Beschäftigte eines anderen Arbeitgebers oder Dienstherrn übernommen werden sollen.

18 **Nebenabreden zum Arbeitsvertrag.** Nunmehr ausdrücklich als mitbestimmungspflichtig aufgenommen sind Nebenabreden zum Arbeitsvertrag, die für das Arbeitsverhältnis eine entscheidende Bedeutung haben können, wie etwa die Vereinbarung von **Teilzeitbeschäftigung** oder die **Zeit- oder Zweckbefristung** eines Arbeitsverhältnisses. Der PR ist über die Dauer der konkreten Befristung und den Befristungsgrund zu unterrichten (BAG, 27.9.2000 – 7 AZR 412/99 – PersR 2001, 123; BAG, 20.2.2002 – 7 AZR 707/00 – PersV 2003, 113 = PersR 2002, 355). Der PR hat ein Mitprüfungsrecht, ob die beabsichtigte Befristung arbeitsrechtlich zulässig ist (Rechtmäßigkeitskontrolle), und bei arbeitsrechtlicher Zulässigkeit ein Mitentscheidungsrecht, ob der Arbeitsvertrag tatsächlich befristet werden soll (Zweckmäßigkeitskontrolle); insoweit sind wie bei der Einstellung insb. auch die kollektiven Interessen der der Dienststelle bereits angehörenden Beschäftigten zu berücksichtigen (vgl. BAG, 20.2.2002 – 7 AZR 707/00 – PersV 2003, 113 = PersR 2002, 355). Die Zweckmäßigkeitskontrolle dient aber auch

dem Schutz des Arbeitnehmers und soll seinem Interesse an einer dauerhaften Bindung Rechnung tragen. Der PR kann deshalb sowohl der Begründung eines aus Sachgründen befristeten Arbeitsverhältnisses wie auch der Begründung eines sachgrundlos befristeten Arbeitsverhältnisses wirksam mit dem Argument widersprechen, dass eine solche Befristung (rein tatsächlich) unzweckmäßig sei (VGH Mannheim, 24.1.2017 – PL 15 S 153/15 – PersV 2017, 348; VGH Mannheim, 24.1.2017 – PL 15 S 154/15 – PersR 2017, Nr. 10, 53). Der PR kann der Einstellung auch zustimmen, aber die Zustimmung zur Befristung verweigern. Wird trotzdem ein befristeter Arbeitsvertrag geschlossen, ist die Befristung unwirksam und führt zu einem unbefristeten Arbeitsverhältnis (BAG, 9.6.1999 – 7 AZR 170/98 – PersV 2000, 93 = PersR 2000, 29; BAG, 20.2.2002 – 7 AZR 707/00 – PersV 2003, 113 = PersR 2002, 355). Die **Verlängerung eines befristeten Arbeitsverhältnisses** gilt als **Neueinstellung.**

19 **Ausgenommener Personenkreis.** Gem. Abs. 5 unterliegt nicht der Mitbestimmung die Einstellung der leitenden Beschäftigten öffentlich-rechtlicher Kreditinstitute (Abs. 5 Nr. 1 Buchst. c).

20 **Auszubildende.** Ausgenommen von der Mitbestimmung ist auch die Einstellung von Auszubildenden in ein öffentlich-rechtliches Ausbildungsverhältnis (s. § 16 Abs. 5 LBG), da es an dem für die Einstellung notwendigen Ernennungsakt fehlt. Das Gleiche gilt für die Zulassung von **Rechtsreferendaren** zum Vorbereitungsdienst, der ebenfalls in einem öffentlich-rechtliches Ausbildungsverhältnis erfolgt (s. § 5 JAG).

21 **Nr. 3: Regelungsgegenstand.** Der Mitbestimmung unterliegt nunmehr ausdrücklich die Ein-, Höher, Um- oder Rückgruppierung einschließlich Stufenzuordnung sowie Verkürzung und Verlängerung der Stufenlaufzeit nach Entgeltgrundsätzen, die Bestimmung der Fallgruppe innerhalb einer Entgeltgruppe, soweit jeweils tarifvertraglich nichts anderes bestimmt ist, sowie die übertarifliche Eingruppierung. Kernbestandteil des tariflichen Entgelts ist das Tabellenentgelt nach § 15 TV-L. Für dessen Bemessung wird der Arbeitnehmer eingeordnet in eine Entgeltgruppe. Die Eingruppierung richtet sich nach den Tätigkeitsmerkmalen der Entgeltordnung (§ 12 Abs. 1 Satz 1 TV-L). Das Tabellenentgelt bestimmt sich weiter nach der für den Arbeitnehmer geltenden Stufe. Nach § 16 Abs. 1 TV-L umfassen die Entgeltgruppen bis zu sechs Stufen. Der Beschäftigte erreicht die jeweils nächste Stufe nach bestimmten Zeiten einer ununterbrochenen Tätigkeit innerhalb derselben Entgeltgruppe; diese Stufenlaufzeit ist progressiv gestaffelt (§ 16 Abs. 3 TV-L). Die Aufzählung in Nr. 3 ergibt, dass alle wesentlichen entgeltrelevanten Maßnahmen der Dienststelle der Mitbestimmung unterliegen. Die Mitbestimmung des PR ist kein Mitgestaltungs-, sondern ein **Mitbeurteilungsrecht.** Sie soll sicherstellen, dass die Anwendung der in der Dienststelle geltenden Entgeltordnung möglichst zutreffend erfolgt. Dabei ist ohne Bedeutung, ob der Dienststelle bei der Einstufung ein gerichtlich nicht überprüfbarer Beurteilungsspielraum zukommt (BVerwG, 27.8.2008 – 6 P 3/08 – PersR 2008, 500).

22 **Tarifvorbehalt.** Die Mitbestimmung bei der Eingruppierung ist nur dann nicht gegeben, wenn sie durch Tarifvertrag ausgeschlossen wird. Nicht ausreichend

ist eine Tarifautomatik, bei der sich die Einordnung in die Entgeltgruppe durch Subsumtion der auszuübenden Tätigkeit unter die abstrakten Tätigkeitsmerkmale der tariflichen Entgeltordnung ergibt (BVerwG, 13.10.2009 – 6 P 15/08 – PersV 2010, 142 = PersR 2009, 501).

Eingruppierung. Die Eingruppierung ist die Einreihung des Arbeitnehmers bei seiner Einstellung in ein kollektives Entgeltschema, das die Zuordnung des Arbeitnehmers nach bestimmten, generell beschriebenen (i. d. R. Tätigkeits-)Merkmalen vorsieht. Der Arbeitnehmer ist in eine Entgeltgruppe einzuordnen und innerhalb dieser einer bestimmten Stufe zuzuordnen. Die Eingruppierung ist ein Akt strikter Rechtsanwendung. Die Mitbestimmung des PR ist kein Mitgestaltungs-, sondern ein **Mitbeurteilungsrecht.** Kern der Mitbestimmung ist die richtige Bezahlung (BVerwG, 22.10.2007 – 6 P 1/07 – PersV 2008, 103 = PersR 2008, 23). Die einschlägigen Entgeltordnungen enthalten häufig unbestimmte Rechtsbegriffe, die erhebliche Auslegungsspielräume eröffnen und deren Anwendung im Einzelfall Schwierigkeiten bereitet. Hier bietet die Mitbeurteilung des PR eine größere Gewähr für die Richtigkeit der Eingruppierung. Sie soll sicherstellen, dass die Anwendung der in der Dienststelle geltenden Entgeltordnung möglichst zutreffend erfolgt (BVerwG, 27.8.2008 – 6 P 3/08 – PersR 2008, 500). 23

Umgruppierung. Entspricht die Tätigkeit eines Arbeitnehmers nicht oder nicht mehr den Merkmalen der Entgeltgruppe, in die er eingeordnet ist, ist er umzugruppieren. Dies ist insb. der Fall, wenn neu zu bewertende Arbeitsplätze geschaffen werden. Eine Umgruppierung ist auch vorzunehmen, wenn ein neuer Tarifvertrag anzuwenden ist. 24

Höhergruppierung. Höhergruppierung ist die Eingruppierung in eine höhere Entgeltgruppe wegen der Übertragung einer höher zu bewertenden Tätigkeit oder wegen einer veränderten Bewertung der ausgeübten Tätigkeit (§§ 13 und 17 Abs. 4 Sätze 1 und 4 TV-L). Mitbestimmungspflichtig ist daneben auch die zwei Monate überschreitende Übertragung einer Tätigkeit, die den Tätigkeitsmerkmalen einer höheren Entgeltgruppe entspricht als die bisherige Tätigkeit (s. Nr. 7 Buchst. a). 25

Rückgruppierung. Unter Rückgruppierung versteht man die Eingruppierung in eine niedrigere Entgeltgruppe wegen der Übertragung einer niedriger zu bewertenden Tätigkeit oder wegen einer veränderten Bewertung der ausgeübten Tätigkeit (§§ 13 und 17 Abs. 4 Sätze 1 und 4 TV-L). Mitbestimmungspflichtig ist daneben auch die zwei Monate überschreitende Übertragung einer Tätigkeit, die den Tätigkeitsmerkmalen einer niedrigeren Entgeltgruppe entspricht als die bisherige Tätigkeit (s. Nr. 7 Buchst. a). Auch die Rückgruppierung im Einverständnis mit dem Beschäftigten unterliegt der Mitbestimmung. 26

Stufenzuordnung. Die Mitbestimmung erstreckt sich sowohl bei der Eingruppierung auf die Stufenzuordnung nach § 16 Abs. 2 Satz 1 bis 3 TV-L als auch bei der Höher- und Rückgruppierung auf die Stufenzuordnung nach § 17 Abs. 4 Satz 1 und 4 TV-L (BVerwG, 13.10.2009 – 6 P 15/08 – PersV 2010, 142 = PersR 2009, 501). Auch hier gilt der Tarifvorbehalt nicht. Nicht der 27

Mitbestimmung unterliegt dagegen das Erreichen der nächsten Stufe nach Ablauf der regulären Stufenlaufzeit gem. § 16 Abs. 3 und 4 TV-L, da es sich hierbei um in großer Zahl zu bewältigende Routinevorgänge handelt (BVerwG, 13.10.2009 – 6 P 15/08 – PersV 2010, 142 = PersR 2009, 501).

28 **Stufenlaufzeit.** Gem. § 17 Abs. 2 Sätze 1 und 2 TV-L kann bei Leistungen der Beschäftigten, die erheblich über dem Durchschnitt liegen, die erforderliche Zeit für das Erreichen der Stufen 4 bis 6 jeweils verkürzt, bei Leistungen, die erheblich unter dem Durchschnitt liegen, jeweils verlängert werden. Beide Maßnahmen unterliegen der Mitbestimmung des PR.

29 **Fallgruppe.** Gem. § 12 Abs. 1 Satz 1 TV-L richtet sich die Eingruppierung nach den Tätigkeitsmerkmalen der Entgeltordnung. Diese sieht teilweise innerhalb einer Entgeltgruppe mehrere Fallgruppen vor. Da für die Fallgruppen unterschiedliche Protokollerklärungen gelten, kann sich auch die Bestimmung der Fallgruppe auf die Höhe des zu gewährenden Entgelts auswirken.

30 **Übertarifliche Eingruppierung.** Auch eine etwaige übertarifliche Eingruppierung unterliegt der Mitbestimmung. Sie ist gegeben, wenn ein Arbeitnehmer ein Entgelt erhalten soll, das höher ist als das Entgelt, das in der höchsten Entgeltgruppe des an sich anzuwendenden Tarifvertrags festgelegt ist.

31 **Nr. 4: Beförderung/horizontaler Laufbahnwechsel.** Durch die **Beförderung** wird einem Beamten ein anderes Amt mit höherem Grundgehalt verliehen (§ 20 Abs. 1 LBG). Ein **horizontaler Laufbahnwechsel** ist der Wechsel von der Laufbahn der Fachrichtung A in die Laufbahn der Fachrichtung B **innerhalb der Laufbahngruppe** (s. § 21 LBG). Beim **vertikalen Laufbahnwechsel** wird dagegen innerhalb derselben Fachrichtung in die **nächsthöhere Laufbahngruppe** gewechselt; dieser ist als Aufstieg (s. § 22 LBG) zugleich eine Beförderung und deshalb ohnehin als Mitbestimmungsfall erfasst.

32 **Bestenauswahl.** Auswahlentscheidungen nach Nr. 4 werden nach dem Grundsatz der Bestenauswahl getroffen. Der PR kann dabei nicht sein eigenes Werturteil an die Stelle der Beurteilung durch den Dienststellenleiter setzen. Er hat jedoch darüber zu wachen, dass z. B. Richtlinien über die personelle Auswahl nach Abs. 4 Nr. 6 eingehalten werden und auch sonst der Gleichheitsgrundsatz nicht verletzt wird. Gem. § 71 Abs. 3 Satz 2 kann nunmehr auch ein vom PR benanntes Mitglied an im Rahmen institutionalisierter Auswahlverfahren durchgeführten Auswahlgespräche teilnehmen.

33 **Nr. 5: Aufstieg.** Die Zulassung zum Aufstieg einschließlich der Zulassung zur Eignungsfeststellung für den Aufstieg ist mitbestimmungspflichtig. Aufstieg ist der Wechsel in die nächsthöhere Laufbahn derselben Fachgruppe (§ 22 Abs. 1 LBG), z. B. vom mittleren in den gehobenen Dienst innerhalb der allg. Innenverwaltung. Gem. § 22 Abs. 1 LBG können Beamte in die nächsthöhere Laufbahn derselben Fachrichtung aufsteigen, auch wenn die Bildungsvoraussetzungen nach § 15 LBG für diese Laufbahn nicht vorliegen, wenn sie u. a. seit mind. einem Jahr erfolgreich überwiegend Aufgaben der nächsthöheren Laufbahn wahrnehmen und durch Qualifizierungsmaßnahmen zusätzliche, über ihre Vor-

bildung und die bisherige Laufbahnbefähigung hinausgehende Kenntnisse und Fähigkeiten erworben haben (§ 22 Abs. 1 Nr. 3 und 5 LBG). Bereits durch die **Zulassung** zum Aufstieg und zur Eignungsfeststellung wird eine entscheidende Vorauswahl unter den Bewerbern getroffen, da der Aufstieg nur für diejenigen möglich ist, die durch erfolgreich absolvierte Einführungszeiten und durch die Teilnahme an für die neue Laufbahn qualifizierenden Fortbildungen (s. § 22 Abs. 4 LBG), die für die neue Laufbahn erforderlichen Kenntnisse und Fähigkeiten erworben haben. Der Gesetzgeber hat deshalb für diese wesentlichen Vorentscheidungen dem PR nunmehr ein Mitbestimmungsrecht eingeräumt. Der PR hat insb. über die Einhaltung des Gleichbehandlungsgebotes sowie darüber zu wachen, dass die einschlägigen Vorschriften – § 22 Abs. 1 LBG und die gem. § 22 Abs. 4 LBG ergangenen Rechtsverordnungen – eingehalten werden. An der nachfolgenden Entscheidung über den Aufstieg selbst, der zu einem Wechsel der Laufbahngruppe führt, hat der PR nach Nr. 4 mitzubestimmen.

Nr. 6: Übertragung von Dienstaufgaben. Die zwei Monate überschreitende Übertragung von Dienstaufgaben eines Amtes mit höherem oder niedrigerem Grundgehalt ist mitbestimmungspflichtig. Ausgangspunkt sind die Dienstaufgaben des dem Beamten verliehenen **statusrechtlichen Amtes.** Mitbestimmungspflichtig ist die Übertragung von Dienstaufgaben, die höher oder niedriger zu bewerten sind als die Dienstaufgaben des verliehenen statusrechtlichen Amtes, in dem sich der Beamte befindet. Bewertungsmaßstab sind zunächst die Festsetzungen im Stellenplan. Im Falle der sog. **Topfwirtschaft** (wenn die Planstelle nicht bindend bestimmten Funktionen zugeordnet ist bzw. die Zahl der bewerteten Funktionsstellen die Zahl der nach dem Stellenplan verfügbaren Stellen übersteigt) ist auf die Bewertung der Gesamtumstände, insb. auf die übliche Einstufung, auf im konkreten Falle bestehende Einstellungsabsichten oder aber – mangels anderweitiger Anhaltspunkte – auf die jeweilige besoldungsmäßige Einstufung des (bisherigen) Dienstposteninhabers abzustellen (BVerwG, 16.9.1994 – 6 P 31/92 – PersV 1995, 175 = PersR 1995, 16). Die höhere oder niedrigere Bewertung eines Dienstpostens löst keine Mitbestimmung aus, da sie keine Maßnahme ggü. einem ganz bestimmten Beamten ist (BVerwG, 2.12.2009 – 6 PB 33/09 – PersR 2010, 85). Das Gleiche gilt bei gesetzlicher Überleitung in die nächsthöhere oder nächstniedrigere Besoldungsgruppe. Für die Beurteilung der Mitbestimmungspflicht ist im Übrigen maßgeblich auf die tatsächlich übertragenen Dienstaufgaben abzustellen. Bei der Übertragung eines Dienstpostens bleiben daher einem Amtsvorgänger übertragene Dienstaufgaben unberücksichtigt, die nicht mehr wahrgenommen werden sollen (VGH Mannheim, 26.4.1994 – PL 15 S 234/93 – ZBR 1995, 53). 34

Höheres Grundgehalt. Ein Amt mit höherem Grundgehalt liegt auch dann vor, wenn es mit einer **Amtszulage** verbunden ist, die Bestandteil des Grundgehaltes ist (s. § 43 Abs. 2 LBesGBW). 35

Niedrigeres Grundgehalt. Die Voraussetzungen eines Amtes mit niedrigerem Grundgehalt sind auch dann erfüllt, wenn zur Vermeidung der Versetzung in den Ruhestand eine geringerwertige Tätigkeit übertragen wird (s. § 26 Abs. 3 BeamtStG). Das Gleiche gilt bei der Auflösung, wesentlichen Veränderung oder 36

Verschmelzung von Behörden für eine Versetzung in ein Amt mit geringerem Grundgehalt (s. § 24 Abs. 2 Satz 3 LBG).

37 **Zweck der Vorschrift.** Die Übertragung von Dienstaufgaben eines Amtes mit höherem Grundgehalt ist in der Regel die Vorstufe zu einer nach Abs. 1 Nr. 5 der Mitbestimmung unterliegenden Maßnahme. Hier soll sichergestellt werden, dass der PR bereits zu einem Zeitpunkt beteiligt wird, in dem er noch gestaltend Einfluss nehmen kann, und nicht erst, wenn bereits vollendete Tatsachen für eine Maßnahme nach Abs. 1 Nr. 5 geschaffen sind. Bei der nicht nur vorübergehenden Übertragung der Aufgaben eines niedriger bewerteten Amtes dient die Mitbestimmung des PR insb. dem Schutz des Beamten. Der Beamte hat grundsätzlich Anspruch auf Übertragung eines seinem statusrechtlichen Amt entsprechenden Funktionsamtes, d. h. eines amtsgemäßen Aufgabenbereichs (BVerwG, 2.12.2009 – 6 PB 33/09 – PersR 2010, 85).

38 **Mindestdauer.** Die Übertragung muss zwei Monate überschreiten, d. h. länger als zwei Monate dauern. Die Frage, ob die Übertragung nur vorübergehend zur Krankheitsvertretung erfolgen soll, ist damit nicht mehr entscheidend. Auch eine nur befristete Übertragung für länger als zwei Monate unterliegt der Mitbestimmung. Das gilt auch für sog. kommissarische Übertragungen eines höherwertigeren Amtes bis zur endgültigen Besetzung für länger als zwei Monate. Ist die Überschreitung der Zwei-Monatsfrist bereits bei der Übertragung bekannt, muss der PR rechtzeitig vorher beteiligt werden; ansonsten ist die Beteiligung **vor Ablauf der Zwei-Monatsfrist** einzuleiten.

39 **Nr. 7 Buchst. a: Übertragung der Tätigkeit einer höheren oder niedrigeren Entgeltgruppe als die bisherige Tätigkeit.** Mitbestimmungspflichtig ist die zwei Monate überschreitende Übertragung einer Tätigkeit, die den Tätigkeitsmerkmalen einer höheren oder niedrigeren Entgeltgruppe entspricht als die bisherige Tätigkeit. Die übertragene Tätigkeit muss einer höheren oder niedrigeren Entgeltgruppe zugeordnet sein als die bisherige Tätigkeit. Die Übertragung kann durch die Zuweisung eines anderen Arbeitsplatzes oder die Veränderung des bisherigen Aufgabengebiets bestehen. Ist mit der Übertragung eine Höher- oder Rückgruppierung verbunden, ist auch diese mitbestimmungspflichtig (s. Nr. 3). Der Zweck der Mitbestimmung ist aber jeweils ein anderer. Bei der Höher- oder Rückgruppierung ist auf die richtige Einordnung in die Entgeltordnung zu achten, während bei der Übertragung der anderen Tätigkeit auf die Wahrung der Interessen des Beschäftigten zu achten ist.

40 **Nr. 7 Buchst. b: Zulage.** Mitbestimmungspflichtig ist die zwei Monate überschreitende Übertragung einer Tätigkeit, die einen Anspruch auf Zahlung einer Zulage auslöst, sowie Widerruf einer solchen Übertragung. Zulagen i. S. d. Vorschrift sind alle Arten von Zulagen, deren Zahlung von der Ausübung einer bestimmten Tätigkeit abhängig ist, vor allen Dingen Funktionszulagen. Einschlägig sind bspw. persönliche Zulagen nach dem TV-L oder TVöD. Mitbestimmungspflichtig ist die Übertragung der die Zahlung der Zulage auslösenden Tätigkeit sowie der Widerruf der Übertragung.

Mindestdauer. Die Übertragung muss zwei Monate überschreiten, d. h. länger als zwei Monate dauern. Die Frage, ob die Übertragung nur vorübergehend zur Krankheitsvertretung erfolgen soll, ist damit nicht mehr entscheidend. Auch eine nur befristete Übertragung für länger als zwei Monate unterliegt der Mitbestimmung. Das gilt auch für sog. kommissarische Übertragungen entsprechender Tätigkeiten bis zur endgültigen Besetzung für länger als zwei Monate. Ist die Überschreitung der Zwei-Monatsfrist bereits bei der Übertragung bekannt, muss der PR rechtzeitig vorher beteiligt werden; ansonsten ist die Beteiligung **vor Ablauf der Zwei-Monatsfrist** einzuleiten. 41

Zweck der Vorschrift. Kern der Mitbestimmung ist die gerechte Personalauslese. Der PR hat darauf zu achten, dass nicht einzelne Arbeitnehmer zu Unrecht bevorzugt und andere zu Unrecht benachteiligt werden. Er hat deshalb auf die Einhaltung des Gleichbehandlungs- und des Leistungsgrundsatzes zu achten (BVerwG, 13.10.2009 – 6 P 15/08 – PersV 2010, 142 = PersR 2009, 501). 42

Nr. 8: Übertragung anderer Tätigkeit. Mitbestimmungspflichtig ist die zwei Monate überschreitende Übertragung einer anderen Tätigkeit. Eine andere Tätigkeit wird bei der Zuweisung eines anderen Arbeitsbereichs übertragen, wobei die Veränderung so erheblich sein muss, dass der neue Arbeitsplatz eine andere Prägung hat als der bisherige (vgl. die Rspr. zur Umsetzung, z. B. BVerwG, 18.12.1996 – 6 P 8/95 – PersR 1997, 364). Zur Überschreitung der Zwei-Monatsfrist siehe die Komm. zu Nr. 7. 43

Nr. 9: Rückkehr aus Beurlaubung. Die erneute Übertragung von Dienstaufgaben eines Amtes oder der auszuübenden Tätigkeit nach Rückkehr aus der Beurlaubung von längerer Dauer ist mitbestimmungspflichtig. Die Rückkehr aus einer Beurlaubung von längerer Dauer, z. B. zur Betreuung von Kindern oder pflegebedürftigen Angehörigen (s. § 72 Abs. 1 LBG), hat für die Dienststelle oft die gleiche Wirkung wie eine Neueinstellung. Die Auslegung des Begriffs von längerer Dauer hat sich an § 72 LBG zu orientieren. Ab einem Jahr wird man eine längere Dauer anzunehmen haben. 44

Nr. 10: Änderung des Arbeitsvertrags. Die wesentliche Änderung des Arbeitsvertrags ist mitbestimmungspflichtig, ausgenommen die Änderung der arbeitsvertraglich vereinbarten Arbeitszeit. Eine wesentliche Änderung des Arbeitsvertrags kann dieselben Wirkungen haben wie eine Einstellung. Ob die Initiative vom Dienstherr ausgeht oder vom Arbeitnehmer, ist unerheblich. Die Änderung der im Arbeitsvertrag vereinbarten Arbeitszeit, z. B. der Übergang von der Vollzeit- zu einer Teilzeitbeschäftigung, unterliegt gem. Abs. 3 Nr. 2 nur bei Antrag des Beschäftigten der Mitbestimmung. 45

Nr. 11: Umsetzung. Der Mitbestimmung unterliegt die Umsetzung innerhalb der Dienststelle, wenn sie mit einem **Wechsel des Dienstorts verbunden** ist. Umsetzung ist die Übertragung eines anderen Arbeitsbereichs, bei der sich Art und Inhalt oder/und die funktionelle Verantwortung des Beschäftigten ändern. Im Gegensatz zur Versetzung erfolgt die Umsetzung innerhalb der Dienststelle, der Aufgabenbereich des Beschäftigten wird aber wesentlich geändert. Eine Umsetzung liegt nicht vor, wenn eine Dienststelle umorganisiert wird, das Ar- 46 beitsgebiet des Beschäftigten sich aber nicht ändert. Es genügt für eine Umsetzung auch nicht, dass der Beschäftigte künftig dieselbe Tätigkeit in einem anderen Raum, in einem anderen Gebäude oder an einer anderen Arbeitsstelle der Dienststelle ausübt.

47 **Dauerhafte Umsetzung.** Mitbestimmungspflichtig ist **nur die auf Dauer angelegte Umsetzung**, nicht dagegen die vorübergehende, zeitlich befristete Zuordnung eines anderen Arbeitsplatzes. Umsetzungen setzen die Abberufung vom bisherigen Dienstposten und die Zuweisung eines anderen Dienstpostens auf Dauer voraus (BVerwG, 18.12.1996 – 6 P 8/95 – PersR 1997, 364). Eine vorübergehende Umsetzung für die Dauer von zwei Monaten unterliegt jedenfalls nicht der Mitbestimmung (VGH Mannheim, 16.9.2003 – PL 15 S 1104/03 – PersR 2004, 113). Der VGH Kassel (24.4.2003 – 22 TL 848/02 – PersV 2003, 430 = PersR 2003, 198) kommt zu dem Ergebnis, dass eine mitbestimmungsbedürftige Umsetzung vorliegt, wenn Beschäftigte bei gleichbleibender Tätigkeit für die Dauer von mehr als sechs Monaten ihren Dienstort im Bereich derselben Dienststelle wechseln müssen.

48 **Dienstort.** Zum Dienstort gehört im Gegensatz zu § 75 Abs. 1 Nr. 3 BPersVG **nicht** das **Einzugsgebiet** i. S. des Umzugskostenrechts. Deshalb unterliegt jede Umsetzung innerhalb der Dienststelle, mit der ein Wechsel des Dienstorts (d. h. der politischen Gemeinde) verbunden ist, der Mitbestimmung.

49 **Ausgenommener Personenkreis.** Über die in Abs. 5 Nr. 1 genannten Beschäftigten hinaus, bei denen eine Beteiligung des PR in allen in Abs. 1 genannten Personalangelegenheiten entfällt, entfällt bei der Umsetzung auch bei **nicht beamteten Lehrern** die Beteiligung des PR (Abs. 5 Nr. 3).

50 **Herabstufung zur Mitwirkung.** Über die in Abs. 6 Nr. 1 genannten Beschäftigten hinaus, bei denen die Beteiligung des PR in allen in Abs. 1 genannten Personalangelegenheiten zur Mitwirkung herabgestuft wird, tritt bei der Umsetzung auch bei **Beamten des allgemeinen Vollzugsdienstes und Werkdienstes bei den Justizvollzugseinrichtungen, Polizeibeamten und Beschäftigten des Landesamts für Verfassungsschutz** nach Abs. 6 Nr. 2 an die Stelle der Mitbestimmung die Mitwirkung.

51 **Nr. 12: Ordentliche Kündigung.** Der PR ist bei jeder ordentlichen Kündigung durch die Dienststelle zu beteiligen, dies gilt auch für eine erneut ausgesprochene Kündigung (**Wiederholungskündigung**, vgl. BAG, 5.9.2002 – 2 AZR 523/01 – PersR 2003, 123) oder eine **Änderungskündigung**, d. h. eine Kündigung mit dem Angebot der Fortsetzung des Arbeitsverhältnisses unter geänderten Bedingungen. Ist aus betriebsbedingten Gründen ausnahmsweise die **außerordentliche Kündigung eines tariflich unkündbaren Arbeitnehmers** zulässig, steht diese hinsichtlich der PR-Beteiligung einer ordentlichen Kündigung gleich, d. h., der PR hat nicht nur ein Anhörungs-, sondern ein Mitbestimmungsrecht nach § 75 Abs. 1 Nr. 12 (vgl. BAG, 5.2.1998 – 2 AZR 227/97 – PersR 1998, 387).

52 **Auflösungsvertrag/Befristung.** Die Beendigung des Arbeitsverhältnisses durch Auflösungsvertrag oder durch Ablauf der vereinbarten Frist oder den Eintritt

einer auflösenden Bedingung stellt **keine Kündigung** dar. Ebenso ist die Geltendmachung einer **Nichtigkeit** oder die **Anfechtung** eines Arbeitsvertrags keine Kündigung. Auch die Beendigung eines Arbeitsverhältnisses durch Eintritt in das Beamtenverhältnis nach § 9 Abs. 3 LBG ist keine Kündigung; hier hat aber die Dienststelle gem. Abs. 1 Nr. 1 ein Mitbestimmungsverfahren einzuleiten.

Begriff. Bei der **ordentlichen Kündigung** wird von der gesetzlich, tarifvertraglich oder einzelvertraglich vorgesehenen – regelmäßig fristgebundenen – Möglichkeit der Beendigung des Arbeitsverhältnisses Gebrauch gemacht. Sie setzt anders als die außerordentliche Kündigung keinen wichtigen Grund voraus. Bei einer **außerordentlichen Kündigung,** die gem. § 626 Abs. 1 BGB nur aus wichtigem Grund und nur innerhalb einer Frist von zwei Wochen erfolgen kann (§ 626 Abs. 2 BGB), ist der PR lediglich anzuhören (§ 87 Abs. 1 Nr. 9). 53

Unterrichtungspflicht. Die gem. § 76 Abs. 1 erforderliche Unterrichtung des PR von der beabsichtigten Kündigung muss **umfassend** sein (Personaldaten des Beschäftigten, Art der Kündigung, Kündigungsfrist, Kündigungstermin, Kündigungsgründe). Da auch insoweit die in § 71 Abs. 1 Satz 2 getroffene allg. Regelung gilt, nach der dem PR die zur Durchführung seiner Aufgaben erforderlichen Unterlagen vorzulegen sind, sind dem PR über die Tatsachenangaben hinaus auch Unterlagen und Beweismaterial zur Verfügung zu stellen (a. A. hinsichtlich der Anhörung des Betriebsrats zu einer beabsichtigten Kündigung BAG, 6.2.1997 – 2 AZR 265/96 – juris). Dabei dürfen jedoch gem. § 71 Abs. 1 Satz 3 **Personalaktendaten** nur mit Zustimmung des Arbeitnehmers und nur von den von ihm bestimmten Mitgliedern der Personalvertretung eingesehen werden. 54

Umfang der Unterrichtungspflicht. Der Umfang der Unterrichtungspflicht bestimmt sich danach, welche Daten für den PR für die Beurteilung der Wirksamkeit der Kündigung von Bedeutung sind. Über Personalaktendaten des zu kündigenden Beschäftigten, aus denen sich Unterhaltsverpflichtungen für die Familienangehörigen ergeben, ist der PR bei verhaltensbedingten Kündigungen nur in Ausnahmefällen zu unterrichten (BVerwG, 9.10.1996 – 6 P 1/94 – PersV 1997, 171= PersR 1997, 116). 55

Krankheitsbedingte Kündigung. Bei krankheitsbedingter Kündigung sind dem PR regelmäßig die einzelnen Ausfallzeiten der letzten Jahre mitzuteilen, auf welche die Dienststelle ihre Prognose stützt, dass auch in Zukunft mit Krankheitszeiten im selben Umfang zu rechnen sei. Gleiches gilt für die aufgewandten Lohnfortzahlungskosten, wenn hiervon die betriebliche Beeinträchtigung abgeleitet wird. Allerdings kann es in Fällen, in denen der Beschäftigte seit Beginn des Arbeitsverhältnisses fortlaufend jedes Jahr überdurchschnittlich hohe Krankheitszeiten aufzuweisen hat und hohe Lohnfortzahlungskosten verursacht hat, u. U. ausreichen, lediglich nach Jahren gestaffelt die überdurchschnittlichen Krankheitszeiten darzulegen und die Entgeltfortzahlungskosten der letzten Jahre in einem Gesamtbetrag mitzuteilen. Dies gilt jedenfalls dann, wenn der PR aus den mitgeteilten Krankheitszeiten und Entgeltfortzahlungskosten ohne Weiteres ableiten kann, eine Negativprognose hinsichtlich der in 56

Zukunft zu erwartenden Krankheitszeiten sei gerechtfertigt (vgl. BAG, 7.11.2002 – 2 AZR 493/01 – PersR 2003, 451 = PersV 2003, 387).

57 **Sozialauswahl.** Zur ordnungsgemäßen Beteiligung des PR gehört die Mitteilung der Auswahlüberlegungen. Beruft sich die Dienststelle auf eine Auswahl nach sozialen Kriterien, hat sie dem PR auch die von ihr herangezogenen Sozialdaten der aufgrund der Auswahl nicht betroffenen Arbeitnehmer anzugeben.

58 **Rechtsfolge.** Kommt die Dienststelle ihrer Unterrichtungspflicht nicht richtig, insb. nicht ausführlich genug nach, ist die Kündigung unwirksam (BAG, 26.9.2002 – 2 AZR 424/01 – juris).

59 **Einwendungen des PR.** Gegen eine beabsichtigte ordentliche Kündigung kann der PR Einwendungen **jeder Art** erheben. Gilt in der Dienststelle eine **Richtlinie** über die personelle Auswahl bei Kündigungen nach Abs. 4 Nr. 6 Buchst. d, ist diese von der Dienststelle zu beachten. Der PR wacht darüber, dass solche Richtlinien eingehalten werden und erhebt ggf. hierauf gestützte Einwendungen. Der PR hat auch zu prüfen, ob es für den zu kündigenden Arbeitnehmer eine **Weiterbeschäftigungsmöglichkeit** gibt an einem anderen Arbeitsplatz in der Dienststelle. Darüber hinaus hat er zu prüfen und zu erwägen, ob der Beschäftigte nach sowohl für ihn als auch die Dienststelle zumutbaren **Umschulungs-** oder Fortbildungsmaßnahmen weiter beschäftigt werden kann. Auch die **Weiterbeschäftigung zu geänderten, auch ungünstigeren Vertragsbedingungen** ist zu erwägen und ggf. mit der Dienststelle zu erörtern. Dies setzt allerdings das Einverständnis des Arbeitnehmers voraus.

60 **Ausgenommener Personenkreis.** Bei der Kündigung des Arbeitsverhältnisses von Arbeitnehmern, die eine Vergütung erhalten, die der Besoldung von Beamten der Besoldungsgruppe A 16 und höher, bei den obersten Dienstbehörden des Landes der Besoldungsgruppen B 3 und höher entspricht, sowie bei leitenden Beschäftigten öffentlich-rechtlicher Kreditinstitute bestimmt der PR nicht mit und wird auch sonst **nicht beteiligt** (Abs. 5 Nr. 1).

61 **Herabstufung zur Mitwirkung.** Soweit es sich bei den in Abs. 6 Nr. 1 genannten Beschäftigten um keine Beamten, sondern um Arbeitnehmer handelt (was selten der Fall sein dürfte), tritt an die Stelle der Mitbestimmung die Mitwirkung.

62 **Weiterbeschäftigungsanspruch.** Zum Weiterbeschäftigungsanspruch eines Arbeitnehmers bis zur rechtskräftigen Entscheidung über seine Kündigungsschutzklage, wenn der PR der Kündigung widersprochen hat, siehe Abs. 7 und 8.

II. Doppelte Mitbestimmung

63 **Aufnehmende und abgebende Dienststelle.** Abs. 2 zählt die Personalangelegenheiten auf, die der doppelten Mitbestimmung bedürfen, sowohl der Mitbestimmung des PR der die Maßnahme treffenden (abgebenden) Dienststelle als auch der Mitbestimmung des PR der aufnehmenden Dienststelle. Der PR der abgebenden Dienststelle hat die Interessen der verbleibenden Beschäftigten zu ver-

treten und der PR der aufnehmenden Dienststelle die Interessen der dortigen Beschäftigten. Beide PR dürfen prüfen, ob durch die Versetzung, Abordnung usw. Nachteile nicht unerheblichen Gewichts etwa in Form von Mehrbelastung auf die vorhandenen Beschäftigten zukommen (BVerwG, 4.6.1993 – 6 P 31/91 – PersV 1994, 414). Bei einer Versetzung mit dem Ziel einer Beförderung werden sie auch besonders darauf zu achten haben, dass dadurch andere Beschäftigte nicht benachteiligt werden, ohne dass dies aus dienstlichen oder persönlichen Gründen gerechtfertigt ist.

Ausgenommener Personenkreis. Bei allen in Abs. 2 genannten Personalangelegenheiten von Beamten der Besoldungsgruppe A 16 und höher, bei den obersten Dienstbehörden des Landes der Besoldungsgruppen B 3 und höher sowie den entsprechenden Arbeitnehmern, bei Landräten, Bürgermeistern und Beigeordneten und leitenden Beschäftigten öffentlich-rechtlicher Kreditinstitute bestimmt der PR nicht mit und wird auch sonst **nicht beteiligt** (Abs. 5 Nr. 1). Das Gleiche gilt für nicht beamtete Lehrer (Abs. 5 Nr. 3). 64

Herabstufung zur Mitwirkung. Bei Leitern von Dienststellen i. S. d. LPVG, Rektoren an Grund-, Haupt-, Werkreal-, Real- und Gemeinschaftsschulen sowie entsprechenden sonderpädagogischen Bildungs- und Beratungszentren, Abteilungsleitern bei den Regierungspräsidien, Landesoberbehörden und höheren Sonderbehörden und den Ersten Landesbeamten bei den Landratsämtern **tritt** nach Abs. 6 Nr. 1 **an die Stelle der Mitbestimmung die Mitwirkung**. Das Gleiche gilt für Beamte des allg. Vollzugsdienstes und Werkdienstes bei den Justizvollzugseinrichtungen, Polizeibeamte und Beschäftigte des Landesamts für Verfassungsschutz (Abs. 6 Nr. 2). 65

Antragsabhängige Mitbestimmung. Bei **allen** in Abs. 2 genannten Personalangelegenheiten von leitenden Beschäftigten einer Dienststelle i. S. d. § 9 Abs. 2 Satz 1 Nr. 2 und 3, Beamten auf Zeit und Beschäftigten mit überwiegend wissenschaftlicher oder künstlerischer Tätigkeit bestimmt der PR nur mit, wenn der betroffene Beschäftigte dies beantragt (§ 76 Abs. 2 Satz 1 Nr. 1). 66

Nr. 1: Versetzung. Die Versetzung zu einer anderen Dienststelle unterliegt nur dann der Mitbestimmung, wenn der Beschäftigte voraussichtlich länger als zwei Monate Beschäftigter sein wird. 67

Arbeitnehmer. Bei Arbeitnehmern sind Versetzungen gem. § 4 Abs. 1 TV-L ausdrücklich zulässig. Dies ergibt sich, wie die Umsetzung innerhalb der Dienststelle, in Grenzen aber auch schon aus dem Direktionsrecht des Arbeitgebers. 68

Beamte. Bei Beamten ist von dem beamtenrechtlichen Begriff der **Versetzung** auszugehen. Eine Versetzung ist beamtenrechtlich die auf Dauer angelegte Übertragung eines anderen Amtes bei einer anderen Dienststelle desselben oder eines anderen Dienstherrn (§ 24 Abs. 1 LBG). Dabei muss das andere Amt im Rahmen des Beamtenverhältnisses übertragen werden. Das ist bei der Ernennung eines Beamten zum Richter kraft Auftrags nicht der Fall, hier schließen die spezialgesetzlichen Regelungen der Richtergesetze über die besondere Art der Beteiligung bei der Ernennung von Richtern eine Mitbestimmung nach den 69 allg. Regeln des Personalvertretungsrechts aus (BVerwG, 29.3.1993 – 6 P 19/91 – PersR 1993, 268 = PersV 1994, 269).

70 **Verselbstständigte Dienststellen.** Bei einem Wechsel zu einer lediglich personalvertretungsrechtlich verselbstständigten Dienststelle i. S. v. § 5 Abs. 3 liegt eine Versetzung auch dann nicht vor, wenn der Wechsel dauerhaft ist (VGH Mannheim, 27.9.1994 – PL 15 S 2803/93 – juris).

71 **Versetzungen** von einem Dienstherrn **zu einem anderen Dienstherrn** werden vom abgebenden Dienstherrn im Einverständnis mit dem aufnehmenden Dienstherrn verfügt. Dies gilt entsprechend für die Versetzung von Landesbeamten aus dem Geschäftsbereich eines Ministeriums in den Geschäftsbereich eines anderen Ministeriums (§ 6 Ernennungsgesetz vom 29.1.1992, GBl. S. 141, zul. geänd. durch das Dienstrechtsreformgesetz vom 9.11.2010, GBl. S. 954). Das Einverständnis ist schriftlich zu erklären. In der Versetzungsverfügung ist zum Ausdruck zu bringen, dass das Einverständnis vorliegt (§ 24 Abs. 4 LBG). Die Versetzungsverfügung und die Einverständniserklärung hierzu sind für das Zustandekommen der Versetzung gleich wichtig. Deshalb unterliegen beide Maßnahmen der Mitbestimmung: die Versetzungsverfügung der Mitbestimmung der Personalvertretung der abgebenden und die Einverständniserklärung hierzu der Mitbestimmung der Personalvertretung der aufnehmenden Dienststelle.

72 **Länderübergreifende Versetzung.** Für länderübergreifende Versetzungen und Versetzungen aus einem Land in die **Bundesverwaltung** gilt § 15 BeamtStG (s. § 13 BeamtStG). Auch Versetzungen nach den Beschlüssen der Kultusministerkonferenz über „Eine einheitliche Regelung für den **Lehreraustausch zwischen den Ländern**" unterliegen der Mitbestimmung der Personalvertretung sowohl der abgebenden als auch der aufnehmenden Dienststelle (BVerwG, 5.12.1988 – 6 P 6/86 – PersR 1989, 11 = PersV 1989, 317).

73 **Zuständigkeit.** Wer für die Versetzung im Einzelfall zuständig ist – und damit auch die Zuständigkeit des PR –, ergibt sich für Landesbeamte aus dem Ernennungsgesetz, für die übrigen Beamten im Geltungsbereich des LBG aus besonderen Gesetzen, Rechtsverordnungen und Satzungen (s. § 9 Abs. 1 LBG). Hieraus ergibt sich auch i. V. m. § 91, welche Personalvertretungen zu beteiligen sind. **Eingeleitet** wird die Beteiligung der jeweils zuständigen Personalvertretung von der Dienststelle, bei der sie gebildet ist, d. h. z. B., dass die Beteiligung der Personalvertretung der aufnehmenden Dienststelle nicht durch den Leiter der abgebenden Dienststelle eingeleitet wird.

74 **Erschlichene Zustimmung.** Wird die Zustimmung des PR erwirkt mit der unrichtigen Angabe, der Beschäftigte sei mit der Versetzung einverstanden, ist die Zustimmung unwirksam sowie die Versetzung wegen eines Verfahrensfehlers rechtswidrig. Die nachträgliche Mitteilung, die Versetzung erfolge gegen den Willen des Beschäftigten, heilt den Fehler nicht, vielmehr ist ein erneuter Zustimmungsantrag notwendig (OVG Berlin, 18.12.2002 – 4 S 41.02 – PersR 2003, 163).

Nr. 2: Abordnung. Die Abordnung für die Dauer von mehr als zwei Monaten ist mitbestimmungspflichtig. Abordnung ist die vorübergehende Beschäftigung bei einer anderen Dienststelle desselben oder eines anderen Dienstherrn unter Beibehaltung des bisherigen Amts und der bisherigen Dienstbezüge. Sie unterliegt, wenn sie für mehr als zwei Monate vorgesehen ist, in gleicher Weise der Mitbestimmung wie die Versetzung. Eine zunächst auf kürzere Zeit befristete Abordnung unterliegt der Mitbestimmung, sobald sich erkennen lässt, dass sie auf mehr als zwei Monate verlängert werden muss, s. auch Nr. 5. 75

Ausgenommener Personenkreis. Bei Beamten, die zur Erfüllung von Aufgaben nach dem Landesdisziplinargesetz abgeordnet werden, entfällt die Beteiligung des PR bei der Abordnung. 76

Nr. 3: Zuweisung. Die Zuweisung für die Dauer von mehr als zwei Monaten ist mitbestimmungspflichtig. Nach § 20 Abs. 1 BeamtStG kann Beamten mit ihrer Zustimmung vorübergehend ganz oder teilweise einem ihrem Amt entspr. Tätigkeit bei einer **öffentlichen Einrichtung ohne Dienstherreneigenschaft** oder bei einer **öffentlich-rechtlichen Religionsgemeinschaft** („im dienstlichen oder öffentlichen Interesse") oder bei einer **anderen privaten Einrichtung** („wenn öffentliche Interessen es erfordern") zugewiesen werden. Nach § 20 Abs. 2 BeamtStG kann Beamten einer Dienststelle, die ganz oder teilweise in eine **öffentlich-rechtlich organisierte Einrichtung ohne Dienstherreneigenschaft** oder eine **privatrechtlich organisierte Einrichtung der öffentlichen Hand umgewandelt** wird, auch ohne ihre Zustimmung – und zwar auf Dauer – eine ihrem Amt entspr. Tätigkeit bei dieser Einrichtung zugewiesen werden, „wenn öffentliche Interessen es erfordern". 77

Begriff. TV-L und TVöD verstehen unter der **Zuweisung von Arbeitnehmern** die – unter Fortsetzung des bestehenden Arbeitsverhältnisses erfolgende – **vorübergehende** Beschäftigung bei einem Dritten, bei dem der TV-L und der TVöD nicht zur Anwendung kommen. 78

Nr. 4: Personalgestellung. Die Personalgestellung für die Dauer von mehr als zwei Monaten ist mitbestimmungspflichtig. Die Personalgestellung ist die auf **Dauer** angelegte Beschäftigung bei einem Dritten unter Fortsetzung des bestehenden Dienstverhältnisses. Die Personalgestellung wird als Instrument vor allem dann eingesetzt, wenn Aufgaben des Beschäftigten zu einem Dritten (Privater oder andere Dienststelle) verlagert werden. Der Dienstherr kann dann verlangen, dass der Beschäftigte die von ihm dienstrecht- oder arbeitsvertraglich geschuldete Leistung bei dem Dritten erbringt (s. § 4 Abs. 3 TV-L). Eine weitere Variante ist, dass das Personal eines Dritten aufgrund eines Gestellungsvertrages in einer Dienststelle tätig wird. In beiden Fällen besteht das Arbeitsverhältnis zum bisherigen Arbeitgeber weiter, bezüglich ihrer Arbeitsleistung unterliegen die Beschäftigten jedoch dem Weisungsrecht der Dienststelle, bei der sie die Arbeitsleistung erbringen. Hinsichtlich des Abschlusses von Arbeitnehmerüberlassungs- und Arbeitnehmergestellungsverträgen, d. h. die Verträge, auf deren Grundlage fremde Personen in der Dienststelle eingesetzt oder eigene Beschäftigte zu Dritten entsandt werden sollen, besteht gem. 79

§ 87 Abs. 1 Nr. 8 ein Anhörungsrecht des PR (s. § 87 Rn. 8). Zur Frage, welcher der PR zuständig ist, s. § 91 Rn. 5.

80 **Nr. 5: Kettenabordnungen.** Die Abordnung auch für die Dauer von weniger als zwei Monaten, sofern sie sich unmittelbar an eine vorangegangene Abordnung anschließt, ist mitbestimmungspflichtig; entsprechendes gilt für die Zuweisung oder Personalgestellung. Die Vorschrift stellt nunmehr ausdrücklich klar, dass Kettenabordnungen (= ununterbrochen aneinandergereihte Kurzabordnungen), durch die der Zweimonatszeitraum überschritten oder eine diesen Zeitraum überschreitende Abordnung weiter ausgedehnt wird, der Mitbestimmung unterliegen. Dies gilt auch dann, wenn die Kurzabordnungen nacheinander zu verschiedenen Dienststellen erfolgen und wenn zwischen den Kurzabordnungen ein Feiertag oder ein arbeitsfreies Wochenende liegen (VGH Mannheim, 7.12.1993 – PB 15 S 203/93 – PersR 1994, 372). Das Gleiche gilt für die Verlängerung von Zuweisungen und Personalgestellungen.

III. Antragsabhängige Mitbestimmung

81 **Antragserfordernis.** Abs. 3 zählt abschließend die Angelegenheiten auf, in denen der PR nur mitbestimmt, wenn der betroffene Beschäftigte dies beantragt, denn dieser kann ein Interesse daran haben, dass seine persönlichen Verhältnisse und Motive für sein Verhalten keinem größeren Personenkreis bekannt werden. Um ihm eine Entscheidung zu ermöglichen, ob er den PR beteiligen will, ist ihm von der beabsichtigten Maßnahme rechtzeitig vorher Kenntnis zu geben, gleichzeitig ist er auf sein Antragsrecht hinzuweisen (s. § 76 Abs. 3); dies sollte zweckmäßigerweise in Schriftform erfolgen. Darüber hinaus ist das Mitbestimmungsverfahren dahingehend modifiziert, dass bei der Ablehnung der Verringerung der vertraglich vereinbarten Arbeitszeit (Nr. 2) sowie bei der Ablehnung von Teilzeitbeschäftigung (Nr. 6) die Dienststelle endgültig entscheidet, wenn keine Einigung zustande kommt. Die Beteiligten können dann weder ein Stufenverfahren einleiten noch die Einigungsstelle anrufen (s. § 76 Abs. 10).

82 **Ausgenommener Personenkreis.** Bei den in Nr. 1 bis 3, 5 bis 7, 10, 12 und 14 genannten Personalangelegenheiten von Beamten der Besoldungsgruppe A 16 und höher, bei den obersten Dienstbehörden des Landes der Besoldungsgruppen B 3 und höher sowie den entsprechenden Arbeitnehmern, bei Landräten, Bürgermeistern und Beigeordneten und leitenden Beschäftigten öffentlich-rechtlicher Kreditinstitute bestimmt der PR nicht mit und wird auch sonst **nicht beteiligt** (Abs. 5 Nr. 1).

83 **Herabstufung zur Mitwirkung.** Bei Leitern von Dienststellen i. S. d. LPVG, Rektoren an Grund-, Haupt-, Werkreal-, Real- und Gemeinschaftsschulen sowie entspr. sonderpädagogischen Bildungs- und Beratungszentren, Abteilungsleitern bei den Regierungspräsidien, Landesoberbehörden und höheren Sonderbehörden und den Ersten Landesbeamten bei den Landratsämtern tritt bei den in Nr. 2, 3, 5 bis 7 und 14 genannten Personalangelegenheiten an die Stelle der Mitbestimmung die Mitwirkung (Abs. 6 Nr. 1).

Nr. 1: Verlängerung der Probezeit. Nach § 19 Abs. 6 LBG kann die Probezeit bis auf höchstens fünf Jahre (s. auch § 6 LBG) verlängert werden, wenn die Bewährung bis zum Ablauf der regulären, dreijährigen Probezeit (s. § 19 Abs. 1 Satz 2 LBG) noch nicht festgestellt werden kann. Die Mitwirkung des PR soll sicherstellen, dass eine Verlängerung nur erfolgt, wenn dies für die Feststellung der Bewährung erforderlich ist. 84

Ausgenommener Personenkreis. Bei der Verlängerung der Probezeit von Beamten der Besoldungsgruppe A 16 und höher, bei den obersten Dienstbehörden des Landes der Besoldungsgruppen B 3 und höher sowie den entsprechenden Arbeitnehmern, bei Landräten, Bürgermeistern und Beigeordneten und leitenden Beschäftigten öffentlich-rechtlicher Kreditinstitute bestimmt der PR nicht mit und wird auch sonst **nicht beteiligt** (Abs. 5 Nr. 1). 85

Nr. 2: Änderung der arbeitsvertraglich vereinbarten Arbeitszeit für die Dauer von mehr als zwei Monaten. Erfasst sind nur Änderungen der arbeitsvertraglich vereinbarten Arbeitszeit, nicht hingegen die erstmalige Festlegung der Arbeitszeit im Arbeitsvertrag. Mitbestimmungspflichtig sind sowohl die Erhöhung oder Verringerung des Umfangs der Gesamtarbeitszeit (Wochenarbeitszeit) als auch die Lage der Arbeitszeit, sofern diese Festlegungen im Arbeitsvertrag enthalten sind. Die Änderung der Arbeitszeit muss durch eine Arbeitsvertragsänderung vorgenommen werden. Die Mitbestimmung bei der Umwandlung eines Vollzeitarbeitsverhältnisses in ein Teilzeitarbeitsverhältnis regeln Nr. 6 und 7. 86

Mindestdauer. Eine Mitbestimmung ist nur erforderlich, wenn die Arbeitszeitänderung länger als zwei Monate gelten soll. Das ermöglicht der Dienststelle eine schnelle Reaktion auf kurzfristig eintretende Arbeitsspitzen. 87

Letztentscheidung der Dienststelle. Kann im Mitbestimmungsverfahren über eine beantragte Arbeitszeit**verkürzung** keine Einigung zwischen PR und Dienststelle erzielt werden, entscheidet gem. § 76 Abs. 10 die Dienststelle endgültig; kein Beteiligter kann ein Stufenverfahren einleiten oder die Einigungsstelle anrufen. (s. § 76 Abs. 10). 88

Ausgenommener Personenkreis. Bei den Arbeitnehmern, deren Besoldung der von Beamten der Besoldungsgruppe A 16 und höher, bei den obersten Dienstbehörden des Landes der Besoldungsgruppen B 3 und höher entspricht sowie bei leitenden Beschäftigten öffentlich-rechtlicher Kreditinstitute bestimmt der PR nicht mit und wird auch sonst **nicht beteiligt** (Abs. 5 Nr. 1). 89

Herabstufung zur Mitwirkung. Soweit es sich bei den in Abs. 6 Nr. 1 genannten Beschäftigten um keine Beamten, sondern um Arbeitnehmer handelt, tritt an die Stelle der Mitbestimmung die Mitwirkung. 90

Nr. 3: Beschränkung der Wohnungswahl. Anordnungen, welche die Freiheit in der Wahl der Wohnung beschränken, sind mitbestimmungspflichtig. Gemeint sind bei **Beamten** Anweisungen nach § 54 Abs. 2 LBG, die Wohnung innerhalb bestimmter Entfernung von der Dienststelle zu nehmen, oder die Verpflichtung von Beamtinnen und Beamten des Polizeivollzugsdienstes, in einer **Gemein-** 91

schaftsunterkunft zu wohnen (§ 54 Abs. 3 LBG). Die Anweisung des Dienstherrn an den Beamten, eine **Dienstwohnung** zu beziehen (s. § 92 Abs. 2, 2. Alt. LBG a. F.), ist in § 54 LBG nicht mehr vorgesehen.

92 **Arbeitnehmer.** Eine dem § 54 Abs. 2 LBG entspr. Vorschrift ist in den Tarifverträgen nicht enthalten. Doch wird der Arbeitgeber gleichwohl aus seinem Direktionsrecht die Befugnis haben, den **Arbeitnehmer** zum Bezug einer Wohnung an einem bestimmten Ort anzuhalten, wenn andernfalls eine ordnungsgemäße Dienstleistung – etwa wegen zu weiter Entfernung der Wohnung von der Dienststelle – nicht gewährleistet wäre. Der TV-L sowie der TVöD enthalten – anders als davor § 65 BAT und § 69 MTArb – keine Regelung mehr über die Verpflichtung zum Bezug einer Dienstwohnung. Vereinbarungen zwischen Arbeitgeber und Beschäftigten über die Zurverfügungstellung von Wohnraum fallen nicht unter Nr. 3, sondern unter § 74 Abs. 1 Nr. 3.

93 **Umfang.** Anordnungen über den **Aufenthalt während der dienstfreien Zeit** nach § 54 Abs. 4 LBG fallen nicht unter Nr. 3, da sich diese nicht auf die Wahl der Wohnung beziehen.

94 **Meldepflicht.** Auch ein Erlass an die Schulämter und die Schulleiter, alle Fälle zu berichten, in denen die einfache Wegstrecke eines Lehrers von seiner Wohnung zur Schule mehr als 80 km beträgt, unterliegt weder der Mitbestimmung nach Abs. 3 Nr. 3 noch nach Abs. 4 Nr. 3 (Inhalt von Personalfragebogen). Auch ein Mitwirkungstatbestand nach § 81 Abs. 1 Nr. 1 (Vorbereitung von Verwaltungsanordnungen für die innerdienstlichen, sozialen oder persönlichen Angelegenheiten der Beschäftigten) ist nicht gegeben.

95 **Ausgenommener Personenkreis.** Bei Beamten der Besoldungsgruppe A 16 und höher, bei den obersten Dienstbehörden des Landes der Besoldungsgruppen B 3 und höher sowie den entsprechenden Arbeitnehmern, bei Landräten, Bürgermeistern und Beigeordneten und leitenden Beschäftigten öffentlich-rechtlicher Kreditinstitute bestimmt der PR nicht mit und wird auch sonst **nicht beteiligt** (Abs. 5 Nr. 1).

96 **Herabstufung zur Mitwirkung.** Bei Leitern von Dienststellen i. S. d. LPVG, Rektoren an Grund-, Haupt-, Werkreal-, Real- und Gemeinschaftsschulen sowie entsprechenden sonderpädagogischen Bildungs- und Beratungszentren, Abteilungsleitern bei den Regierungspräsidien, Landesoberbehörden und höheren Sonderbehörden und den Ersten Landesbeamten bei den Landratsämtern tritt an die Stelle der Mitbestimmung die Mitwirkung (Abs. 6 Nr. 1).

97 **Nr. 4: Telearbeit.** Die **Ablehnung** eines Antrags auf Telearbeit oder auf Einrichtung eines Arbeitsplatzes außerhalb der Dienststelle, sofern diese Arbeitsform tarifvertraglich oder durch Dienstvereinbarung besteht, ist mitbestimmungspflichtig. Ist tarifvertraglich oder durch Dienstvereinbarung nach § 85 Telearbeit oder die Einrichtung eines Arbeitsplatzes außerhalb der Dienststelle vorgesehen, hat der PR mitzubestimmen, wenn ein entsprechender Antrag eines Beschäftigten **abgelehnt** wird.

Nr. 5: Nebentätigkeitsgenehmigung. Die Versagung oder der Widerruf der Genehmigung einer Nebentätigkeit, die Erteilung von Auflagen zu Nebentätigkeitsgenehmigungen sowie die Untersagung einer Nebentätigkeit sind mitbestimmungspflichtig. Die Genehmigungspflicht und damit die Mitbestimmung bei Versagung oder Widerruf der Genehmigung hat nur noch für den **Beamtenbereich** Bedeutung. Mitbestimmungspflichtig ist dabei nur die Versagung oder der Widerruf der Genehmigung, nicht aber die Genehmigung einer Nebentätigkeit (s. § 62 LBG). Für **Arbeitnehmer** besteht keine Genehmigungspflicht mehr (anders noch z. B. § 11 BAT, der für die Nebentätigkeit von Arbeitnehmern auf die für die Beamten des Arbeitgebers geltenden Bestimmungen verwies), sondern lediglich eine Anzeigepflicht mit der Möglichkeit des Arbeitgebers, die Nebentätigkeit zu untersagen (§ 3 Abs. 4 TV-L, § 3 Abs. 3 TVöD). 98

Nebentätigkeitsbegriff. Nebentätigkeit ist bei **Beamten** jede nicht zu seinem Hauptamt gehörende Tätigkeit innerhalb oder außerhalb des öffentlichen Dienstes (§ 60 Abs. 1 Satz 1 LBG). Ausgenommen sind unentgeltliche Tätigkeiten, die nach allg. Anschauung zur persönlichen Lebensgestaltung gehören (§ 60 Abs. 1 Satz 2 LBG). Bei **Arbeitnehmern** ist Nebentätigkeit jede für einen anderen Arbeitgeber geleistete und jede eigene selbstständige Tätigkeit (in Anlehnung an die Begriffsbestimmung des § 67 Nr. 28 BMT-G). 99

Umfang. Neben der Versagung der beantragten Genehmigung und dem Widerruf einer erteilten Nebentätigkeitsgenehmigung ist nunmehr auch die gem. § 62 Abs. 5 Satz 2 LBG mögliche Erteilung von Auflagen zu Nebentätigkeitsgenehmigungen mitbestimmungspflichtig. Mitbestimmungspflichtig ist weiter die Untersagung einer nicht genehmigungspflichtigen Nebentätigkeit durch den Dienstherrn (bei Beamten s. § 63 Abs. 4 LBG). 100

Nebentätigkeit auf Verlangen. Nicht mitbestimmungspflichtig sind die **Anordnung** der Übernahme einer Nebentätigkeit durch den Dienstvorgesetzten nach § 61 LBG sowie der Entzug dieser Nebentätigkeit (so auch Altvater u. a. § 75 Rn. 87). 101

Ausgenommener Personenkreis. Bei Beamten der Besoldungsgruppe A 16 und höher, bei den obersten Dienstbehörden des Landes der Besoldungsgruppen B 3 und höher sowie den entsprechenden Arbeitnehmern, bei Landräten, Bürgermeistern und Beigeordneten und leitenden Beschäftigten öffentlich-rechtlicher Kreditinstitute bestimmt der PR nicht mit und wird auch sonst **nicht beteiligt** (Abs. 5 Nr. 1). 102

Herabstufung zur Mitwirkung. Bei Leitern von Dienststellen i. S. d. LPVG, Rektoren an Grund-, Haupt-, Werkreal-, Real- und Gemeinschaftsschulen sowie entsprechenden sonderpädagogischen Bildungs- und Beratungszentren, Abteilungsleitern bei den Regierungspräsidien, Landesoberbehörden und höheren Sonderbehörden und den Ersten Landesbeamten bei den Landratsämtern tritt an die Stelle der Mitbestimmung die Mitwirkung (Abs. 6 Nr. 1). 103

Nr. 6: Teilzeitbeschäftigung und Beurlaubung. Die Ablehnung eines Antrags auf Teilzeitbeschäftigung oder auf Urlaub ohne Dienstbezüge oder Arbeitsent- 104 gelt sowie der Widerruf der Bewilligung sind mitbestimmungspflichtig. Nur die vollständige oder teilweise **Ablehnung** dieser Anträge (s. §§ 69, 70 und 72 LBG und die entsprechenden tariflichen Bestimmungen) bedarf der Zustimmung des PR. Die Bewilligung eines solchen Antrags unterliegt nicht der Mitbestimmung. Soll aber eine erteilte Bewilligung widerrufen werden, unterliegt dieser Widerruf der Mitbestimmung.

105 **Letztentscheidung der Dienststelle.** Kann im Mitbestimmungsverfahren keine Einigung zwischen PR und Dienststelle erzielt werden, entscheidet gem. § 76 Abs. 10 die Dienststelle endgültig; kein Beteiligter kann ein Stufenverfahren einleiten oder die Einigungsstelle anrufen (s. § 76 Abs. 10).

106 **Ausgenommener Personenkreis.** Bei Beamten der Besoldungsgruppe A 16 und höher, bei den obersten Dienstbehörden des Landes der Besoldungsgruppen B 3 und höher sowie den entsprechenden Arbeitnehmern, bei Landräten, Bürgermeistern und Beigeordneten und leitenden Beschäftigten öffentlich-rechtlicher Kreditinstitute bestimmt der PR nicht mit und wird auch sonst **nicht beteiligt** (Abs. 5 Nr. 1).

107 **Herabstufung zur Mitwirkung.** Bei Leitern von Dienststellen i. S. d. LPVG, Rektoren an Grund-, Haupt-, Werkreal-, Real- und Gemeinschaftsschulen sowie entsprechenden sonderpädagogischen Bildungs- und Beratungszentren, Abteilungsleitern bei den Regierungspräsidien, Landesoberbehörden und höheren Sonderbehörden und den Ersten Landesbeamten bei den Landratsämtern tritt an die Stelle der Mitbestimmung die Mitwirkung (Abs. 6 Nr. 1).

108 **Nr. 7: Altersteilzeit.** Mitbestimmungspflichtig ist die vollständige oder teilweise Ablehnung eines Antrags auf Altersteilzeit (s. § 70 LBG sowie die entsprechenden tarifvertraglichen Bestimmungen).

109 **Ausgenommener Personenkreis.** Bei Beamten der Besoldungsgruppe A 16 und höher, bei den obersten Dienstbehörden des Landes der Besoldungsgruppen B 3 und höher sowie den entsprechenden Arbeitnehmern, bei Landräten, Bürgermeistern und Beigeordneten und leitenden Beschäftigten öffentlich-rechtlicher Kreditinstitute bestimmt der PR nicht mit und wird auch sonst **nicht beteiligt** (Abs. 5 Nr. 1).

110 **Herabstufung zur Mitwirkung.** Bei Leitern von Dienststellen i. S. d. LPVG, Rektoren an Grund-, Haupt-, Werkreal-, Real- und Gemeinschaftsschulen sowie entsprechenden sonderpädagogischen Bildungs- und Beratungszentren, Abteilungsleitern bei den Regierungspräsidien, Landesoberbehörden und höheren Sonderbehörden und den Ersten Landesbeamten bei den Landratsämtern tritt an die Stelle der Mitbestimmung die Mitwirkung (Abs. 6 Nr. 1).

111 **Nr. 8: Herabsetzung der Anwärterbezüge oder der Unterhaltsbeihilfe.** Beamte auf Widerruf im Vorbereitungsdienst (Anwärter) erhalten Anwärterbezüge (§ 70 LBesGBW), die gem. § 84 LBesGBW gekürzt werden können, u. a, wenn sich die Ausbildung aus einem vom Anwärter zu vertretenden Grund verzögert. Rechtsreferendare erhalten eine Unterhaltsbeihilfe, die unter bestimmten Voraussetzungen während des Ergänzungsvorbereitungsdienstes nach dem Nicht-

bestehen der Zweiten juristischen Staatsprüfung herabgesetzt werden kann (s. VO des Ministeriums für Finanzen und Wirtschaft über die Gewährung von Unterhaltsbeihilfen an Rechtsreferendare v. 27.6.2011). In beiden Fällen bestimmt der PR der für die Kürzung/Herabsetzung zuständigen Stelle mit (s. zur Zuständigkeit des PR die Kommentierung zu § 91).

Nr. 9: Regressansprüche. Die Geltendmachung von Ersatzansprüchen gegen Beschäftigte ist mitbestimmungspflichtig. Ein Beamter, der vorsätzlich oder grob fahrlässig die ihm obliegenden Pflichten verletzt, hat dem Dienstherrn, dessen Aufgaben er wahrgenommen hat, den daraus entstehenden Schaden zu ersetzen (§ 48 Satz 1 BeamtStG i. V. m. § 59 LBG); für Arbeitnehmer gelten entspr. tarifvertragsrechtliche Regelungen. **Die Rückforderung zu viel gezahlter Dienstbezüge** oder Arbeitsentgelte fällt **nicht** unter Nr. 9. 112

Umfang. Der Mitbestimmungstatbestand ist gegeben, wenn die Dienststelle dem Beschäftigten kundtun will, dass sie einen bestimmten Ersatzanspruch gegen ihn für gegeben hält; auf eine Zahlungsaufforderung kommt es nicht an (BVerwG, 24.4.2002 – 6 P 4/01 – PersV 2002, 542 = PersR 2002, 398). Das Mitbestimmungsrecht des PR umfasst sowohl die Prüfung, ob überhaupt ein Ersatzanspruch besteht, als auch die Prüfung der Rechtmäßigkeit der Durchsetzung des festgestellten Ersatzanspruchs. Der Umfang der Mitbestimmung kann allerdings nicht über die Entscheidungsbefugnis des Dienststellenleiters hinausgehen, der grundsätzlich eine Verpflichtung zur Geltendmachung eines Ersatzanspruchs hat. Soweit die Bestimmungen unbestimmte Rechtsbegriffe enthalten, sind diese unter Beachtung der Rechtsprechung auszulegen; dies gilt insb. für die Frage, welcher Grad der Fahrlässigkeit vorliegt. Deshalb wird die Mitbestimmung des PR bei der Geltendmachung von Ersatzansprüchen gegen einzelne Beschäftigte in vielen Fällen praktisch nur formalen Charakter haben. Das Mitbestimmungsrecht wird dann akut, wenn dem Dienststellenleiter ein Ermessen zusteht. 113

Nr. 10: Entlassung von Beamten auf Probe oder auf Widerruf. Ein Mitbestimmungsrecht besteht nur, wenn diese die Entlassung nicht selbst beantragt haben. Zum Begriff und den Arten der Beamten auf Probe und auf Widerruf s. § 4 Abs. 3 und 4 BeamtStG. Von Nr. 10 werden die Entlassungsfälle des § 23 Abs. 3 BeamtStG (Beamte auf Probe) und des § 23 Abs. 4 BeamtStG (Beamte auf Widerruf, auch im Vorbereitungsdienst) erfasst. Nicht erfasst werden dagegen die Entlassung kraft Gesetzes nach § 22 Abs. 1 bis 3 BeamtStG, der alle Beamten betrifft, und die Beendigung des Beamtenverhältnisses auf Widerruf mit Bestehen oder dem endgültigen Nichtbestehen der für die Laufbahn vorgeschriebenen Prüfung nach § 22 Abs. 4 BeamtStG. Bei der Entlassung nach § 23 Abs. 1 Nr. 1 und 5 BeamtStG, der für alle Beamten gilt, muss eine Beteiligung des PR deshalb entfallen, weil hier eine gesetzliche Pflicht zur Entlassung beim Vorliegen eindeutig bestimmbarer Voraussetzungen besteht und daran auch eine Stellungnahme des PR vernünftigerweise nichts ändern könnte. Im Fall des § 23 Abs. 1 Nr. 2 und 3 BeamtStG (Entlassung statt Zurruhesetzung) dagegen wird man eine Beteiligung des PR in entspr. Anwendung der Regelung in Nr. 10 für zulässig und geboten halten müssen. 114

115 **Wiederholung der Entlassungsverfügung.** Das Mitbestimmungsrecht bezieht sich nicht auf die verwaltungstechnische Entlassungsverfügung, sondern auf den Vorgang der Entlassung. Wird eine **Entlassungsverfügung** aus formalen Gründen **aufgehoben** und durch eine neue, auf einen späteren Zeitpunkt datierte ersetzt, bedarf es deshalb bei gleichbleibendem Sachverhalt keiner erneuten Beteiligung des PR (BVerwG, 10.6.1988 – 2 B 84/88 – PersR 1988, 326).

116 **Ausgenommener Personenkreis.** Bei Beamten der Besoldungsgruppe A 16 und höher, bei den obersten Dienstbehörden des Landes der Besoldungsgruppen B3 und höher sowie bei Landräten, Bürgermeistern und Beigeordneten bestimmt der PR nicht mit und wird auch sonst **nicht beteiligt** (Abs. 5 Nr. 1).

117 **Nr. 11: Aufhebungs- und Beendigungsverträge.** Der Abschluss von Aufhebungs- und Beendigungsverträgen, wenn der Arbeitnehmer die Auflösung des Arbeitsverhältnisses nicht selbst beantragt hat, ist mitbestimmungspflichtig. Entsprechendes gilt für die Beendigung von öffentlich-rechtlichen Ausbildungsverhältnissen. Nach dem ÄG 2013 unterliegt nunmehr entsprechend Nr. 10 auch die Auflösung des Arbeitsverhältnisses von Arbeitnehmern und Beschäftigten in öffentlich-rechtlichen Ausbildungsverhältnissen der Mitbestimmung, wenn diese die Auflösung nicht selbst beantragt haben.

118 **Nr. 12: Vorzeitige Versetzung in den Ruhestand.** Der PR hat mitzubestimmen bei der **Ablehnung des Antrags** von Beamten auf vorzeitige Versetzung in den Ruhestand und bei **vorzeitiger Versetzung in den Ruhestand**, wenn der Beamte die Versetzung nicht selbst beantragt hat. Mitbestimmungspflichtig sind somit nur die Fälle, bei denen der Dienstherr einem Antrag des Beamten nicht entsprechen will, oder bei denen die Initiative zur vorzeitigen Versetzung in den Ruhestand nicht vom Beamten ausgeht, sondern vom Dienstherrn, der den Beamten für nicht mehr dienstunfähig hält.

119 **Anwendungsbereich.** Unter die Vorschrift fallen die Versetzungen in den Ruhestand auf Antrag ohne Nachweis der Dienstunfähigkeit nach § 40 LBG und wegen Dienstunfähigkeit nach § 26 BeamtStG i. V. m. § 43 LBG. Auch die Versetzung von Probebeamten in den Ruhestand nach § 28 BeamtStG ist erfasst, ebenso die Entlassung eines Beamten auf Lebenszeit wegen Dienstunfähigkeit, der nicht in den Ruhestand versetzt werden kann (s. § 23 Abs. 1 Nr. 2 und 3 BeamtStG sowie BVerwG, 9.12.1999 – 2 C 4/99 – PersV 2000, 264 = PersR 2000, 210). Zweifelhaft ist, ob die **Versetzung in den einstweiligen Ruhestand nach** §§ 30 und 31 BeamtStG eine vorzeitige Versetzung in den Ruhestand ist. Nach Sinn und Zweck der Nr. 12 wird man davon ausgehen müssen, obwohl diese Bestimmung nur den „Ruhestand" nennt und diese Formulierung sonst immer den endgültigen Ruhestand bezeichnet, denn auch hier wird das Beamtenverhältnis vorzeitig, d. h. vor Erreichen der Altersgrenze, beendet (so auch Altvater u. a. § 80 Rn. 24).

120 **Ausgenommener Personenkreis.** Bei Beamten der Besoldungsgruppe A 16 und höher, bei den obersten Dienstbehörden des Landes der Besoldungsgruppen B3 und höher sowie bei Landräten, Bürgermeistern und Beigeordneten bestimmt der PR nicht mit und wird auch sonst **nicht beteiligt** (Abs. 5 Nr. 1).

Nr. 13: Feststellung der begrenzten Dienstfähigkeit. Gem. § 27 Abs. 1 BeamtStG soll von der Versetzung in den Ruhestand wegen Dienstunfähigkeit abgesehen werden, wenn der Beamte seine Dienstpflichten noch mind. während der Hälfte der regelmäßigen Arbeitszeit erfüllen kann (begrenzte Dienstfähigkeit). Da die Arbeitszeit dann entsprechend herabzusetzen ist (§ 27 Abs. 2 BeamtStG) und der Beamte damit weniger Besoldung erhält, ist die Feststellung der begrenzten Dienstfähigkeit mitbestimmungspflichtig, wenn der Beamte die Feststellung nicht selbst beantragt hat. 121

Nr. 14: Hinausschiebung des Eintritts in den Ruhestand. Die **Ablehnung** des Antrags auf Hinausschiebung des Eintritts in den Ruhestand wegen Erreichens der Altersgrenze ist mitbestimmungspflichtig. Da die Initiative für die Verlängerung der Arbeitszeit nicht mehr von der Dienststelle ausgehen kann, sondern stets einen Antrag des Beamten erfordert (§ 39 LBG), ist ein personalvertretungsrechtlicher Schutz nur erforderlich, wenn der Dienstherr beabsichtigt, die vom Beamten gewünschte und beantragte Hinausschiebung der Altersgrenze abzulehnen. 122

Bei **Arbeitnehmern** endet nach den tarifvertraglichen Bestimmungen mit Erreichung des gesetzlich festgelegten Alters zum Erreichen einer abschlagsfreien Regelaltersrente das Arbeitsverhältnis, ohne dass es einer Kündigung bedarf. Soll das Arbeitsverhältnis fortgesetzt werden, muss ein neuer schriftlicher Arbeitsvertrag abgeschlossen werden, der nach Abs. 1 Nr. 2 der Mitbestimmung unterliegt. 123

Ausgenommener Personenkreis. Bei Beamten der Besoldungsgruppe A 16 und höher, bei den obersten Dienstbehörden des Landes der Besoldungsgruppen B3 und höher sowie bei Landräten, Bürgermeistern und Beigeordneten bestimmt der PR nicht mit und wird auch sonst **nicht beteiligt** (Abs. 5 Nr. 1). 124

Herabstufung zur Mitwirkung. Bei Leitern von Dienststellen i. S. d. LPVG, Rektoren an Grund-, Haupt-, Werkreal-, Real- und Gemeinschaftsschulen sowie entsprechenden sonderpädagogischen Bildungs- und Beratungszentren, Abteilungsleitern bei den Regierungspräsidien, Landesoberbehörden und höheren Sonderbehörden und den Ersten Landesbeamten bei den Landratsämtern tritt an die Stelle der Mitbestimmung die Mitwirkung (Abs. 6 Nr. 1). 125

IV. Mitbestimmung, soweit keine gesetzliche oder tarifliche Regelung

Tarifvorbehalt. In den in Abs. 4 genannten, grundsätzlich der eingeschränkten Mitbestimmung unterliegenden Angelegenheiten, kann der PR nur **mitbestimmen, soweit keine gesetzliche oder tarifliche Regelung besteht.** Eine die Mitbestimmung ausschließende gesetzliche oder tarifliche Regelung liegt nur vor, wenn der Sachverhalt vollständig, umfassend und erschöpfend unmittelbar geregelt ist und es zum Vollzug der Maßnahme keines Ausführungsaktes mehr bedarf (BVerwG, 12.8.2002 – 6 P 17/01 – PersV 2003, 192 = PersR 2002, 473 und 18.5.2004 – PersV 2004, 386 = PersR 2004, 349). Die Regelung muss 126 zwingend sein, eine gesetzliche Ermessensvorschrift entfaltet keine Sperrwirkung (BVerwG, 15.12.1994 – 6 P 19/92 – PersV 1995, 376 = PersR 1995, 207).

127 **Nr. 1: Bestellung und Abberufung von Ärzten und Beauftragten.** Die Mitbestimmung erstreckt sich nur auf die Bestellung und Abberufung. Die Entscheidung, ob eine der abschließend aufgeführten Funktionen geschaffen wird, unterliegt nicht der Mitbestimmung, sondern nur die sich anschließende Personalentscheidung, wer sie übertragen bekommt bzw. ob die bisher mit der Funktion beauftragte Person abberufen werden soll. Die Mitbestimmung erstreckt sich auch nicht auf die Tätigkeit dieser Personen in der Dienststelle; insb. sind die Beteiligung von Vertrauens- und Betriebsärzten im Rahmen z. B. des Zurruhesetzungsverfahrens (§§ 43 bis 45 LBG) oder sonstiger dienstrechtlicher Maßnahmen keine der Mitbestimmung unterliegenden Maßnahmen. Der PR hat darauf zu achten, dass die zu Bestellenden auch das Vertrauen der Beschäftigten genießen.

128 **Umfang.** Das Mitbestimmungsrecht besteht auch dann, wenn es sich bei den genannten Personen nicht um Beschäftigte der Dienststelle handelt. Handelt es um Beschäftigte der Dienststelle, hat der PR bei der Einstellung von Beamten außerdem noch ein Mitbestimmungsrecht nach Abs. 1 Nr. 1 und bei Arbeitnehmern nach Abs. 1 Nr. 2.

129 **Nr. 1 Buchst. a: Vertrauens- und Betriebsärzte.** Auch die Bestellung von freiberuflichen Betriebsärzten unterliegt der Mitbestimmung nach Nr. 1. Eine Mitbestimmung kommt dagegen nicht in Betracht, wenn eine Dienststelle (z. B. die Unfallkasse Baden-Württemberg) einen Vertrauensarzt nicht für ihre eigenen Beschäftigten, sondern für die von ihr entsprechend ihren gesetzlichen Aufgaben zu betreuenden Personen bestellt.

130 **Nr. 1 Buchst. b: Behördliche Datenschutzbeauftragte.** Das Mitbestimmungsrecht umfasst die Bestellung eines behördlichen Datenschutzbeauftragten nach § 10 LDSG.

131 **Nr. 1 Buchst. c: Fachkräfte für Arbeitssicherheit.** Fachkräfte für Arbeitssicherheit haben die Dienststelle beim Arbeitsschutz und der Unfallverhütung zu unterstützen (§ 6 ASiG). **Sicherheitsbeauftragte** haben die Dienststelle bei der Durchführung der Maßnahmen zur Verhütung von Arbeitsunfällen und Berufskrankheiten zu unterstützen (§ 22 Abs. 2 SGB VII). Das Mitbestimmungsrecht erstreckt sich nicht auf Sicherheitsbeauftragte, deren Tätigkeit sich nicht auf die Beschäftigte bezieht, sondern ausschließlich auf die Benutzer der Einrichtung, z. B. Kinder einer Tagesstätte (BVerwG, 18.5.1994 – 6 P 27/92 – PersR 1994, 466). **Beauftragte für biologische Sicherheit** sind in der Gentechnik-Sicherheitsverordnung vorgesehen, **Fachkräfte und Beauftragte für den Strahlenschutz** in der Strahlenschutz- und Röntgenverordnung.

132 **Nr. 1 Buchst. d: Hygienebeauftragte.** Die Leitungen medizinischer Einrichtungen sind gem. § 5 der Verordnung des Sozialministeriums über die Hygiene und Infektionsprävention in medizinischen Einrichtungen (MedHygVO) v.

20.7.2012 verpflichtet, neben den Hygienefachkräften Ärzte als Hygienebeauftragte zu bestellen. Das Mitbestimmungsrecht umfasst nur die Bestellung dieser Hygienebeauftragten.

Nr. 1 Buchst. e: Schwerbehindertenbeauftragter. Soweit in einer Norm die Pflicht des Arbeitgebers zur Bestellung eines Schwerbehindertenbeauftragten vorgesehen ist, wirkt der PR bei dessen Bestellung mit. 133

Nr. 2: Beauftragte für Chancengleichheit. Der Widerruf der Bestellung der Beauftragten für Chancengleichheit oder ihrer Stellvertreterin ist mitbestimmungspflichtig. Da das Chancengleichheitsgesetz die Wahl der Beauftragten für Chancengleichheit zum gesetzlichen Regelfall bestimmt (§§ 16 Abs. 1 Satz 1, 17 Abs. 1 ChancenG), beschränkt sich das Mitbestimmungsrecht auf den Widerruf der Bestellung. Es erstreckt sich nunmehr auch auf den Widerruf der Bestellung der Stellvertreterin. Die Bestellung zur Beauftragten für Chancengleichheit darf nur auf deren Verlangen oder wegen grober Verletzung ihrer gesetzlichen Verpflichtungen widerrufen werden (§ 18 Abs. 2 ChancenG). Eine grobe Verletzung ihrer gesetzlichen Verpflichtungen kann z. B. darin liegen, dass sie die ihr nach § 19 Abs. 6 ChancenG obliegende Schweigepflicht verletzt hat. Nachdem der Gesetzeswortlaut keine entspr. Einschränkung enthält, gilt das Mitbestimmungsrecht auch für den Fall, dass der Widerruf auf Antrag der Beauftragten für Chancengleichheit erfolgt. 134

Nr. 3: Personalfragebögen. Der PR hat mitzubestimmen über den Inhalt von Personalfragebögen, mit Ausnahme von solchen im Rahmen der Rechnungsprüfung. Nur der **Inhalt** der Personalfragebögen unterliegt der Mitbestimmung, nicht aber die Entscheidung, ob solche Fragebögen eingeführt oder abgeschafft werden sollen. Erfasst sind Personalfragebögen, die sich an Bewerber zur Einstellung oder an vorhandene Beschäftigte richten. 135

Begriff. Personalfragebögen sind Erhebungsbögen zu Fragen nach der Person, den persönlichen Verhältnissen, dem beruflichen Werdegang, der fachlichen Kenntnissen und sonstigen Fähigkeiten eines Bewerbers oder Beschäftigten. Es dürfen nur Fragen gestellt werden, für die ein **berechtigtes Auskunftsbedürfnis** besteht (BVerwG, 26.3.1985 – 6 P 31/82 – ZBR 1985, 174). 136

Fragebogeninhalt. Fragebögen mit arbeitsplatzbezogenem Inhalt fallen, soweit sie Rückschlüsse auf die Auslastung und Zufriedenheit zulassen, unter Nr. 3 (VGH Mannheim, 2.3.1993 – PL 15 S 2133/92 – PersV 1997, 512 = PersR 1993, 360). Kein Mitbestimmungsrecht besteht dagegen z. B. bei im Rahmen von Neuorganisationen erstellten Tätigkeitskatalogen, in denen u. a. der Name und der Arbeitsaufwand anzugeben sowie die Tätigkeiten zu beschreiben sind (OVG Münster, 24.6.1982 – CL 40/81 – PersV 1986, 435). Ebenso wenig steht dem PR ein Mitbestimmungsrecht zu bei der Befragung mittels Vordrucks zur Ausübung einer Nebenbeschäftigung. Auch die im Rahmen einer angeordneten Sicherheitsüberprüfung auszufüllenden Fragebögen unterfallen nicht der Mitbestimmung. Beabsichtigt eine Dienststelle aus Gründen der Verwaltungsvereinfachung einen Vordruck für Anträge auf Versetzungen einzuführen oder zu ändern, in dempersonenbezogene Angaben erbeten werden, die der Dienststelle 137 aufgrund der Personalakten bereits bekannt sind, hat der PR nicht mitzubestimmen. Angaben der gewünschten Dienststelle und des angestrebten Versetzungstermins sind hierbei keine personenbezogenen Fragen. Sie sind Bestandteil eines jeden Versetzungsantrags.

138 **Wahrheitsgemäße Angaben.** Die fehlende Zustimmung des PR zu einem Personalfragebogen gibt dem Beschäftigten nicht das Recht, eine individualrechtlich zulässigerweise gestellte Frage wahrheitswidrig zu beantworten.

139 **Nr. 4: Beurteilungsrichtlinien.** Sowohl die erstmalige Einführung von Beurteilungsrichtlinien wie auch die Änderung bereits vorhandener Beurteilungsrichtlinien unterliegen der Mitbestimmung. Das Mitbestimmungsrecht umfasst die Festlegung materieller Beurteilungsmerkmale sowie des Verfahrens zu ihrer Feststellung (BVerwG, 11.12.1991 – 6 P 20/89 – PersV 1992, 379 = PersR 1992, 202). Eine Weisung an die Schulaufsichtsbeamten, Unterrichtsbesuche nicht anzukündigen, stellt ausnahmsweise eine mitbestimmungspflichtige Beurteilungsrichtlinie dar, wenn davon auch Besuche erfasst werden, die der Vorbereitung dienstlicher Beurteilungen dienen und an diese Besuche Einzelbewertungen anknüpfen, die das spätere Leistungsbild in der nachfolgenden dienstlichen Beurteilung in prägender Weise vorwegnehmen (BVerwG, 11.12.1991 – 6 P 20/89 – PersV 1992, 379 = PersR 1992, 202). Dies gilt auch für die Erarbeitung einer sog. Orientierungsbeurteilung, mit der Richtlinien zum Zweck einer gleichmäßigen Ermittlung und Verteilung von Bewertungsnoten festgelegt werden. Auch wenn Beurteilungsdurchschnittswerte festgelegt werden, ist Nr. 4 einschlägig (VGH Kassel, 24.5.1989 – ZBR 1990, 193). Bei der Beurteilung selbst ist der PR nicht zu beteiligen.

140 **Nr. 5: Formulararbeitsverträge.** Der PR hat mitzubestimmen über Inhalt und Verwendung von Formulararbeitsverträgen. Formulararbeitsverträge sind für alle Beschäftigte oder für bestimmte Beschäftigtengruppen verwendete Arbeitsvertragsmuster, die alle für das Beschäftigungsverhältnis allgemein maßgebenden Beschäftigungsbedingungen enthalten. Das Mitbestimmungsrecht steht nur hinsichtlich der von der Dienststelle eigenverantwortlich erstellten, geänderten oder auf Empfehlung einer übergeordneten Dienststelle zur Einführung geplanten Formulararbeitsverträge zu.

141 **Allgemeine Regelungen des Arbeitsvertrags.** Nur der abstrakte Inhalt der Arbeitsvertragsvordrucke, also etwa die Fragen, welche Rubriken sie enthalten sollen und welche persönlichen Angaben danach noch vom jeweiligen Arbeitnehmer bei Vertragsabschluss zu machen sind, ist mitbestimmungspflichtig. Nicht erfasst werden hingegen die zu vereinbarenden konkreten Vertragsbedingungen, die der verfassungsrechtlich gewährleisteten Vertragsfreiheit unterliegen, auch wenn einzelne Regelungen in jeden Arbeitsvertrag aufgenommen werden. Der im Rahmen von Formulararbeits- und -ausbildungsverträgen vereinbarte Ausschluss von Beihilfen im Krankheitsfall unterliegt insofern nicht der Mitbestimmung des PR (VGH Mannheim, 12.12.2000 – PL 15 S 1212/00 – PersV 2003, 432 = PersR 2001, 218 und 13.11.2001 – PL 15 S 523/00 – PersR 2002, 127).

Nr. 6: Richtlinien über die personelle Auswahl. Gemeint sind generelle Grundsätze für die unter Buchst. a bis g im Einzelnen aufgeführten Personalmaßnahmen. Ob solche Richtlinien erlassen werden, entscheidet die Dienststelle. Der PR hat aber ein Initiativrecht (s. § 84 Abs. 1). Bei ihrer Anwendung im konkreten Einzelfall steht dem PR ohnehin ein Beteiligungsrecht zu (s. z. B. Abs. 1 Nr. 2 und Abs. 2 Nr. 1). Die Beteiligung des PR im Einzelfall kann nicht durch Erlass von Richtlinien nach Nr. 6 ersetzt werden. 142

Nr. 6 Buchst. a: Einstellungen. Eine Richtlinie über die personelle Auswahl bei Einstellungen liegt auch vor, wenn für den schriftlichen Teil einer Eignungsfeststellung Testbogen erstellt werden und eine Mindestpunktzahl bestimmt wird, die ein Bewerber für die Zulassung zum mündlichen Teil der Eignungsfeststellung erreichen muss (BVerwG, 5.9.1990 – 6 P 27/87 – PersV 1991, 85 = PersR 1990, 332). Das Mitbestimmungsrecht bezieht sich nicht nur auf die personellen Voraussetzungen, sondern auch auf die verfahrensmäßigen Vorgaben. Dagegen stellt die **Beschreibung bzw. Festlegung der Anforderungen**, die Bewerber um eine ausgeschriebene Stelle erfüllen sollen, keine Einstellungsrichtlinie i. S. der Nr. 6 dar (VGH Mannheim, 15.5.1997 – PB 15 S 145/97 – PersR 1997, 403). 143

Nr. 6 Buchst. b: Versetzungen. Festgelegt werden können Kriterien für die Auswahl, z. B. nach Familienstand, Dauer der Zugehörigkeit zur Dienststelle. 144

Nr. 6 Buchst. c: Höher-, Rück- oder Umgruppierungen. Zu den Begriffen s. die Kommentierung zu Abs. 1. Festgelegt werden kann z. B. die Dauer der Ausübung der anders bewerteten Tätigkeit. 145

Nr. 6 Buchst. d: Kündigung. Zum Begriff s. die Kommentierung zu Abs. 1. Festgelegt werden können z. B. Kriterien für die Sozialauswahl. 146

Nr. 6 Buchst. e: Beförderungen und horizontaler Laufbahnwechsel. Gegenstand entsprechender Richtlinien können personelle Auswahlkriterien (soweit das LBG bzw. die laufbahnrechtlichen Vorschriften Raum lassen), wie Alter, Vorbildung, beruflicher Werdegang und verfahrensmäßige Festlegungen sein. 147

Nr. 6 Buchst. f: Übertragungen anderer Tätigkeiten. Der Erlass von Richtlinien für beförderungsähnliche Übertragungen anderer Tätigkeiten und Übertragung von Tätigkeiten, die einen Anspruch auf Zahlung einer Zulage auslösen, ist mitbestimmungspflichtig. Gegenstand entsprechender Richtlinien können personelle Auswahlkriterien (soweit das LBG bzw. die laufbahnrechtlichen Vorschriften Raum lassen), wie Alter, Vorbildung, beruflicher Werdegang und verfahrensmäßige Festlegungen sein. 148

Nr. 6 Buchst. g: Zulassung zum Aufstieg. Der Erlass von Richtlinien für die Zulassung zum Aufstieg einschließlich der Zulassung zur Eignungsfeststellung für den Aufstieg ist mitbestimmungspflichtig. Gegenstand entsprechender Richtlinien können personelle Auswahlkriterien (soweit das LBG bzw. die laufbahnrechtlichen Vorschriften Raum lassen), wie Alter, Vorbildung, beruflicher Werdegang und die Durchführung des Auswahlverfahrens sein. Festgelegt werden kann auch die Anzahl der Auszuwählenden sowie das Auswahlverfahren nach Häufigkeit, Zeit und Ort. 149

150 **Nr. 7: Richtlinien für die Stellenausschreibung.** Der Erlass von Richtlinien über Ausnahmen von der Ausschreibung von Dienstposten für Beamte und Aufstellung von allg. Grundsätzen über die Durchführung von Stellenausschreibungen für Arbeitnehmer einschließlich Inhalt, Ort und Dauer ist mitbestimmungspflichtig. Es handelt sich um zwei selbstständige Mitbestimmungstatbestände. Ausnahmen von der in § 11 Abs. 1 LBG ausdrücklich festgelegten Pflicht zur öffentlichen Ausschreibung freier Beamtenstellen (Dienstposten) sind nur in den in § 11 Abs. 3 LBG genannten Fällen zulässig. Der Dienststelle steht danach vor allem für die Ausschreibung freier Dienstposten der leitenden Beamten der obersten Landesbehörden und der diesen unmittelbar nachgeordneten Behörden ein Entscheidungsspielraum zu. Das Mitbestimmungsrecht ist nach Nr. 7 nur gegeben bei der generellen Zulassung von Ausnahmen. Soll lediglich im Einzelfall eine Ausnahme gemacht werden, gilt Nr. 8.

151 **Allgemeine Grundsätze für Stellenausschreibungen.** Dem zweiten Tatbestand (Allgemeine Grundsätze über die Durchführung von Stellenausschreibungen für Arbeitnehmer einschließlich Inhalt, Ort und Dauer) wird vermehrt Bedeutung zukommen. Festgelegt werden können bspw. Mindestinformationen zum Bewerberkreis, der Ort der Ausschreibung, die Gestaltung des Ausschreibungstextes und die Ausschreibungsdauer. Mitbestimmungspflichtig ist nur die Festlegung von allg. Grundsätzen, nicht die einzelne Ausschreibung selbst.

152 **Nr. 8: Verzicht auf Ausschreibung.** Der Erlass von Richtlinien über das Absehen von der Ausschreibung von Dienstposten für Beamte, der nach gesetzlichen Vorschriften, einer Richtlinie nach Nummer 7 oder einer Dienstvereinbarung auszuschreiben wäre, ist mitbestimmungspflichtig. Der Mitbestimmung unterliegt nur das Absehen von der Ausschreibung im Einzelfall. Wird der Dienstposten ausgeschrieben, entscheidet allein die Dienststelle über Inhalt, Zeit und Ort der Ausschreibung.

153 **Nr. 9: Allgemeine Fragen der beruflichen Ausbildung.** Der Erlass von Richtlinien über allg. Fragen zur Durchführung der beruflichen Ausbildung mit Ausnahme der Gestaltung der Lehrveranstaltungen ist mitbestimmungspflichtig. An der inhaltlichen Ausrichtung der Ausbildung selbst ist der PR nicht beteiligt, insb. nicht an der Gestaltung der Lehrveranstaltungen. Auch die **Auswahl** schon vorhandener Arbeitnehmer **für Ausbildungsmaßnahmen** wird von Nr. 9 nicht erfasst, sondern unterliegt der Mitwirkung nach § 81 Abs. 1 Nr. 5. **Die Weiterbildung von approbierten Ärzten zu Fachärzten** oder Ärzten mit „Gebietsbezeichnung" in einer Klinik **ist keine Berufsausbildung** i. S. d. Personalvertretungsrechts (BVerwG, 15.5.1991 – 6 P 10/89 – PersV 1992, 37 = PersR 91, 287). Die Forderung nach einer bestimmten Zahl von qualifizierten und hauptamtlich tätigen **Ausbildern** betrifft nur mittelbar die Durchführung der Berufsausbildung und ist deshalb mitbestimmungsfrei (BVerwG, 24.3.1998 – 6 P 1/96 – PersV 1998, 557 = PersR 98, 331). Nr. 9 erstreckt sich auch **nicht** auf die Frage, ob, wann und mit **wie vielen Plätzen welche Lehrgänge durchgeführt werden** (VGH Mannheim, 14.11.1989 – 15 S 382/89 – PersV 1990, 486).

154 **Nr. 9 Buchst. a: Ausbildung von Arbeitnehmern.** Bei Arbeitnehmern umfasst dies auch Richtlinien für die Bestellung und Abberufung der Ausbilder und

Ausbildungsleiter bei Ausbildungen i. S. d. Berufsbildungsgesetzes, des Krankenpflegegesetzes und des Hebammengesetzes. Berufsausbildung ist die Grundausbildung zu einem Beruf (s. a. § 1 Abs. 2 Berufsbildungsgesetz). Die Vorschrift betrifft praktisch nur die Ausbildung von Lehrlingen sowie die Umschulung z. B. von schwerbehinderten Beschäftigten. Da hierfür weitgehend gesetzliche Regelungen bestehen, auch z. B. zur Berufsschulpflicht, verbleibt wenig Raum für eine Mitbestimmung. Zur „Durchführung" gehören alle die Berufsausbildung betreffenden Maßnahmen; eine Beschränkung auf allg. Grundsätze oder allg. Regeln ergibt sich aus dem Gesetzeswortlaut nicht. Die Maßnahmen müssen jedoch unmittelbar in die Gestaltung und Durchführung der Berufsausbildung eingreifen (z. B. Schließung von Ausbildungsstätten, Ausbildungsort, interne Prüfungen, zeitlicher Ablauf; BVerwG, 10.11.1999 – 6 P 12/98 – PersV 2001, 30 = PersR 2000, 70).

Nr. 9 Buchst. b: Ausbildung von Beamten. Bei Beamten umfasst dies Richtlinien einschließlich der Bestellung und Abberufung der Ausbilder und Ausbildungsleiter. Auch hinsichtlich der Bestellung und Abberufung der Ausbilder und Ausbildungsleiter, beschränkt sich das Mitbestimmungsrecht auf die allg. Fragen, d. h. der PR kann bei Einzelbestellungen bzw. -abberufungen nicht mitbestimmen. Dies gilt auch für die Zuteilung eines Auszubildenden zu bestimmten Ausbildungsstationen. Allgemeine Fragen können betreffen die Festlegung der Ausbildungsstationen, die Einführung interner Prüfungen, die fachlichen und praktischen Anforderungen an die Ausbilder und Ausbildungsleiter, die Zeit ihrer Bestellung und evtl. Abberufungskriterien. 155

Nr. 9 Buchst. c: Duale Hochschule. Die Ausbildung von Studierenden der Dualen Hochschule, von Studierenden, die ein nach einer Studienordnung vorgeschriebenes Praktikum leisten, oder von Volontären ist in der Sache vergleichbar mit der Ausbildung von Beamten und Arbeitnehmern. 156

Nr. 10: Fortbildung, Weiterbildung, Umschulung. Die Vorschrift umfasst Richtlinien zu allg. Fragen der beruflichen Fortbildung, Weiterbildung, Umschulung, Einführung in die Aufgaben einer anderen Laufbahn und Qualifizierungsmaßnahmen im Rahmen der Personalentwicklung. **Fortbildung** betrifft alle Maßnahmen, die an den vorhandenen Wissensstock anknüpfen, fachliche und berufliche Kenntnisse vertiefen und aktualisieren und die ein Mehr an Kenntnissen vermitteln als für den Eintritt in die Laufbahn bzw. für die Befähigung zur Ausübung der dem Beschäftigten übertragenen Arbeit erforderlich ist. Wesentlich ist, dass über die bloße Erhaltung und Vertiefung des bereits vorhandenen Wissens hinaus neue Kenntnisse erworben werden, die sich innerhalb des beruflichen Spektrums halten, aber über den Mindeststandard hinausgehen. Die Fortbildung soll also dem Teilnehmer ermöglichen, sich Kenntnisse und Fähigkeiten zu erwerben, die über die bloße fehlerfreie und ordnungsgemäße Wahrnehmung seiner jetzigen Aufgaben hinausgehen und ihm zusätzliche Qualifikationen vermitteln (BVerwG, 27.11.1991 – 6 P 7/90 – PersV 1992, 385 = PersR 1992, 147 und 17.10.2002 – 6 P 3/02 – PersV 2003, 60 = PersR 2003, 116). Für den Begriff „Fortbildung" ist es gleichgültig, ob diese durch vom Beschäftigten selbst beschaffte Maßnahmen, durch Veranstaltungen externer Einrichtungen (z. B. der Verwaltungs- und Wirtschaftsakademien) oder 157 durch Lehrgänge des Dienstherrn bzw. Arbeitgebers vermittelt wird. Eine Beteiligung des PR kommt jedoch nur insoweit in Betracht, als die Dienststelle die Fortbildung selbst durchführt, deren Inhalt oder den zuzulassenden Teilnehmerkreis entscheidend beeinflusst.

158 **Weiterbildung.** Die Weiterbildung entspricht praktisch der Fortbildung. **Umschulung** und bei Beamten Unterweisung sollen zu einer anderen (neuen) beruflichen Befähigung führen; das gilt auch für **Qualifizierungsmaßnahmen**, die im Rahmen einer strukturierten Personalentwicklung von der Dienststelle veranlasst werden. **Keine Fortbildung** ist die **fachliche Unterrichtung**, bei der Beschäftigte durch dienstliche Veranstaltungen in technische, organisatorische und rechtliche Neuerungen des Dienstbetriebs eingeführt oder auf dem bisherigen, bereits durch die Ausbildung erworbenen Leistungsstand erhalten bleiben sollen (VGH Mannheim, 31.3.1992 – 15 S 551/91 – PersV 1993, 451 = PersR 1993, 129) oder durch die keine zusätzlichen Qualifikationen, die sich auf das berufliche Fortkommen auswirken können, vermittelt werden sollen (BVerwG, 27.11.1991 – 6 P 7/90 – PersV 1992, 385 = PersR 1992, 147).

159 **Allgemeine Fragen.** Der Begriff „allgemeine Fragen“ ist weit auszulegen. Es fallen darunter alle Angelegenheiten, welche die Fortbildung in ihrer grundsätzlichen Art betreffen, wie die Festlegung des Teilnehmerkreises, der Auswahlgrundsätze, des zeitlichen Umfangs der Fortbildung, die Zuständigkeiten für die Organisation und die Auswahl der in Betracht kommenden Teilnehmer und die Teilnahmebedingungen (VGH Mannheim, 31.3.1992 – 15 S 551/91 – PersV 1993, 451 = PersR 1993, 129).

160 **Lehrpläne.** Nicht von Nr. 10 erfasst werden Lehrpläne. Das gilt auch für die Frage, ob und wann Beschäftigte, die an einer Fortbildungsveranstaltung außerhalb ihrer regelmäßigen Arbeitszeit teilnehmen (z. B. Teilzeitbeschäftigte), einen entsprechenden Freizeitausgleich erhalten (OVG Berlin, 13.2.1998 – 60 PV 11.96 – PersV 1998, 552 = PersR 1998, 476).

161 **Nr. 11: Überwachungseinrichtungen.** Der PR hat mitzubestimmen bei der Einführung und Anwendung technischer Einrichtungen, die dazu **geeignet** sind, das Verhalten und die Leistung der Beschäftigten zu überwachen. Abzustellen ist nach dem ÄG 2013 nicht mehr auf den Bestimmungszweck, sondern auf die Geeignetheit als technisch basierte Überwachungsmaßnahme. Die Einführung und Anwendung von (technischen) Kontrolleinrichtungen ist mitbestimmungspflichtig, wenn diese geeignet sind, das Verhalten und die Leistung der Beschäftigten zu überwachen, z. B. Geräte zur Arbeitszeitüberwachung, Video- und Aufzeichnungssysteme zur Anwesenheitsüberwachung. Dabei ist es unerheblich, ob diese Einrichtungen für alle oder nur für einen Teil der Beschäftigten eingeführt werden. Sind die gewonnenen Daten nicht bestimmten Beschäftigten zuordenbar, ist ein Mitbestimmungsrecht allerdings nicht gegeben (VGH Mannheim, 12.12.2000 – PL 15 S 518/00 – PersR 2001, 219). Das Mitbestimmungsrecht dient in erster Linie dem Schutz des Persönlichkeitsrechts der Beschäftigten. Unerheblich ist, ob die Nutzung der Kontrollmöglichkeiten beabsichtigt ist; es genügt allein die Möglichkeit der Nutzbarkeit.

Umfang. Nicht der Mitbestimmung unterliegen die Einführung und Anwendung solcher technischer Einrichtungen, die lediglich den **störungsfreien Ablauf eines Verfahrens überwachen** sollen und nur nebenbei eine Leistungs- und Verhaltenskontrolle einzelner Beschäftigter ergeben. Nicht der Mitbestimmung unterliegen auch die Einführung und die Anwendung von Kontrolleinrichtungen, die aus Sicherheitsgründen aufgrund von Rechtsvorschriften beschafft werden müssen, z. B. Fahrtenschreiber, Flugschreiber und ähnliche Einrichtungen. Der PR hat auch nicht mitzubestimmen, wenn die Kontrolleinrichtung in Vollzug einer behördlichen Anordnung installiert oder die Entscheidung nicht der Dienststelle personalvertretungsrechtlich zuzuordnen ist (z. B. Anordnung der Staatsanwaltschaft). 162

Mitarbeiter-Berichtssystem. Der PR hat mitzubestimmen bei der Einführung und Anwendung eines Mitarbeiter-Berichtssystems mit anschließender Auswertung der von den Beschäftigten laufend erstellten Tätigkeitsberichte durch eine EDV-Anlage. Es genügt, dass die Maßnahme „objektiv" geeignet ist, Verhalten und Leistung der Beschäftigten zu überwachen, auch wenn der Dienststellenleiter nicht die Absicht hat, sie zu diesem Zweck einzusetzen (sog. objektiv-finale Betrachtungsweise). Der Beschäftigte wird auch dann von der technischen Einrichtung „überwacht", wenn die leistungs- und verhaltensbezogenen Daten nicht von der Einrichtung selbst erhoben werden, sondern ihr – aufgrund der Tätigkeitsberichte – zur Speicherung und Verarbeitung eingegeben werden. Die Einrichtung muss nicht im Eigentum der Dienststelle stehen oder sich in ihren Räumen befinden. 163

Eignung der technischen Einrichtung. Für die Mitbestimmungspflicht genügt es, wenn die technische Einrichtung nach ihrer Konstruktion oder konkreten Verwendungsweise **zur Verhaltens- und Leistungsüberwachung geeignet ist** und auch dann, wenn ein „entsprechendes Programm" noch nicht vorhanden ist, die Einrichtung aber unmittelbar die Überwachung ermöglicht und ohne „unüberwindbare Hindernisse" mit einem entsprechenden Programm ausgestattet werden kann. Die Mitbestimmung ist nur ausgeschlossen, wenn die Kontrolleinrichtung aufgrund ihrer Konstruktion bzw. aufgrund sonstiger objektiver und erkennbarer Gegebenheiten zur Überwachung ungeeignet ist. 164

Nichttechnische Überwachung. Nur die Einführung und Anwendung **technischer Einrichtungen** unterliegen der Mitbestimmung. Die Einführung von Anwesenheits- und Pünktlichkeitskontrollen durch Aufsichts- oder Kontrollpersonal bedarf daher nicht der Mitbestimmung. Auch **Listen, die mit der Hand ausgefüllt und ohne technische Hilfsmittel ausgewertet werden, sind daher keine technischen Einrichtungen** zur Überwachung der Beschäftigten. Ihre Einführung und Anwendung bedarf nicht der Mitbestimmung des PR. 165

Abschaffung von Kontrolleinrichtungen. Der Mitbestimmung unterliegt nur die Einführung und die Anwendung von Kontrolleinrichtungen, nicht aber auch deren **Abschaffung.** Eine **mitbestimmungspflichtige Änderung** einer Kontrolleinrichtung i. S. v. Nr. 11 ist jedoch u. a. gegeben, wenn neu festgelegt wird, an welchem Ort ein **Zeiterfassungsgerät** zu benutzen ist. 166

167 **Zugangskontrollsystem.** Ein rechnergesteuertes Zugangskontrollsystem, das den mit einer codierten Ausweiskarte unternommenen Zutrittsversuch nach Ort, Zeit und Nummer der benutzten Karte dokumentiert, ist dazu bestimmt, das Verhalten der Beschäftigten zu überwachen. Bei seiner Einführung und Anwendung hat daher der PR mitzubestimmen.

168 **Verdeckte Überwachung.** Ebenso ist eine zur verdeckten Beobachtung der Beschäftigten am Arbeitsplatz eingesetzte **Videoanlage** eine i. S. der Nr. 11 zur Überwachung des Verhaltens oder der Leistung der Beschäftigten geeignete **technische Einrichtung** auch dann, wenn ihr Einsatz nur der Aufklärung von Unregelmäßigkeiten dient und sie keine reproduzierbaren Aufzeichnungen herstellt. Das Mitbestimmungsrecht ist dagegen nicht gegeben, wenn die Überwachung mit einer Überwachungskamera staatsanwaltlich angeordnet ist. Der PR hat ferner mitzubestimmen bei der Inbetriebnahme einer **automatischen Gesprächsdatenerfassungsanlage,** in der Nebenstellen-Nr., Ziel-Nr., Dauer und Zeitpunkt des Gesprächs, Gesprächseinheiten und Gesprächsgebühren gespeichert werden. Die Zielnummernerfassung bei handvermittelten Ferngesprächen fällt jedoch nicht unter Nr. 11.

169 **Telefonerfassung.** Die Einführung von ISDN-Fernsprechanlagen, die bspw. über die (interne) Rückrufmöglichkeit eine Verhaltenskontrolle zulassen, unterliegt ebenfalls der Mitbestimmung nach Nr. 11. Das Gleiche gilt für **Mobiltelefone,** da sie i. d. R. ebenfalls Dauer und Zeitpunkt des Gesprächs und die Zielnummern speichern. Auch die Anordnung des Dienststellenleiters, die Gesprächsdatenerfassung durch ein externes Unternehmen (z. B. Telekom) vornehmen zu lassen, dürfte ebenfalls unter Nr. 11 fallen, da die Datenerfassung nur unter Inanspruchnahme der Telefonanlage der Dienststelle möglich ist (so im Ergebnis auch Ilbertz-Widmaier § 75 Rn. 218).

170 **Sendeempfänger.** Die Ausstattung von Bereitschaftsdienst leistenden Beschäftigten mit Sendeempfängern ist weder nach Nr. 11 noch nach Nr. 13 mitbestimmungspflichtig (vgl. VGH Mannheim, 18.3.2003 – PL 15 S 1430/02 – PersV 2003, 459).

171 **Internetanschluss.** Dagegen ist der PR bei der Einrichtung von Internetanschlüssen zu beteiligen, da systemimmanent Verlaufsprotokolle erstellt werden können.

172 **E-Government.** Auch E-Government wird zu zusätzlichen Kontrollmöglichkeiten und damit bei Einführung zur Mitbestimmungspflicht nach Nr. 11 führen (s. a. Ilbertz-Widmaier § 75 Rn. 218c).

173 **Überwachung von Parkplätzen.** Bei Einführung einer **EDV-gestützten Parkerlaubnisverwaltung,** bei der auch Parkverstöße, Abmahnungen, Verwarnungen usw. gespeichert werden, hat der PR ebenfalls mitzubestimmen und zwar auch dann, wenn diese Daten von Hand eingegeben sowie Schreibaufträge manuell erteilt und ausgeführt werden (BVerwG, 9.12.1992 – 6 P 16/92 – PersR 1993, 276 = PersV 1994, 193).

Privater PC. Gestattet der Leiter einer Dienststelle einem Beschäftigten auf dessen Wunsch hin die Benutzung seines privaten Kleincomputers zur Erledigung dienstlicher Aufgaben, so liegt dann jedenfalls keine mitbestimmungspflichtige Maßnahme vor, wenn dadurch lediglich den individuellen Wünschen des Beschäftigten Rechnung getragen werden soll. Die Gestattung der Benutzung des Geräts ist keine Maßnahme, die gemäß Nr. 12 oder 13 (Gestaltung der Arbeitsplätze – Anwendung technischer Einrichtungen) oder Nr. 14 oder 15 (Maßnahmen zur Hebung der Arbeitsleistung und Erleichterung des Arbeitsablaufs – Einführung grundsätzlich neuer Arbeitsmethoden) dazu bestimmt ist, das Verhalten oder die Leistung der Beschäftigten zu überwachen. 174

Nr. 12: Gestaltung der Arbeitsplätze. Der PR kann auf die Gestaltung der Arbeitsplätze Einfluss nehmen. Der Arbeitsplatz in diesem Sinne ist nicht funktional als ein bestimmter Dienstposten, sondern **räumlich zu sehen**, nämlich als der räumliche Bereich, in dem der Beschäftigte tätig ist, und dessen unmittelbare Umgebung. Dazu gehört auch die Anordnung der Arbeitsmittel (Schreibtisch, Geräte, Maschinen usw.), auch wenn sie von einer Mehrzahl von Beschäftigten benutzt werden. Der Arbeitsplatz muss nicht in einem Gebäude liegen oder stationär sein; er kann sich auch im Freien oder in einem Fahrzeug (z. B. Dienstfahrzeug, Einsatzfahrzeug der Polizei oder Feuerwehr) befinden (BVerwG, 19.5.2003 – 6 P 16/02 – PersV 2003, 339 = PersR 2003, 314). Zur Ausgestaltung des Arbeitsplatzes zählen auch seine Beleuchtung, Belüftung und die Temperaturverhältnisse. Ebenso wird die informationstechnische Gestaltung (z. B. Softwareergonomie) dazu gerechnet werden müssen. Da der Arbeitsplatz nur der räumliche Bereich ist, in dem der Beschäftigte seine Arbeitsleistung zu erbringen hat, gehören außerhalb dieses Bereiches liegende Einrichtungen, wie Pausen- und Sanitärräume, Flure, Treppen, nicht zum Arbeitsplatz. 175

Telearbeitsplatz. Besondere Aufmerksamkeit ist den sog. Telearbeitsplätze zu widmen, damit sie dem in der Dienststelle üblichen Standard entsprechen. 176

Bauliche Maßnahmen. Alle baulichen und technischen Maßnahmen, durch die der räumliche Bereich des Arbeitsplatzes des Beschäftigten unmittelbar beeinflusst wird, gleichgültig, ob es sich um Licht-, Temperatur oder sonstige Einflüsse der Umgebung auf den Arbeitsplatz handelt, fallen unter Nr. 12. 177

Neu-, Um- und Erweiterungsbauten. Auch durch Neu-, Um- und Erweiterungsbautenwird in der Regel in die Gestaltung der Arbeitsplätze eingegriffen. Dadurch ergibt sich, wenn die Voraussetzungen vorliegen, ein Mitbestimmungsrecht des PR nach Nr. 12 und ein Anhörungsrecht nach § 87 Abs. 1 Nr. 4. In diesen Fällen verdrängt das weniger weitgehende Anhörungsrecht nach § 87 Abs. 1 Nr. 4 das stärkere Mitbestimmungsrecht nach Nr. 12, wenn mit der Planung und Durchführung von Neu-, Um- oder Erweiterungsbauten organisatorische Vorstellungen mit nicht unerheblichen Auswirkungen auf die nach außen zu erfüllenden Aufgaben der Dienststelle verwirklicht werden. 178

Aufstellung von Raumplänen. Die Aufstellung von Raumplänen als Voraussetzung der Verlagerung einer Dienststelle oder eines Teils davon fällt dann 179 unter Nr. 12, wenn damit nicht unbedeutende Veränderungen des Arbeitsplatzes, insb. hinsichtlich räumlicher Unterbringung, Ausstattung mit Geräten und Einrichtungsgegenständen, Beleuchtung und Belüftung u. a. vorgenommen werden. Unbedeutende Umstellungen/Veränderungen an einem Arbeitsplatz unterliegen dagegen nicht der Mitbestimmung, mag sie der Beschäftigte auch subjektiv als belastend empfinden.

180 **Individuelle Überprüfung von Arbeitsplätzen.** Bei der Überprüfung der Arbeitsplätze steht dem PR kein Mitbestimmungs- oder Teilnahmerecht zu.

181 **Einbau von Fenstern.** Der PR kann wegen des Einbaus von Isolierglas initiativ werden, wenn es sich um Arbeitsplätze handelt, die im Einwirkungsbereich der Fenster liegen.

182 **Verlagerung von Arbeitsplätzen.** Die bloße Verlagerung von Arbeitsplätzen innerhalb desselben Gebäudes von einem Raum in einen anderen löst kein Mitbestimmungsrecht aus. Das Gleiche gilt für die Zuteilung eines Raumes an zwei Arbeitskräfte und die Zusammenführung zweier bislang in eigenen Räumen arbeitenden Schreibkräften.

183 **Nr. 13: Automatisierte Datenverarbeitung.** Die Einführung, Anwendung oder wesentliche Änderung oder wesentliche Erweiterung technischer Einrichtungen und Verfahren der automatisierten Verarbeitung personenbezogener Daten der Beschäftigen ist mitbestimmungspflichtig. Ausnahme: Die meisten der beim Statistischen Landesamt für Statistiken eingesetzten EDV-Programme werden von Dienststellen außerhalb des Landes unter Beteiligung des dortigen PR entwickelt. Da eine erneute Beteiligung des PR beim Statistischen Landesamt deshalb entbehrlich ist, ist ihre Einführung und Anwendung von der Mitbestimmung ausgenommen. Dies gilt jedoch nur, wenn außerhalb des Landes eine qualitativ gleichwertige Beteiligung des dortigen PR stattgefunden hat. Die vom hiesigen Statistischen Landesamt entwickelten Programme unterliegen in jedem Fall der Mitbestimmung.

184 **Überwachung von Parkplätzen.** Die Einführung einer EDV-gestützten Parkerlaubnisverwaltung, bei der auch Parkverstöße, Abmahnungen, Verwarnungen und Entscheidungen über den Entzug der Parkerlaubnis gespeichert werden, unterliegt auch dann der Mitbestimmung, wenn diese Daten von Hand eingegeben sowie Schreibaufträge über Abmahnungen und Entzug manuell erteilt und ausgeführt werden (BVerwG, 9.12.1992 – 6 P 16/92 – PersR 1993, 276 = PersV 1994, 193).

185 **Privatdaten der Beschäftigten.** Auch die **automatisierte** Führung von **Geburtstagslisten** und **Listen über private Fernsprechnummern,** E-Mail-Adressen und Faxnummern von Beschäftigten löst das Mitbestimmungsrecht nach Nr. 13 aus.

186 **Bekanntgabe personenbezogener Daten.** Die Gestattung, personenbezogene Daten der Beschäftigten auf dem World-Wide-Web-Server der Dienststelle für den Abruf über das Intranet oder aus dem Internet bereitzustellen, ist mitbestimmungspflichtig nach Nr. 13.

Testinstallation. Die Testinstallation von Personalverwaltungsverfahren mit sog. Spieldaten unterliegt noch nicht der Mitbestimmung nach Nr. 13, weil die Daten keine Schlüsse auf Beschäftigte der Dienststelle zulassen. 187

Nr. 14: Hebung der Arbeitsleistung. Der PR hat mitzubestimmen bei Maßnahmen, die zur Hebung der Arbeitsleistung und Erleichterung des Arbeitsablaufs geeignet sind, sowie deren wesentliche Änderung oder wesentliche Ausweitung. Entscheidend ist nicht der Zweck der Maßnahme, sondern deren tatsächlich mögliche Wirkung. Maßnahmen zur Hebung der Arbeitsleistung sind solche, die geeignet sind, bei den Beschäftigten ein Mehr an Arbeitsleistung zu erreichen im Sinne einer Steigerung des körperlichen Einsatzes oder des geistigen Aufwands. Die Maßnahme muss geeignet sein, die Effektivität der Arbeit in der vorgegebenen Zeit qualitativ und/oder quantitativ zu fördern, d.h. die Güte und/oder Menge der zu leistenden Arbeit zu steigern. Dabei ist als Hebung der Arbeitsleistung nicht die Steigerung der Menge oder Qualität des Arbeitsertrages anzusehen, sondern die erhöhte Inanspruchnahme des betroffenen Beschäftigten, zu der solche Maßnahmen typischerweise führen, z.B. gesteigerte körperliche Anforderung oder vermehrte geistig/psychische Belastung. Bei verfügbarer gleichzeitiger Entlastung von anderen Aufgaben in mind. gleichem Umfang tritt das Mitbestimmungsrecht nicht ein. Zielt die Maßnahme darauf ab, dem Beschäftigten bei gleichbleibender Arbeitszeit mehr oder bessere Dienstleistungen abzuverlangen, so greift der Mitbestimmungstatbestand ein, ohne dass denkbaren oder anheimgestellten Entlastungsmöglichkeiten oder der Frage nach einer etwaigen Geringfügigkeit nachzugehen ist. In den anderen Fällen, in denen die Maßnahme nicht erkennbar auf zusätzliche Belastung der Beschäftigten angelegt erscheint, kommt es auf die tatsächliche objektive Mehrbelastung an (BVerwG, 18.5.2004 – 6 P 13/03 – Persv 2004, 336 = PersR 2004, 349). 188

Zuweisung weiterer Aufgaben. Die Zuweisung weiterer Aufgaben an einzelne Beschäftigte ist dann keine Maßnahme zur Hebung der Arbeitsleistung, wenn die Mehrarbeit nicht innerhalb bisher vorgegebener Zeiten zu erbringen ist. 189

Zentraler Schreibdienst. Die Einrichtung eines zentralen Schreibdienstes ist als mitbestimmungspflichtige Maßnahme zur Hebung der Arbeitsleistung zu qualifizieren. Der Ersatz von Menschenarbeit durch Maschinenarbeit ist dagegen für sich keine derartige Maßnahme. 190

Individuelle Leistungskontrolle. Eine Leistungskontrolle mittels Strichliste ist keine Maßnahme zur Hebung der Arbeitsleistung i.S. von Nr. 14. 191

Reinigungsdienst. Die Anpassung der Reinigungshäufigkeit in Diensträumen an dienstliche Erfordernisse und finanzielle Gegebenheiten ist im Blick auf den Reinigungsdienst keine der Mitbestimmung unterliegende Maßnahme zur Hebung der Arbeitsleistung. 192

Anordnung von Überstunden. Die Anordnung von Überstunden stellt keine Hebung der Arbeitsleistung dar. Dies gilt auch für eine Anordnung, nach der Gruppen- und Abschnittsleiter ab einer bestimmten, mehrmals auftretenden 193

Bearbeitungsdauer zum Zwecke des Abbaus von zeitlichen Bearbeitungsrückständen vorübergehend selbst eine bestimmte Zahl von Widersprüchen zu bearbeiten haben, wenn ihnen stillschweigend ein Spielraum in der Gestaltung ihrer Führungsaufgaben überlassen bleibt, insb. ihre Kontrolltätigkeit während dieser Zeit zu reduzieren.

194 **Arbeitszeitverkürzung für Lehrkräfte.** Die bei der Umsetzung einer Arbeitszeitverkürzung für Lehrkräfte vorgenommene Streichung von Ermäßigungsstunden für Klassenlehrer und die Kürzung der Anrechnungsstunden um eine wöchentliche Unterrichtsstunde für Schulleiter und andere Funktionsträger sind keine Maßnahmen zur Hebung der Arbeitsleistung. Dagegen liegt eine solche vor, wenn die Pflichtstundenzahl erhöht wird, um so die Zahl der Lehrer aus finanzwirtschaftlichen Gründen zu reduzieren und die Pflichtstundenzahl an die der anderen Länder anzugleichen, es sei denn, dass anderweitige Entlastungen konkret gegeben sind. Auch die Zuweisung weiterer Aufgaben, z. B die Betreuung von Studenten im neu eingeführten Orientierungspraktikum, ist, wenn sie ohne Zuweisung zusätzlicher Ressourcen erfolgt, eine Maßnahme zur Hebung der Arbeitsleistung.

195 **Schulorganisatorische Maßnahmen.** Wird in Ausnahmefällen von der nach schulorganisatorischen Richtlinien bestehenden Möglichkeit Gebrauch gemacht, an Grundschulen die **Schülerzahl pro Klasse** geringfügig über die vorgesehene Frequenzbreite hinaus zu erhöhen, so liegt darin keine mitbestimmungspflichtige Maßnahme i. S. der Nr. 14.

196 **Umfang.** Maßnahmen zur Erleichterung des Arbeitsablaufs betreffen die Erleichterung ständig wiederkehrende Arbeitsvorgänge. Sie kommen nicht nur im Bereich von Ausführungs-, sondern auch bei Leitungsaufgaben in Betracht.

197 **Arbeitsumverteilung.** Eine Arbeitsumverteilung, die durch Zusammenfassung gleichartiger Arbeitsabläufe bewirken soll, dass sich das Verhältnis von Arbeitsaufwand und Arbeitsergebnis verbessert, ist eine Maßnahme zur Hebung der Arbeitsleistung und Erleichterung des Arbeitsablaufs und unterliegt daher der Mitbestimmung des PR.

198 **Fortbildungsmaßnahmen.** Maßnahmen, die nur Kenntnisse und Erfahrungen vermitteln sollen, ob und gegebenenfalls welche Anordnungen zwecks Hebung der Arbeitsleistung oder Erleichterung des Arbeitsablaufs zukünftig getroffen werden können, unterliegen nicht der Mitbestimmung nach Nr. 14.

199 **Arbeitsplatzuntersuchungen.** Arbeitsplatzuntersuchungen mit dem Ziel, zu prüfen, ob von Dritten (etwa vom Rechnungshof) empfohlene oder geforderte Maßnahmen zu einer Hebung der Arbeitsleistung oder zu einer Verbesserung des Arbeitsablaufs führen, unterliegen nicht der Beteiligung des PR. Erst die Ein- oder Durchführung der von der Dienststelle aufgrund des (positiven) Ergebnisses der Arbeitsplatzuntersuchungen beabsichtigten Maßnahmen bedarf der Mitbestimmung. Ebenso bedürfen Arbeitsplatzuntersuchungen, die der Rechnungshof in einer Dienststelle in Erfüllung seiner Aufgaben selbst durchführt oder von der Dienststelle durchführen lässt, nicht der Beteiligung des PR.

Verbesserungsvorschläge. Die Aussetzung von Prämien für Verbesserungsvorschläge sowie deren Abschaffung fallen nicht unter Nr. 14, da aus solchen Vorschlägen nicht mit Sicherheit Folgerungen gezogen werden. 200

EDV-Ausstattung. Die Aufstellung von elektronischen Recheneinrichtungen mit Bildschirmanzeige in einem Hochschulinstitut, welche die Benutzung der Großrechenanlage der Hochschule erleichtert oder nicht mehr erforderlich macht, stellt sich personalvertretungsrechtlich als mitbestimmungspflichtige Maßnahme zur Gestaltung von Arbeitsplätzen, nicht jedoch als Maßnahme zur Hebung der Arbeitsleistung oder zur Erleichterung des Arbeitsablaufs dar; mit ihr wird auch keine grundsätzlich neue Arbeitsmethode eingeführt. 201

Nr. 15: Grundsätzlich neue Arbeitsmethoden. Der PR hat mitzubestimmen bei der Einführung grundsätzlich neuer Arbeitsmethoden sowie der wesentlichen Änderung oder wesentlichen Ausweitung bestehender Arbeitsmethoden. Es muss sich um **grundsätzlich** neue Methoden handeln, die den objektiven Arbeitsablauf betreffen. Beispiele: Einführung der elektronischen Datenverarbeitung, ausschließliche Benutzung von digitalen Diktiergeräten, dagegen **nicht** eine bloße (technische) Verbesserung innerhalb gleichbleibender (Grund-)Methoden. Dem Mitbestimmungsrecht unterliegt deshalb nicht die laufende, allgemein übliche Verbesserung der Arbeitsmethode, ein Ersatz eines Journals durch eine Kartei und grundsätzlich auch nicht ein Generationswechsel der EDV. Allerdings kann auch ein **Systemwechsel in der Datenverarbeitungsanlage** zu einer grundsätzlich neuen Arbeitsmethode führen, wenn es sich um grundlegende Veränderungen handelt. Obwohl nunmehr auch die wesentliche Änderung und wesentliche Ausweitung bestehender Arbeitsmethoden mitbestimmungspflichtig sind, kann im Einzelfall die Abgrenzung immer noch schwierig sein. Der VGH Mannheim verneinte ein Mitbestimmungsrecht nach (jetzt) Nr. 15 bzgl. einer neuen Programmversion, trotz geänderter Bedienungsoberfläche und teilweise geänderter Form der Eingabemöglichkeiten, da die Konzeption des Arbeitsablaufs die Gleiche geblieben und die Fortentwicklung nach Gesichtspunkten der Optimierung des Programmhandlings erfolgt sei (12.3.2002 – PL 15 S 978/01 – PersR 2003, 326). Deshalb dürfte es sich auch um keine **wesentliche** Änderung bestehender Arbeitsmethoden handeln. 202

Regelungsgegenstand. Nr. 15 ist nicht nur erfüllt, wenn die Gesamtheit der den Arbeitsablauf bestimmenden Regeln geändert wird; auch Änderungen, die sich auf Abschnitte des Arbeitsablaufs beschränken, können eine grundlegend neue Arbeitsmethode sein. Voraussetzung ist stets, dass die Änderungen für die betroffenen Beschäftigten ins Gewicht fallende Auswirkungen haben. 203

Einzelfälle. Die Inbetriebnahme eines **Telefax-Gerätes** unterliegt als Einführung einer neuen Arbeitsmethode und unter dem Gesichtspunkt der Arbeitsplatzgestaltung der Mitbestimmung. Grundsätzlich neue Arbeitsmethoden ergeben sich auch mit der **Einführung der neuen Steuerungsinstrumente** wie Kosten- und Leistungs-Rechnung, Controlling und Budgetierung; auch E-Government kann dazu führen sowie die Einführung der elektronischen Akte. 204

205 **Modellversuch.** Mitbestimmungspflichtig ist sowohl die probeweise Einführung einer grundsätzlich neuen Arbeitsmethode als auch dann erneut deren spätere feste Installierung.

206 **Nr. 16: Informations- und Kommunikationsnetz.** Der PR hat mitzubestimmen bei der Einführung, der wesentlichen Änderung oder wesentlichen Ausweitung der Informations- und Kommunikationsnetze. Die Einführung neuer Datenbanken für Recherchemöglichkeiten und neuer Kommunikationsnetze hat erhebliche Auswirkungen auf die Arbeit der Beschäftigten, vergleichbar mit der Einführung grundsätzlich neuer Arbeitsmethoden.

207 **Nr. 17: Arbeitsorganisation.** Der PR hat mitzubestimmen bei der Einführung grundsätzlich neuer Formen der Arbeitsorganisation und wesentlichen Änderung der Arbeitsorganisation. Das Mitbestimmungsrecht eröffnet dem PR weitreichende Mitspracherechte in fast allen organisatorischen Fragen. Unter Arbeitsorganisation ist die planmäßige Regelung der Arbeitsausführung zur Erfüllung der Aufgaben der Dienststelle durch deren Beschäftigte zu verstehen. Dabei muss sich die Maßnahme unmittelbar auf die Arbeitsausführung, d. h. auf die von den einzelnen Beschäftigten konkret vorzunehmenden Arbeitsvorgänge auswirken. Hierunter fallen alle Regelungen über das Arbeitsverfahren und die Arbeitsabläufe, die zur Erfüllung der Dienstaufgaben erforderlich sind (VGH Mannheim, 12.3.2002 – PL 15 S 978/01 – PersR 2003, 326). Es können sich auch Überschneidungen mit den Mitbestimmungstatbeständen des Nr. 14 (Maßnahmen zur Hebung der Arbeitsleistung und Erleichterung des Arbeitsablaufs) und Nr. 15 (Einführung grundsätzlich neuer Arbeitsmethoden) ergeben.

208 **Begriff.** Von dem Begriff Arbeitsorganisation ist die **Behördenorganisation** abzugrenzen; sie wird – wie auch die Organisationspläne – von Nr. 17 nicht erfasst (Bildung von Dienststellen einschl. deren Zuständigkeitsfestlegungen und Untergliederung in Abteilungen, Dezernate, Referate usw.). So unterliegt z. B. die Auflösung eines Bauverwaltungsamtes als selbstständiges Amt und dessen Zuweisung als Sachgebiet an das Tiefbauamt nicht der Mitwirkung des PR (VGH Mannheim, 24.4.2001 – PL 15 S 2420/00 – PersR 2001, 431).

209 **Geschäftsverteilungspläne.** Der PR bestimmt auch bei der Aufstellung der Geschäftsverteilungspläne mit, die den Organisationsplan in personeller Hinsicht konkretisieren. Bei Änderungen des Geschäftsverteilungsplans muss es sich aber um generelle Maßnahmen handeln, die einen abstrakt abgrenzbaren Kreis von Dienstposten betreffen. Der PR kann nicht an Aufgabenzuweisungen an einzelne Beschäftigte mitbestimmen. Nr. 17 ist allerdings erfüllt, wenn bspw. zwischen Organisationseinheiten Arbeitskapazitäten verschoben werden sollen.

210 **Ziel der Mitbestimmung.** Da sich über die Arbeitsorganisation die körperliche und geistige Einbindung der Beschäftigten in die tägliche Arbeit entscheidet, sollen durch das Mitbestimmungsrecht des PR die Beschäftigten vor Überlastung und Überforderung geschützt und die Wahrnehmung ihrer Interessen bei arbeitsorganisatorischen Veränderungen gewährleistet werden (vgl. VGH Mannheim, 12.3.2002 – PL 15 S 978/01 – PersR 2003, 326).

Nr. 18: Urlaubssperre. Der PR hat mitzubestimmen bei der Anordnung von Urlaubssperren aus arbeitsorganisatorischen Gründen. Es muss sich um die Anordnung einer Urlaubssperre für alle oder bestimmte Gruppen von Beschäftigten handeln. 211

Nr. 19: Chancengleichheitsplan. Der PR hat mitzubestimmen bei der Erstellung und Anpassung des Chancengleichheitsplans i. S. v. §§ 5 ff. ChancenG, gleichgültig ob er freiwillig erstellt wird oder zwingend zu erstellen ist. Nach § 5 Abs. 4 ChancenG ist der Chancengleichheitsplan für die Dauer von fünf Jahren zu erstellen; er soll bei erheblichen strukturellen Änderungen angepasst werden. Dem PR ist der bereits mit der Beauftragten für Chancengleichheit abgestimmte Plan zur Beteiligung zuzuleiten, da sich das Mitbestimmungsrecht auf den in seiner Gesamtheit und endgültig erstellten Chancengleichheitsplan erstreckt. Das Mitbestimmungsrecht besteht nicht für vorbereitende Beiträge oder statistische Erhebungen oder Fortschreibungen im Zusammenhang mit Vorarbeiten zur Erstellung des Chancengleichheitsplans; dies gilt auch für die Erstellung der Übersicht über die Beschäftigtenstruktur der einzelnen Dienststellen. 212

V. Ausgenommener Personenkreis

Vorbemerkung. Abs. 5 nimmt bei bestimmten Beschäftigten eine Reihe von Personalangelegenheiten von der **Mitbestimmungsbefugnis** des PR **vollständig aus.** Für Dienststellen, die bildenden, wissenschaftlichen und künstlerischen Zwecken dienen, enthalten die §§ 99 ff. Sonderregelungen. Das Gleiche gilt für die Beschäftigten des Südwestrundfunks (s. § 105 ff.). 213

Umfang. Bei den in **Nr. 1** genannten Beschäftigten sind **alle** Personalangelegenheiten der **Abs. 1 und 2** und eine Reihe von Personalangelegenheiten des Abs. 3 von der Mitbestimmungsbefugnis des PR ausgeschlossen. Bei den in **Nr. 2** genannten Beschäftigten ist nur die Begründung des Beamtenverhältnisses (Abs. 1 Nr. 1) von der Mitbestimmung ausgeschlossen. Bei den in **Nr. 3** genannten nicht beamteten Lehrern sind die Umsetzung (Abs. 1 Nr. 11) und alle Personalangelegenheiten des **Abs. 2** von der Mitbestimmung ausgeschlossen. 214

Nr. 1: Leitende Beschäftigte. Bei diesem Personenkreis besteht die weitestgehende Einschränkung. Von der Mitbestimmung ausgeschlossen sind **alle** Personalangelegenheiten der **Abs. 1 und 2** sowie eine Reihe von Personalangelegenheiten des Abs. 3 (auf die Kommentierung zu Abs. 3 wird verwiesen). 215

Nr. 1 Buchst. a: Höhere Beamte und entsprechende Arbeitnehmer. Beamte der Besoldungsgruppe A 16 und höher, bei den obersten Dienstbehörden erst ab Besoldungsgruppe B 3 und höher sowie entspr. Arbeitnehmer. 216

Maßgebliche Stellung. Für die Einschränkung der Beteiligung kommt es auf die **Stellung** an, die der betreffende Beschäftigte durch die beabsichtigte Maßnahme **erhalten soll,** nicht auf die, in der er sich befindet (BVerwG, 20.3.2002 – 6 P 6/01 – PersV 2002, 405 = PersR 2002, 302). Das Mitbestimmungsrecht des PR nach Abs. 1 Nr. 4 (Beförderung) ist danach z. B. ausgeschlossen bei der Beförderung eines Regierungsdirektors (A 15) zum Leitenden Regierungsdirek- 217 tor (A 16). Dieser Ausschluss gilt aber nicht bei der Beförderung eines Oberregierungsrats (A 14), der eine A 16-Stelle wahrnimmt, zum Regierungsdirektor (Lorenzen u.a. § 77 Rn. 31; Ilbertz-Widmaier § 77 Rn. 13). Andernfalls hätte es die Dienststelle in der Hand, junge Beamte über A 16-Stellen „am PR vorbei" zu befördern, was der Zielsetzung des Gesetzes zuwiderlaufen würde.

218 **Entsprechende Arbeitnehmer.** Für die Frage, ob es sich um eine entspr. Arbeitnehmerstelle handelt, kommt es auf die Funktionsgleichwertigkeit mit Beamtenstellen an; diese beurteilt sich in erster Linie danach, in welcher Besoldungsgruppe sich der Arbeitnehmer befände, wenn er als Beamter eingestellt worden wäre. Gibt es keine entsprechenden Beamtenstellen, so kann i.d.R. die Vergütung als Anhalt für die Funktionsgleichwertigkeit dienen (BAG, 7.12.2000 – 2 AZR 532/99 – PersR 2001, 221).

219 **Nr. 1 Buchst. b: Landräte, Bürgermeister und Beigeordnete** ohne Rücksicht auf die Höhe der Besoldung

220 **Nr. 1 Buchst. c: Öffentlich-rechtliche Kreditinstitute.** Welche Beschäftigte als leitende Beschäftigte öffentlich-rechtlicher Kreditinstitute anzusehen sind, entscheidet die zuständige oberste Aufsichtsbehörde.

221 **Nr. 2. Einstellung von Polizeibeamten und Lehrern.** Bei diesem Personenkreis ist die Mitbestimmung **nur** ausgeschlossen bei der **Begründung des Beamtenverhältnisses** (Abs. 1 Nr. 1):
a) Polizeimeister und Polizeikommissare,
b) beamtete Lehrer an allgemeinbildenden und beruflichen Schulen.
Die Verwaltung muss in der Lage sein, bei diesem Personenkreis über die Einstellung von Bewerbern, die ihre Einstellung in den Landesdienst beantragen, so schnell wie möglich zu entscheiden.

222 **Schulbegriff.** Allgemeinbildende und berufliche Schulen sind die Grundschule, die Hauptschule, die Werkrealschule, die Realschule, die Gemeinschaftsschule, das Gymnasium, das Kolleg, die Berufsschule, die Berufsfachschule, das Berufskolleg, die Berufsoberschule, die Fachschule und die Sonderschule.

223 **Nr. 3. Nicht beamtete Lehrer.** Bei nicht beamteten Lehrern sind die Umsetzung (Abs. 1 Nr. 11) und **alle** Personalangelegenheiten des **Abs. 2** von der Mitbestimmung ausgeschlossen.

VI. Herabstufung zur Mitwirkung

224 **Vorbemerkung.** In Abs. 6 wird für einen **weiteren** Teil der Beschäftigten die Mitbestimmung zur **Mitwirkung heruntergestuft.** Dabei ist allerdings zunächst in einem ersten Schritt zu prüfen, ob bei diesen Beschäftigten nicht nach **Abs. 5 die Mitbestimmung vollständig ausgeschlossen** ist. Ein Ausschluss der Mitbestimmung kann der Fall sein bei Abteilungsleitern bei den Regierungspräsidien, Landesoberbehörden und höheren Sonderbehörden sowie bei den Ersten Landesbeamten bei den Landratsämtern. Für Dienststellen, die bildenden, wissenschaftlichen und künstlerischen Zwecken dienen, enthalten die §§ 99 ff. Son-

derregelungen. Das Gleiche gilt für die Beschäftigten des Südwestrundfunks (s. § 105 ff.).

Umfang. Bei den in **Nr. 1** genannten Beschäftigten wird bei **allen** Personalangelegenheiten der **Abs. 1 und 2** und bei einer Reihe von Personalangelegenheiten des Abs. 3 die Mitbestimmungsbefugnis des PR zur Mitwirkungsbefugnis herabgestuft. Bei den in **Nr. 2** genannten Beschäftigten wird bei der Umsetzung (Abs. 1 Nr. 11) und bei **allen** Personalangelegenheiten des **Abs. 2** die Mitbestimmung zur Mitwirkung herabgestuft. 225

Nr. 1: Leitende Beschäftigte. 226
a) Leiter von Dienststellen i. S. d. LPVG,
b) Rektoren an Grund-, Haupt-, Werkreal-, Real- und Gemeinschaftsschulen sowie entsprechenden sonderpädagogischen Bildungs- und Beratungszentren,
c) Abteilungsleiter bei den Regierungspräsidien, Landesoberbehörden und höheren Sonderbehörden,
d) Erste Landesbeamte bei den Landratsämtern.

Dabei ist zunächst in einem ersten Schritt zu prüfen, ob bei diesen Beschäftigten nicht nach Abs. 5 die Mitbestimmung vollständig ausgeschlossen ist.

Nr. 2: Justizvollzugseinrichtungen, Polizei, Verfassungsschutz. 227
a) Beamte des allg. Vollzugsdienstes und des Werkdienstes bei den Justizvollzugseinrichtungen,
b) Polizeibeamte,
c) Beschäftigte des Landesamts des Verfassungsschutz.

Im Strafvollzug, bei der Polizei und beim Landesamt des Verfassungsschutz soll es möglich sein, den Personaleinsatz so schnell wie möglich den jeweiligen Sicherheitserfordernissen anzupassen. Deshalb wird bei der Umsetzung innerhalb der Dienststelle mit Dienstortwechsel, Versetzung, Abordnung, Zuweisung und Personalgestellung die Mitbestimmung zur Mitwirkung herabgestuft.

VII. Weiterbeschäftigungsanspruch bei ordentlicher Kündigung

Vorbemerkung. Gem. Abs. 1 Nr. 12 unterliegt die ordentliche Kündigung durch die Dienststelle nunmehr grundsätzlich der eingeschränkten Mitbestimmung (zur Ausnahme siehe Abs. 6, Rn. 225). Sie kann somit nur mit Zustimmung des PR oder der Stufenvertretung ausgesprochen werden. Wird diese nicht erteilt und die Einigungsstelle angerufen, kann diese nur eine Empfehlung an die oberste Dienstbehörde aussprechen. Die oberste Dienstbehörde entscheidet dann endgültig, ohne an die Empfehlung der Einigungsstelle gebunden zu sein (s. § 78 Abs. 4). Wird eine Kündigung ausgesprochen, obwohl die Einigungsstelle eine anderslautende Empfehlung abgegeben hat, hat der Arbeitnehmer, wenn er Kündigungsschutzklage erhebt, einen Weiterbeschäftigungsanspruch. 228

1. Unterrichtungspflicht. Erfolgt die Kündigung des Arbeitnehmers, obwohl die Einigungsstelle eine anderslautende Empfehlung nach § 78 Abs. 4 abgege- 229 ben hat, muss dem Arbeitnehmer mit der Kündigung eine Abschrift der Empfehlung der Einigungsstelle zugeleitet werden. Damit soll es diesem erleichtert werden, seine Rechte im arbeitsgerichtlichen Verfahren zu verfolgen.

230 **2. Kündigungsschutzklage.** Ein gekündigter Arbeitnehmer kann das Arbeitsgericht anrufen (§ 4 KSchG). Falls die Kündigung entgegen der anderslautenden Empfehlung der Einigungsstelle ausgesprochen worden ist, hat der Arbeitnehmer bis zur rechtskräftigen Entscheidung über seine Kündigungsschutzklage einen Weiterbeschäftigungsanspruch, und zwar zu unveränderten Arbeitsbedingungen. Der Arbeitnehmer muss den Wunsch zur Weiterbeschäftigung eindeutig und unverzüglich spätestens am ersten Tag nach Ablauf der Kündigungsfrist erklären (vgl. BAG, 11.5.2000 – 2 AZR 54/99 – juris).

231 **3. Einstweilige Verfügung.** Die Dienststelle kann die Weiterbeschäftigung des gekündigten Arbeitnehmers nur vermeiden, wenn sie beim Arbeitsgericht erfolgreich einen Antrag auf Erlass einer einstweiligen Verfügung stellt. Das Arbeitsgericht darf den Arbeitgeber jedoch nur **ausnahmsweise** von der Weiterbeschäftigungspflicht entbinden, wenn einer der in Satz 3 genannten Gründe vorliegt, die eng auszulegen sind.

232 **Nr. 1: Keine hinreichende Erfolgsaussicht oder Mutwilligkeit.** Die Kündigungsschutzklage des Arbeitnehmers bietet keine hinreichende Aussicht auf Erfolg, wenn eine summarische Prüfung ergibt, dass sie offensichtlich oder zumindest mit hoher Wahrscheinlichkeit aussichtslos ist. Die Kündigungsschutzklage erscheint **mutwillig**, wenn eine verständige Person keine Klage erheben würde.

233 **Nr. 2: Unzumutbare wirtschaftliche Belastung.** Die – auch nur vorübergehende – Weiterbeschäftigung des Arbeitnehmers würde zu einer unzumutbaren wirtschaftlichen Belastung der Dienststelle führen.

234 **Nr. 3: Offensichtlich unbegründete Verweigerung.** Es muss sich geradezu aufdrängen, dass der PR die Zustimmung zu Unrecht verweigert hat. Dies dürfte kaum der Fall sein, wenn die Einigungsstelle eine anderslautende Empfehlung abgegeben hat, was nur möglich ist, wenn sie davon ausgeht, dass der PR die Zustimmung mit zureichendem Grund versagt hat.

235 **Dauer des Weiterbeschäftigungsanspruchs.** Auch ohne Erlass einer einstweiligen Verfügung durch das Arbeitsgericht endet der Weiterbeschäftigungsanspruch mit dem rechtskräftigen Abschluss des Kündigungsrechtsstreits, sei es durch Rücknahme der Klage oder Erlass eines Urteils.

VIII. Weiterbeschäftigungsanspruch bei herabgestufter Beteiligung

236 **Vorbemerkung.** Gem. Abs. 1 Nr. 12 unterliegt die Kündigung nunmehr grundsätzlich der eingeschränkten Mitbestimmung, diese wird jedoch gem. Abs. 6 Nr. 1 bei den dort Beschäftigten zur **Mitwirkung** herabgestuft (dies kommt allerdings nur dann zum Tragen, wenn sich bei den in Abs. 6 Nr. 1 Genannten um keine Beamten, sondern um Arbeitnehmer handelt, was selten der Fall sein dürfte, denn eine Kündigung kann nur ggü. Arbeitnehmern erfolgen, Beamte

werden entlassen). Bei der Beteiligungsform der Mitwirkung kann sich die Dienststelle über die vom PR erhobenen Einwendungen hinwegsetzen, sie hat dem PR ihre Entscheidung nur unter Angabe der Gründe schriftlich mitzuteilen (s. § 82 Abs. 6 und die Kommentierung hierzu). Wird eine Kündigung ausgesprochen, obwohl der PR nach § 82 Abs. 4 Satz 1 Einwendungen erhoben hat, die die Stufenvertretung aufrechterhalten hat, hat der Arbeitnehmer, wenn er Kündigungsschutzklage erhebt, einen Weiterbeschäftigungsanspruch.

1. Unterrichtungspflicht. Erfolgt die Kündigung des Arbeitnehmers obwohl der PR Einwendungen nach § 82 Abs. 4 Satz 1 erhoben hat, muss dem Arbeitnehmer mit der Kündigung eine Abschrift der Stellungnahme des PR zugeleitet werden. Damit soll es diesem erleichtert werden, seine Rechte im arbeitsgerichtlichen Verfahren zu verfolgen. Wurden die Einwendungen im Stufenverfahren nicht aufrechterhalten, besteht die Mitteilungspflicht nicht. 237

2. Aufschiebende Wirkung. Eine **ordentliche Kündigung kann erst nach Abschluss des Mitwirkungsverfahrens** (§ 82) ausgesprochen werden. Hat der PR Einwendungen gegen eine beabsichtigte ordentliche Kündigung erhoben und wurde im Stufenverfahren die Entscheidung der übergeordneten Dienststelle (§ 83 Abs. 1) oder der obersten Dienstbehörde (§ 83 Abs. 2) oder des bei Gemeinden, Landkreisen und sonstigen Körperschaften, Anstalten und Stiftungen des öffentlichen Rechts zuständigen Organs (§ 89 Abs. 1) beantragt, kann die beabsichtigte Kündigung erst nach Abschluss des Mitwirkungsverfahrens ausgesprochen werden. 238

3. Kündigungsschutzklage. Ein gekündigter Arbeitnehmer kann unbeschadet des § 82 das Arbeitsgericht anrufen (§ 4 KSchG). Falls der PR der Kündigung widersprochen hat, hat der Arbeitnehmer bis zur rechtskräftigen Entscheidung über seine Kündigungsschutzklage einen Weiterbeschäftigungsanspruch, und zwar zu unveränderten Arbeitsbedingungen. Der Arbeitnehmer muss den Wunsch zur Weiterbeschäftigung eindeutig und unverzüglich spätestens am ersten Tag nach Ablauf der Kündigungsfrist erklären (vgl. BAG, 11.5.2000 – 2 AZR 54/99 – juris). 239

Einstweilige Verfügung. Die Dienststelle kann die Weiterbeschäftigung des gekündigten Arbeitnehmers nur vermeiden, wenn sie beim Arbeitsgericht erfolgreich einen Antrag auf Erlass einer einstweiligen Verfügung stellt. Das Arbeitsgericht darf den Arbeitgeber jedoch nur **ausnahmsweise** von der Weiterbeschäftigungspflicht entbinden, wenn einer in Abs. 7 Satz 3 genannten Gründe vorliegt, die eng auszulegen sind (Satz 3). 240

Nr. 1: Keine hinreichende Erfolgsaussicht oder Mutwilligkeit. Die Kündigungsschutzklage des Arbeitnehmers bietet keine hinreichende Aussicht auf Erfolg, wenn eine summarische Prüfung ergibt, dass sie offensichtlich oder zumindest mit hoher Wahrscheinlichkeit aussichtslos ist. Die Kündigungsschutzklage erscheint **mutwillig**, wenn eine verständige Person keine Klage erheben würde. 241

Nr. 2: Unzumutbare wirtschaftliche Belastung. Die – auch nur vorübergehende – Weiterbeschäftigung des Arbeitnehmers würde zu einer unzumutbaren wirtschaftlichen Belastung des Arbeitgebers führen. 242

243 **Nr. 3: Offensichtlich unbegründeter Widerspruch.** Es muss sich geradezu aufdrängen, dass der vom PR eingelegte Widerspruch unbegründet ist.

244 **Hinweispflicht.** Gem. Satz 3 i. V. m. § 76 Abs. 3 (bei dem Verweis auf § 76 Abs. 2 handelt es sich offensichtlich um ein Versehen des Gesetzgebers) ist der Arbeitnehmer auf den Weiterbeschäftigungsanspruch hinzuweisen.

245 **Dauer des Weiterbeschäftigungsanspruchs.** Auch ohne Erlass einer einstweiligen Verfügung durch das Arbeitsgericht endet der Weiterbeschäftigungsanspruch mit dem rechtskräftigen Abschluss des Kündigungsrechtsstreits, sei es durch Rücknahme der Klage oder Erlass eines Urteils.

§ 76 Einleitung, Verfahren der Mitbestimmung

(1) Die Dienststelle unterrichtet den Personalrat von der beabsichtigten Maßnahme und beantragt seine Zustimmung.

(2) [1]Der Personalrat bestimmt, soweit in § 75 Absatz 5 und 6 nichts anderes bestimmt ist, nur mit
1. in den Personalangelegenheiten nach § 75 Absatz 1 und 2 der
  a) in § 9 Absatz 2 Satz 1 Nummer 2 und 3 bezeichneten Beschäftigten,
  b) der Beamten auf Zeit,
  c) der Beschäftigten mit überwiegend wissenschaftlicher oder künstlerischer Tätigkeit,
2. in den Angelegenheiten des § 74 Absatz 1 Nummer 1 und 4,
wenn die betroffenen Beschäftigten es beantragen. [2]§ 75 Absatz 3 bleibt unberührt.

(3) In den Fällen von Absatz 2 sowie von § 75 Absatz 3 sind die Beschäftigten von der beabsichtigten Maßnahme rechtzeitig vorher in Kenntnis zu setzen; gleichzeitig sind sie auf ihr Antragsrecht hinzuweisen.

(4) In den Angelegenheiten nach § 74 Absatz 1 Nummer 1 und 4 bestimmt auf Verlangen der betroffenen Beschäftigten nur der Vorstand mit.

(5) Der Personalrat kann verlangen, dass die Dienststelle die beabsichtigte Maßnahme begründet.

(6) [1]Der Beschluss des Personalrats über die beantragte Zustimmung ist der Dienststelle innerhalb von drei Wochen mitzuteilen. [2]In dringenden Fällen kann die Dienststelle diese Frist auf eine Woche abkürzen. [3]Personalrat und Dienststelle können für die Dauer der Amtszeit des Personalrats abweichende Fristen vereinbaren.

(7) Die Dienststelle kann die Fristen im Einzelfall verlängern oder in begründeten Fällen im Einvernehmen mit dem Personalrat abkürzen.

(8) [1]Aufgrund eines Beschlusses des Vorstands kann der Vorsitzende des Personalrats bei der Dienststelle im Einzelfall eine längere Frist beantragen. [2]Dabei ist die Dauer der Fristverlängerung zu benennen und ihre Erforderlichkeit zu begründen. [3]Soweit keine andere Frist bewilligt wird, verlängert sich die Frist um drei Arbeitstage. [4]Entscheidet die Dienststelle nicht innerhalb von drei Arbeitstagen nach Zugang über den Antrag, gilt die Fristverlängerung im beantragten Umfang als bewilligt. [5]Der Antrag kann nicht wiederholt werden.

(9) [1]Die Maßnahme gilt als gebilligt, wenn nicht der Personalrat innerhalb der geltenden Frist die Zustimmung unter Angabe der Gründe schriftlich verwei-

gert oder die angeführten Gründe offenkundig keinen unmittelbaren Bezug zu den Mitbestimmungsangelegenheiten haben. [2]Soweit dabei Beschwerden oder Behauptungen tatsächlicher Art vorgetragen werden, die für einzelne Beschäftigte ungünstig sind oder ihnen nachteilig werden können, hat die Dienststelle diesen Beschäftigten Gelegenheit zur Äußerung zu geben; die Äußerung ist aktenkundig zu machen.

(10) Kommt bei Arbeitnehmern in den Fällen des § 75 Absatz 3 Nummer 2 über die beantragte Verringerung der arbeitsvertraglich vereinbarten Arbeitszeit und in den Fällen des § 75 Absatz 3 Nummer 6 über die beantragte Teilzeitbeschäftigung eine Einigung nicht zustande, entscheidet die Dienststelle endgültig; die §§ 77 und 78 finden keine Anwendung.

I. Mitbestimmungsverfahren, Unterrichtung und Antrag (Abs. 1)

Einleitung des Verfahrens. Das Mitbestimmungsverfahren ist nur eröffnet, 1
wenn es sich tatsächlich um einen Mitbestimmungstatbestand handelt. Dies setzt voraus, dass es um einen der im Gesetz **abschließend aufgezählten** Mitbestimmungsgegenstände handelt.

Antrag. Das Mitbestimmungsverfahren wird durch einen Antrag des Dienst- 2
stellenleiters eingeleitet. Das Initiativrecht liegt grundsätzlich – vorbehaltlich des § 84 – bei der Dienststelle. Ob und wann ein solcher Antrag gestellt wird, entscheidet der Dienststellenleiter. Es stellt aber eine unzulässige **Umgehung** der Mitbestimmung des PR dar, wenn der Dienststellenleiter mitbestimmungsbedürftige abstrakt-generelle Regelungen unterlässt und eine **Vielzahl von Einzelentscheidungen** trifft (BVerwG, 28.5.2009 – 6 PB 5/09 – PersR 2009, 365). In einem solchen Fall kann der PR sein Mitbestimmungsrecht im Wege des Initiativrechts nach § 84 durchsetzen. Allein die **Übermittlung von Unterlagen** oder **Entwürfen** löst das Mitbestimmungsverfahren nicht aus; es muss vielmehr deutlich sein, dass es sich um einen verbindlichen Zustimmungsantrag des Dienststellenleiters handelt (VGH Mannheim, 4.6.1991 – 15 S 3176/90 – PersV 1992, 352).

Weisungen. Beruht eine beteiligungspflichtige Maßnahme auf der Weisung ei- 3
ner übergeordneten Behörde, ist der bei der die Maßnahme treffenden Behörde gebildete PR zu beteiligen (BVerwG, 19.10.1983 – 6 P 16/81 – juris).

Maßnahme. Es muss sich um eine (eigene) Maßnahme **des Dienststellenleiters** 4
handeln, also um eine Entscheidung oder Handlung, die er nach außen zu verantworten hat (vgl. hierzu VGH Mannheim, 4.6.1991 – 15 S 3176/90 – PersV 1992, 352). Wird eine Maßnahme **ohne Kenntnis** des Dienststellenleiters oder gegen seinen Willen von einer nicht zuständigen Stelle getroffen, liegt keine Maßnahme i. S. d. Gesetzes vor (BVerwG, 15.11.1995 – 6 P 2/94 – PersV 1996, 453 = PersR 1996, 278). Der Dienststellenleiter muss eine **Änderung eines bestehenden Zustands** bewirken wollen. Keine Beteiligung des PR, wenn die Dienststelle den bestehenden Zustand nicht ändern will, z. B. bei Ablehnung der Versetzung oder Beförderung eines Beamten.

5 **Beabsichtigte Maßnahme.** Beabsichtigt ist eine Maßnahme erst dann, wenn der Willensbildungsprozess beim Dienststellenleiter abgeschlossen ist (BVerwG, 18.3.2008 – 6 PB 19/07 – PersR 2009, 167 = PersV 2008, 309).

6 **Vorbereitende Handlungen.** Die verwaltungsinterne Meinungsbildung sowie dienststelleninterne Vorprüfungen und Vorgespräche unterliegen nicht der Mitbestimmung (BVerwG, 14.10.2002 – 6 P 7/01 – PersV 2003, 186 = PersR 2003, 113). Anderes gilt nach der Neuregelung von § 73 Abs. 1 Satz 2 aber für solche Handlungen, die eine mitbestimmungspflichtige Maßnahme vorwegnehmen oder festlegen (vgl. die Komm. zu § 73 Abs. 1).

7 **Hinweise.** Keine Maßnahmen sind Hinweise zur Erfüllung bestimmter Arbeitspflichten oder sonstige Hinweise auf gesetzliche und tarifliche Regelungen bzw. Anordnungen der vorgesetzten Dienstbehörde.

8 **Externe Dritte.** Keine Maßnahme liegt vor, wenn nicht der Dienststellenleiter, sondern externe Dritte handeln (vgl. z. B. OVG Münster, 21.12.1978 – CL 9/78 – PersV 1980, 286). Handlungen der **Polizei** oder der **Staatsanwaltschaft** zur Aufklärung von Straftaten am Arbeitsplatz sind auch dann keine Maßnahme, wenn der Dienststellenleiter das Eingreifen dieser Stellen veranlasst oder deren Handlungen zugestimmt hat. Auch Arbeitsplatzuntersuchungen bei der Überprüfung einer Dienststelle durch den **Rechnungshof** und die Zustimmung des Dienststellenleiters hierzu sind keine der Mitbestimmung unterliegenden Maßnahmen.

9 **Modellversuche.** Die versuchsweise Einführung einer dem Grunde nach mitbestimmungspflichtigen Maßnahme ist beteiligungspflichtig, weil insoweit ein abgeschlossener Willensbildungsprozess des Dienststellenleiters vorliegt.

10 **Form der Unterrichtung.** Das LPVG enthält keine Bestimmungen in welcher Form der PR über eine beabsichtigte Maßnahme zu unterrichten ist. Es würde daher mündliche Unterrichtung genügen. Da aber durch die Unterrichtung eine **Frist in Lauf gesetzt** wird, empfiehlt es sich, den PR schriftlich zu unterrichten und den Zeitpunkt der Unterrichtung aktenkundig zu machen.

11 **Umfang der Unterrichtung.** Die Unterrichtung ist auf die beabsichtigte Maßnahme beschränkt. Ihr Inhalt und Umfang richtet sich insb. nach Art und Bedeutung des Einzelfalls und nach dem Umfang der allg. Informationen, die der PR bereits erhalten hat, z. B. bei Besprechungen mit dem Dienststellenleiter, bei PR-Sitzungen, an denen der Dienststellenleiter oder sein Beauftragter teilgenommen haben, oder in den Vierteljahresgesprächen nach § 68 Abs. 1. Der PR muss im Einzelfall aber **alle für seine Willensbildung und Entscheidung wesentlichen Informationen erhalten**; das bedeutet, dass der PR alle die Informationen und Unterlagen erhalten muss, die er als für die Prüfung der Frage bedeutsam halten darf, ob ein Versagungsgrund vorliegen könnte (BVerwG, 10.8.1987 – 6 P 22/84 – PersR 1988, 18 = PersV 1988, 357; BVerwG, 8.11.1989 – 6 P 7/87 – PersV 1990, 342 = PersR 1990, 102). Durch die Unterrichtung soll der PR in die Lage versetzt werden, sachgerecht auf den Dienststellenleiter einwirken zu können. So müssen z. B. bei einer ordentlichen Kündi-

gung (§ 75 Abs. 1 Nr. 12) dem PR alle Umstände mitgeteilt werden, die den Kündigungsentschluss tatsächlich bestimmt haben (LAG Baden-Württemberg, 26.8.2016 – 1 Sa 14/16 – juris).

II. Einschränkungen der Mitbestimmung (Abs. 2)

1. Antragsabhängige Mitbestimmung (Satz 1). Nach Abs. 2 Satz 1 bestimmt der PR in den dort genannten Personalangelegenheiten nur mit, wenn der betroffene Beschäftigte dies beantragt hat. Die in der früheren Nr. 3 (betreffend § 74 Abs. 1 Nr. 1) vorgesehene Widerspruchsmöglichkeit des betroffenen Beschäftigten ist durch Art. 19 des Änderungsgesetzes vom 12.6 2018 (GBl. S. 173) entfallen; nach der Neufassung besteht jetzt auch insoweit das Antragserfordernis. 12

Vorbehalt des § 75 **Abs. 5, 6.** Die Regelung des Abs. 2 Satz 1 steht zunächst unter dem Vorbehalt der abweichenden Regelung des § 75 Abs. 5, 6 („soweit … nichts anderes bestimmt ist"). Dies bedeutet, dass vorrangig zu prüfen ist, ob ein Ausschluss oder eine Einschränkung der Mitbestimmung bereits nach diesen Regelungen erfolgt. Wird ein Antrag nach § 76 Abs. 2 Satz 1 gestellt, hat der PR das Mitbestimmungsrecht nur, wenn der Beschäftigte nicht zu den in § 75 Abs. 5, 6 genannten Personengruppen gehört und deshalb der PR nicht das Mitbestimmungs-, sondern nur das Mitwirkungsrecht hat – auch nicht auf Antrag des Beschäftigten – bzw. das Mitbestimmungsrecht schon nach diesen Bestimmungen entfällt. 13

Maßgebliche Stellung. Für die Einschränkung der Beteiligung nach § 76 Abs. 2 Satz 1 kommt es auf die **Stellung** an, die der betreffende Beschäftigte durch die beabsichtigte Maßnahme **erhalten soll**, nicht auf die, in der er sich befindet (BVerwG, 20.3.2002 – 6 P 6/01 – PersV 2002, 405 = PersR 2002, 302). Das Mitbestimmungsrecht des PR ist danach z. B. ausgeschlossen bei der Übertragung der Funktion einer A 16-Stelle oder der Beförderung eines Regierungsdirektors (A 15) zum Leitenden Regierungsdirektor (A 16). 14

Nr. 1: Personalangelegenheiten nach § 75 **Abs. 1, 2.** In den verbleibenden Personalangelegenheiten nach § 75 Abs. 1, 2 findet eine Mitbestimmung des PR hinsichtlich der in Nr. 1 genannten Beschäftigten nur statt, wenn diese die Beteiligung des PR ausdrücklich beantragen. Die Stellung eines Antrags ist für das Mitbestimmungsverfahren konstitutiv; d. h. ohne die Stellung eines **Antrags** darf der Dienststellenleiter nicht den PR einbeziehen und keinen Antrag auf Zustimmung zur beabsichtigten Maßnahme stellen. Wird trotz Information und Belehrung nach Abs. 3 kein Antrag seitens des Beschäftigten gestellt, kann die Maßnahme ohne Mitbestimmungsverfahren vollzogen werden. 15

Form des Antrags. Die Norm schreibt für den zu stellenden Antrag des Beschäftigten keine bestimmte Form ausdrücklich vor. Wegen der rechtlichen Bedeutung des Antrags für das Verfahren ist jedoch die **Schriftform** zu fordern. Inhaltliche Unklarheiten der Erklärung des Beschäftigten muss ggf. der 16

Dienststellenleiter oder der PR-Vorsitzende ausräumen und den Beschäftigten zu eindeutigen Erklärungen auffordern.

17 **Antragsfrist.** Das Gesetz sieht für die Stellung des Antrags durch den Beschäftigten keine bestimmte Frist vor. Um keine Rechtsverluste zu erleiden, ist dem Beschäftigten aber zu raten, den Antrag alsbald nach entsprechender Information und Überlegungsfrist (vgl. Abs. 3) zu stellen. Der Antrag kann bereits vorsorglich gestellt werden, wenn sich eine Maßnahme klar erkennbar abzeichnet. Dies muss jedenfalls nach der neuen Rechtslage (vgl. § 73 Abs. 1 Satz 2) gelten. Ggf. kommt eine Antragstellung auch noch nach Vollzug der Maßnahme in Betracht. Dies muss jedenfalls dann gelten, wenn die Maßnahme unschwer rückgängig gemacht oder korrigiert werden kann, jedenfalls dann, wenn sie aktuell noch fortwirkt.

18 **Einlegungsort.** Der Antrag des Beschäftigten ist sinnvollerweise an den Dienststellenleiter zu richten. Denn dieser muss wissen, ob er das nun notwendige Mitbestimmungsverfahren einleiten und die Zustimmung des PR beantragen muss. Der Beschäftigte kann den Antrag aber auch beim PR stellen, der dann die Dienststelle unverzüglich über den Antrag informieren muss. Handlungspflichten des Dienststellenleiters entstehen aber erst nach Kenntnis des gestellten Antrags.

19 **Widerruf, Rücknahme.** Der Beschäftigte kann seinen Antrag in jeder Phase des Verfahrens zurücknehmen bzw. widerrufen. Mit der Rücknahme entfällt eine tragende Voraussetzung für das Mitbestimmungsverfahren, welches sich erledigt. Nach Abschluss des Mitbestimmungsverfahrens ist eine Rücknahme des Antrags nicht mehr möglich. Nach erfolgter Rücknahme des Antrags ist die erneute Stellung eines Antrags seitens des Beschäftigten ausgeschlossen.

20 **Antragsberechtigter Beschäftigter.** Betrifft eine beabsichtigte Maßnahme nur einen Beschäftigten, ist dieser antragsberechtigt. Sind von der Maßnahme mehrere Beschäftigte gleichermaßen betroffen, sind alle antragsberechtigt. Ist bei einer ggü. mehreren Personen zu treffenden Entscheidung aber nur einer betroffen, so ist nur dieser antragsberechtigt. So kann z. B. bei einer Einstellung aus dem Kreis von mehreren Bewerbern das Antragsrecht **nur von dem vorgeschlagenen Bewerber** ausgeübt werden (BVerwG, 20.3.2002 – 6 P 6/01 – PersV 2002, 405 = PersR 2002, 302). Beabsichtigte Maßnahme ist nicht die Auswahl, sondern die Auswahlentscheidung als deren Ergebnis. Ungeachtet dessen ist es zweckmäßig und zulässig, wenn sämtliche Bewerber bereits zu Beginn des Stellenbesetzungsverfahrens danach gefragt werden, ob sie den Mitbestimmungsantrag ggf. stellen wollen. Hiervon ausgehend hat der PR in den in Abs. 2 Satz 1 genannten Fällen keinen Anspruch auf Vorlage von Bewerbungsunterlagen, wenn der von der Dienststelle vorgeschlagene Bewerber keinen Mitbestimmungsantrag gestellt hat.

21 **Nr. 1 Buchst. a: Personenkreis des § 9 Abs. 2 Satz 1 Nr. 2 und 3.** Die hier angesprochenen Beschäftigten sind der **Leiter der Dienststelle**, sein ständiger Vertreter sowie Beschäftigte, die zu selbstständigen Entscheidungen in Personalangelegenheiten der Dienststelle befugt sind (vgl. insoweit die Kommentierung zu

§ 9), nicht aber die unmittelbaren Mitarbeiter dieser Beschäftigten, die als Personalsachbearbeiter die Entscheidungen vorbereiten. Auf die in § 9 Abs. 2 Satz 1 genannten Beschäftigten findet Abs. 2 Satz 1 auch dann Anwendung, wenn die der Mitbestimmung unterliegende Maßnahme von einer übergeordneten Dienststelle getroffen wird. Es kommt auch nicht darauf an, ob die in § 9 Abs. 2 Satz 1 bezeichneten Beschäftigten das passive Wahlrecht zu der für die Mitbestimmung zuständigen Personalvertretung haben.

Nr. 1 Buchst. b: Beamte auf Zeit. Die gleichen verfahrensmäßigen Einschränkungen der Beteiligungsrechte gelten nach Abs. 2 Satz 1 lit. b) für Beamte auf Zeit. Hier geht der Gesetzgeber davon aus, dass dieser Personenkreis zeitlich begrenzt und auch nicht in der Intensität wie andere Beschäftigte in die Dienststelle integriert sein wird (BVerwG, 20.3.2002 – 6 P 6/01 – PersV 2002, 229 = PersR 2002, 302) und deshalb selbst entscheiden soll, ob er eine Beteiligung des PR will. 22

Nr. 1 Buchst. c: Überwiegend wissenschaftliche oder künstlerische Tätigkeit. Bei diesem Personenkreis (vgl. zum Begriff: BVerwG, 20.3.2002 – 6 P 6/01 – PersV 2002, 229 = PersR 2002, 302) soll das Antragserfordernis den verfassungsrechtlichen Erfordernissen von Art. 5 Abs. 3 GG Rechnung tragen. Im Hinblick auf die konkrete Tätigkeit soll den betroffenen Beschäftigten überlassen werden, ob sie sich der Unterstützung des PR bedienen oder nicht. Überwiegend ist eine wissenschaftliche bzw. künstlerische Tätigkeit dann, wenn die übertragenen Aufgaben im Wissenschafts- bzw. Kunstbereich angesiedelt sind und der Beschäftigte eigenverantwortlich und schwerpunktmäßig diese Aufgaben erfüllt. Vgl. insoweit auch die Kommentierung zu § 99. Hinsichtlich der Zuordnung zu diesem Personenkreis vgl. auch VGH Mannheim 7.5.2018 – PL 15 S 976/17 – juris. 23

Nr. 2: Bei den beiden Fallgruppen der Nr. 2 (**soziale Zuwendungen** und **Wohnungskündigung**) können regelmäßig persönliche Umstände des Beschäftigten zu Tage treten, die seine Persönlichkeitsrechte betreffen. Dann soll allein er darüber entscheiden können, ob er damit einverstanden ist, dass diese persönlichen Umstände einem größeren Kreis – ggf. auch nur dem PR-Vorstand (vgl. § 76 Abs. 4) – zur Kenntnis gelangen. Wegen der Anforderungen an den zu stellenden Antrag und das Verfahren gelten die obigen Ausführungen (Rn. 16 ff.). Nach dem Wortlaut von § 70 Abs. 1 Nr. 1 hat der PR bei der Gewährung von **Unterstützungen, Vorschüssen, Darlehen** und entsprechenden sozialen Zuwendungen grundsätzlich mitzubestimmen. Durch die Regelung der Nr. 2 wird dieses Mitbestimmungsrecht durchweg von einem vorherigen Antrag des betroffenen Beschäftigten abhängig gemacht. Wird ein solcher Antrag nicht gestellt, darf die Dienststelle den PR nicht befassen und auch nicht informell informieren. 24

Wohnungskündigung. Nach § 74 Abs. 1 Nr. 4 hat der PR bei der Kündigung von Wohnungen, über die die Beschäftigungsdienststelle verfügt oder für die sie ein Vorschlagsrecht hat (vgl. § 74 Abs. 1 Nr. 2) grundsätzlich mitzustimmen. Nach Abs. 2 Satz 1 Nr. 2 wird der PR auch in diesen Fällen nur auf Antrag des Beschäftigten beteiligt. Auch bei der Kündigung einer Wohnung 25 können regelmäßig persönliche Umstände des Beschäftigten zu Tage treten, die seine Persönlichkeitsrechte betreffen und deren Offenbarung deshalb von seiner Antragstellung abhängig gemacht wird.

26 **Schriftform, Verfahren.** Aus Gründen der Rechtsklarheit muss der Antrag schriftlich gestellt werden. Dienststelle und Personalvertretung müssen wissen, ob das Mitbestimmungsverfahren durchgeführt werden muss oder nicht. Der Antrag ist an die **Dienststelle oder den PR** zu richten, die jeweils zur Information des anderen Beteiligten verpflichtet sind. Der Dienststellenleiter bzw. der PR-Vorsitzende hat bei unklaren Erklärungen des Beschäftigten auf eine eindeutige Aussage des Beschäftigten hinzuwirken. Für die Stellung des Antrags gibt es **keine gesetzliche Frist.** Sobald eine von der Dienststelle gesetzte Äußerungsfrist aber verstrichen ist, ohne dass der Beschäftigte einen Antrag auf Beteiligung des PR gestellt hat, muss er damit rechnen, dass die Dienststelle die angekündigte Maßnahme dann ohne Beteiligung des PR vollzieht.

27 **2. Vorbehalt des § 75 Abs. 3 (Satz 2).** Nach Abs. 2 Satz 2 bleiben die Regelungen von § 75 Abs. 3 unberührt. Hiermit wird lediglich klargestellt, dass der PR bei den dort genannten Mitbestimmungsgegenständen ebenfalls nur auf ausdrücklichen Antrag der betroffenen Beschäftigten zu beteiligen ist (vgl. die dortige Kommentierung). Die Informations- und Hinweispflicht des Dienststellenleiters richtet sich aber auch in diesen Fällen nach § 76 Abs. 3.

III. Informations- und Hinweispflicht (Abs. 3)

28 **Informationspflicht.** Nach § 76 Abs. 3 ist in den Fällen des Abs. 2 sowie von § 75 Abs. 3 der betroffene Beschäftigte von der beabsichtigten Maßnahme rechtzeitig vorher in Kenntnis zu setzen und auf das Antragsrecht hinzuweisen. Pflichtig ist der Dienststellenleiter, der den Beschäftigten vollständig informieren muss, damit dieser prüfen und überlegen kann, ob er die Beteiligung des PR beantragen will. Dem Beschäftigten muss dabei auch eine angemessene Erklärungsfrist eingeräumt werden. Während dieser Frist darf die Maßnahme nicht vollzogen werden.

29 **Überlegungsfrist.** Die vorherige Information des Beschäftigten soll diesen in die Lage setzen, die Erforderlichkeit und Zweckmäßigkeit eines Beteiligungsverfahrens zu prüfen und eine entspr. Entscheidung zu treffen. Deshalb darf die von der Dienststelle gesetzte Frist nicht zu knapp bemessen sein. Es erscheint sinnvoll, grundsätzlich an der Fristenregelung des § 76 Abs. 6 Satz 1 anzuknüpfen. Bei eilbedürftigen Maßnahmen kann die Dienststelle im Einzelfall auch eine kürzere Frist zur Stellungnahme einräumen. Dem Beschäftigten muss aber genügend Zeit verbleiben, sich zu informieren und ggf. auch Rechtsrat einzuholen, um eine Entscheidung treffen zu können.

30 **Hinweispflicht.** Mit der Information über die beabsichtigte Maßnahme ist gleichzeitig auf das Antragsrecht des Beschäftigten hinzuweisen. Der Hinweis muss **ausdrücklich, eindeutig und so klar** sein, dass jeder Beschäftigte über die ihm zustehende Verfahrensrechte informiert ist.

Verletzung der Informations-/Hinweispflicht. Bei Verletzung der aus Abs. 3 folgenden Pflichten gelten die allg. Grundsätze zur rechtswidrig unterlassenen Beteiligung. Auch nach erfolgtem Vollzug der Maßnahme ist die Beteiligung – nach nachträglich erfolgter Antragstellung – nachzuholen, wenn die Maßnahme rückgängig gemacht werden kann oder sonst korrigierbar ist, jedenfalls dann, wenn die getroffene Maßnahme fortwirkt. 31

IV. Mitbestimmung durch den PR-Vorstand (Abs. 4)

Vorstandsentscheidung. In den Fällen des § 76 Abs. 4 kann der betroffene Beschäftigte die Beteiligung des PR gänzlich verhindern (s. o.), er kann sich aber auch für die Durchführung eines Beteiligungsverfahrens entscheiden und diese Beteiligung auf den PR-Vorstand beschränken; in diesem Fall sind nur die Vertreter der Gruppe im Vorstand zur Beschlussfassung befugt, welcher der Beschäftigte angehört (a. A. Altvater u. a. § 78 Rn. 4). 32

Kündigung von Wohnungen. In den Fällen des § 74 Abs. 1 Nr. 4 hat der PR bei der Kündigung von Wohnungen, über die die Beschäftigungsdienststelle verfügt oder für die sie ein Vorschlagsrecht hat (§ 74 Abs. 1 Nr. 2) grundsätzlich mitzustimmen. Der PR wird aber nur auf Antrag des Beschäftigten beteiligt (Abs. 2 Satz 1 Nr. 2). Will der Beschäftigte die Beteiligung des PR-Vorstands erreichen, muss er auf jeden Fall zunächst einen **Antrag nach Absatz 2** stellen, weil ohne diesen Antrag kein Mitbestimmungsverfahren eingeleitet werden darf. In diesem Antrag – ggf. auch separat zu einem späteren Zeitpunkt – muss er klar zum Ausdruck bringen, dass er lediglich die Befassung des PR-Vorstandes wünscht. Das Verlangen des Beschäftigten bedarf der **Schriftform**. Es muss für alle Beteiligten klar sein, dass nicht das Plenum, sondern nur der PR-Vorstand mit der Angelegenheit zu befassen ist und nur dieser Beschluss fassen darf. Wird der Beteiligungsantrag des Beschäftigten aufrecht erhalten, das Verlangen auf Beschränkung auf den PR-Vorstand aber zurückgenommen, ist das Mitbestimmungsverfahren fortzusetzen; der PR hat dann als Plenum zu beraten und zu entscheiden. 33

Soziale Zuwendungen. In den Angelegenheiten des § 74 Abs. 1 Nr. 1 (Gewährung von Unterstützungen, Vorschüssen, Darlehen und entsprechenden sozialen Zuwendungen) hat der PR grundsätzlich mitzubestimmen. Auch hier bedarf es jetzt aber eines Antrags des Beschäftigten, der auf die Einleitung eines Mitbestimmungsverfahrens gerichtet ist. 34

Bringt der Beschäftigte nur zum Ausdruck, dass er lediglich die Befassung des PR-Vorstandes wünscht, ist dies zugleich als Antrag auf Beteiligung des PR zu werten.

Das Verlangen des Beschäftigten muss aber auch hier eindeutig sein, es bedarf der **Schriftform**. Nimmt der Beschäftigte zu einem späteren Zeitpunkt den Antrag auf Befassung des PR zurück, ist das Mitbestimmungsverfahren einzustellen und die Maßnahme zu vollziehen. Nimmt der Beschäftigte nur das Verlangen nach Abs. 4 zurück, wird das Verfahren nach den allg. Grundsätzen zu Ende geführt.

35 **Hinweispflicht.** § 76 Abs. 3 begründet seinem Wortlaut nach nur eine Hinweispflicht auf das Antragsrecht nach Abs. 2. In entsprechender Anwendung von Abs. 3 ist der Beschäftigte jedoch auch auf die Möglichkeit ausdrücklich hinzuweisen, dass er die Mitbestimmung allein des Vorstands verlangen kann. In vielen Fällen wird dem Persönlichkeitsrecht des Beschäftigten schon dadurch ausreichend Rechnung getragen, dass der mit der Angelegenheit befasste Personenkreis klein gehalten wird, wie dies durch die Entscheidung des PR-Vorstands gewährleistet ist. Dann sollte dem Beschäftigten aber schon bei dem Hinweis nach Abs. 3 klar sein, dass die Beschränkung auf den PR-Vorstand eine zulässige Möglichkeit der Sachbehandlung darstellt. Anderenfalls wird er irregeführt, da er dann nur die Alternative Vollbeteiligung oder Verzicht auf das Mitbestimmungsverfahren aufgezeigt bekommt.

V. Verlangen einer Begründung (Abs. 5)

36 **Voraussetzungen.** Der PR kann für jede beabsichtigte Maßnahme eine Begründung verlangen. Eine bestimmte Form des Verlangens und der Begründung schreibt das LPVG nicht vor. Aus dem Grundsatz der vertrauensvollen Zusammenarbeit zwischen Dienststelle und PR ergibt sich eine Einschränkung der Begründungspflicht, wenn dem PR für seine Willensbildung und Entscheidung bereits wesentliche allg. Informationen in hinreichendem Maße zur Verfügung stehen.

37 **Sachverhaltsermittlung.** Im Regelfall soll und kann der PR auf der Grundlage der Informationen und Unterlagen der Dienststelle über den Antrag entscheiden. Der PR ist jedoch nicht gehindert, ergänzende Sachverhaltsermittlungen anzustellen. Hierbei ist auch die Zuziehung von **Sachverständigen** nicht ausgeschlossen (BVerwG, 8.11.1989 – 6 P 7/87 – PersR 1990, 102 = PersV 1990, 342).

VI. Entscheidung des PR, Entscheidungsfrist (Abs. 6)

38 **Beschlussfassung.** Über den Antrag entscheidet der PR; die Befugnis kann – vorbehaltlich des Abs. 4 und § 36 – nicht auf den Vorstand delegiert werden, (vgl. zur früheren Regelung in § 78 Abs. 1 Satz 3 a. F.: BVerwG, 19.7.1994 – 6 P 12/92 – PersV 1995, 77 = PersR 1994, 518).

39 **Entscheidungsgegenstand.** Der PR entscheidet über den vom Dienststellenleiter gestellten Antrag. Er kann die Zustimmung verweigern oder die Zustimmung ausdrücklich – ggf. auch durch bewusstes Schweigen – erteilen. Einschränkungen der Zustimmung sind problematisch, da sie i. d. R. einer Ablehnung gleichkommen. Eine befristete Zustimmung zu Modellversuchen ist dagegen unproblematisch.

40 **Zustimmung, Vollzug.** Nach erfolgter Zustimmung des PR kann die Maßnahme seitens der Dienststelle vollzogen werden (§ 88 Abs. 1). Die Zustimmung begründet aber **keinen Anspruch auf** deren **Vollzug** (BVerwG, 15.11.1995 – 6 P 2/94 – PersV 1996, 453 = PersR 1996, 278). Im Falle des

Nichtvollzugs hat der PR jetzt aber einen Anspruch auf Information durch den Dienststellenleiter (§ 88 Abs. 2).

Widerruf der Zustimmung. Die Zustimmung ist grundsätzlich nicht widerruflich; ein etwaiger Widerruf wäre rechtlich unbeachtlich. Demgegenüber ist ein „Widerruf" einer Zustimmungsverweigerung möglich, weil der PR in jeder Verfahrenssituation seine Zustimmung erteilen kann. 41

Zustimmungsverweigerung. Die Verweigerung der Zustimmung durch den PR ist der Dienststelle **schriftlich** und mit einer Begründung versehen innerhalb der Erklärungsfrist zuzuleiten. Ein **Telefax** entspricht der für die Zustimmungsverweigerung geforderten Schriftform (für das BetrVG: BAG, 11.6.2002 – 1 ABR 43/01 – NJW 2003, 843). Bei der Erklärung der Zustimmungsverweigerung ist ggf. § 29 Abs. 2 Satz 2 zu beachten, um sie nicht unwirksam werden zu lassen (OVG Münster, 14.10.1991 – CL 57/90 – PersR 1992, 158). Ob eine normale **E-Mail** dem Schriftformerfordernis genügt (so VG Düsseldorf, 24.11.2017 – 39 K 5920/15.PVB – juris) ist noch nicht abschließend geklärt. Zulässig ist es aber, wenn das die Zustimmung verweigernde Schreiben mit der **eigenhändigen Unterschrift des PR-Vorsitzenden eingescannt und als PDF-Datei** einer E-Mail beigefügt wird (BVerwG, 15.12.2016 – 5 P 9/15 – ZfPR 2017, 34). 42

Fehlerhafte PR-Entscheidung. Der Dienststellenleiter ist grundsätzlich nicht verpflichtet, den Beschluss des PR auf seine Rechtmäßigkeit zu überprüfen (BVerwG, 21.4.1992 – 6 P 8/90 – PersV 1992, 434 = PersR 1992, 304). In der **Sphäre des PR** liegende Fehler führen nicht zur Rechtswidrigkeit der getroffenen Maßnahme (VGH Mannheim, 21.9.2007 – 4 S 2131/07 – juris). 43

1. Regelmäßige Entscheidungsfrist (Satz 1). Die regelmäßige Erklärungsfrist des PR beträgt nach der Neufassung drei Wochen. Die Umstellung auf Wochenfristen ist zu begrüßen, weil sie die vorherige Unsicherheit bei der Fristberechnung, die mit dem Begriff „Arbeitstag" verbunden war, beseitigt. 44

Fristbeginn. Die Frist beginnt mit dem Zugang des Zustimmungsantrags beim Vorsitzenden des PR oder seinem Stellvertreter. Mit dem Zustimmungsantrag hat die Dienststelle dem PR zugleich die für dessen Meinungs- und Willensbildung erforderlichen Informationen und Unterlagen zu übermitteln. Für die Berechnung der Frist gelten die §§ 187 bis 193 BGB. Der Tag des Zugangs wird nicht mitgerechnet (Ilbertz-Widmaier § 69 Rn. 9). 45

Unzureichende Unterrichtung. Die Frist läuft nur bei ausreichender Unterrichtung des PR. Wird der PR erst nachträglich ausreichend unterrichtet, so beginnt die Erklärungsfrist – sofern der PR die unzureichende Unterrichtung innerhalb der Erklärungsfrist gerügt hat – mit dem Zeitpunkt zu laufen, in dem der PR ausreichend unterrichtet worden ist (BVerwG, 10.8.1987 – 6 P 22/84 – PersV 1988, 357 = PersR 1988, 18; BVerwG, 1.7.1988 – 6 PB 6/88 – PersV 1988, 532 = PersR 1988, 296; vgl. auch BVerwG, 8.11.1989 – 6 P 7/87 – PersV 1990, 342 = PersR 1990, 102). Diese ältere Rechtsprechung hat durch die neu ins Gesetz eingeführten Möglichkeiten der Fristverlängerung bzw. abweichender Fristvereinbarung aber klar an Bedeutung verloren. 46

47 **Gesetzliche Fristverlängerung.** Statt der 3-Wochen-Frist gilt kraft Gesetzes in den Fällen, in denen eine **Stufenvertretung** oder ein **GesamtPR** einem örtlichen PR Gelegenheit zur Stellungnahme geben muss, eine **5-Wochen-Frist** (§ 91 Abs. 3 Satz 2 und Abs. 8 Satz 4); wegen der Möglichkeit der individuellen Fristverlängerung – generell oder im Einzelfall – vgl. Abs. 6 Satz 3 und Abs. 7. Nach § 91 Abs. 3 Satz 3 und § 91 Abs. 8 Satz 4 gilt auch in diesen Fällen § 76 Abs. 6 Satz 3, Abs. 7 und 8 entsprechend, sodass auch in diesen Fällen die Möglichkeit genereller oder einzelfallbezogener Abweichungen von der 5-Wochen-Frist eröffnet ist.

48 **2. Fristabkürzung (Satz 2).** Die Entscheidungsfrist von drei Wochen kann nur in dringenden Fällen vom Dienststellenleiter auf eine Woche abgekürzt werden. Eine weitergehende Abkürzung ist ausgeschlossen. Bei Maßnahmen, die der Natur der Sache nach nicht einmal einen einwöchigen Aufschub dulden, ist der Dienststellenleiter auf eine vorläufige Regelung nach § 88 Abs. 4 angewiesen (VGH München, 13.7.1988 – 18 P 88.01415 – PersR 1989, 305).

49 **Voraussetzungen.** Der Dienststellenleiter darf die Äußerungsfrist nur dann wegen Dringlichkeit des Vorhabens abkürzen, wenn wichtige Gründe vorliegen, insb. ein (weiterer) Aufschub zu erheblichen Nachteilen führen würde (BVerwG, 15.11.1995 – 6 P 4/94 – PersR 1996, 157 = PersV 1996, 326). Die Einhaltung der Frist muss nach Lage der Dinge in zumutbarer Weise nicht möglich sein oder jedenfalls zu einer erheblichen Beeinträchtigung öffentlicher Belange führen.

50 **Rechtswidrige Fristabkürzung.** Auch die durch die Dienststelle abgekürzte Frist ist „geltende Frist" i. S. v. § 76 Abs. 9 Satz 1. Der PR muss deshalb innerhalb der abgekürzten Frist reagieren, auch wenn er die Fristabkürzung für rechtswidrig hält. Unterlässt er jede Reaktion, tritt die Zustimmungsfiktion ein (Abs. 9 Satz 1); die Maßnahme kann dann ohne Weiteres durchgeführt werden.

51 **Widerspruch.** Hält der PR die Fristabkürzung für rechtswidrig, muss er innerhalb der Frist reagieren damit nicht die Zustimmungsfiktion eintritt. Er kann eine Sachentscheidung treffen oder er muss zumindest – **innerhalb der verkürzten Frist** – der Fristabkürzung **widersprechen** (VGH München, 13.7.1988 – 18 P 88.01415 – PersR 1989, 305). Die Beschränkung auf einen Widerspruch ist aber risikoreich. Denn wenn die Dienststelle an der abgekürzten Frist – trotz des Widerspruchs – festhält und die Maßnahme vollzieht, hat der PR lediglich die Möglichkeit, die Rechtswidrigkeit der Fristabkürzung im Beschlussverfahren geltend zu machen und die Fortsetzung des Mitbestimmungsverfahrens zu beantragen. Unterliegt er vor dem VG mit diesem Antrag, hat er sein Mitbestimmungsrecht verloren. Es ist deshalb überlegenswert, ob nicht eine Sachentscheidung des PR – innerhalb der verkürzten Frist – sinnvoller ist, wenn eine einvernehmliche Fristverlängerung mit der Dienststelle nicht vereinbart werden kann.

52 **3. Abweichende Fristvereinbarung (Satz 3).** Während die frühere Äußerungs- und Entscheidungsfrist für den PR (vgl. § 69 a. F.) eine Ausschlussfrist war, geht die Neuregelung einen praxisfreundlichen neuen Weg. Sie sieht die Mög-

lichkeit einer einvernehmlichen generellen Bestimmung abweichender Fristen vor. Damit sind sowohl generelle Fristverlängerungen als auch generelle Fristabkürzungen möglich. Von dieser Möglichkeit sollte dann Gebrauch gemacht werden, wenn Besonderheiten im Dienststellenbetrieb die Regelfrist als ungünstig oder unzureichend erscheinen lassen; insb. um eine Vielzahl von Fristregelungen im Einzelfall zu vermeiden.

Form, Verfahren, Inhalt. Die Initiative zu einer Vereinbarung kann vom Dienststellenleiter oder vom PR ausgehen. Vereinbarungen zwischen PR und Dienststelle bedürfen aus Gründen der Rechtssicherheit der **Schriftform.** Die Vereinbarung muss nicht für alle künftigen Mitbestimmungsverfahren Regelungen treffen oder gar für alle Mitbestimmungsverfahren gleiche (abweichende) Fristen bestimmen. Die vereinbarte Fristverlängerung oder Fristabkürzung kann sich auch **auf einzelne Mitbestimmungsgegenstände beschränken** bzw. für unterschiedliche Mitbestimmungsgegenstände unterschiedliche Fristenregelungen vorsehen. Fristvereinbarungen können maximal für die Dauer der Amtszeit des PR geschlossen werden. 53

Fristverlängerung. Für die zulässige Dauer einer vereinbarten Fristverlängerung gibt das Gesetz keine direkten Anhaltspunkte. Es kommt auf die konkreten Verhältnisse in der einzelnen Dienststelle und die Mitbestimmungsgegenstände, für die Regelungen getroffen werden sollen, an. Anhaltspunkt für eine Obergrenze der Verlängerung der Äußerungsfrist kann die 5-Wochen-Frist des § 91 sein. 54

Fristabkürzung. Auch bei der Fristabkürzung kommt es entscheidend auf die konkreten Verhältnisse in der Dienststelle und die möglichen Mitbestimmungsgegenstände an. Hier ist aber zusätzlich zu bedenken, dass die gesetzliche 3-Wochen-Frist die umfassende Information des PR sowie die Zeit für dessen Beratung und Beschlussfassung sichern will. Generelle Abkürzungen der Frist dürfen dieses Anliegen des Gesetzes nicht in Frage stellen, die Funktionsfähigkeit des PR muss auch bei abgekürzter Frist gesichert sein. Einvernehmliche Fristenregelungen müssen sich daher am gesetzlich vorgegebenen Rahmen messen lassen. So hat bspw. das Arbeitsgericht Freiburg eine zwischen Dienststelle und PR einvernehmlich vereinbarte Fristverkürzung auf einen Tag für unwirksam gehalten, da sie einem Verzicht auf das Mitbestimmungsrecht gleichkommt (ArbG Freiburg, 6.2.2003 – 11 Ca 421/02 – PersR 2003, 167). 55

VII. Fristverlängerung/Fristabkürzung im Einzelfall (Abs. 7)

Einzelfallregelungen. Während Abs. 6 Satz 3 die Vereinbarung generell abweichender Fristen ermöglicht, schafft Abs. 7 Gestaltungsmöglichkeiten im konkreten Einzelfall. Eine Zustimmung des PR (Einvernehmen) zur Friständerung ist hier auch nur bei der Fristabkürzung erforderlich; über eine Fristverlängerung entscheidet die Dienststelle allein. 56

Fristverlängerung. Das Vorliegen besonderer Voraussetzungen für eine Fristverlängerung verlangt das Gesetz nicht. Die Dienststelle kann deshalb nach ihrer 57 freien Entscheidung jederzeit eine Frist im Beteiligungsfall verlängern. Der Mitwirkung oder Zustimmung des PR bedarf es insoweit nicht, weil die Fristverlängerung für die Personalvertretung ausschließlich vorteilhaft ist. Dieser ist es auch unbenommen von der verlängerten Frist keinen Gebrauch zu machen und vorzeitig zu entscheiden. Praktisch wird eine Fristverlängerung nach Abs. 7 dann bedeutsam sein, wenn der PR noch Gesprächs-/Klärungsbedarf sieht und der Eintritt der Fiktionswirkung vermieden werden soll. Die Fristverlängerung ist in dieser Verfahrenssituation nicht nur Ausdruck der vertrauensvollen Zusammenarbeit, sondern auch im wohlverstandenen eigenen Interesse der Dienststelle. Denn sie läuft anderenfalls das Risiko, dass der PR seine Zustimmung in dieser Drucksituation versagt, was das Verfahren nicht nur komplizieren, sondern vor allen Dingen auch verlängern würde.

58 **Schriftform.** Die Fristverlängerung bedarf aus Gründen der Rechtssicherheit der Schriftform, weil durch diese Erklärung die gesetzliche Frist abgeändert wird und für das weitere Mitbestimmungsverfahren klar sein muss, welche Frist gilt. Nicht formgerechte (z. B. mündliche) Erklärungen der Dienststelle sind unbeachtlich; es bleibt bei der gesetzlichen Frist.

59 **Verfahren.** Die Fristverlängerung kann von der Dienststelle bereits mit dem Zustimmungsantrag verbunden werden, wenn absehbar ist, dass der PR eine längere Zeit als die gesetzliche Frist für seine Entscheidung benötigen wird. Die Fristverlängerung kann aber auch noch zeitlich nach dem Antrag der Dienststelle separat erfolgen, wenn ein Bedürfnis nach Fristverlängerung erst nachträglich entsteht. Die Frist muss aber dann **zwingend vor Ablauf der gesetzlichen Frist verlängert** werden, weil anderenfalls bereits die Fiktionswirkung des Abs. 9 Satz 1 eingetreten ist, die durch eine verspätete Fristverlängerung nicht mehr beseitigt werden kann.

60 **Fristabkürzung.** Abs. 7 schafft im Einzelfall auch die Möglichkeit der Abkürzung der gesetzlichen Frist. Der entscheidende Unterschied zu Abs. 6 Satz 2 ist hier die erforderliche Zustimmung der Personalvertretung. Fristabkürzungen nach Abs. 6 Satz 2 sind einseitige Maßnahmen der Dienststelle „in dringenden Fällen". Demgegenüber verlangt Abs. 7 lediglich das Vorliegen eines „begründeten Falles". D. h. die Dienststelle ist – anders als bei der Fristverlängerung – nicht frei bei ihrer Entscheidung, sondern muss sich ggü. dem PR rechtfertigen, einen guten und nachvollziehbaren Grund für die Abkürzung der Frist nennen können. Bei Fällen, die wiederholt oder häufig vorkommen, ist auch an die Möglichkeit einer generellen Regelung nach Abs. 6 Satz 3 zu denken.

61 **Einvernehmen.** Die Fristabkürzung ist nur im Einvernehmen mit dem PR zulässig. Dies bedeutet, dass die von der Dienststelle beabsichtigte Fristabkürzung nur wirksam wird, wenn der PR dieser ausdrücklich zustimmt. Verweigert der PR sein Einvernehmen ausdrücklich oder schweigt er auf einen entsprechenden Vorschlag der Dienststelle, bleibt es bei der gesetzlichen Frist. Das Einvernehmen wird der PR im Rahmen der vertrauensvollen Zusammenarbeit nicht ohne Weiteres verweigern können, wenn die Dienststelle gute Gründe für die Fristabkürzung nennt; eine Verpflichtung zur Zustimmung des PR besteht aber grund-

sätzlich nicht, weil der Dienststelle in dringenden Fällen immer die Möglichkeit des Abs. 6 Satz 2 verbleibt.

Schriftform. Sowohl der Vorschlag der Fristabkürzung seitens der Dienststelle 62
als auch die Zustimmung des PR bedürfen aus Gründen der Rechtssicherheit der Schriftform, weil durch diese Erklärungen die gesetzliche Frist abgeändert wird und für das weitere Mitbestimmungsverfahren klar sein muss, welche Frist gilt. Nicht formgerechte Erklärungen sind unbeachtlich; es bleibt bei der gesetzlichen Frist. Demgegenüber bedarf die Ablehnung der Fristabkürzung seitens des PR keiner besonderen Form, weil das Gesetz für das Wirksamwerden der Fristabkürzung die ausdrückliche (schriftliche) Zustimmung verlangt und der PR auf einen Vorschlag der Dienststelle auch schweigen könnte.

Verfahren. Der Vorschlag zur Fristabkürzung ist dem PR von der Dienststelle 63
zusammen mit dem Antrag auf Zustimmung zu übermitteln. Der Vorschlag einer Fristabkürzung ist zu begründen. Dabei sind im Einzelnen die Gründe darzulegen, die aus Sicht der Dienststelle ein Abweichen von der gesetzlichen Frist gebieten. Ob das Verfahren nach Abs. 7 sinnvoll ist, muss die künftige Praxis erweisen. Wenn die Dienststelle nicht bereits im Vorfeld des Mitbestimmungsverfahrens vom PR eine Zustimmung zur Fristabkürzung in Aussicht gestellt bekommt, ist es bei eiligen Angelegenheiten wohl besser, nach Abs. 6 Satz 2 zu verfahren.

Fehlerhafte Fristabkürzung. Führt die Dienststelle die Maßnahme durch, weil 64
sie irrtümlich oder zu Unrecht von einer wirksamen Fristabkürzung und damit vom Eintritt der Fiktionswirkung nach Fristablauf ausgeht, bleibt dem PR nur das gerichtliche Beschlussverfahren, mit dem Antrag, dass das Mitbestimmungsverfahren fortgesetzt werden soll.

Keine Umdeutung. Ein mangels Einvernehmens des PR fehlgeschlagener Ver- 65
such der Fristabkürzung nach Abs. 7 kann nicht in eine Abkürzungserklärung nach Abs. 6 Satz 2 umgedeutet werden, auch dann nicht, wenn die Dienststelle in ihrem Antrag dringende Gründe genannt hat, die die Voraussetzungen für eine einseitige Fristabkürzung erfüllen würden. Aus Gründen der Rechtssicherheit muss klar sein, welches Verfahren die Dienststelle wählt und welche Frist gilt.

VIII. Fristverlängerungsantrag des PR (Abs. 8)

1. Verlängerungsantrag (Satz 1). Abs. 8 regelt die Möglichkeit der Verlänge- 66
rung der Äußerungsfrist auf Betreiben des PR. Nach der Neuregelung kann der PR-Vorsitzende im Einzelfall bei der Dienststelle eine längere Frist beantragen. Die Begründung des Regierungsentwurfs führt insoweit aus, dass damit den Bedürfnissen der personalvertretungsrechtlichen Praxis entsprochen werden soll. Ob es für diese zusätzliche Verlängerungsmöglichkeit wirklich ein praktisches Bedürfnis gibt, darf allerdings bezweifelt werden. Die Regelung ist derart umständlich und aufwendig, dass sie nicht überzeugen kann.

67 **Anwendungsbereich.** Abs. 8 kommt nur zur Anwendung, wenn es um die Verlängerung der **gesetzlichen Frist** (§§ 76 Abs. 6 Satz 1, 91 Abs. 3 Satz 2, Abs. 8 Satz 2) geht. Dies folgt schon aus dem Wortlaut der Norm. Denn „eine längere Frist beantragen" bezieht sich auf die konkrete Frist des Abs. 6 Satz 1. Abs. 8 eröffnet keine Verlängerungsmöglichkeit im Falle einer bereits erfolgten Fristverlängerung durch die Dienststelle und erst recht nicht bei Abkürzung der Äußerungsfrist durch die Dienststelle nach Abs. 6 Satz 2 oder Abkürzung nach Abs. 6 Satz 3. Insoweit ist der PR ggf. auf das Beschlussverfahren verwiesen, in dem er die Unzulässigkeit der Fristabkürzung geltend machen kann.

68 **Schriftform.** Der Antrag auf Fristverlängerung und die bewilligte Fristverlängerung bedürfen aus Gründen der Rechtssicherheit der Schriftform, weil durch den Antrag die Verlängerungsfiktion ausgelöst wird bzw. durch die gewährte Fristverlängerung die gesetzliche Frist abgeändert wird und für das weitere Mitbestimmungsverfahren klar sein muss, welche Frist gilt. Nicht formgerechte (z. B. mündliche) Erklärungen des PR-Vorsitzenden bzw. der Dienststelle sind unbeachtlich; es bleibt bei der gesetzlichen Frist.

69 **Vorstandsbeschluss.** Den Verlängerungsantrag kann der PR-Vorsitzende nur aufgrund eines Vorstandsbeschlusses stellen. Für die Beschlussfassung des Vorstands gelten die allg. Regelungen. Weil die Erforderlichkeit der Fristverlängerung dem Grunde nach und auch ihrer Dauer nach im Antrag dargelegt werden muss (vgl. Abs. 8 Satz 2), ist unausweichlich, dass sich der PR-Vorstand mit der Mitbestimmungsangelegenheit befasst, sich der Entscheidungssituation des PR bewusst ist und auch die konkreten Gründe für die Notwendigkeit der Fristverlängerung Gegenstand der Behandlung und Beschlussfassung des PR-Vorstands sind. Der Vorstand kann den PR-Vorsitzenden nicht ermächtigen, eigenständig Gründe für eine Fristverlängerung zu entwickeln. Der Vorsitzende kann nur „aufgrund eines Beschlusses des Vorstands" und im Rahmen dieses Vorstandsbeschlusses handeln.

70 **Verfahren.** Die begehrte Fristverlängerung ist ausdrücklich zu beantragen. Den Antrag muss der Vorsitzende des PR stellen. Der Antrag ist an den Dienststellenleiter oder seinen Vertreter zu richten.

71 **2. Darlegung (Satz 2).** In dem Antrag muss der PR-Vorsitzende auf der Basis des Vorstandsbeschlusses eine konkrete Dauer der Fristverlängerung benennen und deren Erforderlichkeit begründen. Auch wenn hier keine überspannten Anforderungen gestellt werden dürfen, muss sich aus dem Antrag jedenfalls schlüssig ergeben, dass und warum im konkreten Einzelfall die gesetzliche Frist nicht ausreicht.

72 **3. Entscheidung der Dienststelle (Satz 3).** Die Dienststelle muss über den gestellten Antrag unverzüglich entscheiden. Dies folgt zum einen aus dem Grundsatz der vertrauensvollen Zusammenarbeit, zum anderen kann sie nur durch eine Entscheidung innerhalb der Frist des Abs. 8 Satz 4 den Eintritt der dort geregelten Bewilligungsfiktion vermeiden. Aus dem Grundsatz der vertrauensvollen Zusammenarbeit folgt auch, dass die Dienststelle verpflichtet ist, den

PR-Vorsitzenden unverzüglich auf etwaige Fehler des Verlängerungsantrags hinzuweisen (z. B. fehlender Vorstandsbeschluss).

Zustimmung. Stimmt die Dienststelle formgerecht der beantragten Fristverlängerung zu, tritt die beantragte Frist anstelle der gesetzlichen Frist. Dasselbe Ergebnis kann man, wenn Einvernehmen mit der Dienststelle besteht, ungleich einfacher über § 76 Abs. 7 erreichen. 73

Ablehnung. Lehnt die Dienststelle die Fristverlängerung ab, verlängert sich die Frist gleichwohl von Gesetzes wegen um drei Arbeitstage. Ob diese Fristverlängerung den Aufwand lohnt, den Abs. 8 erfordert, muss jeder PR für sich entscheiden. Diese gesetzliche Verlängerung um drei Arbeitstage tritt nur ein, wenn ein ordnungsgemäßer Beschluss des PR-Vorstands und ein ordnungsgemäßer Antrag des PR-Vorsitzenden vorgelegen hat, der den Anforderungen von Abs. 8 Satz 1 und 2 entspricht. 74

Arbeitstag. Arbeitstage i. S. d. § 76 Abs. 8 sind nur die Wochentage Montag bis Freitag mit Ausnahme der gesetzlichen Feiertage, auch wenn an diesen Tagen bei der konkreten Dienststelle typischerweise nicht gearbeitet wird (Altvater u. a. § 69 Rn. 16; a. A. Ilbertz-Widmaier § 69 Rn. 11a). 75

4. Zustimmungsfiktion (Satz 4). Wenn die Dienststelle nicht innerhalb von drei Arbeitstagen über den Verlängerungsantrag entscheidet, gilt die beantragte Fristverlängerung als bewilligt. Maßgeblich für den Lauf der Frist von drei Arbeitstagen ist der Zugang des Verlängerungsantrags beim Dienststellenleiter oder dessen Vertreter. Anstatt einer ausdrücklichen Zustimmung zum Verlängerungsantrag kann die Dienststelle auch durch Schweigen, die beantragte Fristverlängerung zugestehen. Die Fiktion des Abs. 8 Satz 4 tritt nur ein, wenn der Fristverlängerungsantrag ordnungsgemäß gestellt worden ist (siehe oben). 76

5. Einmalige Antragstellung (Satz 5). Ein Verlängerungsantrag i. S. v. Abs. 8 Satz 1 kann nur einmal gestellt werden. Ein gleichwohl erneut gestellter Antrag auf Fristverlängerung ist in eine Anregung auf Fristverlängerung nach Abs. 7 umzudeuten, über den die Dienststelle unverzüglich zu entscheiden hat. Die Rechtsfolgen des Abs. 8 Satz 3 und 4 treten bei wiederholtem Antrag aber nicht ein. 77

IX. Verweigerungsgründe (Abs. 9)

1. Zustimmungsfiktion (Satz 1). Läuft die Erklärungsfrist ab, ohne dass bei der Dienststelle eine schriftliche Mitteilung über die Verweigerung der Zustimmung eingegangen ist, gilt die Maßnahme als gebilligt. Gegenteilige Vereinbarungen von Dienststelle und PR sind unbeachtlich (VGH Mannheim, 12.4.1983 – 15 S 744/82 – ZBR 1984, 216). Möglich ist nach neuer Rechtslage aber die Verlängerung der Äußerungsfrist für den PR. Im Einzelfall ist diese Fristverlängerung aber nur wirksam, wenn die Verlängerung **vor Fristablauf bewilligt** oder vereinbart worden war, weil anderenfalls bereits die Fiktionswirkung des Abs. 9 Satz 1 eingetreten ist. 78

79 **Mündliche Ablehnung.** Eine nur mündliche Verweigerung der Zustimmung reicht nicht aus, weil sie dem Schriftlichkeitserfordernis nicht genügt; die Zustimmungsfiktion tritt ein; vgl. insoweit auch Rn. 42.

80 **Fehlende Gründe.** Die Zustimmungsfiktion tritt auch ein, wenn die Ablehnung zwar schriftlich erfolgt, aber keine Gründe enthält. Eine **Bezugnahme** im Ablehnungsschreiben auf im Mitbestimmungsverfahren bereits der Dienststelle schriftlich unterbreitete Ablehnungsgründe, die ihrerseits zureichend sind, ist zulässig.

81 **Unzureichende Begründung.** Die Zustimmungsfiktion tritt auch ein, wenn die schriftlich mitgeteilten Gründe offenkundig unzureichend sind. Die bei einer Ablehnung zwingend anzugebenden Gründe müssen stets auf die beabsichtigte Maßnahme abgestellt und auf den betreffenden Mitbestimmungstatbestand bezogen sein. Es ist erforderlich, dass konkrete sachliche Gründe für die Verweigerung der Zustimmung geltend gemacht werden, die ihrerseits einen hinreichenden sachlichen Bezug zu dem einschlägigen gesetzlichen Mitbestimmungstatbestand haben müssen. Dies gilt grundsätzlich auch dann, wenn sich der PR auf ein Mitbestimmungsrecht beruft, welches die Dienststelle ihrerseits in dem Antrag auf Zustimmung nicht benannt hat oder welches sie offen in Abrede stellt (OVG Münster, 6.8.2003 – 1 A 1086/01.PVL – PersR 2004, 68 = PersV 2004, 356). Welche Ablehnungsgründe ausreichen, hängt vom Mitbestimmungsgegenstand und den Umständen des konkreten Einzelfalls ab. So kann der PR z. B. bei einer beabsichtigten befristeten Einstellung zulässigerweise geltend machen, dass er eine Befristung für unzweckmäßig erachtet (VGH Mannheim, 24.1.2017 – PL 15 S 153/15 – PersV 2017, 348).

82 **Unbeachtliche Erklärungen.** Eine Begründung, die offensichtlich außerhalb des Mitbestimmungstatbestands liegt, ist ebenso unbeachtlich, wie eine Verweigerung ohne Angabe von Gründen (BVerwG, 6.9.1995 – 6 P 41/93 – PersR 1996, 24 = PersV 1996, 265). Eine Zustimmungsverweigerung ist aber nur dann unbeachtlich, wenn die angegebenen Gründe sich dem Inhalt des Mitbestimmungstatbestands sowie dem Sinn und Zweck des Mitbestimmungserfordernisses offensichtlich nicht zuordnen lassen (BVerwG, 15.11.1995 – 6 P 53/93 – PersR 1996, 155 = PersV 1996, 323; BVerwG, 30.4.2001 – 6 P 9/00 – PersR 2001, 382 = PersV 2001, 411). Auch bloße Gesetzeszitate und allg. Rechtsausführungen oder Wertungen allein sind keine ausreichende Begründung (OVG Schleswig, 18.7.1991 – 11 L 6/91 – ZBR 1992, 28).

83 **Fehlerhafte Entscheidung.** Der Dienststellenleiter ist grundsätzlich nicht verpflichtet, den Beschluss des PR auf seine Rechtmäßigkeit zu überprüfen (BVerwG, 21.4.1992 – 6 P 8/90 – PersV 1992, 434 = PersR 1992, 304) und den PR z. B. auf eine unzureichende Begründung der Ablehnung hinzuweisen.

84 **Fehlender Fristenlauf.** Die Zustimmungsfiktion tritt nicht ein, wenn die Äußerungsfrist nicht wirksam in Lauf gesetzt wurde. Dies gilt z. B., wenn der PR von der Dienststelle **nicht ordnungsgemäß unterrichtet** wurde (OVG Münster, 11.10.1988 – CL 23/86 – PersV 1990, 79; VGH Mannheim, 30.6.1992 – 15

S 1578/91 – PersR 1993, 173). Gleiches gilt, wenn die Äußerungsfrist von der Dienststelle in gesetzwidriger Weise abgekürzt wurde.

2. Äußerungsmöglichkeit für Betroffene (Satz 2). Ob das vom PR Vorgebrachte den Tatbestand des Abs. 9 Satz 2 erfüllt, hat der Dienststellenleiter nach pflichtmäßigem Ermessen zu prüfen. Erforderlichenfalls hat er dem betroffenen Beschäftigten Gelegenheit zur Äußerung zu geben und diese Äußerung zu den Akten zu nehmen. 85

X. Ausschluss des Stufenverfahrens (Abs. 10)

Arbeitszeitregelung, Teilzeitbeschäftigung. Abs. 10 betrifft zwei Angelegenheiten der eingeschränkten Mitbestimmung nach § 75 Abs. 3. Nach der dortigen Nr. 2 bestimmt der PR auf Antrag des Beschäftigten mit bei der Änderung der arbeitsvertraglich vereinbarten Arbeitszeit für die Dauer von mehr als zwei Monaten. Nach § 75 Abs. 3 Nr. 6 bestimmt auf Antrag des Beschäftigten der PR u. a. mit bei der Ablehnung eines Antrags auf Teilzeitbeschäftigung. Voraussetzung der Anwendung des Abs. 10 ist damit, dass ein Mitbestimmungsverfahren hinsichtlich dieser Mitbestimmungsgegenstände aufgrund eines Antrags des Beschäftigten eröffnet worden ist und dass in diesem Verfahren keine Einigung zwischen PR und Dienststelle erzielt worden ist. 86

Rechtsfolge der Nichteinigung. Abweichend von den allg. Regelungen bestimmt Abs. 10 für den Fall der Nichteinigung im Mitbestimmungsverfahren, die **Letztentscheidung der Dienststelle.** Nach dem letzten Halbsatz finden §§ 77 und 78 keine Anwendung, weshalb kein Beteiligter ein Stufenverfahren einleiten oder die Einigungsstelle anrufen kann. 87

§ 77 Stufenverfahren der Mitbestimmung

(1) [1]Kommt eine Einigung nicht zustande, so kann die Dienststelle oder der Personalrat die Angelegenheit binnen drei Wochen auf dem Dienstweg der übergeordneten Dienststelle, bei der eine Stufenvertretung besteht, vorlegen. [2]Legt die Dienststelle die Angelegenheit der übergeordneten Dienststelle vor, so teilt sie dies dem Personalrat unter Angabe der Gründe mit.

(2) [1]Die übergeordnete Dienststelle hat die Angelegenheit der bei ihr gebildeten Stufenvertretung innerhalb von fünf Wochen vorzulegen. [2]§ 76 Absatz 1 und 5 bis 9 gilt entsprechend.

(3) [1]Können sich die übergeordnete Dienststelle und die Stufenvertretung nicht einigen, so kann die übergeordnete Dienststelle oder die Stufenvertretung die Angelegenheit binnen drei Wochen der obersten Dienstbehörde vorlegen. [2]Absatz 1 Satz 2 und Absatz 2 Satz 2 gelten entsprechend.

I. Stufenverfahren (Abs. 1)

1. Vorlage an übergeordnete Dienststelle (Satz 1). Wenn keine Einigung erzielt worden ist, kommt eine Fortsetzung des Verfahrens im Stufenverfahren in Betracht. Ob sie das Verfahren fortsetzen wollen, entscheiden sowohl der Leiter 1 der Dienststelle als auch der PR nach pflichtgemäßem Ermessen. Beim PR bedarf es hierzu eines Beschlusses des Plenums (§ 34 Abs. 1), es sei denn, die Angelegenheit betrifft nur die Angehörigen einer Gruppe (§ 34 Abs. 4). Der GesamtPR ist keine Stufenvertretung. Die Dienststelle, bei der er gebildet ist, kann deshalb im Mitbestimmungsverfahren nicht angerufen werden.

2 **Mitwirkung.** Die Vorlage hat auf dem Dienstweg zu erfolgen (vgl. hierzu: Richardi/Dörner/Weber § 69 Rn. 66). Bei einer Vorlage durch den PR hat der Dienststellenleiter mitzuwirken; auch ist der Leiter der übergeordneten Dienststelle verpflichtet, die Vorlage entgegen zu nehmen und das Stufenverfahren durch Einschaltung der Stufenvertretung einzuleiten (BVerwG, 20.1.1993 – 6 P 21/90 – PersR 1993, 310 = PersV 1994, 219).

3 **Oberste Landesbehörde.** Kommt eine Einigung zwischen dem Leiter einer obersten Landesbehörde und dem bei ihr bestehenden (örtlichen) PR nicht zustande, kann die Angelegenheit nicht einer „übergeordneten Dienststelle, bei der eine Stufenvertretung besteht", vorgelegt werden. In diesem Falle kann unmittelbar die Einigungsstelle angerufen werden.

4 **Vorlagefrist.** Für die Vorlage ist nun eine Frist von **drei Wochen** gesetzt. Nach Ablauf dieser Frist kann eine Angelegenheit nicht mehr vorgelegt werden. Das Stufenverfahren ist allerdings erst eingeleitet, wenn die übergeordnete Dienststelle die Stufenvertretung von der streitigen Angelegenheit unterrichtet hat (BVerwG, 2.11.1994 – 6 P 28/92 – PersR 1995, 83 = PersV 1995, 227; BVerwG, 28.12.1994 – 6 P 35/93 – PersR 1995, 209 = PersV 1995, 406). Die Vorlagefrist ist gewahrt, wenn die Vorlage fristgerecht abgesandt wurde (Richardi/Dörner/Weber § 69 Rn. 68). Aus Gründen der Rechtssicherheit empfiehlt es sich, den Tag der Absendung aktenkundig zu machen.

5 **Fristbeginn.** Die Vorlagefrist beginnt mit dem Zugang der (schriftlichen und mit einer Begründung versehenen) Zustimmungsverweigerung bei der Dienststelle (Ilbertz-Widmaier § 69 Rn. 20).

6 **Fristversäumung.** Wird die Vorlagefrist versäumt, kann die Angelegenheit nicht mehr weiterverfolgt werden. Eine – auch einvernehmliche – Fristverlängerung kommt nicht in Betracht. Die beabsichtigte Maßnahme hat daher zu unterbleiben.

7 **Zweitantrag.** Der Fristablauf hindert den Dienststellenleiter aber nicht trotz unveränderter Sach- und Rechtslage dem PR erneut den Zustimmungsantrag zu übermitteln. Die verwaltungsverfahrensrechtlichen Regelungen für ein Wiederaufgreifen des Verfahrens finden keine entspr. Anwendung (BVerwG, 12.9.2011 – 6 PB 13.11 – ZfPR 2012, 34; BVerwG, 11.4.1991 – 6 P 9/89 – PersR 1991, 284, 287 = PersV 1992, 156).

8 **2. Mitteilung (Satz 2).** Legt die Dienststelle im Stufenverfahren der übergeordneten Dienststelle vor, so hat sie dies dem PR unter Angabe der hierfür maßgeblichen Gründe mitzuteilen. Aus dem Gebot der vertrauensvollen Zusammenarbeit folgt, dass auch der PR bzw. die Stufenvertretung die Pflicht hat, die

Dienststelle bzw. die übergeordnete Dienststelle über die Vorlage einer Angelegenheit zu unterrichten.

II. Vorlage und Vorlageverfahren (Abs. 2)

1. Vorlage an Stufenvertretung (Satz 1). Die übergeordnete Dienststelle muss die Angelegenheit **innerhalb von fünf Wochen** der bei ihr gebildeten Stufenvertretung vorlegen. Für die oberste Dienstbehörde besteht diese Vorlagefrist ggü. dem HPR nur, wenn es sich um Angelegenheiten einer ihr unmittelbar nachgeordneten Dienststelle handelt. 9

2. Verfahren (Satz 2). Für das weitere Verfahren ordnet Abs. 2 Satz 2 die entspr. Anwendung von § 76 Abs. 1 und 5 bis 9 an. Dies bedeutet, dass die übergeordnete Dienststelle die beabsichtigte Maßnahme der Stufenvertretung vorlegt, deren Zustimmung beantragt und – auf Verlangen der Stufenvertretung – die beabsichtigte Maßnahme ergänzend begründet. Die Stufenvertretung muss sich innerhalb der 3-Wochen-Frist des § 76 Abs. 6 Satz 1 erklären. Es gelten auch in diesem Verfahren die Abkürzungsmöglichkeiten, Verlängerungsmöglichkeiten und die Möglichkeit der Vereinbarung abweichender Fristen, die § 76 Abs. 6 bis 8 vorsieht. Wegen der Einzelheiten der Regelungen vgl. die Kommentierung zu § 76. 10

Zustimmungsfiktion. In entsprechender Anwendung von § 76 Abs. 9 Satz 1 gilt die Maßnahme als gebilligt, wenn die Stufenvertretung nicht innerhalb der geltenden Frist die Zustimmung unter Angabe der Gründe schriftlich verweigert. Gleiches gilt, wenn die Gründe der Zustimmungsverweigerung offenkundig keinen unmittelbaren Bezug zu der Mitbestimmungsangelegenheit haben. 11

III. Weitere Vorlage und Vorlageverfahren (Abs. 3)

1. Vorlage an oberste Dienstbehörde (Satz 1). Erfolgt auch auf der Stufe der übergeordneten Dienststelle keine Einigung, so kann diese oder die Stufenvertretung die Angelegenheit innerhalb von **drei Wochen** der obersten Dienstbehörde vorlegen. 12

2. Verfahren (Satz 2). Das Verfahren der obersten Dienstbehörde nach erfolgter Vorlage durch Stufenvertretung oder übergeordneter Dienstbehörde bestimmt sich nach Abs. 3 Satz 2, der die entspr. Geltung von Abs. 1 Satz 2 und Abs. 2 Satz 2 anordnet. 13

Mitteilung. Dies bedeutet zunächst, dass die übergeordnete Dienststelle die Stufenvertretung in entsprechender Anwendung von § 77 Abs. 1 Satz 2 unter Angabe der Gründe von der Vorlage an die oberste Dienstbehörde zu informieren hat. Entsprechendes gilt für die Stufenvertretung, wenn sie die Angelegenheit an die oberste Dienstbehörde vorlegt. 14

Verfahren. Für das weitere Verfahren bei der obersten Dienstbehörde verweist Abs. 3 Satz 2 zudem auf Abs. 2 Satz 2 und ordnet damit die entspr. Geltung 15 von § 76 Abs. 1 und 5 bis 9 auch in diesem Verfahrensabschnitt an. Dies bedeutet, dass die oberste Dienstbehörde den HPR von der beabsichtigten Maßnahme zu unterrichten und die Zustimmung zur Maßnahme zu beantragen hat; der HPR kann eine ergänzende Begründung verlangen.

16 **Fristen, Zustimmungsfiktion.** Über den Zustimmungsantrag der obersten Dienstbehörde muss der HPR innerhalb der 3-Wochen-Frist des § 76 Abs. 6 Satz 1 entscheiden. Entscheidet der HPR nicht fristgemäß oder lehnt er die Zustimmung mit unzureichenden Gründen ab, gilt die Maßnahme als gebilligt (§ 76 Abs. 9 entspr.). Es gelten auch hier die Abkürzungsmöglichkeiten und Verlängerungsmöglichkeiten sowie die Möglichkeit der Vereinbarung abweichender Fristen des § 76 Abs. 6 bis 8. Auf die Kommentierung zu § 76 wird verwiesen.

17 **Entscheidung.** Erteilt auch der HPR nicht die beantragte Zustimmung zur beabsichtigten Maßnahme, ist das Stufenverfahren beendet. Es verbleibt die Möglichkeit der Anrufung der Einigungsstelle (§ 78 Abs. 1), um die Zustimmung durch einen Spruch der Einigungsstelle zu erlangen (§§ 78 Abs. 2, 79 Abs. 5) oder – in den Fällen der eingeschränkten Mitbestimmung – die Möglichkeit der Letztentscheidung der Dienststelle (§ 78 Abs. 4) zu eröffnen.

§ 78 Einigungsstellenverfahren

(1) Ergibt sich zwischen der obersten Dienstbehörde und der bei ihr bestehenden zuständigen Personalvertretung keine Einigung, so kann jede Seite die Einigungsstelle anrufen.

(2) [1]In den Fällen des § 74 entscheidet die Einigungsstelle endgültig. [2]Ihr Beschluss bindet die Beteiligten, soweit er eine Entscheidung im Sinne von § 79 Absatz 5 enthält. [3]Die oberste Dienstbehörde kann einen Beschluss der Einigungsstelle, der im Einzelfall wegen seiner Auswirkungen auf das Gemeinwesen wesentlicher Bestandteil der Regierungsverantwortung ist, unverzüglich nach seiner Zustellung der Landesregierung zur endgültigen Entscheidung vorlegen. [4]Der Einigungsstelle und der bei der obersten Dienstbehörde bestehenden zuständigen Personalvertretung ist Gelegenheit zu geben, innerhalb von zwei Wochen zu der Vorlage an die Landesregierung Stellung zu nehmen. [5]Eine Stellungnahme ist der Landesregierung zur Kenntnis zu bringen. [6]Die Entscheidung der Landesregierung ist den Beteiligten durch die oberste Dienstbehörde bekanntzugeben.

(3) An die Stelle der Landesregierung tritt in Angelegenheiten der Dienststellen des Landtags von Baden-Württemberg der Präsident des Landtags und in Angelegenheiten des Rechnungshofs Baden-Württemberg der Präsident des Rechnungshofs.

(4) [1]In den Fällen des § 75 beschließt die Einigungsstelle, wenn sie sich nicht der Auffassung der obersten Dienstbehörde anschließt, eine Empfehlung an diese. [2]Die oberste Dienstbehörde entscheidet sodann endgültig. [3]Die Entscheidung ist zu begründen und der Einigungsstelle und den beteiligten Personalvertretungen bekanntzugeben.

I. Anrufung der Einigungsstelle (Abs. 1)

Nichteinigung. Ergibt sich zwischen der obersten Dienstbehörde und der bei ihr bestehenden zuständigen Personalvertretung keine Einigung, kann jede Seite die Einigungsstelle anrufen. Eine Verpflichtung, die Einigungsstelle anzurufen, besteht weder für die Dienststelle noch für den PR. Das Einigungsstellenverfahren wird durch die Erklärung eines Beteiligten, die Entscheidung einer Einigungsstelle herbeiführen zu wollen, eingeleitet. Für diese Erklärung ist keine bestimmte Form vorgeschrieben; sie erfolgt zweckmäßigerweise allerdings **schriftlich**. Besteht keine Einigungsstelle auf Dauer (§ 79 Abs. 2) ist die Einigungsstelle ad hoc zu bilden (§ 79 Abs. 1 Satz 1). 1

Anrufungsfrist. Eine Ausschlussfrist für die Bildung der Einigungsstelle enthält das LPVG nicht. Nach § 79 Abs. 4 Satz 1 soll jedoch die Einigungsstelle binnen zwei Monaten nach der Erklärung eines Beteiligten, die Entscheidung der Einigungsstelle herbeiführen zu wollen, entscheiden. Auch die Fristen für die Benennung der Beisitzer bzw. des Vorsitzenden (§ 79 Abs. 1 Satz 3) sind vergleichsweise kurz. Daraus ergibt sich die Verpflichtung von Dienststelle und PR sich **unverzüglich** darüber zu erklären, dass sie die Entscheidung einer Einigungsstelle herbeiführen wollen. 2

Folge der Nichtanrufung. Wird die Einigungsstelle nicht bzw. nicht unverzüglich angerufen, verbleibt das Mitbestimmungsverfahren in dem Zustand, den es durch die vorherige Befassung erreicht hat. Mitbestimmungspflichtige Maßnahmen (§§ 74, 75), die die Dienststelle beabsichtigt hatte, können nicht vollzogen werden (§ 73 Abs. 1 Satz 1); Anträge der Personalvertretung nach § 84 erledigen sich. 3

II. Entscheidungen in Fällen der uneingeschränkten Mitbestimmung (Abs. 2)

1. Entscheidung (Satz 1). Die Einigungsstelle entscheidet, wenn sie ihre Zuständigkeit geprüft und bejaht hat, ob der PR seine Zustimmung zu Recht verweigert hat. Verneint sie dies, wird festgestellt, dass die Zustimmungsverweigerung zu Unrecht erfolgt ist bzw. dass die Zustimmung des PR zur Maßnahme ersetzt wird. Nach einem solchen Ausspruch kann die Maßnahme durchgeführt werden. Wird die Feststellung getroffen, dass die Zustimmung zu Recht verweigert worden ist, hat die Maßnahme in den Fällen der vollen Mitbestimmung zu unterbleiben. Bei mehreren bzw. bei teilbaren Verhandlungsgegenständen kann den Anträgen auch teilweise entsprochen werden (§ 79 Abs. 5 Satz 2); die Einigungsstelle kann jedoch nichts grundsätzlich anderes beschließen, als beantragt war. 4

Endgültige Entscheidung. Nach Abs. 2 Satz 1 endscheidet die Einigungsstelle endgültig. Dies besagt aber lediglich, dass die eigentliche nach § 79 Abs. 5 getroffene Entscheidung (wurde die Zustimmung zu Recht oder zu Unrecht verweigert) im Mitbestimmungsverfahren nicht mehr in Frage gestellt werden kann. Dieses Mitbestimmungsverfahren hat durch die Entscheidung der Eini- 5 gungsstelle sein Ende gefunden. Hiervon unberührt bleibt die Befugnis der obersten Dienstbehörde nach Abs. 2 Satz 3 der **Vorlage an die Landesregierung**. Ebenfalls unberührt bleibt das Recht der Beteiligten im gerichtlichen **Beschlussverfahren** klären zu lassen, ob die Entscheidung der Einigungsstelle rechtswidrig war. In verfahrensmäßiger Hinsicht könnte dort z. B. gerügt werden, dass die Einigungsstelle nicht beschlussfähig gewesen war oder nicht ordnungsgemäß besetzt gewesen war. In materieller Hinsicht könnte das Fehlen der Entscheidungsvoraussetzungen, Verletzung des Haushaltsrechts oder sonstiger Rechtsbestimmungen gerügt werden, z. B. könnte streitig sein, ob es sich überhaupt um eine Mitbestimmungsangelegenheit gehandelt hatte oder ob wegen Fristversäumung des PR bereits eine Zustimmungsfiktion eingetreten war. Die Zweckmäßigkeit oder Sachgerechtigkeit der getroffenen Entscheidung kann – anders als im arbeitsgerichtlichen Beschlussverfahren – grundsätzlich nicht im Beschlussverfahren überprüft werden.

6 **2. Bindungswirkung (Satz 2).** Die von der Einigungsstelle nach § 79 Abs. 5 getroffene Entscheidung ist (vorbehaltlich Rn. 5) abschließend und für die Beteiligten bindend. Diese Bindung bezieht sich aber nur auf das konkrete Mitbestimmungsverfahren und die dort getroffene Entscheidung. Bei Zustimmungserteilung kann die Maßnahme von der Dienststelle durchgeführt werden (§ 88 Abs. 1). Wird die Zustimmung hingegen nicht erteilt, bleibt es der Dienststelle grundsätzlich möglich – auch bei unveränderter Sach- und Rechtslage – einen neuen Antrag auf Zustimmung an den PR zu stellen (BVerwG 12.9.2011 – 6 PB 13.11 – ZfPR 2012, 34).

7 **3. Evokationsrecht (Satz 3).** Mit dem durch das Dienstrechtsreformgesetz vom 9.11.2010 (GBl. S. 793) neu eingefügten Evokationsrecht wurde dem Beschluss des BVerfG vom 24.5.1995 (2 BvF 1/92 – PersR 1995, 483 = PersV 1995, 553) Rechnung getragen. Die Einführung eines Evokationsrechts war für erforderlich gehalten geworden, weil das damalige LPVG insoweit nicht mehr verfassungskonform war. Damit war auch in den Fällen der vollen Mitbestimmung das Recht der obersten Dienstbehörde gewährleistet, in Angelegenheiten, die wegen ihrer Auswirkungen auf das Gemeinwohl wesentlicher Bestandteil der Regierungsgewalt sind, die Entscheidung der Einigungsstelle im Einzelfall aus Gemeinwohlgründen ganz oder teilweise in Frage zu stellen.

8 **Vorlage an Landesregierung.** Nach der nun in § 78 Abs. 2 getroffenen Neuregelung kann die oberste Dienstbehörde die Entscheidung der Einigungsstelle nicht mehr einfach aufheben und abschließend entscheiden. Das Evokationsrecht überantwortet § 78 Abs. 2 Satz 3 nunmehr der Landesregierung, die endgültig entscheidet. Die Neuregelung stärkt somit den Beschluss der Einigungsstelle. Vorgelegt werden kann nur ein Beschluss der Einigungsstelle, der eine Entscheidung i. S. v. § 79 Abs. 5 getroffen hat. Es muss sich also um eine Sachentscheidung in einer Angelegenheit der uneingeschränkten Mitbestimmung (§ 74) handeln.

9 **Voraussetzungen der Vorlage.** Eine Vorlage an die Landesregierung kommt nur in Betracht, wenn die tatbestandlichen Voraussetzungen des § 78 Abs. 2 Satz 3 vorliegen. Im konkret entschiedenen Einzelfall muss aufgrund der dort getrof-

fenen Entscheidung zu besorgen sein, dass wegen seiner Auswirkungen auf das Gemeinwesen ein wesentlicher Bestandteil der Regierungsverantwortung betroffen ist. Der inhaltliche Maßstab, ob diese Voraussetzungen zu bejahen sind, ergibt sich aus dem Beschluss des BVerfG vom 24.5.1995 (2 BvF 1/92 – PersR 1995, 483 = PersV 1995, 553). Kommt die oberste Dienstbehörde zu diesem Ergebnis, so legt sie den Beschluss der Einigungsstelle der Landesregierung zur Letztentscheidung vor.

Unverzüglich. Die Vorlage an die Landesregierung hat „unverzüglich" also ohne schuldhaftes Zögern zu erfolgen. Diese in § 121 Abs. 1 Satz 1 BGB erfolgte Legaldefinition gilt im gesamten Privatrecht und auch im öffentlichen Recht (Palandt/Ellenberger, 70. Aufl., § 121 Rn. 3) und ist auch hier heran zu ziehen. Dies bedeutet, dass der obersten Dienstbehörde eine den Umständen des Einzelfalls gemäße Prüfungs- und Überlegungsfrist zur Verfügung steht (vgl. z. B. BGH, 28.6.2012 – VII ZR 130/11 – NJW 2012, 3305), innerhalb derer die Vorlage zu erfolgen hat. Als Obergrenze in zeitlicher Hinsicht wird in der Regel ein Zeitraum von zwei Wochen anzusehen sein (Palandt/Ellenberger, 70. Aufl., § 121 Rn. 3), zumal sich die hier zu beantwortenden Fragen bereits im Einigungsstellenverfahren stellen. 10

Kein Ermessen. Der Gesetzeswortlaut („kann") spricht zwar für eine Ermessensentscheidung, eine solche Auslegung würde aber im Widerspruch zu den verfassungsrechtlichen Erfordernissen stehen. Denn eine Vorlage an die Landesregierung kommt nur in Betracht, wenn die tatbestandlichen Voraussetzungen des Abs. 2 Satz 3 erfüllt sind, wenn also im Einzelfall feststeht, dass der Einigungsstellenbeschluss „wegen seiner Auswirkungen auf das Gemeinwesen wesentlicher Bestandteil der Regierungsverantwortung ist". In solchen Fällen hat die Einigungsstelle aber schon im Ansatz keine Entscheidungsbefugnis, weshalb ein gleichwohl ergangener Beschluss der Revision bedarf. Fälle geringerer Bedeutung, in denen eine Ermessensentscheidung denkbar wäre, sieht das Gesetz nicht vor, weil es sich um einen „wesentlichen" Bestandteil der Regierungsverantwortung handeln muss. 11

4. Stellungnahmen (Satz 4). Die Neuregelung sieht für die Ausübung des Evokationsrechts nicht nur eine neue Zuständigkeitsregelung vor, sondern stärkt die Entscheidung der Einigungsstelle auch durch eine neue Ausgestaltung des Evokationsverfahrens. Denn mit der Entscheidung der obersten Dienstbehörde zur Vorlage an die Landesregierung muss nunmehr zwingend der Einigungsstelle und der zuständigen Personalvertretung Gelegenheit zur Stellungnahme eingeräumt werden. Sinnvollerweise wird die oberste Dienstbehörde die Aufforderung zur Stellungnahme gemeinsam mit der Vorlage an die Landesregierung verfügen. 12

Verfahren der Einigungsstelle. Ist die Einigungsstelle nicht auf Dauer eingerichtet (§ 79 Abs. 2 Satz 1), endet sie regelmäßig mit der getroffenen Entscheidung. In den Fällen des § 78 Abs. 2 Satz 3 besteht sie aber fort, da keine neue Einigungsstelle gebildet wird, sondern das ursprünglich mit der Sache befasste Gremium zur Stellungnahme aufgerufen ist. Einigungsstelle in diesem Sinne ist nicht der Vorsitzende, sondern das gesamte Gremium, dem Gelegenheit zur 13

Stellungnahme einzuräumen ist. Dies bedeutet, dass der Vorsitzende der Einigungsstelle von der obersten Dienstbehörde von der erfolgten Vorlage an die Landesregierung unverzüglich zu informieren ist. Dieser muss unmittelbar nach Benachrichtigung durch die oberste Dienstbehörde die Beisitzer zu einer neuen Sitzung der Einigungsstelle laden. Gegenstand dieser Sitzung ist die Frage, ob die Einigungsstelle zur Vorlage an die Landesregierung Stellung nehmen will und ggf. der Inhalt einer etwaigen Stellungnahme. Für die zu treffenden Entscheidungen der Einigungsstelle gilt § 79 Abs. 5 Satz 3 entsprechend.

14 **Verfahren der Personalvertretung.** In gleicher Weise wie die Einigungsstelle ist die zuständige Personalvertretung über die Vorlage an die Landesregierung zu informieren. Über die Frage ob und ggf. wie die Personalvertretung Stellung nehmen soll, entscheidet das Gremium. Für das Verfahren und die Beschlussfassung der Personalvertretung gelten die allg. Regelungen.

15 **Frist.** Etwaige Stellungnahmen sind an die oberste Dienstbehörde zu richten, die sie dann der Landesregierung zur Kenntnis bringt (§ 78 Abs. 2 Satz 5). Für die Einhaltung der 2-Wochen-Frist kommt es auf den Eingang der Stellungnahmen bei der obersten Dienstbehörde an; für die Fristberechnung gelten die allg. Vorschriften. Die 2-Wochen-Frist ist keine Ausschlussfrist, weshalb auch verspätet bei der obersten Dienstbehörde eingegangene Stellungnahmen der Landesregierung vorzulegen sind.

16 **5. Rechtliches Gehör (Satz 5).** Nach § 78 Abs. 2 Satz 5 sind die Stellungnahmen, die die Einigungsstelle bzw. die zuständige Personalvertretung abgibt, der Landesregierung zur Kenntnis zu bringen. Dies gilt auch für verspätet eingegangene Stellungnahmen, wenn die Landesregierung nicht bereits in der Sache entschieden hat. Die Landesregierung muss die Stellungnahmen zur Kenntnis nehmen, sie berücksichtigen und sich mit diesen auseinandersetzen.

17 **6. Bekanntgabe der Entscheidung (Satz 6).** Die Entscheidung der Landesregierung ist den Beteiligten des Mitbestimmungsverfahrens durch die oberste Dienstbehörde unverzüglich bekanntzugeben. Die Entscheidung der Landesregierung muss begründet werden. Dabei ist im Einzelnen darzulegen, weshalb der Beschluss der Einigungsstelle aufgehoben worden ist, weshalb also die tatbestandlichen Voraussetzungen des § 78 Abs. 2 Satz 3 bejaht worden sind. Ob diese Voraussetzungen vorliegen, kann die Personalvertretung ggf. im gerichtlichen Beschlussverfahren einer Überprüfung zuführen.

III. Dienststellen des Landtags und des Rechnungshofs (Abs. 3)

18 **Abweichende Zuständigkeit.** § 78 Abs. 3 trifft eine zu Abs. 2 Satz 3 notwendige Folgeregelung. Denn den Dienststellen des Landtags bzw. des Rechnungshofs kommt eine ggü. der Landesregierung unabhängige Stellung zu, weshalb ein Evokationsrecht der Landesregierung ausscheidet. Nach Abs. 3 findet die Regelung des Abs. 2 Satz 3 zwar grundsätzlich auch in diesen Fällen Anwendung, jedoch mit der Maßgabe, dass der Präsident des Landtags bzw. der Präsident des Rechnungshofs an die Stelle der Landesregierung tritt. Den Präsiden-

ten kommt das Evokationsrecht zu, weshalb es zu keiner Vorlage i. S. d. Abs. 2 kommt. Die anderen Regelungen des Abs. 2 gelten jedoch auch hier.

Nicht gestufte Verwaltungen. Ein Evokationsrecht der Landesregierung scheidet auch in den von § 89 geregelten Fällen aus (vgl. die dortige Kommentierung). 19

IV. Eingeschränkte Mitbestimmung (Abs. 4)

1. Empfehlung (Satz 1). In den Fällen der eingeschränkten Mitbestimmung (§ 75) kann die Einigungsstelle nicht endgültig entscheiden, sondern nur eine Empfehlung an die oberste Dienstbehörde beschließen. Hat der PR seine Zustimmung ohne zureichenden Grund versagt, stellt die Einigungsstelle dies fest, bzw. ersetzt die Zustimmung des PR. Die Maßnahme kann dann ohne Weiteres vollzogen werden. Folgt die Einigungsstelle den Einwänden des PR lautet die Entscheidungsformel, dass empfohlen wird, von der beabsichtigten Maßnahme abzusehen, ggf. diese nur mit Modifikationen durchzuführen. Die oberste Dienstbehörde ist an diese Empfehlung **nicht gebunden**, wird sie aber auch nicht ohne Weiteres ignorieren können. Einen klagbaren Anspruch darauf, dass von der Empfehlung der Einigungsstelle nicht abgewichen wird, hat der PR aber nicht (vgl. hierzu BVerwG, 31.8.2009 – 6 PB 21/09 – PersR 2009, 510 = PersV 2010, 26). 20

2. Letztentscheidung (Satz 2). Die oberste Dienstbehörde entscheidet nach dem Abschluss des Einigungsstellenverfahrens endgültig. In aller Regel wird eine Letztentscheidung erst in Betracht kommen, wenn die schriftlichen Gründe der Entscheidung der Einigungsstelle vorliegen. Dies folgt nach der gesetzlichen Neuregelung unmittelbar aus der Begründungspflicht. Denn die abweichende Entscheidung der obersten Dienstbehörde muss sich bei ihrer Begründung mit der Begründung der Einigungsstelle auseinandersetzen. Nur in Fällen äußerster Eilbedürftigkeit ist eine Letztentscheidung vor dem Vorliegen der Einigungsstellenbegründung zulässig. Die Letztentscheidung setzt auch voraus, dass die Personalvertretung spätestens im Einigungsstellenverfahren vollständig und zutreffend über die maßgeblichen Umstände informiert worden ist. Ist die oberste Dienstbehörde der Auffassung, dass der PR jedenfalls bis zum Abschluss des Einigungsstellenverfahrens ordnungsgemäß unterrichtet worden ist, kann sie vom Letztentscheidungsrecht auch dann Gebrauch machen, wenn die Personalvertretung oder die Einigungsstelle anderer Auffassung ist (BVerwG, 10.2.2009 – 6 PB 25/08 – PersR 2009, 203 = PersV 2009, 227). 21

3. Begründungspflicht (Satz 3), Bekanntgabe. Die Neufassung des § 78 Abs. 4 sieht nun ausdrücklich eine Begründungspflicht für den Fall vor, dass die oberste Dienstbehörde von der ausgesprochenen Empfehlung abweicht. Dies folgte nach altem Recht bereits aus dem Grundsatz der vertrauensvollen Zusammenarbeit, ist nun durch die Neuregelung aber eindeutig klargestellt. Die von der obersten Dienstbehörde getroffene Letztentscheidung ist nach Abs. 4 Satz 3 der Einigungsstelle sowie allen mit der Sache befassten Personalvertretungen bekanntzugeben. 22

§ 79 Einigungsstelle

(1) [1]Die Einigungsstelle wird, soweit sich aus Absatz 2 nichts Abweichendes ergibt, von Fall zu Fall bei der obersten Dienstbehörde gebildet. [2]Sie besteht aus je drei Beisitzern, die von der obersten Dienstbehörde und der bei ihr bestehenden zuständigen Personalvertretung bestellt werden, und einer unparteiischen Person für den Vorsitz, auf die sich beide Seiten einigen. [3]Die Beisitzer sowie die Person für den Vorsitz sind innerhalb von zwei Wochen nach Anrufung der Einigungsstelle zu bestellen. [4]Die Person für den Vorsitz muss die Befähigung zum Richteramt besitzen oder die Voraussetzungen des § 110 Satz 1 des Deutschen Richtergesetzes erfüllen.[5]Kommt eine Einigung über die Person für den Vorsitz nicht zustande, so bestellt sie der Präsident des Verwaltungsgerichtshofs. [6]Unter den Beisitzern, die von der Personalvertretung bestellt werden, muss sich je ein Beamter und ein Arbeitnehmer befinden, es sei denn, die Angelegenheit betrifft lediglich die Beamten oder die Arbeitnehmer.

(2) [1]Aufgrund einer Dienstvereinbarung kann die Einigungsstelle auf Dauer, längstens bis zum Ablauf der Amtszeit der zuständigen Personalvertretung gebildet werden. [2]Absatz 1 gilt mit der Maßgabe entsprechend, dass zwischen der obersten Dienstbehörde und der zuständigen Personalvertretung Einigung über die unparteiische Person für den Vorsitz für die vereinbarte Amtszeit erzielt wird.

(3) [1]Die Verhandlung der Einigungsstelle ist nicht öffentlich. [2]Der obersten Dienstbehörde und der zuständigen Personalvertretung ist Gelegenheit zur mündlichen Äußerung zu geben. [3]Im Einvernehmen mit den Beteiligten kann die Äußerung schriftlich erfolgen.

(4) [1]Die Einigungsstelle soll binnen zwei Monaten nach der Anrufung durch einen Beteiligten entscheiden. [2]Die Einigungsstelle ist beschlussfähig, wenn die Person für den Vorsitz und mindestens drei Beisitzer anwesend sind. [3]Bestellt eine Seite innerhalb der in Absatz 1 Satz 3 genannten Frist keine Beisitzer oder bleiben Beisitzer trotz rechtzeitiger Einladung der Sitzung fern, so entscheiden die Person für den Vorsitz und die erschienenen Beisitzer allein.

(5) [1]Die Einigungsstelle entscheidet durch Beschluss. [2]Sie kann den Anträgen der Beteiligten auch teilweise entsprechen. [3]Der Beschluss wird mit einfacher Stimmenmehrheit gefasst; bei Stimmengleichheit entscheidet die Stimme der Person für den Vorsitz. [4]Er muss sich im Rahmen der geltenden Rechtsvorschriften, insbesondere des Haushaltsgesetzes, halten. [5]Der Beschluss ist den Beteiligten zuzustellen.

I. Einigungsstelle (Abs. 1)

1 **1. Bildung** (Satz 1). Die Einigungsstelle wird in der Regel **im Bedarfsfall** bei der obersten Dienstbehörde gebildet (vgl. aber auch Abs. 2). Mit der Bildung wird die Einigungsstelle organisatorisch Teil der obersten Dienstbehörde. Diese hat die sächlichen Mittel für den Betrieb der Einigungsstelle bereit zu stellen und die organisatorischen Rahmenbedingungen zu gewährleisten. Der Sache nach fungiert sie als **Geschäftsstelle** der Einigungsstelle, die auf Anordnung des Vorsitzenden das Verfahren der Einigungsstelle betreibt, insb. die Ladungen und Zustellungen vornimmt und die sonstigen Voraussetzungen für Vorbereitung, Beratung und Beschlussfassung schafft. Die durch die Tätigkeit der Eini-

gungsstelle entstandenen **Kosten** muss die oberste Dienstbehörde tragen. Die Einigungsstelle ist eine **unabhängige Schiedsstelle** zwischen der obersten Dienstbehörde und der Personalvertretung.

Gemeinsame Einigungsstelle. Abs. 1 Satz 1 schließt die Bildung einer gemeinsamen Einigungsstelle für die Geschäftsbereiche mehrerer oberster Dienstbehörden grundsätzlich aus, ebenso die Bildung einer gemeinsamen Einigungsstelle für mehrere bei derselben obersten Dienstbehörde bestehende Stufenvertretungen (vgl. § 96 Abs. 2 Satz 1 und § 98 Abs. 2). Wegen der Sonderregelung bei Einzelmaßnahmen, die sich auf Dienststellen mehrerer oberster Dienstbehörden erstreckt, vgl. § 91 Abs. 6 Satz 3. 2

2. Beisitzer und Vorsitzender (Satz 2). Die Einigungsstelle besteht aus drei Beisitzern, die von der obersten Dienstbehörde und drei Beisitzern, die von der zuständigen Personalvertretung bestellt werden sowie einem unparteiischen Vorsitzenden, auf den sich beide Seiten einigen. Sonderregelungen hinsichtlich der Zusammensetzung der Einigungsstelle treffen die §§ 94 Abs. 3 Satz 1, 97 Nr. 3. 3

Beisitzer, Personenkreis. Das LPVG enthält keine Bestimmungen darüber, wer zum Beisitzer der Einigungsstelle bestellt werden kann (vgl. aber auch Abs. 1 Satz 6). Typischerweise werden die von der obersten Dienstbehörde bestellten Beisitzer Bedienstete der obersten Dienstbehörde sein und die von der Personalvertretung bestellten Beisitzer Mitglieder des HPR. Die Beisitzer brauchen aber weder unbedingt Beschäftigte im Geschäftsbereich der beteiligten obersten Dienstbehörde sein, noch müssen sie einer Personalvertretung in diesem Geschäftsbereich angehören (Richardi/Dörner/Weber § 71 Rn. 15; Ilbertz-Widmaier § 71 Rn. 8). In Betracht kommt hier auch die Zuziehung anderer Personen, z. B. besonders **fachkundiger Bediensteter** nachgeordneter Behörden oder von Dritten z. B. auch von **Rechtsanwälten** oder **Rechtssekretären** einer Gewerkschaft. 4

Bestimmung. Die Beisitzer der obersten Dienstbehörde werden vom **Behördenleiter** bestimmt. Die zuständige **Personalvertretung** bestimmt ihre Beisitzer durch **Beschluss** (§ 34). Soweit die dem Einigungsverfahren zugrundeliegende Angelegenheit nur eine Gruppe betrifft, beschließt nur diese – nach vorausgehender gemeinsamer Beratung – über die Beisitzer, wenn die Voraussetzungen des § 34 Abs. 4 vorliegen. Abs. 1 Satz 6 ist zu beachten, d. h. unter den vom PR bestellten Vertretern muss sich je ein Beamter und ein Arbeitnehmer befinden, es sei denn, die Angelegenheit betrifft lediglich die Beamten oder die Arbeitnehmer. 5

Rechtsstellung. Die Mitglieder der Einigungsstelle gehören zu dem Personenkreis, der Aufgaben und Befugnisse nach dem LPVG wahrnimmt. Deshalb gilt für sie die **Schweigepflicht** des § 7 LPVG. Ebenfalls gilt das **Verbot der Behinderung, Benachteiligung oder Begünstigung** (§ 6 Abs. 1) sowie die Regelung über die **Unfallfürsorge** für Beamte (§ 6 Abs. 2). Soweit Mitglieder der Einigungsstelle aus dem Geschäftsbereich der Dienststelle ihre Aufgaben aufgrund dienstlicher Weisungen wahrnehmen, handelt es sich um eine dienstliche Tätigkeit, 6 für die sie ohne Entgeltminderung freizustellen sind (§ 43 Abs. 2 Satz 1 entspr.). Bei einer Inanspruchnahme über die regelmäßige Arbeitszeit hinaus ist entsprechend § 43 Abs. 2 Satz 2 zu verfahren (Freizeitausgleich).

7 **Weisungsgebundenheit.** Die Beisitzer sind Vertreter der bestimmenden Stellen. Sie können jederzeit während des Einigungsstellenverfahrens abberufen und durch andere Beisitzer ersetzt werden. Die Beisitzer sind **nicht unabhängig,** sondern hinsichtlich ihres Abstimmungsverhaltens weisungsgebunden.

8 **Befangenheit.** Wegen der Weisungsgebundenheit sind Beisitzer nicht wegen Vorbefassung mit der Sache ausgeschlossen und können auch nicht wegen der Besorgnis der Befangenheit abgelehnt werden. Die Bestellung von Beschäftigten oder von PR-Mitgliedern als Beisitzer ist auch dann nicht ausgeschlossen, wenn diese an einem der Entscheidung der Einigungsstelle vorausgegangenen Beschluss in der Angelegenheit, die Gegenstand des Verfahrens vor der Einigungsstelle ist, mitgewirkt haben (BVerwG, 21.6.1982 – 6 P 13/79 – PersV 1983, 239).

9 **Vergütung.** Die Beisitzer erhalten grundsätzlich keine Vergütung für ihre Heranziehung. Eine **Ausnahme** besteht nur für **dienststellenfremde Beisitzer,** wenn die Tätigkeit in das weitere berufliche Umfeld dieses Beisitzers fällt (z. B. Rechtsanwalt, Rechtssekretär), der Aufwand erforderlich und der Höhe nach angemessen ist. Eine **Vereinbarung** über eine Vergütung muss vorab getroffen worden sein. Sie kann wirksam nur mit der Dienststelle und nicht mit der bestellenden Personalvertretung getroffen werden. Auch ohne Vereinbarung besteht in entsprechender Anwendung des § 41 Abs. 1 Satz 1 ein Anspruch auf Aufwandsersatz in Höhe der üblichen Vergütung, wenn dies zuvor geltend gemacht worden ist, die Beisitzertätigkeit in das weitere berufliche Tätigkeitsfeld des Beisitzers fällt und der Kostenaufwand angemessen und vertretbar sowie erforderlich ist (BVerwG, 9.10.1991 – 6 P 1/90 – PersV 1992, 218). Bei externen Beisitzern hat die Personalvertretung ggü. der Dienststelle nachzuweisen, dass und welche Überlegungen und Anstrengungen sie unternommen hat, um Personen zu finden, die gleichermaßen geeignet sind, ihr Vertrauen genießen, jedoch die Mitwirkung in der Einigungsstelle nicht von der Zahlung eines Honorars abhängig machen. Fehlt es an einer überzeugenden Darlegung, kann die Kostenübernahme abgelehnt werden (BVerwG, 9.10.1991 – 6 P 1/90 – PersV 1992, 218).

10 **Vorsitzender, Rechtsstellung.** Über die Person des **unparteiischen Vorsitzenden** müssen sich die oberste Dienstbehörde und die beteiligte Personalvertretung einigen. Im Gegensatz zu den Beisitzern ist der Vorsitzende nicht weisungsgebunden, sondern sowohl in der Verfahrensgestaltung als auch bei der Entscheidungsfindung **unabhängig.**

11 **Ablehnung.** Dienststelle oder PR können den Vorsitzenden der Einigungsstelle wegen der Besorgnis der **Befangenheit** ablehnen. In diesem Fall sind die Vorschriften der ZPO über die Ablehnung von Schiedsrichtern im schiedsgerichtlichen Verfahren entsprechend anzuwenden. Hierbei wird es sich typischerweise nur um Gesichtspunkte handeln können, die erst während des Einigungsstel-

lenverfahrens entstanden oder bekannt geworden sind. Über den Ablehnungsantrag entscheiden die Mitglieder der Einigungsstelle ohne Mitwirkung des Vorsitzenden (für das BetrVG: BAG, 11.9.2001 – 1 ABR 5/01 – BAGE 99, 42). Wird dem Antrag entsprochen, ist ein neuer Vorsitzender einvernehmlich zu bestimmen.

Vergütung. Mit dem (in der Regel dienststellenfremden) Vorsitzenden können in vernünftigem Rahmen **Honorarvereinbarungen** abgeschlossen werden, ohne dass damit gegen das Begünstigungsverbot des § 6 Abs. 1 verstoßen wird (VGH Mannheim, 15.5.1984 – 15 S 1780/83 – ZBR 1985, 121; Richardi/Dörner/Weber § 71 Rn. 55; Ilbertz-Widmaier § 71 Rn. 16). 12

3. Bestellungsfrist (Satz 3). Im Interesse der Verfahrensbeschleunigung sind die Beisitzer und der Vorsitzende innerhalb von **zwei Wochen** nach Anrufung der Einigungsstelle zu bestellen. Es ist sachgerecht, wenn sich die Beteiligten bereits im Vorfeld der Bildung der Einigungsstelle über in Betracht kommende Personen austauschen und entspr. Abstimmungen vornehmen, um das Verfahren zu beschleunigen und um die gesetzliche Frist einhalten zu können. Die Fristbestimmung steht in Zusammenhang mit der Regelung des § 79 Abs. 4 Satz 3, nach dem – bei nicht rechtzeitiger Benennung der Beisitzer – die Einigungsstelle auch ohne diese Beisitzer entscheiden kann. Von dieser Befugnis sollte allerdings nur im Ausnahmefall (z. B. erkennbare Verzögerungsabsicht) Gebrauch gemacht werden. 13

4. Personenkreis (Satz 4). Über den Personenkreis, aus dem der unparteiische Vorsitzende auszuwählen ist, bestimmt das LPVG lediglich, dass er die Befähigung zum Richteramt besitzen oder nach Maßgabe des § 110 Satz 1 DRiG die Befähigung zum höheren Verwaltungsdienst erworben haben muss. 14

5. Bestimmung bei Nichteinigung (Satz 5). Können sich die oberste Dienstbehörde und die zuständige Personalvertretung über die Person des unparteiischen Vorsitzenden nicht einigen, kann jeder Teil beim **Präsidenten des VGH Baden-Württemberg** die Bestellung eines Vorsitzenden beantragen. Sie können Vorschläge machen, an die der Präsident des VGH aber nicht gebunden ist. Die Entscheidung des Präsidenten ist nicht anfechtbar. 15

6. Beamte und Arbeitnehmer (Satz 6). Bei der Bestimmung der **Beisitzer** ist Abs. 1 Satz 6 zu beachten. Hiernach müssen unter den von der Personalvertretung benannten Beisitzern je ein Beamter und ein Arbeitnehmer sein, wenn die Angelegenheit nicht lediglich Beamte oder Arbeitnehmer betrifft 16

II. Dienstvereinbarung (Abs. 2)

1. Ständige Einigungsstelle (Satz 1). Die Einigungsstelle wird grundsätzlich von Fall zu Fall bei der obersten Dienstbehörde gebildet. Abs. 2 eröffnet die Möglichkeit, die Einigungsstelle **„auf Dauer"**, längstens jedoch bis zum Ablauf der Amtszeit der zuständigen Personalvertretung einzurichten. Voraussetzung ist der Abschluss einer Dienstvereinbarung, in welcher mind. festzulegen sind: Zeitpunkt der Bildung der Einigungsstelle, Zuständigkeitsbereich, Dauer ihres 17

Bestehens, Namen des Vorsitzenden und der Beisitzer. Daneben bietet es sich an, Fragen der Geschäftsordnung zu regeln. Zum Abschluss der Dienstvereinbarung siehe § 85 Abs. 1 Satz 2.

18 **2. Ständiger Vorsitzender (Satz 2).** Durch Dienstvereinbarung kann auch dauerhaft Einigung über den unparteiischen Vorsitzenden erzielt werden. Auch eine solche Vereinbarung gilt längstens bis zum Ablauf der Amtszeit der zuständigen Personalvertretung. Ob dabei auch zwei Personen benannt werden können (so Altvater u. a. § 71 Rn. 20), erscheint fraglich. Jedenfalls müsste bei einer solchen Festlegung eine eindeutige Geschäftsverteilung bestimmen, wer in welchem Fall zur Entscheidung berufen ist, bzw. in welcher Reihenfolge die Vorsitzenden angefragt werden müssen, ob sie zur Übernahme des Vorsitzes in der konkreten Einigungsstelle in der Lage sind.

III. Verfahren (Abs. 3)

19 **Allgemeines.** Das Verfahren der Einigungsstelle beginnt damit, dass ein antragsberechtigter Beteiligter erklärt, die Entscheidung der Einigungsstelle herbeiführen zu wollen. Nach Bestellung des Vorsitzenden sind diesem von der obersten Dienstbehörde die zur Sache gehörenden Verwaltungsvorgänge zu übermitteln. Die beiden Beteiligten sollen nach Anrufung der Einigungsstelle ggf. ihre Standpunkte und Argumente zusammenfassend schriftsätzlich ggü. der Einigungsstelle vortragen. Über die Ausgestaltung des weiteren Verfahrens enthält das Gesetz in Abs. 3 bis 5 nur wenige Bestimmungen. Soweit keine Geschäftsordnung existiert, wird das Verfahren vom Vorsitzenden nach zweckmäßigen Erwägungen (insb. Beschleunigung und Suche nach Einigungsmöglichkeiten) gestaltet. Ggf. ist das Verfahren nach prozessrechtlichen Grundsätzen zu ergänzen.

20 **1. Verhandlung (Satz 1).** Die Einigungsstelle entscheidet aufgrund einer mündlichen Verhandlung. Ein Umlaufverfahren ist ausgeschlossen. An der Verhandlung nehmen die Verfahrensbeteiligten sowie die Mitglieder der Einigungsstelle teil. Für die Verhandlung hat die oberste Dienstbehörde einen geeigneten Raum zur Verfügung zu stellen.

21 **Erörterung und Entscheidung.** Die Verhandlung der Einigungsstelle ist **nicht öffentlich.** Aus Abs. 3 Satz 1 folgt auch, dass der Verhandlung keine dritten Personen beiwohnen dürfen. So kommt die Zuziehung einer **Protokollführerin** ebenso wenig in Betracht, wie die Teilnahme sonstiger Personen; auch nicht zu Ausbildungszwecken. Bei der **Erörterung** der Sache in der Verhandlung dürfen die Beteiligten zugegen sein und sich zur Sache äußern; sie können ggf. auch andere Personen hinzuziehen (z. B. fachkundige Bedienstete oder Bevollmächtigte). Nach erfolgter Äußerung haben auch diese Personen den Verhandlungsraum zu verlassen. Die **Beratung und Entscheidung** darf nur in Anwesenheit der Mitglieder der Einigungsstelle erfolgen. Über die Erklärungen der Beteiligten in der Sitzung und die Beratung haben die Mitglieder der Einigungsstelle **Stillschweigen** zu wahren. Dies gilt auch für das gesamte der Verhandlung vorausgehende Verfahren.

Ladung. Der Vorsitzende bestimmt den Termin. Sinnvollerweise wird er sich dabei vorher mit den Beisitzern und den äußerungsberechtigten Beteiligten abstimmen. Eine **Ladungsfrist** sieht das Gesetz nicht vor. Die Ladung wird von der obersten Dienstbehörde als Geschäftsstelle der Einigungsstelle bewirkt. Zu laden sind die Beisitzer und die Beteiligten. Die Beteiligten sind in der Ladung auf ihr Äußerungsrecht hinzuweisen. Sinnvollerweise klärt der Vorsitzende aber bereits im Vorfeld ab, ob ergänzender Vortrag vorgesehen ist. Die Ladung hat in geeigneter Form (schriftlich, aber auch per E-Mail) zu erfolgen. 22

Niederschrift. Über den Gang der Verhandlung ist vom Vorsitzenden eine Niederschrift zu errichten, aus der sich die mitwirkenden Mitglieder der Einigungsstelle, eventuelle Vertreter der Beteiligten, der Ablauf und die Beachtung der Formalitäten sowie die getroffene Entscheidung ergeben. Abschriften der Niederschrift erhalten die Beteiligten von der obersten Dienstbehörde übermittelt. 23

2. Äußerungsmöglichkeit (Satz 2). Die Beteiligten des Einigungsstellenverfahrens haben ihre wechselseitigen Standpunkte bereits im Stufenverfahren ausgetauscht. Von daher kommt der Äußerungsmöglichkeit in der Verhandlung nur eine untergeordnete Bedeutung zu. Gleichwohl sind die Beteiligten auf diese Möglichkeit in der Ladung hinzuweisen und sind ergänzende Ausführungen seitens des Vorsitzenden anzuregen, falls entsprechender Klärungsbedarf besteht. 24

3. Schriftliche Äußerung (Satz 3). Abs. 3 Satz 3 sieht die Möglichkeit der schriftlichen Äußerung anstelle des Vortrags in der Verhandlung vor. Da die mündliche Äußerung keine nennenswerte Rolle spielt (die Vertreter der Beteiligten sind durch die Beisitzer in der Einigungsstelle repräsentiert!), kommt auch dieser Bestimmung keine große Bedeutung zu. Sinnvoll ist es allerdings, dass die beiden Beteiligten die wechselseitigen Standpunkte vor der Sitzung der Einigungsstelle nochmals schriftsätzlich zusammenfassen, um die Entscheidungsfindung und Verhandlung zu erleichtern. 25

IV. Entscheidung (Abs. 4)

1. Entscheidungsfrist (Satz 1). Die Einigungsstelle soll binnen zwei Monaten nach der Erklärung eines Beteiligten, die Entscheidung der Einigungsstelle herbeiführen zu wollen, entscheiden. Die Regelung entspricht dem früheren § 69 Abs. 4 Satz 2 a. F. Diese Fristbestimmung ist in vielen Fällen wirklichkeitsfern. Allein die Bestellung der Beisitzer bzw. des Vorsitzenden nimmt oft einen erheblichen Teil der Frist in Anspruch, falls sich die Beteiligten überhaupt auf einen Vorsitzenden einigen können. Im Einigungsstellenverfahren muss sich der Vorsitzende in den Streitstand einarbeiten, ggf. ist den Beteiligten Gelegenheit zur ergänzenden Stellungnahme zu gewähren, von terminlichen Unwägbarkeiten ganz zu schweigen. Aus der gesetzlichen Frist kann deshalb nur ein allg. Beschleunigungsgebot abgeleitet werden; die Nichteinhaltung der Frist ist folgenlos. 26

Einigung. Vordringlichstes Ziel auch des Verfahrens der Einigungsstelle ist die gütliche Einigung. Diese sollte schon im Vorfeld, jedenfalls aber in der Ver- 27 handlung angestrebt werden. Realistische Einigungsmöglichkeiten sollten jedenfalls nicht an der 2-Monats-Frist scheitern. Kommt es zur Einigung, ist das Verfahren der Einigungsstelle erledigt. Tritt die **Erledigung** im Vorfeld der Verhandlung ein, stellt der Vorsitzende das Verfahren durch Beschluss ein. Kommt es erst in der Verhandlung zur Einigung stellt das Gremium durch Beschluss das Verfahren ein. Die Einstellung ist in der Niederschrift zu vermerken. Wird in der Verhandlung ein **Vergleich** geschlossen, so ist dieser ebenfalls in die Niederschrift aufzunehmen. Kommt auch während des Einigungsstellenverfahrens keine gütliche Einigung zustande, muss die Einigungsstelle in der Sache entscheiden.

28 **2. Beschlussfähigkeit (Satz 2).** Nach der Neuregelung von § 79 Abs. 4 Satz 2 ist die Einigungsstelle beschlussfähig, wenn der Vorsitzende und mind. drei Beisitzer anwesend sind. Die Anwendung dieser Regelung setzt naturgemäß voraus, dass sämtliche Mitglieder der Einigungsstelle ordnungsgemäß geladen waren.

29 **3. Fehlende Mitwirkung (Satz 3).** Benennt eine Seite nicht innerhalb der Frist des § 79 Abs. 1 Satz 3 ihre Beisitzer oder erscheinen die von einer Seite benannten Beisitzer trotz ordnungsgemäßer Ladung nicht zur Sitzung, eröffnet der neue § 79 Abs. 4 Satz 3 nunmehr ausdrücklich die Möglichkeit der Entscheidung der Einigungsstelle auch ohne diese Beisitzer (vgl. zur früheren entsprechenden Anwendung von § 76 Abs. 5 Satz 2 BetrVG: Richardi/Dörner/Weber § 71 Rn. 29; a. A. Ilbertz-Widmaier § 71 Rn. 21). Die restlichen Mitglieder der Einigungsstelle stimmen dann allein ab, wenn Beschlussfähigkeit gegeben ist. Von dieser Möglichkeit sollte nur ausnahmsweise, z. B. wenn erkennbar eine Verzögerungsabsicht besteht, Gebrauch gemacht werden.

V. Beschluss, Zustellung, Bindung (Abs. 5)

30 **1. Beschluss, Form (Satz 1).** Die Einigungsstelle entscheidet nach Abs. 5 Satz 1 durch Beschluss. Da der Beschluss den Beteiligten zugestellt werden muss, bedarf er der **Schriftform.** Dieses Formerfordernis ist erfüllt, wenn die **Beschlussformel** schriftlich niedergelegt und **von allen Mitgliedern** der Einigungsstelle **unterzeichnet** ist (BVerwG, 10.3.1987 – 6 P 17/85 – PersR 1987, 171 = PersV 1988, 128). Fehlende Unterschriften der Mitglieder der Einigungsstelle unter deren Beschluss können jederzeit nachgeholt werden (OVG Münster, 20.12.1989 – CL 28/87 – PersV 1991, 177).

31 **Begründung.** Eine Begründung ist nicht vorgeschrieben, aber zweckmäßig (vgl. BVerwG, 9.7.1980 – 6 P 73/78 – PersV 1981, 369; BVerwG, 20.12.1988 – 6 P 34/85 – PersR 1989, 49 = PersV 1989, 319). Es wird sich für die Einigungsstelle empfehlen, die wesentlichen Gründe, die zu ihrer Entscheidung geführt haben, darzulegen, damit die Beteiligten sich von der Richtigkeit und Zweckmäßigkeit des Beschlusses überzeugen können. Bei dem mit Gründen versehenen Beschluss genügt die Unterschrift des Vorsitzenden.

32 **Entscheidungsvoraussetzungen.** Die Einigungsstelle kann nur in dem in den §§ 73 ff. geregelten Verfahren entscheiden. Dieses Verfahren setzt u. a. voraus,

dass die strittige Angelegenheit überhaupt der Mitbestimmung unterliegt. Verneint die Einigungsstelle die **Mitbestimmungsbedürftigkeit** der Maßnahme, wird dies im Beschluss ausgesprochen; eine Sachentscheidung ergeht nicht. Dem PR bleibt dann nur die Möglichkeit im verwaltungsgerichtlichen Verfahren nach § 92 Abs. 1 Nr. 3 entscheiden zu lassen, ob die streitige Angelegenheit der Mitbestimmung unterliegt (BVerwG, 2.2.1990 – 6 PB 13/89 – PersR 1990, 114 = PersV 1991, 22). Die Sachentscheidungsvoraussetzungen können auch fehlen, wenn das **Verfahren** nicht ordnungsgemäß geführt worden ist. So kann z. B. bereits im Stufenverfahren die Zustimmungsfiktion wegen verspäteter Ablehnung durch den PR eingetreten sein.

Ablauf der Amtszeit. Bei Ablauf der Amtszeit der zuständigen Personalvertretung noch anhängige Einigungsverfahren können, ohne dass es einer Bestätigung der entsprechenden Beisitzer durch die neue Personalvertretung bedarf, von der Einigungsstelle zu Ende geführt werden (Ilbertz-Widmaier § 71 Rn. 3; Lorenzen u. a. § 71 Rn. 30). 33

Entscheidungsinhalt. Die Einigungsstelle entscheidet, ob der PR seine Zustimmung zu Recht verweigert hat. Verneint sie dies, kann die Maßnahme durchgeführt werden. Wird die Feststellung getroffen, dass die Zustimmung zu Recht verweigert worden ist, hat die Maßnahme in den Fällen der vollen Mitbestimmung – vorbehaltlich des Evokationsrechts – zu unterbleiben. Bei Angelegenheiten der eingeschränkten Mitbestimmung kann die Einigungsstelle nur eine Empfehlung aussprechen, über die sich die Dienststelle hinweg setzen kann (§ 78 Abs. 4). 34

Bindung. Der Beschluss der Einigungsstelle ist für die Beteiligten grundsätzlich bindend (§ 78 Abs. 2 Satz 2). Auch wenn die oberste Dienstbehörde von § 78 Abs. 2 Satz 3 Gebrauch macht, muss der bindende Ausspruch der Einigungsstelle erst förmlich beseitigt werden. In den Fällen der **eingeschränkten Mitbestimmung** entscheidet die oberste Dienstbehörde in eigener Zuständigkeit, ob und in welchem Umfang sie der Empfehlung der Einigungsstelle folgen will (BVerwG, 17.3.1987 – 6 P 15/85 – PersR 1987, 188 = PersV 1988, 131). 35

Gerichtliche Kontrolle. Die Beschlüsse der Einigungsstelle unterliegen der eingeschränkten gerichtlichen Kontrolle. Das VG kann im Beschlussverfahren lediglich die Rechtmäßigkeit der getroffenen Entscheidung, nicht aber deren Zweckmäßigkeit überprüfen. Eine Überprüfung ist grundsätzlich auch nur bei den die Beteiligten bindenden Beschlüssen statthaft, nicht aber bei bloßen Empfehlungen nach § 78 Abs. 4 Satz 1 (BVerwG, 24.1.2001 – 6 PB 15/00 – PersR 2001, 204). Der Dienststelle würde für ein solches Verfahren das Rechtsschutzbedürfnis fehlen, weil sie an die Entscheidung der Einigungsstelle nicht gebunden ist und ohnehin das Letztentscheidungsrecht hat. Aus diesem Grund fehlt auch der Personalvertretung das Rechtsschutzinteresse, wenn sie im Einigungsstellenverfahren unterliegt. Dieses fehlt aber auch, wenn die Einigungsstelle eine Empfehlung im Sinne der Personalvertretung ausspricht, weil diese keinen Anspruch darauf hat, dass die Dienststelle der Empfehlung der Einigungsstelle folgt. 36

37 **2. Teilstattgabe (Satz 2).** Nach Abs. 5 Satz 2 kann den Anträgen bei mehreren bzw. bei teilbaren Verhandlungsgegenständen auch teilweise entsprochen werden; die Einigungsstelle kann jedoch nichts grundsätzlich anderes beschließen, als beantragt war. Förmliche Anträge sind dem Einigungsstellenverfahren ohnehin fremd.

38 **3. Mehrheitsbeschluss (Satz 3).** Der Beschluss der Einigungsstelle wird mit Stimmenmehrheit gefasst. Typischerweise gibt damit der unparteiische Vorsitzende den Ausschlag. Sollte jedoch ein Beisitzer i. S. d. anderen Beteiligten abstimmen, käme auch so die erforderliche Mehrheit zustande; auch wenn dies gegen eine ausdrücklich erteilte Weisung verstoßen würde. Stimmenmehrheit liegt vor, wenn die Ja-Stimmen die Nein-Stimmen überwiegen (a. A. Lorenzen u. a. § 71 Rn. 52, welche Stimmenthaltung als Ablehnung werten). Eine **Stimmenenthaltung** ist unzulässig (Richardi/Dörner/Weber § 71 Rn. 35). Bei Stimmengleichheit entscheidet die Stimme des Vorsitzenden.

39 **4. Rechtlicher Rahmen (Satz 4).** Die Entscheidung der Einigungsstelle ist in vielfältiger Beziehung von Zweckmäßigkeitsgesichtspunkten geprägt. Einer rechtlichen Bindung unterliegt die Einigungsstelle aber nicht nur hinsichtlich der Entscheidungsvoraussetzungen (s. o.), sondern nach Abs. 5 Satz 4 auch hinsichtlich der Entscheidung selbst. Die Entscheidung der Einigungsstelle muss das geltende Recht, insb. das Haushaltsrecht berücksichtigen. Dies gilt auch im Fall der eingeschränkten Mitbestimmung. Die Einigungsstelle darf auch keine gesetzwidrige Empfehlung abgeben.

40 **5. Zustellung (Satz 5).** Der Beschluss der Einigungsstelle ist nach den Vorschriften des Verwaltungszustellungsgesetzes zuzustellen (a. A. Richardi/Dörner/Weber § 71 Rn. 39; Ilbertz-Widmaier § 71 Rn. 25). Mit der Zustellung läuft die Überlegungsfrist für die oberste Dienstbehörde, ob sie von § 78 Abs. 2 Satz 3 (Evokationsrecht) Gebrauch machen will. Die oberste Dienstbehörde handelt in der Regel nicht unverzüglich, wenn sie auf die spätere Bekanntgabe des mit Gründen versehenen Beschlusses wartet.

§ 80 Mitwirkung

Soweit der Personalrat an Entscheidungen mitwirkt, ist ihm die beabsichtigte Maßnahme rechtzeitig bekanntzugeben und auf Verlangen mit ihm zu erörtern.

1 **Regelungsinhalt.** § 80 regelt die grundsätzliche Form der Beteiligung bei den Angelegenheiten, bei denen der PR mitzuwirken hat. Diese sind (abschließend) in § 81 aufgeführt. Die beim Mitwirkungsverfahren im Einzelnen geltenden Regelungen enthält § 82 sowie hinsichtlich des Stufenverfahrens § 83. Welche Personalvertretung mitzuwirken hat (örtlicher PR, Stufenvertretung, GesamtPR), ist in § 91 festgelegt.

2 **Grundsatz.** Mittelpunkt des Mitwirkungsverfahrens ist die Pflicht der Dienststelle, die beabsichtigte Maßnahme mit dem Ziel der Verständigung eingehend mit der Personalvertretung zu erörtern, und das Recht der Personalvertretung,

ggf. die übergeordneten Dienststellen um Entscheidung anzurufen. Die Mitwirkung ist daher lediglich ein formalisiertes Instrument, um der Personalvertretung in besonders nachdrücklicher Weise Gehör zu verschaffen, ohne ihr jedoch – im Gegensatz zur Mitbestimmung – eine rechtlich festgelegte Einflussnahme auf Maßnahmen der Dienststelle zu ermöglichen. Die Dienststelle kann deshalb auch bei fehlender Zustimmung der Personalvertretung die endgültige Entscheidung ohne Einschaltung einer Einigungsstelle treffen.

Bekanntgabe und Erörterung. Vorgeschrieben ist nicht nur die rechtzeitigeBekanntgabe der beabsichtigten Maßnahme, sondern ausdrücklich genannt wird auch die Pflicht zur Erörterung mit dem PR. Abweichend von § 72 BPersVG ist eine Erörterung nicht in jedem Fall, sondern nur auf Verlangen des PR vorgeschrieben. Dies erscheint sinnvoll, da nicht jede Maßnahme einer Erörterung bedarf. Die Regelung ermöglicht dadurch eine Beschleunigung des Verfahrens und des Ergehens der Maßnahme. Für die Bekanntgabe der beabsichtigten Maßnahme an den PR empfiehlt sich u. a. folgende Formulierung: „… *mit der Bitte um Zustimmung im Verfahren nach § 80 i. V. m. § 81 Abs. … Nr. … LPVG.*“ 3

Unterbliebene Mitwirkung. Maßnahmen der Dienststelle sind grundsätzlich nicht nichtig oder unwirksam, wenn das Mitwirkungsrecht des PR verletzt ist. Bei Verwaltungsakten führen Verfahrensverstöße zur Anfechtbarkeit, die nur der betroffene Beamte, nicht der PR geltend machen kann. Die Mitwirkung kann bei beamtenrechtlichen Entscheidungen bis zum Abschluss des Vorverfahrens (Erlass des Widerspruchsbescheids) nachgeholt werden (BVerwG, 24.11.1983 – 2 C 9/82 – BWVPr 1984, 161). Werden die Vorschriften der §§ 80 bis 83 verletzt, kann der PR gemäß § 92 Abs. 1 Nr. 3 das Verwaltungsgericht anrufen und auch Dienstaufsichtsbeschwerde gegen den Dienststellenleiter erheben. Vorsätzliche Nichtbeteiligung des PR durch den Dienststellenleiter kann ein Dienstvergehen sein. 4

§ 81 Angelegenheiten der Mitwirkung

(1) Der Personalrat wirkt mit bei

1. **Vorbereitung von Verwaltungsanordnungen einer Dienststelle für die innerdienstlichen, sozialen oder persönlichen Angelegenheiten der Beschäftigten ihres Geschäftsbereichs,**
2. **Auflösung, Einschränkung, Erweiterung, Verlegung oder Zusammenlegung von Dienststellen oder wesentlichen Teilen von ihnen,**
3. **nicht nur vorübergehender Übertragung wesentlicher Arbeiten oder wesentlicher Aufgaben, die bisher üblicherweise durch Beschäftigte der Dienststelle wahrgenommen werden, durch Vergabe oder Privatisierung,**
4. **Einrichtung von Telearbeitsplätzen oder sonstigen Arbeitsplätzen außerhalb der Dienststelle,**
5. **Auswahl der Beschäftigten zur Teilnahme an Maßnahmen der Berufsausbildung, an Fortbildungs- sowie Weiterbildungsveranstaltungen, an Qualifizierungsmaßnahmen im Rahmen der Personalentwicklung,**
6. **Grundsätzen der Personalplanung,**

7. Arbeitsorganisation einschließlich der Planungs- und Gestaltungsmittel und der Zahl der einzusetzenden Beschäftigten, mit Ausnahme der Erstellung von Stundenplänen an allgemeinbildenden und beruflichen Schulen,
8. Grundsätzen der Arbeitsplatz- oder Dienstpostenbewertung.

(2) [1]Der Personalrat wirkt auf Antrag der Beschäftigten mit bei
1. Erlass von Disziplinarverfügungen oder schriftlichen Missbilligungen gegen Beamte,
2. Erteilung schriftlicher Abmahnungen gegen Arbeitnehmer.
[2]§ 75 Absatz 5 Nummer 1 gilt entsprechend.

1 **Vorbemerkung.** In der Vorschrift sind nunmehr sämtliche Angelegenheiten aufgeführt, in denen der PR mitzuwirken hat. Die Aufzählung ist **abschließend.** In Abs. 1 sind die Angelegenheiten aufgeführt, in denen der PR immer mitzuwirken hat. Abs. 2 zählt in Satz 1 die Angelegenheiten auf, in denen der PR mitwirkt, wenn der Beschäftigte dies beantragt, wobei in Satz 2 bestimmte Personenkreise von der Mitwirkungsbefugnis des PR ausgenommen werden. Das **Verfahren**, das bei der **Mitwirkung** einzuhalten ist, ist in den §§ 80 und 82 und hinsichtlich des Stufenverfahrens in § 83 geregelt.

2 **Fehlerhafte Beteiligung.** Eine unterbliebene oder mangelhafte Beteiligung des PR kann bis zum Abschluss des Widerspruchsverfahrens nachgeholt werden, wenn dem PR mit der nachgeholten Beteiligung noch eine echte Einwirkungsmöglichkeit auf die Entscheidung der Dienststelle gewährt wird.

I. Angelegenheiten der Mitwirkung ohne Antrag

3 **Nr. 1. Verwaltungsanordnungen.** Der PR hat mitzuwirken bei der Vorbereitung von Verwaltungsanordnungen einer Dienststelle für die innerdienstlichen, sozialen oder persönlichen Angelegenheiten der Beschäftigten ihres Geschäftsbereichs. Verwaltungsanordnung in diesem Sinne ist jede Regelung, welche die Dienststelle in Wahrnehmung ihrer Aufgaben und Rechte als Dienstherr oder Arbeitgeber ggü. allen ihren Beschäftigten, jedenfalls aber ggü. einer unbestimmten Anzahl ihrer Beschäftigten, trifft; es muss sich um eine abstrakt-generelle Regelung mit allgemeingültigem Charakter für den Geschäftsbereich der Dienststelle handeln (BVerwG, 10.1.2006 – 6 P 10/04 – PersR 2006, 345 = PersV 2006, 177). Die Verwaltungsanordnungen müssen die innerdienstlichen, sozialen oder persönlichen Angelegenheiten der Beschäftigten ihres Geschäftsbereichs betreffen. Diese Angelegenheiten betreffen allein das Verhältnis, in dem die Dienststelle als „Arbeitgeber" und die Beschäftigten als „Arbeitnehmer" zueinander stehen. Die Mitwirkung ist beschränkt auf die Vorbereitung der Verwaltungsanordnungen. Wird der Inhalt der Verwaltungsanordnung von speziellen Mitbestimmungsrechten erfasst, gehen diese dem schwächeren Mitwirkungsrecht vor. Berührt die Verwaltungsanordnung nur in Teilaspekten Mitbestimmungsrechte, verbleibt es im Übrigen beim Mitwirkungsrecht, d. h. neben der Mitwirkungspflicht kann die Verwaltungsanordnung zusätzlich ganz oder teilweise der Mitbestimmung unterliegen (BVerwG, 1.9.2004 – 6 P 3/04 – PersR 2004, 437 = PersV 2005, 59).

Begriff. Verwaltungsanordnungen sind Regelungen, die die Dienststelle ggü. allen ihren Beschäftigten oder jedenfalls ggü. einer unbestimmten Zahl der Beschäftigten trifft. Es muss sich um Maßnahmen zur Einwirkung auf das Verhalten der Beschäftigten handeln. Diese Maßnahmen müssen **unmittelbar** gestaltend in die innerdienstlichen, sozialen oder persönlichen Angelegenheiten der Beschäftigten der Dienststelle eingreifen. Rundschreiben, Erlasse usw. der Dienststelle an ihre Beschäftigten, die z. B. der Erläuterung bereits getroffener Maßnahmen oder der Darlegung einer Rechtsauffassung dienen, ohne dass damit eine Einwirkung auf das Verhalten der Beschäftigten verbunden ist, sind keine Verwaltungsanordnungen i. S. von Nr. 1 (vgl. VGH Mannheim, 26.2.1985 – 15 S 873/84 – ZBR 1985, 258). An einer unmittelbaren Einwirkung fehlt es bei einer ministeriellen Anordnung ggü. Hochschulen darüber, wie die Dienstverträge mit einzustellenden Tutoren und wissenschaftlichen Hilfskräften zu gestalten sind (VGH Mannheim, 20.3.1984 – 15 S 152/83 – ZBR 1985, 120). 4

Zu den Verwaltungsanordnungen i. S. der Nr. 1 **gehören nicht** Anordnungen, die die Art und Weise der **Erfüllung der Aufgaben der Dienststelle gegenüber Außenstehenden** betreffen, auch wenn sie sich mittelbar im innerdienstlichen, sozialen oder persönlichen Bereich auf die Beschäftigten der Dienststelle auswirken. Damit trägt Nr. 1 dem Grundsatz Rechnung, dass der Personalvertretung keine Einwirkungsmöglichkeit auf die Erfüllung der der Dienststelle vom Gesetz oder auf gesetzlicher Grundlage gestellten Aufgaben eingeräumt werden darf. Auch dienstliche Weisungen an personalverwaltende Dienststellen fallen nicht darunter (VGH Mannheim, 20.4.1993 – PB 15 S 879/92 – PersV 1995, 131 zur dienstlichen Weisung zum Verhalten ggü. langzeiterkrankten und häufig kurzzeiterkrankten Beschäftigten). 5

Gleichlautende Einzelanordnungen. Eine Verwaltungsanordnung i. S. von Nr. 1 liegt auch nicht vor, wenn die Dienststelle eine Vielzahl von Anträgen Beschäftigter mit gleichlautenden Schreiben beantwortet und darin zur Begründung allg. Ausführungen ohne anordnenden Charakter macht (VGH Mannheim, 20.3.1984 – 15 S 2472/82 – ZBR 1984, 347). 6

Dienstliche Weisung. Eine nach Nr. 1 mitwirkungsbedürftige Verwaltungsanordnung liegt ebenfalls nicht vor, wenn es sich in Wahrheit um eine dienstliche Einzelanweisung handelt, weil der darin angesprochene Personenkreis konkret bestimmt und abgrenzbar ist und sich die Anordnung auf ein bestimmtes Ereignis bezieht (VGH Mannheim, 6.9.1988 – 15 S 1357/87 – ZBR 1989, 158 zur Festsetzung einer verpflichtenden Fortbildungsveranstaltung für Biologielehrer auf einen bestimmten Abend). 7

Innerdienstliche, soziale oder persönliche Angelegenheiten. Was innerdienstliche, soziale oder persönliche Angelegenheiten sind, ist im LPVG wie auch im BPersVG nicht festgelegt. Die Ausfüllung dieser – gleichberechtigt und unabhängig voneinander stehenden – Begriffe hat deshalb nach allgemeinem Sprachgebrauch zu erfolgen. Als Beispiele seien genannt: Verfahren bei Krankheit, Einreichung und Behandlung von Urlaubsgesuchen, Benutzung von Dienst- 8 kraftwagen zu nichtdienstlichen Zwecken, Abschaffung verbilligter Fahrausweise.

9 **Einführungserlasse zu Tarifverträgen.** Nach Auffassung des BVerwG (14.12.1962 – VII P 5/62 – ZBR 1963, 63) sind auch Einführungserlasse zu Tarifverträgen Verwaltungsanordnungen. Soweit jedoch solche Einführungserlasse – wie in Baden-Württemberg üblich – vom Finanzministerium für den gesamten Landesbereich ergehen, entfällt eine Beteiligung des PR (s. Rn. 10).

10 **Ressortübergreifende Verwaltungsanordnungen.** Mitwirkungspflichtig ist nur die Vorbereitung von Verwaltungsanordnungen, die die Dienststelle für ihren Bereich erlassen will. Ressortübergreifende Verwaltungsanordnungen, die von einer **obersten Landesbehörde** kraft der ihr zustehenden Regelungsbefugnis auch für die Bereiche anderer oberster Dienstbehörden erlassen werden sollen, unterliegen nicht der Mitwirkung, da die oberste Dienstbehörde (z. B. das Finanzministerium) insoweit keinen Partner hat. § 91 Abs. 6 Satz 1 kommt in diesem Fall nicht zur Anwendung, da diese Vorschrift nur eine Zuständigkeitsregelung hinsichtlich sozialer, personeller und organisatorischer **Einzelmaßnahmen**, für die das Gesetz eine Beteiligung des PR vorsieht, trifft (s. § 91 Rn. 18). Die ausschließliche Bekanntgabe und Weitergabe von Verwaltungsanordnungen übergeordneter Dienststellen ist nur dann mitwirkungspflichtig, wenn die Verwaltungsanordnung der übergeordneten Dienststelle noch einen ausfüllungsbedürftigen Raum enthält, für den die örtliche Dienststelle zuständig ist.

11 **Gewerkschaftsbeteiligung.** Bei Verwaltungsanordnungen, bei deren Vorbereitung nach § 89 Abs. 1 LBG die Spitzenorganisationen der zuständigen Gewerkschaften zu beteiligen sind, findet nach § 90 ein Mitwirkungsverfahren nicht statt. Voraussetzung für die Beteiligung von Spitzenorganisationen ist, dass die Verwaltungsanordnung von einer obersten Dienstbehörde erlassen wird und sie Fragen von grundsätzlicher Bedeutung regelt. Grundsätzliche Bedeutung haben Vorschriften, die nach Form und Inhalt über die Erledigung eines speziellen Tatbestandes oder Einzelfalles hinausgehen (siehe die Erl. zu § 90).

12 **Nr. 2. Veränderung von Dienststellen.** Die Auflösung, Einschränkung, Erweiterung, Verlegung oder Zusammenlegung von Dienststellen oder von wesentlichen Teilen von ihnen bedarf der Mitwirkung des PR. Wesentliche Teile einer Dienststelle sind abgrenzbare Organisationseinheiten, deren Fortfall oder Veränderung sich auf den Aufgabenbereich oder die Struktur der Dienststelle derart auswirkt, dass sie zu einer wesensmäßigen „anderen" Dienststelle wird. Daraus ergibt sich z. B., dass von der vorübergehenden Schließung einiger weniger Zweigstellen der Stadtbibliothek einer Großstadt in der Ferienzeit keine „wesentlichen Teile" i. S. der Nr. 2 betroffen sind, der PR also nicht mitzuwirken hat (BVerwG, 17.7.1987 – 6 P 13/85 – PersV 1989, 315 = PersR 1988, 17).

13 **Dienststellenbegriff.** Dienststellen sind die in § 5 Abs. 1 aufgeführten Organisationseinheiten. Außenstellen, Nebenstellen oder Teile einer Dienststelle, die nach § 5 Abs. 3 personalvertretungsrechtlich verselbstständigt sind, werden dadurch nicht automatisch zu Dienststellen i. S. v. Nr. 2 (so auch Altvater u. a.

§ 84 Rn. 12, a. A. Lorenzen u. a. § 78 Rn. 23). Es ist vielmehr zu prüfen, ob es sich dabei im Einzelfall um wesentliche Teile von Dienststellen i. S. v. Nr. 2 handelt.

Auflösung. Bei der Auflösung der Dienststelle fallen die Aufgaben der Dienststelle entweder vollständig ersatzlos weg oder werden vollständig auf eine andere Dienststelle übertragen. 14

Privatisierung. Eine Auflösung i. S. v. Nr. 2 ist auch die vollständige Privatisierung von Einrichtungen (Lorenzen u. a. § 78 Rn. 25 sowie Altvater u. a. § 78 Rn. 13; a. A. Ilbertz-Widmaier § 78 Rn. 10a). Da die Einrichtung in einer anderen Rechtsform weitergeführt wird, wird die Dienststelle als solche stillgelegt. Dem PR steht deshalb an der Organisationsentscheidung ein Mitwirkungsrecht zu (s. hierzu auch BVerfG, 25.1.2011 – 1 BvR 1741/09 – PersR 2011, 346). Werden nur bestimmte Arbeiten und Aufgaben, die bisher von Beschäftigten der Dienststelle wahrgenommen werden, privatisiert, besteht nach Nr. 3 ein Mitwirkungsrecht des PR. 14a

Einschränkung. Eine Einschränkung liegt vor, wenn der sachliche oder örtliche Aufgabenkreis der Dienststelle eingeschränkt wird und davon ein erheblicher Teil der Beschäftigten betroffen ist. Eine Einschränkung ist mitwirkungspflichtig, wenn sie das „Wesen der Dienststelle" berührt und nicht nur unbedeutende personelle Maßnahmen auslöst. 15

Erweiterung. Eine Erweiterung liegt vor, wenn der Dienststelle zusätzlich neue Aufgaben übertragen werden. Davon nicht umfasst sind bauliche Erweiterungen, für die gem. § 87 Abs. 1 Nr. 3 und 4 ein Anhörungsrecht des PR besteht, auch nicht die Anmietung neuer Räume, für die ebenfalls gem. § 87 Abs. 1 Nr. 4 ein Anhörungsrecht des PR besteht. Nach dem Regelungszusammenhang ist vielmehr davon auszugehen, dass die Vorschrift zur Anwendung kommt, wenn der sachliche oder örtliche Aufgabenkreis der Dienststelle erweitert wird und davon ein erheblicher Teil der Beschäftigten betroffen ist. Ein Mitwirkungsrecht kommt jedoch nur in Frage, soweit die Dienststelle entscheidungsbefugt ist, was – wenn überhaupt – nur sehr selten der Fall sein dürfte. 16

Verlegung. Verlegung ist die örtliche Änderung der Dienststelle. Die Verlegung einer Dienststelle unterliegt der Mitwirkung des PR, wenn die persönlichen Verhältnisse eines größeren Teils der Beschäftigten – z. B. durch längere oder schwierigere Wege zur Dienststelle – berührt werden. Dies kann auch bei einem Umzug innerhalb einer Großstadt der Fall sein. 17

Zusammenlegung. Zusammenlegung bedeutet die völlige Eingliederung in eine andere Dienststelle oder die Neubildung einer Dienststelle aus mind. zwei vorhandenen Dienststellen. 18

Umfang der Mitwirkungsbefugnis. Die Beteiligung des PR erstreckt sich nur auf die Entscheidung über die organisatorische Maßnahme selbst. Die Durchführung im Einzelnen obliegt der Dienststelle. Dabei kann, wenn weitere (Einzel-)Maßnahmen erforderlich sind, allerdings nach anderen Vorschriften eine 19

Beteiligung des PR in Betracht kommen, z. B. bei etwa erforderlichen Versetzungen eine Mitbestimmung nach § 75 Abs. 2 Nr. 1.

20 **Fehlende Personalvertretung.** Eine Beteiligung **entfällt** bei den in Nr. 2 genannten Maßnahmen, wenn eine Stelle entscheidet, die keinen PR als Partner hat, z. B. bei einer Entscheidung der Landesregierung. Diese kann, soweit gesetzlich nichts anderes bestimmt ist, nach § 25 Abs. 2 LVG organisatorische Maßnahmen (Errichtung und Aufhebung, Sitzbestimmung) für höhere und untere Sonderbehörden treffen.

21 **Fehlender Entscheidungsspielraum.** Eine Beteiligung **entfällt** auch, soweit der Dienststelle **kein Entscheidungsspielraum** zusteht, z. B. weil sie nur noch eine bereits an anderer Stelle getroffene Entscheidung – sei es auch durch eine weitere eigene Anordnung – zu vollziehen hat.

22 **Gesetzesvorrang.** Organisatorische Maßnahmen, die durch gesetzliche Vorschriften getroffen werden, unterliegen **nicht der Mitwirkung** einer Personalvertretung. Da durch das LPVG die verfassungsmäßigen Rechte des Landtags nicht eingeschränkt werden können, gilt dies von vorneherein für Maßnahmen in formellen Gesetzen, z. B. auch bei Verringerung der Zahl der Planstellen bei einer Behörde durch das Haushaltsgesetz (den Haushaltsplan). Eine Mitwirkung an der Gestaltung des Haushalts entfällt auch, wenn darüber ein Selbstverwaltungsorgan als legislatives Organ entscheidet. Durch § 84 i. d. F. des ÄG 2013 (jetzt: § 90) wird nunmehr ausdrücklich klargestellt, dass beim Erlass von Rechtsverordnungen und Satzungen eine Beteiligung des PR ausgeschlossen ist (siehe die Erl. zu § 90).

23 **Nr. 3. Aufgabenübertragung.** Die nicht nur vorübergehende Übertragung wesentlicher Arbeiten oder wesentlicher Aufgaben, die bisher üblicherweise durch Beschäftigte der Dienststelle wahrgenommen werden, durch Vergabe oder Privatisierung ist mitwirkungsbedürftig. Es muss sich um wesentliche Arbeiten oder wesentliche Aufgaben handeln, die bisher von Beschäftigten der Dienststelle wahrgenommen wurden, und die **dauerhaft** ausgelagert werden sollen. Nicht jede kleinere Maßnahme, etwa die kurzzeitige Übertragung einer Aufgabe des Bauhofs auf einen Handwerker oder die Heranziehung Externer wegen vorübergehendem Krankheitsausfall eines Beschäftigten, soll jeweils den Mitwirkungsfall auslösen. Erfasst werden sollen vielmehr nur Maßnahmen, die wesentliche Dauerwirkung für die Beschäftigten haben und personelle Konsequenzen für die Dienststelle haben können. Der Mitwirkungstatbestand greift schon dann ein, wenn die Entscheidung dem Grunde nach ansteht, eine bestimmte Art von Arbeiten oder Aufgaben zu vergeben und der Umfang der Maßnahme und ihre Bedeutung für die Beschäftigten ersichtlich ist. Auch eine befristete Grundentscheidung ist jedenfalls dann nicht vorübergehend, wenn ihre Dauer geeignet ist, die Üblichkeit der bisherigen Praxis entfallen zu lassen und die Rückkehr zu dieser nach Ablauf der Frist ungewiss ist (VGH Mannheim, 11.7.2017 – PL 15 S 565/16 – PersV 2017, 463). Gegenstand der Mitwirkung ist sowohl die Entscheidung, ob eine Vergabe oder Privatisierung stattfinden soll, als auch in aller Regel die danach folgenden Entscheidungen

über die Umsetzung des Vorhabens (s. aber VGH Mannheim, 11.7.2017 – PL 15 S 565/16 – PersV 2017, 463).

Vergabe. Die Vergabe ist die Beauftragung eines externen Dritten mit bestimmten Arbeiten oder Aufgaben, ohne dass sich an der grundsätzlichen Zuständigkeit der Dienststelle etwas ändert. Die Verantwortung bleibt bei der Dienststelle. 23a

Privatisierung. Bei der Privatisierung gehen die bisher von Beschäftigten der Dienststelle wahrgenommenen Arbeiten oder Aufgaben auf Dauer auf einen Dritten in Privatrechtsform über. Hinsichtlich dieser Arbeiten und Aufgaben gibt die Dienststelle ihre Verantwortung und Aufsicht an den privaten Rechtsträger ab. 23b

Nr. 4. Externe Arbeitsplätze. Die Einrichtung von externen Arbeitsplätzen (Telearbeitsplätze oder sonstige Arbeitsplätze außerhalb der Dienststelle) hat erhebliche Konsequenzen für alle Beschäftigten. Da die betroffenen Beschäftigten ihre Dienstaufgaben in diesen Fällen nicht mehr in den Räumen der Dienststelle, sondern in anderen Räumen, insb. in ihrer Wohnung erledigen, gilt dies auch für die Beschäftigten, die ihre Dienstaufgaben weiterhin in den Räumen der Dienststelle erledigen. Neben dem Mitwirkungsrecht nach Nr. 4 sind auch die Mitbestimmungsrechte des PR nach § 75 Abs. 3 Nr. 4 (Ablehnung eines Antrags auf Telearbeit oder auf Einrichtung eines Arbeitsplatzes außerhalb der Dienststelle) und nach § 75 Abs. 4 Nr. 12 (Gestaltung der Arbeitsplätze) zu beachten. 24

Telearbeitsplätze. Beim Telearbeitsplatz ist der Beschäftigte online mit der Dienststelle verbunden, d. h. er loggt sich in das Kommunikationsnetz der Dienststelle ein. 24a

Sonstige Arbeitsplätze außerhalb der Dienststelle. Die Beschäftigten erledigen ihre Arbeit nicht in Räumen der Dienststelle, sondern in anderen Räumen ohne online mit der Dienststelle verbunden zu sein. Davon zu unterscheiden ist die Tätigkeit in einer Außen- oder Nebenstelle, bei der es sich um räumlich aus der Hauptstelle ausgegliederte **Teile der Dienststelle** handelt. (s. § 5 Abs. 3 sowie die Kommentierung hierzu). 24b

Nr. 5. Fort- und Weiterbildung. Die Auswahl der Beschäftigten zur Teilnahme an Maßnahmen der Berufsausbildung, an Fortbildungs- sowie Weiterbildungsveranstaltungen, an Qualifizierungsmaßnahmen im Rahmen der Personalentwicklung unterliegt der Mitwirkung des PR. Die Begriffe Maßnahmen und Veranstaltungen haben die gleiche Bedeutung. Mit der Zulassung zu einer neuen Berufsausbildung soll Beschäftigten eine neue berufliche Qualifikation ermöglicht werden, das gilt auch für die Qualifizierungsmaßnahmen. Die Fort- oder Weiterbildungsveranstaltungen können auch der allg. oder politischen Weiterbildung dienen. 25

Umfang. Das Mitwirkungsrecht, das eine chancengerechte Behandlung der Beschäftigten sicherstellen soll, erstreckt sich auf die von der Dienststelle zu treffende **Einzelauswahlentscheidung,** es beinhaltet **kein gemeinsames Auswahlrecht** (Ilbertz-Widmaier § 75 Rn. 134; BVerwG, 7.3.1995 – 6 P 7/93 – PersV 26

1995, 449 = PersR 1995, 332). Generelle Festlegungen zu allg. Fragen, z. B. die Festlegung von Ausschreibungs- und Auswahlgrundsätze, fallen unter den Mitbestimmungstatbestand des § 75 Abs. 4 Nr. 10. Dazu gehört auch die Einführung und Ausgestaltung von Assessment-Centern zur Auswahl der Teilnehmerinnen und Teilnehmer an den genannten Maßnahmen. Hinsichtlich der Auswahl für eine konkrete Maßnahme, ist dagegen nur das Mitwirkungsrecht nach Nr. 5 gegeben.

27 **Nr. 6. Grundsätze der Personalplanung.** Der Mitwirkungstatbestand ist neu eingeführt worden durch das ÄG 2013 (damals: § 76 Abs. 1 Nr. 6). Bei der Festlegung von **Grundsätzen**, wie die Aufstellung von Personalplanungen im Einzelfall zu erfolgen haben, hat der PR nunmehr ein Mitwirkungsrecht. Bei der danach erfolgenden Personalplanung hat er dagegen nur ein Anhörungsrecht gem. § 87 Abs. 1 Nr. 2.

28 **Nr. 7. Arbeitsorganisation.** Die Arbeitsorganisation einschließlich der Planungs- und Gestaltungsmittel und der Zahl der einzusetzenden Beschäftigten, mit Ausnahme der Erstellung von Stundenplänen an allgemeinbildenden und beruflichen Schulen, unterliegt der Mitwirkung des PR. Das Mitwirkungsrecht eröffnet dem PR weitreichende Mitspracherechte in fast allen organisatorischen Fragen. Unter Arbeitsorganisation ist die planmäßige Regelung der Arbeitsausführung zur Erfüllung der Aufgaben der Dienststelle durch deren Beschäftigte zu verstehen. Dabei muss sich die Maßnahme unmittelbar auf die Arbeitsausführung, d. h. auf die von den einzelnen Beschäftigten konkret vorzunehmenden Arbeitsvorgänge auswirken. Hierunter fallen alle Regelungen über das Arbeitsverfahren und die Arbeitsabläufe, die zur Erfüllung der Dienstaufgaben erforderlich sind (VGH Mannheim, 12.3.2002 – PL 15 S 978/01 – PersR 2003, 326). Es können sich auch Überschneidungen mit den Mitbestimmungstatbeständen des § 75 Abs. 4 Nr. 14 (Maßnahmen, die zur Hebung der Arbeitsleistung und Erleichterung des Arbeitsablaufs geeignet sind) und § 75 Abs. 4 Nr. 15 (Einführung grundsätzlich neuer Arbeitsmethoden) ergeben. Insoweit geht das stärkere Mitbestimmungsrecht dem schwächeren Mitwirkungsrecht vor.

29 **Stundenpläne.** Vom Mitwirkungsrecht ausdrücklich ausgenommen ist die Erstellung von Stundenplänen an allgemeinbildenden und beruflichen Schulen. Damit soll eine termingerechte Stundenplanerstellung sichergestellt werden.

30 **Nr. 8. Grundsätze der Arbeitsplatz- oder Dienstpostenbewertung.** Die Arbeitsplatz- oder Dienstpostenbewertung ist die Zuordnung der auf einem bestimmten Arbeitsplatz oder Dienstposten wahrzunehmenden Tätigkeit zu einer Entgelt- oder Besoldungsgruppe. Mitwirkungspflichtig sind die **Grundsätze** dieser Bewertung. Das sind die allg. Regeln über die Methodik des Bewertungsverfahrens, die Bewertungsmerkmale, die Bestimmungsgrößen und deren Gewichtung.

II. Antragsabhängige Mitwirkung

31 **1. Anwendungsbereich.** Satz 1 zählt **abschließend** die Angelegenheiten auf, in denen der PR nur mitwirkt, wenn der betroffene Beschäftigte dies beantragt.

Deshalb ist ihm von der beabsichtigten Maßnahme rechtzeitig vorher Kenntnis zu geben, gleichzeitig ist er auf sein Antragsrecht hinzuweisen (§ 82 Abs. 2 Hs. 1 i. V. m. § 76 Abs. 3); dies sollte zweckmäßigerweise in Schriftform erfolgen. Gem. § 82 Abs. 2 Hs. 2 i. V. m. § 85 ist das Mitwirkungsverfahren darüber hinaus dahingehend modifiziert, dass bei mehrstufigen Verwaltungen das Mitwirkungsverfahren nicht als Stufenverfahren fortgesetzt werden kann und bei Gemeinden oder Gemeindeverbänden und sonstigen Körperschaften, Anstalten und Stiftungen des öffentlichen Rechts nicht durch Anrufung des obersten Organs oder der Aufsichtsbehörde fortgesetzt werden kann.

Nr. 1. Disziplinarverfügungen. Der Erlass von Disziplinarmaßnahmen oder schriftlichen Missbilligungen gegen Beamte unterliegt der Mitwirkung des PR. Im Gegensatz zu § 78 Abs. 1 Nr. 3 BPersVG, wonach lediglich die Erhebung einer Disziplinarklage gegen einen Beamten der Mitwirkung unterliegt (wenn der Beamte dies beantragt, s. § 78 Abs. 2 Satz 2 BPersVG), hat nach Nr. 1 der PR mitzuwirken beim Erlass von allen Disziplinarmaßnahmen i. S. v. §§ 25 bis 33 LDG, also bei Verweisen (§ 27 LDG), Geldbußen (§ 28 LDG), Kürzung der Bezüge (§ 29 LDG), Zurückstufung (§ 30 LDG), Entfernung aus dem Beamtenverhältnis (§ 31 LDG), Kürzung des Ruhegehalts (§ 32 LDG) und Aberkennung des Ruhegehalts (§ 33 LDG) sowie bei schriftlichen Missbilligungen (Rechtsgrundlage insoweit nunmehr das allg. Aufsichtsrecht des Dienstherrn, da das zum 22.10.2008 in Kraft getretene LDG keine dem außer Kraft getretenen § 6 Abs. 2 LDO a. F. entspr. Vorschrift enthält, h. M.). Bei der Verfügung vorläufiger Maßnahmen gem. § 21 LDG (vorläufige nicht amtsgemäße Verwendung) und § 22 LDG (vorläufige Dienstenthebung) findet keine Beteiligung der Personalvertretung statt, da damit noch keine Disziplinarverfügung ergeht. Nicht mitwirkungsbedürftig sind weiter die Einleitung des Verfahrens (§§ 8–10 LDG), die Ermittlungen (§§ 11–20 LDG), die Feststellung der Beendigung des Verfahrens (§ 36 LDG) sowie der Erlass einer Einstellungsverfügung (§ 37 LDG). Bei der Einleitung des Mitwirkungsverfahrens ist der PR allerdings nach § 71 Abs. 1 Satz 1 umfassend über das Ergebnis der Vorermittlungen zu informieren. 32

Schriftliche Missbilligung. Eine schriftliche Missbilligung i. S. v. Nr. 1 liegt vor, wenn ein Dienstvorgesetzter einem Beamten in schriftlicher Form eine Dienstpflichtverletzung durch ein bestimmtes in der Vergangenheit liegendes Verhalten vorhält und sein Missfallen über dieses Fehlverhalten ausspricht. Eine Missbilligung unterliegt nur dann als schriftliche Missbilligung nach Nr. 1 der Mitwirkung, wenn diese in der Form eines an den Beamten gerichteten Schreibens ausgesprochen wird. Dies ist nicht der Fall, wenn über eine **mündliche Missbilligung** nachträglich ein Aktenvermerk erstellt, dieser zu den Personaldatenakten genommen und dem Beamten eine Ausfertigung ausgehändigt wird (vgl. VGH Mannheim, 19.5.1981 – 13 S 2362/80 – ZBR 1982, 191). 33

Nr. 2. Abmahnungen. Mitwirkungspflichtig ist nur die Erteilung **schriftlicher** Abmahnungen gegen Arbeitnehmer, **nicht** die **mündliche** Abmahnung. Eine bloße **Ermahnung** des Arbeitnehmers ist keine Abmahnung. Eine Abmahnung liegt nur dann vor, wenn der Arbeitgeber ein konkretes Verhalten des Arbeit- 34 nehmers diesem ggü. schriftlich beanstandet verbunden mit dem Hinweis, dass ein Wiederholungsfall zu einer Kündigung führen kann.

35 **2. Ausgenommener Personenkreis.** Disziplinarverfügungen oder schriftliche Missbilligungen gegen Beamte unterliegen nicht der Mitwirkung bei Beamten der Besoldungsgruppen A 16 und höher, bei den obersten Dienstbehörden des Landes der Besoldungsgruppen B 3 und höher sowie bei Landräten, Bürgermeistern und Beigeordneten (Abs. 2 Satz 2 i. V. m. § 75 Abs. 5 Nr. 1). Ebenso unterliegen schriftlicher Abmahnungen gegen Arbeitnehmer, die eine der Besoldungsgruppe A 16 bzw. B 3 und höher entsprechende Vergütung erhalten, sowie gegen leitende Beschäftigte öffentlich-rechtlicher Kreditinstitute nicht der Mitwirkung (Abs. 2 Satz 2 i. V. m. § 75 Abs. 5 Nr. 1).

§ 82 Einleitung, Verfahren der Mitwirkung

(1) Die Dienststelle unterrichtet den Personalrat über die beabsichtigte Maßnahme.

(2) In den Fällen des § 81 Absatz 2 gilt § 76 Absatz 3 entsprechend, § 83 findet keine Anwendung.

(3) Der Personalrat kann verlangen, dass die Dienststelle die beabsichtigte Maßnahme begründet.

(4) [1]Äußert sich der Personalrat nicht innerhalb von drei Wochen, hält er bei Erörterung seine Einwendungen oder Vorschläge nicht aufrecht oder haben sie offenkundig keinen unmittelbaren Bezug zu den Mitwirkungsangelegenheiten, so gilt die beabsichtigte Maßnahme als gebilligt. [2]§ 76 Absatz 6 Satz 2 und 3, Absatz 7 und 8 gilt entsprechend.

(5) [1]Erhebt der Personalrat Einwendungen, so hat er der Dienststelle die Gründe mitzuteilen. [2]§ 76 Absatz 9 Satz 2 gilt entsprechend.

(6) Entspricht die Dienststelle den Einwendungen des Personalrats nicht oder nicht in vollem Umfang, so teilt sie dem Personalrat ihre Entscheidung unter Angabe der Gründe schriftlich mit.

1 **Vorbemerkung.** Die Vorschrift regelt im Einzelnen das Verfahren bei den Angelegenheiten, bei denen der PR mitzuwirken hat. Die grundsätzliche Form der Beteiligung in diesen Angelegenheiten ist in § 80 ausgeführt. Mittelpunkt des Mitwirkungsverfahrens ist die Pflicht der Dienststelle, die beabsichtigte Maßnahme mit dem Ziel der Verständigung eingehend mit der Personalvertretung zu erörtern, und das Recht der Personalvertretung, ggf. die übergeordneten Dienststellen um Entscheidung anzurufen. Die Mitwirkung ist daher lediglich ein formalisiertes Instrument, um der Personalvertretung in besonders nachdrücklicher Weise Gehör zu verschaffen, ohne ihr jedoch – im Gegensatz zur Mitbestimmung – eine rechtlich festgelegte Einflussnahme auf Maßnahmen der Dienststelle zu ermöglichen. Die Dienststelle kann deshalb auch bei fehlender Zustimmung der Personalvertretung die endgültige Entscheidung ohne Einschaltung einer Einigungsstelle treffen. Welche Personalvertretung mitzuwirken hat (örtlicher PR, Stufenvertretung, GesamtPR), ist in § 91 festgelegt.

I. Unterrichtung des PR

Unterrichtungspflicht. Abs. 1 in der Form des ÄG 2013 (damals: § 77 Abs. 1) stellt nunmehr ausdrücklich klar, dass die Dienststelle den PR über die beabsichtigte Maßnahme **unterrichten** muss. Unterrichten ist mehr als die bloße Bekanntgabe, sie verlangt eine, u. U. auch detaillierte, Erläuterung, sodass sich der PR ein Bild über die beabsichtigte Maßnahme machen kann. Gem. Abs. 3 muss die Dienststelle die beabsichtigte Maßnahme auf Verlangen des PR auch begründen (s. Rn. 5). Die Unterrichtung hat rechtzeitig zu erfolgen und auf Verlangen des PR ist die beabsichtigte Maßnahme mit diesem auch zu erörtern (s. § 80). 2

II. Verfahren bei Mitwirkung nur auf Antrag

Hinweispflicht. § 81 Abs. 2 Satz 1 zählt (abschließend) die Angelegenheiten auf, in denen der PR nur mitwirkt, wenn der betroffene Beschäftigte dies beantragt. Dies sind Erlasse von Disziplinarverfügungen oder schriftlichen Missbilligungen gegen Beamte (§ 81 Abs. 2 Satz 1 Nr. 1) und Erteilung schriftlicher Abmahnungen gegen Arbeitnehmer (§ 81 Abs. 2 Satz 1 Nr. 2). Gem. Abs. 2 Hs. 1 i. V. m. § 76 Abs. 3 sind in diesen Fällen die Beschäftigten von der beabsichtigten Maßnahme rechtzeitig vorher in Kenntnis zu setzen, gleichzeitig sind sie auf ihr Antragsrecht hinzuweisen; dies sollte zweckmäßigerweise in Schriftform erfolgen. 3

Ausschluss des Stufenverfahrens. In diesen Angelegenheiten kann darüber hinaus gem. Abs. 2 Hs. 2 i. V. m. § 83 bei mehrstufigen Verwaltungen das Mitwirkungsverfahren nicht als Stufenverfahren fortgesetzt werden und bei Gemeinden oder Gemeindeverbänden und sonstigen Körperschaften, Anstalten und Stiftungen des öffentlichen Rechts kann das Mitwirkungsverfahren nicht durch Anrufung des obersten Organs oder der Aufsichtsbehörde fortgesetzt werden. Grund für diesen Ausschluss dürfte sein, dass Disziplinarverfügungen, schriftliche Missbilligungen und schriftliche Abmahnungen zeitnah erfolgen müssen um wirkungsvoll zu sein und es auch im Interesse des Beschäftigten liegt, wenn sich die Entscheidung, ob eine derartige Maßnahme erlassen wird, nicht zu lange hinzieht. 4

III. Begründungspflicht der Dienststelle

Begründungspflicht. Auf Verlangen des PR hat die Dienststelle die beabsichtigte Maßnahme zu begründen. **Schriftform** ist weder für das Verlangen des PR noch für die Begründung seitens der Dienststelle ausdrücklich vorgeschrieben. Sie dürfte aber in der Regel sinnvoll sein, damit für das weitere Verfahren die wechselseitigen Positionen klargestellt sind. 5

IV. Äußerungsfrist, Zustimmungsfiktion und Nichtberücksichtigung von Einwendungen

6 **1. Zustimmungsfiktion.** Der PR kann beschließen (§ 34), der beabsichtigten Maßnahme zuzustimmen oder sie abzulehnen. **Schweigen gilt** nach Ablauf der Frist von drei Wochen **als Zustimmung.** Der PR kann aber auch beschließen, der Dienststelle Einwendungen oder (Gegen-)Vorschläge zu unterbreiten. In diesem Fall – und auch im Fall der Ablehnung – wird in der Regel eine Erörterung (mit dem gesamten PR, nicht mit dem Vorstand) der Angelegenheit stattfinden. Hält hier der PR seine Einwendungen oder (Gegen-)Vorschläge nicht aufrecht, gilt die Maßnahme auch ohne ausdrückliche Zustimmung als gebilligt.

7 **Unbeachtliche Einwendungen.** Die beabsichtigte Maßnahme gilt auch dann als gebilligt, wenn der PR innerhalb der drei Wochen nur Einwendungen oder Gegenvorschläge vorbringt, die **offenkundig** keinen unmittelbaren Bezug zu den Mitwirkungsangelegenheiten haben. Solche Gründe sind unbeachtlich und die Maßnahme gilt als gebilligt. Gem. Abs. 5 Satz 1 hat der PR, wenn er Einwendungen erhebt, die Gründe der Dienststelle mitzuteilen. Grundsätzlich hat die Dienststelle, wenn sie den Einwendungen des PR nicht oder nicht in vollem Umfang entspricht, ihre Entscheidung dem PR schriftlich unter Angabe der Gründe mitzuteilen (Abs. 6). Die Dienststelle darf die vorgebrachten Einwendungen des PR nur dann als **offenkundig unbeachtlich** übergehen, wenn diese nur allg. Art und formelhaft sind oder jeden Bezug zu der beabsichtigten **konkreten** Maßnahme vermissen lassen. Es ist nicht ausreichend, dass die Einwendungen nicht widerspruchsfrei oder nicht in vollem Umfang schlüssig sind (vgl. die Rspr. zum bisherigen § 82: BVerwG, 9.12.1992 – 6 P 16/91 – PersR 1993, 212 = PersV 1994, 173 und 30.4.2001 – 6 P 9/00 – PersR 2001, 382 = PersV 2001, 411).

8 **Fristbeginn.** Die Äußerungsfrist beginnt mit der ordnungsgemäßen, d. h. vollständigen Unterrichtung des PR durch die Dienststelle, im Fall des Abs. 3 mit der Begründung der beabsichtigten Maßnahme durch die Dienststelle. Die Frist wird durch eine Erörterung weder unterbrochen noch gehemmt (BVerwG, 27.1.1995 – 6 P 22/92 – PersV 1995, 443 = PersR 1995, 185). Innerhalb der Äußerungsfrist muss nicht nur der Beschluss des PR gefasst werden, sondern dieser auch der Dienststelle mitgeteilt werden.

9 **2. Fristverkürzung und abweichende Fristenregelung.** Satz 2 sieht unter Bezugnahme auf § 76 Abs. 6 Satz 2 und 3 sowie Abs. 7 und 8 die Möglichkeit einer einseitigen Fristverkürzung oder auch Fristverlängerung durch die Dienststelle sowie von abweichenden einverständlichen Vereinbarungen vor. Die Dienststelle kann in dringenden Fällen die Äußerungsfrist des PR auf maximal eine Woche abkürzen und im Einzelfall auch verlängern. Darüber hinaus besteht die Möglichkeit, abweichende Vereinbarungen zu treffen und zwar generell für die Dauer der Amtszeit des PR oder im Einzelfall.

10 **Eilfall.** In dringenden Fällen kann die Dienststelle die **Äußerungsfrist** des PR auf maximal eine Woche **abkürzen** (§ 76 Abs. 6 Satz 2 entsprechend). Ein dringender Fall liegt vor, wenn ein Aufschub zu erheblichen Nachteilen führen

würde (BVerwG, 15.11.1995 – 6 P 4/94 – PersR 1996, 157 = PersV 1996, 326). Auf die Kommentierung zu § 76 Abs. 6 Satz 2 wird verwiesen. Begründet wird diese durch Art. 1 Nr. 69 ÄG 2013 in das Gesetz aufgenommene ganz erhebliche Fristverkürzung damit, dass es Dienststellen möglich sein müsse, erforderliche Maßnahmen zügig umzusetzen, und die moderne Büro- und Kommunikationstechnik für den PR einen schnellen Informationsaustausch und eine kurzfristige Informationsbeschaffung möglich mache. Dennoch sollte von dieser Möglichkeit der ganz erheblichen Verkürzung der Erklärungsfrist nur sehr restriktiv Gebrauch gemacht werden um zu verhindern, dass der PR nicht unter unzumutbaren Entscheidungsdruck gerät.

Fristvereinbarung. In entsprechender Anwendung von § 76 Abs. 6 Satz 3 können der PR und die Dienststelle für die Dauer der Amtszeit des PR **generell abweichende Fristenregelungen vereinbaren.** Einvernehmlich sind damit sowohl generelle Fristverlängerungen als auch generelle Fristabkürzungen möglich. Neben dieser generellen Vereinbarung sind auch im **konkreten Einzelfall** Fristverlängerungen oder Fristabkürzungen möglich. 11

Abweichende Fristbestimmung durch Dienststelle. Die Dienststelle kann die Äußerungsfrist des PR jederzeit verlängern und in begründeten Fällen im Einvernehmen mit dem PR auch abkürzen (Satz 1 i. V. m. § 76 Abs. 7). 11a

Fristverlängerung auf Antrag des PR. Der Vorsitzende des PR kann aufgrund eines Beschlusses des Vorstands eine längere Frist, die im Antrag zu bestimmen und deren Erforderlichkeit zu begründen ist, beantragen. Entscheidet die Dienststelle nicht innerhalb von drei Arbeitstagen nach Zugang über den Antrag, gilt die Fristverlängerung im beantragten Umfang als bewilligt. Ist ein entsprechender Antrag gestellt, verlängert sich die Frist zumindest um drei Arbeitstage, es sei denn, die Dienstelle bewilligt eine längere Frist. Der Antrag kann nicht wiederholt werden (§ 76 Abs. 8). Auf die Kommentierung zu § 76 Abs. 8 wird verwiesen. 11b

V. Einwendungen des PR

1. Mitteilungs- und Begründungspflicht. Besteht der PR, nachdem die beabsichtigte Maßnahme gem. § 80 auf sein Verlangen mit ihm erörtert worden ist, auf seinen Einwendungen, so hat er die Einwendungen der Dienststelle mitzuteilen und diese zu begründen. Schriftform ist zwar nicht ausdrücklich vorgeschrieben, sie ist aber erforderlich, weil die Einwendungen u. U. am Anfang des weiteren Verfahrens stehen, bei dem die Angelegenheit auf dem Dienstweg und damit schriftlich der übergeordneten Dienststelle vorzulegen ist (§ 83). 12

2. Betroffene Beschäftigte. Soweit bei diesen Einwendungen Beschwerden oder Behauptungen tatsächlicher Art vorgetragen werden, die für einzelne Beschäftigte ungünstig sind oder ihnen nachteilig werden können, hat die Dienststelle diesen Beschäftigten Gelegenheit zur Äußerung zu geben; die Äußerung ist aktenkundig zu machen (Abs. 5 Satz 2 i. V. m. § 76 Abs. 9 Satz 2). Auf die Kommentierung zu § 76 Abs. 9 wird verwiesen. 13

VI. Nichtberücksichtigung von Einwendungen

14 **Prüfungspflicht.** Hat der PR rechtzeitig und ordnungsgemäß Einwendungen erhoben, muss die Dienststelle die Einwendungen des PR gründlich prüfen und ggf. im Rahmen der vertrauensvollen Zusammenarbeit mit dem PR erörtern. Entspricht die Dienststelle den Einwendungen ganz oder teilweise nicht, muss die Dienststelle ihre Entscheidung dem PR schriftlich mit Gründen mitteilen. Bei mehrstufigen Verwaltungen hat der PR dann die Möglichkeit zu prüfen, ob er das Mitwirkungsverfahren als Stufenverfahren fortsetzen will (s. § 83). Ansonsten ist das Mitwirkungsverfahren mit dem Zugang der begründeten Mitteilung an den PR abgeschlossen. Die Dienststelle kann die Maßnahme jedoch auch in diesem Fall erst drei Wochen nach Zugang der Mitteilung durchführen, da der PR innerhalb von drei Wochen die Angelegenheit der nächsthöheren (übergeordneten) Dienststelle, bei der eine Stufenvertretung besteht, auf dem Dienstweg mit einem Antrag auf Entscheidung vorlegen kann (s. § 83 Abs. 1 und 3).

§ 83 Stufenverfahren der Mitwirkung

(1) [1]Der Personalrat einer nachgeordneten Dienststelle kann die Angelegenheit binnen drei Wochen nach Zugang der Mitteilung der Dienststelle, dass Einwendungen nicht oder nicht in vollem Umfang berücksichtigt werden, auf dem Dienstweg der übergeordneten Dienststelle, bei der eine Stufenvertretung besteht, mit dem Antrag auf Entscheidung vorlegen. [2]DerPersonalrat leitet der Dienststelle eine Abschrift des Antrags zu. [3]Die übergeordnete Dienststelle hat die Angelegenheit der Stufenvertretung innerhalb von fünf Wochen vorzulegen. [4]Die übergeordnete Dienststelle entscheidet nach Verhandlung mit der Stufenvertretung. [5]§ 82 Absatz 1 und 3 bis 6 gilt entsprechend.

(2) [1]Die Stufenvertretung kann die Angelegenheit binnen drei Wochen der obersten Dienstbehörde vorlegen. [2]Absatz 1 Satz 2, 4 und 5 gilt entsprechend.

(3) Ist ein Antrag nach Absatz 1 oder 2 gestellt, so ist die beabsichtigte Maßnahme bis zur Entscheidung der angerufenen Dienststelle auszusetzen.

1 **Vorbemerkung.** Entspricht die Dienststelle den Einwendungen des PR nicht oder nicht in vollem Umfang, muss sie ihre Entscheidung dem PR schriftlich mit Gründen mitteilen (§ 82 Abs. 6). Bei mehrstufigen Verwaltungen hat der PR dann die Möglichkeit, das Mitwirkungsverfahren als Stufenverfahren fortzusetzen (zu nicht gestuften Verwaltungen s. § 89). § 83 regelt in Abs. 1 und 2 das Verfahren, wenn sich der PR für die Einschaltung der Stufenvertretung entscheidet. Der PR kann die Angelegenheit zunächst der übergeordneten Dienststelle vorlegen (Abs. 1) und diese danach der obersten Dienstbehörde (Abs. 2). Gem. Abs. 3 haben diese Anträge im Stufenverfahren aufschiebende Wirkung. Wird die nächsthöhere Dienststelle oder die oberste Dienstbehörde angerufen, darf die beabsichtigte Maßnahme vor Entscheidung der angerufenen Dienststelle nicht durchgeführt werden.

I. Anrufung der übergeordneten Dienststelle

1. Vorlagefrist. Entspricht die Dienststelle den Einwendungen des PR ganz oder teilweise nicht, muss die Dienststelle ihre Entscheidung dem PR schriftlich mit Gründen mitteilen (§ 82 Abs. 6). Mit dem Zugang dieser Mitteilung beim PR beginnt die Frist zu laufen. Innerhalb von drei Wochen kann der PR die Angelegenheit auf dem Dienstweg der übergeordneten Dienststelle, bei der eine Stufenvertretung besteht, mit dem Antrag auf Entscheidung vorlegen. 2

2. Mitteilung an die Dienststelle. Seiner eigenen Dienststelle hat der PR eine Abschrift des Antrags zuzuleiten. Da die beabsichtigte Maßnahme gem. Abs. 3 vor Abschluss des Stufenverfahrens nicht durchgeführt werden kann, muss die Dienststelle über die Einleitung des Stufenverfahrens informiert sein. 3

3. Beteiligung der Stufenvertretung. Die übergeordnete Dienststelle hat die Angelegenheit der bei ihr bestehenden Stufenvertretung innerhalb von fünf Wochen vorzulegen. Die Stufenvertretung ist dann aufgefordert, sich mit der Sache zu befassen. 4

4. Entscheidung. Die übergeordnete Dienststelle entscheidet nach Eingang der Stellungnahme der bei ihr bestehenden Stufenvertretung und ggf. nach Verhandlung mit dieser. 5

5. Verfahren. Gem. Satz 5 gelten die Regelungen des § 82 entsprechend, mit Ausnahme von § 82 Abs. 2, da in den Angelegenheiten, in denen gem. § 81 Abs. 2 die Mitwirkung des PR nur auf Antrag des betroffenen Beschäftigten stattfindet, das Mitwirkungsverfahren nicht als Stufenverfahren fortgesetzt werden kann (s. § 82 Abs. 2, § 82 Rn. 4). 6

Unterrichtungspflicht. Sofort nach Eingang des Antrags des PR hat die übergeordnete Dienststelle die bei ihr bestehende Stufenvertretung von dem Antrag zu **unterrichten** (§ 82 Abs. 1 entsprechend). Unterrichten ist mehr als die bloße Bekanntgabe, sie verlangt eine, u. U. auch detaillierte, Erläuterung, sodass sich die Stufenvertretung ein Bild sowohl über die beabsichtigte Maßnahme als auch über die gegensätzlichen Meinungen der nachgeordneten Dienststelle und des dortigen PR machen kann. Dies folgt auch aus der entsprechenden Anwendung von § 82 Abs. 3, der ausdrücklich festlegt, dass die Dienststelle die beabsichtigte Maßnahme auf Verlangen des PR auch begründen muss. Die Unterrichtung hat rechtzeitig zu erfolgen und auf Verlangen der Stufenvertretung ist die beabsichtigte Maßnahme mit dieser auch zu erörtern (s. § 80). 7

Zustimmungsfiktion. Die Stufenvertretung kann beschließen (§ 34), der beabsichtigten Maßnahme zuzustimmen oder sie abzulehnen. **Schweigen gilt** nach Ablauf der Frist von drei Wochen **als Zustimmung.** Die Stufenvertretung kann aber auch beschließen, der übergeordneten Dienststelle Einwendungen oder (Gegen-)Vorschläge zu unterbreiten. In diesem Fall – und auch im Fall der Ablehnung – wird in der Regel eine Erörterung (mit der gesamten Stufenvertretung, nicht mit dem Vorstand) der Angelegenheit stattfinden. Hält hier die Stufenvertretung ihre Einwendungen oder (Gegen-)Vorschläge nicht aufrecht, gilt die Maßnahme auch ohne ausdrückliche Zustimmung als gebilligt. 8

9 **Unbeachtliche Einwendungen.** Die beabsichtigte Maßnahme gilt auch dann als gebilligt, wenn die Stufenvertretung innerhalb der drei Wochen nur Einwendungen oder Gegenvorschläge vorbringt, die **offenkundig** keinen unmittelbaren Bezug zu den Mitwirkungsangelegenheiten haben. Solche Gründe sind unbeachtlich und die Maßnahme gilt als gebilligt. Gem. § 82 Abs. 5 Satz 1 hat die Stufenvertretung, wenn sie Einwendungen erhebt, der übergeordneten Dienststelle die Gründe mitzuteilen. Die übergeordnete Dienststelle hat, wenn sie den Einwendungen der Stufenvertretung nicht oder nicht in vollem Umfang entspricht, ihre Entscheidung der Stufenvertretung grundsätzlich schriftlich unter Angabe der Gründe mitzuteilen (§ 82 Abs. 6). Die übergeordnete Dienststelle darf die vorgebrachten Einwendungen der Stufenvertretung nur dann als **offenkundig unbeachtlich** übergehen, wenn diese nur allg. Art und formelhaft sind oder jeden Bezug zu der beabsichtigten **konkreten** Maßnahme vermissen lassen. Es ist nicht ausreichend, dass die Einwendungen nicht widerspruchsfrei oder nicht in vollem Umfang schlüssig sind (vgl. die Rspr. zum früheren § 82: BVerwG, 9.12.1992 – 6 P 16/91 – PersR 1993, 212 = PersV 1994, 173 und 30.4.2001 – 6 P 9/00 – PersR 2001, 382 = PersV 2001, 411).

10 **Fristbeginn.** Die Äußerungsfrist beginnt mit der ordnungsgemäßen, d. h. vollständigen Unterrichtung der Stufenvertretung durch die übergeordnete Dienststelle. Die Frist wird durch eine Erörterung weder unterbrochen noch gehemmt (BVerwG, 27.1.1995 – 6 P 22/92 – PersV 1995, 443 = PersR 1995, 185). Innerhalb der Äußerungsfrist muss nicht nur der Beschluss der Stufenvertretung gefasst, sondern dieser auch der übergeordneten Dienststelle mitgeteilt werden.

11 **Fristvereinbarung.** In entsprechender Anwendung von § 76 Abs. 6 Satz 3 können die Stufenvertretung und die übergeordnete Dienststelle für die Dauer der Amtszeit der Stufenvertretung **generell abweichende Fristenregelungen vereinbaren.** Einvernehmlich sind damit sowohl generelle Fristverlängerungen als auch generelle Fristabkürzungen möglich. Neben dieser generellen Vereinbarung sind auch im **konkreten Einzelfall** Fristverlängerungen oder Fristabkürzungen möglich.

11a **Abweichende Fristbestimmung durch Dienststelle.** Die übergeordnete Dienststelle kann die Äußerungsfrist der Stufenvertretung jederzeit verlängern und in begründeten Fällen im Einvernehmen mit der Stufenvertretung auch abkürzen (Satz 1 i. V. m. § 76 Abs. 7).

12 **Eilfall.** In dringenden Fällen kann die übergeordnete Dienststelle die Äußerungsfrist der Stufenvertretung auf maximal eine Woche **abkürzen** (§ 76 Abs. 6 Satz 2 entsprechend). Ein dringender Fall liegt vor, wenn ein Aufschub zu erheblichen Nachteilen führen würde (BVerwG, 15.11.1995 – 6 P 4/94 – PersR 1996, 157 = PersV 1996, 326). Auf die Kommentierung zu § 76 Abs. 6 Satz 2 wird verwiesen. Begründet wird diese durch Art. 1 Nr. 69 ÄG 2013 in das Gesetz aufgenommene ganz erhebliche Fristverkürzung damit, dass es Dienststellen möglich sein müsse, erforderliche Maßnahmen zügig umzusetzen, und die moderne Büro- und Kommunikationstechnik für den PR einen schnellen Informationsaustausch und eine kurzfristige Informationsbeschaffung möglich mache. Dennoch sollte von dieser Möglichkeit der ganz erheblichen Verkür-

zung der Erklärungsfrist der Stufenvertretung nur sehr restriktiv Gebrauch gemacht werden um zu verhindern, dass die Stufenvertretung nicht unter unzumutbaren Entscheidungsdruck gerät.

Fristverlängerung auf Antrag des PR. Der Vorsitzende der Stufenvertretung 13
kann aufgrund eines Beschlusses des Vorstands eine längere Frist, die im Antrag zu bestimmen und deren Erforderlichkeit zu begründen ist, beantragen. Entscheidet die übergeordnete Dienststelle nicht innerhalb von drei Arbeitstagen nach Zugang über den Antrag, gilt die Fristverlängerung im beantragten Umfang als bewilligt. Ist ein entsprechender Antrag gestellt, verlängert sich die Frist zumindest um drei Arbeitstage, es sei denn, die übergeordnete Dienstelle bewilligt eine längere Frist. Der Antrag kann nicht wiederholt werden (§ 76 Abs. 8). Auf die Erl. zu § 76 Abs. 8 wird verwiesen.

Einwendungen der Stufenvertretung. Erhebt die Stufenvertretung Einwendun- 14
gen, so hat sie diese der übergeordneten Dienstbehörde schriftlich mitzuteilen und zu begründen (§ 82 Abs. 5 Satz 1 entsprechend). Soweit Beschwerden oder Behauptungen tatsächlicher Art vorgetragen werden, die für einen Beschäftigten ungünstig sind oder ihm nachteilig werden können, hat die übergeordnete Dienstbehörde dem Beschäftigten Gelegenheit zur Äußerung zu geben; die Äußerung ist aktenkundig zu machen (§ 82 Abs. 5 Satz 1 entsprechend). Auf die Erl. zu § 76 Abs. 9 wird verwiesen.

Nichtberücksichtigung von Einwendungen. Hat die Stufenvertretung rechtzei- 15
tig und ordnungsgemäß Einwendungen erhoben, muss die übergeordnete Dienststelle die Einwendungen der Stufenvertretung gründlich prüfen und ggf. im Rahmen der vertrauensvollen Zusammenarbeit mit der Stufenvertretung erörtern. Entspricht die übergeordnete Dienststelle den Einwendungen ganz oder teilweise nicht, muss die übergeordnete Dienststelle ihre Entscheidung der Stufenvertretung schriftlich mit Gründen mitteilen. Bei mehrstufigen Verwaltungen hat die Stufenvertretung dann die Möglichkeit zu prüfen, ob sie das Stufenverfahren weiter fortsetzen und die oberste Dienstbehörde anrufen will (s. Abs. 2). Ansonsten ist das Mitwirkungsverfahren mit dem Zugang der begründeten Mitteilung an die Stufenvertretung abgeschlossen. Auch in diesem Fall kann die Maßnahme jedoch erst drei Wochen nach Zugang der Mitteilung durchgeführt werden, da die Stufenvertretung innerhalb von drei Wochen die Angelegenheit der obersten Dienstbehörde auf dem Dienstweg mit einem Antrag auf Entscheidung vorlegen kann (s. Abs. 2).

II. Anrufung der obersten Dienstbehörde

1. Voraussetzung. Entspricht die übergeordnete Dienststelle den Einwendungen 16
der Stufenvertretung ganz oder teilweise nicht, muss die übergeordnete Dienststelle ihre Entscheidung der Stufenvertretung schriftlich mit Gründen mitteilen (§ 82 Abs. 6). Innerhalb von drei Wochen nach Zugang dieser Mitteilung bei der Stufenvertretung kann diese die Angelegenheit auf dem Dienstweg der obersten Dienstbehörde mit dem Antrag auf Entscheidung vorlegen.

17 **2. Verfahren.** Für das Verfahren bei der obersten Dienstbehörde gelten die Vorschriften für das Verfahren vor der übergeordneten Dienstbehörde entsprechend. Die Stufenvertretung hat die übergeordnete Dienststelle zu unterrichten und ihr eine Abschrift ihres Antrags zuzuleiten. Die oberste Dienstbehörde entscheidet nach Verhandlung mit der bei ihr bestehenden Stufenvertretung. Äußert sich diese nicht innerhalb von drei Wochen oder hält sie bei Erörterung ihre Einwendungen und Vorschläge nicht aufrecht, so gilt die beabsichtigte Maßnahme als gebilligt. In dringenden Fällen kann die oberste Dienstbehörde diese Frist auf eine Woche abkürzen. Erhebt die Stufenvertretung Einwendungen, so hat sie diese der obersten Dienstbehörde schriftlich mitzuteilen und zu begründen. Soweit Beschwerden oder Behauptungen tatsächlicher Art vorgetragen werden, die für einen Beschäftigten ungünstig sind oder ihm nachteilig werden können, hat die oberste Dienstbehörde dem Beschäftigten Gelegenheit zur Äußerung zu geben; die Äußerung ist aktenkundig zu machen.

III. Aussetzung der beabsichtigten Maßnahme

18 **Aufschiebende Wirkung.** Fristgerechte Anträge im Stufenverfahren haben aufschiebende Wirkung. Wenn die übergeordnete Dienststelle oder die oberste Dienstbehörde angerufen werden, darf die beabsichtigte Maßnahme vor Abschluss des jeweiligen Verfahrens nicht durchgeführt werden. Die beabsichtigte Maßnahme ist bis zur Entscheidung der angerufenen Dienststelle auszusetzen.

19 **Vorläufige Regelung.** Bei Maßnahmen, die der Natur der Sache nach keinen Aufschub dulden, kann die Dienststelle gem. § 88 Abs. 4 vorläufige Regelungen treffen.

§ 84 Antrag des Personalrats

(1) [1]Der Personalrat kann eine Maßnahme, die nach § 74 Absatz 1 Nummer 2, 5 und 6, Absatz 2 und 3, § 75 Absatz 4 und § 81 Absatz 1 seiner Mitbestimmung oder Mitwirkung unterliegt, schriftlich beim Leiter der Dienststelle beantragen; der Antrag ist zu begründen. [2]§ 70 Absatz 2 Satz 1 gilt entsprechend.

(2) [1]Entspricht der Leiter der Dienststelle dem Antrag nicht oder nicht in vollem Umfang, so teilt er dem Personalrat die Entscheidung unter Angabe der Gründe schriftlich mit. [2]Das weitere Verfahren bestimmt sich nach der Art der beantragten Maßnahme und dem dafür vorgesehenen Verfahren nach den §§ 77 bis 79 und 83.

(3) § 70 Absatz 1 bleibt unberührt.

I. Initiativrecht des PR (Abs. 1)

1 **Bedeutung.** Das förmliche Initiativrecht des PR geht über das allg. Antragsrecht nach § 70 Abs. 1 Nr. 1 bzw. die Weitergabe von Anregungen und Beschwerden (§ 70 Abs. 1 Nr. 3) weit hinaus. Es dient dazu, Sachverhalte, die der PR für **regelungsbedürftig** hält, anzusprechen und die Dienststelle zu den für erforderlich gehaltenen Maßnahmen zu veranlassen (vgl z. B. BVerwG,

28.5.2009 – 6 PB 5/09 – PersR 2009, 365). Diese Sachverhalte müssen aber **regelungsfähig** sein. Gegenstand des Antrags kann deshalb nur eine **Maßnahme** sein, wie sie der Dienststellenleiter im Rahmen seines Initiativrechts an den PR herantragen könnte. Das Initiativrecht erweitert die Mitbestimmungsrechte des PR nicht, sondern setzt diese voraus (vgl. z. B. VGH Mannheim, 14.11.1989 – 15 S 452/89 – juris).

1. Antrag, Schriftform (Satz 1). Anträge des PR in den in § 84 Abs. 1 genannten Angelegenheiten bedürfen der Schriftform. Mündliche Anträge setzen das Mitbestimmungsverfahren nicht in Lauf. Eine **Begründung** der Anträge ist nun ausdrücklich vorgeschrieben. Anträge sind an den **Dienststellenleiter** zu richten; bei der Erklärungsabgabe ist § 29 Abs. 2 zu beachten. 2

Beschlussfassung. Ob ein Antrag gestellt werden soll, entscheidet der PR in seiner Gesamtheit (§ 34 Abs. 1), es sei denn, es handelt sich um eine Angelegenheit, die nur die Angehörigen einer Gruppe betrifft. In diesem Fall entscheidet die Gruppe nach § 34 Abs. 4, wenn die dortigen Voraussetzungen vorliegen, ob ein Antrag gestellt werden soll (vgl. hierzu auch Ilbertz-Widmaier § 70 Rn. 11). 3

Gegenstände des Initiativrechts. Der Antrag des PR kann sich nur auf Maßnahmen beziehen, die seiner **Mitbestimmung** bzw. **Mitwirkung** unterliegen und in **§ 84** Abs. 1 Satz 1 genannt sind. Damit besteht ein Initiativrecht in folgenden Angelegenheiten, soweit keine gesetzliche (vgl. hierzu z. B. VGH Mannheim, 14.11.1989 – 15 S 452/89 – juris) oder tarifliche Regelung besteht: 4

a) Fälle der uneingeschränkten Mitbestimmung – § 74 Abs. 1 Nr. 2, Nr. 5 und Nr. 6, § 74 Abs. 2 und 3,
b) Fälle der eingeschränkten Mitbestimmung – § 75 Abs. 4,
c) Fälle der Mitwirkung – § 81 Abs. 1.

Zuständigkeit für die Maßnahme. Der PR kann nur Anträge stellen, die Maßnahmen betreffen, für die die Dienststelle, bei der er gebildet ist, **zuständig** ist (BVerwG, 19.12.1975 – VII P 15/74 – PersV 1976, 457; VGH Mannheim, 26.4.1994 – PL 15 S 162/93 – PersR 1994, 561 = PersV 1995, 138; VGH Mannheim, 8.5.1990 – 15 S 2410/89 – PersR 1990, 373). Maßnahmen, die zum Zuständigkeitsbereich einer übergeordneten Dienststelle gehören, kann nur der dort bestehende PR (Stufenvertretung) beantragen. 5

Maßnahme des Dienststellenleiters. Der PR darf das Initiativrecht nicht dafür in Anspruch nehmen, der **bereits getroffenen Entscheidung** einer zuständigen Behörde einen anderen Vorschlag entgegenzusetzen. Das Initiativrecht kann auch nicht ausgeübt werden, wenn der Dienststellenleiter bereits eine einschlägige **Maßnahme beabsichtigt** (Ilbertz-Widmaier § 70 Rn. 3) und dem PR zur Zustimmung vorgelegt hat. Gleiches gilt bereits bei einer **erkennbar bevorstehenden Entscheidung** der Dienststelle bzw. wenn die vorgesetzte Dienststelle die Angelegenheit an sich gezogen hat (BVerwG, 22.2.1991 – 6 PB 10/90 – PersR 1991, 282 = PersV 1991, 475; BVerwG, 11.7.1995 – 6 P 22/93 – PersR 1995, 524 = PersV 1996, 212). 6

2. Entscheidungsfrist (Satz 2). Nach Abs. 1 Satz 2 gilt § 70 Abs. 2 Satz 1 entsprechend. Die Neuregelung des Initiativrechts gibt damit keine zwingende 7

Frist für die Entscheidung der Dienststelle vor. Der Dienststellenleiter **soll** jetzt aber über Initiativanträge des PR innerhalb von drei Wochen schriftlich entscheiden oder jedenfalls – wenn ihm die Einhaltung der Frist nicht möglich ist – einen schriftlichen Zwischenbescheid erteilen. Eine alsbaldige Sachbehandlung und Entscheidung erfordert im Übrigen auch der Grundsatz der vertrauensvollen Zusammenarbeit, der u. a. verlangt, dass die Dienststelle Entscheidungen über solche Anträge nicht unangemessen verzögert oder gar untätig bleibt (VGH Mannheim, 4.6.1991 – 15 S 2826/90 – PersV 1992, 451; Ilbertz-Widmaier § 70 Rn. 13).

8 **Verfahren.** Der PR kann verlangen, dass der Dienststellenleiter den Initiativantrag entgegen nimmt, sich sachlich mit diesem befasst und ggf. auf Ergänzungen oder Erläuterungen durch den PR hinwirkt. Der PR hat weiterhin einen Anspruch darauf, dass der Dienststellenleiter über diesen Antrag sachlich entscheidet.

II. Entscheidung des Dienststellenleiters (Abs. 2)

9 **1. Ablehnung (Satz 1).** Lehnt der Dienststellenleiter den Antrag ganz oder teilweise ab, so muss er nach § 84 Abs. 2 Satz 1 dem PR die Entscheidung unter Angabe der Gründe schriftlich mitteilen.

10 **2. Weiteres Verfahren (Satz 2).** Das auf die Ablehnung folgende weitere Verfahren bestimmt sich nach der Art der beantragten Maßnahme und dem dafür jeweils nach §§ 77 bis 79, 83 vorgesehenen Verfahren (§ 84 Abs. 2 Satz 2).

11 **Mitbestimmungsangelegenheiten.** Bei den Mitbestimmungsgegenständen der §§ 74 Abs. 1, 2 und 3, 75 Abs. 4 bedeutet dies, dass zunächst nach § 77 ein **Stufenverfahren** durchzuführen ist. Hierfür gelten dieselben Anforderungen, wie für einen Antrag des Dienststellenleiters (vgl. insoweit die Kommentierung zu § 77). Der PR hat dabei ggü. dem Leiter der übergeordneten Dienststelle Anspruch auf Entgegennahme der Vorlage und auf Einleitung des Stufenverfahrens durch Einschaltung der Stufenvertretung (BVerwG, 20.1.1993 – 6 P 21/90 – PersR 1993, 310 = PersV 1994, 219). Letzteres wird auch gelten müssen, wenn der Dienststellenleiter nicht in der gesetzlichen Frist auf den Initiativantrag reagiert.

12 **Einigungsstelle.** Kommt auch im Stufenverfahren eine Einigung nicht zustande, entscheidet eine Einigungsstelle über den Initiativantrag des PR (§§ 78, 79). Die Reichweite der Entscheidung der Einigungsstelle richtet sich dabei jeweils nach dem konkreten Mitbestimmungsgegenstand.

13 **Uneingeschränkte Mitbestimmung.** In den Fällen des § 74 Abs. 1, 2 und 3 besteht ein uneingeschränktes Mitbestimmungsrecht des PR. In diesen Fällen entscheidet die Einigungsstelle durchweg abschließend und **verbindlich.** Die oberste Dienstbehörde hat lediglich ausnahmsweise die Möglichkeit, die Aufhebung des Beschlusses der Einigungsstelle durch die Landesregierung in Anwendung von § 78 Abs. 2 (**Evokationsrecht**) zu beantragen. In Betracht kommt u. U. auch die Anfechtung der Entscheidung der Einigungsstelle im **Beschluss-**

verfahren vor dem Verwaltungsgericht, wenn die Einigungsstelle bei ihrer Entscheidung geltendes Recht verletzt hat.

Eingeschränkte Mitbestimmung. In den Fällen der eingeschränkten Mitbestimmung (§ 75 Abs. 4) ist ebenfalls das Stufenverfahren und ggf. das sich anschließende Einigungsstellenverfahren zu durchlaufen. In diesen Fällen kommt der Einigungsstelle aber nicht das Recht zur verbindlichen Entscheidung zu, sondern lediglich zur Abgabe einer **Empfehlung** an die oberste Dienstbehörde (§ 78 Abs. 4 Satz 1). In diesen Fällen richtet sich das weitere Verfahren dann nach § 78 Abs. 4 mit der Folge, dass die oberste Dienstbehörde der Letztentscheid zusteht und sie diese Entscheidung lediglich nach § 78 Abs. 4 Satz 3 zu begründen und bekannt zu geben braucht. 14

Mitwirkung. In den Fällen des § 81 Abs. 1, die lediglich der Mitwirkung der Personalvertretung unterliegen, richtet sich das Verfahren nach §§ 82, 83. Dies bedeutet, dass zunächst das Stufenverfahren nach den Anforderungen des § 83 i. V. m. § 82 zu durchlaufen ist. Hierbei entscheidet die übergeordnete Dienstbehörde nach Verhandlung mit der Stufenvertretung (§ 83 Abs. 1 Satz 4) und teilt, wenn sie dem Antrag des PR nicht oder nicht vollständig folgt, der Personalvertretung die Entscheidung und ihre Gründe schriftlich mit (§ 83 Abs. 1 Satz 5 i. V. m. § 82 Abs. 6). Gleiches gilt für die oberste Dienstbehörde, wenn ihr die Angelegenheit nach § 83 Abs. 2 Satz 1 vorgelegt wird. Die oberste Dienstbehörde entscheidet dann und teilt ihre Entscheidung und die Gründe der Personalvertretung mit (§ 83 Abs. 2 Satz 2 i. V. m. Abs. 1 Satz 5, § 82 Abs. 6). 15

Letztentscheidung. Im Gegensatz zu den Mitbestimmungsangelegenheiten wird in den Fällen des § 81 Abs. 1 aber keine Einigungsstelle gebildet. Führt das Verfahren nicht zu einer Einigung, so entscheidet die oberste Dienstbehörde endgültig. Diese Entscheidung kann der PR nicht im Wege des Beschlussverfahrens gerichtlich überprüfen lassen. 16

III. Allgemeine Befugnisse der Personalvertretung (Abs. 3)

Allgemeines Antragsrecht. Nach Abs. 3 bleibt § 70 Abs. 1 unberührt. Dies bedeutet, dass die Regelungen des § 84 Abs. 1 und 2 sich nur auf das förmliche Initiativrecht des PR beziehen. Hiervon zu unterscheiden ist das allg. Antragsrecht des PR bzw. dessen allg. Aufgaben, wie sie in § 70 Abs. 1 zum Ausdruck kommen. Diese Befugnisse des PR richten sich ausschließlich nach § 70. 17

§ 85 Dienstvereinbarungen

(1) [1]Dienstvereinbarungen sind in allen Angelegenheiten der Mitbestimmung nach § 74 Absatz 1 Nummer 2, 5 und 6, Absatz 2 und 3, § 75 Absatz 4 und Mitwirkung nach § 81 Absatz 1 zulässig, soweit eine gesetzliche oder tarifliche Regelung nicht besteht. [2]Sie sind ferner zulässig, soweit dieses Gesetz oder tarifvertragliche Vereinbarungen Dienstvereinbarungen vorsehen.

(2) [1]Arbeitsentgelte und sonstige Arbeitsbedingungen, die durch Tarif geregelt sind oder üblicherweise geregelt werden, können nicht Gegenstand einer Dienstvereinbarung sein. [2]Dies gilt nicht, wenn tarifvertragliche Vereinbarungen den Abschluss ergänzender Dienstvereinbarungen ausdrücklich zulassen.

(3) Dienstvereinbarungen werden durch Dienststelle und Personalrat gemeinsam beschlossen, sind schriftlich niederzulegen, von beiden Seiten zu unterzeichnen und in geeigneter Weise bekanntzumachen.

(4) Dienstvereinbarungen, die für einen größeren Bereich gelten, gehen Dienstvereinbarungen für einen kleineren Bereich vor.

(5) Sofern nichts anderes vereinbart ist, können Dienstvereinbarungen von beiden Seiten jederzeit mit einer Frist von drei Monaten gekündigt werden.

(6) [1]In Angelegenheiten der uneingeschränkten Mitbestimmung nach § 74 Absatz 1 Nummer 2, 5 und 6 sowie Absatz 2 und 3 kann die Weitergeltung einer gekündigten oder abgelaufenen Dienstvereinbarung über eine bestimmte Dauer vereinbart werden. [2]Ist keine Vereinbarung über die Dauer der Weitergeltung getroffen, endet die Weitergeltung mit Ablauf der Amtszeit des Personalrats, der zum Zeitpunkt der Kündigung oder des Auslaufens der Dienstvereinbarung amtiert hat.

(7) [1]Weitergeltende Regelungen einer gekündigten oder abgelaufenen Dienstvereinbarung können jederzeit ganz oder teilweise aufgehoben werden, soweit diese Regelungen wegen ihrer Auswirkungen auf das Gemeinwesen die Regierungsverantwortung wesentlich berühren. [2]§ 78 Absatz 2 Satz 3 bis 6 und Absatz 3 gilt entsprechend.

1 **Vorbemerkung.** Nach der durch das ÄG 2013 (damals: § 80) vollkommen neu gefassten Vorschrift sind nunmehr Dienstvereinbarungen in allen nicht auf Einzelpersonen bezogenen Mitbestimmungs- und Mitwirkungsangelegenheiten zulässig, allerdings nur, soweit eine gesetzliche oder tarifliche Regelung nicht besteht oder soweit das LPVG oder die Tarifverträge Dienstvereinbarungen ausdrücklich vorsehen. Die Aufzählung in Abs. 1 ist **abschließend**.

I. Zulässigkeit von Dienstvereinbarungen

2 **Inhalt.** Gegenstand einer Dienstvereinbarung sind zwischen dem PR und der Dienststelle getroffene **generelle** Regelungen mit Dauerwirkung. Statt jeweils im Einzelfall ein Beteiligungsverfahren durchzuführen, werden generell verbindliche Absprachen getroffen. **Maßnahmen**, die **gegenüber einzelnen Personen** ergehen, wie z. B. Einstellungen, Versetzungen oder Abordnungen, können nicht Gegenstand einer Dienstvereinbarung sein, da diese Maßnahmen sich nicht generell regeln lassen. Auch eine Vereinbarung zwischen PR und Dienststellenleiter nach § 40 Abs. 1 Satz 2 über Zeit und Ort von Sprechstunden des PR während der Arbeitszeit ist keine Dienstvereinbarung.

3 **Rechtsnatur.** Die Dienstvereinbarung ist nach überwiegender Meinung ein öffentlich-rechtlicher Vertrag und keine Satzung. Sie kann aber auch normativen Charakter haben und damit als objektives Recht unmittelbarer Inhalt der Arbeitsverhältnisse und auch der Beamtenverhältnisse sein.

1. Anwendungsbereich. Durch das ÄG 2013 sind nunmehr alle **nicht auf Einzelpersonen bezogene** Beteiligungstatbestände für den Abschluss von Dienstvereinbarungen geöffnet worden. Dies sind: 4
- die Angelegenheiten, die gem. § 74 der **uneingeschränkten Mitbestimmung** unterliegen mit Ausnahme der Gewährung von Unterstützungen etc. (§ 74 Abs. 1 Nr. 1) und der Zuweisung und Kündigung von Wohnungen (§ 74 Abs. 1 Nr. 3 und 4),
- von den Angelegenheiten, die gem. § 75 der **eingeschränkten Mitbestimmung** unterliegen, diejenigen, die sich nicht auf Maßnahmen ggü. einzelnen Personen beziehen, diese sind in § 75 Abs. 4 aufgeführt,
- die Angelegenheiten, die gem. § 81 der **Mitwirkung** unterliegen mit Ausnahme der Disziplinarverfügungen, schriftlichen Missbilligungen und schriftlichen Abmahnungen (§ 81 Abs. 2).

Nichtigkeit. Personalvertretung und Dienststelle dürfen über die Ausübung von Beteiligungsrechten nur dann eine generelle Regelung in der Form einer Dienstvereinbarung treffen, wenn das LPVG dies ausdrücklich gestattet. Dienstvereinbarungen, die über den in § 85 genannten Katalog hinausgehen, sind nichtig (BVerwG, 12.7.1984 – 6 P 14/83 – juris). 5

Gesetzes-/Tarifvorbehalt. Dienstvereinbarungen sind nur zulässig, soweit keine gesetzliche oder tarifliche Regelung besteht. Eine die Dienstvereinbarung ausschließende gesetzliche oder tarifliche Regelung liegt vor, wenn der Sachverhalt unmittelbar und abschließend geregelt ist und es zum Vollzug keines Ausführungsaktes mehr bedarf (BVerwG, 15.12.1994 – 6 P 19/92 – PersV 1995, 376 = PersR 1995, 207; s. a. § 84 Rn. 3). 6

2. Erweiterung des Anwendungsbereichs. Über den Satz 1 hinaus sind nach Satz 2 Dienstvereinbarungen auch dann zulässig, wenn das LPVG dies ausdrücklich vorsieht; so kann z. B. gem. § 79 Abs. 2 durch Dienstvereinbarung eine Einigungsstelle auf Dauer gebildet (Satz 1) oder zwischen der obersten Dienstbehörde und der zuständigen Personalvertretung eine Einigung über die unparteiische Person für den Vorsitz der Einigungsstelle für die vereinbarte Amtszeit erzielt werden. Dienstvereinbarungen sind weiter auch dann zulässig, wenn tarifvertragliche Vereinbarungen den Abschluss von Dienstvereinbarungen ausdrücklich vorsehen; dabei muss es sich um keine Angelegenheit handeln, die nach dem LPVG der Mitbestimmung oder Mitwirkung des PR unterliegt. 7

Gerichtliche Überprüfung. Über die Frage des wirksamen Bestehens von Dienstvereinbarungen und auch bei Streitigkeiten über den Inhalt und die Anwendung im Einzelfall **entscheiden** die **Verwaltungsgerichte** nach § 92 Abs. 1 Nr. 4 auf Antrag eines Beteiligten. Der einzelne **Beschäftigte** kann wegen einer etwaigen Verletzung seiner Rechte nach allgemeinem Recht die Verwaltungsgerichte (Beamte) oder die Arbeitsgerichte (Arbeitnehmer) anrufen. 8

II. Einschränkung der Zulässigkeit von Dienstvereinbarungen

1. Ausschluss von Dienstvereinbarungen. Sind Arbeitsentgelte oder sonstige Arbeitsbedingungen durch Tarifvertrag geregelt **oder** werden sie üblicherweise 9 durch Tarifvertrag geregelt, können sie nicht Gegenstand einer Dienstvereinbarung i. S. v. § 85 sein. **Arbeitsentgelte** sind alle Leistungen, die der Arbeitgeber dem Arbeitnehmer schuldet. **Sonstige Arbeitsbedingungen** sind alle Regelungen, die i. S. v. § 1 Abs. 1 und § 4 Abs. 1 TVG zu den Inhaltsnormen eines Tarifvertrags gehören können. Eine **Regelung durch Tarifvertrag** besteht, wenn die Dienststelle und ihre Arbeitnehmer zum Geltungsbereich eines bestehenden Tarifvertrags gehören, ohne dass es darauf ankommt, ob der Arbeitgeber und die Arbeitnehmer tarifgebunden sind. Eine **üblicherweise Regelung durch Tarifvertrag** ist anzunehmen, wenn die genannten Arbeitsbedingungen zwar zurzeit nicht tariflich geregelt sind, sich ein einschlägiger Tarifvertrag aber eingebürgert hat, weil diese Arbeitsbedingungen bereits in mehreren aufeinanderfolgenden Tarifverträgen oder in einem einmalig abgeschlossenen Tarifvertrag mit längerer Laufzeit geregelt waren und davon auszugehen ist, dass die Tarifvertragsparteien die Angelegenheit erneut tariflich regeln wollen.

10 **2. Tarifliche Öffnungsklausel.** Die Sperrwirkung besteht nicht, wenn der Tarifvertrag den Abschluss ergänzender Dienstvereinbarungen ausdrücklich, d. h. in einer klaren und eindeutigen positiven Bestimmung, zulässt.

III. Verfahren und Form

11 **Schriftform.** Die in Abs. 3 genannten **Formvorschriften** sind zwingend. Eine nicht in der zwingend vorgeschriebenen Form abgeschlossene Vereinbarung zwischen Dienststelle und PR ist als Dienstvereinbarung unwirksam (**nichtig**). Sie kann aber als sonstige Vereinbarung zulässig sein, hat dann jedoch nicht die Rechtswirkungen einer Dienstvereinbarung. Die Dienstvereinbarung kommt zustande, indem sich PR und Dienststellenleiter über ihren Inhalt einigen, diesen schriftlich fixieren und beide Seiten die Vereinbarung unterschreiben.

12 **Abschluss der Dienstvereinbarung.** Die **Initiative** zum Abschluss einer Dienstvereinbarung kann vom Dienststellenleiter oder vom PR ausgehen. Der PR hat einen Anspruch auf Behandlung eines entsprechenden Initiativbegehrens.

13 **Ersetzung der Zustimmung.** Die Einigungsstelle (§§ 78, 79) ist befugt, die Zustimmung des PR zu einer vom Dienststellenleiter vorgeschlagenen Dienstvereinbarung zu ersetzen (BVerwG, 17.12.2003 – 6 P 7/03 – PersV 2004, 223 = PersR 2004, 106). Dies gilt entspr. für Initiativanträge des PR nach § 84 Abs. 1.

14 **Bekanntmachung.** Die vorgeschriebene Bekanntmachung einer Dienstvereinbarung ist nicht Voraussetzung für ihre Wirksamkeit (Ilbertz-Widmaier § 73 Rn. 14; Lorenzen u. a. § 73 Rn. 8). Die Bekanntmachung, die in dienststellenüblicher Weise zu erfolgen hat, ist von der Dienststelle vorzunehmen (§ 88).

IV. Dienstvereinbarungen für einen größeren Bereich

15 **Zuständigkeit.** Dienstvereinbarungen für einen größeren Bereich kommen in Betracht bei Dienststellen, bei denen eine Stufenvertretung (§ 55) oder ein Ge-

samtPR (§ 54) gebildet ist. Die Stufenvertretung oder der GesamtPR muss nach § 91 zuständig sein; die Dienstvereinbarung wird gemeinsam mit der Dienststelle, bei der die Stufenvertretung oder der GesamtPR gebildet ist, beschlossen; ggf. sind die (örtlichen) PR der einzelnen (nachgeordneten) Dienststellen zu hören (§ 91 Abs. 3 Satz 1 und Abs. 8 Satz 3).

Vorrang. Die für einen größeren Bereich abgeschlossenen Dienstvereinbarungen gehen den für einen kleineren (nachgeordneten) Bereich abgeschlossenen Dienstvereinbarungen vor, wenn und soweit diese von den für den größeren Bereich abgeschlossenen Dienstvereinbarungen abweichen. Die für den kleineren Bereich abgeschlossenen Dienstvereinbarungen werden also ganz oder teilweise kraft Gesetzes unwirksam. Wird eine Dienstvereinbarung für einen größeren Bereich abgeschlossen, ist die Mitbestimmung der Personalvertretung im nachgeordneten Bereich nach den insoweit einschlägigen Mitbestimmungstatbeständen abgegolten (VGH Mannheim, 17.5.1988 – 15 S 1889/87 – juris). 16

V. Beendigung der Dienstvereinbarung

Beendigung. Dienstvereinbarungen enden durch Kündigung, übereinstimmende Entscheidung von Dienststelle und PR (Aufhebungsvertrag), Fristablauf, Inkrafttreten einer inhaltlich abschließenden gesetzlichen oder tariflichen Regelung oder durch Auflösung der Dienststelle. Durch den Ablauf der Amtszeit des PR oder den Wechsel des Dienststellenleiters wird ihre Wirksamkeit nicht berührt. 17

Zusammenschluss von Dienststellen. Vereinigt sich eine größere Dienststelle mit einer kleineren, so gilt eine bei der großen Dienststelle bestehende Dienstvereinbarung fort, wenn deren Dienststellen – bei gleichzeitiger Auflösung der Dienststellen der kleineren – unverändert weiter bestehen oder der Dienststellenorganismus der großen seine Identität wahrt (BVerwG, 25.6.2003 – 6 P 1/03 – PersV 2004, 48 = PersR 2003, 361). 18

Kündigung. Während Dienststelle und PR beim Aufhebungsvertrag eine einvernehmliche Regelung vereinbaren, erfolgt die Kündigung einseitig durch die Dienststelle oder den PR. Enthält die Dienstvereinbarung eine Kündigungsregelung, kann die Kündigung entsprechend dieser Regelung erfolgen. Fehlt in der Dienstvereinbarung eine ausdrückliche Kündigungsregelung, ist eine Kündigung grundsätzlich jederzeit sowohl durch die Dienststelle als auch den PR möglich, ohne dass es eines rechtfertigenden Grundes bedarf. 19

Kündigungsfrist. Ist eine Kündigungsfrist nicht vereinbart, können Dienstvereinbarungen von beiden Seiten jederzeit mit einer **Frist von drei Monaten** gekündigt werden. 19a

Fristlose Kündigung. Eine fristlose Kündigung aus wichtigem Grund ist zulässig, wenn Gründe vorliegen, die ein Festhalten an der Dienstvereinbarung bis zum Ablauf der Kündigungsfrist unzumutbar erscheinen lassen. Hinsichtlich der Regelungen einer Dienstvereinbarung, die wegen ihrer Auswirkungen auf das Gemeinwesen die **Regierungsverantwortung** wesentlich berühren (s. die 19b

Erl. zu Abs. 6 und 7), wird der Dienststelle ein außerordentliches fristloses Kündigungsrecht eingeräumt. In diesen Fällen muss die Dienststelle aus Gründen des Gemeinwohls die Dienstvereinbarung jederzeit mit sofortiger Wirkung kündigen können. Diese Voraussetzungen sind nur erfüllt, wenn die Dienstvereinbarung Bedeutung für die Erfüllung des Amtsauftrags hat, was eher selten der Fall sein dürfte. Kündigen kann auch in diesem Fall nur die beteiligte Dienststelle, nicht eine übergeordnete Dienststelle.

20 **Form der Kündigung.** Entsprechend Abs. 3, der vorschreibt, dass Dienstvereinbarungen schriftlich niederzulegen und von beiden Seiten zu unterzeichnen sind, hat auch die Kündigung schriftlich zu erfolgen. Mündliche Kündigungen sind unwirksam; die Dienstvereinbarung hat Bestand.

21 **Rechtsfolge der Kündigung.** Die Kündigung wird mit dem Zugang bei der anderen Vertragspartei wirksam. Mit Ablauf der vereinbarten Kündigungsfrist oder, wenn es an einer solchen Vereinbarung fehlt, der gesetzlichen Kündigungsfrist von drei Monaten wird die gekündigte Dienstvereinbarung unwirksam. Im Streitfall können die Vertragsparteien beim Verwaltungsgericht überprüfen lassen, ob die Dienstvereinbarung wirksam gekündigt worden ist und wenn ja, zu welchem Zeitpunkt die Unwirksamkeit der gekündigten Dienstvereinbarung eingetreten ist.

22 **Folge der Beendigung.** Mit dem Auslaufen der Dienstvereinbarung leben die für im Einzelfall bestehenden Mitbestimmungs- und Mitwirkungsrechte des PR in vollem Umfang wieder auf.

VI. Nachwirkung

23 **1. Begriff.** Im Interesse der Rechtsklarheit regelt nunmehr der durch das ÄG 2013 in das Gesetz aufgenommene Abs. 6 (damals: § 80 Abs. 5) die Frage der Nachwirkung der Dienstvereinbarung, d. h. die Weitergeltung ihrer Bestimmungen über die Beendigung der Dienstvereinbarung durch Kündigung oder Ablauf (Abs. 5) hinaus. In einer Dienstvereinbarung, in der Angelegenheiten geregelt werden, die der **uneingeschränkten Mitbestimmung** des PR unterliegen (siehe Abs. 1), können die Vertragsparteien deren **Nachwirkung vereinbaren.** In der Kündigungsbegründung muss im Einzelnen dargelegt sein, weshalb die betroffene Regelung die in Abs. 4 Satz 1 genannten Auswirkungen haben soll. Ist eine Weitergeltung nicht ausdrücklich vereinbart, endet die Geltung der Dienstvereinbarung mit deren Beendigung.

24 **2. Dauer der Nachwirkung.** Vereinbart werden kann weiter auch die **Dauer der Weitergeltung.** Ist die Weitergeltung vereinbart, aber keine Vereinbarung über die **Dauer** der Weitergeltung getroffen, endet die Weitergeltung mit Ablauf der Amtszeit des PR, der zum Zeitpunkt der Kündigung oder des Auslaufens der Dienstvereinbarung amtiert hat.

25 **Ausschluss der Nachwirkung.** Werden in einer Dienstvereinbarung Angelegenheiten geregelt, die der **eingeschränkten Mitbestimmung** oder der **Mitwirkung**

des PR unterliegen (siehe Abs. 1), können die Vertragsparteien **keine Nachwirkung** vereinbaren.

VII. Sonderkündigungsrecht

1. Voraussetzungen. Regelungen einer abgelaufenen oder gekündigten Dienstvereinbarung, für welche die Nachwirkung (Weitergeltung) vereinbart worden ist, können jederzeit ganz oder teilweise aufgehoben werden, wenn diese Regelungen wegen ihrer Auswirkungen auf das Gemeinwesen die **Regierungsverantwortung** wesentlich berühren. Im Hinblick auf die Entscheidung des BVerfG vom 24.5.1995 – 2 BvF 1/92 – (PersV 1995, 553 = PersR 1995, 483) bleiben diese nachwirkenden Regelungen unter Evokationsvorbehalt. Diese Voraussetzungen sind nur erfüllt, wenn die Dienstvereinbarung Bedeutung für die Erfüllung des Amtsauftrags hat, was eher selten der Fall sein dürfte. Der Evokationsvorbehalt muss nicht die gesamte Dienstvereinbarung umfassen, sondern kann sich auch nur auf einzelne Regelungen beziehen. Im Zweifel sind das diejenigen, wegen denen die Dienststelle die Dienstvereinbarung gekündigt hat. 26

2. Zuständigkeit/Verfahren. Das Verfahren ist geregelt durch die Verweisung in Satz 2 auf § 78 Abs. 2 Satz 3 bis 6 und Abs. 3, wo die Ausübung des Evokationsrechts bei Einigungsstellenbeschlüssen geregelt ist. Das Evokationsrecht kann nur von der Landesregierung, dem Präsident des Landtags (bei Dienstvereinbarungen der Dienststellen des Landtags) und vom Präsident des Rechnungshofs (bei Dienstvereinbarungen des Rechnungshofs) ausgeübt werden. 27

Dienstvereinbarungen nachgeordneter Dienststellen. Bei Dienstvereinbarungen nachgeordneter Dienststellen ist zunächst eine Vorlage an die oberste Dienstbehörde erforderlich, die die Angelegenheit dann der Landesregierung zur Entscheidung vorlegt. Hierbei handelt es sich um den üblichen Dienstweg, nicht um ein Stufenverfahren. Dem zuständigen PR ist jedoch Gelegenheit zu geben, innerhalb von zwei Wochen zu der Vorlage an die Landesregierung Stellung zu nehmen. Gibt er eine Stellungnahme ab, ist diese der Landesregierung zur Kenntnis zu geben. Die Entscheidung der Landesregierung ist der nachgeordneten Dienststelle und dem dortigen PR durch die oberste Dienstbehörde bekanntzugeben. Auf die Kommentierung zu § 78 Abs. 2 und 3 wird verwiesen. 28

§ 86 Anhörung des Personalrats

Soweit der Personalrat anzuhören ist, ist ihm die Angelegenheit rechtzeitig bekanntzugeben und ausreichend Gelegenheit zur Äußerung zu geben.

Grundsatz. In der zur Klarstellung durch das ÄG 2013 eingefügten Vorschrift (damals: § 81) werden nunmehr ausdrücklich die wichtigsten Voraussetzungen einer angemessenen Anhörung des PR aufgeführt. Diese berücksichtigen die Grundsätze vertrauensvoller Zusammenarbeit i. S. v. § 2 Abs. 1 und den grundsätzlichen Informationsanspruch des PR nach § 71 Abs. 1 Satz 1. Der Leiter 1 der Dienststelle teilt dem PR rechtzeitig schriftlich oder mündlich seine Absicht mit, eine bestimmte Maßnahme durchführen zu wollen, und gibt ihm ausreichend Gelegenheit, sich hierzu schriftlich oder mündlich zu äußern. Ausgehend vom Grundsatz der vertrauensvollen Zusammenarbeit wird der Leiter der Dienststelle einen Wunsch des PR, die Maßnahme mit ihm vor Vollzug zu erörtern, nicht ablehnen können.

2 **Verfahren.** Äußert sich der PR **schriftlich**, soll der Leiter der Dienststelle gem. § 87 Abs. 2 i. V. m. § 70 Abs. 2 innerhalb von drei Wochen schriftlich Stellung nehmen oder in einer Sitzung des PR diesen mündlich unterrichten; ist die Einhaltung der Frist nicht möglich, soll er einen schriftlichen Zwischenbescheid erteilen oder in einer Sitzung des PR diesen mündlich unterrichten. Entscheidet der Leiter der Dienststelle entgegen dem Votum des PR, muss er dies schriftlich oder in einer Sitzung des PR mündlich begründen. Diese besonderen Verfahrensvorschriften kommen allerdings nicht zur Anwendung bei der Kündigung von Arbeitsverhältnissen während der Probezeit, bei fristlosen Entlassungen und außerordentlichen Kündigungen (s. § 87 Abs. 1 Nr. 9), das in diesen Fällen zur Anwendung kommende Verfahren regelt § 87 Abs. 3 Sätze 1 und 2.

3 **Kündigung/Entlassung.** Bei der Kündigung von Arbeitsverhältnissen während der Probezeit, bei fristlosen Entlassungen und bei außerordentlichen Kündigungen (§ 87 Abs. 1 Nr. 9) muss die Dienststelle gem. § 87 Abs. 3 die beabsichtigte Maßnahme ggü. dem PR schriftlich oder mündlich begründen (§ 87 Abs. 3 Satz 1). Hat der PR Bedenken, so hat er dies unter Angabe der Gründe der Dienststelle unverzüglich, spätestens jedoch innerhalb von drei Arbeitstagen schriftlich mitzuteilen (§ 87 Abs. 3 Satz 2). Dies gilt jedoch nicht bei den in § 75 Abs. 5 Nr. 1 aufgeführten höheren Beamtengruppen und leitenden Beschäftigten (§ 87 Abs. 3 Satz 3).

§ 87 Angelegenheiten der Anhörung

(1) Der Personalrat ist anzuhören

1. **bei Personalplanungen,**
2. **bei Personalanforderungen zum Haushaltsvoranschlag vor der Weiterleitung; gibt der Personalrat einer nachgeordneten Dienststelle zu den Personalanforderungen eine Stellungnahme ab, so ist diese mit den Personalanforderungen der übergeordneten Dienststelle vorzulegen,**
3. **bei Raumbedarfsanforderungen für Neu-, Um- und Erweiterungsbauten von Diensträumen vor der Weiterleitung; Nummer 2 Halbsatz 2 gilt entsprechend,**
4. **bei Bauplanungsprojekten und Anmietungen,**
5. **bei räumlicher Auslagerung von Arbeit aus der Dienststelle,**
6. **bei Festlegung von Verfahren und Methoden von Wirtschaftlichkeits- und Organisationsuntersuchungen, mit Ausnahme von solchen im Rahmen der Rechnungsprüfung,**
7. **bei der Auswahl und Beauftragung von Gutachten für Wirtschaftlichkeits- und Organisationsuntersuchungen nach Nummer 6,**
8. **beim Abschluss von Arbeitnehmerüberlassungs- oder Arbeitnehmergestellungsverträgen,**

9. vor Kündigungen von Arbeitsverhältnissen während der Probezeit, bei fristlosen Entlassungen und außerordentlichen Kündigungen.

(2) In den Fällen des Absatzes 1 Nummer 1 bis 8 gilt § 70 Absatz 2 mit der Maßgabe, dass anstelle der Schriftform auch die mündliche Unterrichtung in einer Sitzung des Personalrats erfolgen kann.

(3) [1]In den Fällen des Absatzes 1 Nummer 9 hat die Dienststelle die beabsichtigte Maßnahme zu begründen. [2]Hat der Personalrat Bedenken, so hat er sie unter Angabe der Gründe der Dienststelle unverzüglich, spätestens jedoch innerhalb von drei Arbeitstagen schriftlich mitzuteilen. [3]§ 75 Absatz 5 Nummer 1 gilt entsprechend.

Vorbemerkung. In Abs. 1 der Vorschrift sind nunmehr sämtliche Angelegenheiten aufgeführt, in denen der PR anzuhören ist. Die Aufzählung ist **abschließend.** Die wichtigsten Voraussetzungen für eine angemessene Anhörung enthält § 86. Für die Kündigung von Arbeitsverhältnissen während der Probezeit, die fristlose Entlassung und die außerordentliche Kündigung (Abs. 1 Nr. 9) enthält Abs. 3 besondere Verfahrensvorschriften und beschränkt darüber hinaus den Personenkreis. Für die übrigen Angelegenheiten, in denen die Anhörung des PR zu erfolgen hat (Abs. 1 Nr. 1 bis 8) enthält Abs. 2 besondere Verfahrensvorschriften für den Fall, dass sich der PR schriftlich äußert. 1

I. Angelegenheiten der Anhörung

Nr. 1: Personalplanungen. Das Anhörungsrecht umfasst insb. die **Personalbedarfs-, Personalbeschaffungs-, Personalentwicklungs- und Personaleinsatzplanung.** Da die Dienststelle nicht verpflichtet ist, entspr. Pläne aufzustellen, besteht das Anhörungsrecht nur, soweit sie von dieser Möglichkeit Gebrauch machen will. Personalplanung ist wie jede Planung eine Prognose, die unter Berücksichtigung aller maßgebenden Faktoren mit hinreichender Wahrscheinlichkeit den Bedarf an Personal für einen bestimmten – nicht notwendigerweise längeren – Zeitraum zu ermitteln versucht. Auch ein im Zuge von Stellenstreichungen aufgestellter Personalabbauplan fällt unter Nr. 1. Das hinsichtlich der Planung bestehende Anhörungsrecht verdrängt nicht die Mitbestimmungsrechte hinsichtlich der der Planung nachfolgenden personellen Einzelmaßnahmen, wie z. B. Versetzung, Abordnung, Umsetzung und Kündigung (s. § 75). 2

Nr. 2: Personalanforderungen. Die Vorschrift bestimmt in Hs. 1, dass der PR bei Personalanforderungen zum Haushaltsvoranschlag anzuhören ist und zwar vor der Weiterleitung der Personalanforderungen. Hs. 2 bestimmt, dass bei mehrstufigen Verwaltungen die vom PR einer nachgeordneten Dienststelle abgegebene Stellungnahme der übergeordneten Dienststelle zusammen mit der Personalanforderung vorzulegen ist. Personalanforderungen umfassen den gesamten personellen Bedarf, der von einer Dienststelle angemeldet wird, und zwar aufgegliedert nach Zahl und Art der geforderten Stellen (Neustellen, Stellenhebungen, Stellenumwandlungen, Stellenübertragungen, Verlängerung oder Wegfall von kw-Vermerken). Der PR ist so rechtzeitig und umfassend zu unterrichten, dass er sich über die Personalanforderungen zum Haushaltsvoran- 3 schlag eine Meinung bilden kann und die Dienststelle die Stellungnahme des PR bei ihrem Voranschlag berücksichtigen kann.

4 **Nr. 3: Raumbedarfsanforderungen.** Die Vorschrift bestimmt in Hs. 1 dass der PR anzuhören ist bei Raumbedarfsanforderungen für Neu-, Um- und Erweiterungsbauten von Diensträumen und zwar vor der Weiterleitung dieser Anforderungen. Hs. 2 bestimmt, dass bei mehrstufigen Verwaltungen die vom PR einer nachgeordneten Dienststelle abgegebene Stellungnahme der übergeordneten Dienststelle zusammen mit der Raumbedarfsanforderung vorzulegen ist.

5 **Nr. 4: Bauplanungsprojekte und Anmietungen.** Dieser Anhörungstatbestand ist neu eingeführt worden durch das ÄG 2013. Baumaßnahmen und die Anmietung von neuen Diensträumen für die Unterbringung der Beschäftigten können erhebliche Auswirkungen auf den dienstlichen Alltag der Beschäftigten haben. Das Anhörungsrecht des PR ist deshalb über die in Nr. 3 genannten Raumbedarfsanforderungen hinaus auf die im Anschluss daran erfolgenden Bauplanungsmaßnahmen und Anmietungen erweitert worden. Der PR ist rechtzeitig noch in der Planungsphase umfassend zu unterrichten. Die Anhörungspflicht entfällt, wenn lediglich **Renovierungsarbeiten** oder geringfügige bauliche Veränderungen vorgenommen werden; die Grundsätze der vertrauensvollen Zusammenarbeit (§ 2 Abs. 1 und § 68 Abs. 1) sind aber auch in diesen Fällen zu beachten und erfordern grundsätzlich eine Information des PR. Ob nach Einführung dieses Anhörungstatbestandes noch davon ausgegangen werden kann, dass der PR keinen Anspruch hat ggü. der Dienststelle auf Teilnahme an Erörterungen und Verhandlungen, die die Dienststelle anlässlich der Planung des Neu- oder Umbaus von Diensträumen mit dem zuständigen Staatlichen Hochbauamt führt (so VGH Mannheim, 3.9.1991 – 15 S 243/91 – PersV 1992, 354), erscheint fraglich.

6 **Nr. 5: Externe Arbeitsplätze.** Der PR ist anzuhören bei der **räumlichen** Auslagerung von Arbeit aus der Dienststelle. Eine räumliche Auslagerung liegt vor, wenn die betroffenen Beschäftigten ihre Dienstaufgaben nicht mehr in den Räumen der Dienststelle, sondern in anderen Räumen, z. B. auch in ihrer Wohnung erledigen (z. B. Telearbeit). Das Anhörungsrecht erstreckt sich auf das Ob und das Wie der räumlichen Auslagerung. Der Anhörungstatbestand nach Nr. 5 entfaltet allerdings nur Bedeutung, wenn kein stärkeres Beteiligungsrecht eingreift. Beantragt z. B. ein Beschäftigter Telearbeit, so ist die Ablehnung dieses Antrags durch die Dienststelle mitbestimmungspflichtig – sofern der betroffene Beschäftigte einen Antrag auf Beteiligung des PR stellt – (§ 75 Abs. 2 Nr. 4 Alt. 1).

7 **Nr. 6 und 7: Wirtschaftlichkeits- und Organisationsuntersuchungen.** Der PR ist anzuhören bei der **Festlegung von Verfahren und Methoden** von Wirtschaftlichkeits- und Organisationsuntersuchungen, mit Ausnahme von solchen im Rahmen der Rechnungsprüfung, sowie der **Auswahl und Beauftragung von Gutachten.** Wirtschaftlichkeits- und Organisationsuntersuchungen im Rahmen der Rechnungsprüfung (z. B. durch Rechnungshof, Gemeindeprüfungsanstalt) sind von dem Anhörungsrecht ausgenommen. Werden solche Untersuchungen aber von der Prüfungsbehörde im Rahmen ihrer Beratungsfunktion auf Veran-

lassung der untersuchenden Behörde vorgenommen, ist das Anhörungsrecht des PR gegeben.

Nr. 8: Arbeitnehmerüberlassung/-gestellung. Der PR ist anzuhören beim **Abschluss** von Arbeitnehmerüberlassungs- oder Arbeitnehmergestellungsverträgen, das sind die Verträge, **auf deren Grundlage** fremde Personen in der Dienststelle eingesetzt oder eigene Beschäftigte zu Dritten entsandt werden sollen. Bei der danach folgenden Überlassung oder Gestellung des einzelnen Beschäftigten ist, wenn diese für die Dauer von mehr als zwei Monaten erfolgt, der PR nicht nur anzuhören, sondern er hat gem. § 75 Abs. 2 Nr. 3 und 4 mitzubestimmen, und zwar sowohl der PR der abgebenden als auch der PR der aufnehmenden Dienststelle (doppelte Mitbestimmung). Die Personalgestellung ist die auf **Dauer** angelegte Beschäftigung bei einem Dritten unter Fortsetzung des bestehenden Dienstverhältnisses. Die Personalgestellung wird als Instrument vor allem dann eingesetzt, wenn Aufgaben des Beschäftigten zu einem Dritten (Privater oder andere Dienststelle) verlagert werden. Der Dienstherr kann dann verlangen, dass der Beschäftigte die von ihm dienst- oder arbeitsvertraglich geschuldete Leistung bei dem Dritten erbringt (s. § 4 Abs. 3 TV-L). Eine weitere Variante ist, dass das Personal eines Dritten aufgrund eines Gestellungsvertrages in einer Dienststelle tätig wird. In beiden Fällen besteht das Arbeitsverhältnis zum bisherigen Arbeitgeber weiter, bezüglich ihrer Arbeitsleistung unterliegen die Beschäftigten jedoch dem Weisungsrecht der Dienststelle, bei der sie die Arbeitsleistung erbringen (s. § 75 Rn. 77–79). 8

Nr. 9: Kündigung/Entlassung. Die Vorschrift ist durch das Dienstrechtsreformgesetz vom 9.11.2010 dahingehend erweitert worden, dass bei Kündigungen während der Probezeit der PR nicht mehr wie bis dahin im Rahmen der Mitwirkung zu beteiligen, sondern aus Gründen der Verfahrensbeschleunigung wie bei außerordentlichen Kündigungen nur noch anzuhören ist. In der Praxis hatte sich gezeigt, dass das Mitwirkungsverfahren wegen der Äußerungs- und Handlungsfristen weit vor dem Ende der Probezeit eingeleitet werden musste, damit eine Kündigung rechtzeitig erfolgen konnte. Ist aus betriebsbedingten Gründen ausnahmsweise die **außerordentliche Kündigung eines tariflich unkündbaren Arbeitnehmers** zulässig, steht diese hinsichtlich der PR-Beteiligung einer ordentlichen Kündigung gleich, d. h. der PR hat nicht nur ein Anhörungs-, sondern ein Mitbestimmungsrecht nach § 75 Abs. 1 Nr. 12 (vgl. BAG, 5.2.1998 – 2 AZR 227/97 – PersR 1998, 387). 9

Kündigung von Arbeitsverhältnissen während der Probezeit. Der PR ist anzuhören vor jeder, auch der ordentlichen, Kündigung, die dem Beschäftigten ggü. **während des Laufs der Probezeit ausgesprochen** werden soll. Gleichgültig ist, ob das Arbeitsverhältnis durch die Kündigung **vor** Ablauf der Probezeit, **mit** dem Ende der Probezeit oder erst **nach** Ablauf der Probezeit enden soll. 10

Fristlose Entlassung. Eine Anhörung ist nur erforderlich, wenn die Entlassung des **Beamten** durch Verwaltungsakt erfolgt (§ 23 BeamtStG), nicht wenn die Entlassung gem. § 22 BeamtStG kraft Gesetzes eintritt. Der PR ist anzuhören, wenn die Entlassung fristlos, d. h. mit Wirksamkeit der Bekanntgabe der Entlassungsverfügung erfolgen soll. Die fristlose Entlassung eines Beamten ist nur 11 ganz ausnahmsweise zulässig (s. § 31 Abs. 4 Satz 1 und 2 LBG). Wenn ein Beamter auf Probe eine Handlung begeht, die im Beamtenverhältnis auf Lebenszeit mind. eine Kürzung der Dienstbezüge zur Folge hätte, kann er fristlos entlassen werden (§ 23 Abs. 3 Satz 1 Nr. 1 BeamtStG i. V. m. § 31 Abs. 4 Satz 4 LBG). Weiter ist ein Beamter, der den Diensteid oder das an dessen Stelle vorgeschriebene Gelöbnis verweigert, fristlos zu entlassen (§ 23 Abs. 1 Satz 1 Nr. 1 BeamtStG i. V. m. § 31 Abs. 4 Satz 4 LBG). Bei der Entlassung eines Beamten auf Widerruf oder der Entlassung eines Beamten auf Probe unter Einhaltung einer Frist, die an weniger strenge Voraussetzungen gebunden sind (s. § 23 Abs. 2 und 3 BeamtStG), hat der PR auf Antrag des Beamten mitzubestimmen (s. § 75 Abs. 3 Nr. 10).

12 **Außerordentliche Kündigung.** Eine außerordentliche Kündigung beendet das Arbeitsverhältnis vorzeitig und ohne Beachtung der sonst geltenden Kündigungsfristen. Sie kann nach § 626 BGB nur aus einem wichtigen Grund und innerhalb von zwei Wochen nach Kenntniserlangung vom Kündigungsgrund erfolgen. Eine außerordentliche Kündigung kann mit oder ohne Einhaltung einer Frist ergehen.

13 **Besondere Verfahrensvorschriften.** Für den Anhörungstatbestand des Nr. 9 enthält Abs. 3 besondere Verfahrensvorschriften. Die Dienststelle hat die beabsichtigte Maßnahme ggü. dem PR zu begründen (Satz 1) und dieser hat eine Äußerungsfrist (Satz 2). Darüber hinaus wird der Personenkreis, bei dem der Anhörungstatbestand zur Anwendung kommt, beschränkt (Satz 3), siehe die Kommentierung zu Abs. 3.

II. Schriftliche oder mündliche Unterrichtung des PR

14 **Anwendungsbereich.** Abs. 2 gilt nur hinsichtlich der in Abs. 1 Nr. 1 bis 8 genannten Anhörungstatbestände. Hinsichtlich der in Abs. 1 Nr. 9 genannten Anhörungstatbestände (Kündigung von Arbeitsverhältnissen während der Probezeit, fristlose Entlassung und außerordentliche Kündigung) enthält Abs. 3 Satz 1 und 2 besondere Verfahrensvorschriften.

15 **Schriftliche Unterrichtung.** Äußert sich der PR schriftlich, soll der Leiter der Dienststelle gem. § 70 Abs. 2 Satz 1 innerhalb von drei Wochen schriftlich Stellung nehmen oder, wenn die Einhaltung der Frist nicht möglich ist, innerhalb dieser Frist einen schriftlichen **Zwischenbescheid** erteilen. Entscheidet der Leiter der Dienststelle entgegen dem Votum des PR, muss er dies schriftlich begründen (§ 70 Abs. 2 Satz 2).

15a **Mündliche Unterrichtung.** Stattdessen kann der Leiter der Dienststelle den PR auch innerhalb von drei Wochen in einer Sitzung des PR mündlich unterrichten, d. h. mündlich Stellung nehmen oder, wenn dies noch nicht möglich ist, einen mündlichen **Zwischenbescheid** erteilen. Entscheidet der Leiter der Dienststelle entgegen dem Votum des PR, muss er dies schriftlich oder in einer Sitzung des PR mündlich begründen (§ 70 Abs. 2 Satz 2).

III. Verfahren in den Fällen des Abs. 1 Nr. 9

1. Begründungspflicht der Dienststelle. Vor der Kündigung eines Arbeitsverhältnisses während der Probezeit, der fristlosen Entlassung und der außerordentlichen Kündigung muss die Dienststelle die beabsichtigte Maßnahme ggü. dem PR schriftlich oder mündlich begründen. Die Dienststelle muss die beabsichtigte Maßnahme so begründen, dass sich der PR innerhalb der gesetzlichen Frist (Satz 2) zur Sache äußern kann. Dies verlangt eine vollständige Information des PR über alle maßgeblichen Umstände; wird der PR unzureichend informiert, läuft die Frist nach Satz 2 nicht. 16

2. Äußerungsfrist des PR. Hat der PR Bedenken, so hat er dies unter Angabe der Gründe der Dienststelle unverzüglich, spätestens jedoch innerhalb von drei Arbeitstagen schriftlich mitzuteilen. Die Ausschlussfrist von drei Arbeitstagen beginnt mit der – ausreichenden (s. Rn. 16) – Unterrichtung zu laufen. 17

Schwerbehinderte Beschäftigte. Ist zur außerordentlichen Kündigung die Zustimmung des Integrationsamtes (§ 91 SGB IX) erforderlich, so wird die Ausschlussfrist des § 626 Abs. 2 BGB gewahrt, wenn die Dienststelle innerhalb der Ausschlussfrist die Zustimmung beantragt, nach Erteilung der Zustimmung in der kürzest möglichen Zeit den PR beteiligt und nach Beendigung dieses Verfahrens in kürzest möglicher Zeit die Kündigung ausspricht. 18

3. Ausgenommener Personenkreis. Bei der fristlosen Entlassung von Beamten der **Besoldungsgruppe A 16** und höher, bei den obersten Dienstbehörden des Landes der **Besoldungsgruppe B 3** und höher sowie bei Landräten, Bürgermeistern und Beigeordneten, bei der außerordentlichen Kündigung des Arbeitsverhältnisses von Arbeitnehmern, die eine der Besoldungsgruppe A 16 bzw. B 3 und höher entspr. Vergütung erhalten, sowie bei leitenden Beschäftigten öffentlich-rechtlicher Kreditinstitute wird der PR **nicht angehört** und auch sonst **nicht beteiligt** (Satz 3 i. V. m. § 75 Abs. 5 Nr. 1). 19

§ 88 Durchführung von Entscheidungen, vorläufige Regelungen

(1) Entscheidungen, an denen der Personalrat beteiligt war, führt die Dienststelle durch, es sei denn, dass im Einzelfall etwas anderes vereinbart ist.

(2) Wird eine Maßnahme, welcher der Personalrat zugestimmt hat, die durch den Personalrat als gebilligt gilt oder die auf Antrag des Personalrats zustande gekommen ist, von der Dienststelle nicht oder nicht in angemessener Zeit durchgeführt, unterrichtet diese den Personalrat unter Angabe der Gründe.

(3) Der Personalrat darf nicht durch einseitige Handlungen in den Dienstbetrieb eingreifen.

(4) [1]Die Dienststelle kann bei Maßnahmen, die der Natur der Sache nach keinen Aufschub dulden, bis zur endgültigen Entscheidung vorläufige Regelungen treffen. [2]Sie hat dem Personalrat die vorläufige Regelung mitzuteilen und zu begründen und unverzüglich das Verfahren

1. in Mitbestimmungsangelegenheiten nach §§ 76 bis 78 Absatz 1,

2. in Mitwirkungsangelegenheiten nach §§ 82 und 83

einzuleiten oder fortzusetzen.

I. Durchführung von Maßnahmen

1 **Grundsatz.** Abs. 1 stellt klar, dass der **PR** trotz Mitbestimmung und Mitwirkung **keine Exekutivbefugnis** hat und dass die Verantwortlichkeit und das Direktionsrecht der Dienststelle trotz Einschränkung durch die Beteiligung des PR grundsätzlich gewahrt sind. Eine Beteiligung des PR i. S. d. Abs. 1 ist nicht nur im förmlichen Beteiligungsverfahren der Mitbestimmung und der Mitwirkung, sondern auch bei Anträgen und Anregungen etwa nach § 70 Abs. 1 Nr. 1 oder beim Abschluss von Dienstvereinbarungen nach § 85 gegeben.

2 **Abweichende Vereinbarung.** Im Einzelfall, nicht generell, kann vereinbart werden, dass der PR Entscheidungen durchführt, an denen er beteiligt war (z. B. Verwaltung einer Wohlfahrtseinrichtung, Durchführung einer Feier). Die Verantwortung der Dienststelle für den Vollzug bleibt davon aber unberührt. Die Vereinbarung über die Überlassung der Durchführung bedarf auf Seiten des PR eines Beschlusses (§ 34); es handelt sich dabei um kein laufendes Geschäft i. S. von § 28 Abs. 4 Satz 1.

3 **Abgrenzung.** Abs. 1 gilt nicht für den Vollzug von Entscheidungen, die nach dem Gesetz in die alleinige Zuständigkeit des PR fallen. So hat der PR in eigener Zuständigkeit z. B. seine laufenden Geschäfte (vgl. §§ 30 ff.) zu führen, den Wahlvorstand nach § 16 Abs. 1 zu bestellen sowie Personalversammlungen einzuberufen (§§ 49 ff.).

II. Unterlassene oder verzögerte Durchführung gebilligter Maßnahmen

4 **Verfahren nach Zustimmung.** Durch das ÄG 2013 (damals: § 83) ist die Verpflichtung zur vertrauensvollen Zusammenarbeit mit dem PR (s. § 2 Abs. 1) dahingehend konkretisiert worden, dass die Dienststelle den PR vom Unterlassen oder von der verzögerten Umsetzung bereits zugestimmter Maßnahmen unterrichten muss. Der PR hat einen Anspruch auf Information über den weiteren Fortgang einer Maßnahme, der er zugestimmt hat. Dabei ist gleichgültig, ob er dieser ausdrücklich zugestimmt hat, sie als von ihm gebilligt gilt (s. §§ 76 Abs. 9 und 82 Abs. 4 und die Erl. hierzu) oder die Maßnahme sogar auf seinen Antrag zustande gekommen ist. Entscheidend ist allein, dass die Dienststelle objektiv in der Lage ist, die Maßnahme zu vollziehen.

4a **Nichtvollzug.** Vollzieht die Dienststelle die Maßnahme nicht, obwohl sie dazu objektiv in der Lage wäre, hat sie den PR zu unterrichten. Die Gründe für die Unterlassung oder die Verzögerung müssen angegeben werden. Dies gilt nicht, wenn sich die Maßnahme auch nach Ansicht des PR erledigt hat.

4b **Rechtsfolge des Nichtvollzugs.** Vollzieht der Dienststellenleiter die Maßnahme nicht, obwohl er dazu objektiv in der Lage wäre, gilt auch insoweit das Verbot des Abs. 3. Der PR hat nur die Möglichkeit eine Dienstaufsichtsbeschwerde zu erheben oder beim Verwaltungsgericht ein personalvertretungsrechtliches Beschlussverfahren nach § 92 Abs. 1 Nr. 3 einzuleiten.

III. Verbot einseitiger Handlungen

Vertrauensvolle Zusammenarbeit. Eingriffe des PR in den Dienstbetrieb ohne 5
Einverständnis des Dienststellenleiters sind veboten. Das Verbot, durch **einseitige Handlungen** in den Dienstbetrieb einzugreifen, gilt auch dann, wenn der Dienststellenleiter – nach Ansicht des PR – seine Befugnisse überschreitet oder die vorgeschriebene Beteiligung des PR nicht herbeiführt. Der PR hat nur die Möglichkeit eine Dienstaufsichtsbeschwerde zu erheben oder beim VG ein personalvertretungsrechtliches Beschlussverfahren nach § 92 Abs. 1 Nr. 3 einzuleiten. Ein verbotswidriges Verhalten des PR stellt eine grobe Pflichtverletzung dar, die ein Ausschluss- oder Auflösungsverfahren nach § 24 Abs. 1 zur Folge haben kann, das beim VG zu beantragen ist. Außerdem wird in der Regel auch eine Verletzung der Dienstpflichten vorliegen, die bei einem Beamten zu einem Disziplinarverfahren und bei einem Arbeitnehmer zu einer Abmahnung führen kann.

IV. Vorläufige Regelungen

Grundsatz. Bei unaufschiebbaren Maßnahmen hat der Dienststellenleiter zu- 6
nächst die Möglichkeit, die Frist für die Entscheidung des PR gem. § 76 Abs. 6 Satz 2 auf eine Woche abzukürzen. Bei Maßnahmen, die der Natur der Sache nach nicht einmal einen einwöchigen Aufschub dulden, kann der Dienststellenleiter eine vorläufige Regelung treffen. Diese darf die Hauptsache grundsätzlich nicht vorwegnehmen und darf auch eine andere Entscheidung nicht unmöglich machen, also keinen endgültigen und unwiderruflichen Zustand schaffen. Die Dienststelle hat dem PR die vorläufige Regelung mitzuteilen und zu begründen und unverzüglich das Mitbestimmungs- oder Mitwirkungsverfahren einzuleiten oder zu begründen.

1. Unaufschiebbare Maßnahmen. Es muss sich um eine Maßnahme handeln, 7
die der Natur der Sache nach keinen Aufschub duldet, d. h., dass deren Durchführung zu einem späteren Zeitpunkt praktisch nicht mehr möglich oder rechtlich nicht mehr zulässig ist oder mit einer Beeinträchtigung der Interessen der Beschäftigten oder der Dienststelle verbunden wäre. Vor Erlass einer vorläufigen Maßnahme ist zu prüfen, ob eine Abkürzung der vom Gesetz in §§ 76, 77, 82, 83 und 87 eingeräumten Fristen nicht ausreichend ist (BVerwG, 14.3.1989 – 6 P 4/86 – PersR 1989, 230 = PersV 1989, 359; BVerwG, 19.4.1988 – 6 P 33/85 – PersR 1988, 159 = PersV 1988, 528; BVerwG, 22.8.1988 – 6 P 27/85 – PersR 1988, 269 = PersV 1989, 269).

Vorläufigkeit. Die Maßnahme soll nur der Sicherung dienen; sie muss eine 8
vorläufige sein und darf nicht die Hauptsache vorwegnehmen. Die Maßnahme muss sich auf das zeitlich unbedingt Notwendige beschränken und darf keine tatsächlich oder rechtlich endgültige Regelung darstellen. So kann z. B. die (unbefristete) Einstellung oder die Versetzung eines Beschäftigten, die Ernennung, Beförderung oder Entlassung eines Beamten oder die Anordnung von Überstunden nicht Gegenstand einer vorläufigen Regelung nach Abs. 4 sein.

9 **Vorwegnahme der Hauptsache.** Die allg. Grenzen vorläufiger Regelungen dürfen **ausnahmsweise** überschritten werden, wenn die beabsichtigte Maßnahme der Natur der Sache nach Einschränkungen, sei es zeitlich oder sachlich, nicht zulässt und schließlich die bei Beteiligung des PR eintretende Verzögerung zu einer Schwächung (bzw. konkreten Gefährdung) überragender Gemeinschaftsgüter oder Interessen führen würde (BVerwG, 16.12.1992 – 6 P 6/91 – PersR 1993, 123 = PersV 1993, 355). Ein **Leistungsbescheid zur Heranziehung eines Beschäftigten zum Schadensersatz** ist dann als vorläufige Regelung zulässig, wenn er die Vollstreckung bis zum Abschluss des Mitbestimmungsverfahrens aussetzt. Der Erlass eines Leistungsbescheids ist der Natur der Sache nach unaufschiebbar, wenn die Verjährung des Schadensersatzanspruchs bevorsteht (BVerwG, 25.10.1979 – 6 P 53/78 – PersV 1981, 203). Die Befristung einer Einstellung allein genügt regelmäßig nicht, um die entspr. Maßnahme als Eilmaßnahme einzustufen. Der Arbeitsvertrag ist vielmehr mit der auflösenden Bedingung zu versehen, dass im Falle der endgültigen Versagung der Zustimmung des PR das Beschäftigungsverhältnis automatisch endet (VGH Mannheim, 1.10.2002 – PL 15 S 2098/01 – PersR 2003, 79).

10 **Verfahren.** Eine Regelung nach Abs. 4 ist nur zulässig, wenn der PR der Maßnahme nicht zugestimmt hat. Die vorläufige Regelung kann auch noch nach Einleitung des Stufenverfahrens getroffen werden; **zuständig** ist stets der Dienststellenleiter auf der „örtlichen" Ebene.

11 **2. Verfahren nach der vorläufigen Maßnahme.** Die vorläufige Regelung muss dem PR unverzüglich schriftlich mitgeteilt und im Einzelnen begründet werden. Begründet werden muss zum einen, weshalb die Maßnahme keinen Aufschub duldet. Zum anderen muss begründet werden, inwiefern die Maßnahme nur der Sicherung dient und die Hauptsache nicht vorwegnimmt.

12 **Einleitung/Fortsetzung des Beteiligungsverfahrens.** Der Dienststellenleiter ist verpflichtet, das reguläre Mitbestimmungs- und Mitwirkungsverfahren **beschleunigt fortzuführen** (BVerwG, 16.12.1992 – 6 P 6/91 – PersR 1993, 123 = PersV 1993, 355). Der PR kann ggf. im gerichtlichen Beschlussverfahren nach § 92 überprüfen lassen, ob die Voraussetzungen für eine vorläufige Regelung gegeben waren.

§ 89 Zuständigkeit in nicht gestuften Verwaltungen

(1) [1]In Gemeinden und Gemeindeverbänden sowie sonstigen Körperschaften, Anstalten und Stiftungen des öffentlichen Rechts tritt in Verfahren nach den § 77 Absatz 3, §§ 78, 79 Absatz 1 Satz 2 und Absatz 3 sowie § 83 Absatz 2 an die Stelle

1. **der obersten Dienstbehörde das in ihrer Verfassung vorgesehene oberste Organ oder ein Ausschuss dieses Organs oder, wenn ein solches nicht vorhanden ist, die Aufsichtsbehörde; in Zweifelsfällen bestimmt die zuständige oberste Landesbehörde die anzurufende Stelle,**
2. **der Stufenvertretung der Personalrat,**
3. **der Landesregierung das Organ nach Nummer 1.**

[2]Besteht ein Gesamtpersonalrat, ist dieser zu hören.

(2) [1]Stehen soziale oder personelle Angelegenheiten der Beschäftigten, über die zwischen dem Personalrat und der Dienststelle keine Einigung besteht, in der Sitzung des Hauptorgans einer Gemeinde, eines Gemeindeverbandes, eines Zweckverbandes oder eines anderen öffentlich-rechtlichen Verbandes kommunaler Gebietskörperschaften zur Beratung an, so ist der Vorsitzende des Personalrats zur Darlegung der Auffassung des Personalrats in nicht öffentlicher Sitzung zu laden. [2]Das Gleiche gilt für Ausschüsse der Hauptorgane oder für vergleichbare Gremien, die aufgrund ihrer Satzung oder Verfassung als Beschlussorgan vorgesehen sind.

I. Abweichende Verfahrens- und Zuständigkeitsregelungen (Abs. 1)

1. Anwendungsbereich (Satz 1). Die allg. Regelungen des Mitbestimmungs- bzw. Mitwirkungsverfahrens gehen von einer hierarchisch aufgebauten, gestuften Verwaltung aus. § 89 Abs. 1 trifft Sonderregelungen für die Körperschaften, Anstalten und Stiftungen des öffentlichen Rechts, die unter der Aufsicht des Landes stehen, aber nicht in einen hierarchischen Behördenaufbau integriert sind. Der neugefasste § 89 führt die bisher in den §§ 69 Abs. 3 und 4, 72 Abs. 5 a. F. getroffenen Regelungen zusammen; der Abs. 2 entspricht dem früheren § 83a a. F. Für die in § 89 Abs. 1 genannten juristischen Personen des öffentlichen Rechts gelten im Mitbestimmungsverfahren und Mitwirkungsverfahren zunächst grundsätzlich die allg. Bestimmungen, die aber durch die speziellen Regelungen des § 89 Abs. 1 partiell modifiziert werden. 1

Selbstverwaltung. Das Stufenverfahren (§§ 77, 83) korrespondiert mit einer hierarchisch gegliederten Behördenstruktur („übergeordnete Dienststelle"), wie sie typischerweise in der unmittelbaren Staatsverwaltung anzutreffen ist. Erfolgt die Erfüllung öffentlicher Aufgaben nicht als Staatsverwaltung, sondern staatsunabhängig durch andere Körperschaften, Anstalten oder Stiftungen des öffentlichen Rechts, hat dies auch Auswirkungen auf das Personalvertretungsrecht. Wenn den jeweiligen juristischen Personen des öffentlichen Rechts Bereiche zur eigenverantwortlichen Aufgabenerfüllung überantwortet sind, berührt dies nicht nur den Bereich der Erfüllung der öffentlichen Aufgabe selbst, der dem staatlichen Reglement grundsätzlich entzogen ist, sondern immer auch den Bereich der Aufgabenorganisation und Personalwirtschaft, auf den das Personalvertretungsrecht bezogen ist. 2

Institutionelle Gewährleistungen. Jedenfalls wenn das Grundgesetz selbst Freiheitsbereiche bezeichnet, die möglichst weitgehend staatlicher Kontrolle und Einflussnahme entzogen sein sollen, ist im Konfliktfall zu prüfen, ob der Staat in diesen Angelegenheiten nicht von Verfassungs wegen auf die Rechtsaufsicht beschränkt ist und auch ein staatliches Evokationsrecht bzw. staatliches Letztentscheidungsrecht im Beteiligungsverfahren ausscheidet. 3

Gemeinden, Gemeindeverbände. Aus der durch Art. 28 Abs. 2 GG verbürgten kommunalen Selbstverwaltungsgarantie ist die Befugnis der Gemeinden und Gemeindeverbände zu entnehmen, ihre Angelegenheiten in eigener Verantwortung, also weisungsfrei und unter Wahrung von bestehenden Ermessens- und 4

Gestaltungsspielräumen regeln zu können. Damit schließt Art. 28 Abs. 2 GG auch ein staatliches Weisungsrecht, Letztentscheidungsrecht oder Evokationsrecht im personalvertretungsrechtlichen Verfahren aus. Dem trägt § 89 Abs. 1 Rechnung.

5 **Hochschulen.** Vergleichbare Bedeutung kommt Art. 5 Abs. 3 Satz 1 GG zu, der einen besonderen Schutz vor staatlicher Einflussnahme gewährleistet. Hochschulen sind keine nachgeordneten Behörden, sondern Orte, an denen Lehre und Forschung stattfinden. Diese Freiheitsverbürgung betrifft nicht nur den Kernbereich wissenschaftlicher Betätigung, sondern hat Bedeutung auch ggü. Organisationsnormen, wenn hierdurch eine wissenschaftsinadäquate Organisation und damit eine mögliche Grundrechtsgefährdung bewirkt wird. Art. 5 Abs. 3 Satz 1 GG fordert daher eine Hochschulorganisation und damit auch eine hochschulorganisatorische Willensbildung, die bewirkt, dass in der Hochschule freie Wissenschaft möglich ist und ungefährdet betrieben werden kann. Hierbei ist maßgeblich, ob durch die Organisationsnormen die freie wissenschaftliche Betätigung und Aufgabenerfüllung strukturell gefährdet wird. Dem ist nicht allein durch die speziellen Regelungen der §§ 99 ff. Rechnung getragen, sondern bedarf der Berücksichtigung auch bei der Ausgestaltung der personalvertretungsrechtlichen Beteiligungsverfahren.

6 **Rundfunkanstalten.** Der durch Art. 5 Abs. 1 Satz 2 GG besonders geschützten Rundfunkfreiheit wird u. a. durch die Sonderregelungen der §§ 105 ff. Rechnung getragen; vgl. die dortige Kommentierung.

7 **Kirchen.** Für die Religionsgemeinschaften, die als Körperschaften des öffentlichen Rechts organisiert sind (Art. 140 GG i. V. m. Art. 137 Abs. 5 WRV), sowie deren karitativen oder erzieherischen Einrichtungen findet das LPVG keine Anwendung (§ 115).

8 **Nr. 1: Zuständigkeit des obersten Organs.** Nach Abs. 1 Satz 1 tritt im Stufenverfahren (§ 77 Abs. 3), dem Einigungsstellenverfahren (§§ 78, 79 Abs. 1 Satz 2 und Abs. 3) sowie im Mitwirkungsverfahren (§ 83 Abs. 2) an die Stelle der obersten Dienstbehörde grundsätzlich das oberste Organ der juristischen Person oder ein Ausschuss dieses obersten Organs.

9 **Oberstes Organ.** Wer bei einer juristischen Person des öffentlichen Rechts jeweils oberstes Organ in diesem Sinne ist, ergibt sich nicht aus § 89 Abs. 1, sondern wird vom jeweiligen Organisationsrecht bestimmt (VGH Mannheim, 19.10.1999 – PL 15 S 1167/99 – PersR 2000, 27). Das LPVG verwendet keinen eigenständigen personalvertretungsrechtlichen Begriff, sondern folgt den jeweiligen durch Gesetz, Satzung oder sonstige Rechtsnorm getroffenen organisationsrechtlichen Regelungen.

10 **Gemeinden, Landkreise.** Bei dem besonders bedeutsamen kommunalen Bereich tritt an die Stelle der obersten Dienstbehörde als verfassungsmäßig zuständiges oberstes Organ der **Gemeinderat** (§ 24 Abs. 1 GemO) bzw. der **Kreistag** (§ 19 Abs. 1 LKrO).

Ausschuss. Gemeinderat und Kreistag sowie das oberste Organ anderer der Aufsicht des Landes unterstehender Körperschaften, Anstalten und Stiftungen des öffentlichen Rechts können nach Maßgabe des Kommunalverfassungsrechts oder der sonstigen für sie geltenden gesetzlichen oder satzungsmäßigen Bestimmungen ihre Aufgaben als oberstes Organ im Beteiligungsverfahren grundsätzlich auf einen (beschließenden) Ausschuss übertragen. Dadurch wird keine weitere „Einigungsstufe" eingerichtet. Die Übertragungsmöglichkeit gilt nicht für das Evokationsrecht. 11

Aufsichtsbehörde. Wenn nach dem jeweils einschlägigen Organisationsrecht kein oberstes Organ i. S. v. § 89 Abs. 1 Satz 1 Nr. 1 besteht, ist die Angelegenheit der jeweiligen Aufsichtsbehörde vorzulegen, die dann als oberstes Organ fungiert. Wer Aufsichtsbehörde für die jeweilige juristische Person ist, ergibt sich ebenfalls aus dem Organisationsrecht und dem Landesverwaltungsgesetz. Die Aufsichtsbehörde nimmt dann am Mitbestimmungsverfahren teil, ihr steht auch das Letztentscheidungsrecht im Falle der Empfehlung der Einigungsstelle zu (§ 78 Abs. 4 Satz 2). 12

Oberste Landesbehörde. Ist zweifelhaft, ob ein oberstes Organ vorhanden ist, wer als oberstes Organ zu betrachten ist bzw. wer zuständige Aufsichtsbehörde ist, bestimmt die zuständige oberste Landesbehörde die anzurufende Stelle. Die oberste Landesbehörde ist in dieser Funktion aber nie selbst oberstes Organ, sondern nur dazu berufen, das nach den jeweils maßgeblichen gesetzlichen bzw. satzungsmäßigen Regelungen vorgesehene Organ zu bestimmen. Das weitere Verfahren wird dann von dem im Zwischenverfahren bestimmten Organ weitergeführt. 13

Nr. 2: Zuständigkeit des PR. Nach Abs. 1 Satz 1 Nr. 2 kommt dem PR im Mitbestimmungsverfahren bzw. Mitwirkungsverfahren neben seiner Ausgangszuständigkeit auch die Funktion der **Stufenvertretung** zu. Dies bedeutet, dass die Angelegenheit nach einer Nichteinigung i. S. v. § 77 Abs. 1, § 83 Abs. 1 erneut mit der Ausgangspersonalvertretung zu behandeln ist. Kommt es auch in dieser Verfahrenssituation zu keiner Einigung, kann die Angelegenheit vom PR oder der Dienststelle nach § 77 Abs. 3 dem obersten Organ der juristischen Person vorgelegt werden. Auch in diesem letzten Verfahrensabschnitt mit dem obersten Organ kommt dem PR die Funktion der Stufenvertretung zu. Gleiches gilt im Mitwirkungsverfahren nach § 83. 14

GesamtPR. Fällt die Beteiligungsangelegenheit in die Zuständigkeit eines GesamtPR (§ 91 Abs. 8), so ist dieser der „Personalrat" im Sinne der Nr. 2, dem dann auch die Stellung der Stufenvertretung zukommt. Hiervon zu unterscheiden ist das Anhörungsrecht des GesamtPR nach Abs. 1 Satz 2, das nur gilt, wenn der PR zuständig ist und keine eigene Zuständigkeit des GesamtPR begründet ist. 15

Einigungsstellenverfahren. Die Zuständigkeit von oberstem Organ und PR kommt nach § 89 Abs. 1 Satz 1 auch im Einigungsstellenverfahren partiell zum Tragen (§§ 78, 79 Abs. 1 Satz 2, Abs. 3). Dies bedeutet, dass die Einigungsstelle vom PR oder vom obersten Organ bzw. Aufsichtsbehörde angerufen wer- 16 den kann (§ 78 Abs. 1). Die Beisitzer der Einigungsstelle werden vom PR und vom obersten Organ bzw. der Aufsichtsbehörde bestimmt (§ 79 Abs. 1 Satz 2). Das Äußerungsrecht vor der Einigungsstelle haben der PR und das oberste Organ bzw. die Aufsichtsbehörde (§ 79 Abs. 3 Satz 2). Das Letztentscheidungsrecht (§ 78 Abs. 4 Satz 2) hat das oberste Organ bzw. die Aufsichtsbehörde. Im Übrigen verbleibt es bei den allg. Regelungen; insoweit wird auf die Kommentierung zu §§ 78, 79 verwiesen.

17 **Nr. 3: Evokationsrecht.** Nach Abs. 1 Satz 1 Nr. 3 tritt das oberste Organ im Einigungsstellenverfahren auch an die Stelle der Landesregierung. Dies bedeutet, dass ihm auch das Evokationsrecht nach § 78 Abs. 2 Satz 3 zusteht. Das Verfahren gestaltet sich in diesem Fall derart, dass das oberste Organ dem PR und der Einigungsstelle Gelegenheit zur Stellungnahme zu geben hat. Etwaige Stellungnahmen sind ggü. dem obersten Organ abzugeben. Die Entscheidung des obersten Organs ist dem PR bekanntzugeben. Die sonstigen Verfahrensregelungen von § 78 Abs. 2 gelten auch für das oberste Organ.

18 **Keine Ausschussentscheidung.** Nach dem Wortlaut der Nr. 3, der das „Organ nach Nummer 1" nennt, ist eine Übertragung des Evokationsrechts vom obersten Organ auf einen Ausschuss ausgeschlossen. Der besonderen Bedeutung des Evokationsrechts, wie es insb. in der ansonsten erfolgten Zuweisung an die Landesregierung zum Ausdruck kommt, wird auch nur eine Entscheidung des obersten Organs, nicht aber eines Ausschusses gerecht.

19 **2. Anhörung des GesamtPR (Satz 2).** Nach Abs. 1 Satz 2 ist der GesamtPR zu hören, falls ein solcher besteht. Dies bedeutet nicht, dass ein GesamtPR an die Stelle des PR tritt und dessen in Abs. 1 Satz 1 beschriebenen Funktionen im „Stufenverfahren" bzw. im Einigungsstellenverfahren übernimmt. Insoweit verbleibt es bei der Regelung von Satz 1. Einem bestehenden GesamtPR ist im Mitbestimmungsverfahren bzw. Mitwirkungsverfahren lediglich Gelegenheit zur Äußerung zu den umstrittenen Fragen zu geben. Diese Anhörung soll sicherstellen, dass auch Belange der anderen Beschäftigten, die nicht in dem vom PR vertretenen Bereich tätig sind, ebenfalls bei der Entscheidungsfindung der Dienststelle bzw. des obersten Organs Berücksichtigung finden. Die Anhörung des GesamtPR wird durch die Dienststelle durchgeführt. Ein bestehender GesamtPR „ist" anzuhören, weshalb der Dienststelle kein Ermessen zusteht; die Anhörung ist zwingend vorgeschrieben.

20 **Zeitpunkt der Anhörung.** Wann der GesamtPR anzuhören ist, sagt Abs. 1 Satz 2 nicht. Im ersten Verfahrensabschnitt (§§ 76 Abs. 1, 82 Abs. 1) zwischen PR und der Dienststelle, die allein in die Zuständigkeit des PR fällt, kommt eine Anhörung des GesamtPR nicht in Betracht. Eine Anhörung kann erst **im Falle der Nichteinigung** erfolgen. Sachgerecht dürfte es dann aber sein, die Anhörung des GesamtPR möglichst früh durchzuführen, um die Erwägungen, die der GesamtPR in das Verfahren einführen kann, möglichst früh berücksichtigen zu können.

II. Erörterung sozialer und personeller Angelegenheiten (Abs. 2)

Anwendungsbereich. § 89 Abs. 2 entspricht dem früheren § 83a a. F. Diese Vorschrift war mit dem ÄG 95 in das Gesetz aufgenommen worden und galt bzw. gilt nur für den **kommunalen Bereich**. Nach der früheren Rechtsprechung des BVerwG (14.1.1983 – 6 P 93/78 – PersV 1984, 30) stand dem PR ggü. dem Gemeinderat oder einem Ausschuss kein Erörterungs- oder Beteiligungsrecht zu. Inhaltlich ist das durch das ÄG 95 geschaffene Teilnahme- und Vortragsrecht des PR-Vorsitzenden ausschließlich auf streitige soziale oder personelle Angelegenheiten beschränkt. Dem PR-Vorsitzenden ist es deshalb – auch unter Berücksichtigung der Schweigepflicht nach § 7 – verwehrt, aus Anlass anderer Angelegenheiten an Sitzungen des Hauptorgans oder dessen Ausschüssen teilzunehmen, um die Position des PR darzustellen. 21

1. Teilnahme- und Vortragsrecht (Satz 1). Voraussetzung des Teilnahmerechts des PR-Vorsitzenden ist ein laufendes Beteiligungsverfahren, in dem zwischen PR und Dienststelle keine Einigung erzielt werden konnte, oder ein sonstiges Verfahren, das soziale oder personelle Angelegenheiten zum Gegenstand hat. Das nicht abdingbare Teilnahme- und Vortragsrecht des PR-Vorsitzenden soll diesem die Gelegenheit geben, den Standpunkt des PR bei dem im weiteren Verfahren zur Entscheidung zuständigen Hauptorgan direkt zu Gehör zu bringen. Ein Teilnahmerecht an der Beratung oder Beschlussfassung des Hauptorgans folgt aus § 89 Abs. 2 Satz 1 nicht. 22

Hauptorgan. Das Teilnahmerecht besteht hinsichtlich von Sitzungen des Hauptorgans der Gemeinde, eines Gemeindeverbandes, eines Zweckverbandes oder eines anderen öffentlich-rechtlichen Verbandes kommunaler Gebietskörperschaften. Auf sonstige Sitzungen, z.B der Teilnahme an Sitzungen von Gemeinderatsfraktionen, erstreckt sich das Recht nicht. Ebenso ist es dem PR verwehrt, den Gemeinderatsfraktionen unmittelbar seine Stellungnahme zuzuleiten (Verstoß gegen den Grundsatz der vertrauensvollen Zusammenarbeit). 23

Soziale und personelle Angelegenheiten. Solche Angelegenheiten liegen nicht nur vor, wenn ein förmliches Beteiligungsrecht nach §§ 74, 75 besteht, das zu einem Mitbestimmungs- oder Mitwirkungsverfahren geführt hat, sondern dazu zählen alle entsprechenden Angelegenheiten, mit denen sich der PR im Rahmen seiner Aufgabenstellung zu beschäftigen hat (z. B. Initiativen nach § 70). 24

Ladung. Der Bürgermeister bzw. der jeweilige Vorsitzende des Hauptorgans oder des Ausschusses ist verpflichtet, den PR-Vorsitzenden rechtzeitig zu der Sitzung einzuladen, in der die streitige Angelegenheit im Gremium behandelt werden soll. Das Teilnahmerecht ist auf den Vorsitzenden des PR begrenzt; dazu gehört im Verhinderungsfall auch sein Stellvertreter. Weitere Personalratsmitglieder dürfen nur teilnehmen, sofern das Gremium dies über den Gesetzeswortlaut hinaus ausdrücklich zulässt. 25

Auffassung des PR. Der PR-Vorsitzende ist nur befugt, dem Hauptorgan die Auffassung des PR zur Kenntnis zu bringen. Der Inhalt der Stellungnahme vor dem Hauptorgan muss daher zuvor vom PR behandelt und grundsätzlich beschlossen worden sein. 26

27 **Schweigepflicht.** Bei sozialen und personellen Angelegenheiten geht es regelmäßig um sensible Fragen, die dem Persönlichkeitsschutz unterliegen. Die absolute Schweigepflicht des PR-Vorsitzenden (§ 7) wird durch § 89 Abs. 2 überlagert und für die dort abschließend aufgezählten Sachverhalte geöffnet. Die Bekanntgabe personenbezogener Daten ist unter Datenschutzgesichtspunkten auf den für die Entscheidungsfindung zwingend notwendigen Umfang zu beschränken. Dem Persönlichkeitsschutz trägt Abs. 2 Satz 1 auch dadurch Rechnung, dass die Sitzung in diesem Punkt nichtöffentlich sein muss.

28 **Schriftliche Stellungnahme.** Der Bürgermeister ist ohnehin verpflichtet, die ihm ggü. vom PR im Mitbestimmungs- bzw. Mitwirkungsverfahren vorgebrachten Bedenken und Einwendungen vollständig und objektiv dem beschließenden Organ vor der Beschlussfassung mitzuteilen. Danach ist es auch zulässig, dem Gemeinderat mit den Sitzungsunterlagen eine einschlägige Stellungnahme des PR zu übergeben. Ein Anspruch einzelner Gemeinderatsfraktionen auf Überlassung dieser Stellungnahmen besteht jedoch nicht, da der Informationsanspruch nur zugunsten des Gemeinderats gilt.

29 **2. Ausschüsse (Satz 2).** Satz 1 findet entspr. Anwendung, wenn Ausschüsse der Hauptorgane oder vergleichbare Gremien als Beschlussorgan vorgesehen sind.

§ 90 Verhältnis zu anderen Beteiligungsrechten

Die Personalvertretungen werden bei Maßnahmen, bei deren Vorbereitung nach § 53 des Beamtenstatusgesetzes und § 89 des Landesbeamtengesetzes die Spitzenorganisationen der zuständigen Gewerkschaften zu beteiligen sind, sowie beim Erlass von Rechtsverordnungen und Satzungen nicht beteiligt.

1 **Anwendungsbereich.** Die Vorschrift, die durch das ÄG 2013 (damals: § 84) ergänzt worden ist, schließt die Beteiligung der Personalvertretungen aus zum einen bei Maßnahmen, bei deren Vorbereitung nach § 53 BeamtStG und § 89 LBG die Spitzenorganisationen der zuständigen Gewerkschaften zu beteiligen sind, und zum anderen beim Erlass von Rechtsverordnungen und Satzungen.

2 **Gewerkschaftsbeteiligung.** Nach § 53 BeamtStG sind bei der Vorbereitung gesetzlicher Regelungen der beamtenrechtlichen Verhältnisse durch die obersten Landesbehörden die Spitzenorganisationen der zuständigen Gewerkschaften und Berufsverbände zu beteiligen; § 89 LBG dehnt dies aus auf alle allg. Regelungen (§ 89 Abs. 1 LBG) und regelt das Beteiligungsverfahren näher (§ 89 Abs. 4 LBG). Bei der Vorbereitung von Regelungen der beamtenrechtlichen Verhältnisse durch **Gesetz oder Rechtsverordnung** ist eine Beteiligung der Spitzenorganisationen der zuständigen Gewerkschaften und Berufsverbände immer erforderlich (§ 89 Abs. 2 LBG), bei der Vorbereitung von **Verwaltungsvorschriften** nur dann, wenn die Verwaltungsvorschrift Fragen von grundsätzlicher Bedeutung regelt (§ 89 Abs. 3 LBG). Ob Letzteres vorliegt, ist vor allem nach dem Gewicht und der Bedeutung zu beurteilen, die dem Inhalt der Regelung vom Blickwinkel der bestehenden Rechtsordnung her zukommt. Weitere Gesichtspunkte können sein das Gewicht der Interessen, welche die von den

Gewerkschaften und Berufsverbänden vertretenen Personengruppen haben, die Zahl der zu erwartenden Anwendungsfälle und erhebliche Interessen der Dienstherrn, die zugleich Interessen der Allgemeinheit darstellen (VGH Mannheim, 30.9.2004 – PL 15 S 2470/03 – PersR 2005, 160 zu § 120 LBG a. F., der § 89 LBG n. F. entspricht).

Rechtsverordnungen und Satzungen. Mit dieser durch das ÄG 2013 (damals: § 84) erfolgten Ergänzung der Vorschrift wird i. S. d. Rechtsprechung klargestellt, dass die Beteiligung der Personalvertretungen beim Erlass von Rechtsverordnungen und Satzungen ausgeschlossen ist, auch wenn durch einzelne in diesen enthaltene Regelungen ein personalvertretungsrechtlicher Beteiligungstatbestand tangiert wird (s. BVerwG, 7.4.2008 – 6 PB 1/08 – PersR 2008, 450). Die Gesetzgebung ist Aufgabe der Legislative, der die Personalvertretungen nicht zugeordnet sind. 3

Teil 9 Zuständigkeit des Personalrats, des Gesamtpersonalrats und der Stufenvertretungen

§ 91

(1) Der Personalrat wird an den Maßnahmen beteiligt, die die Dienststelle, bei der er gebildet ist, für ihre Beschäftigten trifft.

(2) In Angelegenheiten, in denen die Dienststelle nicht zur Entscheidung befugt ist, ist an Stelle des Personalrats die bei der zuständigen Dienststelle gebildete Stufenvertretung zu beteiligen.

(3) [1]Vor einem Beschluss in Angelegenheiten, die einzelne Beschäftigte oder Dienststellen betreffen, gibt die Stufenvertretung dem Personalrat Gelegenheit zur Äußerung. [2]In diesem Fall erhöhen sich die Beteiligungsfristen auf fünf Wochen; § 76 Absatz 6 Satz 2 findet Anwendung. [3]§ 76 Absatz 6 Satz 3 sowie Absatz 7 und 8 gilt entsprechend.

(4) Werden im Geschäftsbereich mehrstufiger Verwaltungen personelle oder soziale Maßnahmen von einer Dienststelle getroffen, bei der keine für eine Beteiligung zu diesen Maßnahmen zuständige Personalvertretung vorgesehen ist, so ist die Stufenvertretung bei der nächsthöheren Dienststelle, zu deren Geschäftsbereich die entscheidende Dienststelle und die von der Entscheidung Betroffenen gehören, zu beteiligen.

(5) Soweit der Ministerpräsident Maßnahmen für Beschäftigte des Geschäftsbereichs einer anderen obersten Dienstbehörde als des Staatsministeriums trifft, die der Beteiligung der Personalvertretung unterliegen, wird die zuständige Personalvertretung beim Vorschlag der obersten Dienstbehörde an den Ministerpräsidenten beteiligt.

(6) [1]Bei Einzelmaßnahmen, in denen die Entscheidung von einer Dienststelle getroffen wird, die zum Geschäftsbereich einer anderen obersten Dienstbehörde gehört als die, auf die sich die Maßnahme erstreckt, ist der Personalrat der Dienststelle, auf deren Beschäftigte sich die Maßnahme erstreckt, zu beteiligen. [2]Erstreckt sich die Einzelmaßnahme auf mehrere Dienststellen, ist der Personalrat jeder dieser Dienststellen zu beteiligen. [3]Erstreckt sich eine Maß-

nahme auf Dienststellen mehrerer oberster Dienstbehörden, wird bei der obersten Dienstbehörde, zu der die hauptnutzende Stelle gehört, eine gemeinsame Einigungsstelle gebildet.

(7) Ist eine Dienststelle neu errichtet und ist bei ihr ein Personalrat noch nicht gebildet worden, ist auf die Dauer von längstens sechs Monaten die bei der übergeordneten Dienststelle gebildete Stufenvertretung zu beteiligen.

(8) [1]Besteht ein Gesamtpersonalrat, so ist dieser zu beteiligen, wenn die Maßnahme über den Bereich einer Dienststelle hinausgeht. [2]Soweit der Gesamtpersonalrat zuständig ist, ist er an Stelle der Personalräte der Dienststellen zu beteiligen. [3]Vor einem Beschluss in Angelegenheiten, die einzelne Beschäftigte oder Dienststellen betreffen, gibt der Gesamtpersonalrat dem Personalrat Gelegenheit zur Äußerung. [4]Absatz 3 Satz 2 und 3 gilt entsprechend.

1 **Vorbemerkung.** Da der Teil 8 des LPVG nichts darüber sagt, welcher PR zu beteiligen ist, enthält § 91 die notwendigen Zuständigkeitsregelungen. Die Bestimmung ergänzt insoweit insb. die §§ 54 und 55 sowie die Verfahrensvorschriften der §§ 76, 77, 82 und 83. Geregelt wird die Zuständigkeitsabgrenzung zwischen örtlichem PR einerseits und Stufenvertretungen und GesamtPR andererseits.

2 **Anwendungsbereich.** § 91 gilt nicht nur für die eigentlichen Beteiligungsformen der Mitbestimmung, Mitwirkung und Anhörung, sondern **auch in den sonstigen Fällen, in denen der Personalvertretung Aufgaben zugewiesen sind.** So ist z. B. auch im Rahmen der Erfüllung der Aufgaben nach §§ 70 und 71 die Zuständigkeitsverteilung des § 91 zu beachten, sodass eine Personalvertretung, etwa eine Stufenvertretung, die in §§ 70 und 71 genannten Aufgaben nur im Rahmen ihres Zuständigkeitsbereichs wahrnehmen kann und sich bei Anträgen aufgrund dieser Vorschriften an ihren jeweiligen Partner zu wenden hat. Die Regelungen in Abs. 2 bis 7 betreffen nur den staatlichen Bereich, da es nur hier Stufenvertretungen gibt, nicht dagegen den kommunalen Bereich.

3 **Zwingende Regelung.** Die Zuständigkeitsregelungen in § 91 sind **zwingend.** Von ihnen kann weder im Einvernehmen mit allen Beteiligten noch durch Tarifvertrag oder Dienstvereinbarung (s. § 85) abgewichen werden. Sie darf auch nicht durch abweichende Übung umgangen werden; dies gilt in besonderem Maße dann, wenn durch die Beteiligung einer unzuständigen Personalvertretung eine andere, an sich zuständige Personalvertretung ausgeschaltet würde. Verstöße gegen die Zuständigkeitsverteilung in § 91 führen zur Rechtswidrigkeit und können sowohl bei der gerichtlichen Überprüfung der Maßnahme selbst geltend gemacht werden, wie auch in einem isolierten Verfahren nach § 92 Abs. 1 Nr. 3 vom Verwaltungsgericht festgestellt werden.

4 **Abweichende Regelungen.** Das LPVG selbst enthält jedoch folgende abweichende Regelungen:
- § 94 Abs. 4 Satz 1 für die Behandlung von Verschlusssachen,
- § 99 Abs. 4 Satz 3 für die Duale Hochschule,
- § 112 Abs. 1 Satz 2 und 3 für den SWR.

I. Zuständigkeit des örtlichen Personalrats (Abs. 1)

Maßnahmen der Dienststelle. Trifft die Dienststelle, bei der der örtliche PR gebildet ist, selbst eine Maßnahme für ihren eigenen Bereich, so ist der örtliche PR zuständig. Soweit die Dienststelle selbst **keine Entscheidung trifft**, sondern diese etwa nur vorbereitet oder am Zustandekommen der Maßnahme überhaupt nicht beteiligt ist, ist eine unmittelbare Beteiligung des örtlichen PR ausgeschlossen (s. VGH Mannheim, 4.3.2016 – PL 15 S 408/15 – juris). Handelt dagegen die örtliche Dienststelle entsprechend der **internen Weisung** einer übergeordneten Dienststelle, ändert dies nichts daran, dass die Maßnahme von der örtlichen Dienststelle getroffen wird und an der Zuständigkeit des örtlichen PR ändert sich deshalb nichts. Wird ein Beschäftigter im Wege der Personalgestellung einem privaten Unternehmen überlassen, ist zu unterscheiden: Übt der Leiter der Stammdienststelle arbeitsrechtliche Befugnisse aus, die nicht auf den privaten Dritten übertragen wurden, liegt eine Maßnahme dieses Dienststellenleiters vor und sein PR ist zuständig. Soweit der Dienstherr sein arbeitsvertragliches Weisungsrecht dagegen auf den privaten Dritten übertragen hat und dieser von seinem Direktionsrecht durch Weisung Gebrauch macht, handelt es sich in aller Regel um Maßnahmen des Dritten, bei denen allein ggfs. der Betriebsrat des Dritten zu beteiligen ist (VGH Mannheim, 4.3.2016 – PL 15 S 408/15 – juris). 5

Mittelbare Beteiligung des örtlichen PR. Entscheidet nicht die Dienststelle, bei der der örtliche PR gebildet ist, kommt allerdings eine mittelbare Beteiligung des örtlichen PR gemäß Abs. 3 oder Abs. 8 Satz 3 in Betracht. Wenn eine Stufenvertretung oder ein GesamtPR zu beteiligen ist und die Maßnahme einzelne Beschäftigte oder Dienststellen betrifft, geben die Stufenvertretung und der GesamtPR dem örtlichen PR Gelegenheit zur Äußerung. Das Äußerungsrecht räumt dem örtlichen PR aber nicht die dem PR sonst im Rahmen der Mitbestimmung oder Mitwirkung zustehenden Rechte ein, insb. kann der örtliche PR, wenn seiner Ansicht nicht Folge geleistet wird, nicht selbst ein Verfahren nach § 77 Abs. 1, § 78 Abs. 1 oder § 83 Abs. 1 in Gang setzen. 6

II. Zuständigkeit der Stufenvertretung (Abs. 2)

Maßnahmen der übergeordneten Dienststelle. Die Beteiligungsbefugnis der Personalvertretung folgt der Entscheidungszuständigkeit der Dienststelle. Trifft eine Dienststelle Maßnahmen als übergeordnete Dienststelle für alle oder einzelne nachgeordnete Dienststellen oder Beschäftigte, ist die bei der übergeordneten Dienststelle bestehende Stufenvertretung, d. h. der BPR, zu beteiligen. Bei einer **Entscheidung der übergeordneten Dienststelle nur für den eigenen Hausbereich** (die eigene Dienststelle und deren Beschäftigte) ist nur der örtliche PR zu beteiligen. Dies ergibt sich eindeutig aus Abs. 1 (vgl. BVerwG, 15.7.2004 – 6 P 1/04 – PersV 2005, 33 = PersR 2004, 396). 7

Maßnahmen der obersten Dienststelle. Trifft eine Dienststelle Maßnahmen als oberste Dienststelle für ihren gesamten Geschäftsbereich oder für alle oder einzelne nachgeordnete Dienststellen oder Beschäftigte, ist die bei der obersten 8

Dienststelle bestehende Stufenvertretung, d. h. der HPR, zu beteiligen. Bei einer **Entscheidung der obersten Dienststelle nur für den eigenen Hausbereich** (die eigene Dienststelle und deren Beschäftigte) ist nur der örtliche PR zu beteiligen. Dies ergibt sich eindeutig aus Abs. 1 (vgl. BVerwG, 15.7.2004 – 6 P 1/04 – PersV 2005, 33 = PersR 2004, 396).

III. Anhörung des örtlichen Personalrats (Abs. 3)

9 **Anwendungsbereich.** Ist nach Abs. 2 die Stufenvertretung zuständig, schreibt Abs. 3 vor, dass die Stufenvertretung in Angelegenheiten, die nur einzelne Beschäftigte oder Dienststellen betreffen, vor ihrer Entscheidung dem örtlichen PR Gelegenheit zur Äußerung zu geben hat. Die Regelung **ist zwingend.**

10 **1. Verfahren.** Ein Instanzenzug zwischen HPR und örtlichem PR über den BPR und umgekehrt ist nicht einzuhalten. Ist der HPR zuständig, ist der BPR überhaupt nicht einzuschalten. Die Stufenvertretung genügt ihrer Informationspflicht, wenn sie den Zustimmungsantrag des Dienststellenleiters vollständig an die örtliche Personalvertretung zur Stellungnahme innerhalb einer angemessenen Frist weiterleitet. Sie ist nicht verpflichtet, sämtliche im Laufe des Mitbestimmungsverfahrens beim Dienststellenleiter beschafften Informationen an die örtliche Personalvertretung weiterzuleiten. Das Anhörungsrecht gibt der örtlichen Personalvertretung jedenfalls keinen Anspruch darauf, dass sich die Stufenvertretung deren Begehren nach weiteren Informationen zu Eigen macht und sich damit an die zur Entscheidung befugte Dienststelle wendet (BVerwG, 2.10.2000 – 6 P 11/99 – PersR 2001, 80). Auch die Abgabe einer Stellungnahme durch den örtlichen PR ist nicht vorgeschrieben. Äußert sich jedoch der örtliche PR, ist diese Äußerung den Mitgliedern der Stufenvertretung vor ihrer Entscheidung bekanntzugeben (BVerwG, 19.7.1994 – 6 P 12/92 – PersV 1995, 77 = PersR 1994, 518).

11 **Vorbehaltsbeschlüsse.** Sog. Vorbehaltsbeschlüsse des HPR sind nicht zulässig. Fasst der HPR vor Eingang einer Stellungnahme des örtlichen PR einen Beschluss unter Vorbehalt, der bekanntgegeben wird, wenn sich der örtliche PR nicht oder i. S. d. gefassten Vorbehaltsbeschlusses äußert, verletzt dies die Informationsrechte und Entscheidungsbefugnisse der Mitglieder des HPR (BVerwG, 19.7.1994 – 6 P 12/92 – PersV 1995, 77 = PersR 1994, 518). Es ist zwar Sache der Stufenvertretung, ob und wie sie die Stellungnahme des örtlichen PR berücksichtigt, da sie daran nicht gebunden ist. Da der HPR aber meist nicht über die Kenntnisse, die für die Entscheidung des Einzelfalles erforderlich sind, verfügt wie der örtliche PR, ist der HPR für die Entscheidungsfindung auf die Stellungnahme des örtlichen PR angewiesen.

12 **Unterbliebene Anhörung.** Ob die Anhörung des örtlichen PR durchgeführt worden ist, ist von der Dienststelle nicht zu prüfen; da die Stufenvertretung an die Äußerung des örtlichen PR nicht gebunden ist, wird die der Beteiligung der Stufenvertretung unterliegende Maßnahme in ihrer Rechtswirkung durch eine unterbliebene Anhörung nicht beeinträchtigt (Altvater u. a. § 85 Rn. 13).

2. Fristverlängerung. Satz 2 Hs. 1 **verlängert** die Erklärungsfristen der Stufenvertretung nach §§ 77 und 83 von drei auf fünf Wochen, wenn die Stufenvertretung vor ihrer Entscheidung einen örtlichen PR hören muss. Für die Äußerung des örtlichen PR ggü. der Stufenvertretung legt das Gesetz dagegen keine Frist fest. Diese sollte jedoch so rechtzeitig bei der Stufenvertretung eingehen, dass sie von der Stufenvertretung bei ihrer Beratung berücksichtigt werden kann. 13

3. Fristvereinbarung. Gem. Satz 3 i. V. m. § 76 Abs. 6 Satz 3 können die Stufenvertretung und die übergeordnete Dienststelle für die Dauer der Amtszeit der Stufenvertretung **generell abweichende Fristenregelungen vereinbaren.** Einvernehmlich sind damit sowohl generelle Fristverlängerungen als auch generelle Fristabkürzungen möglich. Neben dieser generellen Vereinbarung können auch im **konkreten Einzelfall** Fristverlängerungen oder Fristabkürzungen vereinbart werden. 13a

Abweichende Fristbestimmung durch Dienststelle. Die übergeordnete Dienststelle kann die Äußerungsfrist der Stufenvertretung jederzeit verlängern und in begründeten Fällen im Einvernehmen mit der Stufenvertretung auch abkürzen (Satz 3 i. V. m. § 76 Abs. 7). 13b

Eilfall. In dringenden Fällen kann die übergeordnete Dienststelle die Erklärungsfrist der Stufenvertretung auf eine Woche abkürzen (Hs. 2 i. V. m. § 76 Abs. 6 Satz 2). Begründet wird diese durch das ÄG 2013 (damals: § 72 in das Gesetz aufgenommene ganz erhebliche Fristverkürzung damit, dass es Dienststellen möglich sein müsse, erforderliche Maßnahmen zügig umzusetzen, und die moderne Büro- und Kommunikationstechnik für den PR einen schnellen Informationsaustausch und eine kurzfristige Informationsbeschaffung möglich mache. Dennoch sollte von dieser Möglichkeit der ganz erheblichen Verkürzung der Erklärungsfrist der Stufenvertretung nur sehr restriktiv Gebrauch gemacht werden, um zu verhindern, dass der PR nicht unter unzumutbaren Entscheidungsdruck gerät. Ein dringender Fall liegt vor, wenn ein Aufschub zu erheblichen Nachteilen führen würde (BVerwG, 15.11.1995 – 6 P 4/94 – PersR 1996, 157 = PersV 1996, 326). Auf die Erl. zu § 76 Abs. 6 Satz 2 wird verwiesen. 14

3. Fristverlängerung auf Antrag des PR. Der Vorsitzende der Stufenvertretung kann eine längere Frist, die im Antrag zu bestimmen und deren Erforderlichkeit zu begründen ist, beantragen. Entscheidet die Dienststelle nicht innerhalb von drei Arbeitstagen nach Zugang über den Antrag, gilt die Fristverlängerung im beantragten Umfang als bewilligt. Ist ein entsprechender Antrag gestellt, verlängert sich die Frist zumindest um drei Arbeitstage, es sei denn, die Dienststelle bewilligt eine längere Frist. Der Antrag kann nicht wiederholt werden (Satz 3 i. V. m. § 76 Abs. 8). Auf die Kommentierung zu § 76 Abs. 7 und 8 wird verwiesen. 15

IV. Zuständigkeit der nächsthöheren Stufenvertretung (Abs. 4)

Fehlende Personalvertretung. Da die Personalvertretungen nach dem LPVG wie beim Bund und den anderen Bundesländern dreistufig (örtlicher PR, BPR, 16

HPR) sind, ergibt es sich bei mehr als dreistufigen Verwaltungen, dass bei einer oder mehreren übergeordneten Dienststellen keine Stufenvertretung besteht (s. auch § 55 Abs. 1). Dies ist z. B. in der Justizverwaltung bei den Landgerichten der Fall. Will der Landgerichtspräsident im Rahmen seiner Zuständigkeit eine beteiligungspflichtige Maßnahme nicht nur für das Landgericht selbst, sondern für die zum Landgerichtsbezirk gehörenden Amtsgerichte treffen, so ist der beim Oberlandesgericht bestehende BPR zu beteiligen. Immer dann, wenn ein Dienststellenleiter eine Maßnahme treffen will, für die bei seiner Dienststelle keine Personalvertretung vorgesehen ist, muss er eine Stufe höher gehen.

V. Maßnahmen des Ministerpräsidenten (Abs. 5)

17 **Andere oberste Dienstbehörde.** Die Vorschrift trifft eine Regelung für die Fälle, in denen **der Ministerpräsident** der Beteiligung der Personalvertretung unterliegende Maßnahmen für Beschäftigte trifft, die nicht dem Geschäftsbereich des Staatsministeriums angehören, sondern einer anderen obersten Dienstbehörde. In diesen Fällen wird die zuständige Personalvertretung bei der obersten Dienstbehörde, zu deren Geschäftsbereich die betroffenen Beschäftigten gehören, beim **Vorschlag** beteiligt, den diese Behörde dem Ministerpräsidenten unterbreitet. Gegenstand des Beteiligungsverfahrens ist also nicht die beabsichtigte Maßnahme selbst, sondern der ihr vorausgehende Vorschlag.

VI. Ressortübergreifende Maßnahmen (Abs. 6)

18 **1. Einzelmaßnahmen.** Unter die Vorschrift fallen alle sozialen, personellen und organisatorischen Einzelmaßnahmen, für die das Gesetz eine Beteiligung des PR vorsieht und über die von einer Dienststelle entschieden wird, die zu einem anderen Ressortbereich gehört als diejenige, auf welche sich die Maßnahme erstreckt (z. B. Entscheidung über die Einrichtung einer Fernmeldeanlage bei der Dienststelle X aus dem Ressortbereich des Innenministeriums durch die Oberfinanzdirektion). Zu beteiligen ist nur der PR der Dienststelle, auf deren Beschäftigte sich die Maßnahme erstreckt. Die Vorschrift gilt nur für Einzelmaßnahmen, nicht für generelle Maßnahmen.

19 **2. Beteiligung mehrerer PR.** Erstreckt sich die Einzelmaßnahme auf mehrere Dienststellen, ist der PR jeder dieser Dienststellen zu beteiligen.

20 **3. Gemeinsame Einigungsstelle.** Erstreckt sich die beteiligungspflichtige Maßnahme auf Dienststellen mehrerer oberster Dienstbehörden, wird nur eine gemeinsame Einigungsstelle eingerichtet und zwar bei der obersten Dienstbehörde, zu der die hauptnutzende Dienststelle gehört. Die Regelung ist erforderlich, um bei Maßnahmen, die sich auf Dienststellen mehrerer oberster Dienstbehörden erstrecken, u. U. auseinanderlaufende Einigungsstellenverfahren auszuschließen. Bei der Bestellung der Mitglieder der Einigungsstelle (§ 79 Abs. 1) sind die Belange der am Stufenverfahren beteiligt gewesenen ressortfremden Dienststellen und Personalvertretungen angemessen zu berücksichtigen.

VII. Neuerrichtung einer Dienststelle (Abs. 7)

Errichtungsphase. Die Vorschrift soll eine **personalratslose Zeit in neu errichteten Dienststellen vermeiden.** Dabei ist es unerheblich, ob die Dienststelle völlig neu geschaffen wird oder ob eine neue Dienststelle durch den Zusammenschluss bereits bestehender Dienststellen oder von Teilen bereits bestehender Dienststellen entsteht. Der Anwendungsbereich der Vorschrift ist jedoch erheblich eingeschränkt. Sie kommt nur dann zur Anwendung, wenn kein ÜbergangsPR gem. § 113 Abs. 1 bis 4 zuständig ist und auch keine Übergangsregelung in einem anderen Gesetz oder eine Regelung in einer gem. § 113 Abs. 5 erlassenen Rechtsverordnung eingreift. Abs. 7 hat somit praktische Bedeutung nur in den Fällen, in denen die gem. § 113 Abs. 5 erlassene Rechtsverordnung beim Wirksamwerden der Umbildung noch nicht in Kraft getreten ist. 21

Stufenvertretungen. Obwohl die Vorschrift nur vom „PR“ (= ÜbergangsPR) spricht, wird sie nach ihrem Sinn und Zweck zur Schließung einer offensichtlichen Regelungslücke auch auf den BPR angewandt werden können. 22

VIII. Zuständigkeit des Gesamtpersonalrats (Abs. 8)

1. Zuständigkeit des GesamtPR. Die Vorschrift grenzt die Zuständigkeit des GesamtPR und der PR in personalvertretungsrechtlich aufgegliederten Dienststellen (s. § 5 Abs. 3) ab; für den SWR gilt allerdings die Sonderregelung in § 112 Abs. 1 Satz 2 und 3. Die Zuständigkeit des GesamtPR ist gegeben, wenn die beabsichtigte Maßnahme über den Bereich einer personalvertretungsrechtlich verselbstständigten Dienststelle hinausgeht. In Abs. 8 wird nicht, wie dies in Abs. 1 und 2 der Fall ist, auf die Zuständigkeit des Leiters der Dienststelle, sondern auf die Dienststelle als solche abgestellt. Maßgebend ist also, für welche personalvertretungsrechtlich verselbstständigte Dienststelle die beabsichtigte Maßnahme gelten oder getroffen werden soll. Ist von einer beabsichtigten Maßnahme nur eine der im Bereich der Gesamtdienststelle (verwaltungsorganisatorischen Dienststelle) bestehende personalvertretungsrechtlich verselbstständigte Dienststelle betroffen, so beschränkt sich diese Maßnahme, auch wenn sie vom Leiter der Gesamtdienststelle getroffen wird, auf diese Dienststelle und geht nicht über sie hinaus. Es ist also die Zuständigkeit des bei der personalvertretungsrechtlich verselbstständigten Dienststelle gebildeten PR und nicht die Zuständigkeit des GesamtPR gegeben. 23

2. Verhältnis zum örtlichen PR. Wenn der GesamtPR nach Abs. 8 Satz 1 zuständig ist, ist allein er an Stelle des PR der Dienststelle zu beteiligen, d. h. es gibt keine Doppelbefassung. 24

3. Anhörung des örtlichen PR. Betrifft eine Maßnahme, für die der GesamtPR nach Satz 1 zuständig ist, zugleich einzelne Beschäftigte oder einzelne Dienststellen besonders, ist der GesamtPR verpflichtet, den durch seine Zuständigkeit ausgeschlossenen PR anzuhören. Die Erklärungsfrist des GesamtPR verlängert sich dann auf fünf Wochen (Satz 4 Hs. 1 i. V. m. Abs. 3 Satz 2). 25

26 **4. Fristvereinbarung.** Gem. Satz 4 Hs. 2 i. V. m. Abs 3 Satz 4 und § 76 Abs. 6 Satz 3 können der GesamtPR und die Dienststelle für die Dauer der Amtszeit des GesamtPR **generell abweichende Fristenregelungen vereinbaren.** Einvernehmlich sind damit sowohl generelle Fristverlängerungen als auch generelle Fristabkürzungen möglich. Neben dieser generellen Vereinbarung können auch im **konkreten Einzelfall** Fristverlängerungen oder Fristabkürzungen vereinbart werden.

27 **Abweichende Fristbestimmung durch Dienststelle.** Die Dienststelle kann die Äußerungsfrist des GesamtPR jederzeit verlängern und in begründeten Fällen im Einvernehmen mit dem GesamtPR auch abkürzen (Satz 4 Hs. 2 i. V. m. Abs. 3 Satz 4 und § 76 Abs. 6 Satz 3).

28 **Eilfall.** In dringenden Fällen kann die Dienststelle die Erklärungsfrist des GesamtPR auf eine Woche abkürzen (Satz 4 Hs. 2 i. V. m. Abs. 3 Satz 3 und § 76 Abs. 6 Satz 2). Begründet wird diese durch das ÄG 2013 (damals: § 72) in das Gesetz aufgenommene ganz erhebliche Fristverkürzung damit, dass es Dienststellen möglich sein müsse, erforderliche Maßnahmen zügig umzusetzen, und die moderne Büro- und Kommunikationstechnik für den PR einen schnellen Informationsaustausch und eine kurzfristige Informationsbeschaffung möglich mache. Dennoch sollte von dieser Möglichkeit der ganz erheblichen Verkürzung der Erklärungsfrist des GesamtPR nur sehr restriktiv Gebrauch gemacht werden, um zu verhindern, dass dieser nicht unter unzumutbaren Entscheidungsdruck gerät. Ein dringender Fall liegt vor, wenn ein Aufschub zu erheblichen Nachteilen führen würde (BVerwG, 15.11.1995 – 6 P 4/94 – PersR 1996, 157 = PersV 1996, 326). Auf die Erl. zu § 76 Abs. 6 wird verwiesen.

29 **Fristverlängerung auf Antrag des PR.** Der Vorsitzende des GesamtPR kann eine längere Frist, die im Antrag zu bestimmen und deren Erforderlichkeit zu begründen ist, beantragen. Entscheidet die Dienststelle nicht innerhalb von drei Arbeitstagen nach Zugang über den Antrag, gilt die Fristverlängerung im beantragten Umfang als bewilligt. Ist ein entsprechender Antrag gestellt, verlängert sich die Frist zumindest um drei Arbeitstage, es sei denn, die Dienststelle bewilligt eine längere Frist. Der Antrag kann nicht wiederholt werden (Satz 4 Hs. 2 i. V. m. Abs. 3 Satz 4 und § 76 Abs. 8). Auf die Kommentierung zu § 76 Abs. 8 wird verwiesen.

Teil 10 Gerichtliche Entscheidungen

§ 92

(1) Die Verwaltungsgerichte entscheiden außer in den Fällen der §§ 21, 24, 47 Absatz 1 und 4, § 48 Absatz 4 sowie § 64 Satz 2 über

1. **Wahlberechtigung und Wählbarkeit,**
2. **Wahl, Amtszeit und Zusammensetzung der Personalvertretungen und der in § 59 genannten Vertretungen,**
3. **Zuständigkeit und Geschäftsführung der Personalvertretungen,**

4. Bestehen oder Nichtbestehen von Dienstvereinbarungen.

(2) Die Vorschriften des Arbeitsgerichtsgesetzes über das Beschlussverfahren gelten entsprechend.

I. Entscheidungen des Verwaltungsgerichts (Abs. 1)

1 **Gerichte.** Nach Abs. 1 entscheiden in personalvertretungsrechtlichen Verfahren die Verwaltungsgerichte. Das sind die erstinstanzlich entscheidenden Verwaltungsgerichte Freiburg, Karlsruhe, Sigmaringen und Stuttgart, der Verwaltungsgerichtshof Baden-Württemberg in Mannheim sowie das Bundesverwaltungsgericht (§§ 2, 184 VwGO). Die Zuweisung der Materie zu den Verwaltungsgerichten ist bundesrechtlich durch § 106 BPersVG vorgegeben.

2 **Sachliche Zuständigkeit.** Die Verwaltungsgerichte (Fachkammern, Fachsenat – vgl. § 93) entscheiden in den in Abs. 1 genannten Fällen. Diese Aufzählung ist abschließend. Über personalvertretungsrechtliche Fragen können aber auch andere Gerichte inzident entscheiden, wenn sich diese Problematik im dortigen Verfahren als Vorfrage (z. B. im beamtenrechtlichen Verfahren des Verwaltungsgerichts oder im arbeitsgerichtlichen Verfahren) stellt.

3 **Wahlanfechtung, Auflösung.** Die Verwaltungsgerichte entscheiden über die Wahlanfechtung nach § 21 und den Antrag auf Ausschluss einzelner PR-Mitglieder bzw. auf Auflösung des PR (§ 24). Bei Ungültigerklärung der Wahl bzw. Auflösung des PR setzt der Vorsitzende der Personalvertretungskammer einen Wahlvorstand ein, sobald die stattgebende Entscheidung rechtskräftig geworden ist (§§ 21 Abs. 2 Satz 1, 24 Abs. 3 Satz 1).

4 **Schutz des Arbeitsplatzes.** Zuständig ist die Personalvertretungskammer auch in den Fällen des **§ 47 Abs. 1 und 4**. Nach § 47 Abs. 1 Satz 3 kann im Falle der beabsichtigten **Versetzung** eines Personalratsmitglieds das Verwaltungsgericht die erforderliche **Zustimmung des PR ersetzen**, wenn der Dienststellenleiter die Ersetzung beantragt. Gleiches gilt für den Fall der beabsichtigten **außerordentlichen Kündigung** eines PR-Mitglieds. Auch hier kann der Dienststellenleiter die Ersetzung der erforderlichen Zustimmung des PR im gerichtlichen Verfahren beantragen (§ 47 Abs. 4 Satz 2). Durch das Dienstrechtsreformgesetz wurde die Regelung des § 108 Abs. 1 BPersVG in das LPVG integriert; eine inhaltliche Veränderung ist damit nicht verbunden. Über Verweisungen wird die Schutzvorschrift im bisherigen Umfang auf Wahlvorstandsmitglieder und Wahlbewerber (§ 20 Abs. 1 Satz 3), Mitglieder von Gesamtpersonalräten (§ 54 Abs. 4) und Mitglieder von Haupt- und Bezirkspersonalräten (§ 55 Abs. 3) erstreckt.

5 **Übernahme Auszubildender.** Beabsichtigt die Dienststelle, einen Auszubildenden, der PR-Mitglied ist, nach erfolgreicher Beendigung des Berufsausbildungsverhältnisses nicht in ein Arbeitsverhältnis auf unbestimmte Zeit zu übernehmen, gelten die Regelungen des § 48. Das Verwaltungsgericht entscheidet dabei über den Antrag der Dienststelle, festzustellen, dass mit dem Auszubildenden

kein Arbeitsverhältnis begründet worden bzw. das bereits begründete Arbeitsverhältnis aufzulösen sei (§ 48 Abs. 4).

6 **Schutz der JAV-Mitglieder.** § 64 Satz 2 erstreckt die Vorschriften über den Schutz des Arbeitsplatzes auf die Mitglieder der JAV durch entspr. Anwendung von §§ 47 Abs. 1 und 4, 48, sodass das Verwaltungsgericht im oben dargestellten Umfang über Anträge des Dienststellenleiters zu entscheiden hat.

7 **Nr. 1: Wahlberechtigung und Wählbarkeit.** Im Vorfeld einer Wahl können Streitigkeiten über die Wahlberechtigung (§ 8) sowie die Wählbarkeit von Kandidaten (§ 9) auftauchen, über die das Verwaltungsgericht auf Antrag zu entscheiden hat. Hierzu rechnen auch Verfahren, in denen über die Gruppenzugehörigkeit gestritten wird.

8 **Nr. 2: Wahl, Amtszeit, Zusammensetzung.** Nach Abs. 1 Nr. 2 ist über die Wahl der Personalvertretungen (PR, GesamtPR, BPR, HPR und AusbildungsPR) zu entscheiden; entsprechend gilt Nr. 2 für die in § 59 genannten Vertretungen. Strittig können alle Fragen über die Voraussetzungen der Wahl, deren Durchführung sowie deren Ergebnis sein. Nach **Ablauf der Wahlanfechtungsfrist** bzw. rechtskräftiger Ablehnung des Anfechtungsbegehrens hat das Wahlergebnis grundsätzlich Bestand, wenn es nicht ausnahmsweise nichtig ist. Die Feststellung der Nichtigkeit kann auch nach Ablauf der Anfechtungsfrist begehrt werden. Sonstigen auf die Wahl bezogenen Feststellungsanträgen ist dann grundsätzlich das Rechtsschutzinteresse abzusprechen. Verfahren über die Amtszeit betreffen Beginn, Ende und Dauer der Amtszeit der Personalvertretungen sowie der Mitgliedschaft in denselben. Die Frage der Zusammensetzung der Personalvertretung stellt sich typischerweise bei der (zeitweiligen) Verhinderung eines Mitglieds.

9 **Nr. 3: Zuständigkeit, Geschäftsführung.** In der gerichtlichen Praxis stellt dies die zentrale Fallgruppe dar. Hierzu rechnen alle Aufgaben und Befugnisse, die das LPVG den Personalvertretungen im Verhältnis zur Dienststelle zuweist. Streitigkeiten können sich aber auch über interne Fragen, wie Einberufung und Durchführung von Sitzungen, ergeben.

10 **Maßnahmen des Dienststellenleiters.** Relevanz hat diese Regelung aber nicht nur für den PR, sondern auch für den Dienststellenleiter. Im Verhältnis zum PR und dessen Mitglieder sind ihm **einseitige Maßnahmen grundsätzlich untersagt**; er ist vielmehr auf das Beschlussverfahren verwiesen, um vermeintliche Ansprüche gerichtlich überprüfen lassen zu können (z. B. Beseitigung von Aushängen, Löschung einer Homepage, Unterbindung von E-Mails; etc. vgl. hierzu BVerwG, 27.10.2009 – 6 P 11/08 – PersR 2010, 74 = PersV 2010, 187; OVG Hamburg, 7.3.2008 – 8 Bf 233/07.PVL – PersR 2008, 328; LAG Hamm, 12.3.2004 – 10 TaBV 161/03 – juris).

11 **Nr. 4: Dienstvereinbarungen.** Nach Abs. 1 Nr. 4 entscheiden die Verwaltungsgerichte auch über das Bestehen oder Nichtbestehen von Dienstvereinbarungen. Hiervon umfasst ist auch die **Auslegung** unstreitig bestehender und gültiger Dienstvereinbarungen. Eine neue Fallgruppe ist durch die Neufassung des

§ 85 durch das ÄG 2013 entstanden. Nach § 85 Abs. 7 kann die Weitergeltung einer gekündigten oder abgelaufenen Dienstvereinbarung in entsprechender Anwendung des § 78 Abs. 2 Satz 3 bis 6, Abs. 3 (Evokationsrecht) beseitigt werden. Insoweit kann die Personalvertretung gerichtlich überprüfen lassen, ob die Voraussetzungen eines solchen Vorgehens tatsächlich vorliegen.

Örtliche Zuständigkeit. Örtlich zuständig ist das Verwaltungsgericht, in dessen Bezirk die Dienststelle liegt (§ 82 ArbGG). Bei der Anfechtung von Personalratswahlen ist für die örtliche Zuständigkeit des Verwaltungsgerichts der Sitz der Dienststelle entscheidend, deren Wahl zum PR angefochten wird (VG Berlin, 27.5.2008 – 70 A 5/08 – PersR 2008, 514); zur Zuständigkeit beim Streit über die Auflösung von Arbeitsverhältnissen mit Mitgliedern von Jugend- und Auszubildendenvertretungen vgl. VG Arnsberg, 24.10.2005 – 20 K 1510/05.PVL – juris. 12

II. Anwendbarkeit des Arbeitsgerichtsgesetzes (Abs. 2)

1. Allgemeines. § 187 Abs. 2 VwGO eröffnet den Ländern die Befugnis für das Gebiet des Personalvertretungsrechts von der VwGO abweichende Vorschriften über die Besetzung der Spruchkörper und das Verfahren der Verwaltungsgerichte und des Oberverwaltungsgerichts zu erlassen. Von dieser Befugnis hat das Land Baden-Württemberg Gebrauch gemacht indem es in Abs. 2 die entspr. Geltung des Arbeitsgerichtsgesetzes (ArbGG) bestimmt hat. Damit gilt die VwGO in personalvertretungsrechtlichen Verfahren grundsätzlich nicht. 13

2. Beschlussverfahren. Für das Verfahren der Verwaltungsgerichte gelten nach Abs. 2 die Vorschriften über das Beschlussverfahren entsprechend. Damit verweist das LPVG zunächst auf die §§ 80 bis 96a des Arbeitsgerichtsgesetzes, wobei § 80 Abs. 2 ArbGG für das **erstinstanzliche Verfahren** vorbehaltlich der §§ 81 bis 84 ArbGG auf die Regelungen des Urteilsverfahrens des ersten Rechtszugs verweist, soweit keine speziellen Regelungen des ArbGG vorgehen. Ergänzend gelten aufgrund allg. Verweisung das GVG (§ 9 ArbGG) und die ZPO (§ 46 Abs. 2 ArbGG) sowie aufgrund spezieller Verweisung (z. B. § 85 Abs. 1 Satz 3, Abs. 2 Satz 2 ArbGG) die entsprechenden Vorschriften der ZPO. 14

Rechtsmittelverfahren. Für das **zweitinstanzliche Verfahren** ordnet § 87 Abs. 2 Satz 1 ArbGG die entspr. Anwendung der Vorschriften über das Berufungsverfahren an. Für **Rechtsbeschwerdeverfahren** gelten gemäß § 92 Abs. 2 Satz 1 ArbGG die Vorschriften über die Revision entsprechend. 15

3. Verfahrensgrundsätze. Das Beschlussverfahren ist ein **objektives Verfahren,** kein kontradiktorisches Verfahren, weshalb es keinen Gegner; sondern nur Beteiligte gibt. Das Verwaltungsgericht ist eine **außenstehende Stelle** i. S. v. § 68 Abs. 3. Es darf deshalb grundsätzlich erst dann angerufen werden, wenn ein Einigungsversuch unternommen worden ist und erfolglos geblieben ist. 16

Amtsaufklärung. Im Verfahren ist der Sachverhalt von Amts wegen zu klären (Untersuchungsmaxime, § 83 Abs. 1 Satz 1 ArbGG). Die Beteiligten haben an der Aufklärung des Sachverhalts mitzuwirken (§ 83 Abs. 1 Satz 2 ArbGG). 17

18 **Dispositionsmaxime.** Die Beteiligten sind trotz der Objektivität des Verfahrens Herren des Verfahrens. Sie können sich in jeder Verfahrensphase außergerichtlich oder gerichtlich einigen, das Verfahren für erledigt erklären oder den gestellten Antrag zurücknehmen. Eine Sachentscheidung ist dem Gericht dann verwehrt.

19 **4. Beteiligte.** Am Verfahren beteiligt kann sein, wer Aufgaben und Befugnisse nach dem LPVG wahrnimmt, insb. der Dienststellenleiter, der PR, der GesamtPR, die Stufenvertretungen (BPR und HPR), die Vorstände des PR, des GesamtPR und der Stufenvertretungen, die JAV, die Gesamt-JAV, der AusbildungsPR und einzelne Mitglieder dieser Personalvertretungen, der Wahlvorstand, die Gewerkschaften, die Arbeitgebervereinigungen und u. U. auch einzelne Beschäftigte.

20 **Beteiligungsbefugnis.** Wer im konkreten Fall Beteiligter ist, ergibt sich aus dem Sachverhalt, der Gegenstand des Beschlussverfahrens ist. Die Beteiligungsbefugnis hat, wer von der beantragten Entscheidung in seiner sich aus dem materiellen Recht ergebenden Stellung berührt ist (BVerwG, 15.12.1978 – 6 P 13/78 – PersV 1980, 145). Wer im Einzelfall beteiligungsberechtigt ist, ist vom Gericht von Amts wegen zu ermitteln und am Beschlussverfahren zu beteiligen (§ 83 ArbGG).

21 **Dienststellenleiter.** Der Dienststellenleiter ist stets beteiligt (§ 83 Abs. 3 ArbGG; BVerwG, 18.10.1978 – 6 P 7/78 – BVerwGE 56, 330), sei es als weiterer Beteiligter, sei es als Antragsteller, z. B. hinsichtlich der Frage des Wahlrechts von Beschäftigten (BVerwG, 18.10.1978 – 6 P 7/78 – BVerwGE 56, 330); vgl. auch Rn. 10. Die Beteiligungsbefugnis ist nicht an die Person, sondern an das Amt des Dienststellenleiters gebunden (BVerwG, 6.2.1979 – 4 CB 8/79 – PersV 1980, 196).

22 **Personalrat.** Der PR ist ebenfalls Beteiligter, insb., wenn seine Wahl, Amtszeit, Zuständigkeit und Geschäftsführung Gegenstand des Beschlussverfahrens ist. Einer Antragsstellung durch den PR muss ein Beschluss des Gremiums vorausgehen (§ 34) und zwar getrennt für jede Rechtsinstanz (BVerwG, 19.12.1996 – 6 P 10/94 – PersR 1997, 309). Im gerichtlichen Verfahren wird der PR vom Vorsitzenden vertreten, weshalb es genügt, wenn der Vorsitzende des PR an dem von der Fachkammer anberaumten Anhörungstermin – ggf. neben dem Prozessbevollmächtigten – teilnimmt (OVG Münster, 25.2.2004 – 1 A 2078/01.PVL – PersR 2004, 359 = PersV 2004, 435).

23 **Personalratsmitglieder.** Mitglieder der Personalvertretung können in allen Beschlussverfahren Beteiligte sein, durch die ihre personalvertretungsrechtliche Stellung berührt wird. Das BVerwG hat ihnen in ständiger Rechtsprechung ein rechtlich beachtliches Interesse an der Herbeiführung einer gerichtlichen Entscheidung über die Gesetzmäßigkeit der von ihnen gefassten Beschlüsse oder sonstiger rechtlich erheblicher Handlungen zuerkannt (BVerwG, 10.6.1998 – 6 P 7/97 – PersR 1998, 520 = PersV 1999, 217). Die Antragsberechtigung muss sich aus dem materiellen Recht ergeben. Antragsberechtigt ist nur, wer durch die begehrte oder zur Nachprüfung gestellte Entscheidung in seiner personalvertretungsrechtlichen Stellung betroffen wird (BVerwG, 8.7.1977 – VII P 28/75 – PersV 1978, 312). Die PR-Mitglieder sind aber durch Beschlüsse und sonstige Handlungen des PR schon deshalb betroffen, weil sie

für das gesetzmäßige Handeln des PR mitverantwortlich sind (BVerwG, 16.9.1977 – VII P 10/75 – PersV 1979, 63).

JAV. Grundsätzlich werden die Interessen der JAV vom PR wahrgenommen. Bei diesem muss die JAV Maßnahmen beantragen (§ 63 Abs. 1 Nr. 1), Anregungen und Beschwerden sind an den PR zu richten (§ 63 Abs. 1 Nr. 3), einen Anspruch auf Unterrichtung hat die JAV ggü. dem PR (§ 63 Abs. 4) mit dem PR hat die JAV nach Maßgabe von § 63 Abs. 3 zusammen zu arbeiten. Ein eigenständiges Beteiligungsrecht weist der JAV aber **§ 64 Satz 2** in den Verfahren nach §§ 47 Abs. 1 und 4, 48 zu. 24

Wahlvorstand. Der Wahlvorstand kann Beteiligter sein, wenn es im Verfahren um seine Aufgaben, seine Rechtsstellung oder seine Geschäftsführung geht. Hinsichtlich der Problematik des § 47 Abs. 1 und 4 vgl. auch § 20 Abs. 1 Satz 3 und § 64 Satz 3. Im Falle der **Wahlanfechtung** ist der Wahlvorstand **nicht Beteiligter.** Denn das Amt des Wahlvorstands endet mit der ersten (konstituierenden) Sitzung des neuen PR mit der Bestellung eines Wahlleiters zur Durchführung der in den §§ 28 und 29 vorgeschriebenen Wahl der Vorstandsmitglieder des neuen PR. 25

Gewerkschaften. Die in der Dienststelle vertretenen Gewerkschaften sind Beteiligte, soweit sie von ihrem Antragsrecht, das sich aus §§ 2, 13 Abs. 4, § 21 Abs. 1, § 24 Abs. 1, §§ 32 Abs. 3, 50 Abs. 3 und § 53 ergeben kann, Gebrauch machen. In anderen Angelegenheiten steht ihnen hingegen ein Antragsrecht nicht zu. 26

Arbeitgebervereinigung. Eine Arbeitgebervereinigung kann nur Beteiligte sein, wenn es sich um die Teilnahme von Beauftragten an Personalversammlungen handelt (§ 53 Abs. 2). 27

Beschäftigte. Ein Beschäftigter kann im Beschlussverfahren nur Beteiligter sein, wenn er ein Antragsrecht, sei es allein (z. B. zur Feststellung seiner Wahlberechtigung oder Wählbarkeit) oder gemeinsam mit anderen Beschäftigten (z. B. bei einer Wahlanfechtung oder bei einem Antrag auf Auflösung des PR oder Ausschluss eines Mitglieds des PR) ausübt oder wenn es sich um seine Stellung als Mitglied der Belegschaft, d. h. innerhalb der Verfassung der Dienststelle, handelt. 28

Individualrechtsschutz. Ist der Beschäftigte nur in seinem Dienst- oder Arbeitsverhältnis betroffen so ist dieser grundsätzlich nicht Beteiligter im Beschlussverfahren (OVG Münster, 6.3.1998 – 1 A 127/98.PVL – PersR 1998, 527), auch wenn ihn die dort aufgeworfenen Fragen betreffen. Er muss seine individuellen Rechte ggf. vor dem ArbG bzw. VG geltend machen. Gleiches gilt, wenn ein Streit zwischen Dienststellenleiter und PR über die Auslegung einer **Dienstvereinbarung** besteht hinsichtlich der Beschäftigten, deren Dienst- oder Arbeitsverhältnis durch die Bestimmungen der Dienstvereinbarung betroffen ist. 29

Rechtswidrige Maßnahmen der Dienststelle. Geht die Dienststelle einseitig dienstrechtlich bzw. arbeitsrechtlich gegen Beschäftigte vor, obwohl diese Beschäftigten in ihrer personalvertretungsrechtlichen Funktion betroffen sind 30

(z. B. Rückforderung von gemäß § 41 bewilligter Reise- und Fortbildungskosten von einem PR-Mitglieds durch Leistungsbescheid), muss sich dieser individualrechtlich gegen die Maßnahme wehren, um die Bestandskraft des Bescheides zu verhindern. Er kann **parallel** hierzu aber auch ein **Beschlussverfahren** betreiben, um die Unzulässigkeit der Inanspruchnahme feststellen zu lassen.

31 **5. Verfahren.** Das Verfahren in erster Instanz richtet sich nach den §§ 81, 83 ArbGG und den ergänzenden Bestimmungen des Urteilsverfahrens des ArbGG.

32 **Antragstellung.** Das Beschlussverfahren wird mit der Stellung eines Antrags (§ 81 ArbGG) eingeleitet; keine Klageerhebung. Je nach Sach- und Rechtslage kommt ein Leistungs-, Gestaltungs-, Verpflichtungs- oder Feststellungsantrag in Betracht. Ein Verpflichtungsantrag ist möglich, wenn und soweit das LPVG eine durchsetzbare Rechtsposition einräumt (z. B. Freistellungsanspruch; BVerwG, 29.6.2004 – 6 PB 3/04 – PersR 2004, 355 = PersV 2004, 436). Soll neben einem konkreten Vorgang auch die **abstrakte personalvertretungsrechtliche Frage** geklärt werden, muss dies spätestens mit dem in der letzten Tatsacheninstanz gestellten Antrag deutlich gemacht werden (BVerwG, 18.4.1986 – 6 P 31/84 – PersR 1986, 134 = PersV 1987, 157).

33 **Antragsfrist.** Der Antrag ist an **keine Frist** gebunden soweit nicht das LPVG für einzelne Verfahrensarten ausdrücklich Antragsfristen regelt; z. B. für die Wahlanfechtung (§ 21). Anträge des Dienststellenleiters auf Ersetzung der Zustimmung des PR zur außerordentlichen Kündigung eines PR-Mitglieds (§ 47 Abs. 4) sind innerhalb der 2-Wochen-Frist des § 626 Abs. 2 BGB zu stellen; eine 2-Wochen-Frist gilt nach § 48 Abs. 4 auch für die dort genannten Anträge der Dienststelle. Zur Verfahrensbeschleunigung kann eine Frist für das Vorbringen von Angriffs- und Verteidigungsmitteln gesetzt werden (§ 83 Abs. 1a ArbGG).

34 **Verwirkung.** Das Antragsrecht kann verwirkt sein, wenn seit der Möglichkeit der Antragstellung längere Zeit verstrichen ist und besondere Umstände hinzutreten, aufgrund derer die verspätete Geltendmachung als Verstoß gegen Treu und Glauben anzusehen ist (BVerwG, 9.12.1992 – 6 P 16/91 – PersR 1993, 212 = PersV 1994, 173; VGH Mannheim, 18.3.2003 – PL 15 S 1430/02 – PersV 2003, 459; OVG Münster, 18.9.1995 – 1 A 4061/92.PVL – PersR 1997, 23).

35 **Rechtsschutzbedürfnis.** Das Beschlussverfahren ist nur zulässig, wenn für den Antragsteller ein Rechtsschutzbedürfnis besteht. Dies ist vom Verwaltungsgericht von Amts wegen zu prüfen (Ilbertz-Widmaier § 83 Rn. 40). So besteht bspw. kein Rechtsschutzbedürfnis an der Klärung von Fragen, für die der antragstellende PR nicht zuständig ist (BVerwG, 13.12.1974 – VII P 4/73 – PersV 1975, 178).

36 **Vollzogene Maßnahme.** Ist die fragliche Maßnahme bereits vollzogen, ist ein Rechtsschutzbedürfnis für einen **anlassbezogenen Feststellungsantrag** zu bejahen, wenn die fragliche Maßnahme **fortwirkt** und für die Zukunft **rückgängig gemacht** oder abgeändert werden kann (BVerwG, 17.2.2010 – 6 PB 43/09 – PersR 2010, 208).

Erledigte Maßnahme. Ist der konkrete Streitgegenstand erledigt, ist ein Rechtsschutzbedürfnis nur zu bejahen, wenn aus der Antragstellung deutlich wird, dass eine Entscheidung nicht nur über einen bestimmten Vorgang, sondern außerdem über die dahinterstehende **abstrakte personalvertretungsrechtliche Frage** begehrt wird. Außerdem muss davon ausgegangen werden können, dass sich die strittige und entscheidungserhebliche Rechtsfrage zwischen denselben Verfahrensbeteiligten in vergleichbaren Mitbestimmungsverfahren **künftig erneut** mit einiger, mehr als nur geringfügiger Wahrscheinlichkeit **stellen wird** (BVerwG, 29.1.1996 – 6 P 45/93 – PersR 1996, 361 = PersV 1997, 106; BVerwG, 17.9.1996 – 6 P 5/94 – PersR 1997, 113 = PersV 1997, 169; BVerwG, 18.12.1996 – 6 P 6/94 – PersR 1997, 210 = PersV 1998, 489; vgl. hierzu auch BVerwG, 15.11.1995 – 6 P 4/94 – PersR 1996, 157 = PersV 1996, 326 – zur Frage der Rechtshängigkeit dieses neuen Streitgegenstands). 37

Wiederholungsgefahr. Es besteht kein rechtlich geschütztes Interesse der Dienststelle an der Feststellung, dass der PR durch ein in der Vergangenheit liegendes und nicht weiterwirkendes Verhalten gegen gesetzliche Pflichten verstoßen hat (BVerwG, 12.11.2002 – 6 P 2/02 – PersR 2003, 152 = PersV 2003, 189); anders allerdings wenn **Wiederholungsgefahr** droht (vgl. z. B. BVerwG, 10.3.1995 – 6 P 15/93 – PersR 1995, 489). 38

6. Entscheidung. Das Verwaltungsgericht entscheidet durch schriftlichen Beschluss (§ 84 ArbGG). Der Beschlusstenor wird von allen Kammermitgliedern unterschrieben; der mit Gründen versehene Beschluss lediglich vom Vorsitzenden. Die Verwaltungsgerichte üben nur Rechtskontrolle aus; soweit dem PR ein Ermessen zusteht, wird nur die Einhaltung der Grenzen des Ermessens überprüft. 39

Kostenentscheidung. Im Beschlussverfahren werden **keine Gerichtskosten** erhoben. Eine Kostenentscheidung ist entbehrlich, weil auch **keine prozessuale Kostenerstattung** stattfindet (VGH Mannheim, 5.2.1980 – 13 S 239/80 – ZBR 1980, 259). Dies hat vor allem Bedeutung für die Rechtsanwaltskosten; deren Erstattung nicht prozessrechtlich verlangt werden kann. Die außergerichtlichen Kosten des PR sind jedoch in der Regel nach § 41 Abs. 1 von der Dienststelle zu erstatten; dies kann auch aufgrund der Tätigkeit eines einzelnen PR-Mitglieds der Fall sein, muss allerdings in einem besonderen Verfahren festgestellt werden. 40

Gegenstandswert. Die Festsetzung des Gegenstandswerts im Beschlussverfahren dient der internen Abrechnung der Rechtsanwälte mit ihren Mandanten (vgl. hierzu BVerwG, 21.3.2007 – 6 PB 17/06 – PersR 2008, 26; VGH Mannheim, 6.9.1994 – 15 S 2971/93 – PersV 1995, 142). 41

Materielle Kostenerstattung. Von der prozessualen Kostenerstattung ist die materielle Kostenerstattung gemäß § 41 Abs. 1 Satz 1 zu unterscheiden. Beauftragt der PR einen Rechtsanwalt mit der Rechtsverfolgung oder Rechtsverteidigung so sind die dadurch entstehenden Kosten grundsätzlich von der Dienststelle zu tragen. Denn die Hinzuziehung eines Rechtsanwalts im gerichtlichen Verfahren ist grundsätzlich geboten. Nur wenn die Rechtsverfolgung 42

offensichtlich aussichtslos oder **mutwillig** erfolgt, entfällt die Erstattungspflicht der Dienststelle (BVerwG, 9.3.1992 – 6 P 11/90 – PersR 1992, 243 = PersV 1992, 429).

43 7. **Rechtsmittel.** Gegen den Beschluss des Verwaltungsgerichts kann Beschwerde (§ 87 ArbGG) und gegen die Beschwerdeentscheidung unter gewissen Voraussetzungen Rechtsbeschwerde (§ 92 ArbGG) eingelegt werden. Die Einlegungs- und Begründungsfristen sind zu beachten. Beschwerde und Rechtsbeschwerde haben **aufschiebende Wirkung** (§§ 87 Abs. 4, 92 Abs. 3 Satz 1 ArbGG).

44 **Rechtsmittelgericht.** Über die Beschwerde entscheidet der **Fachsenat beim VGH** (vgl. § 92 Abs. 2 i. V. m. § 87 Abs. 1 ArbGG und § 91 Abs. 1 ArbGG sowie § 93 Abs. 1). Über die Rechtsbeschwerde entscheidet das Bundesverwaltungsgericht (vgl. § 92 i. V. m. § 92 Abs. 1 ArbGG).

45 **Zulässigkeit der Rechtsbeschwerde.** Die Rechtsbeschwerde ist nur zulässig, wenn der VGH sie wegen der **grundsätzlichen Bedeutung** der Sache zugelassen hat oder wenn die Entscheidung des Fachsenats von einer Entscheidung des BVerwG oder eines anderen Divergenzgerichts abweicht und auf dieser Entscheidung beruht (**Divergenzbeschwerde**), BVerwG, 28.1.2004 – 6 PB 10/03 – PersR 2004, 179 = PersV 2004, 273. Die Nichtzulassung der Rechtsbeschwerde kann nach Maßgabe des § 92a ArbGG durch die **Nichtzulassungsbeschwerde** angefochten werden. Zur **Anschlussrechtsbeschwerde** vgl. BAG, 20.12.1988 – 1 ABR 63/87 – BAGE 60, 311; zur **Sprungsrechtsbeschwerde** vgl. § 96a ArbGG.

46 **Beschwerdeverfahren.** Für das Beschwerdeverfahren gelten die Regelungen über das Berufungsverfahren entsprechend (§ 87 Abs. 2 Satz 1 ArbGG). Die Beschwerde muss den angegriffenen Beschluss bezeichnen und die Erklärung enthalten, dass Beschwerde eingelegt werde (§ 89 Abs. 2 Satz 1 ArbGG). Die Beschwerdebegründung muss die Beschwerdegründe sowie etwaige neue Tatsachen angeben (§ 89 Abs. 2 Satz 2 ArbGG). Beschwerdeschrift und Beschwerdebegründung sind den anderen Beteiligten zur Äußerung zuzustellen (§ 90 Abs. 1 ArbGG).

47 **Rechtsbeschwerdeverfahren.** Für das Rechtsbeschwerdeverfahren gelten die Revisionsvorschriften entsprechend (§ 92 Abs. 2 Satz 1 ArbGG). Die Rechtsbeschwerdeschrift muss den angegriffenen Beschluss bezeichnen und erklären, dass Rechtsbeschwerde eingelegt werde (§ 94 Abs. 2 Satz 1 ArbGG). Die Begründung muss angeben, inwieweit die Abänderung beantragt wird, welche Bestimmungen verletzt sein sollen und worin die Verletzung bestehen soll (§ 94 Abs. 2 Satz 2 ArbGG). Rechtsbeschwerdeschrift und Begründung werden den anderen Beteiligten zur Äußerung zugestellt (§ 95 ArbGG). Eines ausdrücklichen Antrags bedarf es nicht, wenn das Rechtsschutzziel eindeutig erkennbar ist (BVerwG, 23.4.1991 – 6 P 19/89 – PersR 1991, 289 = PersV 1992, 115).

48 **Prozessvertretung.** Für das Beschwerdeverfahren und das Verfahren der Rechtsbeschwerde ordnet § 87 Abs. 2 Satz 2 ArbGG bzw. § 92 Abs. 2 Satz 2

ArbGG nur die entspr. Geltung von § 11 Abs. 1 bis 3 und Abs. 5 ArbGG an. Damit wird der **Vertretungszwang**, den § 11 Abs. 4 ArbGG für die Verfahren vor dem BAG und dem Landesarbeitsgericht anordnet, **nicht** auf das zweitinstanzliche Beschlussverfahren bzw. das Rechtsbeschwerdeverfahren **erstreckt.** Es bleibt damit allein bei den Sonderregelungen für die Einlegung und Begründung von Beschwerde bzw. Rechtsbeschwerde, für die § 11 Abs. 4 und 5 ArbGG entsprechend gilt (§§ 89 Abs. 1, 94 Abs. 1 ArbGG). Dies bedeutet, dass die Beteiligten auch die Verfahren vor dem VGH bzw. dem BVerwG allein betreiben könnten, wenn nur das Rechtsmittel ordnungsgemäß von einem postulationsfähigen Prozessbevollmächtigten eingelegt und begründet worden war (vgl. hierzu BAG, 20.3.1990 – 1 ABR 20/89 – PersR 1990, 238). Angesichts der Komplexität und Schwierigkeit des Personalvertretungsrechts sowie des Prozessrechts ist anwaltliche oder eine vergleichbare rechtskundige Vertretung aber unverzichtbar.

Entscheidung. Über die **Beschwerde** entscheidet der VGH durch schriftlichen Beschluss (§§ 91 Abs. 1 Satz 1, 84 Satz 2 ArbGG entspr.). Im Gegensatz zur erstinstanzlichen Entscheidung ist der Beschluss von allen Mitgliedern des Senats zu unterschreiben (§ 91 Abs. 2 ArbGG). Eine Zurückverweisung an das Verwaltungsgericht ist nicht statthaft (§ 91 Abs. 1 Satz 2 ArbGG). Über die **Rechtsbeschwerde** entscheidet das BVerwG durch Beschluss (§ 96 Abs. 1 ArbGG). Auch dieser Beschluss ist von allen Mitgliedern des Senats zu unterschreiben (§ 96 Abs. 2 ArbGG). Das BVerwG **prüft nur** die **Rechtsfragen** (§ 93 ArbGG); es kann auch Landesrecht nachprüfen (BVerwG, 13.1.1961 – VII P 3/60 – PersV 1961, 135). 49

8. Sonstige Verfahrensbeendigung. Die Beteiligten sind Herren des Verfahrens (Dispositionsmaxime). Sie können sich in jeder Phase des Verfahrens einigen, also außergerichtlich oder vor dem Gericht einen **Vergleich** schließen, womit sich das Beschlussverfahren erledigt. Der Antragsteller kann seinen Antrag jederzeit **zurücknehmen**, wonach das gerichtliche Verfahren durch Beschluss einzustellen ist. Die Beteiligten können das Beschlussverfahren auch **übereinstimmend für erledigt** erklären, was ebenfalls zur Verfahrenseinstellung durch das Gericht führt. 50

9. Einstweilige Verfügung. Der Erlass einer einstweiligen Verfügung ist auch in Personalvertretungssachen statthaft (§ 85 Abs. 2 ArbGG). Voraussetzung ist ein begründeter Anlass für die Gewährung von Rechtsschutz vor Entscheidung in der Hauptsache. Nach einhelliger Rechtsprechung hat der PR jedoch grundsätzlich keinen materiell-rechtlichen Anspruch gegen den Dienststellenleiter, eine der Mitbestimmung unterliegende Maßnahme einstweilen zu unterlassen oder rückgängig zu machen (BVerwG, 27.7.1990 – 6 PB 12/89 – PersR 1990, 297 = PersV 1991, 29; VGH Mannheim, 2.7.2002 – PL 15 S 2497/01 – PersR 2003, 76 = PersV 2003, 99). Danach ist – wenn die sachlichen Voraussetzungen vorliegen – eine einstweilige Verfügung i. d. R. nur mit einem Anspruch **verfahrensrechtlichen Inhalts** möglich, z. B. dass die Dienststelle verpflichtet wird, das Mitbestimmungsverfahren einzuleiten und/oder diesem einstweiligen Fortgang zu geben (BVerwG, 3.7.1990 – 6 P 22/87 – PersR 1990, 294 = PersV 51

1991, 28; VGH Mannheim, 19.1.1993 – PL 15 S 2849/92 – PersR 1993, 559 = PersV 1997, 510).

52 **Vorsitzendenentscheidung.** Nach ständiger Rechtsprechung des VGH Mannheim kann der Vorsitzende in **dringlichen Fällen** ohne mündliche Verhandlung und ohne Mitwirkung der ehrenamtlichen Richter entscheiden (vgl. z. B. 24.2.2005 – PL 15 S 434/05 – PersV 2005, 435; vgl. hierzu auch BVerwG, 22.3.2006 – 6 PB 5/06 – juris).

§ 93

(1) Für die nach diesem Gesetz zu treffenden Entscheidungen sind bei den Verwaltungsgerichten Fachkammern und beim Verwaltungsgerichtshof ein Fachsenat zu bilden.

(2) [1]Die Fachkammer besteht aus einem Vorsitzenden und ehrenamtlichen Richtern, der Fachsenat aus dem Vorsitzenden, Richtern und ehrenamtlichen Richtern. [2]Die ehrenamtlichen Richter müssen Beschäftigte des Landes oder einer der Aufsicht des Landes unterstehenden Körperschaft, Anstalt oder Stiftung des öffentlichen Rechts sein. [3]Sie werden je zur Hälfte von

1. den unter den Beschäftigten vertretenen Gewerkschaften und
2. den obersten Landesbehörden oder den von diesen bestimmten Stellen und den kommunalen Landesverbänden

vorgeschlagen und vom Justizministerium berufen. [4]Für die Berufung und Stellung der Beisitzer und ihre Heranziehung zu den Sitzungen gelten die Vorschriften des Arbeitsgerichtsgesetzes über Arbeitsrichter und Landesarbeitsrichter entsprechend.

(3) [1]Die Fachkammer wird tätig in der Besetzung mit einem Vorsitzenden und je zwei nach Absatz 2 Satz 3 Nummer 1 und 2 vorgeschlagenen und berufenen ehrenamtlichen Richtern. [2]Unter den in Absatz 2 Satz 3 Nummer 1 bezeichneten ehrenamtlichen Richtern muss sich je ein Beamter und ein Arbeitnehmer befinden.

(4) [1]Der Fachsenat wird tätig in der Besetzung mit einem Vorsitzenden, zwei Richtern und je einem nach Absatz 2 Satz 3 Nummer 1 und 2 vorgeschlagenen und berufenen ehrenamtlichen Richter. [2]Einer der ehrenamtlichen Richter muss Beamter und einer Arbeitnehmer sein.

I. Gerichte (Abs. 1)

1 **Fachkammern.** § 93 bringt in Ergänzung zu § 92 Abs. 2 die erforderlichen gerichtsorganisatorischen Bestimmungen für die Gerichte des Landes. Bei den Verwaltungsgerichten Freiburg, Karlsruhe, Sigmaringen und Stuttgart wird je eine Fachkammer für Landespersonalvertretungsrecht gebildet. Die Erstreckung der Zuständigkeit einer Fachkammer auf die Bezirke anderer Gerichte oder Teile von ihnen ist – anders als in § 84 Abs. 1 Satz 2 BPersVG – in § 93 nicht vorgesehen. Die Fachkammern für Landespersonalvertretungsrecht sind nicht identisch mit den nach § 84 Abs. 1 BPersVG bei denselben Gerichten gebildeten Fachkammern für Angelegenheiten des BPersVG.

Fachsenat. Beim Verwaltungsgerichtshof Baden-Württemberg in Mannheim wird ein Fachsenat für Landespersonalvertretungsrecht gebildet, der für die Entscheidungen nach diesem Gesetz zuständig ist. Auch dieser Fachsenat ist nicht identisch mit dem nach § 84 Abs. 1 BPersVG bei demselben Gericht gebildeten Fachsenat für Angelegenheiten des BPersVG. Die Besetzung des zuständigen Senats beim BVerwG richtet sich hingegen nach § 10 Abs. 3 VwGO; es wird kein besonderer Spruchkörper gebildet. 2

II. Richter (Abs. 2)

1. Berufsrichter (Satz 1). Die Spruchkörper der Fachkammern bestehen aus Berufsrichtern, den **Vorsitzenden,** und den ehrenamtlichen Richtern. Der Fachsenat beim Verwaltungsgerichtshof Baden-Württemberg besteht aus Berufsrichtern, dem Vorsitzenden und weiteren Richtern, sowie den ehrenamtlichen Richtern. 3

2. Ehrenamtliche Richter (Satz 2). Die ehrenamtlichen Richter müssen Bedienstete des Landes oder einer der Aufsicht des Landes unterstehenden juristischen Person des öffentlichen Rechts sein. Die Zahl der zu berufenden ehrenamtlichen Richter bestimmt das Justizministerium nach dem voraussichtlichen Bedarf. Es bestimmt auch das Zahlenverhältnis der auf Vorschlag der obersten Landesbehörden, der auf Vorschlag der kommunalen Landesverbände und der auf Vorschlag der Gewerkschaften zu berufenden ehrenamtlichen Richter. 4

3. Vorschlagsrecht (Satz 3). Abs. 2 Satz 3 gibt im Unterschied zu der entsprechenden Regelung des § 84 Abs. 2 BPersVG den **einzelnen Verwaltungen kein Vorschlagsrecht** für die Berufung der ehrenamtlichen Richter, sondern neben den Gewerkschaften nur den obersten Landesbehörden und den kommunalen Landesverbänden. 5

Gewerkschaften. Nach Abs. 2 Satz 3 Nr. 1 ist entscheidend, dass die Gewerkschaften unter den Beschäftigten vertreten sind. Zwar sind nach § 20 Abs. 2 ArbGG auch Minderheiten „billig" zu berücksichtigen, doch wird eine nur geringe Mitgliederzahl nicht ausreichen. Soweit eine Gewerkschaft einer Spitzenorganisation angeschlossen ist, wird sie durch diese vertreten. 6

Oberste Landesbehörden. Abs. 2 Satz 3 Nr. 2 weist das Vorschlagsrecht den obersten Landesbehörden und den kommunalen Landesverbänden zu. Die in diesem Zusammenhang von § 3 LVG genannten obersten Landesbehörden sind die Ministerien und der Rechnungshof. Die kommunalen Spitzenverbände sind der Städtetag, der Gemeindetag und der Landkreistag. 7

4. Berufung (Satz 4), **Rechtsstellung, Heranziehung.** Hinsichtlich ihrer Berufung, ihrer Stellung sowie der Heranziehung der ehrenamtlichen Richter verweist § 93 Abs. 3 Satz 4 auf das ArbGG. An zwingenden Voraussetzungen für die Berufung der ehrenamtlichen Richter sind neben Abs. 2 Satz 2 wegen der Verweisung in Abs. 2 Satz 4 auch § 21 Abs. 1 bis 4 ArbGG zu beachten; in § 37 Abs. 1 ArbGG sind weitere Voraussetzungen festgelegt; §§ 22 und 23 ArbGG finden wegen Abs. 2 Satz 2 keine Anwendung, wohl aber § 24 ArbGG. 8

Die Rechtsstellung der ehrenamtlichen Richter ergibt sich insb. aus §§ 26 bis 28 ArbGG sowie aus §§ 44 bis 45a DRiG, die ihre **Unabhängigkeit** sichern. Für die Ablehnung und Ausschließung der ehrenamtlichen Richter gelten § 49 ArbGG und §§ 41 ff. Zivilprozessordnung.

9 **Entschädigung.** Für die zeitliche Inanspruchnahme durch Sitzungs- oder Beratungstätigkeit erhalten die ehrenamtlichen Richter Fahrtkostenersatz sowie Ersatz für Zeitaufwand und sonstigen Aufwand sowie für Verdienstausfall.

10 **Heranziehung.** Zu den Sitzungen werden die ehrenamtlichen Richter gemäß §§ 31 und 39 ArbGG herangezogen. Die in § 29 ArbGG für die Arbeitsgerichte mit mehr als einer Kammer vorgesehene Bildung von Ausschüssen der ehrenamtlichen Richter ist bei den Verwaltungsgerichten nicht praktisch, weil die Bildung einer Fachkammer bei jedem Verwaltungsgericht genügt; dagegen ist beim Verwaltungsgerichtshof die Bildung eines solchen Ausschusses zwingend vorgeschrieben, obwohl nur ein Fachsenat gebildet wird (§ 38 ArbGG). Neben den Hauptlisten, nach denen die Heranziehung erfolgt, ist es sinnvoll eine Hilfsliste für eilige Fälle bzw. die Heranziehung im Verhinderungsfall zu führen.

III. Besetzung der Spruchkörper (Abs. 3)

11 **1. Besetzung der Fachkammer (Satz 1).** Nach Abs. 3 wird die Fachkammer grundsätzlich in der Besetzung mit einem Vorsitzenden und je zwei nach Abs. 2 Satz 3 Nr. 1 und Nr. 2 vorgeschlagenen und berufenen ehrenamtlichen Richtern tätig. Diese Besetzung betrifft aber nur die aufgrund der mündlichen Verhandlung (Anhörung) getroffene Entscheidung (Beschluss) bzw. den Fall der Sachentscheidung ohne Anhörung im Einverständnis der Beteiligten (§ 83 Abs. 4 Satz 3 ArbGG).

12 **Vorbereitendes Verfahren.** Im Verfahren nach Antragstellung bis zur Anberaumung der mündlichen Verhandlung entscheidet der Vorsitzende allein (§ 53 Abs. 1 Satz 1 ArbGG). Er trifft bspw. die prozessleitenden Verfügungen, erhebt ggf. Beweis durch Anforderung von Urkunden, Beauftragung von Sachverständigen oder Vernehmung von Zeugen, entscheidet über die Beteiligung am Verfahren, Fragen der Prozessvertretung (§ 11 ArbGG).

13 **Einsetzung des Wahlvorstands.** In den Fällen des §§ 21 Abs. 2 Satz 1, 24 Abs. 3 Satz 1 setzt der Vorsitzende der Personalvertretungskammer einen Wahlvorstand ein, wenn die erfolgreiche Wahlanfechtung bzw. die Auflösung des PR rechtskräftig geworden ist.

14 **Verfahrensbeendigung.** Wird der Antrag zurückgenommen, stellt der Vorsitzende das Verfahren durch Beschluss ein (§ 81 Abs. 2 Satz 2 ArbGG). Gleiches gilt für den Fall des Vergleichs bzw. der übereinstimmenden Erledigungserklärung der Beteiligten (§ 83a Abs. 1, Abs. 2 Satz 1 ArbGG).

15 **Einstweilige Verfügung.** Nach ständiger Rechtsprechung des VGH Mannheim kann der **Vorsitzende** in **dringlichen Fällen** ohne mündliche Verhandlung und

ohne Mitwirkung der ehrenamtlichen Richter über den Antrag auf Erlass einer einstweiligen Verfügung entscheiden (vgl. z. B. 24.2.2005 – PL 15 S 434/05 – PersV 2005, 435; vgl. hierzu auch BVerwG, 22.3.2006 – 6 PB 5/06 – juris).

2. Beamte/Arbeitnehmer (Satz 2). Abs. 3 Satz 2 soll gewährleisten, dass auf jeden Fall Vertreter beider Gruppen des öffentlichen Dienstes (Beamten einerseits, Arbeitnehmer des öffentlichen Dienstes andererseits) an den Entscheidungen mitwirken, und zwar auch dann, wenn nur Angehörige einer Gruppe beteiligt sind. 16

IV. Fachsenat (Abs. 4)

1. Besetzung (Satz 1). Abs. 4 Satz 1 weicht insofern von der entsprechenden Vorschrift des § 84 BPersVG ab, als der **Fachsenat mit drei Berufsrichtern und zwei ehrenamtlichen Richtern** (BPersVG: ein Berufsrichter und vier ehrenamtliche Richter) besetzt ist. 17

Vorsitzendenentscheidung. Abs. 3 Satz 1 und Abs. 4 Satz 1 bedeuten nicht, dass außer den Beschlüssen im Rahmen der Hauptverhandlung, insb. den abschließenden Beschlüssen nach § 91 ArbGG, sämtliche übrigen Entscheidungen im gerichtlichen Verfahren in voller Senatsbesetzung zu fällen wären. Die im arbeitsgerichtlichen Verfahren dem Vorsitzenden vorbehaltenen Entscheidungen (vgl. z. B. § 87 Abs. 2 Satz 1 ArbGG i. V. m. § 53 Abs. 1 ArbGG, § 89 Abs. 4 Satz 2 ArbGG) trifft auch im Beschwerdeverfahren der Vorsitzende allein. 18

Einstweilige Verfügung. Nach ständiger Rechtsprechung des VGH Mannheim kann auch im Beschwerdeverfahren der **Vorsitzende** in **dringlichen Fällen** ohne mündliche Verhandlung und ohne Mitwirkung der anderen Richter über den Antrag auf Erlass einer einstweiligen Verfügung entscheiden (vgl. z. B. 24.2.2005 – PL 15 S 434/05 – PersV 2005, 435; vgl. hierzu auch BVerwG, 22.3.2006 – 6 PB 5/06 – juris). 19

2. Beamte/Arbeitnehmer (Satz 2). Abs. 4 Satz 2 soll gewährleisten, dass auf jeden Fall Vertreter beider Gruppen des öffentlichen Dienstes (Beamten einerseits, Arbeitnehmer des öffentlichen Dienstes andererseits) an der Entscheidung des Fachsenats mitwirken, und zwar auch dann, wenn nur Angehörige einer Gruppe beteiligt sind. 20

Teil 11 Vorschriften für die Behandlung von Verschlusssachen

§ 94

(1) [1]Soweit eine Angelegenheit, an der eine Personalvertretung zu beteiligen ist, als Verschlusssache mindestens des Geheimhaltungsgrads „VS – VERTRAULICH" eingestuft ist, tritt an die Stelle der Personalvertretung ein Ausschuss. [2]Dem Ausschuss gehört höchstens je ein in entsprechender Anwendung des § 28 Absatz 1 gewählter Vertreter der im Personalrat vertretenen Gruppen an. [3]Die Mitglieder des Ausschusses müssen nach den dafür geltenden Bestimmungen ermächtigt sein, Kenntnis von Verschlusssachen des in Betracht kommenden Geheimhaltungsgrads zu erhalten. [4]Personalvertretungen bei Dienststellen, die Mittelbehörden nachgeordnet sind, bilden keinen Ausschuss; an ihre Stelle tritt der Ausschuss des Bezirkspersonalrats.

(2) Wird der zuständige Ausschuss nicht rechtzeitig gebildet, ist der Ausschuss der bei der Dienststelle bestehenden Stufenvertretung oder, wenn dieser nicht rechtzeitig gebildet wird, der Ausschuss der bei der obersten Dienstbehörde bestehenden Stufenvertretung zu beteiligen.

(3) [1]Die Einigungsstelle besteht in den in Absatz 1 Satz 1 bezeichneten Fällen aus je einem Beisitzer, der von der obersten Dienstbehörde und der nach § 78 Absatz 1 zuletzt beteiligten Personalvertretung bestellt wird, und einem unparteiischen Vorsitzenden, die nach den dafür geltenden Bestimmungen ermächtigt sind, von Verschlusssachen des in Betracht kommenden Geheimhaltungsgrads Kenntnis zu erhalten. [2]§ 78 Absatz 2 und 3, § 79 Absatz 1 Satz 1 bis 5, Absatz 2 bis 5 und § 89 Absatz 1 Satz 1 Nummer 1 gelten entsprechend.

(4) [1]§ 32 Absatz 4 bis 6 und § 91 Absatz 3 sowie die Vorschriften über die Beteiligung der Gewerkschaften und Arbeitgebervereinigungen in § 32 Absatz 3 und § 37 Absatz 1 sind nicht anzuwenden. [2]Angelegenheiten, die als Verschlusssache mindestens des Geheimhaltungsgrads „VS – VERTRAULICH" eingestuft sind, werden in der Personalversammlung nicht behandelt.

(5) [1]Die oberste Dienstbehörde kann anordnen, dass in den Fällen des Absatzes 1 Satz 1 dem Ausschuss und der Einigungsstelle Unterlagen nicht vorgelegt und Auskünfte nicht erteilt werden dürfen, soweit dies zur Vermeidung von Nachteilen für das Wohl der Bundesrepublik Deutschland oder eines ihrer Länder oder auf Grund internationaler Verpflichtungen geboten ist. [2]Im Verfahren nach § 92 sind die gesetzlichen Voraussetzungen für die Anordnung glaubhaft zu machen.

I. Vertrauliche Angelegenheiten (Abs. 1)

1 **1. Verschlusssache.** Durch § 94 wurde die Möglichkeit geschaffen, auch Angelegenheiten, die der Beteiligung der Personalvertretungen unterliegen, aber als Verschlusssache mind. des Geheimhaltungsgrads **„VS-Vertraulich"** eingestuft sind, in den Personalvertretungen zu behandeln. Die Schweigepflicht (§ 7) und die hierzu bestehenden Strafvorschriften (vgl. die Erl. zu § 7) hielt der Gesetzgeber für nicht ausreichend, weshalb die Behandlung dieser Verschlusssachen nach den sonstigen Vorschriften des LPVG ausscheidet. Nach § 94 tritt vielmehr an die Stelle der Personalvertretung ein **Ausschuss**, der die Beteiligungs-

rechte wahrnimmt. In diesem „VS-Ausschuss" sind danach alle Verschlusssachen zu behandeln, die dem Geheimhaltungsgrad „Streng geheim" und „Geheim" und „VS-Vertraulich" eingestuft sind. Im PR können nur in „VS – Nur für den Dienstgebrauch" eingestufte Angelegenheiten eingebracht werden.

Gerichtliche Überprüfung. Der PR kann die Einordnung einer mitbestimmungspflichtigen Maßnahme als Verschlusssache bzw. deren Klassifizierung gerichtlich überprüfen lassen (Richardi/Dörner/Weber § 93 Rn. 6 m. w. N.). 2

2. Zusammensetzung des Ausschusses. Die Mitgliederzahl legt das LPVG dahin fest, dass dem Ausschuss höchstens je ein Vertreter der im PR vertretenen Gruppen angehört. Der Ausschuss hat also höchstens zwei Mitglieder. Diese werden von den Gruppen in entsprechender Anwendung des § 28 Abs. 1 gewählt. 3

3. Persönliche Voraussetzungen. Die Ausschussmitglieder müssen nach Durchführung der vorgeschriebenen Prüfung ermächtigt sein, von Verschlusssachen mind. des Geheimhaltungsgrads „VS-Vertraulich" Kenntnis zu nehmen. Bei Verschlusssachen eines **höheren Geheimhaltungsgrads** kann der Ausschuss nur tätig werden, wenn alle Mitglieder ermächtigt sind, von Verschlusssachen des in Betracht kommenden Geheimhaltungsgrads Kenntnis zu erhalten. 4

VS-Ermächtigung. Die VS-Ermächtigung kann nur nach dem Landessicherheitsüberprüfungsgesetz vom 12.2.1996 (GBl. S. 159), zuletzt geändert durch Gesetz vom 11.10.2005 (GBl. S. 661) bei Vorliegen eines dienstlichen Bedürfnisses und nur in dem hiernach erforderlichen Umfang erteilt werden. Der PR kann nicht aus Anlass der Beteiligung an einer VS-Vertraulich oder höher eingestuften VS-Angelegenheit die Erteilung der entsprechenden VS-Ermächtigung an einen Teil seiner Mitglieder verlangen. 5

Personalratsmitglieder. In den Ausschuss können **nur Mitglieder des PR** gewählt werden. Auf Beschäftigte, die nicht Mitglieder des PR sind, aber eine entspr. Verschlusssachenermächtigung haben, kann nicht zurückgegriffen werden. Ist hiernach eine Gruppe nicht in der Lage, das ihr zustehende Mitglied im Ausschuss zu stellen, hat der Ausschuss eben nur ein Mitglied. Kann keine Gruppe das ihr zustehende Mitglied stellen, kann der Ausschuss nicht gebildet werden. Eine Beteiligung des PR findet in diesem Fall nicht statt; auch Abs. 2 kann nur Anwendung finden, wenn der Ausschuss nicht **rechtzeitig** gebildet werden kann, aber nicht, wenn er nicht gebildet werden kann. 6

Amtszeit. Der Ausschuss kann für die **ganze Amtszeit** des PR **oder von Fall zu Fall** gebildet werden. Im Hinblick auf Abs. 2 erscheint die Bildung des Ausschusses für die ganze Amtszeit des PR zweckmäßig. 7

4. Nachgeordnete Behörden. Bei Personalvertretungen von Dienststellen, **die Mittelbehörden** i. S. des LPVG (vgl. § 55 Abs. 1) **nachgeordnet** sind, wird ein Ausschuss nach § 94, nicht gebildet. An ihre Stelle tritt der Ausschuss des BPR. 8

II. Nicht rechtzeitige Bildung (Abs. 2)

9 **Stufenvertretung.** Wird der zuständige Ausschuss nicht rechtzeitig gebildet, ist der bei der Stufenvertretung gebildete Ausschuss zu beteiligen; wenn auch dieser nicht rechtzeitig gebildet worden ist, ist der Ausschuss der bei der obersten Dienstbehörde bestehenden Stufenvertretung zu beteiligen (Ilbertz-Widmaier § 93 Rn. 9). Eine Beteiligung des PR findet in diesem Fall nicht statt. Abs. 2 kann nur Anwendung finden, wenn der Ausschuss nicht **rechtzeitig** gebildet werden kann (Lorenzen u.a. § 93 Rn. 12; a.A. Richardi/Dörner/Weber § 93 Rn. 8).

III. Einigungsstelle (Abs. 3)

10 **1. Zusammensetzung.** Abs. 3 Satz 1 regelt eine von § 79 abweichende Zusammensetzung der Einigungsstelle. Sie besteht aus **drei Mitgliedern,** die alle ermächtigt sein müssen, von Verschlusssachen des in Betracht kommenden Geheimhaltungsgrads Kenntnis zu nehmen.

11 **2. Verfahren, Entscheidung.** Hinsichtlich des Verfahrens und der von der Einigungsstelle zu treffenden Entscheidung verweist Abs. 3 Satz 2 auf §§ 78 Abs. 2 und 3, 79 Abs. 1 Satz 1 bis 5, Abs. 2 bis 5 und § 89 Abs. 1 Satz 1 Nr. 1.

IV. Nichtanwendung sonstiger Vorschriften (Abs. 4)

12 **1. Ausschusssitzungen.** An den Sitzungen des Ausschusses können die **JAV,** die **Schwerbehindertenvertretung** und die Beauftragte für Chancengleichheit nicht teilnehmen. Ebenso finden die Vorschriften der §§ 32 Abs. 3 und 37 Abs. 1 über das Einspruchsrecht der Gruppen und über die Beteiligung der **Gewerkschaften** und Arbeitgebervereinigungen auf die Ausschusssitzungen keine Anwendung. Ferner gibt der Ausschuss vor einem Beschluss in Angelegenheiten, die einzelne Beschäftigte oder Dienststellen betreffen, dem örtlichen PR **keine Gelegenheit zur Äußerung** nach § 91 Abs. 3.

13 **2. Personalversammlung.** Die Personalversammlung kann sich nicht mit Angelegenheiten befassen, die als Verschlusssache des Geheimhaltungsgrads „VS-Vertraulich" und höher eingestuft sind.

V. Geheimhaltungsbedürftige Unterlagen und Informationen (Abs. 5)

14 **1. Anordnung.** Die oberste Dienstbehörde kann anordnen, dass dem Ausschuss bzw. der Einigungsstelle Unterlagen nicht vorgelegt und Auskünfte nicht erteilt werden, um schwerwiegende Nachteile zu vermeiden.

15 **2. Gerichtliche Überprüfung.** Wird die Anordnung einer gerichtlichen Überprüfung nach § 92 unterzogen, muss die oberste Dienstbehörde glaubhaft machen, dass die gesetzlichen Voraussetzungen für die getroffene Anordnung vorliegen.

Eine direkte Anwendung von § 99 VwGO (In-Camera-Verfahren) scheidet aus, weil die VwGO im Beschlussverfahren nicht anwendbar ist (a. A.: Altvater u. a. § 88 Rn. 8).

Teil 12 Besondere Vorschriften für die Justizverwaltung

§ 95

Für den Geschäftsbereich eines Oberlandesgerichts und der in seinem Bezirk bestehenden Staatsanwaltschaften wird eine gemeinsame Stufenvertretung (Bezirkspersonalrat beim Oberlandesgericht) gebildet.

Gemeinsame Stufenvertretung. Nach § 55 Abs. 1 sind bei den einer obersten Dienstbehörde unmittelbar nachgeordneten Behörden, denen andere Dienststellen nachgeordnet sind, d. h. bei den Mittelbehörden i. S. des LPVG, BPR zu bilden. Im Geschäftsbereich des Justizministeriums wären deshalb bei den **Oberlandesgerichten** Karlsruhe und Stuttgart je ein BPR für die Beschäftigten des Oberlandesgerichts und der diesen nachgeordneten Gerichten und Behörden und je ein BPR für die im Bezirk dieser Oberlandesgerichte bestehenden **Staatsanwaltschaften** zu bilden. Nach § 95 ist jedoch abweichend von § 55 Abs. 1 in jedem der beiden Oberlandesgerichtsbezirke für den gesamten Geschäftsbereich des Oberlandesgerichts und für alle in dessen Bezirk bestehenden Staatsanwaltschaften eine gemeinsame Stufenvertretung (BPR beim Oberlandesgericht) zu bilden. 1

Dienststellenleiter. Der OLG-Präsident bzw. der Generalstaatsanwalt sind jeweils für ihren Bereich Dienststellenleiter. 2

Teil 13 Besondere Vorschriften für die Polizei und für das Landesamt für Verfassungsschutz

§ 96 Polizei

(1) § 5 Absatz 3 findet auf das Polizeipräsidium Einsatz, das Präsidium Technik, Logistik, Service der Polizei und auf die Hochschule für Polizei Baden-Württemberg nur mit der Maßgabe Anwendung, dass Außenstellen, Nebenstellen und Teile der Dienststelle räumlich weit von der Hauptdienststelle entfernt liegen. Im Übrigen findet § 5 Absatz 3 auf Polizeidienststellen keine Anwendung.

(2) Die Beschäftigten der Polizeidienststellen und Einrichtungen für den Polizeivollzugsdienst wählen einen Hauptpersonalrat der Polizei beim Innenministerium. Dieser kann gemeinsam mit dem beim Innenministerium gebildeten allgemeinen Hauptpersonalrat beraten, soweit beide Hauptpersonalräte zu beteiligen sind; eine gemeinsame Beschlussfassung findet jedoch nicht statt.

(3) Polizeibeamte im Vorbereitungs- oder Ausbildungsdienst, die am Wahltag das 18. Lebensjahr vollendet haben, besitzen nicht die Wahlberechtigung und Wählbarkeit zur Jugend- und Auszubildendenvertretung.

(4) Werden im Geschäftsbereich der Polizei Maßnahmen von einer dem Innenministerium nachgeordneten Polizeidienststelle oder Einrichtung für den Polizeivollzugsdienst getroffen, die sich auf Beschäftigte anderer Polizeidienststellen oder Einrichtungen für den Polizeivollzugsdienst erstrecken, wird der Hauptpersonalrat der Polizei beteiligt. § 91 Absatz 1 und 4 findet keine Anwendung.

1 **Vorbemerkung.** § 90 a. F. wurde durch Art. 12 des Polizeistrukturreformgesetzes- PolRG vom 23.7.2013 (GBl. S. 233) und zuletzt durch Art. 1 Nr. 73 des Gesetzes vom 3.12.2013 (GBl. S. 329) geändert.Die Arbeit der Personalvertretungen im Bereich der Polizei hat durch das Polizeistrukturreformgesetz grundlegende Veränderungen erfahren.

I. Verselbstständigung und Zusammenfassung von Dienststellen (Abs. 1)

2 **1. Verselbstständigung.** Nach § 5 Abs. 3 können Außenstellen, Nebenstellen und Teile einer Dienststelle auf Antrag der Mehrheit der betroffenen wahlberechtigten Beschäftigten oder von Amts wegen vom Dienststellenleiter personalvertretungsrechtlich verselbständigt oder zusammengefasst werden. § 96 Abs. 1 Satz 1 betrifft nur die Verselbstständigung von Dienststellen. Er bestimmt, dass § 5 Abs. 3 auf das Polizeipräsidium Einsatz, das Präsidium Technik, Logistik, Service der Polizei und auf die Hochschule der Polizei Baden-Württemberg nur eingeschränkt Anwendung finden kann. Eine Verselbstständigung von Außenstellen, Nebenstellen oder Teilen von Dienststellen ist hiernach nur **ausnahmsweise** dann zulässig, wenn diese räumlich weit von der Hauptdienststelle entfernt liegen. Von dieser zwingenden Regelung kann auch nicht durch Dienstvereinbarung abgewichen werden.

3 **2. Grundsatz.** Nach Abs. 1 Satz 2 ist im Übrigen im Bereich der Polizei die personalvertretungsrechtliche Verselbstständigung von Außenstellen, Nebenstellen und Teilen von Dienststellen oder deren Zusammenfassung grundsätzlich ausgeschlossen.

II. Hauptpersonalrat beim Innenministerium (Abs. 2)

4 **Zweistufigkeit.** Nach Inkrafttreten des Polizeistrukturreformgesetzes ist der dreistufige Aufbau der Polizei und damit auch der entspr. Aufbau der Personalvertretungen im Bereich der Polizei entfallen. Es werden nunmehr nur noch örtliche PR bei den einzelnen Dienststellen gebildet sowie als Stufenvertretung nur mehr der HPR der Polizei, der beim Innenministerium angesiedelt ist. Die Ebene des Bezirkspersonalrats ist entfallen. Das personalvertretungsrechtliche Stufenverfahren führt damit direkt vom PR zum HPR. Denkbar ist aber nach

der Neuregelung noch die Bildung eines GesamtPR, wenn von der Befugnis des § 96 Abs. 1 Satz 1 Gebrauch gemacht wird.

1. HPR der Polizei. Nach Abs. 2 Satz 1 ist abweichend von § 55 Abs. 1 für die Beschäftigten bei den Polizeidienststellen und Einrichtungen für den Polizeivollzugsdienst ein besonderer HPR der Polizei beim Innenministerium zu wählen. **Wahlberechtigt** sind auch hier alle bei diesen Dienststellen Beschäftigten. Die Vorschrift spricht zwar nur von „wählen", gemeint und davon auszugehen ist aber, dass sie zum HPR der Polizei auch wählbar sind. 5

HPR der übrigen Beschäftigten. Beim Innenministerium werden damit zwei Hauptpersonalräte gebildet, nämlich ein HPR für die Polizei und ein HPR für die übrigen Beschäftigten der staatlichen Innenverwaltung (HPR beim Innenministerium). 6

2. Beratung und Beschlussfassung. Die beiden beim Innenministerium bestehenden HPR sind bei der Wahrnehmung ihrer Aufgaben in ihrer Organisation und ihrer Geschäftsführung voneinander unabhängig. Sie haben weder einen gemeinsamen Vorsitzenden noch einen gemeinsamen Vorstand oder Ausschuss. Bei vielen Maßnahmen, die das Innenministerium für seine Beschäftigten treffen, werden jedoch beide HPR zu beteiligen sein. Die beiden HPR können diese Angelegenheiten **gemeinsam beraten**. Sie können aber über diese Angelegenheiten **nicht gemeinsam beschließen**. Dies schließt aber nicht aus, dass beide Stufenvertretungen in getrennten Abstimmungen dennoch übereinstimmende Beschlüsse fassen. Für die Beschlussfassung in Angelegenheiten, denen eine gemeinsame Beratung der beiden Stufenvertretungen vorausging, gelten die allg. Vorschriften über die Geschäftsführung und die Beschlussfassung der PR, insb. auch § 34, wonach u. U. die Entscheidung einer Gruppe zukommt. 7

III. Vorbereitungs-/Ausbildungsdienst (Abs. 3)

JAV. Der in Abs. 3 genannte Personenkreis ist entgegen den allg. Vorschriften (§§ 59 ff.) zur JAV weder wahlberechtigt noch wählbar. 8

IV. Besondere Zuständigkeit des HPR der Polizei (Abs. 4)

1. Voraussetzungen. Werden im Geschäftsbereich der Polizei Maßnahmen von einer dem IM nachgeordneten Dienststelle getroffen, die sich auch auf Beschäftigte anderer Dienststellen erstrecken, wird nach § 96 Abs. 4 Satz 1 der HPR der Polizei beteiligt. Diese Situation kann bspw. auftreten, wenn einer Dienststelle bei einem Einsatz die Einsatzleitung übertragen wird und diese Unterstützungskräfte von anderen Dienststellen anfordert oder deren Einsatz regelt. Die Vorschrift dient dazu, auch die Interessen der Beschäftigten, für die der für die Maßnahme eigentlich zuständige PR nicht zuständig wäre, angemessen zu berücksichtigen. 9

2. Ausschluss von § 91 Abs. 1. Nach § 91 Abs. 1 ist an Maßnahmen der Dienststelle der PR zu beteiligen, der bei dieser Dienststelle gebildet worden 10 ist (örtlicher PR). Zuständig ist dieser PR für Maßnahmen hinsichtlich der Beschäftigten der Dienststelle, bei der er gebildet ist. Nach § 96 Abs. 4 Satz 2 findet § 91 Abs. 1 im Falle des § 96 Abs. 4 Satz 1 keine Anwendung. Damit soll eine konkurrierende Zuständigkeit zwischen HPR und örtlichem PR verhindert werden. Liegen die Voraussetzungen des Abs. 4 Satz 1 vor, ist ausschließlich der HPR für die Maßnahme zuständig. Anwendbar bleibt aber § 91 Abs. 3 Satz 1, sodass der HPR dem PR Gelegenheit zur Äußerung zu geben hat. Entsprechend verlängert sich die Frist (§ 91 Abs. 3 Satz 2) und besteht die Möglichkeit, in entsprechender Anwendung von § 76 Abs. 6 Satz 3, Abs. 7 und 8 abweichende Fristen zu bestimmen oder zu vereinbaren (§ 91 Abs. 3 Satz 3).

11 **Ausschluss des § 91 Abs. 4.** Nach § 91 Abs. 4 ist die Stufenvertretung bei der nächsthöheren Behörde für Maßnahmen zuständig, die von einer Dienststelle getroffen worden ist, bei der keine für eine Beteiligung zu diesen Maßnahmen zuständige Personalvertretung vorgesehen ist. Der durch § 96 Abs. 4 Satz 2 getroffene Ausschluss dieser Regelung hat nur klarstellende Funktion, weil die Regelung des § 96 Abs. 4 Satz 1 diesen Problemfall abschließend regelt.

§ 97 Landesamt für Verfassungsschutz

Für das Landesamt für Verfassungsschutz gilt dieses Gesetz mit folgenden Abweichungen:

1. **Der Leiter des Landesamts für Verfassungsschutz kann nach Anhörung des Personalrats bestimmen, dass Beschäftigte, bei denen dies wegen ihrer dienstlichen Aufgaben dringend geboten ist, nicht an Personalversammlungen teilnehmen.**
2. **Die Vorschriften über eine Beteiligung von Vertretern oder Beauftragten der Gewerkschaften und Arbeitgebervereinigungen (§ 32 Absatz 3, § 37 Absatz 1, § 53) sind nicht anzuwenden.**
3. **Bei der Beteiligung der Stufenvertretung und der Einigungsstelle sind Angelegenheiten, die lediglich Beschäftigte des Landesamts für Verfassungsschutz betreffen, wie Verschlusssachen des Geheimhaltungsgrads »VS – VERTRAULICH« zu behandeln, soweit nicht die zuständige Stelle etwas anderes bestimmt.**

1 **Grundsatz.** Im Interesse des Geheimschutzes und einer wirksamen Tätigkeit des Landesamts soll Außenstehenden möglichst wenig Einblick in den Aufbau, die Arbeitsweise und die personelle Zusammensetzung des Landesamts für Verfassungsschutz gewährt werden. Deshalb trifft § 97 Einschränkungen, die dies sicherstellen sollen.

2 **Nr. 1: Personalversammlung.** Vor einer Entscheidung über die Nichtzulassung von bestimmten Beschäftigten zur Personalversammlung hat der Leiter des Landesamts für Verfassungsschutz den PR zu hören. Die Entscheidung unterliegt nicht der Mitbestimmung oder der Mitwirkung mit dem sich im Falle der Nichteinigung vorgesehenen weiteren Verfahren (vgl. §§ 73 ff.).

3 **Nr. 2: Ausschluss von Beteiligungsrechten.** Es finden folgende Vorschriften über die Teilnahme an den Sitzungen des PR und an den Personalversammlun-

gen auf den PR und auf die Personalversammlungen beim Landesamt für Verfassungsschutz **keine Anwendung:**

- **§ 32 Abs. 3:** Teilnahme je eines Beauftragten der unter den Mitgliedern des PR vertretenen Gewerkschaften und eines Vertreters der Arbeitgebervereinigung, der die Dienststelle angehört, an den PR-Sitzungen.
- **§ 37 Abs. 1:** Beteiligung der unter den Mitgliedern des PR vertretenen Gewerkschaften an einem Verständigungsversuch, wenn die Mehrheit der Vertreter einer Gruppe gegen einen Beschluss Einspruch eingelegt hat.
- **§ 53:** Teilnahme der Gewerkschaften und der Arbeitgebervereinigung an Personalversammlungen.

Nr. 3: Stufenvertretung/Einigungsstelle. Angelegenheiten, die lediglich Beschäftigte des Landesamts für Verfassungsschutz betreffen, müssen vom HPR beim Innenministerium (im Stufenverfahren und bei unmittelbarer Beteiligung nach § 91 Abs. 2) und von der Einigungsstelle wie **Verschlusssachen** des Geheimhaltungsgrads „VS-Vertraulich" (vgl. § 94) behandelt werden, es sei denn, das Innenministerium hat etwas anderes bestimmt (im Einzelfall oder allgemein). 4

Teil 14 Besondere Vorschriften für Dienststellen, die bildenden, wissenschaftlichen und künstlerischen Zwecken dienen

§ 98 Personalvertretungen im Schulbereich

(1) [1]Für Grund-, Haupt-, Werkreal-, Real-, Gemeinschafts- und entsprechende sonderpädagogische Bildungs- und Beratungszentren sowie Schulkindergärten mit Ausnahme der sonderpädagogische Bildungs- und Beratungszentren mit Internat und der diesen angegliederten Schulkindergärten werden besondere Personalräte bei den unteren Schulaufsichtsbehörden gebildet. [2]Für Lehrer an Schulen besonderer Art sowie an Schulen, die in einen Verbund von Schularten oder einen Schulversuch einbezogen sind, kann das Kultusministerium eine hiervon abweichende Regelung treffen, sofern an der Schule auch Lehrer der in Absatz 2 Satz 1 Nummer 2 oder 3 aufgeführten Schularten unterrichten. [3]§ 5 Absatz 3 findet keine Anwendung.

(2) [1]Die beamteten und nichtbeamteten Lehrer der

1. **Grund-, Haupt-, Werkreal-, Real-, Gemeinschafts- und entsprechenden sonderpädagogische Bildungs- und Beratungszentren sowie Schulkindergärten,**
2. **Gymnasien und Kollegs,**
3. **beruflichen Schulen einschließlich der beruflichen Gymnasien**

wählen je besondere Stufenvertretungen bei den oberen Schulaufsichtsbehörden und beim Kultusministerium. [2]Absatz 1 Satz 2 gilt entsprechend. [3]Die besonderen Stufenvertretungen können gemeinsam und zusammen mit der bei der Dienststelle gebildeten allgemeinen Stufenvertretung beraten, soweit alle jeweils gemeinsam beratenden Stufenvertretungen zu beteiligen sind; eine gemeinsame Beschlussfassung mehrerer Stufenvertretungen findet jedoch nicht statt.

(3) In Angelegenheiten der in Ausbildung zu einem Lehrerberuf stehenden Beschäftigten, in denen die Dienststelle nicht zur Entscheidung befugt ist, werden die entsprechenden Lehrerstufenvertretungen beteiligt.

(4) Das sonstige pädagogisch tätige Personal ist Lehrern im Sinne dieser Vorschrift gleichgestellt.

I. Besondere örtliche Personalräte (Abs. 1)

1 **1. Örtliche PR.** Öffentliche Schulen stellen gemäß § 23 Abs. 3 SchG untere Sonderbehörden i. S. v. § 23 Abs. 4 LVG dar. Der Behördencharakter der Schule bedeutet jedoch nicht gleichzeitig, dass die Schule auch Dienststelle im personalvertretungsrechtlichen Sinne ist. Im Schulbereich werden gemäß § 98 Abs. 1 Satz 1 für die Grund-, Haupt-, Werkreal-, Real-, Gemeinschaftsschulen und entsprechenden sonderpädagogischen Bildungs- und Beratungszentren sowie Schulkindergärten mit Ausnahme der sonderpädagogischen Bildungs- und Beratungszentren mit Internat und der diesen angegliederten Schulkindergärten besondere Personalräte bei den unteren Schulaufsichtsbehörden (**Staatliche Schulämter**) gebildet. Insoweit regelt § 98 Abs. 1 Satz 1 in Abweichung von § 5 Abs. 1, dass die vorgenannten Schulen keine Dienststellen im personalvertretungsrechtlichen Sinne darstellen. Da 98 Abs. 1 Satz 1 nicht die Gymnasien und die beruflichen Schulen nennt und die sonderpädagogischen Bildungs- und Beratungszentren mit Internat von der Anwendung ausschließt, gelten diese Schularten gemäß § 5 Abs. 1 als Dienststellen im personalvertretungsrechtlichen Sinne mit der Folge, dass an diesen Schulen jeweils direkt ein örtlicher Personalrat gebildet wird.

2 **Wahlrecht.** Den **örtlichen PR** bei den staatlichen Schulen wählen alle an diesen Schulen tätigen Landesbediensteten, also auch die Amtsgehilfen, Büroangestellten und sonstigen Arbeitnehmer mit. Bei den Schulen, die einen **kommunalen Schulträger** haben, stehen die Beschäftigten, die nicht Lehrpersonen sind, in der Regel im Dienst des Schulträgers. Sie sind deshalb bei den Personalvertretungen des Schulträgers wahlberechtigt und wählbar. Diese sind auch für die Angelegenheiten dieser Beschäftigten zuständig.

3 **2. Schulen besonderer Art.** Das Kultusministerium kann für Schulen besonderer Art (§ 107 SchG) und für Schulen, die in einem Verbund von Schularten stehen oder in einen Schulversuch einbezogen sind, besondere Regelungen treffen. Dies setzt allerdings voraus, dass an dieser Schule auch Lehrkräfte i. S. v. Abs. 2 Satz 1 Nr. 2 oder Nr. 3 (Gymnasien, Berufliche Schulen, Kollegs) unterrichten. Von dieser Befugnis hat das Kultusministerium Gebrauch gemacht.

4 **3. Verselbstständigung.** Nach Abs. 1 Satz 3 findet § 5 Abs. 3 keine Anwendung, weshalb im Schulbereich eine Verselbstständigung von Dienststellenteilen nicht in Betracht kommt.

II. Besondere Stufenvertretungen (Abs. 2)

1. Schulischer Bereich. Abs. 2 trifft für die Bildung der Stufenvertretungen im Bereich des Kultusministeriums eine von § 55 Abs. 1 abweichende Regelung. Bei den Regierungspräsidien als oberen Schulaufsichtsbehörden und beim Kultusministerium sind für den schulischen Bereich jeweils **drei Stufenvertretungen** (**BPR und HPR**) zu bilden. Und zwar für 5

a) die beamteten und nichtbeamteten Lehrer an den Grund-, Haupt-, Werkreal-, Real-, Gemeinschafts- und entsprechenden sonderpädagogischen Bildungs- und Beratungszentren sowie Schulkindergärten (**GHWRGS**),
b) die beamteten und nichtbeamteten Lehrer an den **Gymnasien** und Kollegs,
c) die beamteten und nichtbeamteten Lehrer an **beruflichen Schulen** einschließlich beruflichen Gymnasien.

Außerschulischer Bereich. Beim Kultusministerium besteht für alle übrigen Beschäftigten seines Geschäftsbereichs, zu denen auch die Beschäftigten des schulpsychologischen und schulpädagogischen Dienstes der Regierungspräsidien gehören, ein weiterer **HPR für den außerschulischen Bereich**. Während zu den oben genannten Stufenvertretungen nur die beamteten und nichtbeamteten Lehrer wahlberechtigt und wählbar sind, wenn sie die sonstigen Voraussetzungen erfüllen, sind zum außerschulischen HPR beim Kultusministerium **alle Beschäftigten** seines Geschäftsbereichs einschließlich den Beschäftigten des schulpsychologischen und schulpädagogischen Dienstes der Regierungspräsidien nach Maßgabe der §§ 8 und 9 wahlberechtigt und wählbar, die nicht zu den oben genannten Stufenvertretungen wahlberechtigt und wählbar sind. Bei den Regierungspräsidien besteht für alle übrigen Beschäftigten des Geschäftsbereichs, zu denen auch die Lehrer mit einem Lehrauftrag an einem Seminar für Didaktik und Lehrerbildung sowie die Bereichs- und Fachleiter an GHWRGS-Seminaren gehören, ein **BPR für den außerschulischen Bereich**, bei dem die dort Beschäftigten wahlberechtigt und wählbar sind. 6

Wahlrecht sonstiger Arbeitnehmer. Die bei den staatlichen Schulen beschäftigten Amtsgehilfen, Büroangestellten und sonstigen **Arbeitnehmer** wählen den **allgemeinen BPR** beim Regierungspräsidium und den **außerschulischen HPR** beim Kultusministerium mit. 7

Mehrfaches Wahlrecht bei Lehrer- und Lehrtätigkeit. Lehrer, die **neben der Lehrtätigkeit** an ihrer Schule, an einem Seminar für Didaktik und Lehrerbildung einen Lehrauftrag wahrnehmen, sind hinsichtlich der Stufenvertretungen bei allen Dienststellen, bei denen sie tätig sind, wahlberechtigt. Die Entscheidung des VGH Mannheim (9.9.1986 – 15 S 2643/85 – PersV 1987, 477), wonach die organisatorische Zuordnung des Lehrers zu einer besonderen Stufenvertretung des § 98 Abs. 2 das Wahlrecht der allg. Stellvertretung (BPR oder HPR des außerschulischen Bereichs) ausschließe, ist durch den neuen erweiterten Beschäftigtenbegriff überholt und kann insoweit nicht mehr zugrunde gelegt werden. 8

2. Sonderregelungen/Verfahren. Nach Abs. 2 Satz 2 gilt Abs. 1 Satz 2 entspr. Für die dort bezeichneten besonderen Schulen kann das Kultusministerium auch bei den Stufenvertretungen abweichende Regelungen treffen. 9

10 3. **Beratung, Beschlussfassung.** Nach dem neu angefügten Satz 3 können die besonderen Stufenvertretungen **gemeinsam** und auch mit der allg. Stufenvertretung **beraten,** soweit diese Stufenvertretungen zu beteiligen sind. Die Beschlussfassung muss jedoch getrennt in den jeweiligen Gremien erfolgen.

III. In Ausbildung stehende Beschäftigte (Abs. 3)

11 **Stammdienststellen.** In Ausbildung befindliche Beschäftigte wählen bei ihren Stammdienststellen (§ 8 Abs. 2). Lehramtsanwärter wählen an den Seminaren für Grund- und Hauptschulen bzw. für das Lehramt an Realschulen, die jeweils gebildeten besonderen örtlichen Personalvertretungen bzw. Stufenvertretungen.

12 **Ausbildungspersonalrat.** Die Lehramtsanwärter, die der Verordnung des Kultusministeriums vom 7.3.1977 (GBl. S. 98) unterliegen, wählen ihren Ausbildungspersonalrat.

IV. Sonstiges pädagogisch tätiges Personal (Abs. 4)

13 **Personenkreis.** Nach Abs. 4 ist das sonstige pädagogisch tätige Personal den Lehrern hinsichtlich der Regelungen des § 98 gleichgestellt. Bei diesem Personenkreis handelt es sich in erster Linie um die Beschäftigten von Schulkindergärten und sonderpädagogischen Bildungs- und Beratungszentren mit Internat.

§ 99 Besondere Vorschriften für Lehre und Forschung

(1) Dieses Gesetz gilt nicht für

1. Hochschullehrer, vor Inkrafttreten des Landeshochschulgesetzes vom 1. Januar 2005 eingestellte Hochschuldozenten, Gastprofessoren, Oberassistenten, Oberingenieure, wissenschaftliche und künstlerische Assistenten sowie Akademische Mitarbeiter, denen Aufgaben in Forschung und Lehre zur selbstständigen Wahrnehmung übertragen sind, ferner Lehrbeauftragte an Hochschulen,

2. die in Lehre und Forschung tätigen habilitierten Personen sowie solche Personen, die die Einstellungsvoraussetzungen als Professor erfüllen, an Forschungsstätten, die nicht wissenschaftliche Hochschulen sind; das KIT ist keine solche Forschungsstätte,

3. leitende Wissenschaftler im Sinne von § 14 Absatz 3 Satz 1 Nummer 1 und Satz 2 des KIT-Gesetzes (KITG).

(2) [1]§ 75 Absatz 1 Nummer 2 und 3 findet auf Beschäftigte, die als

1. Akademische Mitarbeiter an Hochschulen, soweit sie nicht unter Absatz 1 Nummer 1 fallen,

2. nicht habilitierte Akademische Mitarbeiter an Forschungsstätten, die nicht wissenschaftliche Hochschulen sind,

in einem befristeten Arbeitsverhältnis eingestellt werden sollen, keine Anwendung. [2]Wissenschaftliche Mitarbeiter im Sinne von § 14 Absatz 5 KITG gelten als befristet beschäftigte Akademische Mitarbeiter im Sinne von Satz 1 Nummer 1, wenn sie in einem befristeten Arbeitsverhältnis eingestellt werden sollen und sie nach der vertraglichen Vereinbarung wenigstens die Hälfte ihrer

Arbeitszeit zur Promotion, Habilitation oder zur Wahrnehmung der Aufgaben einer Juniorprofessur zur Verfügung haben sollen.

(3) [1]Bei wissenschaftlichen und künstlerischen Hilfskräften an Hochschulen im Sinne von § 57 Satz 1 des Landeshochschulgesetzes sowie bei studentischen Hilfskräften an Hochschulen im Sinne von § 57 Satz 2 des Landeshochschulgesetzes tritt an die Stelle der Mitbestimmung die Mitwirkung, in den Personalangelegenheiten nach § 75 Absatz 1 Nummer 1, 2, 3 für alle Regelungsfälle, ausgenommen die Fallgruppenbestimmung, Nummer 4, 6, 7 Buchstabe a und Nummer 11, Absatz 2 und 3 Nummer 2, 3, 5 bis 7 und 14 jedoch nur, wenn sie die Beteiligung des Personalrats beantragen. [2]Bei Personalangelegenheiten dieser Beschäftigten nach § 75 Absatz 1 Nummer 3 für den Regelungsfall der Fallgruppenbestimmung, Nummer 5, 7 Buchstabe b und Nummer 8 sowie Absatz 3 Nummer 1 ist der Personalrat nur zu beteiligen, wenn sie es beantragen.

(4) [1]Die Studienakademien der Dualen Hochschule sind Dienststellen im Sinne des § 5 Absatz 3. [2]Der Gesamtpersonalrat bei der Dualen Hochschule führt die Bezeichnung »Hochschulpersonalrat«. [3]§ 91 Absatz 8 Satz 1 und 2 gilt mit der Maßgabe, dass der Hochschulpersonalrat auch bei Maßnahmen zu beteiligen ist, die von den zentralen Organen der Hochschule getroffen werden.

I. Anwendungsbereich (Abs. 1)

Personenkreis. Das LPVG gilt nach Abs. 1 nicht für **Hochschullehrer** und die sonstigen in den Nr. 1 bis 3 genannten Personen. Sie sind zum PR nicht wahlberechtigt und auch nicht wählbar. Bei allen ihren Angelegenheiten wird der PR weder allgemein noch im Einzelfall kraft Gesetzes beteiligt. Auch eine Beteiligung des PR auf Antrag dieser Beschäftigten ist nicht zulässig. Mit Art. 8 des 2. HRÄG wurde in Nr. 1 in Anpassung an § 44 Abs. 1 LHG der Begriff Professoren durch Hochschullehrer ersetzt und damit auch die Juniorprofessoren von der Anwendung des Gesetzes ausgeschlossen. Dgl. gilt für die **wissenschaftlichen und künstlerischen Mitarbeiter**, denen professorale Aufgaben in Forschung und Lehre übertragen sind. In Nr. 2 wurden außerdem den **Habilitierten** in Forschungseinrichtungen außerhalb der Hochschulen solche Personen gleichgestellt, welche die Einstellungsvoraussetzungen als Professor erfüllen. 1

Sonstige Beschäftigte. Für die in § 99 nicht genannten Beschäftigten der Hochschulen und der Forschungsstätten, die nicht wissenschaftliche Hochschulen sind, gilt das LPVG uneingeschränkt (z. B. für Verwaltungsbeamte und Arbeitnehmer). 2

Wissenschaftsfreiheit, Kunstfreiheit. Die wissenschaftliche Forschung und Lehre sowie die Kunst müssen frei sein (Art. 5 Abs. 3 GG). Das LHG enthält daher zahlreiche Bestimmungen, um dies sicherzustellen. Auch die Anwendung des Personalvertretungsrechts auf die Hochschulen sowie auf die Forschungsstätten, die nicht wissenschaftliche Hochschulen sind, ist daher nur beschränkt möglich. Bei diesen Einrichtungen werden zwar PR gebildet, jedoch können dem Personalvertretungsrecht in vollem Umfang nur deren Beschäftigte unterliegen, die nicht wissenschaftlich oder künstlerisch tätig sind. 3

4 **Hochschulen.** § 99 vereinheitlicht den Geltungsbereich sowie Art und Umfang der Anwendung des LPVG an den Hochschulen des Landes Baden-Württemberg. Die Vorschrift wurde mit Art. 8 des Zweiten Hochschulrechtsänderungsgesetzes vom 1.1.2005 (GBl. S. 1) an die neuen Begriffe des LHG und dessen Terminologie angepasst. Nach § 1 Abs. 2 LHG sind staatliche Hochschulen:
1. die Universitäten,
2. die Pädagogischen Hochschulen,
3. die Kunsthochschulen, die Hochschulen für Musik, die Hochschulen für Musik und Darstellende Kunst sowie die Akademien der Bildenden Künste und die Hochschule für Gestaltung Karlsruhe,
4. die Fachhochschulen,
5. die besonderen nach § 69 LHG errichteten Fachhochschulen für den öffentlichen Dienst, die zum Zeitpunkt des Inkrafttretens dieses Gesetzes bestehen.

II. Befristete Arbeitsverhältnisse (Abs. 2)

5 **1. Mitbestimmungsausschluss (Satz 1).** Auf die in Abs. 2 Satz 1 genannten Beschäftigten findet § 75 Abs. 1 Nr. 2 und Nr. 3 keine Anwendung. In diesen Fällen bestimmt der PR weder bei der Einstellung, der Übertragung der auszuübenden Tätigkeit, Nebenabreden zum Arbeitsvertrag bzw. der Zeit- oder Zweckbefristung (§ 75 Abs. 1 Nr. 2) mit. Gleiches gilt für die Fälle des § 75 Abs. 1 Nr. 3 der Ein-, Höher-, Um- oder Rückgruppierung einschließlich der Stufenzuordnung.

6 **Befristetes Arbeitsverhältnis.** Der Mitbestimmungsausschluss greift nur, wenn diese Beschäftigten in einem befristeten Arbeitsverhältnis eingestellt werden sollen bzw. eingestellt worden sind. Im Falle einer unbefristeten Einstellung gelten auch für diesen Personenkreis sämtliche Beteiligungsrechte einschließlich der Mitbestimmung nach § 75 Abs. 1 Nr. 2 und Nr. 3. Der PR hat keinen Anspruch auf Überlassung sämtlicher Einstellungsvorgänge, um präventiv prüfen zu können, ob die Beschäftigten zum Personenkreis des Abs. 2 gehören (VGH Mannheim, 7.5.2018 – PL 15 S 976/17 – juris).

7 **Sonstige Beteiligungstatbestände.** Alle übrigen Beteiligungstatbestände finden selbst für die befristet eingestellten Akademischen Mitarbeiter und die diesen gleichgestellten KIT-Mitarbeiter uneingeschränkt Anwendung. Dies ist nicht unproblematisch, weil durch diese Neuregelung der § 99 insgesamt in eine Schieflage gerät. Denn die Akademischen Mitarbeiter weisen regelmäßig ein abgeschlossenes Hochschulstudium auf und sind dem höheren Dienst zuzurechnen (§ 52 Abs. 3 LHG). Weshalb dieser Personenkreis uneingeschränkt in den Anwendungsbereich des LPVG gelangen soll, die deutlich schutzbedürftigeren wissenschaftlichen und künstlerischen Assistenten (Abs. 1 Nr. 1) und die wissenschaftlichen und künstlerischen Hilfskräfte i. S. d. Abs. 3 aber nicht, ist ein kaum auflösbarer Widerspruch. Dem Gesetzgeber steht bei der Ausgestaltung von Beteiligungsrechten zwar ein großer Ermessensspielraum zu. Unter dem Blickwinkel des Art. 3 Abs. 1 GG muss eine getroffene Regelung aber immer systemgerecht sein, d. h. sie muss im gewählten Regelungskonzept blei-

ben und darf keine systemwidrigen Widersprüche aufweisen. Wenn der Gesetzgeber also Beteiligungsrechte der Personalvertretung stärken will, wie dies die Neufassung anstrebt, so muss die – bezogen auf die unterschiedlichen Beschäftigungsverhältnisse – grundsätzlich zulässige Abstufung der Beteiligungsmöglichkeiten dem auch systemgerecht folgen. Jedenfalls im Verhältnis von Abs. 2 und Abs. 3 ist ein verfassungsrechtlich bedenklicher Widerspruch festzustellen.

Nr. 1: Akademische Mitarbeiter. Nach Abs. 2 Satz 1 Nr. 1 findet der Mitbestimmungsausschluss für Akademische Mitarbeiter an Hochschulen statt. Nicht berührt sind die Akademischen Mitarbeiter, die bereits unter Abs. 1 Nr. 1 fallen, weil für diesen Personenkreis das LPVG insgesamt keine Anwendung findet. Wer Akademische Mitarbeiter im Sinne der Nr. 1 ist, bestimmt § 52 LHG. Das sind die Beamten und Angestellten, denen weisungsgebunden im Rahmen der Aufgabenerfüllung der Hochschule, insb. in Wissenschaft, Forschung, Lehre und Weiterbildung wissenschaftliche Dienstleistungen nach Maßgabe ihrer Dienstaufgabenbeschreibung obliegen (§ 52 Abs. 1 Satz 1 LHG). Akademische Mitarbeiter in diesem Sinne sind auch die in § 52 Abs. 6 bis 8 LHG genannten Beschäftigten an Akademien der Bildenden Kunst und der Hochschule für Gestaltung, den Musikhochschulen sowie die Lektoren. 8

Nr. 2: Sonstige Forschungsstätten. Nach der Nr. 2 gilt der Ausschlusstatbestand auch für nicht habilitierte Akademische Mitarbeiter an Forschungsstätten, die nicht wissenschaftliche Hochschulen sind. 9

2. KIT (Satz 2). Durch Abs. 2 Satz 2 wird bestimmt, dass wissenschaftliche Mitarbeiter i. S. v. § 14 Abs. 5 KITG als befristet beschäftigte Akademische Mitarbeiter i. S. v. Satz 1 Nr. 1 gelten, wenn sie in einem befristeten Arbeitsverhältnis eingestellt werden sollen und sie nach dem Vertrag wenigstens die Hälfte der Arbeitszeit zur Promotion, Habilitation oder zur Wahrnehmung der Aufgaben einer Juniorprofessur zur Verfügung haben sollen. Hinsichtlich der sonstigen für das KIT geltenden Regelungen vgl. § 101. 10

III. Wissenschaftliche und künstlerische Hilfskräfte (Abs. 3)

1. Herabstufung (Satz 1). Auch die in Abs. 3 genannten wissenschaftlichen und künstlerischen sowie studentischen Hilfskräfte (vgl. hierzu VGH Mannheim, 9.2.2010 – PL 15 S 2160/08 – juris) sind, wenn die sonstigen Voraussetzungen (vgl. z. B. §§ 8 und 9) vorliegen, zum PR wahlberechtigt und wählbar. Die Beteiligung des PR in ihren Angelegenheiten ist jedoch insoweit eingeschränkt, als durch Abs. 3 Satz 1 generell **an die Stelle der Mitbestimmung die Mitwirkung** tritt. 11

Antragserfordernis nach Abs. 3 Satz 1. In den in Abs. 3 Satz 1 genannten Personalangelegenheiten des § 75 Abs. 1 Nr. 1, Nr. 2, Nr. 3 (außer Fallgruppenbestimmung), Nr. 4, Nr. 6, Nr. 7 lit. a und Nr. 11, Abs. 2 und Abs. 3 Nr. 2, Nr. 3, Nr. 5 bis 7 und Nr. 14 wirkt die Personalvertretung nur mit, wenn diese Beschäftigten dies **beantragen.** 12

13 **2. Antragserfordernis (Satz 2).** Auch für die Personalangelegenheiten des Abs. 3 Satz 2 (§ 75 Abs. 1 Nr. 3 (Fallgruppenbestimmung), Nr. 5, Nr. 7 lit. b und Nr. 8 sowie Abs. 3 Nr. 1) gilt das **Antragserfordernis.** Die Regelung in einem getrennten Satz 2 ist verunglückt und war in der früheren Fassung dadurch gerechtfertigt, dass hier Angelegenheiten geregelt waren, die originär der Mitwirkung bzw. Anhörung unterlagen.

14 **Drittmittelprojekte.** Bei Beschäftigungsverhältnissen im Zusammenhang mit sog. Drittmittelfinanzierung hat der Dienststellenleiter durch geeignete Maßnahmen sicherzustellen, dass der PR auch bei Verlängerungen, die wegen ungeklärter Zusagen weiterer Drittmittel bis zuletzt offenbleiben, rechtzeitig beteiligt wird (BVerwG, 15.11.1995 – 6 P 2/94 – PersR 1996, 278 = PersV 1996, 453).

IV. Studienakademien der Dualen Hochschule (Abs. 4)

15 **Anwendungsbereich.** Durch Art. 6 Nr. 2 des Zweiten Gesetzes zur Umsetzung der Föderalismusreform im Hochschulbereich vom 3.12.2008 (GBl. S. 435) wurde in § 99 der Abs. 4 angefügt. Die bisherigen Berufsakademien erhielten hierdurch den Hochschulstatus (Duale Hochschule – vgl. hierzu das Gesetz zur Errichtung der Dualen Hochschule Baden-Württemberg). Sitz der Dualen Hochschule Baden-Württemberg ist Stuttgart (§ 1 Abs. 2 Satz 1 Nr. 1 LHG), wo sich Vorstand, Senat und Aufsichtsrat befinden. Hinzu kommen die Studienakademien an den acht Standorten.

16 **1. Dienststelle (Satz 1).** Durch Abs. 4 Satz 1 werden die Studienakademien der Dualen Hochschule zu Dienststellen i. S. v. § 5 Abs. 3 erklärt, die jeweils örtliche PR zu wählen haben. Die Zentraleinheit in Stuttgart ist Hauptdienststelle.

17 **2. GesamtPR (Satz 2).** Abs. 4 Satz 2 trifft Regelungen hinsichtlich des Gesamtpersonalrats, der die Bezeichnung „Hochschulpersonalrat" führt. Die bisherige Sonderregelung hinsichtlich der Größe des Hochschulpersonalrats ist durch die Neuregelung von § 54 Abs. 2 Satz 2 durch das ÄG 2013 entbehrlich geworden.

18 **3. Maßnahmen der Zentralorgane (Satz 3).** Abs. 4 Satz 3 regelt das Verhältnis zwischen den örtlichen Personalvertretungen und dem Hochschulpersonalrat (GesamtPR). Nach § 91 Abs. 8 Satz 1 ist der GesamtPR zu beteiligen, wenn die Maßnahme über den Bereich einer Dienststelle hinausgeht und er insoweit an die Stelle der PR der Dienststellen tritt (§ 91 Abs. 8 Satz 2). Der Satz regelt die Anwendung dieser Bestimmungen mit der Maßgabe, dass der Hochschulpersonalrat immer bei Maßnahmen zu beteiligen ist, die von den zentralen Organen der Hochschule getroffen werden.

§ 100 Besondere Vorschriften für Beschäftigte an Hochschulen mit Aufgaben an einem Universitätsklinikum

[1]Akademische Mitarbeiter an Hochschulen, soweit sie nicht unter § 99 Absatz 1 Nummer 1 fallen, und nicht habilitierte Akademische Mitarbeiter an For-

schungsstätten, die nicht wissenschaftliche Hochschulen sind, sowie Beschäftigte an Hochschulen im Sinne von § 99 Absatz 3, die Aufgaben im Universitätsklinikum erfüllen, gelten auch als Beschäftigte des Universitätsklinikums; entsprechende Beschäftigte sind auch Arbeitnehmer an Hochschulen, die nach § 12 Absatz 1 Satz 4 des Universitätsklinika-Gesetzes vom 24. November 1997 (GBl. S. 474) nicht auf das Universitätsklinikum übergeleitet wurden und ihre Dienste beim Universitätsklinikum erbringen. [2]Die Beschäftigteneigenschaft bei der Hochschule bleibt unberührt. [3]In Personalangelegenheiten der in Satz 1 genannten Beschäftigten gibt die zuständige Personalvertretung dem Personalrat des Universitätsklinikums Gelegenheit zur Äußerung. [4]In diesem Fall erhöhen sich die Beteiligungsfristen auf fünf Wochen; § 76 Absatz 6 Satz 2 findet Anwendung. [5]§ 76 Absatz 6 Satz 3 sowie Absatz 7 und 8 gilt entsprechend. [6]§ 91 Absatz 3 Satz 1 bleibt unberührt.

Geltungsbereich. Die Vorschrift gilt nur für Beschäftigte an Hochschulen, die auch Aufgaben an einem **Universitätsklinikum** wahrnehmen. § 94a a. F. kam wie der frühere § 94b a. F. durch Art. 3 des Hochschulmedizinreformgesetzes vom 24.11.1997 (GBl. S. 474) in das LPVG und wurde durch das UniMedG vom 7.2.2011 geändert. Nach Art. 9 Abs. 4 UniMedG hätten die dort vorgesehenen personalvertretungsrechtlichen Neuregelungen (§§ 94a, 94b a. F.) ab dem jeweiligen Errichtungszeitpunkt der Körperschaften für Universitätsmedizin in Kraft treten sollen. Nach § 77 Abs. 1 LHG a. F. hätte dies spätestens bis 1.1.2013 erfolgen müssen. Durch die weitgehende Rückabwicklung des Universitätsmedizingesetzes durch das Gesetz vom 22.11.2011 sind die personalvertretungsrechtlichen Regelungen (§§ 94a, 94b a. F.) wieder in den Stand der vor dem 7.2.2011 geltenden Fassung gebracht worden. Durch Art. 1 Nr. 78 des ÄG 2013 wurde § 94a a. F. zuletzt geändert und durch Art. 1 Nr. 79 des ÄG 2013 wurde § 94b a. F. aufgehoben. 1

Personalrat. Beim Universitätsklinikum ist ein örtlicher PR zu errichten, der im Rahmen von § 99 auch für das wissenschaftliche Personal zuständig ist. 2

Oberstes Organ. Der Vorstand des Universitätsklinikums ist das oberste Organ i. S. v. § 89 Abs. 1 Satz 1 Nr. 1 (VGH Mannheim, 19.10.1999 – PL 15 S 1167/99 – PersR 2000, 27 – zum früheren § 69 Abs. 3 Satz 4 a. F.). 3

1. Beschäftigte (Satz 1). Satz 1 bestimmt, dass die dort aufgeführten Beschäftigten, die bei den Universitäten bzw. gleich gestellten Forschungsstätten beschäftigt sind und im Universitätsklinikum Aufgaben der Krankenversorgung und sonstige Aufgaben auf dem Gebiet des öffentlichen Gesundheitswesens und der Schulen für nicht ärztliche medizinische Berufe zu erfüllen haben, auch als Beschäftigte des Universitätsklinikums gelten. Diese Beschäftigten haben damit das Wahlrecht und die Wählbarkeit in der Universität bzw. den gleich gestellten Forschungsstätten und zusätzlich im Universitätsklinikum. 4

Wissenschaftliches Personal. Die Norm teilt die Akademischen Mitarbeiter an Hochschulen und an Forschungsstätten, die nicht Hochschulen i. S. d. § 99 Abs. 3 sind, in zwei verschiedene Gruppen ein: solchen, die aus der Geltung des LPVG insgesamt und damit auch aus der Geltung des § 100 fallen und den 5 anderen Akademischen Mitarbeitern, für die das LPVG grundsätzlich gilt und die durch § 100 auch als Beschäftigte des Universitätsklinikums gelten.

6 **Hochschullehrer.** Soweit Satz 1 zunächst klarstellt, dass Hochschullehrern i. S. v. § 99 Abs. 1 Nr. 1 nicht die Beschäftigteneigenschaft beim Klinikum zukommt, ist dies folgerichtig. Denn für diese Beschäftigten gilt das LPVG durchweg nicht, weshalb sie auch nicht unter den Anwendungsbereich des § 100 fallen können.

7 **Gleichgestellte Akademische Mitarbeiter.** Problematisch ist aber der Ausschluss der Beschäftigteneigenschaft der den Hochschullehrern in § 99 Abs. 1 Nr. 1 gleich gestellten anderen Akademischen Mitarbeitern. Denn hinsichtlich ihrer arbeitsrechtlichen und sozialen Stellung und damit hinsichtlich ihrer Schutzbedürftigkeit unterscheiden sich bspw. wissenschaftliche und künstlerische Assistenten signifikant von Hochschullehrern. Die in der Kommentierung zu § 99 dargestellten Bedenken gelten deshalb auch hier.

8 **Sonstige Akademische Mitarbeiter.** Die verbleibenden wissenschaftlichen Mitarbeiter gelten personalvertretungsrechtlich als Hochschulbeschäftigte und auch als Beschäftigte des Universitätsklinikums. Gleiches gilt nach Satz 1 auch für die nicht habilitierten Akademischen Mitarbeiter an Forschungsstätten, die nicht wissenschaftliche Hochschulen sind. Dies bedeutet, dass sie neben der Beschäftigteneigenschaft in der Forschungseinrichtung auch Beschäftigte des Universitätsklinikums sind und die daraus folgende Rechte besitzen.

9 **Widersprecher.** Gleiches gilt nach Satz 1 zweiter Halbsatz für die Arbeitnehmer an Hochschulen, die 1997 dem Übergang ihrer Arbeitsverhältnisse auf ein Universitätsklinikum widersprochen hatten und deshalb gemäß § 12 Abs. 1 Satz 4 des Universitätsklinika-Gesetzes nicht übergeleitet worden sind. Arbeitnehmer, die gemäß § 12 Abs. 1 Satz 4 UKG der Überleitung ihrer mit dem Land Baden-Württemberg bestehenden Arbeitsverhältnisse auf das Universitätsklinikum widersprochen haben, sind nicht mehr als Beschäftigte im personalvertretungsrechtlichen Sinne des Geschäftsbereichs des Ministeriums für Wissenschaft und Kunst, sondern allein dem Uniklinikum zuzuordnen, sodass sie für die Wahl des HPR beim Ministerium nicht mehr wahlberechtigt sind (VGH Mannheim, 10.5.2004 – PL 15 S 1844/03 – PersV 2004, 342).

10 **2. Wahlrecht (Satz 2).** Nach § 100 Satz 2 bleibt die Beschäftigteneigenschaft der in Satz 1 bezeichneten Beschäftigten bei der Hochschule unberührt. Dies bedeutet, dass sie neben dem aktiven und passiven Wahlrecht beim Universitätsklinikum auch das aktive und passive Wahlrecht zum PR der Universität besitzen. Satz 2 spricht zwar nur von der Beschäftigteneigenschaft „bei der Hochschule", gilt aber entsprechend für die Beschäftigteneigenschaft an sonstigen Forschungsstätten, die nicht wissenschaftliche Hochschulen sind.

11 **3. Anhörung (Satz 3).** Mit der in Satz 3 zwingend vorgeschriebenen Anhörung des PR des Universitätsklinikums durch den PR der Universität soll sichergestellt werden, dass Probleme, die mit der Tätigkeit der Beschäftigten in der Universitätsmedizin zusammenhängen, bei der Beratung und Entscheidung des

PR berücksichtigt werden können. Die Aufforderung zur Äußerung erfolgt zweckmäßigerweise in Schriftform (Fristwahrung), wenn dies auch nicht förmlich vorgeschrieben ist.

4. Regelmäßige Frist (Satz 4). Nach dem neu gefassten Satz 4 erhöhen sich im Fall der Anhörung die Beteiligungsfristen auf **fünf Wochen**. Dies stellt eine geringfügige Fristverkürzung ggü. dem früheren Zustand dar, entspricht aber der Regelung in § 91 Abs. 3 Satz 2 für die vergleichbare Problemlage der Anhörung durch eine Stufenvertretung bzw. den GesamtPR (§ 91 Abs. 8 Satz 4). 12

Fristabkürzung. Nach dem zweiten Halbsatz von Satz 4 findet § 76 Abs. 6 Satz 2 auch hier Anwendung. Das bedeutet, dass die Dienststelle die Frist in dringenden Fällen auf eine Woche abkürzen kann. Wegen der Einzelheiten der Voraussetzungen und des Verfahrens für eine Fristabkürzung vgl. § 76 Rn. 48 ff. 13

5. Fristverlängerung, Fristvereinbarung (Satz 5). Nach Satz 5 gelten § 76 Abs. 6 Satz 3 sowie dessen Abs. 7 und Abs. 8 entsprechend. PR und Dienststelle können deshalb in geeigneten Fällen generell abweichende Fristen vereinbaren (§ 76 Abs. 6 Satz 3). Die Dienststelle kann Fristen im Einzelfall verlängern bzw. im Einvernehmen mit dem PR in begründeten Fällen abkürzen (§ 76 Abs. 7). Schließlich stehen dem PR-Vorstand auch hier die in § 76 Abs 8 geregelten Möglichkeiten des Verlangens einer Fristverlängerung zur Verfügung. 14

6. Personalangelegenheiten (Satz 6). Nach Satz 6 bleibt § 91 Abs 3 Satz 1 unberührt. Dies bedeutet, dass bei einer Anhörung, die Personalangelegenheiten einzelner Beschäftigten betrifft, die Anhörungspflicht der Stufenvertretung unberührt bleibt, weshalb der HPR sowohl dem PR der Universität, als auch dem PR des Klinikums Gelegenheit zur Äußerung zu geben hat. 15

§ 101 Besondere Vorschriften für das Karlsruher Institut für Technologie

Für das KIT gilt dieses Gesetz nach Maßgabe der folgenden Vorschriften:

1. **[1]Im KIT sind**
   a) das Institut für Atmosphärische Umweltforschung des KIT in Garmisch-Partenkirchen,
   b) die Einrichtungen, Institute und sonstigen Stellen des KIT im Übrigen
   jeweils eine Dienststelle im Sinne von § 5 Absatz 3. [2]§ 56 Absatz 4 findet entsprechende Anwendung. [3]Leiter der Dienststellen ist der Vorsitzende des Vorstands des KIT.
2. **Der Personalrat bei der Dienststelle nach Nummer 1 Buchstabe b besteht aus 37 Mitgliedern.**
3. **Abweichend von § 28 Absatz 2 Satz 1 wählt der Personalrat neun weitere Mitglieder in den Vorstand.**
4. **Auf Antrag des Personalrats sind bis zu 13 Mitglieder des Personalrats bei der Dienststelle nach Nummer 1 Buchstabe b von ihrer dienstlichen Tätigkeit frei zu stellen.**
5. **Der Personalrat kann bis zu vier Mal in jedem Kalenderjahr eine Personalversammlung einberufen.**

6. Die Jugend- und Auszubildendenvertretung bei der Dienststelle nach Nummer 1 Buchstabe b besteht aus 13 Mitgliedern; sie kann bis zu viermal in jedem Kalenderjahr eine Jugend- und Auszubildendenversammlung einberufen.

7. Der Leiter der Dienststelle oder sein Beauftragter und die Personalvertretungen treten mindestens einmal im Monat zu gemeinschaftlichen Besprechungen zusammen.

a) [1]Vor der Vorlage einer Angelegenheit nach § 77 oder § 83 ist ein Schlichtungsversuch zu unternehmen, der abgesehen von Verfahren nach § 76 Absatz 6 Satz 2 oder § 82 Absatz 4 Satz 2 auf Antrag des Personalrats oder der Dienststelle vor einer Schlichtungsstelle erfolgt. [2]Ein Antrag hemmt die Frist nach § 77 Absatz 1 Satz 1 oder § 83 Absatz 1 Satz 1.

b) [1]In Angelegenheiten nach § 74 Absatz 1 Nummer 6, § 75 Absatz 1 Nummer 1 bis 8, 11 und 12, Absatz 2, Absatz 3 Nummer 1 bis 3, 5 bis 7, 9, 10, 12 und 14, § 81 Absatz 1 Nummer 5 und Absatz 2 wird eine ständige Schlichtungsstelle eingerichtet. [2]Das Nähere zur Bildung der Schlichtungsstelle, zum Verfahren und zu Einigungsvorschlägen der Schlichtungsstelle ist durch eine Dienstvereinbarung zu regeln. [3]Einigen sich die Personalvertretungen und die Dienststelle nicht auf eine Dienstvereinbarung, trifft nach entsprechender Anwendung des Verfahrens nach § 77 das Wissenschaftsministerium endgültig die Bestimmungen.

9. [1]In den Personalangelegenheiten nach § 75 Absatz 1 Nummer 1 bis 4, 6 bis 8 und 11, Absatz 2 und Absatz 3 Nummer 2, 3, 5 bis 7 und 14 der wissenschaftlichen Mitarbeiter des Großforschungsbereichs im Sinne von § 14 Absatz 3 Satz 1 Nummer 2 KITG wird, auch in Verfahren nach § 76 Absatz 6 Satz 2 und § 82 Absatz 4 Satz 2, an Stelle der Vorlage nach § 77 oder § 83 das Verfahren nach Nummer 8 durchgeführt, auch ohne dass es eines Antrags des wissenschaftlichen Mitarbeiters bedarf. [2]In diesen Fällen kann durch Dienstvereinbarung ein von § 76 Absatz 1, 5 bis 9, §§ 80 und 82 Absatz 4 bis 6 abweichendes Verfahren vereinbart werden. [3]§ 99 Absatz 2 Satz 2 bleibt unberührt.

10. [1]Arbeitnehmer des Landes am KIT gelten auch als Beschäftigte des KIT. [2]In deren Angelegenheiten gibt der Hauptpersonalrat beim Wissenschaftsministerium dem Personalrat des KIT Gelegenheit zur Äußerung.

11. [1]Der Personalrat kann von Fall zu Fall beschließen, dass ein Mitglied des Hauptpersonalrats beim Wissenschaftsministerium berechtigt ist, mit beratender Stimme an den Sitzungen des Personalrats teilzunehmen. [2]Ebenso kann ein Mitglied des Hauptpersonalrats beim Wissenschaftsministerium sowie ein Vertreter des Wissenschaftsministeriums an den Personalversammlungen teilnehmen.

1 **Grundsatz.** Mit dem Gesetz über das **Karlsruher Institut für Technologie** vom 14.7.2009 (GBl. S. 317), zuletzt geändert durch Art. 8 des ÄG 2013 wird das Ziel verfolgt, die Aufgaben einer Universität und einer Einrichtung der Großforschung in einer Rechtsperson zusammenzuführen (§ 1 KITG – Zum KIT-Zusammenführungsgesetz vgl. Wagner, WissR 2009, 300). Grundsätzlich gilt auch für diese Dienststellen das LPVG. § 101 soll der besonderen Struktur und der Größe der Einrichtung durch partielle Sonderregelungen Rechnung tragen.

Nr. 1: Struktur und Zusammenarbeit. § 101 Nr. 1 regelt die Struktur der Personalvertretungen und deren Zusammenarbeit im KIT sowie die Frage, wer Leiter der Dienststellen ist. Bei den nachfolgenden Regelungen der Nr. 2 bis 11 ist immer darauf zu achten, ob diese lediglich für die größere Dienststelle (Nr. 1 Satz 1 lit. b) oder für beide Dienststellen gelten. 2

a) **Dienststellen** (Satz 1). Nach Nr. 1 Satz 1 bestehen zwei Dienststellen: Das Institut für Atmosphärische Umweltforschung in Garmisch-Partenkirchen sowie die übrigen Einrichtungen, Institute und sonstigen Stellen des KIT. Bei beiden Dienststellen werden PR gebildet; zu denen die jeweiligen Beschäftigten jeweils nach den allg. Bestimmungen wahlberechtigt und wählbar sind. 3

b) **Arbeitsgemeinschaft** (Satz 2). Nach Nr. 1 Satz 2 findet § 56 Abs. 4 entspr. Anwendung. Dies bedeutet, dass die beiden PR eine Arbeitsgemeinschaft bilden können, der aus jedem PR bis zu zwei Mitglieder angehören können. Hinsichtlich der Freistellung bzw. Teilfreistellung für diese Tätigkeit gilt § 56 Abs. 4 Satz 2 und 3 entsprechend; hinsichtlich der Versäumung von Arbeitszeit gilt § 56 Abs. 4 Satz i. V. m. § 43 Abs. 2 entsprechend. Die Regelung ist abschließend, sodass die Möglichkeit der Bildung der Arbeitsgemeinschaft die Bildung eines **GesamtPR** ausschließt. 4

c) **Dienststellenleiter** (Satz 3). Nach Nr. 1 Satz 3 ist der Vorstandsvorsitzende des KIT auch Dienststellenleiter beider Einrichtungen. Zentrale Organe des KIT sind der Vorstand, der Aufsichtsrat und der KIT-Senat (§ 4 KITG). Das KIT wird vom kollegialen Vorstand des KIT geleitet, dem der Vorstandsvorsitzende sowie weitere Vorstandsmitglieder angehören (§ 5 Abs. 1 KITG). Nach § 6 Abs. 1 Satz 1 KITG vertritt der Vorstandsvorsitzende das KIT. 5

Nr. 2: PR-Größe. Nach Nr. 2 besteht der PR der größeren Dienststelle aus 37 Mitgliedern. Mit dieser von § 10 Abs. 3 und 4 abweichenden Regelung wird der Größe und der besonderen Komplexität des KIT und der damit verbundenen Anforderungen an den PR bei der Aufgabenerfüllung Rechnung getragen. 6

Nr. 3: Vorstandsmitglieder. Die Nr. 3 trifft eine von den allg. Bestimmungen abweichende Regelung hinsichtlich der Größe des PR-Vorstands. § 28 Abs. 2 eröffnet dem PR die Möglichkeit zwei weitere Mitglieder in den Vorstand zu wählen. Abweichend von § 28 Abs. 2 Satz 1 wählt der PR neun weitere Mitglieder in den Vorstand. Diese Sonderregelung gilt nur für die Dienststelle nach Nr. 1 Satz 1 lit. b. 7

Nr. 4: Freistellung. Wegen des besonderen Arbeitsaufwandes trifft Nr. 4 auch eine Sonderregelung hinsichtlich der Freistellung der PR-Mitglieder. Auf Antrag des PR sind bis zu 13 PR-Mitglieder bei der Dienststelle nach Nr. 1 Satz 1 lit. b von ihrer dienstlichen Tätigkeit freizustellen. 8

Nr. 5: Personalversammlung. Nach der Nr. 5 kann der PR bis zu vier Mal in jedem Kalenderjahr eine Personalversammlung einberufen. Hinsichtlich der Modalitäten, der Antragsberechtigung sowie der Durchführung der Personalversammlung und der zu behandelnden Angelegenheiten verbleibt es bei den allg. Regelungen (§§ 49 ff.); vgl. insoweit aber auch Nr. 11 Satz 2. 9

10 **Nr. 6: JAV.** Nach der Nr. 6 besteht die JAV bei der Dienststelle nach Nr. 1 Satz 1 lit. b aus 13 Mitgliedern. Mit dem zweiten Halbsatz wird die Möglichkeit der Einberufung einer Jugend- und Auszubildendenversammlung an § 101 Nr. 5 angepasst (viermal in jedem Kalenderjahr).

11 **Nr. 7: Monatsbesprechungen.** Nr. 7 trifft – ebenfalls abweichend von den allg. Regelungen (vgl. § 68 Abs. 1 Satz 1 – Vierteljahresgespräche) – die Regelung, wonach der Dienststellenleiter oder sein Beauftragter mind. einmal im Monat mit den Personalvertretungen zu gemeinschaftlichen Besprechungen zusammen tritt.

12 **Nr. 8: Schlichtungsverfahren.** Die Nr. 8 implementiert ein besonderes Schlichtungsverfahren in die Mitbestimmungs- und Mitwirkungsverfahren der Dienststellen des KIT. Das Schlichtungsverfahren ersetzt grundsätzlich nicht das Stufenverfahren (vgl. die Ausnahme in Nr. 9), sondern tritt neben dieses. Die gesetzliche Regelung ist zwingend; es besteht kein Wahlrecht von PR und Dienststelle zwischen Stufenverfahren und Schlichtungsverfahren. Hinsichtlich der Durchführung der Schlichtung sind die gesetzlichen Regelungen durch Dienstvereinbarung zu ergänzen.

13 **Nr. 8 Buchst. a: Anwendungsbereich (Satz 1).** Das besondere Schlichtungsverfahren nach Nr. 8 gilt grundsätzlich in allen Mitbestimmungs- und Mitwirkungsverfahren der Dienststellen. Ausgenommen sind nach Nr. 8 lit. a Satz 1 lediglich die dringenden Fälle, die den Dienststellenleiter zur Abkürzung der Frist zur Stellungnahme des PR auf eine Woche berechtigen (§ 76 Abs. 6 Satz 2, § 82 Abs. 4 Satz 2; vgl. aber auch die Rückausnahme der Nr. 9 für Personalangelegenheiten der wissenschaftlichen Mitarbeiter des Großforschungsbereichs). Demgegenüber findet das Schlichtungsverfahren auch dann statt, wenn die Dienststelle vorläufige Regelungen nach § 88 Abs. 4 getroffen hat.

14 **Stufenverfahren.** Kommt über eine Maßnahme im Mitbestimmungs- bzw. Mitwirkungsverfahren keine Einigung zustande, schließt sich nach den allg. Regelungen das Stufenverfahren an. Nach Nr. 8 lit. a Satz 1 ist vor der Vorlage der Angelegenheit im Stufenverfahren (§§ 77, 83) ein Schlichtungsversuch zu unternehmen. Das Schlichtungsverfahren wird durch den Antrag des PR oder der Dienststelle eingeleitet, über den eine Schlichtungsstelle entscheidet.

15 **Eilsachen.** Ausdrücklich vom Schlichtungsverfahren ausgenommen sind die Mitbestimmungs- und Mitwirkungsverfahren nach § 76 Abs. 6 Satz 2 und § 82 Abs. 4 Satz 2, die wegen ihrer besonderen Dringlichkeit die Abkürzung der Äußerungsfrist des PR rechtfertigen. In diesen dringlichen Fällen ist eine Verfahrensverzögerung durch das zwischengeschaltete Schlichtungsverfahren nicht hinnehmbar.

16 **Fristhemmung (Satz 2).** Der Antrag auf Durchführung des Schlichtungsverfahrens hemmt die Frist nach § 77 Abs. 1 Satz 1 bzw. § 83 Abs. 1 Satz 1. Da das LPVG keinen eigenständigen Begriff der „Hemmung“ kennt, ist an die allg. Regelungen des BGB anzuknüpfen. Nach § 209 BGB wird der Zeitraum, während dessen die Verjährung gehemmt ist, in die Verjährungszeit nicht eingerech-

net. Nach § 203 BGB ist die Verjährung gehemmt, solange Verhandlungen zwischen dem Schuldner und dem Gläubiger über den Anspruch schweben, bis der eine oder der andere Teil die Fortsetzung der Verhandlungen verweigert. Legt man diese Rechtsgedanken für das Schlichtungsverfahren zu Grunde, bedeutet dies, dass die Fristen des § 77 Abs. 1 Satz 1 und § 83 Abs. 1 Satz 1 ab dem Tag des Zugangs der Erklärung des PR bzw. der Dienststelle, das Schlichtungsverfahren durchführen zu wollen, bis zum Ende des Schlichtungsverfahrens nicht weiterlaufen.

Kein neuer Fristenlauf. Scheitert die Schlichtung kann das Mitbestimmungs- bzw. Mitwirkungsverfahren nach den allg. Regelungen fortgesetzt werden. Hemmung bedeutet dann aber nicht Neubeginn des Fristenlaufs. Die bei Beginn des Schlichtungsverfahrens bereits verstrichene Zeit ist auf die 3-Wochen-Frist anzurechnen. Mit der Bekanntgabe des Vorschlags der Schlichtungsstelle endet die Hemmung der Frist, sodass dann in der verbleibenden Zeit – bis zum Ablauf von insgesamt drei Wochen – das Stufenverfahren eingeleitet werden muss. Die 3-Wochen-Frist beginnt mit dem Ende der Schlichtung nicht erneut zu laufen. 17

Nr. 8 Buchst. b: Ständige Schlichtungsstelle. Nr. 8 lit. b regelt die Einrichtung einer ständigen Schlichtungsstelle in bestimmten Mitbestimmungs- und Mitwirkungsangelegenheiten beim KIT sowie die Voraussetzungen der diesbezüglichen Verfahrensregelungen. 18

Verfahrensgegenstände (Satz 1). Satz 1 nennt die Mitbestimmungsangelegenheiten, für die eine ständige Schlichtungsstelle einzurichten ist (§ 74 Abs. 1 Nr. 6, § 75 Abs. 1 Nr. 1 bis 8, 11 und 12, Abs. 2 sowie Abs. 3 Nr. 1 bis 3, 5 bis 7, 9, 10, 12 und 14). Gleiches gilt für die Mitwirkungsangelegenheiten des § 81 Abs. 1 Nr. 5 und Abs. 2. 19

Bildung, Verfahren (Satz 2). Nach Satz 2 sind die Einzelheiten über Bildung, das Verfahren und die Einigungsvorschläge der Schlichtungsstelle durch **Dienstvereinbarung** (§ 85 Abs. 1 Satz 2) zu regeln. Bei diesen Regelungen sind die Beteiligten weitgehend frei, da das Gesetz insoweit nur wenige Vorgaben macht. Das Verfahren muss zweckmäßig ausgestaltet sein und dem besonderen Beschleunigungsgebot, das das personalvertretungsrechtliche Verfahren bestimmt, genügen. Einigungsvorschläge der Schlichtungsstelle sind keine Entscheidungen, die für die Beteiligten verbindlich sind. PR und Dienststelle können frei entscheiden, ob sie dem Vorschlag folgen oder nicht. 20

Nichteinigung (Satz 3). Satz 3 stellt eine Auffangregelung für den Fall dar, dass sich Dienststelle und PR nicht auf eine Dienstvereinbarung einigen können. Für diesen Fall des Nichtzustandekommens der Dienstvereinbarung trifft das Wissenschaftsministerium endgültig die Bestimmungen. 21

Verfahren. Hinsichtlich des dann notwendigen Verfahrens ordnet Satz 3 die entspr. Anwendung von § 77 an. Dies bedeutet zunächst, dass PR und Dienststelle ergebnislos über den Inhalt einer Dienstvereinbarung verhandelt haben müssen. Wie lange solche Verhandlungen geschwebt haben müssen, sagt das 22

Gesetz nicht. Aus dem Grundsatz der vertrauensvollen Zusammenarbeit ist aber zu folgern, dass sich beide Seiten ernsthaft um den Abschluss der Dienstvereinbarung bemühen müssen. Tauchen dann unüberwindliche Schwierigkeiten auf, können beide Seiten übereinstimmend oder jede Seite einzeln das Scheitern der Verhandlungen erklären und die Angelegenheit dem Wissenschaftsministerium vorlegen.

23 **Nr. 9: Wissenschaftliche Mitarbeiter.** Die Nr. 9 stellt eine Sonderregelung und teilweise Rückausnahme zu Nr. 8 lit. a Satz 1 dar. Dies bedeutet, dass in den dort einzeln aufgeführten Fällen durchweg ein Schlichtungsverfahren nach Nr. 8 stattfinden muss, auch in den eiligen Fällen der §§ 76 Abs. 6 Satz 2, 82 Abs. 4 Satz 2. Weiterhin ist bestimmt, dass in diesen Fällen das Schlichtungsverfahren **„an Stelle"** der Vorlage nach §§ 77, 83 tritt; mit anderen Worten: Das Schlichtungsverfahren verdrängt hier das Stufenverfahren.

24 **Anwendungsbereich (Satz 1).** Es muss sich um Personalangelegenheiten nach § 75 Abs. 1 Nr. 1 bis 4, 6, 7, 8 und 11, Abs. 2 und Abs. 3 Nr. 2, 3, 5 bis 7 und 14 handeln. Nr. 9 gilt auch nur, wenn ein wissenschaftlicher Mitarbeiter des Großforschungsbereichs i. S. v. § 14 Abs. 3 Satz 2 Nr. 1 KITG betroffen ist. § 14 Abs. 3 Satz 1 KITG gliedert das wissenschaftliche Personal des Großforschungsbereichs in die leitenden Wissenschaftler (dortige Nr. 1) und die wissenschaftlichen Mitarbeiter (dortige Nr. 2). Nur für letztere gilt die Sonderregelung der Nr. 9.

25 **Antrag des Beschäftigten.** Nach dem letzten Halbsatz des ersten Satzes findet dieses Verfahren auch statt, wenn der wissenschaftliche Mitarbeiter keinen diesbezüglichen Antrag gestellt hat. Dies bezieht sich aber lediglich auf die Durchführung des Schlichtungsverfahrens. Hängt die Mitbestimmung des PR schon dem Grundsatz nach von einem Antrag des Beschäftigten ab (§ 75 Abs. 3), kann ein diesbezügliches Mitbestimmungsverfahren nur eingeleitet und fortgeführt werden, wenn ein solcher Antrag des Beschäftigten vorliegt. Dies bedeutet letztendlich auch, dass der Beschäftigte auch ein Schlichtungsverfahren, das er nicht haben möchte, wirksam verhindern kann, indem er seinen ursprünglich gestellten Antrag auf Beteiligung des PR zurücknimmt.

26 **Abweichendes Verfahren (Satz 2).** Nach Satz 2 kann in den Fällen des Satzes 1 durch Dienstvereinbarung ein von § 76 Abs. 1, 5 bis 9, §§ 80 und 82 Abs. 4 bis 6 abweichendes Verfahren bestimmt werden. Auf der Grundlage dieser Öffnungsklausel können die Dienststelle und der PR das Verfahren der Schlichtungsstelle in diesen Fällen weitgehend frei nach Zweckmäßigkeitserwägungen gestalten. Insbesondere sind auch abweichende Fristenregelungen möglich.

27 **Befristete Arbeitsverhältnisse (Satz 3).** Nach Satz 3 bleibt § 99 Abs. 2 Satz 2 unberührt. Nach dieser Vorschrift gelten wissenschaftliche Mitarbeiter i. S. v. § 14 Abs. 5 KITG als befristet beschäftigte Akademische Mitarbeiter i. S. v. § 99 Abs. 2 Satz 1 Nr. 1, wenn sie in einem befristeten Arbeitsverhältnis eingestellt werden sollen und vertraglich wenigstens die Hälfte ihrer Arbeitszeit zur Promotion, Habilitation oder zur Wahrnehmung einer Juniorprofessur zur Ver-

fügung haben sollen. Auf solche Beschäftigte findet § 75 Abs. 1 Nr. 2 und 3 keine Anwendung.

Nr. 10: Landesbedienstete. Die Nr. 10 betrifft Arbeitnehmer des Landes am KIT, die zusätzlich als Beschäftigte des KIT gelten, mit der Folge der grundsätzlichen Wahlberechtigung und Wählbarkeit. Sind vom HPR beim Wissenschaftsministerium deren Angelegenheiten zu behandeln, muss dem PR des KIT Gelegenheit zur Äußerung gegeben werden. In diesem Fall gilt § 91 Abs. 3. 28

Nr. 11: Teilnahmerecht an PR-Sitzung und Personalversammlung. Die Nr. 11 Satz 1 enthält eine spezielle Regelung zur Teilnahmemöglichkeit eines Mitglieds des HPR beim Wissenschaftsministerium an den Sitzungen des PR, die die allg. Bestimmungen ergänzt; Satz 2 betrifft die Teilnahme von HPR-Mitgliedern und Beauftragten des Wissenschaftsministeriums an Personalversammlungen. 29

PR-Sitzung (Satz 1). Nach Nr. 11 Satz 1 kann der PR beschließen, dass ein Mitglied des HPR beim Wissenschaftsministerium berechtigt ist, mit beratender Stimme an den Sitzungen des PR teilzunehmen. Diese Regelung erweitert die allg. Regelung des § 32, die aber ergänzend Geltung behält. Dies bedeutet unter anderem, dass personelle und soziale Angelegenheiten einzelner Beschäftigter nur mit deren vorheriger Zustimmung in Anwesenheit des Vertreters des HPR beraten werden dürfen (§ 32 Abs. 3 Satz 4 entspr.). Dies bedeutet auch, dass der HPR-Vertreter nur bei der Beratung, nicht aber bei der Beschlussfassung des PR zugegen sein darf. 30

Beschluss im Einzelfall. Der PR kann nur „von Fall zu Fall" also im konkreten Einzelfall beschließen, dass ein HPR-Mitglied an der Sitzung teilnehmen darf. Ein Anspruch des HPR oder dessen Mitglieder auf Teilnahme an der Sitzung des PR besteht nicht. Die Beschlussfassung des PR erfolgt nach den allg. Grundsätzen. Eine generelle Beschlussfassung des PR ist unzulässig. Bei der Ausübung seines Ermessens muss sich der PR an den in der Sitzung zu behandelnden Tagesordnungspunkten orientieren; § 32 Abs. 3 Satz 4 ist zu beachten. 31

Personalversammlung (Satz 2). Nach Nr. 11 Satz 2 kann ein Vertreter des Wissenschaftsministeriums sowie ein Mitglied des HPR beim Wissenschaftsministerium an den Personalversammlungen teilnehmen. Diese Regelung modifiziert die allg. Regelung des § 53 Abs. 2 Nr. 3 und Nr. 4, nach der diese Möglichkeit bereits von Gesetzes wegen eröffnet ist. Eines Beschlusses des PR bedarf es insoweit nicht. § 53 Abs. 2 spricht aber nur von einer Teilnahme der dort aufgezählten Personen „mit beratender Stimme", was in Nr. 11 Satz 2 nicht ausdrücklich geregelt ist. In Nr. 11 Satz 1 ist der Zusatz „mit beratender Stimme" aber ausdrücklich aufgenommen worden und deren Satz 2 beginnt mit dem Wort „Ebenso", was sich nur auf „mit beratender Stimme" beziehen kann, weshalb davon auszugehen ist, dass das HPR-Mitglied und der Vertreter des Wissenschaftsministeriums in der Personalversammlung kein Stimmrecht haben, weshalb die Regelung eigentlich überflüssig ist. 32

§ 102 Besondere Vorschriften für die Führungsakademie Baden-Württemberg

[1]Die bei der Führungsakademie Baden-Württemberg tätigen Landesbeamten gelten auch als Beschäftigte des Staatsministeriums. [2]Die Beschäftigteneigenschaft bei der Führungsakademie bleibt unberührt. [3]§ 100 Satz 3 bis 5 gilt entsprechend.

1 **1. PR des Staatsministeriums (Satz 1).** Nach Satz 1 gelten die bei der **Führungsakademie** tätigen Landesbeamten auch als Beschäftigte des Staatsministeriums. Dies ist sachgerecht, weil das Staatsministerium an seinen Entscheidungen als oberste Dienstbehörde für die bei der Führungsakademie tätigen Landesbeamten den PR des Staatsministeriums beteiligt und die Landesbeamten der Führungsakademie deshalb das aktive und passive Wahlrecht zu dem für sie insoweit zuständigen PR des Staatsministeriums eingeräumt bekommen.

2 **2. Doppelte Beschäftigteneigenschaft (Satz 2).** Nach Satz 2 bleibt die Beschäftigteneigenschaft bei der Führungsakademie durch die Regelung des Satzes 1 unberührt. Diese Beschäftigten haben deshalb eine doppelte Beschäftigteneigenschaft und zwar bei der Führungsakademie und dem Staatsministerium.

3 **3. Äußerungsrecht (Satz 3).** Nach § 102 Satz 3 gelten die Sätze 3 bis 5 des § 100 entsprechend. Danach muss der PR des Staatsministeriums in Personalangelegenheiten der bei der Führungsakademie tätigen Landesbeamten vor seiner Entscheidung dem PR der Führungsakademie Gelegenheit zur Äußerung geben. In entsprechender Anwendung von § 100 Satz 4 erhöhen sich in solchen Fällen die Beteiligungsfristen auf **fünf Wochen**. In dringenden Fällen kann die Dienststelle diese Frist auf eine Woche abkürzen (§ 76 Abs. 6 Satz 2 entspr.).

4 **Fristregelung, Fristvereinbarung.** Auch in den Fällen der bei der Führungsakademie tätigen Landesbeamten bestehen die neu geschaffenen Möglichkeiten der abweichenden Fristregelung bzw. der Fristvereinbarung. So können Dienststelle und PR in entsprechender Anwendung von **§ 76 Abs. 6 Satz 3** für die Dauer der Amtszeit des PR generell abweichende Fristen vereinbaren. Ebenso können von der Dienststelle nach **§ 76 Abs. 7** (entspr.) im Einzelfall längere Fristen eingeräumt bzw. Fristen – im Einvernehmen mit dem PR – auch abgekürzt werden.

5 **Verlangen der Fristverlängerung.** Schließlich wird über § 102 Satz 3 auch **§ 76 Abs. 8** für entsprechend anwendbar erklärt. Danach kann der Vorsitzende des PR aufgrund eines Vorstandsbeschlusses im Einzelfall eine Fristverlängerung beim Dienststellenleiter beantragen. In dem Antrag muss die Dauer der begehrten Fristverlängerung benannt und die Erforderlichkeit der Fristverlängerung dargelegt werden. Lehnt die Dienststelle diesen Antrag innerhalb von drei Arbeitstagen ab, verbleibt es bei der ursprünglichen Frist zuzüglich einer Verlängerung von drei Arbeitstagen (§ 76 Abs. 8 Satz 3 entspr.). Entscheidet die Dienststelle nicht innerhalb der gesetzlichen Antwortfrist von drei Arbeitstagen, so gilt die beantragte Fristverlängerung als bewilligt. Der Fristverlängerungsantrag kann nur einmal und nicht wiederholt gestellt werden.

§ 103 Besondere Vorschriften für Theater und Orchester

§ 74 Absatz 1 Nummer 5, 6, Absatz 2 Nummer 2, 4 und 5, § 75 Absatz 1 Nummer 1 bis 8, 11 und 12, Absatz 2, Absatz 3 Nummer 1 bis 3, 5 bis 7, 10, 12 und 14, Absatz 4 Nummer 12, 14 und 15, § 81 Absatz 1 Nummer 2 und 7, Absatz 2 sowie § 87 Absatz 1 Nummer 2 und 9 gelten nicht für künstlerische Mitglieder von Theatern und Orchestern.

Beteiligungsausschluss. § 103 schließt die dort genannten Beteiligungsrechte für künstlerische Mitglieder von Theatern und Orchestern aus. Dies ist eine notwendige Folge, der durch Art. 5 Abs. 3 GG gewährleisteten **Kunstfreiheit.** § 103 ist als Ausnahmevorschrift nicht weit auszulegen, sodass die übrigen in § 103 nicht aufgeführten Mitbestimmungs-, Mitwirkungs- und Anhörungsfällen auch dem dort genannten Personenkreis zustehen. 1

Künstlerische Mitglieder. Künstlerische Mitglieder eines Theaters sind alle im Theater Beschäftigten, deren vertragliche Aufgabe es ist, eigene schöpferische künstlerische Leistungen in die Gestaltung einer Aufführung einzubringen. Die Möglichkeit zu einer künstlerisch mitgestaltenden Aufgabenerfüllung darf dabei aber nicht nur in ganz seltenen und vom Gewicht her geringfügigen Fällen gefordert sein (BVerwG, 7.12.1994 – 6 P 29/92 – PersR 1995, 293 = PersV 1995, 395). So kann bspw. ein Bühneninspektor künstlerisches Mitglied des Theaters sein (VGH Mannheim, 8.9.1992 – PL 15 S 878/92 – PersR 1993, 222). Auch wenn die eigene schöpferische Leistung auf dem Einsatz technischer oder handwerklicher Mittel beruht (Beleuchtungsinspektoren, Tonmeister, Requisiteure) steht dies der Anwendung von § 103 nicht entgegen (VGH Mannheim, 20.10.2009 – PL 15 S 685/08 – juris). 2

Informationsrecht des PR. § 103 steht aber nicht dem Informationsanspruch des PR entgegen. So erstreckt sich das Informationsrecht des PR auch beim Personenkreis des § 103 auf die nicht anonymisierten Listen der Vergütungen für Solomitglieder und Bühnentechniker, um den allg. Aufgaben nach §§ 69, 70 entsprechen zu können. 3

Teil 15 Besondere Vorschriften für die Forstverwaltung

§ 104 Beschäftigte der Abteilung Forstdirektion der Regierungspräsidien

Die Beschäftigten der Abteilung Forstdirektion der Regierungspräsidien sind Beschäftigte in den Geschäftsbereichen des Innenministeriums und des Ministeriums für Ländlichen Raum und Verbraucherschutz.

Doppelte Beschäftigteneigenschaft. § 104 soll sicherstellen, dass die Beschäftigten der Abteilung Forstdirektion der Regierungspräsidien die Beschäftigteneigenschaft im Geschäftsbereich des Innenministeriums und im Bereich des Ministeriums für Ländlichen Raum und Verbraucherschutz haben. Sie sind damit 1 wahlberechtigt und wählbar zum allg. HPR beim Innenministerium und dem HPR beim Ministerium für Ländlichen Raum und Verbraucherschutz. Hinsichtlich der Wahlberechtigung und Wählbarkeit zum örtlichen PR und zum allg. BPR beim jeweiligen RP entfaltet § 104 keine Auswirkung.

2 **Zuständiges Ministerium.** Ist das Innenministerium in einer konkreten Angelegenheit entscheidungsbefugt, führt das Mitbestimmungs- bzw. Mitwirkungsverfahren zu diesem, anderenfalls zum Ministerium für Ländlichen Raum und Verbraucherschutz.

Teil 16 **Südwestrundfunk**

§ 105 Allgemeines

Dieses Gesetz gilt für den Südwestrundfunk nach Maßgabe der folgenden Vorschriften.

1 **Staatsvertrag.** Zu den rechtlichen Verhältnissen des SWR allgemein vgl. den Staatsvertrag über den Südwestrundfunk vom 3.7.2013 sowie das Gesetz zu dem Staatsvertrag über den Südwestrundfunk und zur Änderung medienrechtlicher und datenschutzrechtlicher Vorschriften vom 3. Dezember 2013 (GBl. S. 314). Organ des SWR ist u. a. der Intendant, der den SWR leitet (§ 25 Abs. 1 Staatsvertrag) und nach Maßgabe von § 30 Staatsvertrag und der Hauptsatzung des SWR die Geschäfte führt. Die Rechtsaufsicht obliegt nach § 37 Staatsvertrag den Landesregierungen.

2 **Anwendbarkeit des LPVG.** Nach § 38 Abs. 1 des Staatsvertrags gilt für den Südwestrundfunk das Personalvertretungsgesetz des Landes, in dem der Dienstort des Intendanten liegt. Sitz der Landessender sind nach § 2 Abs. 1 des Staatsvertrags die Landeshauptstädte Stuttgart und Mainz; **Dienstort des Intendanten ist Stuttgart.** Damit gelten für die Beschäftigten des SWR die Vorschriften des LPVG Baden-Württemberg in der jeweils geltenden Fassung auch für die Einrichtungen, die sich in Rheinland-Pfalz befinden (zum maßgeblichen Personalvertretungsrecht bei gemeinschaftlichen Einrichtungen mehrerer Dienstherren vgl. auch BVerwG, 5.5.1976 – VII P 7/74 – Buchholz 238.31 § 4 LPVG BW Nr. 1). Es gelten damit für alle Beschäftigte des SWR die Regelungen des LPVG mit den sich aus den §§ 105 bis 112 ergebenden Abweichungen.

3 **Redaktionsstatut.** Nach § 38 Abs. 2 Staatsvertrag stellt der Intendant ein Redaktionsstatut auf, das die Mitwirkungsrechte der Programmbeschäftigten in Programmangelegenheiten – insb. das Verfahren zur Beilegung von Konflikten in Programmfragen – regelt.

§ 106 Dienststellen

(1) Beim Südwestrundfunk wird an jedem der drei Sitze eine Dienststelle im Sinne dieses Gesetzes gebildet:

1. **Der Dienststelle in Baden-Baden sind alle Beschäftigten zugeordnet, die überwiegend am Sitz in Baden-Baden und außerhalb des Sendegebiets des Südwestrundfunks tätig sind.**
2. **Der Dienststelle in Stuttgart sind alle sonstigen Beschäftigten zugeordnet, die überwiegend in Baden-Württemberg tätig sind.**
3. **Der Dienststelle in Mainz sind alle Beschäftigten zugeordnet die überwiegend in Rheinland-Pfalz tätig sind.**

(2) § 5 Absatz 3 findet keine Anwendung.

(3) [1]Leiter der Dienststellen ist der Intendant. [2]Er entscheidet in allen Fällen, in denen nach diesem Gesetz der Leiter der Dienststelle, die übergeordnete Dienststelle und die oberste Dienstbehörde zur Entscheidung befugt sind.

I. Dienststellen (Abs. 1)

Sitz des SWR. Nach Art. 2 Abs. 1 des Staatsvertrags über den SWR vom 3.7.2013 (GBl. S. 315) erfüllt der SWR seinen Auftrag in den Landeshauptstädten Stuttgart und Mainz, die jeweils Sitz der Landessender sind sowie am dritten Standort Baden-Baden. Neben diesen drei Standorten bestehen an anderen Orten Studios, Regionalbüros und Korrespondentenbüros des SWR. 1

Bildung, Zuordnung. § 106 Abs. 1 regelt die Bildung von drei Dienststellen i. S. d. LPVG und die Zuordnung der Beschäftigten des SWR zu diesen Dienststellen. Die Regelung in Abs. 1 ist abschließend. Mit dem durch Art. 4 des Gesetzes zu dem Staatsvertrag über den Südwestrundfunk (SWR) vom 21.7.1997 (GBl. S. 297) anlässlich der Zusammenlegung des Süddeutschen Rundfunks und des Südwestfunks ab 1.10.1998 an den drei Sitzen des SWR neu geschaffenen personalvertretungsrechtlichen Dienststellen wurde einerseits der dezentralen Struktur der neuen Rundfunkanstalt Rechnung getragen, aber auch auf die regionalen Belange Rücksicht genommen. Zur Untergliederung des SWR vgl. nun § 2 des neuen Staatsvertrags. 2

II. Selbstständige Außenstellen (Abs. 2)

Außenstellen, Nebenstellen. Nach Abs. 2 besteht nicht die Möglichkeit, Außenstellen, Nebenstellen und Teile des Südwestrundfunks zu selbstständigen Dienststellen i. S. des LPVG zu erklären oder zu solchen zusammenzufassen, da § 5 Abs. 3 keine Anwendung findet. 3

III. Dienststellenleiter (Abs. 3)

1. Intendant (Satz 1). Der Intendant hat die Aufgaben und Befugnisse, die ihm der Staatsvertrag bzw. die Satzung des SWR zuweist. Hierzu zählt insb. auch die Leitung und Geschäftsleitung des SWR sowie die gerichtliche und außergerichtliche Vertretung (§§ 25 Abs. 2, 30 Staatsvertrag, Artikel 16.1 und 16.4, 17 der Satzung). § 106 Abs. 3 Satz 1 weist dem Intendanten ausdrücklich auch die Stellung als Dienststellenleiter im personalvertretungsrechtlichen Sinne zu. 4

5 **2. Oberste Dienstbehörde, Letztentscheidung** (Satz 2). Der Intendant ist nicht nur Dienststellenleiter, sondern nimmt nach Abs. 3 auch alle im LPVG der übergeordneten Dienststelle und der obersten Dienstbehörde zugeordneten Entscheidungsbefugnisse in Personalunion wahr. Damit steht ihm auch das Letztentscheidungsrecht nach § 78 Abs. 4 Satz 2 zu.

6 **Evokation.** Dem Intendanten kommt aber nicht das Evokationsrecht ggü. Beschlüssen der Einigungsstelle zu. Hier kommt nur die Vorlage an die Landesregierung nach § 78 Abs. 2 in Betracht. Die Regelung des § 78 Abs. 3 ist abschließend und einer ergänzenden Auslegung nicht zugänglich. Liegen die Voraussetzungen des § 78 Abs. 2 Satz 3 vor, muss der Intendant die Entscheidung der Landesregierung nach dem in § 78 Abs. 2 geregelten Verfahren herbeiführen.

§ 107 Beschäftigte

Beschäftigte des Südwestrundfunks im Sinne dieses Gesetzes sind

1. **die durch Arbeitsvertrag unbefristet oder auf Zeit fest angestellten Personen einschließlich die zu ihrer Berufsausbildung durch Ausbildungsvertrag Beschäftigten,**
2. **arbeitnehmerähnliche Personen nach § 12a des Tarifvertragsgesetzes.**

Beschäftigte im Sinne dieses Gesetzes sind nicht die Mitglieder der Geschäftsleitung.

1 **1. Beschäftigtenbegriff** (Satz 1). Der Begriff des Beschäftigten weicht beim SWR nicht grundsätzlich vom allg. Beschäftigtenbegriff ab, weshalb hier generell auf die Kommentierung zu § 4 verwiesen werden kann. Danach sind alle Personen, die als Arbeitnehmer oder Auszubildende weisungsgebunden in die Arbeitsorganisation der Dienststelle eingegliedert sind, Beschäftigte im personalvertretungsrechtlichen Sinne.

2 **Nr. 1: Fest angestellte Personen.** Besonderheiten ergeben sich aber beim SWR insb. im Hinblick auf die Personen, die nur für die Dauer der Produktion einer Sendung beschäftigt werden. § 107 Satz 1 Nr. 1 legt den Beschäftigtenbegriff unter Berücksichtigung dieser besonderen Verhältnisse des Südwestrundfunks fest. Nach Nr. 1 sind nur die durch Arbeitsvertrag oder auf Zeit fest angestellten Personen Beschäftigte im personalvertretungsrechtlichen Sinne. Damit ist klargestellt, dass die nur auf Produktionsdauer Beschäftigten und die freien Mitarbeiter grundsätzlich keine Beschäftigten i. S. des LPVG sind (vgl. aber auch Rn. 3).

3 **Nr. 2: Arbeitnehmerähnliche Personen.** Beschäftigte sind nach Satz 1 Nr. 2 auch arbeitnehmerähnliche Personen nach § 12a TVG. Gemeint sind damit die Personen, die wegen ihrer wirtschaftlichen Abhängigkeit vom Arbeitgeber einem Arbeitnehmer vergleichbar und damit in besonderer Weise schutzbedürftig sind. Deren Einbeziehung folgt eigentlich schon aus § 4 Abs. 1 Satz 1 Nr. 1, wird hier aber nochmals ausdrücklich im Verhältnis zu Satz 1 Nr. 1 betont. Damit wird klargestellt, dass beim SWR auch freie Mitarbeiter und nur für die Dauer der Produktion Beschäftigte, vom Beschäftigtenbegriff mit umfasst sind, wenn sie sich sozial in einer vergleichbar schutzbedürftigen Lage befinden. Eine

Einbeziehung scheidet wegen der verfassungsrechtlich gewährleisteten Rundfunkfreiheit aber aus, wenn diese Personen maßgeblich und verantwortlich an der Programmgestaltung mitwirken (vgl. Einzelbegründung zu § 100 des Gesetzentwurfs vom 29.9.2013).

2. Geschäftsleitung (Satz 2). Nach Satz 2 sind die Mitglieder der Geschäftsleitung des SWR nicht Beschäftigte i. S. des LPVG. Die Geschäftsleitung besteht nach § 30 Abs. 1 des Staatsvertrags aus dem Intendanten und den Direktoren. Nach Artikel 17 der Satzung des SWR sind dies die Direktoren der Landessender Baden-Württemberg und Rheinland-Pfalz, der Fernsehdirektor, der Hörfunkdirektor, der Direktor Technik und Produktion, der Verwaltungsdirektor und der Justitiar. 4

§ 108 Wählbarkeit

§ 9 gilt mit der Maßgabe, dass auch die Leiter der Außenstudios und Korrespondentenbüros nicht wählbar sind.

§ 108 enthält eine Sonderregelung für die Leiter der Außenstudios und Korrespondentenbüros, um Interessenkollisionen in ihren leitenden Funktionen zu vermeiden. 1

§ 109 Kosten

§ 41 Absatz 1 Satz 2 findet mit der Maßgabe Anwendung, dass an die Stelle des Landesreisekostengesetzes die Reisekostenordnung des Südwestrundfunks tritt und die Reisekostenvergütungen nach der Reisekostenstufe, die für Abteilungsleiter des Südwestrundfunks gilt, zu bemessen sind.

§ 109 enthält eine Ergänzung des § 41, die wegen der beim SWR bestehenden reisekostenrechtlichen Regelungen erforderlich ist. 1

§ 110 Besondere Gruppen von Beschäftigten

(1) Bei Beschäftigten, deren Funktion nicht mehr von den Merkmalen des Gehaltstarifs des Südwestrundfunks erfasst ist und deren Gehalt über der höchsten Tarifgruppe liegt, wird der Personalrat in den Fällen der § 74 Absatz 1 Nummer 1 bis 4 und 6, Absatz 2 Nummer 1, 9 und 10, § 75 Absatz 1 Nummer 2, 3, 7, 8 und 11, Absatz 2 Nummer 1 bis 3, Absatz 3 Nummer 2, 3, 5 bis 7 und 9, Absatz 4 Nummer 3 bis 6 Buchstabe a und Nummer 11 bis 13 und § 81 Absatz 2 Satz 1 Nummer 2 nicht beteiligt.

(2) Bei im Programmbereich Beschäftigten der höchsten Gehaltsgruppe des Tarifvertrages des Südwestrundfunks tritt in den Fällen des § 75 Absatz 1 Nummer 2, 3, 7 Buchstabe a und Nummer 11, Absatz 2 Nummer 1 bis 3 und Absatz 3 Nummer 2, 3, 5 bis 7 an die Stelle der Mitbestimmung des Personalrats die Mitwirkung.

(3) [1]Bei Beschäftigten nach § 107 Satz 1 Nummer 1 mit überwiegend wissenschaftlicher oder künstlerischer Tätigkeit sowie bei Beschäftigten, die maßgeblich und verantwortlich an der Programmgestaltung beteiligt sind, bestimmt der Personalrat in den Fällen des § 75 Absatz 1 Nummer 2, 3, 7 Buchstabe a und Nummer 11, Absatz 2 Nummer 1 bis 3 und Absatz 3 Nummer 2, 3, 5 bis 7 nur mit, wenn sie dies beantragen; sie sind von der beabsichtigten Maßnahme rechtzeitig vorher in Kenntnis zu setzen und gleichzeitig auf ihr Antragsrecht hinzuweisen. [2]Bei Beschäftigten nach § 107 Satz 1 Nummer 2 findet § 75 Absatz 1 bis 3 keine Anwendung, soweit sie unmittelbar an der Programmgestaltung mitwirken.

I. Eingeschränkte Mitbestimmung (Abs. 1)

1 **Anwendungsbereich.** § 110 Abs. 1 schränkt den Anwendungsbereich des LPVG für den in Abs. 1 genannten Personenkreis ein. Dies sind die Beschäftigten, deren Funktion nicht mehr von den Merkmalen des Gehaltstarifs des Südwestrundfunks erfasst wird und deren Gehalt über der höchsten Tarifgruppe liegt. Durch das Gesetz vom 3.12.2013 wurde Abs. 1 an die Neufassung der Mitbestimmungs- und Mitwirkungstatbestände angepasst und teilweise leicht verändert.

II. Mitwirkung (Abs. 2)

2 **Herabstufung.** Bei den in Abs. 2 genannten Beschäftigten tritt bei den dort aufgeführten Personalangelegenheiten nach § 75 Abs. 1, 2 und 3 anstelle der Mitbestimmung die Mitwirkung.

III. Wissenschaftliche und künstlerische Tätigkeit (Abs. 3)

3 **1. Antragserfordernis (Satz 1).** Bei den in Abs. 3 Satz 1 genannten Beschäftigten wird der PR in den dort genannten Personalangelegenheiten (§ 75 Abs. 1 Nr. 2, 3, 7a und 11, Abs. 2 Nr. 1 bis 3 und Abs. 3 Nr. 2, 3 und 5 bis 7) nur auf Antrag des Beschäftigten beteiligt. Nach Abs. 3 Satz 1 Hs. 2 ist der betroffene Beschäftigte rechtzeitig vor der beabsichtigten Maßnahme zu informieren und gleichzeitig ausdrücklich auf das Antragsrecht hinzuweisen. Wird ein entsprechender Antrag von dem Beschäftigten gestellt, bestimmt der PR im Wege der eingeschränkten Mitbestimmung mit.

4 **2. Ausschluss der Mitbestimmung (Satz 2).** Nach Abs. 3 Satz 2 finden bei Beschäftigten i. S. v. § 110 Satz 1 Nr. 2 die Absätze 1, 2 und 3 des § 75 keine Anwendung, soweit diese Beschäftigten unmittelbar an der Programmgestaltung mitwirken.

§ 111 Einigungsstelle

Kommt zwischen Dienststelle und Personalrat eine Einigung nicht zustande, kann von jeder Seite die Einigungsstelle angerufen werden; die §§ 77, 78 Absatz 1 und § 89 Absatz 1 finden keine Anwendung.

Mitbestimmungsverfahren. Eine Anrufung der Einigungsstelle kommt nur in den Fällen der uneingeschränkten und eingeschränkten Mitbestimmung in Betracht. Insoweit gelten grundsätzlich die allg. Vorschriften über die Mitbestimmungsgegenstände und das Mitbestimmungsverfahren (§§ 73 ff.) und grundsätzlich auch die Regelungen über Verfahren und Entscheidung der Einigungsstelle (§§ 78, 79). § 111 regelt für den SWR partielle Abweichungen von diesen allg. Regelungen; soweit § 111 also nicht ausdrücklich Regelungen trifft, verbleibt es bei den allg. Bestimmungen. 1

Anrufung der Einigungsstelle. Nach § 111 kann im Fall der Nichteinigung von jeder Seite unmittelbar die Einigungsstelle angerufen werden. Es muss sich demnach um eine nach §§ 74, 75 mitbestimmungspflichtige Maßnahme handeln, das Mitbestimmungsverfahren muss ordnungsgemäß durchlaufen worden sein und der PR darf der beantragten Maßnahme nicht zugestimmt haben. Nur wenn diese Voraussetzungen vorliegen, kommt eine Anrufung der Einigungsstelle und deren Sachentscheidung in Betracht. 2

Kein Stufenverfahren. § 111 schließt die Anwendung der §§ 77, 78 Abs. 1 und 89 Abs. 1 aus. Nach § 106 Abs. 3 Satz 1 ist der Intendant Leiter der Dienststelle. Nach dessen Abs. 3 Satz 2 entscheidet der Intendant aber auch in allen Fällen, in denen nach dem LPVG eine übergeordnete Dienststelle oder die oberste Dienstbehörde zur Entscheidung befugt ist. Es fehlt somit ein Instanzenzug, in dem ein Stufenverfahren nach § 77 stattfinden könnte. § 111 ordnet deshalb folgerichtig die Nichtanwendung von § 77 an. Gleiches gilt für § 78 Abs. 1. Denn die Nichteinigung findet im Falle des § 111 auf der Ebene der Dienststelle und des PR und nicht bei der obersten Dienstbehörde und der bei dieser bestehenden Personalvertretung statt. Wegen der besonderen Stellung des Intendanten ist es auch sachgerecht § 89 Abs. 1, der die Zuständigkeit in nicht gestuften Verwaltungen regelt, ebenfalls von der Anwendung auszuschließen. 3

Verfahren der Einigungsstelle. Das Verfahren der Einigungsstelle richtet sich nach §§ 78, 79. Die nach § 79 Abs. 1 Satz 2 zu bestellenden Beisitzer der Einigungsstelle werden vom **Intendanten** bestellt. Dieser hat auch das Äußerungsrecht in der Verhandlung der Einigungsstelle. Der Intendant ist auch für den Abschluss einer Dienstvereinbarung zuständig (§ 79 Abs. 2). 4

Entscheidung nach § 78 Abs. 2. In den Angelegenheiten der uneingeschränkten Mitbestimmung (§ 74) entscheidet die Einigungsstelle nach § 78 Abs. 2. Für die Entscheidung gelten die §§ 78, 79. Der Beschluss bindet die Beteiligten. Er ist den Beteiligten zuzustellen. 5

Evokationsrecht. Das Evokationsrecht (§ 78 Abs. 2 Satz 3 bis 6) steht der **Landesregierung** zu, weil § 78 Abs. 3 eine abschließende Regelung enthält und auch die Anwendung von § 89 Abs. 1 ausdrücklich ausgeschlossen ist. Dem Intendanten kommt in einem solchen Fall die Rolle der obersten Dienstbehörde zu. Dies bedeutet, dass er nach Zustellung des Einigungsstellenbeschlusses prüfen muss, ob die Voraussetzungen des § 78 Abs. 2 Satz 3 vorliegen. Bejaht er dies, muss er den Beschluss der Einigungsstelle unverzüglich der Landesregierung vorlegen, die dann endgültig entscheidet. Der Personalvertretung und der 6

Einigungsstelle ist nach § 78 Abs. 2 Satz 4 Gelegenheit zur Stellungnahme zu geben.

7 **Entscheidung nach § 78 Abs. 4.** In den Fällen der eingeschränkten Mitbestimmung (§ 75) gibt die Einigungsstelle, wenn sie sich nicht der Auffassung der Dienststelle anschließt, eine Empfehlung ab. Insoweit kommt dem Intendanten die Stellung der obersten Dienstbehörde zu, also auch das Recht zur **Letztentscheidung** nach § 78 Abs. 4 Satz 2. Die von der Empfehlung abweichende Entscheidung ist zu begründen und der Einigungsstelle sowie der Personalvertretung bekanntzugeben.

§ 112 Gesamtpersonalrat

(1) [1]Beim Südwestrundfunk wird ein Gesamtpersonalrat gebildet, der aus elf Mitgliedern besteht. [2]Er ist zuständig für die Behandlung von Angelegenheiten, die mehrere Dienststellen gemeinsam betreffen und nicht von den einzelnen Personalräten innerhalb ihrer Dienststelle geregelt werden können. [3]Soweit der Gesamtpersonalrat zuständig ist, ist er anstelle der Personalräte der Dienststellen zu beteiligen.

(2) Kommt eine Einigung mit dem Gesamtpersonalrat nicht zustande, gilt § 111 entsprechend.

I. Gesamtpersonalrat (Abs. 1)

1 **1. Anzahl (Satz 1).** Die Zahl der Mitglieder des GesamtPR ist in Abweichung von § 54 Abs. 2 unabhängig von der Zahl der Beschäftigten auf elf festgelegt.

2 **2. Zuständigkeit (Satz 2).** Die Zuständigkeit zwischen PR und GesamtPR ist abweichend von § 91 Abs. 8 abgegrenzt. Der GesamtPR ist zuständig, wenn es sich um eine Angelegenheit handelt, die mehrere Dienststellen betrifft und nicht vom PR geregelt werden kann. Eine gemeinsame Betroffenheit liegt vor, wenn zumindest zwei Dienststellen des SWR von einer Maßnahme berührt sind. Vom PR allein kann eine Angelegenheit dann nicht geregelt werden, wenn eine einheitliche Regelung innerhalb des SWR geboten ist.

3 **3. Verhältnis zum PR (Satz 3).** Die Zuständigkeiten von PR und GesamtPR schließen sich wechselseitig aus. Grundsätzlich ist in allen Angelegenheiten zunächst von der Zuständigkeit des PR auszugehen und dieser von der Dienststelle zu beteiligen. Wenn aber der GesamtPR nach Abs. 1 Satz 2 zuständig ist, ist allein er anstelle der PR der Dienststellen zu beteiligen.

II. Verfahren bei Nichteinigung (Abs. 2)

4 **Einigungsstelle.** § 111 gilt entsprechend, weshalb auch in diesen Verfahren die Einigungsstelle direkt angerufen werden kann. Anrufungsbefugt sind der GesamtPR und der Intendant.

Teil 17 Schlussvorschriften

§ 113 Übergangspersonalrat, Regelungen für Umbildungen von Dienststellen

(1) [1]Werden Dienststellen im Sinne von § 5 Absatz 1 vollständig in eine andere Dienststelle eingegliedert oder zu einer neuen Dienststelle zusammengeschlossen, wird ein Übergangspersonalrat gebildet. [2]Ihm gehören an:

1. bei einer Eingliederung
   der Personalrat der aufnehmenden Dienststelle, die Vorstände und die nicht einem Vorstand angehörenden stellvertretenden Vorsitzenden der Personalräte der eingegliederten Dienststellen,
2. bei einem Zusammenschluss
   die Vorstände und die nicht einem Vorstand angehörenden stellvertretenden Vorsitzenden der Personalräte der zusammengeschlossenen Dienststellen.

[3]Besteht ein Gesamtpersonalrat, treten in den Übergangspersonalrat statt der Mitglieder des Personalrats die entsprechenden Mitglieder des Gesamtpersonalrats ein. [4]Das lebensälteste Mitglied des Übergangspersonalrats nimmt die Aufgaben nach § 19 wahr. [5]Ersatzmitglieder sind die nicht eingetretenen Mitglieder und Ersatzmitglieder jeweils für die Mitglieder aus ihrem bisherigen Personalrat. [6]Bei einer Eingliederung tritt der Übergangspersonalrat an die Stelle des Personalrats oder, wenn ein solcher besteht, des Gesamtpersonalrats der aufnehmenden Dienststelle. [7]Im Übrigen gelten für den Übergangspersonalrat die Vorschriften dieses Gesetzes für Personalräte entsprechend.

(2) [1]Die Amtszeit des Übergangspersonalrats endet mit der Neuwahl eines Personalrats, spätestens mit Ablauf eines Jahres von dem Tag an gerechnet, an dem er gebildet worden ist. [2]Die Amtszeit wird über ein Jahr hinaus verlängert, wenn binnen weiterer fünf Monate regelmäßige Personalratswahlen stattfinden. [3]§ 23 Absatz 1 Satz 1 Nummer 1 findet keine Anwendung.

(3) [1]Wird aus Teilen des Geschäftsbereichs eines Ministeriums oder mehrerer Ministerien ein Ministerium neu gebildet, ist bis zur Wahl eines Personalrats, längstens jedoch auf die Dauer von sechs Monaten nach der Bekanntmachung der Landesregierung über die Abgrenzung der Geschäftsbereiche der Ministerien, der Personalrat bei dem Ministerium zu beteiligen, aus welchem die meisten Beschäftigten zu dem neu gebildeten Ministerium übergegangen sind. [2]Bei gleicher Anzahl übergegangener Beschäftigter oder in Zweifelsfällen bestimmen die Ministerien, welche die maßgeblichen Geschäftsbereiche abgegeben haben, einvernehmlich den zu beteiligenden Personalrat; die Personalräte sind vor der Bestimmung anzuhören. [3]Befinden sich unter den übergegangenen Beschäftigten des neu gebildeten Ministeriums Beschäftigte, die unmittelbar vor der Bildung des neuen Ministeriums Mitglied in einem Personalrat waren, treten diese Beschäftigten bei der Behandlung von Angelegenheiten des neu gebildeten Ministeriums zu dem zu beteiligenden Personalrat mit Stimmrecht hinzu.

(4) [1]Bei Umbildungen von Dienststellen nach Absatz 1 bilden die bisherigen Jugend- und Auszubildendenvertretungen eine Übergangs-Jugend- und Auszubildendenvertretung. [2]Absatz 1 Satz 3 bis 7 und Absatz 2 und 3 gelten entsprechend.

(5) [1]Die Ministerien werden ermächtigt, für ihren Geschäftsbereich und die von ihnen beaufsichtigten Körperschaften, Anstalten und Stiftungen des öffentli-

chen Rechts im Benehmen mit dem Innenministerium durch Rechtsverordnung Vorschriften zu erlassen, welche die Personalvertretung und ihre Wahl insoweit sicherstellen oder erleichtern, als dies erforderlich ist, um Erschwernisse auszugleichen, die bei der Neubildung, Eingliederung oder Auflösung von Dienststellen entstehen, wenn andere als die in Absatz 1 genannten Umbildungen vorgenommen oder zugleich Übergangsbestimmungen für Stufenvertretungen in demselben Geschäftsbereich getroffen werden. [2]Ist kein Ministerium zuständig, erlässt das Innenministerium die Rechtsverordnung. [3]Es können dabei insbesondere Bestimmungen getroffen werden über

1. **die Bildung von Übergangspersonalvertretungen, höchstens mit einer Amtszeit entsprechend Absatz 2,**
2. **die vorübergehende Fortführung der Geschäfte durch nicht weiterbestehende Personalvertretungen für längstens sechs Monate,**
3. **die Zuordnung von Mitgliedern von Personalvertretungen nicht weiterbestehender oder umgebildeter Dienststellen zu anderen Personalvertretungen,**
4. **die Voraussetzungen und den Zeitpunkt für die Neuwahl der Personalvertretungen,**
5. **die Änderung der Amtszeit der Personalvertretungen bis zu höchstens einem Jahr,**
6. **die Bestellung von Wahlvorständen.**

I. Eingliederung, Zusammenschluss von Dienststellen (Abs. 1)

1 **1. Bildung von Übergangspersonalräten (Satz 1).** Abs. 1 Satz 1 bestimmt für die Fälle, in denen **alle beteiligten Dienststellen vollständig von der Umbildung betroffen** sind (d. h. Eingliederung von Dienststellen vollständig in eine andere Dienststelle oder Zusammenlegung von jeweils ganzen Dienststellen zu einer neuen Dienststelle), dass kraft Gesetzes ein ÜbergangsPR gebildet wird. Damit sollen außerordentliche PR-Wahlen vermieden bzw. die Zahl der Rechtsverordnungen als Folge von Zusammenschlüssen von Dienststellen verringert werden. Die in Abs. 1 getroffene Regelung ist abschließend; von ihr darf nicht abgewichen werden.

2 **2. Zusammensetzung (Satz 2).** Abs. 1 Satz 2 bestimmt, wie sich der ÜbergangsPR jeweils zusammensetzt, wobei das Gesetz zwischen der Eingliederung einer Dienststelle und dem Zusammenschluss von Dienststellen differenziert.

3 **Nr. 1: Eingliederung.** Im Falle der Nr. 1 besteht der ÜbergangsPR aus allen Mitgliedern des PR der aufnehmenden Dienststelle und aus den Vorstandsmitgliedern bzw. den nicht einem Vorstand angehörenden stellvertretenden Vorsitzenden der eingegliederten Dienststellen.

4 **Nr. 2: Zusammenschluss.** Im Falle der Nr. 2 besteht der ÜbergangsPR aus den Vorstandsmitgliedern und den nicht dem Vorstand angehörenden stellvertretenden Vorsitzenden der PR der zusammengeschlossenen Dienststellen.

5 **3. Gesamtpersonalrat (Satz 3).** Hinsichtlich eines vor der Umbildung vorhandenen GesamtPR ergeben sich die folgenden Besonderheiten bei Eingliederung und Zusammenschluss von Dienststellen:

a) **Eingliederung.** Im Falle der Eingliederung von Dienststellen sind drei Varianten zu unterscheiden. Zum einen kann nur bei der aufnehmenden Dienststelle ein GesamtPR bestehen, es können bei beiden Dienststellen GesamtPR bestehen und es kann nur bei der eingegliederten Dienststelle ein GesamtPR bestanden haben. 6

b) **GesamtPR bei aufnehmender Dienststelle.** Besteht in der aufnehmenden Dienststelle ein GesamtPR, bleiben die PR der Haupt-, Neben- oder Außenstellen unverändert erhalten. Der bisherige GesamtPR wird komplett in den ÜbergangsPR übergeleitet und setzt sich nach Abs. 1 Satz 2 Nr. 1 und Satz 3 aus den Mitgliedern des GesamtPR der aufnehmenden Dienststelle und aus den Mitgliedern, die im PR der eingegliederten Dienststelle dem Vorstand angehörten und stellvertretende Vorsitzende waren, zusammen. Der ÜbergangsPR ist bei allen Maßnahmen zu beteiligen, die über den Bereich der einzelnen Haupt-, Neben- oder Außenstelle hinausgehen. Betrifft die Maßnahme nur einen Beschäftigten der eingegliederten Dienststelle ist der ÜbergangsPR zu beteiligen, geht es um einen Beschäftigten der aufnehmenden Dienststelle, ist der PR der Haupt-, Neben- oder Außenstelle zu beteiligen, bei der er beschäftigt ist. 7

c) **Zwei GesamtPR.** Bestehen in der aufnehmenden und in der eingegliederten Dienststelle GesamtPR, setzt sich der ÜbergangsPR aus den Mitgliedern des GesamtPR der aufnehmenden Dienststelle und aus den Mitgliedern, die im GesamtPR der eingegliederten Dienststelle dem Vorstand angehörten und stellvertretende Vorsitzende waren, zusammen. Die Zuständigkeiten sind die gleichen wie unter Rn. 7. 8

d) **GesamtPR bei eingegliederter Dienststelle.** Besteht ein GesamtPR nur bei der eingegliederten Dienststelle, besteht der ÜbergangsPR aus den Mitgliedern des PR der aufnehmenden Dienststelle und aus den Mitgliedern, die im GesamtPR der eingegliederten Dienststelle dem Vorstand angehörten und stellvertretende Vorsitzende waren, zusammen. Der ÜbergangsPR ist die einzige Personalvertretung und damit für alle Maßnahmen zuständig. 9

e) **Zusammenschluss.** Der nach Abs. 1 Satz 2 und 3 aus den Vorständen und den nicht einem Vorstand angehörenden stellvertretenden Vorsitzenden der PR bzw. GesamtPR der zusammengeschlossenen Dienststellen gebildete ÜbergangsPR ist mit dem Wirksamwerden der Umbildung die einzige Personalvertretung und damit für alle Maßnahmen zuständig. 10

4. Konstituierende Sitzung (Satz 4) Nach Abs. 1 Satz 4 hat das lebensälteste Mitglied des ÜbergangsPR die Aufgaben des § 19. Der ÜbergangsPR entsteht zwar bereits von Gesetzes wegen mit dem Inkrafttreten der Umbildungsmaßnahme; die Amtsaufnahme des ÜbergangsPR erfolgt aber erst mit der konstituierenden Sitzung. Insoweit hat das lebensälteste Mitglied Rechte und Pflichten wie ein Wahlvorstand i. S. v. § 19. Die entspr. Anwendung dieser Norm verlangt, dass die Mitglieder des ÜbergangsPR zur konstituierenden Sitzung innerhalb einer Frist von sechs Arbeitstagen nach Inkrafttreten der Umbildungsmaßnahme einberufen werden müssen. Das lebensälteste Mitglied des ÜbergangsPR muss die konstituierende Sitzung leiten, bis ein Wahlleiter bestellt ist. 11

12 5. **Ersatzmitglieder** (Satz 5). Nach Abs. 1 Satz 5 sind die nicht zum ÜbergangsPR gehörenden Mitglieder der PR der betroffenen Dienststellen und deren jeweilige Ersatzmitglieder die Ersatzmitglieder des ÜbergangsPR und zwar jeweils für die Mitglieder aus ihrem bisherigen PR.

13 6. **Rechtsnachfolge** (Satz 6). Der PR und der GesamtPR der zusammengeschlossenen Dienststellen gehen mit ihren Dienststellen unter. Nach Abs. 1 Satz 6 tritt bei einer **Eingliederung** der ÜbergangsPR an die Stelle des PR bzw., wenn ein solcher besteht, an die Stelle des GesamtPR der aufnehmenden Stelle. Die Befugnisse des ÜbergangsPR umfassen alle gesetzlich dem PR zugewiesenen Aufgaben.

14 7. **Rechtsstellung** (Satz 7). Durch das ÄG 2013 wurde in Abs. 1 der neue Satz 7 angefügt, nach dem für den ÜbergangsPR die Vorschriften des LPVG über die Personalräte entsprechend gelten. Mit dieser Neuregelung soll die rechtliche Stellung des ÜbergangsPR als PR ausdrücklich klargestellt werden. Ebenso soll klargestellt werden, dass der Schwerbehindertenvertretung Teilnahme- und Schutzrechte ebenso wie einem PR zustehen.

II. Amtszeit des Übergangspersonalrats (Abs. 2)

15 1. **Ende der Amtszeit** (Satz 1). Nach Abs. 2 Satz 1 endet die Amtszeit des ÜbergangsPR mit der Wahl des neuen PR, spätestens aber mit Ablauf eines Jahres von dem Tag an gerechnet, an dem er gebildet worden ist. Maßgeblich für den Lauf der Jahresfrist ist der Zeitpunkt des Inkrafttretens der Umbildungsmaßnahme und nicht der Zeitpunkt der konstituierenden Sitzung.

16 2. **Verlängerung** (Satz 2). Abs. 2 Satz 2 sieht eine Verlängerung der Amtszeit für den Fall vor, dass binnen weiterer fünf Monate regelmäßige PR-Wahlen stattfinden sollten. Die Amtszeit des ÜbergangsPR endet dann mit der Wahl des neuen PR (§ 22 Abs. 1 Satz 2).

17 3. **Vorzeitige Neuwahl** (Satz 3). Nach Abs. 2 Satz 3 findet § 23 Abs. 1 Nr. 1 keine Anwendung. Damit ist die Möglichkeit einer vorzeitigen Neuwahl für den Fall einer erheblichen Veränderung der Beschäftigtenzahl ausgeschlossen. Im Hinblick auf die beiden Stichtage „20 Monate“ und „40 Monate“ und der Höchstdauer der Amtszeit des ÜbergangsPR nach Satz 1 dürfte dieser Ausschluss kaum praktische Bedeutung haben.

III. Neubildung von Ministerien (Abs. 3)

18 1. **Mehrzahl der Beschäftigten** (Satz 1). Bei der Neubildung von Ministerien aus Teilen des Geschäftsbereichs bestehender Ministerien können die Regelungen über die Eingliederung bzw. den Zusammenschluss von Dienststellen keine Anwendung finden. Um in diesen Fällen möglichst schnell eine handlungsfähige Personalvertretung zu konstituieren, sieht Abs. 3 Satz 1 vor, dass bis zur Wahl eines neuen PR, der PR bei dem Ministerium zu beteiligen ist, aus dem die meisten Beschäftigen zu dem neu gebildeten Ministerium übergegangen

sind. Mit dieser Übergangszuständigkeit soll eine personalvertretungslose Zeit ebenso vermieden werden, wie der Erlass einer besonderen Rechtsverordnung nach Abs. 5. Diese besondere Vertretungsbefugnis ist auf die Dauer von sechs Monaten nach der Bekanntmachung der Landesregierung über die Abgrenzung der Geschäftsbereiche befristet.

2. Gleiche Beschäftigtenzahl (Satz 2). Nach Abs. 3 Satz 2 findet bei gleicher Anzahl übergegangener Beschäftigter oder in Zweifelsfällen eine Abstimmung unter den beteiligten Ministerien statt. Diese bestimmen dann einvernehmlich, welcher PR übergangsweise zu beteiligen ist. Vor dieser Bestimmung sind die in Betracht kommenden PR anzuhören. 19

3. PR-Mitglieder (Satz 3). Nach Abs. 3 Satz 3 treten die übergegangenen Beschäftigten, die unmittelbar vor der Bildung des neuen Ministeriums Mitglied in einem PR waren, in den ÜbergangsPR mit Stimmrecht ein. Dabei kann es sich auch um Beschäftigte handeln, die bisher in dem die Übergangszuständigkeit ausübenden PR nicht Mitglied waren, sondern aus einem anderen Geschäftsteil des neuen Ministeriums kommen. 20

IV. ÜbergangsJAV (Abs. 4)

1. Bildung der ÜbergangsJAV (Satz 1). Werden Dienststellen nach Abs. 1 umgebildet, entstehen auch für die bei diesen Dienststellen bestehenden JAV Übergangsprobleme, die durch die Bildung einer ÜbergangsJAV gelöst werden. 21

2. Zusammensetzung, Amtszeit, Neubildung von Ministerien (Satz 2). Nach Abs. 4 Satz 2 gelten Abs. 1 Satz 3 bis 7 sowie die Absätze 2 und 3 entsprechend. Weil hier nicht auf Abs. 1 Satz 2 verwiesen wird, besteht für die ÜbergangsJAV **keine Begrenzung der Mitgliederzahl**; sie setzt sich aus den Mitgliedern der in den umgebildeten Dienststellen vorhandenen JAV zusammen. Soweit in den Dienststellen GesamtJAV vorhandenen sind, treten diese an die Stelle der JAV. Hinsichtlich der Amtszeit, der konstituierenden Sitzung und der Rechtsstellung der Mitglieder der ÜbergangsJAV gelten die Vorschriften für den ÜbergangsPR entsprechend; ebenso Abs. 3 für den Fall der Neubildung von Ministerien. 22

V. Verordnungsermächtigung (Abs. 5)

1. Zuständigkeit (Satz 1). Die nach altem Recht dem Innenministerium zustehende Ermächtigung zum Erlass von **Rechtsverordnungen** wurde durch die Neufassung des Abs. 5 durch das ÄG 2013 den Ministerien übertragen. Damit soll praktischen Bedürfnissen entsprochen werden, weil die Ministerien die Verhältnisse, in dem ihnen nachgeordneten und beaufsichtigten Bereich besser beurteilen können. Um eine gewisse Einheitlichkeit der Regelungen sicher zu stellen, verlangt das Gesetz das **Benehmen** mit dem **Innenministerium**. Eine VO nach Abs. 5 Satz 1 kann sich aber nur auf andere als in Abs. 1 genannte Umbildungen beziehen, weil in diesem Fall die gesetzliche Regelung abschließend ist. 23

24 **Stufenvertretungen.** Die Absätze 1 bis 4 finden keine Anwendung, wenn in mehrstufigen Verwaltungen durch die Organisationsänderungen gleichzeitig auch Übergangsregelungen für den BPR oder HPR getroffen werden sollen. In diesen Fällen können die notwendigen Übergangspersonalvertretungen durch eine VO des zuständigen Ministeriums nach Abs. 5 Satz 1 bestimmt werden.

25 **Fehlender PR.** § 91 Abs. 7 kommt bei Umbildungen in den Fällen des Abs. 4 Satz 1 nur noch praktische Bedeutung zu, wenn die Rechtsverordnung nicht bis zum Wirksamwerden der Umbildung in Kraft getreten ist. Ist nach Abs. 1 von Gesetzes wegen ein ÜbergangsPR gebildet, schließt dies die Anwendung von § 91 Abs. 7 aus.

26 **2. Auffangzuständigkeit (Satz 2).** Soweit kein Ministerium für den Erlass der VO nach Abs. 5 Satz 1 zuständig ist, bestimmt Abs. 5 Satz 2 eine Auffangzuständigkeit des **Innenministeriums.**

27 **3. Inhalt der VO (Satz 3).** Abs. 5 Satz 3 beschreibt exemplarisch den Inhalt einer möglichen VO nach Satz 1. Im Hinblick auf die nun bestehende Zuständigkeit mehrerer Verordnungsgeber wird der mögliche Inhalt insb. hinsichtlich der **Geltungsdauer** von Übergangsregelungen einschränkend vorgegeben. Dabei werden insb. Amtszeiten oder Verlängerungen von Amtszeiten in der Regel auf ein Jahr beschränkt und die Weiterführung der Geschäfte auf höchstens sechs Monate zugelassen.

§ 114 Wahlordnung, Verwaltungsvorschriften

(1) Zur Regelung der in den §§ 8 bis 20, 22, 23, 54, 55 und 58 bis 62 bezeichneten Wahlen erlässt die Landesregierung durch Rechtsverordnung Vorschriften über

1. **die Vorbereitung der Wahl, insbesondere die Aufstellung der Wählerlisten und die Errechnung der Vertreterzahl,**
2. **die Frist für die Einsichtnahme in die Wählerlisten und die Erhebung von Einsprüchen,**
3. **die Vorschlagslisten und die Frist für ihre Einreichung,**
4. **das Wahlausschreiben und die Fristen für seine Bekanntmachung,**
5. **die Stimmabgabe,**
6. **die Feststellung des Wahlergebnisses und die Fristen für seine Bekanntmachung,**
7. **die Aufbewahrung der Wahlakten,**
8. **die Nutzung elektronischer Informations- und Kommunikationstechnik, insbesondere für Bekanntmachungen des Wahlvorstands, die Vorbereitung der Wahl und die Ermittlung und Feststellung des Wahlergebnisses.**

(2) Absatz 1 gilt entsprechend für die Vorabstimmungen nach § 12 Absatz 1 und § 13 Absatz 2.

(3) Die zur Ausführung dieses Gesetzes erforderlichen Verwaltungsvorschriften erlässt das zuständige Ministerium im Einvernehmen mit dem Innenministerium.

Wahlordnung. Aufgrund dieser Ermächtigung wurde die Wahlordnung zum LPVG in der Neufassung vom 12.3.2015 (GBl. S. 260) neu bekannt gemacht (s. Anh.). 1

Elektronisches Verfahren. Mit der Neuregelung durch das ÄG 2013 wurde in Abs. 1 u. a. die Nr. 8 angefügt, die die Möglichkeit der Nutzung elektronischer Medien bei der Wahl eröffnet. 2

§ 115 Religionsgemeinschaften

Dieses Gesetz findet keine Anwendung auf Religionsgemeinschaften und ihre karitativen und erzieherischen Einrichtungen, die kraft Satzung Teil einer Religionsgemeinschaft sind, ohne Rücksicht auf ihre Rechtsform; ihnen bleibt die selbstständige Ordnung eines Personalvertretungsrechts überlassen.

Mit dem ÄG 95 wurde durch § 115 klargestellt, dass das LPVG keine Anwendung auf Religionsgemeinschaften und ihre karitativen Einrichtungen ohne Rücksicht auf ihre Rechtsform findet. 1

§ 116 Inkrafttreten

(1) [1]Dieses Gesetz tritt am 1. August 1958 in Kraft mit Ausnahme des § 87, der erst am 1. November 1958 in Kraft tritt. [2]Bis dahin sind für die nach diesem Gesetz zu treffenden Entscheidungen die bestehenden Verwaltungsgerichte und Verwaltungsgerichtshöfe nach den zurzeit geltenden verwaltungsgerichtlichen Verfahrensvorschriften zuständig.

(2) Nicht abgedruckt.

Diese Vorschrift regelte das Inkrafttreten des Gesetzes in der ursprünglichen Fassung vom 30.6.1958 (GBl. S. 175) und die Aufhebung des bis dahin in den einzelnen Landesteilen geltenden Personalvertretungsrechts. 1

Anhang Wahlordnung zum Landespersonalvertretungsgesetz (LPVGWO)

vom 12. März 2015 (GBl. S. 260)

Inhaltsübersicht

Teil 1 Wahl des Personalrats

Abschnitt 1 Gemeinsame Vorschriften über die Vorbereitung und die Durchführung der Wahl

§ 1 Wahlvorstand, Wahlhelfer

(1) [1]Der Wahlvorstand führt die Wahl des Personalrats durch. [2]Er kann wahlberechtigte Beschäftigte als Wahlhelfer zu seiner Unterstützung bestellen. [3]§ 20 Absatz 2 Satz 2, § 41 Absatz 1 Satz 2 und § 43 Absatz 2 Satz 2 des Gesetzes gelten für die Wahlhelfer entsprechend.

(2) [1]Die Dienststelle hat den Wahlvorstand bei der Erfüllung seiner Aufgaben zu unterstützen, insbesondere die notwendigen Unterlagen zur Verfügung zu stellen und, wenn erforderlich, zu ergänzen sowie die erforderlichen Auskünfte zu erteilen. [2]Für die Vorbereitung und Durchführung der Wahl hat die Dienststelle in erforderlichem Umfang Räume, den Geschäftsbedarf, die üblicherweise in der Dienststelle genutzte Informations- und Kommunikationstechnik und Büropersonal zur Verfügung zu stellen.

(3) [1]Der Wahlvorstand macht die Namen seiner Mitglieder und der Ersatzmitglieder für das jeweilige Mitglied in der durch den Personalrat bestimmten Reihenfolge unverzüglich nach seiner Wahl oder Bestellung in der Dienststelle bekannt. [2]Die Zusammensetzung des Wahlvorstands ist bis zur Bekanntmachung des Wahlergebnisses auszuhängen; § 2 Absatz 2 gilt entsprechend. [3]Im Bereich der Forstverwaltung können die Namen der Mitglieder und Ersatzmitglieder des Wahlvorstands den Waldarbeitern, wenn ein Aushang nicht möglich ist, auch in sonstiger geeigneter Weise bekanntgegeben werden.

(4) [1]Der Wahlvorstand fasst seine Beschlüsse mit einfacher Stimmenmehrheit seiner Mitglieder. [2]Der Wahlvorstand ist beschlussfähig, wenn alle Mitglieder anwesend sind; die Stellvertretung durch Ersatzmitglieder, wenn Mitglieder ausgeschieden oder zeitweilig verhindert sind, ist zulässig.

§ 2 Bekanntmachungen des Wahlvorstands

(1) [1]Bekanntmachungen des Wahlvorstands sind an einer geeigneten Stelle oder an mehreren solchen Stellen auszuhängen. [2]Räumlich getrennte Teile, Außenstellen oder Nebenstellen von Dienststellen und Dienststellen, die nach § 5 Absatz 4 des Gesetzes mit einer anderen Dienststelle zusammengefasst oder nach § 10 Absatz 2 des Gesetzes einer anderen Dienststelle zugeteilt sind, sowie Schulen und Schulkindergärten, für die nach § 98 Absatz 1 des Gesetzes besondere Personalräte bei den unteren Schulaufsichtsbehörden gebildet werden, sind dabei besonders zu berücksichtigen.

(2) [1]Bekanntmachungen des Wahlvorstands können zusätzlich elektronisch mittels der in der Dienststelle üblicherweise genutzten Informations- und Kommunikationstechnik vorgenommen werden. [2]In diesem Fall genügt es, die Bekanntmachung an einer geeigneten Stelle in der Hauptdienststelle und, falls davon abweichend, am dienstlichen Sitz des Vorsitzenden des Wahlvorstands auszuhängen; in der elektronischen Fassung der Bekanntmachung ist anzugeben, an welchem Ort der schriftliche Aushang erfolgt. [3]Ein ausschließliche elektronische Bekanntmachung ist nur zulässig, wenn alle wahlberechtigten Beschäftigten der Dienststelle über einen eigenen Zugang zur üblicherweise in der Dienststelle genutzten Informations- und Kommunikationstechnik verfügen. [4]Bei der Bekanntmachung in elektronischer Form sind

technische oder programmtechnische Vorkehrungen zu treffen, dass die Bekanntmachungen des Wahlvorstands nicht durch andere Personen als Mitglieder des Wahlvorstands verändert werden können. [5]Dies gilt für die elektronische Übermittlung von Bekanntmachungen des Wahlvorstands an andere Stellen entsprechend, wofür sichere Übertragungswege zu nutzen und Dateiformate zu verwenden sind, deren Veränderung einen unverhältnismäßig hohen Aufwand erfordert.

§ 3 Ort und Zeit der Wahl

[1]Der Wahlvorstand bestimmt den Ort, den Tag (Wahltag) und die Zeit der Wahl. [2]Er hat dabei auf die Belange der Dienststelle und der Beschäftigten Rücksicht zu nehmen. [3]Wenn die besonderen Verhältnisse einer Dienststelle es erfordern, kann er die Wahl in einem Zeitraum von höchstens vier aufeinanderfolgenden Tagen durchführen. [4]Als Wahltag im Sinne des Gesetzes und dieser Wahlordnung gilt in diesem Fall der erste Tag der Wahlhandlung.

§ 4 Vorabstimmungen

Der Wahlvorstand macht gleichzeitig mit der Bekanntmachung nach § 1 Absatz 3 bekannt, dass Vorabstimmungen über

1. eine von § 11 des Gesetzes abweichende Verteilung der Mitglieder des Personalrats auf die Gruppen (§ 12 Absatz 1 des Gesetzes) oder
2. die Durchführung gemeinsamer Wahl (§ 13 Absatz 2 des Gesetzes)

nur berücksichtigt werden, wenn ihr Ergebnis dem Wahlvorstand binnen sechs Arbeitstagen nach der Bekanntmachung nach § 1 Absatz 3 vorliegt und dem Wahlvorstand glaubhaft gemacht wird, dass das Ergebnis unter Leitung eines aus mindestens drei wahlberechtigten Beschäftigten bestehenden Abstimmungsvorstands in geheimen und in nach Gruppen getrennten Abstimmungen zustande gekommen ist und dem Abstimmungsvorstand mindestens ein Mitglied jeder in der Dienststelle vertretenen Gruppe angehört hat.

§ 5 Feststellung der Zahl der Beschäftigten und der Anteile der Geschlechter

[1]Der Wahlvorstand stellt die Zahl der in der Regel Beschäftigten und ihre Verteilung auf die Gruppen (§ 4 Absatz 3 und 4 des Gesetzes) sowie die Anteile von Frauen und Männern an den in der Regel Beschäftigten und in den Gruppen fest. [2]Maßgebend für die Feststellungen ist der zehnte Arbeitstag vor Erlass des Wahlausschreibens. [3]Der Wahlvorstand legt dabei den zu dem Stichtag absehbaren Beschäftigtenstand zugrunde, der voraussichtlich über die Hälfte der Amtszeit des Personalrats in der Dienststelle vorhanden sein wird. [4]Übersteigt die Zahl der in der Regel Beschäftigten 50 nicht, stellt der Wahlvorstand außerdem die Zahl der wahlberechtigten Beschäftigten fest.

§ 6 Wählerverzeichnis

(1) [1]Der Wahlvorstand stellt ein Verzeichnis der wahlberechtigten Beschäftigten (Wählerverzeichnis) getrennt nach den Gruppen der Beamten und der Arbeitnehmer auf (§ 11 Absatz 2 des Gesetzes). [2]Er hat das Wählerverzeichnis bis zum Abschluss der Wahlhandlung auf dem Laufenden zu halten und zu berichtigen.

(2) [1]Das Wählerverzeichnis kann in schriftlicher Form einer Wählerliste oder einer Wählerkartei oder bis zum Beginn der Wahlhandlung in elektronischer Form einer Wählerdatei geführt werden. [2]Der Wahlvorstand kann bestimmen dass für jede Gruppe ein besonderes Wählerverzeichnis anzulegen ist. [3]Das Gleiche gilt für Außenstellen, Nebenstellen und Teile einer Dienststelle. [4]Schriftliche Wählerlisten müssen gebunden oder geheftet sein. [5]Bei schriftlichen Wählerkarteien müssen die Behälter, in denen die Karteikarten aufbewahrt werden, verschließbar und mit einer Vorrichtung versehen sein, die jede einzelne Karteikarte festhält und die unberechtigte Entnahme oder Einfügung von Karteikarten unmöglich macht. [6]Elektronische Wählerdateien können als Liste, Tabelle oder Datenbank geführt werden, dabei darf die Schreibberechtigung für Änderungen in der Wählerdatei nur den Mitgliedern des Wahlvorstands eingeräumt sein und jede Änderung muss protokolliert werden und nachverfolgbar aufgezeichnet sein.

(3) [1]Das Wählerverzeichnis muss folgende Angaben enthalten:

1. laufende Nummer
2. Familiennamen
3. Vornamen
4. Geburtstag
5. Amts- oder Funktionsbezeichnung

} der Wahlberechtigten,

6. Vermerk über Stimmabgabe,
7. Bemerkungen.

[2]Im Wählerverzeichnis sind ferner die Anteile von Frauen und Männern an den in der Regel Beschäftigten innerhalb der Gruppen der Beamten und Arbeitnehmer anzugeben (§ 11 Absatz 1 des Gesetzes); wird für jede Gruppe ein besonderes Wählerverzeichnis angelegt, kann sich die Angabe auf die Anteile innerhalb dieser Gruppe beschränken. [3]In das Wählerverzeichnis kann außerdem die Bezeichnung der Dienststelle der Wahlberechtigten aufgenommen werden. [4]In der Spalte 7 dürfen Bemerkungen, die sich auf die Änderung des Wählerverzeichnisses beziehen, nur vom Beginn der Auflegungsfrist ab eingetragen werden. [5]Die Bemerkungen sind mit Datum und Unterschrift des vollziehenden Bediensteten zu versehen; bei Führung als elektronische Wählerdatei tritt an die Stelle der Unterschrift ein unverwechselbares, zuvor vom Wahlvorstand für seine Mitglieder festgelegtes Namenskürzel. [6]Bei einem Wegfall der Wahlberechtigung darf der Grund nur durch Anführung der Rechtsgrundlage vermerkt werden.

(4) [1]Das Wählerverzeichnis ist mindestens zwölf Arbeitstage vor dem Wahltag bis zum zweiten Arbeitstag vor dem Wahltag während der Dienststunden zur Einsicht der Beschäftigten aufzulegen. [2]In räumlich getrennten Teilen, Außenstellen oder Nebenstellen von Dienststellen und in Dienststellen, die nach § 5 Absatz 4 des Gesetzes mit einer anderen Dienststelle zusammengefasst oder nach § 10 Absatz 2 des Gesetzes einer anderen Dienststelle zugeteilt sind, sowie in Schulen und in Schulkindergärten, für die nach § 98 Absatz 1 des Gesetzes besondere Personalräte bei den unteren Schulaufsichtsbehörden gebildet werden, können statt der Urschrift des Wählerverzeichnisses Abschriften hiervon aufgelegt werden. [3]In den aufgelegten Fertigungen des Wählerverzeichnisses darf der Geburtstag der Wahlberechtigten nicht enthalten sein. [4]Die Auflegung durch Gewährung von Einsicht in die elektronisch geführte Wählerdatei ist nicht zulässig.

(5) Jeder Beschäftigte kann innerhalb der Auflegungsfrist (Absatz 4 Satz 1) beim Wahlvorstand schriftlich Einspruch gegen die Richtigkeit des Wählerverzeichnisses einlegen.

(6) [1]Über den Einspruch entscheidet der Wahlvorstand unverzüglich. [2]Die Entscheidung ist dem Beschäftigten, der den Einspruch eingelegt hat, und dem durch den

Einspruch Betroffenen unverzüglich, spätestens am Arbeitstag vor dem Wahltag (§ 3), schriftlich mitzuteilen. [3]Ist der Einspruch begründet, hat der Wahlvorstand das Wählerverzeichnis zu berichtigen.

§ 7 Verteilung der Personalratssitze auf die Gruppen

(1) [1]Der Wahlvorstand ermittelt die Zahl der zu wählenden Mitglieder des Personalrats (§ 10 Absatz 3 und 4 des Gesetzes). [2]Besteht der Personalrat aus mindestens drei Mitgliedern und ist keine andere Gruppeneinteilung beschlossen worden (§ 12 des Gesetzes), so errechnet der Wahlvorstand die Verteilung der Personalratssitze auf die Gruppen nach § 11 Absatz 2 bis 5 des Gesetzes.

(2) [1]Bei der Verteilung der Sitze auf die Gruppen nach den Grundsätzen der Verhältniswahl (§ 11 Absatz 3 des Gesetzes) ist das d'Hondt'sche Höchstzahlverfahren anzuwenden. [2]Hierzu werden die Zahlen der der Dienststelle angehörenden Beamten und Arbeitnehmer (§ 5) nebeneinandergestellt und der Reihe nach durch 1, 2, 3 usw. geteilt. [3]Auf die jeweils höchste Teilzahl (Höchstzahl) wird so lange ein Sitz zugeteilt, bis alle Personalratssitze (§ 10 Absatz 3 und 4 des Gesetzes) verteilt sind. [4]Jede Gruppe erhält so viele Sitze, wie Höchstzahlen auf sie entfallen. [5]Ist bei gleichen Höchstzahlen nur noch ein Sitz zu verteilen, so entscheidet das Los.

(3) [1]Entfallen bei der Verteilung der Sitze nach Absatz 2 auf eine Gruppe weniger Sitze, als ihr nach § 11 Absatz 4 des Gesetzes mindestens zustehen, so erhält sie die in § 11 Absatz 4 des Gesetzes vorgeschriebene Zahl von Sitzen. [2]Die Zahl der Sitze der anderen Gruppe vermindert sich entsprechend um die ihr zuletzt zugeteilten Sitze.

(4) Ist auch innerhalb der Nachfrist (§ 16) bei Gruppenwahl für eine Gruppe kein gültiger Wahlvorschlag eingegangen oder sind bei gemeinsamer Wahl für eine Gruppe keine Bewerber gültig vorgeschlagen (§ 16 Absatz 2 und 4), fallen alle Sitze der anderen Gruppe zu.

§ 8 Anteilige Vertretung nach Geschlechtern

[1]Besteht der Personalrat aus mindestens drei Mitgliedern, so ermittelt der Wahlvorstand nach den Grundsätzen der Verhältniswahl, wie viele Sitze im Personalrat auf Frauen und Männer entfallen sollen. [2]Sind beide Gruppen im Personalrat vertreten, ermittelt der Wahlvorstand nach den Grundsätzen der Verhältniswahl, wie viele Sitze in der jeweiligen Gruppe, der mehr als ein Sitz im Personalrat zusteht, auf Frauen und Männer entfallen sollen. [3]§ 7 Absatz 2 gilt entsprechend.

§ 9 Wahlausschreiben

(1) [1]Nach Ablauf der in § 4 bestimmten Frist, spätestens zwei Monate vor dem Wahltag, erlässt der Wahlvorstand ein Wahlausschreiben. [2]Es soll von sämtlichen Mitgliedern des Wahlvorstands unterschrieben werden.

(2) Das Wahlausschreiben muss enthalten:

1. den Ort und den Tag seines Erlasses,
2. den Tag, die Zeit und den Ort der Wahl (§ 17 Absatz 1 Satz 2 des Gesetzes),
3. die nach § 5 Satz 1 ermittelte Zahl der Beschäftigten und, sofern der Personalrat aus mindestens drei Mitgliedern besteht, ihre Verteilung auf die Gruppen der Beamten und Arbeitnehmer, sowie die nach § 5 Satz 4 ermittelte Zahl der Wahlberechtigten,

4. die Zahl der zu wählenden Mitglieder des Personalrats und, sofern der Personalrat aus mindestens drei Mitgliedern besteht, ihre Verteilung auf die Gruppen der Beamten und Arbeitnehmer (§ 7),
5. die Angabe der Anteile der Männer und Frauen an den in der Regel Beschäftigten innerhalb der Gruppen der Beamten und Arbeitnehmer (§ 11 Absatz 1 des Gesetzes),
6. die Angabe, wie viele Sitze im Personalrat und in den Gruppen auf Frauen und Männer entfallen sollen (§ 8),
7. Angaben darüber, ob die Beamten und Arbeitnehmer ihre Vertreter in getrennten Wahlgängen wählen (Gruppenwahl) oder gemeinsame Wahl beschlossen worden (§ 4 Nummer 2) oder gesetzlich vorgesehen ist (§ 13 Absatz 2 des Gesetzes),
8. die Angabe, wo und wann das Wählerverzeichnis oder Abschriften des Wählerverzeichnisses zur Einsicht aufliegen (§ 6 Absatz 4),
9. den Hinweis, dass nur Beschäftigte wählen können, die in das Wählerverzeichnis eingetragen sind (§ 20 Absatz 1),
10. den Hinweis, wo und wann das Landespersonalvertretungsgesetz und diese Wahlordnung zur Einsicht aufliegen oder in elektronischer Form eingesehen werden können (§ 10),
11. den Hinweis, dass Frauen und Männer im Personalrat entsprechend ihren Anteilen an den in der Regel Beschäftigten der Dienststelle und in den Gruppen entsprechend ihrem Anteil an den in der Regel beschäftigten Gruppenangehörigen vertreten sein sollen (§ 11 Absatz 1 des Gesetzes),
12. den Hinweis, dass Einsprüche gegen das Wählerverzeichnis nur innerhalb der Auflegungsfrist (§ 6 Absatz 4 Satz 1) schriftlich beim Wahlvorstand eingelegt werden können; Tag und Uhrzeit des Ablaufs der Auflegungsfrist (§ 6 Absatz 4 Satz 1 und Absatz 5) sind anzugeben,
13. die Aufforderung, Wahlvorschläge innerhalb von zwölf Arbeitstagen nach dem Erlass des Wahlausschreibens während der Dienststunden beim Wahlvorstand einzureichen; Tag und Uhrzeit des Ablaufs der Einreichungsfrist (§ 11 Absatz 2) sind anzugeben,
14. einen Hinweis auf den Inhalt der Wahlvorschläge (§§ 12, 13),
15. die Mindestzahl der wahlberechtigten Beschäftigten, von denen ein von den Wahlberechtigten eingereichter Wahlvorschlag unterzeichnet sein muss (§ 13 Absatz 4, 6 und 7 des Gesetzes) und den Hinweis, dass jeder Beschäftigte für die Wahl des Personalrats nur auf *einem* Wahlvorschlag benannt werden kann (§ 13 Absatz 1), sowie den Hinweis, dass ein von einer in der Dienststelle vertretenen Gewerkschaft eingereichter Wahlvorschlag nur der Unterschrift eines zeichnungsberechtigten Mitglieds des Vorstands dieser Gewerkschaft auf Orts-, Bezirks-, Landes- oder Bundesebene bedarf (§ 12 Absatz 4),
16. den Hinweis, dass nur rechtzeitig eingereichte Wahlvorschläge berücksichtigt werden (§ 15 Absatz 5 Nummer 1) und dass nur gewählt werden kann, wer in einen bekanntgemachten Wahlvorschlag aufgenommen ist (§ 18 Absatz 2 Satz 2 Nummer 2),
17. den Ort, an dem die Wahlvorschläge bekanntgemacht werden,
18. einen Hinweis auf die Möglichkeit der Briefwahl (§ 23) und gegebenenfalls auf deren Anordnung in den Fällen des §§ 24 und 25,
19. den Ort und die Zeit der Stimmenauszählung und der Sitzung des Wahlvorstands, in der das Wahlergebnis abschließend festgestellt wird.

(3) [1]Der Wahlvorstand macht das Wahlausschreiben am Tag des Erlasses in der Dienststelle bekannt. [2]Das Wahlausschreiben ist bis zur Bekanntmachung des Wahlergebnisses auszuhängen; § 2 Absatz 2 gilt entsprechend.

(4) [1]Wahlberechtigten Beschäftigten, die für längere Dauer beurlaubt, abgeordnet, zugewiesen oder aus sonstigen Gründen nicht in der Dienststelle beschäftigt sind, soll der Wahlvorstand eine Abschrift des Wahlausschreibens übersenden. [2]Die Übersendung kann auch in geeigneter elektronischer Form erfolgen. [3]Von der Übersendung an die wahlberechtigten Beschäftigten im Sinne von Satz 1 in der Kultusverwaltung kann der Wahlvorstand, insbesondere bei Wahlen zu schulischen Personalvertretungen absehen, wenn das Wahlausschreiben nach § 2 Absatz 2 elektronisch bekanntgemacht wird und für diese Beschäftigten Zugang zu dieser Form der Bekanntmachung besteht.

(5) Offenbare Unrichtigkeiten des Wahlausschreibens können vom Wahlvorstand jederzeit berichtigt werden.

(6) Mit Erlass des Wahlausschreibens ist die Wahl eingeleitet.

§ 10 Auflegung des Landespersonalvertretungsgesetzes und der Wahlordnung

[1]Der Wahlvorstand legt vom Tag des Erlasses des Wahlausschreibens bis zur Bekanntmachung des Wahlergebnisses das Landespersonalvertretungsgesetz und diese Wahlordnung zur Einsicht der Beschäftigten auf oder macht bekannt, wo sie in elektronischer Form abgerufen werden können. [2]§ 2 gilt entsprechend.

§ 11 Wahlvorschläge, Einreichungsfrist

(1) Zur Wahl des Personalrats können die wahlberechtigten Beschäftigten und die in der Dienststelle vertretenen Gewerkschaften Wahlvorschläge machen.

(2) [1]Wahlvorschläge sind innerhalb von zwölf Arbeitstagen nach dem Erlass des Wahlausschreibens während der Dienststunden beim Wahlvorstand schriftlich einzureichen. [2]Bei Gruppenwahl sind für die einzelnen Gruppen getrennte Wahlvorschläge einzureichen.

§ 12 Inhalt der Wahlvorschläge

(1) Jeder Wahlvorschlag soll mindestens doppelt so viele Bewerber enthalten, als
1. bei Gruppenwahl Gruppenvertreter,
2. bei gemeinsamer Wahl, sofern mindestens drei Personalratsmitglieder zu wählen sind, Gruppenvertreter, im übrigen Personalratsmitglieder zu wählen sind.

(2) [1]Jeder Wahlvorschlag muss mindestens so viele Bewerber enthalten, wie erforderlich sind, um die anteilige Verteilung der Sitze im Personalrat und innerhalb der Gruppen auf Frauen und Männer zu erreichen (§ 8). [2]Entspricht der Wahlvorschlag diesem Erfordernis nicht, ist die Abweichung schriftlich zu begründen.

(3) [1]Die Namen der einzelnen Bewerber sind auf dem Wahlvorschlag untereinander aufzuführen und mit fortlaufenden Nummern zu versehen. [2]Außer dem Familiennamen sind der Vorname, die Amts- oder Funktionsbezeichnung, die Gruppenzugehörigkeit und, soweit Sicherheitsbedürfnisse nicht entgegenstehen, die Dienststelle, bei der der Bewerber beschäftigt ist, anzugeben. [3]Vorschläge für die Stimmabgabe (Stimmenhäufung) dürfen die Wahlvorschläge nicht enthalten. [4]Bei gemeinsamer Wahl sind in dem Wahlvorschlag die Bewerber nach Gruppen zusammenzufassen, sofern mindestens drei Personalratsmitglieder zu wählen sind.

(4) Ein von einer in der Dienststelle vertretenen Gewerkschaft eingereichter Wahlvorschlag bedarf der Unterschrift eines zeichnungsberechtigten Mitglieds des Vorstands der Gewerkschaft auf Orts-, Bezirks-, Landes- oder Bundesebene.

(5) [1]Aus dem Wahlvorschlag der wahlberechtigten Beschäftigten soll zu ersehen sein, welcher der Unterzeichner zur Vertretung des Wahlvorschlags gegenüber dem Wahlvorstand und zur Entgegennahme von Erklärungen und Entscheidungen des Wahlvorstands berechtigt ist (Vertreter des Wahlvorschlags) und wer ihn im Fall seiner Verhinderung vertritt. [2]Fehlt eine Angabe hierüber, so gilt der an erster Stelle stehende Unterzeichner als berechtigt. [3]Er wird von dem an zweiter Stelle stehenden Unterzeichner vertreten. [4]Auf einem von einer in der Dienststelle vertretenen Gewerkschaft eingereichten Wahlvorschlag (Absatz 4) kann die Gewerkschaft je einen in der Dienststelle Beschäftigten, der Mitglied der Gewerkschaft ist, als Vertreter des Wahlvorschlags und dessen Stellvertreter benennen; wird ein Vertreter des Wahlvorschlags nicht benannt, gilt der Unterzeichner des Wahlvorschlags als Vertreter des Wahlvorschlags.

(6) Mitglieder des Wahlvorstands können nicht Vertreter eines Wahlvorschlags oder deren Stellvertreter sein.

(7) Der Wahlvorschlag kann mit einem Kennwort versehen sein.

§ 13 Sonstige Erfordernisse

(1) Jeder Bewerber kann für die Wahl des Personalrats nur auf *einem* Wahlvorschlag benannt werden.

(2) Dem Wahlvorschlag ist die schriftliche Zustimmung der in ihm aufgeführten Bewerber zur Aufnahme in den Wahlvorschlag beizufügen.

(3) [1]Jeder Beschäftigte, der berechtigt ist, Wahlvorschläge zu machen und zu unterzeichnen (§ 13 Absatz 4 Satz 1 und 4 des Gesetzes), kann seine Unterschrift zur Wahl des Personalrats rechtswirksam nur für *einen* Wahlvorschlag abgeben. [2]Die Unterzeichner eines Wahlvorschlags haben ihrer Unterschrift ihre Amts- oder Funktionsbezeichnung und die Bezeichnung der Dienststelle, bei der sie beschäftigt sind, beizufügen. [3]Die Namen sind in Block- oder Maschinenschrift zu wiederholen.

(4) Eine Verbindung von Wahlvorschlägen ist unzulässig.

§ 14 Vorprüfung der Wahlvorschläge durch den Wahlvorstand

(1) [1]Der Vorsitzende des Wahlvorstands vermerkt auf den Wahlvorschlägen den Tag und die Uhrzeit des Eingangs. [2]Im Fall des Absatzes 2 und des § 15 Absatz 4 ist auch der Zeitpunkt des Eingangs des berichtigten Wahlvorschlags zu vermerken. [3]Maßgebend ist jeweils der Zugang des Wahlvorschlags in Schriftform.

(2) [1]Etwaige Mängel hat der Vorsitzende des Wahlvorstands dem Vertreter des Wahlvorschlags unverzüglich, spätestens am Arbeitstag nach dem Ablauf der Einreichungsfrist unter Rückgabe des Wahlvorschlags mitzuteilen; dabei hat er ihn aufzufordern, die Anstände unverzüglich zu beseitigen. [2]Fehlen die erforderlichen Unterschriften oder Zustimmungserklärungen oder sind sie oder der ganze Wahlvorschlag unter einer Bedingung abgegeben, können diese Anstände, unbeschadet der Bestimmungen des § 15 Absatz 4, nach Ablauf der Einreichungsfrist nicht mehr behoben werden. [3]Der berichtigte Wahlvorschlag muss spätestens am dritten Arbeitstag nach Ablauf der Einreichungsfrist wieder eingereicht sein.

(3) Unterschriften unter einem Wahlvorschlag und Zustimmungserklärungen von Bewerbern können nicht zurückgenommen werden.

§ 15 Beschlussfassung über die Wahlvorschläge

(1) [1]Der Wahlvorstand prüft unverzüglich, spätestens unmittelbar nach Ablauf der in § 14 Absatz 2 Satz 3 genannten Frist, die Wahlvorschläge, insbesondere
1. die Einhaltung der Einreichungsfrist (§ 11 Absatz 2),
2. bei Wahlvorschlägen der wahlberechtigten Beschäftigten die Unterschriften der Unterzeichner und ihre Wahlberechtigung sowie ihre Berechtigung, Wahlvorschläge zu machen oder zu unterzeichnen (§ 13 Absatz 4 Satz 1 und 4 des Gesetzes),
3. die Angabe einer Reihenfolge der Bewerber sowie das Vorliegen der Zustimmungserklärungen,
4. die Einhaltung des Verbots der Unterzeichnung mehrerer Wahlvorschläge für dieselbe Wahl durch einen Wahlberechtigten und der Aufnahme eines Bewerbers in mehrere Wahlvorschläge für dieselbe Wahl,
5. die Einhaltung des Verbots von Stimmenhäufungsvorschlägen im Wahlvorschlag (§ 12 Absatz 3 Satz 3),
6. die ausreichende Benennung von Frauen und Männern, um die anteilige Vertretung der Geschlechter im Personalrat und in den Gruppen zu erreichen, oder das Vorliegen einer schriftlichen Begründung für ein Abweichen von dem Erfordernis.

[2]Hat der Wahlvorstand bei einem von einer Gewerkschaft eingereichten Wahlvorschlag Zweifel an der Vertretungsberechtigung des Unterzeichners oder ob die Gewerkschaft unter den Beschäftigten der Dienststelle vertreten ist, also mindestens ein Mitglied unter den Beschäftigten der Dienststelle hat, so hat die Gewerkschaft den Nachweis binnen drei Arbeitstagen nach Aufforderung durch den Wahlvorstand zu führen.

(2) [1]In den Wahlvorschlägen sind die Bewerber zu streichen,
1. die so unvollständig bezeichnet sind, dass Zweifel über ihre Person bestehen können,
2. deren Zustimmungserklärung fehlt oder nicht rechtzeitig oder unter einer Bedingung vorgelegt worden ist,
3. die offensichtlich nicht wählbar sind.

[2]Stimmenhäufungsvorschläge sind zu streichen.

(3) [1]Der Wahlvorstand hat Bewerber, die mit ihrer schriftlichen Zustimmung von mehreren Wahlvorschlägen für diese Wahl benannt worden sind, aufzufordern, innerhalb von drei Arbeitstagen zu erklären, auf welchem Wahlvorschlag sie benannt bleiben wollen. [2]Gibt ein Bewerber diese Erklärung nicht fristgerecht ab, so wird er von sämtlichen Wahlvorschlägen gestrichen.

(4) [1]Hat ein Wahlberechtigter mehr als einen Wahlvorschlag unterzeichnet, ist sein Name unter allen eingereichten Wahlvorschlägen zu streichen. [2]Wahlvorschläge, die danach nicht mehr die erforderliche Anzahl Unterschriften aufweisen, sind vom Wahlvorstand dem Vertreter des Wahlvorschlags mit der Auflage, die fehlenden Unterschriften binnen drei Arbeitstagen nachzubringen, zurückzugeben.

(5) Als ungültig zurückzuweisen sind Wahlvorschläge,
1. die nicht rechtzeitig eingereicht worden sind,
2. die eine Bedingung enthalten,
3. die nicht ordnungsgemäß, insbesondere nicht von der erforderlichen Zahl Wahlberechtigter oder nicht von einem zeichnungsberechtigten Mitglied des Vor-

stands der Gewerkschaft auf Orts-, Bezirks-, Landes- oder Bundesebene unterzeichnet sind (§ 13 Absatz 4, 6 und 7 des Gesetzes, § 12 Absatz 4 dieser Wahlordnung),
4. die die Reihenfolge der Bewerber nicht zweifelsfrei erkennen lassen,
5. die im Falle des Absatzes 4 nicht rechtzeitig oder ohne Behebung des Mangels wieder eingereicht worden sind,
6. bei denen die Gewerkschaft die nach Absatz 1 Satz 2 vom Wahlvorstand verlangten Nachweise nicht binnen drei Arbeitstagen erbringt,
7. die ohne schriftliche Begründung keine ausreichende Zahl von Frauen und Männern enthalten, um die anteilige Vertretung der Geschlechter im Personalrat und in den Gruppen zu erreichen (§ 13 Absatz 5 des Gesetzes, § 8).

(6) Wird ein Wahlvorschlag zurückgewiesen oder wird ein Bewerber oder ein Stimmenhäufungsvorschlag gestrichen, sind die getroffenen Entscheidungen dem Vertreter des Wahlvorschlags sowie dem betroffenen Bewerber unverzüglich gegen Unterschrift zu eröffnen oder sonst zuzustellen.

§ 16 Nachfrist für die Einreichung von Wahlvorschlägen

(1) [1]Ist nach Ablauf der in § 10 Absatz 2, § 14 Absatz 2 Satz 3 und § 15 Absatz 1 Satz 2 und Absatz 4 und 5 Nummer 6 genannten Fristen bei Gruppenwahl nicht für jede Gruppe mindestens ein gültiger Wahlvorschlag oder bei gemeinsamer Wahl überhaupt kein gültiger Wahlvorschlag eingegangen oder sind bei gemeinsamer Wahl zwar gültige Wahlvorschläge eingegangen, aber für eine Gruppe, der nach § 11 des Gesetzes mindestens ein Sitz zusteht, keine Bewerber gültig benannt worden, so macht der Wahlvorstand dies sofort durch Aushang an den gleichen Stellen, an denen das Wahlausschreiben ausgehängt ist, bekannt. [2]Gleichzeitig fordert er zur Einreichung von Wahlvorschlägen während der Dienststunden innerhalb einer Nachfrist von sechs Arbeitstagen auf.

(2) [1]Im Falle der Gruppenwahl weist der Wahlvorstand in der Bekanntmachung darauf hin, dass eine Gruppe keine Vertreter in den Personalrat wählen kann und die ihr zustehenden Sitze der anderen Gruppe zufallen, wenn bis zum Ablauf der Nachfrist für jene kein gültiger Wahlvorschlag eingeht; liegt von beiden Gruppen kein gültiger Wahlvorschlag vor, weist der Wahlvorstand auch darauf hin, dass der Personalrat nicht gewählt werden kann, wenn nicht mindestens ein gültiger Wahlvorschlag eingeht. [2]Im Falle gemeinsamer Wahl weist der Wahlvorstand darauf hin, dass, falls bis zum Ablauf der Nachfrist kein gültiger Wahlvorschlag eingeht,
1. der Personalrat nicht gewählt werden kann,
2. für die Gruppe, für die keine Bewerber gültig benannt wurden, keine Vertreter in den Personalrat gewählt werden können.

(3) Für nachgereichte Wahlvorschläge gelten die §§ 14 und 15 entsprechend.

(4) Gehen auch innerhalb der Nachfrist gültige Wahlvorschläge nicht oder nicht für alle Gruppen ein, so macht der Wahlvorstand sofort bekannt
1. bei Gruppenwahl, wenn nur für eine Gruppe kein gültiger Wahlvorschlag eingereicht wurde, und bei gemeinsamer Wahl im Falle des Absatzes 2 Satz 2 Nummer 2,
   a) für welche Gruppe keine Vertreter gewählt werden können,
   b) dass alle Sitze der anderen Gruppe zufallen (§ 7 Absatz 4),
2. bei Gruppenwahl und bei gemeinsamer Wahl, wenn kein gültiger Wahlvorschlag eingereicht wurde, dass die Wahl nicht stattfinden kann.

§ 17 Reihenfolge der Wahlvorschläge

[1]Der Wahlvorstand versieht die gültigen Wahlvorschläge in der Reihenfolge ihres Eingangs mit Ordnungsnummern. [2]Ist ein Wahlvorschlag berichtigt worden (§ 14 Absatz 2, § 15 Absatz 4), so ist der Zeitpunkt, zu dem der berichtigte Wahlvorschlag eingegangen ist, maßgebend. [3]Sind mehrere Wahlvorschläge gleichzeitig eingegangen, so entscheidet das Los über die Reihenfolge.

§ 18 Bekanntmachung der Wahlvorschläge

(1) [1]Unverzüglich nach Beschlussfassung über die Wahlvorschläge (§§ 15 und 16 Absatz 3), spätestens jedoch fünf Arbeitstage vor dem Wahltag, macht der Wahlvorstand die zugelassenen Wahlvorschläge bekannt. [2]Enthält ein zugelassener Wahlvorschlag keine ausreichende Zahl von Frauen und Männern, um die anteilige Vertretung der Geschlechter im Personalrat und in den Gruppen zu erreichen, ist die dazu abgegebene Begründung mit dem jeweiligen Wahlvorschlag bekanntzumachen (§ 13 Absatz 5 des Gesetzes, § 15 Absatz 1 Nummer 6). [3]Die Wahlvorschläge, gegebenenfalls mit dazu abgegebener Begründung, sind bis zur Bekanntmachung des Wahlergebnisses auszuhängen; § 2 Absatz 2 gilt entsprechend. [4]Mehrere zugelassene Wahlvorschläge sind in der Bekanntmachung in der Reihenfolge ihrer Ordnungsnummern (§ 17) aufzuführen. [5]Bei Wahlvorschlägen, die mit einem Kennwort versehen sind, ist auch dieses anzugeben. [6]Die Namen der Unterzeichner der Wahlvorschläge werden nicht bekannt gegeben.

(2) [1]In der Bekanntmachung ist auf die jeweils in Betracht kommenden Vorschriften des § 20 Absatz 4 hinzuweisen. [2]Außerdem ist darauf hinzuweisen, dass der Wahlberechtigte

1. nur mit amtlichen Stimmzetteln und amtlichen Stimmzettelumschlägen (§ 21) abstimmen darf,
2. nur solche Bewerber wählen darf, die in einen der bekanntgemachten Wahlvorschläge aufgenommen sind,
3. in der Art abzustimmen hat, dass er durch Ankreuzen von Namen, Beifügen einer Zahl oder auf sonstige Weise zweifelsfrei zu erkennen gibt, für welche Bewerber er stimmt und wie viele Stimmen er ihnen gibt (§ 20 Absatz 3).

§ 19 Sitzungsniederschriften

[1]Der Wahlvorstand fertigt über jede Sitzung, in der über die Anlegung des Wählerverzeichnisses (§ 6 Absatz 2 Satz 2 und 3), die Ermittlung der Zahl der zu wählenden Personalratsmitglieder (§ 10 des Gesetzes) und die Verteilung der Personalratssitze auf die Gruppen (§ 7) sowie die anteilige Vertretung nach Geschlechtern (§ 8), über Einsprüche gegen das Wählerverzeichnis (§ 6 Absatz 5 und 6), über die Zulassung oder Reihenfolge von Wahlvorschlägen (§ 15, § 16 Absatz 3 und § 17) oder über die Gewährung von Nachfristen (§ 16) entschieden wird, eine Niederschrift. [2]Sie soll von sämtlichen Mitgliedern des Wahlvorstands unterzeichnet werden.

§ 20 Ausübung des Wahlrechts

(1) Wählen kann nur, wer in das Wählerverzeichnis eingetragen ist.

(2) Das Wahlrecht wird durch persönliche Abgabe eines amtlichen Stimmzettels in einem amtlichen Stimmzettelumschlag (§ 22), ausnahmsweise durch Briefwahl (§§ 23 bis 25) ausgeübt.

(3) Der Wähler gibt seine Stimmen in der Weise auf dem Stimmzettel (§ 21) ab, dass er durch Ankreuzen von Namen, Beifügen einer Zahl oder auf sonstige Weise zweifelsfrei zu erkennen gibt, für welche Bewerber er stimmt und wie viele Stimmen er ihnen gibt.

(4) [1]Jeder Wähler kann so viele Stimmen abgeben, als bei Gruppenwahl Vertreter der Gruppe, der er angehört, bei gemeinsamer Wahl Personalratsmitglieder zu wählen sind. [2]Bei gemeinsamer Wahl kann er für die Bewerber der einzelnen Gruppen nur so viele Stimmen abgeben, als Vertreter dieser Gruppen zu wählen sind. [3]Der Wähler ist nicht gebunden, eine bestimmte Anzahl von Stimmen an Bewerber eines bestimmten Geschlechts zu vergeben.

§ 21 Stimmzettel, Stimmzettelumschläge, Wählerverzeichnis

(1) [1]Abgestimmt wird mit amtlichen Stimmzetteln; für ihre Herstellung hat der Wahlvorstand zu sorgen. [2]Bei Gruppenwahl müssen die Stimmzettel für jede Gruppe, bei gemeinsamer Wahl alle Stimmzettel dieselbe Größe, Farbe, Beschaffenheit und Beschriftung haben. [3]Sie dürfen keine besonderen Merkmale (Zeichen, Falten, Flecken, Risse und dergleichen) aufweisen und müssen die Bezeichnung der Dienststelle, für die der Personalrat gewählt werden soll, enthalten.

(2) [1]Die Stimmzettelumschläge sind vom Wahlvorstand bereitzustellen (amtlicher Stimmzettelumschlag). [2]Sie müssen undurchsichtig sein; im Übrigen gilt Absatz 1 Satz 2 und 3 entsprechend.

(3) [1]Vor Beginn der Wahlhandlung hat der Wahlvorstand das Wählerverzeichnis in Form einer elektronischen Wählerdatei abzuschließen, auszudrucken und zu heften oder zu binden. [2]Der Wahlhandlung ist das Wählerverzeichnis in schriftlicher Form zugrunde zu legen. [3]Entsprechendes gilt für besondere Wählerverzeichnisse für Gruppen sowie für Außenstellen, Nebenstellen und Teile einer Dienststelle.

§ 22 Wahlhandlung

(1) [1]Der Wahlvorstand trifft Vorkehrungen, dass der Wähler den Stimmzettel im Wahlraum unbeobachtet kennzeichnen und in den Stimmzettelumschlag legen kann. [2]Für die Aufnahme der Umschläge sind Wahlurnen zu verwenden. [3]Vor Beginn der Stimmabgabe sind die Wahlurnen vom Wahlvorstand zu verschließen. [4]Sie müssen so eingerichtet sein, dass die eingeworfenen Umschläge nicht vor Öffnung der Wahlurne entnommen werden können. [5]Findet Gruppenwahl statt, so kann die Wahlhandlung nach Gruppen getrennt durchgeführt werden; in jedem Falle sind jedoch getrennte Wahlurnen zu verwenden.

(2) [1]Ein Wähler, der durch körperliches Gebrechen in der Stimmabgabe behindert ist, bestimmt eine Person seines Vertrauens, deren er sich bei der Stimmabgabe bedienen will, und gibt dies dem Wahlvorstand bekannt. [2]Die Hilfeleistung hat sich auf die Erfüllung der Wünsche des Wählers zur Stimmabgabe zu beschränken. [3]Die Vertrauensperson darf gemeinsam mit dem Wähler die Wahlzelle aufsuchen, soweit dies zur Hilfeleistung erforderlich ist. [4]Die Vertrauensperson ist zur Geheimhaltung der Kenntnisse verpflichtet, die sie bei der Hilfeleistung von der Wahl eines anderen erlangt hat. [5]Wahlbewerber, Mitglieder des Wahlvorstands und Wahlhelfer dürfen nicht zur Hilfeleistung herangezogen werden.

(3) Solange der Wahlraum zur Stimmabgabe geöffnet ist, müssen mindestens zwei Mitglieder des Wahlvorstands im Wahlraum anwesend sein; sind Wahlhelfer bestellt

(§ 1 Absatz 1), genügt die Anwesenheit eines Mitglieds des Wahlvorstands und eines Wahlhelfers.

(4) [1]Vor Einwurf des Stimmzettelumschlags in die Wahlurne ist festzustellen, ob der Wähler im Wählerverzeichnis eingetragen ist. [2]Ist dies der Fall, prüft der Vorsitzende des Wahlvorstands oder das von ihm mit der Entgegennahme der Stimmzettelumschläge beauftragte Mitglied des Wahlvorstands den Stimmzettelumschlag. [3]Nichtamtliche Stimmzettelumschläge und Stimmzettelumschläge, die mit einem Kennzeichen versehen sind oder einen von außen wahrnehmbaren Gegenstand enthalten, sind zurückzuweisen. [4]Im anderen Falle wirft der Wahlberechtigte oder mit dessen Zustimmung der Vorsitzende des Wahlvorstands oder das von ihm mit der Entgegennahme der Stimmzettelumschläge beauftragte Mitglied des Wahlvorstands den Stimmzettelumschlag sofort ungeöffnet in die Wahlurne. [5]Die Stimmabgabe ist im Wählerverzeichnis zu vermerken.

(5) [1]Wird die Wahlhandlung unterbrochen oder wird das Wahlergebnis nicht unmittelbar nach Abschluss der Wahlhandlung festgestellt, so hat der Wahlvorstand für die Zwischenzeit die Wahlurne so zu verschließen und aufzubewahren, dass der Einwurf oder die Entnahme von Stimmzetteln unmöglich ist. [2]Bei Wiedereröffnung der Wahl oder bei Entnahme der Stimmzettel zur Stimmenzählung hat sich der Wahlvorstand davon zu überzeugen, dass der Verschluss unversehrt ist.

(6) [1]Nach Ablauf der für die Durchführung der Wahlhandlung festgesetzten Zeit dürfen nur noch die Wahlberechtigten abstimmen, die sich in diesem Zeitpunkt im Wahlraum befinden. [2]Sodann erklärt der Wahlvorstand die Wahlhandlung für beendet.

(7) Über Zweifelsfragen, die sich bei der Wahlhandlung ergeben, entscheidet der Wahlvorstand.

(8) Der Wahlraum muss allen Beschäftigten während der Dauer der Wahlhandlung zugänglich sein.

§ 23 Briefwahl

(1) [1]Einem wahlberechtigten Beschäftigten, der im Wählerverzeichnis eingetragen ist, hat der Wahlvorstand auf Antrag

1. die Stimmzettel und den Stimmzettelumschlag,
2. eine vorgedruckte, vom Wähler abzugebende Erklärung, in der dieser gegenüber dem Wahlvorstand versichert, dass er den Stimmzettel persönlich gekennzeichnet hat oder, soweit unter den Voraussetzungen des § 22 Absatz 2 erforderlich, durch eine Person seines Vertrauens hat kennzeichnen lassen, sowie
3. einen Wahlbriefumschlag, der die Anschrift des Wahlvorstands und als Absender den Namen und die Anschrift des wahlberechtigten Beschäftigten sowie den Vermerk >>Briefwahl<< trägt,

auszuhändigen oder zu übersenden. [2]Auf Antrag ist auch ein Abdruck des Wahlausschreibens (§ 9) und der etwa ergangenen Ergänzungen und Berichtigungen (§ 9 Absatz 5, § 16 Absatz 4) auszuhändigen oder zu übersenden. [3]Der Wahlbriefumschlag ist so zu gestalten, dass er für den Beschäftigten kostenfrei durch die Post befördert werden kann. [4]Der Wahlvorstand soll dem Wähler ferner ein Merkblatt über die Art und Weise der Briefwahl (Absatz 2) aushändigen oder übersenden. [5]Der Wahlvorstand hat die Aushändigung oder Übersendung im Wählerverzeichnis zu vermerken.

(2) [1]Im Falle der Briefwahl gibt der Wähler seine Stimme in der Weise ab, dass er im verschlossenen Wahlbriefumschlag den unverschlossenen Stimmzettelumschlag, der den gemäß § 20 Absatz 3 ausgefüllten Stimmzettel enthält, sowie die

in Absatz 1 Satz 1 Nummer 2 genannte, mit Datum und Unterschrift des Wählers versehene Erklärung so rechtzeitig durch die Post an den Wahlvorstand absendet oder dem Vorsitzenden des Wahlvorstands oder im Falle seiner Verhinderung einem von ihm bestimmten Mitglied des Wahlvorstands übergibt, dass er bei diesem spätestens bei Ablauf der für die Wahlhandlung festgesetzten Zeit vorliegt. [2]Der Wähler kann, soweit unter den Voraussetzungen des § 22 Absatz 2 erforderlich, die in Satz 1 bezeichneten Tätigkeiten durch eine Person seines Vertrauens verrichten lassen.

(3) [1]Der Wahlvorstand hat die eingegangenen Wahlbriefe bis zum Wahltag ungeöffnet unter Verschluss zu halten. [2]Vor Abschluss der Wahlhandlung prüft er die eingegangenen Wahlbriefe. [3]Dabei darf der Stimmzettelumschlag nicht geöffnet werden. [4]Ein Wahlbrief ist zurückzuweisen, wenn

1. er nicht bis zum Ablauf der für die Durchführung der Wahlhandlung festgelegten Zeit eingegangen ist,
2. er unverschlossen eingegangen ist,
3. der Stimmzettelumschlag als nichtamtlich erkennbar, mit einem Kennzeichen versehen ist oder einen von außen wahrnehmbaren Gegenstand enthält,
4. der Stimmzettelumschlag im Wahlbrief verschlossen ist,
5. der Stimmzettel nicht in einen Stimmzettelumschlag gelegt ist,
6. die in Absatz 1 Satz 1 Nummer 2 genannte vorgedruckte Erklärung nicht vorliegt oder unvollständig ist.

(4) In den Fällen des Absatzes 3 Satz 4 liegt eine Stimmabgabe nicht vor.

(5) [1]Die zurückgewiesenen Wahlbriefe sind samt ihrem Inhalt auszusondern und im Falle des Absatzes 3 Satz 4 Nummer 1 ungeöffnet, im Übrigen ohne Öffnung des Stimmzettelumschlags samt ihrem Inhalt verpackt und versiegelt als Anlagen der Wahlniederschrift beizufügen. [2]Die zurückgewiesenen Wahlbriefe sind einen Monat nach Bekanntgabe des Wahlergebnisses, im Falle des Absatzes 3 Satz 4 Nummer 1 ungeöffnet, im Übrigen ohne Öffnung des Stimmzettelumschlags zu vernichten. [3]Ist die Wahl angefochten, so sind sie einen Monat nach rechtskräftigem Abschluss des Wahlanfechtungsverfahrens zu vernichten.

(6) Nach der Prüfung eines jeden Wahlbriefs wirft, wenn der Wahlbrief nicht zurückgewiesen werden musste, der Vorsitzende des Wahlvorstands oder das von ihm beauftragte Mitglied des Wahlvorstands den Stimmzettelumschlag nach Vermerk der Stimmabgabe im Wählerverzeichnis ungeöffnet in die Wahlurne.

§ 24 Wahl bei Außenstellen, Nebenstellen und Teilen von Dienststellen

(1) [1]Für die Beschäftigten von Außenstellen, Nebenstellen oder Teilen einer Dienststelle, die räumlich weit von dieser entfernt liegen und nicht zu selbstständigen Dienststellen nach § 5 Absatz 3 des Gesetzes erklärt sind, soll der Wahlvorstand die Wahlhandlung in diesen Stellen durchführen oder die Briefwahl anordnen. [2]Ist wegen der geringen Zahl der Wahlberechtigten das Wahlgeheimnis gefährdet, so hat der Wahlvorstand anzuordnen, dass der Inhalt der hierbei verwendeten Wahlurnen vor Feststellung des Wahlergebnisses mit dem Inhalt der bei der allgemeinen Wahlhandlung verwendeten Wahlurnen vermischt wird.

(2) Absatz 1 findet sinngemäß Anwendung auf Dienststellen, die mit einer anderen Dienststelle desselben Verwaltungszweigs zusammengefasst (§ 5 Absatz 4 und § 98 Absatz 1 des Gesetzes) oder einer benachbarten Dienststelle zugeteilt (§ 10 Absatz 2 des Gesetzes) worden sind.

§ 25 Wahl von Beschäftigten außerhalb der Dienststelle

[1]Für die wahlberechtigten Beschäftigten, die für längere Dauer beurlaubt, abgeordnet, zugewiesen oder aus sonstigen Gründen nicht in der Dienststelle beschäftigt sind, kann der Wahlvorstand die Briefwahl anordnen. [2]§ 24 Absatz 1 Satz 2 gilt entsprechend.

§ 26 Feststellung des Wahlergebnisses

(1) [1]Das Wahlergebnis wird vom Wahlvorstand nach Beendigung der Wahlhandlung und nach Einwurf der in § 23 Absatz 6 genannten Stimmzettelumschläge in die Wahlurnen unverzüglich ermittelt. [2]Wenn besondere Gründe es erfordern, kann der Wahlvorstand die Ermittlung des Wahlergebnisses unterbrechen; dabei sind die Wahlunterlagen unter Verschluss zu nehmen.

(2) [1]Vor dem Öffnen der Wahlurne werden alle nicht benützten Stimmzettelumschläge und Stimmzettel vom Wahltisch entfernt. [2]Sodann werden die Stimmzettelumschläge der Wahlurne entnommen und ungeöffnet gezählt. [3]Zugleich wird die Zahl der Stimmabgabevermerke im Wählerverzeichnis festgestellt. [4]Ergibt sich dabei auch nach wiederholter Zählung keine Übereinstimmung, so ist dies in der Wahlniederschrift anzugeben und soweit möglich zu erläutern.

(3) Nach der Zählung der Stimmzettelumschläge und der Abstimmungsvermerke entnimmt der Wahlvorstand die Stimmzettel den Stimmzettelumschlägen und prüft ihre Gültigkeit.

(4) Der Wahlvorstand stellt die Zahl der gültigen und ungültigen Stimmzettel und der gültigen und ungültigen Stimmen fest.

(5) [1]Über Stimmzettel und Stimmen, die zu Zweifeln über ihre Gültigkeit Anlass geben, beschließt der Wahlvorstand. [2]Stimmzettelumschläge und Stimmzettel, über die der Wahlvorstand Beschluss fassen musste, sind der Wahlniederschrift (§ 29) anzuschließen. [3]Dies gilt auch für Stimmzettel, auf denen einzelne Stimmen für ungültig erklärt werden.

(6) Die Sitzung, in der das Wahlergebnis festgestellt wird, muss den Beschäftigten zugänglich sein.

§ 27 Ungültige Stimmzettel

(1) [1]Ungültig sind Stimmzettel,
1. die nicht in einem amtlichen Stimmzettelumschlag abgegeben worden sind,
2. die in einem gekennzeichneten Stimmzettelumschlag abgegeben worden sind,
3. die sich in einem Stimmzettelumschlag, der beleidigende Bemerkungen für Bewerber, Dritte oder Behörden enthält, befinden,
4. die nicht als amtlich erkennbar sind,
5. die ganz durchgestrichen oder ganz durchgerissen sind,
6. die beleidigende Bemerkungen für Bewerber, Dritte oder Behörden enthalten.

[2]Die auf ungültigen Stimmzetteln abgegebenen Stimmen werden weder als gültige noch als ungültige Stimmen gezählt.

(2) [1]Mehrere in einem Stimmzettelumschlag enthaltene Stimmzettel gelten als *ein* Stimmzettel,
1. wenn sie gleichlautend sind oder
2. wenn nur einer von ihnen eine Stimmabgabe enthält.

[2]Bei der Verhältniswahl gilt dies auch, wenn mehrere Stimmzettel eine Stimmabgabe enthalten und die höchstzulässige Stimmenzahl (§ 20 Absatz 4 Satz 1) insgesamt nicht überschritten ist. [3]Trifft keine dieser Voraussetzungen zu, gelten die mehreren in einem Stimmzettelumschlag enthaltenen Stimmzettel als *ein* ungültiger Stimmzettel.

(3) Ein Stimmzettelumschlag, der keinen Stimmzettel enthält, gilt als ungültiger Stimmzettel.

§ 28 Ungültige Stimmen

[1]Ungültig sind Stimmen,

1. bei denen nicht erkennbar ist, für welchen Bewerber sie abgegeben wurden,
2. die für Personen abgegeben worden sind, deren Name nicht lesbar oder nicht unzweifelhaft erkennbar ist, oder denen gegenüber eine Verwahrung oder ein Vorbehalt beigefügt ist,
3. die für Personen abgegeben worden sind, die auf keinem öffentlich bekanntgemachten Wahlvorschlag aufgeführt sind.

[2]Ungültige Stimmen sind bei der Ermittlung des Wahlergebnisses nicht anzurechnen.

§ 29 Wahlniederschrift

(1) [1]Der Wahlvorstand fertigt eine Wahlniederschrift; sie soll von sämtlichen Mitgliedern des Wahlvorstands unterzeichnet werden. [2]Die Wahlniederschrift hat insbesondere zu enthalten:

1. die Namen der Mitglieder des Wahlvorstands,
2. die während der Wahlhandlung und der Feststellung des Wahlergebnisses gefassten Beschlüsse,
3. die Zahl der in das Wählerverzeichnis, bei Gruppenwahl für jede Gruppe, bei gemeinsamer Wahl insgesamt, eingetragenen Wahlberechtigten,
4. den Zeitpunkt des Beginns und Endes der Wahl,
5. bei Gruppenwahl die Zahl der Wahlberechtigten jeder Gruppe, bei gemeinsamer Wahl die Gesamtzahl der Wahlberechtigten, die an der Wahl teilgenommen haben,
6. bei Gruppenwahl die Zahlen der von jeder Gruppe abgegebenen Stimmzettel und Stimmen, bei gemeinsamer Wahl die Zahl aller abgegebenen Stimmzettel und Stimmen,
7. bei Gruppenwahl die Zahlen der von jeder Gruppe abgegebenen gültigen Stimmzettel und Stimmen, bei gemeinsamer Wahl die Zahl aller abgegebenen gültigen Stimmzettel und Stimmen,
8. die Zahl der ungültigen Stimmzettel,
9. die für die Gültigkeit oder Ungültigkeit zweifelhafter Stimmzettel oder Stimmen maßgebenden Gründe,
10. die Namen der gewählten Bewerber sowie die Namen und die Reihenfolge der als Ersatzmitglieder der Personalratsmitglieder festgestellten Bewerber.

(2) Besondere Vorkommnisse bei der Wahlhandlung oder der Feststellung des Wahlergebnisses sind in der Niederschrift zu vermerken.

§ 30 Benachrichtigung der gewählten Bewerber

Der Wahlvorstand benachrichtigt die als Personalratsmitglieder Gewählten unverzüglich schriftlich von ihrer Wahl.

§ 31 Bekanntmachung des Wahlergebnisses

(1) [1]Der Wahlvorstand macht die Namen der als Personalratsmitglieder gewählten Bewerber in der Dienststelle bekannt. [2]Das Wahlergebnis ist für die Dauer von zwei Wochen an den gleichen Stellen wie das Wahlausschreiben auszuhängen; § 2 Absatz 2 gilt entsprechend.

(2) Die Bekanntmachung des Wahlergebnisses hat zu enthalten:
1. die Gesamtzahl der in das Wählerverzeichnis eingetragenen Wahlberechtigten,
2. die Gesamtzahl der Wahlberechtigten, die an der Wahl teilgenommen haben,
3. die Gesamtzahlen der gültigen und ungültigen Stimmzettel,
4. die Gesamtzahl der gültigen Stimmen,
5. die Namen und die Reihenfolge der gewählten Bewerber und der Ersatzmitglieder.

(3) Bei Gruppenwahl sind die Angaben für jede Gruppe getrennt zu machen.

(4) Dem Leiter der Dienststelle, den in der Dienststelle vertretenen Gewerkschaften und den Vertretern der sonstigen gültigen Wahlvorschläge ist eine Abschrift der Wahlniederschrift (§ 29) zu übersenden.

§ 32 Aufbewahrung der Wahlunterlagen

Die Wahlunterlagen (Niederschriften, Bekanntmachungen, Stimmzettel usw.) werden vom Personalrat mindestens bis zur Durchführung der nächsten Personalratswahl in schriftlicher Form aufbewahrt; elektronisch gespeicherte Daten und Wahlunterlagen sind unverzüglich zu löschen, sobald die Gültigkeit oder Ungültigkeit der Wahl feststeht.

Abschnitt 2 Besondere Vorschriften für die Verhältniswahl

§ 33 Stimmabgabe bei Verhältniswahl

[1]Findet Verhältniswahl statt, so kann der Wähler Bewerber innerhalb der gleichen Gruppe aus anderen Wahlvorschlägen übernehmen (panaschieren) und innerhalb der Gesamtzahl der für jede Gruppe zulässigen Stimmen einem Bewerber bis zu drei Stimmen geben (kumulieren). [2]Hierauf ist in der Bekanntmachung der Wahlvorschläge (§ 18) hinzuweisen.

§ 34 Stimmzettel bei Verhältniswahl

(1) [1]Die Stimmzettel sind als Einzelstimmzettel für jeden Wahlvorschlag, bei Gruppenwahl auch für jede Gruppe herzustellen. [2]Sind die Einzelstimmzettel nur durch Perforation getrennt, so sind die Wahlvorschläge in der Reihenfolge ihrer Ordnungsnummer (§ 17) anzuordnen. [3]Bei Wahlvorschlägen, die mit einem Kennwort versehen sind, ist auch dieses anzugeben.

(2) [1]Die Stimmzettel müssen die Ordnungsnummer und die Bewerber in der vorgeschlagenen Reihenfolge unter Angabe von Familienname, Vorname und Amts- oder Funktionsbezeichnung enthalten. [2]Bei Gruppenwahl müssen die Stimmzettel ferner die Angabe der Gruppe und bei gemeinsamer Wahl die Angabe der Gruppenzugehörigkeit des einzelnen Bewerbers enthalten. [3]Weiter müssen sie Hinweise darauf enthalten,

1. dass der Wähler nur einen Stimmzettel abgeben soll,
2. wie viele Stimmen jeder Wähler abgeben kann (§ 20 Absatz 4),
3. dass die Bewerber, die gewählt werden, durch ein zu ihrem Namen gesetztes Kreuz, durch Beifügen einer Zahl oder auf sonstige Weise zweifelsfrei zu bezeichnen sind (§ 20 Absatz 3),
4. dass der Wähler Bewerber anderer Wahlvorschläge übernehmen (panaschieren) kann (§ 33),
5. dass der Wähler einem Bewerber innerhalb der Gesamtzahl der für jede Gruppe zulässigen Stimmen durch Beifügen einer Zahl bis zu drei Stimmen geben (kumulieren) kann (§ 33),
6. wie viele Frauen und Männer im Personalrat vertreten sein sollen (§ 8),
7. dass Personen, die auf keinem Wahlvorschlag aufgeführt sind, nicht gewählt werden können.

§ 35 Ungültige Stimmen bei Verhältniswahl

Bei Verhältniswahl sind auch Stimmen ungültig, die einem Bewerber im Wege der Stimmenhäufung über die zulässige Häufungszahl hinaus oder durch Beifügung einer nicht lesbaren Häufungszahl zugewendet werden.

§ 36 Streichung überzähliger Stimmen bei Verhältniswahl

[1]Stehen bei Verhältniswahl nach Streichung ungültiger Stimmen (§§ 28, 35) mehr Stimmen auf dem Stimmzettel als Bewerber insgesamt oder Bewerber einer bestimmten Gruppe zu wählen sind, so werden die über die zulässige Zahl hinaus abgegebenen Stimmen gestrichen. [2]Dabei sind in der Reihenfolge von hinten die Einzelstimmen und sodann die Stimmenhäufungen der Bewerber, die zwei Stimmen erhalten haben, und sodann erforderlichenfalls deren verbleibende Einzelstimme so lange in der Reihenfolge von hinten zu streichen, bis die zulässige Gesamtstimmenzahl nicht mehr überschritten ist. [3]Entfällt auf die dann verbleibenden Bewerber mit je drei Stimmen noch eine zu hohe Gesamtstimmenzahl oder sind von vornherein gleiche Stimmenzahlen in der Weise gehäuft, dass die Gesamtstimmenzahl zu hoch ist, so sind zunächst in der Reihenfolge von hinten die Stimmenhäufungen zu verringern, dann zu streichen und erforderlichenfalls auch Einzelstimmen zu streichen.

§ 37 Ermittlung der gewählten Gruppenvertreter bei Gruppenwahl

(1) [1]Bei Gruppenwahl sind die einer Gruppe zustehenden Sitze auf die einzelnen Wahlvorschläge der Gruppe nach dem d'Hondt'schen Höchstzahlverfahren zu verteilen. [2]Hierzu werden die auf sämtliche Bewerber eines jeden Wahlvorschlags entfallenden Stimmen zusammengezählt, die Gesamtstimmenzahlen der einzelnen Wahlvorschläge nebeneinander gestellt und der Reihe nach durch 1, 2, 3 usw. geteilt. [3]Auf die jeweils höchste Teilzahl (Höchstzahl) wird so lange ein Sitz zugeteilt, bis alle der Gruppe zustehenden Sitze (§ 7) verteilt sind. [4]Ist bei gleichen Höchstzah-

len nur noch ein Sitz oder sind bei drei gleichen Höchstzahlen nur noch zwei Sitze zu verteilen, so entscheidet das Los. [5]Stimmen, die für einen Bewerber abgegeben worden sind, der vom Wähler aus einem anderen Wahlvorschlag übernommen worden ist, sind zugunsten des Wahlvorschlags, auf dem er benannt ist, zu zählen.

(2) [1]Innerhalb der Wahlvorschläge werden die Sitze auf die Bewerber in der Reihenfolge der von ihnen erreichten Stimmenzahlen zugeteilt. [2]Dabei sind die durch Übernahme eines Bewerbers in einen anderen Wahlvorschlag von diesem erlangten Stimmen mitzuzählen. [3]Haben mehrere Bewerber die gleiche Stimmenzahl erhalten, entscheidet die Reihenfolge der Benennung im Wahlvorschlag. [4]Die Bewerber, auf die kein Sitz entfällt, sind in der Reihenfolge der von ihnen erreichten Stimmenzahlen als Ersatzmitglieder ihres Wahlvorschlags festzustellen.

(3) [1]Enthält ein Wahlvorschlag weniger Bewerber, als ihm nach der Zahl der auf ihn entfallenen Höchstzahlen Sitze zustehen würden, so fallen die überschüssigen Sitze den übrigen Wahlvorschlägen in der Reihenfolge der nächsten Höchstzahlen zu. [2]Soweit auch die übrigen Wahlvorschläge nicht genügend Bewerber enthalten, bleiben die überschüssigen Sitze unbesetzt.

§ 38 Ermittlung der gewählten Gruppenvertreter bei gemeinsamer Wahl

(1) [1]Bei gemeinsamer Wahl sind die den einzelnen Gruppen zustehenden Sitze auf die verschiedenen Wahlvorschläge nach dem d'Hondt'schen Höchstzahlverfahren zu verteilen. [2]Hierzu werden innerhalb der Wahlvorschläge die auf Bewerber gleicher Gruppenzugehörigkeit entfallenen Stimmen zusammengezählt, die Gesamtstimmenzahlen der Bewerber gleicher Gruppenzugehörigkeit aus den verschiedenen Wahlvorschlägen nebeneinandergestellt und der Reihe nach durch 1, 2, 3 usw. geteilt. [3]Auf die jeweils höchste Teilzahl (Höchstzahl) wird so lange ein Sitz zugeteilt, bis alle der jeweiligen Gruppe zustehenden Sitze (§ 7) verteilt sind. [4]Ist bei gleichen Höchstzahlen nur noch ein Sitz oder sind bei drei gleichen Höchstzahlen nur noch zwei Sitze zu verteilen, so entscheidet das Los. [5]Stimmen, die für einen Bewerber abgegeben worden sind, der vom Wähler aus einem anderen Wahlvorschlag übernommen worden ist, sind zugunsten des Wahlvorschlags, auf dem er benannt ist, zu zählen.

(2) [1]Innerhalb der Wahlvorschläge werden die den einzelnen Gruppen zugefallenen Sitze auf die Bewerber der entsprechenden Gruppe in der Reihenfolge der von ihnen erreichten Stimmenzahlen zugeteilt. [2]§ 37 Absatz 2 Satz 2 bis 4 gilt entsprechend.

(3) [1]Enthält ein Wahlvorschlag weniger Bewerber einer Gruppe als dieser nach der Zahl der auf sie entfallenen Höchstzahlen Sitze zustehen würden, so fallen die überschüssigen Sitze den Bewerbern derselben Gruppe auf den übrigen Wahlvorschlägen in der Reihenfolge der nächsten Höchstzahlen dieser Gruppe zu. [2]§ 37 Absatz 3 Satz 2 findet Anwendung.

§ 39 Wahlniederschrift und Bekanntmachung des Wahlergebnisses bei Verhältniswahl

(1) Die Wahlniederschrift (§ 29) muss im Falle der Verhältniswahl auch die Zahl der für jeden Wahlvorschlag und für jeden Bewerber abgegebenen gültigen Stimmen sowie die Errechnung der Höchstzahlen und die Verteilung der Sitze auf die Wahlvorschläge und Bewerber, bei gemeinsamer Wahl auch auf die Gruppen, enthalten.

(2) Die Bekanntmachung des Wahlergebnisses (§ 31) muss in diesem Falle die Zahl der für jeden Wahlvorschlag und für jeden Bewerber abgegebenen gültigen Stimmen enthalten.

Abschnitt 3 **Besondere Vorschriften für die Mehrheitswahl**

§ 40 Stimmabgabe bei Mehrheitswahl

[1]Findet Mehrheitswahl statt, so kann der Wähler jedem Bewerber nur eine Stimme geben. [2]Hierauf ist in der Bekanntmachung der Wahlvorschläge (§ 18) hinzuweisen.

§ 41 Stimmzettel bei Mehrheitswahl

(1) Ist *ein* Bewerber oder sind *mehrere* Bewerber auf Grund *eines* Wahlvorschlags zu wählen, so werden die Bewerber aus dem Wahlvorschlag in unveränderter Reihenfolge unter Angabe von Familienname, Vorname, Amts- oder Funktionsbezeichnung in den Stimmzettel übernommen.

(2) Ist *ein* Bewerber auf Grund *mehrerer* Wahlvorschläge zu wählen, so werden die Bewerber aus den Wahlvorschlägen in alphabetischer Reihenfolge unter Angabe von Familienname, Vorname, Amts- oder Funktionsbezeichnung in den Stimmzettel übernommen.

(3) [1]Bei Gruppenwahl müssen die Stimmzettel ferner die Angabe der Gruppe und bei gemeinsamer Wahl die Angabe der Gruppenzugehörigkeit des einzelnen Bewerbers enthalten. [2]Weiter müssen sie Hinweise darauf enthalten,

1. dass der Wähler nur einen Stimmzettel abgeben kann,
2. wie viele Stimmen jeder Wähler abgeben kann (§ 20 Absatz 4),
3. dass jedem Bewerber nur eine Stimme gegeben werden kann (§ 40),
4. dass die Bewerber, die gewählt werden, durch ein zu ihrem Namen gesetztes Kreuz oder auf sonstige Weise zweifelsfrei zu bezeichnen sind (§ 20 Absatz 3),
5. wie viele Frauen und Männer im Personalrat vertreten sein sollen (§ 8),
6. dass Personen, die auf keinem Wahlvorschlag aufgeführt sind, nicht gewählt werden können.

§ 42 Ungültige Stimmzettel und ungültige Stimmen bei Mehrheitswahl

(1) Ist *ein* Bewerber auf Grund *mehrerer* Wahlvorschläge zu wählen und sind auf dem Stimmzettel Stimmen für mehr als einen Bewerber abgegeben worden, so ist der Stimmzettel ungültig.

(2) [1]Bei Mehrheitswahl sind auch Stimmen ungültig, die einem Bewerber im Wege der Stimmenhäufung zugewendet wurden. [2]In diesem Falle bleibt eine der zugewendeten Stimmen gültig.

§ 43 Ermittlung der gewählten Bewerber bei Mehrheitswahl

(1) [1]Sind *mehrere* Bewerber auf Grund *eines* Wahlvorschlags zu wählen, so sind

1. bei Gruppenwahl die Bewerber in der Reihenfolge der jeweils höchsten auf sie entfallenen Stimmenzahlen gewählt,

2. bei gemeinsamer Wahl die den einzelnen Gruppen zustehenden Sitze mit den Bewerbern dieser Gruppe in der Reihenfolge der jeweils höchsten auf sie entfallenen Stimmenzahlen zu besetzen.

[2]Bei gleicher Stimmenzahl entscheidet das Los. [3]Für jede Gruppe sind die Bewerber, auf die kein Sitz entfällt, in der Reihenfolge der von ihnen erreichten Stimmenzahlen als Ersatzmitglieder festzustellen.

(2) [1]Ist *ein* Bewerber auf Grund *mehrerer* Wahlvorschläge zu wählen, so ist der Bewerber gewählt, der die meisten Stimmen erhalten hat. [2]Absatz 1 Satz 2 findet entsprechend Anwendung. [3]Bewerber, auf die kein Sitz entfällt, sind in der Reihenfolge der von ihnen erreichten Stimmenzahlen als Ersatzmitglieder festzustellen.

(3) Sind *mehrere* Bewerber auf Grund *eines* Wahlvorschlags zu wählen und sind nach Streichung ungültiger Stimmen (§ 28, § 42 Absatz 2) mehr Stimmen auf dem Stimmzettel als Bewerber insgesamt oder Bewerber einer bestimmten Gruppe zu wählen sind, so ist eine entsprechende Anzahl von Stimmen in der Reihenfolge von hinten zu streichen.

(4) Ist *ein* Bewerber auf Grund *eines* Wahlvorschlags zu wählen, so gelten die Absätze 1 und 3 entsprechend.

§ 44 Wahlniederschrift und Bekanntmachung des Wahlergebnisses bei Mehrheitswahl

(1) Die Wahlniederschrift (§ 29) muss im Falle der Mehrheitswahl auch die Zahl der auf jeden Bewerber entfallenen gültigen Stimmen enthalten.

(2) Die öffentliche Bekanntmachung des Wahlergebnisses (§ 31) muss in diesen Fällen die Zahlen der auf die einzelnen Bewerber entfallenen gültigen Stimmen enthalten.

Teil 2 Wahl der Stufenvertretungen und des Gesamtpersonalrats

Abschnitt 1 Wahl des Bezirkspersonalrats

§ 45 Vorschriften über die Wahl des Bezirkspersonalrats

(1) Für die Wahl des Bezirkspersonalrats gelten die §§ 1 bis 44 entsprechend, soweit in den §§ 46 bis 49 nichts anderes bestimmt ist.

(2) [1]Mitteilungen zwischen den Wahlvorständen können elektronisch mittels der in der Dienststelle und zwischen Dienststellen üblicherweise genutzten Informations- und Kommunikationstechnik übermittelt werden, soweit die Schriftform nicht vorgeschrieben ist oder sich aus der Natur der Sache ergibt, insbesondere bei der Übermittlung der Wahlniederschriften. [2]Für die Übermittlung sind sichere Übertragungswege zu nutzen und Dateiformate zu verwenden, deren Veränderung einen unverhältnismäßig hohen Aufwand erfordert, jedoch dem örtlichen Wahlvorstand die Möglichkeit zur Ergänzung lässt (§ 48 Absatz 3).

§ 46 Bezirkswahlvorstand

[1]Der Bezirkswahlvorstand leitet die Wahl des Bezirkspersonalrats. [2]Er hat insbesondere

1. den Wahltag (§ 3) und den Tag des Erlasses des Wahlausschreibens (§ 48) zu bestimmen,
2. auf Grund der Mitteilungen der örtlichen Wahlvorstände festzustellen, welche Beschäftigten durch Abordnung, Zuweisung oder Personalgestellung mehreren Dienststellen im Geschäftsbereich der Mittelbehörde, bei welcher der Bezirkspersonalrat zu bilden ist, als Beschäftigte zugehören, zu bestimmen, bei welcher Dienststelle diese Beschäftigten zur Wahl des Bezirkspersonalrats berechtigt sind, und dies den örtlichen Wahlvorständen aller für die Wahlausübung in Frage kommenden Dienststellen rechtzeitig vor der Wahl zur Berücksichtigung im Wählerverzeichnis mitzuteilen,
3. auf Grund der Mitteilungen der örtlichen Wahlvorstände die Zahl der in der Regel Beschäftigten und ihre Verteilung auf die Gruppen (§ 4 Absatz 3 und 4 des Gesetzes) festzustellen (§ 5); der Bezirkswahlvorstand legt dabei den am zehnten Arbeitstag vor Erlass des Wahlausschreibens bei den Dienststellen, für die der Bezirkspersonalrat zu wählen ist, absehbaren Beschäftigtenstand zugrunde, der voraussichtlich über die Hälfte der Amtszeit des Bezirkspersonalrats vorhanden sein wird,
4. die Zahl der zu wählenden Mitglieder des Bezirkspersonalrats und ihre Verteilung auf die Gruppen der Beamten und Arbeitnehmer zu ermitteln (§ 55 des Gesetzes und § 7 dieser Wahlordnung),
5. auf Grund der Mitteilungen der örtlichen Wahlvorstände die Anteile von Frauen und Männern an den in der Regel Beschäftigten innerhalb der Gruppen der Beamten und Arbeitnehmer (§ 11 Absatz 1 des Gesetzes) festzustellen (§ 5); der Bezirkswahlvorstand legt dabei den am zehnten Arbeitstag vor Erlass des Wahlausschreibens bei den Dienststellen, für die der Bezirkspersonalrat zu wählen ist, absehbaren Beschäftigtenstand zugrunde, der voraussichtlich über die Hälfte der Amtszeit des Bezirkspersonalrats vorhanden sein wird,
6. auf Grund der Anteile von Frauen und Männern nach der Nummer 5 zu ermitteln, wie viele Sitze im Bezirkspersonalrat und in den Gruppen auf Frauen und Männer entfallen sollen (§ 8),
7. das Wahlausschreiben zu erlassen (§ 48),
8. das Landespersonalvertretungsgesetz und diese Wahlordnung zur Einsicht der Beschäftigten bereitzustellen (§ 10),
9. die Wahlvorschläge entgegenzunehmen und zu prüfen, über sie Beschluss zu fassen und sie bekanntzugeben (§§ 11 bis 18),
10. die Stimmzettel und die Stimmzettelumschläge bereitzustellen und den örtlichen Wahlvorständen rechtzeitig vor der Wahl in ausreichender Zahl zur Verfügung zu stellen (§ 21),
11. die ihm von den örtlichen Wahlvorständen nach § 47 Absatz 7 übermittelten versiegelten Briefumschläge mit den Stimmzettelumschlägen entgegenzunehmen, sie auf ihre Unversehrtheit zu prüfen, ihnen die Stimmzettelumschläge zu entnehmen und diese nach einem entsprechenden Vermerk in der Wahlniederschrift ungeöffnet in eine Wahlurne einzuwerfen sowie nach Eingang der Wahlniederschriften aller an der Wahl des Bezirkspersonalrats beteiligten Dienststellen die Wahlurne zu öffnen und die Zahl der auf die einzelnen Bewerber entfallenen gültigen Stimmen nach § 26 zu ermitteln,
12. die von den örtlichen Wahlvorständen gefertigten Wahlniederschriften und die weiteren mit den Wahlniederschriften vorzulegenden Unterlagen zu prüfen, erforderlichenfalls zu berichtigen und hierüber eine Niederschrift zu fertigen (§ 29),

13. das Wahlergebnis festzustellen (Nummer 11 und §§ 37, 38 und 43) und bekanntzumachen (§ 31) sowie die Gewählten unverzüglich schriftlich von ihrer Wahl zu benachrichtigen (§ 30) und sie zur ersten Sitzung des Bezirkspersonalrats einzuberufen (§ 19 und § 55 Absatz 3 des Gesetzes).

§ 47 Örtlicher Wahlvorstand

(1) Kommt der Personalrat einer Dienststelle seiner Verpflichtung, einen örtlichen Wahlvorstand zu bestellen (§ 55 Absatz 5 Satz 1 des Gesetzes), nach Aufforderung durch den Bezirkswahlvorstand nicht unverzüglich nach, so hat auf Antrag des Bezirkswahlvorstands der Leiter der Dienststelle den örtlichen Wahlvorstand zu bestellen.

(2) [1]Der örtliche Wahlvorstand macht die Namen seiner Mitglieder und der Ersatzmitglieder für das jeweilige Mitglied in der durch den Personalrat bestimmten Reihenfolge sowie die Namen der Mitglieder des Bezirkswahlvorstands und der Ersatzmitglieder für das jeweilige Mitglied in der durch den Bezirkspersonalrat bestimmten Reihenfolge unverzüglich nach seiner Bestellung in der Dienststelle bekannt. [2]Die Zusammensetzung des Wahlvorstands ist bis zur Bekanntmachung des Wahlergebnisses auszuhängen; § 2 Absatz 2 gilt entsprechend.

(3) [1]Der örtliche Wahlvorstand hat die Wahl des Bezirkspersonalrats im Auftrag und nach den Weisungen des Bezirkswahlvorstands in der Dienststelle vorzubereiten und durchzuführen. [2]Er kann wahlberechtigte Beschäftigte als Wahlhelfer zu seiner Unterstützung bestellen.

(4) Für die Durchführung der Wahl des Bezirkspersonalrats bei den Landratsämtern ist der Wahlvorstand für die Wahl des Personalrats beim Landratsamt als örtlicher Wahlvorstand zuständig (§ 55 Absatz 5 Satz 3 des Gesetzes).

(5) Der örtliche Wahlvorstand hat insbesondere

1. den Ort und die Zeit der Wahl in der Dienststelle zu bestimmen (§§ 3 und 46 Satz 2 Nummer 1),
2. die Zahl der in der Dienststelle in der Regel Beschäftigten und ihre Verteilung auf die Gruppen (§ 4 Absatz 3 und 4 des Gesetzes) festzustellen (§ 5) und diese Zahlen unverzüglich dem Bezirkswahlvorstand mitzuteilen; der örtliche Wahlvorstand legt dabei den am zehnten Arbeitstag vor Erlass des Wahlausschreibens absehbaren Beschäftigtenstand zugrunde, der voraussichtlich über die Hälfte der Amtszeit des Bezirkspersonalrats vorhanden sein wird,
3. mitzuteilen, welche Beschäftigten aufgrund Abordnung, Zuweisung oder Personalgestellung welchen anderen Dienststellen im Geschäftsbereich der Mittelbehörde, bei welcher der Bezirkspersonalrat zu bilden ist, ebenfalls als Beschäftigte zugehören,
4. die Anteile der Frauen und Männer an den in der Regel Beschäftigten innerhalb der Gruppen (§ 11 Absatz 1 des Gesetzes) festzustellen (§ 5) und diese Zahlen unverzüglich dem Bezirkswahlvorstand mitzuteilen,
5. das Wählerverzeichnis aufzustellen, aufzulegen, es bis zum Abschluss der Wahlhandlung auf dem Laufenden zu halten und zu berichtigen und über etwaige Einsprüche gegen die Richtigkeit des Wählerverzeichnisses zu entscheiden (§ 6),
6. das Wahlausschreiben des Bezirkswahlvorstands zu ergänzen und unverzüglich in der Dienststelle bekanntzumachen; das ergänzte Wahlausschreiben ist bis zur Bekanntmachung des Wahlergebnisses auszuhängen; § 2 Absatz 2 gilt entsprechend (§ 9 Absatz 3, § 48 Absatz 3),

7. das Landespersonalvertretungsgesetz und diese Wahlordnung zur Einsicht durch die Beschäftigten aufzulegen oder bekanntzumachen, wo sie in elektronischer Form abgerufen werden können (§ 10),
8. das zur ordnungsmäßigen Durchführung der Wahlhandlung sowie der Briefwahl Erforderliche in der Dienststelle zu veranlassen (§§ 22 bis 25),
9. unverzüglich nach Abschluss der Wahlhandlung die Zahl der auf die einzelnen Bewerber entfallenen gültigen Stimmen festzustellen (§ 26), eine Wahlniederschrift nach § 29 Absatz 1 Satz 2 Nummer 1 bis 9 und Absatz 2 zu fertigen, diese mit den zurückgewiesenen Wahlbriefen (§ 23 Absatz 3 Satz 4) und mit den Stimmzettelumschlägen und den Stimmzetteln, über die der Wahlvorstand beschließen musste (§ 26 Absatz 5), unverzüglich dem Bezirkswahlvorstand als Übergabeeinschreiben oder auf andere sichere Weise zu übersenden und die übrigen in der Dienststelle entstandenen Wahlunterlagen mit einer Abschrift der Wahlniederschrift dem örtlichen Personalrat zur Aufbewahrung zu übergeben; die Wahlniederschrift ohne Anlagen kann zusätzlich elektronisch übermittelt werden (§ 45 Absatz 2),
10. das vom Bezirkswahlvorstand festgestellte Wahlergebnis bekanntzumachen; das Wahlergebnis ist für die Dauer von zwei Wochen an den gleichen Stellen wie das Wahlausschreiben auszuhängen; § 2 Absatz 2 gilt entsprechend (§ 31 Absatz 1).

(6) Der örtliche Wahlvorstand soll wahlberechtigten Beschäftigten, die für längere Dauer beurlaubt, abgeordnet, zugewiesen oder aus sonstigen Gründen nicht in der Dienststelle beschäftigt sind, eine Abschrift des von ihm ergänzten Wahlausschreibens übersenden (§ 9 Absatz 4).

(7) [1]Haben bei Gruppenwahl in einer Dienststelle bei einer Gruppe weniger als zehn Wahlberechtigte dieser Gruppe ihre Stimme abgegeben, so hat der örtliche Wahlvorstand nach Erfüllung seiner in § 26 Absatz 2 genannten Aufgaben die Stimmzettelumschläge ungeöffnet in einem versiegelten Briefumschlag der Wahlniederschrift, in die ein entsprechender Vermerk aufzunehmen ist, anzuschließen und mit dieser und den in Absatz 5 Nummer 9 genannten weiteren Unterlagen unverzüglich dem Bezirkswahlvorstand als Übergabeeinschreiben oder auf andere sichere Weise zu übersenden. [2]Für die andere Gruppe bleibt Absatz 5 Nummer 9 unberührt. [3]Satz 1 gilt entsprechend, wenn bei gemeinsamer Wahl in einer Dienststelle weniger als zehn Wahlberechtigte ihre Stimme abgegeben haben.

§ 48 Wahlausschreiben

(1) Spätestens zwei Monate vor dem Wahltag erlässt der Bezirkswahlvorstand ein Wahlausschreiben; es soll von sämtlichen Mitgliedern des Bezirkswahlvorstands unterschrieben werden.

(2) Das Wahlausschreiben muss enthalten:
1. Ort und Tag seines Erlasses,
2. den Tag der Wahl (§ 3),
3. die nach § 5 festgestellte Zahl der Beschäftigten und ihre Verteilung auf die Gruppen der Beamten und Arbeitnehmer,
4. die Zahl der zu wählenden Mitglieder des Bezirkspersonalrats und ihre Verteilung auf die Gruppen der Beamten und Arbeitnehmer (§ 7),
5. die Angabe der Anteile der Frauen und Männer an den in der Regel Beschäftigten innerhalb der Gruppen der Beamten und Arbeitnehmer (§ 11 Absatz 1 des Gesetzes),

6. die Angabe, wie viele Sitze im Bezirkspersonalrat und in den Gruppen auf Frauen und Männer entfallen sollen (§ 8),
7. Angaben darüber, ob die Beamten und Arbeitnehmer ihre Vertreter in getrennten Wahlgängen wählen (Gruppenwahl) oder ob gemeinsame Wahl beschlossen worden ist (§ 4 Nummer 2),
8. den Hinweis, dass die wahlberechtigten Beschäftigten nur bei der Dienststelle, zu der sie am Wahltag gehören, wählen können und dass die wahlberechtigten Beschäftigten, die mehreren Dienststellen angehören, nur bei einer Dienststelle, zu der sie am Wahltag gehören, denselben Bezirkspersonalrat wählen können (§ 55 Absatz 3 in Verbindung mit § 54 Absatz 4 Nummer 1 des Gesetzes),
9. den Hinweis, dass nur Beschäftigte wählen können, die in das Wählerverzeichnis eingetragen sind (§ 20 Absatz 1),
10. den Hinweis, dass Frauen und Männer im Bezirkspersonalrat entsprechend ihren Anteilen an den in der Regel Beschäftigten und in den Gruppen entsprechend ihrem Anteil an den in der Regel beschäftigten Gruppenangehörigen vertreten sein sollen (§ 11 Absatz 1 des Gesetzes),
11. die Aufforderung, Wahlvorschläge innerhalb von zwölf Arbeitstagen nach dem Erlass des Wahlausschreibens während der Dienststunden beim Bezirkswahlvorstand einzureichen; Tag und Uhrzeit des Ablaufs der Einreichungsfrist (§ 11 Absatz 2) sind anzugeben,
12. einen Hinweis auf den Inhalt der Wahlvorschläge und die mit den Wahlvorschlägen einzureichenden Nachweise (§§ 12, 13 und 49),
13. die Mindestzahl von wahlberechtigten Beschäftigten, von denen ein Wahlvorschlag unterzeichnet sein muss (§ 13 Absatz 4, 6 und 7 des Gesetzes) und den Hinweis, dass jeder Bewerber für die Wahl des Bezirkspersonalrats nur auf *einem* Wahlvorschlag benannt werden kann (§ 13 Absatz 8 des Gesetzes),
14. den Hinweis, dass nur rechtzeitig eingereichte Wahlvorschläge berücksichtigt werden (§ 15 Absatz 5 Nummer 1) und dass nur gewählt werden kann, wer in einen der bekanntgemachten Wahlvorschläge aufgenommen ist (§ 18 Absatz 2 Satz 2 Nummer 2),
15. einen Hinweis auf die Möglichkeit der Briefwahl (§ 23),
16. den Ort und die Zeit der Sitzung des Bezirkswahlvorstands, in der das Wahlergebnis abschließend festgestellt wird.

(3) Der örtliche Wahlvorstand ergänzt das Wahlausschreiben durch die folgenden Angaben:

1. Ort und Zeit der Wahl (§ 3),
2. die Angabe, wo und wann das Wählerverzeichnis oder eine Abschrift des Wählerverzeichnisses zur Einsicht aufliegen (§ 6 Absatz 4 Satz 1),
3. den Hinweis, wo und wann das Landespersonalvertretungsgesetz und diese Wahlordnung zur Einsicht aufliegen oder in elektronischer Form eingesehen werden können (§ 10),
4. den Hinweis, dass Einsprüche gegen das Wählerverzeichnis nur innerhalb der Auflegungsfrist (§ 6 Absatz 4 Satz 1) schriftlich beim örtlichen Wahlvorstand eingelegt werden können; Tag und Uhrzeit des Ablaufs der Auflegungsfrist (§ 6 Absatz 4 Satz 1 und Absatz 5) sind anzugeben,
5. den Ort, an dem die Wahlvorschläge in der Dienststelle bekanntgemacht werden,
6. einen etwaigen Hinweis auf die Anordnung der Briefwahl nach §§ 24 und 25,
7. den Ort und die Zeit der Stimmenauszählung,
8. im Falle der gleichzeitigen Durchführung mehrerer Wahlen einen Hinweis, dass die Stimmzettel für jede Wahl in einem besonderen Stimmzettelumschlag abzugeben sind (§ 52 Absatz 2 Nummer 3) und dass die in § 23 Absatz 3 Satz 4

Nummer 6 vorgeschriebene Erklärung für alle gleichzeitig durchgeführten Wahlen in einer Erklärung zusammengefasst werden kann.

(4) Der örtliche Wahlvorstand vermerkt auf dem Wahlausschreiben den ersten und den letzten Tag des Aushangs.

§ 49 Wahlvorschläge

[1]In den Wahlvorschlägen sind, soweit Sicherheitsgründe nicht entgegenstehen, auch die Dienststellen, bei denen die Bewerber beschäftigt sind, anzugeben. [2]Dem Wahlvorschlag ist für jeden Bewerber und für jeden Unterzeichner eine Bescheinigung des örtlichen Wahlvorstands über seine Aufnahme in das Wählerverzeichnis und über seine Gruppenzugehörigkeit beizufügen.

Abschnitt 2 **Wahl des Hauptpersonalrats**

§ 50 Entsprechende Anwendung der Vorschriften über die Wahl des Bezirkspersonalrats

(1) Für die Wahl des Hauptpersonalrats gelten die §§ 45 bis 49 entsprechend, soweit in den Absätzen 2 bis 4 nichts anderes bestimmt ist.

(2) Der Hauptwahlvorstand kann die bei den Mittelbehörden bestehenden Bezirkswahlvorstände beauftragen,

1. die von den örtlichen Wahlvorständen im Bereich der Mittelbehörde festzustellenden Zahlen der in der Regel Beschäftigten und ihre Verteilung auf die Gruppen zusammenzustellen,
2. die Zahl der im Bereich der Mittelbehörde in der Regel Beschäftigten getrennt nach Gruppen der Beamten und Arbeitnehmer sowie die Anteile der Frauen und Männer an den wahlberechtigten Beschäftigten innerhalb der Gruppen festzustellen,
3. die in § 46 Satz 2 Nummer 9 genannten Aufgaben zu übernehmen und hierüber eine besondere Niederschrift zu fertigen,
4. die bei den Dienststellen im Bereich der Mittelbehörde festgestellten Abstimmungsergebnisse zusammenzustellen, auf Grund der Wahlniederschriften und der mit diesen vorzulegenden Unterlagen zu prüfen und erforderlichenfalls zu berichtigen,
5. die Bekanntmachungen des Hauptwahlvorstands an die örtlichen Wahlvorstände im Bereich der Mittelbehörden weiterzuleiten.

(3) Im Falle des Absatzes 2 hat der Bezirkswahlvorstand

1. die örtlichen Wahlvorstände darüber zu unterrichten, dass die in Absatz 2 genannten Angaben an ihn zu senden sind,
2. über die Nachprüfung und die Zusammenstellung der Abstimmungsergebnisse eine Niederschrift zu fertigen,
3. dem Hauptwahlvorstand jeweils unverzüglich als Übergabeeinschreiben oder auf andere sichere Weise die in Absatz 2 Nummer 1 und 2 genannten Zusammenstellungen, die Niederschrift nach Absatz 2 Nummer 3 und die Niederschrift über die Prüfung und die Zusammenstellung der Abstimmungsergebnisse zu übersenden.

(4) [1]Besteht in einer Mittelbehörde bei der Wahl des Hauptpersonalrats kein Bezirkswahlvorstand, so hat auf Antrag des Hauptwahlvorstands der Bezirkspersonalrat drei

wahlberechtigte Beschäftigte aus dem Geschäftsbereich der Mittelbehörde zum Bezirkswahlvorstand und einen von diesen zum Vorsitzenden des Bezirkswahlvorstands zu bestellen. [2]Sind im Geschäftsbereich der Mittelbehörde Angehörige verschiedener Gruppen beschäftigt, so muss jede Gruppe im Bezirkswahlvorstand vertreten sein. [3]Besteht bei einer Mittelbehörde kein Bezirkspersonalrat oder entspricht dieser dem Antrag des Hauptwahlvorstands auf Bestellung eines Bezirkswahlvorstands nicht, so hat auf Antrag des Hauptwahlvorstands der Leiter der Mittelbehörde den Bezirkswahlvorstand zu bestellen; die Sätze 1 und 2 gelten im Übrigen entsprechend. [4]Für jedes Mitglied des Bezirkswahlvorstands können Ersatzmitglieder der jeweiligen Gruppe bestellt werden (§ 15 Absatz 3 des Gesetzes).

Abschnitt 3 **Wahl des Gesamtpersonalrats**

§ 51 Entsprechende Anwendung von Vorschriften

[1]Für die Wahl des Gesamtpersonalrats gelten die Vorschriften der §§ 1 bis 44 entsprechend. [2]Der Wahlvorstand für die Wahl des Gesamtpersonalrats kann die Personalräte der an der Wahl des Gesamtpersonalrats beteiligten Dienststellen beauftragen, jeweils für ihren Bereich örtliche Wahlvorstände zu bestellen. [3]In diesem Falle gelten § 45 Absatz 2 und die §§ 46 bis 49 entsprechend mit der Maßgabe, dass der Wahlvorstand für die Wahl des Gesamtpersonalrats auf die Vorlage der in § 49 Satz 2 genannten Nachweise allgemein verzichten kann, wenn er sich auf andere Weise bei der Prüfung der Wahlvorschläge Gewissheit über die Eintragung der Unterzeichner der Wahlvorschläge und der Bewerber in das Wählerverzeichnis verschaffen kann.

Abschnitt 4 **Gleichzeitige Durchführung mehrerer Wahlen**

§ 52 Verfahrensgrundsätze

(1) [1]In den einzelnen Verwaltungszweigen sollen die Wahl des Hauptpersonalrats und die Wahl der Bezirkspersonalräte möglichst gleichzeitig stattfinden. [2]Ebenso sollen die Wahl des Personalrats der einzelnen Dienststellen und die Wahl des Gesamtpersonalrats möglichst gleichzeitig durchgeführt werden. [3]Die Wahlen des Personalrats und des Gesamtpersonalrats können auch gleichzeitig mit den Wahlen der Stufenvertretungen durchgeführt werden.

(2) Werden mehrere der in Absatz 1 genannten Wahlen gleichzeitig durchgeführt, gilt folgendes:

1. für alle Wahlen ist in jeder Dienststelle ein gemeinsames Wählerverzeichnis aufzustellen,
2. die Stimmabgabe ist für jede Wahl im Wählerverzeichnis in einer besonderen Spalte zu vermerken,
3. für jede Wahl sind besondere Stimmzettel und besondere Stimmzettelumschläge zu verwenden; sie müssen für jede Wahl von anderer Farbe sein und die Wahl, für die sie zu verwenden sind, einwandfrei bezeichnen,
4. für jede Wahl sind besondere Wahlurnen zu verwenden, die mit einem deutlich sichtbaren Hinweis auf die Wahl, für die sie verwendet werden, versehen sein müssen,
5. für jede Wahl ist eine besondere Wahlniederschrift zu fertigen,

6. das Abstimmungsergebnis für die Wahl des Hauptpersonalrats ist zuerst zu ermitteln, dann das Abstimmungsergebnis für die Wahl des Bezirkspersonalrats, dann das Abstimmungsergebnis für die Wahl des Gesamtpersonalrats; das Abstimmungsergebnis für die Wahl des Personalrats ist zuletzt zu ermitteln,
7. bei der Briefwahl ist in jedem Falle nur ein Wahlbriefumschlag zu verwenden; die in § 23 Absatz 3 Satz 4 Nummer 6 vorgeschriebene Erklärung kann für alle gleichzeitig durchgeführten Wahlen in einem Vordruck zusammengefasst werden,
8. liegt bei Briefwahl ein Zurückweisungsgrund nach § 23 Absatz 3 Satz 4 Nummer 3 bis 6 nur für einzelne Wahlen vor, so ist der Wahlbrief nur für diese Wahlen zurückzuweisen.

Teil 3 Wahl des Ausbildungspersonalrats und der Jugend- und Auszubildendenvertretung

§ 53 Wahl des Ausbildungspersonalrats

Auf die Vorbereitung und Durchführung der Wahl des Ausbildungspersonalrats finden die §§ 1 bis 44 entsprechende Anwendung.

§ 54 Wahl der Jugend- und Auszubildendenvertretung

(1) Sofern nicht nach § 62 Absatz 2 des Gesetzes eine Wahlversammlung stattfindet, finden auf die Vorbereitung und Durchführung der Wahl der Jugend- und Auszubildendenvertretung die §§ 1 bis 44 mit folgenden Maßgaben Anwendung:
1. die Mitglieder der Jugend- und Auszubildendenvertretung werden in gemeinsamer Wahl gewählt,
2. die Vorschriften über die Gruppenwahl gelten nicht,
3. dem Wahlvorstand muss mindestens ein nach § 9 des Gesetzes in den Personalrat wählbarer Beschäftigter angehören.

(2) [1]Erfolgt die Wahl nach § 62 Absatz 2 des Gesetzes in einer Wahlversammlung der wahlberechtigten Beschäftigten im Sinne von § 59 des Gesetzes wird in geheimer Wahl mit Stimmzetteln nach den Grundsätzen der Mehrheitswahl auf Grund von Wahlvorschlägen, die aus der Mitte der Teilnehmer an der Wahlversammlung gemacht werden können, gewählt. [2]Die Einzelheiten des Wahlverfahrens bestimmt der Wahlvorstand in sinngemäßer Anwendung der Vorschriften über die Mehrheitswahl. [3]Das Wahlergebnis ist unverzüglich nach Abschluss der Wahlhandlung in der Wahlversammlung festzustellen. [4]Im Anschluss an die Wahlversammlung sind die Gewählten unverzüglich schriftlich zu benachrichtigen und ist das Wahlergebnis in der Dienststelle bekanntzumachen.

Teil 4 Schlussvorschriften

§ 55 Berechnung von Fristen

[1]Auf die Berechnung der in dieser Wahlordnung bestimmten Fristen finden die §§ 186 bis 193 des Bürgerlichen Gesetzbuchs entsprechende Anwendung. [2]Arbeits-

tage im Sinne dieser Wahlordnung sind die Wochentage Montag bis Freitag mit Ausnahme der gesetzlichen Feiertage, Heiligabend und Silvester.

§ 56 Inkrafttreten[1]

[1]Diese Verordnung tritt am Tage nach ihrer Verkündung in Kraft. [2]Gleichzeitig tritt die Wahlordnung zum Landespersonalvertretungsgesetz in der Fassung vom 3. Januar 1977 (GBl. S. 1), zuletzt geändert durch Artikel 2 der Verordnung vom 24. Juni 1991 (GBl. S. 480), außer Kraft.

---

1 Amtliche Fußnote: Diese Vorschrift betrifft das Inkrafttreten der Verordnung in der ursprünglichen Fassung vom 14. Oktober 1996 (GBl. S. 677).

Stichwortverzeichnis

Fettgedruckte Zahlen verweisen auf die §§ des Landespersonalvertretungsgesetzes, magere Zahlen auf die Randnummern.

Stichwortverzeichnis

Stichwortverzeichnis

Stichwortverzeichnis

Stichwortverzeichnis

Stichwortverzeichnis